賀茂別雷神社境内諸郷の復元的研究

須磨千頴著

法政大学出版局

本書は，財団法人日本生命財団の出版助成を得て刊行された。

はじめに

本書は、古代以来の有数の大社であり、山城国一宮として知られる賀茂別雷神社（本書では多くの場合に「賀茂社」と記す）[1]が、中世を通じてその膝元に擁し、約七〇か所に及ぶ同社領の中核として重要な役割を果たしていた、いわゆる賀茂社境内六郷[2]のうち、山間に位置して田地が少なく、かつ比較的同社から隔たっていた小野郷を除く五か郷、すなわち河上・大宮・小山・中村・岡本の諸郷[3]について、中世後期の社領田地（一部に畠地を含む）の存在態様、用水、小字名等を詳細に地図上に復元することを、もっとも主要な目的とする研究である。

それによって、従来確実には把握されていなかった境内諸郷の領域と郷界を確認し、当時の同社の諸神事料田・人給田[4]、その一つで一種の田地割り替え制度として知られる著名な往来田[5]、その他各種社寺田などの散在の実態を逐一明らかにするとともに、作人として登場する社家町をはじめ周辺諸村落・京都北部の住民らと社領田地との関係をも解明し、中世の同社と社領の歴史の究明に確固たる基礎を築くことが可能になる。そしてまた、この研究がもたらす成果は、ひとり賀茂社とその社領にとどまらず、広く中世荘園や社会の歴史の研究にも、少なくない貢献を果たし得るものと考えている。

この研究にとっての最重要史料は、荘園領主たる賀茂別雷神社が、十五世紀中期の宝徳三年（一四五一）[6]に実施した検注の結果を、詳細に記録している郷別の地からみ帳五巻と、それから約八〇年ないし一〇〇年を隔てて、享禄五年（一五三二）・天文十九年（一五五〇）・同二十年に、同じく同社が行なった検地の結果を示している一巻と六冊の諸郷検地帳である[7]。

中・近世を通じて、残存する検地帳[8]の数は決して少なくはないであろうが、その中にあって、この賀茂社境内諸郷の検地帳は、一つの際立った特徴を持っている。それは、「次ノ東」「次ノ南」などのごとく、検地が順次どちらの方角へ進められたかを指示する注記（以下これを「方角記載」と称する）を、田地一筆ごとに記入している点である（実例は第二章第一節および第三章参照）。これに類する記載は、他にも例がないわけではない。たとえば、著名な長曾我部地検帳[9]でも、各筆田畠等について、所在の小字名をくわしく記している中に、「同しノ西東懸テ」とか「同し南」などという記載が見いだされるし、近世のものでは、かつて長野県更埴市の条里制遺構調査に参加した際、元禄十年（一六九七）の森村検地帳の一部分に、相似た記事を発見した記憶がある。しかしながら、これらは部分的に方角記載が見いだされるというにすぎず、この賀茂社境内諸郷検地帳のように、一筆ごとにほとんど例外なく方角記載が施されているという例は、まず希有といってよいであろう。後述するように、私が検地帳の記載の地図上復元を企て、それを実現することに成功し得たのは、この方角記載を徹底して利用し、あわせて道路・畦畔・用水の位置、田地の形状に関する注記をも援用することによってであった。

本書第二章は、主に、そのようにして郷ごとに復元を実施した手続きの解説と、完成した復元図の提示にあてられ、先立つ第一章では、その前提として、賀茂社境内六郷の成立と中世後期における境内諸郷の検地の意味を論ずる。第三章では、上記の検地帳六巻・六冊の翻刻を行なう。その理由は同章冒頭の記述に譲る。また、これらの諸郷検地帳には、方角記載の他に、中世に存在した数多い小字名が、克明に記載されている。その中には、現在の上賀茂・西賀茂・紫竹・紫野・小山・出雲路・下鴨・賀茂・松ケ崎などの地域に存在する町名にまで受け継がれているものも多い。第四章においては、これらの小字名をほぼ郷域ごとに拾い、いわゆる洛北地域の地名の歴史を詳細に検証する。

なお、ここで「地からみ帳」の名称について、私見を述べておく。この名称は独特のもので、一般的な称呼を適用すれば検注帳であろうが、本書では原本の題簽に記される固有の名称をそのまま踏襲した。ただし、平仮名書きの部分の真ん中の一字が「ら」とも「ゝ」とも受け取れる書き様であり、それを「からみ」と読むか「かゝみ」とするかについては異論がある。そのため、私がなぜ「地からみ帳」と読むのか、理由を説明しておく必要があると思う。

かつて清水三男氏は、「地かゝみと假名で記してゐるが、地鑑の字を當てるべく、江戸時代諸侯の名其他を記した板本武鑑〔を脱カ〕、又は古筆切を集め収めた帳を手鑑と呼ぶと同様の鑑の語の用法で、之を地からみと呼び、地括の字を神社ではあてゝゐるが、誤読である」とされた（前掲清水論文注2）。清水氏の意見にはもっともな理由があり、私も当初これに従って「地鑑帳」の字をあてていた。しかし、その後一九六七年（昭和四十二）、同神社の三手文庫に所蔵される「日次記」を閲読する機会を与えられて、寛文五年以後元禄初期まで約三〇年間の記事を拾い読みしながら部分撮影をやらせていただいた時、そこに「地からみ」あるいは「地括み」の語が散見するのに気づき（一例として、貞享三年三月二十七日条には、「一、惣田地ノ地カラミ絵図ハ如何」云々とある）、それに従っておく方がよいと判断して、以後は「地からみ」と読むことにした。

この「地からみ帳」なる名称は、本文にはどこにも記されておらず、ただ題簽だけに見られるものであり、おそらくは現存の巻子本が仕立てられた時に、これが貼付されたものと判断されるが、とすれば、現存巻子本はいつ頃成立したかが問題となる。現存の地からみ帳の内容自体は明応九年（一五〇〇）の書写であるが、紙継目の部分に欠失があると判断される箇所が何か所もあるから（第二章参照）、これが現在の巻子本に仕立てられた時期は、明応の書写当時ではなく、かなり下降することは確実である。私は戦国末期、場合によっては江戸初期あたりの作成と判断してよいのではないかと考えている。そうすると、早い時期の日次記に「地からみ」とあるのは、決して無視できない。神社では、戦国末～江戸初期ごろ以来ずっとこの検地帳を「地からみ帳」と称してきたと推定してよいのではあるまいか。

そもそもこれが「かゝみ」であるのなら、「帳」は余分だし、それになぜこの一字だけ漢字が用いられなかったのであろう。実際の場で、所領の土地全体を洩れなく絨《から》げ括る、すなわち土地の悉皆調査という意味で使われていた

「地からみ」という独特の表現が先にあり、しかも、その「からみ」が動詞の連用形から来ていることが、漢字表記をためらわせた原因ではないか、と私は考える。「からみ」を「挌み」と表記するのはたしかに無理である。もし漢字を当てるなら「絡み」か「搦み」が妥当であろうが、のちにそういう誤記がなされているにもかかわらず、私はやはり神社における早くからの称呼を尊重すべきであろうと思う。

（1）通例、賀茂別雷神社は上賀茂神社と呼ばれ、対して下鴨鎮座の賀茂御祖神社は下鴨神社といわれるのは周知であるが、古来上社を賀茂社、下社を鴨社として書き分ける慣例があり、ここではそれに倣うことにした。両社を指す場合には適宜賀茂神社とか賀茂両社・上下社などと表現して混乱は避けるつもりである。

（2）賀茂別雷神社領荘園・御厨の名称・所在国郡・特徴等については、差し当たり須磨が作成した「賀茂神社領一覧」（吉川弘文館刊『国史大辞典』第三巻所収）参照。ただ、これには造営材木を貢進した美作国登美荘（登美杣。苫西郡）を洩らしている。

（3）「賀茂社境内六郷」という表現が史料に現われるようになるのは、中世とはいっても、さほど古い時期ではなく、戦国期のことである。とくに境内六郷という称呼と合わせて、郷名すべてを同時に記す史料は乏しく、おそらくは、享禄二年（一五二九）十月二十一日の室町幕府奉行人連署奉書（『賀茂別雷神社文書』第一、第五三号）あたりが最初ではないかと思われる。それには、「賀茂社境内六郷、河上郷・大宮郷・小山郷・中村郷・岡本郷散在櫟原野・二瀬・幡枝在之、・小野郷南北散在等事」とある。

なお、この河上郷を最初とし小野郷に終わる六郷の序列は、北西部の、まさしく賀茂川の河上に位置する同名の郷を起点として、左回りにたどって岡本郷に至り、それに小野郷散在を加えた形のいわば地理的順番と一致し、常に一定していてめったに変動することはない（ただし、例外が皆無ではなく、後述する天文十九年検地の実施順はその一つである）。社家ではこれを定めとしたものと考えられる（拙稿「中世における賀茂別雷神社氏人の惣について（8）」注128参照）。

賀茂社境内六郷の名を広く日本史の学界に知らしめ、それを主題とする最初の研究としての役割を果たしたのは、清水三男「山城国上賀茂社境内六郷」（『日本中世の村落』所収。一九四二年）である。現在の研究段階からかえりみれば、補わなければならない点や、誤りとすべき箇所もいろいろ見いだされはするが、ここで使用する何冊もの検地帳をはじめとして、賀茂社の古文書の多くに目を通し、すぐれた展望のもとに、境内六郷の実態と性格を描きだした論文であり、啓発されるところが少なくない。

（4）それらの種類、田地面積、諸郷散在の情況は、本書の第三章に翻刻した検地帳と第二章の復元図とに明白であるが、拙稿「賀茂境内六郷」（『講座日本荘園史』7所収。一九九五年）に掲載した「境内散在主要田地類別郷別集計表」は、全体の掌握に便利であろう。

（5）　往来田制度についての最初の研究は、児玉幸多「賀茂別雷神社の往来田制度」（『社会経済史学』第七巻第九号。一九三七年）である。これは、寛文五年（一六六五）から明治初年までの厖大な「日次記」を中心に、数年にわたる関係史料の調査・蒐集に基づいて作成された労作であり、年代的には近世が対象であるが、他にはあまり類のない特殊な慣行である往来田制度の内容を初めて明らかにし、学界に紹介した論文として意義の大きいものである。なお、児玉氏には、すでにこの前年、往来田制度の大要をまとめた記述を含む論考「神社の特殊慣行の研究」（『神社協会雑誌』第三十五巻第十号）があり、ついで翌年には、往来田とも関係が深い、同社氏人の集会制度を研究した「賀茂別雷神社の集会制度」（『社会経済史学』第八巻第三号）が発表されている。

（6）　年次を表記する場合、本書では近世以前については和暦を主とし、（　）つきで西暦年数を付記し、明治以後はそれとは逆に西暦を主とする。

（7）　賀茂別雷神社文書。なお、この場合に限らず、本書では賀茂別雷神社文書を引用する機会が多いが、この文書は、『賀茂別雷神社文書』第一（『史料纂集』）所収のものを除けばほとんど公刊されておらず、現在一九九七年春以降の新出文書を加えて整理が進められている最中である。そのため、右の刊本については、以後（『賀茂』一―五）のごとく書名の略称と文書番号を記し、未刊・未整理のものは、単に（「賀茂」）とだけ略記する。

（8）　本書では、既に記したように、地からみ帳五巻は題簽を踏襲して地からみ帳と呼ぶ。また、残りの一巻六冊についても、やはり題簽・表紙の記載にしたがって、検地帳と称し、原則として、中世に普遍的な検注帳の名称は用いない。通常中世では検注帳、近世になると検地帳というのが一般的ではあるが、本質的な内容に大きな差はないのだから、原本の名称をわざわざ言いなおすことはないという理由による。そして、六巻六冊の全体を指していう場合なども、検注帳ではなくて、検地帳に統一し、同様に検注と検地の用語も原則として後者を使用するので、念のために注記する。

　検注あるいは検注帳については、寶月圭吾「中世検注についての一二の問題」（『信濃』第一〇巻第五号、のち『中世日本の売券と徳政』所収）・同「中世の検注について」（『地方史研究』第一八巻第二号）、富沢清人『中世荘園と検注』（吉川弘文館、一九九六年）第一部中世の検注など参照。

（9）　『長曾我部地検帳』（高知県立図書館刊。一九五七～六五年）。

目次

第二章　賀茂別雷神社境内諸郷の地図上復元……………………三〇

本文中の図版一覧

付図一覧

第一章　賀茂別雷神社境内六郷の成立と中世後期の検地

第一節　賀茂社境内六郷の成立

中世検地帳の地図上復元という本書の主要課題に迫るに先立ち、本節では、賀茂社境内六郷の成立に至る経過について叙述しておきたい。ただ、そのこと自体をこと改めて論証することが目的ではないので、既発表の拙稿「中世賀茂別雷神社領の形成過程」[1]および「賀茂境内六郷」[2]を参照し、特に後者の首部の記述を追いながら、不備を補いつつ概要を記すにとどめる。

愛宕郡内神郷の寄進

賀茂別雷神社が初めて朝廷から封戸や神田を与えられたのは、「賀茂神官鴨氏系図」（『続群書類従』第七輯）など賀茂御祖神社伝来の社家系図に、大化のころ、まだ下鴨神社が分立する以前のカモ社（後の賀茂別雷神社）の祝であった大山下久治良があらわれ、その譜に「古（右）人時、神戸十四烟、神田一町八畝（段）丁□□□□年充奉」とあるところから、七世紀中期のことであったと見られている。その封戸は山城国内にあった[3]。その後、同様の事実をたどると、延暦四年（七八五）十一月、前年の長岡京遷都に関係して、鎮座の地愛宕郡内において封戸一〇戸が充てられた（『続日本紀』）。「賀茂注進雑記」[4]の記録するところでは、それより約八〇年後の貞観六年（八六四）、「太皇太后宮職勅旨田摂津國河邊郡山本郷蕨野肆拾五町九段七十歩」が賀茂社に寄進されたと伝え、注して「米谷庄是也」とあるが、同記にはまた、この荘園についての永正四年（一五〇七）十一月日の賀茂社社家の言上状案を引き、それには「つの国米谷庄は、もんとく天皇御むさうのつげより、御きしんの地として、代々のみかどりんしをなし下され」云々ともあって、未だ確証を得ない。貞観七年四月には、愛宕郡所在と思われる得度除帳田をもって、神田五段が寄せられた（『日本三代実録』）。降って天慶三年（九四〇）八月には、新しく山城国内の封戸一〇戸が充てられた。諸国諸社の平将門追討祈願に対する報賽の一環であったと見られる（『新抄格勅符抄』）。さらにその後、「九暦」（『続々群書類従』第五、記録部）の天徳元年（九五七）四月十六日の条には、「賀茂社奉封事」とあり、詳細は知り得ないが、この時にもなにがしかの封戸が増加したものと思われる。

こうして、十一世紀初期に至るまでに、賀茂別雷神社に寄せられた封戸の累計は、およそ四〇戸前後に達していたことになり、さらにこれとは別に神戸七〇余戸が存在したと記録されている(5)。神田は、米谷庄の田数を一応そのまま計算に入れると、五〇町歩近い。それはともかく、大化の頃以来ここに至るまでの同社の経済は、漸次朝廷から寄進された神封・神田ならびに神戸によってもっぱら支えられていたと言ってよい。のちに境内六郷と呼ばれることになる愛宕郡内の諸郷が、神郷として寄進されたのは、かような経過があってのちのことであった。

寛仁元年（一〇一七）十一月、後一条天皇の賀茂行幸に際し、年少の天皇への神徳の加護を祈る母后彰子の発願により、賀茂・鴨両社にそれぞれ神領が寄進されることになった。この寄進の経緯は藤原実資が『小右記』に詳記しており、それによると、当初両社に一郡ずつ寄進されるはずであったが、藤原道長が変更して、両社合わせて「御社郡」たる愛宕郡だけ、それも四至を限って、南は一条大路、西は大宮東大路、北と東は郡界とされた。それにしても、これだけの地域には公私各種の所領が入り組んでおり、利害関係のからまりがあって、ことは容易ではなかったから、寄進地域の最終的確定までには、一年有余を必要とし、実施を下命する太政官符の日付は翌年十一月二十五日、実際の下付はさらに遅れて、その翌年の七月であった。こうして紆余曲折を経て、「東限延暦寺四至、西限大宮東大路同末、南限皇城北大路同末、北限郡界」の範囲に含まれる愛宕郡内八か郷のうち、賀茂社に対しては、北部に位置する賀茂・小野・錦部・大野の四郷、鴨社には残る蓼倉・栗野《くるすの》・上粟田・出雲の四郷の寄進が実現したのである。

ただし、これは諸郷がただちに一円社領化したということを意味しない。官符の文によると、「神寺所領、及斎王月料、勅旨湿地埴川、氷室徭丁陵戸等田、幷左近衛府馬場、修理職瓦屋」等は「任旧跡、不敢改易」として除外され、延暦寺領の八瀬・横尾両村も同様に扱われ、広大な山林も、元来社領であった神山や葵採取の山の外は、対象から除かれた。また、戸田・治田・造畠等については、租は神社に納めるが、地子は本主すなわち元からの領主が取得すると定められ、完全な社領になったのは、残りの「田地・官物・官舎等類」だけで、これ以後は、そこからの応輸物をもって、恒例の祭祀料をはじめ、神殿雑舎ならびに付属の神社・神館および神宮寺等の修造の費用、臨時巨細の料に充てることとされたのである。

この神郷寄進は、賀茂神社にとって、第一に、その膝元に広範囲の直轄所領が形成され、その後長く同社の財政を支える最重要基盤としての役割を果たすことになったという意味で、画期的な出来事であった。それと同時に、神社の経済の性格がこれを機として大きく変化したという点でも、これはまことに注目すべき事件であったといわねばならない。既述のように、ここに至るまでの賀茂神社は、およそ四世紀の長きにわたる間、主として朝廷から寄進された神封・神田等によって経済を支えられ、社殿修造等の費用についても、官費で賄われてきたのであり、経済的に国家に依存する度合いがきわめて大きかったと考えられるが、この神郷寄進によりそういう在り方に変更が加えられたのである。封戸の制度は、本来戸が負担する封物が、当該戸所在地の国郡司を介して封主に送られるものであるから、封主と封戸の関係は間接的なものでしかなかった。神田についても類似の性格があったといえるであろう。しかし、ここで寄進された神郷は、神社が直接支配する膝元の所領であった。寄進地の四至の決定に際して、前太政大臣道長が、たとえ延暦寺が寺領の四至のうちと主張したとしても「至田畠可為神領歟、只以年来国司所行之例、社司可同行也」（『小右記』寛仁二年十二月二十日条）という意見を述べたのは、このことを明示する。また、同じく道長が

「但上下御社修理、社司能可勤仕事、又上御社前河致損災、山城國所修固、而至今上社司可修固事」（同上、同年十一月二十五日条）と命じたように、社殿の修理のみならず、近辺賀茂川の修固さえ、以後は国費によらず、神社が自前の出費で行なうものとされたのである。

古来の律令制的収取体制が衰退し、封戸の制度のごときも、国司による封戸からの封物収取が次第に困難となり、封主たる寺社などに送られるはずの封物の量が、しだいに減少して、従来どおりには維持できなくなって来ていたという時代の推移が、この変化の背後に存在していた。神郷寄進の事実そのものが、そのことを体現する解決策であったと見てよいのであり、皇太后彰子の発願は、その実現を促進するきっかけを与えたものといえるであろう。

境内六郷の成立

かようにして、寛仁年中に賀茂別雷神社領となった賀茂・小野・錦部・大野の四郷は、やがて中世に入ると、史料の上に「境内六郷」として出現する。既に挙げたとおり、河上・大宮・小山・中村・岡本・小野の六か郷である。いつしか編成替えされたのである。他の郷とは多少離れて、山間地帯に位置した小野郷だけは変化がないので、実際は賀茂・錦部・大野の三か郷が改めて五郷に分割されたということになる。

この境内六郷制がいつ成立したかは、今のところ明確にはわからない。管見では、「賀茂旧記」（「賀茂」）に、元久三年（一二〇六）正月のこととして、「代官祢宜重政、十四日の御たな〔棚〕一、代官のもとへつかハす、小山郷」とあるのが、新しい郷名が記録されている最初で、六郷がこれ以前に成立していることは確実であるが、それをどこまでさかのぼらせてよいのか明証はないのである。したがって、以下の記述は、現時点における一つの見通しとしての私見である。

元久三年よりも六〇年下がって、文永三年（一二六六）正月日の主水司氷室田畠注進状（「広島大学所蔵氷室文書」）に、小野・錦部・大野の諸郷名が記されていることから見ると、いわゆる「和名抄」郷の郷名は、その後も国の地域

賀茂別雷神社境内諸郷略地図

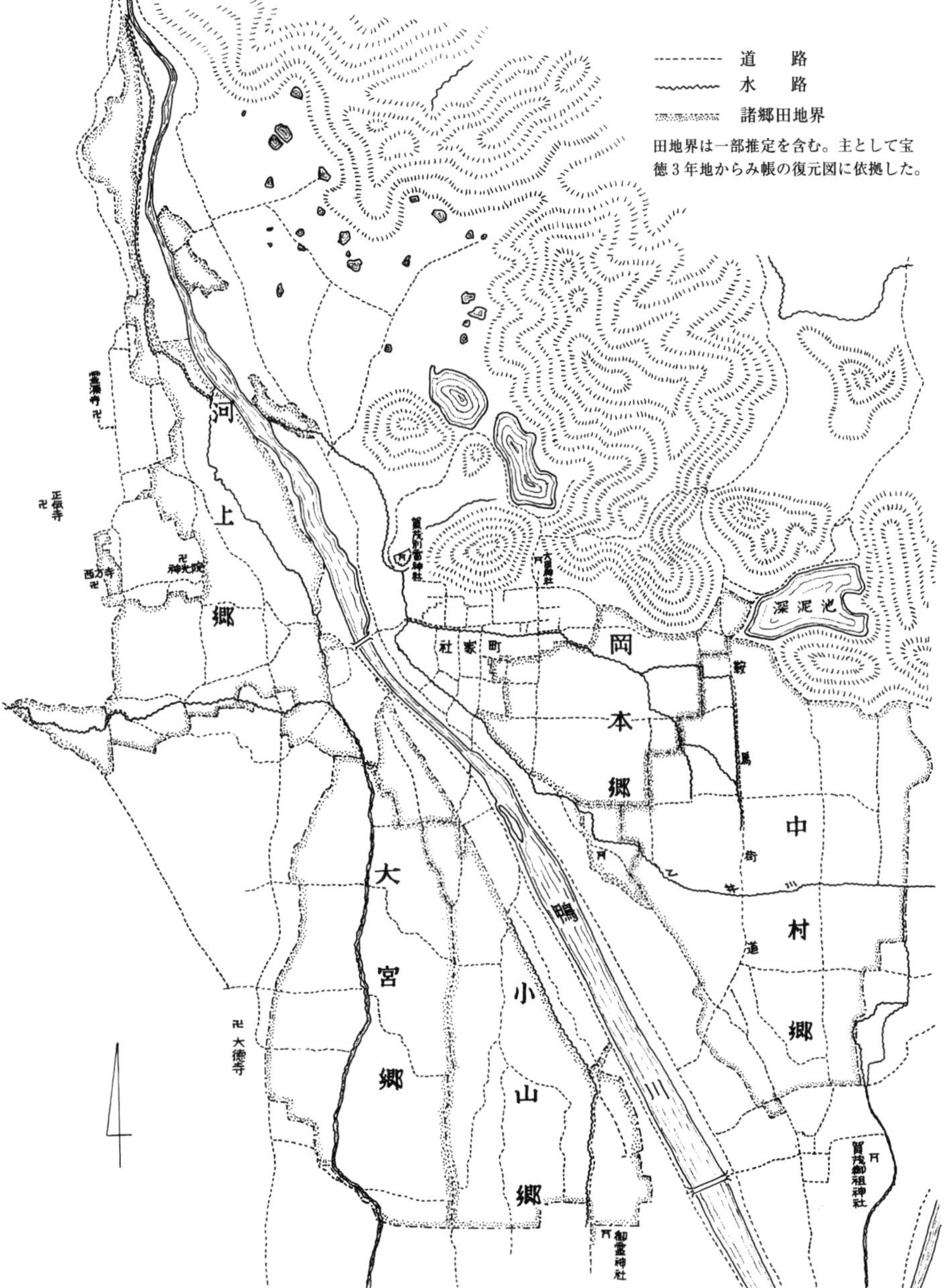

区分を示すものとして相変わらず存続していたことが知られるので、社領四郷の編成替えすなわち六郷制の成立は、あくまで賀茂社独自の社領支配上の必要に基づくものであったとみて、ほとんど誤りはないと思う。とすれば、その時期はいつごろと見るのが妥当であろうか。

一つの見方として、寛仁の寄進直後ということも一応理由のあることではあるが、おそらくそうではないであろう。前述したとおり、寄進当時域内の土地がすべて社領化したわけではない。公私の所領がなお多く混在していたのであって、賀茂社がいくら同社独自の方針で、他には影響しないと考えたとしても、郷の編成替えのごときを一挙に実施する条件は、まだ整っていなかったとみるのが妥当である。また、直後でなくてもかなり近接する時点であったというのも考えにくい。所職の寄進とか相博などを通じて、その後徐々に一円社領化が進行したとしても、機が熟するためには、なお相当長い年月を必要としたのではないかと推測される。さらに、わざわざ郷の地域区分を変更するというのには、やはりそれ相当の理由とか契機が存在したはずである。その点はどう考えるべきであろうか。

中世の賀茂別雷神社関係の史料を通じて、六郷制と緊密に結びついたことがらを検出するとすれば、それは第一に御棚会の神事およびその費用としての御結鎮銭の賦課であり、第二には、往来田制度ということになるであろう。そこで、両者のいずれかが六郷制の成立に関わっているのではないかということが推測されるのであるが、両者のうち、往来田制度の方は、正応六年（一二九三）から徳治三年（一三〇八）まで社務として在任した賀茂経久の「乾元二年日記」（「賀茂」）などによって、同年の成立であることが知られるので（拙稿「賀茂境内六郷」参照）、六郷の成立とはまったく関係がない。残るのは御棚会神事と御結鎮銭ということになる。そこで、御棚会と六郷成立との関連性如何について検討してみたい。

御棚会についての史料としては、前記の「賀茂旧記」の記事が早い例であり、「嘉元年中行事」[6]にも、正月十四日当日の神事次第が簡潔に記され、六郷それぞれの御棚が神前に進められたことを知り得るが、そこからは、六郷制の成立と御棚会の始原とが一致するか否かについての解答を導き出すことはできない。ところが、降って延宝九年（一六八一）八月にまとめられた「賀茂注進雑記」には「正月十四日御棚會と中御神事は、後一条院の御代愛宕郡を賀茂御神事領に御寄附せられしより、今に河上郷賀茂郷大宮郷小山郷岡本郷錦部郷中村郷小野郷等の御棚を白木を以て新造いたし、安曇河の大鯉大鮒と号して小鯉小鮒をそなへ、海魚も小魚干魚等を代とし、雉の付鳥などかの棚六脚に盛かざり毎年そなへ、六捧の幣を奉り候。此暁の御戸開今に刻限を不違つとめ来候」と整理した記述があり、同記中の「年中御神事次第」の正月十四日のところにも「御棚會戌刻也、兼日以㆓六郷御結鎮銭㆒沙㆓汰之㆒、至㆓今日㆒同御棚六脚魚鳥種菓種菜等調㆓進之㆒」と見える。さらにこれとほぼ同時期のものと推定される「賀茂太神宮年中神事略次第案」（「賀茂」）の御棚会次第の箇所には、「兼日自十一日始至今夜御棚神供魚鳥種菓種菜等之諸事之催沙汰者目代之所役也、神田六郷之田所司、河上、大宮、小山、中村、岡本、小野、段別之御結鎮銭、依恒例之所課、頒下其田地之片牒等、則以其段銭、當會之供物所役之禄物等調沙汰之」云々と記されている。中世後期以降は御結鎮銭返抄の遺存例も数多い（とりわけ「岩佐家文書」）。他の徴証を網羅することは避けるが、これら中近世の史料を通じて、御棚会は、境内六郷が一郷ごとに魚鳥種菓種菜を盛った新造の御棚を神前に供える神事であり、そのための費用は、六郷の田地に段別に賦課する御結鎮銭によってまかなわれた[7]ということ、すなわちこの神事は、六郷制と不可分の関係をもっていたということが明らかになる。御棚会の始まりと六郷の成立とが相互に関係している可能性は大きいのである。そして、近世の賀茂社では、御棚会の始原は寛仁の神郷寄進にあると認識されていたのである。

　しかし、神郷寄進によって、新たな神供献進の神事が始まったということは、たしかにあり得べきことではあるが、前述の理由から、寄進がなされてすぐに、郷の編成替えをともなう右のような内容の御棚会が出発することになったとは考えにくい。私は、六郷の編成、そしてそれと結びついた御棚会の成立は、やはりもっと年代を経て、諸郷の一円社領化がある程度進行し、加えて何らかのきっかけが生ずる時まで待たねばならなかったのではないか、と考える。

　それについて注目したいのは、先引の「賀茂注進雑記」の記事に、御棚を神前に供える時、「安曇河の大鯉大鮒と号して小鯉小鮒をそなへ」と見えることである。これは近江安曇河で獲れる大鯉・大鮒を供えるのが本来の姿であったことを、期せずして物語っているのであり、とすれば、御棚会は安曇河御厨が社領となって以後に成立した可能性が大きいといえるからである。

安曇河御厨が社領として公認されたのは寛治四年（一〇九〇）であった。この年、上・下賀茂神社が巨大荘園領主となる上に画期的意味を持つ、不輸田六百余町の寄進と御厨の諸国分置が実現したのである。[8] 時あたかも白河院政が開始されて間もない年代のことである。この時の社領寄進は、賀茂神社の経済の基盤がそれまでの封戸・神田を主とするものから荘園主体へと移行した画期を示すものとして注目されており、[9] また、院・天皇による立荘の始点をなすものと捉えられているが、[10] 近年、鴨社権宮司家に伝わる『新撰勘用記』という記録が紹介され、その中に収められている寛治三年十二月から翌年三月にかけての鴨御祖社禰宜惟季解・宣旨・同社社司等解などが、この大規模な社領寄進が実現する過程を明らかにする貴重な新史料であることが明らかにされた。[11] その後川端新氏が、この新しい史料の内容を『百錬抄』その他記録類の関係記事などと対比しつつ検討して、寛治の賀茂神社領立荘にかかる具体的経過を追究し、その結果、社領立荘は「諸国の田畠が上から一方的に選定されたのではなく、賀茂社の申請をもとにして設置されたことが推測でき」、賀茂神社側では、朝廷による神供料相折の設定に向けて、事前に諸国における私領の寄進を積極的に募り、それに応じて寄進された多くの私領の券文が朝廷に提出されるという経過を経て、朝廷による不輸田寄進＝社領荘園の立荘が実現したと見て、その理解を前提に、便補保の成立をも含めて「朝廷が主体的に荘園を国家的給付として認定するようになる画期は、国司による済物未進が顕著になる中で行われた、賀茂社領立荘に代表されるこの一一世紀末の政策に求めることができる」と論じている。「院政初期の立荘形態」[12] を全体として解明しようとする論考の中で、寛治の賀茂神社領寄進の位置づけが一層確かなものになったといえる。つまるところ、大社寺の一つとして、諸国に新しく荘園を拡大し、荘民を供祭人・神人として組織して、年貢・公事の収取すなわち独自の経済的基盤の安定を確保しようとする賀茂神社側の動向と、その荘園を寄進という形で公認することによって、大社寺の勢力を傘下におき、その統制をはかろうとする院政権の意図があいまって生み出された結果が、この不輸田寄進であったと捉えることができるであろう。

この時上社に寄進された荘園は、二二か所に及んだことが判明しており、(13)これとは別に数か所の御厨が諸国に置かれたものと推定される。(14)安曇河御厨がそのうちの一所であったことは、後の貞永元年（一二三二）六月三十日付の官宣旨案（『賀茂』一―三九二）に、「得二彼社司等今月廿六日解状一偁、重検二案内一、件安曇河御厨者、令レ漁二河海之魚鱗一、備二進朝夕之御贄一所レ無二退轉一也、寛治　聖代被レ下二官符一以降、神人五十二人〻別引二募國領公田三町一、以二官物一弁濟、擇レ以二雑事一、所二漁進一毎日二度之御贄、繼レ踵無レ絶」と記されていることにより明らかである。この御厨は、当神社の御厨のうち、もっとも近接した位置を占め、十分日帰りが可能であったから、ここに居住する神人が、その漁獲物をもって朝夕の御贄を備進する役割を担ったのは不思議なことではなく、むしろ当然であった。事実上は寄進以前からそのような関係が形成されてきており、それが寄進の土台となったと考えてよいであろう。

この時寄進された荘園・御厨は、中世社領の過半を占めるものであり、こうした大規模な社領が、この時期に新しくそして一挙に公認され立荘したことは、当然のことに、神事の在り方、それと密接に関係する既存の境内諸郷等の支配の在り方にも変化・再編を促すことになったのではないであろうか。『百錬抄』寛治四年三月二十六日の条には、「自二今日一始調二備賀茂社神膳一」とあるが、ここに「始調備」とあるのは大いに注目すべき事柄である。荘園所領の漸次的拡大を基礎に、朝廷も関わって、神膳を調備する神事があらためて始められようとしていた。それがこの年三月に初めて実現し、あとを追う形ではあるが、それを支える意味を持つものとして、ほどなく諸国の神領が新たに公認されたということになろう。そして、これを契機としてやがて御棚会神事も生まれ、それと不可分の境内諸郷の再編も実現したのではないであろうか。これはあくまで推測の域を出るものではないけれども、一つの見方として提示しておきたい。

なお、小野郷は別として、残りの三か郷をなにゆえに五郷に分割しなおす必要があったのかは明らかでない。一つには神事の費用である御結鎮銭（最初から銭の納付であったとは限らない）を実際に負担する作人層の居住地との関わりが考えられるのではないかと思うが、これまた推測に止めざるを得ない。

（1）『日本歴史』第二六〇号、一九七〇年。
（2）『講座日本荘園史』7、吉川弘文館、一九九五年。
（3）井上光貞「カモ県主の研究」（『日本古代史論集』上巻、吉川弘文館、一九六二年）。
（4）奥書に延宝九年（一六八一）八月の日付があり、時の幕府寺社奉行の所望により、神主賀茂保可以下氏人惣中の六役にいたるまでの人々が、連日評議所に集まって資料を撰集したことが記されている。賀茂別雷神社にとって重要な文献である。『続々群書類従』第一、神祇部所収。
（5）『小右記』寛仁二年（一〇一八）十一月二十五日条に、「初被奉御封於上下御社之時、〔上脱〕御社十四戸、下御社十戸、又神戸数有増減、上御社七十余戸、下御社五十余戸」云々とある。通常神戸は「朝廷より特定の神社に寄せられた民戸、すなわち封戸で、神封ともいう」（『国史大辞典』3「神戸」の項）と理解されているが、『小右記』では「御封」と「神戸」は明らかに別扱いされている。この場合の神戸は、神社周辺に居住し、神社に専属して奉仕していた民戸を指すもので、後代の社家町はその流れをひいていると考えられよう。
（6）賀茂別雷神社所蔵。筆者は時の神主賀茂経久。『日本祭礼行事集成』第三巻に収録されているが、多少誤りが見られる。
（7）御結鎮銭の詳細については、拙稿「賀茂別雷神社の御結鎮銭について」（『アカデミア』47・48集）参照。
（8）『百錬抄』寛治四年七月十三日条に、「賀茂上下社被レ奉二不輸田六百餘町一。為二御供田一。近日稱レ有二夢想一供二御膳一。依二神税不足一也。又分二置御厨於諸國一。俗諺曰。将レ亡聴二政於神一。此謂也」とある。
（9）『岐阜県史』通史編中世（一九六九年）、第七章第三節賀茂社領荘園（網野善彦執筆）に指摘がある。
（10）佐藤泰弘「立券荘号の成立」（『史林』七六―五、一九九三年）。
（11）生島暢「下鴨神社文書『新撰勘用記』について」（『国書逸文研究』二六、一九九三年）。
（12）川端新「院政初期の立荘形態――寄進と立荘の間」（『日本史研究』四〇七、一九九六年）。この論文の抜刷を送って下さった川端氏は、昨年の秋に若くして急逝された。痛惜の念しきりである。心から御冥福をお祈りする。
（13）文永元年（一二六四）六月日の権祝賀茂某訴状案（「鳥居大路文書」『早稲田大学所蔵荻野研究室収集文書』上巻）に、社領三河国小野田庄について述べ、「右當庄者、寛治　勅免神領本庄廿二箇所之内、当社夏冬二季御服調進之地也」としている。管見では、寄進荘園の総数を記す史料はこれが唯一である。

(14) 寿永三年四月二十四日の源頼朝下文写に列挙されている四二か所の神領のうちには、荘園と並んで御厨四か所が出現する(『賀茂』一―二〇)。近江国安曇河御厨、播磨国室・塩屋御厨、紀伊国紀伊浜御厨、越中国新保御厨である。

第二節 賀茂社境内諸郷における中世後期の検地

本書において使用する諸検地帳は、室町・戦国期の賀茂社境内諸郷において、年次を異にして四回に及ぶ検地が行なわれたことを物語っている。宝徳三年と天文十九年のものは、小野郷を除く五か郷の全部に関係するものであるが(ただし、天文十九年岡本郷検地帳一冊の約半分は、後述するように翌年の検地帳を合綴してある)、享禄五年の検地は岡本郷だけ、天文二十年の検地は上中村郷と岡本郷半分だけの検地帳しか残されていないので、その時同時に他の諸郷にも検地が及んだのかどうかは明らかでない。前者は記載内容からすれば、一つの郷だけにとどまる可能性はあまり考えられないので、ことによると他の諸郷についても検地が実施されたのかもしれない。後者の場合は、すぐ前年の同一地域の検地からわずかに七か月しか経過していない時点で実施されているので、なにか特別な理由があって、この地域だけに再検地が行なわれた可能性が大きい。

いずれにせよ、こうした検地が実施されるについては、当然それ相当の意味とか目的が存在したはずである。本書の主題は検地帳の記載内容を地図上に復元することにあるから、検地の目的等についての詮索は必ずしも必要ではないし、またそれに関する有効な史料も多くは見いだせないのであるが、ここでは主として当の検地帳の記載内容から見て言及できる範囲に限って、それぞれの時点における検地の意味・目的等を考え、前節の叙述と合わせて次章における主要課題研究の前提としたい。

宝徳三年の地からみ

第一に宝徳三年の場合であるが、この時の「地からみ」は、三月十七日に河上郷から始まり、順次大宮・小山・中村・岡本の諸郷に及んで、四月八日あたりに完了したことがわかり、約二十日間を費やしている。各郷の田所と郷司が責任者となって遂行されたことは、末尾の署判に明らかである。

第三章の翻刻に見られるとおり、地からみ帳の記載はきわめて詳細で、田地一筆ごとに、所在を明確にして、田積と田地の種類や領主名、さらに作人名とその在所が記され、ある一まとまりの田地群ごとに面積の小計がなされ、最後に一郷の田積総計が記入されるという様式である。社領五か郷の田地の悉皆調査が行なわれたのであり、地からみ帳は一般的呼称を適用すればまさしく検注帳に他ならない。

記帳完了後のいずれかの時点で、往来田については頭部に朱圏を付して一部分ごとに田積の小計を朱筆で書き込み、他の各種神事料田や寺庵等の田地については朱合点を付しており、一方で経所田などには何の目印もないことから推定して、検地の主たる目的の一つが田地の種類の確認にあったことは間違いないであろう（朱圏などが記入されたのは、明応九年の筆写後であることも考えなくてはならないが、たとえそうとしても、この場合、表示の有無にかかわらずさかのぼって意図を類推できると思う）。同時に田積・作人の把握が意図されたことも当然である。斗代の記載を一切欠くことが一つの特色であるが、それは、地からみ帳には御結鎮銭や正税をはじめ段銭・段米の形をとる賦課の台帳としての意味が大きかったからではないかと思われる。また、氏人に支給された往来田や同性格の貴布禰田・老者田については、多少の例外はあれ、原則的に作人が記載されていないことも注目されるが、これは往来田等にかかる御結鎮銭などは膝元の社家町に居住する氏人自身が納入するから、(1)作人名を記入する必要はなかったのであろう。

検注が領主の代替りに際して行なわれる例が多いことはよく知られるところであるが、ここでは歴代の神主が多くは二、三年の任期で交替しているし、前例もなくて、そういう理由は当てはまらない。ほかに動機としては、時期的に見て職の分化が進行し、名主職や作職の移動が次第に多くなってきた事態への対応ということも考えられはするが、総じて、なぜこの時点で五か郷の地からみが行なわれたかについての確たる解答は出てこない。

享禄五年の検地

第二に享禄五年の検地であるが、これは一巻だけ存在する岡本郷検地帳を宝徳三年のものと対比すれば、両者の類似性は一見して明らかで、宝徳のものを参照して検地帳が仕立てられたことは間違いない。なかには宝徳の記事を転記したと見るべき箇所さえある。しかしながら、宝徳からここまでの八〇年の間、何らの変化もなかったわけではない。検地帳の様式が類似のものであるだけに、その変化はかえって捉えやすいところがある。

もっとも目立った変化は、地からみ帳の貴布禰禰宜田・同祝田が、この検地帳ではことごとく氏人の「一反田」に変わっていることである。それは対比可能な部分に限って集計すると二町五反あり、禰宜田・祝田ほぼ相半ばする状態にあるが、これだけの田地の性格が変わったのである。貴布禰禰宜・貴布禰祝の給田が氏人惣中の知行分となり、何らかの方式で一反ずつ個々の氏人に配分されたと推定され、一反田という名称はそこに由来するものと考えられる。性格は往来田とかわるものではなく、それは後の天文十九年検地帳でこれらがすべて「往来」と表記されているところを見ても明らかである。この変化がなぜ起こったかについては、さかのぼって史料を探索することによりほぼ突き止めることができるので、少々煩雑ではあるが、その点に言及することにしたい。

文明十七年（一四八五）九月日の賀茂社氏人中具足興行事ニ付置文（「賀茂」）の中に「一、今度就一段田拾疋宛出銭事、来十五日已前悉可有御出銭」云々、「一、壱段宛支拝〔配〕下地、御結鎮銭五貫文余之事」という箇条があり、さらにこの置文の同年十一月十一日付追加条々にも「一、今度一段宛支配下地之御結鎮銭、彼具足落居間、雖為何ヵ年、毎年一段別百文宛可有其沙汰之事」という一か条が見えており、そこからこの年五町歩余の田地が一反ずつ氏人に配分された事実が知られ、これが「一段田」と呼ばれていることが明らかになる。その後延徳二年（一四九〇）十二月二十二日の氏人中置文（「賀茂」）には、欠員中の正祝職を早急に奏聞のうえ定められたいとして、一社中の二十歳以上のものが列参して直訴する決議を記したあとに、「次於懇切之輩者、往来・貴布祢田・一反田・瓦御田・老者田等、任社例其跡十ヶ年不可有相違者也」との文言が見え、この一反田が往来田と同種の田地として定着していることがわかる。前記の検地帳の比較からは、その中に文明十七年までは貴布禰禰宜田・同祝田であった田地が含まれていたことが判明するわけであるから、変化はこれ以前のことであったことになる。

それについて注目されるのは、前年の八月日付で残されている氏人中置文（「賀茂」）の内容である。「□神事、人数以下如先々有御執行者、於預置下地以下者、如元其職方江可返付者也、次支配下地同正税等如帳面可被預候」云々とある。前欠文書であるため何の神事に関するものか不明であるが、「其職方」が必要な人数以下を調えて、先々のように神事を執行するならば、氏人惣中として「其職方」から預かっている下地と正税等はそちらへ元どおり返付するという趣旨であり、これには同年八月日付で、時の神主市継平・禰宜馬場弥久・祝松下棟久ら社司が連署して「此儀尤可然存候、如御定何も致同心上者、為以後裏封進候、仍一社一同領掌之如件」と裏書を加えていて、社司・氏人中全体の定として了承されているのである。もしここにいう神事が貴布禰神事であるとすれば、「其職方」は貴布禰禰宜・同祝を指すことになる。時期が前後するけれども、『親長卿記別記』（『増補史料大成』40）には、文明十八年のものと思われる次のような奉書が出てくる。

貴布禰両官申、就計會辞退當職之（云々カ）、神事已近々之處、可闕御祈禱之条、太以不可然、就中被定由良庄公用之處、代官難渋云々、年貢令無沙汰者、彌久縣主以他足可致其沙汰歟、一社一同加談合、云神事云御祈禱、不御事闕之様、可被致其沙汰之由、可申旨候、恐々謹言

（文明十八年）三月廿七日

賀茂神主殿

貴布禰社の禰宜・祝が、費用の調達ができずに職を辞退してしまい、貴布禰社の神事・祈禱が滞る恐れがあるため、

賀茂伝奏甘露寺親長が神主賀茂弥久に対して、一社一同が談合して善処するよう命じたのである。同年五月にも競馬会神事を目前にしてまた貴布禰社社司が「依無足」として職を辞した（同じく『親長卿記別記』所収、五月二日付親長御教書）。

文明年間ごろには「就計會辞退當職」という事態はこれに限ったことではなく、社務職さえ「神用不事行」としてなり手がないという状況が、より早くから賀茂・鴨両社ともに生じていたことは、『親長卿記別記』所収の文書を検すれば明らかで、それに照らせば、貴布禰両官の所職辞退も文明十八年よりさかのぼって起こっていたであろうという推定が成り立つし、両官辞退のあと神事の執行を氏人惣中が肩代わりし、その代わりに貴布禰禰宜田・同祝田が惣中預かりになっていた可能性は多大である。そしてそのまま これは恒久化したのである。(2) 一反田はかようにして出現したと見られよう。

これは、賀茂社にとってきわめて重大な変化であった。享禄五年の検地は、記載様式など宝徳三年の例を踏襲したものではあるが、内容から見れば、社領の中で起こっていたこのような変化を調査し確認する意味をもっていたと言ってよい。とすれば、これが岡本郷のみに限られるのは不自然である。通常一定している郷の配列順から考えても、最後にくるはずの岡本郷の検地帳が残っているということは、先立って河上郷以下の検地も行なわれた可能性を十分推察させるのである。ただ、現在のところでは関連史料も見つかっておらず、その点を明らかにすることはできない。

天文の岡本郷検地

第三に天文の検地である。既述のとおり十九年のものと二十年のものとがあり、後者は部分的であるが、前者は五か郷全体に及ぶものである。ただ注意すべきは、岡本郷の検地帳だけは他郷と違っていることで、内容を検討すると、天文十九年に実施された分は約半分にすぎず、残りは翌天文二十年に上中村郷検地帳とともに作成されたものであり、両者を合わせて一冊としていることがわかる。まずその点について検討が必要であろう。

この検地帳の表紙は（以下第三章〔七〕参照）、中央上部に「岡本郷検地帳」と記し、下部右に「天文十九庚戌」、左に「十一月十八日」と書き分けている。これは他郷のものと同形式である。ただこの郷の表紙のみ、「検地帳」の下に細字で「但、後分天廿六月晦日」という但書きが加えられていることが注意を引く。そして、本文第一丁では第一行にこの但書きを裏付けるように「天文廿年六月晦日」と書き、次行に「岡本郷」とあって、字ミトロ池口から順に一筆ごとに田地が書き上げられている。ここから第一一丁の折り目まで計一七一筆を記したあとに「惣以上拾六町四反」と小計が出てくるので、ここまでで検地はいったん休止したと考えてよいだろう。さらに帳面を繰ると、半丁余白を残して第一二丁には、最初の行に「六月十七日」、次行に「エホシカカイト分　岡本郷」とあり、料紙二丁に「南ノ坪」分と合わせて三〇筆の田地が記され、終わりに「以上弐町七反」と集計が出ている。なお、この三〇筆の田地については一切かの方角記載がなく、前後と明瞭な違いがある。小計記入からみてもこの部分だけが独立していることは明らかであるが、晦日の検地分の次に同月十七日の分が出てくるのにも注意が必要である。通常とは逆に、あとの分を先の分の上に重ねる綴じ方になっているのである。

つづいて第一四丁に移ると、最初の行に「岡本郷」とあって、あとは石田から荒草坪まで一四三筆の田地が字ごとに記帳され、最後（第二三丁）に「以上拾三町五反四十歩」と小計がなされ、一冊全体の総計が「幷而以上卅弐町六反四十歩」と記されている。この第一四丁以下の後半部分にはまったく日付が見えないが、表紙の記載と照らし合わせると、これこそ天文十九年の検地分であったとしなければならない。

前半部と後半部には記載の様式にも一点だけ明瞭な差異がある。それは往来田を示す「往ー」という文字の記載場所である。六月十七日分の二町七反には往来田はまったく出現しないのでわからないが、晦日分に出てくる「往ー」はすべて田積と作人名との間に記されている。しかし後半部ではこれはすべて作人名の下に記されており、そこに明瞭に一線が引かれるのである。

また、復元図の上で見ると、前半の天文二十年とされている部分は、かつて一九七一年（昭和四十六）まで存在した町名を用いていえば、上賀茂烏帽子ケ垣内町と南隣の同忌子田町との境界を画し、東へ進んで上賀茂松田町と同中流石町との境界を経て鞍馬街道に至っていた主要な道路の北側に当たり、さらにそのうち六月十七日の検地分は、大田神社前から真っすぐ南下して賀茂川を渡る道路で区切られる西側部分であることが突き止められる。したがって天文十九年の検地と考えるべき部分は、右に示した東西にとおる道路の南側だけである。かくしてこの検地帳は、天文十九年の岡本郷南半部分の検地の記録の上に、翌年の郷北半部分の検地分を、表紙との間に改めて綴じ込み、表紙に注を記入したもの（「後分」というのは検地施行時期が後だということで、綴じ方には関係がない）という結論が導かれるのであり、名称としては天文十九・二十年岡本郷検地帳というべきものである（ただし、本書では特別の場合以外は便宜天文十九年検地帳という）。

ところで、こういうことになると、もう一つ存在する天文二十年の上中村郷検地帳との内容比較が、どうしても必要になる。天文二十年検地の目的等に関する検討は後述に譲るとして、ここでは上中村郷検地帳が、検地の日付などから検討したとき、岡本郷検地帳の同年分とどのような関係にあるのかという点だけにしぼって記述する。

この時の上中村郷検地の施行範囲は、検地帳復元図に見られるとおり、西北部において上記天文十九・二十年岡本郷検地の範囲に一分の隙もなく接続する関係にあり、北端は深泥池、南は旧乙井川、東は現左京区松ケ崎芝本町・同呼返町のほぼ中央部あたりを通る南北線によって区切られるものであったが、検地帳の表紙には、「天文廿年亥六月晦日」の日付が記され、本文冒頭には「天文廿年六月廿四日」とあって、以下「中村郷乙井」に始まった検地の結果が記帳されている。順次たどってゆくと、第一一丁の終わりに至って一旦集計され、「以上拾七丁一反半卅歩」という記事が現われる。これは一七七筆分である。つぎの第一二丁は「七月四日」の日付で始まり、最後は第三〇丁まで数えるが、その終わりに「并而卅弐町三反」という一七八筆目以降四七九筆目までの田積集計がなされ、さらに「尚并而　東西分　四十九町五反卅歩」と総田積が書き込まれている。

すなわちこの上中村郷検地は、天文二十年六月二十四日に開始され、六月晦日に一旦検地帳が作成されたあと、七月四日に再開されていると理解しなければならないが、復元図を見ると、この途中休止を境に、地域的には鞍馬街道の西と東に両断されていることが明瞭にわかる。そして、検地帳の記載方式も岡本郷のそれと同じで、前半分では「往ー」の文字が作人名の下に記入され、七月四日の日付以後の部分では、これが田積と作人名の間に書かれているという違いがあり、さらに文字の書き方では、前半分では「左衛門」とあるのが、後半七月四日再開分になると「さ衛門」となるように、もののみごとに「左」から「さ」への切り替えが認められる（前半で一例だけ「さ」を書いた箇所がある）。筆跡はどうみても同一人のもので、写である可能性も大きいが、それにしてもこのことは間に一定の時間の経過があるからだとしか考えようがない。後半部分が最初仕立てられた検地帳に継ぎ足す形で合綴されたことは明白といわねばならない。

さて、先には岡本郷検地の天文二十年分が、日付からみて六月十七日に行なわれた分と同月晦日に開始された分とに分離されることを見た。これを右の同じく二地域に分かれた上中村郷検地の区分と対比すると、両郷全体で四区分された各地域の検地施行順が決定できる。すなわち、検地は六月十七日にまず①岡本郷の烏帽子ケ垣内・南ノ坪の区域に実施され、ついで六月二十四日から②上中村郷の鞍馬街道以西の検地が始まり、同月晦日にこの分の検地帳が出来上がると同時に、今度はまた岡本郷にかえって、③同郷北半の未施行地域の検地が行なわれ、最後に七月四日から④上中村郷の鞍馬街道以東部分が検地されて終了したということになる。そして「往ー」の記入位置は、①は不明、②は作人名の下、③・④は郷の違いにかかわらずいずれも田積と作人名との間に入っている。③と④はたぶん検地帳が仕上げられた時点が同じであったことを意味するのではないかと推定されるが、一方③では「さ」と「左」はかなり混用されているので、確定的なことはいえない。

天文検地の意味

ところで、天文（十九年・二十年とも）の諸郷検地帳を宝徳三年地からみ帳や享禄五年の検地帳と比較すると、方角記載や字名の記入等の点では類似しているが、全体として記事の簡略なことが一見して歴然である。郷によって多少の差はあるが、全般的に田地の種類に関する記載が往来田と供田（経所田）および刀禰田・神人給等にとどまり、各種神田や他の社寺田については一部を除き記載がないためで、これが特徴の一つである。往来田は一応全部が記入されていると思われるが、それも単に「往―」とだけあって氏人名を欠く場合が少なくない（典型的なのは岡本郷）。次に、宝徳・享禄の検地帳は、往来田については原則として作人名を記していないが、これは田地の種類の如何にかかわらず、すべて作人名が記してあるというのが二つ目の顕著な特徴である。また、大宮・小山郷については、後述するように検地が用水系統別に実施されていることも注目すべき点といえよう。これらの特徴から見て、天文の検地の目的は、社領田地の郷別・字名別あるいは用水系統別の在所と田積の確認、その中での往来田や供田など限られた田地の確認、加えて田地一筆ごとに作人の名前と住所を把握することの三つが主であったということができる。

宝徳・享徳の検地に関しては、今のところ他に関連史料がないが、天文検地については多少関係のある史料が見いだせるので、その内容を検討して右の把握との関連をもう少し探ってみたい。

まず注目を要する史料は、氏人惣中が作成した、天文二十年正月二十六日付反別礼銭算用状と同月三十日付職中算用状（いずれも「賀茂」。「職中」とは氏人惣の沙汰人三名のこと）の二通である。きわめて長文であるため原文引用は一部分にとどめ、あとは要点だけを掻い摘んで記すことにする。まず、前者の冒頭部分にはつぎのように記されている。

注進天文十九年反別礼銭算用状事
合
氏人方　　　　　東手分
卅六町六反三百卅歩内

円分
四町七反半　　分銭四貫七百五十文

半分定
卌壱町九反小卅歩　分銭拾五貫九百七十二文

幷弐十貫七百廿二文内

六貫六百文　百五十文宛四十四人分引之

残　拾四貫百廿二文

最初の事書によって、検地施行と同じ天文十九年に「反別礼銭」の賦課が行なわれたことが知られる。つづく部分は、明記されてはいないが算用状の「納方」の首部である。三手の氏人一四〇人のうち東手の四四人分に関する反別銭の賦課対象田数を初めに記し、それを「円分」（全額徴収分）と「半分定」に分けてそれぞれの分銭を算出し、集計を行なっている。反別額は全額で一〇〇文であるが、全額徴収の田積は全体の八分の一強にすぎない。なお、この東手氏人の場合は人別一五〇文の四四人分が借銭となっているので、その分六貫六〇〇文が差し引かれて、残額一四貫文余が収納されたというわけである。この部分では明らかにならないが、納方末尾の全収納分を集計した箇所には、「廿壱貫文、往来方百五十文充御借銭、百四十人分」とあり、これに閏五月から十二月まで八か月の利息（二文子）がついて、「本利合廿四貫三百文」となり、うち一五貫七〇〇文が翌二十年正月の「浄衣銭」で返済されたことを記しており、この借銭は中手・西手の場合も同様であった。利息計算の起点から考えて、この段銭賦課が行なわれたのは、天文十九年閏五月のことであったとしてよいと思う。

このあと収納分は同様の記載様式で、氏人方中手分・同西手分・寺家分・京百姓分・供僧分・正伝寺分（正受寺分を含む）・寺庵分・梅辻町分・岡本町分・中大路町分・南辻町分・竹鼻町分・池殿町分・山本町分・河上里方々分・深泥池松崎両所分と続き、「惣已上弐百八十壱丁九反三百四十歩」という田積合計が行なわれ、その内訳が「円分五十町太（ママ）卅歩　分銭五拾貫八十一文、半分定弐百卅壱丁九反六十歩　分銭百拾六貫百九十二文」、分銭総計が「百六十六貫弐百七十三文」とあって、上記往来方借銭分を差し引いた「定納分百五十七貫六百七十三文」が締め括りである。五か郷全体に賦課された段銭であったことは、作人ら居住地域の書き上げならびに田積総計からして明白である。天文十九年検地帳の集計記載（岡本郷は翌年分を含む）をすべて合計すると二六五町四反四〇歩になり、上記のものと比較して一七町歩弱の不足が出るが、中村・岡本両郷の境界付近を主として検地漏れの部分がかなり見られることなどを計算に入れれば、両者の差は相当縮小するから、そう捉えて誤りではない。

つぎに「渡方」は、最初に「渡方、同摂州上下入目」とあって、天文十八年十一月・十二月分の出費を書き上げたあと、天文十九年二月分から始めて翌年正月分まで、月ごとに詳細な出費の記録が出てくる。最終の収支決算は「卅九貫八百七十二文過上」で、多額の赤字となっているが、これは「借銭」で賄われている。

赤字はともかくとして、この「渡方」のさまざまな出費項目の中で、差し当たり注目される記事を拾うと、まず後五月分の箇所に、二十四日付で「三百十六文　自十一日廿四日迄、指出帳御調時、酒」という記事が出ており、これはあらかじめ指出が徴集され、それが「指出帳」として調えられて反銭賦課の台帳として使用されていたことを物語るものであろう。この時の指出帳なるものはまだ管見に入っていないが、十余年前細川晴元が山城に段銭を課した際に、賀茂社が百姓らから提出させたものをまとめて筆録したものが残っている（「賀茂」、一部欠）。右にいう「指出帳」はおそらくこれと類似のものと見られるので、参考のために一部を掲げることにする。

これには、奥に次のような記載があり、作成年月がわかる。

右指出之状如件、

天文七　九月　日

出分

惣以上廿壱丁八反太《ママ》卅歩

つづいて、適宜途中の一部分を選んで引用する。

皆済

○ひやうへ三ー

大宮郷 一反　梅ノ木　但馬守往ー

小山郷 半　はなゝらけ　さ近大夫往ー

岡本 一反　一ノ坪　同主往ー

岡本 ・半（×一反）　あせゝち　古 宮内大輔往ー

以上三段

大ー三ー

河上郷 半　経所田

中村郷 一反　幸寿大夫往ー

中 一反　同主持

同 一反　経所田

岡本 一反　経所田

中村 一反○半なる　宮内大輔往ー

以上五段半　出分五段

兵衛三郎の分は一筆ごとに字名まで記入されているが、太郎三郎の方にはこれがない。これは個々の作人から提出させた指出がもとになっているから、書き方に統一がとれていないのだと推定されるが、ともかくかようにして作人からの指出のすべてを、住所によって区分けし、点検の上筆録すること、それが先の天文二十年算用状にいう「指出帳御調」にあたるのではないかと思われる。したがって半月に近い日数を必要としたものであろう。こうした準備の上で、天文七年の時には九月二十日から十一月に至るまで、日ごとに氏人中から交替で段銭奉行が任命されて、一～二貫から一〇貫文前後の段銭が収納されていることが、別に伝存する段銭納方目録（「賀茂」）によって確認できる。この指出徴収と反銭収納のやり方は、天文十九年の場合もおそらく同様であったと考えてよいであろう。

さて、引き続き「渡方」の費目中注目すべき点を拾っておくと、五月十四日の日付で「弐百文　反銭儀、日向守方御音信」「十文　同中間酒」と見え、六月二十日には「五貫文　日向守方へ礼」とあり、その他にも日向守への音信を記す記事が散見する。この日向守は、氏人の誰かではなく、前年細川晴元と将軍足利義藤（のち義輝）・前将軍義晴を近江に追い、七月に京都へ入った三好長慶の部下三好長逸である。また、筑前守すなわち三好長慶に対しても、九月十四日の「六百文　筑州鷂代、但出銭、名主百姓可出銭折紙給時」、十月二十五日の「壱貫三百卅一文　反銭儀ニ筑州ヘ捶五荷・肴・饅頭五十・塩引二尺・昆布二十本、臺迄」など、謝礼を送っており、前記の前年十一、十二月分にかかる「摂州上下入目」の記載をはじめ、長慶の本拠摂津へ下向した雑掌らへの路銭支出もたびたび行なわれている。これらは、賀茂社が反銭徴収に際して、いちはやく時の京都の支配者三好長慶および輩下の三好長逸に頼った（あるいは頼らねばならなかった）事実を証するものである。ことに反銭徴収が終わる頃になってもなお出銭しなかった名主・百姓への催促の折紙を、長慶から得ていることは注目されるところである。

以上は、「渡方」の記事のうち、反銭徴収関係の記事であるが、反銭徴収が終わりに近づいた九月に至り、諸郷検地帳の表紙の日付に見られるとおり（第三章〔七〕～〔十一〕参照）、今度は検地が開始されたのである。「渡方」九月分には、直接それに関する記事が登場する。九月分の記事の後半を引用すると、

十六日
三百三文　　起請時酒肴
六十五文　　同肴
廿五文　　盃小折敷汔
七十文　　地下長・役者起請酒
廿七日
弐百五十文　　河上郷検時〔地〕時酒
四十七文　　同肴

と出てくる。検地は九月二十日に小山郷から始められている（第三章〔九〕参照）。当然、十六日の氏人中の役者や地下長の「起請」は、検地を開始するに当たって、不正を行なわないことを誓約したものと見てよい。また河上郷の検地帳を点検すると（第三章〔十一〕参照）、第一筆目の前に「十月廿五日」の日付が書き込まれているので、現地での作業はこの日に始められ、約七町歩を検地したのち一旦休止、十一月一日に再開されて七日に至って終わったことが判明するから、九月二十七日からは約一か月を隔てていることになるが、一方で検地帳表紙には「庚戌天文十九年九月廿六日」と明記されており、作業はこの日前後から始まっていたと思われる。そうすると、九月二十七日に酒肴の出費が記されているのはむしろ当然であり、これは表紙記載の日付が架空ではないこと、現地での作業開始の前に何らかの事情で一定の期間が必要であったことを証するものと受け取れる。

追って翌年正月分の出費には、

弐百文　　大宮郷司周防守辛労分
弐百文　　小山郷司兵衛大夫辛労分
弐百文　　中村郷司松寿大夫辛労分
六百文　　沙汰人三人辛労分

百文　　　五人田所・河上郷司被参之

三百文　　物書辛労分

など、辛労分の支出が連続しているが、これは反銭徴収だけではなく、検地の辛労分も含まれていたと見るべきであろう。

さらに、天文二十年正月三十日の職中算用状（「賀茂」）の「遣方」には「弐百文　けんちの出立、地下長」という項目も見いだされる。先の辛労分からは外れていた地下長への手当である。

もう一つ参照すべき史料は次のものである（「賀茂」）。

□　廿日

（大宮郷カ）□　天文十九年指出面、賀茂百姓ノソキよそ百姓までの定也

（高）□四十（七町五）□段九十歩之内、往来田方引之、残而

卅弐丁（五）□段小卅歩

四十五石五斗　　分米也

十四町九反三百歩　往来田・供田・刀祢神人給迄

拾石四斗八升　往来田方分米

合五拾五石九斗八升

小山郷

高

四十壱町八段百五十歩　往来方引之残

廿六丁一反九十歩

卅六石五斗七升五合　分米
十五丁七反六十歩　往来方
拾壱石　往来方分米
合四十七石五斗七升五合〃

中村郷

高
卅五町五反三百廿歩　往来方引之残
廿八丁六反百四十歩
四十石九升　分米
六丁九反半　往来方
四石八斗六升五合　往来方分米
合四十四石九斗五升五合〃
惣幷而百四十八石五斗壱升〃
八十七丁三反廿歩
卅七町六反半　往来方
幷百廿四丁九反二百歩〃

端上部が欠けていて作成年月は明らかではないが、内容は大宮・小山・中村三郷（最初の一郷は郷名の部分が欠けているが、配列順とこの当時「三郷」と総称された点から見て、そのうちの一郷すなわち大宮郷と見てよい）についての、天文十九年指出面他所百姓分田数幷分米算用状というべきものである。前掲天文二十年正月二十六日、反別礼銭算用状の「渡方」に、十一月七日付で「弐百卅文　田数内算用時一献」と出ているから、それに類する機会に作成された可能性が考えられる。いずれにせよ、検地からそう遠い時点のものではないであろう。初めの部分に「天文十九年指出面、賀茂百姓ノソキ、よそ百姓までの定也」とあることから、天文十九年の指出徴収がここでも立証されるとともに、そのうち賀茂居住の百姓を除いた他所百姓の指出記載田数を郷別に集計、その内を「往来田方」すなわち「往来田・供田・刀祢神人給」とそれ以外とに区分して集計し、それぞれに分米を算出して総計したものがこれであるということになる。「往来田方」とその他の田地との区分、賀茂居住百姓と他所居住百姓との区別がなされていることは注意すべきであろう。百姓の居住地による区別の理由は読み取れないが、分米高を田数で除する計算を行なうと、「往来田方」は反別七升、他の田地は倍の一斗四升が賦課されたことが判明し、田地を二つに区分している意味はそこにあったことが知られる。既に触れたように、天文十九年検地帳では、田地の種類については往来田や供田・刀禰神人給は記載しているが、他の田地はほとんど載せていないこと、作人については住所と名前を全田地について克明に記載していることが目立った特徴であるが、それが右の算用状の内容と密接に関係していることは言うまでもないであろう。この時の検地の意図したところは、やはりこの点すなわち社領諸郷における往来田や供田および刀禰・神人の給田とその他の田地の区別を、現地に即して改めて確認し、全田地について作人の住所・名前を掌握するというところにこそあったといえるのではないであろうか。そして、その必要性はおそらく直前に行なわれた反銭賦課（三好長慶の折紙を得たこと、京百姓分の四分の三に及ぶ未進などから推察されるように、徴集は必ずしも順調には運ばなかった）とからんで意識されることになったのではないか、と私は考える。

天文二十年の検地

最後に、天文二十年の検地を再度取り上げておく必要がある。この検地が、岡本郷の北半分と上中村郷とについて実施されたことは既に触れた。検地帳の記載形式は前年の検地のそれと比べて何ら変化は見られないし、岡本郷の北半分については、前年の検地が行なわれていない地域について初めて調査したものであるから、時間的に遅くなったとはいえ、施行理由に関しては他郷と同様で格別の問題はないといえよう。しかし上中村郷の場合は、西北部の鞍馬街道以西の部分に存在した検地漏れ部分については同様に考えられても、他の大部分の地域には、前年の検地からわずかに半年ほどしか間隔を置かずに再検地が行なわれたのであって、そこには何かそれ以外の特別な理由があったと考えねばならない。それについて検討を試みる。

検討の手段は、上中村郷域についての二度の検地帳の内容を相互比較することしか考えられない。復元図を使用し、対比可能な部分についてやってみると、作人名に変化が見られる田地が結構多い（約三〇％）ことがわかるが、これは検地実施の間隔は半年ほどでも農事暦からすれば丸一年と考えねばならないこと、当主が没して後家に替り、あるいは親の名前で出ていたのが子の名義に変わったりするケースも含まれるとしなければならないことなどを考慮すれば、もっと数値が小さくなるから、むしろ自然な変化を反映したものととらえてよいであろう。ただ、ほとんどは同一人とみて、右の三〇％の中には含めなかったものに、「松崎者」が「松崎与太郎」となったり、「御泥池者」が「御泥池二郎衛門」と書かれていたりするものがあるが、この点が問題である。作人の在所だけが記帳されていても、個人が特定できないからである。その意味では、これは両検地帳の間の重要な変化と見るべきものであろう。御泥池者の場合も松崎者の場合も変化の意味に差異はないし、後者は松ケ崎近辺で二〇例ほど見られるにすぎないので、差し当たり御泥池居住作人について追求してみると、つぎのようなことが判明する。

天文十九年中村郷検地帳では、下中村郷地域で三一筆、上中村郷地域では四四筆の田地について御泥池居住作人が出現するが、前者はそのすべてに作人一人一人の名前が書いてあるのに対し、後者は全四四筆のうち作人個人の名前が出ているのは七筆、人数にしてみれば五名を数えるにすぎない。これはまことに対照的であり、前述したように、天文の検地の目的の一つが、往来田も含めた全田地の作人名を登録するところに置かれていたとするならば、上中村郷に関するかぎり、それは徹底を欠いていたといわねばならない。一年を隔てずに実施されたこの地域の再検地は、これを改めることが一つの重要な目的であったといえるであろう。そしていま一つの目的は、前述のとおり鞍馬街道以西の部分での検地漏れをカヴァーすることであったと考えられる（それは岡本郷北半部についても同様である）。

この見方が妥当とすれば、天文二十年の検地は、特定の必要によって岡本郷北半部と上中村郷地域についてのみ、限定して実施されたのであって、他の諸郷には及ばなかったとみなして差し支えなく、その点享禄五年の検地が岡本郷のみではなく、他郷にも及んだ可能性を残すのとは区別されるべきであろう。

（1）たとえば、「岩佐家文書」に残る多数の御結鎮銭返抄の中には、往来田のものがかなり見られる。つぎのものは一例である。

納　大宮郷御結鎮銭事
合八十文　　一反分
右、飛驒守往来田則弁、所納如件
元亀四年正月十三日　　（花押）
— （花押）
— （花押）
— （花押）
—（花押）　— （花押）

（2）「賀茂注進雑記」（『続々群書類従』第一、神祇部）の「社家」の部に、「諸国の社領落行候より、社職をかけて神役勤儀難堪候へば、年久しく末社の社司は闕職に成行候故、代官と號して、年ごとに五人づゝ氏人替り、神前の役儀勤来りて候」と記すのは、まさしくこのような事態を指しているのである。

（3）この川の名は今は失われているようであるが、私の中村郷検地帳所載記事の地図化（第二章第三節）にともなって判明したものである。

第二章　賀茂別雷神社境内諸郷の地図上復元

本章は、別に添付する復元図と合わせて、本書の主目的である賀茂社境内六郷中五か郷の田地の地図上復元に関する叙述に充てる。郷ごとに節を分かって記述するが、いきなり郷別の個別具体的説明に入るのは不用意にすぎるので、第一節では、あらかじめ全般的かつ前提的に述べておくべき事柄について記述する。

第一節　検地帳地図化に際しての前提的解説

復元図作成のための凡例的事項

既に述べたとおり、復元図作成に使用した検地帳は合わせて六巻と六冊あり、うち中村郷のものが一巻と二冊、岡本郷のものが二巻と一冊で、他の河上・大宮・小山各郷のものは、いずれも一巻と一冊である（第三章参照）。

復元作業は当然ながら一巻ごと、一冊ごとに行なっている。したがって完成した復元図は合計一二枚となるはずであるが、河上郷の復元図だけは、あまりに規模が長大で扱いにくいため、作業進行の途中で、本来一図であるべきものを南北に二分割し、二枚を四枚に仕立てなおしたので、結果的には一四枚の復元図を作成したことになる。それに加えて、境内諸郷全体の様相を俯瞰的に把握する便宜を考慮して、縮尺を小さくして道路・主畦畔と水脈のあらかたを記入した境内諸郷全図の上に、記入可能な範囲で、復元の結果および他の関係史料によって判明した、中・近世の小字名を大体の位置に書き入れたものをもう一枚作成し、第四章の地名研究にも役立てることにした。

これらの地図は、もとになっているのが地租改正当時に村ごとに作製された地籍図・字限図であり、それらを筆写してつなぎ合わせ、その時に生ずる相互間の不適合を適宜補正し、さらに縮尺をかけるという作業を自分で行なった結果として出来上がったものであるから、縮尺については記入を省略せざるを得ず、また文字の書体も書いた時期によって異なっており、大小不揃いでもあって、素人の自筆作図の不手際を各所で露呈しているが、中世の田地図として見るかぎり、大きな不都合なしに使用に耐えるものと考えている。(1)

ところで、境内六郷を配列するとき、それには一定の順番があること、すなわち河上・大宮・小山・中村・岡本・小野の順で並べられるのが常であったことは既に触れた(「はじめに」注3)。そこで、次節以下において郷別に地図上復元の解説を行なうにあたっても、その順番にしたがって節を配列するのが本来であるが、ここではあえてそれにこだわらないことにし、まったく逆の順番で、岡本郷を先頭に順次河上郷に至る方法をとった。それには、天文十九年検地の施行順が上記の通例と異なっていることも影響はしているが、何よりもそもそも私がこの検地帳の地図上復元を試みるについて、いちばん最初に手がかりをつかみ、したがってもっとも早期に復元を完成させたのが岡本郷であり、この郷からとりかかるのがやり方としてもっとも適当であると考えたからに他ならない。

それから、以後の叙述では、諸郷検地帳を一点ごとに特定して指示しなければならないことが非常に多くなるが、いちいちフルネームを記すのは煩雑の上に無駄でもある。そのため、あらかじめ略称を定め、原則として常時それを用いることにする。例示すれば、岡本郷宝徳三年地からみ帳写は「岡宝」、同享禄五年検地帳は「岡享」、同天文十九・二十年検地帳は「岡天」とし、いずれも上下に「　」をつけて記す。他の諸郷もこれに準ずるものとするが、中村郷の場合に限り、天文十九年と翌二十年と一年違いで同一地域の別帳があるので、これだけは「中天十九」および「中天二十」と年数を加えて区別する。そして、それぞれの検地帳に記載されている一筆ごとの田地を特定する必要がある時は、首部からの記載順を示すアラビア数字(次章において翻刻する各検地帳に付記してある)を、右の略称の下に№の記号を付して表記することとする。たとえば「岡宝」№3は岡本郷宝徳三年地からみ帳(以下「写」は省略）の第三筆目の田地を指し、「中天十九」№50は、中村郷天文十九年検地帳の第五〇番目相当の田地を意味する。ただし、叙述上検地帳の略称を省いてもさしつかえない場合は、単に№15のごとく記すにとどめる。以上、最初に第二～六節の全体にかかわる凡例ともいうべき事柄のいくつかを記述した。

検地帳の記載例

つぎに、検地帳の記載例を掲げる。これは、第三章において全文の翻刻を行なっているので、それと重複して無駄ともいえるが、それを承知であえて掲載するのは、もっぱら説明の便宜を慮ってのことである。

引用するのは、岡本郷の三検地帳のそれぞれ十数筆分である。相互に比較対照可能な部分を抽出しており、これは一つには次節における解説に役立て、かたがた他郷の場合をも含めての代表的事例たらしめる意図に基づいている。なお、記号等の表記については、第三章の例に従うものとする。

〔「岡宝」冒頭部分〕

一ノ坪ノ東ノ一

1◎一反　千代石大夫往〔往来〕ｌ○以下同。　乍〔作〕○以下同。人　掃ア

次ノ西
一反　供御所　乍人　左衛門大〔太郎〕ｌ○以下同。梅辻

次ノ西
◎二反　臺飯田　乍人

次ノ西
一反半　斎院田　乍人　右近大ｌ　田中

5 次ノ西 ◎二反 御壇供田 中大路 但、左近将監持分 乍人

次ノ西 ◎一反 新袖田 掃ア頭分 乍人

次ノ西 五反 陰陽田 乍人 信濃守

次ノ西、溝極、ソハウ ◎一反 彦藤大夫往丨 乍人

次ノ西 ◎一反 藤満大夫往丨 乍人

10 次ノ西 ◎一反 竹松大夫往丨 乍人 衛門五丨子、池 衛門大丨

次ノ西南、ハヲリ 一反 鎮守田 乍人 又三丨後家

次ノ北、半折 ◎一反 愛松大夫往丨 乍人

次ノ西、岸極、ヌカ田 二反 経所田 乍人 太田 六丨

14 次ノ西 ◎一反 愛烝大夫往丨 乍人

〔「岡享」冒頭部分〕

一坪東ノ一初

1 ◎一段 丹波守往丨 作 兵次郎

次ノ西一段　供御所　作　池殿慶四郎
同次◎一段　前たいは田亀大夫往丨
次◎一反　同(左近)さこの大夫往丨
一反半　院斎田　作　中新さへもん
次一段　御たんく田雲ちやう院　作人　池孫兵へ
一段　袖田　岩寿持千夜叉大夫　作　中三郎兵へ
次西五段　陰陽田　大丨大夫持
同　福増大夫両人持
次西、ミソノハタ、ソハウ◎一段　鶴夜叉大夫往丨
次ノミソノ西◎一段　縫(ママ)衣助往丨
次西◎一段　式ア少輔往丨
次ノ◎一段　幸嶋大夫往丨

次西ノ南、ハヲリ
一段　鎮守田主計持　　作人　孫兵へ
次ノ西、きしきハ
一段　経所田　乍人勝願院持
作人　兵衛大ー
15◎ 次西
一段　藤寿大夫往ー

〔「岡天」冒頭より数えて二三三筆目以降の部分〕

一ツホ
233 東一
一反　中 二ー兵へ　往ー
次西
一反　梅 左衛門二ー　往ー
235 次西
一反　小三ー殿作　往ー
次西
一反　梅 新兵衛　往ー
次西
一反半　梅 五ー衛門
次西
一反　池 さ衛門大ー
次南
一反　梅 さ衛門三ー

240 次西 一反　中 二ー兵へ
次西 一反　梅 さ衛門二ー
次西 一反　梅 さ衛門三ー
次西 一反　右馬助作
次西 一反　ミそまゝけて　竹 さ近二ー　往ー
245 次西 一反　縫殿助殿作　往ー
次西 一反　中 新さ衛門子

ユ〔ヌ〕カ田坪

東一 一反　梅 さ衛門大ー
248 次西 一反　又（小カ）二ー殿作　往ー

検地帳地図化実現の端緒

右の記載例は、岡本郷の三検地帳から同じ字名に関わる部分を抜き出してある。最初の「岡宝」の記事を見たとき、一見して特徴的なのは、既に「はじめに」において触れているとおり、各筆田地に洩れなく方角記載があることであり、つぎにこれと合わせて時折挿入されている「一ノ坪」「ソハウ」「ヌカ田」などの字名や、「溝極」「岸極」あるいは「ハヲリ」など田地の環境・形状をものがたる記載のあることが注目される。「岡享」の場合も、その記載様式は前者に酷似し、まったく同様の特徴を備えている。「岡天」もまた、やや前二者と様式を異にするものの、方角記載があり、字名・用水路の位置などを示していることは、まったく変わりがない（その他の記載内容については、ここではとりたてて触れる必要はない）。

岡本郷のみならず、他の諸郷検地帳にもおしなべて見られるかような特徴は、既述のとおりあまり類例を見ないものであるが、私は検地帳を繰り返してためつすがめつ眺めたあげく、これを効果的に利用すれば、たとえ全面的にとはゆかぬまでも、かなりの程度まで、室町・戦国期における諸郷田地の存在形態を図上復元することが可能であり、そこから諸郷の境域をはじめ、社領田地がはたして一円的まとまりをもって存在しているのか、それとも他領といかほどか入り組んでいるのかという問題、田地と用水との関係、作人と田地との関係、往来田・供御所田・台飯田など諸種の異なる性格の田地が、それぞれどういう立地を示しているのかという問題等々を、これまた全部ではなくともいかほどか解決し得るのではなかろうかということに思い至った。そしてこれをやってみることにしたのである。今をさかのぼること四十数年の若かりし頃のことである。

作業は、まず各検地帳所載の田地一筆ごとに、記載順を追って番号をつけることから始まった。これは検地帳の記載事項と、図化した場合の地割区画上のそれとを、何時でも直ちに対比できるようにするための用意であり、また、復元図上に検地の進行順を示すための準備でもあった（前述したとおり、以下の復元手順の説明に際しては、個々の田地を特定して指示するためにこの番号（No.）を使用する）。その上で、画用紙を裁断して、およそ五×三・五センチの小さなカードを作り、それに一筆ごとの記事を一定様式で転載することにした。こうして出来上がったカードの総枚数は五六〇〇枚近くに達した（「中天二十」については実施しなかった）。このカードを方角記載にしたがって縦横に並べてゆけば、いくばくかの田地群が図示できるはずであり、さらにそれを地字名や用水路の位置との関連で、何とかお互いに結びつけることができれば、検地施行当時の実際の地形と完全に一致はしないまでも、それを推測せしめ得るような、一種の地図が作れるであろうという予測であった。

私は、この仕事をまず先に記載例として掲げた「岡宝」の巻物の冒頭部分から始めたのである。したがって、以後の作業手順に関する説明は、実は次節の内容の一部に相当すべきものなのであるが、同時にこの部分の仕事は、全検地帳の図上復元についての試金石的な意味合いも持っているので、いましばらく、このままで記述を継続することにする。

さて、ここで突き当たった大きな問題は、当然ながら田地の形状如何ということであった。定形か不定形か、定形とすれば長地か半折か、その如何は、復元が成功するか齟齬をきたすかの鍵を握るものだからである。しかし、この問題は、少なくとも岡本郷や中村郷・大宮郷などの場合には割合解決が容易であった。それは先の記載例に明らかなように、「一ノ坪」あるいは「一ノ坪」などの字名が発見でき、また「ハヲリ」という注記も見られるところから、このあたり一帯がいわゆる条里制地割の残存地域であったとみなし得るからである。大半の田地には「ハヲリ」の記載は見えないが、これは逆に原則としてそれらが長地であることを意味すると見ればよかろうと考えた。これは大要において妥当な見方であったことが、結果的に立証されることになったが、ともかく最初にそういう見当をつけて作業を始めたのである。

書き出しに「一ノ坪ノ東ノ一」とあるから、検地は字一ノ坪の東縄本を起点としたことがわかる。以後それは南北に長い長地形田地を順次西へとたどり、№8まで、田積にすれば一町四反半を算えて、「溝極」に達する。ここで問題なのは、溝が№8の田地の東西いずれに位置したかであるが、ここには同時に「ソハウ」という字名が記され、つまりこの溝が字界をなしたと見られるから、それは東側にあったと見るのが妥当であろう。そのあと同じように長地が二枚続くが、ついで半折形田地が二枚南北に並んで連なり、つぎにまた長地形の二反が接続する。これは再び「岸極」にあり、同時にここから地字名は「ヌカ田」となる。やはり用水路がこの田の東沿いにあったと推定されよう。

おおよそこのような手順で作業を進め、並べたカードが一ないし数個の字ごとにまとまると、これを方眼紙上に一

上賀茂の町名分布図（1971年以前）

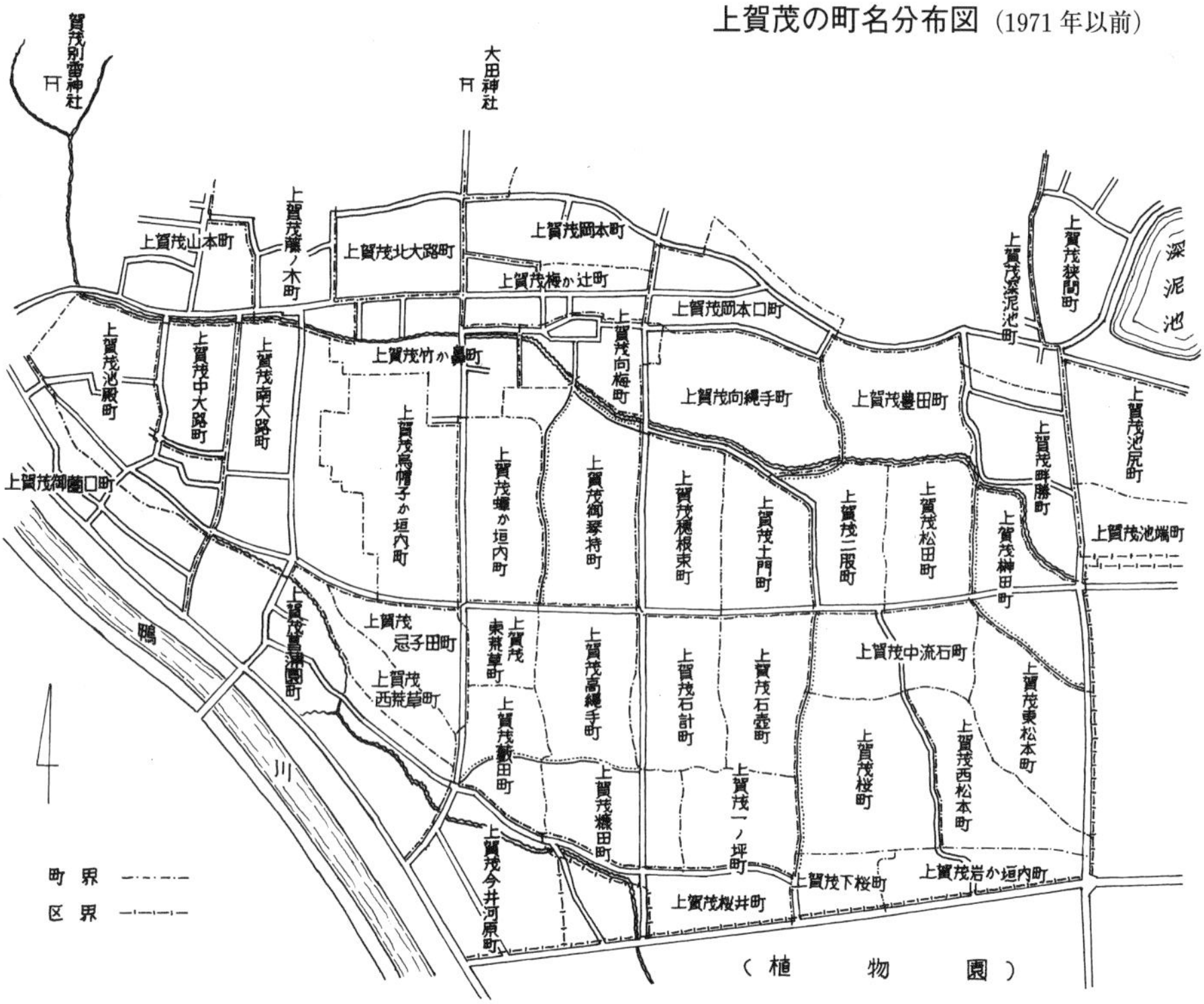

定寸法にしたがって転載した。どうしても辻褄が合わず、放置して先へ進んだ部分もかなり出てはきたが、それでも「一ノ坪」をはじめ「ソハウ」「ヌカ田」「カスヘ」「二ノ坪」「小石田」「石田」「高縄手」「マチ田」等の字名で括られ、条里地割上に並んでいたと推定される田地群について、大体図上復元を成し遂げることができた。

一方、私は諸検地帳に現われる室町・戦国期の字名のうち、現に残存するものがないかどうかを地図上で検索し、たとえば岡本郷の場合であれば、上賀茂の社家町のすぐ東にあって、そのころはまだほぼ全面的に田地の残っていた地域の町名のなかに、残存地名が相当多いことをつきとめた。上賀茂一ノ坪町・同糠田町・同石計町（石田と主計の合体したもの）・同高縄手町その他である（「上賀茂の町名分布図」参照）。とりもなおさず、この地域こそかつての岡本郷であると考えて間違いはない。そこで、この付近の地図を、ある程度完成した方眼紙上の復元図と対比してみた結果、詳細はわからないけれども、どうやら室町・戦国期の田地が、ほとんど様相を変えずに残っていそうだという見通しを持つことができた。

それから私は、京都周辺の市街地化が急速に進んでいるにもかかわらず、なおこの地域が田地をそのまま残していることを物怪の幸いとして、この見通しを確かめるために現地へ出かけていった。一九五八年（昭和三十三）三月のことである。社家町の中央部を大田神社から南へ通ずる道路を歩いて、上賀茂蟬ケ垣内町の西北隅あたりに出ると、遥か南の植物園の森に至るまで、一面の田地が広がっていた。地図を見ながら東西南北の道路・畦畔をあちらこちらと歩きまわり、田地の形状や用水系統を調べてみて、さして時間もかけずに、自分の作成した中世の田地図と目の前の現実とがほとんど完全に符合すること、言い換えれば、室町・戦国期の田地・用水路の姿、さらにはさかのぼって古代のそれさえも、幾世紀をこえて目の当たりに見ることができるのだということを確認したときの喜びは、まことに大きかった。胸が高鳴る思いがしたことを、今もはっきりと覚えている。

そして、こうなればもうカードをあれこれと並べてみたり、その並び具合を方眼紙上に転載するというような煩雑な手続きを繰り返すことは不要で、明治の地租改正当時に作成された地籍図・字限図が利用できれば、そこに描かれた田地区画上に検地帳の記事を当てはめてゆくことによって、より効果的にかつ完成度の高い田地復元図を作成できるはずということになる。そこで私は、その時泊めていただいた父の従弟戸田保業氏宅から、正子夫人の案内で法務局の上賀茂出張所を訪ねて錦部保孝氏のお世話になり、のちには、又従弟竹森章氏の協力も得て、京都市役所・同北区役所などを訪ね歩いて、上賀茂近辺の地籍図や字限図を写し取らせてもらった（市役所では父の従妹坂口千代子氏にもお世話になった）。その地籍図写に字限図上の畦畔・水路を書き込み、出来上がった図面に先と同様の方法で検地帳の記事を書き載せていった。これで復元作業ははるかにスムーズに進んだ。添付の復元図に見られるように、推定線を挿入して修正を施さないと辻褄の合わない部分もあったけれども、大半は見事に検地帳の記載事項をその当時まで現在した田地の分布状況に適合させ、作図することができたのである。

（1）　大宮郷の天文十九年検地帳にかぎり、浄書を他に依頼した。校正に際しての補正だけが自筆である。

第二節　岡本郷検地帳所載記事の地図化

岡本郷地からみ帳復元図の作成

岡本郷検地帳二巻一冊の所載記事を地図上に復元するという本節の主題は、ある程度までは前節における代表例としての記述で果たしているが、それだけでことが終わったわけではない。第一、前節の記述は「岡宝」を中心とする説明であり、「岡亨」や「岡天」の復元についてはあまり触れていないといってよい。それに「見事に」適合とはいっても、それはあくまで「大半は」という限定つきである。検地帳の記載と字限図上の地割とが簡単には適合しない箇所もかなりあり、また、早くに宅地化したという理由などで字限図が利用できなかった部分については、まったく推定に頼るほかはなかった。さらに、矛盾に逢着してあれこれと考えた挙句、検地帳自体に若干欠失部分があるという事実が発見されたりもした。復元手順の大略の説明は前節の記述で事足りるが、そうした特別の部分に関しては、引き続いて具体的に説明する必要がある。

まず、改めて二巻一冊の検地帳の記載筆数ならびに田積を見ておくと、「岡宝」一巻には、合計二五〇筆の田地が記載されており、原本の記載に従えば、合計田積は三六町六反二〇歩である。また、「岡亨」には合計四五六筆四六町九段三五〇歩、「岡天」には三四四筆三二町六段四〇歩の田地がそれぞれ記載されている[1]。筆数・田積とも相互にかなりの異同があることが注意を引くが、それが何に由来するかは、復元図の作成過程でおのずから解明されるはずである。

さて、前節に述べたような次第で、順次「岡宝」の復元図を描き拡げていく過程で、最初に行き詰まったのは、№31から№44までの部分をどう復元するかであった。この部分の方角記載は、条里制地割とはとうてい考えられない不規則な田地の並び方を示しており、それだけに置き方を一つ誤れば大きな狂いを生ずる恐れがあった。№31の田地には「八条ノ東ノ一、南ノ岸ノ下手」という位置指定と、それにつづく「臺飯田松間少在之」との注記が見えるが、「八条」なる字名は近現代の地図などには見当たらず、せっかくの手がかりも役立てることができなかった。「岡宝」に見える前後の記事との関連からすれば、これら田地の在所は大体その当時の上賀茂忌子田町か同西荒草町、あるいは同菖蒲園町あたり（現在の上賀茂荒草町・同藪田町の西部と同菖蒲園町南半部）かという見当はついたけれども、それ以上はどうしようもなかった。あとで考えると、これは地からみ帳の欠失部分がすぐあとに存在した（後述）ことにも大きく影響されていたのであるが、とにかく当初復元は困難視され、実際上この部分はかなりの年月放置せざるを得なかったのである。

これにまず解決の見込みを与えることになったのは、「岡享」の同一区域に関する記事であった。それは「岡享」№33から№47に至る部分であるが、ここの記事は「岡宝」の記事に酷似する一方、「岡宝」では見いだせない「川成」関係の注記が多く見られるのである。すなわちまず№33に「流云々」と見え、№40から№44までは連続して「川成」とか「川ヨリ、川成」と記され、また№46にも「ナカレノコリ小ホトアリ」と記されている。これはこの辺りが賀茂川かその大きな支流によほど近接していたことを意味し、めざす場所の範囲はこれによってかなり限定できるのである。これに加えて、その後もう一つ有効な史料が発見できた。それは賀茂社に保存される紙背左上部に「元禄五年以後本郷田地之図」と記された巨大な絵図である。これは現在の上賀茂梅ケ辻町東端から真っすぐに南下する道路以西に相当する地域（つまり大体旧岡本郷の西半分）に存在した田地の区画を詳細に描き、元禄当時の氏人の往来田や家領の分布状態をいちいち明記したものである。当然ながらこの絵図が示す地割の様相は、私が字限図をつなぎ合わせて作成した地図とほとんど異同なく一致するが、それはさておき、この絵図には家のある場所とか木や葦などの繁っているところにはその模様がきめ細かに書き込んであるという、地籍図・字限図にはない特徴がある。そして、それによれば現菖蒲園町該当の部分は葦原であって田地がないのである。この発見は「岡享」の上述のような記載と

旧上賀茂豊田町北部山麓より植物園方面遠望（1958年撮影）

関連づけるとき、まことに貴重な役割をはたすことになった。一連の田地群の在所は現藪田町西部から荒草町西端にかけてのあたりであることが明瞭になり、田地の並び具合をどう字限図の地割に適合させるかでさらに長考を必要とはしたが、なんとか妥当と思われる復元をやりとげることができた。

つづいての問題は、№45以下七筆ほどの田地の在所がどこかということであった。№45の田地には単に「次」とのみ記され、方角も知れず、字名もわからないからである。しかしこの場合は、№46から№51までの田地がすべて「次ノ南」という方角記載を持ち、そこからこの田地群は東西に長い長地型田地の整列の様相を示すものと推測されたから、筆数からいっても適合的でかつ他との競合関係も生じないという条件付きで、前後関係を考慮に入れつつ、さような地割を字限図上に求め得さえすれば解決可能ということになる。その見込みのもとに、私はこれらの田地を現上賀茂烏帽子ケ垣内町の北部に残っていた地割の上にまさに適合的に当てはめることができた。

そのすぐあとの部分も最初は何とも解決しがたいもの

であった。№52の田地には「上蕪田ノ西ノ一」という、字名を含む位置指定がなされており、以下方角記載をたどると、検地は東へ東へと進められたと見られる。この上蕪田はその頃の上賀茂藪田町（ほぼ現藪田町の東南部域）なる町名につながるものであることが予想され、事実そのあたりの字限図の地割は地からみ帳の記載と適合することが容易にわかった。しかしながら、検地がかかる順序で進行するとすれば、この宝徳三年の地からみでは、土地の調査が№44の田地から№45の田地へ、また№51の田地から№52の田地へと距離的にかなり跳んだとしなければならず、検地のやり方としてはずいぶん不自然な感じを拭えない。また、その結果として、当時の烏帽子ケ垣内町南部ならびに忌子田町のあたりに、そのころなお田地が残っていたにかかわらず、「岡宝」に記載を欠くために復元図が空白になってしまう部分がかなりできることになるのである。この部分には室町期には田地がなかったのか、あるいは他領であったかなどと考えをめぐらしてみたが、それにしては空白の残り方がなんとも不自然なのである。いろいろ検討しているうちに、私は「岡宝」の該当部分の記載がおかしいことに気づいた。境内諸郷検地帳には、帳末のみならず途中の所々に、部分的に田積を集計した数値が「以上何町何反何歩」という具合に書き込まれているが、たまたまこの部分にも、№45と№46との間に「以上四丁五反半廿歩」、№51と№52の間に「以上三丁八反半」と記入されている。このうち前者は№1から№45に至る田地の面積を集計した結果であることが、実際の計算と数値が合致するので証明される。ところがそれと後者との間には、わずか七筆八反歩の田地しか記載されていないのである。「以上三丁八反半」という記載に信を置くとすれば、約三町歩の田地が記載されていないことになる。これはどう見てもおかしい。それに復元図上の空白部分は、どうやらこの三町歩に見合う面積を持つもののようである。かくて私は、この箇所に地からみ帳自体の欠失部分があるのではないか、多分そうに違いないという推測を持つに至った。

同様の例は、さらに作業を続けるうちにもう一つ出てきた。右述の推測の解決は即座にはできず、後回しにしてとにかく先へと復元を進めたのであるが、№52から№139に至るまではさしたる支障はなかった。ところがその後にまた行き詰まり、それと関連してまたも地からみ帳の一部欠失を推測させる箇所が出てきたのである。まず最初にNo.140の田地をどこに置くかが問題であった。この田地については「梅辻東作手出口、北ノ一」という位置指定があるので、大体の場所はわかるのであるが、いざとなると字限図の地割上に位置を確定することができなかったのである。そこで私は、これをしばらく差し置いて、少し先の部分に手を付けてみた。いわば搦め手から攻めてみたのである。No.141以下の帳上の記載は、「次東、安藝 一反」「次南 一反」「次西 小」「次ノ北 二反」「次ノ東 一反」という具合に続き、以後No.152までは検地はそのまま東へ進む。そしてNo.153に「次ノ南、東ノ一 三反」と見え、そのあとは逆に西へと田地がたどられる。このような検地進行順と筆数・田積などを勘案すると、これに適合的な地割は、そのころの上賀茂向縄手町区域の字限図に見えるものがそれらしく思われた。そこで私は、とりあえずNo.144からNo.160までの田地について字限図との比較を試み、No.155からNo.157までの三筆の田地が、畦畔を跨ぐ形で存在するのだというような事実に思い至るまでにかなり苦労はしたが、挙句にとにかくそれだけの田地を図示することに成功した。そしてそこから逆に推定することにより、No.140とNo.143の田地を字限図の示す地割の枠外に推定線を引いて位置させれば、No.141・142の二枚を含めて、ここの復元は完成することを探り出したのである。「梅辻東作手出口」という場所もこの結果特定できることになった。

ただ、その場合にNo.143からNo.144への移行を示す方角記載が、田地の位置自体からすれば「次ノ東」とあるべきなのに、事実は「次ノ北」と書いてあるのが唯一の不審であった。しかし、右に述べたNo.140からNo.160までの復元は、この不審を解消できるようにと考え直しをしてみても、やっぱり動かしがたいように思われたので、時には書き誤りもあるかもしれないと、ここは一応それで片付けることにしたのである。ところが、そのまま復元を進めてゆくと、その当時の上賀茂御琴持町・同穂根束町に相当する部分にまたもかなりの空白ができてしまった。そして、ついに最後まで、これを埋めるのに適当な地からみ帳の記事は出てこなかったのである。既に前述のような類似例もあり、私はここにもやはり地からみ帳の欠失部分の存在を推測せざるを得なかったのである。推測される欠失部分を補って考えると、No.144に「次ノ北」とあるのもそのまま矛盾なく認めることができそうであった。こうして、私は計二か所について自分の推測が妥当かどうかを確かめなければならなくなったのである。

前述したように、宝徳三年の地からみ帳は、作成当初のものではなく、明応九年書写のものが残っているのであるから、もし推測される欠失が書写以前に生じていたのであれば、たぶん推測は推測のままに終わらざるをえないが、書写以後のことであれば、欠失の有無は該当箇所に紙継目があるかないかで確認できるはずである。私がこの復元に当たって用いた史料は、東京大学史料編纂所架蔵の賀茂別雷神社文書影写本から筆写したものであって、この影写本には紙継目の位置が記されていず、こうした推測の妥当性は即座には確かめられなかったが、後日何回目かの現地調査に赴いた際に、私は賀茂別雷神社社務所に請うて地からみ帳の原本を見せていただいた。そして私の推測していた箇所すなわちNo.44とNo.45との間およびNo.143とNo.144との間に、まさしく紙継目（五）と（一四）があることを発見できたのである。こうして地からみ帳写の原本の一部に欠失があることが確認できたことは、後々この岡本郷の地からみ帳を史料として用いる際の種々の障害を、未然に除去することができたという意味で大きな収穫であった。また宝徳の地からみ帳所載の田地の筆数と帳末の田積合計との対応関係を、他の享禄・天文検地帳におけるそれと較べた場合、先に記したとおりかなり大きな懸隔があるが、そのいわくもこれで明らかになったのである。

さて、つぎに復元が順調に行かなくなったのは、No.215からNo.235までの部分である。No.215には「小フケノ西南ノ一」とあるが、「小フケ」という字名の所在はわからなかったし、また、それまでの検地進行順から常識的に判断すると、この田地はNo.214の東隣りあたりに位置しそうに思えたが、その付近に該当しそうな地割は見いだせなかった。行き詰まっていろいろと検討を重ねた私は、やがてこの箇所の記事が天文十九・二十年検地帳の冒頭部分のそれと同じ場所に関するものであることに気づいた。すなわち両帳は次のように対比できるのである（この場合、作人名および朱圏・合点は不必要なので省略）。

「岡宝」の記事				「岡天」の記事		
215	小フケノ西南ノ一 一反半	下社供僧田		5	次南 一反半	
216	次ノ東、川ハタ 一反	備中前司往｜		6	次東 一反	往｜
217	次ノ北 三反	妙勧寺田 塔		4	次南 二反	
218	次ノ北、東ヨリ 一反	飛鳥井田		3	次西 一反	
219	次ノ西北 一反半	寶幢院田		2	次西 一反	
220	次ノ東、大道まで 二反半	飛鳥井田 ＊「塔」		1	ミトロ池口 二反	

「岡天」の№５と№６の田地の順番が入れ替わるが、これは方角記載と田積、往来田である事実の三者について「岡宝」と対比することで、妥当な入れ替えであることが証明できる。また、一部に田積の異同が見られるが、他郷の場合を含めて一般に天文の検地帳は田積を少なめに見積もっているのが通例で、田積の差は田地自体の違いを意味しないと見てよく、他の部分との関連からしてもこの対応関係にまず間違いはない。そうすると、「岡天」の№１の田地の位置指定から、これらの田地は深泥池口に位置したことがわかるし、同時に同一田地である「岡宝」№220の記事からは、それが「大道」の西にあったことを知り得るのである。深泥池付近をとおる大道といえばおのずから定まり、すなわち鞍馬街道ということになる。右の田地群の在所はこうして確定的となった。しかし都合の悪いことに、このあたりすなわち当時の上賀茂深泥池町・同畔勝町関係の字限図は、ここが早くに宅地化してしまっていたため田地の地割は消えており、まったく使いものにならなかった。結局、推定線を引く以外に術はない。よって私は、「岡宝」と「岡天」とでは検地進行順が逆になっている点に注目し、両者の方角記載に矛盾をきたさぬように線を引け

ば、田地のありようを確定できると考え、田積を勘案しつつ復元図に見られるとおりの地割ラインを描き出したのである。あとはその上に地からみ帳の記事を転載すればよかった。不明であった「小フケ」という地字の在り場所もこうして結果的に判明したわけである（のちに、賀茂別雷神社文書の調査中に「上賀茂御社領之内本郷田地麁絵図」と題された絵図（近世文書、年月日欠）を発見した。これは乙井川以北の地域の小字名を克明に図示したもので、その中に「小フケ」の字名も見いだされたが、その位置は右の復元図と完全に一致した）。

つづいてはNo.221から後の部分の復元が面倒であった。これは方角記載に従えば深泥池町の付近に存在した田地とする以外に考えようはなかったが、後にも触れるとおり「岡享」にも「岡天」にも該当する記載が見当たらないため、前述のような対比の便宜もなく、また町地であるためにやはり字限図は使えなかった。条件は最悪で、もっぱら推測で田地の地割を描き出すより外はない。私はNo.226の田地に「池内、未申ノ角 一反少々荒」とあったり、つづくNo.227に「次ノ北へ通 池内 一反」、あるいはNo.228に「次ノ西、路ノキハ、一反」、No.230にも「次ノ西、路ノ上、一反」、ついでNo.231には「次ノ西、鞍馬大道ノハタ 一反」などとあるめぼしい位置指定の記事だけを頼みにして推定線を引いた。「池内」とは深泥池の池敷内ということであって、深泥池は名前からしても池というより湿地帯というべく、池敷の一部に田地を含んでいたのであろう。「少々荒」というのもそれにふさわしいなどと考えをめぐらし、地勢上田地がありえたと推測できる場所に、記載田積を睨み合わせつつ田地の地割を描き出し、それに一筆ごとの記事をあてはめていったのである。その正確度を確かめる術はおそらく永久にないであろうが、まず大綱は間違いないものと自分では考えている。地蔵堂があったと推定される場所に、現在もそれが存在する（ただし、もとからのものではなく、小さな石仏を並べて屋根をかけて祀ってある）ことはその一証左といえるであろう。

最後に、この「岡宝」では、帳末の氏人等連判のあとに二筆の田地が追録されている。No.249とNo.250がそれであるが、これは前者が「袋辻、窪御堂田」であり、後者が「エホシカカキ内、堀北ノ垣内」という位置指定を持つので、それを頼りとして、正確な位置を突き止めることはかなわぬながら、大体このあたりと思われる場所を推定して書き載せておくことにした（「袋辻」については、のちに安永年間に描かれたという「賀茂社家宅七町大旨之図」（写本、井関氏蔵）[2]に「袋ノ図子」の記載があるのを見いだした。現上賀茂南大路町の南部に当たる鍵形の袋小路である）。

以上で「岡宝」の地図化の作業はすべて終わった。室町中期の田地の姿がいかに見事に保存されていたかを、この復元結果は如実に物語っているといえよう。その典型的な一例はNo.76の田地一反において見られる。この田地には「半折、溝上へカヽル」という田地の形状、存在態様を指示する注記があるが、当該田地は復元図作成当時にも相変わらず半折形を呈し、しかも西北隅から東南の隅へかけて、対角線様に溝が通っていたのを確認することができた。また、No.127の田地二反については、「次ノ北、丁通」という注記が見られるが、これは字限図上ではNo.123からNo.126までの田地が半折様をなしているのに対し、その北に隣接して長地形を呈する田地となっており、その場合田地の境界をなす畦畔はまさしく「丁」の形を示すのである。No.89に「次ノ西、半折」No.90に「次ノ南、半折」という方角記載・形状指示が見えるが、これも復元図上でそのとおりに所を得て納まっていることが確認される。同様の例が枚挙にいとまないことは、復元図自体が雄弁に物語ってくれると思う。

岡本郷享禄・天文両検地帳復元図の作成

次に「岡享」「岡天」の両帳についての復元手順は、「岡宝」の場合に準じ、しかも同一地域についての前例があるだけに、それと対比しつつ作業を進めることができたから、全般的にいえば、より容易に復元図を描き上げることができた。ただこの場合も、時に字限図が使えなかったり、方角記載の欠けている部分があったりしたこと、それに同じ岡本郷に関する検地帳でありながら、その関係境域に三帳それぞれ多少の出入りがあることなどのために、新たに解決に取り組まねばならなかった箇所が若干はあった。これらについては、なお少々付け加えて述べておかねばならない。

旧上賀茂穂根東町西端道路上より松ケ崎方面遠望（1958年撮影）

まず、「岡享」の場合最初に解決を必要としたのはNo.48からNo.63までの部分であった。ここには方角記載がなく、No.48に「フクロノツシノ出口」とあり、つづく一四筆の田地（No.62まで）にいずれも「同」と見えるのが手がかりではあったが、遺憾ながらその時にはそれがどこか見当がつかなかったので行き詰まったのである（「岡宝」No.249に「袋辻、窪御堂田」なる記載があったが、当初その位置はかなり当てずっぽうの推定しかできなかったことは、先に触れたとおりである）。結局ここは、前後の検地順から見当をつけると、当時の上賀茂忌子田町のあたり（現在の上賀茂荒草町西部）であると推定され、とすれば、「岡宝」のこの区域は記事が欠失しているが、「岡天」との対比検討は可能なのでやってみると、前後の区域の復元から考えてこの田地群に対応すると推定のつく部分があり、そこは「荒草坪」と呼ばれていたことが判明し、「岡天」では方角記載もあるので、それらを考え合わせて、なんとか復元を終えることができた。

つぎにNo.309から帳末のNo.456に至る部分であるが、これに相当する田地は「岡宝」にまったく見当たらず、「岡天」にごく一部だけ（五筆四反）記載されているにすぎなかったから、ほとんど白紙状態で復元を進めなければならず、行き詰まる箇所が少なくなかった。No.317に「アセカチ」の字名が見え、これが当時の（現在も継承）北区上賀茂畔勝町に引き継がれていること、No.320に「次ノ東ノ大道ハタ」、No.372にも「次ノ南、大道畔」とあって、それらが鞍馬街道に沿って存在したと推定されること、No.347には「池ノ水口」とあるから、この田は深泥池の水口に位置し、No.352には「次ノ東、山ソヘ也」、つづくNo.353にも「次ノ東、山キハ也、ミスミ田也」と見えて、それらが西山山麓にあったと思われること、No.380に「上サクラ、東ノ一」とあり、当時の上賀茂桜町（現上賀茂松本町西部）の町名がその名残であろうと考えられたこと、同様にNo.401に「次ノ南、東ノ一、下桜」、No.404に「下桜、東ヨリハシマル」とあるのは、いうまでもなく当時の上賀茂下桜町（現上賀茂岩ケ垣内町西部）につながること、当のNo.404からNo.420までの田地は、いずれも「次ノ西」「同西」などの方角記載を持ち、途中のNo.412には「次ノ西、町田、東ノ一」ともあることから、ここは条里制の長地形式の田地が連なっていたと推定されることなど、かなり手がかりはあったので、それを頼りに部分的な復元を少しずつ進めることはできたが、なおかつ条里制地割が崩れてしまっていたり、字限図が利用できなかったりで、差し当たり約四、五〇筆の田地はお手上げになった。

それで、やむなくそういう箇所をしばらく放置することにして、傍ら後述する中村郷関係の復元を行なっている際に、右の田地群のうちかなりの部分が「中宝」所載のものと一致する事実がわかった。No.309からNo.391までと、No.401からNo.436までがそれである。これはそれぞれ「中宝」のNo.616からNo.685まで、およびNo.509からNo.538までに対応するのである。加えて、一九六七年（昭和四十二）に、もっとも早く終わらせることができた岡本郷の三検地帳の復元について公表したときには[(3)]、まだその存在に気がつかずにいて利用できなかった「中天二十」にも、同様の対応関係にある同一地域の記事が見いだされたので、合わせて利用可能になった。ことに同帳のNo.23からNo.39までは、「岡亨」のNo.422からNo.440の部分と同じ箇所であり、一度発表したあとの部分修正という残念な形にはなったが、推定復元をもう一段妥当な域に近づけるのに役に立った[(4)]。さらにまた、「岡亨」No.444からNo.457に至る部分については、今度は「小宝」の中に相当する記載のあることが判明した。同帳のNo.414からNo.427までがそれで、同様に小山郷関係の復元の過程で明らかになったものである。こうした事実の判明によって相互対比の便宜を得たことが、この部分の復元にたいへん役立った。特にNo.422からNo.440までとNo.452からNo.457までの部分に相当する流木神社北の乙井川沿いのあたりは、植物園の敷地内に入り、その関係で私の利用できた字限図には詳しい記載がなく、地割の模様はただ推定に頼るしかなかったが[5]、その際、右の「中宝」・「小宝」の同一田地群に関わる方角記載その他はまったく貴重な役割を果たした。前述の「岡宝」における深泥池付近の田地の推定復元と同様の方法を用いることができたからである。ここでは、例として、流木神社東方の乙井川以北に存在した計一八筆の田地に限って、各検地帳の記事の対応関係を表示し（「岡享」の記載順を基準とする。作人名は省略）、少し解説を加えることにしたい。

「岡享」の記事

422	次ノ南ノ岸ノ下	一反	新介往ー
423	次ノ東	半	刀祢往ー
424	次ノ東	二段	陰陽田　大ー太夫持
425	次ノ北	一段	小山郷田所田 治ア少輔持
426	次ノ東	一段	甲斐前司老者田
427	次ノ東	半	ヨコ田 讃岐前司老者田（次行のNo.428は抹消と見て除く）

「中宝」の記事

528	次ノ南、岸ノ下	一反	二ー大夫往ー
529	次ノ東	半	刀祢往ー
530	次ノ東、コセノ西	二反	陰陽田
531	次ノ北	一反	兵ア少輔 小山郷田所給
532	次ノ東	一反	大和前司老者田
533	次ノ南、ヨコ田	半	伊賀前司老者田

「中天二十」の記事

40	次西	一反	往ー
39	次西、両所ニアリ	一反	
37	次乾	二反	
38	次北	一反	
31	次西	一反	往ー
32	次南	一反	往ー

429	次ノ東	一段	かち田 修理頭一反田
430	同北	一段	同 藤寿大夫一反田
431	同	一段	同 掃ア助一反田
432	同東	一段	左馬允往ー
433	同、丑刁	一段	山城守老者田
434	同	一段	備後守往ー
435	同	一段	丹波守貴布祢田
436	同	一段	右馬助持
437		一段	かち田カ 幸寿大夫
438	南ノ下	半	刀祢往ー
439	次ノ西	一反	大炊助往ー
440	次西	一反	越後前司往ー

534	次ノ東	三反	鋤（ママ）治田
535	次ノ北、丑寅	一反	隠岐前司老者田
536	次ノ東	一反	有松大夫往ー
537	次ノ東	一反	丹波前司貴布祢田
538		一反	次ノ東、縄手ハタマテ 森殿別相傳

35	次南	半	往ー
34	次南	一反	往ー
33	次南	一反	往ー
30	次西	半	往ー
29	次西	一反	往ー
28	次西	一反	往ー
27	次西	一反	往ー
26	次北	一反	
24		一反	次西、桜井尻
23	次南	一反	同（往ー）
25	次西	一反	往ー
36	次南	一反	往ー

「中宝」には、「岡享」のNo.432とNo.437からNo.440までの計五筆に相当する田地については記事が欠けているが、その他の部分については、記載順も田地の種類も「岡享」と狂いなく対応していることが明らかである（「岡享」No.427の「次

ノ東、ヨコ田」が「中宝」No.533では「次ノ南、ヨコ田」とあるのは不審であるが、これはその前の田地から見て東ともいえる南ともとれる位置を占めていたからであると見ることで解消する)。「中天二十」は見てのとおり記載順をかなり入れ替えないと上記二者に対応しない。この入れ替えは初めからわかってはいないのであるから、復元作業を進めながらどうすれば他の二者と齟齬なく対応させられるかを考えた挙句にできたものである。したがって、結果としてその突き合わせに矛盾がなければ、推定復元は妥当性を立証されることになる。「中天二十」は田地の種類については往来田だけしか記入していない(同性格の貴布禰田や老者田もおしなべて往来田と書いている)のであるが、並べ替えの結果は、それが「岡亨」・「中宝」と一致していることを示しており、また田積の一反が半と表示されたり、半が一反となっていたりするところが二、三見られるが、これはいわば目分量で田積を記載した結果であって、例えば「大宝」と「大天」の田地について同様に対比した場合などにも往々見られることであり、田地自体の差異には直結しない。一見すると、「中天二十」のNo.32とNo.35を入れ替えればより妥当なものになるのではないかと思えるかもしれないが、それが不可能なことは、それぞれの田地の方角記載を含めて勘案すれば歴然となる。

こうして三検地帳を対応させた上、「岡亨」No.422の「次ノ南ノ岸ノ下」とか「中宝」No.530の「次ノ東、コセノ西」、あるいは同帳No.538の「次ノ東、縄手ハタマテ」などの位置指定、あるいは「ヨコ田」などの注記を考慮に入れて、三者ともに満足させるように線引をして推定復元を行なったわけで、田地の形状を示す作図に不手際がないとはいえないにしても、大綱はほとんど揺るがないものになったのではないかと思う。あとは、いつの日かこの付近の古い字限図が発見される僥倖を待つしかないだろう。こうして「岡亨」の復元も終えることができた。

残った「岡天」については、とりたてて苦心を要した箇所といえば、No.172からNo.201までの部分のみである。まったく方角記載が欠けていたからであるが、ただNo.172の前に「エホシカカイト分」とあるので、当時の(現在もさほど変化はしていない)上賀茂烏帽子ケ垣内町あたりの地割がこれに該当するだろうという見当はすぐついた。この場所の字限図は一部に宅地化による田地地割の消滅が見られたが、これは先掲「元禄五年以後本郷田地之図」で補うことができたので、田積と記載順とがうまく地割に適合するように按配して、図示に成功することができた。これもほとんど誤りはないものと考えている。

かなり煩雑になったが、以上で岡本郷関係検地帳の地図化に関する説明を終える。あとは復元図自身に語らせるつもりである。

岡本郷の郷域について

室町・戦国期における岡本郷田地の立地・分布の様相は、以上により克明に知ることができるようになった。それにともなって、従来不明確であった事実が多く解明できることになったし、また同時に新たに解決が必要な問題も生ずることになった。それらは主に岡本郷だけに関するものもあれば、境内諸郷全体に関係のある事柄もある。ここでは差し当たり前者のうち一、二の問題をとりあげて私見を述べておきたいと思う。

最初に岡本郷の郷域に関して述べる。復元完了による収穫の一つは、郷域がはっきりしたことである。しかしそれは同時に時期によって郷界にかなりの出入りがある事実をも暴露したし、またここで復元した地域とは別個に岡本郷の土地が存在したことを示す徴証もないではない。郷域の問題にあらためて触れなければならない所以である。

このことに関する従来の所説や関係史料を示すと、まず「山城名勝志」(6)に「岡本堂」について「岡本ハ謂大田社ノ邊、今有㆓薬師堂㆒、是岡本堂歟」といい、また「続日本後記云、天長十年十二月癸未朔、道場一處、在㆓山城ノ國愛宕ノ郡賀茂社ノ以東一許里㆒本號㆓岡本堂㆒、是神戸百姓奉㆓為加茂大神㆒所㆓建立㆒也」という記事が見え、さらに「岳本名」について「蹇驢嘶余曰、上賀茂ノ六郷ハ不㆑入㆓本郷ヲ㆒ハ、不㆑入㆓本郷ノ中㆒岳本ノ名《ミヤウ》ト云アリ、ソレヨリ菩薩池《ミソロ》ノ邊岳本郷也」と述べてある。これらを総合するに「名勝志」においては漠然とながら大体大田神社のあたりから東、深泥池辺までが岡本郷とみなされているようである。ただし北や南の境界についてはまったく触れるところがない。

清水氏前掲書における関説もまたこの程度を出ない。すなわち「岡本は類聚國史に天長十年十二月賀茂社以東一里許に道場あり。岡本堂と號す。とあるものと同じであると思はれ、……神社の近く岡本には当社の神戸の民が住み、その神戸の有する土地が神領をなしてゐた事が想像される」という。ただ、氏の場合にはもう一つ別の箇所で、座田文書所収の一史料に現われる「波多枝」村について「波多枝は享禄二年十月廿一日室町幕府奉行人奉書に（見える――須磨追補）境内六郷中の岡本散在の村の一つである」と述べていて、岡本郷が前述の地域の他に散在分を含んでいた事実を指摘している。右の文中の奉行人奉書に該当すると思われる史料には、事書に「賀茂社境内六郷河上郷・太宮郷・小山郷・中村郷・岡本郷散在櫟原野・二瀬 幡枝在之・小野郷南北散在等事」とあり、たしかに岡本郷に散在分があったことが示されている。実は「名勝志」も「賀茂郷」についての解説にこれを引用しており、特に関説はないものの暗黙に事実を認めているものと見られるので、結局「名勝志」と清水氏の見解は隔たりがないことになる。

ところが、これが吉田東伍『大日本地名辞書』になると大分見方が違い、岡本は「上賀茂の東北一里許静市野村の地名にて今亡ぶ、名勝志享禄年中古文書によれば其比は岡本郷の名あり、今静市野《シツイチノ》村大字市原野中《ノナカ》（櫟原野）岩倉村大字幡枝鞍馬村大字二之瀬は之に属せり、而て名勝志神祇志料ともに之を上賀茂村の中と為し、或は東七町余又菩薩池邊と説けるは不審なり」とあって、前掲史料を根拠にしかつそれを岡本郷即散在所領と理解することにより、「名勝志」等の上賀茂の東の地域一帯を岡本郷とする説に不審を投げかけるのである。

さらに、神習文庫所蔵の「賀茂御神領六郷絵図」[7]では、また少々違った捉え方が示されている。この絵図は江戸時代のものであるが、六郷所属の村々の大体の位置と名称を図示するとともに、別に記事があって、その初めに郷別村名を列挙している。それによると岡本郷所属の村は幡枝村・福枝村・市原村・野中村・二瀬村・長谷村・花園村・岩倉村の計八か村となっている。一方、絵図上ちょうど現今の上賀茂の町に当たる部分には、大きな円を描いて「賀茂本郷」と記してある。つまり六郷とは別に賀茂本郷というのがあり、岡本郷はすなわち前掲史料にいう散在分のみを指すということになる。

そういえば、「名勝志」にも「上賀茂ノ六郷ハ不レ入二本郷ヲ一」という文章があった。先に利用した史料にも「元禄五年以後本郷田地之図」とか「上賀茂御社領之内本郷田地麁絵図」というのがあり、同様に「本郷」の名称が用いられている。ただ、同じく「本郷」ながら、前者には上賀茂の町の東端の線から西の田地しか記載されていないが、後者にはより広大な地域にわたる字名が書き込まれている。

こうして、管見に入った近世の史料にはすべて「本郷」の名称が使われており、その境域には時により出入りがあって捉えにくいけれども、いずれにせよこれが岡本郷郷域と密接に関わっていることは間違いがない。

さて、以上岡本郷郷域に触れているかあるいはそれと関連の深い所説や史料を列挙したのであるが、それらと私の検地帳復元図作成の結果とはどのように対応するかが問題である。復元の結果はもう不動の事実と見てよいので、少なくとも中世後期に関するかぎり、岡本郷郷域は大体明らかになったといってよい。時期により郷の境界線に多少出入りがあるのは如何ともしがたいが、概ね西は賀茂川、東は鞍馬街道、北は神宮寺山の山麓、南はかつての上賀茂一ノ坪町の南端の線で囲まれる部分に、岡本郷の田地は存在していたのである。「名勝志」その他の見解の一部は、これによって明証を得たことになるであろう。ただこれは田地に関する検地の結果だけを示すものであるから、在家は入っておらず、山についてもどこまでが郷域に含まれるのか不明であるし、前掲の史料にいう岡本郷散在分の存在は否定されたことにはならない。散在分は離れた場所であるから検地は及ばず、多少田地はあっても検地帳には登録されなかったと考えるのが穏当である。結局のところ、中世後期の岡本郷は、右記の賀茂川以東鞍馬街道までの地域を主体とし、それに櫟原野・二瀬その他の散在分を含めたものであり、中心集落は上賀茂の社家町であると理解すべきであろう。ところがこれが太閤検地という土地制度上の大きな変革を経て近世に及んだ時、いつのころからか岡本郷の中心地域を「賀茂本郷」と呼び慣わすようになって、かつての岡本郷のうちこの本郷を除く部分のみが近世における岡本郷とみなされるようになった。しかも本郷に属する範囲がある程度漠然としていたため、岡本郷郷域はある時はかつての散在分村々だけと捉えられたり、またある時はそれに大田社以東深泥池近辺までを含めたものともなったと判断できるのではないであろうか。『大日本地名辞書』の「不審」もこう見ることによって解消するかと思う。

復元の結果中世後期の岡本郷郷界が時期により多少出入りを示すのは気に掛かるが、今その原因を明らかにすることはできず、とにかく事実として承認する外はない。ただ、領主を異にする荘園間の境界といった場合とは違って、同一領主の支配に属する一円地域内の郷域の問題であり、すでに郷という地域単位をさほどには重視する必要もなくて、それだけ境界が可動性を持ち、往来田の配分とか御結鎮銭の徴集などに支障をきたさぬ範囲で、ある程度便宜的に変動したのではないかと思う。

深泥池村の誕生

「岡宝」の復元結果によれば、宝徳年間ごろには、深泥池の池敷の一部および現今深泥池の集落がある鞍馬街道沿いの地域はほとんど全面が田地であって、人の棲家らしいものがあったとは考えがたい。わずかに地蔵堂一宇が建立されていたにすぎない。ところが、これが「岡亨」や「岡天」になると、復元図に見られるとおり該当箇所にあるべき田地はまったく見当たらなくなるのである。念のために「中天」を調べてみても、やはりそれと覚しき田地は見いだすことができない。

そして一方ではつぎのような事実がある。すなわち「岡宝」や「中宝」に記帳されている作人の中には、深泥池居住の作人の名は一例も見いだせないのに対して、「岡亨」・「岡天」にはともに一、二例、「中天十九」「中天二十」になると、既に触れたとおりいずれもかなりの数の「ミトロ池」(略して「池」とした場合もある)居住作人を登載しているのである。宝徳の地からみ帳には天文の検地帳と違い、往来田については原則として作人名が記載されていないから、もしそれが記載されていたとすれば、あるいはその中に深泥池居住作人の名前が出てくるかもしれないという懸念はあるにしろ、右の対照的な事実はあまりにも際立って見える。

かような事実を勘考するとき、誰しも思い至るであろうことは、深泥池の村の誕生が十五世紀の半ば以後十六世紀初期にかけてのことであったろうということである。室町中期以前には深泥池の村は存在しなかった。万一存在したとしても、それは現在の当該集落からかなり北へ離れたところに、ごく小規模でしかも農業従事者を含まぬ村としてあったとしか考えようはないのである。そこへおそらくは十六世紀初期をあまりさかのぼらない時期に、どこかから住民が移ってきて、おいおいに集落の発達が見られたのであろう。それにつれて近辺の田地は当然屋敷地化し、したがって田地のみを対象とする検地帳からはこの地域の田地が消え去るのである。移住民がどこから来たものであるかは今明らかにしがたい。ただ「岡宝」に記載されているこの付近の田地の作人には岡本町居住の者が多いところからすれば、あるいは彼らはもと岡本町あたりに住んだ作人層の一部であったかもしれない。また、こうして一つの村が誕生するについては、それ相応の理由がなくてはならないが、それも今は明らかでない。もともと当地にあった地蔵に対する信仰が原因とする説があると聞いたが[8]、真偽は確かめがたい。

（1）　田積合計は、「岡宝」・「岡天」については帳末に計上されている数値に従い、「岡亨」についてはそれが欠けているため実際の計算によった。

（2）　この絵図は、故藤木保治氏（大田神社宮司。のち賀茂別雷神社宮司代を勤められた）から、野田只夫氏筆写本を複写したものを恵与され、ずいぶん役に立った。あらためて故人にお礼申し上げたい。なお、現在は西川幸治氏を中心とするグループによる『上賀茂　町なみ調査報告』（京都市都市計画局、一九七八年）の中に写真が収められていて、文字が小さいので読みにくいという難はあるが、見るのが容易になった。

（3）　拙稿「賀茂別雷神社境内諸郷田地の復元的研究――岡本郷の場合」（寶月圭吾先生還暦記念会編『日本社会経済史研究』中世編、吉川弘文館、一九六七年）

（4）　一九六七年に発表した「岡亨」の復元図のこの部分は、推定線の引き方にも田地の番号の記入でも妥当でないところがあった。遅れて一九七四年（昭和四十九）に発表した拙稿「賀茂別雷神社境内諸郷田地の復元的研究――中村郷の場合」（『アカデミア』第一〇〇集、南山学会）の「中宝」・「中天二十」の復元図と齟齬をきたしているのはそのためである。今回本書の復元図では補訂してある。

（5）　私が利用することのできたこの付近の字限図は、当時の京都市建設局路政課保管のもので、これには現植物園敷地内の田地の地割はまったく記されていない。植物園設立は大正初年であるから、より古くて田地の様相のわかる字限図があるはずであるが、今に至っても未見である。そのころ、立命館大学におられた谷岡武雄教授にもお心当たりがないかお尋ねして、いろいろお手数をかけた思い出がある。謝意を表する。

なお、昨年京都市歴史資料館を訪れたときに、研究員の小林丈広氏から、京都市役所に近代以後の資料がマイクロフィルム化されて保存されていて閲覧可能だから、丹念に探せばなにか参考になるものが出てくるかもしれないと教えられ、ぜひ訪れたいと思いながら、その後心臓や足の故障で動けなくなり、ようやく回復してから、他の用事で京都へ出かけた機会に一度同所を訪れてはみたが、マイクロフィルムを借りて探すだけの余裕がなくて諦め、結局目的を果たせないまま本書を仕上げなければならなくなった。せっかくのご教示を生かすことができなかったことが心残りである。

(6)　『訂改史籍集覧』第二十冊所収のものによる。

(7)　この絵図の所在は、故飯田瑞穂氏のご教示によって知ることができた。記して謝意を表する。なお、のちに賀茂別雷神社文書の中にも同じ図柄の絵図があるのを発見した。

(8)　故藤木保治氏談。

第三節　中村郷検地帳所載記事の地図化

中村郷地からみ帳復元図の作成

本節では、宝徳三年（一四五一）四月の中村郷地からみ帳（明応九年四月写）、天文十九年（一五五〇）十一月の同郷検地帳[1]、天文二十年六月晦日付の上中村郷検地帳の一巻二冊について地図化を行なう。所載の筆数・田積はそれぞれ「中宝」六八五筆九四町三反半四〇歩、「中天十九」六五九筆六八町三反一九〇歩、「中天二十」四七九筆四九町五反三〇歩となっている[2]。相互間の不一致は主として検地実施範囲の差異によることが、復元図作成により明瞭になる。

まず、「中宝」の記事の地図化の手順について叙述する。中村郷関係の字限図を見ると、岡本郷の場合と同様にかなり広範囲に長地型を主とする条里制地割が認められる。このような場所の検地は東の縄本から順次西へ、あるいは南から始まって順繰りに北へ、という具合に整然と進められるのが普通で、したがって検地帳の地図化も比較的容易

中村郷関係地域町名・字名分布図

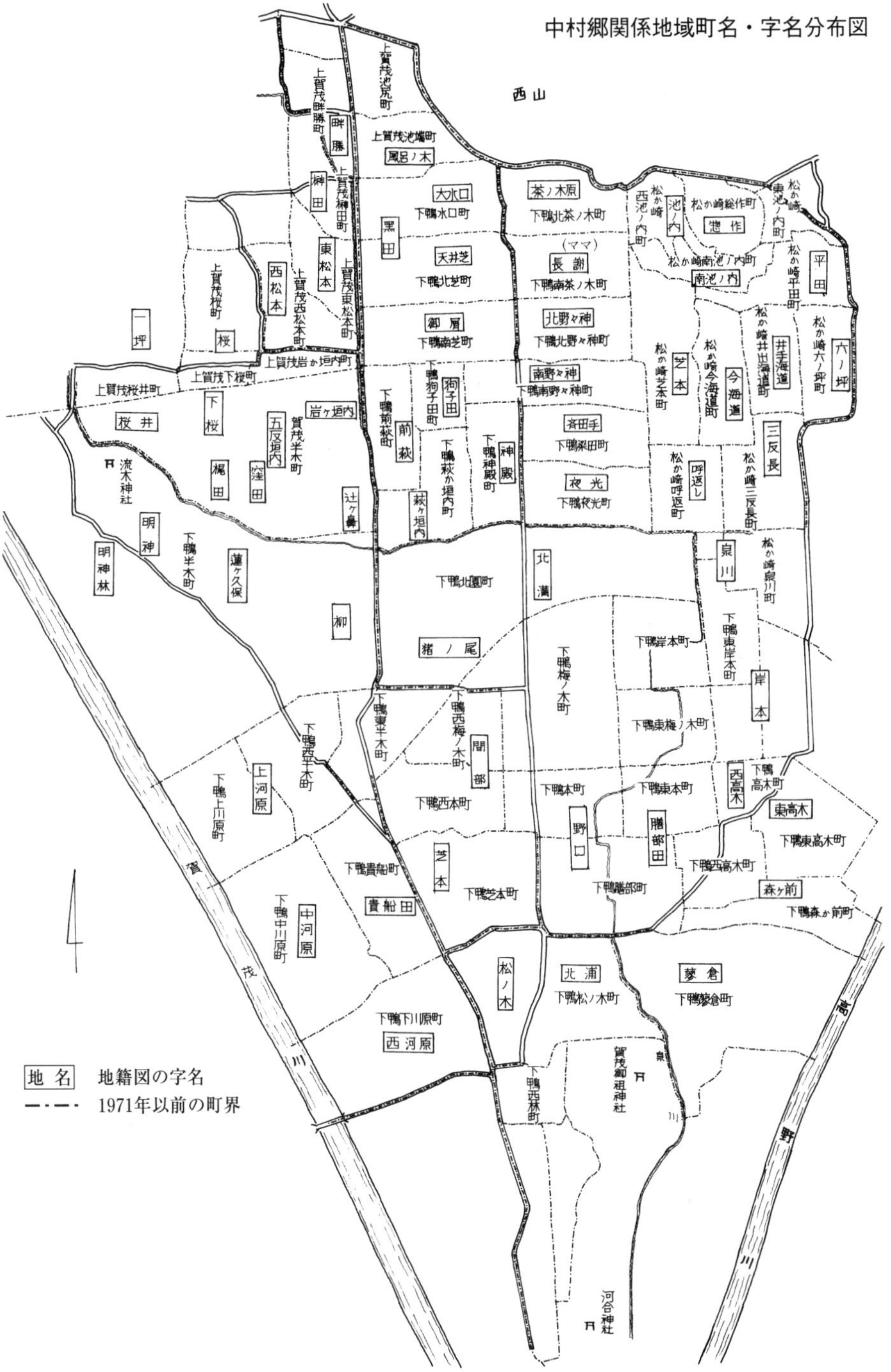

地名　地籍図の字名
—·—·—　1971年以前の町界

なのが道理である。私の作業は、当然ながらそういう部分から着手し、難しい箇所ほどあとに残ったのであるが、ここではそういう実際の手順には必ずしもこだわらず、大体は検地帳の記載順を追いながら、特に問題になる点だけを取り上げて、適宜叙述することにする。

宝徳三年の検地は、四月二日に開始され、同六日に終了したことが、計六か所に記されている日付から判明するが地からみ帳の記載順は実際の検地進行次第とは異なっていて、三日分が五日分のあとに入り、そのあとに六日分、次いで五日分が出てくる。初日は下鴨神社の近辺から開始されている。それは№1の田地が「出雲路ノ社下ノ貴布祢講田」であり、№3の田地の位置が「下社詣道東、未申ノ角、西ノ芝下、車路ノ北、南ハ蓼倉ト申」と記されていることなどから明白である。出雲路・芝下・蓼倉などの地名はいずれも現在まで鴨社近辺に残っているのである。しかしこれだけでは、一枚一枚の田地の位置の確定は困難であった。そこで私は№13の田地に「高縄手ノ東、尻ハ泉川南ノ一、野口」という位置指定がなされており、以下№19まで計七筆一町歩の田地が順に北へ向かって並べられていることと、地籍図に「野口」という字名があって、その部分の字限図がほぼ条里制地割の様相を示していることにまず着目し、それら田地群の位置の確定を先に行なった。これは土地が細分化してしまっている南端部をどのように№13「二反」と№14「二反」に適合させるかに少し首をひねった程度で、あとは比較的容易にでき、同時にそのことによって、№12以前の田地群の位置もおのずと定まることになったのである。すなわち、№3～№12の各田地は、№12が「次ノ東、路ノ極」に位置し、№13には右に示したとおり「高縄手ノ東」とあるので、両者の間を北進する路＝高縄手が通り、№12までの田地はその西に接し、かつ№13の田地の南を東西に走る道路に沿う形で存在したことが確実となる。あとは№3の位置を示す前記の記事があり、№4・№5に「ハヲリ」という注記がみえ、№10に「次ノ北上、西ノ一、ハヲリ」という位置・形状に関する記事があるのを手がかりにして、該当地域の字限図が示す地割に適合するように一枚ずつの田地を置いてゆく工夫をすればよかった。№3の田地「二反」の西を限る「下社詣道」はむしろ結果的に確定され、以後の復元図作成作業に役立つことになった。中世の字「芝下」のありかも明確になり、現在の左京区下鴨芝下町は同じ位置で連綿とそれを受け継いできていること、また東して宇野口の南へ通ずる道路が比較的道幅がある「車路」であったことも突き止めることができた。№1および№2の田地については、いまひとつ決め手がなかったが、前者に先に引用したもののほか「物詣ノ路ノ下」・「石拾南、堤ノ下」という記事があり、「次ノ路北」という指定により「路」を隔てて№1の北に接していたことが確実な後者には「此田ノ西南ハ河原畠也」とも記されているので、既に確定した「路」を挟んで賀茂川の河原に接しているとすれば、ここしか考えられないという位置に推定線を一本引いた上で位置を確定した。

こうして中村郷南端部分の田地分布が明らかになったあと、次に登場した難問は№38以後の田地をどこに置くかであった。№31から№37までは、№31に「次ノ戌亥、物詣路東ノ西ノ一」という明瞭な位置指定が見られ、以後は方角記載から検地が順次東へ進められたことがわかるので、№35と№36の田地の間に№42の田地が入り込む形で存在したことに気づくまでは、必ずしも確定できたわけではなかったけれども、田積も勘案してひとまずそれだけの田地をほぼ図上に置いてみることはできた。ところが、次にくる№38の田地は「次ノ西 一反」となっていて、それまでの進行方向が突然逆転してしまう。そして「次ノ西、路ノ下」とある№42までは、田地は西へ連続しており、字限図の地割の上では持って行き場がなくなってしまうのである。考えあぐねた末に辿り着いた結論は、№37と№38の間に検地帳の記事の欠失があるのではないかということであった。これは前節で述べたように「岡宝」の復元図を作成した際に既に先例がある。そこで検地帳をもう少し先へたどって、№138の次に出ている田積の小計「以上十六丁四反小十歩」を捉え、それと私の集計とを比較してみると、後者が七反三三〇歩だけ少なく、これは推定される欠失分に相当する可能性が大きいと思われた。№71と№72の間に、往来田だけの田積を集計してあとから書き込んだと見られる朱筆の「七段半」も、私の計算した一町一反より三反半だけ少ないことがわかり、これも欠失が原因ではないかと推測された。そこでこれを考慮に入れて、№38以後若干の田地群に見合う地割が少し離れた場所に発見できないかどうか、あれこれ考えて見たのである。これは復元図に見られるとおり成功した。№40の「次ノ西、溝北 半」、№42の「次ノ西、路ノ下 一反」、№43

の「次ノ北ノ路ノ上　一反」、No.49の「次ノ西、路畔　半」などの方角記載と位置指定のための記事が大きな役割を発揮して、No.40以後の田地を一定の場所に据えることができ、No.38・No.39もそれにともなってNo.40の東に措定することができた。そして欠失が想定される場所に数反分の田地が入ると思われる空白が生ずることになったのである。後日賀茂社で地からみ帳原本の閲覧を許された際、No.37からNo.38の間には紙継目（五）が確認され、そこに欠失部分ありとした私の推定は裏付けを得たのである。

この中村郷の地からみ帳には、このような欠失部分が割合多く存在した。No.181とNo.182の間にもそれが発見され、計算上は一町九反大だけの田地を記載していたと思われる一枚か二枚の料紙が、紙継目（一九）から脱落したものと推定された。この場合、事実は復元図上に一目瞭然であるから、詳説の必要はないであろう。また、その前後かなりの部分は、字限図に条里制地割の残存が相当認められたことと、方角記載・字名・道や溝などの存在に関わる記事および田積の利用によって、割合障害に妨げられることがない状態で復元を進めることができた。ただ、何か所かで推定線を書き入れたり、No.104の西に二反ほどの検地漏れかと考えねばならない空白があることに気づくまでに、いろいろやり直しの作業を余儀なくされたり、No.139の田地がNo.138の場所から大きく跳んで、前述した字「野口」の北端に当たるNo.10の北に位置するのだという見当をつけるのにとまどったりはした。しかし結果はそう妥当性を欠くものとは思われないので、やはりいちいちの説明は省略する。符生垣内・筑前房垣内・コフシ垣内・ユカモト・井ノ尻・福立寺・クラノ垣内・大工田ノ坪・マメウ・六反田などの中世の小字名が、その過程ではっきり位置付けられ、「泉川」の流れが確認できたりしたのは、地名研究上大きな収穫となった。

ついでかなり困難を伴ったのは、No.213からNo.227までの部分の復元である。この田地群は、No.217に「荻〔萩〕垣内」という字名が現われ、それが現在の下鴨萩ケ垣内町につながるところから、大体そのあたりであろうという推定はできたが、その近辺は早くに宅地化していて、私が見ることのできた比較的新しい時期の字限図は、既に田地の形状を示す地割を載せておらず、利用不可能だったからである。結局もっぱら推定による外はない。私はNo.213に「シャクロノ西ノ一、鞍馬大道ハタ東ノ頬」とあるのと、No.228の田地に「次ノ岸ノ下東、神殿」と記されていて、当該田地がおそらくその頃の下鴨神殿町地籍に位置し、その西に用水路があったと推定されることとから、一応東西をおさえ、あとは各田地に付された方角記載と田積などを睨み合わせて畦畔の所在を推定して線引をやり、その上で順に各筆田地を当てはめてゆく方法をとった。その際、一方で同時並行的に「中天十九」の復元をも進めていたので、同帳の同じ区域に関する記事を合わせて利用した。既に岡本郷の場合にも同様の方法を部分的に用いていて、そこで具体的に説明しているから詳細は省くが、要するに、両帳では田地の記載順（検地進行順）が異なっているため、双方の記載をともに満足させるように畦畔の線を引くことで、より確実度が高まるからである。その結果ほぼ妥当な復元を成し遂げることができた。後日京都市史編纂所において採訪された上賀茂の社家岩佐氏の文書の中に、明治初期の作成にかかる詳細な田地図二枚が発見され、(3) そのうち一枚は鞍馬街道以東松ケ崎以西、深泥池以南乙井川以北の地域に関するものであった（他の一枚は上賀茂河原八丁から小山郷北部にかけてのもの）ため、それによって、ちょうど上記部分を含む宅地化地域の字限図の不備を補うことができ、同時に私が既述のような方法で成し遂げていた復元はおおむね妥当であることが立証されたのである（復元図の地割ラインが推定を示す点線ではなく実線で示してあるのは、この岩佐家文書の田地図によっている）。

No.235とNo.236の間には、また料紙の欠失が発見された。この箇所では、やはり紙継目（二四）から、私の計算では九反半相当の田地が欠落しているものと推定され、実際の検地はNo.235の田地から北進して約一町歩程を調査し、そこから一旦南下して東へ折れるという筋道をたどったものと考えられた。No.236の田地をどこに置けばよいかについては苦心を要したが、結局No.239に「次ノ東、溝極、イモウ」と記されているのを有力な手がかりとし、かつここでも「中天十九」の記事を参照する方法を用いることにより、見てのとおりの結果を得たのである。欠失により復元図に空白ができた部分の広さは、優に一坪分を越え、一町二、三反はあるように思われるが、帳面上の計算では九反半という結果が出てくる。その差をどう理解したらよいのか疑問もあるが、「中天十九」でもここには一町六〇歩の田地しかなく、やはり私の目分量とくらべると少ないので、「中宝」の場合もおそらく検地の現場での田積の見積もりが少なめであったと見てよいのであろう。

同様のケースは、さらにNo.298とNo.299の間にも出現した。ここの紙継目（三〇）には地からみ帳上の計算では二町五反分の田地が入るはずで、料紙にすれば多分二枚が欠落していると思われた。No.299の位置は、先にNo.311までの一〇筆余の田地に付されている方角記載と田積とを、両方とも満足させるような地割のみられる場所を近辺に探しだすことによって、苦心はしたがなんとか確定することができた。つづくNo.312からあとの部分は、この田地に「池内丑刁」という場所指定があるので、これを左京区松ケ崎東池ノ内町字限図の中のこれと覚しき田地の区画に当てはめることから、順次方角記載をたどり、No.328の三反に「次ノ西ヲキ、西縄手極ヘトヲル」という位置指定があって、そこまでの一群の田地の西端をおさえ得たこととあいまって確定できた。現今の松ケ崎総作町の部分は、その丸型の形状・地勢からして「池」が埋め立てられたあとであることは瞭然である。

次に、No.365からNo.397にいたる部分は、これも前述の萩ケ垣内地籍と同様の宅地化地域で、推定線を描くことを余儀なくされたが、後日やはり岩佐家文書の田地絵図の恩恵を蒙り、より正確に田地の区画を図示することができた。ただ、それにもかかわらず、かつて一九七四年（昭和四十九）に発表した復元図(4)のこの箇所は、No.222とNo.223とに同一田地を重複筆写していたのをそのままにして作図したことによる誤りがあり、今回番号の振りなおしと図面の若干の修正が必要になった(5)。

このようにして、「中宝」の復元は漸次完成に近づいたのであるが、なお最終段階に至るまでには最大の難関が残っていた。それはNo.405からあとNo.547に至る部分である。この部分で字名・道路・川などに関するめぼしい記載を拾うと、No.420に「乙井川ハタ」、No.432に「次ノ乙井川ノ北、西ノ一、遣上」、No.440に「次ノ東南ノ乙井ノハタ」、No.446とNo.449に「次ノ東、鞍馬大道ノハタ」、No.451に「五反垣内、南ノ一」、No.457に「次ノ西、下クホ田、北ノ一」、No.478に「殿垣内」、No.489に「伊王垣内南」、No.504に「上クホ田」、No.511に「下サクラ」などと見える。

このうち五反垣内・伊王垣内・下サクラは地籍図に同じ字名が見いだされ、それを手がかりに位置を考えると、これらの田地群の所在は、鞍馬街道以西で現在の賀茂半木町地籍（大半は府立植物園の敷地）を中心とするあたりであることが判明し、乙井川なる川は、おそらくは御手洗川の下流で、かつて流木神社の北側を東へ流れて、下中村郷の田地を灌漑し、末が泉川に合流していた川を指すものであろうと推測された。しかしながら、この部分の字限図はそこが植物園の敷地に入った関係で、やはり詳しい記載を欠いており、使用に耐えるものではなかったから、結局ここでも前述したいくつかの例と同様に、地籍図に残る主要な道路・水路の位置と、地からみ帳の方角記載その他ができるだけうまく適合するように配慮しつつ、推測を重ねて田地の地割を描きだすほかはなかった。同一地域に関わる「中天十九」、一部については「岡享」の記事を援用したことも先と同様である。実際の手段としては、「下桜」の区域のように字限図の利用が可能で比較的作業が容易な部分から手をつけ、それから残りの部分を少しずつ埋めてゆくという順序で、相当長い日数を費やして挑戦を繰り返し、その挙句にようやくほぼ納得のゆく結果を得ることができたのである。

しかし、残された問題がないわけではない。No.405・No.406の位置のごときは、未だに不確実さを多分に残しているし、No.539からNo.547までの計九筆七反小の田地については、ついに適合的な落ち着き場所を見いだせないままである。この九筆分はそれだけが一紙に記載されており、前後に紙継目があるが、前の方の継目の直前にそれ以前の田地面積の小計「以上九丁二反三百歩」が書き込まれている。ところが、そこから七筆措いたNo.546のつぎにはまた「以上二丁大」と記されていて、実際の計算が六反三百歩にしかならないのと大いに齟齬をきたしている。これは元来はこの継目部分に一丁三反三百歩の田地を記載した紙が存在したことを立証するものに他ならない。さらに後の方の継目も、復元作業を行なった結果からすれば、そこにどうしても断絶があると見なさざるを得ない。つまりこの一紙は前後いずれとも直接にはつながらないのである。その上この部分には遺憾ながらそれら田地のありかを示唆するような確かな手がかりが何も発見できない。こうなるとお手上げで、結局それをどこへ持ってゆけばよいのか、今に至るも私には充分明確な結論は出せないのである。しかし、わずかな筆数とはいえ、これらの田地を在所がわからないままにまったく図上に載せないのは、今後この復元図を賀茂境内諸郷研究の基礎として利用するという点からすると、はなはだ不都合である。視野から落としてしまう危険を招きかねないからである。できるだけ近似的な場所を想定して、とにかく復元図の上に記載できるに越したことはない。そのための手がかりは、№547に「小山郷之入り」と記されていることと、わかるかぎりの作人の在所が大乗寺・山本・池殿・竹か鼻とすべて賀茂の社家町であるということ、それに№546の田地一反がここでは唯一の往来田であるという点くらいしかない。このうち前二者からいえることは、これらの田地は小山郷、したがって賀茂川に近接し、かつ乙井川からさほど南へは離れない区域のどこかに位置したであろうということである。加えて、№546の「初石大夫往来」は、往来田古帳Aの宮蓮大夫往来田、同Bの豊前前司往来田に相当することが、「河宝」・「中宝」の復元図とこれら諸帳相互の対比検討を通じて確定でき、往来田古帳に記す字名を見ると、計五反半のうち四反が中村郷にあり、それぞれ同郷の大水口・太ツカ・乙井・河原田所在となっていて、前二者は既に復元を完成させた部分で確認できるところから、問題の一反は乙井か河原田かのいずれかということになる。これもどちらであったにせよ右の推定を支持するのである。私が近接地と想定される字蓮ケ久保の区域をかりに選んで、(6) そこに一括してこの九筆分の田地に関する記事を書き入れておくことにしたのは、かような理由によるものである。

つぎにいま一か所№466と№467との間の不連続に関してもここで解説しておく必要がある。この部分の地からみ帳の記事は、前後の二筆をも加えて示すと次のとおりである（朱圏・朱合点は省略）。

465 次ノ西 一反　丹波前司往ーり　乍人

466 次ノ西 二反　三丁九反　乍人　竹鼻 法徳

467 一反　下野前司往ー　乍人

468　次ノ西、縄手極
一反　経所田　乍人　道覚　中辻

ちなみに紙継目はここには存在しない。そこでNo.467の田地が方角記載を欠くのが気にはなるが、既知の例から判断すれば、ここは連続して検地が進行し、断絶はなかったはずなのである。ところが実際にはそうはゆかない。推定によるとはいえ大綱は間違いないと私考する田地の区画線を描き出し、各筆の記載をそれに当てはめていった結果は、どうしてもNo.466で一区切りつけないことにはまったく辻褄が合わず、No.467からあとの田地はどこか離れた場所のものとしか考えようがなくなったのである（そのことは復元図を一見すれば明白であろう）。そこで私は例によってNo.467以下の部分をうまく適合させ得る地割がどこか別に求められないか探し回った。かなりの長考が必要ではあったが、それは結局そのころの上賀茂西松本町の地域で探しあてることができた。No.467に方角記載がないのは決して偶然ではないことが、これで立証されたわけである。同時に当該田地が道路端でも溝端でもない場所に位置し、通常ひとつの地域の検地の起点と見るのには何とも不自然な在りかたを示している事実も明らかになった。それはある不足感を与えるのである。

その不足が何であったかは、「中宝」全体の復元を完了したときおのずと判明した。すなわち当該田地に接続する当時の上賀茂西松本町の一部と、さらに上賀茂桜町の南半部とに、ほぼ一町数反歩に相当するついに埋め尽くせない部分が残ることになったのである。かくて私は、紙継目が認められないにもかかわらず、この箇所には地からみ帳の欠落があるに違いないという判断を下さざるを得なくなった。現在賀茂社に伝存する諸郷地からみ帳は明応九年の書写である。したがってその書写以後において何枚かの料紙が散佚したのであれば、それは既述の例のように、当然紙継目の有無によって確認が可能であるはずである。しかし、書写以前にもし同様の散佚が既に生じていた場合には、もはや継目の有無によってそれを判断するのは不可能なことである。つまり私は、いま問題にしている箇所に関するかぎり、一町数反歩を書き載せた料紙一枚が、既に明応以前に地からみ帳の原本から失われていたのに違いないと考えるのである。私の作業の結果が妥当性を失わぬものであるかぎり、この事実は立証されたとしてよいと思う。

つぎにもう一つ断っておかねばならないのは、No.528からNo.538までの田地の位置推定に関することである。ここは当初「岡享」の記載と突き合わせた上で推定区画線を引き、それで大体は間違いないものと考えていたのであるが、その後に「中天二十」の所在に気づき、若干の変更を加える必要が生ずるとともに、推定ではあれ、より確度の高い復元が可能になったといういきさつがある。ただこの点については、既に前節で「岡享」の復元に関して述べたので、ここでは省略することにしたい。

難関は以上のようにして何とか克服できたが、いつの日かもっと古い時期に作成されたこの地域の字限図が見いだされて、さらに確度の高い復元図へと修正する機会に恵まれることを今もなお期待している。

さて、「中宝」では最後にもう一か所No.575の後に記事の失われているところが出現した。そのことは例によって紙継目（五九）がそこに位置し、また書き込まれている関係部分の田地の小計と実際の計算とに一町七反半という開きがあること、およびNo.581に見える「大水口」という字名や、No.572の「サシテノ岡ノ鼻、東ノ一」という位置指定と実際の地形との関係などを総合して判断するとき、おのずから明瞭になるのである。復元図上にできた相当部分の空白はその判断の妥当性を物語るであろう。

中村郷天文十九・二十年検地帳復元図の作成

つぎに天文十九年・同二十年の検地帳の復元図作成について述べる。まず「中天十九」であるが、これは「中宝」のように記事が失われた箇所は存在せず、また前述のとおり実際は「中宝」の復元と平行して作業を行ない、推定を重ねなければならない部分は、多くの場合に両方を比較検討しつつ相互に役立てる方法を取っているので、改めて解説を要する点は多くはない。

ただ、No.226からNo.280に至る部分は、他の検地帳には一切記載がなく、当然相互対比の便宜はなかったし、ことにNo.

244以下については、字限図が利用できないところであったため、地割の推定線を引くのに大いに苦心を要し、それでも結局は暫定的な意味合いの強い図しか描けなかったという経緯があるので、この部分についてだけ若干説明を加えておきたい。

該当部分において、手がかりになりそうな字名の記載が見いだされるのは、No.226の「芝下、南一」とNo.244の「北石拾、南一」とだけである。そのうち前者No.226を含めNo.243までの田地に関する復元についてまず述べる。「芝下」は既に触れたように地籍図に記載される字名であり、また現在の町名にも継承されている。そしてNo.201にも同じ位置指定が見られ、そこは比較的スムーズに当時の下鴨芝本町地籍に確定することができたので、No.226の場合もいずれその近辺に存在した田地に相違なく、とすれば、当該田地を含む一〇数筆の田地群の位置は、今の下鴨貴船町の辺り以外にはないと推測された。しかしながら、それ以上の決め手は得られない。あとはああでもないこうでもないを繰り返しながら一種のパズルに挑むほかに術はなかった。復元図に示すところはともかくもそうして私の出した解答である。字限図の地割と各筆田地の方角記載にさほど矛盾を生ずることなく配列できたと思うので、まず大きな間違いはないものと考えている。

結果に一層確実味を欠くのは、前述のようにNo.244からNo.280に至る部分である。「北石拾」という場所は、「中宝」のNo.405・No.407に「石拾」と記され、またこの「中天十九」でも、まっすぐ南下してきた鞍馬街道が「く」の字型に屈折するあたりのすぐ東南に位置するNo.225に「石拾、東終」の位置指定があることなどからして、現在の下鴨東半木町と同西半木町の境界付近に該当するであろうことがわかる。他方、既に復元を終わった乙井川に接するNo.281の田地の位置は、推定復元とはいえ、「中宝」・「中天十九」両検地帳の記事のどちらにも齟齬しないように按配した結果であり、まず間違いはないものとすれば、記載順からそれに隣接している可能性の大きいNo.280の田地も、当然乙井川に近い場所にくるはずである。そうなると、この計三七筆分の田地群が全体として占める位置は、南北をおさえる形でほぼ定まるのである。しかし、さらに進んでいちいちの田地の並び具合をどうすればよいかということになると、まったく漠然としており、その上にここでは字限図も利用できない状態なのであるから、ただ田地ごとの方角記載だけをたよりに推定線を引きながらあれこれと並べてみるしか方法はない。そういうことだから、この部分の復元図は、おそらく実際とのズレがかなり大きいに違いないが、現段階では遺憾ながらこれ以上の工夫は至難である。やはり他日の僥倖を期待する外はあるまいと思う。

つぎに「中天二十」であるが、私がこの検地帳を賀茂別雷神社文書の中から見いだすことができたのは、他の諸郷検地帳の地図上復元を、難しい場所だけは後に残しながらも、ともかく粗方は終えた後のことであった。それは最初の史料調査に際しての私自身の迂闊さ以外の何物でもなく、どうも他の史料と一緒に重ねたままの状態で見逃したようであるが、ともあれそうした事情によって、この「中天二十」の場合は、「中宝」や「中天十九」とくに後者の復元結果を全面的に利用することにより、さしたる支障なしに地図化の作業を進めることができた。

取り立てて述べておくべきことといえば、流木神社の北から東へかけて位置する二〇筆ほどの田地（No.23～No.43）を配列するのに、どのような地割の線引をすればよいかということに関してだけである。この区域については、字限図が利用できないからである。しかし、前述のとおり、幸いに「岡亨」と「中宝」、それにこの「中天二十」とが、いずれもこの場所に関する三者三様の記事を載せているので、そのいずれをも満足させるような田地地割を推定することにより、もっとも効果的に事実に接近できたのである。復元図に示したのは、そうした操作の結果にほかならない。

（1）　この検地帳の表紙には「下中村郷検地帳」という表題があり、「庚戌天文十九年十一月十日」の日付が記されている。本文冒頭に記す日付も「十一月十日」で、この日は検地が開始された日であることがわかる。つづいて途中の数か所に田積集計が出てきて、そのつど次行に新たな日付が記入されている。順に「同十二日」「同十四日」「同十六日」「同十七日」と見えるから、休止日を含めると合わせて八日間で検地を終えていることになる。さらに、十四日の分の集計の前に朱筆で「是マテ下中村郷分」、つぎの十六日の日付の下に同筆で「是ヨリ上中村郷分」と追記されているので、そこから推測すると検地開始の時点ではひとまず下中村郷分について実施する予定で帳面の表紙が作られたが、実際にはそこでは終わらずに継続して上中村郷の検地も行なわれ、しかし表紙はそのままで全部を合綴することになったのではないか、と思われる。上中村郷と下中村郷の境界は乙井川であったことが、復元の結果判明した。

（2）各帳の合計田積は、「中宝」と「中天二十」はいずれも末尾記載の集計数値をそのまま引用し、「中天十九」については検地の日付ごとに記載されている小計を集計した数値を示した。

（3）この岩佐家文書の絵図二点は、一九六九年（昭和四十四）、京都市史編纂所（現在は京都市歴史資料館。場所も変わった）において、『京都の歴史』編纂のために採訪された史料の中に、岩佐家文書や梅辻家文書など賀茂社社家伝来のものがあり、私の進めている賀茂社領の研究に関係が深いからとわざわざ報せていただき、同編纂所に出向いて、預けられていた文書原本の一部や写真を見せていただいたときに、撮影することができたものである。所蔵者の岩佐氏煕氏（いまは故人となられた）にもご了解を得て、その後の研究に役立てることができた。当時、京都市史編纂所におられた黒川正則・川嶋将生・下坂守・源城政好・吉村亨ら諸氏には、たいへんお世話になった。心からお礼申し上げる。

この田地図の年代推定はつぎのようにして行なった。この図は、例えば「字池ノ尻十番一、田一反二畝　岡本封顕持」とか「字ミクズ五番一、田五畝廿歩　藤木清村持」などのように、田地一枚ごとに字名・地番・田積・持主を克明に記し、それぞれの田地の用水の取り入れ方までを図示した、貴重な史料である。そこで、田地の持主の生存年代を突き止めることができれば作成年代を推定できるのである。幸いに彼らの中には例示したとおり賀茂社の社家の人々の名前がかなり多く見いだされるので、「賀茂社家系図」・『賀茂氏物系図』に当たってその生存年代を探索することができる。二〇数名についてこれを試みたところ、彼らはほとんど明治期に没しているが、そのうちの一人中大路季紹の没年が一八七四年（明治七）でもっとも早い。一方もう一人藤木成城は、その父成基が慶応四年（一八六八）に没しており、成城はこの年に家督を継いだと考えてよいであろうから、これで上限も一応判明する。かくてこの田地図は明治初期の成立と見て間違いなく、おそらくは地租改正に際して作成されたと見てよいであろう。

（4）「賀茂別雷神社境内諸郷田地の復元的研究——中村郷の場合」（『アカデミア』第一〇〇集、一九七四年）。

（5）最終段階になって、この重複筆写と思われる箇所が気になり、再度賀茂別雷神社社務所に原本との照合をお願いしたいと思ったが、心臓の故障と右足の神経鞘腫のために出かけられず、国立京都博物館の下坂守氏に、もし以前の京博の調査に際して地からみ帳の写真撮影が行なわれていたら、その利用をお願いできるか問い合わせたところ、結局は下坂氏が私の代わりに賀茂社社務所へ頼んで下さって、紙継目の有無について気にかかった箇所とか、文字の解読についての疑点など、他のいくつかの疑問箇所とともに、この重複筆写の部分を自身で原本にあたって確認して下さることになり、その結果疑点は解消した。多忙の身で私のために貴重な時間を割いて、周到な調査結果を報せてくださった下坂氏に、紙上を借りて深甚の謝意を表する。

(6) これはあくまでかりに選んだ場所にすぎない。往来田古帳はA・Bともに「ハスカクホ」所在の往来田五反を記載しているが、それがここには見当たらないことからすると、実際の場所はここではなくて少し近辺にズレるものと考えなければならない。ここではそれを承知で、九筆の田地を道路や水路の線を消すことなしに記入するのには、この場所がもっとも都合がよいという理由でかりに記入したのである。

第四節　小山郷検地帳所載記事の地図化

本節では小山郷の検地帳一巻一冊の復元図を作成する。このうち宝徳三年（一四五一）三月二十八日付の地からみ帳（明応九年写）は、計四四二筆四七町七反三四〇歩の田畠を記載しており、天文十九年九月二十日（表紙の日付）の検地帳は、四三〇筆四八町一反三三〇歩の田畠が記帳されている。(1) 筆数・田積とも全体としてさほど大きな差異はない。

郷域は北は上賀茂橋西詰のあたり、南は鞍馬口通近辺、東は賀茂川、西は新町通のやや西に至る範囲で、大体は現今の北区小山に相当するといえるが、多少の出入りはある。小山村と一部は上賀茂村の地籍図・字限図によると、北の方の一部には条里制地割の残存が見受けられるが、あとのほとんどは、賀茂川に接近しているため、早くからそれが崩されてしまったようで、田地の形は不定形で、道路・用水路の筋道も曲線的な部分がずいぶんと多い。こういう地域で検地帳の地図化を行なおうとすると、当然多くの困難に逢着することになる。事実私はこの郷と、もう一つ一

小山郷関係地域略地図

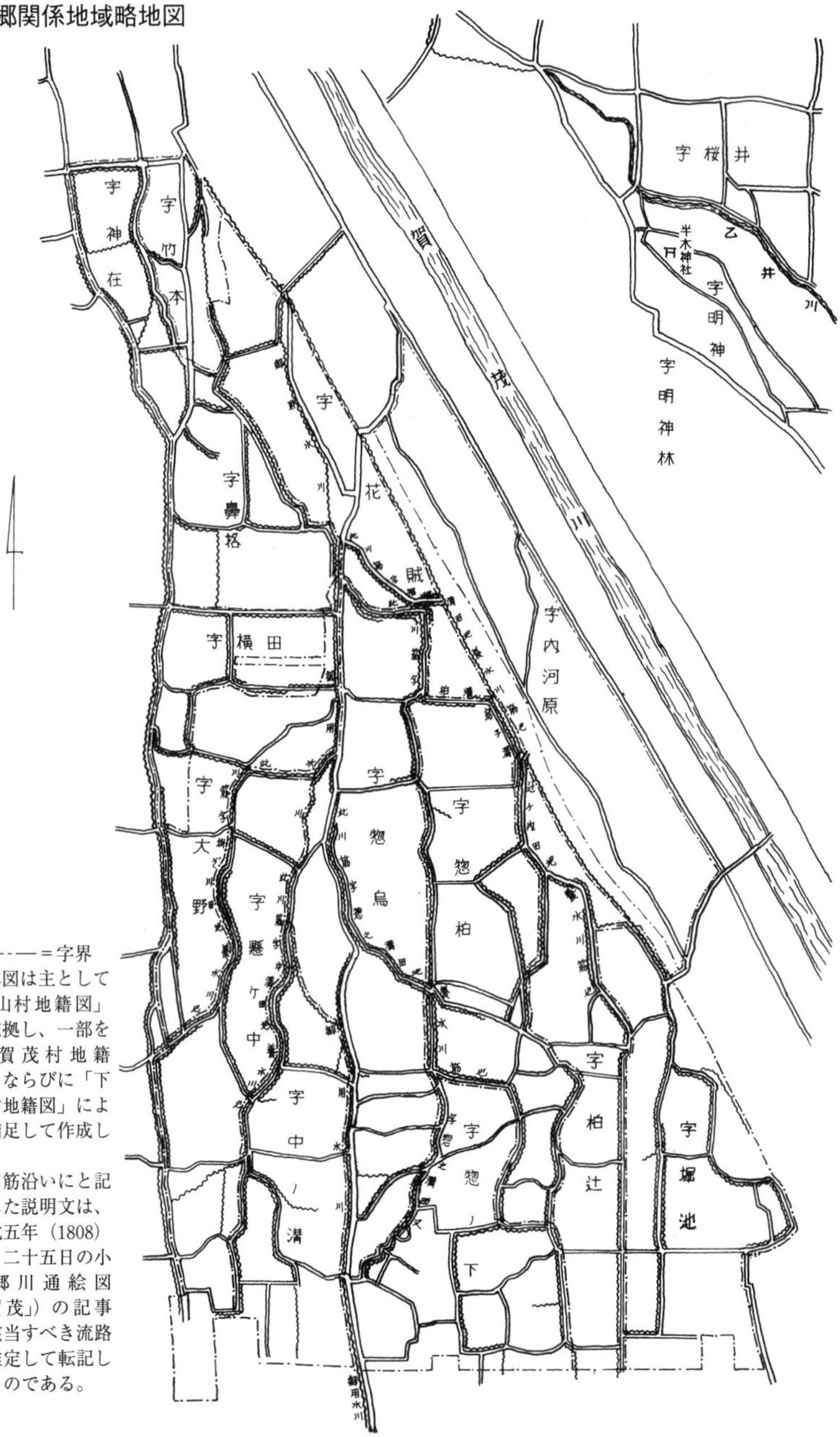

(注)
1) —·—＝字界
2) 本図は主として「小山村地籍図」に依拠し、一部を「上賀茂村地籍図」ならびに「下鴨村地籍図」により補足して作成した。
3) 川筋沿いにと記入した説明文は、文化五年（1808）三月二十五日の小山郷川通絵図（「賀茂」）の記事を該当すべき流路を推定して転記したものである。

部に事情の相似たところがある河上郷とについては、復元は無理と考えざるを得ない部分をかなり残して今日に至った。しかし、完璧な仕事は無理でもなんとかまあまあといえる域にまでは持ってゆきたいという思いは捨てられず、検地帳と不完全な地図の下書きとを前にして、長い年月の休止期間を挟んではまた長考と失敗を繰り返した挙句、最近に至ってようやく前節で扱った中村郷の場合にほぼ近いといえるところまで復元ができることになった。復元が難しかっただけ、説明も入り組んだり長くなるのは避けがたいが、ともかく他郷の場合にならって復元に関する解説を行なうことにする。

「小宝」と「小天」を合わせて、検地帳上に出現する字名等は四〇あまりである。「小宝」のものを記載順に羅列すると、平榎・エリサヘ・ヒ宇チ形・ヒハカクヒ・フカ宇ソ・狐ツカ・尼垣内・柏溝・中野、京路・カ宇スコ・瓶子坪・イハシカツカ・アワウ・七反カ垣内・小山ノ堂ノ前・北畠・クチハナツカ・御両林・五段畠・ヨトコ・ミツハシ・遣上・堀ケ溝・流木後・流木社前など、また「小天」で「小宝」には見えないものを探すと、懸溝・梅辻・コナ・小野溝・楽田・梅股・キノ〔ソ〕カ垣内・水田・中溝・ミノワ・サウノ溝・初田・榊下・烏子（「小宝」のカ宇スコ）・柏・ミハル郷・カイソヘ・五反田・花結溝などである。復元図作成には有力な手がかりになるものであるが、現代のこの地域の町名でこれをそのまま継承している例は見当たらない。一方地籍図には南から堀池・惣ノ下・中ノ溝・柏辻・懸ケ中・惣柏・惣烏・大野・横田・花賊〔緘〕・鼻挌・竹本・神在などの字名が見えるが、この中ではわずかに堀池が北区小山堀池町、大野が小山東大野町・同西大野町・同南大野町・同北大野町、神在が紫竹上高才町・同下高才町に名を残すのみである。これは、岡本郷や中村郷あるいは後述する大宮郷などの場合に、今もなお中世の字名を継承する地名が多いのと比べて、はなはだ対照的であり、残存地名を復元の手がかりにするためには至って不都合であった。

ただ、地籍図の字名をよく見ると、中世の字名や用水路の名称を組み合わせた複合地名的なもの、あるいは一部分だけを受け継いでいるものが案外あることに気づかされる。例えば、「惣ノ下」の〝惣〟と「烏子」の〝烏〟が「惣烏」となり、「懸溝」の〝懸〟と「中溝」の〝中〟が合体して「懸ケ中」になる。「柏溝」の〝柏〟は「柏辻」に継承されており、「サウノ溝」と「柏溝」が合体して「惣柏」になるなどである。それにかつての「中溝」はそのまま「中ノ溝」であるし、「鼻挌」は文字こそ違え中世の「花結溝」の名残りに違いない。これらを考慮すれば、岡本郷・中村郷などの場合ほどではなくても、復元の糸口はなんとかつかめるのではないかと思われた。

加えて賀茂別雷神社文書には、文化五年（一八〇八）三月二十五日付で小山郷の「御用水役人」が朝廷へ提出するために作成した小山郷川通絵図が残っており、これには小山郷郷域を通る「御用水川」とそれから分岐して同郷の田地を灌漑していた数本の用水路が描かれ、それぞれの水路に「此川筋、字堀池溝田地養水川筋也」とか「此川筋、字惣之溝田地養水川筋也」のような注記が施されているのが、検地帳復元図を作るための一つの有力な史料になると思われた。上記したとおり、小山郷関係の中世以来の地名には、柏溝・小野溝・中ノ溝その他用水路関係のものが多く、これは一特色といってよい。水流によって早くから条里制地割が乱れてしまった地域の特性がそういう形で現われているのである。その点を考えるとこの絵図がもつ意味は大きいといわねばならない。それぞれの「川筋」は粗々図示されているにすぎないが、すべて近代の地籍図の上で確認し、それに転記することができた（掲載した「小山郷関係地域略地図」参照）。

一方ではこうして地名からする接近を試み、他方では作図のきっかけを得るのに都合がよい残存条里制地割に適合しそうな記事を、検地帳の上で見つけること、そこから小山郷検地帳の地図化は始まった。岡本郷や中村郷の検地帳については、大体は冒頭から記載順を追って解説を行なったが、この郷ではそれは無理なので、最初に作図に手を付けることができた場所からだんだんと広げてゆく形で説明することにする。

小山郷地からみ帳復元図の作成

最初に地からみ帳の復元図作成について解説する。この地からみ帳は巻首に「小山郷、同廿七日検知之」と見え、半ばに近いNo.195の前に「同廿八日分、中野、京路ヨリ東」と記し、巻末の田所季盛の署名の前には「同三月廿八日結解了」とあることから、二日間で検地が実施されたことがわかる。

復元図が最初に描けそうな場所、それは地籍図の字「横田」に属する字限図の中に見つかった。そこは条里制の一個の坪に相当する広さの正方形の中に、東端の縦長の半折二枚を別とすれば、東西辺が長い長地型田地が七枚整然と並び、まさに「横田」の呼称にふさわしい地割を呈している。地からみ帳の上でこれに適合する田地群を探すと、それはNo.102からNo.106まででではないかという見当がついた。No.102は「次ノ北ノヨコ田」と指示されている二反の経所田である。その後につづく三枚の田地はいずれも「次ノ北」という方角記載を持っており、最後の「御牛飼田」三反には「次ノ北ノ上」とある。こうして見当がついてしまえば、田積を計算に入れてこの田地五枚を図示することは簡単である。

足がかりが確保できると、その後はある程度まで芋蔓式に復元できる。No.102に「次ノ北ノヨコ田」とある以上、No.101以前の何枚かの田地はその南に位置するのが道理であるから、うまく記事が地割に当てはまるかどうかやってみればよい。最初に復元した場所のすぐ南は、地籍図では字「大野」に属し、字限図によると、作道と溝で囲まれた一区画には、西半分に縦長の長地型田地が間に半折型田地を挟んで整列しており、東半分は北東から南西へかけて対角線状の道が通っていて、それが近辺の田地を不定形にしている様子が見て取れるので、それに対応する一〇数枚の田地を求めると、No.88に「次ノ東ノ岸下」という位置指定がなされた往来田一反があって、それ以後の田地一〇枚はすべて東の方向に並び、つづいてNo.98の田地には「次ノ東、河ハタ」と記されている。これでこの計一一枚の田地が西端と東端を用水路で限られていたことが判明し、方角記載に即して字限図の半折型地割を長地型に修正して線引をやりさえすれば、まったく見事に字限図に当てはまることがわかった。それにともない、No.99からNo.101までの三枚も、方角記載により道の南にうまく確定できた。

つづいての作業は、その南のまだ条里制地割の残存がうかがえる地割に相当する一〇数枚の田地群に、地からみ帳の記載を当てはめることである。No.73の丹波前司往来田一反には「次北、河ハタ、東一」という位置指定があり、そこから順次「次西」の方角記載が続いて、No.77の「雑役田」半には「次西、溝ノソヘ」、No.78の同じく「雑役田」半には「次北ノ上」、No.79の田地一反には「次西、丁トヲリ」と見える。さらに西へ四反措いてNo.84一反には「次西、狐ツカ」、No.85二反には「次西、大道畔」という位置指定が見いだされる。これでこの田地群は確定可能である。「丁トヲリ」という記載から、No.77とNo.78の各半反はおそらく半折様で、No.79は両者のどちらにも接していて、三者の境界線が丁字型をなしていたことが想定されるし、No.77とNo.79との間には溝があったことも前者の位置指定記事により明らかになる。そして西端に「大道」がとおり、東端には「河」があった。否応無しに位置が定まることになる。そしてここで初めて中世の字名「狐ツカ」の所在も突き止められることになった。

また、ここに登場する「大道」は、上賀茂南大路町の西の境界および中央東寄りをそれぞれ南下した道路が、賀茂川を渡ってから小山郷北部で合流し、現在の新町通の若干東をいくらか蛇行しながら京に至っていた田間の道路である(2)。東の鞍馬街道などと並んで古くから幹線的な役割を果たしていたものと思われ、地からみ帳の上でもしばしば田地の位置を指示するのにこの「大道」が使われている。拾い上げてみると、No.15に「次ノ西、大道極手」、No.16に「北ノ大道ノハタ」、No.31に「次西、大路畔」、No.42に「次西、大道ハタ」、No.86に「次ノ北上、大道畔」、No.112に「北ノ大道ソヘ」など、例は少なくない。言うまでもなく、これは復元図の作成に際して貴重な手がかりを提供するものとなった。

さらに、地籍図によると、右述のようにして位置が確認できたNo.100の田地の東北隅に向けて真っすぐ南下してきた用水が、ここで分岐し、三本の流れとなって下流の田地を灌漑していたことが看取でき、それを前記の文化五年小山郷川通絵図と照らし合わせると、東からそれぞれ「字惣之溝田地養水川筋」「字中溝田地養水川」「字掛ぞ川田地養水川」と称されていたことが明らかになる。これもまたいろいろなところで復元作業の進行を助けてくれることになった。

さて、私の作業はこの後さらに北へ進んだ。まずNo.85につづくNo.86の二反は前述のように「次ノ北上、大道畔」にあった。No.87の同じく二反は「次ノ北上」に位置した。それは地籍図・字限図にぴたりと当てはまる。これで既に位置確認が済んだ「次ノ東ノ岸下」のNo.88に接続できたことになる。つづいて、最初に着手したNo.102〜No.106の「ヨコ田」の西端から「大道」までの一〇枚に区切られている田地群には、No.107からNo.111までが適合することが、方角記載をたどることによって容易にわかる。No.109が「角田」であり、No.110が「岸ノ上、路ハタ」にあったこと、No.111がまさしくその「南北」に別れ、合わせて一反をなしていたこと、それらがすべて立証される。中世の田地はここでもまた近代に至るまで脈々と生きていたということである。

No.112は「次ノ大道ソヘ」であるから、No.109の田地の真北にあったと想定でき、以後の方角記載は「次ノ東」が連続してNo.121に至るから、これがNo.106〜No.109の田地の北側にある長地型の田地群に相当することを知るのに手間はかからない。そうなると自然に「次ノ北、ヨコ田」とあるNo.122の一反も確定でき、No.123の一反とNo.124の半も推定線を一本引けば置くことができ、そのようにしてNo.134までは割合スムーズに進んだ。No.134の三反が字「尼垣内」にあったこともその結果判明した。次のNo.135からNo.140までも、少々当てはめに手間取ったが、「小天」の同一区域に関する記事と対照して、妥当と思われる結果に辿り着くことができた。No.135の一反に付された「上江カ、ル」という注記は、この田の中を北東から南西へ溝が通っていたことによることもわかった。ただ、No.140の「次ノ西ノ上」はNo.139からすれば「次ノ北」とあるべきなのにそうではないことが不審であったが、この不審は今なお解消していない。文字通りNo.139の西に位置させることを考えてもみたが、No.140は往来田であり、「小天」との対比からすると別の位置へは移せないのである。「西」は「北」を書き間違えたのかもしれない。なおNo.139とNo.140の間には「神人田河成残アリ」と書き込まれているのであるが、これがどちらの田地に付くものか判別できず、結局一応後者の田地の区画の中に書き入れておくこととした。

このNo.140までを記載した料紙はここで終わり、紙継目（一三）があって、つぎのNo.141一反半は大きい字で「柏溝ノ北ノ一」と書いた行の次に「河原ハタ」の位置指定をともなって記されている。紙継目の存在（ここに欠失部分があることは、以下の叙述で立証される。なお、第六節第一項の末尾でもこれに触れる）と書き出しの文言から、検地はここで新たな起点を設定して始められたと思われるが、私は当初ごく当たり前にNo.140の近辺で該当する田地を探した。しかし見つからず、「河原ハタ」は賀茂川に近接していることを意味するのかと考えてもみたが、よくわからなかった。それで地からみ帳の記事をもう少し先まで見てゆくと、No.144に「次東」の往来田一反が出てきた後、これを含めてNo.151まで計八筆九反はずっと「次東」「次ノ東」へと並んでおり、ほぼ一坪相当分の長地型田地の並列を想定させる。小山郷北部で既に復元を終えた箇所以外にそういう地割を字限図で求められる場所は、最初に復元ができた例の「ヨコ田」の東にある坪か、でなければそのもう一段南の場所くらいである。前者に例のように当てはめを行なうと、東寄りにある幅広の二枚の田地に推定線を書き入れればうまくゆき、一群の田地は所を得たと考えてよい。そこで今度はNo.144の前に記されている三筆の田地のありかを逆に推測してみたのである。すると、いずれも半反のNo.142とNo.143が「次南、河ハタ」という位置指定を有し、半折の田地が南北に連なって河端にあったことが知られ、これはNo.102〜No.106とNo.144〜No.151の二つの田地群の間に挟まる形で残ってしまった空白部分に、見事にはまることがわかった。No.142の田地に「道ノ上下」とあるのもそのとおりで、三角形の場所が傘を被ったように道・溝の北にあり、復元の妥当なことを教えている。そうなると、突き止められなかったNo.141も自然とその北に隣接していたことが判明する（ただし、のちに「小天」の復元図作成の際、ここは地割ラインを横から縦に変える必要があった。次項参照）。「河原ハタ」とは何も賀茂川の河原に近いということではなく、文化五年の小山郷川通絵図にいう「御用水川」の河原端という意味だったのである。そしてここが「柏溝ノ北ノ一」であることも、右の小山郷川通絵図に照らして、この田地の北東隅において「河」が分岐し、そこから東南へ流れる用水が「字柏溝・烏子溝・辻ケ内田地養水川筋」であったことを知ることにより、はっきり納得がゆくのである。

つぎのNo.152が「次南ノ下、東ノ一」にあり、No.153は「次ノ南」で、No.154からNo.156まではすべて「次ノ西」へと進み、最後のNo.156の二反は「次ノ西ノ河ハタ」であり、「次ノ南ノ下」にNo.157がくる。この田地の並びはNo.144〜No.151の南に存在する地割に実にうまく適合した。なお、近代の字限図ではNo.154とNo.155の間に畦畔はなく、最初は推定で点線を引いたが、のち宝暦七年（一七五七）改写の小山村諸本所方田地所付絵図（以下大抵は「宝暦七年改写の絵図」という）(3)に依拠してこの推定線は実線に変更した。

ところで、こういうふうに復元が進んでゆくと、No.140とNo.141とのつながり具合がなにか奇妙というか、落ち着かない感じを与えることになる。この小山郷地からみ帳も他郷の場合と同じように途中の所々に田積集計が見られるが、その場合田積の小計を記した後に、残りの部分に対して検地を続行する時の起点を改めて記しているケースがしばしばある。つまり先にも見たように、検地は切りのよいところで一旦休止し、そこで小計が行なわれ、改めて次へ進むのである。典型的なのはつぎのような例である。

413 ◎一反　次ノ東ノハタ　まこ王丸　御牛飼田　乍人　下、かちや　二丿
　　堀ケ溝ノ口まで
　　以上二丁七反
　次、流木後、西ヨリ
414 　小　西南ノ二　善住庵　乍人　竹鼻　法徳

そういう目で見ると、No.140の次には田地の小計が記入されていて然るべきである。しかしそれがない。また「小天」所載の田地のこの区域に相当すると思われる部分を、「小宝」と引き比べながら作図してみたところ、地籍図・字限図の上でこのNo.141の西北に存在する計一〇枚の田地は、小山郷の田地で埋められるのであり（次項参照）、「小宝」がそうでないのも不自然な感じがする。私は既に「岡宝」でも「中宝」でも例があるように、何枚かの料紙がこの紙継目から失われてしまったのではないかという推測を持った。これはおそらく間違いがないと思う。肝心の小

計の部分がないので、欠失した紙数・田積の推定は難しいところがあるが、一応全部の田地を書き載せた上で復元図にできた空白部分と、「小天」の復元結果とからすると、それは一枚で、一町二、三反ではなかったかと推測されるのである。

No.158からあと約三〇筆の検地は、ほとんど不定形の田地ばかりつづくが、ともかくそのままずっと南へ進行したことが、各田地の方角記載を見ると大体見当がついたから、私はまずNo.158の「次ノ南ノ河ハタ」、No.159の「次東ノ北ノ一」各一反、No.160の「次ノ東、墓ソヘ」二反の方角や位置の指定を頼りに、この三枚の田地は西から東へ並んでいると判断して、No.158をNo.157からみると西南に当たる「河ハタ」に置いた。そうするとNo.159が位置指定にぴったりするし、No.160は田積から東の二枚に相当するものと踏み、道を越えてさらに東の、田積にすると小くらいの一区画が多分墓地であったろうと推定して作業を進めた。そのまま行くとNo.162の方角記載が、私の推定だと「次ノ南」であるはずなのに「次ノ西」とあり、矛盾に遭遇することになったが、No.163の「次ノ南」一反からあとはなんとか方角記載どおりに置けるようなので、「西」は「南」の書き違えと考えて先へ進んだ。ことにNo.177の「次ノ東、角田」、No.182の「次ノ縄手極」、No.183の「次ノ南、東ノ一」、No.184の「次ノ南ノ河ハタマテ」その他の方角・位置の指定と字限図の図形の一致は、動くことのない復元を立証するものと思われ、以下順を追ってNo.194まではその調子を持続して、作図がスムーズにできたのである。その次には「以上六丁三反」という小計が出てくるので、検地はここでひとまず途切れることになる。

ところが、のちに「小天」の復元をやってみると、できたつもりの「小宝」No.180あたりまでのところがどうしても反りが合わない。原則的に変化しないはずの往来田や経所田（供僧田）・刀禰往来（刀禰給）などの位置が少しずつずれてしまうのである。これはどこかで間違った置き方をしたために起こった齟齬と考えざるを得ず、「西」を「南」の書き違えだとするのも、やはり無理な判断なのかもしれないと思わされた。それで私はもう一度この部分について、「小宝」と「小天」の双方を睨み合わせながら、さながらジグソーパズルでもやるように、なんども書いては消しを繰り返して長い時間を空費し、挙句にようやく最終的にこれでよいという結末に到達することができた。これは割合最近のことなのである。結果は図示した通りであるが、要するに最初のボタンのはめ方が違っていたのである。「次ノ南ノ河ハタ」という位置指定をもつNo.158を、「河ハタ」やNo.159の「次東ノ北ノ一」につられて、真南でなく西南に置いてしまったこと、加えてNo.160が田積二反だからというので接続する二枚の田地と想定したこと、そこに間違いがあった。No.162の「西」は「南」でなくあくまで「西」であったということも明白になり、少しでも無理な感じの残る想定は、滅多なことで許されないことを改めて思い知らされたのである。

右の田積小計の次には、「同廿八日分、中野、京路ヨリ東」と記され、つづくNo.195一反は「北、河原ハタ」にあった。しかし、当初は地籍図・字限図の復元未済部分を見渡しても、これがどこなのか決定することは難しく思われたから、これも跳ばしてもう少し先へと地からみ帳をたどると、No.203に「次ノ下ノヨコ田」一反が出現し、以下No.206までの各一反は順に「次ノ南」という方角記載が付されている。そしてNo.207一反は「次ノ南、ハヲリ」、No.208一反は「次ノ西、ハヲリ」である。これは東西方向の長地型田地が北から南へ四枚並び、その南に半折型の各一反が東西に分かれて位置するということだから、それに適合する地割は見つけやすいだろうと思われた。その通りこの田地群は既に復元を終えていた（後で若干修正が必要になったことは前述）No.160の二反の東側にある地割に当てはめることができた。そのあとNo.231までは、No.229とNo.230の間に畦畔を推定して書き込む必要はあったが、全体として割合たやすく各田地の位置付けが完了した。字名はほとんど記されておらず、確認できたのは、No.209に「カ宇スコ」（のち「烏子」）、No.225に「瓶子坪」くらいであった。

これだけが確定できたことで、つぎにはもう一度あとがえりしてNo.195からNo.202までの位置も確定できた。「中野、京路」は先に捉えた「大道」から、東へ約一二〇間＝二二〇メートル弱を隔てたところを、北は上賀茂の大田神社の前から竹ケ鼻町を経て南下し、賀茂川を渡って京に至る道路から、さらに東へ分岐して、ほどなくほぼ平行して南下する道（宝暦七年改写の絵図では、賀茂川を越えた北側に、この道を「賀茂タケガハナ道」と書き込んである）をさすのだということも知ることができた。また、No.196の「一反　奈良田」からNo.199の「二反半　奈良田」までの五枚の田地も、右記の絵図にはいずれも「奈良田」とあり、宝徳三年当時にはNo.197は「斎院田」、No.198は「肥後守往来」であったが、それらを一括した字名として、かつての奈良田（奈良社神田）の名称が伝えられていたことがわかり、あわせて復元した位置の再確認ができた。No.200の田地半には「次ノ南、溝ノ南、北南へ町《（丁）》トヲリ」という位置・形状についての長い注記があり、これはNo.152・No.153の田地が半折型をなして南北に並んでいるのに対し、細長い長地型が東に接しているため畦畔が丁字形をなしていることを示すものと理解されるので、字限図にはない畦畔を推定して書き込むことにした。

　ところが、作業はここでまた行き詰まった。No.232の田地は「次東、路ノ東ハタ、イハシカツカ」に位置しているので、確定済みのNo.231の東で道・溝を越えた場所にこれを置き、つづくNo.237までの方角記載は順に南を指しているので、それにしたがって地割をたどってゆくと、そこまでは一応当てはめができなくはないが、縦に連なる田地を溝や道をまたぎつつ検地が進んだことになり、いたって不自然に思えるし、それから先はもううまくゆかなくなる。考え直しが必要であった。「次東」はさておいて、復元未済部分のどこかに、六、七枚の田地が不自然な感じでなく北から南へ並んでいるところ、まずそれを見つけようと思ってやりなおした。復元図に見られるのはその結果である。方角記載と地割とが自然な形で適合しているので、こちらが妥当ということになった。「イハシカツカ」の字名の所在が初めからわかっていれば、あまり苦労はしなかったはずだが、これは結果的に判明したのである。つづいてNo.241にも「次ノ南、井ハシカツカ」とあり、その南のNo.242には「在所アワウ」とあるので、ここが「イハシカツカ」の南限に当たるのであろう。

　No.243〜No.246は、No.243の「次ノ南、路ノ下、東ノ一、ハヲリ」という位置・形状指定が字限図の図形にぴったりで、No.245の田積が二反であり、No.246には「次ノ西、道極」とあるので、容易に復元できた。次のNo.247の一反半は「次ノ溝ノ極西、溝マタケ」の記載どおりに措定でき、つづいて西へ並ぶNo.251まで計七反も、二か所に推定した畦畔のラインを入れることでうまく納まった。No.252は「次ノ西一」であるが、実際は西にあたる区域は既にNo.185〜No.188で占められているし、かりにそのいずれかに当ててみたとしても、「西一」にはそぐわない。それで南側の地割に当ててみると、No.255までが方角記載・田積ともに矛盾をきたすことなく地割に適合した。正しくは「次ノ南ノ西一」とあるべきところ、「南ノ」が書き漏らされたと見るべきであろう。その次のNo.256は「次ノ下ノ坪、東ノ一」であり、「七反カ垣内」という字名が記されている。この字名は七反ほどの広さの土地が畦畔や溝などで囲まれた一区域をなしていたはずである。「下ノ坪」とある以上溝の下流であろう。そういう見込みでNo.255の東南にあたる田地四枚の区画に、畦畔を一本推定で引いてNo.258までを入れた。そうすることによって、No.259からNo.263までは方角記載どおりに置くことができ、逆に「七反カ垣内」の復元の正しさが立証されたのである。

しかし、No.264以後は「そうは問屋が卸さない」ということになった。このあたりは既に今の鞍馬口通に近づいており、もう少し南へ下がると、地籍図・字限図の上に田地の地割が得られなくなってしまうことも大いに影響した。まったく手探りで、自分で地割ラインを描き出すより仕方がない。加えて、地からみ帳のこの部分には往来田や刀禰・神人給などはまったく見当たらず、それらを鍵としてなし得べき「小天」との対比検討もほとんどできない。そういうことで、結局はうまくパズルが解けないままに、ここは長年月にわたって放置せざるを得なかったのである。そこで、本項での解説もここから先はいちばん最後に残して、ほかの部分でまだ復元が済んでいない箇所に立ち戻ることにする。

私は、小山郷の西半部分については、既にNo.73から後の復元を終えている。ここではそこへ連結できるNo.72以前の部分について解説を行ないたい。地籍図・字限図では、No.73〜No.85の長地型田地の連なりの南には、二五筆ほどの横田というべき田地が、北から南へ東西二列に分かれて存在したことがわかる。一方地からみ帳の上では、差し当たりNo.50に「次、東エリサヘノ南二」という位置指定がなされた備中前司貴布禰田一反があり、以後No.63まで合わせて一四筆の田地は、方角記載によればいずれも北へ向かって並んでいたことがわかる。そして次のNo.64一反は「次東ヨコ、田一せ町、下ニアリ」と記されているので、東側に並ぶ形で位置していたと考えられる。このNo.63・No.64の相関は、No.78～No.85の田地群の南に接する場所で確認できる。そうなれば、No.62までの田地は南へ連続する横田の地割に順次当てはめてゆけばよい。しかし、一枚に一筆のやり方で当てはめてゆくと、南端で溝・道に接する区画にはNo.51の「次北一反　貴布祢〻宜田」が入ることになり、後は動きがとれなくなるのである。方法としては間違ってはいないが、どこかで一、二本畦畔を推定で書き入れないと辻褄が合わないのだと思われた。一本でよいかそれとも二本か、またどこへその線を書き入れるかは、別の方向から接近しないと解決はできなかった。

そこで、今度はNo.72までの田地を東側の横田の地割に当てはめて行くことにした。No.72がNo.73の南に位置することは、両者の方角記載により明白である。No.72には「フカ宇ソ」という字名が記入されている。そこから順に方角記載を追って南へ下がると、No.66に「次東河ハタ」と位置指定された一反小が出てくる。そこまでは畦畔を二本推定して入れた上で順当に当てはめができたが、その先はまたも行き詰まった。「次東」を落ち着かせるためには、No.65は西に位置しなければならないが、そうはゆかない。その辺りは既に当てはめが一応終わり、新規に入れ込む余地はないからである。これはどうすれば解決できるのか、やはり別の方向から考えなければならない。

かなりあれこれと思案し、書いては消しをやらねばならなかったが、地からみ帳を繰り返し見ていて、一つの手がかりが発見できた。それは「ヒ宇チ形」という字名が記されている田地が、接近したところで三筆あることである。すなわちNo.36・No.37・No.46の各一反である。No.36の益有大夫往来田とNo.37の乙千代大夫往来田は、後者に「次北、溝ノ上」とあるので、溝を挟んで南北に隣り合わせの田であったことがわかり、No.46尾張前司往来田は記載順はやや離れているが、「火打形、乙千代大夫往ｰ次北」とあるので、No.46のすぐ北に位置を占めていたことになる。そして、つづいてNo.49までは方角記載からそのまま北へ並んでいたことが判明する。この南北に連続する計六筆の田地にふさわしい地割は、先に復元をすませたNo.66～No.72の南側以外には求められない。そうすると、No.65の「良一別相傳、ヒハカクヒノ北ノ上」と記された一反が、No.49の「一反　良一座頭」の北に位置し、No.49以南の田地群とNo.66以北の田地群とを結びつけていることがわかるので、あとは田積を勘案して計三本の畦畔を推定して書き込むことで、すべてが丸く納まり、字火打形のありかもはっきりし（前引の宝暦七年改写の絵図では、「火打田」となっている）、加えて字「ヒハカクヒ」の所在も判明した。

また、これだけの田地群の位置が確定したことで、No.38の一反に「梅ヶ辻、次西、丁トヲリ」とあるのが鍵になって、西へ連続するNo.42までの五筆七反半が復元できることになった。No.42三反には「次西、大道ハタ」と見えるから、この田地群は字火打形と「大道」とに挟まれた丁通りの、つまりここでは縦長の田地に相当することが明確になる。ただ、当初私が利用できた字限図では、ちょうどここから南は師範学校（現在の京都教育大学）の敷地と化していたために、かつての田地の地割の様子は捉えることができず、推定線でそれを描くしかなかった（ほど経て宝暦七年改写の絵図や近代初期の小山村全図が見られたため、幸いに本書の復元図では推定の点線でなく、実線で地割ラインを書き入れることができた）。なお、宝暦七年改写の絵図では、No.42相当箇所には「三反田」と記されているが、No.38〜No.41はやはり「梅ケ辻」の字名を伝えている。つづいてNo.42につづくNo.43の一反は「次北、溝上」にあり、その東に並んで伊賀前司貴布禰田一反があったが、これはまさに用水路の北で「大道」の東にある長地二枚に当てはめることができた。

その次のNo.45は「次東、南一」の一反なので、東側の南北に連なる横田の南端に位置すべきものである。とすれば、これは先に大体その辺りにくるはずと推定されたNo.50の南に置かねばならない。そうすると、この田の在所「エリサヘ」の「南一」と、No.50に見える「次、東エリサヘノ南二」という位置指定が、うまくつながり、「南二」の「二」はカタカナでなくて漢数字なのだということも納得できるのである。あとは北の方の田地が適合的に並ぶように畦畔の推定線二本を書き入れて、先に一応並べてみて行き詰まった田地群の置き方を按配すれば解決できた。

こうして、地からみ帳のはじめの方では、No.1からNo.35までの復元が残された課題となった。この部分では、私はまずNo.15三反が「次ノ西、大道極手」であり、No.16一反半は「北ノ大道ノハタ」、No.17一反は「次ノ東、ミソキハ」

にあったとされており、そこからこの計五反半は相互に連結して、西をかの「大道」、東を溝で限られる場所に存在したことが明らかになるので、それに該当する区域が図面上に見つけられないかを検討した。しかし、これまた字限図が欠けた部分に属したため、大体ここらしいと推定はできたもののただちに決定することはできなかった。やむなく、つづいて№18からあとの部分を記載順にたどってみたのであるが、この部分では№21一反に「次ノ東ノ川ハタ」、№22の一反にも再び「次ノ東ノ川ハタ」と記され、つづく№23一反は「次ノ北、路ノ上、ヨコ田」、№24一反は「次ノ東申《（未）》、川南」に位置し、№25一反は「次ノ北、溝ノ上、ヨコ田」であり、次の№26の半は「次北、同所」であったことなど、位置指定に関する記載に特徴が見られたところから、大体頭の中で図形が描け、他方ここは字限図に地割のラインが入っていたから、№25と№26の間に畦畔一本を推定して点線を入れただけで（これものちには宝暦七年改写の絵図によって実線に変更した）、計一〇筆の位置を定めることができた。

そうなると、決定を保留しなければならなかった№15〜№17は、推定線を入れてほぼ間違いのない位置に置くことができ、さらに№14の六反は№15の東にあって、東限は縄手、かつ作人に関する記事からすると二反・一反・三反に分かれていたことがわかるので、おのずと位置は確定し、そのまま地からみ帳を逆にたどって、方角記載・田地の形状と面積から、№11〜№13をも正確に図示することが可能になる。その前の№1〜№10は、すべて「次ノ東」「次東」で整列する長地型と見られる田地群であり、かつ№11の二反には「次ノ東岸《ヒ》ノ上北」とあるから、№10四反はその南に位置が確定できる。よってそこから西へ一町六反半の長地が並ぶように地割ラインを推定で描くと、西限の№1はちょうど「大道」東沿いに位置するという適合的な図形ができあがることになり、この田地に付記された字「平榎」のありかが同時に判明するのである。なお、この措置が誤りないものとすれば、当時は現今の鞍馬口通は存在しなかったことになる。これについては№294〜№343の復元に当たっても同様に考えられるので、さらに後述する。

これで№1〜№27の復元は一応片付いた。後は№28〜№35の部分である。№28から№31に至る四枚の田地は、№30を除き各二反であり、№30も一反半で、田積がさほど変わらず、かつ順に「次ノ西ノ極」・「次西」・「次北上」・「次西、大路畔」とあることによって、当てはめは容易である。次のNo.32はまた「次北上」とあるため、もう一本北へ道を越えたところに位置させれば、矛盾はないと考えた。この点は「小天」の同じ区域の復元と対比した結果、道より南に推定の畦畔を描き、そこまで下げてこないと両検地帳の間では齟齬を生ずることがわかり、あとで訂正することになったが、それよりも問題なのはNo.33からNo.35までの三枚の田地をどうするかであった。No.35から位置確定済みのNo.36（「ヒ宇チ形」にある）までは、埋めるべき空白があまりに多すぎるのである。またNo.36の方角記載は「次西」であり、するとNo.35はその東になければならないのに、No.32の位置からは離れすぎてどうにもならない。さらにこの三者はいずれも往来田であって、その性質上「小天」の場合も同じ場所にあるはずだが、並行してやった「小天」の復元では、No.32の北側に往来田はない。そうなると、No.32とNo.33との間で、紙継目（三）の部分に入るべき料紙が失われているのではないかという疑問が出てくる。それを前提にして考えると、この肥前前司・春松大夫・土佐守の往来田各一反は、空白部分を跳んでNo.33にすぐ近い場所で落ち着き先を求めればよいことになる。「ヒ宇チ形」のNo.36益有大夫往来田は「小天」の方ではNo.170の藤徳大夫往来田であり、この対応関係は河上郷でも立証できる。そして「小天」の復元図では近辺の田地がほとんど往来田であることがわかるが、他郷の検地帳を含めて宝徳・天文両度の往来田の相互対比を行なうと、右の三往来田のうち春松大夫往来田は内蔵頭往来田、土佐守往来田は筑後守往来田とそれぞれ一致することが突き止められる（肥前前司の場合は不詳）。これは復元には一つの有力な根拠であり、これを勘案して「小宝」のこの部分を確定することが可能になった。あとには字限図の上で田地一〇余枚に相当する空白部分が残り、これは大体料紙一枚分に相当するものであって、その欠失は確定的となったのである。ただ、気がかりなのは、No.34の北に不可思議な二枚分の空白ができてしまうことで、これはどうしても埋められない。結局ここは検地漏れなのではないかと考えざるを得なかった。

これで、あとに残った未済部分は、郷北部の賀茂川寄りの区域若干と南部・東南部の現鞍馬口通近辺である。前述のとおり復元は相当難しいが、まず東南の区域からとりかかることにする。No.264までは終わっているので、そこからあとの部分がこれからの課題である。しかし、番号順にとはゆかない難関なので、繰り返して地からみ帳を読んで、どこかに突破口がないかを検討した。宝暦七年改写の絵図や地籍図・字限図によって地割が確かめられる部分はまだ少々あるが、そこへ実際に地からみ帳の田地をあてはめようとしてもうまくゆかなかったので、ここではまた、岡本郷のところで復元図作成をやり始めたときの方法に立ち戻って、まずはやれそうなところから方眼紙の上に作図してみることにした。

その際起点としたのは、ほぼ位置を推定できるNo.294・295である。前者一反半には「クチハナツカ、御両林ノ戌亥角、垣極、畠也、西ノ一」とあり、後者二反には「畠也、次ノ東、北ノ極」と記され、隣接する畠地であったことになる。御両林はもちろん御霊林すなわち御霊社の社叢林に他ならないので、その西北隅垣際の地が「クチハナツカ」とよばれていたのである。この場所は現在の御霊神社の位置から見て大体はおさえられる。

次のNo.296一反はやはり畠で「次ノ北、路ノ上」にあり、つづくNo.297は「田也、次ノ北」の一反半である。これで御霊林のすぐ北を路が通っており、それを越えた「クチハナツカ」北側に二筆二反半の田畠があったことが判明する。このあとは、No.310まで一三筆計一町七反が東へ整列していたことが、「次ノ東」という方角記載の連続から確かめられ、その中でNo.300の三反には「次ノ縄手東、畠也」とあり、最後には「以上畠」と見えているから、No.300の西を道が通り、その東にはずっと畠が続いていたということになる。この状態は条里制の長地型地割の残存を推測させるものがある。

つづいてそこまでの面積小計「以上二丁三反」が記入され、次の二行に「次ノ上、畠也」「次ノ北ノ東ノ一」と書いたあとNo.311一反が出てくるが、それにつづく二一筆二丁五反半の方角記載はいずれも「次ノ西」である。御霊社北沿いの路の北に並んでいた二町歩程の北側に同じように長地形式の畠が整然と並んでいたようである。そして、No.317に「路ハタ」、No.326には「路ノ極」とあるので、両者それぞれの西側に路が存在したのであり、No.331では「ナハテ西」とあるから、この畠の東側にも道が想定される。二本の通路に挟まれたNo.318〜No.326の九筆の面積は計一町歩になり、ちょうど条里制の一坪に相当する。その東に七筆八反半、西には四筆四反を算してまた道、その西に二筆四反が存在したのである。

つぎのNo.333一反半は「次ノ西ノ一」であるから、検地は今度はここを起点にしており、「次ノ東」にNo.334の一反半があった。両者はいずれも「畠経所田」である。その後「次ノ東、縄手極」に二反、「次ノ下南」に二反、「次ノ下」に一反とNo.337まで経所田が並ぶ。この五反はとくに注はないので田地であったと想定される。以後No.338〜No.340の三筆八反がいずれも「次ノ東」へ続き、No.341三反は「次ノ路ノ東」に位置し、「次ノ北ヨリ」の一反は対馬守往来田、「次ノ東」に三反半の御壇供田がある。それにつづくNo.344半には「北畠ゑんまん堂前、次ノ大道ノハタ」と書いてあるところからみると、ここからはまた区域が異なるものと思われ、一応No.333からあとNo.343までが連続して東へ並んでいたのではないかと想定される。この場合、No.335の二反の位置を指定する「次ノ東、縄手極」の縄手は、この田の西つまりNo.334との間にあったのではなかろうか。そしてその東側に経所田三筆五反が縦に連なり、その東に丁通りの形で計八反が連続して路に達する。さらに路の東の区域には南に三反、北に一反の計四反があって、東に三反半がやはり丁通りで位置を占めて一まとまりをなしていたものと考える。この田畠の一つながりの列は、地図を案ずれば、No.311〜No.332の北側に当たると考えねばならない。

このように作図してみると、御霊林北沿いの道路から北方へかけて、東西に連続する大半は長地型の田畠およそ二町歩ないし二町五反歩内外の帯が三段に重なり、その中を南北に通る道路が三本あって、東の道路と中の道路の間はほぼ六〇間（一〇八・六メートル）、中の道路と西側の道路との間がその半分程度の間隔であったという状況が浮かび上がるのである。

つぎなる問題は、この方眼紙上に描いた推定復元図が、より北側の地籍図・字限図の示す地割にきれいにつながるかどうかであるが、これは案外にうまくいったように思われる。御霊林の戌亥角と見られる地点から北へ道路を延ばしていくと、それは先に位置が確定した「七反カ垣内」東端の田地No.256の東を限る道にそのままつながる。これはまた先に触れた文化五年の小山郷川通絵図に示す「字柏溝・烏子溝・辻ケ内田地養水川筋」の流路が南下してくるラインでもある。方眼紙の図形をこのように地籍図・字限図につなげてみると、「七反カ垣内」の南にあたかもNo.333・No.334の一反半ずつを当てはめるのに適当な土地区画が得られ、その東にある溝を越えると、四〜五反が納まる区画がちょうど存在し、さらに溝・道の東へ移ると、今度は長地型の区画が五枚連続したあと、南北に区切られた四、五反分の土地を経て現在の上善寺（上善寺は豊臣秀吉の天正の町づくりに際して、ここへ移ったもの）境内西の上御霊通に達し、寺の境内に相当する区域には三筆七反半を入れる余地は十分あるので、ここには先の方眼紙に描いた三列の田畠の帯のうちもっとも北にあるものが、全体としてうまく適合するとみなしてよいと思われる。そうすればその南の畠地の帯二列も、道や溝の位置合わせが間違っていないかぎりおのずから場所が定まる。これらの帯の長さは、田畠の形状を原則として長地と判断した場合、賀茂川の堤より西に安定的に納まり、なお余地が残る寸法であるから、この推定的復元はほとんど正確と見てよいと思う。

ただ、このように復元をやった場合、現鞍馬口通は畠地の中を横切ることになり、しかも地からみ帳の記事には、それらしい記述は全然なく、ただ長地型の畠地の連なりを想定させるだけであるから、矛盾する感じは拭えない。現在の鞍馬口通は、十七世紀後期には存在が知られているが（「京羽二重」）、開通した時期はよくわからない（『角川日本地名大辞典』26、京都府上巻）。迂闊な物言いはばかられるけれども、あえていえば、私は自分の検地帳図上復元の結果からみて、中世には現在の場所を通ってはおらず、御霊社の森の北沿いの道路が同じ役割を果たしていたのではないかと思う。復元図はこの見方に立って作図し、現在の鞍馬口通は位置を示さなかった。適当な地図を参照すれば済むし、記入すれば検地帳記事の書き入れに妨げとなるからである。

No.294〜No.343の復元図はこうして書き終わった。そうすると、No.344からあとも復元不能ではなくなった。No.344の田地半反には前述したように「北畠ゑんまん堂前、次ノ大道ノハタ」という位置指定がある。つづいてNo.345は「次ノ東、路ノ東そへ」に位置した「半　北畠貴布祢講田　作人　自」であり、No.346は「次ノ路戌亥」の一反半である。この三枚の田地の位置指定は、相関して一定の地図を描くことを可能にするものである。すなわちまず北畠ゑんまん堂（閻魔堂であろう）と呼ばれた堂があり、その前を「大道」が通っていて、No.344は堂の向かい側の道沿い、No.345はそこからみてもう一本の「路」を東側へ横切ってそれに沿った場所にあり、同じ「路」の東北にNo.346があったと理解されるのであり、幅の広い道路の東側に北畠のゑんまん堂、その北に北畠の貴布禰講の講員が自作する田地半、道路西側のゑんまん堂前に当たるところにやはり田地半があり、二つの田地の間にもう一本「大道」とは別の「路」が通っていて、その（したがってゑんまん堂の）西北に一反半があったと推定できる。ずいぶん具体的に想定されるその場所を探せば起点がつかめると私は思った。おそらくそこはNo.343の田地からさほど隔たってはいないであろうとも考えた。

初めはなかなかわからなかった。北畠は北畠雅家の第があったことからそう呼ばれるようになった所といわれ、「山城名勝志」は「指南抄云、北畠通一條ヨリ北、其間三町也、云云」と記し、現在「おおむね寺町通以西、今出川通以北の地にあたる」と理解されている（日本歴史地名大系27『京都市の地名』）けれども、正確にここと指すことは難しかったし、ましてそこのゑんまん堂の位置などは特定しようもなかった。しかし、そのうちに近代の小山村全図を眺めていて、上善寺の北に「墓地、三畝歩」と書かれた場所があることに気づき、ひょっとするとその昔ここがゑんまん堂だったのではなかろうかという考えがふとひらめいた（宝暦七年改写の絵図では上善寺境内の北に御所八幡宮があり、その真北の藪の中に○印があるあたりがそれらしい）。それで右に想定した図形がはたしてそれで当てはまるかどうかやってみたのである。幸いにこれはぴったり適合した。

そして、つづいてもう少し先へ地からみ帳の記事を見てゆくと、No.349に「次ノ西、上下」、次のNo.350に「次ノ中」、No.351には「次北、岸極」、No.352に「次ノ南、岸上」と、相互に関連させた場合すぐには理解できないような方角・位置指定が連なって出てくる。これはどういうことだろうと思って、字限図と対照してみると、このあたりと見当をつけた場所の地割が、ときどき出てくる丁通りの様相を呈し、一枚の長地型田地の西に半折型の横田四枚が並んでいることがわかり、そこから、No.349の「次ノ西、上下」という表現はさほど奇妙なものではなくて、No.348の西にある田地が上下にとおっている長地であることを意味するのであり、対して「次ノ中」とはこの長地の西に南北に並ぶ田地の中央部にあるものを指し、これを基準にして「次北」・「次ノ南」の田地がいずれも溝岸にあったということであろうと納得できた。そこでこの当てはめを行なうと、先のNo.346「次ノ路戌亥」の一反半との間には、字限図では田地一枚分の区画が残ることになる。しかし、地からみ帳の方ではNo.347「次ノ上西」一反およびNo.348「次ノ西」半の二筆が残る。これを矛盾の無いように処理しようとするには、字限図の田地一枚を全体で一反半と見て、これを二対一の割合で分け、そこに畦畔を推定で入れるしかないので、復元図はそのように作図した。推定すべき畦畔が図示どおりのものとすると、No.349の「次ノ西、上下」は一層納得しやすいものになるのである。No.344～No.352の復元はこうして動かしがたいものになったし、「北畠ゑんまん堂」が小山村全図の「墓地」ではないかという最初の半信半疑の推測は、まったく適切な推測であったことが立証できたことになると思う。このことにより、従来漠然と推定するしかなかった中世の北畠の集落も、同図の「墓地」の東辺から、南は復元図のNo.343・311・310（北から南へ並べた場合）の田畠の東にかけて、賀茂川の堤の西に存在していたと見て間違いないと私は考える。これは後の鞍馬口村の集落に当たるのである。

No.353の一反とNo.354の二反は、ともに方角記載が「次ノ西」なので、字限図で溝・道を越えたところに、ちょうど当てはまる三枚の区画がある。そこへ記入すればうまく西の「七反カ垣内」につながるのである。つぎのNo.355～No.359の各一反は、最初の一反に「五段畠次ノ岸ノ上西」、最後の一反に「次ノ西極」とあるので、長地五枚が東西の道・溝に挟まれて一区画をなしていたものと推定され、これに該当するとおぼしき場所は、No.351のすぐ北と判断される。字限図の地割に畦畔二本を推定して引けば、ちょうど適当な長地型五枚ができるので、そこへ記入すればよい（地からみ帳はそのあとに小計「以上四丁」を書き入れているが、これは私の計算と一致する）。

No.360は「次ノ岸ノ上、西」の一反、つづいて西に半・一反の二枚が並び、つぎにくるNo.363は「次ノ北、三角」二反である。この四枚の田地も字限図ではNo.359の西側に位置する区画とぴったり一致する。ことに北の二反はまさしく相応の広さを持つ「三角」形であり、これはここまでの字限図への当てはめが間違っていないことの証明になるであろう。つぎのNo.364半は「次ノ丑寅ノ下」にあり、同じく「三角」である。字限図では右の「三角」二反の戌亥（というより東側）に該当の区画を求められる。No.365は「次ノ岸ノ下」三反、つぎは「次ノ西ノ極」二反、つぎの半には「次ノ西、人宿前」とあり、ここまでで「以上一丁半」と計算されている。字限図には、No.364の東南にやはり全体に三角形をなす場所があって、たしかに「岸ノ下」といえるが、畦畔が縦に一本だけ通っている。当てはめるべき場所は、近辺ではもうここしかないので、東側の三反と西の二反半とに適応するように字限図とは別に畦畔の位置を推定し、さらにNo.366は「西ノ極」の二反であるにかかわらず、No.367はまた「次ノ西」の半なので、その両方に矛盾しないようにもう一本畦畔を推定で引いた。No.367は「人宿前」とあり、ここに人家があったとしなければならないが、近世・近代の絵図・地図には痕跡が認められず、位置を特定することはかなわなかった。これで現在の上善寺の北西部分に関する復元が完了したことになる。実をいうと私は、No.355の「五段畠次ノ岸ノ上西」を「五段畠、次ノ」云々と読み、この位置指定に不審を持っていたが（この地はNo.354からすれば丑寅に当たり、けっして「次ノ岸ノ上西」ではない）、「五段畠」という字名が畠五反からくるのは間違いなく、これはちょうどNo.355〜No.359に当てはまると見たので、その理解を優先させて復元をやった。場所の決定に誤りがなかったことは、結果が証明することになったのだが、それと同時に「五段畠」は本当はその五枚の土地をいうのではなく、No.365・No.366の計五反に該当するのだということを、これも結果から教えられた。「五段畠」でいったん切って読むのでなく、続けて読むのだということも同様である。No.355〜No.359の五反は、用水の通り方から見て、畠ではなく田であったと理解すべきであろう。

No.367の次には「以上一丁半」と小計が入っているので、ここまでで一つの区域が終わったと見られ、したがって、つづくNo.368以降は新たな場所に移ることになる。このNo.368は「ヨコ堤、ゑんまん堂ノ北、西へゝる」という位置指定のある半で、名主は「北畠道場」となっているから、既にゑんまん堂の位置が確認されたいま、位置の推定はほぼ見当がつく。ここを起点としてつぎに「以上一丁八反大」という小計が出てくる手前のNo.392までは、間に紙継目二か所があるが、集計の数値から見て欠落はなく、方角や位置に関する記事を見てゆくかぎり、まとまって同じ区域に存在した田地群であったと想定される。そして、No.381の次には「以上畠也」とあり、筆数・田積とも半分強が畠であった。この一町八反大の田畠は、各筆田地の方角・位置記載をたどってゆくと、田地の形状は不詳であるが、田積だけで見れば広いところでほぼ三〜四反、狭いところでは一反くらいの幅で、ゑんまん堂の北に始まって次第に北進する状態で並んでいたものと考えられる。この想定が当たっているとすると、それは現在の出雲路地籍（かつての鞍馬口村）の北部に相当することになるのであるが、遺憾ながらいま私の手許には鞍馬口村の地籍図・字限図はなく、はたしてこの想定が妥当なのかどうかを確認することができない。また、「小天」にはこの区域に相当すると見られる田畠の記載はないので、同検地帳と比較対照しながら復元図を作成する便宜もない。もっぱら「小宝」に見える方角・位置記載だけを頼りに作図する以外に術はないのである。そうなると、この田畠群の北限がどのあたりなのかを漠然とながらではあっても何とか押さえたい。そのためには例によってもう少し先まで「小宝」の記事を見てみる必要がある。そこで、この部分の作図は後に残して、No.392以降の復元を試みることにした。

No.393の一反は若石大夫往来田、その位置指定は「遣上、北ノ上」である。ここで新しく字名が登場することが注意されねばならない。つぎのNo.394・No.395各一反はどちらも「神人往来」で、前者の方角記載は「次ノ西」である。後者には何も記されていないが、同種の田地二反が連続するところからやはり西に接していた可能性がいちばん大きいであろう。No.396の一反はまた往来田で給主は亀千代大夫、方角記載等は「次ノ北、ミソ、ヘ、ミトハシ」と見える。「次ノ東」No.397一反はこれも往来田で幸音大夫が給主、「次ノ東」各半反はいずれも「刀祢往来」とある。北側に二反を措いて「次ノ北」二反は下野前司老者田である。第三章の史料を見ればこれは一目瞭然なのであるが、それをわざわざ煩雑を承知で記述したのは、これらがすべて広義の往来田であり、田地の種類を記載することの少ない「小天」においてもこれらが記載されている可能性が高く、もしそうであれば、対比検討が可能で復元に便宜が与えられるからである。

そこで、場所によっては並行して作業をやっていたため、どのあたりと見当がつけやすい「小天」の記事を探索すると、「小天」No.314〜No.318の部分が往来田二筆二反、刀禰給二筆二反を含んでいて、両者が対応するのではないかという一応の見込みがついた。これを確認するための手がかりは、往来田の不変性・同一性である。「小天」に見える往来田はNo.314が命福大夫往来田、No.318が亀夜叉大夫往来田であるから、これを「小宝」の若石大夫・亀千代大夫・幸音大夫らの往来田と対比して、そのうち最低一例でも一致すれば、これは場所の確定にたいへん有力な足場になる。他郷の復元完成部分と比較検討してみると、宝徳地からみ帳の若石大夫往来田は、大宮・河上の両郷においてともに天文検地帳の命福大夫往来田と対応していることが確認できた。異なる三つの郷で同じ結果が出るということは決定的で、両者は完全に一致するとみなしてよい。さらに宝徳の亀千代大夫往来田は、天文では亀夜叉大夫往来田になっていることも大宮郷で確認できるから(故亀夜叉大夫として出現)、これで二つの点が押さえられたことになる。この点を面に拡大するにはあと方角記載と刀禰・神人往来田の位置で十分である。ほかでも例があるように、刀禰と神人の往来田は共通性があったようで、宝徳と天文とではしばしば入れ替わっているから、どちらかと合致すればよいのである。両検地帳の記事を突き合わせてやってみた結果は図示のとおりで、次節でも触れるが両者の復元図を一致させるためには、「小天」No.316・No.317の方角記載は通常の場合とは違ってどちらもNo.314から見た方角を記載していると受け取る必要があるという多少の不都合はあったけれども、その解釈を当てはめれば、宝徳の神人往来二筆は、天文の刀禰給二筆と合致し、計四筆の田地の位置が確定するのである。地籍図ではそれはちょうど中村郷蓮ケ久保から賀茂川を渡って小山郷地籍に入る道路(宝暦七年改写の絵図では、この道路は「御菩薩池道」と記されている)の西側に位置を占めることになる。「小宝」ではNo.396の東に連続しているNo.397〜No.399の三筆は、用水系統単位で実施された「小天」では、記載順番号が跳ぶとともに進行順が逆になるが、No.363・No.364の刀禰給、No.365の尾張守往来がちょうど該当することがあとで判明したから(次項参照)、これにより七枚の田地からなる該当の一区域が全部うまく復元できたのである。宝徳の幸音大夫往来田と天文の尾張守往来田とが同一の田地であることがわかったことは(大宮郷でも一致)、後述するように貴重な意味を持つことになった。

これで「次ノ北」のNo.400からあと、「堀ケ溝ノ口まて」「以上二丁七反」と記された二行の前No.413まで、計一四筆の復元を進めるための起点が明確になったので、引き続きその検討を先に行なうことにした。この部分の検地は大勢としては北へ向かって進められていると見てよく、かつ該当区域の地籍図・字限図の上では、復元未済で空白のある部分は限られてきているので、〝当てはめ〟がうまくできればよいはずである。しかし、これがなかなかであった。当然ここでも「小天」と対照しつつ並行的に作業を行なうことにしたが、簡単には進まない。まず例により両方の往来田などの在所が一致しないかどうか探してみることが先決なので、苦労していろいろやってみた結果一つの見通しにたどりついた。それは「小宝」にはNo.401が下野前司老者田二反、No.409が経所田一反、No.412が万三大夫往来田半という田地が出てくるが、これがそれぞれ「小天」のNo.368隠岐守老者田二反、No.374の供僧田一反、No.380の故大膳亮往来田小と対応関係にあるのではないかということであった。この中で明瞭に一致が確認できるのは、故大膳亮往来田と万三大夫往来田との場合で、両者の対応は河上・大宮両郷でも同じであるから、田積に半と小との差はあれ同一性は揺るぎのないものとなった。また、老者田はこの部分では両検地帳ともこの一例しか出てこないから、期せずして同一の田地であることが証明されることになった。「小宝」・「小天」が少なくとも二点で一致するわけで、そうなるとやはり前後に一例しか見えない経所田と供僧田の一致も決まったに等しい。それでこの三者を中心に、両検地帳の間で矛盾が生じないように復元を試みた結果が図示した状態になった。途上でいったん確定できたと思っていた場所に変更を加え、推定した畦畔を入れて新たに田地を割り込ませなければ辻褄が合わない場所も出てきたが、一応納まるべきところに納まったといってよいのではないかと思っている。宝暦七年改写の絵図を参照すると、No.195・No.409・No.410の各田地にはそれぞれ「ホリイケ」と書き入れてあり、かつこの三者とNo.408との間を流れる溝に「堀池溝筋」と記入され、それがすぐ西北の地点で「御用水川」(文化五年、小山郷川通絵図)から分水していた状況が見て取れる。先に引いたNo.413の次行に記す「堀ケ溝ノ口まて」は、まさしくこの状況を指しての表現なのであり、この部分の復元に大きい狂いはないことを立証するものと思う。

さて、ここでゑんまん堂の北からつづく一丁八反大の田畠の北限の確認に立ち戻ることが必要である。この田畠群の最後尾No.392の幸石大夫往来田の位置がどのあたりかということである。方角記載によるつながりは求め得ないとはいえ、つぎのNo.393以下七枚の田地が、上述のとおり「御菩薩池道」の西に確定できたので、その近辺に来ることはまず間違いないであろう。そこで、この田地がたまたま往来田であることから、もう少し手を広げて、近辺に位置するはずのNo.375の左京亮往来田、No.383の加賀前司往来田、No.384の阿賀大夫往来田およびNo.390出雲前司往来田を含めた計四反半の往来田について、河上郷・大宮郷など他郷の検地帳や往来田古帳などを合わせて検討して、何かほかに手がかりがつかめないかを試みることにした。

まず幸石大夫往来田であるが、これには「次ノ西ノミツハシ」という位置指定があること、それに氏人の仮名について「参河守ニナル」という注記のある点が注目される。この往来田は、現在年代を異にする二巻が保存されている往来田古帳（「賀茂」。詳細な年代推定の考証は第四章第一節に譲るが、一巻は南北朝末期ごろの成立とみられるもので、若干の欠失がある。他は応仁元年四月写の奥書があるが、原本の成立は長禄・寛正期ごろである。第四章では頻出するので前者を「往来A」後者を「往来B」と略称することにしており、統一上ここでも同様とする）との対比が可能であるとともに、「往来B」を媒介にして宝徳の地からみ帳との対比もなし得るから、その対比をやってみると、これは「往来B」の三河前司往来と同一で、さかのぼって「往来A」では慶鶴大夫往来田として現われる。そして両者ともこの小山郷の一反について在所を「ミトハシ」としていることがわかる。指摘するまでもなく「ミツハシ」と同一である。いずれも片仮名書きであるが、「ミト」は水門の意、「ミツハシ」は水端であると見て間違いないであろう。次に左京亮往来田は、「往来B」においても給主は同一人で、「往来A」では有寿大夫往来田であるが、両者ともに在所を「小山郷ヨコ田」としていることが注意される。東西辺の長い田地を意味することは多言を要しない。加賀前司往来田もまた「往来B」に同一人の往来田として出現し、「往来A」では愛有大夫往来田に当たるが、双方の往来田にはいずれも小山郷の田地はまったく含まれていない。書き誤られた可能性がある（後述）。また阿賀大夫往来田は「往来B」では日向前司往来田に当たるが（「往来A」では欠失）、小山郷内に二か所あり、うち一反は在所「狐墓」、もう一反すなわちここでの検討の対象であるNo.384の在所は「今出川口」と記されている。現在は遥か南の京都御所の北を東西に通ずる通路の名称になっている今出川が、もともとは北から京都市中へ向けて流れていた川の名であることは周知であるが、その水口がここに存在したことを立証するもので、たいへん注目すべき事実である。実はこの今出川口という位置指定は、「往来B」にあと二か所出ている。この点も指摘しておかねばならない。うち一か所は万千代大夫往来田であり、もう一つは大和前司往来田である。これを「小宝」に置き換えると前者は先に取り上げた幸音大夫に相当する。しかし後者はすでに作成を済ませたこの近辺の復元図にはまったく発見できない。大和前司の往来田はこの小山郷今出川口の一反のほか、大宮郷ト、ロキに一反、中村郷口無に一反、同郷ケンチャウカ芝に一反、岡本郷晦日田一反の計五反であったが、このなかで大宮郷ト、ロキの一反は料紙一枚が欠失していて不詳であるが、岡本郷では、晦日田というのが字名ではないため明確でない点を残すものの、大和前司往来田そのものは所在が確認できる。また、中村郷の二反は同郷復元図の上で口無とケンチャウカ芝にそれぞれ所在を突き止めることができる。とすれば小山郷の一反は、このあたりになければならないのである。しかるに「小宝」の記事全体を調べても大和前司は発見できない。これは不可思議なことである。先に私が加賀前司往来田が書き誤られた可能性があると述べたのは、一方でこの事実が認められるからで、加賀前司の往来田五反は小山郷を除いた四郷にしかなく（大宮郷に二反ある）、他方大和前司の往来田は同郷今出川口にあるはずなのに、検地帳の記事には全然出てこないということであるから、両者が入れ替わっている可能性はほとんど決定的であると私は思う。今出川口にある阿賀大夫往来田の南に接している往来田である以上、同じく在所が今出川口と記されていてなんら不思議ではなく、むしろ当然すぎるのである。最後に出雲前司往来田半は「往来B」でも同一で、これには「小山郷、川成」、「往来A」では初有大夫往来田として現われるが、やはり「小山郷、但河成歟」とある。かなり水の被害を受けやすい場所にあったことが確かめられる。

これだけの検討によって、「今出川口」にあった往来田三反のすべてが明白になった。「小宝」所載の氏人の仮名で言えば、幸音大夫・加賀前司（事実は大和前司）・阿賀大夫三者の往来田である。三反の往来田は当然同じ区域に接近して存在していたはずで、このうち幸音大夫往来田は位置が確認できている。宝暦七年改写の絵図に記す「御菩薩池道」が、賀茂川を越えて小山郷に入るとすぐ、北西から賀茂川に並行して流れ下ってきた水流にぶつかり、そこで両者が相伴って南へ折れ下るその曲がりっぱな（「今出川口」はまさにここを指すと見られる）のすぐ北西である。となれば、あとの連接する二反の往来田が同じくその地点に接近して存在したことは疑いようのない事実であろう。これは同時に当面位置の見当をつけたいNo.392の田地に連接するNo.393若石大夫往来田のすぐ東側のあたりということでもある。また「ミツハシ」「ミトハシ」とされるNo.392・No.396が相互に近接していたことも判明する。確定とまではいかないにしろ、これでNo.368～No.392の田畠群の北限は突き止めることができた。あとは字限図利用の便宜がない以上、「次東ノ河ハタ」「次ノ西、左京亮往来北」「西、雑役田ノ西、路ノ西ヘカヽル」などとある位置指定の記事を頼りに、ゑんまん堂からこの地点にかけての区域に挿入できる、できるだけ合理的な推定図を作成するほかはない。復元図に示したのはその私案である。全体の位置がほぼ動かないのだから、正鵠は射ていなくとも大きく的を外してはいないであろう。

No.413までの集計「以上二丁七反」（No.393以降の実際の合計と一致）のつぎの行には「次流木後、西ヨリ」と記され、これよりあとに記載される二町数反が「小宝」の巻末部分である。「流木後」というのは、流木神社の背後つまり北側の区域を指している。それは早くに完了させた「岡享」の復元で、「ナカラ木ノウシロヨリ始、東也」と記されるNo.440の往来田小が、流木神社の北方に位置を占めることで明白である（第二章第二節参照）。郷域の復元に手をつけた最初の頃、私は小山郷は賀茂川より西であるとのみ考えていたので、「小宝」になぜ「流木後」が出てくるのかわからず、あるいは竄入かと思ったりしていたが、紙継目の位置からも集計記載からも、そういう可能性はないことがわかり、結局岡本郷と中村郷との間でも見られた時期による郷域の出入りであるという結論に達した。したがって、ここでは「小天」の示す郷域とは違って、賀茂川の東へはみ出す形での復元図を作成することになったのである。

この巻末部分の初めから半分以上は、幸いに「岡享」にも記事を見つけることができ、そのまた半分程度は字限図の利用が可能である。しかもそこに該当する田地群の中には数筆の往来田が出てくるので、それを手がかりにすることができる。要するに字限図への当てはめがきわめてやりやすいのである。「西南ノ二」に位置するNo.414の善住庵田小に始まって、「次ノ北、川ノハタ」に百歩、「次ノ北」一反大、「次ノ北」一反とつづき、あとは七筆七反がずっと東へ連続する。これを「岡享」の復元図と対照すれば、往来田の同一性とも矛盾することなく復元図が作成できる。さらに「次ノ下南」のNo.425刀禰往来半からあとの数筆も、ほとんど「岡享」の復元で推定した地割と齟齬することはなかった。ただ、「岡享」では方角記載を欠くNo.456出羽守持およびNo.457宝泉坊持の田地各小を乙井川の北部川沿いに配したが、両者に該当するかと考えられる「小宝」No.414小・No.415一〇〇歩は、前者には、「西南ノ二」（西南から始まって二番目）後者に「次ノ北、川ノハタ」とあることと、「中天二十」の復元結果を勘案した場合、南の川ばたとした方がより合理的だと思えたので、「岡享」をもそのように訂正した。No.428の「次ノ川南、ヨコ田」一反は、これも推定作図のほかはないが、位置ははっきり指定されているのでNo.427の南、乙井川沿いに書き入れた。

No.429の半には「流木社前」とあるから、検地は今度は流木神社の南側に移っている。しかしこれからあとの部分は、「岡享」には記事はなく、字限図も入手していない以上、地籍図に見られる主な道路・水路を利用して、できるだけ合理的に線引をしなければならない。この部分には合計一三筆九反六〇歩の田地が記載されているので、それが配置できるところは、流木神社の西を経て東南へ向かい、やがて鞍馬街道に合流していた主要な道路と乙井川との間にある字「明神」地籍しか考えられない（この道の西南は字「明神林」で、近代においても藪や林であったと考えられる）。そこで、「流木社前」から始めて方角記載と田積を勘案しつつ適宜線引して地割を推定し、そこへ検地帳の記事をはめることにした。ただNo.438の「両所アリ」は推定のしようがないので片方は省略し、No.440〜No.442も「同所」とだけしかないので、適当に並べたにすぎない。結果は見てのとおりである。

この部分の復元によって、宝徳三年当時の小山郷と岡本郷・中村郷との境界に明瞭な線を引くことが可能になったという収穫を得たことになるが、そこで注目したいのは、この境界線がちょうど条里界と一致するという点である。すなわち、「小宝」No.417～No.424の北端を東西に通る道路・溝は、岡本郷の字一ノ坪の南端をとおるものと合致するものであり、この線が愛宕郡条里の十二条と十三条の境界をなすものであることが明白である。一方「小宝」No.424の東端の線は、岡本郷一ノ坪（但し、字名でなく本来の里の一ノ坪）・二ノ坪の西端の線を南へ延長したものに相当するのである。これはとりもなおさず宝徳三年当時の小山郷の東北端にあたる一個の坪が、愛宕郡条里の十二条三十一坪に当たることを物語るものである。賀茂社境内諸郷の郷界に時期により多少の変化・出入りが見られることは、すでに岡本郷の復元（本章第二節）に際して述べたところで、境内諸郷の郷界は幾分可動性を持っていたということになるのであるが、少なくともこの場所では、はからずも室町中期に至ってなお古代の条里界がそのまま郷界として踏襲されていたことが立証されたのであって、その意味で注目すべき事実であろう。

これで巻末まで行き着いたので、あとは最後に残した郷南部中央に位置すべきNo.264～No.293の部分にけりをつけることさえできれば、「小宝」の復元は完了することになる。むずかしくはあるが、場所としては、残るところはここしかないという区域が空白になっているので、なんとかそこへ当てはめる工夫が求められるところである。幸いに字限図は該当区域の北部三分の二程度は利用可能である。

先にNo.263までは方角記載どおりに字限図を埋めてゆくことができたと述べたが、そのつぎの行にはいったん「以上九丁六反」という小計が記されていて、No.264はそのつぎにくる。「次ノ東ノ岸ノ上、道ノハタ」という指定のある極楽寺田一反である。これは一応は指定どおりに字限図に当てはめられなくはないので、まずはかりにここかと思われる場所に置いてみることにしたが、その次No.265は、田積二反で「小山ノ堂ノ前、南」にある。No.264とのつながりは切れ、「小山ノ堂」の所在ももちろんわからないのでさらにつぎへ進むと、「次ノ西、岸ノ下」にNo.266二反があり、No.267は同じく田積二反で「次ノ南、ヨコ田」となっている。このあとNo.270までは「次ノ南」がつづき、さらにNo.271は「次ノ南下」となっているので、ここは少なくともNo.270までは横田が連続している場所ではないかと推測された。そうすると、ここまでで朧気ながら約一町歩の田地の並び具合が浮かんでくるので、字限図が役に立つ範囲でこれに該当する地割が求められるかどうか検討してみると、それはたぶん文化五年の小山郷川通絵図に記される「御用水川」とそれに沿う道路の東側しかなさそうである。南端部は字限図は利用しようがないが、大体推定がつくと考え、工夫して畦畔の推定線も入れて配置を試みた。「小天」の復元図もこのあたりは最後の課題になったので、既に述べたようにあまり効果的な利用はできなかったが、同帳の記事も参照したことはもちろんである（次項参照）。またここでも現在の鞍馬口通にはこだわらず、むしろ無視して作図を進めることにした。最終的には図示したような結果にたどりついたのであるが、この想定が妥当なものとすると、わからなかった「小山ノ堂」は、既知のNo.261二反の西にある梯形様の区画もしくはその西南にある三角形の場所に当てられるのである。図では一応前者と見てその旨を記した。No.271とNo.272とをどう図示するかは、後者に付された「次ノヨコ、道ノハタ」という位置指定にある「道」が、西を通る近世の「御用水川」沿いの道路に当たると考えて決定した。

No.273からあとは、もう方角記載と田積とだけを考慮して作図するほかなく、またも方眼紙に図を描き、それを横に置いて何度もやりなおす羽目になった。宝暦七年改写の絵図を参考に近代の地籍図にある道路の折れ曲がりを直線的に直した箇所があり（No.273とNo.274の間）、また横に通る畦畔を縦に改めて推定線を入れる必要が生じたところもある。田積に不釣り合いと思われる場所もないではなく、また先に位置をひとまず仮定したNo.264、それに確定したつもりであったNo.262・No.263についても、位置を移動させたり畦畔の線を新たに入れたりすることも必要になった。そうした苦心の末、No.266～No.268と西の川・道路との間にある字限図上の長地は、ついに埋めようがないまま残ってしまったが、あとは図面上の空白部分をともかくも隙間なく耕地で埋めることができた。これで少なくとも九分通りまでは、明瞭な形で室町中期ごろの小山郷を蘇らせることができたと思っている。

小山郷天文十九年検地帳復元図の作成

天文十九年の検地帳は、本節はじめに触れたとおり表紙に「九月廿日」の日付があり、検地の開始日がわかる。次いでNo.136の前に「廿一日」と記され、同日中にNo.396まで進み、そのあとに「且并四十四丁九反半四十歩歟」という総計が記入してある。検地はここでいったん終わったと見られる。しかし、帳面にはこのあとさらに「廿四日」分としてNo.397〜No.436の四〇筆分が追加され、最後に改めて全体の総計がなされている。すなわち二日措いてやり残した分が追加されたのである。これは少々奇妙な感じを与えるのであるが、実は次節で述べるように、二十二日から二十四日にかけては大宮郷の検地が行なわれたのである。したがって二十四日は同郷の検地を終えたあと、さらに小山郷へもどって四〇筆を検地したということになる。なぜかようなことになったのかはよくわからないが、この時の両郷の検地がいずれも用水系統別に実施されていることと密接な関係があるのではないかと思われる。

それはさて措き、この検地帳については、例によって宝徳三年地からみ帳の復元を考える過程で、相互対比をしながらある程度並行的に復元を行なっている。したがって本来ならば全体にわたって事細かな説明を繰り返す必要はないはずである。しかし、この「小天」の場合は「小宝」と違って検地が用水系統ごとに実施され、同じ坪の田地であっても、その中で用水の系統が異なる部分は残して先へ進むというやり方なので、二つの検地帳の間で区域ごとに対照するのもやりにくいところが少なくないし、また前述したとおり「小宝」には記事の欠失がみられるところもあり、同じ区域でもなかなか両者を一致させにくくて、困惑した事情もあった。このため解説は一応「小宝」とは別建てで行なう。したがって重複的な箇所も登場していきおい長くなるのは避けがたいが、「小宝」と対照すればわかるところはなるべく簡略にすることを旨として進めることにする。

「小天」の冒頭には、まず「号懸溝」という一行がある。これは上述のとおり（あとでも再々触れることになるが）、この検地が用水溝を中心に、その灌漑区域を一つの単位として実施されていることを示すもので、注意しておく必要のある事柄である。次行では「平榎自南一」とこの区域における検地の起点が示され、№1は「一反　下社田　作人青屋者」で、これを加えて七筆七反三〇〇歩の田地が、順次東へ整列していたことが「次東」の方角記載が連続することから了解される。すべて「下社田」であるが、№1には「故帳ニ有白雲寺」という注記が見える。これは「小宝」の冒頭に、やはり平榎にあった西から東へ並ぶ八筆一町半の「白雲寺」田が出てきたのと対照すれば、「故帳」は「小宝」を指すもので、一連の田地群は同じ場所にあったものではないかと推定するのが道理であろう。しかし、少し先まで記事を見てみると、№21の次に「自道西巳上」とあるのが目につく。計二一筆の田地が「道」の西にあり、あとの大部分はその道より東に存在することを明示するものである。この「道」は字平榎の場所からすれば、「小宝」にしばしば出てきた「大道」に当たることは明らかで、「小宝」ではこれが大体において小山郷の西の境界をなしていたことがわかっている。とすれば「小宝」№1〜№8と「小天」№1〜№7とは同じ場所とはいいがたく、同じく字平榎ではあっても「道」を挟んで分かれていたと見なければならない。

そこで改めて№1〜№21の配置を「道」より西で一括して考える必要がある。該当すべき地割は小山村の地籍図・字限図には記載されていないから、西隣の紫竹大門村地籍図・字限図で当てはまる場所を探すことになった。これは字宮之後に当たる。ここは私の見た字限図では既に詳細な地割が捉えられなかったが、小山郷に先立って復元を済ませていた大宮郷の検地帳で、推定による線引ができていたため、それを利用して当てはめてみたところ、№8からあとは方角記載を追うだけで矛盾なく当てはまり、そこは「大宝」の復元図では大宮郷の田地が存在したことになっているが、「大天」の図ではちょうど空白ができていて、そこを適合的に埋めることができた。ここでも№10に「次西南、懸溝」と溝の名称が記されているのが注意される。

次に、右の№8の方角記載は「次北、東一」なので、№7はその南に当たり、以下逆順で№1までは西へ並ぶ長地型田地に相違ないと見極められ、「大天」の復元ではここも空白で残っていたから、その部分に地割ラインを推定して当てはめることができた。前記した№1の「故帳ニ有白雲寺」という注記は誤認に基づくものであろう。

№22には「懸溝、自道東一」の二反とあり、やはり懸溝の灌漑区域のうちながら、ここからは「大道」より東側の検地になる。この田地はおそらく大道を挟んで№21のすぐ近いところと判断されたが、すぐにはどこへ置くべきか見当がつかず、再びいくらか先をみると、№28に「西北、道端」という位置指定を持つ一反が出てきて、それから№34まではどれも「次東」で並び、うち三筆は往来田である。「小宝」の復元図の上で、さほど飛び離れていないところで長地型田地が七筆並んでいる場所を見つけ、そこの往来田の位置が合致すればよいことになるので、当たってみると字梅か辻がこれに該当するとわかり、そこから逆に№27までの六筆七反九〇歩も地割ラインを推定で引くことにより安定させることができた。ここは前項で述べたように師範学校敷地となっていたため字限図は詳細を記しておらず、加えて地からみ帳の記事の一部欠失もあったので、「小宝」では十分な推定ができなかったが、この「小天」では欠失はなく、両者を対比しつつ線引をして、推定ながら双方に矛盾のない復元ができたと考えている。

№35は改めて「次南一」とあり、一つの区域を限る道・溝の北沿いに位置したはずで、あと№40までは北へ並ぶ。ここはすべて一反で、起点になる一反は右近将監往来田、次は福石大夫往来田、さらに次は福増大夫往来田となっていて、かつ№37以後の田地には「号梅辻」の注記がある。右近将監往来田は宝徳三年当時の乙千代大夫往来田、福石大夫往来田は同じく尾張前司往来田であることが、小山・大宮両郷について立証できるので、以上の手がかりで復元は容易である。この二反は「小宝」の復元で字火打形に位置したことが明白になった田地である。ついで№41の一反の方角記載は「次西」で、そのあと№44まではまた北へすすむ。やはり梅辻所在となっている。宝徳と天文とでは、字梅辻の場所は道・溝を挟んで北と南にずれているが、これは両者を合わせた区域の字名と見るべきであろう。№45は再び東に移り、№51までは北へ並ぶ。「小宝」の神人往来田半が、ここでは供僧田に含まれてしまっているという差異はあるが、そのほかの田地の種類は「小宝」と変わっていないので、対照しながら当てはめができた。復元図に見られるとおり№35～№40と№45～№51とは南から北へ並ぶ同一区域の田地であるが、にもかかわらず、途中で道・溝を挟んで西側にある田地四反を検地しているのは、同じく懸溝から引水している田地であるからと考えられる。その意味では、№43と№44の両者に「但半者小野溝[4]」という注記があるのも注意を要する。この二反は懸溝と小野溝との両方から引水していたのである。

「次北」の№52半は「コナト号」とあって、「次東」にある№53も同じ字にあり、№56まで四筆五反が東へ並んでいた。うち№54・№55の計三反が供僧田、最後の一反は往来田である。これは「小宝」の№73〜№77に該当することが、田地の並び方や種類・面積の比較から明らかである。コナという字名はここで初めて判明した。検地帳はここでいったん小計を書き入れている。

次は「小野溝東役〔股〕、溝究〔尻〕一」から始まる。用水系統が変わるのである。№57〜№61が「狐塚」にあり、№63にも「狐塚、溝東」、№69と№71にも「同所（狐塚）」と見え、№74には「次北、ヨコ田」、№78に「同所（ヨコ田）」、№84に「楽田」などの字名が記入されているので、「小宝」と対照しつつそれをたどることによって、地籍図・字限図への当てはめは容易であった。しかし、字限図の地割を一枚ずつ順に追えるのは№88までで、つぎの№89は突如「尼垣内」所在の大卅歩となる。「尼垣内」という字名はすでに「小宝」の復元でありかがわかっていたが、そこまではすぐ北に隣接する坪を跳びこえなければならない。それをあえてした理由は、やはり灌漑用水との関係であったと思われる（後述参照）。

「尼垣内」の計四筆四反は、「小宝」と対照すれば作図可能であり、次の№93は「次南、但隔道」とあるのでこれも位置が確定し、同時にこの「道」は例の「大道」であることも明瞭になる。この田地はその東沿いであったから、「小宝」の場合だとこれが郷の西限であった。しかし、「小天」ではこれからあとの方角記載が「次西」「次西」「次東」「次南」「次西」「次南」……とつづき、これは明らかに大道の西へはみだすことになるのである。当然小山村地籍図の範囲には収まらない。それで早くに完成していた「大宝」・「大天」の復元図を参照すると、その後者には前者にはあるこの付近の該当記事がなくて、図面が空白である。その部分を小山郷に含めればよいのではないかと思われたので、やってみたところ、案の定「小天」の検地は、「大道」を軸に西へ東へと動く格好で順次南進し、「大天」復元図の空白を埋めることになった。№97には「梅役〔股〕」という字名も記されているが、「大宝」の復元ではちょうどこのあたりに「梅ノ木ノ下」という字名が出てくるのであって、これが転訛したものと考えられる。結局№112の「キヲ〔ソ〕カ垣内」東端の一反までの大半と、番号は跳ぶが事実はその南に接続する№118・№120、それにさらに南へ跳んで№135、それだけの田地が№1～№21と同じく「大道」の西に位置したことが判明した。そこまでのところで書き加えておく必要があるのは、№114の内蔵助往来田が、ここでは何の注もないが、「小宝」と同様に№113の南北に分かれて存在していたものと判断したことくらいで、この点を含めてすべて「小宝」と対比しつつ、齟齬が生じないように復元を行なっているので、ほかにはとくに解説を要することはないと思う。復元の結果から見れば、「大道」を東へ西へと出入りしつつ南下するこの一種独特な検地進行の順序は、先にも触れたが検地が「大道」に沿った用水溝の灌漑の順序と範囲に即して実施されたからであると考えられる。小野溝関係の田地は№135までで、したがってここで小計がなされている。

つぎは中溝の関係である。№136には「中溝、西一、但平榎」とある。前の行に「廿一日」と記入されているので、前日に始められた検地は、懸溝と小野溝の灌漑する田地群を調べて初日を終わり、ここからは翌日分ということである。その起点とされた№136の一反はどこにあったかを確定しなければならない。字平榎は既述のように冒頭の№1の前にも記されており、小山郷の西南端にあった字名であることが判明しているし、字梅辻以北の「大道」寄りは、すでに懸溝・小野溝関係の田地群で埋められているのだから、それより南部であることは間違いないが、特定するのはそう簡単ではなかった。天文の検地帳は往来田や供僧田など特定の田地しか種別を載せていないので、「小宝」と対比するのも困難が多いのである。しかし、№170前後のところまで四〇筆ほどの田地群を視野に入れると、その中には氏人の往来田が集中して出てくる部分が現われ、刀禰給・九日田なども記されていて、「小宝」との比較対照ができるのと、№158に「中溝横田」、№170に「次北、但火ウチ形」などの記事があるのが大きな意味を持った。ことに「火ウチ形」という字名はすでに所在がわかっているので、№170の藤徳大夫往来田一反は、ともかく図上に置いてみることができる。その場所はすでに復元が済んでいるところとの関連からすれば、「小宝」のNo.36益有大夫往来田一反と同じとしか考えようがなかった。幸いに往来田であって、調べてみると河上郷でも宝徳地からみ帳の益有大夫往来田は天文十九年検地帳では藤徳大夫往来田であることがわかったので、これは確定的となった。これでともかく足掛かりは確保でき、理屈からすればそこを起点に検地帳の記載順を逆にたどればNo.136の位置も判明するはずであったが、困ったことに「小宝」ではこの南側に相当するところが料紙が失われていて、対比の便宜は大きく制約された。再び方角記載や往来田の同一性などを勘案して、ある程度範囲が限定された中で手探りをするしかない。あれこれやっているうちに、No.152の筑後守往来田一反とNo.153の丹後守往来田一反が南北に連なり、その西にNo.154尾張守老者田二反が位置するという相関が、「小宝」のNo.19土佐前司往来田とNo.24千代徳大夫往来田、それにNo.28の越中前司老者田二反の場合と同様であるらしく思われ、確認のために二筆の往来田について他郷所在のものを調べると、宝徳の土佐前司往来田と天文の筑後守往来田が同じ田であることは大宮郷の復元図でも検証でき、同じく千代徳大夫往来田と丹後守往来田の一致も大宮・河上両郷について確認できたので、この推定は動かないものとなった。糸のもつれはそこからほぐれた。

No.155～No.157の三筆四反は西へ並び、「小宝」のNo.29深草給二反がここでは刀禰給・河内守老者田各一反に変化してはいるが、No.154と「大道」との間にこの三筆が存在したことは容易に推定できる。ただ、No.156の方角記載に「次西一」とあるのは、この田地の東側に溝が通っていたことを示しているのではないかと思われるので、復元図では該当の位置に推定で水路を記入しておくことにした（「小宝」の図も同様にした）。つづくNo.158一反の位置は「中溝、横田」とある。近辺で横田といえる田地の並びは、No.153の丹後守往来田の北側にしか見つからない。No.158～No.161の四筆三反半は、そこにうまく当てはまり、「小宝」の復元と対照しても、そこで「神人往来」とあるのが「小天」では「刀祢給」に変わっているなどの違いこそあれ、基本的には矛盾は見られなかった（神人給と刀禰給が相互に入れ替わっている例はほかにも少なくない）。No.162は「次乾」にある図書頭往来田一反、No.163は「次北」の飛騨守往来田一反であるが、これは字限図の該当位置に半折の田地が二枚南北に連なっているのがそれと思われた。この場所は「小宝」では料紙が欠失していて対照はできない。そのあとNo.169までも同様であるが、ここは方角記載が順に東へ進んだことを示しており、字限図の地割もそれに適合する状態にあるので、すでに位置を確認しているNo.170に至るまでは、順次当てはめることができた。問題はその後の数筆で、そこには「小宝」のNo.33〜No.35の三筆三反の往来田が入るため、それと矛盾しない田地の配置が必要になる。「小宝」のNo.33は肥前前司、No.34は春松大夫、No.35は土佐守の往来田であった。これらが「小天」ではNo.172の加賀守、No.173の筑後守、No.174の内蔵頭に該当するはずなので、それぞれがどう結びつくか検討しなければならない。他郷の場合を見てみると、肥前前司については確認できなかったが、春松大夫は内蔵頭、土佐前司は筑後守とそれぞれ対応することが、大宮郷の復元図で確かめられた。それでこの一致に矛盾しない当てはめをやればよいことになる。結果は復元図に示したとおりである。もしこの往来田の同一性にこだわらないで、「小宝」「小天」それぞれ単独に、もっぱら方角記載だけを用いて当てはめをやると、多少違った結果になるので、あるいはどこかで錯覚を犯している恐れがないではないが、だとしても部分的に少々のずれが出るにすぎないので、ここではとりあえず往来田の同一性にこだわった結果を提示しておくことにする。

これでNo.152以後は一応埋めたことになった。あとは記載順番をさかのぼる形で方角記載を逆にたどれば、中溝関係の検地の起点であるNo.136まで辿り着けるはずである。ただこの部分には先にも触れたとおり田地の種類に関する記事はまったくなく、No.142の「次辰巳」とかNo.145の「次東、岸下」あるいはNo.147の「次西、縄手上」など、位置を特定するのに多少役立ちそうな二、三の記事をポイントにしながらなんとか按配するしかなかった。結局No.136は「大道ノハタ」にある「小宝」No.16に相当するものという答が出てきて、ここが「中溝、西一」であると同時に、字平榎に属する場所ということになったのである。この復元が誤りなければ、平榎は「大道」の西から東にかけて、現在の京都教育大学付属小・中学校所在地のほぼ南半分に相当する辺りの字名であったということになる。

小計がなされた後のNo.177は、「サウノ溝」関係の検地の起点である。したがって新たにその位置を突き止めなければならない。その手段の一つはやはり割合近辺と見られる場所に往来田が見つかれば、それが「小宝」所載のどの往来田と一致するかを調べてみることである。幸いに少し先のNo.182の一反が猿千代大夫往来田、またNo.188の一反は遠江守往来田である。例により「大天」の復元図で同じ氏人の往来田を探し、宝徳三年当時のその往来田の受給者を割り出して、「小宝」の復元図にそれを求めてみると、前者は「小宝」No.189の松有大夫往来田、後者はNo.194の山宮鶴大夫往来田であることがわかる。これでともかく二つの足がかりがつかめた。そこで両者の位置を中心に方角記載と「小宝」復元図とを睨み合わせて字限図への当てはめをやると、ともかくNo.188までは到達でき、起点のNo.177一反半は「小宝」No.185に相当することも明らかになった。No.181には「次西、溝股」とあるが、No.180に対するこの田地の関係はまさしくそれであり、No.184が「角田」であることも確認でき、それはこの箇所の復元の正確さの証拠となる。ただ、No.183二反の方角記載は「次南」であるが、これはそのとおりの復元はできなかった。どうしても「次西」でなければ、すぐあとで行き詰まってしまうのである。やむなく傍注を付して「次西」の扱いをした。

つづいてはNo.189以降ということになるが、方角記載をたどったかぎりでは、該当すると思われる区域の大部分は、地籍図・字限図によって地割の状況がわかるところである。しかし、条里制地割は崩れ去っていて規則的なやり方で復元する便宜はない。また「小天」のこの部分にはほとんど田地の種類が記載されておらず、したがって「小宝」の復元図と対比することも簡単ではない。例えれば迷路に入り込んだ感じで、一歩を踏み間違えたら正確な復元図は作れないということになる。そのため挑戦しては跳ね返されることを繰り返し、ここは長らく未完成のままに放置せざるを得なかった。

こういう場合には、先へ進んでできそうな部分から手をつけ、それによって結果として未完成部分をなるべく縮小することが賢明な方法であるから、ある程度先まで検地帳の記事をみてゆくと、往来田の記載がかなりまとまって出てくるところがある。No.237宮嶋大夫往来田、No.238信濃守往来田、No.240若狭守往来田、No.242熊千代大夫往来田、No.243亀千代大夫往来田、No.245大蔵少輔往来田、No.246讃岐守往来田の計七筆である。これまでにしばしば用いたのと同じやり方で、他郷の検地帳を併用してこれらの往来田のいくつかについて宝徳三年当時の受給者を割り出せれば、「小宝」の復元結果を利用したり、同時並行的に復元を進めたりすることができる。調べた結果は熊千代大夫往来田は「小宝」のNo.174愛益大夫往来田、亀千代大夫往来田は同じくNo.171慶若大夫往来田、大蔵少輔往来田はNo.165幸徳大夫往来田にそれぞれ一致することが判明した。これは大きな手がかりである。すでに前項で述べたとおり、この部分の字限図への当てはめはさほどスムーズにできたわけではなくて、当初の作図のやりなおしが必要ではあったが、ともあれ結果としては該当箇所の復元を完成できた。すなわちNo.242からNo.248まで横田状の田地を北進し、No.249は溝を越えて西へ移り、また東へ移ってNo.250に至る。つぎのNo.251とNo.252はいずれも田積一反大三〇歩で、前者には方角記載がなく「堂下」と記され、後者は「次東」である。等面積の田地二枚が東西に並んで「堂下」にあるということである（宝暦七年改写の絵図ではNo.252相当の田地に「堂本」と記す）。その状態を近辺に求めるとき、場所はおのずから定まり、No.249の南に半反ほどの区画を跨いだところにある地割が相当箇所ということになった。おそらくはそこで跨いだ半反ほどの敷地に「堂」があったのではないかと推定される。

この二筆の次には小計が記されているので、惣の溝関係の田地はここまでである。そこで今度は後戻りをし、No.241以前の部分を番号順とは逆にたどってゆくことになる。最初のNo.241は「次坤、角田」とあるのですぐに場所が知られ、この田を「坤」に置くNo.240も確定できる。この田は「次乾」と記してあるからNo.239はその辰巳にあるはずで、かつ「ヨコ田」だから地割の上では一目瞭然である。かようにしてNo.227までは方角記載を辿るだけで容易に確定することができた。No.230以前の四筆四反半は東へゆくほど長辺が短くはなるが、一応長地型田地が並んでおり、No.227の東にもなお二枚の田地が道までの間に同様に連続している。しかし、No.227一反の方角記載は「次艮」で、つまり検地は未申にあるNo.226からここへ移り、東側の二枚は無視した形で西へ進んだのである。一見奇妙な感じがするが、地籍図をよく見ると、No.230の北から東へ流れる溝はNo.227の取水口に達したところで途切れている。つまりこの田は溝尻にあたるわけで、同じように並んではいても用水の関係からすれば、東にある二枚の田地は無関係であり、したがってここでの検地順からは外れているのである。宝暦七年改写の絵図でもNo.227以西の田地には「惣之みそ」と記され、東の二枚は「柏（柏溝）」とされていて、このことを明瞭に物語っている。あとはそのまま方角記載を逆にたどって、No.219の二反までは復元作業に支障は生じなかった。しかしNo.218以前の部分、したがってNo.189からそこまでの三〇筆についてはやはり難しく、当面未確定で残さなければならなかった。

No.253の前には「柏溝西烏子」と記入され、ここからは柏溝が灌漑する区域に入ることを示している。最初のNo.253は供僧田、つづく二筆二反は刀禰給、さらに二筆三反の供僧田があり、一反措いた半も供僧田と記されている。この供僧田や刀禰給などの連続は柏溝の最初の部分に見える一つの特徴であって、これを方角記載も睨み合わせて「小宝」の復元と対照すれば位置が確定できる。該当するのは、先刻位置の確定が済んだNo.240の若狭守往来田の北隣から北へ並ぶ数枚の半折状横田と、その東へ道・溝を越えた区域に並ぶ一町数反とである。そのうちNo.255一反に「次北、但袴田」とあるのは、この田地が北のNo.256を跨いで北にある半分と合わせて一反であることを示すものである。その場合袴を穿いた人間が田地一枚を跨いでいる形とみなされたところからこういう表現になったのだと思われる。なおこの区域には亀菊大夫（No.260）・豊光大夫（No.261）・大炊頭（No.262）・右近大夫（No.264）・乙大夫（No.265）・千代松大夫（No.269）の往来田各一反が含まれるが、「小宝」の復元図と対照すると、このうち亀菊大夫は「小宝」No.210の福鶴大夫、大炊頭は同No.207の松寿大夫、右近大夫は同No.206の千代松大夫、千代松大夫は同No.159の左近将監の各往来田に該当し、これは大宮郷の場合でも同様であることが「大宝」・「大天」の復元図の対比によって確認できるから、この区域の復元が妥当であることの証明になる。

つづいてNo.270は、No.269の「次北、岸下」で、田地自体としては乾に当たるが、確かに道一筋おいて北側を流れる溝の下端に位置する横田がこれに該当すると見て、「次北西」のNo.271にうまくつながる。その東岸際までは近代の地籍図では一枚の田地であるが、これは「小宝」の場合と同じく宝暦七年改写の絵図によって二枚に分ければ、道の東の二枚を含めてNo.275までが地形に合致する。そのNo.275大蔵大輔往来田は「小宝」ではNo.152孫有大夫往来田に相当するが、これは大宮郷の場合も同じで、やはり復元に間違いがないことの証拠といえよう。なおこの田地の位置指定は「次東上、柏一」となっており、用水系統が柏溝であったことが明記されている。

次のNo.276・No.277はどちらも半反で、前者に刀禰給、後者に忌子田と記され、これが田積・種類とも「小宝」のNo.143・No.142と同じであり、No.276には「次乾西、袴田」とあって方角も合うから、No.74〜No.79の横田の東にある半折二筆に当てはめることができた。No.278は「六十歩」で「次溝端」にあることになっているので、「小宝」では該当の記事を見つけることはできなかったが、ここでは北にある小区画がこれに当たると考えて措定した。No.276の「袴田」は、これと関わるのではないかと思われるが、確認はできない。

No.279〜No.285は方角記載がすべて「次東」で、田積の合計は八反であり、一見して長地型田地が整列する坪が予想される。東の坪はそのとおりの様相を示しているので、東端の一枚の中央に畦畔の推定線を引いただけで、当てはめは容易にできた。しかし、「小宝」と比較すると田地が一筆一反少なく、往来田が「小宝」に四筆四反あるのに対し、「小天」では三筆三反である。この差異は如何ともしがたいのでそのまま一枚分を空白で残すことにした（実際の復元図の上では、前後の田地との関係で空白が作りにくく、やむなく連続して記入してある）。幸いに「小宝」のNo.148徳千代大夫往来田が「小天」のNo.282周防守往来田に相当し、「小宝」No.150有鶴大夫往来田が「小天」No.283式部大夫往来田に該当するという対応関係が、河上郷の場合にも同様に認められるので、右の空白はNo.282とNo.283の間に置くべきことが明白になったのである。ものが往来田一反であるから、これは書き漏らされた可能性が大きいと思われる。

No.286はやはり「次東」にあるが、つづくNo.287〜No.290はすべて「次南」とあるので、ここはNo.286を最北として南へ連続する横田と判断される。これも畦畔を一筋推定で入れればちょうど地割に当てはまることになる。「小宝」とは南端部田地の面積に半反の差異があるが、これは単なる面積算定の違いであると思われる。No.291は「次南、溝袴」にある五反の供僧田で、「溝袴」とはNo.290の南に想定される一反分（「小宝」復元図参照）との関係が溝を跨いでつながることを指していると思われる。「溝跨」でなく「溝袴」と記されている意味については前述した。その後No.294までは東へ三筆四反大の供僧田が並ぶ。近代の字限図にはない畦畔を推定で引いた上で、この計九反大はNo.274・No.275の東に接する坪に措定できる。

No.295の方角記載は「次巽」で田積は一反、No.296は「次南」の一反半であるが、これは適合する地割はこれしかないという場所に置ける。しかし次のNo.297は方角記載を欠き、ただ「土器田」という記載があるだけで、場所を確認できない。これはまた少し先の部分を検討することから逆に推定するほかはないので、やってみるとNo.298からNo.301までは「次西」の方角記載をもつ田地四筆六反が連続している。それで、No.296から溝の線をたどって南下した場合、これに適合的な地割は既知のNo.239の「ヨコ田」の北に存在することがわかった。さらにそれにつづいて南へ並ぶNo.302〜No.305の四筆四反半も、方角記載にしたがってすぐ東にちょうど適合する区域を見つけることが容易である。そうすると、No.298の東に位置すべきNo.297の「土器田」の場所も自然と決定に至るのである。念のために付け加えれば、No.302の福若大夫往来田は「小宝」では長千代大夫往来田であるが、この対応関係は、「大宝」と「大天」においても同様である。

No.306はまた連続的な方角記載を持たず、代わりに「柏東尻」とある。田積は一反で和泉守往来田、次の田は半で大炊頭往来田であり、「次西」にもう一反が並んでいる状態である。柏溝の東の末端で三枚の田地が並んでいるところという見当をつけて探すことになる。それでまた溝の線をたどってゆくと、それに適合すると見られる場所が南北に連続して二か所あることが判明した。そのどちらに置くべきかは、つづくNo.309が「次北」で二反の田積を持つという点から北側の区画がそれであると断定できた。No.309は「小宝」ではNo.363にあたり「三角」田であることもそれを裏づけるものとなった。この状況を宝暦七年改写の絵図と対照すると、同絵図ではこの田地群の東と南は田地一枚ごとに「堀」あるいは「ホリケ」と記入され、堀池溝のかかりであることが示されており、ここは文化五年小山郷川通絵図に記す「字柏溝・烏子溝・辻ケ内田地養水川筋」の東南端に相当する。No.306の「柏東尻」はこれと符合するのである。

つづいてNo.310は往来田一反でNo.309の「次西」、No.311も同じく往来田一反で「次北」にくる。さらにNo.312・No.313の各一反も北へ並ぶ。この状況はうまく字限図に適合し、往来田の位置も「小宝」と対比して齟齬はない。しかし、そのあとNo.314〜No.318の字限図への当てはめは、方角記載どおりにはいかなかった。「小天」の復元だけからいえば、記載どおりに地割を追っていった方が矛盾を生じないのであるが、それでは「小宝」の復元結果と合わないのである。「小宝」ではNo.363の北にNo.393若石大夫往来田一反が位置する。この若石大夫は大宮郷・河上郷の地からみ帳でも出現するので、両郷の復元図上で天文検地帳と対比すると、どちらの場合も天文十九年当時の給主は命福大夫である。したがって「小天」No.314の命福大夫往来田は、既知のNo.309二反の北に当てるのが至当である。ところがそうするとこの田はNo.313の「次東」であるにかかわらず、間に田地一枚を挟んでの東ということになり、また、No.316はNo.315の「次北」なのに実際は西に位置することになってしまう。No.317もNo.316の「次西」であるが、西というより南に来る感じになるというわけである。この矛盾は「小宝」の若石大夫往来田の位置が一つ西へ動かないかぎり、どう細工しても解消しないが、前後の関係から判断してこの往来田の位置を動かすことは無理で、同一であるべき往来田の置き場所にこだわるかぎり、少々無理でも図示した結果がいちばん穏当な解決ということになる（この場合、No.316の「次北」はNo.315と同じくNo.314から見た方角を示していると判断される）。また、このように作図した方が「小宝」の神人往来田二筆が「小天」の刀禰給二筆と合致することにもなるので、その点ではむしろ妥当である。つぎのNo.318も「次艮」というより「次北」というべき場所に来るが、これはそれ以外に置くべきところがないと思える。

No.319の半は「次乾」とあるので、位置は自然に定まり、以下南へ並ぶNo.323までの田地も地割ときわめて適合的である。No.319・No.320の田は宝暦七年改写の絵図にはともに字「かき田」とあるが、これは鍵田のことで、後者の形状が鍵形をなしていることによるものである。No.324の一反は「次坤」、次は「次東」であるから、これは先に惣の溝の検地で既に確定したNo.227の東にちょうど入る余地が残されており、「次東」にあるNo.326一反半がその東の道を越えたところにあったこと、さらに「次南」「次東」と進む検地は方角からも田積からも妥当な地割を埋めるものであること、いずれも納得できる。そのつぎのNo.329・No.330も南下する溝沿いに適合的な場所が発見された。前者は宝暦七年改写の絵図に「カシハ、舟田」とあるが、用水系は合致し、舟田が形状から付された字名であることも明白である。No.330は同絵図に「柏シリ」とあり、位置から見てきわめて相応といってよい。

つづいてNo.331は方角記載を欠くが田積は五反、No.332・No.333と東へ一反ずつ並ぶ。合わせて七反すべて「供僧田」である。田積とNo.330のすぐ東に接するところから判断して、これは「小宝」の「七反カ垣内」に相当すると見てよい。「次北」のNo.334三反は道を越えて北の区画ということになる。残るNo.335の大「下社御子田」も「次北」で、これをもって柏溝かかりの田地は終わり、小計が記されている。No.334・335は方角記載どおりとすると、四枚に区切られた田地の南側二枚が前者、後者は北側の東西どちらかということになり、田積からすれば東側に当てるのが妥当と思われる。しかし、そのように配置すると「小宝」と異なる形になることと、つぎに述べる堀池溝かかり田地の最初No.336との関係もあって、No.334は西側の縦に連なる二枚とし、No.335の「次北」はNo.334からすれば矛盾するが、No.333から見ての「北」と考えて位置を定めた。

つぎからは「堀池溝」かかりである。最初のNo.336一反は方角記載はなく、代わりに「下始、但中途ヨリ」とあり、これは判断がむずかしい。それで続く数筆を見てみると、No.337の一反半は「西端道」に位置し、その後一反半・二反・一反が東に連続したあと、「次南」のNo.341三反がくる。ここまではすべて「供僧田」である。この並び方と田積とを見た場合、ここしか考えられないという場所がNo.333の東にある。ここへ置くとNo.340・No.341の計四反は、半折型の横田四枚にぴったり納まることは見てのとおりである。そこから逆に戻れば、No.336は唯一空白が残っているNo.335の南側しか納まりようがない。ここは本来柏溝かかりの田地であるはずで、その点矛盾があるが、ほかには持って行き場がないので、一応この場所を埋めることにした。多少事実と相違するとしても、二、三枚の田地の位置が入れ替わる程度で済むはずである。問題はむしろこの後である。

No.342の位置指定は「次坤、ミハル郷田」であるから、西南の方角へ検地が進行したことはわかるが、ミハル郷という字名は未知であり、確定するのはむずかしい。そこで例によりさらに先へ目を移していくと、No.352に「次東、ミハル郷訖」とした半反が現われ、ついでNo.353の一反半は「同溝、巽端」と記されている。ミハル郷の検地を終えて堀池溝の東南端へ移行したことが示されているのであるが、堀池溝東南端ならば大体の位置は推定できる。おそらくは先に「小宝」で位置が確認できた北畠ゑんまん堂の近辺に違いないと考えられたので、以下一〇筆ほどの田地を当てはめるのに適合的な地割がその近くで見いだせるかどうかを先にやってみることにした。すると、先のNo.340・No.341の横田四反の東から北へかけての地割が、「小宝」とは違った形で畦畔を一本推定で引く必要はあるけれども、そうすればまさしく適合的な地割といえるのである。No.357はNo.356の「次西」であるが、No.355を挟んでの西であると考えるべきだということ、No.359の半は推定線を入れないと辻褄が合わないことなどに思い至るまでに、相応の時間を食われはしたが、ともかくこの部分は確定できた。No.360の一反は土佐守往来田であるが、「小宝」の復元では徳光大夫往来田に相当する。この対応関係はNo.34と「小宝」No.38でもまったく同じで、復元の正確さを立証するものである。また、No.361の「太　極楽寺」は「小宝」No.364の「半三角　極楽寺雑役田」と合致する（算定面積は若干異なるが、かような例は少なくない）。No.362の一〇歩は「新開」であるから当然「小宝」には見えないし、方角記載も欠くが、No.361の近くと判断し、かつNo.363以後の田地との関係を考慮して位置を推定した。

さてそうなると、No.342～No.352のミハル郷の田地は、その南に接している区域で、堀池溝かかりの田地群の西端からNo.353にいう堀池溝巽端の南辺にかけて存在したと見るのがもっとも合理的な見方ということになる。該当箇所には幸いに半分程度は字限図で田地の区画を確かめることができるので、当てはめを試みた。まず堀池溝かかりの田地の西は「西端道」と記されるNo.337一反半の西を南北に通る道で限られていたと思われる。これは宝暦七年改写の絵図に、これより東の田地は「堀池」あるいは「ホリケ」などと書き込まれ、西側は「惣之みそ」とされていることからも裏付けられる。こう考えると、No.342の二反は「次坤」という方角記載どおりの位置にくる。「次東」がつづく二筆二反は、推定の畦畔を一本縦に引くことにより、うまく地籍図の枠に入ることになる。しかしそこまではよいが、つぎの

№345〜№347は「次南」二反半、「次東」二反半、「次北」一反半となるので、これをすべて長地型田地と見るか否かで、復元図の様相はかなり違ってくる。それに「小宝」との兼ね合いもあるので、両方にできるかぎり齟齬を生じない整合的な配置を考えねばならない。あれこれ按配して、結局図示したような結果になった。「小宝」と「小天」の対応関係からすれば、一部について前者の半折型横田を長地型に変えなければならない箇所ができたが、あり得ないことではないし、また齟齬は最小範囲に納め得たと考えている。これで「ミハル郷訖」とされる№352は、先に位置を定めた「堀池溝巽端」の№353一反半に近く、その坤の場所にくるのであり、大きな狂いはないものと思う。

つぎは№363からあとの復元である。この田は前述の№362の「次乾」であり、田積は半で刀禰給、つづいて「次西一反」も刀禰給で、「次西、カイソヘ」にある一反は尾張守往来田である。この三枚の位置は方角記載と「小宝」復元図との対照から確定できた。前二者は両検地帳とも刀禰給であり、往来田の位置も両帳同じである。また「カイソヘ」という字名がこの近辺を指したことは、宝暦七年改写の絵図でもこの北西方向ほど近くにある№368相当の場所に「堀池、ゥいそへ」とあることで明らかである。

これより後の計二二筆についてはまた至極難解である。「小宝」の復元もここは難しい場所であった。両検地帳の突き合わせもなかなかできなかったが、ともかく両方とも復元をし残している場所なので、その範囲でどこかに共通する要素が発見できるところはないかということを、両検地帳を前にしていろいろ探ってみるほかに術はなかった。挙句に「小宝」№401の下野前司老者田二反、№409の経所田一反、№412の万三大夫往来田半が、「小天」№368の隠岐守老者田二反、№374の供僧田一反、№380の故大膳亮往来田小とそれぞれ対応するのではないか、ということに思い至ったことは前項でも述べたとおりである。それを前提として、田積・方角記載を睨みながら、必要と思われるところには畦畔の推定線を入れ、何とか辻褄が合うのではないかという結果を出した。復元図に示したのがそれである。「小宝」では二反なのに「小天」では一反としか記されていないなどという問題はないではないが、それがこの場所に限らないことはこれまでの復元結果が示しているところで、そういう撞着よりも№374の「此外半流」、№377の「荒田」、

№378の「但、柏溝股」、№379の「河端、但流残」、あるいは№382・383の「新開」などが相応の場所に位置を占めるか否かの方が重要である。復元の結果は、№381が「次北」であるのにようやく西北かという場所にくるようないささかの難もあるが、どうにかこの点はクリアできたのではないかと考える。№384〜№387は「次西」とあるのをむしろ西南というべき場所へ持っていき、かつ地籍図の地割ラインが横に入っているのを縦に引きなおす形で畦畔を推定したが、それによって「小宝」№141の「時大鼓田」が「小天」№384の「大鼓田」と一致することになったのである。私にはもうこれ以外に名案は浮かばない。

№387の次には田積小計が記入されているので、ここまでで堀池溝関係の田地は終わったと考えられる。次の№388には、通常方角記載や字名を記す箇所に「番外」という例外的な語句が出現し、三筆三反が書き上げられ、つづいて№391には「字五反田内」と出てきて、№396まで計六筆六反半が連続して「次西」へ並んでいる。その後にまた二行の集計記載が現われ、第一行目には「已上六丁八反半十歩、此内九反半池溝之内也」、次行には「且并四十四丁九反半四十歩歟」とある。実際に計算をやってみると、第一行目の「六丁八反半十歩」という数値は堀池溝の初め№336からあとここまでの集計であり、「此内」「池溝之内也」とされている九反半は、右記の番外および字五反田所在の九筆分であることがわかり、第二行目の数値は冒頭№1からの総計である。ここで注目すべき点は、まずここまでには無かった総計が記されていることである。検地帳はまだこの後に三町歩もの田地を記載しているのであって、通常はその後に総計がなされて然るべきである。にもかかわらずここに一旦総計が出てくるのは、当初小山郷の検地はここまでで終わったと認識されたからではないか、と私には考えられる（これについては先にも述べた）。つぎには「池溝之内」とは何かということで、これがわかれば「番外」の意味も明らかになるのではないかと思われた。しかし、最初のうちはその見当はつけられず、したがって疑問を残したままひとまず先へ進むしかなかったのである。

次行には「廿四日」の日付があり、ついで「花結溝」と記されているので、ここから後は用水系統が別で、日を改めて検地が行なわれたことが知られる（それに先立ち大宮郷の検地がなされたことは前述した）。「花結」は地籍図に出てくる「鼻挌」であり、挌は地からみを地挌みと書いたのと同様の当字で「はなからげ」と読ませたらしい。これは「小宝」No.125に見える「所司大夫鼻からけ田」の鼻からけと一致するのであり、そこからこの区域はそのあたりに相当するのではないかと推定された。No.397は「南一」の一反であるから、おそらくは横田でその南を道か溝がとおっていたと思われる。そう考えて「小宝」の復元図を見なおすと、ちょうど右のNo.125所司大夫鼻からけ田二反の東南に位置するNo.122一反が「ヨコ田」で、近辺ではこれ以外にそれらしき田地は発見できないので、これこそ「小天」No.397に当たるのではないかと考えた。そのことを確認するためには、それよりあとの方角記載を追って字限図への当てはめをやった場合に、地割が適合するかどうかを検討する必要がある。たまたま少し先へ進むと、頻繁に往来田(貴布禰田を含む)が登場するので、それが確認の手がかりになる。少し拾うと、No.402〜No.406の五筆五反が連続しており、給主の氏人は順に伊賀守・幸徳大夫・掃部助・伯耆守・弾正少弼である。これを例によって他郷の復元結果と照合して、宝徳三年当時の同一田地の給主を探索すると、大宮郷の場合に「大宝」No.297豊寿大夫往来田が「大天」No.66伊賀守往来田と対応し、河上郷の場合に「河宝」No.196愛音大夫往来田が「河天」No.417掃部助往来田と合致することが突き止められ、これを利用して「小宝」復元図のNo.127豊寿大夫往来田に「小天」の伊賀守往来田を、同じくNo.129愛音大夫往来田に掃部助往来田を当てることができる。あとは方角記載と「小宝」復元図を睨み合わせて、とりあえずNo.406までは復元が可能となった。

それにつづくNo.407〜No.409の三筆は、どれも田積が狭小であり、かつNo.407に記す「次北、間有溝」という条件に適合的な場所がみつけにくかったので、しばらく放置して「小宝」の復元図を参照しながら先へ進み、No.411〜No.414は往来田・供僧田(経所田)・刀禰給各一反が両検地帳で一致するところからまず確定できた。そこから逆にもどることで、No.407とNo.408の間に畦畔を推定した上で、No.410までを地割に当てはめることも可能になったのである。ここまで到達すると、このあたりで復元が済まないのはNo.415以後の一六筆ということになったが、そのほとんどは前項で述べたように「小宝」の料紙が欠けていると推定される場所であって、両検地帳を対比しながら復元を進める便宜は、あと二筆分しかなくなることになった。しかし幸いにその二筆はともに往来田である。この「小宝」No.137下総前司往来田とNo.140幸乙大夫往来田のうち、後者については河上郷の復元図で「河宝」と「河天」の突き合わせができたため、天文十九年当時は出雲守往来田であることが判明した。こうしてNo.421の所在が確定し、つづくNo.422～No.425は方角記載をたどって難なく復元に成功した。またNo.420は「次西、溝上」なのでNo.421の北を通る溝の上の横田が該当することは瞭然であった。これでNo.415からNo.419の五筆の位置も、方角記載ならびに「岸」「岸下」「河東」「河ヨリ西」などの注記に依拠して確定できた。最後のNo.426～No.430の五筆はただ方角記載に従うだけでよかった。

つぎは復元未完のまま飛び越えてきた「番外」と字「五反田内」の九筆九反半をどこかへ配置する必要がある。まず後者から検討すると、この六筆六反半はすべて「次西」の方角記載で結ばれていて、これまでの例からすれば長地型田地群とみなされるものである。一方既に「小宝」では復元の済んでいる場所で、No.118「五段　壱花庵」という田地を含む長地型田地の一区画が、前述のNo.122「ヨコ田」一反の真南にある。「小天」の復元はちょうどここを空白で残す形になっているので、当てはめてみると、推定で畦畔一本を入れれば矛盾なく納まることがわかり、こちらはほとんど難なく片付いた。残った前者は、これも不審を抱きながら埋められないままになっていた場所が、ちょうど田地三枚が入る地割を示して残っている。これは字狐塚の東で東北から西南へ通る道路の東南に接しており、当てはまる場所はここしかなさそうである。三枚を結びつける方角記載はうまくこの場所に適合するのでここに置くことが妥当ではないかと考えた。用水系ごとに実施された検地の途中で「番外」とされた場所と、周囲の復元が全部終わった後に空白で残ったところがうまく合致するので、「番外」の意味もこれでなんとなくわかったように思われた。それに加えてこの三筆の田地のうち一反は往来田で、給主は下野守である。「小宝」では既にこの部分は復元が完了しているので、対照してみると、該当の場所に三郎大夫往来田一反がある。両者の対応関係が他郷でも同様であることがわかれば決め手になると思われたので、調べてみると、河上郷でも大宮郷でも同様であることが判明した。これでこの田地三枚は動かぬ位置を獲得したのである。のちに宝暦七年改写の絵図を見ることができた時に、該当の場所を見てみると、ここは懸ケ溝筋に沿いながら、「小山村筋掛り」「小山掛り」と記されていて、たしかに用水系統が他とは別であることがわかった。「番外」とはこのことを指していたのである。そこでもう一つ文化五年小山郷川通絵図の「川通」の様相を転載した手許の地籍図を参照すると、ここは東側が「御用水川」に接しており、これから水を取っていたのだということが理解できた。先に示した小計記載の中に見える「池溝」は、この「御用水川」に他ならなかったのであり、「池」とは「御用水」が注ぐ禁裏の池を指していたものと思われる。

これで「小天」の場合も最後に残ったのは郷南部の中央付近だけとなった。すなわちNo.189〜No.218の部分である。先にも述べたが、この区域には往来田などはなく、したがって「小天」では田地の種類に関する記事はまったく認めれないから、そういうものを復元に役立てることはできない。また、該当すると考えられる区域の三分の二くらいまで地籍図・字限図が利用できるが、地割の在り方は不規則で検地帳の記事の当てはめには不都合が多い。まして最南部は推定で作図するしかないので、いたって難しい。しかし、東・北・西の区域はそれなりに復元ができているのだから、難攻不落とあきらめずに、なんとか納得できる形でNo.188からNo.219までのつなぎをつけておきたい。その思いに駆られて挑戦した挙句に見てのとおりの図を書き上げることになった。

この図の最大の難点は、No.199〜No.206の部分にある。No.198までのところと、No.207からNo.218までとは、前項で述べた「小宝」の場合と対照しても一応無難な作図ができたといえるかと思う。しかし、No.199からNo.205までの七筆各一反はすべて「次東」で連結されているので、とにかく七反を西から東へ並べなければならないのに、そのとおりにやるとどうしても「小宝」とはずれた図形ができてしまう。それにNo.201には「但、已〔間〕畠田有之、除之」という但書きが付されているのだが、その「畠田」の面積がどれくらいなのか、見当がつかないのである。やむをえずこれは一反と見てNo.201の前に入れることにした。それにより、No.199〜No.203の部分の田積合計は、同一の場所にあてはまる「小宝」No.270〜No.273のそれと一致することになるので、一応筋はとおるのである。最後のNo.206はNo.205の「次巽」であり、その条件を満たすためにはどうしても図のごときことにならざるを得ない。おそらくこの辺りはどこかで推定を誤っているのだと考えられるが、今のところこれ以上合理的に変更するのは私にはできない相談なので、これで諦めることにしたのである。ただ、「小天」には「小宝」では発見できなかった字名が二つ出てきた。一つは№193・№197と№201～№204に付された「初田」、もう一つは№216の「榊下」である。私の復元では前者が一応それとしてまとまった一区域をなしているといえるし、後者は宝暦七年改写の絵図に、復元図の№216の北に接する二反に相当する田地に「榊本」と記されているのが発見され、このことは細部の狂いは如何ともしがたいにせよ、復元の結果がともかく承認に値するものを持っていることを語っていると思うのである。

なお、これで「小天」の復元図作成は完了したが、不審なことの一つは№219の北に田地の入らない空白が残ることである。しかしここは「小宝」で少なくとも東の二枚が「畠也」とされていることがわかるので、前述の「已畠田有之、除之」という方針からするとこれはむしろ検地から外されたものと見るべきであろう。№217・№218の東から南にかけての区域も埋まらずに残ったが、すでに一世紀前この近辺には畠地が多かったことが「小宝」の復元で確かめられるので、これも同様の理由があるかと推測している。

(1) 田積はいずれも帳末の集計記載による。

(2) この田間の「大道」は、たとえば明治二十二年(一八八九)測量、同二十五年印刷の大日本帝国陸地測量部二万分の一地図「京都」などに、明瞭である。

(3) この絵図は、『史料京都の歴史』6の口絵として全体の写真が掲載されている。私にとっては、一九九二年の春、その頃京都市歴史資料館におられた中村修也氏から、京都関係の論文を集めているので、もし洩れているものがあれば報せてほしいという手紙をもらい、リストにない拙稿何点かの抜刷やコピーをお送りした際、ついでに私が小山郷田地の地図上復元のために京都市役所(路政課)で筆写させてもらった地籍図・字限図では、郷の南端部の復元には不十分なので、もし鞍馬口通近辺の田地の状態がわかる資料があれば報せていただきたいと書き送ったので、折り返し同歴史資料館にある文化年中の絵図三点とか明治十年の小山村全図など、内藤家文書の写真をコピーして送って下さったうちの一点である。それらの絵図で鞍馬口通の近辺は江戸期には既に京都の街に入り、中世の田図を復元できるような状態にはなかったことを改めて認識し、この上は推定地割図を自分で作成するより術がないことを知らされたのであるが、幸いなことに地籍図よりは古い時代の絵図が見られたことで、手元の復元図の線引に若干の修正を施すことができ、同時に地籍図では知り得なかった字名のいくつかと、ほぼ一枚ごとに記入された水かかりを示す溝の名称などを絵図上に発見し得て、復元図の再確認および未完部分の縮小に役立てることができた。京都市歴史資料館と中村氏のご好意に対して改めてお礼申し上げたい。

(4) ここに登場する「小野溝」の小野は、境内六郷の一つ小野郷とは無関係である。場所から見て、古代以来の大野郷の郷名「おおの」がつづまって、それとともに「大」が「小」へ変化したものと解するのが妥当であろう。すぐ後に述べる「小野溝東役〔股〕」の溝尻に当たる字狐塚付近の近代の字名は「大野」である。

第五節　大宮郷検地帳所載記事の地図化

本節では、宝徳三年（一四五一）三月の大宮郷地からみ帳（明応九年四月写）と天文十九年（一五五〇）九月の同郷検地帳との一巻一冊について地図化を行なう。所載の筆数・田積は、前者「大宝」が四八五筆六五町一反四〇歩、後者「大天」が四九三筆五五町二反半である。(1) 筆数には大きな差異はないのに、田積ではおよそ一〇町歩のずれがあるのが奇異の感を与えるが、これには一筆に含まれる田積の差、検地範囲の広狭のほか、後述するように「大宝」の記事に一部欠失があって、その分筆数が減少していることが影響している。

復元図の作成に際しては、他郷の場合と同じく京都市建設局路政課所管の愛宕郡紫竹大門村地籍図および字限図を土台として利用しているが、実際の作業手順から言えば、第二章第一節で岡本郷を例として述べたとおり、地籍図・字限図を筆写するより前に、田地一筆ごとに作成したカードを方角記載にしたがって配列し、さらにそれを所定の寸法で線引した方眼紙上の図形に転載するという仕事が前提になっている。大宮郷の場合は、これから述べるように、堀川の流れによる変形にもかかわらず、かなりの部分に条里制地割が残っていたため、「大宝」・「大天」ともにほとんど全面的にこの作業が可能で、結局大掴みな言い方をすれば、いったん方眼紙に作った復元図を、地籍図・字限図が利用できる状態になってから、そちらの方で当てはめられる場所を探して書き替え、最終的な復元図に仕立てなおすということになった。そのためここで作業手順を解説するに際しても、それと同様の順序で叙述した方がやりやすいと考えられるので、本節ではその方法をとることにする。一三三頁と一四七頁に掲げたのは一九五七年に作成した方眼紙上の復元図の一部である。

最初に、復元図作成に当たって大きな手がかりになる字名等を両検地帳について拾っておくと、まず「大宝」では記載順に頭無・小森下・ヒノ口・芝下・ハヒツホ・堀川畔・墓下・清目縄手・大和田・小社・ト、ロキ・ハコ田・堂ケ芝・梅ノ木ノ下・小堀川ノハタ・水倉・イカツチ・柚木ノ坪・大野寺跡・紀三垣内・仏尻・鑰セマチ・下柳・トカ丸・上柳・ナシノ木マタ・二丁田・西二丁田・堂町・丁長・フセマチ・殿田・梅辻・精進坪・畠田坪・六反坪・石名田・四反田などがある。次に「大宝」には出現しない字名や溝の名称を「大天」で探すと、中嶋・小柳・せんし溝・小溝・中溝・池田・懸溝・もゝり股・ハセ・上溝・下溝・鹿塚・入越などが存在する。これら中世検地帳の字名等に対して、近代の地籍図では上芝本・下芝本・口才・桃ケ本・堂ケ芝・梅ノ木・八重・仏尻・高縄手・辻ケ内・鳥田・小柳・石名田・下柳・門前・竜ケ坪・上御所田・中御所田・下御所田・雲林院・横路・宮之後などの字名が確認できる。この郷の場合、中世の字名が近代以降に数多く伝存しているのであり、現在の町名に残るものも少なくない。このことは、私が方眼紙の上に作図した田地図を地籍図・字限図に移し替える作業を行なうにあたって、きわめて好条件を与えられたということである。この点、前節で述べた小山郷と比較すると雲泥の相違があったといってよい。このため、大宮郷の復元図の作成は、他郷との境界付近を除いて非常に早い段階で完成させることができた。以下できるだけ簡要を心がけつつそれについての解説を行なう。

「大宝」の復元と「大天」のそれとは、ある程度は同時並行的に作業を進めたといった方がよいのは他の諸郷と同じである。しかし、解説の順序としてはやはり年代順に項を分けて行なう。

大宮郷関係地域略地図

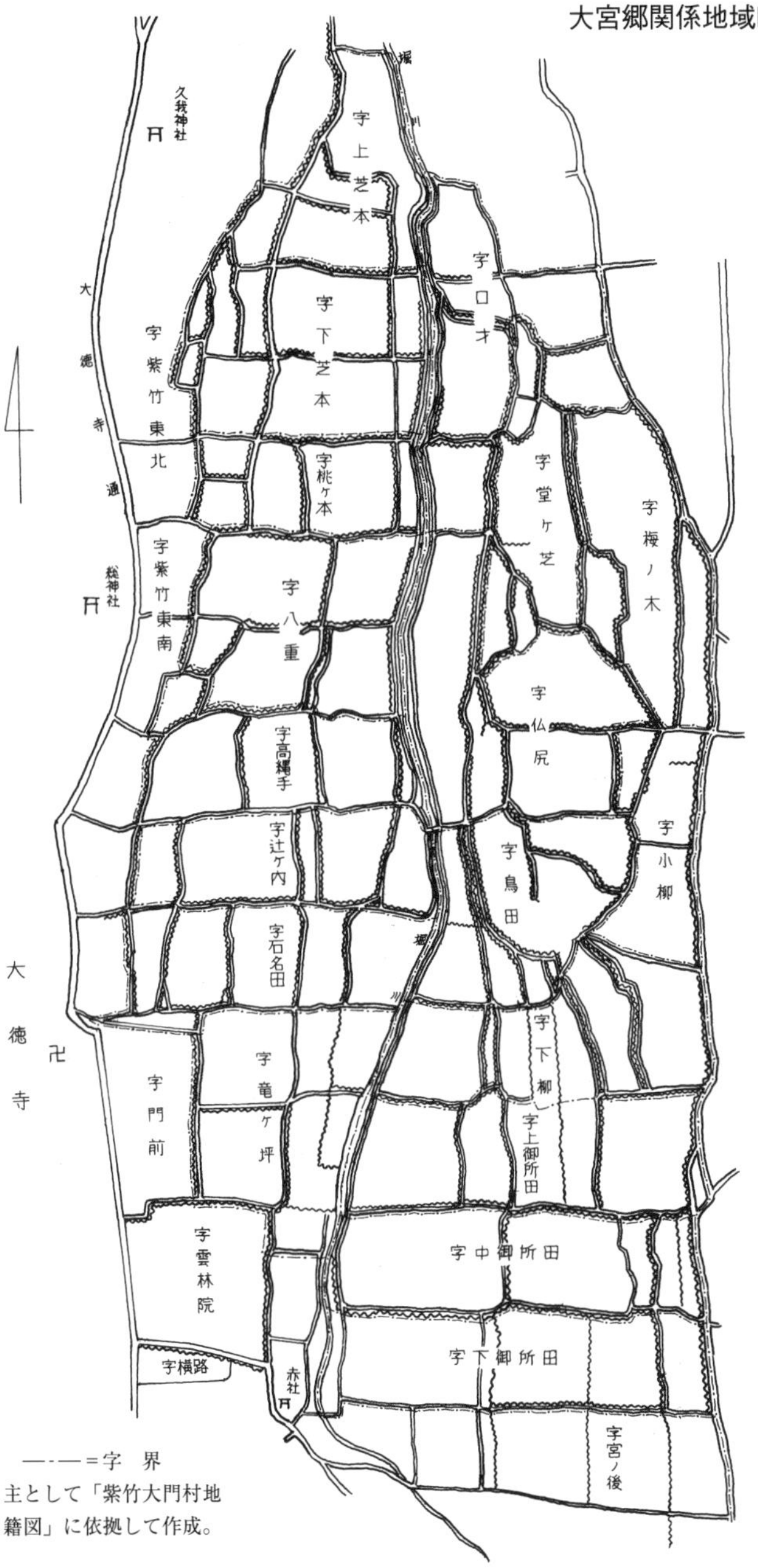

—·—＝字　界
主として「紫竹大門村地籍図」に依拠して作成。

大宮郷地からみ帳復元図の作成

「大宝」の巻首には「寶徳三年三月廿七日注之」とあり、次の行には「大宮郷見也」と記されているが、さらに次の行では「大宮郷内三月廿三日」とあるので、検地が始まったのは三月二十三日で、全部が終了した同月二十七日に地からみ帳が仕立てられたと考えられる。この点は№16の次に「同廿四日分」、№128の前に「同廿六日分」、№429の前に「同廿七日分」と、一日分ずつ区切った書き方がなされているのを追ってみても明らかである（廿五日分は欠けているが、私の推察では、これは№64と№65との間に存在する紙継目の部分において欠失が推測される料紙のどこかに記入されていた可能性が大きい）。こうして五日間かけて検地が実施されたのであるが、一日の検地区域が最大なのは二十六日で、合わせて三〇一筆が調査されている。このほかに料紙一枚が欠けている箇所があるので実際は三一〇筆を越えるはずである。これに比すれば、最初の二十三日はわずかに一六筆分しか記帳されていないし、その外の日も大体六〇筆前後と少ないが、その間の具体的事情は判明しない。

起点になった場所は「頭無ノ東ノ一」所在の民部少輔往来田一反である。つづいて「次西」へ四筆三反半が並んでいるので、方眼紙に作図するに当たっては、ここは長地型田地が半坪分ほど存在したと仮定した図を作ったが、№6の一反は「次南」で、その後二筆二反がまた「次西」で、次の№9一反は「次南」、№10の一反に至って「次西、川ノ西」「堀川ハタ」という位置指定が出てくる。「次南」とある№6や№9がやはり長地の一反であると仮定して方角記載どおりに作図すると、ここまで一〇筆の田地が形成する図形は、全体として東北から西南へかけて斜めに連なる形になり、最後の一筆が堀川を越えてその西に沿って存在していたらしいということになる。検地進行の在り方としてはかなり異様な様相を示すことになるのである。そこで、結局ここで作成した図形は、№5半と№6一反が合わせて長地の一反半に納まるように、また№8と№9各一反は半折で南北に並ぶようにして、条里制の一つの坪の中に入る田地群という形にした。この方がよほど合理的であろうと考えたのである。しかし、「頭無」という字名がどこにあったのか、当初はまるっきりわからず、それ以上には進めなかった。

№11は№10からみて「次北」とあるが、そのあとは南・西・北・南という具合にたどって、№16には「次南、西東ヘトヲシテ」と記す半が出現する。この田は横田らしいと思われるけれども、さてこれだけを方眼紙にどういうふうに線引すればよいのか、うまくできないで考えあぐねた末、一応という状態のまま先へ進んだ。二十四日分に入って、最初の№17は「西ノ一」と指定された妙勧寺田三反である。№18は「次ノ東、小森下」の大、№19二反は「次南」で「ヒノ口」所在、№20の一反は「次東、丁通」で、次から四筆はいずれも「次東」へ連続し、№25は「次東ノミソキハ」の一反、つづいて№26は「次東、ミソノ東」に位置する一反半で、№27は「次南、川ノハタ」の荒地半となる。そのつぎには新たに「芝下」という字名が現われるので、一応№17〜№28が一まとまりの田地群と推測される。この場合は、№20に「丁通」とあるので№18・№19の計二反大は南北に接続していることがわかり、あとはその東西に長地型田地が整列していて、東の端を「川」が流れ、その手前№25と№26の間には、別に一本の溝がとおっていたというイメージが浮かんでくるから、方眼紙に作図するにも容易である。

字「芝下」の田地は、次の「コモリ」という字名が№42に出てくるので、その前の№41までという想定ができる。その№41は「次西、縄手極」の半で、そこまでは途中№32と№36とに同じように「次ノ南下」と記されたそれぞれ小が挟まれているほかは、すべて「次西」という方角記載でつながれており、№40だけが例外的に田積四反で残りは各一反である。これは№31・№32の計一反小、№35・№36の同じく一反小が南北に連なって、全体として長地型であると見れば、西を縄手で限られ、東を「川ノハタ」の荒地で限られた一町五反六〇歩の長地型田地群が存在したと考えられることになる。

つづいて№42から始まって№50に至る部分は、西へ行き南へ行き東へ移りまた西へ行くという具合で、間を一筋か二筋の溝がとおっていることはわかるが、全体にどういう図形を描けば適切なのかよくわからない。したがってまた不十分のまま後に残して№51から先を見てゆくことにした。№51の一反は「次西ノ畠ノ極」であり、№52一反半は「次南下」でやはり「西ハ畠ナリ」との注がある。これは畠地が検地の対象から外されていることを物語っているという意味で注目を要するが、ともあれ西側に畠があることが確認され、そこから後は№57まで「次東」を方角記載とする田地が連なり、うち№54には「溝ノ東」と見えて、№53との間に溝の存在が確認される。大体は長地型の田地群からなる一区画がそこに存在したものと推定して作図した。

№58は「次溝ノ下」の半で、№60まで「次北」二反、「次北」一反とつながり、№61に「次東、丁通」二反がきて、№64まで三筆八反が同じく「次東」である。これは№57〜№60の西を溝が通り、その「溝ノ下」にあたる東側に半折型田地三筆が南北に並び、その東にちょうど計一町歩の長地型田地が並んでいた状態を推定させ、作図は簡単であった。ところがつぎの№65一反には、いきなり「次西、縄手極」と記されていて、そのあとは「次西、溝ノ上」の№66一反、つづいて西へ各二反の二筆がつづき、№69の一反は「次西ノ上、北ノ一」で「にしハ畠也」となっている。それから№70一反と№71二反が連続して「次南」にあり、前者の肩には「ハヒツホ」の字名が記される。これは、南北方向の縄手・溝があって、その東に長地の一反、西に同じく一反・二反・二反があり、その西の畠極に北から半折の一反・一反・二反が並ぶという状態を示していると理解され、その限りにおいて難しく考える必要はなかったのであるが、唯一№65が「次西、縄手極」にあるというのが、その前の№64までの田地が西から東へと検地が進行したこととの関連からすると、どうも腑に落ちないことであった。辻褄を合わせようとすると、№64の田地が普通の長地でなく、長辺が倍で短辺が半分という異様な形態を持っていたとでも考えないと駄目ということになる。これは実は№65の前に紙継目（八）があり、そこに入るべき料紙一枚分が欠失していたという事情によるものであったが、地からみ帳ではそういう料紙の欠失があり得るということに気づいたのは、前述したとおり「岡宝」の復元がかなり進んだ段階においてであり、まだ方眼紙上に作図していた段階では知り得べくもなかったことで、即座に疑問を解くことはできなかった。

№72の二反は「次南、縄ノ下、西ノ一」であるが、そこからあと№113までの作図は次頁に掲げたとおりである。なるべくわかりやすいところを選んで例示したのであるが、記載順に連続した田地が三段に並び、基本は長地形式で、

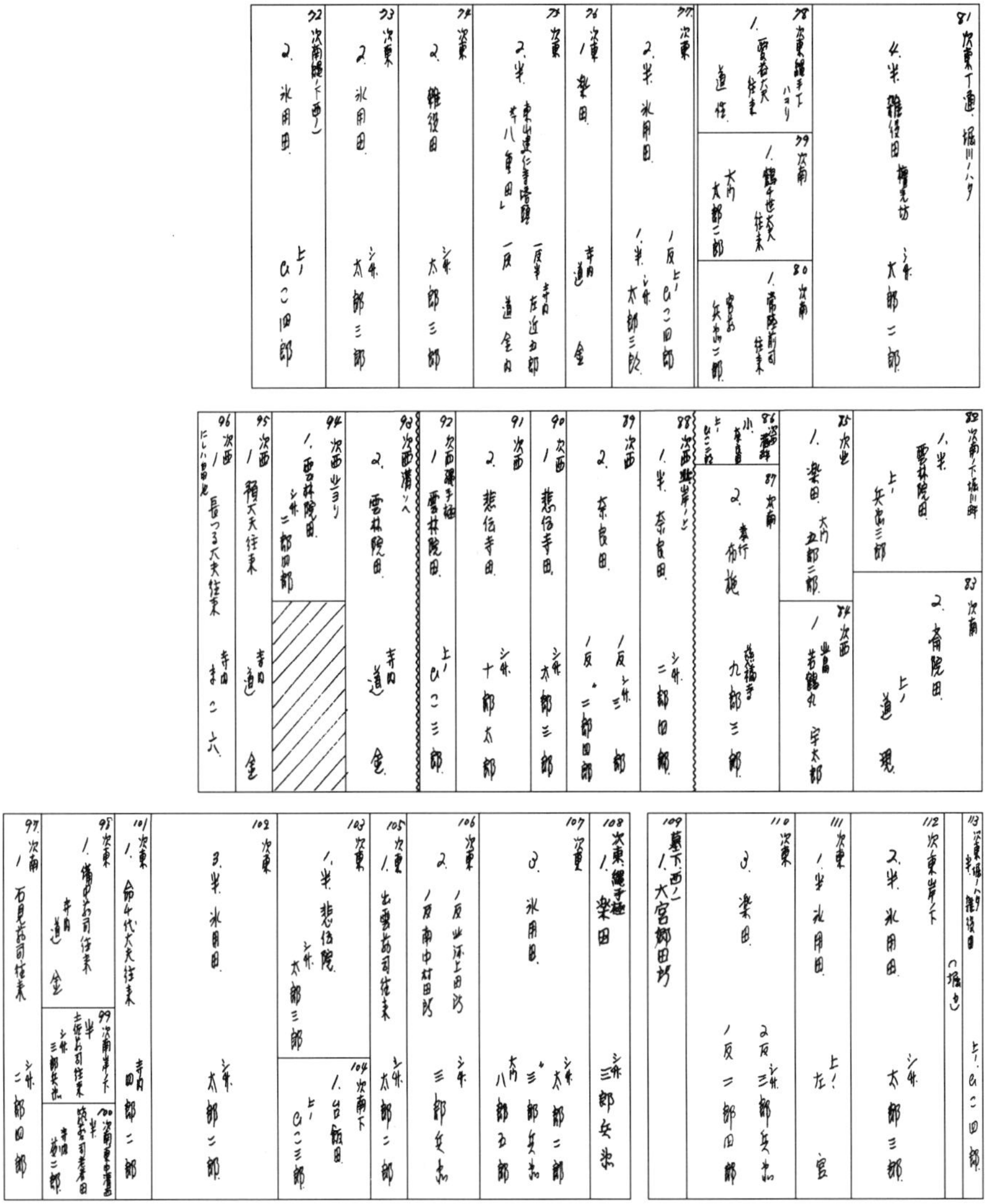

方眼紙に作成した「大宝」復元図（部分）

堀川の西にかなり整然と並んでいる様相が読み取れる。そしてここまで来ると、この時の検地は堀川の西側の地域を西から東へ、東から西へと折り返しを繰り返しながら、北から南へと進行したのだということが、方眼紙上の復元図の組み合わせによって理解できるようになった。当然あとはイメージが作りやすくなって、しめしめということになる。ただ、最初私は検地はこのまま堀川の西を郷の南端まで下がって行くものと考えていたのだが、それは目論み違いであった。

No.113のあとには「以上十四丁六反」という小計があり、次行には「清目縄手ノ下、西畠」とあって、No.114は「西ノ一」の二反から始まる。これは検地がいったん堀川畔から離れたことを意味するように思われた。つぎのNo.115〜No.120はいずれも東へ連なり、No.114も加えてNo.119までの計一町三反は長地型田地群と推定され、No.121の二反とNo.122一反はNo.120の南に接続して、合わせて四反が半折型横田ではなかったかと思われるので、「以上一丁七反」と集計されているこの区域自体の様相は、作図するのにさほど手間暇はかからない。その田地群を置くべき場所も、「西畠」という記事からすれば、郷の西端から東へ並んでいたであろうことも推測できた。「清目縄手」は当初どこの道を指すものか不明であったが、おそらくはこの郷の西を南北に通る道路であって、これを挟んで西は畠地、東は田地という状態にあったものと推定した。No.113までの検地の順序を踏襲すれば、No.114はその南に来て、その後西へ西へと調査がすすむものと考えられたが、そうはならずに、もう一回西から東へということになっているわけで、No.114は多分No.100のすぐ南に位置を占めていたのであり、田積計算から推定すると、No.120〜No.122は「縄手極」にあったNo.108の南あたりに来るのではないかと思われた。

それは一応よいとして、No.122の次行の集計につづいては「次南、車路ノ下、東ノ一」と記された行があり、No.123の一反は「大和田、東一」で、「次南」に一反があり、No.125は「丁トヲリ」で両者の西に接し、これを合わせて三筆八反のおそらくは長地と見られる田地があって、「以上壱丁」という集計に至る（したがって字「大和田」は大体一つの坪に相当する区域の字名であったろうと思われた）。この一町歩は、記事のとおりに理解すれば、No.122の南を通る比較的道幅のある道路の南に接するNo.123を東限としていたということになるので、初め私はそういう配置になるものと考えていたのである。しかし、そのとおりの配置で方眼紙をつなぎ合わせてみると、東の堀川との間に一町歩見当の空白ができるように思われ、それが不審であった。実は地からみ帳にはNo.113の半の頭部に圏点が付され、それを始点に左側へ二行分ほど墨線が引かれている。途中で切れている形であるが、それにつながる部分は、ずっと先のNo.123の前行「次南、車路ノ下、東ノ一」から前々行にかけて出てくる。前とは逆に圏点が左にあり、右へ約二行分の墨線が引かれているのである。途切れている部分はあまりに長くなるから線を引かなかっただけで、本当はここまでつながるはずなのであった。問題はこういうしるしが何を物語るかということであるが、これはNo.123からあとに記される一町歩の田地群がNo.113につづくこと、したがってその部分がそっくりNo.114よりも前へ移動すべきものであることを示しているのである。私は当初はそういう意味に気づかなかったために、右に述べたような不審を抱くことになったのであるが、そうとすれば話がかわり、No.123は「堀ノハタ」所在のNo.113の南にきて、同様に堀川畔に位置し、そこから西へかけての字「大和田」の田地は、ちょうどNo.120〜No.122の田地に「丁通り」の形でつながる状況が想定されることになり、非常にすっきりして、不審は解消するのである。これは地籍図を見ることができてからあとに初めて気づいたことであった。

さて、「大和田」の田地一町歩の集計の次には、「北ハ氏神前車路ノ下ヨリ、東堀ヲカキリ、南ハ清目カ縄手ノ下ノ一坪ヲ見也、大和田マテ」と書き込まれている。この場合の「見」は巻首に出てくるものと同じで、「調査する」「検知する」の意であると見られ、すなわちこの文章は、ここまでの検地がどの範囲について行なわれてきたかをまとめて記したものと受け取れるのである。「東堀ヲカキリ」という表現からすると、最初に記されている字頭無のNo.1〜No.9はここにいう範囲には入らないことになるが、それを除いた部分全体がカヴァーされている。とすると「氏神」は久我神社を指していると見て誤りないであろう（久我神社が古くから「氏神社」と呼ばれていたことについては、差し当たり『京都府愛宕郡村誌』の「久我神社」の項参照）。ともあれこれで検地は一区切りついたのである。

つぎには「小社下、車路西、縄手ノ極、同廿六日分」という一行が入って、No.128の一反から改めて検地が始まる（これで「大和田」までの検地が二十五日の分であったことが推定される）。No.129・No.130はいずれも「次ノ西」で接続するが、No.131は「次下、路ノ畔」に位置する一反である。この「路」はまず最初に記されている「車路」と判断してよかろうから、この田はNo.128の南に接続していたものであろうと考えられた（これは先に見たのと同じ二つの小圏点の間を線でつなぐしるしがNo.128とNo.131の頭部に付されていることでも了解される。初めはNo.130・No.131は半折であり、南北につながると考えて作図したが、あとで考え直してこのように変更した）。つづくNo.132には方角記載がないが、No.133の二反は「次ノ西、縄ノ極」である。その次の二反は「次ノ西ノ上」とあるのとあいまってこの両者の間を縄手が通っていたと判断できる。No.135一反には「次南、縄手ノ下カヽル」とあり、あと一反ずつ「次西」「次ノ西」とつづいて、No.138に至り「次ノ西ノ河畔、丁通、下へ行、溝ノ下マ手」とある。「河」は堀川のことと見られ、以上No.128〜No.138の田地群が、それまでとは違い今度は堀川の東に位置を占めていたことになる。また「丁通、下へ行」なのだから、No.138の田地はNo.137とその南に接する田地と両方の西に接続していたはずであると考えられた。初めに「小社下」という字名が記されているが、「小社」は「こうざい」と読むのであって、「社」はおそらくもとは「在」であったのが、くずし字の類似から「社」に変じたのであろうという現在の私の理解に到達したのはかなりあとで、したがってこの当時は「小社」が現在の北区紫竹上高才町・同下高才町に受け継がれている地名なのだというようなことは考え及ばぬことであった。しかし、これより後の検地は後述するとおり大体南へ進んで行く様子がうかがわれたから、この田地群は多分「頭無」の南あたりにあったのではないかという程度の推測はできた。

このようにして、二十六日分の検地は堀川の東を順次進行した。方眼紙の上に縦と横の直線だけで線を引いて作図するのであるから、実際の地割とはかなり離れるところも当然出てくるのが道理であって、どう線引すればよいか迷ったところもいくつもあったが、大体は一町歩内外から二町歩程度を単位として一まとまりをなしていたと想定できる田地群について、相互の脈絡はさておいてともかく作図を進めることは可能であった。結果からいうと、この堀川の東側の検地は西側とは相違して南端部までずっと、寄り道をすることなく進んでいた。そして南部の三分の一くらいはほぼ全面的に条里制地割の残存を思わせる状態で、大部分は長地型の田地が整列している区域を西から東へ、東から西へと検地が進められたと見られ、作図に特に苦労することはなかったし、方角記載や位置指定に関する記事から、溝・道の所在もかなり書き込むことができ、一まとまりごとに作った図面を相互につなぎ合わせて、これで相当実際に近い図形ができたと思えるところまでいったのであった。問題が多かったのは、そこへ行くまでの中間あたりのところである。堀川から分かれた何本かの溝が条里制地割をかなり崩してしまっていたため、部分的な復元図は作れても、その組み合わせは地籍図を見るまではほとんどわからなかったし、そこに存在した料紙の欠失部分も、方眼紙作図の段階では確認できなかった。ただ、先に掲げたようないくつもの中世の字名を、特定の田地群の図の中にそれと結びついた形で書き入れることができたという収穫があった。

堀川の東側を南進した検地は、No.428の「次ノ西、川ノハタ」一反まで行って止まった。それは、No.429の田地が記される前に、「清目縄手ノ下ノ坪、西ノ一、杁田ノ下」「同廿七日分」という書込みがあることで判明する。清目縄手は既に見たように郷の西端あたりに存在した縄手で、堀川の西であることがはっきりしている。すなわち、二十六日の検地は堀川東部を南端まで実施して終了したのであり、翌日の検地は改めて堀川の西に残された部分を調査することになったのである。

さて、No.429は田積二反半で「氷用田」とあり、「西ノ一、ハヲリ」で字「石名田」にあったと記されている。また、頭部には小圏点を付して左へ二行分ほど線を引く、先にも見たようなしるしがある。「石名田」という字名の所在は地籍図を見るまで知り得なかったが、一方ここは前々行に「杁田ノ下」とも記されている場所である。そこで「杁田」というのを「清目縄手」の近くという見当で探してみると、No.127に「三反　杁田」とあるのが見つかる。これは字「大和田」の西端にあった田地で、堀川の西の検地がいったんここで止まっていたことは既に見たとおりである。字「石名田」はそのすぐ南あたりを指したことはこれで瞭然である。No.429の大体の位置はこれでつかめる。つづく№430は「次東」の一反で、同じく「ハヲリ」である。さらに№431・№432の各一反はともに「次南」でこれに連なる。それで、ここはまず半折型の田地がまとまって二反半あり、その東側にやはり半折の田地三枚が南北に連続していた状態にあったと推定できる。

№433の一反半は「氷用田ノ西」という位置指定があるので、№429の西にくることになる。ここにも頭部に№429に対応する小圏点と右へ引いた墨線があり、これも意味としては「氷用田ノ西」と同じである。ところがつぎへ進むと、№434の半は「次東」にあり、ついで「次ノ下南」に№435一反半、№436も同じく「次ノ下南」の一反で、そのつぎには「次ノ東、町《〔丁〕》トヲリ」として№437一反が出てきて、以下東へつづく。これはごく普通に判断するならずいぶん矛盾した方角記載がなされているとしかいいようがない。いろいろ考えた末に作成した図は、№429～№436の八筆が田積にするとちょうど一町歩あるので、これを方角記載と齟齬しないように一つの坪に工夫して当てはめ、№437から後をこの一町歩の東へつなぐというものであった。文章にするといささかわかりにくいが、初めの一町歩について№を逆にたどる形で説明すると、最南部に№436一反を長地形式の横田として置き、その北に同様の横田として№435一反半を重ね、その西北に№433の一反半を縦に配し、その東にできる正方形に近い余白の最南部したがって№435の北に、長辺のやや短い横田とみなした№434の半を置き、その北に№432・№431各一反を同様に横田として並べ、さらにその北に西側から№429・№430を配置したのである（そうすると両者が「ハヲリ」であることとも矛盾しない図形になる）。№437を長地としてこの一町歩の東に配すれば、まさに「町《〔丁〕》トヲリ」になるので、引き続き以後の田地の方角記載をたどって行くと、私の判断に誤りがないかぎり、この№437から№455まで計一九筆二町三反歩はそのまま東へ並んで、途中に半折の田地が入ったり、同じく半折三枚が北へはみ出したりはしたものの、さほど作図に齟齬はきたさずに「堀川ハタ」に達するのである。これで解決できたと思った。

つぎの№456は三反で「次ノ南、堀川ハタ」にあり、その後は№465に「次ノ西、垣極」一反半が出てくるまで、二町歩余りがすべて西へ連続する。ついで№467は「次ノ南ノ岸下」にある一反半で、そこから№482までの二町歩弱は逆に東へ東へと並んでいる。長地型田地の帯が南北二段に重なった形で存在することはほとんど疑うべくもないであろう。それにつづいて№483一反は「次ノ南、堀川ノハタ」に位置し、「次ノ下」一反は「ヨコ田」である。そこまでは難なく作図ができたといってよい。いちばん最後に記されている№485五反は「次ノ墓ノ西南、赤社ノ廻マテ」という位置指定をもつが、これは次行の小計の後に「以上梶井殿御門跡東、雲林院ノ赤社北まて」ともあるから、墓の位置などは不明であったものの、さほど飛び離れた場所ではないという推測はできた。

方眼紙上の作図はこのようにして終わり、出来上がった一町歩前後から二町歩前後くらいを単位とする小さな田地図は、互いにつなぎが付けられるものもあり、それができない場合も多かったけれども、大宮郷の田地分布の全体としての様相は、これで大体把握できたといってよかった。北は久我神社の近辺から南は雲林院すなわち大徳寺門前の南あたり、川の東はもう少し南の地域にいたるまで、堀川の流れを中心にして田地が広がり、西は南北に通ずる縄手の近辺に畠地があり、東はおそらく南下する「大道」を介して小山郷に接続していた。そういうイメージが描ける状態まではたどりついたのである。その状態で、後日に地籍図と字限図が利用できることになった。

方眼紙上の作図を地籍図・字限図へ当てはめて、最終的に復元図を完成させる仕事は、この大宮郷では岡本郷と同様に楽といってよかった。方眼紙上の一～二町歩前後で切れた形の田地図をつなぐという点では、やはり地籍図・字限図の持っている威力は大きかったので、方眼紙の図面を地籍図の字名に従いつつ、字限図の地割に即して少しずつ修正しながら当てはめていけば、八〇％程度は立ち所に最終段階の復元図が出来上がったのである。ただ、方眼紙の作図が不十分なままで残した箇所も若干はあり、宅地化などで字限図が十分生かせなかったところは、例のように推定で地割ラインを引かねばならなかった。また、既に一部については触れたのであるが、地からみ帳の記事が最初から欠けていた箇所がそれ以外にもあった。以下は主としてそれらの点に関しての補足的説明である。

まず、方眼紙作図がうまくゆかなかった№10～№16の部分である。ここは字限図を使用してもなお問題が残った。№10は№9の「次西、川ノ西」で「堀川ハタ」という位置指定があるが、実際には西というより戌亥あるいは№8

から見た場合の西というべき位置を占めているのだということは、字限図で明白になったが、そのあとはかなり手間取った。№11は「次北」の祖芳院田一反である。字限図を見ると、これが当てはまると考えられる田地一枚より北はいわゆる横田であるが、とにかく№11はこの横田へ当てはめる。すると№12は「次南」の往来田一反、№13は「次西」の兵部少輔別相伝一反なので、これも字限図と矛盾はない。ところが№14は「次北」の同人別相伝一反ときて、№15は「次南」の往来田半である。この№11～№15の五枚の田地の相関は、方角記載どおりに作図するなら、いちばん北側の東に№11、その西に№14の計二反が並び、その一段南には№11の南に№12、その西で№14の南に№13・№15が東西に並んでいるはずで、そうすれば齟齬はない。しかし、字限図では右に見たとおり、№10の北は横田の長地が連なっているので、忠実にその地割に即して№11を置くと、この一反は南にある半折型の№10・№12・№13の北側を完全に塞ぐ形になってしまい、№13の「次北」であるとされる№14は行き場がなくなり、それでもあえて北に置くとすれば、№11を越えてもう一つ北の長地をこれに当てるほかはなく、どうもしっくりしないのである。それで私は結局辻褄を合わせるためには、連続する北側の長地型横田を縦に推定の畦畔を入れて割り直し、半折二枚に変えるのが妥当と考えて手を打つことにした。このように、地籍図では長地二枚になっているにかかわらず、それを半折二枚に変えないと復元図が描けないという実例は、その逆を含めて、たとえば前節で述べた小山郷でも見られたし、当の大宮郷のほかの場所でも見つかるので、多くはないが決してあり得べからざることではないのである。そうしておいて、最後に№16を「次南、西東へトヲシテ」という指定どおりに、この区域の南端を東西に通っている細長い長地に当てはめたのである（実際は私の利用した字限図ではこの田地より南の区域が「学校敷地」とされていて、この田の北側の畦畔が「学校敷地」の北限の線と一致していたため、当初これを畦畔と見ずにすぐ南を東西に通る道まで縦の畦畔の線を延長して見ていたので、№16の置き場がなくなり、ずっとあとに字限図を見なおすまでそれに気づかなかったといういきさつがある）。

のちに行なった「河宝」の復元では、「大宝〔大輔〕」№11・№14のすぐ北に、「河宝」№432の「竹殿東、貴布祢御簾田北、南一」という位置指定がなされている治部大夫往来田一反が来ることがわかり、それは№11の祖芳院田に「貴布祢畳田」という注記があるのともよく適合した（「御簾田」と「畳田」とは相違するが、これは明応九年の筆写の際にいずれか一方が写し間違えられたのではないかと推定する）。もし、字限図の地割をそのまま使ってNo.14をNo.11の北にある長地とするなら、この「河宝」No.432の位置指定は十分納得できなくなるのである。さらに「大天」ではこの「大宝」・「河宝」間の境界よりもさらに北まで大宮郷田地として検地がなされているが、その復元図との対照でもここはこういう理解をした方が適切であるように考えられる。この点については後述する（次項）。

これより南の字芝下の区域は上述の「学校敷地」であり、最近「大徳寺境内大宮郷賀茂臺田畠絵図」(2)が見られるまでは、畦畔の線を推定で入れて作図しなければいけなかったが、ほとんど誤りはなかったことが右の絵図によって証明され、推定の点線をほぼそのままの位置で実線に書き替えることができた。また、これより西側の畠に接していた区域は地形がやや複雑で方眼紙での作図はうまくゆかなかったが、字限図の地割だとさすがに問題なく書き込みをやることができた。また、No.64とNo.65の間の紙継目に料紙の欠失があるということについては既に述べたが、字限図の上では、これは田地八枚に相当する約一町歩くらいの空白となることがはっきりした。堀川の西の北部No.127までのところでは、ほかにこれといった問題はなしに字限図を利用した当てはめをやることができた。

No.128以後は堀川の東に移るが、ここで生じた最初の問題は、No.142〜No.146の五枚の田地の当てはめがうまくできなかったことである。私の利用した字限図では、これに相当する区域は東西に連なる四枚の田地区画が描かれており、そこへ五枚を当てはめるためにはどうしてもどこかで一本の畦畔を推定で引かなければならないことになる。ところが、これが「大天」の場合だと、該当する田地は四枚しかないのでちょうどぴったり当てはめることができる。この矛盾をどう解決すればよいかが大いに問題であった。最初私はやむをえずNo.142一反を東の道の外へはみ出させる形で相当する大きさの区画を描き、そこへ記事を書き込むほかなく、そのまま最近まで時間が過ぎていたのである。幸いにこれは前掲の「大徳寺境内大宮郷賀茂臺田畠絵図」に示されている該当区域の地割が、四枚でなく五枚であることによって解決できた。無理にはみだした一区画を描く必要はなく、「大宝」の五枚をそのまま当てはめ、「大天」の場合はどれか一枚が脱落しているのだと考えたほうが妥当なのだということに気づかされたのである。その脱落をどこに置くかについては、「大天」の復元に関して述べる次項に譲る。

つぎはNo.158とNo.159との間にある紙継目（一七）で、また料紙一枚分と見られる欠失が明白になった事実に触れておく必要がある。有り体にいえばこれは方眼紙の図形を地籍図・字限図に当てはめていったときに、どうしても埋めることができない空白部分が残ることになり、それがまさに紙継目にあたることが判明したということである。田地の枚数としては一一枚に相当するから、失われた料紙はまず一枚と見て間違いなかろうと思う。

これと同様の欠失はNo.242とNo.243の間の紙継目（二五）でも確認された。ここでは七枚の田地が欠けている。幸い「大天」ではこの部分の田地をそっくり確認できるので、そちらで面積を合計すると七反三〇〇歩である。これはやはり料紙一枚分と考えるべきであろう（ただ、この「大宝」ではふつう料紙一枚に一〇～一二筆の田地が記載されているので、それと比較すると田地枚数・面積ともに明らかに不足していることが若干気がかりではある）。なお私の復元では、この紙継目のつぎの行にNo.244若石大夫往来田の位置を指定する「中大路左近将監往―次南」という記事があるので、若石大夫往来田の北に接して中大路左近将監の往来田が存在していたことが明白であり、「大天」ではこの往来田の面積は一反とされているので、これをNo.243として図示している（したがって実質的な欠失分は上記とは一筆一反だけ減少する）。

このあと堀川の東で問題になる点は、南端部分である。ここは田地の記載順で指摘すればNo.401～No.428の関係部分ということになり、地籍図ではその北半部のNo.401～No.416に相当する部分が字宮之後として記載されてはいるが、そこの詳細な字限図は得られなかったので、北側の田地の並びを参照しながら推定で地割ラインを引いて、そこへ各筆田地を書き載せることになった。しかし、既に述べたように、ここは長地型田地が整列していると推定される区域であり、さほど見当外れなものにはなりようがなかった。字限図がなかったのはここが北の三分の一弱を除いて妙覚寺の敷地になっていたからであるが、最近参照できた前出「大徳寺境内大宮郷賀茂臺田畠絵図」では、北部三分の一弱の区域については長地形式の地割が残存している様子が認められ、これが推定復元図の妥当性を証明するものとなった。これより南部のNo.417～No.428については、田地の形状を示す史料は一切存在しない。まったく推定の線引だけでやらねばならなかったが、地からみ帳の記事によると、No.425～No.427の三筆の配置が異例であるほかは、やはりすべて長地と判断される区域であったから、推定は容易にできた。

残るのは堀川以西のNo.429～No.485であるが、ここはNo.433～No.436の部分とNo.480～No.485の部分の線引を「大徳寺境内大宮郷賀茂臺田畠絵図」に依拠してやり直したほかは、ほとんど方眼紙の作図どおりに当てはめがやれた。No.485の五反に「次ノ墓ノ西南、赤社ノ廻マテ」という位置指定が見られることは前述したが、この「赤社《あかやしろ》」とは右の「大徳寺境内大宮郷賀茂臺田畠絵図」に、鳥居と社殿の形が描かれ「卅八社」と記されているものと見て間違いないものと思われる。これは現在の玄武神社に相当する。社名「玄武」は四神の一つであり、色は黒こそふさわしいが、しかも「赤社」といわれたのは、本殿の西に並ぶ末社二座のうち、西に鎮座する玄武稲荷大明神の鳥居の朱によるのである。No.463～No.471の区域は、大徳寺の裏門前で字限図にも右の絵図にも畦畔は記載されていないので、ここでも推定の線引をしたが、方角記載と「垣極」「岸下」「ミソキハ」などの注記とを利用することで、ほぼ正確に復元ができたものと考えている。

これで地からみ帳の復元図作成に関する説明はすべて終わった。

大宮郷天文十九年検地帳復元図の作成

つぎに「大天」の復元図作成に関する解説に移る。まず、この検地帳の表紙には「庚戌天文十九年九月廿二日」という日付がある。そして本文では、No.212から始まる中溝関係の記事の初めに「廿三日」、No.401の前行に「廿四日　上溝」と記載されているので、郷全体の検地には三日を要したことがわかる。

この検地帳の記載方式は、前節で取り扱った「小天」の場合と相似た特色を持っている。すなわち田地を「溝」単位にまとめ、そのつど小計を掲げるという記載様式が見られるのである。単位田地群ごとに最初に示されている「溝」の名称あるいは地名と、それぞれの小計とだけを、帳面の記載順に書き上げてみるとつぎのとおりである。

下精進溝尻一	已上	壱丁三反半
上精進	已上	壱丁一反
殿田溝	已上	三丁弐反
町長	已上	弐丁一反半
二丁田	已上	弐丁
栂丸溝	已上	弐丁一反半
仏尻溝	已上	壱丁九反半
柚木ヶ坪	已上	弐丁三反小
小堀川	已上	四丁一反
せんし溝	已上	壱丁一反半
小溝	已上	弐丁
大和田溝	已上	七反
中溝	已上	九丁三反半
懸溝	已上	四丁半
小森下溝	已上	六丁二反六十歩
上溝	已上	弐丁
上溝	已上	壱丁一反
下溝	已上	弐丁一反小

頭無　　　　　　　巳上　弐丁一反
堂芝溝　　　　　巳上　四丁一反半

巻末の総計田積「五十五丁二反半」の内訳は、このように二〇区分されているのである。この中にはたとえば二丁田や柚木ゥ坪あるいは頭無のように、「溝」が付されず一見普通の字名と見られるものもなくはないが、それはごく少数で、某溝という書き方をしたものが圧倒的に多いので、全体として用水系統による区分がなされていることは瞭然である。この区分とは別に、先に列挙したような字名が方角記載とともに記されている箇所も少なくないところを見ると、右の場合には二丁田・柚木ゥ坪のように字名だけのケースもやはり用水系統との関係による区分と見るのが妥当であろう。

ただ、同様に用水系統別に検地が実施されている同年の小山郷検地帳では、総計四八町歩余の田地が合わせて七本の用水系統に分けられていて、当然ながら一つの「溝」が灌漑する範囲は広く、もっとも狭い花結溝が三町歩なのが例外的で、あとは五町歩内外から九〜一〇町歩あるのと比較すると、大宮郷の場合は中溝の九町三反半、小森下溝の六町二反六〇歩はかなり広範囲にわたるが、残りは一、二町歩から四町歩強の範囲に入り、したがって溝の数が圧倒的に多いという相違がある。つまり「大天」では枝分かれした用水路の最末端の灌漑範囲が、それぞれに区分された形で検地帳に記載されていると言えるのであり、この点は独自の特色であると考えられる。

「溝」による灌漑範囲が単位として把握されているので、復元手順の解説も「溝」ごとに進めたほうがよいのは、「小天」の場合と同じである。ただ、「大宝」について行なったのと同じように、「大天」でもあらかじめ方眼紙上の復元図作成をやっているので、その一部を掲載して参考に供する。

最初の行には「大宮郷下精進溝尻一」と記され、№1は「東一」の遠江守往来田一反、以下№11までの方角記載はすべて「次西」で、これまで見てきた多くの例と同じくこれは長地型田地の整列を示すものと見られる。また、№1〜№4の各一反は往来田である。往来田に関しては両検地帳と他郷の検地帳や往来田古帳の記事を比較検討することにより、宝徳三年と天文十九年とでは給主たる氏人は変化してはいても、田地自体は同一であることを証明できる場合がしばしばあることは、前節までの記述ですでに明らかである。したがって立証の委細は省くが、この場合は四反の往来田のうち、遠江守・大蔵大夫〔輔〕・乙大夫の各往来田が、それぞれ宝徳の山宮鶴大夫・孫有大夫・肥後守（あるいは肥後前司）の往来田と同一であることが判明する。一方「精進坪」という字名は「大宝」でも記されていて、それをも勘案することにより、この一一筆の田地は「大宝」の№401〜№411と同じ位置に来ることが証明されたことになる。それは同時に№1の東に接して「小天」の№1〜№7の田地が存在したことを明らかにするものでもある（「小天」復元図参照）。

№12は「上精進西一」の鶴寿大夫往来田一反で、その後№22まで各一反がすべて「次東」で連結されて一まとまりをなし、最後の二筆以外はやはり往来田である。先と同様にして宝徳三年の往来田と同一であることがわかるものを探すと、ここに記される丹後守・千代福大夫・内蔵允・阿波守の往来田と宝徳の千代徳大夫・和泉前司・左近将監子（元は春松大夫）・尊幸大夫のそれとがおのおの一致する（ただし、天文の内蔵允・阿波守と宝徳の左近将監子・尊幸大夫とは、どちらかの検地帳で順番が入れ替わっているとしなければ辻褄が合わない。しかしいずれの検地帳に錯誤があるのかは不明であり、そのため復元図では原本の記載どおりとし、変更はしていない）。これで№12〜№22は「大宝」№363〜№372と同じ場所、つまり№1〜№11の北に接して位置を占めていたことがわかる。

№23には「次東、但殿田溝南一」と記された一反が出てきて、№22との間にある畦畔が「精進溝」と「殿田溝」の灌漑範囲を分けていたことを示しているが、ついで№25までの二筆計三反がさらに東へ並んでいる。つづく№26の一反は「次北、東一、荒」とあり、以下№34まで九筆一町二反がすべて「次西」へ並ぶ。これは№12〜№22の並びの北側に同じく長地型田地が整列していたことを意味するものである。ということは、№25・№26の東で小山郷との間にある一町数反ほどの田地が、同じ並びにありながら、調査されることなく検地が北へ進んでいるということになるが、これは先述の№1の東側の場合と同じく、小山郷の懸溝系統の田地№8〜№20に相当するので、当然対象外なの

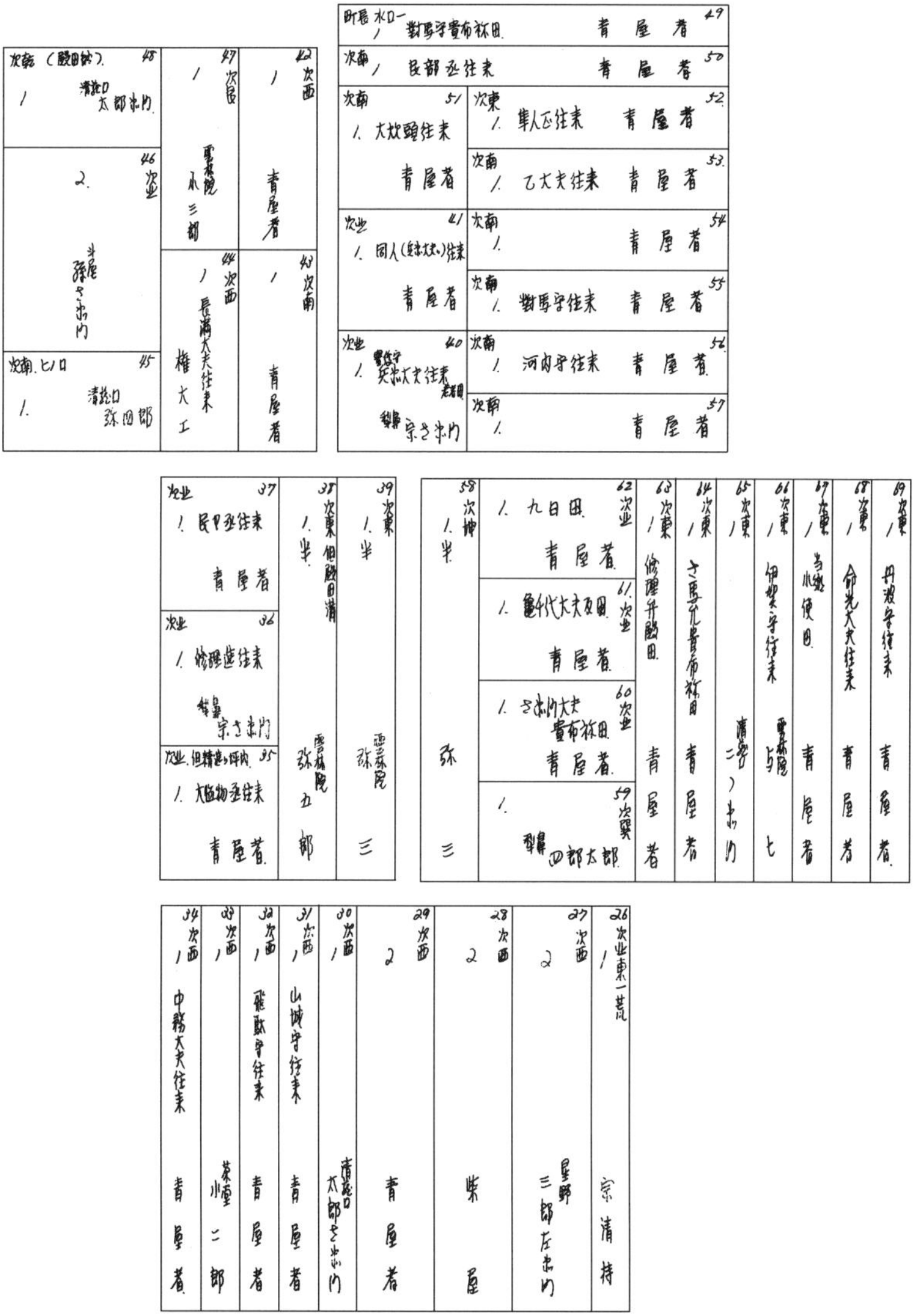

方眼紙に作成した「大天」復元図（部分）

である（「小天」復元図参照）。

さて、No.26からNo.69までについては、掲載した方眼紙上の復元図が参照できる。この図をのちに地籍図・字限図を利用して完成させた別添「大天」復元図と対比してみると、No.42・No.47が東西に並ぶのではなくて、No.47を北にして南北に並べるべきであったこと、No.49・No.50は長地と想定すべきではなく、半折様の形にしてNo.47・No.51の北に置かなければいけなかったこと、No.46の二反は実は長地であり、したがってNo.48は一段北へ上げてNo.49・No.50の西に位置させるべきであったことなどを主要なものとする不測の誤りが見いだされるが、全体として地籍図・字限図へ移し替えるに際して混乱をきたすような不都合はなく作図できていたことがわかると思う。一〇数反の往来田が含まれているが、この中には前述の場合と同様に宝徳三年当時の往来田と同じ田地であることを立証できるケースがいくつもある。山城守・長満大夫・乙大夫・伊賀守などであり、これは「大宝」復元図との対比による作図を可能にするものであった。なお、この図でNo.63一反を「修理弁殿田」としているのは「修理弁一反田」の誤読である。

この範囲では、No.38に「但、殿田溝」とあり、No.48の後には「殿田終」と見えて、No.23の「殿田溝南一」と相俟って殿田溝の灌漑範囲が把握できること、No.35に「但、精進ヵ坪内」という但書きが付されており、これはおそらく北へ連続するNo.37までの三筆三反が、周囲とは違って字精進坪に属することをはっきりさせるためのものと見られること、などが注目を要する点であろう。No.69と東を通る「大道」とに挟まれた空白部分には、やはり「小天」所載の田地がぴったり納まることになる。

つづいてNo.70は「二丁田、南一」にあり、No.79まではNo.78の半を除いてすべて一反ずつの田地がいずれも「次北」へつづく。うち八反が往来田であり、少なくともNo.71福石大夫・No.75遠江守・No.79猿大夫の各往来田については、「大宝」所載のものと同一田地であることが確認できる。次のNo.80はNo.79の「次乾」にあり、それ以後の方角記載は北・坤・北乾・東・艮・北・北・西・西・西とつづいて、一見して田地の並び方が複雑であることを思わせる。しかし、ここにも往来田が多く、No.84山城守・No.85命福大夫・No.90亀菊大夫などの往来田について「大宝」所載往来田のどれに当たるかが確認できるので、この区域の復元図は「大宝」を参照してさほどの困難なしに作成できた。ただここで注意しなければならないのは、No.90の次行に「已上弐丁」とあり、これがNo.70の前行に記される字名「二丁田」とぴったり符合するところから、No.70〜No.90の田地群即「二丁田」と受け取られかねないが、それは誤りであるということである。このことは、No.85に方角記載「次艮」とともに「小柳」という字名が記されていることからもわかることであるが、さらにここのNo.81の田地に該当する「大宝」No.262に「二丁田北ソヘ」と見え、そこから南へ一三筆の横田が並んでNo.274に至り、その「次ノ西」にあるNo.275（「大天」のNo.57）には「西二丁田南ソヘ」の位置指定があって、No.281まで七筆の横田が北へ並んでいるという事実が確認できる点からしても、本来の二丁田はこの計二〇筆の横田に相当すると判断すべきであり、「大天」No.83〜No.90の八筆は「二丁田」には属さないのである。なお、この区域北部の東にも「小天」記載の懸溝かかりの田地四反小が「大道」との間に位置することが「小天」の復元図により確認できる。

No.91〜No.108の一八筆は「栂丸溝」として一括されている。方角記載をたどればわかるように、この区域の田地の形状や並び方は一様ではなく、方眼紙の上で作図するにはかなり困難をともなった。しかし、字限図の持つ威力はこれを帳消しにし、最終的な復元は畦畔を推定で入れなければならない箇所もまったくなしに順調に運んだ。この田地群の最後に位置するNo.108一反は「中嶋」という注記をもつが、これは復元を終えてみると、周囲のほとんどを用水路ならびに道に囲まれたこの田地にまさしくふさわしい呼び名であることを諒解することができた。No.90とNo.91の間に用水かかりの境界がくることも、字限図は見事に解き明かしてくれた。すなわち、北から下ってきた細い用水路がNo.92の西北端で東へ折れ、東に並ぶNo.91の西北端まできて止まっている様子がはっきり図示されているのである。この用水路こそ栂丸溝にほかならない。

つぎは「仏尻溝自水口」とあってNo.109の半が最初でNo.118までは「次東」へ並ぶ。方眼紙には当然長地型田地群が描かれることになったが、それだけに字限図への当てはめは難なく実施できた。No.117の東側の溝・道を越えてNo.118の二反に接続するが、その後はさらに東へ及ぶことはなく、南を通る道をまたいでNo.122まで四筆四反半を検地し、さらに東側の溝・道を跨いで字「小柳」にあるNo.123〜No.125の三筆を調査している。田地の配置状況・字名の範囲から考えるといささか異様ではあるが、それは西にあるNo.104の「但、仏尻溝」とされる一反を合わせて、まさしく仏尻溝の灌漑範囲をカヴァーしているからであることを、字限図の図形はよく物語っているといえる。No.118・No.121の東でNo.123の北に当たる部分には、また「小天」所載の田地一町歩ほどが入ることになる。

仏尻溝の範囲の北には「柚木ヶ坪」が位置する。No.126の「東一」三反に始まって、No.135までは「次西」で整列しており、やはり長地型田地が連続している状況が想定される。実際には全体の形は扇形に近く、したがって長地といっても東西の端に近い部分の長辺がかなり短いが、検地帳の記事の当てはめに関してはなんら支障はない。No.136以後は北・東・西・北・東・乾・西・巽・北と方角記載が続き、複雑な田地のたどり方で、全体としては南の扇形の部分にさらに梯形を重ねるような形になってNo.144に至っている。ここでも地籍図・字限図に描かれた細溝の流れ方は、端的にこの区域の灌漑にふさわしい在り方を示しているといえる。

つづく「小堀川」の区域の検地は、No.145の因幡守往来田一反から始まる。この田地には「溝ヨリ東一、但溝袴」という位置指定があるが、この「溝」が「小堀川」であって、それはこの田の西から南へ、堀川との間に並ぶ田地群に水を入れている用水路にほかならない。すぐ北で堀川から分岐し、堀川の東側を並行して南下する流れであるところから、「小堀川」の名称が生まれたものと考えられる。No.145がわざわざ「溝ヨリ東一、但溝袴」と記されなければならなかったのは、この田地が例外的に小堀川の東にはみ出る形になっているからで、つぎのNo.146からあとはもっぱら溝の西に属する。いちばん北のNo.146〜No.149のみ半折型田地が二段に並ぶが、あとは南を通過する道の北にあるNo.163まで、当の田地半が半折である以外はほぼ横田といってよい田地が並び、それより南は半折から漸次長地への移行を示しつつ、最南部の約一坪分にいたって原則長地型の田地となる。郷の南端から次第に用水の流れを逆にたどりながら北上した検地は、小堀川の分岐点に至った後一転して堀川沿いをほぼ南端部まで下って行くのである。当然、より北部の検地はあとまわしになった。このあとにつづくNo.181～No.189は小堀川から枝分かれした「せんし溝」の水懸かりで南へ連続するが、そこまででいったん堀川より東の検地は終わるのである。なお小堀川・せんし溝関係田地の復元図作成自体はまったく支障なく進行した。

No.190～No.206は「小溝」関係である。計一七筆二町歩が記載されている。在所を探る鍵は、No.198に兵部少輔往来田一反、つづいて「次西」のNo.199に佐渡守往来田一反が連続し、前者が宝徳三年当時の慶益大夫往来田と一致することが、河上・中村両郷の検地帳との比較検討から立証できること、さらにその二反措いて東に御袖田一反、その南には供僧田（経所田）三反があることなどである。これと一致する場所は「大宝」の記事・復元図で容易に探し出せる。すなわち堀川の西沿いを、最南部は「大宝」No.483の「堀川ノハタ」所在の雲林院田一反から、最北部の同No.113の半に至る、南北に長く伸びた区域である。「大宝」では、その中ほどのもっとも横幅のある場所に、西からNo.448寿徳大夫往来田一反・No.449慶益大夫往来田一反・No.450後地一反・No.451雑役田一反が並び、その東にNo.455新袖田一反、その南にNo.456の経所田三反が位置することになっており、これは「大天」のNo.194～No.199と完全に符合する（ただし順番は逆で、かつ「大宝」No.452～No.454ははずれる）。地籍図では最北部の田地半（「大天」No.206）の約六〇間＝約一〇八メートル北で堀川から分かれた用水すなわち「小溝」が、南へ下りながらこの区域の田地を灌漑していた模様が読み取れるのである。

つぎには「大和田溝自北初」とあって、No.207～No.211の五筆七反がくるが、これはすでに触れたとおり枝分かれした用水ごとにまとめられた田地群としては最小の面積であって、「小溝」の北端区域の西に接していたことは、字限図ならびに「大宝」復元図を利用して容易に明らかにできる。ここまでが「且幷廿四丁一反半」で、九月二十二日の検地はここで終わっている。

二十三日分の最初は「中溝」関係で、この溝が灌漑する範囲は最大の九町三反半に及ぶ。田地の順番でいえばNo.212からNo.290までの計七九筆である。他の多くの場合と同様に、この区域の検地も南から北へと進められている。初めの

No.212一反は雲林院田であり、堀川の西では郷の最南端で、「梶井御門跡東、雲林院ノ赤社北迄一」という「大宝」と変わらぬ記事があって、同時に「号字池田」とも記されている。「池田」という字名は「大徳寺境内大宮郷賀茂臺田畠絵図」によって確認でき、また前項でも述べたように「赤社」は同じ絵図に見える「卅八社」（現在の玄武神社）と見られるので、検地の起点になっているこの田地は、同神社のすぐ北にある田地区画に該当するのである。「次北」へ連続する四筆三反半も同じく雲林院田で、「次西、藪際」にNo.217の半が、その「次東」にNo.218一反があった。ついでに言えば、梶井門跡の跡地もこれでほぼ明白になったのである。

No.219は「次北」へ移って一反半、その後はずっと「次西」がつづいてNo.230の「藪際」にある一反半に及ぶ。長地が整列していることは明白で、東の半分強No.226までは字限図の地割に則って難なく復元でき、それより西は大徳寺の裏門前とあって字限図が得られないので、田積を勘案して畔畔を推定して配置した。その北側のNo.231～No.238の八筆八反半についても同様に畦畔の位置は推定で記入し、No.239の「次東、但溝ヨリ東」所在の一反以降へつないだ。以後No.245までは「次東」へ連続する長地で、No.246は「次巽」の半、「次北」のNo.247は二反で、これは半折が南北に重なる。ここに至って東は溝を境に「小溝」かかりの田地に接することになる。これよりのちおよそ二四〇間＝四三四メートル余り北へ上がった堀川畔にあるNo.290まで、検地は西へ進み東へ折り返し、さらにまた折り返して西へを繰り返しながら到達することになるのである。その間の詳細については、字限図が揃っている場所であり、かつ「大宝」の復元図が対比可能なので、省いても差し支えないであろう。東側は南では小溝、北では大和田溝の田地と接する形になっている。

ついで「懸溝」関係の田地が記載される。No.291からNo.324に至る三四筆である。この田地群の検地は、堀河畔に水口がある北のNo.291から始まって、それまでとは逆に順次溝の下流へと進んでいる。それは北では堀川、南部では中溝かかりの田地の西に接する形になっている。この部分についても煩を避けて詳細な解説は省略する。

つづいては「小森下溝」が灌漑する区域である。No.325よりNo.379にいたる五五筆で、その中には「もゝゥ股」「ハせ」「芝本」などの字に属する田地が含まれている。それによって場所の大体は明らかであるが、ここはまた溝尻から始まって漸次上流へと移行する形で検地が進行している。最初のNo.325の位置は、溝尻であることと復元未済で残っている空白部分、地籍図・字限図の水路の状況等を勘案すれば、おのずから定まることになる。すなわちNo.312の筑後守往来田半の北にある田地である。地籍図・字限図では南下してきた溝がこの田地の北西隅で途切れており、まさに溝尻に位置していることを物語っている。このあと検地は中溝の田地の西に沿う形で北へ進んだのである。大部分長地型が整列している状況、つまり条里制地割の残存が顕著な区域であり、検地帳の記事を字限図の地割に当てはめることは容易である。

つぎは「上溝」（小森上溝）から引水する区域である。No.380からNo.400に至る。方角記載を見るとやはり流末から北上していることが察せられ、No.380の一反半は「南一」でかつ「畠田」とある。この田がNo.330の西沿いの流末に位置したことは、地籍図の溝の様子と北部の袖田や往来田・供田の並び方を「大宝」の場合と参照することで推測できる。しかしそれはよいとして、最初私の見た地籍図・字限図では、このあたりの田畠の位置・形状ははっきりつかめなかった。そのためこの田は東のNo.330以東の田地群と同じく長地と判断して、No.330の西を通る道に沿って長地型の区画を推定していたのであるが、最近に至り「大徳寺境内大宮郷賀茂臺田畠絵図」に依拠して図示したように変更した。復元によりこの区域の田地は全体として先の小森下溝の田地の西に沿っていることが明らかになる。二十三日分の検地はここまでで終わっている。

二十四日の検地も最初の部分は「上溝」の関係である。これは前日のやり残し分の追加と判断され、筆数は一〇、田積は一町一反と少ない。最初のNo.401妙観寺田三反と次のNo.402の半（「太卅歩」を訂正してある）の順序は、頭部に圏点・墨線の符号を付して入れ替わることを示してあるが、これは地籍図・字限図に照らせばその方が理に適っていることが納得できる。次のNo.403は「次北、道上」（「道」の判読にはなお疑問を残す）所在の一反で亀鶴大夫一反田、No.404は「次北」の正伝寺田一反、No.405は「次西、間有溝」の淡路守往来田半とつづき、「次東、間有溝」とあってNo.406越前守往来田一反が位置し、以後は東へ連続して№410までいずれも往来田である。ここで注意すべきは、№402と№403の間に、頭部に小圏点を付した墨線が引かれ、その下に「河上歟」とあることである。察するにこれは№403以後の田地が河上郷所属の田地である可能性ありという意味ではないかと考えられる。実はこの部分については「大宝」にはまったく記載がなく、かわりに№406〜№410の往来田五反は「河宝」にその№423から№427までの田地として出現する。うち愛夜叉大夫・松有大夫・大乗寺左近将監三者の往来田が「大天」の越前守・猿千代大夫・内蔵助の往来田にそれぞれ対応することは、小山郷でも同様であることが確認できる（他の二者については不明）ので、「河上歟」の注記を右のように解する根拠は十分であると思う。ともあれ、こういう疑点があるにかかわらずこれらの田地が「大天」に記載されたのは、これがほかならぬ「小森上溝」から引水する田地であったからに相違ない。事実「大徳寺境内大宮郷賀茂臺田畠絵図」によると、上溝と下溝との分岐点は№406〜№410の北端から約三〇間余（六〇メートルほど）のところに存在したことが示されており、上溝は№406の西に沿って南下するのである。

№411〜№430の計二〇筆は「下溝」分の追加である。このうち№411〜№416の六筆と№430とはやはり「大宝」には対応する田地が見当たらず、かわって「河宝」に前者に対応する№432〜№436の五筆が出現する。この数筆の中には往来田と宝幢院田とがあり、その並び方がちょうど両方で一致しているから、その対応関係に誤りはないことが確かめられる。これらは堀川と上溝の間に挟まれた横田で、字限図の地割にうまく当てはめられる。

しかし、つぎの№417の祖芳院田二反は「次東」の方角記載を有し、そのとおりとすると、依然横田が並ぶ字限図との齟齬を生ずることになる。この田地は「大宝」の場合だと大宮郷の北限に位置しており、そのため「大宝」の復元で既にこの点に触れたのであるが、そこでは「大宝」№11〜№16の方角記載からすれば、字限図の長地型横田二枚を縦に畦畔を推定して割り直すのが妥当であり、その場合東側の一反に当たるのが祖芳院田で、「大天」№417は田積は二反とあるけれども、これと一致すると見るべきである（宝徳の地からみ帳と天文の検地帳では、同一田地の面積に開きがある例が決して乏しくないことは先にも述べた）。その方が「次東」という方角記載に矛盾はなくなるとしたのである。ただこのように見ると、「大天」の復元図にはNo.417の西の田地（「大宝」No.14相当）一枚分が空白で残ることになるので、そこに不審は残る。しかし現在のところ、私にはこう考えるのがいちばん妥当なように思える。そのあとNo.429に至るまでは、往来田・供僧田・奈良田の一致から「大宝」の復元図をも対照して容易に字限図への当てはめが完成する。しかし、No.429と小計を記した行との間に、後から書き入れられた記事は、最初の三字は一応「十壱丁」と判読したもののなお疑いが残っており、意味も十分に読みとれないままである。

つぎは「頭無北西一」にあるNo.430からNo.451までの部分である。この中にはNo.439に「小社」、No.445に「鹿塚」の字名が記されている。字頭無にも小社にも往来田が多く、これまでと同様の手段で「大宝」記載の往来田との一致を確認できるものが何例もあるのとあいまって、字限図への当てはめは順調にいった。

最後は「堂芝溝」として一括されているNo.452〜No.492の四一筆分である。一部に田地の地割が複雑な場所があり、また東の「大道」との間には「小天」の田地がかなり存在しているが、幸いに字限図の利用で復元には大きな支障は生じなかった。ただ、「大宝」の復元図の解説に際して、そのNo.142〜No.146の五枚の田地に対応すべき「大天」の田地が四枚しかなく、一枚不足することを指摘し、どの田地について検地帳の記事が漏れたのかは、「大天」の復元図に関する解説で触れるとして残しているので、ここでそれを解決しておく必要がある。その解決が可能なのは、この場所の田地がほとんど往来田で占められ、河上・小山両郷の検地帳を併用することにより、例のごとく「大宝」と「大天」の各往来田の対応関係が明白になるからである。「大宝」No.143の命菊大夫往来田は「大天」No.460の兵衛大夫往来田、「大宝」No.145の千代若大夫往来田は「大天」No.458の兵部丞往来田、「大宝」No.146の初鶴大夫往来田は「大天」No.457の隠岐守往来田とそれぞれ一致するのである。「大天」No.459の長寿大夫往来田についてはこの点を確認できなかったが、右の三者の対応がはっきりしただけで十分である。配列順からすれば長寿大夫往来田は「大宝」のNo.144に「土佐前司取之」とある一反に相当することが明白になるからで、その結果四枚の田地の対応関係が揺るがないものとなる。あとに残ったのは「大宝」No.142石徳大夫往来田一反のみである。「大天」で対応するものが求められないこの田地は、もっとも東に位置しており、その一枚が検地帳から漏れていることが立証されたということになる。

以上で「大天」の復元図は完成したのであるが、その復元図の全体を見渡して付け加えておくべきことが二点ある。一つは堀川の東部地域で南端の部分にかなり大きい空白部分ができることである。この検地帳は用水系統ごとに調査して作成されているので、検地漏れになった可能性は否定できないから、それが理由なのかもしれない。「大徳寺境内大宮郷賀茂臺田畠絵図」を調べると、ちょうどこの箇所に相当する区域は、大体において字「御所田」に属していることがわかり、それがそっくり落ちた可能性が考えられなくはない。そうでないとすれば、いまひとつ考えられることとして、このあたりが畠地化していて、そのために検地対象から外されたのかもしれないということがある。「大宝」ではこの部分の南部三分の一に相当するあたりが「畠田坪」と記されている（No.373）ことからも、これはあながち否定できないことではないかと思う。ただいずれにしても確実な決め手はないので、一つの見方として私見を述べるにとどめる。

もう一つ述べておきたいのは、この復元によって堀川から分かれた大宮郷内のいくつもの用水路と、それから取水する田地とを、溝ごとに色分けして図示することができるようになったことである。本書にそれを掲載する余裕がないのは残念であるが、それをやってみると、ことが用水に関係するだけに地形のわずかな傾斜までが明らかになる。たとえば堀川の西部では、郷の西北部から東南東方向へ向けて少しずつ傾斜していたことを見て取ることができる。復元にともなう一つの成果として指摘しておきたい。

（1）田積は両帳とも原本末尾に記載されている総計の数値をそのまま掲げた。

（2）林重一家文書。この絵図には、最近になって、復元図がまだ推定にとどまっている部分（主としては中村郷西部に当たる京都府立植物園の地域や河上郷北部など）について、有効な史料が探せないかという目的があって、京都市歴史資料館を訪れたときに、『史料京都の歴史』6を借覧し、巻末の史料解説を通読して初めて所在に気づき、念のためにと写真のコピーを拝見、大宮郷の復元は北部河上郷との境界付近を除けばはるか四〇年以上も前に完成させていたが、念のために参照しておきたいと思い、コピーをとらせていただいてきたという経緯がある。宇野日出生氏・小林丈広氏・吉住恭子氏ほか資料館研究員の方々にはいろいろお世話をかけた。謝意を表する。

第六節　河上郷検地帳所載記事の地図化

本節では、宝徳三年（一四五一）三月の河上郷地からみ帳（明応九年四月写）と天文十九年（一五五〇）九月の同郷検地帳との一巻一冊について地図化を行なう。所載の筆数・田積は、前者「河宝」が六一九筆六八町六反三二〇歩、後者「河天」が七一五筆六一町三〇歩である。(1) 大宮郷の場合などと同様に、筆数の差が約一〇〇筆、田積の差が七町歩余あり、普通に判断すれば前者の筆数が後者を凌いでいて然るべきであるが、実際は逆になっているという不可思議な現象は、後で明らかになるように「河宝」に数枚の料紙の欠失が存在することが大きく作用しているのであり、ほかに検地範囲の広狭や一筆に含まれる田積の差異なども影響している。

両検地帳の記事を地図の上に復元するためには、既述の諸郷の場合と同様に京都市建設局路政課所管の愛宕郡紫竹大門村・同西賀茂村および上賀茂村の地籍図・字限図を利用している。

この郷の田地の地図化作業は、私にとっては第四節で述べた小山郷の場合と同程度あるいはそれ以上に難しい仕事であった。それはいまだに復元不十分といわねばならない部分が何か所もあることで明白であるが、それらはいつになれば最終的な解決ができるのか、正直にいってわからない。さりとて、本書は五か郷の検地帳すべてを対象にした復元図作成を目的としており、河上郷だけをあとに残すことはきわめて不都合である。幸いに、ある田地群をどこへ持ってゆくべきか皆目見当もつかないという事例は少なく、大体どのあたりということはわかるが、一枚ごとの田地を字限図に当てはめて固定するには至りえないという状態だといってよいので、それならば推定的作図をも含めて、現段階で到達できたところまで、とにかく発表しておくほうがベターであるという考えで、一応これまでの研究結果

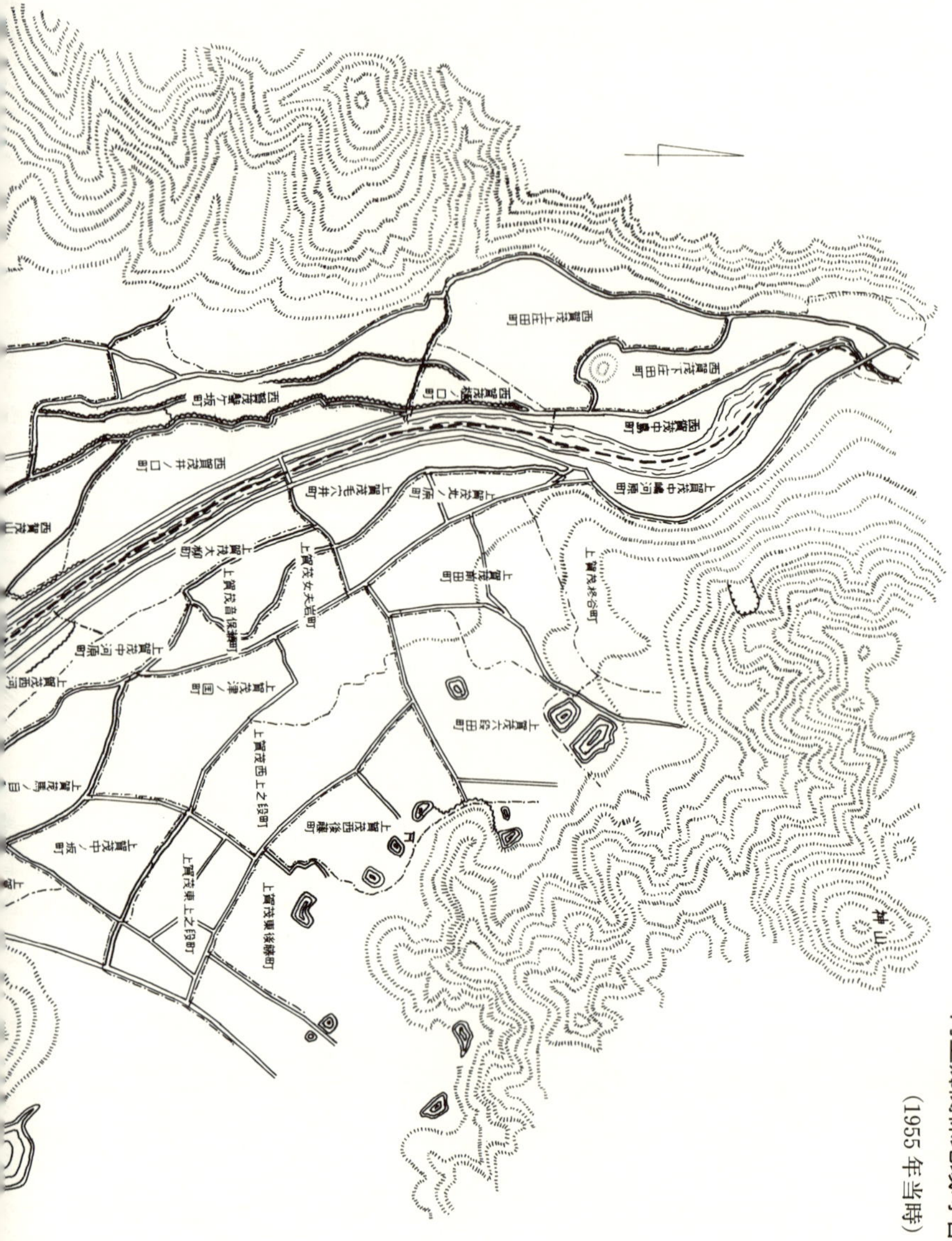

河上郷関係地域町名分布図
（1955 年当時）

（注）本図は、1955年（昭和30）1月30日、地理調査所発行1万分の1地形図「上賀茂」と、同年9月5日、大黒屋地図専門店発行1万分の1「上京・北区精図」に依拠して作成した。ただし、東南部分については、地籍図を参照して、より古い年代の道路・水路を記入した。

をまとめておくことにした。

例により、復元を実施するために大きな役割を果たすことになる字名等を両検地帳から拾って列挙しておく。「河宝」にはつぎのようなものが見られる。御手代田・ケナ・車坂・葛淵・小野路・南庄田・半山下・アワウ・上カエリ淵・一ノ井・ヤナセ・ウサキ田・水垣・古御手代・鹿額・河上ノ里・河上大通・エカモト・目次郎垣内・四反田・大栗・田尻・クキ貫・椋下・帝尺堂前・大将軍・カウサキ・太田・黒土・霊御前・上辻子田・下辻子田・竹殿・薬師堂前・上モリ田・ハナヒナ・尼寺西・高橋・ミクルシ・カヤノ木ノ下・石岡・エトリ林・長目・小社東・小社垣内など。「河天」にも当然一致する例が多いが、前者に出てこないものとしては、林・辻代・茶木下・小森・上小社・くほ・卯花・福徳明神・蕨岡・山神・灯木・角田・目代林・櫨榎・角社・藤森・杉木之辻子・柳本・柿木・横枕・蛙本・地蔵本堂・山森・山蔵・銭講開などがある。

近代の西賀茂・大宮関係の地籍図には、北から下庄田・上庄田・中島・樋ノ口・蟹坂・井ノ口・山ノ森・川上・今原・東柿ノ木・柿ノ木・水垣・大道口・坊ノ後・大深・鎮守庵・角社・神光院・丸川・大栗・樫木・田尻・中ノ社・総門・小野堀・山前・林裏・上岸・林・脇台・開・箱ノ井・一ノ井・竹殿・長目などの字名が並び、さらに賀茂川の東では上賀茂村の地籍図に毛穴井の字名が見いだされる。そしてこの地域では、これら地籍図上の地名がほとんどそっくり現在の西賀茂や上賀茂の町名として残っており、それは京都市北区の地図を一覧すればただちに明らかになる。これを中世の地名と対照すれば、少なくとも一〇数か所で現代に継承されている中世地名の存在が指摘できるのであり、これは復元の作業が部分的にしかできなくても、それらの小区域復元図をどのあたりに配置すればよいかを教えてくれるとともに、さらにその近辺に少しずつ復元可能な範囲を広げてゆくことを可能にするものとして、まことに貴重である。他郷の場合のように近世の絵図などが見つけられれば、その助けを借りることが期待できるが、ここでは地籍図・字限図のほかにそういう資料は南端部分の河原八丁付近を除けば入手することができなかった。したがってもっぱら地籍図・字限図の示す地割と残存する地名・溝名や社寺名だけが頼りである。

以上を前置きとして、これまで同様に最初に「河宝」ついで「河天」の順序で復元図作成に関する解説を行なう。両検地帳の復元をある程度同時並行的に進めたことは他と変わりがない。しかし、「河宝」の巻首から一〇〇筆ほどの部分（「河天」では後尾部分に相当）については、はじめ両検地帳のどの部分をどう突き合わせればよいのか容易に見当がつかず、そのためまず「河宝」の復元を単独かつ手探りで行なわなければならなかった。そういう事情でこの部分だけはほとんど「河天」は無視して、それによる不測の誤謬も含めた形で解説を書くことになることを、あらかじめ断っておきたい。

また、この郷の地からみ帳は、記載田地の筆数が六〇〇を越え、しかも南北の距離が長くて、他郷のなかでは大きい紙幅が必要な中村郷の復元図と比較しても、その約一倍半の長さの用紙がないと作図ができない。最初はトレーシングペーパーを必要な長さだけ巻き取って一枚に作成したが、何回繰り返したかわからない巻いたり広げたりの挙句に、とうとう二分割しないと印刷に付するときに支障が生ずると考えて、ある程度浄書も進んだ段階で、それをも犠牲にして二分割することにした。それはそれでまた不都合な面もあるが、長大な一枚ものよりは扱いやすかろうと思う。

河上郷地からみ帳復元図の作成

この地からみ帳の巻首には「宝徳三年三月十七日」の日付が記されており、これは検地が開始された日であると思われる。しかし、その後に登場する日付は、№58の方角記載に並べて「同廿日取也」とあるのと、№440の前行に「三月廿三日分」とあるだけである。それ以外は全然日付が出てこないので、はたして十七日からあと連日検地が行なわれていたのかどうかは不明である。あとは巻末の田積総計のつぎの行に「三月廿四日」とあるので、この日に検地の一切が終わったことが了解される。

巻首の日付のつぎの行には「河上郷内」とあり、すぐ紙継目があって、そのつぎの紙継目までの間に「河上郷正受寺田」「壱町三百歩在之」とだけを二行に記した細長い一紙が貼り継がれている。これは前後と紙も筆跡も異なっていて、あとから挿入されたものであることは疑いないが、なぜこの箇所に挿入することになったのか、理由は判明しない。河上郷内には正受寺田が一町三〇〇歩あるという内容自体は、念のために地からみ帳を巻末まで調べた結果では正確である（ただ「正寿寺」と記した箇所が二か所存在する）。正受寺は後でも触れるが、大将軍神社の真南、現在の西賀茂北山ノ前町地籍にかつて存在した寺院であるが、なぜ特定の寺院についてだけ寺田を集計して、しかもそれを書いた紙をわざわざ巻首へ継ぎ貼りする必要があったのか、私にはまだ謎は解けないままである。

それはさておき、本来は「河上郷内」のつぎの行に当たる一行には「御手代田」、つぎの行には「南東河畔」とあって、その後に各筆田地が記載されている。№16のつぎに「一丁五反三百歩」（実際の計算では一町六反三〇〇歩）の小計が入っているので、ここまでが「御戸代田」と総称される一つの田地群をなしていることが了解される。うち一町半は台飯田であり、さらにこれと並んで№13に「三段　御手代田　乍人　御田守」とあるのが注目され、一連の田地群が「御手代田」と呼ばれている理由はここにある。

「御手代田」は「御戸代田」に同じく、『続日本後記』承和十五年（八四八）二月二十一日条に、「賀茂御祖大社禰宜外従五位下鴨県主廣雄等欵云。去天平勝宝二年十二月十四日。奉充二御戸代田一町一。自レ尓以降。未レ被二奉加一。因レ茲年中用途乏少。請准二別雷社一。加二増御戸代田一町一。勅許レ之」とあり、下鴨社が上賀茂社に准じて御戸代田を加増されていることから、奈良時代以前に上賀茂社が朝廷から与えられていた神田を指していい、当時田積は二町歩ほどであったことが知られる。そこに淵源をもつと伝えられる御戸代会の神事は、関連する土解祭（種蒔きの神事）・田植神事とともに現在も執り行なわれているが、「嘉元年中行事」(2)には、鎌倉末期におけるその詳しい内容が記録されている。ここで参照すべき部分だけをつぎに引用する。

六月分

一、今月ハ吉日を以御手代をこなう《（行）》へし、ちかころ《（近頃）》ハたいし《（大旨）》廿日ころたり、其神事次第

（「ハしめの夜」の行事に関する記事を省略）

一、このあか月《（暁）》より、社務か家にしてたい《（台）》所へついたしき《（別板敷）》にてらんしやう《（乱声）》をす、ゑんさ《（円座）》の社司等せうく《（少々）》来、社務せめ《（責）》につく、いくわん《（衣冠）》下くゝる、ことハて、御田へ参、社司氏人しやうゑ《（浄衣）》にてとも《（供）》す、御田にてハなへ《（苗）》うへ《（植）》、すき《（鋤）》にてかへす也、

（以下略）

これによって、現在は七月一日に執り行なわれる御戸代会神事が、中世には六月中に日を定めず、しかし大抵は二十日ごろに催されていたことともに、「御手代」と称されていたこと、かつ社務と供の社司・氏人らが「御田」へ出向いて、苗を植え、鋤をもって土を返す行事が含まれていたことを知ることができる。この「御田」こそ御手代田に他ならない。土解祭に際して種を蒔き、田植神事で早苗を植える田ももちろんこの田地であった（『賀茂注進雑記』の「年中御神事次第」では、土解祭の解説文中に「今日社務代権祝忌子参向于㆓御戸代田㆒而卜㆓定苗代㆒令㆑蒔㆓種子㆒」とある）。賀茂社にとっては境内諸郷の田地の中でもとくに重要な意義をもつ田であったといえるのである。

御手代田の解説に存外の紙幅を費やしたが、問題はその位置である。「南東河畔」とあるのはもちろん最大の手がかりであるが、それだけでは漠然としていて決め手にはならない。「南」の字は後から書き加えられたものであることは、その位置や大きさからみて明白で、最初は「東河畔」とだけ書いてあったのだが、それではあまりに漠然としているので、場所をもっとはっきりさせるために書き込まれたものと思われる。「河」はすでに小山郷や大宮郷などの場合に明らかなように、必ずしも特定の川を指すものとは限らず、幹線的な用水路ではそういう表示がごく普通に使われているが、この場合は地からみ帳の巻首に一つの田地群の在所を表示するために初めて登場するので、まず賀茂川以外には考えられないであろう。しかし、それにしてもこの場所指定では賀茂川の東岸なのか西岸なのかがよく

わからない嫌いがある。一つには賀茂川東岸の南の方の河端と読めるであろうが、他方河上郷南東部で賀茂川の河端という読み方もできるから、そうとすれば東岸でも西岸でも当てはまる。はて、どちらだろう？　と考えていても抜け道は見いだせない。

そこで、御手代田あるいは御戸代田について何か書かれたものがあるか探してみると、皆無ではない。まず、「山城名勝志」（『訂改史籍集覧』第二十二冊）巻十一の「御生山」関係の項目「川」の割注に、「御生川ハ御手洗川の別名也、賀茂の御戸代ハ馬場先にある田畠を云」とあり、つづいて「御あれ川かものみとしろ引うへて今はたとしの神を祈らん」という曾根好忠の歌を引いている。また『京都府愛宕郡村志』（一九一一年刊）では、上賀茂村の名勝旧跡の一つに「御戸代田」を挙げているが、その解説には「山城名勝志の注に加茂御戸代は馬場の北なる神林の邊に在りしが如し」といい、好忠の歌をも引用するとともに、「つきねふに御戸代方十間、二月晦日細殿にて早苗の種おろしの祭禮とて御戸代に種をまきこれを土解の祭と號す」云々と述べてある。さらに「御阿禮」の項目も設けられていて、そこでは「又御産に作る、本殿より約一町餘の北神林の内小高き所に在り、其地稍平かにして人工を施せしもの丶如し、今は灌木叢生すれど、約一段餘の所老樹無しと相傳ふ、賀茂大神初めて生の所降《ママ》故に號くと（読点は須磨が付した）」云々と記してある。これらの徴証が物語るのは、賀茂社の御手代田は御生川すなわち御手洗川から水を引いて作られていた田地で、神社の北方御生所（みあれ）の近辺に古くから存在していたということである。この理解に誤りなければ、「南東河畔」は賀茂川の東で南の方の河畔と見てよいことになり、場所はある程度まで限定が可能となる。おそらく地籍図の字葵森の北側あたりである。もう一つ発見できた近世の賀茂川東岸田地川荒絵図（「賀茂」）に、「御戸代此所ニテ田地川荒分」云々と記入されている場所も大体同じである。

ただそれでも一枚ごとに田地の在り場所を定めることはたいへん難しい。私は調査したときの時間不足のせいで、この近辺の字限図は一枚一枚写し取ることをせず、地籍図写に直接地割ラインを書き込んだので、そのために不十分なところがあるのかもしれないが、なかなかうまく復元図を作ることができないのである。地籍図・字限図からは離れ、方角記載をたどって白紙に別の田地図を描いてもみたが、条里制地割の残るところではないし、なぜかNo.3～No.5の三筆には「次」としか記されておらず、どの方角なのかはっきりした見当が付けられないということもわざわいして、一応にしろ納得できるほどの図は作れなかった。結局この一町六反三〇〇歩については、解決はあとに残して先に進むことにしたのである。

つぎのNo.17～No.21五筆六反半は、字「ケナ」所在である。この「ケナ」という二字が私には最初判読できなかった。「く」「し（し）」「ナ」と三文字に分けて読んでしまったのである。それに加えてここが「御手代田」と同様に賀茂川の東岸であることに気づかず、初めは賀茂川の西岸西賀茂地籍にそういう地名がないかを探し求めていたのである。これでは目当てのものが見つかるはずはなかった。これが「ケナ」なのであり、漢字にすると「毛穴」、現在の上賀茂毛穴井町はそれを受け継いだ中世以来の地名なのだと気づいたのは、長い休止期間を挟んで何度も地からみ帳や地図を見なおしては、少しずつ復元の範囲を拡げていた途中のことであった。「毛穴」と気づけば、あとは字毛穴井の字限図が利用できる。そこで五筆の田地を方角記載等を頼りにこれに書き込むことを試みたのである。結果は見てのとおりで、あるいは置き方を誤っているところがないかを恐れるが、現在までにたどりついたのはここまでで、全体の田地群の在り場所としては大きな狂いはないはずであるから、書いてないよりはよほどましかと思っている。

つづいて、No.22の前の行には「車坂ノ下、葛渕ノ上」という場所指定が出てくる。「車坂」は現在も残る地名で、鞍馬川と雲ケ畑川が神山の北西で合流して賀茂川となり、神山北西麓を流れて山国街道の下をくぐるところに架かる高橋のすぐ西北である。「葛渕」とはそのすぐ下の賀茂川が淵をなすところを指すに相違ないと思ったので、それらしいところを自分の目で確かめたくて、一九六二年の夏に第二回目の賀茂別雷神社文書の調査をやらせていただいたとき、上賀茂神社から山国街道をさかのぼって高橋まで歩いたが、その時賀茂川が橋をくぐってすぐ右岸の岩に突き当たり、そこがまさしく青々とした淵をなしている情景を目にすることができた。橋には「たかはし」と合わせて「くずがふちばし」とも刻まれている（前掲『京都府愛宕郡村志』のページを繰っていて「高橋又葛ケ淵橋」とあるのを知ったのはその後である）。これで場所の特定は完全である。この後№53の前には「南庄田半山下」とあり、これは地籍図上の字名「上庄田」の南部付近を指すものと見られ、さらに本節の最初に列挙した地からみ帳記載の字名を順次たどれば、検地は葛淵の西から西賀茂を南下して行くことが明白となる。ここからはほとんど全面的に地籍図・字限図が生かせるのである。ただこの地域の地割は不規則・不定形であって、西の山麓と賀茂川との間に挟まれたさほど広くはない地域ではあるが、地からみ帳の記事を地籍図・字限図に当てはめる作業は決して簡単ではなかった。

まず最初に解決すべきことは、右の場所指定の行のつぎに記され、「北ノ一、上下、新開卜申」と肩書きされている№23の駿河前司別相伝二反を、字限図のどの位置に当てはめるかであったが、この田地の作人は一原野の七郎二郎と左衛門二郎の二名になっており、右の「上下」という注をも勘案すれば少なくとも二枚に分かれていたと判断されるので、二枚以上連続していてかつ場所指定にふさわしい田地を探せばよいと考えた。しかし、同時にそれは№24以降の田地を、方角記載に従って字限図に当てはめるのに矛盾の生じない場所でなければならないのはいうまでもないことである。そのためかなり先まで地からみ帳の内容を検討してあれこれと思案を繰り返し、ようやく復元図に示したような結果を得た。したがってこうなった理由は多くの後続田地群を含めて説明しなければならない。

一つの有効な手がかりになるであろうことを予想させたのは、「半山」の存在である。これは前述したように、№53の前に、それ以後に登場する田地群の在所を特定するための「南庄田半山下」という記事があり、そこに出てくる山の名である。これはもう一か所№37の小の位置指定として「半山ノ戌亥ノ角、山極」という表現でも出てくるのである。私は当初「半」の字を「平」と誤って読んでいたのであるが、ともあれこれは山である。探せば見つかるはずと思って、地図の上でそれを探索した。使用した地図は一九五五年（昭和三〇）九月に印刷・発行された「通学区域界町名入上京・北区精図」（大黒屋地図専門店）である。これには山の名称は記入されていないが、北区下庄田町（この地図では「上庄田町」となっているが、上と下を入れ間違えた誤りである）[3]の南端部に楕円形の小さな山の形が書き込んである。場所から見てこれに違いないと見当をつけて、ある時現地を見にいった（葛淵を見にいった帰りだったかと思うが、その二年前の調査の時かもしれない。いずれか記憶が定かでない）。山というより岡のようなもので、しかとここだと確認するために、近くの農家を訪れて「このあたりに平山という山がありませんか」と尋ねたところ、平山ではなくて「なかやま」ならあそこだと教えてもらうことができた。そこで初めて「平山」は私の誤読で「半山」が正しく、それを「なかやま」と読むのだということに気づいたのである。ともあれそうして位置は確認できた。

当然ながら字限図ではこの箇所は空白の状態である。そこで地籍図に書き入れた字下庄田の字限図を調べると、葛淵から半山に至るまでの間におよそ二〇数筆は田地があったことが判明する。ともかくそこへどういう具合に地から み帳の記事を当てはめればよいかが課題になった。字限図に見える一枚一枚の田地の大きさと地からみ帳の各筆の田積とがさほど厳密に対応するものでないことはこの場合に限らないので、それを含んだ上で、No.22の「上下、新開ト申」、No.25の「次東ノ路下」、No.27の「次西ノ山ノ極、上、北南」、No.28の「次東ノ下、路ノ畔」、No.29の「次西、岸ノ上、山極」、それにこのNo.27～No.29がいずれも「新開」であること、No.30・No.31にどちらも「東ヘカヽル」と見えること、その他これに類する注記等を手がかりに、いろいろと検討を重ねた。一つの判断として、「新開」が比較的多いところから、近代の字限図には田地の地割が記されていても、西の山側の部分については必ずしもすべて埋める必要はないであろうという見込みがあった。

そうして、まずNo.28からNo.33あたりまでを配置するとすれば、ここしか無さそうだと思ったのが、半山の北へ七〇メートルばかり行ったところにある横田数枚を中心とする一角である。その主たる根拠は、右に記したNo.30・No.31の「東ヘカヽル」に該当しそうだと思える地割の状況が見つかったことである。当てはめをやってみると、田地の区画をいくつか組み合わせるのに迷いがあって、書いたり消したりはしたもののなんとかうまくいったようである。ただ、一連の横田の南端の一枚に田積半のNo.33がそっくり該当すると見るとどうも違和感があり、それにつづくNo.34・No.35をも考え合わせると、路から東へかかっている分を含めて二分した方がよいのかもしれないと思うが、一応字限図のラインを尊重してそのままとした。いずれにしても大勢を左右するほどのことではない。No.34～No.36は方角記載のとおりに置くことができる。

これで一つの足場ができ、その北側にNo.22～No.27の配置を考えるのがよほどやりやすくなった。まず、私が注目したのはNo.25の「次東ノ路下」という位置指定である。この「路」は、ちょうど字下庄田の中央部あたりに「y」字様の水路・畦畔が入っているが、その字形の右側のラインに相当するのではないかと考えたのである。もしこれが当たっているとすると、No.25はその水路・畦畔の東に位置する三角帽子様の一枚に該当するのである。すると「次南」のNo.26一反は、真南にある二枚の田地を合わせたものと見ることにより、さらに南のNo.28にうまくつながることになる。No.27はNo.26から見て「次西ノ山ノ極、上、北南」ということであるから、地籍図ではNo.26に当たると見た二枚の田地の西側に南北に細い三列の田地が見えるうちのどれかが該当すると考えられる。私はこの田地が「新開」田であり、これをいわゆる切添とすれば、No.26のすぐ西にある一枚をこれに当てるのが妥当であろうと考えた。それは山麓の傾斜を勘案すると「山ノ極、上」という表記と決して矛盾しないと思うのである。つづいて「北南」と記されているのが問題ではあるが、これはNo.27が南と北に分かれていたことを意味すると理解し、No.25の西の小区画を「北」にある部分と判断すれば無理なく収まると思う。残りはNo.22～No.24の配置であるが、これはNo.25から方角記載を逆にたどって、田地区画の組み合わせを按配してNo.24・No.23の位置を図示したように定め、するとちょうどNo.23の北で、まさに「葛淵ノ上」に当たるところに、東西すなわちこの場所では「上下」に並んで二枚の田地が存在することになるから、これぞNo.22二反であるということになる（ただし、最終的な復元図では南端の小区画を加えた）。

これでNo.36まではなんとか終わったが、つぎのNo.37の小には既述のとおり「半山ノ戌亥ノ角、山極」という位置指定がされている。これもたいへん貴重な手がかりであるが、しかしいざその指定にしたがってこの田地の位置を特定しようとしても、「戌亥ノ角」にせよ「山極」にせよ、いささか厳密性に欠けるところがあるのは否定できない。大体この辺ということでしかないのである。そこでまた地からみ帳を少し先の方まで見ていって別の方から詰めることができないかを探すことになる。すると、つぎのNo.38半には「西ノ岸ノ上、小野路ソヘ」とあり、当然これは相互連関の形で有効に使える。「次南」にはNo.39一反があり、No.40一反はやはり「次南」で同時に「岸極」である。つづくNo.41は二反で「次南、東西へマハシテ、山極マテ」と見える。田地の並びが不規則でしかも不定形な区域だからこそ、こうした位置指定が相次ぐことになるといってよいのだが、これは復元をやろうというときにはたいへん有り難い。まずNo.38以降は方角記載に「次南」が連なるところから、ここにはNo.40まで少なくとも三枚の横田が並んでいた可能性が大きい。それからNo.41の「東西へマハシテ」という表現は独特のもので、たぶん東から西へかけて迂回する形をしている田地ではないかということを想定させる。そうした予見をもって、半山の戌亥に当たる場所を含む字上庄田の字限図を見ると、おのずから場所は決まってくる。復元図にはその結果を示した。No.41は「東西へマハシテ」という表現に即して当てはめたが、これだと田積が大きくなりすぎるので、あるいは西南へ廻っている部分に南北の区分線（畦畔）を入れて、「次ノ西」にくるNo.42の大はその西側部分に入れるようにした方がよいのかもしれないが、一応字限図の図形のままとした。また、No.38には「岸ノ上」、No.40にも「岸極」とあるのに、字限図ではその「岸」が見えないが、これは北方のNo.29の西まできて途切れている用水が実際はさらに南へ続いていて、それがNo.32の北西隅に至って山側へ迂回し、No.38の西北で南へ流れるものと東へ流れるものに分かれ、さらに前者がNo.40の西南隅で同様に二つに分岐していたと推定すれば疑問は解消する。地勢から判断してむしろなければおかしい水路であろう。No.38に付記されている「小野路」は、山麓を北上して車坂を経て雲ケ畑方面に至る道路に相違ないが、それにしては「路ソヘ」という表現はややぴったりしない感じもある。No.37の「山極」にしても同様である。しかし、中世においては、「路」を含めた山麓は現在よりはよほどそれらの田地に接近している印象を与えていたであろうことは、No.27やNo.28が「新開」であると同時に「山極」にあったとされていることと対比しても首肯できるところである。

さて、No.42の妙勧（歓）寺田大のあとには、すべて「次西」で連続する八筆六反小が出てくる。しかし、No.42までの復元が間違いないことを前提にすると、それがとうてい無理な注文であることは、地籍図を見ればたちどころに了解される。ここまでの復元が誤りであるか、さもなければ記事に脱落があるか、どちらにしろ不審は拭えないのである。それで、その解決はしばらく措き、No.43からNo.50までの長地らしい田地群と、「次南、岸ノ上」「新開」のNo.51一反、さらに「次北、岸ノ下」にあるNo.52の半を加えた計一〇筆の置き場所として、適合的な地割が近辺に見いだせるかどうかということから考えてみることにした。半山の周囲には長地的形状の田地がかなり見られるので、そのうちのどこかに当てはまるであろうという予測は可能である。はたしてどこへ当てればよいかを考えればよい。そのための手がかりの一つは、右に指摘したとおりNo.51とNo.52に「岸ノ上」「岸ノ下」の注記があることである。もう一つはNo.45〜No.47の三筆に連続して「丁トヲリ」の注記が見え、真ん中のNo.46だけが田積半で、両側がそれぞれ一反という事実である。まず前者の「岸」に当たると見られるのは、山麓に沿って流れ、半山の西南方で道路に当たって西へ折れている水路しか考えられない。すると後者は半山の西に並んでいる長地の中ほどで、先に位置を定めたNo.41二反の南に当たり、南北に通る路に沿う田地がそれではないかという推定が導かれる。そこでこのうち路の東側の田地をNo.46に相当するものと見て、その東西の田地区画にNo.43以後の当てはめを行なった。その場合半山のすぐ西に半折様の田地二枚が南北に並んでいるうち、北にあるものをNo.43としたこと、No.46の西の細長い田地二枚を合わせて一反と見て、No.47をこれに当てたことの二つがいわば推測的想定であるが、このように想定することで、No.50までの田地の当てはめは適合的に行なうことができたのではないかと考えている。そこが定まれば、No.51とNo.52は図に示した置き方がたぶんもっともふさわしいであろう。後者には「宝幢院田下」とあり、No.43の南に位置するとみて間違いない。

No.52のつぎには既述のように「南庄田半山下」と記した一行があって次の田地群の検地に移行する。最初のNo.53は「東寄」の一反半正伝寺田であり、No.54は「次南」の同じく正伝寺田半、No.55は「次南東」で同寺田半である（ただし、前者には「二反ゥ」、後二者には「一反ゥ」という注記がある）。さらに「次南」一反、「次東、新開」半と続いて、つぎには既述の「同廿日取也」という注記が見えるから、ここのところで検地はいったん休止したと考えられる。そこでまずこの計五筆の田地をどう復元図に載せるかを考えることが必要であろう。「半山下」の表記と各田地の方角記載は、ほとんどこの田地群の在所を決定するものであり、No.53は半山のすぐ南にやや飛び地の形で存在する田地と見るほかには考えようがなく、とすればあとは図示したような並べ方がほとんど必然的なものといえるのではないかと考える。

　このような配置をすることによって、つぎの廿日分の検地の最初にある№58の「次東、溝東」という位置指定も納得できるものとなるであろう。そのあとの三筆も「次西、溝西」「次南、アワウ」「次西南」の方角記載どおりに当てはめることができ、その南には西北から東南の賀茂川端へかけて用水路が通っている（この用水は地籍図の字蟹坂と北の字樋ノ口の境界をなす）状態が看取されるので、さらに「次南」とある№61の経所田一反は、この用水のすぐ南にあったと考えられよう。ただ、ここより南のおよそ一町歩くらいの区域（字蟹坂の北半部）は、地籍図の上で主要な路・溝だけは確認できるが、どういうものか字限図には詳しい記載がなかった。したがってその部分は地割の状態をなんとか推定するほかはないのであるが、そこへ移行する前に、先ほど解決を後回しにして先へ進んでしまったために残っている不審点を解明しなければならない。

　それは№42の西には方角記載どおりにそれ以後の田地を並べる余地はまったく無く、その適合的な置き場所は、むしろ№42の東南に見つかったという事実である。そしてそのまま順次復元作業を進めてここに至ると、半山の北の区域にあるおよそ数反歩程度の田地が、字限図には所在が明示されているにかかわらず、地からみ帳の方には該当すると思われる記事がなくて、埋められないままに残ってしまうということがはっきりするのである。こうなれば、やはり地からみ帳の料紙の欠失を疑わざるをえない。それで例によって紙継目のある場所を調べると、ちょうど問題のある箇所つまり№42と№43の間には紙継目（七）が見いだされる。おそらくこの紙継目の部分には料紙一枚が失われており、そこには半山北側の田地一町歩程度が記載されていたものと推定してよさそうである。ただ、これより後に作成した「河天」の復元図でも、やはりここは空白で残ることからすると、一概に料紙の欠失とはいい切れないところもあるので、決定は保留しておきたい。

　しかし、料紙の欠失はここだけではない。半山の西南にあるさらに一町歩ほどの田地に関する記事は、私の推定ではもう一枚別の料紙に記されており、それも失われているのではないかと思われる。それが本来あった場所は、紙継目（八）の位置であったはずである。その理由は次のとおりである。この継目の次の料紙の最初には、先に引いた「南庄田半山下」の行があり、それが以前に調査した分とはまた別の田地群の検地がそこから始まることを意味するものであることは、この地からみ帳の前後の実例によって明白である。とすればその前の行、つまりすぐ前の料紙の終わりには、これも前後の例と同様に小計が記されていなければならない。しかしここにはそれが見当たらないのである。ちなみに「南庄田半山下」からあとの部分をずーっと調べてゆくと、ずいぶん後の№145の次に「九丁二反小」という小計が出てくるが、これは私の計算ではまさしく「南庄田半山下」の「東寄」にある№53からあとの全八三筆の田積合計と一致する。したがってそれには「車坂ノ下、葛渕ノ上」に始まる№22から№52までの田積は一切含まれていないのである。これで紙継目（八）の部分にはおそらく料紙一枚が欠失しているということが立証できたと思う。この一枚もしくは二枚の料紙の欠失は、あるいはこの近辺の復元図に多少の不確かさを残す原因になっているかもしれない。

　つぎに進む。先に述べたとおり、№62は地籍図の字蟹坂の北端を流れる用水の南側に来ると思われるが、私が見ることのできたこの部分の字限図は空白状態であった。他に参照物は得られなかったので、畦畔を推定で書き込んで、なるべく納得のできる作図をしなければならない。といってもまったく当てずっぽうというわけにはゆかないから、どの範囲にどれだけの田地を配置すればよいのかについて、できるだけ網をしぼっておく必要がある。そのためには、字蟹坂の南半分で確認できる字限図の地割が、地からみ帳の記事のどの部分に当たるのかを、先に決めてかかるのが賢明な方法であろう。地籍図を見ると、字蟹坂の区域には、ちょうど区域を南北に分ける形で路・溝が通っている。そのすぐ北に接する場所には、字限図に長地型の地割が三枚だけ見られ、そこから南は再び字限図が利用可能である。そこで、北部の字限図空白部分に収まる田地の広さは、一町歩に満たない程度ではないかと想定されることを含んだ上で、地からみ帳の記事の少し先を調べると、右の長地型の田地に当たるのは№69～№72あたりではないかと推定される。№69の太田鎮守田半は№68の「次南」にあり、№70の半は「次東」でこれに並列する。「次」の№71一反は「鎮守田」すなわち№69の「西ノ山極」、№72の半は「次東」にある。これは四枚の長地が並んでいて、東から二枚目が№69であり、その東に№70があって、№71は逆にもっとも西でかつ山極に位置し、最後に№72がその東で№69との間に入るという配列を示しているのではないかと考えられる。これを東西をおのおの溝・路で限られ、その間に比較的幅が広い両側の田地二枚に挟まれる形で細幅の田地一枚が位置するという、この場所の字限図の図形に当てはめるとすれば、東の端の一枚を縦に二分割するか、もしくは東側の路の東か西側の路の西に畦畔を推定で書き入れるか、いずれにせよ計四枚として配置するしかやり方はないであろう。私は一応地からみ帳記載の田積に配慮して東寄りの一枚を二分することにしたのであるが、そうすると、計二反半になる面積に見合うものとしてはやや狭すぎる感じもあるし、また、№68の「次南」とされる№69は、田地の間ではなく路に沿う場所であった方が落ち着くとも思われるので、この復元結果についてはいまだに十分な確信はない。しかし、この田地群全体としての位置については、北部・南部の田地の配列から判断して、さほど大きな狂いはないと考えている。

№69～№72の田地の位置が、ほぼこれでよいとすれば、つぎには北の字限図空白部分に№62～№68を配置するため、畦畔の推定線を引かねばならない。計七枚の田地が入るにしては面積がやや大きい感じがあるが、そもそも字限図に地割ラインを書き入れてないことは、ここが何か悪条件のために田地がない状態にあった可能性を物語るものとも見られ、実際に田地を配置する余地はより小さかったのかもしれない。ただそれを今知ることはできないので、ともかく東西をとおっている溝と路に挟まれた区域に、七枚の田地をなるべく適合的に配置できるように工夫してみた。頼るべきものは例によって方角記載と№63の「溝西、山極」、№64の「経所南」、№65の「此内半ハ経所上在之」、№66の「掃部頭田上」、№67の「図師田東、せヨリ東」というような位置指定に関する記事のみである。それに加えて田積にも配慮して線を引いた結果を復元図に示した。今のところこれ以外に適当な配置の仕方はなさそうである。

つづいて№69～№72の南へ移行する。ここもいきなり端から取り掛かってもあまりスムーズに当てはめができそうにないので、また少々先まで地からみ帳を調べてみて、先に確定できるところを探した。すると、№94～№99の方角記載がすべて「次南」で、これは普通の判断をすればやはり横田の連続している状態を示すものと思われたので、今度は字限図でそういう地割のある場所を探してみた。その結果、横田六枚が並ぶところは一か所だけ見つかった。地籍図の字山ノ森の中央部である。全体が三角形に近い形状を呈しているので、田積が不均等ではあるが、近辺には横田六枚が連続する地割はここ以外には発見できない。それに地からみ帳ではこの前後にまとまって「山杜田」と記された田地が出現する。№87・№88と№90～№93、それに№100である。これは地からみ帳では田地の種類を示す名称であるが、やがて地名化して、地籍図の字山ノ森ひいては現西賀茂山ノ森町の町名がそれを受け継いでいるのだと考えられるので、その点からも場所は絞られることになる。そこでともかく№94～№99をそこへ当てることにした（この措定に間違いがないことは、「河天」の復元図と対比しても証明できるが、そのことは次項の叙述に譲る）。

そうすると、これより北部が連鎖的にもう少し復元できる。まず№87に一反半の「山杜田」があるが、これには「次東、コセヨリ東也」という位置指定があり、加えて「溝東三角せマチ加」という注記をともなっている。№94の北側でさほど隔たらない場所にある「溝東三角せマチ」ということになると、位置の限定は容易である。それは字山ノ森の北端の尖りの部分に相当する田地以外には考えられない。それを加えて一反半というのだから、それにはすぐ南の田地一枚が位置から見てもっともふさわしいであろう。そうすれば「次東」№88の同じく山杜田一反の位置も決まり、つづいて「次北」の半、「次東」の半、「次南」の一反と、№91までが自然に落ち着くことになる。その場合に№90の東に田地一枚の空白ができるが、これはより北にある字井ノ口の中央部とともにおそらく河端の未開発地だったのではないかと推定される。№92一反は「次南、林東」にあり、つづく№93は一反半あって「林ノ西寄、半ハ南ニアリ」と記されているので、一反と半とに分かれて南北に連続していたことになる。この計二反半は「林」の東西さらには南を限る形になっていたと想定されるから、連関的に「林」の位置もおのずから明らかである。その状態は復元図に示したとおりで、まず動くことはないであろう。なお、そうなるとこの「林」が、№92の南に来ることになる

№100の一反をも加えて、「山杜田」に完全に包囲されている状況が見て取れることになる。「林」＝「山杜」の可能性が濃厚である。前掲の一九五五年発行「通学区域界町名入上京・北区精図」を見ると、ちょうどこの「林」に相当する場所に神社の所在を示す鳥居の印が書き込まれている。山ノ森神社である。つまりこの「林」はいわゆる社叢林だったのであり、「山杜田」はここに祀られていた神社（山ノ森神社）のために存在した神田だったと見られるのである。(4)

№101以後はしばらく措いて、№73〜№86の位置を先に確定しなければならない。これが全体として字蟹坂の南半部分に相当することは、以上の考察によって明らかであるし、またここは字限図も利用できる。しかしながら、一枚一枚の田地をこの範囲内にどのように適合させるかは難しい仕事であった。地からみ帳に記載されている各筆田地の面積と字限図上の田地区画とを、整合的に把握できないところが存在するからである。苦悶の挙句に、北部では、北東に位置する二枚の田地区画を字井ノ口地籍の土地と合わせて空白のまま残し、さらにその西にある田地に畦畔一本を推定で書き入れること、また最南部でも字限図とは異なる畦畔の存在を推定することによって、何とか辻褄が合うように取り繕うのが精一杯であった。今のところ、やむをえない措置というほかはない。なお、№77が「新開」であり、「堀川畔東頬」所在とあることは注目すべきことで、位置措定に誤りがないとすれば、はるかに上流から賀茂川の西岸を流れ下ってきてこの田地の西沿いを通る用水が、「堀川」と呼ばれていたのであり、それは字山ノ森の東側を流れてやがて南へ折れ（後述する部分で、№105に「堀川ゝ東」、№116に「堀河川ノ西畔」とあるのも合わせて注意しなければならない）、賀茂川の分水を合わせて南下していた。その下流がかつての大宮郷の中央をとおっていた堀川となるのである。現在はそれが暗渠となり、地上には流路とは必ずしも一致しない堀川通が真っすぐにとおっている。

つぎには№101からあとの復元ということになるが、この部分一〇数筆についても、なかなか字限図に対して適合的な結果は出しにくかった。そこでまたこれまでと同様に少し先へ進んでみると、№116の一反には右に引用したとおり「堀河川ノ西畔」という位置指定が出てくる。続いて№117〜№119の三筆はいずれも田積が半で、方角記載が「次南」「次西」「次北」と続いており、そのつぎの№120は田積二反半で大きく、しかも「次西、北南丁通」という特徴的な位置・状況を示す注記がある。この五筆の配置を推定すると、先に見た堀川の西に接して№116が一反分の面積を占めており、その南に半分程度の広さの№117がある。この二筆一反半の西に、南側が№118、北が№119と半反ずつの二筆が位置して合わせて一反となり、続いてその西に№116〜№119の全部に匹敵する大きさの長地型田地№120があって、東の二筆との境界が当然「丁」字形になっているという想定になると思われる。このような図形を字限図で探すと、宇山ノ森の南端部にそれを見つけることができる。そこは東の端から堀川に接して一反半程度、その西に一反くらいの長地があり、細い道路を越えた西には、東北部に一反程度の半折様の田地が存在し、その西と南に鍵形になった一反半くらいの田地が位置している。これは右に想定した図形にただちに適合するものではないが、東側の長地二枚にそれぞれ分割線を入れて南北に分ければ、まったくぴったりの状態が出現することになる。そして、№120のつぎには「北上西」の方角記載をともなって№121一反が、さらに「次西」で№122がつづき、№123は一反半の面積を占めて「次南、東ヨリ」にくる。この状況も字限図に適合し、西にはまた細い路が通っている。ついで№124二反は「次西、ウサキ田」とあるが、別に「一反ハ同次南」という注記があるから、二反が一反ずつ二枚に分かれていたことが知られる。この田地計四筆のつながり具合も難なく字限図に当てはめられるから、№116〜№124の田地群の位置は揺るぎなく固定したといってよい。

そうなると、今度は立ち戻って№101〜№115の計一五筆を、繋ぎを付ける形で特定できればよいということになる。これは依然としてかなりの難問であった。№101半は「次北、コセヨリ北」ということであるから、№92の山杜田を跨ぐ形で道・溝の北に置くことができる。しかし、つぎの№102半は「次東、西へ廻」とあり、つづいて№103は田積一反半で「次東、南へ廻」である。この「西へ廻」「南へ廻」という表現に該当すると思われる区画は、字限図をいくら見なおしても発見できない。となると、「次東、コセヨリ東」の№104半、「次東、堀川ミ東」に位置する№105一反も確定できない。その先もまた同様ということになる。こうなると字限図の図形からは離れ、適当な推定線を何本か引いてこれらの田地を配置するしかないのである。場所はこのあたりという見当がつくところまではきているので、多少実際とはずれた図形しかできなくても大過はないと覚悟して、No.101～No.105をはめこめるように推定線を入れ、復元図に見られるような作図をした。その結果No.106の「次東、岸下」一反と「大輔殿下地南」のNo.107一反半も、ここかと思える位置を定めることができたのである。

しかし、ここからあとの復元もまた簡単にはゆかなかった。該当すると見当をつけた区域の字限図は詳しい地割を欠いていて、もっぱら推定線を引いて畦畔の位置を決めるしかなかったからである。ここで「河天」の復元を並行して進めていたのがある程度役に立った。No.108一反に付記された「ヤナセ」という字名が、「河天」のNo.602の前行に見える「梁瀬」に一致するところから、検地の進行状態の異なる両検地帳の記事を対比して検討すれば、推定ではあれ合理的な図形ができるのではないかと考えてやってみたのである。「河天」の検地は次項で触れるように郷南部から着手し、大体において北上する形になっているが、その一部No.602～No.609を取り出して、それと当面している「河宝」の記事とがうまく対応するように工夫して並べてみようということであった。その際注目したのは、No.112からNo.115に至る計四筆の田地が「次南」で連結されていることで、これはたぶん横田が北から南へ並んでいるものと推定され、「河天」でこれに対応するのは、No.607～No.609の三枚が南から北へ並んでいるのを措いてはないと思えた。一枚不足するが、それはNo.605の一反が該当するとみれば矛盾は生じない。そこで、この四枚の田地を堀川の東沿いに区画を作って書き入れ、あとは方角記載と田積とを考慮してその東側に配した。かなり恣意的ではあるが、これでそれらしい図がなんとか出来上がったのではないかと思う。ただ気がかりな点がないわけではない。それはNo.108の位置が「ヤナセ、次西」とあることで、これがNo.107を基準とした位置表示だとすると、まったく正反対の位置にきてしまうのである。辻褄の合うように解釈するとすれば、これは字「ヤナセ」の東端にある田地の「次西」であると考えるしかない。はたしてそれでよいのかどうか、疑問はあとに残るが、今はこのままにして後考に委ねるほかはないと思う。

No.125は二反で、「水垣、次南、コセノ下」とある。No.126の南で東西にとおる道・溝を越えたところは、地籍図でも字水垣に属するから、間違いなくその場所である。ここは西を溝と道がとおり、六〇メートルあまり東にも南北に道が通じている。字限図ではその間が七枚に区切られた田地になっているが、基本は長地五枚で、西から二枚目・三枚目の田地がそれぞれ南北に二分された形である。ここには右のNo.125からNo.129までの田地が入るはずであるが、同時に「河天」の復元ではここに同帳No.501〜No.504とNo.509・No.510の計六枚の田地が収まることになり、「河宝」No.126の経所田と「河天」No.502の供田、前者のNo.504左馬允往来田と後者のNo.128別当大夫往来田とが同一の田地とみなされる。そこで両検地帳の方角記載を同時に満足させるように各田地を配置しようとすると、字限図の地割はそのままでは適合しない。よって地籍図の区画では西側の五枚に相当する田地の地割を変更して推定線を引いた。これで両検地帳とも記載どおりに収まることになる。

No.130は「次南、西東へ通テ」と記す三反であるが、これは字限図の田地区画に文句なしに当てはまる。「河天」でも一反ずつ三筆に分けて記載してはあるが、適合的であることに変わりはない。しかし、「次南」にあるNo.131の経所田一反が位置すべき場所は、当該田地を含めて全体が三つに区分されていて、「河天」ではNo.513の供田一反、「次東、岸下」のNo.514半、「次南」No.515の供田一反と、それぞれに当てはまる田地が見つかるが、「河宝」の場合は右の一反以外に記載がなく、「河天」の二枚計一反半に当たる部分が空白で残ってしまうのである。念のために「河天」と対比しながら前後の田地を調べてみても、これは埋めようのない空白である。やむをえずどこかに一反の経所田を書き込まねばならないが、実際は二つに一つの選択である。なぜなら、「河宝」における経所田は、「河天」では他郷の場合同様に供田と表記されるのが通例なので、そうすると当てはめるべき場所は、西の道際にある「河天」No.513の供田一反か、東の二枚のうち南にある同No.515の供田一反かいずれかの田地しかないからである。どちらにするのが妥当なのか迷いが生ずるが、私はこれは前者の位置が適当であろうと判断した。それはここにできた空白は紙継目に当たるわけでもなく、田数も少ないところから見て、この地からみ帳が明応九年に筆写された際の書き落としと推定されるからで、もしそうであれば、その書き落としは先に出てくる「一反　経所田」を筆写してつぎへ進む時に、うっかり後に出てくる同じ「一反　経所田」と混同したために、二筆分をとばす結果になったからだと考えるのが、いちばん納得しやすい。そうであれば、先に書かれていたものつまりNo.131だけが筆写されたわけだから、No.130のすぐ「次南」に来るとするのが妥当なのである。

No.132・No.133は方角記載どおりに字限図に載せられる。No.134の丹波守往来田小は「次北、道ノ上」、No.135の亀石大夫往来田一反は「次北上」とあるから、連続して北へ並び、No.136一反は「次東、河畔」にあった。「河」は地籍図を見れば堀川であることが歴然で、そうするとこの三者を字限図に適合させるためには、一本の畦畔を推定で書き入れてNo.134の小に見合う区画を作ればよいことになる。No.137は「次東、河ヨリ東」の二反である。これは堀川の分流がちょうどこの箇所で東へ半弧を描いている内側とその南の区画とに該当するであろう。「次東」のNo.138下野守老者田一反から後は、No.145までの八筆すべてが老者田であるが、前半部分のNo.141まで方角記載はすべて「次東」であるから、順次当てはめてゆくと（ただし、「河天」と対比すると、No.138の北側にある一区画は二所にあるとされるNo.143のうちの一部と見られる）、No.141の土佐守老者田一反は道・溝の東の横田に該当することになる。そして「次北」のNo.142一反には「中」の注記が見られ、「北、二所田」のNo.143一反につながる。これはNo.142を中に挟んで三筆が南北に並ぶものと判断されるので、全体にやや窮屈な感じもしないではないが、一応復元図のような解釈をしておくことにした。

このあと、検地は賀茂川の河原に沿った地籍図の字東柿ノ木地籍をNo.157まで順次南下して行くことが知られるが、この場所は字限図に詳細な記入がなく、ほぼ全面にわたって畦畔を推定で書き入れなければならなかった。「河天」にも同一箇所の記事はあるので、双方を対比しつつ線引をしたので、大過はないものと考えているが、実際と多少のずれを生じている可能性は否定できない。ことに最初に「古御手代、岸下、山荘北寄」とある、その山荘の位置のごときは確認できなかったので一応の見当で書き入れたに過ぎない。なお、No.156のつぎには「弐丁小」という集計が記されているが、この意味は解しがたい。ある区域の検地が終わったところでなされる小計でないことは、つぎの行に新たに調査する区域の字名などが記されていないこと、前後の方角記載等からする判断では調査の区切りとは無縁と見られる箇所に記入されていることなどで明らかであり、別の意味をもった集計であることは間違いない。通常類似の集計は後で例を示すように、ある箇所からそこに至るまでの往来田（ただし、それに準じて扱われているものを含む場合がある）の田積集計なのであるが、この場合はそう考えてそこまでに記載されている往来田の面積を集計してみても、数値がかけ離れてしまうのである。おそらく計算の誤りもしくは誤記であろう。第三章の翻刻史料においてこの「弐丁小」に傍注として「（ママ）」を付した意味はそこにある。

ここで「古御手代」に言及しておく必要があろう。No.146からあと、範囲は明確とは言い難いが、そういう字名で呼ばれていた田地群が存在したわけで、最初に検討した「御手代田」とは、賀茂川を挟んで東と西とに隔たっていることと、地勢から考えるとここは賀茂川沿いの水の被害を受けやすかった地であったろうことが注意される。はるかに古い時代にはここにある範囲で「御手代田」が設定されていたのだが、たぶん賀茂川の水害を避ける必要と、神社により近い場所が求められたこととから、対岸に移されることになったという歴史が存在したのではないか、というのが私の推測である。当時の地名だけからする単なる推測にすぎないけれども、参考のために記しておく。

つづくNo.158は、「次西、戌亥、岸ノ上」の経所田二反であり、位置ははっきりしている。字柿ノ木のうちである。「河天」でも同じ位置に供田二反が存在することが確認できる。「次西」のNo.159は奈良田四反であるが、これまた「河天」でも同様である。No.160〜No.167は方角記載に「次西」が連続するので、合計するとおよそ一坪分の長地が並んでいたと予想されるが、事実、字限図の図形はそうなっており、当てはめは容易にできる。「河天」と対比しても狂いはない。

No.167は「次西、河畔」とあって堀川に接し、検地はついで川沿いを下段に移行する。字柿ノ木の南端部分である。ここは地籍図に明らかなように堀川がかなり蛇行して、そのために本来の条里制地割は崩されてはいるが、基本的には上の段と同様に長地形式の田地が並んでいる状態である。No.168に「次南坪、西ノ極」とあるので、その二反を堀川の西側の区域の西端で、先に確定したNo.131の南に置き、あとは方角記載と田積を勘案しつつ東へ東へと字限図の区画を埋めて行けば、No.175とNo.176との間に推定で畦畔を入れる必要はあるが、全体としてNo.181までの田地の復元図が難なく作れる。これを「河天」のものと比較しても、推定した畦畔の位置を含めて見事に一致するのである。なかでは№174の一反に「鹿額西、河畔」という場所指定があるのが注意され、それはつぎに述べる№185の「鹿額ノ下坪」とあいまって、中世においては、このあたりが字鹿額と称された場所であったことを示している。地籍図では№174のあたりはまだ字柿ノ木のうちに属するが、本来はむしろ南の字鹿下の区域と一括されるのが自然であったろう。鹿下は鹿額の転訛したものと推定されるからである。

　このあとには№182が「次東」にあって「岸ノ下ヘカ、ル」「コセコ〔ヨ〕リヒカシ」と付記してあり、以下№185までの四筆四反がすべて「次南」で連続して「岸下ヘカ、ル」田地である。したがって№181の東へ道・溝を越えたところに、北から南へこの四反が並んでいたと理解されるから、字限図には見えなかった用水路も含めて適宜推定線を挿入して配置した。「河天」№556～№559も類似の注記を持つので、それをも勘案した配置である。すべて「岸下ヘカ、ル」という具合には描けなかったが、全体の位置はこれで大体よいはずである。

№185は「鹿額ノ下坪、東ノハシ」「岸下カ、ル」とある半で、そのあとすべて「次西」へとつづいている七筆七反の田地群は、№193二反半が「次西、コセノ上」であるところから、東西の縄手の間に入ることになる。地籍図の字名が「鹿下」であることは右述のとおりである。東は北から賀茂川に沿った流れがとおっていて、字限図にはこの流れの両側にかかる形の田地が認められるので、右の位置指定どおりに№185をこれに当てれば、あとは字限図の区画どおりに書き載せてゆくだけでよい。

　ついで西へ移るが、ここの字限図は西の堀川との間に半折・横田・長地が混在している様相を見せている。しかし、ここも方角記載その他の注記と田積とを勘案して難なく当てはめが可能で、「河天」とも矛盾しない。№196は「次西、河ノ西ノ上」とあるから堀川の西岸である。そのつぎの行には「一丁七反太」という集計記載が現われるが、これは先に記されていた集計「弐丁小」のつぎに出てくる№157からここまでの間にある往来田およびそれに準ずる田地（行頭に◎を付したもの）だけを集計したもので、復元図作成にとってはほとんど無関係である。それに続いてはNo.199まで三筆の往来田・台飯田が記されているが、これはNo.196から後の方角記載をそのままたどって行けば、堀川の西岸にある三角形状の一角を埋めることができる。つぎにまた小計「五丁六反半」が出ているが、これはNo.146からそこに至るまでの田積合計であることが、足算によって確認できる。

その後には、「河上ノ里南東一」としてまとめられたNo.200〜No.205の田地群六筆六反が登場する。地籍図に字川上があり、右の記事をはじめNo.202の「次西、垣極」、No.203の「次南、縄手ノ下」、あるいはNo.205の「次西、路畔」などが手がかりとして使えるし、No.206以降の田地の場所からの推定も可能なので、場所はほぼ確定できる。推定線二本を引いて作った区画に北部の三筆を当てはめ、南部の三筆は字限図を利用して配置した。まず大過はなかろうと考えている。「河天」の方でこれに対応するのはNo.494〜No.500であるが（次項参照）、それと対比しても齟齬はない。この結果から逆に、No.200の北西の区域が当時の「河上ノ里」であることがはっきりすることにもなった。大半は現在の西賀茂北川上町に該当する地域である。

つぎには「河上大通西寄」という場所指定の一行があって、No.206以後の検地に移っている。地籍図では字大道口に属する場所である。No.206には「東一、西北」の方角記載があり、No.207は「次南東、辰巳、ツカノソヘ」、No.208は「河上里西南、ハ、ノ下」「山ノキハ」と、田地の位置の復元に当たって有効な手がかりと思われる方角・位置の指定がある。「東一、西北」というのは一見理解しにくい表現であるが、これは当然「河上大通西寄」の地域に存在するある範囲の田地群のなかで「東一」というべき場所、つまりは「河上大通」の西に接するところにあったこと、同時にそれは一連の田地群のうち西北に位置を占めていたということを意味するであろう。それで地図を案ずると、先に位置を決定したNo.205の西をとおる道路が「河上大通」に当たると思われ、その西沿いで道路を隔ててNo.205と隣り合わせの関係にある田地が、もっともふさわしい場所を占めていることがわかる。No.206をここにおけば、No.207は方角記載からすぐに位置が定まる。それは「辰巳、ツカノソヘ」であったというのであるから、この田地の東南には塚があったということになる。その所在は今ははっきりしない。No.207の東南というよりはむしろ東に位置する「河上大通」西沿いの三角形様の土地がそれにあたるのか、あるいはNo.207の南の畦畔を東へ二五メートルばかり進んだところで突き当たる菱形状の小区画がそれにあたるのか、そのいずれかではないかと思われ、もし「山州名跡志」(『新修京都叢書』)に「山森西南田間」にあると記す「二子塚」がこれに当たるとすると、後者の可能性が大きい。No.208は、前記の位置指定の内容から、田地の存在した区域のいちばん西の山際で、かつ河上里の西南ということになり、また少し先のNo.211からNo.216までが(No.212は除外)、「次南」の連続する方角記載からみて、横田が南北に並ぶ状態にあると推測されることをも勘案すれば、字限図上での位置はおのずから決まってくる。西の山際の溝・道沿いと見るのが適当であろう。「ハ、ノ下」のハ、は漢字を当てれば馬場だと思われる。No.208の西か北かのどちらかにあったはずであるが、特定はできない。

No.209・No.210は方角記載と田積に応じてNo.208の東側に当てはめればよい。ただ、No.210の「次東」は当然として、これに「南ノ下マテ」と書き加えてあるのをどう受け取るのが妥当なのかは判断が難しい。東西の道に挟まれた一区画の北半だけか、より南までを含めるべきか決しがたいところがある。復元図では田積からすれば前者がふさわしいのではないかと考えて、南の部分は空白としたが、実は「河天」の復元では、そこに同帳No.485の一反が当てはまるのであり、なお若干の疑いは残る。No.211以後は、方角記載とNo.212の「山極」、No.213の「岸ノ下」という注記を目安にNo.216まででスムーズに位置が定まる。ただ、No.211には「次西、溝ノ上」とあるので、道に沿う溝を推定した。

No.217からNo.223までは、やはり方角記載と「溝ヨリ東」あるいは「縄手上北」などの注記によって当てはめが可能である。ただ、No.219は字限図の示す一区画の面積が大きすぎ、また「河天」の方ではそこに該当する田地が一反半の面積を有する点から考えて、東西にとおる畦畔を推定で描いてその北に置いた。No.224は「次北、岸上」の半で、ちょうどNo.223との間に道・溝が入ることになるので、位置指定と矛盾しない。ここは「河上大通」の西に沿う三角形状の区域の南西の隅に当たり、一枚おいて北には既にNo.206・No.207の二筆が位置を占めているので、以後No.227あるいはNo.228までの田地の配置は、字限図の図形の上でちょうどその二筆の東南を埋める形になる。そして、ここも「河天」の復元図と対比検討する便宜が与えられるが、多少の問題は残る。双方の検地帳の方角記載と田積とをうまく対応させた形で復元図が作れないのである。しかし、「河宝」No.224と「河天」No.487とはどちらも往来田で、前後関係からすると双方ともこの区域の西南隅に当たり、両者が同一の田地であることは間違いないから、それを基準に多少の齟齬は承知で作図するより術はない。No.228は「次岸ノ東ノ奥林」に位置するとあるが、この位置を決めることもむずかしく、とにかく「岸ノ東」であるから、「河上大通」沿いの水路の東しかなかろうという判断で、字限図では途切れている水路を推定で書き込んだ上で、それらしい位置に置いておくことにした。その「次南ノ下」に当たるNo.229一反半の位置は図示の通りで妥当と思われるが、「次ノ西ノ上」のNo.230一反半をその西と南の二枚の田地に当てるのはやはり多少違和感を拭えない。しかしNo.231の二反半の方角記載が「次ノ南ノ西」であって、東から西へ一反・一反・半と並んでいたことが、作人関係の記事で判明する以上、図示したように置く以外には方法がなさそうである。No.232〜No.234の三筆は、「次丑寅ノ中坊彦三〻作東」とある位置指定が決め手となるので、No.216の東から北へちょうど空白部分を埋める形で当てはめることができる。これは確定的である。

No.235の半は「エカモト、次東ノ道ノ畔」という位置が記されているが、それだけでは即座には決定できなかったので、地からみ帳の記事を先の方まで調べながら字限図に残された空白部分と対応させて見ているうちに、南下する「河上大通」の東沿いにある地籍図の字大栗地籍の田地群が、No.237からNo.256までの一連の田地に方角記載のとおりにぴったり適合することを発見することができた。芋蔓式とはまさにこのことで、それによりNo.235も「次北」にあるNo.236の隠岐前司老者田一反も、「河上大通」の西沿いにうまく当てはめ得たのである。

これでかなり多くの田地の位置が確定したので、この田地群の位置指定の記事その他から、注意すべき点若干を拾って説明しておきたい。まず、右のNo.235の注記からそこが「エカモト」と呼ばれていたこと、No.237に「目次郎垣内」という字名が記されていること、その大分南には「四反田」といわれる一角があることなど、中世の字名のいくつかが判明したことが収穫である。「エカモト」は榎カ本で、榎は「むくえのき」ともいうところから「椋本」と呼ばれる場合もあったことは、往来田古帳A・Bに記されている字名などから明らかになる。「目次郎垣内」は、No.237と南東に接するNo.239とを合わせた計一反小がまわり全部を溝・道で囲まれた三角洲的な場所であることと、「垣内」という呼び名との両方から考えると、元来はこの小区画に限られた字名だったのかもしれないが、中世後期の実情ではより広い範囲を指したようである。なおこのNo.237は「河天」No.529に当たるが、そこには「杉木之辻子」と記されている。また「四反田」はNo.251の位置指定に「四反田ノ次南」と見えるところから判明するのであるが、この田地の北に横田状の往来田四反が並んでいるから、それを指すことは明白である。つぎに、No.236の隠岐前司老者田について注意を要することがある。復元がここまで来ると、この田地のすぐ西には小さめの四角い空白が生ずることがわかるが、これは「河天」の復元作業の過程で、意味のある空白であることが明らかになったのである。「河天」では該当の区画にNo.469「掃ア頭老者田」三〇歩が入るのであるが、それには「次南」という方角記載とともに「両所在之」と記されており、しかもその東にあるこのNo.236相当の一区画が空白になる。つまり「河宝」と「河天」の記事は、ここで相補って空白を埋める形になっているのである。このことが判明したため、「河宝」には何らの記事も見られないのにかかわらず、復元図ではこの区画に「(236の一部)」と記入しておくことにした。

つぎにNo.257からあとの部分へ移る。最初のNo.257には「次南」「次東」などではなく「臺飯田ノ西ノ上」と記されている。これはここから検地がそれまでとは別の場所へ移ったことを示すものと解され、しかもこの「臺飯田」は既に検地が終わっている部分にあるのでなければ、こういう書き方はできない。そういう目で図面の既に復元の済んだ場所に「臺飯田」を求めると、No.198の台飯田二反以外には見当たらない。したがってNo.257はその西にある北西へ尖った田地に相当することになる。あとNo.268までは、方角記載をたどって行けばほぼ妥当と考えられる復元ができる。ただNo.265に該当すると見た字限図の区画が「六十歩」にしては大きすぎるという懸念があり、あるいは推定線を書き入れて調整する必要があるかもしれないが、あえて手は加えなかった。

No.269の位置は「次北ノ垣内次戌亥上」と指定されているので、あとにつづく数筆の方角記載・田積を含めて考えれば、堀川の西でNo.260の南しか置き場所はない。それでNo.274までが字限図の上に確定できる。つぎのNo.275一反は「次南、岸ノ下、大栗」にあり、No.278までは「次南」がつづくので、計四枚の横田が連続していたものと考えられる。しかし、字限図はそういう形にはなっていない。ここは「河天」では字限図どおりの復元ができるので、字限図が戦国期以来の地割を保存していることは確実であるが、こと「河宝」に関するかぎり、No.277もしくはNo.278の方角記載に誤記がないかぎりは当てはめは無理である。それで私は当初やむなく推定線を入れて字限図とは異なる図形つまり横田四枚を描き出してみたのであるが、注意してみると、No.275には作人名の横に「二所ニアリ」という注が付されており、とすればこの田地は他の三枚各一反より田積が小さいのが自然で、字限図ではNo.274の南東にくる区画がまさしくこれに当たりそうである。それに一方で「河天」の復元図を作成した結果では、四枚のうち唯一の往来田である同帳No.384右近将監往来田一反が最南部に来るから、これと同一田地であることが確実な「河宝」No.277の乙千代大夫往来田一反（大宮・小山両郷の場合でも両者の同一性は立証できる）は、同じく最南部に位置しなければおかしいのである。あれこれを勘案して、最終的にはNo.278の方角記載「次南」は本来「次乾」であるべきが誤って記されたものと判断し、傍注「（ママ）」を付して字限図の然るべき位置に当てることにした。なお、No.275には「大栗」という字名が見え、現在の西賀茂大栗町・同南大栗町の町名につながるのである。

No.279一反の方角記載は「次東寄ノ東」といういささか奇妙な表現になっているが、これは字限図を見るとNo.275～No.278の東の三角洲的な場所に二枚の田地が並んでいるので、東寄りにある田地二枚のうちの東側の田を指摘した表現と見れば矛盾なく理解できる。したがってNo.280が「次ノ西」なのは当然である。これより南部には、No.282の「次東南、田尻北添」の五反、No.284の「次西、田尻後」「大道端」一反、それにつづくNo.285の「次北ノ溝ノ上」二反などの位置指定・田積を字限図と対比することによって、No.287までの田地を田尻の集落の北部に確実に措定することができる。

ついでNo.288は「大道西」の半である。ここにいう「大道」は、既に登場している「河上大道」と見てまず間違いはない。それで、ここでもまた、少し先までの地からみ帳の記事を含めて方角記載や特徴的な注記などを調べ、さらに往来田の位置を「河天」の方と対比するなどの措置を講ずることにより、No.289は「大道」の西を北へさかのぼって、既に位置がわかっているNo.235の南の東寄りに当てればよいことが明らかになる。まずNo.296までは方角記載を追うだけで字限図にうまく適合する。ただ、そのつぎに地からみ帳では「次東」「大道畔」としてNo.297の二郎大夫往来田半が記載されている。これは二反措いて西の道際にあるNo.294の同人往来田半と対応するものであり、いわば飛び地の関係にあると見てよいものである。しかし、字限図にはそれを当てるべき区画は存在しない。また「河天」だと、この二から、字限図との矛盾は生じない。これをどう調節するかという問題が生じた。これを矛盾なく解決するには、字限郎大夫往来田に相当するNo.438千世寿大夫往来田は二分されておらず、西側にあるものが半ではなく一反とされている図に推定線を入れてNo.296の東で「大道畔」に当たるところに半相当の区画を設け、そこへ記載どおりに二郎大夫往来田を配置するしかない。そして「河天」の復元図でも同じようにしてそこに「(438の一部)」と書き入れることにする。それで万事うまくおさまるのである。

このあとはNo.304までさほど問題なしに字限図へ当てはめることができる。ただ、No.300は「西ノソへ」とあるのにNo.299の南に置くことになるが、これは「南ノ西ノソへ」の「南ノ」が省略されていると解すればよく、位置としては相応の場所にあるといってよい。No.301二反には「中通」とあるが、これは中央部にあって南北に通っている形の田地の状況をみればふさわしい表現であることが理解できる。No.304に「角田」とあるのも形にぴったりである。しかし次のNo.305は田積の記載がなく、処置のしようがない。後筆で「田不審也」とあるのはよくそのことを物語っている。ただ地からみ帳に記事がある以上全然復元図から外すわけにはいかないから、括弧つきでNo.304の区画の中に書き入れておくことにした。

No.306一反の位置は「正傳寺田南也、車路ノ上」とあることから、No.300の南に確定できる。「車路ノ上」という注記は、「次南東」のNo.307一反に「車路ノ下」とあるのと対応しており、両者の間を南北に通ずる道路が車のとおる幅広の道であったことを意味している。またこの田地には「クキ貫」という字名も記されており、西もしくは南の道沿いに釘貫が作られていたことを推定させる。西は神光院、東は車路であるから、いずれとも決めがたいところがあるが、どちらかといえば西側であろうか。これよりのちは、No.313半に「次東、大道畔」とあるのを、No.312と「大道」との間に入れる必要があって、そこに畦畔を推定した（「河天」の場合もこれは同じである）ほかは、No.329に至るまで芋蔓式に字限図への当てはめが完了した。字限図の地割を変更したのは、No.329が「次南」であるため、No.328との間に推定線を入れる必要があったことくらいである。そのNo.329には「帝尺堂前」とあるが、その帝釈堂とは当該田地の南に周囲を道路に囲まれていた場所に相違ないと思われる。「河天」の復元ではNo.351に当たる田地に「帝尺堂坤」とあることからもこれは立証可能である。No.329のつぎには「四丁二反半」という集計記載があって、紙継目（三五）に達する。

集計記載があることから判断して、つぎには別な区域の字名が記され、そこで改めて検地が始められたことを示しているはずである。しかしNo.330はそうではない。いきなり「一反太　同寺」とあって、位置指定の文言は「次南、路ヨリ下、東ノ垣内」である。さらに一〇数筆先のNo.345のつぎには、また集計記載が出てくるが、それは「二丁五反大」であり、No.330〜No.345の田積集計一町六反大と比較して九反だけ不足することがわかる。これは右記の紙継目において料紙一枚が欠失していることを物語るものにほかならない。No.330はそのつもりで位置を考えなければならないのである。しかし、路より南で東の垣内ということだけでそれをやるのは至難の業というべきであろう。

そこで、あと数筆分先まで地からみ帳を調べてみると、有力な手がかりが発見できた。列挙してみると、No.331大が「次路東、垣内」、No.332一反が「次南路ノ上」とつづき、「路」が一つの基準になっていることがわかること、さらにそのつぎのNo.333半には「次東、大将軍未申」と見え、「次東」のNo.334二反は、その田地自体が「大将軍御料田」とあることである。大将軍神社は現在も神光院の南西、西賀茂角社町東南端に鎮座し、その位置はずっと古くから動いてはいない。これだけ手がかりが見いだせればしめたものである。大将軍神社の西南にある半、その東に接し、したがって同社の南に存在する二反、この連続していて田積が大きく違う二枚の田地は、字限図が室町中期の姿をそのままに伝えているかぎり、難なくその上に見つけることができるはずである。そのとおりであった。贅言は無用である。すると、すぐ前のNo.330・No.331も、「路ヨリ下、東」、「次路東」の方角記載といずれも「垣内」だという特徴とから、すぐに誤りのない場所に置くことができる。現在の西賀茂北山ノ前町西北端に当たることは明白である。ここは「垣内」と言われるにふさわしく周囲を路と溝に取り囲まれた一角である。

No.335は「次北、路ノ添」にある一反である。これもまた、字限図を見れば溝・道を越えた北にある一枚が相当することは明瞭である。No.336一反は「次東」にしてはいくらか北寄りにはなるが、大将軍神社境内の東の道沿いに置くことができる。それが妥当なことは、さしあたりNo.345までの田地を字限図に一枚ずつ当てはめてゆけば証明できる。そこに少しも無理がないからである。No.340にある「長通」、No.342の「西ノ中」、No.343の「御馬田ノ下」、No.344の「路ソへ」の注記、加えて「次南頬」所在の一筆二反が字限図の地割どおり南北二枚の往来田に分かれていること。すべてが見る者を納得させるものであろう。ただ、No.343の南には畦畔もしくは道があったはずと想定したので推定で道路を描き入れたが、それに誤りはないと思う。この後に前述の集計記載の行がある。

つぎの行には「帝尺堂前下」とあり、改めてその場所に起点を置いて検地が進行したことが知られる。「帝尺堂」は、既述のとおりNo.329に「帝尺堂前」という注記があるので、その田の南にある、道で囲まれた半反ほどの場所であることがほぼ確定的であるから、No.346の「西ノ一」一反（給主聖神寺中坊）は、堂の南の道路に接する西の道際にある田地以外に該当するものはない。ついでNo.347一反は「次東下」とあるが、この「下」は南のことと考えれば、位置は確定する。No.348・No.349とつづく往来田二反は、どちらも「次東」とあるが、字限図では南北に並ぶ長地なので、No.349の方の「東」を「南」の誤記ととるか、さもなければ、中世の地割はこの場所では近代とは違って東西に並ぶ半折二枚であったと判断し、推定線を入れて割り替えるかしかない。いずれにせよ変更が必要になるので、念のために「河天」の該当部分を対照してみると、ここにはNo.341・No.342とやはり往来田各一反が出てくるが、両者は「河宝」と同じく「次東」で連続している。これで中世の地割は後代と異なっていたことが明白になるので、推定線を縦に引いて両者を確定した。なお、字限図ではNo.349に当てた区画の東北部に、縦に引かれた畦畔によって小さめの田地一枚が区切られている。これはときどき出てくる「二所ニ在之」とか「三所ニアリ」と注記されている田地の一部である可能性もないではないが、「河宝」「河天」とも窺い知るべき注記のごときを残していないので、空白で残すことはしなかった。

№350は「次北寄、聖神寺中坊東」という位置指定から、ただちに№346の東にくることがわかり、№354「次東、路畔」の半までは半折様の田地が東へ連続してスムーズに当てはめができる。つぎの№355は二反で「次南ノ下」なので、№354との間には畦畔が推定されるが、それ以外はまた方角記載をそのままに字限図への当てはめが可能であり、「大道畔」にある№363に至ることができる。ただ、№361と№363の間にくることが確実な№362「中　慶寿大夫往|」小をそこへ入れるために、畦畔一本を推定する必要があった。これは「河天」でも同様であり、そこでは該当の№155「一所小　光若大夫往|」に「但、三所にあり」という注記が見られる。こういう性質の田地であったために、後代おそらくは交換分合のようなことが行なわれることになり、したがって字限図からは畦畔一本が消えたのではないかと思われる。なお、№359と№361とはそれぞれの行頭に小圏点が付され、墨線で結ばれている。これはこれまでにもときどき出てきた符号で、№361の方角記載「次東」は、№360の東ではなく№359の東であることを指示するものである。

つぎに№365小は「椋下ノシタノ角」で「田尻堂敷地」である。これは現在の西賀茂田尻町に受け継がれている、中世の集落田尻の住民によって維持されていた堂であったはずで、とすれば田尻の集落のうちもしくは近辺がその場所に違いない。それに加えて、既に復元図作成が終わった場所を睨み合わせるならば、位置は決定的である。地籍図には「河上」から南下する例の「大道」の東に、東を頂点にする平べったい二等辺三角形の形をした約一町歩ほどの区域（字田尻のうち）があるが、その北端相当の地である。ただし、田積は小、給主は田尻堂として地からみ帳に記載されているということは、ここに堂そのものがあったのではないことを物語る。堂はその東南にある正方形に近い一角に建っていたのだと思う。後先になるが、引き続き復元作業をやってみると、復元図に見られるとおりこの場所が空白で残り、田尻の集落の北東の隅に当たることが明らかになるのであり、そう考えて誤りはないであろう（一九六

○年であったか、私はあるいは堂が残っているかも知れないと考えて現地を歩いたが、跡形もなかった）。これで、以後一連の田地の字限図への当てはめが、多少の修正はともなうものの方角記載をたどるだけで十分可能になる。字限図に加えた補修は、田尻堂の南にあったNo.367半の区画を田積相応にするために畦畔一本を引いたことと、No.370以下南へ並ぶ田地三筆を当てはめるために、二本の畦畔と、南側の畦畔に沿う溝とを描き入れたことであるが、これは合理的な修正であると考える。

「次東、路ノ東」にあるNo.373以後は、No.404に至るまでまったく矛盾なく字限図への当てはめをすることができた。No.377に「次南、岸ノ下」とあるため、No.376との間にある道に沿って溝を引いたのは、当然の措置にすぎない。No.380には「太田ト云々」と字名が記されているのが注意される。

さて、ここまで復元を進めると、先に触れた田尻堂から東南へ地続きとなる数反分の区域が空白部分としてくっきりと残ることになる。この部分こそ当時の田尻の集落であることは瞭然である。記載田地のほとんどすべてに作人の住所と名前が記されている「河天」では、田尻の住人は九名しか確認できず、同時に地理的には周囲がすべて田地という狭い在所であることからすれば、中世の田尻はおそらく一〇戸内外の戸数を持つ小集落であったと見てよいであろう。

No.404の次行には、そこまでの田積集計「五丁七反」が記され、さらにその次の行には「黒土南西」と新たに検地の起点とされた場所が示されている。No.405は本袖田一反で「東、河ノハタ一」という位置指定になっているが、黒土という字名は地籍図にも見当たらず、したがってまた現在の町名にも伝えられていないので、ただちにどことはいえない。ただ、既に河上郷全体の三分の二は復元を済ませたことになるので、南部に残る三分の一の復元未完了地域でそれを探せばよく、「河ノハタ」とあるから場所は一層限定されることになる。それで既に在り場所が確認できたNo.387のすぐ南で、旧土居の北に当たる場所の字限図に、あとにつづく数筆の田地群を含めてうまくはめこめるかどうかを試みると、これは方角記載だけで難なく当てはめができた。これで逆に「黒土」という字名のあった区域も把握できることになったのである。ここはその「南西」とあるから、字上岸の南部あたりにかけての区域がそう呼ばれていたものと推測される。ただ、№405～№408の田地は比較対照によって「河天」の№88～№92に相当することが知られるが、うち河端に位置する№88には「黒土、東一」とあり、戦国中期にはこの区域に限定された字名であったかとも考えられる。

№409から№411までの三反はすべて往来田で、№409には「次河ノ西頬、霊御前」とあり、他の二反が南へ並ぶ。「河ノ西頬」という指定でこれが堀川の西にくることは明白である。字限図では、№407～№408の西で堀川の西岸に、この三筆がちょうど当てはまる地割が確認できるから、そこに置いて間違いはない。ところで、「霊御」とは何であろうか。「河宝」および「大宝」では、彦九郎・三郎太郎ら計一二名の作人の住所が「霊御」あるいは「北霊御」「中霊御」などと記されており、集落の名称であったことが知られるし、№411の南で川を渡った場所に位置する№412六反は「次南、霊御川南」と記され、「霊御」は川の冠称にもなっていたのである（後述するように「河天」では「霊後川」と表記されるようになる）。しかし、私は寡聞にしてまだその名称の由来を指摘した資料を知らない。今過誤を恐れずいえば、私は「霊御」は「霊墟」の音が転訛したあげく漢字表記も変化したのではないかと思う。「霊墟」は「神仏などを祀ってある大きな丘。又は神社仏閣などのあったあと」をいう言葉である（『大辞典』一九三六年）。「霊御」も霊がお出ましになるの意と解すれば、それと内容上さほどの隔たりはないといえるのではなかろうか。地からみ帳には「地蔵堂南」とか「帝尺堂前」あるいは「大将軍未申」などのように、神仏を祀るところを基準にして田地の位置・方角を指示している場合がときどきあることは、ここに至るまでの復元図作成の過程で見てきたとおりである。もし「霊御」を「霊墟」と見ることができるなら、これも類例の一つということになるであろう。復元図を見ると、№409宮有大夫往来田の西には「大道」との間に面積二反程度の区画があり、その南には一反ほどの道・溝に囲まれた垣内様の区画もあって、「河宝」の復元でも「河天」の復元でも、ここは田地ではなかったことが立証されるので、おそらくそこが霊御の集落であったと見てよいのではないかと思う（なお、第四章第七節【霊御】の項参照）。

ついで「次南、霊御川南」として№412正受寺田六反が出てくる。字限図では霊御川を越えたところに旧土居の場所を含む広い区域が認められるから、そのうちに入ることは間違いない。六反を一括して一筆として扱われているが、作人は二反・一反・一反・二反とそれぞれ別人の名前になっているから、田地の枚数は少なくとも四枚に分かれていたと見ることができる（復元図には文字と重なるのを避けてあえて推定線は記入しなかった）。なお、この六反には「上辻子田」という字名が記されており、これは次の№413の半に「下辻子田」とあるのと対をなすものである。その№413の在所は「次東、大道東ノツラ」であるから、№412のすぐ東に配置すればよいことになる。ここにいう「大道」は、これまでしばしば出てきた「河上大通」から南下して大徳寺通につながるものとは別で、賀茂社の前から御薗橋を経て西南へ通じ、字竹殿で先の「大道」に合流する道であり、一八八九年（明治二二）測量の二万分の一地図「京都」や昭和戦前期の二万五〇〇〇分の一地図「京都西北部」などでも、幹線道路であったことが確認できるものである。この道路を挟んで西側が字「上辻子田」、東側が字「下辻子田」であったことになる。

さて、この理屈どおりに復元ができれば問題はないのであるが、実際はあまり容易ではなかった。右に述べたのは「河宝」の記事だけからの判断であり、同一区域に関する「河天」の記事を合わせて考えた場合には、何本かの畦畔を推定して、両方に矛盾が生じないように按配する必要があった。結果的には計五本の畦畔を書き入れることになったのであるが、その位置を定めるためにはずいぶん苦心しなければならなかった。「河宝」№412六反は、「河天」№20六反と同一田地であり、そうすると「河宝」№413〜№420の計八筆は、「河天」№8〜№14の計七筆と対応することが、両方の記事を見比べた結果一応は了解できたのであるが、双方に齟齬がないように線を引くことは簡単ではないのである。結果からいえば、「河天」№7の次の行に「自道上ハ巳上五反三百歩」と記されているのが重要な手がかりになったこと、「河天」№1〜№6は「河宝」には記事が欠けているのに気づいたこと、「河天」№9・№10にどちらも「間在溝」という注記があることなどから、これ以外にないという最終案ができたのである。細部にわたる解説は復元図そのものにゆだねてここでは省略するが、№413の「次東、大道東ノツラ」、№416の「次南ノ西ノソへ」などの位置指定が、いかにもふさわしい図になっていることで、妥当な案であることが証明できると思う。

No.421からNo.431までは、そのうちNo.423に「次南、東ヨリ」とあり、以後No.428まではすべて「次西」でつながっていて、長地型田地が並んでいたとみなし得ることと、No.429の半が「次西、溝ノニシ」に位置したことが大きな役割をはたし、No.428の六〇歩を書き入れるために畦畔一本を推定して記入したこと、大道沿いに溝を書き入れたことの二点のほかは、無難に字限図への当てはめができた。ついでNo.432には「竹殿東、貴布祢御簾田北、南一」とあり、加えてNo.433〜No.437が、今度は「次北」でつながれているので、横田であると考えられることが決め手になって、No.439までは方角記載どおり字限図へ書き込むことができ、同時にNo.432の南の畦畔が大宮郷との境界線に当たることも明白になった。ここに出てくる「貴布祢御簾田」は大宮郷の田地なのである（前節第一項参照）。No.439には「弓場北、薬師堂前」という注記があり、弓場と薬師堂が近接して存在したことを知り得るので、一応それぞれの位置を推定して復元図に書き入れたが、これはなお決定的なものではない。

このあとは紙継目（四四）であり、つぎの料紙には最初に「三月廿三日分」とあり、つぎの行には「霊御北ノソへ、大道西ノ畔上モリ田」と記されているので、日を改めて別の起点から検地が続行されたことが知られる。しかし、それはよいとして、それより前にあるべきNo.439までの田積集計が出てこないのが不審である。ここがちょうど紙継目であることから判断すれば、これは集計値が記されているはずの料紙が失われていることを物語るものと見て誤りないであろう。失われた紙が何枚であるかは不明であるが、復元図完成後に残った空白部分から推定すると、一枚か二枚程度と思われる。

つづいてはNo.440以後の部分である。三月廿三日分の検地が「霊御北ノソへ、大道西ノ畔」の部分であったことは、右に記した通りで、加えてNo.440には「南ノソへ大道畔」という位置指定もあるから、その位置はおそらく田尻の集落の西の「大道」西沿いであり、既に復元が終わったNo.364の南に当たるものと推測された。そこでNo.440からNo.445までの方角記載と田積とを見てみると、北側に四反があり、南に同じく四反が東から西へ並ぶという状態であることが判明し、さらに次のNo.446には「次西、岸ノ上」とあるので、上段・下段に分かれた計八反の田地が、東を「大道」、西を岸で限られる形で存在したことになる。こういう図形を字限図で探せばよいのである。これは推定どおりの場所に難なく見つかった。

これで起点が把握できたので、あとはまたしばらく、地からみ帳の方角記載と特徴的な注記とに注意しながら、字限図への当てはめをやってゆけばよいことになる。しかし、字限図の地割と一致せず、推定線を引く必要があったところもたまには出てきた。右記のNo.446のあとには、どちらも「次北、西ヘトヲル」と記されたNo.447・No.448各一反がつづく。長地の横田二枚があったと考えねばならないが、字限図はそういう区画を示していない。そこで大小四枚の半折型田地を、東西に通る畦畔一本を推定して割りなおして、この二反を配置した。これは「河天」の場合でも同じ操作が必要になったから、至って合理的な割りなおしだと考えてよいと思う。次のNo.449は「次北、ハヲリ」で、これは字限図に適合するが、つづいて同じく「次北、ハヲリ」とあるNo.450の神光院田一反は、置場がなくなってしまう。指示のとおりにすると、すでに位置を決定したNo.357の同じく神光院田一反とぶつかってしまうからである。ずいぶんあれこれと何枚かの田地を動かしたり、推定線を入れてみたりして考えたが、どうしてもこれでよいという結果は出せなかった。最後に到達した結論は、No.357があとから行間に書き込まれたものであることに注目し、そのためにここで重複が生じたのだとみなすことであった。No.357とNo.450とは同じ神光院田一反であるから、重複と考えるのもあながち無理ではなかろうと思う。ともかくそういうふうに考えないことには進退に窮するので、ここはこれでよしとして次へ進むことにした。

No.451は、これも追筆で「同所南」と記す一反であるが、行頭には小圏点と右横へ引いた墨線があり、これはNo.447の行頭にある類似の符号と対応していて、すでにいくつもの例に見られたのと同じく、No.451がNo.447から見て「同所南」であることを示している。このように理解すればNo.451の位置は確定し、つづいてNo.455までは無難に字限図の区画に当てはめられるのである。

つぎのNo.456一反には「経所田孫二ノ乍西」という場所指定がある。しかし、地からみ帳の記事では孫二郎作の経所田は近くに見当たらない。そこで数筆先の方まで記事を調べると、No.457一反には「次西、川マタケ」とある。そのあとNo.460までは「次西」の方角記載を持つ三反が連続し、ついでNo.461二反には「次西、北ヘトヲル」、No.462一反には「次西、北ソヘ」と記されている。それらの田地が全体としてうまく適合する場所を字限図に求めると、No.456をNo.449の西にある半反ほどの区画に入れた場合に、条件に適合する配置ができることがわかった。難点はこの区画が一反にしては小さすぎる感じがすることと、東にあるNo.449経所田一反の作人が、孫二郎ではなく養泉坊となっていることである。しかし田積が小さいのは別のところに飛び地があるのを記入していない可能性がある。また養泉坊は給主であって、実際の作人は孫二郎であったのが、これも記載されていないと考えれば納得できなくはなく（ただし、次項で述べる「河天」の場合と対比すると、多少くいちがうことにはなる）、それよりもNo.457以降の田地が「川マタケ」という表現にぴったりの在り方を示していること、No.461二反の「次西、北ヘトヲル」、ついでNo.462一反の「次西、北ソヘ」が、ともに字限図に適合的な位置指定になっていることの方が決定的な意味を持つものと考える。

No.463の「次西」半は、No.462のすぐ西ではなく、一枚跳んで西に配したが、これは「河天」の復元において、同帳No.324に「次東、袴田、間有溝」という位置・形状指定があり、当該供田一反の一部が溝を跨いで西北に張り出す形になっていると判断されたので、「河宝」には特別の記載はないが、両検地帳の比較対照に齟齬をきたさないよう配慮した結果であり、跳び越えた部分はNo.464の経所田二反の一部とみなしたのである。No.465一反は方角記載のとおり南に移るが、字限図にはおよそ二反分と見られる区画があるため、これを中央に畦畔を推定して二枚に分割し、そのあと「次西」がつづいてNo.468に至る長地四枚を配置した。つづくNo.469・No.470は、字限図の地割にある半折四枚に適合的に当てはめることができる。「河天」の同じ場所の復元では、田積の見積りが異なってはいるが、田地の配置自体は同様の在り方を示している。「次北ヘトヲリテ」とあるNo.471一反半は、指定どおりの場所に当てはまる。

つづくNo.472二反の方角記載は「次北、路ノ上」とあり、この記載のとおりとすれば、当該二反はNo.471の北の道を越えた場所に位置するはずである。しかし、そこは既に復元が終わっていて、空白で残っている場所はまったくなく、完全に齟齬をきたすことになる。それで、少し後に出てくる集計記載「四丁五反」の前にある№478まで計七筆をまとめて配置を検討してみることにし、合わせて「河天」の該当部分№301〜№309、№240・№255との対応関係に食違いがないかどうかを調べてみた。その結果、「次北、路ノ上」は実際は「次路ノ上、北」と読まないと辻褄が合わないということがわかった。そういうふうに受け取るか、でなければ「北」は「西」の誤りと見るほかはない。いずれにせよ、そうして№472を№471の西に位置せしめた場合にのみ、他の田地の配置が安定することになるのである。№474は、すぐ前の№473ではなく、一つ前の№472と小圏点・墨線を用いて結んであるので、その方角記載「次南」はそれに即した理解をしなければならないが、あとは格別の配慮を要せず、「河天」とも齟齬しない復元ができる。往来田や経所田の位置を「河天」のものと対照することで、妥当性は立証できると思う。

集計記載の次行には「ハナヒナ」という字名が記され、最初にある№479の経所田一反には「戌亥角、尼寺西、山ノ極」という場所指定がある。しかし、「ハナヒナ」という字名の所在は未知であり、また尼寺も確認できなかった。ここもまた、何筆か先までの記事をまとめて検討して、他に手がかりを見つけられないかを探す必要があった。「次南東」の№480は正伝寺田二反半、そのつぎの№481一反も同寺田で、これには「次上ノ山極、此外小、山ノ内ニアリ」という注記が見える。「次東、岸ノ下」№482も正伝寺田二反である。これで、これら数反の田地が「山極」に存在したことと、面積が二反半・二反という広さの田地が近接してあったことが明らかになるので、そういう位置・形状が字限図上に探し出せないかを検討したところ、これは大将軍神社の西南で№332の南に当たる場所が相当するものと思われた。まず№480を№332の真南にあるもっとも広い面積の田地に該当すると見、これを基にして前後の田地の方角記載に従った配置を試みると、№479はその西北にあり、かつ「ハナヒナ」と称される一つの区域の「戌亥角」でもあったということから、大体位置が決まる。ただその場所をとおる溝・道の北か南かはもう一つはっきりしないけれども、いずれにしても推定で畦畔を描き、そこへ当てるほかはない。私は道の南と推定した。それは一つの字名の境界であることを考えるとその方がふさわしいという判断と、もし道の北に田地があれば、それはNo.332の西に接する田地として既に検地が終わっていて然るべきであると考えたことによる。これによって、No.480の「次上ノ山極」にあるNo.481正伝寺田一反の位置も推定でき、さらにその「東、岸ノ下」のNo.482同寺田二反も確定する。

No.483の方角・位置指定は「次南ノ未申、岸ノ上、南へトヲル」と詳記されている。最初はそれに依拠して、No.482の南にある大小一〇枚ほどからなる区域の西を通る道と、もう一本内側にある細い道とに挟まれた長地が該当すると考えてみた。しかし、そうすると次のNo.484は「次上ノ戌亥」の半で、方角記載からは字限図と齟齬し、つづくNo.485の「未申次、西ノ山ノ極」一反も置場がないという矛盾に逢着するのである。これは最初のボタンの嵌め違いとしか考えられないけれども、さりとて「南へトヲル」という形状指定を満足させるような場所は、探しても見つからず、迷路に入り込んだようになってしまった。この迷路から抜け出すための工夫は、同一区域に関する「河天」の記事との相互対照しかなかったが、幸いなことに、当面復元しようとしている一〇枚ほどの田地には往来田が多く含まれていて、これまでにも例があるように、氏人一人が給される往来田の在り場所の不変性を利用し得たことが解決につながった。

詳細な論証は省略するが、「河宝」ではこの区域にNo.483孫若大夫・No.484初石大夫・No.485竹松大夫・No.486福乙大夫・No.488石見守・No.489阿波守・No.490千世石大夫の各往来田が存在しており、既に復元が完了している部分について、大宮・小山両郷の検地帳を含めた比較検討を行なった結果、このうち孫若大夫・初石大夫・竹松大夫・阿波守四者の往来田がそれぞれ「河天」のNo.264中務大夫・No.269左馬助・No.270鶴寿大夫・No.261左衛門大夫の各往来田と同定できることが判明した。こうなれば道が開ける。「河宝」と「河天」とでは検地の進行順が違っているから、この計四枚の田地を同一とした時に齟齬をきたさない配置を考えればよいことになるのである。各田地の位置・方角に関する記事に矛盾が起こらないようにこの配置を行なうには、また書いては消しを繰り返すことにはなったが、結果は復元図に示したとおりになった。結果からさかのぼって説明すれば、No.482の南の道を越えた場所には、No.486の「次東外池」の指定から判断すると池があったと考えられるので、最初にぶつかって困惑したNo.483一反の「次南ノ未申」という位置指定は、この池の未申に当たるところと見ればよかったのである。また「南へトヲル」というのも、別に長地型田地をイメージする必要はなかったのであって、池の南側に北から南へやや縦長の田地があるのをそのように表現したものであったことが判明した。これでNo.484の「次上ノ戌亥」という位置指定も矛盾なくおさまり、西側道沿いの長地はそこに当てはめたNo.485の「未申、次西山ノ極」という位置指定にまったく適合的な場所であることもはっきりした。同時に「河天」のこの区域についても妥当な復元を成し遂げ得たのであるが、そちらはなお次項において若干補足的に説明を加える。

つづいて検地は南へ移った。No.491はNo.490の「次南、岸ノ下、中窪」とある四反であるから、長地型田地が並ぶ当該区域のもっとも東に、作人が一反・一反・二反とそれぞれ別になっている点も考慮し、合わせてここも「河天」と対比して矛盾が無いように確定した。つぎのNo.492は「次東、路ノ東」と指定されているのであるが、真東には既にNo.478を配置してあることと、「次西ノ路ノ上」とあるNo.493一反半との位置関係を考慮して、「路ノ東」ではあるが、位置はむしろ東南と言うべき場所に置いた。こうすると、あとはNo.507までの田地が、方角記載に応じて順当に字限図に配置できることになるので、この判断に誤りはないと考えてよい。もし問題ありとすれば、No.496の「次西ノ上」宮有大夫往来田をNo.495の西の小区画を跨いで配置し、「次岸ノ下」とある半反の越中守往来田を後帰りする形でNo.495の西に入れたことくらいであるが、これが妥当な処置であることは「河天」との対比で明白になる。この区域に数枚存在する往来田のほとんどが、先と同様に一世紀を隔てて同定できることは、この部分の復元が確定的なものであることを立証する。

つぎにNo.508の半は「刀祢ノフタヒ田下」とあるが、これはこれより前No.500の刀禰往来田一反に「南岸ニ半アリ、立紙田南、フタヒ田」とあるのと対応しており、No.498の立紙田一反の南にある刀禰往来田半の南であることを示している。これにより、「次上ノ西」にあるNo.509半、「次西上、路ノ上へカ、ル」と記されるNo.510一反の位置も確定する。No.

511の半初石大夫往来田は「次上ノ山極」とあるので、字限図には区画はないが、No.501の一部が道の西へ出ている部分の北と推定した。これは「河天」のNo.232の左馬助往来田と同じ田地であることが既に判明しているので、その在り場所も考慮に入れた処置である。つづくNo.512一反は「次南ノ山ノ下、上へカヽル」とあり、かつ「新開」である。その記事ならびに以後の田地の配置との関連を考慮して、道が西へ曲がる地点のすぐ南に位置付けた。No.513の「次岸ノ下南、二ケ所、此立紙田上アリ」と記す往来田半も同様である。当てずっぽうの嫌いは無きにしもあらずであるが、つづいて復元をすすめると、No.515の立紙田半はこの田の南に位置することになるので、右の記事と符合する。No.514の治部大輔往来田一反は「次西、三ケ所アリ」とある（他の二か所の所在を探索すると、一か所は帝釈堂東南のNo.349、もう一か所は竹殿東のNo.432であることがわかる）。「次北」がすぐ前に触れた立紙田であるから、位置はその南である。No.516からNo.530までは、No.528があとからNo.517とNo.521の間の空きへ差し込まれる形になることを発見するまでにずいぶん苦労したが、あとは方角その他に関する記載に適合する配置がやれたと思う。この区域で注目されるのはNo.523の肩に「高橋」と見えることで、これはこの田地の西南隅で西北から東南へ通る道路と東西へ通過する道路が交差し、同時に水路（霊御川）を跨いでおり、そこに架かっていた橋の名称であったと推測される（現在は橋の形状・名称ともに変化して、昔日の姿はない）。No.530の次行には集計記載があって紙継目（五二）に至る。

つづくNo.531の前には特に字名のごときものは記入されていないが、引き続き復元を進めてみた状況からすると、継目部分に欠失があったとは思えない。すなわち、No.531の万徳大夫往来田半の位置指定は「次路ノ北、川キシ上」とあるが、これはNo.530の北の空きにちょうどはまり、それ以後もNo.545に至るまで、方角記載その他の注記を参照しながら、No.531の東を通る道の東側一帯の字限図を隙間なく埋めることができるのである。ただ、このあたりになると字限図に見られる田地一枚一枚の面積が比較的大きいという状況があり、その上二枚合わせて一筆とみなさないと辻褄が合わないところもあって、そこに苦心を必要とした。しかし、No.543・No.544の往来田、No.541の神人給、No.545の立紙田などの位置が「河天」の復元と一致することから間違いのない復元ができたと考えている。

つぎのNo.546の慶雲庵別相伝一反半には方角記載がないが、これは一筆おいて前のNo.544とともに行頭に小圏点がつけられ、両者が墨線で結ばれているので、No.544に隣接していることが明らかになり、そのあとにつづく田地の位置指定の記事から見て、図示した場所に当たることは確実である。すると、あとはまた地からみ帳の記事と字限図の区画とを対応させてNo.548までの田地を配置するのが比較的容易である。そして、No.550の注記で「石岡」の字名の場所が知られ、また同じところに「次東、車路東」ともあるので、No.549とNo.550の間を南北に通じる道が比較的幅が広かったこともわかる。

しかし、No.568の後にある紙継目（五五）からあとの田地については、そのまま順調に復元を進めることができなくなる。No.569半の位置指定は「次北、蕀ノ内、永清院」とあるが、No.569の北はとっくにNo.443〜No.445の田地で占められており、どう考えても置場がないし、No.570からあとの数筆も含めると、いっそうこの場所には適合しない田地群であることがはっきりする。さらにもう少し先のNo.575からNo.602に至る田地のほとんどは「河原八丁内」とあり、河原八丁は地籍図の字名でも確認されるとおり、河上郷の南端部賀茂川の西岸である。このことは紙継目（五五）の部分に何程かの欠失があることを物語るものにほかならない。欠失分は多くはなく、No.609の次にある集計三丁七反余と対比して計算した結果によれば、料紙一枚に相当するものと推定される。

さて、こうしてNo.569より後に記載されている田地群は、河原八丁を中心とする区域に存在したことが明らかになった。幸いに河原八丁関係の字限図は存在しており、また既に第三節で触れた岩佐家文書の明治初期作成の絵図二点(5)のうちの一点は、まさにこの河原八丁から小山郷の北部にかけての絵図であって、No.570からNo.609に至る部分の大半の田地については、この絵図により田地区画のみならず近代初期の田積をも参照できたので、合わせて利用する便宜を与えられた。方角記載をはじめとする位置指定の記事をたどりながら、この両方を見比べることにより、複雑な田地の並び方にともなう制約を排した復元が、図示したような状態で完成したのである。No.569については、料紙の欠失部分に記載されていたある田地の「次北、蕀ノ内」であって、かつNo.570の北側の道より北になければならないという条件がつくことになるので、とすればここかと思える場所に記入しておくことにした。
No.609のつぎの行には集計記載が見られ、つぎには「小社垣内南ノ畔」とあって、No.610が「南一」の一反、あとは最後の一反を除けばすべて「次北」へ連続していて、いずれも一反である。当然横田の連続を予想させる。字「小社」は、現在の北区紫竹上高才町・同下高才町に受け継がれている地名なので、大体の場所を把握するのは容易で、そこの字限図には文字どおり横田が連続しているので、そこへ南から順に当てはめてゆけばたやすく復元が可能である。ただし、No.615・No.616は田積から判断して二分割するのが適当であると考えたので畦畔の推定線を入れた。No.616の北がちょうど二又に分かれる形になっているので、あとの三反をそのどちらに当てるかに若干の迷いはあったが、No.609までの田地群に接する場所の方が適当と考えたこと、また「河天」の復元では、右のNo.616と同じ位置にNo.27の佐渡守往来田一反が位置し、北の東寄りにくるNo.28半が遠江守老者田であるが、これが田積に差異はあるものの「河宝」のNo.617伊賀前司老者田と一致すると見得ること、その二点から東側に配置すべきであると考えた。なお、ここにも畦畔一本を推定で入れて次につなぐ必要があった。これで「河宝」の復元はともかくも完了したので、先に復元を終えたNo.439に見られる「弓場北、薬師堂前」という注記によって、最後にその「弓場」と「薬師堂」の位置を推定して記入した。これについては当然ながら「河天」の復元結果をも参照しているが、多少動く可能性がないとはいえない。

さらにもう少々付言すれば、「河宝」の復元はここで同郷南端に達したので、そこに大宮・小山両郷との境界線が引かれることになるが、三か郷の復元図をつないでみると、河上・大宮両郷はぴったりつながるけれども、河上郷と小山郷との間には埋められない部分が生ずる。これは主として「小宝」の料紙の欠失によるものと判断される。既に第四節第一項で推測したように、同帳No.140とNo.141との間には欠失部分があると思われ、これをもし補うことができれば、空白部分はほとんど解消するであろう。そのことはもう一枚「小天」の復元図を重ねてみれば明白である。

河上郷天文十九年検地帳復元図の作成

最後に残ったのが「河天」の復元についての解説である。他郷の場合と同じように「河宝」と並行して作業を進めたから、前項でも必要に応じて「河天」の復元を援用した。したがって解説を省略できるところもあるが、一方で「河宝」では欠けていた部分もこれには出現するし、新たに触れておくべきところもあるので、一応記載順を追って「河宝」を絶えず参照しながら述べてゆくことにしたい。

この検地帳の表紙には「庚戌天文十九年九月廿六日」の日付が記されている。しかし、本文冒頭に記された実際の検地開始の日付は「十月廿五日」であり、その間に一か月の差がある。大宮郷・小山郷の検地が終わったのが九月二十四日であることから見ると、すぐに河上郷の検地が始められる予定で同月二十六日付の表紙が作成されたが、実際は何かの都合で一か月の遅れを生じた結果であると推測される（この点は既に第一章第二節でも触れた）。「十月廿五日」の日付の後には、No.72の前に「十一月一日」、No.159の前に「十一月三日」、No.288の前に「同四日」、No.427の前に「同五日」、No.538の前に「同六日」、No.602の前に「同七日」と順に日付が書き込まれているので、十月二十六日から月末までと十一月二日を休んで、あとは連日検地が行なわれたと知られる。休止期間についての事情は不明である。

実施初日は郷南部の「林巽」にある字「辻代」から着手された。霊御川南である。まず一九筆を調査して最初の小計「壱丁一反三百歩」が記入されている。次のNo.20は六反一括で「岡井持内」とあって、ここまでは既に「河宝」の復元の際、参照する必要があって触れたとおりである。字名「辻代」は宝徳当時の「辻子田」を継承していると見てよい（〝ずしだ〟が訛って〝ずしだい〟となった）。

No.21には「上小社、南一」として加賀守貴布禰田一反が記され、後はNo.29まで「次北」へ連続し、つぎの一反と四〇歩の二筆は方角・位置の指定がないが、そこまでを含めて「已上壱丁五反弐百廿歩」と集計される。これは字名と田地の並び方から「河宝」のNo.610からNo.618までとあと二筆に相当するので、これまたそのことを指摘すれば足りる。

No.32は「長目溝尻」の美濃守往来田一反で「小山由也」との注記がある。「次北」のNo.33小、「次北」No.34一反も「同」である。ここも地籍図に字名が残り、小山郷との境界付近であったことが確実であることから、「河宝」No.605～

№607に相当することがわかる。つづいて№35以降は北・乾・西・艮などの方角記載がつぎつぎに現われるが、№43に「次西、間有道、岸上」の一反が出てきた後は、№48まで「次西」の各一反が連続する。この並び方は「河宝」№439の絵堂田六反に当たる可能性が考えられ、そのように仮定して方角記載を逆にたどってみると、№35～№42までの計八筆は、№34の北へつながって№43の東までの間をうまく埋める形になることが突き止められる。「河宝」ではその後半部分は料紙の欠失で空白であるが、前半№35～№37については貴布禰田・経所田（供田）の一致が確かめられるから、これで間違いはないと思われる。№49一反は「次艮」で、その後№52まではまた「次西」各一反が連なり、「次北」二反・「次東、間有溝」一反・「次東」一反とつづいて、つぎにまた小計が記載されている。字名は見えないが、これは№48につづいて方角記載を追ってゆくだけで見事にその北部の字限図に適合することがわかる。たまたまここは「河宝」ではまた料紙の欠けている部分であるが、ある程度それを補塡する役割を果たすことにもなるのである。

ついで№56以降次の集計が出てくる前の№71までを一括して扱う。この部分は最初の№56一反半に「くほ」という字名が記されていること、№61～№64の四筆が「小山由也」という注記を持つこと、№64からあとは「新開」としかない№68を除きすべて「次西」で連結されていることが特徴である。まず、「小山由也」の注記がある田地は、先と同様に郷界あたりにくることは間違いないが、とするとこれらの田地が位置する場所としては小山郷北部の賀茂川沿いしか考えられない。それでともかく大体の位置はつかめるのと、右の「次西」がつづく方角記載との両方から、何とかこの田地群を該当区域の字限図に適合するように並べることが課題となったのである。当該区域の字限図が示す田地の形状や並び方はいたって複雑であるから、これにはかなり苦労させられたが、最終的には解決できて「小天」の復元図につなぐことができた。ただ、多少気になるのは№67が№66の西北にきて「次西」というのにはやや難があることであるが、可能な範囲での「河宝」との比較でもこれといった矛盾はなく、周辺の田地が動く可能性は少ないから、これはこれで納得しなければならない。注目すべきは、№61に「堂北」とあり、復元に誤りが無いかぎり、その南で№57との間に、該当すると思われる一つの区画が残ることである。図には（堂カ）と書き入れたが、まず間違いなく「堂」はここにあったとしてよいと思う。「河天」では記事が見当たらないが、「河宝」ではNo.592・No.593の二筆計一反半の「窪御堂田」が出現する（「河天」ではNo.71の浄福大夫持一反に当たる）。ここの字名が「くほ（窪）」であることはNo.56の位置指定に明らかであるから、この堂こそまさしく「窪御堂」であったとしてよいであろう。復元図の作成という目的からするといささか寄り道にはなるが、もう少し付け加えるなら、「山城名勝志」巻第十一（『改訂史籍集覧』）の「佐々木野里」の項を見ると、「今賀茂上社の西南賀茂川堤より西に窪堂（クホミタウ）といふ寺あり、寺號西念寺と號す、傳へ云、西行法師の菴基なりと」云々とあり、「上社の西南賀茂川堤より西」というのは、上社の位置からすると西へ寄せすぎた表現ではあるが、文の内容がこの堂を指していることは間違いないであろう。『京都府愛宕郡村志』には「窪堂跡」の項があり、「西賀茂字田尻の竹林中にあり舊と（ママ）西念寺と云ふ相傳ふ西行法師暫く此に栖みし所にて其庭の梅を賞し「とめこかし」云々の歌を詠せりと」云々と記しているが、これは誤りとすべきである。

つぎにNo.72以降である。ここからは十一月一日実施分である。検地帳を少し先まで見てゆくと、No.88に「黒土、東一」と出てくるので、その前のNo.87までを一括して扱えばよい。No.72には「次北、間有道」とあるから、その位置は先ほどのNo.71浄福大夫持一反の道を越えた北である。「河天」には記されていないが、窪御堂のすぐ北のあたりからは河原八丁に属するから、ここは「河宝」の復元を参照することができ、どちらかといえば「河宝」は「河天」よりも田地が細分化されているけれども、方角記載を勘案すれば相応の復元が可能である。結果は図示のとおりで、北部にある貴布禰田二枚が「河宝」でも「河天」でも同じ位置を占めることなどから、妥当性は納得できると思う。ただ、この結果No.72・No.78の西に当たる場所に、田地七枚か八枚分の埋められない部分が残る。何か所かに挿入されている田積小計から判断して、いったん記帳されたあとで一丁失われた可能性はなく、またそう考えるのには田数が少ないから、これは検地漏れになったか、記帳の際に落ちてしまったかどちらかと考える外はない。

No.88は右に触れたとおり字「黒土」の東端に位置した。ここが霊御川の北沿いであることはすでに前項で述べた。

「御袖田」が連続していて、まずNo.92までは「河宝」No.405〜No.408の「本袖田」に当たることがわかり、ついで「次乾、間有溝」とあるNo.93からNo.97までも同様に袖田で、これは「河宝」No.386〜No.389に相当することも対比参照によって瞭然である。ただ「河宝」No.408二反に当たるNo.92が一反でしかなく、「河宝」No.387に相当する一枚に当てるべき田地がないという結果になるが、その理由は判明しない。畠地になっていて検地から外れたのかもしれないという推測が成り立つかもしれない。つづくNo.98〜No.100が「河宝」No.390〜No.392に当たることは、田地の種類・田積の対比で確認できる。

つぎにNo.101からあとに移る。まず最初の田地は伊予守往来田半であるが、その位置指定は「畠北」とだけしか記されていない。いずれNo.100までの数反とさほどに隔たった場所ではなかろうと思われたが、にわかに決定できなかった。それで先をたどると、No.112には新たに「霊後川北」とあるので、差し当たりはその前まで一〇枚ほどの田地の在り場所の問題であるとしてよい。方角記載はNo.106までがすべて北、それから東へ三枚、ついで南へ二枚と並んでいる。それからこの中には往来田が二か所にある。一つは右のNo.101であるが、もう一か所はNo.104命福大夫往来田一反である。これは大宮郷所在のものも合わせて宝徳の地からみ帳と対照することにより、宝徳当時の若石大夫往来田と一致することが証明できる。したがってこの田地は御薗橋の西で堀川東沿いの「河宝」No.393と同じ田地ということであり、その北の三筆については「河宝」にも掲載されていることがわかる。これがキーポイントということになって、見られるとおりの結果が導かれた。字限図の地割にさらに推定の畦畔を入れる必要はあったが、ほとんど狂いはないと考えてよく、これで当時の字「上ノ岸」の集落の在処も、宝徳当時よりさらに限定できることになった。ついでに触れておくと、「河天」・「大天」合わせて「上岸」居住の作人は五名しか現われないので、この集落はごく小規模であったと見てよい。

No.112が「霊後川北」であることは先に触れた。「次北」へつづく二反はいずれも往来田で、そのことによりこれらが「河宝」の「霊御前」所在の往来田と同一と見られることは前項で述べたとおりである。No.115は「大田、道東」とあるが、「河宝」でも字「太田」が確認できているので、ここに言う「道」は「河上大通」から大徳寺通につながる「大道」に相違なく、一連の田地群はNo.114の北の区画を埋め、さらにNo.135まで順次北上して、「河宝」で「田尻堂敷地」と記されていた田尻の集落の北西隅の田地にいたることは、方角記載をたどるだけで明らかである。田尻堂と推定された場所も一世紀前と相違なく、田尻の集落の規模にも基本的に変化は見られなかったことが立証された。

No.136は「卯花、東一」とある一反である。この字名は「河宝」では見つからなかった。またこれ以下九筆分には往来田その他の田地の種類に関する記事がまったく欠けていて、そちらの方から「河宝」との接点を探すことも無理であった。やむなくまた少し先へ目を移すと、No.145一反に「さ近大夫貴布祢」とあり、つづいて東へ乙大夫往来田・右衛門大夫往来田各一反、一反措いて「次東」供田一反と連続し、さらに「次西」で二反「千手院主作」・一反「後智院主作」がくる。このなかには解決の手がかりがある。まず右衛門大夫往来田は別の一反が「大天」No.415として出てくる。この田は大宮郷と河上郷の境界区域に当たるため、宝徳の地からみ帳では「河宝」のNo.433に該当することになるので、既に大体できている「河宝」復元図を調べると、それは幸鶴大夫往来田である。そして「河宝」No.443が同じく幸鶴大夫往来田であることも突き止められる。その位置は「河天」に移し替えれば字「大田」所在のNo.127の西の「大道」を越えて東から二枚目の田地である。「河宝」ではその西に貴布禰祝田、さらにその西に民部少輔貴布禰田が見いだされるが、天文検地帳ではかつての貴布禰祝田がほとんど往来田に変わっていることは、他郷の場合も含めて数多い例があるから、ここでの乙大夫往来田がそれに一致する蓋然性はきわめて高く、また、貴布禰田は往来田の一種とみてさしつかえない田地で、一世紀後も同じ場所に貴布禰田として存在するのは当然のことである。これで三枚の田地が確定できる。加えて千手院・後智院主作の田地は、もし「主作」という特性がなければ当然「供田」として記帳される田地であり、したがって両者が「河宝」のNo.442経所田三反と同じ田地であると見ることもまた正当である。問題はNo.148一反が「次東」、No.149一反「供田」も同じく「次東」と連続している点で、この両者の並べ方および方角記載には、「河宝」の復元図と対比すると解しがたい矛盾がある。田地の種類からすれば「河宝」No.441正伝寺田一反、No.440経所田一反が、それぞれ「河天」No.148・No.149と対応すると見ればよいのであるが、順序も方角記載もこれと齟齬する。この矛盾はどうしても解決できず、うまく納得できる「河宝」の復元図の方を正しいと見て、「河天」の復元図はNo.148とNo.149の位置を入れ替え、その方角記載に傍注（ママ）を付しておくことにした。その後につづくNo.152～No.158は、溝を越えて北の区画に問題なく当てはめられ、「河宝」との矛盾もない。これで、不明であった字「卯花」のNo.136～No.144の在り場所は、No.145より南に字限図が空白で残る形になった場所であろうという推定がついた。そこへ方角記載にしたがって当てはめて見ると、きわめて適合的に復元図が作成できることがわかり、問題は解決し、同時に「卯花」という字名のありかも明白になったのである。

ついでNo.158の次行には集計が入り、つづいてNo.159一反には「林乾一、石岡」とあって、ここからは十一月三日分となる。「林」は既知であり、「石岡」も「河宝」No.550に注記されている字名である。したがって場所の特定はさほど難しくない。それにNo.160～No.162には千寿大夫・周防守・信濃守の往来田が連続している。No.165・No.166も熊千代大夫と大監物丞の往来田である。この五者のうちで宝徳当時の往来田と同定できるものを大宮・小山両郷の検地帳を含めて探すと、信濃守は対馬守（対馬前司）と熊千代大夫が愛益（愛増）大夫と一致することが判明するので、位置はこれで確定する。すなわちNo.159はNo.144の西に接する位置を占めるのである。No.167～No.169の位置も方角記載と「河宝」復元図を参照することで難なく判明する。No.170は「河宝」では空白で残ったが、この「河天」では「立紙田切、乾」という記載に拠ってNo.168・No.169の西に置いた。「立紙田切」とは、この田の西南へ少し離れた霊御川南にくることになるNo.180に「立紙田、但両所有之」とあるのと対応するのである。よって「河宝」の復元図にも、空白が残っていたところに、そこがNo.545（立紙田）の一部であることを記入することとした。

このあとはNo.195に至るまで、方角記載と「河宝」の復元図との相互対比で容易に作業が進んだ。そしてその結果として、「河宝」No.568のつぎにある紙継目（五五）部分に本来あったはずの料紙一枚に記載されていたのは、「河天」のNo.136～No.144とNo.172～No.175に相当する一町歩余の田地であることも、ほぼ確実に推定できることになった。これらの田地の東南に林の集落が存在したのである。

No.196は「中道、山神北」所在の亀鶴大夫往来田一反である。しかし「中道」も「山神」も未知である。また、大宮郷の場合は「大天」に亀鶴大夫往来田が一か所（No.174）現われ、それは「大宝」の加賀前司往来田に相当するが、「河宝」では加賀前司往来田は記載されていないため、そこから位置の見当をつける手も使えない。そこでこれまで同様に先の方まで点検して手がかりを探すことになった。するとまず目立つのはNo.199からNo.201まで壱岐守・因幡守・隠岐守の往来田が連続していることである。また、字高橋の近くと考えられるNo.211半は志摩守往来田、No.214・No.215も左京進・右京進の各往来田半であり、No.222に治部少輔往来田が出てきてからは、尾張守・伊予守・因幡守・縫殿助・弾正少弼・縫殿助（「但両人」の注あり）・雅楽助・松寿大夫・遠江守・左馬助と多数の氏人の往来田が連続する。これら一〇数人の氏人の往来田が、宝徳当時には誰の往来田であったかを、全部ではなくてもできるだけ突き止めることが、この箇所の四〇筆近い田地群の図上復元にとって大きな意味を持つことは、これまでの例と変わりがない。

そこで往来田の相互対比が可能な河上・大宮・小山三か郷の検地帳とその復元図をすべて駆使して、これを追究してみたが、遺憾ながらこれだけ多くの往来田が並んでいるにかかわらず、他の二郷では同定できても、肝心の「河宝」では該当の往来田を見つけることが不可能なケースがきわめて多い。結局見つかったのはNo.222の治部少輔往来田と「河宝」No.522の命千代大夫往来田、No.230の松寿大夫往来田と「河宝」No.514治部大輔往来田の一致が確認できただけである。つまりこれは「河天」には記事があるが「河宝」には欠けている部分がたいへん多いということを意味すると考えなければならない。しかもこのあたりすなわち地籍図の字箱ノ井・一ノ井の字限図は、条里制的地割などではなく田地が不規則な並び方を示している。こうなると右の二枚だけの往来田が同定できるだけでは、事は簡単には運ばない。若干の字名とか方角記載・溝の所在を示す記事などを洩れなく駆使して、字限図に当てはめ可能な地図を自分で作る工夫をするほかには手段が残っていないのである。検地帳の記事に即した図形を一部分ずつ白紙に描き出し、字限図の図形と比較してああでもないこうでもないを繰り返し、それでもなお田地群全体がこのあたりに存在することは示せても、一枚一枚の田地の並び方に関してはいまだに不安の残る地図しか作れなかったというのが正直なところである。いまはその段階で諦めてつぎへ進むしかない。

「河宝」と対照して並行的に作業をやり、双方に矛盾のない復元ができる箇所は、No.233あたりから先である。そのNo.233は「次巽、間有溝」とある鶴光大夫往来田一反であるが、別に「灯木」という字名が記されている。この字名については他に関連する史料は見つからないが、往来田そのものは、大宮郷の例により宝徳三年当時鶴千代大夫が給主であったことを検証でき、「河宝」ではNo.510に当たることが判明する。よってNo.233はそれと同じ箇所に確定できる。そのあとは「河宝」と対照しつつ方角記載その他の記事をたどってゆけば、字限図への当てはめはさほど困難なく行なえる。何例か見いだされる往来田については、すべてについて同一であることを立証することはできないが、No.241駿河守往来田は「河宝」のNo.496宮有大夫往来田と、No.246幸寿大夫往来田は「河宝」No.506万徳大夫往来田と、No.248兵庫助・No.249亀千代大夫・No.250兵庫頭三者の往来田は、「河宝」No.501命有大夫・No.502慶若大夫とNo.504常陸守の各往来田とそれぞれ同定できるので、それは作図に誤りがないことを証明するものといってよい。No.256とNo.258は「河宝」の復元図では空白になる部分であるが、少し先のNo.261左衛門大夫・No.264中務大夫・No.269左馬助・No.279鶴寿大夫の各往来田が「河宝」No.489阿波守・No.483孫若大夫・No.484初石大夫・No.485竹松大夫の各往来田と同定でき、よって関係部分が正確に復元できたことは既に前項で触れた。No.269に単に「次西」としか指示されていないにかかわらず、それを正受寺西のNo.268のすぐ西ではなく、離れた道際に据えたのは、その際の「河宝」との対比による同時的作業の結果である。No.268の東に残る空白は、「河天」には何らの記事も見られないが、やはり宝徳三年当時と同様に池もしくは湿地であったものと推定される。

なお、「河宝」では何も記事が見つからないので触れなかったが、ここではNo.267一反に「正受寺坤」という位置指定があり、さらにこの田地から東へ六〇メートルほど隔たったところに位置することになるNo.310太郎大夫往来田一反には「正受寺藪東」と見えていて、ちょうど両者に挟まれた区域が、周囲の復元を終えた時に空白で残ることが明らかになる。これは「河宝」においても少々広狭の差はあるものの同様である。すでに右記のとおりで、触れるまでもないが、ここには正受寺とその境内に属する藪が存在したのである。この寺は現在は廃絶して地図にも跡形もないが、明治二十二年測量の二万分の一地形図「京都」には、この場所にまさに藪が確認でき、その中に一個の建物があったことを知り得る。私はある程度河上郷復元図の下書きができた時（たぶん一九六〇年だったと思う）、その辺に藪が残っているかどうかを確かめるために、地図で見当をつけた付近へ行ってみたが、藪のごときはまったく見つからなかった。しかし、ちょうどこのあたりと思われた場所が、周囲とは一段高くなっていることが確認でき、折よくその場所で畠を耕しておられた三〇代くらいの女性（迂闊にもお名前は聞かなかった）に、「この辺に寺があったということをご存じではありませんか」と聞いてみたところ、「わたしは他所から嫁にきたので知りませんが、うちのお祖父さんからそういうことを聞いています」と教えられた。ただ、寺の由緒についてはその後も尼寺であったことを除いては知り得ないままである。

つぎにNo.271～No.280は、三本ばかりの畦畔を推定で引く必要はあるが、方角記載を利用して「河宝」との並行作業をやることにより解決した。No.277・No.278の「供田」が「河宝」No.332・No.333の「経所田」と一致することは、復元の結果が正確であることの証左となろう。つづくNo.281～No.287の部分は、「河宝」には記載されていない田地である。方角記載をたどって復元するより外はない。すべて「次北」であり、最後は「垣内」である。字限図が示している田地の形状はきわめて複雑であるが、田積を考慮して適当と思える当てはめを行なった。おそらくこれ以外の案はなかろうかと思う。ただNo.286には東北の一区画が加わる可能性は残っている。場所はちょうど神光院の西で、前掲の明治二十二年測量の二万分の一地図は、全体の形としてはこういう様態を示す田地が、この場所にあったことを証する。地勢および田地の形状、「河宝」では田地が見られないことなどから推測すると、ここは一世紀の間に新たに開かれた田地ではないかと思われる。十一月三日の検地はこれで終わっている。

翌四日の検地は字「石岡」の地から始まっている。No.288は「巽一」にある供田二反である。石岡という字名はNo.159

の位置指定に「林乾一、石岡」とあり、「河宝」№550にも記されていた。その両方からみて林の集落の西から西北へかけての区域を呼んでいた字名であったとしてよい。それで№288の在所は特定できる。№159の北の溝・道を越えた場所である。「河宝」では№446・№451の「経所田」各一反を合わせたものに相当する。これが確定すると、あとはまた方角その他の記事と「河宝」との対照によって、順調に復元が進行する。「河宝」№455の半が「河天」では№292の一反であり、前者の№446一反が後者では№294の小に相当したりする田積の差異はまま存在するが、これは「河宝」と「河天」のみならず、一般に宝徳の地からみ帳と天文検地帳との間に見られる通例といってよいので、さほど異とするに足りないことは、これまでの多くの事例が物語っている。№319までは、正受寺の東北にあたる№313と№316・№317の間に、どうしても田地一枚分の空白が生じてしまうのが唯一の問題点である。しかし、「河宝」と対比して往来田の位置にも配慮した配置をやると、どうしてもここは空白にせざるを得ないのである。「河宝」では西祖庵の田地一反半がここにあるので、「河天」の検地洩れもしくは記帳洩れではないかと考えられる。

№320の一反には「フカ田ヨリ初」とある。泥の深い田地であったことを推定させるが[6]、その位置はまだ復元が済まずに残っている部分で№319までの田地に近いところと判断してよく、同時に№322〜№326の「供田」の連続などを「河宝」と対比することで確定する。あとは再び「次東」が連続するのにしたがって進めばよく、№326に「袴田、間有溝」とあるのも、中央を横切る溝を跨ぐ形になる地勢とぴったり符合する。№329まで「同前」である。ただし、この箇所を「河宝」と対照すると、№328の「往ー」田一反と「河宝」№457又彦大夫往来田一反とが同じ田地であると判断されるので、そうするとここで「河宝」の№457と№458が入れ替わっているか、「河天」の№328と№329とが入れ替わったかどちらかであると考えないと辻褄が合わないのである。№328の「往ー」が他と違って氏人名を欠いていることは、後者の可能性を示唆するものかもしれない。疑いはあるが解決の手段はないので、復元図では何も手を加えず、双方とも原本の記事そのままとしてある。また、№330には「同前（袴田、間有溝）」とあるので、№331の西にある半反ほどが北の№330の一部であるとみなした。これも「河宝」とは齟齬するが、忠実に記事にしたがえばこれ以外に方法はない。No.332・No.333はすでに前項で触れたとおり、「河宝」同様に字限図の畦畔の縦を横に割りなおして配置した。

No.334は、「次北、間有溝」の指示にしたがえば、No.328～No.330の北にくる。あとは「河宝」で二枚一筆であったものが一枚ずつ二筆に分かれるようなケースはあるが、例のごとく方角記載を追って当てはめをやって行けば問題はあまりない。No.351が「帝尺堂坤」でしかも田積わずかに一〇歩なのを、「河宝」No.339の一反と同じ区画に置いたのは、不都合といえば不都合であるが、これはその区画の東北隅の一〇歩であると受け取ることにすれば問題にはならないと思う。引き続きNo.352～No.358については、やはり「河宝」に比して田積が細分されているため、推定線を「河宝」とは異なった引き方を必要としたところがあるが、No.359～No.365につなげるためにはこれが妥当と思われる。

No.366は「角田」二反ということから、東北に位置する「河宝」No.304の「角田」二反に相当することは間違いない。以下No.379までは、往来田の対比などから見ても「河宝」と基本的に一致する配置が容易に完了する。No.380は「次東、間有道」という記事から位置はすぐ確定するが、他に「但、櫨木榎アリ」という注記があり、これは復元作業をさらに続けていったときに、道を隔ててその真北にくることになるNo.407の「櫨榎北一」とあいまって、ここの三叉路に当たる場所に「櫨榎」の名で呼ばれる目印になるような榎の木があったことを物語るものである。No.420に「榎艮一」とある「榎」もまたこれを指すものに相違ない。これよりNo.406までは方角記載をたどりつつ字限図を埋めればよく、それによって既に復元が完了した南部の田地と齟齬なく連結し、合わせて田尻の集落の場所を浮かび上がらせることになるのである。

No.407は右に触れたとおりの位置にあり、そこからNo.419までは方角記載のとおりに復元できる。No.420も右記のように「榎艮一」とあることから、探すのに手間はいらない。そのままNo.426までは引き続き無難に位置が確定できる。ここまでで十一月四日の検地は終了している。

五日の検地は「寳幡〔幢〕院巽東」にある「御袖田」一反から開始された。この田地は「河上大通」の西に残っている復元未済部分の字限図を、検地帳の記事の方角記載その他と照合することで、容易に位置を特定できる。「河宝」No.306

に相当し、それには「新袖田」とある。以後検地はNo.445に至るまで、北上しながら「大通」西の田地を一枚ずつ調べて行く。その北にある三角形の田地は、すぐ西に入るNo.469掃部頭老者田の一部であることは、前項で言及したとおりである。

「中坊北一」とあるNo.447の在所はすぐにはわからなかったが、No.449からあとの田地の配置を字限図・「河宝」と対照して考えることによって、そちらを先に確定し、そこから推測して神光院の北東に位置することが判明した。「中坊」は神光院の坊舎の一つであると思われる。No.454からNo.470に至る間の田地の復元は、「河宝」と対照してさほど大きな問題もなく終えられたが、つぎのNo.471以降は「河宝」には出現しない田地もあったし、同定できるはずの「河宝」No.206〜No.228と「河天」No.484〜No.493とが、前項で述べたようにどうしても合致しないところが出てくることなど、多少の問題点があった。まず、No.471の位置が容易に確定できないところがある。この田地は半で「角社下一、両所在之」と記されている。地籍図には字角社が出てくるし、現在の町名にもそれは残っているが、場所は神光院の西南で、したがって「角社」は大将軍神社であるとされている（『京都市の地名』〈日本歴史地名大系27〉一九七九年）。「山州名跡志」（『新修京都叢書』）には葛野郡の部に「須美社」をあげ、「在二同所北端二町許南民家西一。社東向所レ祭未レ考例祭三月十日」云々と記す。ここに「同所」というのは一つ前の項目に見える「山森西南田間」所在の「二子塚」を指すと思われるので、前項で触れた山森神社の付近（字山ノ森）から見て西南方の田地の中にあったという塚（「河宝」No.207にいう「ツカ」に当たる可能性があることは前項でも述べた）の北端（つまりは塚のある場所を含む田地群の北端と解される）から二町ばかり南ということになると、たしかに大将軍神社がそれに当たる可能性はまんざらなくはない。しかし、ここまで復元を進めてきた結果に照らしていえば、これは当たらないと思われる。第一に検地は大将軍神社の近辺はとっくに終了したのであって、わざわざそこまで後帰りするのは不審である。それに神光院の北方を東西に通る道路（地籍図の字大深の北界）まできっちりと検地を済ませた上で、つぎに調査を移す場所としても、これは不適当であること明白である。私見では「角社」は大将軍神社ではあるまいと思う。

そうなると、あとは多少当てずっぽうになるのは承知の上で、字限図を見てもっとも当たる可能性のある場所を探し、そこに一連の田地群を置いてみることしか方策はない。かれこれとやってみて、最終的にたどりついた案が復元図に記したものである。No.474からNo.478までが北へ並び、その西に「カキテ」（鉤手）型の田地があること、No.482の「次東」をNo.480から見た東とすれば、No.483の「次北、間有道」もそのとおりに受け取れることなどから、私はこれが妥当な置き方だと考えたのである。それが承認されるとすれば、No.471〜No.473の三枚の田地は、いくらか不正確なところは避けられないにせよ、畦畔を推定して書き込むことは困難ではない。図示のとおりである。これで「藤森、南一」とあるNo.484からあとの田地群へのつながりもスムーズに納得できると言ってよいだろう。これを前提として「角社」の位置を推定すると、不確実さは残るが、大体は西の山際を雲ケ畑方面へ北上する道と、前述の字大深の北界を通る道とが交わるあたりということになろう。一般的に神社の立地を考えてみたとき、私にはどちらかといえば道東より道西の山際がふさわしいように思えるので、復元図にはとりあえず鳥居の印を疑問符つきでそのあたりに描いておくことにした。

No.484〜No.493の部分は、前述のとおり「河宝」とは必ずしも整合的でないところも部分的にはあるが、「河宝」の場合同様それにはこだわらずに最善と思われる田地の配置を試みた。No.494からNo.500までは「河宝」の復元と相互対比の上図示している。不審はNo.498の方角記載が「次南」とあることであるが、この位置以外にはずらせないので、やむなく傍注（ママ）を付した。No.496の遠江守往来田が「河宝」No.205の山宮鶴大夫往来田と一致することは、大宮・小山両郷の場合を参照することにより立証できるから、この配置に大きな間違いはないはずである。

つぎは「河上下、備後守往ー」と記されるNo.501である。これは「河上下」という場所指定があること、No.506まですべて「次東」へ田地が並んでいること、その中にあるNo.505の福増大夫往来田は、大宮・小山両郷の場合に宝徳の地からみ帳の亀石大夫往来田と同一田地であることが確認できることなどの特徴から、既に「河宝」で復元済の字水垣西北部の田地に当てればよいことが判明する。あとは「河宝」と対比しながら復元すればよく、そうするとNo.501の往来田とNo.510の老者田とが「河宝」No.125の台飯田二反に相当することになるが、往来田とかそれの一種ともいえる老者田が、かつては台飯田であったという例はこの場合だけではなく、ほかでも例を拾うことができるので、それが復元の妥当性を妨げることにはならない。これでNo.510までが確定し、「次南」のNo.511をそれ以外に置場のないNo.508の南に位置させれば、以後No.528までは大体芋蔓式に配置が可能になる。

つぎのNo.529は「杉木之辻子、巽一」と場所が指定されている。この字名は未知のものであるが、つづく「次南」No.530・「次東」No.531はいずれも往来田であり、その南部にはNo.532・No.533・No.534と計五反半の「供田」(「河宝」では経所田)が存在する。そういう場所を「河宝」の復元図の上に求めることは、ここに至ってはまことにたやすい。No.529は「河宝」No.237と同定できる。一世紀前に「目次郎垣内」と称された地は、ここでは「杉木之辻子」に変化しているのである。この点は前項でも指摘しておいた。以下はNo.569に至るまで、方角記載と「河宝」の両方を参照すれば、賀茂川西岸に存在する復元未済の部分について、字限図の地割に即した復元がものの見事に完成する。

No.570は「柿木」所在の修理亮往来田であるが、字柿ノ木は現在の町名に残っており、かつ修理亮往来田が地からみ帳の阿賀大夫往来田と一致する田地であることは、これも大宮・小山両郷の場合について確認できるところから、その位置はNo.507の東で堀川沿いの場所に特定できる。そしてNo.601に至る間の賀茂川と堀川の間に挟まれた地域の復元は、推定で畦畔を引くしか術のない賀茂川沿いの区域を含めて、「河宝」との相互対比によりすべて成し遂げることができた。その間堀川西岸を南下してNo.537に至り、南のNo.413大夫将監往来田一反と接したところで、十一月五日分の検地が終わっている。翌六日は二本に分かれた堀川の流れを越えてすぐ東にある字「柳本」へ移動して開始され、No.601までを検地している。詳細は復元図に譲って省略するが、往来田・神人給・奈良田・供田などの位置が各個に「河宝」の場合と基本的に符合する結果になっていることが、妥当な復元ができていることを立証すると思う。

最終日となる七日は、前項でも触れている「梁瀬」の「巽一」から開始されるのであるが、これからあとの一一〇余筆の復元は、全体では「河宝」No.1～No.115に該当するはずである。「河宝」の復元ですでにたいへん苦労した部分である。今度は逆の方角からそのあとをなぞりつつ字限図への当てはめをやって行くのであるが、やはりなかなか難しかった。両方の検地帳に出てくる田地を同定するためには、ここでも往来田の同一性を生かすことができれば有り難いのであるが、その往来田はきわめて少なく、全部で一四筆しか存在しない。そのうち他郷の場合を参照して同定できるものは、No.618駿河守・No.620備後守・No.627讃岐守・No.633筑後守・No.641右近大夫・No.681大蔵少輔の各往来田が、「河宝」No.96宮有大夫・No.94備中守・No.85幸若大夫・No.80土佐守・No.71池千代松大夫・No.23幸徳大夫の各往来田に一致する六例のみである。それでもわからないよりはよほどましで、ともかくいくつかのポイントは押さえられることになった。最終的にはこれがたいへん役立ったといってよく、それがなければ「河宝」の復元図との対照も完全にはなし得ず、この部分の復元はうまくできなかったに相違ない。

さて、まずは「梁瀬」所在のNo.602からNo.609までの八筆であるが、これは前項で述べたとおり字限図が利用できなかった場所で、やむなく大まかな道・溝などの所在しかわからない地籍図を白地図と見立て、そこへ畦畔を推定で入れて行くしかなかった。「河宝」の記事との比較対照が唯一の方法で、まったく手探りで進めることになったが、どうにか双方に矛盾のない作図ができたと考えている。詳細は前項に譲る。

つぎは「横枕、西一、但間有河」と記されるNo.610一反からNo.629までが一つのグループとして扱えそうである。第一にこの部分には五筆五反の往来田があり、そのうち、No.618の駿河守・No.620備後守・No.627讃岐守の各往来田については、前記のように「河宝」のものと同定できる。そして前二者にNo.615内蔵頭・No.619雅楽助の往来田と他の種類不詳の田地No.616・No.617各一反を加えた計六筆が、「次北」でつながっているという特徴がある。さらに「間有河」・「間有道」の注記が計三か所に見られることも大きな手がかりになる。結局ここは前項で苦労して復元した「河宝」No.83～No.105・No.107に相当することが、主として右の往来田の同定が足がかりとなって判明した。また「河宝」には「山杜田」によって囲まれる「林」(山森神社)のごとき手がかりが存在したが、「河天」にはさような記事はまったく無く、したがって単独では復元は不可能であったろうから、「河宝」の復元図を活用できたことの意味は大きかった。

ここで注意しなければならないのは、「河宝」のNo.116〜No.124に相当する部分（地籍図では字山ノ森の南端部）が、そっくり空白のまま残ってしまうことである。四至を道・溝と堀川に囲まれた計約一町歩の耕地なので、これは検地のやり残しである公算が大きい。記帳洩れと考えられるかも知れないが、もしそうとすれば、順番から判断してあり得るケースはNo.602の前しかない。しかし原本を調べると、該当の場所は落丁のあり得ないところであり、かえって十一月七日の検地の冒頭であることが注意を引く。私見ではここで検地洩れが生じたとしか思えないので、復元図にはそのように記入した。

つぎへ進むと、No.630は「河上北」にある六〇歩であるが、これには「無也」という注が付されている。「河上さ衛門大ー」という作人名は記帳されているが、実際には収穫のない田地だったのであろうか。「河上北」とだけではやや漠然としており、ただちに位置を決めることはできないので、少し先を見ると、「次北」一反は右馬助往来田、「次北」に一反半があって、つぎも同じく北に連なるNo.633一反筑後守往来田である。田地が南から北へ四筆並んでおり、うち筑後守往来田は「河宝」No.80土佐守往来田に一致することが判明しているから、これを利用してまず北の三筆を「河宝」にならって配置することが可能である。そうすると、最後にNo.630の位置も決まった。字限図に田地の地割は見られない場所なので、然るべく推定線を引いて、まさに河上里の最北端部に置くことになった。ここでNo.631の右馬助往来田が「河宝」No.82の鶴夜叉大夫往来田に相当することも初めて確認された。ただ、「河宝」No.83飛鳥井田半に該当する田地は発見できず、場合によってはそれをNo.632に含ませてしまう方がよいのかとも考えたが、記帳から落ちた可能性も無視できず、最終案としては該当部分を空白で残し、（脱カ）とした。

つづくNo.634小は「次東、間有溝」とあり、さらにNo.635一反も「次南、間有溝」となっている。No.633を基準にすると、そこから溝を挟んで東北にNo.634、さらにもう一度その溝を越えて南、したがってNo.633の東側にNo.635が位置していたというイメージが浮かんでくる。そういう状態を想定して「河宝」の復元図を見ると、No.634を置くべき場所は南北に細長い区画で、No.77の東山厳蔵院の田地二反が位置している。二反と小とではあまりに田積が違いすぎるので、最初はこれでは駄目かと思わされたが、「河宝」No.77は「新開、堀川畔」であるから、不安定耕地であり、一世紀の間に河成となった部分が多かったと推定すれば、この当てはめは必ずしも無理ではない。最後はこの見方に従うことにした。そのつぎにNo.636〜No.640の部分に移るが、この中では唯一No.636半だけに「絵師田」という田地の種類が記されている。「河宝」の復元図でこの部分に該当すると思われるのは、No.73〜No.78であるが、そこではNo.74・No.75が絵師田となっているので、そのどちらかに相当する確率が高いと思われた。他の田地の並び方をも対照して考えると、前者とするのが妥当のようで、そこへ当てはめると、あとの田地は方角記載のとおりに配置すればよいことになった。ただ、「河宝」においてはNo.73に含まれるものとみなした北部中央の小区画二枚が、この場合にはNo.639小・No.640卅歩に該当することになり、そこに差異が生まれるし、またNo.636はNo.635から見て「次北、間有溝」であるけれども、溝を越えてすぐではなく田地一枚を跨いだ場所に来ることになり、そこに空白ができてしまうのである。前後を調べさらに考えてみたが、結局これはやむをえないと見る以外になく、No.636の南、「河宝」ではNo.78半経所田に当たるところは（脱カ）とした。なお、No.637九〇歩は「次西、間有溝」とあるので、「河宝」をも参照して東側の畔畔に沿って溝の推定線を描き込んだことは、前項でも触れたとおりで、宝徳三年当時は「一ノ井」と呼ばれる用水だったのである。「河宝」では山際にあったNo.76の雲林院田三反は「河天」には記事がない。

No.641は右近大夫往来田一反である。これはすでに「河宝」No.71池千代松大夫往来田と一致することが明白になった田地なので、No.637・No.640のすぐ北の該当位置に置けばよい。この場所は字限図に長地型の田地の並びが見られ、「河宝」では東へ順に三枚半反ずつの神人往来・太田鎮守田・絵師田が並んでいた。これを当てはめるために畔畔一本を推定したことは前項で述べているが、「河天」では「次東」へ並ぶのは二枚だけで、うち東にあるNo.643のみ田地の種類がわかり、「絵師田」である。「河宝」でも東端の一枚が絵師田なのでそれはちょうど当てはまってよいのだが、そうすると一枚分の区画が空白になる計算になり、辻褄が合わない。推定線を除くことも考慮はしたが、それよりここも（脱カ）としておいた方が無難と見て、その処置をとった。

つぎはNo.644以降である。ここの田地数枚分が該当する場所は、字限図に詳細な地割が欠けていて、「河宝」ではもっぱら方角と田積の記載をよすがとして推定線を入れたのであるが、ここにきて初めて「河天」との突き合わせが可能になったので、双方を対照してみると、推定線の半分くらいは引き直しをした方がよく、したがって「河宝」の復元図も若干修正を要することがわかった。No.644は「河宝」No.68と同一とみなして、変更の必要はない。しかしNo.645一反が「次北」なのはよいとして、No.646半は「次西」、No.647小は「次艮」である。しかも「河宝」では南から三枚目とした田地No.65にある注記「此内半ハ経所上在之」に当たる「両所在之」は、「河天」では二枚目のNo.645に付いている。これではどうしても割り直しを要求されることになる。そこで、「河宝」・「河天」のいずれにも齟齬なく当てはまる推定線の引き方を考えてやり直したのである。単純に東西方向の線を引いていたのを、縦に入れたり斜めに引いたりという結果になったが、ともあれうまく納まった。ただし、「河宝」No.62の経所田一反が位置する場所に、「河天」では一反ずつ二枚に分かれた供田が入るという一種の矛盾（田積の差異）が起こる。「河宝」の復元図で一反分を空白とすべきかどうか悩まされたが、とどのつまりは二枚を一反とみなすことで無理やりながら空白は作らなかった。疑問は残るがやむをえない。ほかには「河宝」No.66半図師田に当たる田地が「河天」には出てこないこと、No.650の「次西」つまり山側にNo.651の「ム、」と記された田地が位置し、これは逆に「河宝」には記載がないという差異がある。いずれにしても山際のことなので、かつて存在した田地が荒地化したとか、あるいは畠地として使われていて記帳されなかったとかいうような事情が介在するのであろうが、それを詮索しても解決はできない。

つづいてNo.652以降の部分に移行するが、かなり先のNo.679に「地蔵本堂上」として「半　新開」が登場し、以後No.691までは南へ南へと検地が進められているので、これは別に検討する必要があると思われる。したがって差し当たりはNo.678までを一括して検討することになる。ここはかの半山の周辺である。すでに前項で触れているが、「河宝」では半山の北側と西南部分とに当てはめられるはずの田地を記載していた料紙が欠けたとみられ、復元図に空白のまま残ってしまったところがある。「河宝」の復元図との対比が有力な足がかりになるだけに、これはかなり障害になりそうな予感があったが、手探りでもなんとか作業を進めるしかない。まず初めに考えたのは、「河宝」の復元では半山の西側に長地がかなり並んでいるので、それに当たる田地の並びを「河天」所載田地の方角記載に見つけられないかということであった。調べてみてそれは結局No.665からNo.669までが「次西」へ並び、ついでNo.670からNo.673までが逆に「次東」へ並ぶという配列に相当すると考えられた。つぎにはこの範囲で「河宝」の場合に合致する田地の種類がないかを探してみた。「河天」では田地の種類が記載されているケースは少なく、この中ではわずかに三例しか見つからない。すべて往来田で、No.666の兵衛大夫往来田半、No.667の左馬助往来田半、それにNo.670の鶴寿大夫往来田半である。一方「河宝」では、該当するあたりに見つかる往来田はNo.48の藤光大夫往来田一反しかない。しかもすでに検証済の、両検地帳で同定可能な往来田は、ここには全然ない。これは簡単には行きそうにないと思ったが、しかしそこを押してもう一歩進めることを考えてみるしかなかった。そして気が付いたのは、No.666とNo.667は隣り合わせの関係にあり、田積はいずれも半なので、この両者を合わせたものが「河宝」No.48一反に当たるのではないかということであった。ただちに確定することはできないが、とにかくこれでやってみたらどうだろうと考えて当てはめをやると、これは結構うまくゆき、妥当な想定であることがわかったのである。

つづいてNo.670からあとの東へ並ぶ四枚である。初めのNo.670は「次北」の半で、これが往来田であることは右に見たとおりである。当然ながら南に或る田地一枚があって、そこから北へ上がり、その後三枚が東へ並んでいるはずである。この田地の並び方は、「河宝」のNo.43からNo.46までの田地を、「河天」とは並ぶ方向を逆にしてみるとぴったり当てはまるものである。No.670の鶴寿大夫往来田半は、「河宝」のNo.46丹波前司老者田に当たるということになるが、老者田は氏人中の老者だけに支給される一種の往来田であるから、そこに矛盾はなく、むしろこの想定が妥当であることを証するものといえる。これで半山の西側がかなり復元できた。つづいてNo.674からNo.678までは北へ並んでおり、No.676一反には「次北、有道」とあるので、この田の南を道が横切っていたことになる。そして初めのNo.674は「次西、有両所」とある妙観寺田大である。これは「河宝」No.42の「大　妙観寺」に当たるとみてまず間違いなく、No.673から見た方角も矛盾はない。これが押さえられたことによって、北へつづく四枚の田地も正確に措定できることになる。地籍図に描かれている道は、まさしくNo.675とNo.676の間に入るのである。これがわかった結果、先に行なった「河宝」の該当箇所の復元で、No.41に「次西、東西へマハシテ」とあるのと二反というその田積とから、うち一反分が道の北に位置すると見ていたのが間違いであることが明らかになった。田積こそ違え、この「河宝」No.41二反を「河天」No.675一反と同一田地であるとすれば、「河宝」No.40の「次南ノ岸極」という位置指定も矛盾することなく納得でき、右の「道」に沿って溝があったことが判明するし、「河天」No.676が「河宝」同様に往来田であること、No.678半は貴布禰田であるが、これは「河宝」でも同じく貴布禰田（No.38）であることが明らかになるのである。「河宝」の復元では、溝の筋道を想定するのに大分苦心したが、これでもっと明瞭な水路を描くことができることにもなった。当然「河宝」の復元図には修正を加えたのである。

ここまでが確定できたため、今度は「蛙本、南一」とあるNo.662一反、「次北」のNo.663神夫田二反、「次西」のNo.664の供田小の置き場所も推定可能となった。図示したように想定したのであるが、これでNo.665の「次西」一反の位置も一層確実なものとなったし、不明であった字名「蛙本」の場所も判明することになった。ここは「河宝」では料紙が欠けていることを推定した部分であるが、その推定が誤りないことも同時に立証できたと思う。あとは「次北」という方角記載によってNo.650・No.651の北に来ることが確定的なNo.652からNo.661までであるが、これはもう半山の南以外に該当する場所はなく、方角記載をたどって矛盾を生じないように田地の配置を試みればよいのである。図示のとおりで贅言は不要であろう。

つぎはNo.679〜No.691である。前述したとおりNo.679半は新開田で「地蔵本堂上」にあり、以下方角記載では順次南へ検地が進行したことがわかる。そして幸運にもNo.681半の大蔵少輔往来田が「河宝」No.23幸徳大夫往来田に一致することはすでに立証済である。これでこの一群の田地が「河宝」No.22〜No.37の田地群と大体において同じ場所にあることは間違いない。あとは「河宝」復元図を参照しながら字限図に当てはめをやって行けばよかった。結果としては、「河宝」の方に山際の新開田などが余分にあるなど、多少の出入りはあるが、ほぼ無難に復元を終えることができた。最北部の葛ケ淵上にくる№679は「河宝」にはなく、それは「新開」であるためだということも明らかである。この田地の位置は道の西に動く可能性も多少は残っているが、「次南」とある№680の二反との関係からすると、図示した場所がもっとも妥当であろう。地蔵堂は東沿いの道のかたわらに存在したはずである。しかし、今は痕跡も見当たらず、伝承もない。(7) 賀茂川の西岸の検地はこれで完了した。

№692の埒田四反には「毛穴」とある。これが現在の上賀茂毛穴井町につながる地名であることは、前項ですでに述べた。ここでは№495までの四筆がこの字名所属であったとみなされる。田積にして六反半である。「河宝」ではここに五筆計六反半の田地があったから、両者はほぼ一致するものと考えられる。最初の埒田四反は、「河宝」の№17・№18の台飯田計四反に該当するとしてよさそうに思われるので、そこに置くとして、つぎの№693一反は単に「山森貴布祢御灯田」としか記されていないので、どこへ配置すればよいかすぐにはわからない。しかしそのつぎは「次東」半、次もまた「次東」の一反となっているので、それを含めて在り場所を考えると、№693の北に三枚が並んでいたとするのがもっとも妥当である。とすれば図示したような配置になろうかと思われる。ただ、一枚ずつ西へずれる可能性はあり得る。

ここまで進めてきて、私は今度は未完のままに残してあった「河宝」の巻首部分、すなわち№1〜№16の計一町六反三〇〇歩の復元に再挑戦を試みた。もっぱら方角記載と田積とを頼りとして、大体見当をつけた地籍図の字葵森北部からもう少し北のあたりの字限図の上に、適合的な地割が見つけだせないかという、かなり当てずっぽうな実験である。したがって、またぞろああでもないこうでもないを繰り返すことになったのは当然であるが、それでも今度は最後にこれでよさそうだという案にたどりつくことができた。その結果は復元図に示したとおりで、方角記載にしたがって記載順に確かめてゆけば、一応納得できる案になっていると自分では考えている。この案の決め手になっているのは、№13の御手代田三反に「次北、端長田北寄」とある注記である。長い柄の付いた、短くて錐のように尖った刃物を連想させる字限図上の一区画が、もしやそれに当たるのではないかという着想を得て、そこにNo.13の三反を一応配置し、これを起点として、前後の田地の置き方を考えてみたのである。結果からみれば案外うまくいったと評価してもよいのではないかと思う。これは、あとで触れる「河天」の帳末部分に、「御手代」と記されたNo.611一反が出てくるのを、どこに置けばよいかという問題とも密接な関係を持つことになったのである。

あとに残った「河天」の復元未完部分は二〇筆ほどである。これについては「河宝」には対応する記事がない。記事からわかるように新開の田地であったからであると考えられるが、ともあれ、これまでのように「河宝」の復元図を参照して役立てることは不可能なのである。もっぱら「河天」記載内容を字限図のどこへ当てるかだけを考えなければならない。いきおいあてずっぽうに見当をつけるということにならざるをえない。最初のNo.696には「入江新開」とある二反小が出てくる。「寄合田」という特徴はあるが、これは復元の手がかりにはならず、「入江新開」という指定と田積だけで場所を探さなければならない。よって「毛穴」に連続している田地群とみなして、そのすぐ南に見られる字限図の上に置くことができないかを、またかなりあてずっぽうに試みたところ、No.692の南の、周囲を道・溝によって区切られた、大小三枚の田地から成る一角が、大きさと田地の割り方からするとNo.696二反小に該当しそうである。それでここは一応そうと仮定することにした。その後には「山蔵」という字名を肩に付した計五筆がつづく。この五筆には方角記載はないので、これらをともかく一つの字名に属する田地として一括して在所を考えてみる以外に術はない。ここかあそこかと探してみて、やはり田積と田地枚数からの判断であるが、No.696の西で賀茂川との間に挟まれている一まとまりの田地群が、ちょうどそれに該当しそうなことに気がついた。そこで検地帳の記事を字限図に書き込んでみたところ、これでよいという感じになったので、これもとりあえず仮定として先へ進んだ。

つづいてNo.703一反には「銭講開」という新たな場所指定が出てくる。銭講という講組織があって、その講員の手で開墾されたという由来があるのであろうか。つづく田地はいずれも半反で、その方角記載は「次西」「次南」「次東」「次南」とある。またその次のNo.707半には方角記載はなく、代わりに「下橋」とある。これらの田地はどのみち周囲を道とか溝で囲まれたまとまりを見せていたものと推測されたので、またそれを探した。地籍図・字限図で見るかぎり、この近辺にあった田地は、山国街道以西でかつ賀茂川に近い細長い地帯に限られており、その中でNo.696からNo.701までをともかく仮定したことで、字限図に残された耕地の地割は次第に狭まってきて、それだけ見つけやすくなったこともあって、この字銭講開の田地群も、No.696の東に接した一角が、配置にもっともふさわしい形状を示すことが割合たやすくわかった。方角記載の組み合わせを按配して当てはめてみると、すんなり納まり、しかも「下橋」とあるNo.707は、ぴたりと橋の北に接する場所にくる。この「下橋」は、おそらくは約一三〇メートルばかり北で、同じ水路を跨いでいる橋を「上橋」といい、それに対応して名づけられた名称なのではないかと推測される。ここまで決まれば、「次西、間有河」とあるNo.708の位置もおのずから定まる。そして、同時にNo.696およびNo.697〜No.701の位置付けも、仮定から確定へ昇格させて差し支えないことになったといえるであろう。

No.709は「目代林下」という位置指定を持つ田積「九十歩」の「さ馬頭開」である。また、つぎの半には「次南、間有道、社下」とある。「目代林」も「社」も私には確たる位置がわからず、推測するしかなかったけれども、地籍図を見ると「下橋」の東方山国街道付近には竹林がかなりの面積を占めていたことが知られるので、中世にはそのあたりに賀茂社の目代が管理していた林が存在していたと見てもおかしくはない。「社」はその一角に鎮座していたのではないであろうか。まったくの推測ではあるが、ともかくその推測を前提とし、合わせて「次南、間有道」をも勘案し、かつ字銭講開に近いところで、一応二筆の田地を復元図に記入することにした。これは少し動かすこともできなくはないが、その場合もさほど大きな移動にはならないだろうと考えたのである。

しかし、「林」はともかく「社下」というのが引き続き気にかかり、その後見当を付けたあたりへ出かけて行き、音保瀬小学校の北側の農家の主婦の方二人に、近くに古くからの社がないかどうか訊ねてみたところ、得られた答えは貴船神社のほかにはまったく神社はないということであった。貴船神社はそこから東北東へ四〇〇メートルあまり離れた山麓に鎮座する古社である。私はその所在は知りながら、他の田地群がある賀茂川の東岸からは大分離れているため、考慮の外においていたのであるが、言われてみれば再考の余地がある。現在貴船神社の前方はまだ参道の両側一帯が田地である。神社近くの溜池の歴史が戦国期までさかのぼれるものであるなら、No.710はそのあたりにあったとしても不思議ではないし、そうなれば「目代林」は山麓にくることになり、最初の案よりはよほどふさわしい感じがするのである。適否になお不安がないわけではないが、結局最終的にはこちらの案をとることにした。図示したとおりである。

No.711一反は「御手代」と肩書きされている。これはおそらく「河宝」の「御手代田」と同じ場所を指すものと思われ、そうすると、字銭講開の辺よりも大分南へ下がることになる。またNo.712半は「自河北、新開」で、あとにつづく一反・半・大の三筆は、方角記載を欠き、いずれも「同所」とのみ記されている。そこで、このNo.711〜No.715の計五筆は、一括して場所を探すことが必要となる。すなわち「河」を挟んで南に一反、北に四筆計二反大の新開田というイメージに適合的な場所を、「河宝」の「御手代田」の田地群が位置するあたりで求め得ればよいのである。むずかしくていろいろ迷ったが最終的判断は、図示したように一世紀前の「御手代田」のうちの南端部分所在の五反に重ねて置くのが適当というものであった。四筆まとめて「新開」という点に配慮すると、かつての御手代田の中よりも近接地と考える方がよさそうだとも思えるが、もと「御手代田」計一町六反三〇〇歩（私の合計による）と比較すると「河天」のそれは約一町三反歩の開きがあり、それはかつての「御手代田」がいったん荒廃し、あらためて古田の一部が再開発されたという可能性を示唆しているように思えるからである。この想定が妥当なものかどうかを確かめる手がかりはほとんど無いと思えるが、今はあえて推測的私見を述べ、不充分なところは後考にゆだねるほかはない。

いくたびか険路に遭遇した河上郷田地の復元作業も、ようやくこれで終点にたどりつくことができた。

（1）　田積は両帳とも原本末尾に記載されている総計の数値をそのまま引用している。
（2）　第一章第一節注6参照。
（3）　地名に上下を付ける場合は、川の近辺であれば上流が上となるのが普通であるが、ここ上庄田・下庄田に関しては、賀茂川の河端といえる場所を占めながら、これは当てはまらない。西側に山が迫っていて、賀茂川へかけての傾斜がかなりあるため、その傾斜に即して上下が付けられているからである。

（4）ここは「浮田森」とも呼ばれた。「山城名勝志」巻十一（『改訂史籍集覧』）にはこの森について「在二上賀茂ノ乾六七町一、賀茂川ノ西也、祭神三座當時ハ二座、號二山ノ守ノ社一」と記す。なお、一九九五年に執筆した拙稿「中世における賀茂別雷神社氏人の惣について（5）」（『南山経済研究』第九巻第三号）では、この「山杜田」を山守すなわち山奉行の給田、もしくは神社の山の維持管理の費用に充てられる田地ではないかという推定を述べたが、当時は「山杜田」がかような存在態様を示し、「山杜」即神社であることに気づいていなかったための誤った推定であった。ここに訂正する。

（5）本章第三節注3参照。

（6）場所が「フカ田」とは西北へずれるが、地籍図を見ると、神光院の西北に当たるところに大深という字名がある。これは現在の西賀茂大深町の町名にそのまま引き継がれているが、この字名の由来はやはり泥深い田地にあると見てよかろう。明治二十二年測量の二万分の一地形図「京都」では、他の四郷の立地する地域と違って、西賀茂のほぼ全域が湿田であったことを示している。

（7）かつてこの場所を私は二度歩いた。しかし、いざ原稿を書いていて、このあたりに地蔵堂があったのかなかったのか、まったく思い出せない。これはもう一度行って確かめてくる必要があると考えていた時、たまたま藤井譲治氏と食事をともにする機会があり、そういう話をしたところ、その後藤井氏は自分で調べてきて下さった。写真を撮り、聞き取りもして、該当の場所はもちろんもっと拡げた範囲でも地蔵堂などは全然存在せず、近くのお年寄りの記憶にもまったくないという結果を報せて下さったのである。おかげで安心して原稿を書き進めることができた。この紙面を借りて藤井氏のご厚意に心から謝意を表する。

第三章　賀茂別雷神社境内諸郷検地帳の翻刻

本章は、前章で地図上復元に使用した賀茂別雷神社境内諸郷の地からみ帳・検地帳の全文を翻刻することを課題とする。

完成した復元図は、田地一筆ごとの地割りラインをほどこした地図の上に、検地帳の記事をほぼそのまま書き載せたという体のものであるから、それによって同時に原史料の翻刻が行なわれたという性格をもある程度は備えている。しかし他面、地図化によって検地帳としての史料の体裁は大きく崩されてしまっており、地図上復元とは別の観点から、これらの検地帳を史料として用いようとする場合には、多分に難点がある。

また、復元図には、原則として圏点や合点その他の符号等は記入していない。それは、図のなかに記入することが不可能なものがある上、記入可能なものであっても、検地帳自体を史料として検討しようとする場合には、記載順序も即座には把握しにくい地図の上では、不十分な役割しか果たさず、いたずらに煩雑さを増すだけであり、むしろ省いたほうがよいと考えたからである。しかしながら、それらの符号等はもちろん一定の意図があって付されたものであるから、別な形でこれを補っておく必要もある。

さらに、復元図を一つの資料として利用しようとする時、それと即座に対比可能な状態で、元になっている検地帳の記事が傍にあることが望ましいのはいうまでもない。復元図の一部には、遺憾ながらなお不確定の部分が残っているし、ほかにも不測の誤りがないとは断言できないから、今後誰かがそれを再吟味しようとする時にも、その方が好都合である。本章で史料の翻刻を試みる理由はこのようなところにある。なお、「宝徳三年諸郷地からみ帳」（写）については、すでに一度翻刻が行なわれ（『編年差別史資料集成』第四巻、三一書房、一九八四年）、中村・小山郷のものについては、その後、川嶋将生氏が『京都の部落史』第九巻「史料補編」（京都部落史研究所、一九八七年）に再度翻刻された。

翻刻に先立って、底本、掲載順、使用する文字や符号などの表記方法、その他、あらかじめ断っておくべき事柄を、凡例として次に掲げる。

一、底本は、宝徳三年の地からみ帳（写）五巻と、享禄五年岡本郷検地帳一巻、および天文二十年上中村郷検地帳一冊については、賀茂別雷神社所蔵の原本を用い、天文十九年検地帳五冊は、現在その所在が明らかでないため、東京大学史料編纂所架蔵の写本（各冊の奥書に「京都市上京区上賀茂　官幣大社　賀茂別雷神社所蔵昭和九年四月写了」とある）を用いている。

一、翻刻した史料の掲載は年次の順にしたがい、同じ年のものについては、作成の月日にかかわらず、第一章の扱いに準じて、岡本郷・中村郷・小山郷・大宮郷・河上郷の順に掲載した。掲載順に番号を付して題名を掲げている。

一、巻子・冊子の別は、各史料の題名の下に注記した。

一、巻子本に限り、紙継目を ---------- で記入し、その下端に巻首からの順番を（　）付きの漢数字で示した。なお、復元図を作成したことにより、現存の巻子本が仕立てられる以前に、既に失われていた料紙があると推定されるに至った箇所が若干あるが、その場合には、その旨を紙継目の位置に注記した。

一、花押については、縮写掲載の形は取り得なかったため、いずれも該当位置に「（花押）」とだけ記載した。

一、字体は、できるだけ原本に倣うことを原則とし、同字であっても、正字（旧字）と略字（多くは現今通用の字）は必ずしも統一せず、変体仮名も「り」「ゟ」「ミ」「も」「こ」など、頻出する数個の文字は字体を変えずに残したが、他方「經」と「経」、「齋」と「斎」などのように、旧字と現今通用の字との見た目の差異がさほど大きくない場合は、後者を使用し、また、異体字を通用の字体に変更したものも若干ある。重字（踊り字）は、後記するように「〻」を抹消符として用いているため、混同を避ける必要から「ゝ」を使用した。

一、朱書は、上下に「　」を付し、その右肩に＊を記入した。

一、合点は╲、その朱書されたものは⋱、圏点は○、朱圏は◎、黒丸は●、朱丸は◍、朱線は┆（細い破線）で示した。

一、題簽・表紙などは、上下に「　」を加えて、その種類を傍注し、異筆・後筆などについても、同様の方法で示した。

一、塗抹されている文字や符号は、該当箇所に抹消前の文字等を復活し、判読しがたいものは■をもって埋め、いずれもその左傍に小字で「〻」を付した。原本においてすでに文字等の左傍、時には右傍や下部に、小字で「ヒ」と書いて抹消を表現しているものは、そのまま表記した。

一、重ね書きして訂正が加えられている場合は、訂正後の文字を本行に示し、その左傍に・を付するとともに、最初に書かれた文字が判明する場合に限り、右傍に（×）を付してその文字を示した。

一、欠損により判読できない文字は□、字数不明の場合は［　］あるいは［　　］で示した。

一、原文に、誤字や当て字などがあり、他の文字に置き換えた方が妥当であると判断した場合は、右傍に〔　〕を付しその文字を注記した。その他脱字が推定される場合や判読に疑問の残る文字などには、上下に（　）を付した傍注を施し、注の語句の末尾に、もしくは単独で、疑問の意を表わす「カ」を記入した。文字に疑いはないが、文意が通じない場合（ママ）と傍注したものもある。

一、往来田の「来」、太郎・二郎などの「郎」（あるいは「良」）を、片仮名の「ノ」に近い表記に変えて略記した場合がきわめて多いが、前者は「丨」とし、後者は「丿」とした。

一、田地面積を記す場合、ここに翻刻する諸郷地からみ帳・検地帳は、一反を「反」の一字で表記し、その上に「一」を加えたものをもって二反、「二」を加えて三反と読ませているが、その一方で、「二反」はあくまで二反、「三反」はどうしても三反と判断しないことには、辻褄があわない箇所も存在する。これでは紛らわしいばかりか、いちいち注記が必要となる。そのため、この翻刻においては、あえて「反」はすべて「一反」とし、二反・三反も統一して通常の表記に改めた。そのため、原文で「反」の左傍に小字の「ヒ」を付して抹消を表現している場合、ここでは「一」と「反」の中間の左傍に「ヒ」を置く措置をとった。

一、行間に後から書き込まれている記事については、文字の大きさや間隔などをできるだけ前後の行に準じて表記し、上下に「　」を加え、田地一筆分だけで体裁が複雑でないものは、当該行の下部に、二、三行にわたるものなどは、当該記事のすぐ前の行に、それぞれ注記を施した。

一、復元図との対応関係をわかりやすくするため、田地の記載順を行の首部に数字で示した。ただし、煩雑になるのを避けて、数字は五筆目ごとに表示するのを原則とし、符号などと重複して記入不可能な場合は、適宜前後にずらして表示した。

一、傍注以外に翻刻者が施した注記は、首部に○を付して、原本の語句と区別した。

翻刻を許可された賀茂別雷神社社務所ならびに東京大学史料編纂所に対し、厚く謝意を表する。

〔一〕 宝徳三年岡本郷地からみ帳（明応九年写。巻子本）

（題簽）「寳徳三年地からみ帳　岡本郷」

○以下、順次貼リ継ガレテイル各料紙ニハ、右端中央部ニ、ソレガ何枚目ニ当タルカヲ示ス漢数字ヲ記シタ付箋ガ貼付サレテイル（半分以上欠失）ガ、イズレモ省略シタ。

岡本郷

寳徳三四月七日

一ノ坪ノ東ノ一

1 ◎一反　千代石大夫往〔往来〕〆○以下同。　乍人〔作〕○以下同。　掃ア

次ノ西 一反　供御所　乍人　左衛門大〔太郎〕〆○以下同。（梅辻）

次ノ西 ◎二反　臺飯田　乍人

次ノ西 一反半　斎院田　乍人　右近大〆（田中）

5 次ノ西 ◎二反　御壇供田　中大路 但左近将監持分　乍人

次ノ西 ◎一反　新袖田　掃ア頭分　乍人

次ノ西 五反　陰陽田　乍人　信濃守

次ノ西、溝極、ソハフ ◎一反　彦藤大夫往〆　乍人

次ノ西 ◎一反　藤満大夫往〆　乍人

10 次ノ西 ◎一反　竹松大夫往〆　乍人　衛門五〆子、池 衛門大〆

次ノ西南、ハヲリ 一反　鎮守田　乍人　又三〆後家

次ノ北、半折 ◎一反　愛松大夫往〆　乍人

次ノ西、岸極、ヌカ田 二反　経所田　乍人　六〆（太田）

次ノ西 ◎一反　愛烝大夫往〆　乍人

＊「一丁一段」

15 次ノ西 ◎一反　尊賀大夫往〆　乍人

次ノ西 ◎一反　徳夜叉大夫往〆　乍人

次ノ西 ◎一反　慶光大夫往〆　乍人

（一）

（二）

次ノ西 一反 仏光院 作人 田中 藤三
次ノ西 一反 太田小預 作人 自作
半り
ヒ●次ノ西 一反 三丁九反 作人 右馬助
◎次ノ西南 一反 周防前司往ー 作人
次ノ北 小 刀祢往ー 作人 池殿 大ー三ー
◎次ノ西 一反 尾張前司往ー 作人
◎次ノ西、今井ノ古屋敷 一反 出雲前司往ー 作人
◎次ノ西 二反 臺飯田 作人

（三）

次ノ北、蕀田、東ノ一 一反 祝ア別相傳 道円跡 作人 中辻 道覚
次ノ西 一反半 祝ア 備後前司別相傳 作人
次ノ西 小 西殿別相傳 作人 にしとの、とら
次ノ西＊「但、半上」 大 仏光院田 作人 中辻 左近二ー
次ノ南 小 薬師寺別相傳 作人 竹のゝな 兵衛二ー

◎八条ノ東ノ一、南ノ岸ノ下手、臺飯田松間少在之 半 石見前司往ー 作人
◎次ノ西北 一反 万福大夫往ー 作人
◎次ノ南 一反 越前ゝ司往ー 作人
◎次ノ南 小 益有大夫往ー 作人
◎次ノ西上 小 亀石大夫往ー 作人
◎次ノ西上 小 加賀前司往ー 作人

（四）

◎次ノクロノ上、西南ノ一 一反 右京亮往ー 作人
次ノ北 小 経所田 作人 太田 六ー
次ノ西、川ヨリ 半 聞修庵 作人 池殿 衛門五ー
◎次ノ西、川ヨリ、北ヘカヽル 一反 臺飯田 作人 太田 六ー
次ノ西、北ヘカヽル 小 龍花庵 作人 袋辻 左近二ー
次ノ西 八十歩 円通庵 作人 初熊 兵衛三ー
◎次ノ丑寅ノ角 一反 阿波前司別相傳 作人
次ノヤフノ内 一反 寺田 作人 惣官 左衛門大ー

＊「一丁六反」
以上四丁五反半廿歩

（五）○コノ紙継目部分ニ、三丁半分ノ欠失ガアルト推定サレル。

次 一反 祝ア 乍人 左近二｣池殿
次ノ南 一反 同 乍人 左近大｣藤木
次ノ南 一反 同 乍人 左近二｣池殿
次ノ南 一反 同 乍人 左近大｣藤木
次ノ南 一反 同 乍人 預大夫
次ノ南 二反 同 乍人 二｣茶うり竹鼻
次ノ南 一反 同 乍人 左近大｣藤木
以上三丁八反半
上蕀田ノ西ノ一 一反 窪御堂田 乍人 信〔濃〕乃守
◎次東 一反 古遠江守別相傳 乍人 衛門五｣池殿
◎次ノ東 一反 千代石大夫往｣ 乍人

（六）
◎次ノ東 一反 隠岐前司往｣ 乍人

◎次ノ東 一反 左近将監往｣ 乍人
次ノ東、イヨセ 二反 藤堂別相傳 乍人 左近三｣後家
次ノ南 一反 妙現寺田 乍人 竹のゝな 左衛門五｣
◎次ノ東 一反 土祭田 祢き 乍人 筑後守
次ノ北 一反 祖芳院 乍人 藤木 ひこ二｣
次ノ東 二反 龍花庵 乍人 石見守
次ノ東 一反 松明田 乍人 衛門大｣池兵
次ノ東 一反 圖師田 乍人 自作
次ノ南 一反 東山僧 乍人 衛門二｣田中
次ノ東、カスヘ 五反 貴布祢ミ宜田 乍人 民ア少
次ノ東 五反 貴布祢祝田 乍人 同主

（七）
次ノ東、二ノ坪、西ノ一 一反半 鎮守田 乍人 衛門五｣池殿
◎次ノ東 一反 千代若大夫往｣ 乍人 衛門後家 梅辻

次ノ東 一反 鎮守田 乍人 衛門大丿 池兵
次ノ東 二反 祝公事名 乍人 一反 四丿 竹のゝな　一反 六丿 太田
次ノ東 一反 祝ア 乍人 弥二丿 竹鼻
次ノ東 一反 桂林庵 乍人 九丿 ゆやの
次ノ東 一反 桂林庵 乍人 衛門二丿 竹のゝな
次ノ東 一反 祝ア加賀守分 乍人 右近大丿 田中
小石田ノ東ノ一 一反ハヲリ 馬場殿 別相傳 依替 乍人 左近二丿 岡本
次ノ北 一反 半折、溝ノ上へカヽル 鍛冶田 乍人 自作
＊「六反」

次ノ西 一反 貴布祢ゝ宜田 乍人 田中 藤三
次ノ西 一反 慈雲庵 乍人 藤三丿 梅辻
次ノ西 一反 陰陽田 乍人 衛門大丿 池兵
◎次ノ西 一反 千代乙大夫往丿 乍人

（八）

次ノ西 一反 新袖田 竹鼻 南殿 乍人 衛門後家 梅辻
次ノ西 一反 経所田 乍人 道覚 中辻
◎次ノ西 一反半 検断田 ＊「右馬助」 乍人 右馬助
次ノ西、石田 二反半 三丁九反 乍人 三丿大丿 梅辻
次ノ西 二反 供御所 乍人 衛門二丿 田中
次ノ西 二反 鐘突田 乍人 一反 兵衛允 池　一反 万五丿 中大路
次ノ西 一反 経所田 上座 乍人 民ア少
次ノ西

一反 経所田 乍人 播广
次ノ西、半折 一反 祝アかゝの守 乍人 池左近允
◎次ノ南 一反 半折 大和前司老者田 乍人
次ノ西、溝ノ西 一反 経所田 乍人 掃ア
次ノ西 一反 同田 乍人 民ア少輔
次ノ西 一反 同田 乍人 池兵衛允
次ノ西 一反 同田 乍人 梅辻 衛門後家

（九）

次ノ西　一反　同田　作人　越前守

次ノ西　二反　同田　作人　（藤木）藤三丿入道

次ノ西　一反　同田　作人　（御馬先生）衛門三丿

次ノ西　一反　同田　作人　同主

次ノ西　一反　同田　作人　（竹のゝな）衛門四丿

◎次ノ西、高縄手、東ノ一　一反　有福大夫往丿　作人

◎次ノ西　一反　千世徳大夫往丿　作人

次ノ西　一反　三丁九反　岡本兵衛三丿

次ノ西　一反　三丁九反　作人　尾張守

◎次ノ西　一反　和泉前司往丿　作人

◎次ノ西　半　石見守貴布祢田　作人

次ノ西、ヒハノ木　小　円通庵　作人　兵衛允（池）

◎次ノ南　一反　（正祝）掃ア頭　作人　自作

次ノ西　二反　（祝ア）御ゝこんく田　作人　信乃〔濃〕守

（一〇）

次ノ北　一反　（正祝）祖芳院　作人　兵衛允

次ノ西、アラ草東ノ　一反　貴布祢祝田　作人　右馬助

◎次ノ西　一反　右馬助往丿　作人

＊「九反」

◎次ノ西　一反　幸徳大夫往丿　作人

◎次ノ西　一反　兵ア少輔往丿　作人

次ノ西　一反　御馬田　作人　民ア少輔

次ノ西　半　（正祝）聞修庵　作人　衛門五丿（池）

次ノ西　一反　（正祝）道円跡（別相傳）　作人　兵衛允（池）

次ノ南　一反半　聞修庵　作人　（袋辻）馬四丿

次ノ南　半　祝公事名　作人　（備後）将監

次ノ南　一反　正祝ア（あいやさ大夫）　作人　（藤木）左近大丿

清次カ垣内、ミナミノ一　大　正傳寺田　作人　（池）兵衛允

次ノ東　一反　経所田　作人　帥殿

（一一）

次ノ東 一反 経所田 ……… 作人 市 馬三丿 ……… （一二）
次ノ北 二反 御〻んく田 作人 越前守
◎次ノ北 二反 出雲前司 別相傳 作人 自作
125 ◎次ノ西 半 治部大輔 別相傳 作人 太田六丿
次ノ北 小 正傳寺 作人 竹ゥもな 兵衛二丿
次ノ北、丁通 二反 円通庵 作人 出雲守
次ノ北 一反 正祝ア 作人 とりゥい入道
次ノ東 一反 同田 作人 祝殿 左近四丿
130 次ノ北 一反 同田 作人 （茶売） 茶二丿
次ノ北、東ヘトヲル 一反 同田 作人 藤木 左近大丿
次ノ北 一反 同田 作人 藤木 左近大丿
次ノ東 一反 同田 作人 けこい 次丿

（一三）

次ノ東 一反 同田 作人 けこい 左近二丿

---

135 次ノ東 一反 同田 作人 藤一 藤木
次ノ垣内、堂前 小 梅尾別相傳 作人 竹ゥもな ひこ大丿
◎次ノ東、此内経所田アリ云云 小 垣内 阿波守 作人
次ノ東、梅辻ノ南、古スルカノカミノ古屋敷 一反 垣内 竹林庵 作人 太田六丿
◎次ノ東 一反 垣内 民ア少輔 作人
以上十町三反小
梅辻東作手出口 北ノ一
140 一反 仏光院 作人 藤木 左近三丿後家
◎次東、安藝 一反 幸音大夫往丿 作人
◎次南 一反 預大夫往丿 作人
◎次西 小 民ア少輔別相傳 作人
＊「八段六十歩」

（一四）

次ノ北 二反 鎮守田 作人 梅辻 兵衛大丿
145 次ノ東 一反 鎮守田 作人 小目代
次ノ東 一反 鎮守田 作人 民ア少

次ノ東 半 鎮守田 乍人 阿州
次ノ東 二反 正傳寺 乍人 竹鼻 兵衛二丿
次ノ東 一反半 経所田 乍人 民ア少
次ノ東、にしくら 一反 〔こり〕楽音寺 乍人 治ア大輔
次ノ東 一反 同 田 乍人 左近《けこい》大丿
次ノ東 二反 同 田 乍人 太田六丿
次ノ南東ノ一 三反 同 田 乍人 藤木 藤三丿入道
次ノ西 一反 同 田 …… 乍人 大輔 自作 ……（一五）
次ノ西、岸上 一反 同 田 乍人 大輔 自作
次ノ西 ◎一反 善千代大夫 新袖田 乍人 兵衛九丿 山本
次ノ西 ◎一反 民ア少輔 御ゝさんく田 乍人
次ノ西 ◎一反 大和前司往丿 乍人
次ノ南 ◎一反 尊幸大夫往丿 乍人
次ノ西 ◎一反 有松大夫往丿 乍人
次ノ東、三角田 ◎半 命菊大夫往丿 乍人

寺門、北ハシ 三反 正傳寺田 乍人 田中 四丿後家 田中 ひこ大丿
次ノ南 ◎一反 愛音大夫往丿 乍人
次ノ南 ◎一反 善千代大夫往丿 乍人
次ノ南、ヨコ田 一反 貴布祢祝田 乍人 中 左近将監
次ノ西 一反 貴布祢ゝ宜田 …… 乍人 藤木 ひこ二丿 ……（一六）
次ノ東ノ辰巳 ◎一反 福松大夫往丿 乍人
次ノ辰巳 半 神人往丿 乍人 梅辻 兵衛大丿
次ノ南 ◎一反 依替 貴布祢六月講 乍人 出雲守
次ノ西 二反 貴布祢祝田 乍人 かもん
次ノ西北 三反 貴布祢ゝ宜田 乍人 かもん
次ノ東、東ヘカヽル ◎二反 ムクカ本 御酒田 民ア少輔 乍人 竹りもな 法徳
次ノ東ノ南一 ◎一反 御ゝさんく田 阿波守 作人
次ノ北 ◎一反 信濃前司往丿 乍人
次ノ北 ◎一反 預り 福つる大夫往丿 乍人

次ノ北
三反　貴布祢祝田　乍人　かもん

次ノ東へカ、ル
◎一反半　検断田　乍人　右馬助

（一七）

次ノ北、溝ノ北
◎一反　越中前司往―　乍人

＊「一丁七反」

次ノ北
◎一反　徳千代大夫往―　乍人

次ノ北
◎一反　彦石大夫往―　乍人

次ノ北
一反　供御所田　＊「◎…御こんく田云云」　乍人　梅辻 左近四―

次ノ北
◎一反　古福千代大夫貴布祢田　乍人

次ノ北、溝ソへ
◎一反　山本宮つる大夫往―　乍人

半　神人往―　乍人　梅辻 兵衛大―

次ノ北
◎一反　愛千大夫往―　乍人

次ノ北
二反　楽音寺　乍人　治ア大輔

次ノ北、カチサカ
◎一反　尊千代大夫往―　乍人

次ノ北
◎一反　民ア少輔往―　乍人

次ノ北
二反　正傳寺　乍人　竹りゝな 兵衛五―

（一八）

次ノ北、路キハ
二反　経所田　乍人　岡本 左近二―

次ノ東ノ北ノ一
◎一反　新袖田　民ア少輔　乍人　梅辻 兵衛大―

次ノ南
◎一反　下野前司往―　乍人

次ノ南
一反　新袖田　民ア少輔　乍人　太田 まこ四―

次ノ南
◎一反　命有大夫往―　乍人

次ノ南
◎一反　幸石大夫往―　乍人

次ノ南
◎一反　春松大夫往―　乍人

次ノ南
二反　経所田　乍人　一反尾張守　一反太田六―

◎次ノ南
◎一反　幸福大夫往―　乍人

次ノ南
◎一反　別当大夫往―　乍人

次ノ南、溝ヲ
◎一反　鶴千代大夫往―　乍人

マチ田
半　龍花庵　乍人　千代乙大夫（×大夫）

次ノ南
一反　竹鼻北殿　乍人　太田 まこ四―

（一九）

次ノ南
一反　悲傳寺田　乍人　出雲路 左衛門九丿

◎次ノ南
一反　千代松大夫往丿　乍人

次ノ南
一反　貴布祢祝 深草給　乍人　梅辻 有大丿

次ノ南
一反　深草 兵衛二丿　乍人　梅辻 兵衛二丿

次ノ南
一反　深草田　乍人　梅辻 兵衛大丿

次ノ南
一反半　神光院田　乍人　中辻 道覚

次ノ南
一反半　神光院田　乍人　藤木 左近三丿後家

次ノ南
一反　貴布祢ミ宜田　乍人　田中 右近大丿

以上十三町三百歩

＊「一丁七反」

（二〇）

次ノ南
一反　経所田　乍人　執行 ひこ二丿

◎次ノ南
一反　預 福鶴大夫往丿　乍人

次ノ南
二反　深草田 弥六　乍人　筑後守

次ノ南
一反　縄田　乍人　同前

小フケノ西南ノ一
一反半　下社供僧田　乍人　岡本 兵衛三丿

◎次ノ東、川ハタ
一反　備中前司往丿　乍人

次ノ北
三反　妙勧寺田 塔　乍人　藤木 左近三丿後家

次ノ北、東ヨリ
一反　飛鳥井田　乍人　岡本 左近二丿

次ノ西北
一反半　寶幢院田　乍人　藤木 左近三丿後家

次ノ東、大道まで
二反半　飛鳥井田 ＊「塔」　乍人　一反 岡本 兵衛三丿
一反半 衛門大丿 池兵

次ノ北、地蔵堂南、若石大夫往丿上ニ八十歩斗アリ

（二一）

二反　膳所別当　乍人　一反馬四丿 袋辻
一反阿波守

◎次ノ北
一反　民ア少輔 畳田ゝ　乍人　小目代

◎次ノ北
一反　若石大夫往丿　乍人

◎次ノ北
一反　宮有大夫往丿　乍人

次ノ北、東へ廻
一反　桧物給　乍人　民ア少輔

（継目裏書）「伊賀前司」

（二二）

池内、未申ノ角
◎一反　少ミ荒 御前講　乍人

次ノ北へ通 （二三）

池内《いけうち》 ◎一反 小社御打覆講 作人

次ノ西、路ノキハ 一反 梅辻貴布祢講田 作人 寄合田

次ノ北 ◎一反 楽田 寄合 作人 ふろゝき

次ノ西、路ノ上 一反 地蔵堂御燈田 作人 岡本兵衛三亅

（二四）

次ノ西、鞍馬大道ノハタ 一反 新袖田 作人 岡本左近二亅

次ノ北 二反 正傳寺田 ト申 作人 福枝左近

次ノ北 四反半 飛鳥井田 作人 一反小目代 一反左衛門四亅 二反半岡本兵へ三亅 梅辻

次ノ上、経所田、りゝり、芝 （二五）

次ノ西、アサヒカ谷口、地蔵堂田ト云、芝

以上三丁四反

大門辻東、カチサカノ山ソヘ、東ノ一 ◎一反 下総前司往亅 作人 （二六）

次ノ西 ◎一反 善千代大夫往亅 作人

次ノ西 一反 経所田 作人 岡本兵衛三亅

次ノ西、クロキハ 一反 円通庵 作人 民ア少輔

◎小 次ノ北 つるひこ大夫往亅 作人

次ノ西 一反 貴布祢ゝ宜田 作人 岡本左近三亅

次ノ西 ◎一反 右京亮貴布祢田 作人

次ノ西 一反 鎮守田 作人 岡本左近三亅

次ノ西ソヘ 一反 経所田 作人 梅辻左近四亅

次ノ北 一反 御馬田 作人 同先生

次ノ西 一反 神光院 作人 中辻道覚 （二七）

次ノ東 ◎一反 愛光大夫往亅 作人

次ノ北中 市 ◎一反 宮つる大夫往亅 作人

以上一丁二反小

幷以上卅六町四段半廿歩

常陸前司判

阿波前司判

對馬前司判

備中前司判
福鶴大夫判

（二八）

尊千代大夫判
加賀前司判

此外◎一反袋辻　窪御堂田　乍人　池殿左近允
半　エホシカカキ内堀北ノ垣内寶幢院　乍人　民ア少輔

于時明應九年卯月　日　書写之訖

鶴増大夫（花押）
亀徳大夫（花押）
肥前ゝ司（花押）

（二九）

尾張前司（花押）
有千代大夫（花押）
美作前司（花押）
佐渡前司（花押）
伊賀前司（花押）
土佐前司（花押）

加賀前司（花押）
淡路前司（花押）
長門前司（花押）

（三〇）

弾正少弼（花押）
下総前司（花押）

〔二〕　宝徳三年中村郷地からみ帳（明応九年写。巻子本）

（題簽）
「寳徳三年地からみ帳　中村郷」

（一）

中村郷　寳徳三 四 二

○コレヨリ後ニ順次貼リ継ガレテイル各料紙ニハ、ソレガ何枚目ニ当タルカヲ示ス「中一」（中村郷第一紙）・「中二」ナドノ裏書ガアルガ、イズレモ省略シタ。

卯月二日　石拾南堤ノ下

南一　物詣ノ路ノ下
一反半　出雲路ノ社下ノ貴布祢講田
乍〔作〕人　浄慶　○以下同。

次ノ路北
◎二反　兵ア少輔別相傳　作人

此田ノ西南ハ河原畠也

下社詣道ノ東未申ノ角西ノ芝下、車路ノ北、申　南ハ蓼倉ト
二反内　一反 祝ア公事名　一反 太田御神楽　出雲路浄慶作人自作

（二）

次ノ東、鶴下
◎一反　ハヲリ郷司田　乍人　左衛門二丿〔郎〕出雲路　○以下同。

次ノ東
一反　ハヲリ下社　祝田　乍人　次〔カ〕丿　元太く　北畠

畠、次ノ東
二反半　下社　祝田　乍人　浄幸　出雲路

畠、次ノ東
一反　下社　祝田　乍人　左衛門九丿　同

次ノ東
一反　下社　祝田　乍人　浄幸　同

次ノ東
一反　下社　祝　乍人　備中　下膳部

次北上、西ノ一
半　ハヲリ下社　西和院　祝　乍人　浄幸　出雲路

次東
半　下社　祝　乍人　左衛門九丿　同所

次ノ東、路ノ極
二反＊「三段」下社　祝　高縄手ノ東、尻ハ泉川南ノ一、野口　乍人　浄幸　同所

次ノ北
二反　祝ア公事名　乍人　浄幸　同所

次ノ北
一反　同公事名　乍人　左衛門三丿　同所

次ノ北
一反　同公事名　乍人　（追筆）「梅夕之 窪方」小原辻　ひこ九丿

「次ノ北
一反　同公事名　乍人」　○コノ行ハ後カラノ書キ込ミ。

次ノ北
二反　同公事名　乍人　石橋 衛門

次ノ北
二反　同公事名　乍人　北辻子 左衛門二丿

（三）

次ノ北
◎一反　命菊大夫往丿　乍人　小原辻 ひこ三丿後家

（軍）
次西東路ノ西ノ一、ミソマタケ
一反　神人往丿　乍人　出雲路 左衛門二丿

次北ノ頭
◎半　宮千代大夫往丿　乍人　出雲路 左衛門九丿

次ノ西
一反　刀祢往丿兵衛三丿　乍人　浄慶 大丿二丿

次ノ西
半　刀祢往丿　乍人　出雲路 左衛門九丿

カシハ
次ノ西
一反　九日 郷方へ進酒田　乍人　か、りの道金 左衛門二丿

次ノ西ノ上、鈴田ト云
二反　神人往来 矢刀祢　作人　浄慶 大丿次丿

次西
半　刀祢往丿　作人　浄慶 左衛門九丿

次西、溝キハ
一反　刀祢往丿　作人　浄幸

（四）

次西ノ上
一反内 半 氏人往丿ト申候 半 神人往丿ト申候　作人　富田方

次西ノ岸下
ヒ
二反　*「油ヵ」御酒田　作人　社下、出雲路 左衛門九丿

次北ノ上、ヨコ田
一反　松明田　作人　か、り 大丿三丿道金

次ノ戌亥、物詣路東ノ西ノ一
一反　宋阿 春阿弥　作人　万里少路 帯屋

次東
◎一反　加賀前司往丿　作人　散所 左衛門次丿

次東
一反　刀祢往丿　作人　六段畠 兵衛次丿

次東
一反　松明田　作人　か、り道金 左衛門次丿

次東
◎半　郷司田　作人　散所 左衛門次丿

次東
◎半　郷司田　作人　六段畠 兵衛次丿

次東
半　太田堂田　作人　同所 兵衛次丿

○コノ紙継目部分ニ、七段三三〇歩分ノ欠失ガアルト推定サレル。

（五）

次ノ西
一反　刀祢往丿　乍人　浄幸

○次ノ三筆ハ後カラ行間ニ書キ込マレテイル。便宜記載形式ヲ前後ニ準ジテ改メル。

次ノ西
◎一反　郷司田　乍人　散所 左衛門二丿

次ノ西、溝北 ◎半 筑前守老者田 乍人 散 左衛門二ー
次ノ西 一反 刀祢往ー 乍人 浄幸
次ノ西、路ノ下 一反 春阿弥 乍人 万里少路 帯屋
次ノ北ノ路ノ上 ◎一反 甲斐守 貴布祢田 乍人 兵衛次ー 六反畠
次 ウツロ 一反半 神人往ー 乍人 出雲路 浄幸
次ノ西 半 経所田 乍人 同 浄幸
次ノ北東 ◎半 左近将監往ー 乍人 浄慶 大ー二ー
次ノ西 ◎半 太田御神楽田 備中守別相傳 乍人 同主
次ノ西 四十歩 まきの 九ー左衛門 乍人 六反 兵衛二ー
次ノ西、路畔 半 春阿弥 乍人 万里少路 帯屋

（六）

次ノ西 半 但、下ノ四十歩加之 まきの 九ー左衛門 乍人 兵衛二ー 六反
次ノ東 一反 貴布祢ゝ宜田 乍人 瓦者さ月
次ノ東 半 輪懸田 乍人 浄慶
次ノ北、輪懸ノ上 三反 経所田 乍人 畳屋 左衛門五ー

次ノ西、石橋下 ◎一反 對馬守 貴布祢田 乍人 同主
符生垣内西ノ一、輪懸田東ノ坪ノ上 ◎一反 臺飯田 乍人 かゝり 左衛門大ー
次ノ東 二反 経所田 乍人 かゝり 六ー二ー
次ノ東ノ岸ソヘ 一反 浄慶 筑前坊垣内 乍人 自作
次ノ東、ハヲリ 一反 刀祢往ー 乍人 瓦大工
次ノ東、ハヲリ ◎一反 所司大夫往ー 乍人

（七）

次ノ東、ナハテ極 一反 土佐殿別相傳 畳田 乍人 いつもち まこ大ー
次ノ東ノ岸下 二反 下社祝 乍人 石むし 米屋衛門
次ノ東 一反 下社祝 乍人 浄幸
次ノ東、畠也 一反 下社祝 乍人 せんふ 若狭
次ノ北ノ東一、符生垣内 一反 下社供田 乍人 衛門 蕀里
次ノ西 一反 下社供田 乍人 かゝり 左衛門大ー
次ノ西 二反 下社供田 乍人 北小路 衛門四ー

次ノ西
一反　下社供田　　作人　道善　やふさと

次ノ西
一反　下社　但、鹿苑院　　作人　社下 衛門五｣

次ノ西
一反　同主　　作人　御やとの衛門

（八）

次ノ西、ミソ極マテ
三反　下社御酒田　　作人　下社 御馬先生

◎次ノ西、溝ノ極
一反　光千代大夫往｣　　作人　かゝらや
＊「七段半」

◎次ノ西
一反　郷司田　　作人　かゝり 左衛門二｣

◎次ノ西
一反　愛益大夫往｣　　作人　社下 三ノ大｣

次ノ西
一反　経所田　廿五三昧　　作人　浄慶 左衛門九｣

次ノ北
半　経所田　　作人　同主

次ノ西
半　九日田　さゝ殿　　作人　茶うり 左近大｣　出雲路社下

次ノ南
一反　正傳寺田　尼寺中坊　　作人　同主

◎次ノ西
一反　郷司田　　作人　かゝり 左衛門大｣

次ノ西
一反　ありまとの、黒田方　　作人　六反 兵衛二｣

（九）

◎次ノ西
一反　又彦太夫往｣（ママ）　　作人

◎次ノ西
一反　有松大夫往｣　　作人

◎次ノ西
三反半　臺飯田　　作人　かゝらや

◎次ノ北
二反半　四度臺飯田　　作人　北ちゝけ 米屋大｣二｣

◎次ノ北、コフシ垣内西ノ一
三反　兵部少輔別相傳　　作人

次ノ北ノ角
一反　貴布祢祝田　　作人　浄慶 左衛門九｣

次ノ東ノ下
一反　福立寺 仏光院　　作人　かも 藤三

◎次ノ東
一反　古生松大夫往｣　　作人　帯屋

◎次ノ東
一反　下野前司往｣　　作人　かゝり 左衛門二｣

次ノ東
二反　経所田　　作人　兵衛次｣　六反

（一〇）

次ノ東
一反　経所田　　作人　万里少路 帯屋

次ノ東
一反　浄慶別相傳　　作人　自作大｣二｣ゥ

◎次ノ東
半　郷司田　　作人　兵衛二｣　六反

◎次ノ東
一反　鶴千世大夫往｣　　作人　かゝらや

次ノ東 一反 正傳寺 ＊「但、瀧花庵ゥ」 乍人 かミらや
◎次ノ東 一反 千世乙大夫往ゝゥ 乍人
次ノ南、ヨコ田〃〃〃 ◎一反 光千世大夫往ゝ 乍人
次ノ南、ヨコ田 ◎半 千代石大夫往ゝ 乍人
次ノ東、ハヲリ 一反半 三丁九反 中山殿 乍人 浄慶 左衛門九ゝ
次ノ東 一反 ユカモト 貴布祢ミ宜田 乍人 かゝり 左衛門大ゝ
◎次ノ東 一反 信濃前司往ゝ 乍人
次ノ東 一反 下社供田 乍人 宝藏 瓦者
次ノ東 二反 下社供田 乍人 蘇里衛門
次ノ東 二反 祝ア公事名 一反 乍人 瓦物 自作 浄幸 一反 乍人 石橋 三ゝ二ゝ
次ノ未申 ◎一反半 慶光大夫別相傳 乍人
次ノ北ノ上 ◎一反 幸福大夫往ゝ 乍人 浄幸
次ノ西 ◎一反 ひこ一 左近将監大夫往ゝ 乍人
＊「二丁五段」

（一一）

次ノ南、道ノ下 ◎半 宮千代大夫往ゝ 乍人 かミらや
次ノ北 ◎一反 松寿大夫往ゝ 乍人 ミゝみや
次ノ西、井ノ尻 一反 三丁九反 乍人 窪方
次ノ未申ノ上、車路畔 一反 尼寺田 梅辻衛門允 乍人 かミら屋
次ノ北 福立寺 一反 鞍馬大道 悲傳寺田 乍人 浄慶 左衛門九ゝ
次ノ北ノハタ ◎一反 筑後前司往ゝ 乍人
次ノ北 ◎一反 對馬前司往ゝ 乍人
次ノ北 一反 圖師田 乍人 浄慶 大ゝ二ゝ
次ノ北 ◎一反 兵ア少輔往ゝ（×別相傳） 乍人 かミらの物 三ゝ四ゝ
次ノ北 ◎一反 尼寺中ニアリ 兵ア少輔別相傳 乍人
次ノ北 ◎一反 臺飯田 乍人 ひこ三ゝ さいもく
次ノ北 二反半 悲傳寺田 乍人 左衛門九ゝ 浄慶
次ノ上 ◎一反 幸つる大夫往ゝ 乍人
次ノ東 半 上岸窪御堂田 乍人 社下 まこ九ゝ

（一二）

(一三)

次ノ南、岸ノ浦 クラノ垣内 ◎二反　臺飯田　乍人

次ノ北 ◎一反　松一 千代松大夫往亅　乍人

次ノ東 ◎一反　子ゥ 下総前司往亅　乍人

次ノ東 一反　供御所田　乍人　自作

次ノ東 ◎一反　万徳大夫往亅　乍人

次ノ東 一反　御壇供田　森殿御知行　乍人　かも 道一

次ノ東 ◎一反　あいふく大夫往亅　乍人

次ノ東 一反　畳田浄幸　乍人　自作

次ノ東 ◎一反　クラノ垣内ゥ 隠岐前司往亅　乍人　老者田ゥ不審也

次ノ東 ◎一反　彦石大夫往亅　乍人

(一四)

次ノ東 ◎一反　藤満大夫往亅　乍人

次ノ東 ◎一反　若殿原中太田御神楽田 貴布祢講田　乍人

次ノ東 一反　貴布祢祝田　乍人　岡本かも 兵衛三亅

◎次ノ東 一反ハヲリ　松有大夫貴布祢田　乍人

「次ノ南 ◎一反ハヲリ　治ア大輔貴布祢田　乍人」　○コノ行ハ後カラノ書キ込ミ。

次ノ未申 一反　悲傳寺田　乍人　九亅五亅 小原辻

次ノ南 一反　三丁九反　乍人　浄慶

次ノ北中 ◎一反　宮鱒大夫往亅　乍人

以上十六丁四反小十歩
＊「二丁半」

藤井ノ一 ◎半　彦一大夫往亅　乍人　左衛門九亅 浄慶

次ノ北 一反　刀祢往亅　乍人　同主

(一五)

次ノ北 一反　刀祢往亅　乍人　まきの 二亅左衛門

次ノ北 二反半　春阿弥　乍人　万里少路 帯屋

次ノ北 二反　刀祢往亅　乍人　浄慶 左衛門九亅

次ノ北 一反　神人往亅　乍人　浄幸

次ノ北 一反ハヲリ　刀祢往亅　乍人　同主

次ノ東 一反 経所田 養泉（善カ） 乍人 左衛門九｣ 浄慶
次ノ北、岸ノ上 一反 深草田 乍人 同主
次ノ東 一反 刀祢往｣ 乍人 同主
次ノ北 小 仁和寺 御比丘尼 乍人 御馬先生
◎次ノ東ノ下 一反 右馬助往｣ 乍人

（一六）

次ノ東、丁トヲリ 一反 刀祢往｣ 乍人 浄幸
次ノ東、尻細 一反 下社祝ア 乍人 同社先生
次ノ東、川ハタ 二反 下社祝ア 乍人 小原辻 一反 五｣大｣ 一反 先生下社
大工田ノ坪 次ノ北東ノ一 一反 下社祝部 乍人 縫物屋
次ノ西 一反 同祝ア 乍人 今在家 まこ大｣
次ノ西 二反 下社祝ア 乍人 左衛門九｣ 浄慶
◎次ノ西、溝ノ上 一反 三 加賀守 命有大夫 往｣ 乍人
次ノ西 一反 神人往｣ 矢刀祢 乍人 かゝり 左衛門二｣

次ノ西 一反 神人往｣ 乍人 浄幸
次ノ西 一反 経所 供僧田 乍人 浄慶

（一七）

次ノ西 一反 供 経所田 乍人 若狭
次ノ西 一反 経所田 乍人 浄幸
次ノ西 半 輪懸田 乍人 同主
次ノ西 半 仏光院田 乍人 かゝり 左衛門二｣
◎次ノ西 一反 預大夫往｣ 乍人 まき方
次ノ西 半 輪懸田 乍人 浄慶 左衛門九｣
次ノ西、縄手極 一反 深草田 左衛門四ノ 乍人 自作
次ノ南ノ岸下 一反 ハヲリ 深草田 同主 乍人 自作
次ノ東 一反半 ハヲリ 神人往｣ 矢刀祢 乍人 浄慶
次ノ北ノ西ノ一、井ノ尻 一反 下社供田 乍人 かゝり 左衛門二｣
次ノ東 一反 同 供田 乍人 エトリ小路 まこ大｣

*「三反半」

次ノ東 一反 同 供田 作人 浄幸

*「三段半」

次ノ東 一反 経所田 供 作人 同主

次ノ東 一反 経所田 供 作人 左衛門九丿 浄慶

次ノ東 一反 刀祢往丿 作人 北小路 二丿大丿

◎次ノ東 一反 幸音大夫往丿 作人

次ノ東 一反 御酒田 作人 さいもく ひこ三丿

次ノ東 二反 歓喜寺 作人 桧皮屋 一条

次ノ東 三反 経所田 作人 出雲路 左衛門二丿

次ノ東 一反半 経所田 作人 社下 左衛門五丿

泉川 次ノ東、溝極 三反大 鹿苑院田 作人 北畠 二反 大ノ二ノ 一反大五ノ大ノ 小原辻

以上五丁一反半

（一八）

○コノ紙継目部分ニ、一丁九段大分ノ欠失ガアルト推定サレル。

（一九）

次ノ西 二反 同（下社） 大工 作人 かゝらの者 介

次ノ西、ミソ極 一反大 鹿苑院 作人 社下、畳屋 左衛門五丿

次ノ西 二反 下社神人田 作人 エトリ小路 まこ大丿

次ノ西 半 浄慶別相傳 作人 エトリ小路 まこ大丿

◎次ノ西 二反 土祭田 祢宜 祝 作人 岡本 小使 左近二丿

◎次ノ西 一反 尾張前司往丿 作人

次ノ西、マメウ 一反 経所田 作人 かもの藤木 藤三丿

「次ノ西 一反 経所田 作人 浄幸」 ○コノ行ハ後カラノ書キ込ミ。

次ノ西 一反 下社大工 作人 三丿四丿 瓦者

次ノ西 一反 同 大工 作人 出雲路 さ衛門二丿

次ノ西 一反半 同 大工 作人 先生 下社

次ノ西 三反 *「七段」 深草田 作人 兵衛大丿 かも梅辻

次ノ西 一反 深草田 作人 同 梅辻 左近四丿

（二〇）

次ノ北、長サフ田
半　深草田　作人　左近二〆　同岡本
次ノ東
半　小預田　作人　自作
次ノ東
一反　深草田　作人　岡本兵衛三〆
次ノ東
一反　深草田　作人　竹ゥもなひこ大〆
次ノ東
三反　深草田　作人　岡本左近二〆
次ノ東
一反　深草田　作人　梅辻左近四〆
次ノ東、縄手極まて
二反　深草田　作人　浄幸
次ノ東、溝ノ東
二反半　六反田　下社大工　作人　三〆二〆　瓦者
次ノ東
二反半　同　大工　作人　六反衛門　御宿
次ノ東
一反半　百姓名　作人　浄慶大〆二〆

（一一）

次ノ東
半　祝ア公事名　作人　今在家まこ大〆
次ノ東
二反　公事名祝ア石橋八（幡脱カ）　作人　浄慶大〆二〆
次ノ東
二反　くゝんちうあん公事名祝ア同主　作人　かゝりまこ大〆
次ノ東
二反　公事名祝ア同主　作人　三〆二〆　瓦物

次ノ東
二反　同公事名　作人　道善　土御門京極
六反田西ソへ、戌亥ノ五坪
東ノ溝ソへ
◎一反　土佐愛光大夫往〆　作人
次ノ西
◎半　治ア大輔往〆ゥ　作人
次ノ北
◎一反　徳夜叉大夫往〆　作人
以上六丁四反三百歩

（一二）

同四日始之
シャクロノ西ノ一、鞍馬大道ハタ東ノ頬
半　経所田　作人　北畠鳥居ノ下茶屋
次ノ東
一反　経所田　作人　藤木介五〆
次ノ北
一反　百姓名　作人　自作　ひこ二〆
次ノ北、岸ノ上
◎二反半　郷司田　作人　左衛門四〆竹鼻　衛門二〆竹鼻
＊「四段大」
（萩）
荻垣内
◎半　鶴夜叉大夫往〆　作人　田中藤三
次ノ東
◎一反半　古宮内大輔別相傳　作人　衛門二〆鼻（ママ）
次ノ東
◎一反　大和前司往〆　作人　ひこ大〆　藤木

次ノ東
◎一反　千代石大夫往〻　乍人　藤木 介五〻
次ノ南角未申、ツルヤサ大夫田ノうら
半　正祝殿　乍人　田中 藤三

（一三）

次ノ東
◎一反　淡路前司往〻　乍人
次ノ東
◎一反　徳千代大夫往〻　乍人
次ノ東
◎一反半　郷方小使田　乍人　藤木 介五〻
次ノ東
二反　経所田　乍人　五月　瓦者

○次ノ二筆ハ後カラ行間ニ書キ込マレテイル。便宜記載形式ヲ前後ニ準ジテ改メル。

次ノ北　北ノ上
二反　御酒田　乍人　彦五〻 竹鼻
次ノ北上
◎二反　松有大夫老者傳〔田〕　乍人
次ノ岸ノ下東 神殿
二反　浄土寺田　乍人　助 瓦物 〻五月
次ノ北
一反　同　寺田　乍人　善 瓦者
次ノ北
一反　同　寺田　乍人　助 瓦者
「次ノ北
一反　同　寺田　乍人　助 瓦者」　○コノ行ハ後カラノ書キ込ミ。
次ノ北
一反　同　寺田　乍人　宝藏 瓦者

次ノ北
一反　内裏御局　乍人　ほうさう 瓦者
次ノ北
一反　南禅寺之内　乍人　五月 瓦者
次ノ北
一反　同　寺　乍人　寶藏 同

○コノ紙継目部分ニ、九反半分ノ欠失ガアルト推定サレル。

（一四）

次ノ東
◎一反　淡路前司往〻　乍人　八 瓦者
次ノ東
一反　＊深草田「一丁四反半」　乍人　兵衛大〻 梅辻
次ノ東
一反　深草田　乍人　岡本 兵衛三〻
次ノ東、溝極、イモウ
二反　桧物田　乍人　善 瓦者
次ノ東
二反　下社大工　乍人　かゝり 左衛門大〻
次ノ東
三反　下社大工　乍人　三〻四〻 瓦者
次ノ東
一反　夜ヒカリ　乍人　かゝり 弥四〻
次ノ東ノ岸ソヘ
◎一反　駿河前司往〻　乍人　八 瓦者
次ノ東
◎一反　石徳大夫往〻　乍人
次ノ東
◎一反　千鶴大夫往〻　乍人

次ノ東 二反 祝公事名 乍人 松崎 祐浄

（二五）

次ノ東 一反 経所田 帥殿 〻〻養泉坊 乍人 田中 出雲路 〻〻〻 左衛門九ー 〻〻〻〻〻 左近大ー

次ノ東 一反 経所田 帥殿 乍人 松崎 二ー大ー

次ノ東 ◎二反 土祭田 祝 乍人 出雲路 左衛門九ー

次ノ東 一反半 祝公事名 乍人 浄幸

次ノ東、池尻 一反半内 石橋八幡 祝公事名 半ハ御馬田 乍人 道善 万里少路

次ノ東、岸極、池尻 二反 祝公事名 乍人 道善 万里少路

次ノ東 ◎一反 善千代大夫往ー 乍人 兵衛大ー 梅辻

「次ノ東 一反 御〻んく田 乍人―浄幸」 ○コノ行ハ後カラノ書キ込ミ。

次ノ東 一反 正祝殿 まいる 乍人 松崎 二ー大ー

次ノ丑寅、東ノ一、ハヒツホ 二反 祝公事名 乍人 松崎 小三ー

次ノ西 一反 祝公事名 乍人 松崎 中務

（二六）

次ノ西 一反半 同 乍人 同所 円妙

次ノ西 二反 同 不審 乍人 町 大ー二ー

次ノ西 ◎三反 臺飯田 乍人 同 大ー二ー 道善

次ノ西、岸ノ上 一反 祝公事名 乍人 松崎 形ア二ー

次ノ西 一反 祝公事名 乍人 妙浄 松崎

次ノ西 二反 瓦屋 名主尼寺 祝ア 乍人 妙浄 同所

次ノ西 ◎二反 祝ア落田 民部少輔 乍人 自（作脱カ）

次ノ西 一反半 ＊「一反」 祝公事名 乍人 社下 まこ大ー

次ノ西 半但一反ト見之 御馬田 乍人 松崎 二ー大ー

次ノ西 ナ〻板 四反 百姓名 石橋 乍人 同所 二ー大ー

（二七）

次ノ西 ◎一反 出雲前司往ー 乍人

次ノ西 ◎一反 幸福大夫往ー 乍人

次ノ西 ◎一反 ＊「一丁四反」 肥後前司往ー 乍人

次ノ西 ◎一反 幸石大夫往ー 乍人

「次ノ西
◎一反　右京進　乍人」　○コノ行ハ後カラノ書キ込ミ。
次ノ西、岸極
◎半　竹松大夫往―　乍人
八ノ坪、東ノ一、岸極
半　経所田　乍人　かゝりの弥四―弟
次ノ西
二反　経所田　乍人　梅辻兵衛大―
次ノ西
◎三反　臺飯田　乍人　二反　竹ゝなひこ大―
次ノ西
◎一反　有つる大夫往―　乍人
次ノ西
◎一反　つるひこ大夫往―　乍人
次ノ西
一反　経所田　乍人　梅辻左衛門四―

（二八）

次ノ西、岸ソヘ
一反　三丁九反　乍人　岡本（×左衛門四―）兵衛三―
以上十町三反
次ノ上北ノ西ノ一、野ノ神
二反　祝公事名　乍人　浄幸
次ノ東
一反半　経所田　乍人　中辻左近二ノ
次ノ東
一反半　三丁九反　乍人　岡本兵衛三ノ

次ノ東
一反　慈雲庵　乍人　梅辻兵衛大―
次ノ東
◎一反　越中前司老者田　乍人
次ノ東上、丑刁
一反半　百性名（ママ）　石橋　乍人　松崎大―九―
次ノ南西
◎半　千鶴大夫往―　乍人　〔松〕梅りさき二―大―
次ノ南、岸ノウら
半　経所田　乍人　藤木藤三―入道

（二九）

次ノ南ソヘ
二反　下社供田　乍人　エトリ少路
一反小　左衛門三―
大　三―二―　松崎
次丑刁
◎半　（野神ノ路ノ芝原現作
和泉前司　乍人
次ノ東西ヘトヲル、但ハヲリ
◎三反　民ア少輔　御酒田　乍人　松崎二―大―
次ノ東ノ下
一反　祝ア　乍人　松崎平大―
次ノ東
一反　祝ア　仏光院　乍人　中辻左近二―
次ノ北
小　祝ア　乍人　松崎妙浄
次ノ東、溝ノ下、丁トヲリ、井モカ垣内
三反　下社田　乍人
一反　衛門九―　松崎
一反　ひこ大―　同所
一反　左衛門大―　同所
次ノ東
一反　祝公事名　乍人　大―左衛門　松崎

次ノ東
四反　本郷 祝公事名　乍人　一反　小大丿 同所
　　　　　　　　　　　　二反　三丿二丿 同所
　　　　　　　　　　　　一反　大丿左衛門同所
イモカ垣内
次ノ東、溝東ヘトヲル
◎一反　祝ア歌給　乍人　小大丿 松崎

〇コノ紙継目部分ニ、二丁五反分ノ欠失ガアルト推定サレル。（三〇）

次ノ西
半　祝ア　乍人　妙浄 同所
次ノ西
一反半　下社 造営奉行　乍人　大丿左衛門 同所
次ノ北
半　祝ア　乍人　大丿左衛門 同所
次ノ西
一反　祝ア 新開　乍人　妙浄 同所
次ノ西
一反　祝公事名 八幡　乍人　中務 同
次ノ南
半　祝ア小使給　乍人　二ノ大丿 同
次ノ岸ノ南
一反　祝ア　乍人　二ノ大丿 同
次
一反　祝ア　乍人　二ノ大丿 同
次ノ北
一反　祝ア 小使給　乍人　さへもん二丿 同
次ノ北
一反半　祝ア　乍人　妙浄 同

次ノ丑刁
一反　祝ア 舟田　乍人　〔刑〕形ア四丿 同

（三一）

次ノ丑刁
半　祝ア 新開　乍人　妙浄 同所
次ノ北
一反　祝 新開、道ノ北ノ上、角田　乍人　妙浄 同
以上六丁三反小
池内、丑刁
一反　祝ア 泉涌寺　乍人　中務 同所
同次
半　祝ア　乍人　二丿大丿 同所
次ノ南
一反　祝ア 大瀧　乍人　大丿左衛門 同所
同南ノキハ
一反　*「一反」 祝ア 尼寺　乍人　同主
同南
一反　祝ア 治ア大輔往丿　乍人　同主
同西
一反　祝ア 桂林庵　乍人　同主
同西
一反　祝ア　乍人　同主
同西
二反　祝ア 楽邦院　乍人　同主
同西
一反　備前給　乍人　同主

（三二）

同西 ◎一反　土祭田　祝方　乍人　彦大丿　同所
同南 半　正傳田（寺脱カ）　乍人　円妙　同所
＊「弐段」
次西 ◎四反　周防前司　乍人　与一　同所
次ノ南 一反　祝公事名　乍人　妙浄　同所
次ノ西 二反　下社田　乍人　妙浄　同
次ノ西 一反　舛形 祝ア　乍人　妙浄　同
次ノ西 一反　祝ア　乍人　同〜（ママ）
次ノ西 三反　ヲキ西、縄手極ヘトヲル 御〻んく田　乍人　同
次ノ南、一反　ヒハクヒノにし 祝ア 仏光院　乍人　社下 左衛門大丿

（三三）

次ノ西 三反　悲傳寺田　乍人　浄慶　出雲路
次ノ西 二反　下社田　乍人　松りさき 四丿五丿
次ノ西 一反半　同　社　乍人　妙浄　同所
柳カ垣内、北ノ一 ◎一反　徳夜叉大夫往丿　乍人

次ノ南 一反　八〻〻　石橋　乍人　松崎 大丿九丿
次ノ南 一反　聞修庵　乍人　岡本 兵衛大丿
次ノ南 三反　八〻〻　石橋　乍人　松崎 三丿二丿
次ノ南 二反　祝深草田　乍人　岡本 兵衛三丿
次ノ南西 一反　祝小使田　乍人　松崎 源二丿
次ノ東 二反　祝公事名　乍人　岡本 兵衛大丿

（三四）

次ノ西ノ上、野神北 二反　深草田　乍人　岡本 兵衛三丿　梅辻 〻〻
次ノ西 一反　深草兄部田　乍人　兵衛二丿　梅辻
次ノ西 ◎一反　土佐前司　老者田　乍人　竹鼻 衛門二丿
＊「一丁二反半」
次ノ西 一反　山作田　乍人　太田 六丿り子
次ノ西 二反　西祖庵　尼寺　乍人　左衛門大丿　梅辻
次ノ西、縄手極 二反　悲傳寺田　乍人　出雲路 左衛門九丿
次ノ西ノ東ノ一ノ坪 ◎一反　長鶴大夫往丿　乍人　阿波守

◎次ノ西 一反 本袖田（宮ます大夫） 乍人 自作
次ノ西 一反 浄土寺 乍人 ひこ大〻（瓦者）
次ノ西 一反 同 寺 乍人 寶藏（瓦者）

（三五）

次ノ西 二反 同 寺 乍人 左近五〻（瓦者）
次ノ西 一反半 内裏御房（局カ） 乍人 五月（同者）
◎次ノ西 一反 伊賀前司往〻 乍人
◎次ノ西 一反 愛音大夫往〻 乍人
◎次ノ川ノ南 一丁 臺飯田 乍人
次ノ戊亥ミクツノ東ノ一 一反 経所田 乍人 まこ《太田》四〻
次ノ西 一反 経所田 乍人 三位
◎次ノ西 一反 竹やさ大夫往〻 乍人
◎次ノ西 一反 丹波前司往〻 乍人

（三六）

◎次ノ西 一反 福乙大夫往〻 乍人

◎次ノ西 一反 万徳大夫往〻 乍人
次ノ西 一反 経所田 乍人 ひこ《岡本》二〻
◎次ノ西 一反 阿波前司往〻 乍人
◎次ノ西 一反 伊賀前司往〻 乍人
◎次ノ西 一反 御目代田 乍人
次ノ南、川ノハタ 一反 経所田（エノコ田） 乍人 左近《梅辻》四〻
次ノ南 一反 経所田 乍人 まこ《太田》四〻
◎次ノ南 一反 對馬前司往〻 乍人

（三七）

◎次ノ南 一反 右馬助往〻 乍人
◎次ノ南 一反 松有大夫往〻 乍人
次ノ南 一反 永清院別相傳 乍人 ひこ《藤木》二〻
次ノ南 一反 *丸尾殿別相傳「ひろ橋殿」 乍人 左近《岡本》二〻
次ノ南 一反 竹内殿別相傳 乍人 左近《岡本》二〻
◎次ノ南 一反 松一大夫往〻 乍人

次ノ南
◎一反　安藝前司往ー　作人
次ノ南
二反　＊「二丁六反」経所田　作人　田中 藤三
次ノ南ソヘ
二反　経所田　作人　大乗寺 中三大ー

（三八）

次ノ南、萩垣内
二反　祝部祖芳院　作人　かもん
次ノ西
一反　祝ア〔楳〕梅尾別相傳　作人　藤木 ひこ二ー
以上七（ママ）丁六反半
同五日、萩垣内西寄
〔楳〕梅尾別相傳次ノ西
二反　悲傳寺田　作人　出雲路 左衛門九ー
次ノ西、辻カ鼻
一反　三丁九反　作人　岡本 左近二ー
次ノ西
一反　備前給　作人　梅辻 左近四ー
次ノ西北
◎一反　慶益大夫往ー　作人　まこ四ー
次ノ西
◎一反　鶴千代大夫往ー　作人
次ノ西、北ヨリ
◎一反　預大夫往ー　作人

（三九）

次ノ西南
◎小　鶴夜叉大夫往ー　作人
次ノ北ノ上、西ノ一、大道ノハタ
◎一反　別當大夫往ー　作人
次ノ東、中
◎一反　左京亮往ー　作人
次ノ東ソヘ
半　刀祢往ー　作人　梅辻 左衛門四ー
次ノ北ノ上、下総入道今柿ト云
◎一反　御酒田　兵ア少輔　作人
次ノ北
◎一反　幸徳大夫往ー　作人
次ノ北
◎一反　千代若大夫往ー　作人
次ノ北
◎半　万三大夫往ー　作人

（四〇）

次ノ北
小　刀祢往ー　作人　梅辻 左衛門四ノ
次ノ北寄、西ノ一
◎一反　慶光大夫往ー　作人
次ノ東
◎一反　左近将監貴布祢田　作人
次ノ東
◎一反　益有大夫貴布祢田　作人
次ノ東、岸ソヘ
◎一反　下総前司往ー　作人
次ノ川ノ北、南ノ一、鞍馬大道ノハタ
一反半　浄土寺田　作人　六反畠 兵衛二ー

次ノ北
二反　浄土寺田　乍人　善　瓦者

「次ノ北
二反――同　乍人」　○コノ行ハ後カラノ書キ込ミ。

次ノ北、溝ノ北
一反　浄土寺田　乍人　大〆三〆　社下散所

次ノ北
二反　同　寺田　乍人　毘沙門堂殿ノ　さゥみ

（四一）

次ノ北
一反　同　寺田　乍人　社下散所　衛門五〆

次ノ北
二反　同　寺田　乍人　いつもち　左衛門九〆
＊「一丁二反三百歩」

以上二丁九反六十歩

同三日分

石拾西、堀アケ堤ノ裏
一反　仏光院田　乍人　賀茂藤木　左近三〆後家

次ノ堤上ノ東、鞍馬大道西ノ頬
二反一反半ゥ経所田　乍人　兵衛二〆　六反畠

石拾
次ノ北
二反　正傳寺田　乍人　一反　三〆四〆　瓦者
一反　まこ大〆　社下

次ノ北、角田
半　圖師田　乍人　かゝり　左衛門二〆

次ノ北、岸ノ上、中
◎一反　慶寿大夫往〆　乍人

（四二）

次ノ北
◎一反　六日、コレヨリハシマル　豊前ミ司貴布祢田　乍人

次ノ北
◎一反　善千代大夫往〆　乍人

次ノ北
◎二反　末清臺飯田　乍人　万里少路　大〆二〆

次ノ北
◎二反　同　田　乍人　桧皮屋

次ノ北、西ノヨコ田マテ
◎二反　同　田　乍人　散所左衛門二〆

次ノ北東
一反　尼寺　流木御燈田　乍人　竹鼻　宝徳

次ノ北
二反　仏光院　乍人　藤木　左近三〆後家

次ノ北
一反　正傳寺　乍人　竹鼻　左衛門三〆

次ノ北
小　貴布祢ミ宜田　乍人　池殿　大〆三〆
＊「九段」

次ノ北
◎一反　初石大夫往〆　乍人

（四三）

次ノ北
◎一反　乙井川ハタ　阿波前司往〆　乍人

次ノ西、溝ノ上
一反　刀祢往〆　乍人　袋辻　馬四〆

次ノ西
◎一反　万徳大夫往〆　乍人　藤木　ひこ二〆

次ノ西 一反 聞修庵 乍人 兵衛允
次ノ西 ◎一反 丹波前司往丨 乍人
次ノ西 ◎一反 出雲前司往丨 乍人
次ノ西、溝ノ上 ◎一反 愛有大夫往丨 乍人
次ノ西 ◎半 千代石大夫往丨 乍人
次ノ西 ◎一反 三丨大夫往丨 乍人
「次ノ西 ◎一反 別當大夫往丨」 ○コノ行ハ後カラノ書キ込ミ。
次ノ西 半 一反ミミ 神人往丨 乍人 大乗寺 将監

（四四）

次ノ南ノ尻、岸ノ上 ◎二反 出雲前司 貴布祢惣ノ一 乍人
次ノ乙井川ノ北、西ノ一、遺上 ◎一反 千世乙大夫往丨 乍人
次ノ東、岸ソヘ 半 神人往丨 乍人 大乗寺 将監
次ノ東 ◎一反 阿波前司往丨 乍人
次ノ東 ◎一反 光千代大夫往丨 乍人 百性〔姓〕夫 ひこ二丨

次ノ東 ◎一反 幸乙大夫往丨 乍人
次ノ東、溝極 ◎一反 掃ア頭下地 乍人 田中 藤三
次ノ東、溝ノ一 三反 貴布祢ミ宜 乍人 一反 池殿 大丨三丨 二反 同所 ひこ二丨
次ノ東 ◎一反 掃ア頭 袖田 乍人

（四五）

次ノ東南ノ乙井ノハタ ◎一反 慶若大夫往丨 乍人
次ノ北ノ上 ◎一反 兵ア少輔貴布祢田 乍人
次ノ北ノ上 二反 窪御堂田 乍人 一反 馬三丨 山もと 一反 衛門大丨 池殿
次ノ西ノ丁トヲリ ◎一反 左近将監 大乗寺 乍人 太田 六丨
次ノ東四瀬町田 一反 貴布祢祝田 乍人 大丨三丨 池殿
次ノ東 ◎一反 古肥前ミ司別相傳 乍人 梅辻 衛門後家
次ノ東、鞍馬大道ノハタ 二反 正受寺田 乍人 池殿 衛門大丨
次ノ戊亥ノ上 ◎一反 湯屋田 石州 乍人 百性〔姓〕夫 ひこ二丨
次ノ北 ◎一反 古備後守貴布祢田 乍人

（四六）

次ノ東、鞍馬大道ノハタ 半 圖師田 乍人

◎次ノ西 一反 湯屋田 臺飯田 乍人
◎次ノ北 一反 五反垣内、南ノ一 有鶴大夫往〻 乍人
次ノ北 一反 陰陽田 陰陽田 乍人 信濃守
◎次ノ北 一反 土祭田 祝方 乍人 万三大夫
次ノ東ノ岸ノ下、西東ヘトヲル 半 飛鳥井田 乍人 藤木 藤三〻入道
次ノ北 一反 経所田 乍人 梅辻 兵衛大〻
「次ノ北 岸ソヘ 一反 正傳田（寺脱） 乍人 梅辻 兵ヘ大〻」 ○コノ行ハ後カラノ書キ込ミ。
◎次ノ西、下クホ田、北ノ一 一反 尊賀往〻（大夫脱） 乍人
◎次ノ南 一反 福乙大夫往〻 乍人
◎次ノ南 半 幸乙大夫往〻 乍人

（四七）

次ノ西南ノ一 半 刀祢往〻 乍人 竹鼻 兵衛五〻
◎次ノ北ノ上 一反 ハヲリ 二〻大夫往〻 乍人
次ノ西 一反半 悲傳寺田 乍人 左衛門九〻 浄慶

次ノ西 一反 三丁九反 乍人 道一 ひこ大〻
次ノ西 一反 三丁九反 乍人 岡本 兵衛三〻
◎次ノ西 一反 丹波前司往〻ヮ 乍人
次ノ西 二反 三丁九反 乍人 竹鼻 法徳
◎ 一反 下野前司往〻 乍人
○コノ箇所ニ、明応九年ノ書写当時、既ニ一町四反歩程ノ欠失ガアッタト判断サレル。
次ノ西、縄手極 一反 経所田 乍人 中辻 道覚
◎次ノ岸ノ南 一反 別當大夫往〻 乍人

（四八）

次ノ北 二反 貴布祢ゝ宜 乍人 信乃〔濃〕守
◎次ノ東 二反 常陸前司老者田 乍人
次ノ北 一反 鍛冶田 乍人 信乃〔濃〕守
次ノ東 一反 同 田 乍人 藤木 ひこ二〻
◎次ノ南、岸下 一反 和泉前司往〻 乍人
◎次ノ南 一反 若石大夫往〻 乍人
次ノ西 一反 貴布祢祝刀ね給 乍人 梅辻 左衛門大〻

◎次ノ東 一反　千代鶴大夫往ー　乍人 古讃岐守
次ノ南ノ下、殿垣内 一反　三丁九反　乍人　道覚 中辻
「次ノ南 一反　三丁九反」　○コノ行ハ後カラノ書キ込ミ。
次ノ南 半　三丁九反　乍人　竹うちな ひこ大ー
（四九）

◎次ノ南 一反　鶴夜叉大夫往ー　乍人
◎次ノ南 一反　愛有大夫往ー　乍人
次ノ南、河ノキハ 半　神人往ー　乍人　梅辻 左近四ー
◎次ノ東頬〔頬〕、路畔、北ノ一、タウノモト 一反　二ー大夫往ー　乍人
次ノ東キハ 半　箕里堂田　乍人　梅辻 兵衛大ー
◎次ノ南 一反　寿徳大夫往ー　乍人
次ノ南 一反　経所田　乍人　梅辻 左衛門四ー
◎次ノ南 一反　筑前ミ司往ー　乍人
◎次ノ西ノ上、伊ミ垣内南 一反　民ア少輔 別相傳 太田神楽　乍人
◎次ノ北 一反　掃ア頭下地　乍人
（五〇）

◎次ノ北 一反　周防前司貴布祢田ゥ　乍人
次ノ北 一反　正傳寺田　乍人　竹うちな 左衛門三ー
◎次ノ北 一反　宮千代大夫往ー　乍人
◎次ノ北 一反　筑前ミ司往ー　乍人
次ノ南北、路キハ 一反　正傳寺田　乍人　左近四ー 梅辻
次ノ南 一反　百性〔姓〕名　乍人　小目代
次ノ南一 一反　百姓名　乍人
次ノ西 一反　百姓名　乍人　自作
次ノ西ノ南一 二反　祇薗（ママ）田　乍人　少（ママ）目代
次ノ北 半　仏光院　乍人　竹うちな 兵衛二ー
次ノ北 一反　百姓名　乍人　自作
次ノ西 半　百姓名　乍人　左近四ー 梅辻
◎次ノ西、川ハタ 半　民ア少輔 別相傳　乍人
＊「一丁五段半」
（五一）

上クホ田ノ東ノ一
◎半 刀祢往亅 作人 竹りもな 兵衛五亅
*「一丁五段半」
次ノ西
◎一反 土祭田 豊後殿 作人 岡本 左近二亅
次ノ西
二反 斎院田 作人 六亅 太田
次ノ南ノソヘ
◎一反 ヨコ田 民ア少輔 畳田 作人
次ノ西
二反半 斎院田 作人 竹りもな ひこ大亅
民ア少輔田上北、堂ノ西
半 祇薗田（ママ） 作人 万三大夫

（五二）

次ノ西
◎一反 長千代大夫往亅 作人
次ノ南東ノ一、下サクラ
二反 経所田 作人 兵衛允
次ノ西
二反 斎院田 作人 田中 藤三
次ノ西
一反半 斎院田 作人 太田 六亅
次ノ西
一反半 斎院田 作人 兵衛大亅 梅辻
次ノ西
半 同 田 作人 竹りもな 兵衛二亅
「次ノ西
一反 浄土寺田 作人 介」 ○コノ行ハ後カラノ書キ込ミ。

次ノ北ノ川上
一反 ヨコタ 浄土寺田 作人 八 瓦者
次ノ南、浄土寺西ノ上
一反 作人 鳥居下 をりひき
次ノ西ノ町田
◎一反 掃ア頭往亅 作人
次ノ西
◎一反 左京亮別相傳 作人 御袖田

（五三）

次ノ西
◎一反 慶若大夫往亅 作人
次ノ西
◎一反 伊賀前司往亅 作人
次ノ西
◎一反 南 對馬守往亅 作人
次ノ西
◎一反 福乙大夫往亅 作人
次ノ西
◎一反 畳田 兵ア少輔別相傳 作人
次ノ西
一反 経所田 作人 太田 まこ四亅
次ノ南
一反 貴布祢祝田 作人 池殿 大亅三亅
次ノ南、岸ノ下
◎一反 二亅大夫往亅 作人
次ノ東
半 刀祢往亅 作人 藤一 藤木
次ノ東、コセノ西
二反 陰陽田 作人 信乃守〔濃〕

（五四）

次ノ北
◎一反　兵ア少輔 小山郷田所給　作人

次ノ東
◎一反　大和前司老者田　作人

次ノ南、ヨコ田
◎半　伊賀前司老者田　作人

次ノ東
三反　鋤治田（ママ）　作人　自作

次ノ北、丑寅
◎一反　隠岐前司　老者田　作人

次ノ東
◎一反　有松大夫往〻　作人
＊「二丁五段半」

次ノ東
◎一反　丹波前司　貴布祢田　作人

次ノ東、縄手ハタマテ
一反　森殿別相傳　作人　兵衛 衛門大〻

以上九丁二反三百歩

○コノ紙継目部分ニ、若干ノ欠失ガアルモノト推定サレル。（五五）

次ノ東
一反　十楽院 奥庵　作人　左近三〻 後家

次ノ東、溝ノ東マテ
◎半　民ア少輔　別相傳　作人

次ノ北
四十歩　仏光院田　作人　大乗寺 中三

次ノ北
一反　西祖庵　作人　池殿 兵衛允

次ノ西
二反　尼寺内　作人　池殿兵 衛門大〻

次ノ西
一反　聞修庵　作人　山本 兵衛入道

次ノ北東
百四十歩　仏光院　作人　大乗寺 中三

次ノ北
◎一反　初石大夫往〻　作人
＊「六段半」
以上二丁大

小山郷之入り 恵円寺半北
小　竹鼻南殿　作人　竹りもな ひこ五〻

（五六）

五日後分

次ノ北、縄手極、蔵人ノ南
一反　経所田　作人　藤木 藤三〻入道

次ノ東ノ岸ノ下
一反　下社深草田　ナツメワラ　作人　竹りもな 左衛門三〻

次ノ東、岸ノ下
一反　下社深草田　作人　梅ケつし 有大〻

次ノ東
二反　下社　但、石見守知行　作人　自作

次ノ東
一反　同社深草田　作人　有大〻 梅辻

次ノ東
一反　同　深草田　作人　右馬助 ひこ五〻

次ノ東
一反　同　深草田　作人　竹りもな ひこ大〻

次ノ東 三反　同　祝田　作人　一条万里少路 道前
次ノ東 一反　同　祝田　作人　下社先生

（五七）

次ノ東 二反　鹿苑院田　作人　松崎 大丿左衛門
次ノ東 一反　同　田　作人　同所 とき
次ノ東 一反　同　田　作人　同所 大丿三丿
次ノ東 一反　窪御堂田　作人　ひこ二丿 けさい、こしゥき
次ノ東 ◎一反　大和前司往丿　作人　袋辻 左近二丿
次ノ東 ◎一反　善千代大夫往丿　作人　小目代
次ノ東 ◎一反 *「三段」　尊幸大夫往丿　作人　藤木 ひこ二丿
次ノ東、ナカフケ 二反　鹿苑院田　作人　円妙 松崎
次ノ東 一反　蜷川　作人　藤三 田中
次ノ東 ◎一反　慶珠大夫往丿　作人　越前守

（五八）

次ノ東 ◎三反　郷司田　作人　二反ひこ二丿 藤木　一反有大丿 梅辻
次ノ東 一反　下社田　作人　妙浄 松崎

次ノ東 半　下社田　作人　同主
次ノ東 一反　讃岐房　作人　〔松〕梅崎 四丿五丿
次ノ東 一反　同主　作人　同所 四丿五丿

以上三丁

サシテノ岡ノ鼻 東ノ一 ◎一反　祝ア 土祭田　作人　梅辻 有大丿
次ノ西 一反　祝ア　作人　松崎 二丿左衛門
次ノ西 一反　祝ア　作人　同主
次ノ西 一反　祝ア　作人　ひこ二丿 こしゥき、大乗寺

○コノ紙継目部分ニ、一町七反半分ノ欠失ガアルト推定サレル。

（五九）

次ノ西ノ上 一反　神光院　作人　藤木 左近三丿後家
次ノ北、岸ノ上 ◎半　臺飯田　作人　右馬助 大丿
次ノ西ノ岸上ヘカヽル、赤ハケ 一反半　鹿苑院田　作人　治ア 松崎
次ノ北 半　刀祢往丿　作人　左近二丿 岡本
次ノ北、山ソヘ ◎一反　筑後守貴布祢田　作人

次ノ南、大水口
◎二反半　臺飯田　作人　ひこ二ー

「次ノ西
◎一反　兵ア少輔往ー　作人」　○コノ行ハ後カラノ書キ込ミ。

次ノ西
◎一反　愛千大夫往ー　作人

次ノ西
◎一反　越前〻司往ー　作人

次ノ西、ハヲリ
◎一反　千代徳大夫往ー　作人

次ノ南、ハヲリ　　　　松一
◎一反　千代松大夫往ー　作人
＊「一丁七段半」

ヨトカ垣内　　　　大塚
次ノ西、路ノ上、東ノ一
◎一反　慶若大夫往ー　作人

（六〇）

次ノ西
◎一反　愛音大夫往ー　作人

次ノ西
一反　神光院田　作人　藤木　左近三ー後家

次ノ西
一反　経所田　執行　作人　梅辻　兵衛大ー

次ノ西
一反　森殿田　御〻こんくり　作人　出雲守

次ノ西
◎一反　慶珠大夫往ー　作人

「次ノ西
◎一反　初石大夫往ー　作人」　○コノ行ハ後カラノ書キ込ミ。

次ノ西
一反　松明田　作人　梅辻　左近四ー

次ノ西
一反　畳　田　大塚　作人　中大路　小二ー

次ノ西、蔵人
一反　大北　貴布祢　作人　出雲守

次ノ西
一反　浄土寺田　作人　竹りもな　左衛門三ー

次ノ西、大道ハタ
四反　浄土寺田　作人　からさきの　縫物や
＊「一反歩（カ）」

（六一）

次ノ北、戌亥
◎半　幸若大夫往ーり　作人　越前守

次ノ岸上、大道ノハタ、室ノ木ノ南
一反半　正傳寺田　作人　梅辻　兵衛大ー

次ノ北
一反　神人往ー　作人　同主

次ノ東ノ北ヨリ
◎一反　阿賀大夫往ー　作人

次ノ南
◎一反　幸熊大夫往ー　作人

次ノ南
◎一反　甲斐前司往ー　作人

次ノ南
半　百姓名　作人　自作　ひこ二ー

次ノ南、岸極
◎一反　豊前〻司往ー　作人

次ノ東ノ下、西ノ一
◎一反　松有大夫往ー　作人

次ノ東
◎一反　あいふく大夫往ー　作人　けハい（ヌワ）　五ー三ー

次ノ東 一反 経所田 乍人 梅辻 左衛門大ー

次ノ東 一反 刀祢往ー 乍人 自作 兵衛三ー、岡本

次ノ東 ◎一反 幸松大夫往ー 乍人

次ノ東 一反 刀祢往ー 乍人 梅辻 兵衛大ー

次ノ東 ◎一反 石見前司子往ー 乍人 梅辻 左近四ー

次ノ東 一反 神人往ー 乍人 同 左近四ー

次ノ東、◎一反 縄手極 初石大夫往ー 乍人

次ノ北、池尻ノ東ノ一、山ソヘ ◎一反 三角田 尊千代大夫往ー 乍人

次ノ西 ◎一反 豊寿大夫往ー 乍人

次ノ西 ◎一反 (安藝)あき前司往ー 乍人

（六二）

＊「二丁六反半」

次ノ西 ◎一反 松一大夫往ー 乍人

次ノ西 ◎一反 命菊大夫往ー 乍人

次ノ西 一反 経所田 乍人 岡本 左近二ー

（六三）

次ノ北、井リ口、東ノ一 半 龍花庵分 乍人 大せうし 妙善

次ノ北 ◎一反 慶珠大夫往ー 乍人

「次ノ西ノ池ノソヘノ北ノ一 二反 圓通庵 乍人 岡本 兵ヘ三ー」 ○コノ行ハ後カラノ書キ込ミ。

次ノ南 〻〻 一反 乍人 〻〻

次ノ南 一反 経所田 ＊「仏光院田り」 乍人 藤木 左近三ー後家

次ノ南キハ 〻〻 一反 (×神)経所田 乍人 藤七 中大路池

次ノ南キハ 半 神人往ー 乍人 梅辻 衛門後家

次ノ南、ミソノ南 ◎一反 有松大夫往ー 乍人

（六四）

次ノ南 ◎一反 にし 慶寿大夫往ー 乍人

次ノ南 ◎一反 慶菊大夫往ー 乍人

次ノ南 一反 経所田 乍人 竹りもな 衛門四ー

次ノ南 二反 大道ノ西 上ヘカヽル 経所田 乍人 田中 藤三

次ノ南 ◎一反 幸若大夫往ー 乍人

次ノ東、ムロノ木ノ下北 野入ノ北ノ一
◎二反　新袖田　善千代大夫　乍人　山本、古 小二ー入道

次ノ同南
二反　飛鳥井田　乍人　おりもと 左近二ー

次ノ同南
三反　関目讃岐房跡　乍人　藤木 ひこ二ー

次ノ同南
◎一反　土祭田　祢宜　乍人　大ー三ー　池殿

次ノ東
一反　御〻んく田　民ア少輔　乍人　民ア少輔

（六五）

次ノ南
◎一反　楽音寺田　乍人　小目代

次ノ西、中
◎一反　常陸前司往ー　乍人

次ノ西ソヘ
◎一反　新袖田　越前守分　乍人

次ノ南ノ下
一反　百姓名　乍人　大せうし ひこ二ー

次ノ西、戌亥ノ上
半　飛鳥井田　乍人　岡本 左近二ー

次ノ南
二反　下社供田　乍人　宝蔵　瓦者　御基〔墓〕東へ廻

次ノ西
◎一反　豊前〻司往ー　乍人

次ノ西
◎一反　幸熊大夫往ー　乍人

次ノ西
一反　経所田　乍人　岡本 左近二ー

次ノ西
◎一反　市殿 宮鶴大夫往ー　乍人

（六六）

次ノ西
◎一反　所司 千代松大夫往ー　乍人

次ノ東南、御基〔墓〕ノキハ
◎一反　藤寿大夫往ー　乍人

次ノ北坪、岸ノ上、西ソヘ
＊「一丁七段」
◎一反　松寿大夫往ー　乍人

次ノ東
◎半　亀千世大夫往ー　乍人

御基〔墓〕・東ノミソ、下社田ノ下也 ノ入
九十歩　南　竹内殿　北両所ニアリ、北ハノ入　乍人

次ノ南　鞍馬大道ノソへ
二反　浄土寺田　乍人　かちや、北畠 二ー

次ノ西ノ南
一反　経所田　乍人　岡本 左近二ー

次ノ北上ヘカヽル
二反　経所田　乍人　藤木 藤三ー入道

次ノ北
◎三反　臺飯田　乍人

（六七）

次ノ西、岸ノ上
◎半　土祭田　祢宜　乍人　竹りもな 衛門四ー

次ノ南
◎一反　万福大夫往ー　乍人

次ノ南
◎一反　太田 左近将監往ー　乍人

次ノ東
半　神人往丿　作人　梅辻 左近四丿
次ノ北丑寅、ミソノ下
半　下社祝田　作人　竹りもな 左衛門三丿
次ノ南
◎半　宮有大夫往丿　作人
次ノ東ノ下、松下
小　楽邦院田　作人　〔は〕けけいの辻 衛門二丿
次ノ南、大道畔
二反半　浄土寺田　作人　竹りもな ひこ大丿
次ノ西　ハヲリ
◎一反　徳光大夫往丿　作人
次ノ北
◎半　宮有大夫往丿　作人

（六八）

次ノ西ノ上
二反　十楽院奥庵　一反 岡本 左近二丿　一反 藤三丿入道　藤木
次ノ戌亥ヨリ
◎一反　對馬前司往丿 けゝい　作人
次戌亥、チウノ坪、東ノ一
半　経所田　作人　藤木 藤三丿入道
次ノ西
一反　同　田　作人　南辻 衛門二丿
次ノ西
一反　同　田　作人　中大路 又三丿子
次ノ西
一反　同　田　作人　同主
次ノ西
一反　同　田　作人　藤木 ひこ二丿

次ノ西
二反　同　田　作人　田中 藤三
次ノ西ノ縄手極
二反半　同　田　作人　藤木 藤三丿入道
次ノ南、上サクラ、東ノ一
一反半　百性（ママ）名　作人　竹りもな 左衛門五丿
次ノ南下
一反　祇薗（ママ）田　作人　右馬助

（六九）

次ノ西
◎半　臺飯田　作人
次ノ西、丁通　兵ア少輔
一反　田所初経営　正月八日　作人
次ノ西
◎一反　臺飯田　作人
次ノ西
二反　浄土寺田　作人　竹りもな ひこ大丿
次ノ西
二反　同　寺田　作人　同所 左衛門三丿
次ノ西
◎一反　徳夜叉大夫往丿　作人
次ノ西
◎一反　ひこ一大夫往丿　作人
*「一丁三段」

以上十四丁六反半卅歩

郷司万徳大夫判

惣以上九十四町三反半卌歩

（七〇）

田所
慶光大夫 判
阿波前司 判
對馬前司 判
備中前司 判
加賀前司 判
福鶴大夫 判
尊千世大夫 判

（七一）

于時明応九年卯月　日書写之訖

沙汰人
鶴増大夫（花押）
同
亀徳大夫（花押）
同
肥前ゝ司（花押）
尾張前司（花押）
有千代大夫（花押）
美作前司（花押）
佐渡前司（花押）

（七二）

伊賀前司（花押）
土佐前司（花押）

加賀前司（花押）
淡路前司（花押）
長門前司（花押）
弾正少弼（花押）
下総前司（花押）

〔三〕 宝徳三年小山郷地からみ帳（明応九年写。巻子本）

（題簽）「寳徳三年地からみ帳 小山郷」

○以下、順次貼リ継ガレテイル各料紙ニハ、ソレガ何枚目ニ当タルカヲ示ス「小一」（小山郷第一紙）・「小二」ナドノ裏書ガアルガ、イズレモ省略シタ。

小山郷、同廿七日検知之

平榎南ヌノキヒ 二反南一 壘寺（後筆）「白雲寺歟」 作人 童菊丸

次ノ東 一反 同寺 作人柳原、茶屋 まこ九ゝ〔郎〕○以下同。

次ノ東 一反 同寺 作人柳原 大ゝ〔太郎〕○以下同。四ゝ

次ノ東 一反 同寺 作人 孫童丸

次ノ東 一反 同寺 作人 柳原左衛門大ゝ

次ノ東 二反 同寺 作人 二条烏丸 幸松丸

次東 一反 同寺 乍人〔作〕○以下同。 道林

次東 一反半 同寺 作人 同主

・○（×○）次ノ東 二反 極楽寺 作人 柳原弥九ゝ

次ノ東 四段 五条坊門御寺 作人 柳原彦大ゝ

（一）

次ノ東岸ノ上北ヒ 二反 柳原酒屋下社ゥ 作人 柳原孫九ゝ

次ノ東、岸下、川ハタ 小 作人 北畠 小三ゝ

○…………○

次ノ西ノ縄手極 二反 北畠道場 作人 柳原衛門三ゝ

（×○）次ノ西ノ縄手極 ・○六反 氷用田 作人 二反 柳原 彦大ゝ 一反 同所 二ゝ三ゝ 同所 三ゝ 三反 小川 竹千代

次ノ西、大道極手 三反 恵円寺 作人 一反 西大路大ゝ 一反 柳原次ゝ 一反ひこ大ゝ

北ノ大道ノハタ 一反半 光勝院 乍人 にし大路 桧物屋

次ノ東、ミソキハ 一反 小野岡殿 作人 柳原彦大ゝ

次ノ東 二反 恵圓寺 作人 おうきまち 兵衛五ゝ

次ノ北 一反 土佐前司往ゝ〔往来〕○以下同。 作人 柳原 左衛門大ゝ

（二）

次ノ東 ◎三反 九日田 乍人 二反 柳原 同所 彦三〜 一反 同所 大〜

次ノ東ノ川ハタニ 近衛西洞院 ◎一反 御牛飼 孫童丸 乍人 柳原衛門三〜

次ノ東ノ川ハタ 近衛西童院〔洞〕 一反 道場 作人 村雲衛門二〜

次ノ北、路ノ上 一反 ヨコ田 刀祢往〜 作人 北畠 左衛門九〜

次ノ東申〔未〕、川南 ◎一反 千代徳太夫往〜 作人

次ノ北、溝ノ上 一反 ヨコ田 神人往〜 作人 にし大路 彦石

次北、同所 ◎半 越中前司老者田 作人 柳原 衛門三〜

○次ノ二筆ハ、後カラ行間ニ書キ込マレテイル。便宜記載形式ヲ前後ニ準ジテ改メル。

次北 一反 刀祢往〜 乍人 同主

次ノ西ノ極 ◎二反 越中前司老者田

次西 二反 深草給 作人 柳原大〜四〜

次北上 一反半 雑役田 作人 同主

次西、大路畔 二反（後筆）「但前也」一条伊勢殿 作人 にし大路 大〜三〜

次北上 ◎一反 九日田 作人 柳原 二〜三〜

（三）

○コノ紙継目部分ニ料紙一枚ガ欠失シテイル。

次北 ◎一反 肥前〻司往〜

次北 ◎一反 春松大夫往〜

次東 ◎一反 土佐守往〜 作人

次西、ヒ宇チ形 ◎一反 益有大夫往〜 作人

次北、溝ノ上 ◎一反ヒ宇チ形乙千代大夫往〜 作人

次西、丁トヲリ ◎一反 徳光大夫往〜 作人

梅ゥ辻 次西 ◎一反 千代乙大夫往〜 作人

次西 一反半 悲傳寺田 作人 ほりかゝ 竹つる

次西 一反 貴布祢祝田 作人 柳原三〜

次西、大道ハタ 三反 吉田 作人 二条 藤一

（四）

次北、溝上 一反 貴布祢祝 作人

次東 ◎一反 伊賀前司貴布祢田 作人

次東南一 一反〃〃 貴布祢〻宜田（後筆）「但、失田」 作人 柳原彦三〜

エリサへ 一反 法印

火打形、乙千代大夫往ー次北
◎一反　尾張前司往ー　作人
次北
◎一反　亀石大夫往ー　作人
次北
二反　小経所田 養泉坊　作人　柳原 鶴若
次北
一反　良一座頭　作人　柳原彦大ー（二ヵ）
次、東エリサヘノ南二
◎一反　備中前司貴布祢田　作人
次北
一反　貴布祢ミ宜田　作人　柳原大ー四ー

（五）

次北
◎一反　三ー大夫貴布祢田　作人
次北
◎一反　千鶴大夫別相傳　作人　さうめん屋
次北
◎一反　筑前ミ司往ー　作人
次北
半　神人給　作人　池殿 衛門大ー（二ヵ）
次北
◎一反　命千代大夫往ー　作人
次北
◎一反　藤満大夫往ー　作人
次北
◎一反　愛夜叉大夫往ー　作人
次北
一反　刀祢往ー　作人　竹鼻 宝徳

次北
◎一反　信濃前司往ー　作人
次北
◎半　駿河前司往ー　作人
次北
半　刀祢往ー　作人　竹鼻 兵衛五ー

（六）

次北
◎一反　幸福大夫往ー　作人
次東ヨコ、田一せ町
一反下ニ有、　経所田　作人　柳原二ーー三ー
良一別相傳ヒハカクヒノ北ノ上
次東、河ハタ
一反　御酒田　作人　同所彦大ー
次北
一反小　悲傳院　作人　同主
次北
半　刀祢往ー　作人　柳原弥九ー
次北
◎一反　千代《ふゑん》松大夫往ー　作人
次北
◎一反　尾張前司往ー　作人
次北
◎一反　千代松大夫往ー　作人
次北
半　神人往ー　作人　柳原彦五ー
次北、フカ宇ソ
一反　経所田 養泉坊　作人　同所 鶴若
次北、河ハタ、東一
◎一反　丹波前司往ー　作人

（七）

次西
一反　経所田　作人　柳原二亅三亅

次西
二反　経所田　作人　散所 四亅五亅

次西
一反　寿徳院　雑役田　作人　小河竹千代

次西、溝ノソヘ
半　雑役田　作人　柳原彦三亅

次北ノ上
半　雑役田　作人　二条五亅松

次西、丁トヲリ
◎一反　慶寿大夫往亅　作人

次西
◎一反　尊幸大夫往亅　作人

次西
◎一反　九日田　作人　柳原二亅三亅

次西
◎一反　御牛飼田　作人　同所彦三亅

次西
◎一反　同　田　作人　同所左衛門大亅

次西　狐ツカ
◎一反　同　田　作人　西大路 二亅三亅

（八）

次西、大道畔
◎二反　御牛飼田　作人　池殿 大亅三亅

次ノ北上、大道畔
二反　雑役田　作人　柳原 ひこ三亅

次ノ北上
◎二反　御牛飼田　作人　池殿 左近允

次ノ東ノ岸下
◎一反　初鶴大夫往亅　作人

次東
◎一反　常陸前司往亅　作人

次ノ東
◎一反　阿賀大夫往亅　作人

次東
◎一反　石徳大夫往亅　作人

次ノ東
◎一反　對馬前司往亅　作人

次ノ東
◎一反　松一大夫往亅　作人

次ノ東
一反　神人中往亅　作人　兵、池殿 衛門大亅

次ノ東
一反　貴布祢ミ宜田　作人　田中 藤三

（九）

次ノ東
一反　勧〔歓〕喜寺 佛聖院　作人　柳原、車 三亅

次東
一反　佛聖院　作人　柳原 衛門大亅

次ノ東、河ハタ
◎一反　大乗寺左近将監往亅　作人

次ノ下、岸ノ下南
◎一反　三亅太（ママ）夫往亅　作人

次ノ南
◎一反　九日田　作人　自 弥大亅

次ノ西
一反　佛聖院童一丸　作人　柳原 彦三亅

次ノ北ノヨコ田
二反　経所田　執行　作人　藤木 左近三亅

次ノ北　一反　経所田　養泉坊　作人　池殿　大｣三｣　後家
次ノ北　一反　経所田　廿五三昧　作人　車屋三｣
次ノ北　一反半　永清院　作人　藤木　彦二｣
次ノ北　◎三反　御牛飼田　作人　柳原　一反　米屋二｣　二反　山ノ上　北畠

（一〇）

次ノ西、溝ノ上　二反　経所田　作人　安居院芝　大｣
次ノ西　◎三反　御牛飼田　亀童　作人　自作
次ノ西、角田　一反　経所田　作人　柳原　彦三｣
次ノ岸ノ上、路ハタ　一反　万三大夫往｣　作人
次ノ南北　大乗寺　◎一反　左近将監往｣　作人
次ノ大道ソヘ　一反　楽田　作人　柳原　三｣
次ノ東　一反　同田　作人　かも　六｣
次ノ東　◎一反　九日田　作人　鷹司大宮　木阿弥
次ノ東　◎一反　維那給　作人　池殿　左近允
次ノ東　一反　花田　*「妙喜庵」　作人　辻　孫二｣

次ノ東　二反　楽田　作人　柳原　三｣
次ノ東　五段　壱花庵　*「長福寺」　作人　三反　亀散所　山ノ上北畠

（一一）

次ノ東　二反　奈良田　作人　山ノ上　北畠
次ノ東　一反　刀祢中往｣　作人　大田前〔大カ〕　兵衛二｣
次ノ東　一反半　作人　北畠　かち〔鍛冶〕　二｣
次ノ北、ヨコ田　一反　掃ア頭　御〔供〕僧　畳田　作人　市　馬三｣
次ノ北　◎一反　左近将監　長床田　作人　池殿　左近允
次ノ北　◎半　新開同主　作人　同主
次ノ西　◎二反　所司大夫鼻からけ田　作人
次ノ西ノ北　小　楽田　作人
次ノ南　◎一反　豊寿大夫往｣　作人
次ノ南　◎一反　尊賀大夫往｣　作人
次ノ南一　◎一反　愛音大夫往｣　作人

（一二）

次ノ西　◎一反　和泉前司貴布祢田　作人

次ノ西、路ソヘ　◎一反　周防前司往ー　作人

次ノ北　◎一反　福乙大夫往ー　作人

次ノ北　◎一反　長鶴大夫往ー　作人

次ノ北、尼垣内　◎三反　御牛飼田童藤一　作人　柳原 彦三ー

次ノ北ノ上　一反上江カヽル　経所田　作人　池殿 兵衛允

次ノ東　半　寺田　作人　大工

次ノ東、岸下　◎一反　下総前司往ー　作人

次南上下、新開　◎一反　河内前司往ー　作人

次ノ西ノ上　一反　刀祢中往ー兵衛五ー　作人　自作

次ノ西ノ上　◎一反　幸乙大夫往ー神人田、河成残アリ　作人

-----○コノ紙継目部分ニ、何程カノ欠失ガアルト推定サレル。-----（一三）

柏溝ノ北ノ一

河原ハタ　一反半時大鼓田　作人　竹鼻 衛門二ー

次南、河ハタ、道ノ上下　◎半　忌子田　作人

次南、河ハタ　半　刀祢往ー　作人　自作

次東　◎一反　民ア少輔往ー　作人

次東　一反　御馬田　作人　池殿 大ー三ー

次ノ東　二反　御馬田　作人　同主

次ノ東　一反　桧物給　作人

次ノ東　◎一反　徳千代大夫往ー　作人　自

次ノ東　◎一反　掃ア頭子往ー　作人

次ノ東　◎一反　有鶴大夫往ー　作人

次ノ東　◎一反　ほうりう庵別相傳畳田　作人　相国寺 徳行

-----（一四）

次南ノ下、東ノ一　◎一反　孫有大夫往ー　作人

次ノ南　一反　松明田　作人　池殿 衛門五ー

次ノ西　◎一反　伊勢前司往ー　作人

次ノ西　一反半　アクワ宇田　作人　柳原 兵衛五ー

次ノ西ノ河ハタ　二反　法光寺田　作人　大田前 孫四ー

次ノ南ノ下　一反　雑役田八幡　作人　魚屋大ー

次ノ南ノ河ハタ　一反　経所田　作人　竹りもな 四ー

次東ノ北ノ一 ◎一反 太田 左近将監往ー 作人
次ノ東、暮(墓カ)ソヘ 二反 小使田 作人
次ノ西ヨリ 一反 経所田 作人 柳原 衛門大ー
次ノ西 ◎一反 御牛飼田 孫主(王カ) 作人 同所 衛門三ー
次ノ南 ◎一反 目代田 作人 一橋

(一五)

次ノ東 一反 経所田《ふしん》 作人 散所者
次ノ南 ◎一反 幸徳大夫往ー 作人 同所孫三ー
次ノ西 一反 刀祢往ー 作人 御こしゟき 新大ー
次ノ東ノ上 半 神人往ー 作人 柳原 二ー三ー
次ノ南 一反 経所田 作人 太田前 孫四ー
次西 ◎一反 臺飯田 湯屋 作人 柳原 衛門三ー
次ノ河ハタ 半 けんしやう院 作人 散所大ー二ー
次ノ西 ◎一反 慶若大夫往ー 作人
次ノ東 半 神人往ー 作人 柳原 二ー三ー

次ノ南 一反 刀祢往ー 作人 散所亀
次ノ西 ◎一反 愛益大夫往ー 作人
次ノ南、辰巳 ◎一反 鶴夜叉大夫往ー 作人
次西、河ハタ 二反半 雑役田 作人 北畠 小三ー
次ノ東、角田 一反 雑役田 作人 柳原 左衛門五ー
次ノ路ノ南 一反半 雑役田 作人 同所 左衛門五ー
次ノ西ノ河ハタ 一反 雑役田 作人 柳原 彦大ー

(一六)

次ノ東 ◎一反 阿波前司往ー(異筆)「別相傳」 作人
次ノ東 ◎一反 御目代 作人
次ノ縄手極 ◎一反 對馬前司往ー 作人
次ノ南東ノ一 一反 雑役田 作人 石橋
次ノ南ノ河ハタマテ 三反 御廳田 作人 若鶴丸
次ノ岸ノ下、西へゟゝる 一反半 雑役田 作人 鷹司 風呂
次ノ南、西ヘトヲル 二反半 雑役田 作人 風呂 彦五ー

次ノ南　一反　雑役田　作人　柳原　左衛門五丿

次ノ南、岸ノ下　一反　桧物給田　作人　柳原　二丿三丿

次ノ西　◎一反　松有大夫往丿　作人

次西　◎二反　孫童　御牛飼田　作人　自作

「次南　河ハタ　◎一反　同主　作人　柳原　衛門三丿」　○コノ行ハ後カラノ書キ込ミ。

（一七）

次ノ南ノ岸上　二反半　極楽寺　雑役田　作人　柳原　彦石

次ノ下　一反　最徳院　雑役田　作人　柳原　左衛門五丿

次ノ南　一反　山　宮鶴大夫往丿　作人

以上六丁三反

同廿八日分、中野、京路ヨリ東

北河原ハタ　一反　北畠貴布祢講田　作人　下、かちや　二丿

次南、溝ノ上　一反　奈良田　作人　森中間

次ノ南　一反半　斎院田　作人　柳原　衛門五丿

次ノ南　◎一反　肥後守往丿　今とうつる　作人

次ノ南、縄手極　二反半　奈良田　作人　一反　森中間　一反半　又二丿

次ノ南、溝ノ南、北南へ町トヲリ　半　石橋　作人　柳原　衛門五丿

（一八）

次ノ東　五反　経所田　作人　かも藤木　彦二丿

次ノ東　三反　経所田　作人　北畠、鳥居ノ下　左衛門九丿

次ノ下ノヨコ田　一反　貴布祢ミ宜田　作人　田中、かも　藤三

次ノ南　◎一反　信濃守貴布祢田　作人　若つる

次ノ南　◎一反　市　宮鶴大夫往丿　作人

次ノ南　◎一反　所司　千代松大夫往丿　作人

次ノ南、ハヲリ　◎一反　松寿大夫往丿　安藝ニなる　作人

次ノ西、ハヲリ　◎一反　二丿大夫往丿　作人

次ノ西、カ宇スコ　半　刀祢往丿　作人　散所　亀

次ノ南　◎一反　福鶴大夫往丿　作人　とりいノ下　左衛門九丿

次ノ南　一反　雑役田　作人　魚大丿

次ノ辰巳ノ下　◎一反　長千代大夫往丿　作人　梅辻、かも　兵衛大丿

（一九）

次ノ南 一反 刀祢往丨 作人 梅辻、かも 兵衛大丨
◯次ノ南 一反 御牛飼田 童 藤一丸 作人 柳原 大丨四丨
◯次ノ南 一反 御牛飼田 同主 作人 同所 衛門大丨
◯次ノ南 一反 御牛飼田 孫有 作人 同所 鶴若
次ノ南 一反 飛鳥井田 作人 東辻子 散所
◎次ノ西、丁通 半 土祭田祝方 作人 北畠孫大丨
次ノ西 半 経所田 作人 鳥居下 左衛門九丨
次ノ西 二反 深草田 作人 道林
次ノ西 二反 経所田 作人 賀茂梅辻 兵衛大丨
次ノ西、路ノハタ 一反 経所田 作人 柳原、浄音 散所亀
次ノ北ヨリ 二反 経所田 作人 散所亀

（二〇）

次ノ岸下、ヨコ田 一反 雑役田 作人 柳原 彦三丨
次ノ南ノ下、ニシそへ 二反瓶子坪〔遍〕 雑役田 作人 ふろ 彦五丨
次ノ東 二反 百万反 雑役田 作人 石橋

次ノ東 一反 雑役田 作人 柳原 兵衛五丨
次ノ東 一反 雑役田 作人 塩屋 北畠
次ノ東北ノ墓ノ上りゝる 一反 石橋 八幡 作人 魚大丨
次ノ東 一反 無主 作人 散所 鷹司 左衛門三丨 風呂
次ノ東ノ路ノ東 一反半 雑役田 作人 柳原 孫王丸
◯次東、路ノ東ハタ、イハシカツカ 一反 御牛飼田 藤一 作人 柳原 衛門三丨
◯次ノ南 一反 御牛飼田 弥菊弟 作人 北畠 小二丨

（二一）

◯次ノ南 一反 御牛飼田 藤一 作人 柳原 鶴若
◯次ノ南 一反 御牛飼田 作人 孫童
◯次ノ南 一反 御牛飼田 童菊 作人 か(ふカ)ゝら屋道
次ノ南ノ下、遣上 一反ハヲリ、木ノ上 刀祢中往丨 作人 らいそく屋 徳阿弥
次ノ南、ハヲリ、東へ廻 一反 貴布祢祝田 作人 同主
◯次ノ西ヨリ 二反 雑役田 極楽寺 作人 同主
◯次ノ 一反 雑役田 極楽寺 作人 同主

次ノ南、井ハシカツカ　◎一反　阿波前司往｣　作人　御両〔霊〕、猿
次ノ南　在所アワう　◎一反　伊賀前司往｣　作人　かちや　大｣二｣
次ノ南、路ノ下、東ノ一　一反　ハヲリ恵円寺　作人　材木　道金
次南　一反　雑役田　小原殿　作人　おうキ町　桧物屋

（一一二）

次ノ西　二反　雑役田＊「小原殿」　作人　北畠　小二｣　（親脱カ）正町
次ノ西、道極　一反　雑役田　作人　桧物屋
次ノ溝ノ極西、溝マタケ　一反半　雑役田　不審、増アルリ　作人　鳥居下　衛門五｣
次ノ西、溝ノ極　一反　雑役田＊「楠ノ酒屋」　作人　柳原　衛門三｣
次ノ西　◎二反　雑役田　極楽寺　作人　同所　衛門大｣
次ノ西　二反　雑役田　同所　作人　彦大｣
「次ノ西　二反　雑役田　作人　ひこ大｣」　○コノ行ハ後カラノ書キ込ミ。
次ノ西一　二反半　雑役田　作人　同所　ひこ大｣
次ノ東、畠也　一反　けんしやうし（見性寺）　作人　同所　左衛門五｣
次ノ畠也　一反　恵円寺　作人　同所　衛門三｣

次ノ東ノ溝ノ下　二反　雑役田　作人　同所　左衛門五｣

（一一三）

次ノ下ノ坪、東ノ一、七反カ垣内　三反　経所田　作人　寺前　九｣大｣
次ノ西　但、経所田リ　三反　尊勝院　作人　材木道金
次　一反　同　院　作人　二条からす丸　幸松
次ノ西ノクロノ内　◎一反　鶴彦大夫往｣　作人　道林
次ノ北　二反　雑役田　小原殿　作人　材木　道金
次ノ西ノ溝ノ西　◎二反　雑役田　極楽寺　作人　柳原　左衛門五｣
次ノ南ノ路ノ浦〔裏〕　二反　アクワう　小原殿　作人　散所　市
次ノ道ノ西　一反半　五辻大宮　けんしやうし　作人　半　一反　柳原藤二｣　同所弥五｣

以上九丁六反

次ノ東ノ岸ノ上、道ノハタ　◎一反　極楽寺　作人　散所　四｣二｣入道

（一一四）

小山ノ堂ノ前、南　二反　小原殿　作人　材木　道金
次ノ西、岸ノ下　二反　同主　作人　柳原　兵衛大｣
次ノ南、ヨコ田　二反　同主　作人　同所　衛門三｣

次ノ南 二反 恵円寺 作人 鷹司風呂

次ノ南 一反 大舎人アリ 作人 柳原 彦大〻

次ノ南 二反 長楽寺 作人 同所 左衛門五〻

○次ノ南下 一反 極楽寺 作人 北畠 孫鶴

次ノヨコ道ノハタ 二反 長楽寺 作人 柳原 鶴若

次ノ東、路ノ極、北畠 一反 若鶴丸 作人 散所かつさ

次ノ東 一反 けんしやうし 作人 同 大〻二〻

(二五)

○次東 三反 極楽寺 作人 一反 同 十念 一反 同 大〻二〻 一反 北畠 かうしや道

○次東 二反 同 寺 作人 散所 孫二〻

次ノ東、辰巳ノ角 一反 作人 かうしやノ道

次ノ路極、北 一反 小原殿 作人 散所衛門二〻

次ノ北、路ノ上 一反半 紫竹性存 作人 自

次ノ北ノ上 二反 下社 社務 作人 柳原 二〻三〻

次ノ西 二反 下社 老者田加賀守 作人 同所 衛門大〻

次ノ南下、東ノ一 一反 小三〻 作人 北畠 小三〻 名分も取之ゝゝ

次ノ西 一反 小三〻 作人 散所 兵衛四〻入道

次ノ西 一反 小三〻 作人 同所市

次ノ西、路ハタ 二反 けんしやうし 作人 柳原 左衛門三〻

(二六)

次ノ西 一反 主東山 作人 二条からす丸とらゝゝ

○次ノ西 二反 極楽寺 作人 一反 散所 大〻四〻 一反 竹 さる

次ノ北ノ西ヨリ 一反半 下社あゝらし(カ) 作人 北畠 小三〻

次ノ北、岸上 一反 性存シ竹 作人 自作

次ノ北 二反 アクワ字 作人 一反 北畠 兵衛大〻 一反 鳥居下 四〻二〻

次東 一反 下社 作人 西おうち 道林

次東 一反 下社 作人 寺出納

次ノ岸ノ上 三反 光勝院 作人 西 二反 北畠 二〻四〻 一反 同所 小二〻

以上四丁五段

御両林《クチハナツカ》〔霊〕ノ戌亥角、垣極

（二七）

畠也、西ノ一　一反半　作人　石橋衛門

畠也、次ノ東　二反　北ノ極　内まき方　作人　一反　をゝる　散所　一反北　衛門

畠也、次ノ北、路ノ上　一反　北畠庵　作人　庵　小二〻

田也、次ノ北　一反半　薬師堂蔵　作人　自作

次ノ東　一反　作人　柳原　彦大〻

次ノ東　一反　作人　薬師堂蔵道心

次ノ縄手東、畠也　三反　下社　作人　寺前　九〻二〻

次ノ東　一反　作人　辻　衛門　散所

次ノ東　一反　下社　作人　餅屋行寅

次ノ東　一反　作人　辻四〻五〻　散所

（二八）

次ノ東　一反　作人　東辻散所　大〻二〻

次ノ東　一反　作人　茶屋　二〻四〻

次ノ東　一反　作人　北畠　若鶴

次ノ東　一反　作人　御両〔霊〕大工

次ノ東　二反　作人　中酒屋

次ノ東　二反　毎阿弥　作人　柳原　二〻三〻

次ノ東　一反　西方寺　作人　北畠　左衛門九〻

以上畠

以上二丁三反

次ノ上、畠也

次ノ北ノ東ノ一

（二九）

次ノ東ノ一　一反　下社　作人　石橋

次ノ西　一反　下社　作人　同八幡

次ノ西　一反　童　藤一丸　作人　かちや五〻

次ノ西　一反　同主　作人　柳原　彦三〻

次ノ西　二反　寿徳院　帯屋　作人　帯屋

次ノ西　一反半　薬師堂蔵　作人　北畠　徳阿弥

次ノ西、路ハタ　一反　*「不審、御こんく田」　作人　寺前　九〻大〻

次ノ西　一反　作人　柳原　ヒ銭屋

次ノ西 一反　作人　四亅五亅（散所）
次ノ西 一反　作人　柳原 孫九亅
次ノ西 一反　作人　寺前 九亅大亅
次ノ西 一反　作人　柳原 ヒ銭や
（三〇）
次ノ西 二反　作人　同所 左衛門五亅
次ノ西 一反　作人　かちや(鍛冶屋)二亅
次ノ西 一反　作人　寺前 ふや
次ノ西、路ノ極 一反　作人　木下酒屋
次ノ西 一反　作人　かうしま(ママ)
次ノ西 一反　作人　柳原 彦大亅
次ノ西 一反　下社かち田　作人　同所 衛門大亅
次ノ西 一反　下社供田　作人　寺前 九亅大亅
次ノ西、ナハテ西 二反　作人　庵小大亅
次ノ西 二反　下社かち田　作人　柳原 衛門大亅
以上畠也　以上二丁六段半

（三一）
次ノ西ノ一 一反半　畠 経所田　作人　中茶屋
次ノ東 一反半　畠 経所田　作人　塩屋
次ノ東、縄手極 二反　経所田　作人　今剛(ママ)大亅 大工
次ノ下南 二反　経所田　作人　大りい
次ノ下 一反　経所田　作人　下かちや二亅
次ノ東 三反　松明田　作人　下かちや二亅
次ノ東 四反　御酒田　作人　徳行
次ノ東 一反　御こんく田　作人　同主
次ノ路ノ東 三反　雑役田　作人　若鶴
◎次ノ北ヨリ 一反　對馬守往亅　作人
次ノ東 三反半　御こんく田　作人　若鶴
（三二）
北畠ゑんまん堂前 次ノ大道ノハタ 半　下社田卜申　作人　かちや二亅
次ノ東、路ノ東そへ 半　北畠貴布祢講田　作人　自

次ノ路戌亥 一反半 寿徳院 雑役田 作人 鳥居下 衛門九亅
次ノ上、西 ◎一反 徳千代大夫往亅 作人
次ノ西 半 雑役田 作人 富田方
次ノ西、上下 ◎一反 讃岐守往亅 作人
350 次ノ中 ◎一反 松一大夫往亅 作人
次北、岸極 ◎一反 安藝守往亅 作人
次ノ南、岸上 一反半 雑役田 作人 富田方
次ノ西 一反 雑役田 作人 若鶴
次ノ西 二反 雑役田 作人 寺前 九亅大亅

（三三）

355 五段畠、次ノ岸ノ上、西 一反 神人往亅 作人 鳥居下 衛門九亅
次ノ西 一反 下社膳ア 作人 孫童
次ノ西 一反 刀祢往亅 作人 彦大亅 北畠
次ノ西 一反 神人往亅 作人 小三亅 同所
次ノ西極 ◎一反 徳光大夫往亅 作人

以上四丁

360 次ノ岸ノ上、西 ◎一反 三亅大夫往亅 作人
次西 ◎半 松有大夫往亅 作人
次ノ西 一反 経所田 作人 四亅五亅 散所
次ノ北、三角 二反 中大亅 矢刀祢 神人往亅 作人 柳原 二亅三亅

（三四）

次ノ丑寅ノ下 ◎半三角 極楽寺 雑役田 作人 鳥居下 左衛門九亅
次ノ岸ノ下 ◎三反 極楽寺 同 作人 石橋
365 次ノ西ノ極 ◎二反 極楽寺 同 作人 米屋 北畠 左衛門九亅
次ノ西、人宿前 ◎半 極楽寺 同 作人 北畠 孫三亅

以上一丁半

ヨコ堤 ゑんまん堂ノ北 半 西へゥヽる 北畠道場 作人 こうや 二亅
次ノ西 半 御酒田 作人 石橋
次ノ西 一反 神人往亅 作人 下 かちや二亅
次東ノ北 半 荒分 作人 石橋

次ノ一反　御〻んく田　作人　石橋
373 次東ノ河ハタ半　無主　但、氏人往ーり　作人　石橋
次ノ未申◎一反　下野前司　作人　左衛門九ー
次ノ南◎一反　左京亮往ー　作人
次ノ北ヨリ半　刀祢往ー　作人　徳行　又北ノ岸上り、る

（三五）

次ノ東ノ上一反　太田御神楽石橋　作人　自作
次ノ西、左京亮往ー北一反　御酒田　但、荒　作人
次ノ西、岸ノ上半　雑役田　乍人　一条材木屋
380 次ノ東上◎半　九日田　乍人　塩屋
次ノ東半　御〻んく田　乍人　石橋
以上畠也
西、雑役田ノ西、路ノ西へカヽル小　西殿別相傳　乍人　かちや二ー
次ノ西ノ岸極◎一反　加賀前司往ー　乍人
次ノ北◎一反　阿賀大夫往ー　乍人

（三六）

385 次ノ北、ヨトコ◎一反　土佐前司　乍人　小三ー
次ノ北一反内　◎半　仏光院　◎半　伊賀守　乍人　鳥居下左衛門九ー
次ノ東小　刀祢往ー　乍人　北畠まことう
次ノ北、但、河成半　小り　神人往ー　乍人　北畠左衛門九ー
次ノ西一反　道ノ西へカヽル　刀祢往ー　乍人　同主
390 次ノ北ノ川ハタ◎半　出雲前司往ー　乍人
次ノ南一反　刀祢往ー　小目代　乍人　自作
次ノ西ノミツハシ◎一反　幸石大夫往ー　参河守ニナル　乍人
以上一丁八反大
遺上、北ノ上◎一反　若石大夫往ー　乍人　左衛門九ー
次ノ西一反　神人往ー　乍人　かうしや
395 一反　神人往ー　乍人　北畠二ー三ー
次ノ北、ミソ、へ◎一反ミトハシ亀千代大夫往ー　乍人
次ノ東◎一反　幸音大夫往ー　乍人

（三七）

次ノ東　半　刀祢往亅　作人　口銭屋
次ノ東　半　刀祢往亅　作人　北畠　まこ三亅
次ノ北、西東ヘトヲル　二反　石橋ハ　作人　石橋内　七亅　かちや二亅三亅
次ノ北　◎二反　下野前司老者田　作人
次ノ北　二反　雑役田　作人　かちや　大亅二亅
次ノ北　○一反半　雲林院　作人　北畠　二亅大亅
次ノ北　○一反　同　田　作人　柳原　弥九亅
次ノ西ノ上　二反　斎院田　勧寿寺　作人　柳原　彦石
次ノ西　一反半　正傳寺　作人　北畠　左衛門九亅
次ノ北、ヨコ田　一反　斎院田　作人　柳原　浄音

（三八）

次ノ岸ノ上　○二反半　雑役田　極楽寺　作人　一反半　車屋　左衛門三亅　一反　北畠小二亅
次ノ東、溝ソヘ　一反　経所田　中坊　作人　鳥居下　左衛門九亅
次ノ北　○二反　極楽寺　雑役田　作人　塩屋　北畠
次ノ北、岸ノ上　下ノ窪ヘカヽル　一反　善秀庵　作人　散所　二亅四亅

次ノ北　○半　万三大夫往亅　作人
次ノ東ノハタ　○一反　御牛飼田　まこ王丸　作人　下、かちや　一亅
堀ケ溝ノ口まて
以上二丁七反
次、流木後、西ヨリ
西南ノ二　小　善住庵　作人　竹鼻　法徳
次ノ北、川ノハタ　百歩　苽替　作人　太田前　六亅
次ノ北　一反大　永清院　作人　兵衛允

（三九）

次ノ北　○一反　左近将監往亅　宮内少輔ナル　作人
次ノ東　○一反　有鶴大夫往亅　作人
次ノ東　○一反　兵ア少輔別相傳　御袖田
次ノ東　○一反　竹松大夫往亅　今ハ中務少輔　作人
次ノ東　○一反　愛松大夫往亅　肥前守ナル　作人
次ノ東　一反　祖芳院別相傳　御袖田　作人　池殿　左近允

次ノ東
◎一反　御袖田 兵ア少輔別相傳　乍人
次ノ東
一反　*「但、神人往ー ゥ」やふれて見へす　乍人　市 まこ五ー
次ノ下南
半　刀祢往ー　乍人　岡本 左近二ー
次ノ南ノ下
一反　圖師田　乍人　自
次ノ西
◎一反　豊寿大夫往ー　乍人
次ノ川南、ヨコ田
一反　円通庵　乍人　池殿、兵 衛門大ー

（四〇）

流木社前
◎半　元 南 讃岐守 河原畠 畠
次ノ四十歩、阿波守 貴布祢田不足
次ノ東南
半　善秀庵　乍人　竹鼻 法徳
次ノ南
一反　執行御方（ママ）　乍人　北畠 ゥちや 二ー
次ノ南
一反　善秀庵　乍人中 三大ー
次ノ南
半　楽邦院　乍人　池殿 兵衛允
次ノ南
◎半　兵ア少輔別相傳　乍人
次ノ東、路ノハタ
一反　竹鼻堂田　乍人　自　法徳
次ノ北東
一反　竹鼻堂田 但、南殿　乍人　竹ゥもな ひこ五ー

次ノ東
一反　両所アリ 梅辻堂田　乍人　自
次ノ東
◎半　初石大夫往ー　乍人
同所
小　定林庵　乍人　民ア少輔

（四一）

以上二丁一反百歩
同所
◎一反　三寶寺田　治ア大輔殿　乍人
同所
小　竹鼻南殿　乍人　竹ゥもな ひこ五ー

當郷司
安藝前司判

以上四十七町七反三百四十歩
但、此内畠分在之
同三月廿八日　結解了

田所 季盛判
尊千代大夫判
福鶴大夫判

（四二）

○以下、料紙三枚分ガ欠失シタモノト推定サレル。

〔四〕 宝徳三年大宮郷地からみ帳（明応九年写。巻子本）

（題簽）「寶徳三年地からみ帳 大宮郷」

寶徳三年三月廿七日注之

大宮郷見也

（一）

○コレヨリ後ニ順次貼リ継ガレテイル各料紙ニハ、ソレガ何枚目ニ当タルカヲ示ス「大宮一」（大宮郷第一紙）アルイハ「大二」ナドノ裏書ガアルガ、イズレモ省略シタ。

大宮郷内三月廿三日

頭無ノ東ノ一

◎一反　民ア少輔往来　乍人〔作〕○以下同。

次西 一反　疊田 主春屋云々 養泉坊別相傳　乍人 池 衛門大ㇾ〔太郎〕○以下同。

次西 一反　執行御房　乍人 山本 藤七

次西 ◎一反　對馬前司 貴布祢田　乍人

次西 一反 〃〃 半　永清院　乍人 藤木 ひこ大ㇾ

次南 ◎一反　越前 〃〃 備中前司往来　乍人

次西 ◎一反　備中前司往ㇾ〔往来〕○以下同。　乍人

次西 ◎一反　掃ア頭往ㇾ　乍人

次南 ◎一反　出雲前司往ㇾ　乍人

次西、川ノ西 一反 堀川ハタ　若宮御料田 馬場殿　乍人 辻ひこ九ㇾ

次北 一反　貴布祢疊田 祖芳院　乍人

次南 ◎一反　慶寿大夫往ㇾ　乍人

次西 ◎一反　兵ア少輔別相傳　乍人 二ㇾ

次北 ◎一反　同主　乍人 若二ㇾ

次南 ◎半　太田 三ㇾ大夫往ㇾ　乍人

次南、西東ヘトヲシテ ◎半　所司大夫往ㇾ　乍人

次、車路ノ南西ノ一、畠ノ次 *「一丁」

（二）

同廿四日分　以上一丁四反半

西ノ一 三反　妙勧寺　乍人 上野ひこ二ㇾ

（三）

次ノ東、小森下　大　仏光院　作人　池殿　左近允

ヒノ口次南　二反　飛鳥井田　作人　上ノ、　彦四ー

次東、丁通　一反　奈良田　作人　寺内　二ー大ー

次東　一反　経所田　作人　竹殿　左衛門大ー

次東　一反　経所田　作人　かも　万五ー

次東　◎一反　初千世大夫往ー　作人　エトリ林　兵衛二ー

次東　◎半　三ー大夫往ー　作人　上ノキシ　小三ー

次東ノミソキハ　◎一反　淡路前司往ー　作人　茶や　まこ三ー

（四）

次東、ミソノ東　◎一反半　土祭田　祢宜方　作人　池殿　左衛（門脱カ）二ー

ー次南、川ノハタ　半　荒

芝下次西　◎一反　藤満大夫往ー　作人　紫竹　十郎

次西　◎一反　藤寿大夫往ー　作人　同　八郎

次西　一反　（明脱カ）松田　作人　池殿　衛門五ー

次西　◎一反　宮鶴大夫往ー　作人　池　衛門大ー

次南下　◎小　幸熊大夫往ー　作人　同　衛門大ー

次西　◎一反　幸つる大夫往ー　作人　同　大ー三ー

次西　◎一反　臺飯田　作人　南小法師

（五）

次西　◎一反　同　田　作人　竹殿　三ー

次南下　◎小　幸熊大夫往ー　作人　南少（ママ）法師

次西　◎一反　掃ア頭　本袖田　作人　茶やまこ三ー

次西　◎一反　益有大夫貴布祢田　作人　霊御　ひこ九ー

次西　◎一反　左近将監往ー　作人　大門二ー

次西　◎四反　雲林院田　作人　大門八ー五ー　上ノひこ二ー　大門二ー　寺内二ー大ー

次西、縄手極　◎半　長千世大夫往ー　作人

コモリ次南　一反　正傳寺　作人　シ竹　二ー四ー

次西、ミソノ西　◎一反　鶴夜叉大夫往ー　作人　同　四ー二ー

次下　一反　仏光院　作人　辻　衛門二ー（大カ）

（六）

次西ノ上、溝西マテ　半　大乗　真光坊　作人　茶や　まこ三ー

次南、西ノ一 半　寺　田　云々　乍人　霊御 ひこ九丿
次東 ◎大　宮千代大夫往丿　乍人　竹殿 三丿
次東、溝ノ上下 一反　圖師田　乍人　中、茶屋 大丿二丿入道
次西 一反　貴布祢夏田（一反カ）　乍人　茶や まこ三丿
次南 一反半　溝ノ北南 慶雲庵　乍人　大門 八丿五丿 大門三丿兵衛
次西ノ畠ノ極 ◎一反　湯屋田　乍人　シ竹大丿三丿
次南下 一反半　西ハ畠ナリ 経所田　乍人　同大丿三丿
次東 一反　半 刀祢 半 神人　乍人
次東、溝ノ東 半　圖師田　乍人

（七）

次東 二反　後地田　乍人　上野 ひこ三丿
次東 ◎半　幸松大夫往丿　乍人　上ノミ ひやうへ三丿
次東 二反　新袖田　乍人　シ竹 三丿兵衛
＊「一丁七反小」
次溝ノ下 ◎半　幸松大夫往丿　乍人

次北 ◎二反　次北 一反 命有大夫往丿 乍人 一反 万三大夫往丿 乍人
次北 ◎一反　亀千代大夫往丿　乍人
次東、丁通 ◎二反　氷用田　乍人　上野 ひこ四丿
次東 二反　経所り 真光坊　乍人　同ひこ四丿
次東 一反　養泉坊　乍人　大門小二丿
次東 五反　ホ覚坊　乍人　寺内 道金

○コノ紙継目部分ニ、料紙一枚分ノ欠失ガアルト推定サレル。（八）

次西、縄手極 一反　御酒田　小目代　乍人　同
次西、溝ノ上 一反　執行御坊　乍人　シ竹 大丿兵衛
次西 二反　同主　乍人　寺内 道金
次西 二反　養泉坊　乍人　シ竹 三丿兵衛
次西ノ上、北ノ一 ◎一反　にしハ畠也　愛烝 ◎大夫往丿　乍人　寺内 道金
ハヒツホ 次南 一反　本袖田　乍人　寺内 道金
次南 二反　本袖田　乍人　シ竹 大丿三丿

次南、縄ノ下、西ノ一 ◎二反 氷用田 乍人 上ノ、ひこ四〜
次東 ◎二反 氷用田 乍人 シ竹 大〜三〜
次東 二反 雑役田 乍人 同主

（九）

次東 二反半 東山建仁寺塔頭 九日田 ＊「八重田」 乍人 一反半 寺内左近五〜 一反 道金内
次東 一反 楽 田 乍人 寺内道金
次東 ◎二反半 氷用田 乍人 一反 上ノ、ひこ四〜 一反半 大〜三〜 シ竹
次東、縄手下 ◎一反ハヲリ 愛益大夫往〜 乍人 道性
次南 ◎一反 鶴千世大夫往〜 乍人 大門 大〜二〜
次南 ◎一反 常陸前司往〜 乍人 宮前 兵衛二〜
次東、丁通 四反半 堀川ノハタ 雑役田檀光坊 乍人 シ竹 大〜二〜
次南ノ下、堀川畔 ◎一反半 雲林院田 乍人 上ノ、兵衛三〜
次南 二反 斎院田 乍人 上ノ、道現
次西 一反 北畠 若鶴丸 氏人（ママ） 十〜大〜（カ） 大門五〜二〜

（一〇）

次北 一反 楽 田 乍人
次西、溝畔 小 奈良田 乍人 上ノ、ひこ二〜
次南 ◎二反 奉行 布施 乍人 慈福寺 九〜三〜
次西北、岸ノ上 一反半 奈良田 乍人 シ竹 二〜四〜
次西 二反 奈良田 乍人 一反 シ竹三〜 一反 同 二〜四〜
＊「一丁三反」
次西 一反 悲傳寺田 乍人 シ竹 大〜三〜
次西 二反 同寺田 乍人 シ竹 十郎大〜
次西、縄手極 ◎一反 雲林院田 乍人 上ノ、ひこ三〜
次西、溝ソヘ ◎二反 同 田 乍人 寺内道金
次西、北ヨリ ◎一反 同 田 乍人 シ竹 二〜四〜
次西 ◎一反 預大夫往〜 乍人 寺内道金
次西 ◎一反にしハ畠也 長つる大夫往〜 乍人 寺内まこ六

（一一）

次南 ◎一反 石見前司往〜 乍人 シ竹 二〜四〜

次東
◎一反　備中前司往〻　乍人　寺内道金

次南、岸ノ下
◎半　土佐前司往〻　乍人　シ竹三〻兵衛

次南東中、溝ノ西
◎半　筑前ミ司老者田　乍人　寺内藤二〻

次東
◎一反　命千代大夫往〻　乍人　寺内四〻二〻

次東
◎三反半　氷用田　乍人　シ竹大〻二〻

次東
一反半　悲傳院　乍人　シ竹大〻三〻

次南下
◎一反　臺飯田　乍人　上ノ、ひこ三〻

次東
◎一反　出雲前司往〻　乍人　シ竹大〻二〻

次東
◎二反内　一反　北河上田所　一反　南中村田所　乍人　シ竹三〻兵衛

次東
◎三反　氷用田　乍人　シ竹　大〻二〻　同　三〻兵衛　大門　八〻五〻

次東、縄手極
一反　楽　田　乍人　シ竹三〻兵衛

（一二）

墓下、西ノ一〔大〕
◎一反　太宮郷田所　乍人

次東
三反　楽　田　乍人　シ竹　二反　三〻兵衛　上ノ、一反　二〻四〻

次東
◎一反半　氷用田　乍人　左官

次東、岸ノ下
◎二反半　氷用田　乍人　シ竹大〻三〻

次東、堀ノハタ
半　雑役田　乍人　上ノ、ひこ四〻

以上十四丁六反

清目縄手ノ下、西畠

西ノ一
二反　経所田　大弐坊　乍人　シ竹大〻二〻

次ノ溝ノ東
二反　経所田　乍人　シ竹大〻兵衛

次ノ東　溝下
三反〻〻　吉田社　乍人　上ノ、左官

次東　溝下
一反　吉田社　乍人　シ竹大〻二〻

次東
二反　雑役田　乍人　上ノ、ひこ四〻　にし一反　同

次東
三反　斎院田　乍人　上ノ、二反　左官

（一三）

次東
一反　雑役田　乍人　シ竹三〻兵衛

次南
二反　後地田　乍人　上ノ、ひこ四〻

次南
一反　後地田　乍人　辻ひこ九〻

以上一丁七反

○―次南東路ノ下、東ノ一
*「車」大和田 東一
◎一反　慶益大夫往丿　乍人　上ノ、道円
次南
◎一反　土佐前司子往丿　乍人　宮前 三丿
次西、丁トヲリ
◎一反　肥前ミ司子往丿　乍人　上ノ、左官
次西
四反　楽　田　乍人　シ竹 大丿二丿
次西
三反歟(カ)　杁　田　乍人　清目

*「一丁四段」以上壱丁

(異筆)「従(カ)」　北ハ氏神前車路ノ下ヨリ、東堀ヲカキリ、南ハ清目カ縄手ノ下ノ一坪ヲ見也、大和田マテ

(一四)

小社下、車路西、縄手ノ極、同廿六日分
◎―○一反　幸徳大夫往丿　乍人
次ノ西
◎一反　愛夜叉大夫往丿　乍人　正祝殿 左近二丿
次ノ西
◎一反　市、中 幸音大夫往丿　乍人
―○次下路ノ畔
◎一反　阿賀大夫往丿　乍人　池 兵衛允
◎一反　愛松大夫 古肥前守往丿　乍人　霊御北 三丿大丿
次ノ西、縄ノ極
◎二反　御牛飼田　乍人　中、茶や 大丿二丿入道

次ノ西ノ上
二反　法光寺田　乍人　霊御北 彦九丿
次南、縄手ノ下カヽル
一反　正傳寺田　乍人　池殿 四丿二丿
次西
◎一反　所 千世松大夫往丿　乍人　池殿 左衛門二丿

(一五)

次ノ西
◎一反　幸福大夫往丿　乍人　上ノ、ひこ四丿
次ノ西ノ河畔、丁通、下ヘ行、溝ノ下マ手
◎一反　氷用田　乍人　大門 八丿五丿
次ノ東　*「但半分 さゝ」○上ノ朱筆二行抹消。
一反半　正傳寺田　乍人　大門 三丿兵衛
次ノ東　*「但半分 さゝ」
一反　正傳寺田　乍人　上野ゥ大門ゥ ひこ三丿
次ノ東ノ下
◎六十 ト、ロキ　正傳寺田 一反半内也　乍人　大門 三丿兵衛
次ノ幸徳大夫下地下南
◎一反　石徳大夫往丿　乍人　十楽院 五丿三丿
○――
次ノ西、此田ノ枕ヨコニ八十歩ハカリアリ、幸徳大夫往丿内
◎一反　命菊大夫往丿　乍人　福つる
次ノ西
◎一反　土佐前司 取之　乍人　大工
次ノ西
◎一反　三丿 千代若大夫往丿　乍人　竹鼻 法徳
次ノ西
◎一反　初鶴大夫往丿　乍人　寺内 道金
西ノ溝ノ上
◎一反ハヲリ　千鶴大夫貴布祢田　乍人　阿波守

次ノ南、ハヲリ
一反　貴布祢祝田　乍人　衛門大亅衛門五亅子
次ノ南、ハヲリ
一反　弥有大夫別相傳　乍人　池衛門大亅兵
次ノ西、溝ソヘ、丑寅ノ角
二反　円通庵　乍人　兵衛允
次ノ西、ハコ田
◎一反　彦藤大夫往亅　乍人　大門二亅
次ノ西、堀川ノハタ
◎一反半　雲林院田　乍人　北（ママ）霊中ひこ九亅
次ノ北ノ川ハタ
◎一反半　左京亮往亅　乍人　上ノ、ひこ三亅
次北ノ上
一反　正傳寺田　乍人　シ竹三亅兵衛
次北
一反　貴布祢〻宜田　乍人　上岸衛門三亅
次北
◎半　甲斐前司往亅　乍人
次南、堀川ハタ、彦藤大夫往亅南頬
三反　乍人　シ竹二亅三亅
次南
一反半　松田松明　乍人　同前

○コノ紙継目部分ニ、料紙一枚分ノ欠失ガアルト推定サレル。（一七）

次南、ヨコ
◎一反　阿波福鶴大夫往亅　乍人
次ノ南
◎半　豊前守所司大夫往亅　乍人　上ノ、ひこ二亅
次ノ南
◎一反　尊千代大夫往亅　乍人　池殿大亅三亅
次ノ南
◎一反　堂カ芝土祭田祝方　乍人　井サ
次ノ南
一反　貴布祢〻宜田　乍人　田中藤三
次ノ南
◎半　豊前守所司大夫往亅　乍人　上ノ、ひこ二亅
次ノ南
一反　長床田尼寺　乍人　正大工
次ノ南、岸ノ下東、溝ノ東ヘカヽル
◎一反　慶光大夫往亅　乍人
次南東、車路ノハタ
半　御花田　乍人　梅辻左衛門二亅
梅ノ木ノ下次南
◎一反　宮鱒大夫往亅　乍人　中八亅
次南
◎一反　愛烝大夫貴布祢田　乍人
次ノ南
◎半　土佐前司往亅　乍人

（一八）

次南、車路ノハタ
三反　太弐坊経所田　乍人　自作
次ノ戊亥ヨリ、愛烝大夫貴布祢田上
◎一反　九日田　乍人　上ノ、ひこ四亅
次南
◎二反　九日田　乍人　上ノ、ひこ三亅
次南
一反　御酒田　乍人　慈福寺車屋大亅

○—

◎次西 一反 九日田 乍人 竹殿三丿

◎次南 一反 九日田 乍人 寺内道金

◎次西 一反 九日田 乍人 寺内道金

次ノ南下ノ中 半 下野前司往丿 乍人

○次西上ノ戌亥 一反 雲林院田 乍人 寺内道金

次西 一反 経所田 岡本加賀 乍人 上ノ、ひこ四丿

次ノ北 一反 貴布祢（カ）夏田 乍人 寺内 二丿大丿

次ノ北 一反 雑役田 乍人 上ノ、大丿四丿

（一九）

◎次ノ西 一反 孫有大夫往丿 乍人

○次ノ南 一反半 雲林院田 乍人 上ノ、兵衛二丿

○次ノ南 一反半 同院田 乍人 シ竹 性存

◎次岸ノ西南ノ溝下ヘカヽル 一反 石見前司往丿 乍人

◎次ノ溝南、三所田ノ内 小 幸熊大夫往丿 乍人

次ノ西、小堀川ノハタ 半 御酒田 乍人 寺内 道金

◎次ノ南 一反 周防守往丿 乍人

◎次南 一反 亀石大夫往丿 乍人 （兵衛大丿

○次南 一反 御馬田 乍人 寺内

○次ノ東 一反 布施奉行 乍人 慈福寺 左衛門三丿

○次ノ西、小堀川ノ畔 二反 氷用田 乍人 八丿五丿

○水倉 次ノ南、川ノハタ 一反半 布施奉行方 正傳寺 乍人 寺内 五丿

（二〇）

次ノ南、川ハタ 一反半 経所田 乍人 寺内 左近五丿

次南 二反 三丁九反 中山殿 乍人 シ竹 二丿四丿

次南 一反 同 乍人 上ノ、ひこ四丿

次ノ南 二反 同 乍人 御所ノ内 正春御房

次ノ南 一反 同 乍人 上ノ、兵衛三丿

次南 一反 同 乍人 上ノ、ひこ二丿

○次ノ南 一反 雲林院 乍人 慈福寺 車屋大丿

◎次ノ南 一反 隠岐前司往丿 乍人 上ノ、大丿五丿

次ノ南、ミツノ東へカヽル ◎一反 八ノ大夫子 幸若大夫往ノヵ 乍人 上ノ、四ノ三ノ
イカツチ 次南 ◎一反 千鶴大夫往ノ 乍人
（二一）
小堀川ノ中、長通 次ノ東ノ二 ◎一反 布施田次 正傳寺田 乍人 宮前 衛門三ノ
次ノ東 一反 御壇 *「供」 田 柚木ノ坪 乍人 上ノ、ひこ四ノ 一反 シ竹ノ 二ノ 一反 シ竹 三ノ衛門ヒ 兵衛ヒ
次ノ東 二反 仏光院田 乍人
*「一丁九反三百歩」
次ノ東 ◎一反 兵ア少輔 別相傳 乍人 大門二ノ
次ノ東 一反半 十楽院端庵 乍人 シ竹 三ノ兵衛
次ノ東 二反 同 庵 乍人 辻 ひこ四ノ
次ノ東 三反 楽 田 乍人 シ竹 大ノ兵衛
次ノ東 三反 奈良田 乍人 慈福寺 左衛門三ノ
以上十一町
（二二）
大野寺跡、車路西ソヘ 半 正傳寺田 乍人 竹殿 三ノ
次南 ◎一反四十分〔歩〕ヵ 臺飯田 乍人 衛門五ノ

次ノ南東ノ路ハタ ◎一反 紀三垣内 左京亮往ノ 乍人
次西 ◎一反 乙千世大夫往ノ 乍人
次ノ西 ◎一反 千世つる大夫往ノ 乍人
次西 ◎一反 常陸前司子ヵ往ノ 乍人
次西 ◎一反 孫若大夫往ノ 乍人
次西 ◎一反 縄手下 愛有大夫往ノ 乍人
次西ノ溝ノ上 一反 経所田 乍人 寺内 三ノ大ノ
次西 ◎一反 松一 千世松大夫往ノ 乍人 同
（二三）
次北 ◎半 下野前司往ノ 乍人
次ノ西 ◎二反 御牛飼田 若同 乍人 自作
次ノ西、縄手極 ◎二反 仏尻 御牛飼田 若つる 乍人 シ竹 大ノ二ノ
次西 一反 御酒田 乍人 慈福寺 左衛門三ノ
次西 ◎一反 兵ア少輔往ノ 乍人
次ノ西 一反 雑役田 乍人 上ノタン宮前 兵衛大ノ

◎次ノ西 一反 下総前司（往ー脱） 乍人 寺内道金
◎次ノ西 一反 益有大夫往ー 乍人 同
◎次ノ西 一反 周防前司往ー 乍人 同
◎次ノ西 一反 慶珠大夫往ー 乍人

（二四）

次ノ西 一反 雑役田 法華堂 乍人 シ竹 大ー三ー
次ノ西 一反 貴布祢ミ宜田 乍人 シ竹 大ー二ー
次ノ南、西へカヽル 一反 本袖田 乍人 同
次ノ西、川ノハタ 一反 正傳寺田＊「金剛院分」 乍人 シ竹 ひこ二ー
◎次ノ西 二反 布施方 元 但、正傳寺 乍人 慈福寺 左衛門三ー
鑰セマチ、西ソへ ◎一反 ハヲリ 有福大夫往ー 乍人
次ノ東、ハヲリ 一反 楽邦院田 乍人 シ竹 大ー二ー
次ノ東、ハヲリ 二反 神光院 乍人 シ竹 大ー兵衛
次東、下へカヽル ◎一反 氷用田 乍人 同
次ノ東、丁トヲリ、下へカヽル ◎三反 氷用田 乍人 土御門慶吉

○コノ紙継目部分ニ、料紙一枚分ノ欠失ガアルト推定サレル。

（二五）

中大路 左近将監往ー次南
下柳ノ南ノソへ 下ノ南 ◎一反 若石大夫往ー 乍人 寺内 道金
次西、縄手ノ西ノ上、トカ丸 半 恵円寺 乍人 シ竹 三ー兵衛
次ノ西 一反 貴布祢ミ宜 乍人 ゑふくし 九ー三ー
◎次ノ西 一反 預 福つる大夫往ー 乍人
次ノ西 二反 御壇供田 乍人 寺内 道金
◎次ノ西ソへ 一反 安藝前司往ー 乍人
次ノ西、ミソノ上 一反 貴布祢祝田 乍人
次ノ北 一反 愛千大夫貴布祢田 乍人
次ノ岸ノ上 二反 雑役田 常盤院殿 申 乍人 上ノ、 ひこ三ー

（二六）

◎次ノ北 一反 宮有大夫往ー 乍人
◎半 三ー大夫往ー 乍人
次ノ東 二反半 三丁九反 中山殿 乍人 シ竹 三ー

次ノ西
二反　楽田　作人　一反　シ竹　大ー三ー
一反　シ竹　三ー

次西、小堀川ソへ
三反半　経所田　作人　ひりし
次一反　上ノ、ひこ三ー
次一反　シ竹　大ー二ー
次一反　寺内　三ー大ー
次半　上ノ、左衛門二ー

次ノ南西ノソへ
上柳、堀川ハタ
四反半　経所田　三井寺　作人　寺ゝ　慈福寺　左衛門大ー

同所、次東
二反　経所田　真光坊　作人　寺内　道金

次東ノ小堀川ソへ
一反　奈良田　作人　慈福寺　左衛門三ー

ナシノ木マタノ南
◎二反　慶菊大夫往ー　作人　上ノ、ひこ四ー
トカ丸
　　　　彦石大夫往ー　作人　ゑふくし　二ー
＊「六反半」

（二七）

次ノ東、二丁田、北ソへ
一反　経所田　養泉坊　作人　池殿　衛門大ー

次ノ東
二反　聞修庵　作人　池殿　衛門大ー

次南ノ西ソへ
◎一反　竹やさ大夫往ー　作人

次ノ南
◎一反　信濃守往ー　作人

次南
半　経所田　執行　作人　寺内　左近五ー

次南
◎一反　愛黍大夫往ー　作人

次南
◎一反　筑後守往ー　作人

次南
一反　貴布祢ゝ宜田ゥ　作人　鳥二ー

次南
◎一反　駿河前司貴布祢田　作人

次南
◎一反　亀石大夫往ー　作人

（二八）

次南
一反　御酒田　作人　土御門　竹や　介四ー

次南
◎一反　尾張前司往ー　作人

次南
◎一反　左馬助往ー　作人

次ノ西
西二丁田、南ソへ
一反　御酒田　作人　ゑふくし　越前介

次北
◎一反　あい光大夫往ー　作人　宮前　小五ー

次北
◎一反　善千代大夫往ー　作人　芝　了前

次北
一反　御酒田　作人　芝　了前

次北
◎一反　肥後前司往ー　作人　同　了前

次北
◎一反　佼（カ）　幸音大夫往ー　作人

次北
◎一反　市　宮鶴大夫往ー　作人　寺内　道金

（二九）

次西ノ溝ノ下、未申
◎一反　松寿大夫往―　乍人
堂町　次南
◎一反　元伊勢守　愛福大夫往―　乍人
次南
◎一反　土佐前司老者田　乍人
下柳ノ西ノ堀川ハタ
◎一反　未申ノ角　加賀前司往―　乍人
次東、北ヘ通
◎半　慶寿大夫往―　乍人
次東、経所田ノ下
◎八反　氷用田　乍人　上ノ、ひこ四―
次東、溝ノ下
一反　九日田　茂書記　乍人　室ノ屋　弥四―
次ノ東
二反　斎院田　茂書（ママ）　乍人　土御門　慶吉
次南下東〻〻
二反　法光寺田　乍人　上ノ、一反　六―二―　ウチイ　衛門五―
次南下
◎一反　幸石大夫往―　乍人

（三〇）

次東
一反　御酒田　乍人　ちうい〔うち〕　八―
以上六町九反半
丁長東ノ畔一
東ノ一
◎一反　筑前〻司往―　乍人

次西
◎一反　千代松大夫往―　乍人
次西
◎一反　万福大夫往―　乍人
次西
一反　小使田　雑役　乍人　〻ふくし　大―四―
次西
◎一反　豊寿大夫往―　乍人
次西、岸極
◎一反　愛石大夫往―　乍人
次ノ西
◎一反　右馬助貴布祢田　乍人　ひこ二―
次ノ西
一反　貴布祢祝田　乍人　ウチ井也　ひこ二―
＊「二丁四段半」

（三一）

次西、ハヲリ
一反　御〻こんく田　乍人　シ竹　八―
次南
一反　貴布祢祝　乍人　うちい　ひこ二―
次南
◎一反　加賀前司貴布祢田　乍人
次南
一反　御酒田云〻　永清院別相傳　乍人　室や　助二―
次西、ミソ、ヘ
一反半　後地　乍人　慶吉　土御門
次にし
一反半　後地　乍人　〔古〕小川ノ　源三

次西、ミソ、ヘ
○一反半　雲林院　作人　安居院 まこ二丿

次戌亥上
一反　後地　作人　土御門 慶吉

次南　フセマチ
◎一反　豊菊大夫往丿　作人

次南
◎一反　阿波前司往丿　作人

（三二）

次南
◎一反　愛千大夫往丿　作人

次ノ西、小堀川ノ上
半　ナシノ木マタ　ほゝいし 尊喜房　作人　自作

次ノ西
一反　雑役田　若つる　作人　シ竹 大丿二丿

次南　堀ノ上
二反　雑役田　作人　うちい 弥三丿

次西南
一反　ほゝいし 尊喜房　作人　自作

次西
三反　奈良田　作人　二反 うちい 三丿二丿 一反 車屋 大丿

次ノ西
一反　奈良田　作人　ゑふくし 左衛門三丿

次ノ西
一反　奈良田　作人　ひやくかうし 順正

次ノ西
一反　奈良田　作人　ゑふくし 大丿四丿

次ノ西
一反　同　田　作人　上ノ、 兵衛大丿

（三三）

次ノ西
一反　＊「妙喜庵」 雑役田　作人　辻 まこ二丿

次ノ西
一反　雑役田　作人　奈良社 兵衛五丿

次西北
◎一反　九日田　作人　室屋 介二丿

次南、堀川ハタ
一反　雑役田　＊「芝分」　作人　奈良社 弥九丿

次車路ノ下、堀川上
○一反半　雲林院　作人　うちい 与五丿

次東
○一反　同　作人　うちい 八丿

次東
○一反　同　作人　室や 介二丿

次東
○一反　同　作人　ゑふくし 左衛門二丿

次東
○一反　同　作人　うちい 八丿

次東
○一反　同　作人　室や、フシヤウ谷 正前

（三四）

次東
○一反　同　作人　千本 清目

次ノ東
一反　吉田社　作人　車作道阿

次ノ東
一反　吉田社　作人　うちい 与五丿

次ノ東一反　同　作人　室や　正善
次ノ東一反　同　作人　古川　源三
次ノ東一反　同　作人　あくいん　与二｜
次ノ東二反　同　作人　慶吉土
次ノ東一反　同　作人　ゑふくし　介四｜
◎次ノ東、一反　河東ソヘ、孫若大夫往｜殿田　作人　芝竹つる　もとの
次ノ東一反　新袖田　作人　うちい　衛門五｜
◎次ノ東一反　有松大夫往｜　作人

（三五）

◎次ノ東一反　彦石大夫往｜　作人
次ノ東一反　＊「此内大分さゝこ」奈良田　作人　室や　介二｜
次ノ東二反　＊「七段八反」ゝゝ　中村　作人　ゑふくし　左衛門三｜
次ノ東二反　中村　作人　うちい　与五｜
次ノ東二反　中村　作人　大宮　安藤
次ノ東一反　中村　作人　うちい　与五｜

◎次ノ東、一反　岸ノ東　御牛飼田　作人　柳原　ひこ石丸
梅辻　◎次ノ南ノ下一反　御牛飼田　作人　柳原　弥九｜
次ノ東、一反　縄手極　経所田　執行　作人　森殿　大｜
次ノ東一反　養泉坊　経所田　作人　同
次ノ東大　経所田　作人　柳原、大｜四｜今在家

（三六）

次ノ東ノミソキハ一反半　経所田　養泉坊　作人　ヲウキ町　兵衛五｜
次ノ南半　祇薗　別相傳　作人　古川　竹千世　一反　森殿　大｜
次ノ南、二反　精進坪　御さんく田　作人　にし〔うち〕ちうい　一反　八｜
◎次ノ南〔西カ〕一反　御牛飼田　作人　自作孫同
◎次ノ南二反　弥同　御牛飼田　作人　御こしゥキ　新大｜
◎次ノ東一反半　孫同　御牛飼田　作人　柳原　一反　ひこ三｜　半　自作
◎次ノ南一反　孫王　御牛飼田　作人　御こしゥキ　新大｜
次ノ西一反　内裏ノハタ井タ殿　藍　田　作人　慶吉土
◎次ノ西一反　布施民ア　斎院田　茂書記　作人　左衛門三｜

次ノ西 二反 斎院田 乍人 慶吉 土
◎次ノ西 一反 布施民ア 斎院田 乍人 同菊

（三七）

○次ノ西 半 雑役ノ由申 極楽寺 乍人 寺ノ内 衛門五ー
◎次ノ西 一反 千代徳大夫 乍人 ゑふくし 法阿弥
◎次ノ西 一反 梅つる大夫往ー 乍人 慶吉 土
◎次ノ西 一反 徳千代大夫往ー 乍人
◎次ノ西 一反 和泉前司往ー 乍人
◎次ノ西 一反 駿河前司往ー 乍人
◎次ノ西 一反 尊幸大夫往ー 乍人
◎次ノ西、縄手極 一反 元春松大夫 左近将監子往ー 乍人
◎次ノ西 二反 預大夫往ー 竹松大夫往ー 乍人
畠田坪 次ノ西、川ノ上 一反半 後地 乍人 奈良社 弥九ー

（三八）

次ノ西 一反ハヲリ瓦屋アリ、別相傳 乍人 寺ノ散住
◎次ノ西、ハヲリ 一反 徳光大夫往ー 乍人 ムロノヤ 介大ー

次ノ南 半 所司大夫往ー （ママ）
次下南 一反 長千世大夫往ー （ママ）
次ノ西 一反半 大徳寺 乍人 柳原 テウサ井や
次ノ西 一反半 大徳寺 *「雑役」 乍人 奈良社 弥九ー
次ノ西 一反半 大徳寺 乍人 寺ノ散住 無行ト申
次ノ西 一反半 同 寺 *「雑役」 乍人 奈良社 弥九ー
次ノ西 一反 同 寺 乍人 鷹司町 竹や 介四ー
次ノ西 一反 雑役田*「小使田り」 乍人 芝 了前
次ノ西 一反 雑役田 乍人 ゑふくし 越前
次ノ西、堀川ハタ 二反 *「一丁」 経所田供 乍人 寺前 ちしんもう

（三九）

次ノ南ノ下、堀川ハタノ上、西ノ一 一反半 吉田社 乍人 芝 了善
次ひかし 二反 吉田社 乍人 うちい 彦衛門
◎次東ノ岸下 一反 幸乙大夫往ー 乍人
◎次南 一反 万徳大夫往ー 乍人

◎次東、ヌケ田上二半アリ 一反 有福大夫往亅 乍人
◎次ノ東 一反 愛烝大夫往亅 乍人
◎次ノ東 一反 又ひこ大夫往亅 乍人
次ノ東 一反半 御ミんく田 乍人 安居院大宮 四亅三亅
次ノ東 一反 同田 乍人 ゑふくし 四亅
◎次ノ東 一反 あい福大夫往亅 乍人 介四亅
◎次ノ東 一反 慶光大夫往亅 乍人

（四〇）

◎次ノ東 一反 土佐前司往亅 乍人
次ノ南角 一反 御ミんく田 乍人 ゑふくし 三亅五亅
◎次ノ東 一反 あい石大夫往亅 乍人 同
◎次ノ東 一反 加賀前司往亅 精進坪、次ノ東、川ノ上、丑寅 乍人 同
次ノ東 二反 後地 乍人 古川 源三
次ノ東 一反 後地 乍人 同主
次ノ東 一反 後地 乍人 一条からす丸 道金

次ノ東 二反 後地 乍人 古川 源三
次ノ東 一反 雑役田 *「芝内」 乍人 奈良社 弥九亅
次ノ東 一反半 内祝 雑役田 *「芝内」 乍人 安居院 四亅三亅
次ノ東、岸極 一反 御ミんく田 乍人 ゑふくし 兵衛大亅

（四一）

◎次ノ東 一反 愛石大夫往亅 乍人
◎次ノ東 一反 今ハ徳鶴大夫 肥後前司往亅 乍人
◎次ノ東 一反 まこ有大夫往亅 乍人
◎次ノ東 一反 宮つる大夫往亅 乍人
○次ノ東 五反 氷用田外記 乍人 車屋 大亅 二反 室屋 孫四亅 二反 同 九亅三亅 一反
次ノ東、路ノ畔 二反*「一反歟」 *「御たんく田ヵ」 たいちいあん〔んて〕 乍人 五辻 た亅(カ) 車作
○次東 一反 氷用田 乍人 柳原 衛門大亅
○次東 一反 同 乍人 同
○次東 一反 同 乍人 同

以上十四町七反六十分〔歩〕

（四二）

六反坪 次南下ノ東ノ一
一反　経所田　乍人　同菊

次ノ西
二反　経所田　乍人　茶や 新大ー 御こしゥキ

次ノ西
三反　経所田　乍人

次ノ西
一丁　番匠田　乍人

次ノ西
一反　草 御馬田　乍人　若同

次ノ西
一反　草 御馬田　同

次ノ西
一反　草 御馬田　同

次ノ西
一反　＊「二丁四反」 御馬田　同

次ノにし
一反　祝ア 御馬田　乍人　芝 了前

次ノ南
一反　祝ア田　乍人　若同

次北ノ西
◎一反　土祭田 祝　乍人　左衛門大ー

次ノ西、川ノハタ
一反　祝ア田　乍人　芝 了前

（四三）

以上二町四反

清目縄手ノ下ノ坪、西ノ一、杁田ノ下

同廿七日分

西ノ一ハヲリ、石名田
◎二反半　氷用田　乍人　半上ノ、目 二反 同 兵衛四ー

次東
一反　ハヲリ 雑役田　乍人　紫竹 大ー二ー

次南
一反　雑役田　乍人　慈福寺 左衛門三ー

次南
一反　後地田　乍人　同主

氷用田ノ西
◎一反半　雲林院田　乍人　上ノ、 彦四ー

次東
半　雑役田　乍人　紫竹 大ー二ー

次ノ下南
一反半　雑役田　乍人　紫竹 十三ー

（四四）

次ノ下南
一反　苽替 山城給　乍人　今宮別当

次ノ東、町トヲリ
◎一反　奈良田　乍人　上ノ、 大ー五ー

次ノ東
一反　布施 奈良田　乍人　慈福寺 左衛門三ー

次ノ東
一反　奈良田　乍人　上ノ、 彦三ー

次ノ東
◎半　九日田　乍人　上ノ、兵衛二〻
次東、南ヨリ
一反　楽　田　乍人　紫竹大〻三〻
次北、中
一反　後　地　乍人　同
次北、ハタ
一反　雑　役　乍人　同
次東、北ヨリ
一反　金剛院＊「先光寺弁分」　乍人　紫竹性存
次南、中、南マテ
二反　後　地　乍人　同
次ノ溝ノ東
二反　養泉坊 経所田　乍人　紫竹 二〻四〻

（四五）

次ノ東、岸ノ下ヘカヽル
◎三反半　雲林院　乍人　寺内 道金
次ノ東、岸ノ下
◎一反　寿徳大夫往〻　乍人　上ノ、彦四〻
次ノ東
◎一反　慶益大夫往〻　乍人　上ノ宮前 兵衛大〻
次ノ東
一反　後地　乍人　紫竹 大〻三〻
次ノ北、ハヲリ
一反　雑役田　乍人　同 大〻三〻
一反　奈良田　乍人　同所 性存
次ノ西、ハヲリ
一反　御ゝんく（ママ）　乍人　同所 大〻三〻

次ノ西、ハヲリ
一反　悲傳寺　乍人　同所 大〻三〻
次ノ下、堀川ハタ
一反　四反田ソてマテ 新袖田　乍人＊「紫分」ノ　芝 若同
次ノ南、堀川ハタ
三反　経所田　乍人　柳原 彦石丸

（四六）

次ノ西ノ溝ノ上
三反　吉田社　乍人　北一反 上ノ、彦大〻
中一反 同 兵衛三〻
南一反 室や 介二〻
次ノ西ノ縄手極
二反　斎院田＊「三段半」　乍人　室や弥四〻
次ノ西
◎三反　雲林院　乍人　上ノ、ひこ三〻
次ノ西
二反　布施方 斎院田　乍人　慈福寺 左衛門三〻
次ノ西
◎二反　斎院田　乍人　うちい ひこ二〻
次ノ西
一反　奈良田　乍人　慈福寺 左衛門三〻
次ノ西
三反　吉田社　乍人　うちいん 与五〻
次ノ西
二反　吉田社　乍人　うちいん 彦大〻
次ノ西
二反　吉田社　乍人　ひかし一反 上ノ、兵衛二〻
にし一反 上ノ、兵衛四〻
次ノ西、垣極
◎一反半　雲林院　乍人　白号寺 順円

次ノ南ノ岸下
一反半　白号寺（ママ）　乍人　同前
次ノ東
一反　祝〔正〕ア　乍人　〔慈福寺〕八〜三〜
次ノ東
○一反　御さんく田　乍人　寺散住
次ノ東
○一反　雲林院　乍人　〔うちい〕彦衛門
次ノ東、ミソキハ
○一反　同院　乍人　〔御門祝〕徳音
次ノ東
一反　〔草〕御馬田　乍人　〔上ノ、〕道現
次ノ東
一反　〔草〕御馬田　乍人　〔上ノ、〕目
次ノ東
一反　〔草〕御馬田　乍人　〔紫竹〕二〜四〜
次ノ東
一反　〔草〕御馬田　乍人　〔上ノ、〕ひこ二〜
次ノ東
一反　〔草〕御馬田　乍人　〔慈福寺〕大〜四〜
次ノ東
一反　〔草〕御馬田　乍人　〔うちいん〕介二〜

（四七）

次ノ東
○一反　雲林院　乍人　〔うちい〕三〜大〜
次ノ東、岸極
○一反半　九日田　乍人　〔うちいん〕彦衛門

（四八）

次ノ東、溝ソヘ
二反　龍花庵　乍人　寺散住
次ノ東
○一反　雲林院　乍人　〔うちいん〕衛門五〜
次ノ、
○一反半　同　院　乍人　〔上ノ、〕兵衛三〜
次ノ南、堀川ノハタ
○一反　同　院　乍人　〔うちいん〕三〜大〜
次ノ下、ヨコ田
○一反　同　院　乍人　〔てんちくとの、〕八〜二〜
次ノ墓ノ西南、赤社ノ廻マテ
○五反　同　院　乍人　〔ひこゑもん〕三〜二〜　〔ゑふくし〕〔越前との〕慶吉　〔土御門〕

以上八町三反

以上梶井殿御門跡東、雲林院ノ
赤社北まて

（四九）

惣以上六十五町一反四十歩

大概如此候　〔田所〕季盛判

宮鱒大夫判
尊千世大夫
備中前司判
加賀前司判
福鶴大夫判

對馬前司判
阿波前司判

（五〇）

于時明應九年卯月　日書写之訖

鶴増大夫（花押）
亀徳大夫（花押）
肥前ゝ司（花押）
尾張前司（花押）
有千世大夫（花押）
美作前司（花押）
佐渡前司（花押）
伊賀前司（花押）
土佐前司（花押）
加賀前司（花押）

（五一）

淡路前司（花押）
長門前司（花押）
弾正少弼（花押）

下総前司（花押）

〔五〕 宝徳三年河上郷地からみ帳（明応九年写。巻子本）

（題簽）「寶徳三年地からみ帳　河上郷」

○以下、順次貼リ継ガレテイル各料紙（但、小幅ノ第二紙ハ、第一紙ト一括シテ数エテイル）ニハ、ソレガ何枚目ニ当タルカヲ示ス「河一」（河上郷第一紙）・「河二」ナドノ裏書ガアルガ、イズレモ省略シタ。

寶徳三年三月十七日
河上郷内　検地帳写之
于時明應九年卯月六日

-------（一）

河上郷正受寺田
壱町三百歩在之

-------（二）

御手代田
南　東河畔
◎半　臺飯田　作人　大〔太郎〕ｰ三ｰ　○以下同。
次西　◎半　北ニアリ
◎半　地蔵田北　同　乍〔作〕人　○以下同。
次　◎一反半　同　乍人
次　◎一反　同　乍人
次　◎一反　同　乍人　道音
次東　◎一反　地蔵仏供田安藝守別相傳
次戌亥角　◎一反　臺飯田　乍人　兵衛

○紙継目マデ約二行分ノ空白ガアル。

-------（三）

次南　◎一反　作人　池　兵衛大ｰ
次西　◎小　刀祢往〔往来〕ｰ　○以下同。　乍人　池　左近允
次北、コセヨリ北木迄　◎一反　臺飯田　乍人　神人中大ｰ
次東　◎一反　同　作人　寄合田鳥飼二ｰ
次戌亥角　◎一反　同　乍人　兵衛五ｰ　藤木
次北端長田北寄　三段　御手代田　乍人　御田守

次戌亥角、コせリ（ヨ脱）西、河畔マテ
一反　経所 寄田　乍人　池 藤七
次西 ◎半　臺飯田　乍人
次北 ◎一反　同　作人
一丁五〔六〕反三百歩

（四）

ケナ
南、東寄 湯屋 ◎一反　臺飯田　作人　藤、馬三〆入道
次西 ◎三反　同　乍人　彦二〆
次北 一反半　正傳寺　乍人　山本 与三跡
次西、臺飯田 河畔 半　鐘突田　乍人
次戌亥上 ◎半　治ア大輔　別相傳　作人
*「壱丁六反」
六反半
○紙継目マデ約四行分ノ空白ガアル。

（五）

車坂ノ下、葛渕ノ上

北ノ一、上下、新開ト申 ◎弐段　駿河前司別相傳　乍人
一原野七〆二〆、左衛門二〆
次ノ下、東 ◎半　幸徳大夫往〆　乍人　同 又三〆四〆三〆
「次南 半　鐘突田　乍人　左近大〆」 ○コノ行ハ後カラノ書キ込ミ。
次東ノ路下 半　絵師田　乍人　同 彦二〆
次南 一反　経所田　乍人　元藤二 矢刀祢
次西ノ山ノ極、上北南 ◎半ヒ（「ヒ」ハ朱筆） 新開 郷司 別相傳と申　乍人　同 七〆二〆
次東ノ下、路ノ畔 ◎一反　新開 同主　乍人　同十郎 同左近
「次西岸ノ上、山極 ◎半　新開　乍人　同」 ○コノ行ハ後カラノ書キ込ミ。
次南、東へカヽル 一反半　神人中　乍人　同
次南、東へカヽル 二反　正傳寺　乍人　同 左近四〆
次西ノ上 ◎半　伊賀前司老者田　乍人　同 又入道

（六）

次東ノコセノ上 ◎半 経所田 作人 同 左近大ー
次東、岸ノ下 半 鐘突田 乍人 同主
次ノ道畔 一反 正傳寺 乍人 同 七ー二ー
次ノ南、コセノ下 ◎半 兵ア少輔 別相傳 山ノ内 乍人 同主
半山ノ戌亥ノ角、山極 ◎小 同主山之内 乍人 同主
西ノ岸ノ上、小野路ソヘ ◎半 石見守別〻 貴布祢田 同 乍人 但馬介
次南 ◎一反 湯屋田 維那給 乍人 （マヽ）但馬介
次南ノ岸極 ◎一反 古肥前〻司子息往ー 愛松大夫歟 乍人
次南、東西ヘマハシテ ◎二反 山極マテ 民ア少輔 別相傳 乍人 同 大夫二ー
次ノ西 大 妙勧〔歓〕寺 乍人 同 大夫二ー

○コノ紙継目部分ニ、若干ノ欠失ガアルト推定サレル。……………（七）

次西 一反 宝幢院 乍人 七ー大ー
次西 一反 佛光院 作人 同 藤二ー
次西 一反 丁トヲリ 河上堂田 乍人 同 孫八

次西 ◎半 丁トヲリ 丹波前司老者田 乍人 同 丹波介
次西 一反 同 山造田 乍人 同 丹波介
次西 ◎一反 藤光大夫往ー
次西 ◎小 伊賀前司 別相傳 乍人 同五ー大ー
次西ノ山キハ 半 河上堂田 乍人 丹波介
次南、岸ノ上 ◎一反 新開 郷司方 但、別相傳 乍人 同
次北、岸ノ下 半 宝幢院田下 経所田 乍人 同 左近大ー

○コノ紙継目部分ニ、若干ノ欠失ガアルト推定サレル。……………（八）

南庄田 半山下
東寄 一反半 正傳寺田 二反ゥ 一原野 乍人 鶴大ー
次南 半 正傳寺田 一反ゥ 一原野 乍人 孫八
次南東 半 同寺田 一反ゥ 同 乍人 出雲
次南 一反 宝幢院 同 乍人 （一原野） 七ー二ー
次東新開 半 神人中 乍人

同廿日取也
次東、溝東
半　竹内殿　乍人　鎮守庵 彦大〻
次西、溝西
半　圖師田　乍人　矢刀祢
次南、アワウ
◎一反　和泉前司　乍人　チン 道端
次西南
一反　経所田　乍人　一原

（九）

次南
一反　経所田　作人　惣門 兵衛二〻
上カエリ渕、一ノ井
次西、溝西、山極
半　金剛院　乍人　前矢刀祢
次南、経所南
◎半　掃ア頭　別相傳　乍人　神人中大〻
次南
一反　此内半ハ経所上在之　金剛院田　乍人　大門 大〻二〻
掃部頭田上
半　圖師田　矢刀祢
圖師田東、せヨリ東
小　金剛院田　乍人　前 矢刀祢
次南
半　土祭田　乍人　墨土 様器
次南
半　太田鎮守田　乍人　鎮守庵 彦二〻

次東
半　絵師田　乍人　上岸 左近二〻

（一〇）

次、鎮守田西ノ山極
◎一反　池 千代松大夫往〻　乍人　鎮守庵 彦大〻
次東
半　神人往来　前矢刀祢　乍人　自
千代松大夫往〻南
溝ノ東在之
半　宝幢院田　乍人　惣門 左衛門四〻
次西ノ上
半　絵師田　乍人　鳥飼二〻
次西、一ノ井上
半　同　乍人　若ミトリ 兵衛三〻
次西ノ山極
三反　雲林庵田　院　ヒ　乍人
新開、堀川畔東頰
半　彦四〻　一反半　三〻大〻　廻地蔵　エトリ林　一反　衛門二〻　今在家
二反　東山厳蔵院　乍人　池殿 兵衛允
次西、溝ノ上
半　経所田　乍人　藤木 助三〻
次南、二所アリ
◎一反溝ノ下　郷司田　乍人

次西、山極
◎一反　土佐守往〻　乍人　三〻大〻 父入道
次南
二反　瓦屋 北坊　乍人　惣門孫五〻

（一一）

次南東 ◎一反 鶴夜叉大夫往｜ 乍人 藤木 藤三｜入道

次西 半 飛鳥井田 乍人 兵衛二｜

次南 一反 御酒田 矢刀祢 乍人 中霊御 自

次南 ◎一反 幸若大夫往｜ 乍人 廻地蔵 まこ三｜

次西、山極 ◎六十歩 隠岐前司往｜

次東、コセヨリ東也 一反半 山杜田 乍人 惣門 左衛門五｜

溝東三角せマチ加

次東 一反 同 乍人 河上 二｜

(一二)

次北 半 神光院田 乍人 池 兵衛允

次東 半 山杜田 乍人 池 兵衛允

次南 一反 同 作人 池 衛門大｜

次南、林東 一反 同 乍人 池 藤七子 左近大｜

林ノ西寄、半ハ南ニアリ 一反半 同 乍人 上岸 左近二｜

次南、西ノ副 ◎一反 備中守往｜ 乍人 藤三｜

次南 ◎一反 駿河守往｜ 乍人 番匠 大｜

次南 ◎一反 宮有大夫往｜ 河上大｜二｜ 乍人

次南 一反 茋替 神人中 乍人 左衛門五｜ 惣門

次南 一反 貴布祢夏(カ)田 乍人 賀茂アリ

(一三)

次南 ◎一反 郷司田 作人 鎮守庵 彦五｜

次丑寅、林田半南 一反 山杜田 乍人 川上 小五｜

次北、コセヨリ北 半 宝幢院田 作人 左衛門四｜ 惣門

次東、西へ廻 半 経所田 作人 鳥飼二｜

次東、南へ廻 一反半 奈良田 乍人 神人 四｜大｜

次東、コセヨリ東 ◎半 大輔殿別相傳 森殿 作人 衛門五｜ 池殿

次東、堀川ミ東 ◎一反 同主別相傳 作人 同主

次東、岸下 一反 兵衛少輔 別相傳 作人 小二｜

大輔殿下地南 一反半 仕夫田 乍人 自

ヤナセ
次西 一反 宝幢院 作人 惣門 三ㇷ大ㇷ

（一四）

次西 ◎半 又山荘岸下在也 愛光大夫往ㇷ 乍人 彦三ㇷ
南 次◦東 一反半 宝幢院 作人 瓦屋 左衛門五ㇷ
次東 一反 仕夫田 乍人 自作
仕夫田東 一反 祝方 御酒田 乍人 矢刀祢
次南 一反 矢刀祢往ㇷ 乍人 同
次南 一反 御酒田 乍人 同
次南 ◎一反 御田守 乍人 自
◎一反 堀河川(ママ)ノ西畔 彦藤大夫 乍人 上岸 二ㇷ大ㇷ
次南 半 経所田 乍人 瓦屋 善キウ 彦五ㇷ
次西 半 正傳寺田 乍人

（一五）

次北 ◎半 福乙大夫往ㇷ 乍人 神人 さ衛門三ㇷ

次西、北南丁通 北上西 二反半 斎院田 乍人 廻地蔵 彦四ㇷ
次西 一反 経所田 乍人 鎮守庵 彦五ㇷ
一反 円通庵 乍人 同所 孫二ㇷ
次南、東ヨリ ◎一反半 一反ハ同次南 次西、ウサキ田 郷司田 乍人 矢刀祢
二反 円通庵 乍人 孫三ㇷ 道端
水垣、次南コセノ下 ◎二反 臺飯田 作人
次東、北極 一反 経所田 乍人 惣門 さ衛門五ㇷ
次東 一反 西祖庵 乍人 神人 彦三ㇷ
次東 ◎半 別当大夫往ㇷ 乍人 矢刀祢
次未申角、経所田南 一反 徳林庵 乍人 惣門 衛門四ㇷ

（一六）

次南、西東へ通テ 三段 同別相傳 乍人 一反 兵衛允 二反 道端
次南 一反 経所田 乍人 上岸 左近二ㇷ
次東 ◎一反 又彦大夫往ㇷ 乍人

北次
◎一反　愛石大夫往｣　作人
北次北、道ノ上
一反小　丹波守往｣　乍人
次北上
◎一反　亀石大夫往｣　乍人
次東、河畔
一反　馬場殿別相傳　作人　神人中大｣
次東、河ヨリ東
◎二反　御目代田
次東
◎一反　下野守老者田　乍人
次東上
◎一反　丹波守老者田
次東
◎二反　隠岐守老者田
常陸守老者田

（一七）

次東
◎一反　土佐守老者田　乍人
次北
◎一反　中　元讃岐守老者田　乍人
北二所田
◎一反　松有大夫老者田　乍人
次東、南東へ通テ
◎一反　元若有大夫老者田　乍人
次丑寅角
◎一反　伊賀守老者田　乍人

九丁二反小

古御手代、岸下、山荘北寄

北畔
◎小　三所田　慶寿大夫往｣　乍人
次東、大河畔
半　正傳寺田　乍人　せんきう（善久）
次西、岸ノ下
◎一反　隠岐前司往｣　乍人
次東
半　正受寺田　乍人　小大｣

（一八）

次東
半　正傳寺田　乍人　善久
次南
半　同寺田　作人　鎮守庵　左衛門三｣
次南、高岸ノ下
半　経所田　乍人　刀祢窪　衛門三｣　左近
次東
◎小　慶寿大夫往｣　乍人
次南、岸ノ下通
半　宝幢院地蔵田　乍人　窪　左衛門三｣
次ノ東
一反　申　但、半分　川上里地蔵田　乍人　同　左衛門三｣　左近二｣
次東、川畔
◎小　兵ア少輔　乍人　同　左衛門三｣

弐丁小

次南、川ハタ
◎小　万鶴大夫別相傳　乍人

＼次西、戌亥、岸ノ上
二反　経所田　作人　刀祢左衛門三〳
＼次西
四反　奈良田　乍人　神人四〳大〳

（一九）

＼次西
一反　飛鳥井田　乍人　鎮守庵　衛門二〳
＼次西
二反　経所田　乍人　上岸　衛門三〳
＼次西
一反　経所田　作人　鎮守庵　道端
＼次西
一反　経所田　乍人　藤三〳　藤木
◎次西
一反　万福大夫往〳　乍人　藤七
＼次西
一反　刀祢中田　乍人　池殿　左衛門二〳
＼次西
一反　御壇供　森殿　乍人　衛門五〳
◎次西、河畔
一反　阿賀大夫往〳　乍人　前矢刀祢
◎次南坪、西ノ極
二反　臺飯田　乍人　さ衛門五〳　惣門
＼次東
二反半　斎院田　乍人　さ衛門〳（カ）　霊口
「一反半　池殿　大〳三〳　孫三〳」　○コノ行ハ後カラノ書キ込ミ。

（二〇）

＼次東
一反　貴布祢祝田　神人給　乍人　神人　左近五〳
◎次東
一反　市　宮鶴大夫往〳　乍人
◎次東下
小　幸乙大夫往〳　作人
次東、河畔
半　◎半河北ニ有　兵部少輔往〳　作人
＼鹿額西、河畔
一反　御酒田　作人　矢刀祢
＼次東
一反　御油田　祖芳院　乍人　池殿　左近允
◎次東
一反　維那給　作人　同
＼次東
一反　刀祢中　乍人　前矢刀祢
＼次東
一反　御酒田　作人　同
◎次東、岸
一反　甲斐守往〳　乍人

（二一）

＼次東
一反　御檀〔壇〕供田　作人　山本　兵衛大〳
＼次東
一反　飛鳥井田　乍人　廻地蔵　彦四〳
＼次東
一反〔ヨ〕　岸ノ下ヘカ、ル　神人給　乍人　神人　ひこ三〳
コセコリヒカシ

次南、岸下ヘカヽル
一反　金剛院田　乍人　田尻 左衛門三〻
◎次南、岸下ニカヽル
一反　若有大夫貴布祢田　乍人 大工
◎次南、綱(縄)手極、岸ノ下カヽル
一反　右京亮往〻　乍人
鹿額ノ下坪、東ノハシ
半　岸下カヽル　円通庵　作人　鎮守庵 法徳
次西
二反　神光院　乍人　藤木 介二〻介大〻
◎次西
一反　民ア少輔往〻　乍人
◎次西
一反　彦藤大夫往〻　乍人

（一二）

◎次西
半　有鶴大夫往〻　乍人　彦二〻
「◎次西
一反　慶寿大夫往〻」　○コノ行ハ後カラノ書キ込ミ。
◎次西
一反　維那給分　乍人　自作
次西、コセノ上
二反半　奈良田　作人　山本 三〻二〻
◎次南、西ヘ通
二反　周防守 奈良田云ゝ　乍人　左近允
次西、北寄、河畔
一反　川上堂田　乍人　さ衛門三〻 神人

◎次西
半　河ノ西ノ上 愛音大夫往〻　乍人
一丁七反太(ママ)
◎次西
一反　元有福大夫 肥前守往〻　乍人
◎次南
二反　臺飯田　乍人
◎次西、ミソノ上
小　丹波守往〻　乍人
五丁六反半

（一三）

河上ノ里南東一
次南、東寄
一反半　経所田　乍人　自作 養泉坊
次西、垣極
一反　絵師田　作人　若ミトリ 兵衛三〻
次南、縄手ノ下
一反半　正傳寺田　乍人　前矢刀祢
半　経所田　乍人　川上小五〻
◎次西
半　南 對馬前司往〻　乍人
◎次西、路畔
一反　山 宮鶴大夫往〻　乍人
六反

（一四）

河上大通西寄

東一、西北
一反半　正傳寺田　　乍人　前矢刀祢
次南東、辰巳ツカノソヘ
◎一反　益有大夫往〻　　乍人
河上里、西南、ハ、ノ下
一反　山ノキハ　宝幢院　　乍人　左衛門五〻　惣門三〻
次東
半　中坊　　乍人　鎮守庵　小三〻
次東、南ノ下マテ
二反　正傳寺　　乍人　小三〻
次西、溝ノ上
一反半　同　寺　　乍人　善久
次西ノ山極
半　森殿木守田　　乍人　彦五〻　ちしあん
次南、岸ノ下
一反　中坊　　乍人　道端
次南
二反　宝幢院　　乍人　さ衛門五〻　惣門
次南
一反　同　　乍人　二〻　惣門

（二五）

次南
一反　中坊　　乍人　神人　彦三〻
次東、溝ヨリ東
一反　同　　乍人　三〻大〻　惣門

次東
一反　同　　作人　彦五〻　ちしあん
次東
半　同　　乍人　元源藤次
次北、縄手上北
一反　寶幢院　　乍人　寶徳
次西
一反　同　　作人　惣門　さ衛門四〻
次西、縄手極
半　同　　乍人　ちしあん　衛門二〻
次北
二反　中坊　　乍人　惣門　中三〻　同　三〻大〻
次北、岸上
◎半　慶寿大夫往〻　　乍人　四〻大〻　神人
次北、岸下
半　神人往〻　　乍人　自作　前矢刀祢
次北東
一反　神人往〻　左近五〻　　乍人　三〻大〻
辰巳
半　寶幢院　　乍人　神人　彦三〻

（二六）

次岸ノ東ノ奥林
半　同　　乍人　鎮守庵　源藤三
次南ノ下
一反半　同　　作人　彦大〻　神人
次ノ西ノ上
一反半　同　　作人　鎮守庵　彦大〻

次ノ南ノ西
二反半　一反ハ寶幢院　乍人　彦三丿　神人
　　　　一反西同主　乍人　まこ五丿　惣門
　　　　半　西中坊　乍人　大丿二丿　芝ノ内

次丑寅ノ中坊彦三丿作ノ東
半

次ノ北
六十歩　正傳寺田　乍人　道端

次ノ北
◎一反　越中殿別相傳　乍人　さ衛門五丿　惣門

エカモト、次東ノ道ノ畔
◎半　鄉司田　乍人　惣門　衛門四丿

次北
◎一反　隠岐前司老者田　乍人

次東、道ノ東頬、目次郎垣内
小　中坊　乍人　鎮守庵　孫大丿

次南ノ道畔
◎小　丹波守往丿

（二七）

次東
◎一反　千代松大夫往丿　乍人

次南
一反半　経所田　作人　惣門中三丿

次西
一反　同　乍人　惣門　まこ五丿

次南ノ西ヨリ
一反半　経所田　作人　廻地蔵　衛門大丿

次東
一反　同　乍人　自作　養泉

次南、岸ノ下
一反　寶幢院　作人　惣門　さ衛門五丿

次東
◎一反　万三大夫往丿　乍人

次南
◎一反　寿徳大夫往丿

次南
◎一反　梅鶴大夫往丿

次南
◎一反　千代徳大夫往丿

次西
◎半　藤寿大夫往丿

次北、大道ノ西
百歩　仏光院　乍人　上岸小三丿

（二八）

四反田ノ次南
一反　寶幢院　乍人　惣門　さ衛門四丿

「次東
半　中坊　乍人　惣門さ衛門五丿」　○コノ行ハ後カラノ書キ込ミ。

次南
一反　同　作人　惣門さ衛門五丿

次南
一反　同　乍人　惣門孫五丿

「同南
一反　同　乍人　まこ五丿」　○コノ行ハ後カラノ書キ込ミ。

次南
二反　寶幢院　乍人　同

臺飯田ノ西ノ上
半　経所田　自作　東作人 養泉
次南
◎一反　尾張前司往―
次東、岸ノ下、川ノ畔
◎一反　愛夜叉大夫往―
次南、岸ノ上
◎一反　幸音大夫往―
次東、川ハタノ東
◎一反　目代田
次南
◎一反　維那給
次西、川ノ畔
◎半　有鶴大夫往―
次東北ノ溝ゝ添
一反　経所田　作人　兵衛允

（二九）

次東
六十歩　西念寺田（向カ）
次南
一反半《ヒ》　正傳寺　作人　大工
次南
◎四十歩　立紙田
次南
一反半《ヒ》　柳ゥクモトノ南ノ上〔タ〕　神光院　作人　惣門　孫五―
次北ノ垣内次戌亥上
◎一反　慶珠大夫往―

次西南ノ
◎一反　淡路前司往―
次南
◎一反　筑後守往―
次東南
二反　金剛院　作人　神人 一反ハ四―大― 神人 一反　左衛門三―
次西
◎一反　亀徳大夫往―
次東
◎半　愛音大夫往―
次南、岸ノ下、大栗
一反　祖芳院　作人　山本　彦四― 二所ニアリ
次南
◎一反　下総前司別相傳

（三〇）

次南
◎一反　乙千代大夫往―
次南
一反　金剛院田　作人　田尻 さ衛門大―
次東寄ノ東
一反　御馬田
次ノ西
一反　経所田　作人　自
次南
◎一反　本袖田　兵ア少輔　二反ハ神人左衛門三―作人 二反ハ神人中大― 一反ハ前矢刀祢
次東南、田尻北添
五段　金剛院
次西
半　十楽院奥庵　作人　山本 兵へ 大―

次西、田尻後
一反　大道端　正傳寺田　乍人　前矢刀祢
次北ノ溝ノ上
二反　中坊　作人　同
次北ノ上
三段　経所田　乍人　一反八　山本兵衛大丨
二反八　矢刀祢
（三一）
次北
一反　正傳寺田　乍人　善給 久
九丁壱反八十歩
中村、エカモト
半 大道西　経所田　乍人　二丨　惣門
次西
一反　寶幢院　作人　左衛門五丨　惣門
次南、西ヨリ
一反　経所田　乍人　二丨　惣門
次東、大道上
◎一反　鶴彦大夫往丨　乍人
次南、岸ノ下
一反半　経所田　乍人　衛門四丨　惣門
次西ノ上
一反　寶幢院　乍人　三丨大丨　惣門
次南、西ヨリ
◎半　二丨大夫往丨　乍人

次東
◎一反　臺飯田　乍人
（三二）
次東ノ岸下
◎一反　愛烝大夫往丨　乍人
次東
◎半 大道畔　二丨大夫往丨
次南、縄手ノ下
二反　東前庵別相傳　乍人　善久
次西
半　寶幢院別相傳　乍人　衛門四丨　惣門
次西ノソヘ
一反　正傳寺　乍人　兵衛三丨　若ミトリ
次東、縄手ノ下、中通
二反　正傳寺　乍人（×兵衛二丨）一反五丨四丨　鎮守庵
一反孫五丨　惣門
次東
◎一反　善千代大夫往丨　自
次東
◎一反　尊鶴大夫往丨　乍人
次東、角田
二反　経所田　乍人　衛門大丨　廻地蔵
（後筆）
「田不審也」民ア少輔　乍人　前矢刀祢
クキ貫、正傳寺田南也
一反　車路ノ上　新袖田寶幢院　乍人 惣門 さ衛門五丨
同南東 車 路ノ下
一反　神光院　乍人　介芝内
（三三）

次東 一反 同寺 乍人 孫五丿 惣門
次東 一反 同寺 作人 大丿二丿 芝内
次東 一反 同寺 乍人 彦三丿 惣門
椋下、次東、溝ノ東 三反 正傳寺 乍人 小大丿 法一同 鎮守庵 善久房
次南 ◎一反 和泉守往丿 乍人
次東、大道畔 半 正傳寺 乍人 善久
次西 半 金剛院 乍人 三丿大丿 霊御
次南 一反 妙勧〔歓〕寺 乍人 前矢刀祢
次東 小 聞修庵 乍人 善久
次東、大道端 大 経所田 乍人 孫五丿 惣門
次南、東寄、大道畔 ◎一反 幸石大夫往丿 乍人

（三四）

次西 ◎一反 千代若大夫往丿 乍人
次西 ◎一反 尊幸大夫往丿 乍人

次南 ◎一反 隠岐前司往丿 乍人
次南 ◎一反 岡 福鶴大夫往丿 乍人
次西、溝ノ西添 一反 神光院 乍人 善生 若ミトリ
次西上 一反 同寺 乍人 介 芝内
次西 半 同寺 乍人 大丿二丿 芝内
次西 一反 同寺 乍人 石松 芝内
次西 一反半 同寺 乍人 大丿二丿 芝内
次西 一反 正寿寺田 乍人 大丿二丿 惣門
次南、帝尺堂前 一反 寶幢院 乍人 衛門四丿 惣門
四丁二反半

○コノ紙継目部分ニ、一町歩分ノ欠失ガアルト推定サレル。（三五）

次南ヨリ下○路東ノ垣内 一反太 同寺 乍人 善久（裏花押2）（裏花押1）
次路東、垣内 大 正傳寺 作人 彦五丿 ちしあん
次南、路ノ上 一反 経所田 乍人 孫大丿 同所

次東、大将軍未申
半　経所田　乍人　自作　養泉
次東
二反　大将軍御料田　作人　寺家 さ衛門二｣
次北、路ノ添
一反　龍華庵　乍人　寺家 小大｣
次東
◎一反　福松大夫往｣　乍人
次東
一反　貴布祢深草田　乍人　ちしあん 兵衛 二｣
「半次北　貴布祢六月講田」　○コノ行ハ後カラノ書キ込ミ。
次東
一反　十楽院奥庵　乍人　（養ヵ）善泉房
次南、長通
一反　御馬田　作人　自
次西
一反　徳林庵　乍人　衛門四｣　惣門
次西ノ中
一反半　西祖庵　聖神寺田　乍人　正受寺内 左衛門二｣

（三六）

御馬田ノ下
◎半　愛松大夫往｣　乍人　○次ノ花押二顆ハ、前葉ノ裏花押ト同一。
次西、路ノソヘ
小　正受寺御燈田　乍人　芝内 石松　（花押2）（花押1）
次南ノ頬　莚田
◎二反　右京亮往｣ 梅鶴大夫往｣　乍人　カミ五枚

二丁五反大
帝尺堂前下
西ノ一
一反　聖神寺 中坊　作人　彦大｣　鎮守庵
次東下
一反　御馬田　乍人　彦三｣　神人
次東
◎一反　ヒ（「ヒ」ハ朱筆）尊千代大夫往｣　乍人
次東
◎一反　治ア大輔往｣　乍人
次北寄、聖神寺中坊東
◎一反　乙千代大夫往｣　作人
「次東
◎一反　正受寺田兵ア少輔別相傳」　○コノ行ハ後カラノ書キ込ミ。
カウサキ
次東
◎一反　竹夜叉大夫往｣　乍人
次東
二反　本袖田宝幢院　乍人　彦三｣ 神人

（三七）

次東、路畔
◎半　三｣大夫往｣　乍人
次南ノ下
二反　神光院　乍人　自 承音
次東、溝ソヘ
大　神人兵衛二｣往｣　自作
「次南丁（下ヵ）
一反――神光いん田　乍人　石松　芝内」　○コノ行ハ後カラノ書キ込ミ。

次東、溝ノ東ソヘ 一反半 経所田 作人 大丿二丿 芝内
次東 一反 永清院 御壇供田 作人 藤木 介大丿
次南 一反 圖師田 作人 矢刀祢
次東 ◎一反 太田 左近将監往丿 作人
次東 ◎小 中 慶寿大夫往丿 作人
次東、大道畔 大 正傳寺 作人 道端
次南、西へ廻 一反 経所田 作人 彦五丿 鎮守庵
椋下ノシタノ角 田尻堂敷地 小 田尻里 作人 神人 四丿大丿 田尻
次南 半 正傳寺 作人 彦大丿 ちしあん

（三八）

次東 半 同寺 作人 彦五丿 ちしあん
次南 一反 同寺 作人 左衛門五丿 惣門
次西 一反 新袖田 作人 彦三丿 神人
次南 ◎一反 畳田 周防守別相傳 作人 彦四丿 霊御

次南 一反 妙喜庵別相傳 作人 二丿三丿
次南、岸ノ下 二反 雲林院田 作人 一反ハ九丿三丿 中霊御 一反 大丿四丿 エトリ林
次東、路ノ東 一反 同 作人 彦四丿 廻地蔵
次東北 一反 正傳寺 作人 彦五丿 ちしあん
次北 一反 同 作人 神人 さ衛門三丿
次東 一反 正寿寺 作人 衛門二丿 今在家
次南、岸ノ下 ◎半 豊菊大夫往丿
次西ノ上 半 経所田 作人 前矢刀祢
次西 ◎半 豊菊大夫往丿 作人

（三九）

次南、太田ト云也 ◎一反 光千代大夫往丿 作人
次西ノ通 一反 経所田 作人 左近三丿 上岸
次西 ◎一反 孫有大夫往丿 作人
次大道畔 一反 貴布祢祝田 作人 大工

次東、光千代大夫往ー下東
385 一反半　経所田　　乍人　前矢刀祢
「次東、川ハタ
一反　貴布祢ミ宜田　　乍人　大工給分」　○コノ行ハ後カラノ書キ込ミ。
次東、河ハタ
二反　本袖田　泉涌寺　　乍人　辻 二ー三ー
○次ノ二筆ハ後カラ行間ニ書キ込マレテイル。便宜記載形式ヲ前後ニ準ジテ改メル。
次
一反　真光坊持分　本袖田
◎一反　掃ア頭持分
次西ノ北ヘトヲル
◎一反　本袖田兵ア少輔　　乍人　同
次東
390 ◎一反　御馬田對馬守　　乍人　池 左近允
次北、河畔、北路下
◎一反　出雲守貴布祢田　　乍人
次西
◎半　郷司田　　乍人
河ノ東　越中殿地北
◎一反　若石大夫往ー　　乍人
次北
394 半　経所田　　乍人　衛門四ー　惣門

（四〇）

同北
一反半　正傳寺円通庵　　乍人　かも藤木 左近大ー　（裏書）「コレマテ五枚内（花押）」
次東、垣ソヘ
半　経所田　　乍人　道覚　藤木
次西、川ノニシ
一反　神光院　　乍人　衛門四ー　惣門
次西
一反　同　　乍人　神人 彦三ー
次西
一反　同　　乍人　五ー四ー　今在家
東　田尻、次北
400 大　経所田　　乍人　善千代大夫
次東
一反　酒殿別相傳　　乍人　ちしあん
次南
一反　御壇供田　森殿　　乍人　出雲
北寄、酒殿下地北
一反　経所田　　乍人　左近二ー　上ノ岸
同北田尻丑寅
小　経所田　　乍人　同主

五丁七反

（四一）

（後筆）「カミ　十二　（花押）」

黒土南西

東、河ノハタ一
405 ◎一反　本袖田　掃ア頭　　乍人　上岸 左近二ー
次西
一反　本袖田　泉涌寺　　乍人　二ー三ー　辻

次西、川ハタ
◎一反　本袖田　左近将監　乍人　上岸　左近二丿
次北東
二反　本袖田　泉涌寺　乍人　二丿三丿　辻
次河ノ西頬、霊御前
◎一反　宮有大夫往丿　乍人
次南
◎一反　越前〻司往丿　乍人
次南
◎一反　慶益大夫往丿　乍人
次南、霊御川南
六反上辻子田正受寺田　二反　まこ二丿　一反　大丿
　　　　　　　　　　　一反　法徳　　二反　彦九丿
次東、大道東ノツラ
半下辻子田経所田　乍人　池殿　さ衛門二丿
次南ノ上
一反　絵堂田　乍人　彦九丿
次西
一反　同　乍人　彦正（ママ）真御房

（四二）

次南ノ西ノソヘ
一反　同　乍人　自作
次東
一反　同　乍人　大門二丿三丿
次東
一反　同　乍人　まこり　まこ二丿
次東
二反　同　乍人　まこり　ひこ大丿

次東
一反　同　乍人　正真御房
次東
一反　同　乍人　中霊御　左衛門大丿
次南
大　佛光院　乍人　池　左衛門二丿
次南、東ヨリ
◎一反　幸熊大夫往丿　乍人
次西
◎半　愛光大夫往丿　乍人
次西
◎一反　大乗寺　左近将監往丿
次西
◎一反　松有大夫往丿　乍人
次西
◎一反　愛夜叉大夫往丿　乍人
次西
◎六十歩　左近将監往丿内ニ入

（四三）

次西、溝ノニシ
◎半　慶菊大夫往丿内ヒニ入ヒ
次南
一反　正傳寺　乍人　池殿　四丿二丿
次南
◎一反　貴　土祭田　乍人
竹殿東、貴布祢御簾田
◎一反　治ア大輔往丿　乍人
北、南一
次北
◎一反　幸鶴大夫往丿　乍人

435
次北 三反 寶幢院念佛田 まゝり 乍人 ひこ九ー
◎次北 一反 竹松大夫往ー 乍人
次北 大 仏光院田 乍人 池殿 左衛門二ー
次北 一反 貴布祢祝田 乍人 同
次戌亥 半 衛門大ー 刀祢往ー 乍人 山本 兵衛九ー
次北東、弓場北 薬師堂前 六反 絵堂田 北霊御 一反 大ー四ー 一反 辻ひこ大ー 一反 ひこ九ー 上岸 二反 左近二ー 二反 左衛門二ー池殿

○コノ紙継目部分ニ、若干ノ欠失ガアルト推定サレル。（四四）

三月廿三日分

霊御北ノソヘ大道西ノ畔 上モリ田

440
南ノソヘ大道畔 一反 真光坊 経所田 乍人 上岸 左近三ー
次北 一反 正傳寺 乍人 小三ー ちしあん
次西 三反 経所田 乍人 まゝり地蔵 ひこ大ー
◎次南一 一反 幸鶴大夫往ー 乍人 小三ー 上岸
次西二 一反 貴布祢祝田 乍人 仕夫 兵衛四ー

445
◎次西三 一反 民ア少輔貴布祢田 乍人
次西、岸ノ上 一反 経所田 乍人 辻彦九ー
◎次北、西へトヲル 一反 愛有大夫往ー 霊御 三ー大ー
◎次北、西へトヲル 一反 命菊大夫往ー 乍人

（四五）

次北、ハヲリ 一反 経所田 乍人 養泉坊
次北、ハヲリ 一反 神光院 乍人 同主
「同所南 一反 経所田 養泉坊」 ○コノ行ハ後カラノ書キ込ミ。
451
◎次南 一反 別當大夫往ー 辻 彦九ー
◎次西 半 初石大夫往ー 乍人
◎次西 一反 元若有大夫筑前ゝ司り 老者田
455
次西 半 飛鳥井田 乍人 辻 道前
経所田孫二ー乍西 一反 正受寺田 乍人 寺中
◎次西、川マタケ 一反 又彦大夫往ー 乍人

＼次西
一反　神光院田　乍人　惣門元さ衛門五〆
＼次西
一反　正傳寺　乍人　ちしあん　五〆
＼次西
一反　経所田　乍人　惣門まこ五〆

（四六）

＼次西、北ヘトヲル
二反　経所田　乍人　惣門左衛門五〆
＼次西、北ソヘ
一反　神光田(院脱)　乍人　若ミトリ兵衛三〆
＼次西
半　刀祢往〆　作人　正大工
＼次南、中
二反　経所田　乍人　一反竹内殿　左衛門大〆　一反大〆二〆　養泉坊
＼次南
一反　正傳寺田　乍人　法一　ちしあん
＼次西
一反　寶幢院田　乍人　惣門二〆
＼次西
◎一反　福鶴大夫貴布祢田　乍人
「次西
一反　貴布祢祝田　乍人　惣門まこ五〆」○コノ行ハ後カラノ書キ込ミ。
＼次西
三反　石橋　祝ア　乍人　二反ひこ四〆　一反まこ二〆　辻
＼次北、道畔
一反　祝ア神人　ひこ四〆　乍人　自

＼次北ヘトヲリテ
◎一反半　臺飯田　東　乍人　惣門まこ五〆
＼次北、路ノ上
二反　経所田　乍人

（四七）

＼西次上、垣ソヘ
半　金剛院　乍人　小大〆　若ミトリ
次南
◎一反　肥後守往〆　乍人
次南
◎一反　土祭田　祢宜方　乍人　惣門兵衛二〆
次南
◎二反　臺飯田　乍人
＼次北ノ上
土祭田西ノ上、タナ田
◎一反　宮千代大夫往〆
半　正傳寺田　乍人　寄合田　門前
四丁五反
ハナヒナ
＼戌亥角、尼寺西、山ノ極
一反　経所田　乍人　鎮守庵　彦大〆
＼次南東
二反半　正傳寺　乍人　同所　彦五〆
＼次上ノ山極、此外小山ノ内ニアリ
一反　同寺　乍人　彦大〆

（四八）

次東、岸ノ下
二反　同寺　乍人　一反 法徳 ちしあん
一反 善久

次南ノ未申
◎一反 岸ノ上、南ヘトヲル 孫若大夫往亅　乍人　霊御 衛門三亅

次上ノ戌亥
◎半　初石大夫往亅　乍人　兵衛三亅　若ミトリ

未申次、西ノ山ノ極
◎一反　竹松大夫往亅　乍人　霊御 三亅大亅

内地
次東外池
◎一反　福乙大夫往亅　乍人

次東
半　正傳寺　乍人　法徳ちしあん

次東、此田下一せマチ
一反立紙田アリ石見守往亅　乍人

次南
◎半　阿波守往亅　乍人

次東
◎一反　千世石大夫往亅　乍人　一反 まこ三亅
一反 ちしあん 小大亅

次南、岸ノ下、中窪
四反　金剛院田　乍人　二反 紫竹本性

次東、路ノ東
◎一反　若石大夫別相傳　乍人

(四九)

次西ノ路ノ上
◎一反半　郷司田　乍人　霊御 彦九亅

次南ノコセノ浦
◎一反半 〔裏〕郷司田　乍人　同所 まこ三亅

次下南
小　小使田　乍人　同所 彦九亅

次西ノ上
◎一反　宮有大夫往亅　乍人

「次岸ノ下
◎半　越中守往亅　乍人」　○コノ行ハ後カラノ書キ込ミ。

次西
◎一反　立紙田　乍人　大門 左衛門大亅

次西、山極
半　小使田　乍人　大門 大亅

次丑寅ノ角、岸上
一反南岸二半アリ、立紙田南フタヒ田 刀祢往亅　乍人　霊御 三亅

次北
◎一反　常陸守往亅　乍人　大門 さ衛門大亅

次西ノ上
◎一反　慶若大夫往亅　乍人　同所 五亅二亅

次北、岸ノ下、長田
◎一反　民ア少輔別相傳　乍人

次ノ上、未申
◎一反　命有大夫往亅　乍人

次西ノ山ソヘ
一反　御酒田矢刀祢　乍人

(五〇)

次南、岸ノ上
◎半　万徳大夫往亅　乍人

次南
一反　御酒田矢刀祢　乍人　矢刀祢乍ニ入

刀祢ノフタヒ田下
◎半　万三大夫別相傳　乍人　大亅 霊御 四亅

次上ノ西
◎半　別當大夫往亅　乍人

次西上、路ノ上ヘカヽル
◎一反　鶴千代大夫往亅　乍人

次上ノ山極
◎半　初石大夫往亅　乍人

次南ノ山ノ下、上ヘカヽル　但、新開、上ハ
◎一反　郷司田　乍人　上野　左衛門二亅

次岸ノ下南、二ヶ所
◎半　此立紙田上アリ愛松大夫往亅　乍人

次西、三ヶ所アリ
◎一反　治ア大輔往亅　乍人

次北
◎半　立紙田　乍人　上野　彦四亅

次西通（カ）
一反　不審 貴布祢田　乍人　大門　二亅三亅

次西ノ上
一反　乍人　大門　二亅三亅

次ノ北、岸ノ上中
◎一反　越○前司往亅　乍人　大門　大亅二亅

次ノ上
一反半〻（也カ）　乍人　上野　彦三亅

（五一）

次西ノ岸ノ上
一反　経所田　乍人　彦四亅上野

次南、岸下
◎一反　藤寿大夫往亅　乍人　同　彦三亅

次西ノ上
◎一反　命千代大夫往亅　乍人　上野　左衛門二亅

高橋
次西ノ上
一反　神光院　乍人　大門　正幸

次戌亥、溝ノ上
一反　同　寺　乍人

次北
半　乍人　同 竹殿　三亅二亅

次北
◎一反　出雲守往亅　乍人

次北
◎一反　信濃守往亅　乍人

此外山極ニ新開少〻在之、西北

次南、路ノ（ママ）
半　正傳寺　乍人　上野　兵衛三亅

次東ノ下
◎一反　有松大夫往亅　同

次東
半　経所田　乍人

四丁九反三百分〔歩〕

（五二）

次路ノ北、川キシ上
◎半　万徳大夫往亅　乍人　上野　道円

○前行「道円」ノ箇所ニ下記ノ裏書ガアル。
「是マテ十二枚
仕也（法カ）（花押）」

次東、東路下〔車〕
◎二反　立紙田　乍人　上野　彦四亅

次南、ミクルシノソヘ
◎三反　湯屋田　作人
次東
半　聞修庵　作人　茶屋まこ三ー
次東、丑寅、岸ノ下
カ、ル
一反　経所田　作人　大門八ー五ー
次東、岸下
半　養泉坊経所田　作人　同
次戌亥、岸ノ下
◎一反　左近将監往ー　作人　正真御房
カヤノ木ノ下
次北、二ケ所、一所路東浦〔裏〕カ、ル
◎一反半　正傳寺　作人　茶屋　孫三ー
次東
二反　飛鳥井田　作人　同主一反　大門八ー五ー
次南
一反　金剛院田　作人　大門衛門三ー
次北ソヘ
半　神人中　作人　辻彦九ー
次コせノ東
半　寶幢院　作人　左衛門五ー　惣門
次南
◎一反　乙松大夫往ー　作人

（五三）

次コせノ南
◎一反　千代石大夫往ー　作人　大門兵衛二ー
次東
◎半　立紙田　作人　同　（花押）
一反半　慶雲庵別相傳　作人　霊御彦九ー　是ヨ

次南、ミクルシノソヘ
一反　三丁九反　作人　大門二ー　リヲクセマイ
次南
小半ゥ　妙勧〔歓〕寺　作人　同所八ー五ー
次、慶雲庵下地東ソヘ
一反半　経所田　作人　一反辻ひこ大ー　半　衛門大ー
石岡、次東、車路東
一反　経所田　作人　惣門二ー
次北、溝北
一反半　聖神寺　作人　木守左衛門大ー
次東、コせノ下
二反　正真御房　作人　自作
聖神寺田北、霊御川ノ
北、川窪ミソ
半　マタケ　経所田　作人　惣門二ー
次北ヨリ
小　経所田　作人　中霊御まこ大ー
次辰巳、路ノ南
◎一反　臺飯田　作人

（五四）

次東
一反　中大ー　神人往ー　自作
次北
二反　経所田　作人　養泉坊
次南東、二ケ所
◎一反　刀祢往ー　作人　中霊御衛門二ー
次東、コせノ下
◎一反　愛千大夫往ー　作人

「次、コセノ下、南ノ一　◎一反　愛増大夫往丿」　○コノ行ハ後カラノ書キ込ミ。
次北　半　経所田　乍人　辻　彦大丿
次北　一反《ヒ》◎半　立紙田　乍人　まこ三丿《霊御》
一反《ヒ》◎半　對馬守往丿　乍人
次北、ミソノ北　一反　貴布祢祝田　乍人　まこ二丿《辻》
次東　◎一反　藤寿大夫貴布祢田　乍人
次東　一反　貴布祢ミ宜田　乍人　正大工《辻》　彦九丿
次コセノ下、東《エトリ林》　一反　刀祢兵衛三丿子《往丿》
次東　一反　経所田　乍人　辻　彦大丿
------○コノ紙継目部分ニ、料紙一枚分ノ欠失ガアルト推定サレル。------（五五）
次北、蕀ノ内、永清院　半　乍人　左衛門三丿
次ノコセノ南《（ノカ）》　大　経所田　乍人　大工
次南、路畔　半　正傳寺　乍人　大工

次東　◎一反　下総前司貴布祢田
次北　◎一反　万三大夫貴布祢田　乍人
次東北　一反　妙勧寺田〔歓〕　乍人　衛門九丿　池殿
次南、路東南　小　河原八町内　寄合田
次南東ノ川ハタ　一反　少ミ川成　河原八町内　乍人　兵衛九丿《山本》
次西　一反　同　乍人　衛門大丿《池殿》
次西　八十歩　同　乍人　寄合田
次西、上下　一反　同　乍人　兵衛允
次西、路ノ中、長トヲリ　半　同　乍人　同主
------（五六）
次西、路ノ西、岸下、上ヘカヽル　長目、　一反半　妙勧寺〔歓〕　乍人　小三丿《上岸》
次南、クロノ内　一反半　湯屋田　乍人　大工
次東、コセノ内　一反　河原八丁内　乍人　衛門五丿《池》

＼次丑寅、路東　一反　同　作人　山本 小二丿入道後家
585 ＼次東ノ上　一反　同　作人　池 衛門大丿
＼次南ノ下　一反　同　作人　兵衛允
＼次西　半　同　作人　兵衛允
＼次西、路畔　一反　同　作人　池 衛門五丿
＼次南、衛門五丿作内　六十歩　同　作人　大工
＼次西、路西ニカヽル　一反　同　作人　中 又三丿後家
591 ＼次西、岸ノ下　・半（×一反）　妙勧〔歓〕寺　作人　左近二丿
＼次東ノ下、岸ノ上カヽル　半　窪御堂田　作人　同主

（五七）

＼次丑寅　一反　窪御堂田　作人　市 彦三丿
＼次東　小　河原八丁内　作人　弥三丿入道
＼次北、古川ノ西　一反　同　作人　池 衛門大丿 兵
＼次南　半　同　作人　池 衛門大丿 五丿

597 ＼古川南　半　同　作人　池 衛門大丿
＼次西、コせノ未申マテ　一反 両所　同　作人　池 衛門大丿 兵
＼次南、東ヘ廻　一反　同　作人　兵衛允
600 ＼次西ノ中窪　一反　同　作人　池殿 大丿三丿
＼次東、川ノ（ママ）　一反　同貴布祢講田
＼次南ノ川ハタ　一反　同金堂寺田

○紙継目マデ約三行分ノ空白ガアル。

（五八）

ヒカシノハシ

＼窪御堂半田尻、車畔、（路脱カ）戌亥角一　一反　経所田　作人　兵 衛門大丿
次南　◎一反　左近将監貴布祢田　作人
605 ＼次南、岸ノ上　一反　作人　山本兵衛九丿
＼次南　半　作人　兵 衛門大丿
＼次南、縄手極、小社東　◎一反　幸熊大夫往丿　作人

次東
一反　神人往―　乍人　池 左衛門二―

次東
四十歩　無主　乍人　兵衛允 衛門五―

三丁七反十(×十)(ママ)

小社垣内南ノ畔

南一
◎一反　彦石大夫貴布祢田　乍人 シ竹 左近五―

次北
一反　正傳寺田　乍人　様器

○次ノ一筆ハ後カラ行間ニ書キ込マレテイル。
便宜記載形式ヲ前後ニ準ジテ改メル。

次北
一反　貴布祢祝田　乍人　衛門大―

(五九)

次北
一反　経所田　乍人　上野 彦二―

次北
◎一反　万福大夫貴布祢田　乍人

次北
一反　神人給貴布祢ゝ宜(田脱カ)　乍人　池殿 藤七

次北
◎一反　幸石大夫貴布祢田　乍人

次北
◎一反　伊賀前司老者田　乍人

次北
◎一反 東ノ下へ 一せマチ加　掃ア頭　乍人　左衛門二―

一反　左近允別相傳　乍人　池(ママ)

九反

川上郷

惣以上

六十八町六反三百廿歩歟

三月廿四日

(六〇)

(裏書)
「他」(カ)

田所
民部少輔家勝在判
尊千世大夫在判
福鶴大夫在判
備中前司在判
對馬前司在判
加賀前司在判
阿波前司在判

明應九年卯月六日写之

鶴増大夫（花押）
亀徳大夫（花押）
肥前〻司（花押）
有千世大夫（花押）
美作前司（花押）

（六一）

佐渡前司（花押）
伊賀前司（花押）
土佐前司（花押）
加賀前司（花押）
淡路前司（花押）
尾張前司（花押）
長門前司（花押）
弾正少弼（花押）
下総前司（花押）

‡☆‡

〔六〕 享禄五年岡本郷検地帳（巻子本）

（題簽）「享禄五年三月廿八日岡本郷検地帳」

○巻首ノ一紙ハ、モトハ包紙デアッタカト推定サレル。コレヲ第一紙トシテ、計四十四枚ノ料紙ガ貼リ継ガレテオリ、ソレニハ、第二紙ニ「岡一」（岡本郷第一）、以下一枚措キニ「岡廿二」ニ至ル裏書ガアルガ、イズレモ省略シタ。

享禄五年
岡本郷検地張（後筆）「帳」（ママ）
三月廿八日

（一）

一坪東ノ一初
1 ◎一段　丹波守往｜〔往来〕○以下同。　作　兵次郎
次ノ西 一段　供御所　作　池殿 慶四郎
同次 ◎一段　前たいは田 亀大夫往｜
次 ◎一反　同 さこの大夫往｜

一反半　斎田（院）　作　新さへもん（中）

次
二段　雲ちやう院（御たんく田）　作人　孫兵へ（池）

二段　袖田　岩寿持 千夜叉大夫　作　中三郎兵へ

次西
五段　陰陽田　大ㇾ大夫持〔太郎〕〇以下同。
同　福増大夫両人持

（二）

◎次西、ミソノハタ、ソハウ
一段　鶴夜叉大夫往ㇾ

◎次ノミソノ西
一段　縫衣助往ㇾ（ママ）

◎次西
一段　式ア少輔往ㇾ

◎次ノ
一段　幸嶋大夫往ㇾ

次西ノ南、ハヲリ
一段　鎮守田主計持　作人　孫兵へ

次ノ西、きしきハ
二段　経所田　乍人勝願院持〔作〕〇以下同。
作人　兵衛大ㇾ

◎次西
一段　藤寿大夫往ㇾ

◎次ノ西
一段　志广守往ㇾ（ママ）

◎次ノ南
一段　蔵人頭貴布祢田

（三）

◎次西（×南）
一反　壱岐守往ㇾ

次西
一反　祖芳院持（前仏光院持）　小法師（中大路作）

次ノ西
半　御灯田　内蔵助　主作

次ノ西
一反　三町九反　作人　小野小使

◎次西ノ南
一反　下総守往ㇾ

次ノ西ノ南
小　◎刀祢ノ往ㇾ

◎次ノ西ノ南
一反　増寿大夫往ㇾ

◎次ノ西ノ南
一反　鶴寿大夫往ㇾ（中大路）

次ノ西　河ハタ、流候也（云々カ）
二段　臺飯田勝願院　三ㇾ兵へ（中大路）

次蕀田、東ノ一
一段　祝ア筑前守持　作　小山小使

（四）

次ノ西　コタヘハ半云々
半　竹林庵持（太ふしん）　乍　三ㇾ大ㇾ（竹ゥはな）

次ノ西
一段　紀伊守持（被官）　乍人　衛門大ㇾ（田尻ノ）

次ノ西
小　西殿持　作　中大路 新さへもん

大　今 古伊与〔予〕守持　作人　梅ヶつし 兵衛次ー

小　同　同

八条ノ東ノ一、南ノ岸下、臺飯田

次ノ西
◎半　往ー流云々

次ノ西
◎一反　万福大夫往ー

「同
◎一反　越前前司往ー」　○コノ行ハ後カラノ書キ込ミ。

同
◎小　益有往ー（大夫脱カ）

同、西上
◎小　亀石往ー（大夫脱カ）

同、西上
◎小　加賀前司往ー

次ノクロノ上
◎一反　右京進往ー

（五）

次ノ北
小　経所田　川成

半　聞修庵　川ヨリ川成
（×次西□下へカ、ル）
・次ノ川ヨリ北へカ、ル

一反　臺飯田　同

次ノ
小
一反ヒ　龍花（庵脱カ）　同

八十歩　円通庵　同

一反　阿波前司別相傳
ナカレノコリ小ホトアリ

一反　寺田勝願院持　乍人　梅ヶつし 新五ー子

小　そもうゐん〔祖芳院〕持　中大路 こ（ママ）小法師

以上

（六）

フクロノツシノ出口
同
一反　出雲守別相傳　主作

同
小　岩寿大夫別相傳　同

同
半　出雲守別相傳　同作

同
六十歩　地蔵講田

同
半　信濃守持

同
二段　窪御田（堂脱カ）　但　作人　中大路 藤さへもん

同
小　＊「新開」筑後守　主作
同、道ヨリ下、東
一反半　ゐんこ(忌子)田
同　同
一反　勝願院持　同
同
一反　前 祝田　作人　中大路 さ衛門のせう
同
一反　同　作人　池 こほた
◎同
一反　安藝前司往ー
同
一反　田所田　作人　小山小使

（七）

同、南ノツラ
一反　正傳寺田　作人　梅ノつし 兵衛大ー
同次
◎半　亀大夫往ー
小　臺飯田　民ア丞持
アラクサノカシラノ木
同東
一反半　猿千代持　同作
小　祝田　作人　中 さへもんのせう
同東　一反カフシン コクラクシノ
一反　小川源　作人　竹ゥちなノ 三ー大ー

◎同
一反　甲斐前司往ー
◎同
一反　鶴大夫往ー
◎同
一反　右京進往ー
◎同
一反　阿波守一反田　歟
同
一反半　祝田　作人　せうくゑんゐんノ 小大ー
あら草下ノタン　祝田ゥ
一反　経所田　藤所ノ 宮内ゥ作

（八）

一反　幸嶋大夫　作人
ヤフ田ノ上ノタン
一反　竹林庵持　作人　竹ゥちなノ 大ー二ー
同
一反　近江守持　同主　作人
◎同
一反　次ー大夫往ー
◎同
一反　近江守往ー
◎同
一反　中務少輔往ー
蕀田ノ西一
イヨセノイヌイ
一反　観侍者持　自作

南、ハヲリ一反　作人南つし大丿左衛門
次南一反　妙観〔歓〕寺田　中大路二丿五丿　＊「四丁七反八十歩」
◎一反　才松大夫一反田
（九）
次ノ北一反　祖芳院持　作かとや大丿三丿
次二段　龍花庵　作人　左近将監
次一反　松田　山本助五丿　作人
次一反　圖師田　同作
一反　正法庵田　作人　かと屋の大丿三丿
かすゑ坪
◎一反　石見守一反田
◎一反　兵部丞一反田
◎一反　三河守一反田
◎一反　ます鶴大夫同
◎一反　伊賀守一反田
◎一反　但馬前司一反田
◎一反　兵庫助一反田
（一〇）
◎一反　主計頭一反田
◎一反　河内前司一反田
◎一反　右近将監一反田
二ノ坪
一反半　作人　はんしやう弥三丿
◎一反　兵部丞往丿
一反　作人　はんしやう弥三丿
一反　右馬助持　同手作
一反　作人　中大路さへもんニ丿
一反　祝ア　作人　古きいの守ノこりたう
上ノフシン之内二反之内　桂林庵持　作人　梅りつしせうさへもん二丿
◎半　寶泉坊　中大路　作人　せうりう
（一一）
下ノ二反内◎半　桂林庵　作人　梅りつし兵へ二丿

一反　　作人　聟石

小石田、東ノ一

一反　茋替梅千代持　　作人　兵へ大〆《梅り》

◎一反　備中前司一反田《かち田》

◎一反　鶴夜叉大夫一反田《貴布祢田》

石田ノ北方

一反　慈雲庵持　　作　鶴さへもん二〆《うめりつし》

一反　陰陽田大〆持　　弥三〆《はんゑやう》

◎一反　因幡守往〆

一反　袖田　　作人　大〆九〆

一反　経所田　　作人　やふ兵へ大〆《梅りつし》

一反　検断田　　作人　小野小使　……（一二）

半　同検断田　　作人　大膳亮　今（井脱カ）野洲田

西石田、ミソハタ

一反　三町九段　　作人　ひこ大〆《うめりつし》

次ノ西

半　同三丁九反　　作　三〆《竹》

次ノ同
一反　同竹林庵持　　作人　大〆二〆《竹りしな》

次同
一反　供御所田　いりの守持　　作人　かち《中大路》

次
一反　同供御所　　作人　さへもん三〆《梅》

一反　鐘ツキ田　同　　作　さへもん二〆

一反　同ツキ田《カ子》　　作　せうりう

一反　経所田　筑上座〔×■し〕　　作　新五〆子《梅》

一反　経所田　　作人　宮内り子《南》

一反　祝田　雑掌給　……（一三）

次南ノハヲリ
◎一反　老者田　甲斐前司

次、西ノ石田、ミソノ西也
一反　経所田　　作人　与二〆《梅》

一反　経所田　　作同　九〆三〆《岡》

一反　経所田　　同作　大〆さへもん《南》

一反　経所田　　同　与二〆《梅》

一反　経所田　　同作　寶泉坊

一反　経所田　同　梅兵へ九丿

三段　経所田　同　中兵へ二丿

一反　経所田　同　作人勝願院小大丿　若たう

次ノ西、高縄手東、ミソノ西也

◎一反　幸夜叉大夫往丿

◎一反　大炊頭往丿

（一四）

次ノ西

一反　三町九段　作人　岡与四丿

一反　三町九段　作人　梅鶴さへもん二丿

◎一反　大和守往丿

（×一反）

◎半　但馬前司貴布祢田

ヒハクヒ、次西也

小　円通庵　作人　池七丿大丿

一反　祝田　豊後守持　作人　中三丿兵衛

次ノ西

二段　祝ア（ママ）頭　御壇供田　作　小山小使

同

一反　祝田　作人　梅小大丿

清次カ垣内

大　正傳寺田観侍者持　同作

次ノ東

一反　経所田　作人　南大丿二丿

次ノ東

一反　経所田　同　中衛門二丿

（一五）

次ノ

二反　御壇供田　彦鶴大夫持　手作

次北

二反　増鶴大夫別相傳　大膳亮作

次北

半　出雲前司別相傳　梅あや大丿二丿

同

小　正傳寺田千夜叉大夫持　作梅　竹のはし衛門二丿

同

二段　正傳寺田　作人　大膳亮

同

一段　祝田　福増大夫別相傳　同作

次ノ北

一段　祝田　金蔵坊持　作人　大丿さへもん

次ノ北

一段　同　大膳亮持

ロウシヲロシ、次ノ北ノ東ヘトヲル、但シリヒロ

一反　同　紫野宗賀　南大丿兵へ

同

一反　同御田　右馬助持

次東

一反　同　作人　亀鶴　梅り

（一六）

次北 一反 同 長松大夫持
次北 一反 同 作人 佐渡守持 てちん（ママ）
次垣内 小 元梅尾別相傳 堂前 今竹りはな 作人 三丿二丿
次ノ東 小 元阿波守別相傳、経所田云々 垣内 竹林庵 作 三丿
次ノ東、梅り辻子南 一反 竹林庵持 同 三丿
同 一反 元民ア少輔持 今竹林庵持 同 三丿
一反 近年ひらく屋敷跡也 田中垣内太田千夜叉大夫 作人岡本 新さへもん
次ノ東ノ下、スミカケタル田也 二反 左京進持 作人 兵へ大丿
同東ノ下 一反 経所田 作人 梅、せうくゑんゐんゑかゝう 小大丿

梅り辻子出口

一反 祐乗坊持 作人 さへもん三丿 ＊「十町四反八十歩」

（一七）

◎一反 兵庫助往丿
次ノ南 ◎一反 修理進往丿
ミソヨリ東 一反 鎮守田 田口弥九丿 鶴大夫持 〃〃〃〃 池 作人 二丿五丿

同 一反 鎮守田寳泉坊持（×持） 手作
同 一反 鎮守田福増大夫持
同 一反半 鎮守田 作人 竹りはな 三丿
二段 二段（×一反）・・ 正傳寺田 同兵へ二丿 同孫衛門 作人 梅 赤法師 三人作也
次ノ東 一反半 経所田 作 勝願院
次ノ南東也 〃 一反 楽音寺田 同 勝願院
次ノ南ノ東ノ一 二段 同 同
三段 同 同
一反 同 同

（一八）

次ノ西、きしノ上 一反 同 同
一反 同 かつらり垣内 同
同 一反 新袖田 作人 梅 彦二丿
一反 御壇供田 定林庵持 作人 梅 衛門九丿

○次行ノ「◎」ハ「同」ニ重ネテ記スガ、便宜分離シテ表記シタ。

「◎同一反　千代光大夫往ー」　○コノ行ハ後カラノ書キ込ミ。

次南
◎一反（×南）　備後守往ー

次ノ西・
◎一反　福鶴大夫往ー

タツミノ角田
◎半　光寿大夫往ー

寺門、北ハツレ
三段　正傳寺　作人　東梅　兵へ九ー
同　虎若
同　衛門二ー　両人作

同次南
◎一反　因幡守貴布祢田

次南
◎一反　下総守貴布祢田

次南、ヨコ田
◎一反　亀猿大夫一反田

（一九）

次西
◎一反　對馬守一反田

次ノ東ノタツミ
◎一反　さ近大夫往ー

次ノ南（×一反）
半・　◎神人給　作人　梅　さへもん三ー

次ノ南
一反　芷替　六月御講田　作人　中　藤さへもん子

次ノ西
◎一反　きふね祝田（×助）　縫衣頭一反田

次ノ西
◎一反　同　掃ア頭一反田

次ノ西南
◎一反　同祢宜田　弾正少弼一反田

次ノ北
◎一反　同　鶴寿大夫一反田

次ノ北
◎一反　同　幸夜叉大夫一反田

次ノ東、ヒカシヘカヽル
二反　ムクカモト　御酒田　作　梅　さへもん三ー

次ノ北
一反　御たんく田　主（カ）作人　福増大夫持

（二〇）

「一反　フシン　今古伊与守後家持」　○コノ行ハ後カラノ書キ込ミ。

次ノ北
◎一反　和泉守往ー

次ノ北
◎一反　亀石大夫往ー

次ノ北
◎一反　貴布祢祝　式ア少輔《ヒ》往ー一反田

次ノ北
◎一反　左近将監一反田

次ノ北
◎一反　治ア少輔一反田

次ノ東ヘカヽル
一反半　古きいの守子　岩千代大夫持　ケンタン田　同作

次ノ北
◎一反　越後守往ー

次ノ北
◎一反　周防守往ー

次ノ北
◎一反　三郎大夫往ー

次ノ北
一反　供御所田《御たんく》　岩千代大夫持

次ノ北
◎一反　若狭守貴布祢田

（二一）

次ノ北
◎一反　遠江守往ー

次ノ北ノミソノヘ
（×一反）
半半・　◎神人往ー　作梅　さへもん三ー

次ノ北
一反　（×石見守）
・福乙福乙大夫往ー　二ー主（カ）

次ノ北
一反　楽音寺田勝願院持　作人　衛門九ー

次ノ北
一反　同楽音寺田　作人　古キイノ守ヒクハン　衛門二ー

次ノ北、カチカサ（カ脱カ）
◎一反　肥前往ー（守脱カ）

次ノ北
◎一反　左京進往ー

次ノ北
壱段　正傳寺　道キハ　ゝゝゝ　福増大夫持　ヒヒヒ　梅　彦四ー

次ノ北
壱段　同　福ます大夫持　梅　兵衛九ー

次ノ北、道キハ
一反　経所田　筑後坊持　作　寶泉坊

次ノ北
一反　同経所田　加賀坊持　作　古キイノ守　衛門二ー

（二二）

次ノ東ノ北一、カチサカ下（カ脱カ）
一反　新袖田　田口弥九ー持　作人　梅うこん　彦三ー

次ノ南
◎一反　山城守往ー

次ノ南
一反　新袖田　鶴夜叉大夫持　作人　南つし　ゑユ（カ）

次ノ南
◎一反　縫（ママ）衣頭往ー

次ノ南
◎一反　丹後守往ー

次ノ南
◎一反　愛夜叉大夫往ー

次ノ南、ハヲリ
一反　経所田　作人　岡　新さへもん

次ノ東、ハヲリ
一反　経所田　作人　寶泉坊持ゝ

次ノ南
◎一反　伊賀守往ー

次ノ南
◎一反　藤徳大夫往ー

（二三）

次ノ南、北　ミツハタ
◎一反　松田　石見守往ー

次ノ南、ミソハタ
半　同　正傳寺 龍花庵　作　大〻大夫持
次南
一反　同　竹鼻北殿　作人　寶泉坊
次ノ南
一反　同　悲傳寺田　池殿　作人　九〻さへもん
次ノ南
◎一反松田さ京亮往〻
次ノ南
一反　深草田　山本　作人　助五〻
次ノ南
一反　深草田　作人　梅　彦五〻後家
次ノ南
一反　深草田　作人　梅　弥三〻 しんちやう分
次ノ南
一反半　神光院田　作人　五〻大〻
次ノ南
一反半　神光院田　作　竹ゥはな　弥三〻
次ノ南
◎一反　豊後守一反田
次ノ南
一反　経所田　作人　寶泉坊

（二四）

次ノ南
◎一反　大炊助往〻
次ノ南
二反　深草田　福増大夫持

次ノ南
一反　縄*「瓦」田　丹波守持　作人　中大路　兵へ二〻
次小フケ、西南一
一反半　下社供僧田　福増大夫　作
◎次ノ東ノ川ハタ
一段　中宮寿大夫往〻
次ノ北ノ
三段　妙観寺田　作人　梅　さへもん三〻
次ノ北、東ヨリ
一反　飛鳥井田　原ノ中将殿持　寶泉坊持〃〃〃〃　彦二〻〃〃〃　作人　梅　孫三〻
次ノ西北
一反半　寶幢院　作　梅　さへもん三〻
次ノ東ノ大道マデ
二段半　飛鳥井田　寶泉坊持　作人　梅　さへもん二〻
大門辻子東、カチカサカノ山ソヘ東也、一
◎一反　慶寿大夫往〻

（二五）

次ノ西
◎一反　大膳亮往〻
次ノ西北
一反　小経所田　對馬守持作ゥ
次ノ西、クロキハ
一反　円通院　作　梅　兵へ大〻
次ノ西北
◎小　亀寿大夫往〻
次ノ西
一反　貴布祢〻宜　作人　梅　大〻三〻

◎次ノ西 一反 掃ア頭貴布祢田
次ノ西 一反 鎮守田 遠江守持 作 赤法師
次ノ西 一反 経所田 作 五〳〵大〳〵
次ノ南 一反 御馬田 作 梅虎若 彦三〳〵
次ノ南 一反 神光院田 作人 寶泉坊

○紙継目マデ一行分ホド空白ガアル。

（二六）

◎次ノ南東 一反 對馬守往〳〵
◎次ノ東、中 一反 出羽守往〳〵

以上 *「十六丁三反八十歩」

◎梅ヶ辻子出口、箕里ノ北、川ハタ也 一反 松福大夫往〳〵
◎同南、川ハタ也 一反 雅楽頭往〳〵
箕里、森ノ前北川一 一反 福増大夫持 主作
次ノ南 一反 寶幢院田 作 梅 さへもん三〳〵
次ノ南東、ハヲリ 二段 寶幢院田 梅作 さ近四〳〵

次ノ南 一反 大和守 作人 中 兵へ五〳〵
◎次ノ南 一反 十〳〵大夫往〳〵

（二七）

◎次ノ南 一反 乙若大夫往〳〵
次ノ南 二段 金蔵坊持 南 大〳〵さ衛門
◎次ノ南 一反 河内前司往〳〵歟
◎次ノ南 一反 因幡守一反田（×往〳〵）
次ノ南 ホ子ツカ 一反 経所（田脱ヵ）筑後坊持 作人 おうち さへもん大〳〵
次ノ南 一反 経所田左馬允持 梅作 大〳〵三〳〵
次ノ南 三段 巌栖院 作人 藤木 藤三〳〵
次ノ南 一反 竹林庵持 梅 せうさへもん二〳〵
次ノ南 一反 古伊与〔予〕守息女持 作人 山本 助五〳〵
次ノ南、ミソキハ 半 千夜叉大夫持 作人 梅 トラ若 彦三〳〵
南ノホリヨリハシマル一、ミコトモチ 一反 千手院 作人 慶寿大夫 小作小大〳〵

（二八）

次ノ北 半　◎神人給　作人　さへもん三ー

次ノ北 ◎一反　駿河守貴布祢田

次ノ北 一反　正傳寺田　作　梅 与二ー

次ノ北 一反　三条弥三ー　作　梅 さへもん三ー

次ノ北 ◎一反　筑前守往ー

次ノ北 ◎一反　但馬前司往ー

次ノ北 ◎一反　遠江守持　作　梅 彦三ー

北 一反　金蔵坊持　南ホリ田 大ーさへもん

北 一反　長松大夫往ー

次ノ北 ◎一反　紀伊守往ー

次ノ北西 ◎一反　初寿大夫往ー

（二九）

次北西 ◎一反　二ー大夫往ー

次北 一反　目代田　作人　左近将監

次ノ北 一反　今ハ観侍者持 小目代　古 増大夫持　手作

次ノ北 ◎一反　肥前守往ー

次ノ北 ◎一反　越後守一反田

次ノ西 ◎一反　福鶴大夫一反田

次ノ南 ◎一反　大和守一反田

◎ノヨリ北ヨリ始マル一

次ノ東 一反　左京進別相傳　手作

次南 一反　今原 中将持　作人　ケハイノ 鶴寿大夫

次（×南）東ヒカシ 一反　今福ます大夫持 左馬助　作人　梅 衛門二ー

二反　福増大夫別相傳　自作

（三〇）

次南 ◎一反　福千代大夫往ー

次ノ東 一反　半定 雲長院田　中 作人 小二ー

次ノ南 ◎一反　右京亮往ー

次ノ南東ノスミ ◎一反　ヒ 半定　土佐守往ー

次ノ東、アセカチ新袖田り
一反　福増大夫持　手作
「半　飛鳥井田　手作」　○コノ行ハ後カラノ書キ込ミ。
次ノ東
◎一反　兵庫頭往ゝ
次ノ東ノ大道ハタ
一反　御そろ池ヒケ入道　作人　梅衛門二ゝ
次ノ南
一反　松井越前持
三塚、東一
半　作人　岡本又五ゝ
同西
◎一反　有千代大夫往ゝ
同西
◎一反　摂津守往ゝ
（三一）
次ノ西
一反　寳泉坊持　自作
次ノ西
◎一反　出羽守往ゝ
次ノ西
◎一反　さ京亮往ゝ
次ノ西
◎一反　肥後守往ゝ
チウヨリハシマル、但東ヨリ一
半　経所田　作人　南大ゝ左衛門

次ノ西
二段　経所田　作人　福増大夫
次ノ西
一反　経所田　作人　小目代
次ノ西
三段　経所田　作人　梅次ゝさ衛門
次ノ西
半　経所田　作人　中鍛冶さへもん二ゝ
二段　経所田　作人　梅兵へ九ゝ
○紙継目マデ一行分ホドノ空白ガアル。
（三二）
佛
目無石ヨリ始、南一
次ノ北
◎一段　若狭守往ゝ
次ノ北
三段　歟寳泉坊持　手作
次ノ北
一段　桧物師　作但地蔵ちや
次ノ北
◎一段　福千代大夫往ゝ
次ノ北
◎一段　蔵人頭往ゝ
次ノ北
半　小ミソノキハ◎神人給　梅さへもん三ゝ
次ノ北
一段　寳泉坊　作
次ノ北
一段
く◎作　御泥池弥九ゝ

次ノ北
◎半　左衛門大夫往ー
次ノ北
一反　正傳寺田　作人　御泥池 弥九ー子
（三三）
次ノ北西
一反　正傳寺田カ　作人　梅ヶ辻子 むこ石さへもん二ー
次北、池ノ水口
◎一反　左馬助往ー
池ノ水口
半　藤徳大夫　作人也　正傳寺田云々（也カ）
次ノ南
一反　経所田　南つし 大ーさ衛門
次ノ南東
◎一反　光寿大夫往ー
次ノ東
◎一反　信濃守往ー
次ノ東
◎一反　讃岐前司往ー
次ノ東、山ソヘ也
◎一反　伊賀守往ー
次ノ東、山キハ也、ミスミ田也
◎一反　肥前守往ー
ヨコタ
二段　新袖田　作人　福増大夫
○紙継目マデ一行ホド空白ガアル。
（三四）

ミツカノ南東ヨリ始マル也
二段　道ノ上ヘカヽル也　下社供田　作　梅 与二ー
次東
◎半　摂津守 有千代大夫一反田
ヒカシ道ハタ
九十歩　寶泉坊持　自作
次ノ西
一反　浄土寺田　作　もんゑやう 弥三ー
一反　同　作人　観侍者
次ノ西南
一反　経所田　作人　竹ヶもな 衛門三ー
次ノ北、上ヘカヽル
三段　経所田　作人　梅 さへもん大ー大男（ヒヒさへ ヒ）
次ノ上ヘカヽル
壱段　経所田　教覚院　作人不知
次北
壱段　臺飯田　古 新介持　南作 大ーさへもん
次ノ北
二段　同臺飯田　梅作人 左近四ー
（三五）
次ノ南
◎半　ゝ（後筆）「下社祝田歟」（後筆）「有千代大夫一反田」 土祭田　作人　梅ヶつし さこのせう
次ノ南
◎一段　掃ア頭往ー

次南 ◎一段 隼人頭往亅
次ノ東 半 ◎神人給往亅 梅 きふね さ衛門三亅
次ノ北、丑刁 半ヒ 半 下社祝田歟 下社ヒヒ 作人 梅子(辻脱カ)コ四亅さこのせう
次ノ南 ◎半 愛石大夫往亅
次ノ東 小 楽邦院 作人 竹りくな 又五亅
次ノ南、大道畔 半 浄土寺田 梅 竹夜叉 さへもん大亅
次ノ南 一反 同 出雲守持 作 中大路 ヤフ 大亅五亅
一反 同 観侍者持
以上二段半也、浄土寺
次西、ハヲリ ◎一反 民部少輔往亅
（三六）
次北 ◎半 愛石大夫往亅
次西上 一反 十楽院 作人 六郎五亅
次西 一反 同 作人 梅 兵衛大亅
次戌亥ヨリ ◎一段 出雲守往亅

上サクラ、東ノ一
次北 半 コシカキ田 寶泉坊持 梅り辻 左近二亅
次南 一段 同 梅り辻 新五亅子
次西 壱反 祇薗田 作人 梅 兵へ大亅 左京進持
次ノ西 半 臺飯田 梅り 大亅三亅
次ノ西 一段 田所始経栄〔営〕 正月八日 治ア少輔持
次ノ西 一反 臺飯田 作人 梅り辻 兵衛大郎
次ノ西 一反 浄土寺 竹り鼻 三亅大郎
次ノ西 一反 同 竹り 三郎二亅
（三七）
次西 二段 浄土寺 梅り 左衛門三亅
次ノ西 ◎一反 修理頭往亅
次ノ西 ◎一反 駿河守往亅 梅り辻子大工ノ 弥三郎
一反半 帳外り
次ノ南、西一中 一段 寺井田 作人 大工 弥三亅

次ノ南、ハヲリ、ミソヲコス
一段　同　作人　彦《梅》四ー
次ノ東
一段半　同　作人　大《岡》ー九ー
次ノ東
二段　同　作人　大《竹ゝくな》ー二ー
次ノ東
◎一段　民ア大輔往ー
次ノ東
◎一段　隠岐守往ー

（三八）

次ノ東
◎一段　二《セキメ》ー大夫往ー
次ノ東
一段　祇蘭《（ママ）》田　作人　兵《梅ゝ辻子》へ九ー
次ノ東
一段半　祐乗坊持　作人　さ《梅ゝ辻子》へもん二ー
次ノ南、東ノ一、下桜
半　祇園田　作人　兵《梅》へ九ー
次ノ西
◎半　彦鶴大夫往ー
次ノ西
一段　寺井田　作　大《岡》ー九ー
下桜、東ヨリハシマル
二段　経所田　大《南辻子》ーさへもん
次ノ西
一段　斎院田　作　兵《梅》へ九ー

同
一段　同　作　二《桜（ママ）》ーさへもん
次西
一段半　同　作人　せ《中》う

（三九）

次ノ西
一段半　同斎院　作　民ア丞
次ノ西
半　同　作人　兵《梅》へ九ー
二段　浄土寺田　鶴《池》寿大夫持　彦《作人梅トラ若》三ー
同西
一段　同　作　さ《梅》へもん三ー
次ノ西、町田、東ノ一
◎一段　下総守往ー
次ノ西
◎一段　初寿大夫往ー
次ノ西
一段　彦鶴大夫別相《持》傳　作　あ《梅》や大ー二ー
次ノ西
◎一段　伊豆守往ー
同西
◎一段　浄菊大夫往ー
同西
◎一反　主計頭往ー
同西
◎一反　岩寿大夫往ー

（四〇）

次西
一段　慶正院　作　慶寿大夫

同西
一段　経所田　作池　九〳さへもん

次ノ南、ハヲリ
◎一反　美作守一反田

次ノ南ノキシノ下
◎一反　新介往丨

次ノ東
半　◎刀祢往丨

次ノ東
二段　陰陽田　作人　大〳大夫持　中大路　五〳さへもん

次ノ北
一段　小山郷田所田　治ア少輔持　梅　きふね　さへもん三〳

次ノ東
◎一段　甲斐前司老者田

次ノ東　ミミ
◎一段　ヨコ田　半　讃岐前司老者田

半　ヒ　山城守老者田

（四一）

次ノ東
◎一段　かち田　修理頭一反田

同北
◎一段　同　藤寿大夫一反田

同
◎一段　同　掃ア助一反田

同東
◎一段　左馬允往丨

同
◎一段　丑刁　山城守老者田

同
◎一段　備後守往丨

同
◎一段　丹波守貴布祢田

同
一段　右馬助持　作　岩梅（ママ）　さへもん二〳

一段　かち田カ　幸寿大夫　作人　め（ママ）さ　二〳大〳

南ノ下
半　◎刀祢往丨

（四二）

次ノ西
◎一反　大炊助往丨

次西
◎一反　越後前司往丨

ナカラ木ノウシロヨリ始東也
◎小　兵ア丞往丨

川ヨリムカイヘカ、ル也
半　経所田　作人　勝願院被官　亀鶴

川ヨリムカイ
一反　前ノハ出羽守持　縫衣助（ママ）持　山本　作人　新五〳

同東
◎一反　中務少輔往丨

同東
◎一反　式ア大夫往丨

同〻一反　祖芳院別相傳　作　中大路小古法師
◎同〻一反　式ア少輔往ー
◎同〻一反　幸嶋大夫往ー

（四三）

同東一反　祖芳院　中作　二ー五ー
同一反　祐乗坊　梅辻　キフ子ノさへもん三ー
同東一反　◎神人給　作人　梅　さ近の四ー
次ノ南半　◎刀祢給　作人　梅　五ー衛門
次ノ南一反　圖師田中務少輔持　作　岡　三川
次ノ西◎一反　伊賀守往ー
次ノ西一反　ムラサキノ円通庵　古千寿大夫持　作中　衛門二ー
小　出羽守持　手作　孫衛門〻〻〻
小カ　寶泉坊持　岡作　又五ー
＊「二九丁四反九十歩」
廿二　終

〔七〕 天文十九年岡本郷検地帳 （冊子。袋綴）

「（表紙）
天文十九庚戌
岡本郷検地帳　但、後分、天廿六月晦日
十一月十八日　」

天文廿年六月晦日
岡本郷

ミトロ池口 二反　岡 左近大〆〔郎〕○以下同。
次西 一反　梅 又三〆
次南 一反　ミトロ池 五〆二〆
次南 二反　梅 左衛門大〆
次南 一反半　小二〆殿作
次東 一反　往〆〔往来〕○以下同。　梅 竹ノむし

次南 一反　山もと 弥五〆
次西 一反　左京進殿作
次南 一反　弥四〆殿作
次南 半　往〆　岡 大〆
次東 半　中（カ） 与三
松田
南一 一反　往〆　中 二〆兵へ
次北 一反　小二〆殿作
次北 一反　小三〆殿作
次北 一反　往〆　梅 三〆
次北 一反　小二〆殿作
次北 小　往〆　中梅 三〆 さ近大〆
次北 一反　竹 新左衛門
次東 一反　同 虎松

次北 一反 梅 彦二丿
次北 一反 同 大丿三丿
次北 半 (保カ) 源二丿殿作
次北 半 往丿 岡 与二丿
次北 一反 竹 新さ衛門
次北 半 寶泉坊作
次北 半 与一殿作

八反

次北、一反 川有 往丿 梅 二丿五丿
次北 一反 往丿 蔵人作
次北 一反 往丿 伊賀殿作
次北 二反 宮内岡
次北 一反 往丿 梅 衛門大丿
次北 一反 往丿 梅 二丿五丿
次北 一反 往丿 梅 四丿兵衛

次 一反 往丿 竹 又五丿
次北 一反 往丿 梅 兵衛大丿
次北 一反 梅 大丿三丿

六反田

北一 一反半 梅 与三
次南 一反 同 新衛門
次南 一反 梅 新兵衛
次南 一反 往丿 梅 孫衛門
次南 一反 往丿 梅 左衛門二丿
次南 一反 岡 又二丿
次南 一反 梅 左衛門二丿
次南 一反 往丿 梅 新衛門
次南、一反 川有 往丿 ミソマタケ 同 彦三丿
次南 一反 往丿 右馬助作
次西 半 嶋 往丿 新四丿殿作

次南一反　　蔵人作

次南一反　往丿　竹弥三丿

50 次南一反　往丿　梅衛門大丿

次南半　往丿　竹弥三丿

次南一反　　梅二丿左衛門

次南太　往丿　梅八丿左衛門

次南（ママ）一反　往丿　岡大丿三丿

55 次南太　往丿　竹さ近三丿

次南一反　往丿　与次殿作

次南一反　往丿　新三丿殿作

次〻つミ一反　　竹ノ丶し

次西、嶋一反　　梅五丿三丿

60 次西半　　梅四丿さ衛門

寺〔り〕もと

次南一反　　中兵衛五丿

次西一反　往丿　竹又五丿

次西一反　往丿　又三郎殿作

次西一反　往丿　竹ノ丶し

65 次北一反　往丿　梅助左衛門

次北一反　往丿　梅さ衛門三丿

次東一反　往丿　梅又五丿

次北一反　往丿　梅新兵へ

次東一反　往丿　梅八丿さ衛門

70 次北一反　往丿　竹四丿大丿

次北一反　往丿　梅彦三丿

次北一反　　梅次丿さ衛門

次東一反　　梅四丿さ衛門

次東一反　　梅新衛門

西コリノ東

75 南一一反　　梅さ衛門二丿

次東 一反 梅 小大丿
次東 一反半 岡 小大丿
次北 一反 小目代
次西 一反 岡 小大丿

林下

80 東一 一反 往丿 右京亮殿作
次西 一反 往丿 河内殿作
次西 一反 岡 小大丿
次西 一反 梅 弥九丿
次西 半 往丿 菊千代作
85 次西 半 岡 大丿三丿
次西 一反 往丿 右衛門大夫殿作
次西 一反 梅 彦三丿
次西 一反 岡 又二丿
次南 一反 梅 与大丿

---

90 次東 一反 往丿 梅 兵衛大丿
次南 一反 海蔵軒作
次東 一反 往丿 紀三丿殿作

梅辻出口

西一 一反 四丿さ衛門
次東 一反 往丿 同主
95 次南 一反 往丿 梅 彦大丿

西コリ西ハシ

西一 一反 梅 与大丿
次東 一反 海蔵軒作
次東 一反 小三丿殿作
次東 一反半 梅 彦大丿
100 次東 小 梅 さ衛門三丿
次東 半 新四丿殿作
次東 半 梅 さ衛門三丿

次東 一反 梅 小大〡
次東 一反 勝願院作
105 次南 半 岡 新五〡
次西 一反 梅 さ衛門二〡
次西 一反 竹 衛門九〡
次西 一反 往〡 岡 さ近大〡
次北 一反 往〡 梅 与二〡
110 次南 一反 往〡 梅 孫三〡
次西 一反 往〡 民ア丞殿作
次南 一反 往〡 梅 さ衛門三〡
ホ子塚
北一 一反 小二〡殿作
次南 二反 梅 四〡兵衛
115 次南 一反 岡 与大〡
次南 一反 往〡 梅 石

次南 半 往〡 山もと 与二〡
次南 一反 岡 さ近大〡
次南 一反 同 小大〡
120 次南 一反 往〡 山もと 藤三〡
次南 太 往〡 弥七〡殿作
次南 一反 梅 小大〡
次南 一反 岡 大〡三〡
次南 二反 山もと 藤三〡
125 次南 一反 梅 衛門大〡
次南 一反 梅 彦二〡
次南 半 梅 助さ衛門
ミコトモチ
南一 一反 梅 さ衛門三〡
次北 半 梅 四〡兵衛
130 次北 一反 往〡 中 彦大〡

次北一反　梅新衛門
次北一反　梅四亅さ衛門
次北一反　往亅　竹三亅大亅
次北一反　往亅　山さ衛門二亅
次北一反　さ京亮殿作
一反　小二亅殿作
次北一反　往亅　さ京亮殿作
次北一反　往亅　梅衛門大亅
次東一反　往亅　山もと衛門大亅
次東一反　往亅　竹五亅大亅
次北一反　往《ヒ》亅《ヒ》　兵衛五亅
次東一反　小目代
次北一反　往亅　二亅殿作
次東一反　往亅　梅弥九亅
次北一反　往亅　梅さ衛門大亅

次東一反　往亅　勝願院作
次北一反　梅さ衛門二亅
次東一反　梅小大亅
次西一反　竹与大亅
次西一反　竹五亅大亅
次南、東一一反　佐土（ママ）殿作
次西一反　さ京亮殿作
次西半　カン字作
次西半　梅又三亅
次西一反　右馬助殿作
次北半　竹又二（大カ）亅
小　小大亅
次南一反　さ衛門大夫殿作
次南一反　竹弥三亅
次東半　竹与大亅

次南 一反　小二丨殿作
次南 一反　梅 大丨三丨
次南 一反　同人
次ミつミ一 一反　右馬助殿作
次南 一反　梅 兵衛大丨
次南 二反　孫三丨殿作
次南 一反　南 与三丨
次西 半　さ近大丨
次南 一反　梅 五丨衛門子
次北 半　竹 与七
次北 半　竹ノもし

惣以上拾六町四反

○コノ箇所ニ半丁分ノ空白ガアル。

六月十七日

エホシカカイト（烏帽子垣内）分　岡本郷

一反　さ近二丨
一反　中 衛門大丨
太　中 大丨五丨
九十歩　新さ衛門
一反　右馬助殿作
一反　与大丨
一反　梅 又三丨
一反　南 与大丨
一反　さ京亮殿作
一反　小三丨殿作
一反　縫殿助殿作
一反　蔵人助殿作
一反　孫四丨殿作
一反　風呂おうち
半　三丨二丨

半 大〳五〳

一反 備後殿作

一反 二〳五〳

一反 三〳大〳

南ノ坪

小 大〳五〳

太 助五〳

一反 弥三〳

一反 小大〳殿作

一反 弥三〳

一反 山城殿作

一反 さ衛門二〳

一反 右馬助殿作

一反 大〳二〳

一反 小二〳殿作

一反 小三〳殿作

以上弐町七反

岡本郷

石田、東一 一反 さ衛門大〳 往〳

次西 太 山 弥三〳 往〳

次西 一反 梅 さ衛門二〳

次西 一反 小目代

次西 一反 弥七〳作 往〳

次西 一反 竹 五〳大〳

次西 一反 岡 新五〳

次西 一反 梅 兵へ大〳

次南 半 梅 八〳左衛門

上桜

西一 一反 梅 二〳左衛門

次東 半 梅 左衛門大〳 往〳

次東一反　同小大丿　往丿
次東二反　梅四丿さ衛門
215 次東一反　後家子ゝ
次東一反　竹新左衛門
次東一反　梅左衛門大丿
次東一反　梅孫三丿
次東一反　山六丿五丿
220 次北、一反石田　竹与大丿
次南半　梅二丿大丿
次南一反　梅左衛門大丿
次西半　岡大丿三丿
次南一反半　梅与大丿
225 次西一反　梅大丿二丿　往丿
次西一反　梅大丿二丿中むこ　往丿
次西一反　竹孫大丿　往丿

次西二反　梅四丿兵へ
次西二反　山六丿五丿
230 次西一反　竹新左衛門
次南、一反三所　梅新衛門
次東半　同二丿左衛門　往丿

以上三町一反太(ママ)

一ツホ

東一一反　中二丿兵へ　往丿
次西一反　梅左衛門二丿　往丿
235 次西一反　小三丿殿作　往丿
次西一反　梅新兵衛　往丿
次西一反半　梅五丿衛門
次西一反　池さ衛門大丿
次南一反　梅さ衛門三丿
240 次西二反　中二丿兵へ

次西 一反　梅 さ衛門二丿
次西 一反　梅 さ衛門三丿
次西 二反　右馬助作
次西 一反 ミそまゝけて　竹 さ近二丿　往丿
次西 二反　縫殿助殿作　往丿
次西 一反　中 新さ衛門子

〔ヌ〕ユカ田坪

東一 二反　梅 さ衛門大丿
次西 一反　又(小カ)二丿殿作　往丿
次西 一反　南 小使　往丿
次西 一反　圖書頭　往丿
次西 一反　竹 大丿二丿　往丿
次西 一反　梅 八丿さ衛門
次西 小　竹 さ衛門九丿

次西 一反　梅 千松
次西 小　梅 八丿さ衛門
次南 半　左近将監殿作　往丿
次西 半　梅 与五丿　往丿
次西 九十歩　中 大丿五丿　往丿
次北 半　梅 竹ノむし後家
次東 半　竹 左近二丿
次東 半　中 兵へ三丿
次東 一反　池 助五丿

藪田

西一 一反　竹 大丿二丿
次東 一反　遠江殿作
次東 一反　池 さ近四丿　往丿
次東 一反　竹 与大丿　往丿
次東 一反　竹 ゑもん五丿　往丿

次東 二反半　岡 兵へ九〆　中 二〆五〆

次東 一反　修理進作　半往〆

270 次東 二反　左近将監殿作

次東 半　山もと 弥五〆

次東 二反　彦大〆、備後殿

カスへ坪

西一 太　岡 小大〆　往〆

次東 一反　梅 孫三〆　往〆

275 次東 一反　山城殿作　往〆

次東 一反　梅 兵へ大〆　往〆

次東 一反　風呂おうち　往〆

次東 一反　梅 さ衛門大〆　往〆

次東 一反　竹 衛門五〆　往〆

280 次東 一反　池 与三五〆　往〆

次東 一反　かちや　往〆

次東 一反　右近将監作　往〆

二坪

西一 一反　梅 与三

次東 一反　梅 大〆二〆　往〆

285 次東 一反　梅 彦大〆

次東 一反　梅 弥三〆

次東 一反　梅 二〆さ衛門

次東 一反　同主

次東 一反　梅 四〆さ衛門

290 次東 一反　伊大〆 兵へ九〆両人作

次東 一反　さ衛門二〆

中石田

東一 一反　山もと 三〆五〆

次西 一反　竹 虎松

次西 一反　竹 三〆二〆

295 次西 一反 梅 弥三丿
次西 一反 中 兵へ三丿
次西 一反 中 勝秀
次西 一反 南 与大丿
次西 一反 大原小使
300 次西 一反 梅 四丿兵へ
次西、一反 ミそこへて 梅 新衛門
次西 一反 梅 さ衛門二丿
次西 一反 内蔵人作
次西 一反 梅 新衛門
305 次西 一反 同 さ衛門大丿
次西 一反 同 衛門大丿
次西 一反 同 さ衛門三丿
次西 一反 中 二丿兵へ
次西 半 岡 又大丿

タカナハテ坪

310 東一 一反 二丿さ衛門 往丿
次西 一反 山もと 衛門大丿 往丿
次西 一反 松夜叉後家
次西 半 八丿さ衛門
次西 一反 山もと 弥五丿 往丿
315 次西 半 山 さ衛門二丿 往丿
次西 小 南 与大丿
次南 一反 右京亮作
次西 半 梅 兵へ二丿
次南 二反 竹 又五丿
320 次西 一反 右馬助作 往丿
次西 一反 二丿殿作 往丿
次西 一反 中 小大丿 往丿
次西 一反 中 助五丿 往丿

次西 半　竹 新さ衛門
次西 小　中 与二〳
次西 一反　右馬助殿作
次南 半　梅 小大〳
次南 半　中 小三〳
次南 半　南 さへもん大〳
次南 半　大炊頭作

荒草坪

南一 十歩　山もと 兵へ二〳
次北 小　右京亮作
次北 一反　左京進殿作
次北 一反　小目代
次西 半　山もと さ衛門二〳　往〳
次西 半　池 助五〳
次西 一反　中 二〳大〳

次西 太　池 さへもん大〳
次西 半　竹 弥三〳
次西 小　掃ア頭作
次西 小　孫三〳殿作
出口 一反　右衛門大夫、左衛門大夫
小　源二〳作
六十歩　山城殿作

拾三町五反四十歩
以上拾町三（五カ）反小四十歩
[redacted]　十三町五反四十歩
幷而以上弐拾九町四反小四十歩
幷而
以上卅弐町六反四十歩

〔八〕　天文十九年中村郷検地帳（冊子。袋綴）

（表紙）「
　　　庚戌天文十九年
下
中村郷検地帳
　　　十一月十日　」

十一月十日
野口南一
カキセマチ迄
一反半　作人　下鴨新五丿〔郎〕○以下同。
次北
一反　乍〔作〕○以下同。人　同所弥二丿
次北
一反　乍人　同所浄清
次北
半　乍人　同所二丿九丿
次北
二反　乍人　同所与三丿

次北
二反　乍人　同所弥五丿
●次北
一反　兵衛大夫往丿〔往来〕○以下同。　乍人　同所新五丿　●
次北
一反此一反刀祢●半　往丿　乍人　玄舜
次北
□〔二反ヵ〕　乍人　下鴨藤二丿　●
□□〔次北〕
フ二反　乍人　下鴨二丿九丿
次北
一反　刀祢田　乍人　玄舜
次東
一反　同田　乍人　同人
次北
一反　乍人　下鴨兵衛四丿
次北
一反　乍人　同所孫三丿
次東
一反　乍人　同所与二丿
●次北
一反　往丿　乍人　同所二丿衛門　●
次西
一反間有溝　刀祢田　乍人　同弥三丿
次西
一反　乍人　同人
次北
小　乍人　同人

次乾　一反　　乍人　同所与大丿
フ　次東　一反　　乍人　同所山崎（ママ）もく丿
フ　次東　一反　　乍人　同所源介
次東　一反　刀祢田　　乍人　同所新四丿
次東、間有溝　一反　同田　　乍人　同一孫（ママ）三丿
フ　次東　二反　　乍人　同所五丿衛門
フ　次北、〔縄〕綱手上、不浄田　一反半　　乍人　同所甚二丿
次西　一反　　乍人　同所弥大丿
◍　次西間有溝　一反　マヘ兵庫助往丿　　乍人　同所さ衛門四丿　●
次西　一反　　乍人　京外御能世
次西　一反　　乍人　京　木下五丿衛門
次西　一反◍　供田　　乍人　下鴨五丿衛門　●
次西　一反◍　同田　　乍人　同人　●
次西　一反◍　同田　　乍人　同人　●
次西、両所在之　一反　　乍人　浄衛〔清〕

次西　半　　乍人　同所衛門五丿
◍　次西　一反　内蔵頭往丿　　乍人　浄清　●
次西、直縄手下　一反　刀祢田　　乍人　同所新四丿
次北、間有溝　一反　　乍人　同所彦五丿
次東、猪尻　一反半　　乍人　原田与大丿
次東　一反　　乍人　柳原与一丿
次東　一反　　京　乍人　木下五丿
次東　一反　　乍人　御泥池二丿九丿
◍　次東　一反　　往丿　　乍人　青屋者　ハチ　●
次東　一反　　乍人　御霊口馬大丿
フ　次東　一反半　　乍人　下鴨　もくらふ（博労）与五丿
次東　三反　　乍人　青屋者　ハチ
次東　一反　　乍人　もくらふ与五丿
次東　二反　　乍人　下鴨新四丿
次東　一反半　　乍人　同所与三丿

立岩、物書給田一 一反半　乍人　同所孫大ー

次西 一反半　掃ア助持　乍人　御泥池心正

次西 一反　乍人　青屋彦四ー

フ 次西 一反　乍人　下鴨大工五ーさ衛門

次西 二反　乍人　同所御大工 与二ー

次西 二反　乍人　青屋者 ハチ

次西 一反半　壁屋　乍人　主作

フ 次西、間有溝 一反　乍人　下鴨源介

次西 一反　乍人　同所新五ー

次西 半　乍人　同所二ー衛門

◍次西 一反　兵庫頭 往ー　乍人　青屋者　●

◍次西 一反　亀光大夫往ー　乍人　下鴨新五ー　●

◍次西 一反　猿千代大夫往ー　乍人　同所二ー九ー　●

フ 次西 ◍二反◍ 大豆生　供田　乍人　同所二ー五ー　●

次西 一反　乍人　同所大ー二ー

次西 一反　乍人　柳原ヒケ

次西 一反半　乍人　下鴨二ー九ー

次西 一反　乍人　賀茂梅辻石松

次西 一反　乍人　同所ヒ祖父

次西 二反　乍人　同所石松

次北、間有溝 一反　乍人　御泥池三ー衛門

次東 半　乍人　賀茂五ー衛門

次東 一反　乍人　御泥池先納

次東 一反　乍人　同所五ー二ー

●次東 一反◍半 此内半　往ー　乍人　同所同人　●

次東 一反　乍人　同所心正

次東 一反　乍人　青屋者

フ 次東 二反　乍人　下鴨助大ー

フ 次東、間有溝 二反　乍人　同所与三ー

次東
フ二反　壁屋　作人　主作
次東
一反半　作人　青屋者
次東、間有溝
フ半　作人　御泥池弥六
次東
フ一反半　作人　下鴨助大丿
次東
二反　修理　作人　同所弥三丿
次東
二反　壱観〔歓〕　作人　同所孫大丿
次東
二反　作人　松崎七丿さ衛門
◍碓出、西一
一反　往丿　作人　御泥池又二丿　●
◍次西
半　往丿　作人　同所大丿二丿　●
◍次南
半　往丿　作人　青屋者　●
◍蔵垣内、東一
一反　右近将監往丿　作人　賀茂梅辻石松
◍次南
一反　備後守往丿　作人　同人
◍次西
一反　若石大夫往丿　作人　加茂（ママ）
◍次西
一反　貴布祢講田　作人　大男《りも》さ衛門大丿
◍次西
一反　縫殿助往丿　作人　同所三丿大丿

◍次西
一反　山城守往丿　作人　御霊口与五丿　●
◍次西
一反　民ア大輔往丿　作人　竹鼻与大丿
次西
一反　作人　御泥池弥三丿
次西
一反　作人　大男さ衛門大丿
次西
一反　作人　御泥池二丿九丿
◍次西、間有溝
一反　幸寿大夫往丿　作人　同人　●
次西
半　作人　柳原さ近大丿
◍次西
一反　右京亮往丿　作人　梅辻又三丿
◍次西
一反　梅千代大夫往丿　作人　同所三丿大丿
次西
半　作人　御泥池心正
◍次南
一反　作人　下鴨孫大丿
次南
フ一反　作人　柳原彦二丿
横田坪
一反　作人　大森新四丿作
◍次北
半　往丿　作人　梅辻大《カこ》丿三丿
次東、間有溝
一反　作人　木下五丿

次南、〔縄〕綱手下 一反　作人　青屋者
次南 一反　作人　御泥池二〳九〳
● 次西、間有溝 一反　往〳　作人　梅辻衛門大〳
● 次西 一反　圖書頭往〳　作人　御泥池二〳兵衛　●
● 次西 一反　往〳　作人　同所二〳九〳　●
次西 一反　作人　同人
作人(衍カ)
角田一 二反半　作人　壁屋作
次南 一反　作人　室町小三〳
次南 一反　作人　壁屋
次南 一反　作人　賀茂
次南 一反　作人　柳原さ近大〳
次南 一反　作人　賀茂
● 次南 一反　往〳　作人　御泥池二〳九〳　●
次南 一反　作人　同所五〳

次南、間有道 一反　作人　同所二〳九〳
尾堂、北一 四反　此内●一反往〳　作人　柳原彦二〳　●
次東 一反　作人　同所小三〳
● 次東 一反　往〳　作人　御泥池さ衛門五〳　●
次東 一反　刀祢給　作人　同所心正
次東 一反　同田　作人　同所弥三〳
次東 一反　同田　作人　同所弥六
次東、間有溝 一反　作人　柳原小三〳
次東 一反●　供田　作人　御泥池五〳　●
次東 一反　作人　下鴨宗衛門
● 次東、但三所在之 半《ヒ》一反　往〳　作人　青屋者　●
● 次東 一反　往〳　作人　御泥池又二〳　●
● 次東 一反　往〳　作人　賀茂
● 次東 一反　福満大夫往〳　作人二本松五〳さ衛門　●

次東
●一反　右馬助往〻　作人　御泥池弥三〻　●
次艮
●半　往〻　作人　青屋者　●
次南
一反●　供田　作人　下鴨与二〻　●
次東
フ●一反半　作人　今辻子又二〻
直綱〔縄〕手、西一、但猪尻内也
一反半　作人　青屋者
次西
一反半　作人　下鴨衛門大〻
次西
太　作人　青屋者
〔大〕○以下同。
次西
●一反　往〻　作人　同所者　●
次西、イカ本
●一反　往〻　作人　下鴨弥大〻　●
次西
フ一反　作人　御霊口四〻衛門
直綱〔縄〕手一、高綱〔縄〕手ト号
五反　作人　下鴨藤〔彦カ〕五〻
次西
二反　作人　同所甚二〻
次西
フ二反　作人　岩栖辻子馬二〻
次西、間有溝
●一反　往〻　作人　御霊口弥二〻　●

次西
●一反　往〻　作人　同所又二〻　●
次西
●一反　往〻　作人　柳原ヒケ　●
次西
一反　作人　壁屋新四〻
次西、綱〔縄〕手上
フ二反　作人　鴨弥二〻・彦大〻
次南、綱〔縄〕手下
一反半　作人　同所山崎
次西
●一反　往〻　作人　同人　●
次西
一反　作人　浄清
次西
●一反　往〻　作人　同所与三〻　●
次西
●一反　往〻　作人　同人　●
次西
フ三反　作人　御霊口四〻衛門
尾堂巽東迄付也
已上拾九丁三反半
同十二日
野口溝、西一
フ一反　作人　下鴨五〻衛門
次東
フ太　作人　室町小三〻

次東 フ一反　乍人　御霊口与五丿

次東 一反　乍人　下鴨彦五丿

次東 一反　刀祢田　乍人　同所衛門大丿

●次東 一反　式ア少輔往丿　乍人　同所弥三丿　●

次東 一反　乍人　桑野二丿さ衛門

●次東 半　往丿　乍人　下鴨 同所彦五丿　●

次東、間有溝 二反　乍人　浄清

次東 フ半　乍人　同所弥大丿

次●東 フ太　乍人　同所二丿大丿

次南、縄手下 一反半　乍人　桑野二丿さ衛門

次西 一反　乍人　木下五丿衛門

次巽 フ一反半　乍人　下鴨二丿大丿

次西 一反　刀祢田　乍人　青屋者

●次南 一反　往丿　乍人　下鴨さ衛門九丿　●

●次西、有溝 半　往丿　乍人　同所孫三丿　●

次西 一反　刀祢田　乍人　同所大丿二丿

次南、間有溝 一反　乍人　木下五丿衛門

●次西 一反　往丿　乍人　室町小三丿　●

次南、間有溝 一反　刀祢田　乍人　下鴨二丿大丿

次東 半　同田　乍人　同所五丿さ衛門

次東 フ二反　乍人　同所孫三丿

次東 フ一反　乍人　無車 無者小辻与三丿

次東 半　刀祢田　乍人　下鴨与三丿

次東 一反　同田　乍人　同所衛門四丿

●次東 半　往丿　乍人　今辻子又二丿　●

次東 フ半　乍人　同人

次南 フ一反半　乍人　下鴨与三丿

次南 半　乍人　同人

次北 フ太　乍人　同所大亅二亅
次西 一反　乍人　御霊口又二亅
次南、大道下 小　乍人　下鴨五亅さ衛門
次北、大道上 フ一反　乍人　同人
次西 太　乍人　同人
次西 一反　乍人　同所与二亅
次坤、間有大道 フ二反半　乍人　同所二亅九亅 彦大亅
次西、間有溝 半　乍人　同所孫三亅
◎次艮、間有大道、鶴ウ本ト号 一反　幸夜叉大夫往亅　乍人　無車小辻与三亅　●
次東 一反　乍人　同所油屋
芝本、南一 一反　乍人　下鴨大亅衛門
次西 卅歩　乍人　同所二亅大亅
次北、間縄手上 フ一反　乍人　同所与三亅
次東 フ一反　乍人　同所衛門五亅
次東 一反　乍人　無車小辻油屋

次東 半　乍人　下鴨二亅衛門
◎次東 半　往亅　乍人　同所二亅衛門　●
次東 ●一反内 ◎半ハ民ア大輔往亅 半ハ薬師堂田 一反田　乍人　同所甚二亅　●
次西南、岸下ヘカヽル 一反半　乍人　同所二亅九亅
◎次西 一反　右近大夫往亅　乍人　同所五亅衛門　●
◎次西 一反　亀鶴大夫往亅　乍人　同所弥四亅　●
◎次東、但間有一反 半　往亅　乍人　浄清　●
ミ◎次北、間有溝 一反　乍人　同所与三亅

已上四丁九反半卅歩

同十四日

◎次北、但野口縄手道上一 一反　往亅　作人　下鴨《大工》与三亅　●
次北、号空ト フ一反　乍人　同所兵衛四亅
次西 半◎　供田　乍人　同人　●
◎次北 半　圖書頭往亅　乍人　原田与大亅　●
次西 半　乍人　同人

次西、間有溝 半 乍人 同所衛門五ー

220 次北 小 乍人 柳原馬大ー

次東 ●一反 往ー 乍人 今辻子又二 ●

次東 半 乍人 柳原ヒケ

次乾 ●一反 往ー 乍人 今辻子又二ー ●

次東 一反 乍人 能世、但柳原

225 次東、石拾東終 一反 乍人 木下五ー衛門

芝本、南一 フ一反 乍人 下鴨藤五ー

次北、間有道 フ一反 乍人 同人

次東、岸上 小 乍人 同所弥大ー

次西 フ一反 乍人 同所二ー九ー

230 フ次西 一反 乍人 原田与大ー

次南 卅歩 乍人 同所衛門大ー

次北 一反 乍人 同所与三ー

次北 一反 乍人 同所二ー衛門

次北 二反 乍人 同所大ー二ー

235 次北 五反 乍人 桑野二ーさ衛門

次東、間有溝 半 乍人 原田与大ー

次北 二反 乍人 浄清

次東、間有溝 三反 乍人 今辻子又二ー

次西 六十歩 乍人 無車辻子与三ー

240 次南 一反 乍人 原田与大ー

次西 六十歩 乍人 青屋者

次北 廿歩 乍人 御泥池弥三ー

次東 太 乍人 柳原さ近大ー

小石拾、南一 一反 乍人 同所木二ー

245 フ次北 三反 乍人 同所弥さ衛門

フ次西 一反 乍人 同所五ー衛門

フ次東、間有岸 一反 乍人 同所与五ー

フ次北 一反 乍人 壁屋

次東、間有岸　一反　乍人　賀茂竹鼻又五〳
次西、両所在之　●一反　兵ア少輔往〳　乍人　山本さ衛門二〳
次西　●一反　幸徳大夫往〳　乍人　梅辻四〳兵衛
次西　●一反　伊豆守往〳　乍人　竹鼻新さ衛門
次西、岸上　一反　乍人　中さ衛門五〳
次西　半　堂田　乍人　梅辻四〳兵衛
次西　一反　乍人　中兵衛二〳
次西、間有溝　半　乍人　中兵衛五〳
次北　一反　乍人　山本こほ
次西　一反　乍人　梅辻四〳さ衛門
次東、間有溝　一反　乍人　竹鼻新さ衛門
次東、両所有也　一反　乍人　梅辻子八〳衛門
次東　一反　乍人　竹鼻五〳大〳
次東、間有溝　一反　乍人　岡本新五〳

次北、間有溝、但三所在之　●一反　筑後守往〳　乍人　梅辻大〳三〳《カこ》
次西　一反　乍人　同所四〳さ衛門
次東　半　乍人　中兵衛二〳
次西　半　乍人　竹鼻新さ衛門
次西、間有溝　半　乍人　南辻右近二〳
次南　一反　乍人　山本弥五〳
次東　一反　乍人　中二〳五〳
次南　半　乍人　山本むめ
次南　半　乍人　中彦大〳
次西　半　乍人　竹鼻与大〳
次西　一反　乍人　梅辻あね
次西　一反　乍人　岡本衛門
次西（×四）　・八十歩　乍人　同所新兵衛
次北、間有溝　一反　乍人　竹鼻新さ衛門

次北 一反　乍人 同 同人
次東 半　堂田　乍人 梅辻孫衛門
次南、間有溝 小半　乍人 小山小使
●九十歩　さ馬助往ヿ　乍人 梅辻四ヿさ衛門
柳、西一 半　乍人 同所与五ヿ
次東 ●半　さ馬允往ヿ　乍人 池さ衛門大ヿ
次東 ●一反　下野守往ヿ　乍人 梅小目代
次東 ●半　往ヿ　乍人 同所二ヿさ衛門
次東 ●一反　往ヿ　乍人 同所小目代
次東、間有溝 ●半　往ヿ　乍人 中助跡
次北 ●一反　往ヿ　乍人 梅辻又三ヿ
次北 一反　乍人 中藤兵衛
次東 ●一反　幸寿大夫往ヿ　乍人 主作
次東 半　刀祢田　乍人 梅辻四ヿ兵衛

次東、間有溝 ●一反　往ヿ　乍人 同所さ衛門二ヿ
次南 ●一反　往ヿ　乍人 同所大ヿ三ヿ
次南、間有三所田 ●一反　往ヿ　乍人 中三ヿ大ヿ
次南 二反　乍人 大森与さ衛門
次南 一反　乍人 山本衛門大ヿ
次南 三反　乍人 御泥池さ衛門
次南 三反　乍人 同所五ヿ
次西、間有溝 一反　乍人 同所心正
次西 一反　乍人 竹鼻新さ衛門
次東、間有溝 ●一反　往ヿ　乍人 梅辻大ヿ三ヿ
次南 ●一反　往ヿ　乍人 同所衛門大ヿ
次南 ●一反　往ヿ　乍人 岡本大ヿ三ヿ
次南、岸下 ●一反　乍人 無車小辻与三ヿ
次北 半　乍人 今辻又二ヿ
次北 小　乍人 下鴨弥大ヿ

＊「是マテ下中村郷分」
已上八町八反小四十歩　当所出作分 五丁三反太五十歩
（ママ）六日　＊「是ヨリ上中村郷分」
同十五日〻〻〻

闇通、東一
一反　作人　梅辻小目代
次北、間有溝
一反半　作人　松崎者
次南、有溝
一反　作人　岡本さ近大亅
次北、間有溝
一反　作人　松崎者
次南、間有溝
一反　供田　作人　岡本大亅三亅
次北
一反　作人　竹鼻新さ衛門
次南、間有溝
弐反　作人　松崎者
次西
一反　石見守往亅　作人　御泥池
次北、間有溝
半　作人　梅辻二亅さ衛門
次西
四反　埒田　作人　松崎
次南
一反　さ京亮往亅　作人　御泥池者
次西
一反　往亅　作人　岡本大亅三亅

次西
一反　作人　青屋者
次西、いも
二反　作人　山本ふくれ
次北、間有溝
一反　往亅　作人　梅辻又五亅
次西
一反　往亅　作人　同所さ衛門大亅
次西
一反　往亅　作人　同所孫三亅
次西
一反　往亅　作人　中助子
次西
一反　往亅　作人　梅辻助さ衛門
次西
小　往亅　作人　竹鼻さ近三亅
次南、間有溝
一反　作人　御泥池者
次西
二反　作人　中助子
次北、間有溝
半　作人　御泥池者
次西
一反　作人　梅辻さ衛門三亅
次南、間有溝
一反　作人　同所彦五亅
次北、間有溝
一反　作人　中孫大亅
次南、間有溝
一反　作人　梅辻さ衛門三亅

次北、間有溝
一反　　乍人　同所孫三亅
次南、間有溝
一反　往亅　　乍人　同所五亅衛門
次西
一反　往亅　　乍人　同人
次北、間有溝
一反　往亅　　乍人　同所小目代
次西
一反　往亅　　乍人　南辻与二亅
次南、間有溝
一反　往亅　　乍人　梅辻小目代
次西
半　往亅　　乍人　同所さ衛門三亅
次北、間有溝、八坪終
一反　　乍人　同所さ衛門九亅
神高殿、南一
二反　　乍人　御泥池者
次北
半　　乍人　同所者
次北
一反　　乍人　同所者
次北
一反　　乍人　同所者
次北
一反　　乍人　梅辻子八亅右衛門
次北
一反　　乍人　御泥池者

次北
一反　　乍人　同所者
次北
一反　　乍人　同所者
次北
一反　　乍人　同所者
次北
太　　乍人　梅辻さ衛門九亅
次北
二反　　乍人　同所新右衛門
次北
一反半　大森修理　　乍人　同所衛門大亅
次北
半　兵ア少輔往亅　　乍人　池石松
一町田、西一
二反　　乍人　（梅辻子
同所八亅さ衛門
次東
一反　　乍人　同所助左衛門
次東
一反　　乍人　同所竹ゝし
次東
半　　乍人　同人
次東
一反半　　乍人　竹鼻三亅大亅
次東
一反　　乍人　御泥池者
次東、間有川
二反　　乍人　同所者
次北、間有溝
二反　　乍人　梅辻竹ゝし

次東二反　作人　同所小目代
次東半　作人　浄福大夫
次南、間有溝一反　作人　梅辻小大丿
365 次東一反　作人　同所五丿衛門
次北、間有溝半　老者田　作人　同所大丿三丿
次東半　作人　同所孫三丿
次東二反　作人　竹鼻与大丿
次東、間有道溝一反　作人　梅辻又五丿
370 次南、間有溝一反　作人　同人
次東一反　老者田　作人　同所大丿二丿
次東、間有溝一反内半往丿　作人　竹鼻三丿二丿
次南、間有溝半　作人　岡本小大丿
次南二反　作人　御泥池者
375 野神、東一一反　作人　中助子
次西一反　作人　中小大丿

次艮半　作人　松崎者
次西一反　作人　梅辻石
次西二反　大森修理　作人　松崎者
380 次北二反　壁屋　作人　同所者
次東、間有溝半　作人　梅辻大丿三丿
次北一反　作人　同所さ衛門二丿
次西二反　作人　同所二丿さ衛門
畠田一、芝りへ半　作人　同所与五丿
385 次西半　作人　松崎者
次西一反　作人　岡本さ近大丿
次北半　作人　松崎者
次北一反　作人　竹鼻ノ、〔者〕

池内

東一一反　作人　松崎者
390 次西一反　作人　竹鼻新さ衛門

次西 一反　作人　松崎者
次西 一反　作人　同所者
次北 一反半　作人　松崎者
次北 半　作人　梅辻孫衛門
次北 二反　作人　岡本さ近大〻
次北 半　作人　松崎者
古田、東一
一反　作人　同所者
次北、間有溝 一反　往〻　作人　梅辻又三〻
次南、間有溝 半　作人　松崎者
次西 一反　作人　右馬助
次西 一反　作人　竹鼻弥三〻
次北、間有溝 一反　作人　〔梅〕安辻竹もし
次西 一反　作人　竹鼻さ衛門九（カ）〻
次西 一反　作人　松崎者

次西 一反　作人　中二〻大〻
次南、間有溝 一反　作人　松崎者
次西 二反　作人　同所者
次北 一反半　作人　御泥池者
次北 二反　作人　浄福大夫
次南、間有縄手 一反　作人　松崎者
次西 一反　作人　山本弥五〻
次西 一反　作人　松崎者
次北、間有溝 二反　作人　御泥池者
次南、間有溝 一反　往〻　作人　石千代
次西 一反　大炊頭往〻　主作
次北、間有溝 一反　作人　梅辻衛門大〻
次西 一反　作人　同人
次南、間有溝 一反　往〻　作人　竹鼻さ近二〻
次西 一反　作人　御泥池先納

420 次西 二反　作人 松崎者
次北、間有溝 五反　作人 御泥池者
次西、縄手上 一反　作人 中大丿三丿
ミクツ、東一 一反　往丿　作人 八丿さ衛門
次西 一反　往丿　作人 同所大丿三丿
425 次北、間有溝 一反　往丿　作人 同所孫三丿
次西 一反　往丿　作人 同所大丿三丿
次西 半　往丿　作人 中助子
次南、縄手下 一反　作人 梅辻又三丿
次北 半　作人 同所小目代
430 次西 二反　大森壱観（歓カ）　作人 御泥池さ衛門
次西 一反半　作人 梅辻八丿衛門
次西 一反　往丿　作人 竹鼻弥三丿
次西 一反　往丿　作人 梅辻大丿三丿
次西 一反　供田　作人 同所与三

435 次西 一反　同田　作人 同所彦二丿
次西 一反　往丿　作人 同所小目代
次西 一反　往丿　作人 中孫二丿
次西 半　往丿　作人 梅辻二丿大丿
次西 一反　作人 中鍛冶屋
440 次西 一反　往丿　作人 梅辻さ衛門九丿
次西 半　往丿　作人 竹鼻さ衛門九丿
次西 半　往丿　作人 南辻与二丿
ナツメ、西一 一反　作人 御泥池者
次東 一反　作人 梅辻弥九丿
445 次東 一反　作人 御泥池紺屋
次東 半　作人 蔵人頭
次東 一反　作人 梅辻八丿さ衛門
次東 一反　作人 御泥池者
次東 一反　作人 梅辻与大丿

450 次東 二反 作人 御泥池者
次東 一反 作人 同所者
次東 一反半 作人 同所者
次東 一反 作人 同所者
次東 一反 作人 同所者
455 次東 半 作人 同所者
茶原、東一
半 作人 梅辻竹〻し
次西 一反 さ京進往丿 主作
次西 一反 作人 梅辻八丿さ衛門
次西 半小 作人 岡本寶泉坊
460 次西、間有溝、但溝袴 二反 作人 御泥池越中
次北 半 作人 梅辻衛門大丿
次北 半 往丿 作人 梅辻さ衛門大丿
次西、間有溝 小 往丿 作人 同所小大丿

次西 一反 作人 竹鼻衛門三丿
465 次西 一反 作人 寶泉坊
次西 半 往丿 作人 南辻孫三丿
次西 半 往丿 作人 山本弥五丿
次西 一反 往丿 作人 梅辻又三丿
次西 半 往丿 作人 竹鼻又五丿
470 次西 一反 往丿 作人 梅辻さ衛門二丿
次西、間有道 一反 往丿 作人 同所竹〻し
次西 一反 往丿 作人 同所大丿三丿
次西 一反 作人 同所四丿さ衛門
次西 半 作人 同所小大丿
475 次西 一反 作人 竹鼻与大丿
次西 一反 往丿 作人 同所三丿二丿
次西 半 往丿 作人 梅辻二丿大丿
次西 半 作人 御泥池者

次西一反　　作人　さ京亮

480 次南一反　　作人　御泥池者

池尻、西一

一反　往亅　作人　梅辻二亅さ衛門

次東半　往亅　作人　藤木さ衛門大亅

次東一反　　作人　御泥池さ衛門

次東一反　　作人　梅辻孫衛門

485 次東一反　　作人　同所彦二亅

次東一反　往亅　作人　同所さ衛門九亅

次南一反　往亅　作人　御泥池者

次東一反　往亅　作人　南辻与大亅

次東一反　往亅　作人　梅辻二亅さ衛門

490 次北一反　往亅　作人　同所弥九亅

次西一反　往亅　作人　中孫二亅

次西一反　往亅　作人　梅辻彦大亅

次西一反　往亅　作人　中小次亅

次北、間有溝半　　作人　蔵人頭

495 次西一反　往亅　作人　梅辻さ衛門三亅

次南、間有溝一反　往亅　作人　同所新衛門

次西一反　供田　作人　山本さ近五亅

御泥池口、池下

半　　作人　梅辻さ衛門二亅

次南一反　　作人　御泥池越中

500 次南小　往亅　作人　兵庫助

次南一反　　作人　御泥池者

次南一反　　作人　さ京亮

次南、間有溝一反　　作人　寶泉坊

次南半　　作人　岡本与大亅

505 次南一反　　作人　梅辻小大亅

次南一反　　作人　寶泉坊

次南一反　往｜　乍人　梅辻彦大｜

次東一反　乍人　浄福大夫

ムロノ木、北一

一反　往｜　乍人　岡本兵衛九｜

次南、三所田一反　乍人　梅辻四｜衛門

次南一反　往｜　乍人　同所さ衛門三｜

次南一反　往｜　乍人　竹鼻五｜大｜

次南小　乍人　梅辻又三｜

次南一反　式ア少輔往｜　主作

次西一反　壱歓乍人　主

已上廿一町八反三百歩

同十七日

九良田、西一二反　浄土寺田　乍人　竹鼻又五｜

次東一反　同田　乍人　梅辻八｜左衛門

次東一反　同田　乍人　同所与大｜

次東一反　同田　乍人　同所弥九｜

次東一反　乍人　御泥池者

次南、縄手下一反　乍人　梅辻さ衛門二｜

次南一反　浄土寺田　乍人　御泥池者

次南一反　同田　乍人　梅辻新右衛門

次南一反　同田　乍人　同所衛門大｜

次南一反　同田　乍人　同所弥九｜

次南一反　同田　乍人　同所さ衛門二｜

次南一反　同田　乍人　同所新右衛門

次南、間有溝半　浄土寺田　乍人　御泥池者

次西一反半　同田　乍人　梅辻新右衛門

次南二反　同田　乍人　同所衛門大｜

次南、有両所二反　同田　乍人　同所八｜さ衛門

石塔、西一

半　往｜　乍人　竹鼻又五｜

次東 一反　往〻　作人　中小二〻
次東 半　往〻　作人　梅辻新兵衛
次東 一反　往〻　作人　同所又五〻
次東、縄手溝下 半　供田　作人　岡本与大〻
次南 小　同田　作人　南辻与二〻
次南 半　往〻　作人　山本六〻五〻
次南 半　往〻　作人　池与三五〻
次南 半　同田　作人　梅辻彦三〻
次南 半　作人　同所与大〻
次南 一反　作人　同所さ衛門二〻
次南 一反　作人　同所四〻兵衛
次南 一反　往〻　作人　同所弥九〻
次南 一反　往〻　作人　竹鼻与七
次南 半　作人　梅辻孫衛門
次南 半　供田　作人　南辻与二〻

次南 一反　同田　作人　中彦大〻
石塔、巽一
一反　作人　同所小大〻
次南 一反　作人　梅辻孫衛門
次南、間有溝 一反　往〻　作人　中二〻五〻
次東 半　刀祢田　作人　梅辻新兵衛
萩垣内、西一
一反　往〻　作人　同所彦大〻
次東 一反　往〻　作人　同所竹橋
次東 一反　兵ア少輔往〻　作人　山本さ衛門二〻
次東 半　作人　竹鼻衛門
次東 一反　作人　梅辻さ衛門尉
次東 一反　作人　同所四〻兵衛
次東 一反　作人　御泥池心正
次東、岸下 半　作人　梅辻小大〻

次東 二反　　乍人 同所又三亅
次南 半　往亅　乍人 同所又三亅
次南 一反　同田　乍人 同人
次南 一反半　　乍人 同所竹ゝし
565 次南 一反　　乍人 同所彦三亅
次西 一反　　乍人 御泥池者
次西 一反　往亅　乍人 梅辻彦大亅
次北 半　同田　乍人 中大亅五亅
次艮 一反　同田　乍人 同所小大亅
570 次西 一反　同田　乍人 同所大亅五亅
次西 一反　　乍人 御泥池者
次南、岸下 一反　往亅　乍人 南辻大亅三亅
次西 一反　往亅　乍人 梅辻兵衛二亅
次北、溝上 半　　乍人 御泥池者
575 次北、岸上 小　　乍人 竹鼻又二亅

次坤 半　往亅　乍人 中 梅辻三亅大亅 小大亅
次南 半　供田　乍人 竹鼻衛門三亅
シヤクロ、北一
半　往亅　乍人 梅辻大亅二亅
次南 半　往亅　乍人 同所さ衛門二亅
580 次南 一反　往亅　乍人 同所彦四亅
次南 一反　　乍人 御泥池者
次南 一反半　　乍人 岡本大亅五亅
次巽、樋懸田 一反　往亅　乍人 梅辻さ衛門九亅
○坊垣内、南一 一反　往亅　乍人 同所大亅三亅
585 次北 一反　往亅　乍人 竹鼻与大亅
次北 一反　　乍人 梅辻孫右衛門
次北 一反　　乍人 同所八亅さ衛門
次西 一反　　乍人 同所衛門大亅
次西 一反　　乍人 中茶賣

590 次西 一反 往丿 作人 梅辻兵衛二丿
次東 一反 作人 竹鼻与大丿
次北 一反 伊賀守貴布祢田 作人 中りちや
次西 一反 作人 梅辻小目代
次南、溝下 一反 往丿 作人 中大丿五丿
595 次西 一反 作人 竹鼻新さ衛門
次西 半 往丿 作人 山本衛門大丿
次西 一反 往丿 作人 小目代
次西 一反 往丿 作人 山本衛門大丿
次北、間有道 半 往丿 作人 竹鼻与七
600 次北 一反 往丿 作人 同所衛門
次北 一反 往丿 作人 池さ衛門大丿
五反垣内 一反 往丿 作人 中助子
次北 一反 作人 梅辻さ衛門三丿
次北 半 往丿 作人 同所さ衛門九丿

605 次北 一反 供田 作人 竹鼻弥三丿
次北 半 作人 池孫兵衛後家
乾 半 刀祢田 作人 竹鼻三丿大丿
次西 一反 作人 梅辻与五丿
次西 一反 作人 竹鼻与七
610 次西 一反半 作人 中二丿兵衛
次南 一反 作人 り（カ）ち屋
次北 一反 作人 竹鼻新さ衛門
次北、縄本 半 作人 岡本宮内
次東 一反 作人 同所大丿三丿
615 次北 一反 作人 梅辻大丿二丿
次北 一反 作人 同所弥九丿
次北、両所在之 半 作人 同所二丿大丿
次東、間有道 一反 作人 同所さ衛門大丿
次南 一反 往丿 作人 南辻右近二丿

次南、間有溝　半　　作人　梅辻孫右衛門
次東、間有溝　一反　往ヿ　作人　竹鼻又五ヿ
次南、両所在之　一反　　作人　梅辻与大ヿ
次南、間有溝　一反　　作人　竹鼻与大ヿ
次東　一反　往ヿ　作人　梅辻二ヿさ衛門
次南　一反　往ヿ　作人　竹鼻又五ヿ
次南　一反　　作人　梅辻弥九ヿ
次巽　一反　　作人　小目代
次南　半　　作人　中村小使
次北　一反　往ヿ　作人　梅辻二ヿ大ヿ
次北　一反　　作人　中二ヿ大ヿ
次北　半　　作人　梅辻大ヿ二ヿ
次西　一反　往ヿ　作人　同所孫衛門
次西　一反　往ヿ　作人　同所四ヿ兵衛
次北、自道北　一反　往ヿ　作人　岡本大ヿ三ヿ

次北　半　往ヿ　作人　同所兵衛九ヿ
次北　半　　作人　竹鼻新さ衛門
次北　一反　　作人　南辻二ヿ大ヿ
次北　一反　　作人　梅辻大ヿ三ヿ
次東　一反　　作人　竹鼻孫大ヿ
次北　一反　　作人　中大ヿ五ヿ
次西　一反　往ヿ　作人　梅辻衛門大ヿ
次北、溝袴　一反　往ヿ　作人　南辻右近二ヿ
次西　一反　　作人　山本六ヿ五ヿ
次西　一反　　作人　梅辻弥九ヿ
次北　一反　往ヿ　作人　山本弥三ヿ
次西　ア二反　　作人　梅辻五ヿ衛門
次西　一反　老者田往ヿ　作人　山本さ衛門二ヿ
次乾　一反　往ヿ　作人　梅辻大ヿ二ヿ
次南　半　往ヿ　作人　中助子

次南、半　縄手下　供田　　乍人　竹鼻さ近二丿
次東　一反　　往丿　　乍人　同人
次東　半　　刀祢田　　乍人　同所新さ衛門
次東　一反　　往丿　　乍人　中兵衛五丿
次南　一反　　往丿　　乍人　山本小預
次東　一反　　往丿　　乍人　竹鼻衛門
次南　一反　　往丿　　乍人　岡本大丿三丿
次南　一反　　往丿　　乍人　竹鼻孫大丿
次西、岸上　一反　　　乍人　梅辻彦大丿
次西、りち田西迄　一反　　往丿　　乍人　南辻与大丿

已上拾三丁三反六十歩

并而　卅三町一反半十歩

〔九〕　天文十九年小山郷検地帳（冊子。袋綴）

（表紙）「
小山郷検地帳
庚戌天文十九年
九月廿日　」

小山郷検地帳

平榎、自南一　号懸溝　故帳ニ有白雲寺
一反　　下社田　　作人　青屋者
次東　一反　　同　　作人　同所者
次東　一反　　同　　〔作〕乍人　同所者　○以下同。
次東　一反　　同　　乍人　岩栖院辻子小二丿
次東　一反　　同サウチ（掃除）　　乍人　青屋者
次東　一反半　同　　乍人　木下弥二丿
次東　一反小　同　　乍人　青屋者

次北東一　一反　乍人　同所者
次西　一反　乍人　同所者
次西南、懸溝　一反半　乍人　小二丿
次北　一反　乍人　五丿衛門持青屋者
次坤　一反　乍人　水谷
次北　半　乍人　二丿三丿
次北　一反　乍人　斗屋孫大丿
次北　一反　乍人　青屋者
次北　一反　乍人　五丿衛門
次東　一反　乍人　青屋者
次東　一反　乍人　同所者
次東　一反　乍人　同所者
次東　一反半　乍人　斗屋孫大丿
次南　半　乍人　弥さ衛門
自道西已上

懸溝、自道東一　二反　乍人　青屋者
次南　一反　乍人　五丿右衛門
次南　一反九十歩　乍人　大丿さ衛門
次北　一反　乍人　弥さ衛門
次東　一反　乍人　青屋者
次西　一反　福松大夫一反田　乍人　同所者
西北、道端　一反　乍人　孫さ衛門主持
次東　一反　作人　大丿さ衛門
次東　一反　乍人　ソツカ
次東　一反　十楽寺次良大夫往丿〔往来〕○以下同。　乍人　青屋者
次東　一反太〔大〕○以下同。　乍人　大丿さ衛門
次東　一反　福満大夫往丿　乍人　高屋
次東　一反　土佐守往丿　野里乍人　二丿兵衛
次南一　一反　右近将監往丿　乍人　青屋者

次北一反　福石大夫往丨　作人　高屋
次北一反　号梅辻　福増大夫往丨　作人　孫さ衛門
次北一反　同　供僧田　作人　久二丨
次北一反　同　供僧田　作人　青屋者
次北一反　同　作人　ソツカ
次西一反　同　作人　斗屋孫大丨
次北一反　同　若狭守往丨但貴布祢田　作人　青屋者
次北一反　同　飛駄〔騨〕守一反田　但、半者小野溝　作人　斗屋孫大丨
次北一反　同　豊後守貴布祢田　但、半者小野溝　作人　青屋者
次東、溝ヲカケテ一反　作人　西村
次北一反小　作人　弥さ衛門持
次北小　刀祢田　作人　孫さ衛門
次北一反　民ア大輔往丨　作人　二丨さ衛門
次北一反　河内守貴布祢田　作人　青屋者

次北一反　伊与〔予〕守貴布祢田　作人　同所者
次北二反　供僧田　作人　与二丨
次北、コナト号半　作人　青屋者
次東、同一反　作人　彦右衛門
次東二反　小経所供僧田　作人　太刀屋二丨兵衛
次東一反　同田　作人　藤大丨
次東一反　夜叉大夫往丨　作人　孫大丨
已上五丁八反半卅歩　九　三百歩　但、此内一反小野内也
小野溝東股溝究〔尻〕一
半　狐塚　作人　青屋者
次西一反　同　因幡守往丨　作人　同所者
次西一反　同　阿波守往丨　作人　二丨兵衛
次西一反　同　供日田　九　作人　同人
次西一反　同　作人長　与二丨　五丨右衛門

次西 一反小 狐塚溝東　乍人　五丿右衛門
次東 一反　隠岐守往丿　乍人　又二丿
次東 一反　兵庫頭往丿　乍人　青屋者
次東 一反　修理亮往丿　乍人　同所者
次東 一反　さ京亮往丿　乍人　同所者
次東 一反　福松大夫往丿　乍人　同所者
次東 一反　中務少輔往丿　乍人　同所者
次東、同所 一反　乍人　同所者
次東 一反　右馬助往丿　乍人　同所者
次東 一反 同所　乍人　内田
次東 一反半　乍人　二丿三丿
次東 一反　内蔵助往丿　乍人　藤右衛門
次北、ヨコ田 二反　供僧田　◎乍人　賀茂孫二丿
次北 一反　乍人　青屋（者脱カ）

次北 一反　供僧田　乍人　又二丿
次北 一反　乍人　青屋者
次北 一反 同所　乍人　同所者
次北 二反　乍人　五丿右衛門
次西 二反　◎乍人　賀茂助五丿
次西 一反　風呂前 ◎乍人　賀茂さ衛門五丿
次西 一反　◎乍人　賀茂《いけ》さ衛門五丿
次西 一反　◎乍人　同所《中》衛門大丿
楽田、東一 二反　◎乍人　同所 賀茂風呂前 さ衛門五丿
次西 一反　◎乍人　同所もし殿
次西 一反　湯屋田　◎乍人　同所二丿兵衛
次西 一反　◎乍人　同所《いけ》さ衛門四丿
次西 二反　楽田　乍人　孫大丿
尼垣内 太卅歩　水田　◎乍人　賀茂二丿兵衛

次西 太卅歩　長寿大夫持同　◎乍人
次西 一反半　水田　◎乍人　賀茂《山もと》さ近三ㇾ
次南 一反　修理進往ㇾ　◎主作
次南、但隔道 一反　掃ア頭往ㇾ　◎乍人　賀茂
次西 半　◎乍人　《中》小大ㇾ
次西 一反　乍人　二社さ近五ㇾ
次東 一反　宮嶋大夫往ㇾ　乍人　高屋
次南 一反梅殴　さ京進貴布祢田　◎乍人　賀茂池彦四ㇾ跡
次西 一反　◎乍人　同人
次南 二反　◎乍人　同所《中》二ㇾ五ㇾ
次東 半　筑後守往ㇾ　◎乍人　同所田中
次南 三反　供僧田　◎乍人　藤木さ衛門大ㇾ
次南 半　正傳寺田　◎乍人　賀茂《いけ》さ衛門五ㇾ
次西 一反　紫野田　◎乍人　同所中藤右衛門

次西 半　さ馬頭往ㇾ　◎乍人　同所池与二ㇾ
次南 半　乍人　弥四ㇾ
次東 一反　梅千代大夫往ㇾ　◎乍人　賀茂《今》竹鼻者
次東、キヲカ《(ママ)》垣内、西一 一反　和泉守往ㇾ　乍人　青屋者
次東 一反　中務大夫往ㇾ　乍人　同所者
次東 一反　幸徳大夫往ㇾ　乍人　同所者
次東 一反　聟大夫往ㇾ　乍人　同所者
次東 一反　右近将監往ㇾ　乍人　同所者
次東 一反　字同日〻〻同上大和守往ㇾ　乍人　又二ㇾ
次道東 一反　故大膳亮往ㇾ　乍人　孫さ衛門
次南 一反　内蔵助往ㇾ　乍人　青屋者
次南 一反　水田〻〻〻〻祐乗坊田　◎乍人　賀茂彦五ㇾ
次東 一反　乍人　大ㇾさ衛門

次南 二反 作人 ソツカ
次道西 二反小 作人 青屋者
次道東 二反 作人 水谷
次道西 二反 ◎作人 賀茂藤中右衛門
次道東 一反 蔵人頭往ー 作人 孫さ衛門
次東 一反 供僧田 作人 弥四ー
次南 小 刀祢田 作人 同人
次南 半 雅楽助往ー 作人 大ーさ衛門
次南 一反 猿大夫往ー 作人 青屋者
次南 一反 刀祢田 作人 同所者
次南 一反 越前守往ー 作人 弥四ー
次南 一反 縫殿助往ー 作人 高屋
次南 半 治ア少輔往ー 作人 弥四ー
次南 半 刀祢田 但神人 作人 孫大ー

次南 半 石千代大夫往ー 作人 弥四ー
次南 一反 作人 青屋
次西 一反 大和守貴布祢田 作人 同所者
次西 一反 大炊助一反田 作人 大ーさ衛門
次西 一反 石千代大夫往ー 作人 青屋者
十四丁五反卅歩歟
已上八丁六反半 但、廻水之分也
廿一日
一反 *「西一」 中溝、西一、 但平榎 作人 大ーさ衛門 せイ蔵口
次東 一反 野里 作人 二ー兵衛
次東 二反 小河 作人 又二ー
次東 一反 作人 鵜川
次東 一反 作人 木下畳屋
次東 二反 作人 裏辻畳屋
次辰巳 一反半 作人 五ー右衛門

次北二反　作人　二﹂三﹂
次東半　作人　助大﹂
145 次東、岸下半　作人　与三﹂
次北一反　作人　甚五﹂
次西、縄手上一反　作人　青屋者
次西一反　柳原作人　弥二﹂
次西二反　作人　大﹂さ衛門
次南二反　野里作人　二﹂兵衛
150 次西一反　清蔵口作人　孫さ衛門
〵次北一反　筑後守往﹂　作人　高屋
〵次北一反　丹後守往﹂　御霊口作人　小三﹂
〵次西二反　尾張守老者田　作人　青屋小五﹂
155 次西一反　刀祢給　作人　同所者
〵次西一一反　河内守老者田　作人　兵衛

次西二反　作人　(塗師)ヌシ屋
中溝、横田一反　イカウ作人　与三﹂
160 次北一反　刀祢給　作人　清蔵口兵衛
〵次北半　亀大夫往﹂　柳原作人　与三﹂
〵次北一反　刀祢給　作人　清蔵口二﹂兵衛
〵次乾一反　圖書頭往﹂　作人　ソツカ
次北一反　飛〔驒〕駄守往﹂　清蔵口作人　油与大﹂
次東一反　九日(田脱)　作人　裏辻畳屋
165 次東二反　九日　柳原作人　二﹂四﹂
〵次東一反　但馬守往﹂　作人　与二﹂
〵次東一反　右衛門大夫往﹂　作人　又六
〵次東一反　さ衛門尉往﹂　作人　二﹂
〵次東一反　福有大夫往﹂　作人　五﹂兵衛
170 〵次北、但、火ウチ形一反　藤(カ)徳大夫往﹂　作人　高屋

次東　一反半　　乍人　五亅右衛門

次北（×東）次北　一反　加賀守往亅　　乍人　高屋

次北　一反　筑後守往亅　　乍人　同人

次北　一反　内蔵允往亅　　乍人　二亅四亅

中溝、ミノワ　一反　　乍人　与二亅

次東　一反　　乍人　小二亅

已上四丁八反半

サウノ溝

一反半　　乍人　次良さ衛門

次南　一反半　　乍人　岩栖院辻子衛門

次南　一反　雑役田　　乍人　与二亅

次東　一反　　乍人　柳原小三亅

次西溝股　一反　　大森　乍人　四亅二亅

次西　一反　猿千代大夫往亅　　清蔵口　乍人　兵衛

次南　二反　　乍人　五亅右衛門

角田　一反　　乍人　清蔵口二亅兵衛

次東　一反　　乍人　二亅さ衛門

次南　一反半　　油　乍人　与大亅

次南　一反　　乍人　彦右衛門

次南　一反　遠江守往亅　　乍人　大亅さ衛門

次南　一反　　乍人　与五亅

次東　一反　　乍人　孫大亅

次東　一反　　乍人　小三亅

次艮　二反　　野間　乍人　二亅兵衛

（ママ）八西、初田　半　　乍人　孫大亅

次南　一反　　乍人　孫二亅

次東　一反　　乍人　小大亅

次南　一反　　乍人　大亅さ衛門

次西、初田　半　　乍人　同人

次厂〔辰〕巳　一反半　作人《イカウ》　与三〻
次南　一反　作人　弥三〻
次東　一反　作人　又二〻
次東、但、已〔間〕畠田有之、除之　一反　初田　作人　弥三〻
次東　一反　同上　作人　孫大〻
次東　一反　同上　作人　彦四〻
次東　一反　同上　作人　竹屋二〻五〻
次東　一反　作人　小三〻
次巽　一反　作人　道正
次北　一反　作人　二〻さ衛門
次東　一反　作人　源
次北　二反　作人　与五〻
次西　一反　作人　同人
次西　一反　作人　二〻さ衛門

次北　一反　作人　二〻三〻
次東　一反　作人　弥二〻
次東　一反半　作人　二〻三〻
次東　一反　作人《イカウ》　与三〻
次東、榊本　一反　作人　与五〻
次南　一反　作人《野間》　二〻兵衛
次西　一反　作人《イカウ》　与三〻
次乾　二反　作人　二〻さ衛門
次東　二反　作人　弥二〻
次北　二反　作人　小三〻
次乾　半　作人　兵衛
次西　一反　作人　弥三〻
次西　一反　作人　高屋
次南　一反　作人　与二〻

次西 一反半 乍人 孫二丿
次艮 一反 乍人 高屋
次西 一反 乍人 弥二丿
次西 一反 乍人 五丿
次西 一反半 乍人 大丿さ衛門
次坤、縄手下 一反半 乍人 同人
次北 一反 乍人 二丿さ衛門
次西 三反 〔神〕社人給 乍人 青屋者
次北 一反 乍人 又二丿
次西 一反 乍人 同人
次東 二反 乍人 小二丿
次東 一反 宮嶋大夫往丿 乍人 与二丿
次東 一反 信濃守往丿 乍人 弥二丿
次東、ヨコ田 一反 乍人 三丿さ衛門

次乾 一反 若狭守往丿 乍人 与二丿
次坤、角田 一反 乍人 源二丿
次北 一反 熊千代大夫往丿 乍人 孫二丿
次北 一反 亀千代大夫往丿 乍人 青屋者
次北 一反 刀祢給 乍人 又二丿
次北 一反 大蔵少輔往丿 乍人 青屋者
次北 一反 讃岐守往丿 乍人 又二丿
次北 一反 乍人 与二丿
次北 一反 乍人 五丿
次西 一反 乍人 又二丿
次東 一反 乍人 青屋（者脱）
堂下 一反太卅歩 をりの井 乍人 小二丿
次東 一反太卅歩 乍人 与さ衛門
已上八丁八〔九〕反三百歩

柏溝西烏子

一反　供僧田　乍人　三〻大〻

次西　一反　刀祢給　乍人　彦さ衛門

次北、一反　但袴田　同上　乍人　二〻四〻

次北　一反　供僧田　乍人　一和尚

次東　二反　同上　乍人　五〻二〻

次北　一反　乍人　与二〻

次西　半　供僧田　乍人　与二〻

次東　一反　○亀菊大夫往〻（「亀菊大夫」ハ追筆。）　乍人　二〻三〻

次東　一反　豊光大夫往〻　乍人　小大〻

次東　一反　大炊頭往〻　乍人　一和尚

次乾　半　刀祢給　乍人　小三〻

次北　一反　右近大夫往〻　乍人　与二〻

次北　一反　乙大夫往〻　乍人　孫大〻

次北　一反　蔵人頭貴布祢田　乍人　与大〻

次北　一反　祐乗坊　乍人　八〻《りけゆ》二〻

次西　二反　小使田　乍人　与二〻

次西　一反　千代松大夫往〻　乍人　衛門五〻

次北、一反　岸下　乍人　与三〻

次北西　二反　乍人　青屋者

次東　一反半　乍人　与五〻

次東　一反　兵衛大夫往〻　乍人　竹屋

次東　一反　乍人　弥さ衛門

次東、一反　上柏　大蔵大輔往〻　乍人　与三〻

次乾西、半　袴田　刀祢給　乍人　彦衛門

次北　半　忌子田　乍人　ゑ（カ）んせん

次溝端　六十歩　乍人　大〻さ衛門

次東　一反　さ京進往〻　乍人　弥三〻

次東 一反 乍人 与二丿
次東 二反 乍人 同丁 与二丿
次東 一反 周防守往丿 乍人 弥三丿
次東 一反 式ア大夫往丿 乍人 (久カ)又二丿
次東 一反 乍人 三丿さ衛門
次東 一反 乍人 与三丿
次東 一反 乍人 二丿五丿
次南 一反半 乍人 彦衛門
次南 一反 乙大夫往丿 乍人 助大丿
次南 一反 イカウ 乍人 与三丿
次南 一反 乍人 一和尚
次南、溝袴 五反 供僧田 乍人 同人
次東・太太 同田 乍人 与三丿
次東 一反 同田 乍人 弥さ衛門

次東 二反 同田 乍人 小三丿
次巽 一反 乍人 又二丿
次南 一反半 乍人 大丿さ衛門
土器田 一反 乍人 与三丿
次西 半 熊千代大夫往丿 乍人 一和尚
次西 半 供僧田 乍人 小三丿
次西 二反 乍人 与二丿
次西 二反 供僧田 乍人 一和尚
次東 一反 福若大夫往丿 乍人 又六小大丿
次南 一反 刀祢給 乍人 同人
次南 一反半 乍人 二丿五丿
次南 一反 柏、東尻 乍人 小大丿
次西 一反 和泉守往丿 乍人 同人
半 大炊頭往丿 乍人 二丿四丿

次西一反　　　　　　作人　小三丿
次北二反　　　　　　作人　衛門五丿
次西一反　越中守往丿　作人　小二丿
次北一反　さ衛門大夫往丿　作人　二人 一人一和尚 与二丿
次北一反　　　　　　作人　二丿九丿
次北一反　淡路守往丿　作人　弥二丿
次東一反　命福大夫往丿　作人　木下畳屋
次北一反　刀祢給　　作人　小二丿
次北半　　同給　　　作人　一和尚
次西一反　　　　　　作人　同人
次艮一反　亀夜叉大夫往丿　作人　弥三丿
次乾半　　　　　　　作人　小大丿
次南一反　　　　　　作人　与七
次南一反　　　　　　作人　小三丿

次南二反　　　　　　作人　又二丿
次南二反　　　　　　作人　二人 孫大丿 小二丿
次坤一反　　　　　　作人　助大丿
次東一反　　　　　　作人　一和尚
次東一反半　　　　　作人　助大丿
次南一反　　　　　　作人　五丿兵衛
次東半　　　　　　　作人　大丿さ衛門
次巽一反　　　　　　作人　木下畳屋
次南坤半　　　　　　作人　与二丿
五反　　供僧田　　　作人　一和尚
次東一反　供僧田　　作人　弥三丿
次東一反　同田　　　作人　小三丿
次北三反　　　　　　作人　一和尚
次北太　下社御子田　作人　小二丿
已上九丁八反半

堀池溝

下始、但中途ヨリ
一反 供僧田 乍人 源

西端道
一反半 同田 乍人 弥三丿

次東
一反半 同田 乍人 与五丿

次東
二反 同田 乍人 西村

次東
一反 同田 乍人 五丿

次南
三反 同田 乍人 与二丿

次坤、ミハル郷田ゟ(ママ)
二反 乍人 同人

次東
一反 乍人 瓦屋

次東
一反 乍人 兵衛大丿

次南
二反半 乍人 兵衛大丿同人

次東
二反半 乍人 又六

次北
一反半 乍人 小大丿

次東
一反 乍人 小二丿

次東
一反 乍人 おゥや五丿二丿

次東
半 乍人《イカウ》 与三丿

次東
一反 乍人 与五丿

次東、ミハル郷訖
半 乍人 一和尚

同溝巽端
一反半 乍人 西村

次西
三反 乍人 与五丿

次北
二反 乍人 小二丿

次東
一反半 乍人 与二丿

次西
一反半 刀祢給 乍人 一和尚

次西
一反 落田 乍人 八丿

次南
半 乍人 五丿衛門

次西
一反 土佐守往丿 乍人 く(カ)丿

次北
太 極楽寺 乍人 与二丿

「十歩 新開 乍人 寄合」 ○コノ行ハ後カラノ書キ込ミ。

次乾
半 刀祢給 乍人 与五丿

次西
一反 同田 乍人 小大丿

次西、カイソへ
一反　尾帳〔張〕守往丨　乍人　与二丨
次乾
一反　乍人　与大丨
次西
一反　乍人　道善
次北
二反　隠岐守老者田　乍人　鶴千代
次北
一反　乍人　弥二丨
次西
一反　乍人　又二丨
次北
一反　乍人　与二丨
次東
一反半　乍人　与三衛門
次北
一反　乍人　一和尚
次北
一反　供僧田　乍人　二丨五丨
次北、此外・半流
一反　乍人《ふくろ屋》　二丨さ衛門
次西
一反半　乍人　二丨五丨
次西、荒田
一反　野間右兵衛持者也
次北、但柏溝股
一反　乍人　五丨二丨

次東、河端、但流残
卅歩　乍人　大丨さ衛門
次南
卅歩　乍人　与三丨
次北
小　故大膳亮往丨　乍人　富田
次北
一反　新開　乍人　大丨さ衛門
次艮
小　新開　乍人　西村
次西
一反　大鼓田　乍人　与五丨
次西
一反　乍人　与二丨
次北
一反　乍人　与五丨
次東
半　乍人　二丨三丨
六丁也
已上五丁九反十歩
番外
一反　乍人　黒澤弥さ衛門
次東
一反　乍人　三丨大丨
次北
一反　○下野守往丨　乍人　大丨さ衛門
字五反田内
一反　◎乍人　賀茂　源内子さ衛門五丨相合

次西 一反　刀祢給　作人　同所西池さ衛門大ー
次西 二反　作人　竹屋柳原
次西 半　作人　松村入道
次西 一反　◎作人　賀茂助五ー
次西 一反　作人　斗屋孫さ衛門
已上六丁八反半十歩、此内九反半池溝之内也
且并四十四丁九反半四十歩歟
廿四日 花結溝
南一 一反　遠江守持　◎作人　主作
次北 一反　◎作人　中助
次西 一反　式ア大夫一反田（ママ）　◎作人　中兵衛五ー
次西 一反　中務少輔同上　○「同」ノ上ニ∨印ヲ付ス。　◎作人　中大ー三ー
次艮、間有溝 一反　兵庫頭持自作
次乾 一反　伊賀守往ー　◎作人　中ゥち
次南 一反　幸徳大夫往ー　◎作人　池助五ー

次南 一反　掃ア助往ー　◎作人　池彦三ー
次西 一反　伯耆守貴布祢田　◎作人　民部丞
次西 一反　弾正少弼往ー　◎作人　田尻大ー五ー
次北、間有溝 六十歩　光若大夫持　◎
次北 卅歩　今石大夫持　◎
次乾 九十歩　供僧田　◎作人　中大ー三ー
次東 一反　さ近大夫持　◎　但、是八半
次西、道西 ふゑん 一反　さ近大夫往ー　◎作人　中兵衛三ー
次西、岸上 半　供僧田　◎作人　先生
次西 一反　同田　◎作人　池助五ー
次北 一反　刀祢給　作人　新兵衛自作
次東、岸 一反　山城守持　◎作人　池与五ー
次北、岸下 一反　御前講田　◎作人　せきの衛門大ー
次北 半　◎作人　中藤右衛門

次東、河東
半　兵庫頭自作　◎
次西、河ヨリ西
一反　監物丞往〻　◎乍人　池兵衛大〻
次西、溝上
一反　鶴田〔満〕大夫往〻　◎乍人　池さけ
次南
一反　出雲守往〻　◎乍人　福満大夫
次西、縄手上
一反　乙福大夫持　◎乍人　徳在大夫
次西
一反　三河守往〻　◎乍人　池さ衛門五〻
次西
半　二〻大夫持　◎乍人　池与二〻
次西
一反　右馬助往〻　◎乍人　池さ衛門四〻
次北、縄手道上
二反　供僧田　◎乍人　中兵衛五〻
次北
一反　豊光大夫往〻　◎乍人　彦《いけ》三〻
次東
一反　貴布祢田　修理亮往〻　◎乍人　池助五〻
次東
半　乙福大夫持　◎乍人　福石大夫
次東、縄手下
一反　紫野田　◎乍人　豊福大夫
已上三丁

惣已上四拾八丁一反三百卅歩

〔十〕　天文十九年大宮郷検地帳（冊子。袋綴）

（表紙）
「庚戌天文十九年
大宮郷検地帳
九月廿二日」

大宮郷下精進溝尻一
東一
一反　遠江守往〔往来〕〇以下同。　乍〔作〕〇以下同。人　青屋者
次西
一反　大蔵大輔往｜　乍人　青屋者
次西
一反　乙大夫往｜　乍人　同所者
次西
一反　千寿大夫往｜　乍人　同所者
次西
一反　乍人　同所者
次西
一反半　大原持　乍人　同所者
次西
一反　乍人　同所者
次西
二反　乍人　青屋者
次西
一反　千本念仏田　乍人　同所者
次西
一反　千本念仏田　乍人　同所者
次西
二反　同一　乍人　同所者
已上壱丁三反半

上精進西一
一反　鶴（カ）寿大夫往｜　乍人　青屋者
次東
一反　内蔵頭往｜　乍人　同所者
次東
一反　阿波守往｜　乍人　同所者
次東
一反　内蔵允往｜　乍人　同所者
次東
一反　大｜大夫往｜　乍人　同所者
次東
一反　千代福大夫往｜　乍人　同所者
次東
一反　福満大夫往｜　乍人　同所者

次東 一反 雅楽助往ー 乍人 同所者
次東 一反 丹後守往ー 乍人 同所者
次東 一反 乍人 同所者
次東 一反 乍人 同所者
已上壱丁一反
次東、但殿田溝南一 一反 乍人 青屋者
次東 一反 乍人 清蔵口大ー衛門
次東 二反 乍人 青屋者
次北、東一、荒 一反 乍人 宗清持
次西 二反 星野 乍人 三ーさ衛門
次西 二反 乍人 柴屋
次西 二反 乍人 青屋者
次西 一反 清蔵口 乍人 大ーさ衛門
次西 一反 山城守往ー 乍人 青屋者

次西 一反 飛駄〔驒〕守往ー 乍人 同所者
次西 一反 乍人 小二ー 茶賣
次西 一反 中務大夫往ー 乍人 青屋者
次北、但精進ヵ坪内 一反 大監物丞往ー 乍人 同所者
次北 一反 修理進往ー 乍人 宗さ衛門 ゥらもきゥ鼻
次北 一反 民ア丞往ー 乍人 青屋者
次東、但殿田溝 一反半 乍人 雲林院 弥五ー
次東 一反半 乍人 雲林院 弥三
次北 一反 豊後守 兵衛大夫往ー老者田 乍人 宗さ衛門 ゥらもきゥ鼻
次北 一反 同人往ー 乍人 青屋者
次西 一反 乍人 同所者
次南 一反 乍人 同所者
次西 一反 長満大夫往ー 乍人 権大工
次南ヒノロ 一反 乍人 清蔵口 弥四ー

次北　二反　　作人　斗屋孫さ衛門
次艮　一反　　作人　雲林院小三丿
次乾　一反　　作人　清蔵口大丿衛門
殿田終　已上三丁弐反
町長、水口一
一反　對馬守貴布祢田　作人　青屋者
次南　一反　民ア丞往丿　作人　同所者
次南　一反　大炊頭往丿　作人　同所者
次東　一反　隼人正往丿　作人　同所者
次南　一反　乙大夫往丿　作人　同
次南　一反　　作人　青屋者
次南　一反　對馬守往丿　作人　同所者
次南　一反　河内守往丿　作人　同所者
次南　一反　　作人　同所者
次坤　一反半　　作人　弥三

次巽　一反　　作人《りらもきりしな》　四丿大丿
次北　一反　さ衛門大夫貴布祢田　作人　青屋者
次北　一反　亀千代大夫一反田　作人　同所者
次北　一反　九日田　作人　同所者
次東　一反　修理亮一反田　作人　同所者
次東　一反　さ馬允貴布祢田　作人　同所者
次東　一反　　作人　清蔵口二丿衛門
次東　一反　伊賀守往丿　作人　雲林院与七
次東　一反　当郷　小使田　作人　青屋者
次東　一反　命光大夫往丿　作人　同所者
次東　一反　丹波守往丿　作人　同所者
已上弐丁一反半
二丁田南一
一反　大炊助往丿　作人　青屋者

次北 一反 福石大夫往ー 乍人 同所者
次北 一反 乍人 同所者
次北 一反 福増大夫往ー 乍人 同所者
次北 一反 紀伊守往ー 乍人 同所者
次北 一反 遠江守往ー 乍人 同所者
次北 一反 治ア大輔往ー 乍人 同所者
次北 一反 大膳亮往ー 乍人 同所者
次北 半 供僧田 乍人 同所者
次北 一反 猿大夫往ー 乍人 同所者
次乾 一反 さ近将監往ー 乍人 同所者
次北、縄手下 一反 供田 往ー 乍人 同所者
次坤 一反 往ー 乍人 同所者
次北乾 一反 淡路守往ー 乍人 同所者

次東 一反 山城守往ー 乍人 同所者
次艮、小柳 一反 命福大夫往ー 乍人 青屋者
次北 一反 梅松大夫往ー 乍人 同所者
次北 一反 宮内少輔往ー ◎乍人 賀茂兵《いけ》衛大ー
次西 半 乍人 青屋者
次西 一反 伯耆守往ー 乍人 同所者
次西 一反 亀菊大夫往ー 乍人 同所者
已上弐丁
桙丸溝
次西 二反 乍人 雲林院与七
次西 一反 三河守往ー 乍人 うらもきりもな 宗さ衛門
次西 一反 乍人 同所新右衛門
次西 一反 乍人 同所宗さ衛門
次乾 一反 乍人 弥三

次東 一反　駿河守往ー　乍人　青屋者
次北 半　下野守往ー　乍人　雲林院又四ー
次西 一反　乍人　新右衛門
次北 半　讃岐守往ー　乍人　同人
次東 一反　伊豆守往ー　乍人　青屋者
次東 一反　乍人　宗さ衛門
次巽 二反半　中山田　乍人　雲林院与三
次北 三反　乍人　彦《原》五ー
次乾、但仏尻溝 一反　乍人　孫二ー（大ヤうてし（ママ））
次北乾 一反　乍人　五ーさ衛門
次東 一反　乍人　雲林院与三ー
次東 一反　乍人　孫四ー同所
次乾、中嶋 一反　正傳寺田　乍人　与大ー大門
已上弐丁壱反二《半》百歩

仏尻溝自水口

半　乍人　二社五ー三ー
次東、但此内半ミ往ー大夫将監 一反半　乍人　青屋者
次東 一反　往ー　乍人　同所者
次東 一反　往ー　乍人　同所者
次東 一反　往ー　乍人　同所者
次東 一反　乍人　同所者
次東 一反　今赤大夫往ー　乍人　青屋者
次東 一反　乍人　雲林院孫四ー
次東 一反半　乍人　斗屋孫さ衛門
次東、溝袴 二反　乍人　宮前小四ー
次坤 一反半　雲林院乍人　二ー九ー
次東 一反半　乍人　同所新三ー
次東 半　御袖田　乍人　青屋者

次南 一反　同上　乍人　斗屋孫さ衛門
次東、小柳 一反　乍人　清蔵口大ゝさ衛門
次南 一反半　供僧田　◎乍人　賀茂藤中右衛門
次南 一反　民ア少輔往ゝ　乍人　青屋者
已上壱丁九反半
柚木ゥ坪
東一 三反　作人　二社五ゝ三ゝ
次西 二反　乍人　同所同主
次西 一反　乍人　同所衛門又二ゝ
次西 一反　乍人　今宮小四ゝ
次西 一反　乍人　同所四ゝ二ゝ
次西 一反半　乍人　宮前二ゝさ衛門
次西 一反　乍人　二社又三ゝ
次西 二反　乍人　ゥらそきゥ鼻 宗さ衛門
次西 一反　御壇供田　乍人　二社大ゝ三ゝ

次西 一反　乍人　同所弥二ゝ
次北 一反　御馬田　乍人　同所五ゝさ衛門
次東 一反　乍人　同人
次西 一反　福増大夫往ゝ　乍人　大門二ゝさ衛門
次北 一反　二ゝ大夫往ゝ　乍人　宮前二ゝさ衛門
次東、袴田 一反　さ衛門尉往ゝ　星野 乍人　与三
次乾 小　美濃守往ゝ　乍人　宮前二ゝさ衛門
次西 半　乍人　雲林院弥三
次巽 一反半　紫野田　乍人　紫竹孫さ衛門
次北 一反半　同田　◎乍人　賀茂山本の弥五ゝ
已上弐丁三反小
小堀川
溝ヨリ東一、但溝袴 一反　因幡守往ゝ　乍人　二社三ゝ衛門
次西 一反半　乍人　田尻与二ゝ
次南 半　乍人　雲林院弥三

次乾一反半　　作人　紫竹彦三ー
次南一反　　作人　同所孫さ衛門
次南一反　　作人　雲林院又三ー
次南一反　　作人　同所孫四ー
次南一反半　　作人　上野二ー大ー
次南一反半　千手院供僧田　作人　二社大ー衛門
次南一反　中山田　作人　うらもきうしな新右衛門
次南一反　同田　作人　二社大ー衛門
次南一反　同田　作人　同所衛門大ー
次南一反　同田　作人　京材木屋
次南一反　同田　作人　雲林院小三ー
次南一反　同田　作人　二社衛門大ー
次南一反　同田　作人　雲林院与三
次南一反半　　作人　同所二ー九ー

次南一反　民ア大輔往ー　作人　うらもき鼻三ー五ー
次南半　讃岐守往ー　作人　同所新右衛門
次南一反　石見守往ー　作人　同人
次南、但道下半　香田　作人　京彦さ衛門
次南一反　供僧田　作人　雲林院新三ー
次南一反　供僧田　作人　上野さ衛門大ー
次南一反　供田加賀坊　作人　雲林院孫さ衛門
次南一反　供僧田　作人　青屋者
次西一反　同田　作人　雲林院又三ー
次南三反　同田　作人　茶坊二ー大ー
次南(ママ)一反半　同田　作人　雲林院二ー大ー
次坤半　光若大夫往ー　作人　うらもきう鼻宗さ衛門
次南一反　亀鶴大夫往ー　作人　権大工
次東二反　　作人　うらもき鼻四ー大ー

次東 二反 乍人 宗清 但与三ー
次東 一反 乍人 青屋者
次東 一反 乍人 同所者
次東 一反 茶屋 乍人 雲林院小二ー
次東 一反 乍人 青屋者
已上四丁一反
せんし溝
水口、北一 一反 乍人 雲林院弥三
次南 半 乍人 うらもきり鼻五ーさ衛門
次西 一反 乍人 同所新右衛門
次巽 二反 乍人 雲林院五ー衛門
次西 一反 乍人 うらもきり鼻五ーさ衛門
次乾 二反 乍人 青屋者
次西 一反 乍人 同所者
次南、但隔道 一反 乍人 同所者

次東 二反 乍人 西藤（カ）嶋屋
已上壱丁一反半
小溝南一
一反 作人 雲林院又三ー
次北 一反半 乍人 同所与三
次西 三反 乍人 同三所郎さ衛門
次北 半 乍人 うらもきり鼻宗左衛門
次東 三反 供僧田 乍人 同所新右衛門
次北 一反 御袖田 乍人 今宮小四ー
次西 一反 乍人 星野与三
次西 一反 乍人 雲林院孫さ衛門
次西 一反 兵ア少輔往ー 乍人 権大工
次西 一反 佐渡守往ー 乍人 孫五ー
次西 半 乍人 星野与三
次艮 一反 乍人 今宮四ー二ー

次西　一反　乍人　紫竹源三丿
次西　一反　乍人　上野衛門
次北　一反　乍人　うらもきう鼻さ衛門三丿
次北　一反　乍人　紫竹孫さ衛門
次北、隔道　半　乍人　雲林院新三丿
已上弐丁
大和田溝自北初
二反　乍人　うらもきう鼻さ衛門三丿
次南　一反　右京進往丿　乍人　上野二丿大丿
次西　二反　乍人　紫竹与五丿
次西　一反　乍人　宮前二丿さ衛門
次南　一反　乍人　星野三丿さ衛門
已上七反
且并廿四丁一反半
廿三日　中溝
梶井御門跡東雲林院ノ赤社北迄一

号字池田　一反　雲林院田　乍人　材木彦三丿
次北　半　同田　乍人　雲林院与三
次北　一反　同田　乍人　うらもきう鼻与三丿
次北　一反　同田　乍人　雲林院宗清
次北　一反　同田　乍人　嶋屋与三丿
次西、藪際　半　乍人　後家いや
次東　一反　乍人　雲林院又四丿
次北　一反半　乍人　うらもきうしな宗さ衛門
次西　一反　乍人　雲林院新三丿
次西　一反　乍人　うらもきうしな新衛門
次西　一反　乍人　宮前孫大丿
次西　一反　乍人　うらもきうしな新衛門
次西　一反　乍人　雲林院五丿右衛門
次西　一反　乍人　うらもきうしな与三丿
次西　一反　乍人　宮前孫大丿

次西、隔溝　二反　作人　雲林院与三
次西　一反　作人　りらもきりしな　さ衛門三丿
次西　一反　作人　同所五丿さ衛門
次西、藪際　一反半　作人　白りう寺与三丿
次北、寺前西股　一反半　作人　寺前与四丿
次東　一反　作人　白りう寺孫五丿
次東　一反　作人　同所与三丿
次東　一反　作人　二社衛門大丿
次東　一反　作人　寺前ちや〳〵
次東　一反　作人　雲林院孫四丿
次南　一反　作人　寺前与四丿
次南　一反　作人　雲林院与三丿
次東、但溝ヨリ東　一反　作人　宮前小二丿
次東　二反　作人　星野三丿さ衛門

次東　二反　作人　りらもきりしな　与三丿
次東　二反　作人　同所さ衛門三丿
次東　一反　作人　雲林院又四丿
次東　一反　作人　二社五丿大丿
次東　一反　作人　宮前小四丿
次巽　半　作人　りらもきりしな　宗さ衛門
次北　二反　作人　同所さ衛門三丿
次艮　一反　作人　星野宗清
次西　二反　作人　上野さ衛門二丿
次西　二反内　此内一反　大蔵少輔往丿相合　作人　雲林院孫四丿
次西、隔溝　三反　作人　星野与三
次西　三反　作人　りらもきりしな新衛門
次西、間溝在之　半　九日田　作人　寺前弥五丿
次西　一反　作人　上野二丿四丿

255 次西 一反　作人　さ衛門三丿《りらもきりもな》
次西 一反　作人　雲林院孫四丿
次西 半　作人　五丿さ衛門《りらもきりもな》
次南 一反半　作人　雲林院与三丿
次南 一反　作人　権大工
260 次西、但懸樋内也 半　作人　雲林院新三丿
次北 一反　作人　上野右衛門
次東 二反　作人　同人
次東 一反　作人　同人
次東 二反　作人　上野さ衛門二丿
265 次東 一反　作人　雲林院五丿衛門
次南 一反　作人　宗さ衛門《りらもきり鼻》
次南 一反　作人　雲林院新三丿
次東 一反　作人　二社さ近五丿
次東、溝裏 半　作人　権大工

---

270 次南 一反　作人　雲林院又三丿
次東 半　作人　同所弥二丿
次北 一反　作人　紫竹彦三丿
次北 一反半　作人　二社弥三丿
次西 一反　作人　宮前四丿二丿
275 次西 二反　作人　鋤《犁》鼻五丿さ衛門
次西 一反　作人　雲林院又三丿
次西、間有溝 一反　作人　紫竹与七
次西 一反　作人　大門彦さ衛門
次西 一反　作人　鋤鼻《犁》三丿五丿
280 次西 一反　作人　二社弥三丿
次西 二反　作人　紫竹与三さ衛門
次坤 二反　作人　鋤鼻《犁》与三《与三丿》さ衛門
次艮 一反　作人　上野与二丿
次北 一反　作人　大門与二丿

次北 半　乍人　上野二ー四ー
次東 一反　乍人　大門又三ー
次南 一反　乍人　宮前二ーさ衛門
次東 一反　乍人　寺前与四ー
次東 一反　乍人　二社久（又カ）三ー
次北 一反半　乍人　鋤（犁）鼻五ーさ衛門

已上九丁三反半

懸溝 自水口一

次西 半　福若大夫往ー　乍人　二社弥三ー
次西 一反　猿千代大夫往ー　乍人　大門四ー三ー
次西、但間有溝 二反　臺飯田　乍人　宮前二ーさ衛門
次南 一反　乍人　紫竹与三さ衛門
次南 二反　乍人　大門二ーさ衛門
次西 一反半　乍人　紫竹与三さ衛門
次西 一反　熊千代大夫往ー　乍人　二社弥二ー

次西 一反　鶴光大夫往ー　乍人　紫竹小五ー
次西 一反　兵庫頭往ー　乍人　同所孫さ衛門
次南、縄手下 一反半　乍人　二社弥三ー
次西 一反　乍人　上野二ー四ー
次西 一反　乍人　二社三ー衛門
次西 一反　乍人　雲林院与七
次西 一反　乍人　二社大ー衛門
次西 一反　乍人　大門又三ー
次西 一反　乍人　上野二ー大ー
次西、縄手下 一反　乍人　雲林院孫さ衛門
次南北ニ切在之 一反　乍人　同所同人
次南、間在縄手 一反半　乍人　鋤（犁）鼻新右衛門
次西 二反　乍人　上野二ー大ー
次西 一反半　乍人　二社衛門大ー

次西
半　筑後守往丿　乍人　紫竹三丿さ衛門
次坤
半　乍人　大門与三丿
次東、間溝アリ
半　治ア少輔往丿　乍人　雲林院又四丿
車道、二反目
三反　乍人　上野衛門
次西
二反　乍人　宮前四丿衛門
次西、間有溝
一反　乍人　上野衛門
次南
一反　乍人　ひやくりう寺孫五丿（白毫）
次南、岸下
半　乍人　雲林院二丿五丿
次坤
一反半　乍人　宗衛〔清〕
次東、間有溝
一反　乍人　二社弥三丿
次西
一反　乍人　宮前二丿さ衛門
次東
一反半　乍人　雲林院新三丿
次坤
一反　乍人　宗清
已上四丁半
小森下溝自尻始

一反　右馬助往丿　乍人　上野二丿大丿
次東
一反　備後守往丿　乍人　紫竹与七
次乾
一反　修理進往丿　乍人　二社源三丿
次東
一反　内蔵頭往丿　乍人　同人
次東
一反　乍人　紫竹孫さ衛門
次北
四反　乍人　大門与三丿
次東
一反　乍人　雲林院弥三
次東
二反半　乍人　二社弥三丿
次東
一反　乍人　紫竹与三さ衛門
次東
一反　乍人　上野二丿四丿
次東
一反　乍人　二社三丿衛門
次東
一反半　乍人　大門四丿三丿
もゝり股、東一
一反　乍人　二社又四丿
次西
一反半　乍人　同所五丿さ衛門

次西 一反　作人　同所久（又カ）四｣
次西 一反　作人　鋤《犁》鼻三｣五｣
次西 一反　中務少輔往｣　作人　二社三｣衛門
次西 一反　周防守往｣　作人　紫竹与三さ衛門
次西、溝下 半　作人　同所小五｣
次西、溝上 一反　作人　紫竹三｣衛門
次西 一反　作人　二社左近五｣
次西 一反　供僧田　作人　同所弥三｣
次西 一反　同田　作人　紫竹孫さ衛門
次西 一反　同田　作人　同所彦三｣
次坤 一反 ハせ南道坤一　御袖田　作人　星野三｣さ衛門
半　加賀守往｣　作人　紫竹与三さ衛門
次北 一反　兵庫助往｣　作人　二社五｣三｣
次北 一反　故大膳亮往｣　作人　正泉

次北 一反　故亀夜叉大夫往｣（今亀光大夫）　作人　二社衛門大｣
次東 一反　作人　同所三｣衛門
次東 一反　作人　同所又二｣
次東 一反　作人　大門与大｣
次東 一反　供僧田　作人　二社三｣衛門
次東 一反　同田　作人　紫竹与七
次東 三反　同田　◎作人　兵衛大《うもうめつる》｣
次東 二反　同田　作人　大門二｣さ衛門
次東 二反半　作人　正泉
次北 一反　縫殿助往｣　◎作人《うも》　上岸大｣五｣
次北 一反　石徳大夫往｣　◎作人　うも南辻子 二｣
次北 一反　作人　二社〇《三｣》衛門
次西、溝上 一反 芝本　遠江守往｣　◎作人　賀茂弥五｣
次南、三所在之、合一反 小　美濃守往｣　◎作人　同所かミ《こ》（ママ）二｣

次乾
一反　右衛門大夫往ー　◎乍人　同所池彦三ー
次西
一反　亀福大夫持　◎乍人　同所大《山もと》ー二ー
次西
一反　同持　◎乍人　同所二《中》ー五ー
次南
小　美濃守往ー　◎乍人　同所さ《いけ》衛門大ー
次西
一反　御袖田　乍人　二社又四ー
次西
一反　但馬守貴布祢田　◎乍人　賀茂孫二ー
次西
一反　千代松大夫往ー　◎乍人　上岸《うも》土器
次西
一反　乍人　大門二ー大ー
次南
一反　乍人　同所又二ー
次南
一反　乍人　同所彦さ衛門
次西
一反　正傳寺田　乍人　同所四ー三ー
次北
一反　乍人　同所二ーさ衛門
次西
半　福若大夫往ー　乍人　同人

已上六丁二反六十歩

○コノ間、半丁（約八行）分空白。

上溝南一

畠田
一反半　乍人　正泉
次北
一反　御袖田　乍人　紫竹大（カ）五ー
次北
一反　乍人　上野二ー大ー
次北、車道下
一反　志广〔摩〕守往ー　乍人　二社弥二ー
次北
一反半　供僧田　乍人　同所又四ー
次東
半　乍人　紫竹孫さ衛門
次東
半　刀祢給　乍人　同所与三さ衛門
次乾
一反　治ア少輔往ー　乍人　上野与二ー
次北南、間有溝
一反半　乍人　二社兵衛三ー
次北
一反　紫野田　乍人　大門三ー大ー
次巽
半　乍人　二社五ーさ衛門
次北
一反　乍人　同人
次南
一反　乍人　同所源三ー

次東
一反　　　　　　　作人　大門彦さ衛門

次東
半　加賀守往亅　　作人　紫竹三亅さ衛門

次東
一反　御袖田　　　作人　同人

次東
一反　同田　　　　作人　正泉

次北
一反　　　　　　　作人　二社五亅三亅

次北
一反　若狭守往亅　◎作人　賀茂山もとの久（又カ）五亅

次西、間細通有之
一反　伯耆守往亅　作人　大門与三亅

次西
半　正傳寺田　　　作人　二社又二亅

已上弐丁

幷廿一丁六反六十歩歟

廿四日　上溝

次北、間道上
三反　妙観寺田　　作人　大門二亅大亅

太（半）卅歩（河上歟）　供僧田　　作人　二社三亅衛門

次北、道上
一反　亀鶴大夫一反田　◎作人　賀茂池さ衛門四亅

次北
一反　正傳寺田　但御袖田　作人　大門二亅さ衛門

次西、間有溝、三所有由也
半　淡路守往亅　◎作人　梅辻右衛門大亅

次東、間有溝
一反　越前守往亅　◎作人　田尾（尻）与大亅

次東
一反　猿千代大夫往亅　◎作人　主作

次東
一反　内蔵助往亅　◎作人　賀茂中二亅五亅

次東
一反　對馬守往亅　◎作人　同所助五亅

次東
一反　美濃守往亅　◎作人　同所山本与二亅

已上壱丁一反

下溝北一

次東、間溝アリ
一反　加賀守往亅　◎作人　賀茂山もとの大亅二亅

次南
小　淡路守往亅　◎作人　梅辻衛門大亅

次南
一反　寶幢院田　◎作人　いけの石まつ

次南
二反　同田念仏田　◎作人　いけのさ衛門大亅

次南
一反　右衛門大夫往亅　◎作人　池彦三亅

次南
一反　松寿大夫往亅　◎作人　池さ衛門大亅

次東
二反　祖芳院　◎作人　中助跡

次坤、二所有之
一反　下野守往亅　◎作人　池石まつ

次東
一反　畳田　◎作人　池兵衛大亅

次東
一反　光若大夫往亅　◎作人　山もとのゑひ子

次東、間有溝
一反　◎作人　中二《ウも》亅五亅

次東、道下
一反半　壱岐守内蔵允両人往亅　◎作人　中小大亅

次西、間溝アリ
一反　故筑前守往亅　◎作人　中助跡

次西、間下野守田在之せきメ
一反　福松大夫往亅　◎作人　池さ衛門五亅

次西
一反　供僧田　◎作人　上岸様器

次西
一反　同田　◎作人　中さ衛門五亅

次西
一反　奈良田　◎作人　池さ衛門四亅

次西
半　掃ア助持　◎作人　池さ衛門五亅

次西
二反　作人　二社三亅衛門　同所さ近五亅

（後筆）「十壱丁四反半、正泉持下溝也（分カ）」
已上弐丁一反小

〇コノ間約八行分空白。

頭無北西一

次
半　猿松大夫往亅　◎作人　池さ衛門大亅

次東
一反　肥前守往亅　◎作人　中さ衛門五亅

次北
一反　若石大夫往亅　◎作人　山もとのさ近五亅

一反　備後守往亅　◎作人　山もとの与大亅

次東
半　遠江守持　◎作人　中鍛冶屋

次東
一反　今さ馬助貴布祢（田脱カ）　◎作人　中さ衛門五亅

次東
一反　供僧田　◎作人　遠江守持作

次東
一反　寶幢院田　◎作人　池さ衛門大亅

次東
一反　さ京進往亅　◎作人　梅辻さ衛門大亅

小社、東一
一反　大蔵少輔往亅　◎作人　中小大亅

次西
一反　越前守往亅　◎作人　民ア丞

次西
一反　尾張守往亅　◎作人　同人

次巽
一反　修理亮往亅　◎作人　池助五亅

次西
一反　弾正少弼往亅　◎作人　持作
次西
一反　水田　◎作人　上岸弥三亅　中兵衛五亅
次西、鹿塚
一反　供僧田　◎作人　中兵衛五亅
次西
一反　◎作人　いけふく石大夫　中孫二亅　ヒ
次西
一反　右近大夫往亅　◎作人　中兵衛五亅
次西
一反　蔵人頭往亅　◎作人　主作
次西、二所在之
一反　◎作人　山本の与二亅
巽
次南
一反　さ京亮往亅　◎作人　兵衛《いけ》大亅
次南
一反　民ア丞往亅　◎作人　主作
已上弐丁一反
堂芝溝
西一
一反　正傳寺田　◎作人　中大亅三亅
次東
一反　同田　◎作人　中兵衛五亅
次北
一反　同田　◎作人　山本の与大亅

次南、溝アリ
一反　同田　◎作人　山本与大亅
次東、間溝アリ
一反　さ京亮貫布祢田　◎作人　竹鼻三亅二亅
次東、有間溝
一反　隠岐守往亅　◎作人　中藤右衛門
次東
一反　兵ア丞往亅　◎作人　主作
次東
一反　長寿大夫往亅　◎作人　中三亅大亅
次東
一反　兵衛大夫往亅　◎作人　先生
次南、岸下
一反　豊福大夫往亅　◎作人　民ア丞
次西
一反　千代松大夫往亅　◎自作
次南
一反　但馬守往亅　◎作人　池衛門大亅
次南、袴田、二所田
一反　式ア少輔往亅　◎作人　中藤右衛門
次南
一反　豊前守往亅　◎作人　池彦三亅
次南
一反　赤大夫往亅（今）　◎作人　池二亅五亅
次南
一反　内蔵助往亅　◎作人　中衛門大亅
次南、間式ア少輔二所田アリ
一反　長床田　作人　権大工

次南 一反　壱岐守往〻　◎乍人　山本与二〻
次南、岸下 一反　紫野田　乍人　二社三〻衛門
次南 一反　星野宗清持　◎乍人　池衛門大〻
次入越 半　さ馬頭往〻　◎乍人　中二〻五〻
次西 一反　九日 大森与四〻持　乍人　大門二〻大〻
次西 一反　二社 寶蔵坊持　乍人　二社又四〻
次西 一反　供僧田上座　◎乍人　中二〻五〻
轟 一反　◎乍人　池さ衛門四〻
次西 一反　大蔵大輔　◎乍人　山本与二〻
次艮 一反　◎乍人　中藤衛門
次北 一反　岩栖院　◎乍人　池兵衛大〻
次乾 半　正傳寺田　◎乍人　上岸大〻五〻
次西 一反　豊福大夫往〻　乍人　二社五〻大〻
次西 二反　福石大夫持　乍人　自作

次西 一反　乍人　二社さ近五〻
次西 一反　幸夜叉大夫往〻　乍人　同所衛門大〻
次北 一反　宮内少輔往〻　◎乍人　山本六〻大〻
次東、有溝 一反　◎乍人　中松千代
次北 一反　右京亮往〻　◎乍人　中二〻兵衛
堀川口 一反半　乍人　星野三〻さ衛門
次北 一反半　大和守往〻　◎乍人　池衛門大〻
次北 一反　◎乍人　池さ衛門四〻
次北 一反　◎乍人　林大〻四〻　（玄番）けん〻子
次北 半　鶴〔満〕田大夫往〻　◎乍人　池さ衛門大〻

已上四丁一反半
惣已上五丁五反弐反半　幷九丁四反五百歩
一十
五十五町二反半

〔十一〕 天文十九年河上郷検地帳（冊子。袋綴）

（表紙）
「　　庚戌天文十九年
河上郷検地帳
　　九　月　廿　六　日　　」

河上郷林巽

十月廿五日
辻代西一 小　　〔作〕
乍人　林四ノ二ノ 〇以下同。
次南、間在溝 一反　乍人　田中の兵衛大ノ
次東 一反　乍人　林大ノ四ノ
次東 一反　乍人　田尻与二ノ
次東 一反　乍人　同所孫大ノ
次東 一反　乍人　上岸二ノ五ノ

次巽、間溝岸在之 半　乍人　池彦四ノ跡
自道上八 已上五反三百歩
辻代、茶木下 一反　乍人　上岸二ノ五ノ
次北、間在溝 二反　乍人　さ近将監
次南、間在溝 一反　最長寿寺田　乍人　大門二ノ四ノ
次東 一反　乍人　長寿大夫
次東 一反　乍人　上岸様器
次東 一反　乍人　同所二ノ五ノ
次東、但小森 一反　乍人　池さ近四ノ
次北、間在溝 小　こせ 乍人　中大ノ三ノ
次南、二所在之 半　小山小使 乍人　池さ衛門大ノ
次坤、間在小森溝 一反　乍人　池勘解由さ衛門
次南 一反　乍人　山もと さ近二ノ
次北 一反　大夫将監往ノ 〔往来〕〇以下同。　乍人　先生弟
已上壱丁一反三百歩

「此内二反 中兵衛大〻 二反中二良兵衛」
○上記「 」内及ビ次行ノ「内 二反」ハ、後カラノ書キ込ミ。

六反　岡井持　「内 二反」…乍人　大門者

上小社、南一
一反　加賀守貴布祢田　乍人　池彦四〻跡

次北
一反　圖書頭往〻　乍人　足無《子》大〻

次北
一反　乍人《池ゥめつる》　兵衛大〻

次北
一反　上座　乍人　池勘解由さ衛門

次北
一反　縫殿助貴布祢田　乍人　上岸さ近大〻

次北
一反　神人中　乍人　田尻与五〻

次北
一反　佐渡守往〻　乍人　池二〻五〻

次北
半　遠江守老者田　乍人　主作

次北
一反　御袖田　乍人　同人

一反　神人給　乍人　せつほう

「四十歩　乍人　ミや」　○コノ行ハ後カラノ書キ込ミ。

已上壱丁五反弐百廿歩

小山由也
長目溝尻
一反　美濃守往〻　乍人　中石間小大〻

同
次北
小　乍人　池勘解由さ衛門

同
次北
一反　乍人　池与五〻

次北、岸
一反　土佐守貴布祢田　乍人　主作

次北
一反　経所加賀　乍人　小山小使

次乾、間在道
半　乍人　池兵衛大〻

次西
小　乍人　中ゥち（鍛冶）

次西、但岸上
半　兵部少輔往〻　乍人　池三〻五〻

次北
一反　供僧田　乍人　中助跡

次北、間有道、岸下ヘカ、ル
一反　乍人　上岸二〻五〻

次艮、岸下
一反　乍人　池彦五〻

次西、間有道、岸上
一反　乍人　中大〻

次西
一反　蔵人頭往〻　乍人　小山小使

次西
一反　壱岐守往〻　乍人　山本の与二〻

次西
一反　尾張守往〻　乍人　南辻兵衛三〻

次西
一反　志广〔摩〕守一反田　乍人　さ近将監

次西 一反　宮嶋大夫往亅　作人　主作
次艮 一反　もし殿持　作人　同
次西 一反　作人　上岸二亅五亅
次西 一反　右京亮持　作人　関目兵衛大亅
次西 一反　さ京亮持　作人　山もとの助五亅
次北 二反　長田（満カ）大夫持　作人　助跡
次東、間有溝 一反　遠江守持　作人　同
次東 一反　田口持　作人　山本二亅五亅
已上弐丁二反太（ママ）〇以下同。
くほ 一反半　妙観〔歓〕寺田　作人　竹鼻与二亅
次東、間有道 半　山城守小山小使相合
次南 一反　作人　さ衛門四亅 兵衛大亅　相合
次南 卅歩　作人　中二亅五亅
次南、間有道 半　作人　中屋しやう
小山由也 堂北 半　念仏講　作人　中兵衛五亅

同 次北 小　供僧田　作人　同人
同 次西、間有道 一反　こりう　作人　中大亅三亅
同 次西 一反　浄福大夫持　作人　自作
次西 半　遠江守持　作人　関目衛門大亅
作人　藤衛門
作人　大亅 あこい
次西 一反　作人　池おりい
次西 一反　幸寿大夫持　作人　自作
作人　斎講中
廿歩　新開 さ京亮持
次西 半　兵庫頭持　作人　自作
次西 半　作人　山本三亅五亅
次西、間有古溝、小山郷内由也 一反　浄福大夫持　作人　梅辻さ衛門三亅
已上壱丁三百五十（卌）歩
并六丁六反太九十歩

十一月一日
次北、間有道 一反 遠江守持 作人 主作
次東 二反 福満大夫持 主作
次北 小 あちやもち 作人 衛門大〻
次北 一反 作人 小山小使
次西、間有溝 半 作人 山もとの与二〻
次南 一反 作人 池二〻五〻
次南 一反 作人 池さ衛門四〻
次北 半 とし殿もち 作人 中衛門大〻
次西 一反 兵庫頭貴布祢田 主作
次北、間有溝 半 飛駄〔驒〕守貴布祢田 作人 さ近将監
次西 太 とし殿もち 主作
次南 半 作人 山本大〻三〻
次西 半 供僧田 作人 子、
次北 太 福石大夫持 作人 彦五〻

次北、藪際 小 作人 神夫
次西 半 作人 山本藤三〻
黒土、東一 一反 御袖田 作人 中与二〻
次西 一反 同田 作人 山本弥二〻
次西 両所在之 一反 同田 作人 田尻与大〻
次北 一反 同田 作人 神夫
次東 一反 同田 作人 同人
次乾、間有溝 一反 同田 作人 様器
次北 一反 同田 作人 正大工
次北 一反 同田 作人 田尻与五〻
次北 一反 同田 作人 山本助五〻
次西 一反 同田 作人 田尻与大〻
次東 一反 御馬田 作人 山本二〻五〻
次北 一反 志广〔摩〕守貴布祢田 作人 雅楽助
次西 半 雅楽〔脱アルカ〕往〻 主作

畠北 半　伊与〔予〕守往ー　乍人　山本三ー五ー
次北 太　正大工田主作
次北 六十歩　右近大夫持　乍人　主作
次北 一反　命福大夫往ー　乍人　田尻与大ー
次北 半　乍人　同所子
次北 半　乍人　田中兵衛大ー
次東 一反　乍人　上岸さ近二ー
次東 半　乍人　中二ー大ー
次東 小　乍人　上岸二ー五ー
次南 卅歩　乍人　山本さ衛門大ー
次南 六十歩　さ近将監持　主作
霊後川北 一反　兵ア少輔往ー　乍人　池与三五ー
次北 一反　若石大夫往ー　乍人　小預
次北 一反　山城守往ー　乍人　田尻与二ー
大田、道東 一反　乍人　上岸二ー五ー

次東 一反　大蔵大輔往ー　乍人　田中兵衛大ー
次東 一反　乍人　惣門又五ー
次巽東 一反　右馬助往ー　乍人　池さ衛門四ー
次南 一反　供田　乍人　今原二ー五ー
次東 一反　乍人　正大工主給
太田 太　供田　乍人　田尻さ衛門二ー
次東、両所在之 一反　民ア丞往ー　主作
次北 一反　乍人　ゑんちん
次西 一反　乍人　椿寿庵小二ー
次西 一反　乍人　林四ー二ー
次北 一反　乍人　中兵衛二ー
大田、石橋北一 二反　乍人　林四ー二ー
次北、有岸上 一反　乍人　山本弥五ー あこハ〔いカ〕
次北 一反　乍人　中大ー

次北 半　乍人　孫大丿
次西 一反　民ア丞作　乍人
次西 一反　乍人　田尻与五丿
次北 半　乍人　山本与二丿
次西 半　乍人　椿寿庵藤二丿
次北 半　乍人　田尻さ衛門大丿
卯花、東一 一反　乍人　惣門兵衛三丿
次西 一反　乍人　矢刀祢
次西 一反　乍人　上岸大丿五丿
次西 半　乍人　惣門三丿大丿
次南 半　乍人　今原二丿五丿
次西 九十歩　乍人　林四丿二丿
次西 半　乍人　同人
次西 一反　乍人　大門二丿三丿
次西、岸上 一反　上きし 乍人　二丿五丿

自是初 一反　さ近大夫貴布祢（田脱ヵ）　乍人　惣門三丿大丿
次東 一反　乙大夫往丿　乍人　正大工
次東 一反　右衛門大夫往丿　乍人　矢刀祢
次東 一反　乍人　池 さ衛門四丿
次東 一反　供田　乍人　原衛門三丿
次西 ○二反　千手院主作
次西 一反　後智院主作
次北、間有河 一反半　乍人　今原新二丿 山本助五丿
次東 半　乍人　田尻与五丿
次東、カキニ廻 一反　千代松大夫往丿　乍人　主作
但、三所にあり 次東 一所小　光若大夫往丿　乍人　山本衛門大丿
次東、道上 半　乍人　今原けいもん
次西 一反　乍人　田尻さ衛門二丿
次南 一反　供田　乍人　惣門又五丿
已上七丁三反六十歩

十一月三日

林乾一、石岡 一反　乍人　正大工主作
次西 一反　千寿大夫往丿　乍人　田尻与大丿
次西 一反　周防守往丿　乍人　林四丿二丿
次南、間有溝 半　信濃守往丿　乍人　正大工
次南 半　乍人　同人
次南 半　供田　乍人　田尻孫大丿
次南 一反　熊千代大夫往丿　乍人　同所与大丿
次乾、間有溝 一反　大監物丞往丿　乍人　惣門与二丿
次西、岸上 一反　乍人　上岸二丿五丿
次西 半　神人中　乍人　田尻与大丿
次北 一反半　寶泉坊供田　乍人　上岸衛門三丿
立帋田切◯乾 十歩　新開　乍人　大門新二丿
福徳明神西一、蕨岡 半　乍人　同所与二丿
次東 小　乍人　同所新二丿

次東、岸下 一反半　乍人　一反 同所又三丿 半 同 二丿四丿
次南、間有溝 太　乍人　同所与大丿
次西 一反　乍人　同所二丿さ衛門
次坤 半　乍人　二社兵衛三丿
次西 一反　乍人　大門二丿大丿
次西 一反　乍人　二社又四丿
次南、岸下 一反　乍人　大門二丿大丿
立帋田、但両所有之 半　乍人　大門小二丿
次西 一反　夜叉大夫往丿　乍人　二社又四丿
次北 一反　〔驒〕飛駄守往丿　乍人　大門新二丿
次東、岸下 半　乍人　惣門三丿大丿
次西、岸上 二反　乍人　大門与三丿
次南 半　神人給　乍人　同所二丿大丿
次南、間有溝 二反　乍人　同所二丿さ衛門
次西、間有溝 一反半　乍人　主作

次東 半　乍人 上野二丿四丿
乾、間有溝 一反　乍人 二社又三丿
190 次南 一反 梅松大夫往丿　乍人 大門四丿三丿
次西 半　乍人 二社同人又三丿〃〃
次西 二反 星野宗清持 三丿さ衛門〃〃〃　乍人 主作
次北 二反　乍人 中林
次西、間有道 半 幸寿大夫往丿　乍人 大門大丿二丿
195 次巽、間有道 一反　乍人 上野二丿大丿
中道、山神北 一反 亀鶴大夫往丿　乍人 同所二丿四丿
岸下、細通 六十歩 縫殿助持　乍人 同所道心
次北 六十歩　乍人 同所さ衛門三丿
次上 一反 壱岐守往丿　乍人 宮前小二丿
200 次北 一反 因幡守往丿　乍人 同所小四丿
次北 一反 隠岐守往丿　乍人 中林

次西 一反 供僧田　乍人 上野二丿大丿
次西 半　乍人 同所三丿四丿
次北、此切小（北カ）在之由也 半 立岙田　乍人 宮前二丿さ衛門
205 次西 一反　乍人 二社源三丿
次北 半 供田　乍人 宮前二丿さ衛門
次北、間有溝 半　乍人 上野衛門
次東 半 供田　乍人 同所二丿大丿
高橋南 半 供田　乍人 大門彦さ衛門
210 同所北 半 同田　乍人 紫竹孫三丿
次西 半 志广〔摩〕守往丿　乍人 上野与二丿
次西、岸上 半　乍人 同所二丿四丿
次乾、間有溝 半　乍人 二社五丿
次東 半 さ京進往丿　乍人 大門三丿大丿
215 次東 半 右京進往丿　乍人 同所二丿四丿

次東 半 往亅 乍人 上野さ衛門三亅
次南 一反 乍人 宮前又七
次北、岸上 半 乍人 二社又三亅
次東 六十歩 掃ア助持 乍人 同所五亅さ衛門
□□(かきカ)木本 一反 乍人 宮前小四亅
次南、間有溝 半 乍人 大門二亅大亅
次東 一反 治ア少輔往亅 乍人 二社五亅大亅
次東 半 尾張守往亅 乍人 大門又三亅
次北 半 伊与〔予〕守往亅 乍人 同所大亅二亅
次東 一反 因幡守往亅 乍人 同所二亅四亅
次南、岸下 一反 縫殿助往亅 乍人 同所又三亅
次東、両所在之 一反 弾正少弼往亅 乍人 同所与大亅
次南 一反 縫殿助往亅 但両人 乍人 二社又二亅
次北 半 雅楽助往亅 乍人 大門又三亅

次東 一反 松寿大夫往亅 乍人 宮前久(又カ)七
立呑田東 半 遠江守往亅 乍人 大門三亅大亅
次北、間有溝 九十歩 さ馬助往亅 乍人 同所与大亅
次巽、間有溝 一反 灯木 鶴光大夫往亅 乍人 同所又二亅
次東 半 さ馬允往亅 乍人 同所新二亅
次東、岸下 半 うも藤兵衛もち 乍人 上野弥五亅
次東 半 周防守往亅 乍人 大門与二亅
次東、岸下 半 因幡守往亅 乍人 同所新五亅
次岸上 一反 (ママ)貴布祢田 乍人 同所又二亅
次北 一反 治ア大輔往亅 乍人 藤木さ衛門四亅
次北、間有岸 一反 但馬守往亅 乍人 大門小二亅
次西坤 一反 駿河守往亅 乍人 同所与大亅
次北、岸上 半 刀祢給 乍人 同所二亅四亅
次南、間有溝 半 立呑田 乍人 同所四亅三亅

次西 半 和泉守往〻 乍人 同所二〻さ衛門
次北、間有溝、岸上 半 乍人 同所宗善
次北 半 幸寿大夫往〻 乍人 宮前二〻さ衛門
次北、岸下 一反 乍人 今原又二〻
次東 一反 兵庫助往〻 乍人 宮前四〻二〻
次東、岸下 一反 亀千代大夫往〻 乍人 田尻与五〻
次東 一反 兵庫頭往〻 乍人 大門与三〻
次東、岸下 一反 乍人 林四〻二〻
次東 一反 乍人 大門与二〻
次東 一反 乍人 椿寿庵藤二〻
次東 一反 乍人 正受寺小二〻
次東 一反 乍人 林四〻二〻
次北 六十歩 乍人 椿寿庵記三〻
次北 一反 伯耆守往〻 乍人 同所源二〻

次北、岸上 半 乍人 正受寺小二〻
次西 一反 右京進往〻 乍人 上岸法花
次北 卅歩 立帋田 乍人 林大〻四〻
次西 半 さ衛門大夫往〻 乍人 田尻与大〻
次北 一反 さ衛門尉往〻 乍人 椿寿庵孫大〻
次西、岸上 一反 乍人 矢刀祢
次西 一反 中務大夫往〻 乍人 惣門与二〻
次西 一反 圖書頭往〻 乍人 池さ近四〻
次南 一反 岡井持 乍人 椿寿庵孫三〻
正受寺坤 一反 乍人 同小二〻
次西 一反 乍人 今原小大〻
次西 九十歩 さ馬助往〻 乍人 林四〻二〻
次坤 一反 鶴寿大夫往〻 乍人 上岸大〻五〻
次北、岸上 半 幸夜叉大夫往〻 乍人 椿寿庵又二〻

フ次北 半　作人　正受寺小二〻
フ次北 一反　作人　椿寿庵道心
フ次西 一反　作人　同所又五〻
フ次西 半　作人　惣門又二〻
フ次西、間有道 半　作人　椿寿庵又（久カ）三〻
次東 一反　供田　作人　同所民ア卿
次東 半　供田　作人　教学院
次北、間有溝 半　作人　今原けいもん
次西、間有道 一反　作人　椿寿庵小二〻
次北、間有道 一反　作人　同所又五〻
次東 半　作人　同人
次北 三反　作人　同所紀（記カ）三〻
次北 二反　作人　同所 さ近四〻 孫大〻
次北 一反　作人　同所又（久カ）五〻

フ次北 一反半　作人　一反 同所藤二〻 半 五〻三〻
垣内 二反　作人　同所 藤二〻 孫三〻
已上十丁六反○半六歩
同四日
石岡、巽一
二反　供田　作人　今原新二〻
次西 一反　さ馬允往〻　作人　林四〻二〻
次西 九十歩　さ馬助往〻　作人　田尻与五〻
次西 一反　故刑ア少輔老者田　作人　正大工
次西 一反　作人　南辻風呂祖父
次西 一反　作人　山本又五〻
次西 小　作人　惣門兵衛三〻
次西 一反　阿波守往〻　作人　上岸衛門三〻
次西 一反　長寿大夫往〻　作人　林四〻二〻
次西 半　作人　中二〻五〻

次西 一反 乍人 上岸大亅五亅
次坤 六十歩 乍人 林四亅大亅
次北 小 乍人 惣門又五亅
次北 一反 臺飯田 乍人 林四亅二亅
次北 一反 乍人 林四亅大亅
次北 一反 丹後守往亅 乍人 河上又四亅
次東 半 祝田 乍人 田尻さ衛門二亅
次東 半 同田 乍人 惣門又二亅
次乾、間有道 一反 乙大夫往亅 乍人 中兵衛五亅
次北 一反 供田 乍人 惣門与二亅
次西 一反 同田 乍人 椿寿庵さ近四亅
次西、細通、両所在之由也 小 乍人 惣門三亅大亅
正受寺藪東 一反 大亅大夫往亅 乍人 上岸さ近五亅
次北 一反 民ア少輔往亅 乍人 養光坊

大将軍下、此切同西在之 一反 乍人 正受寺《ちんしゅ庵》又五亅
次北 半 乍人 同所小二亅
次東 一反 さ近大夫往亅 乍人 惣門又五亅
次東 半 土器田 乍人 田尻衛門大亅
次南 一反 乍人 同所与大亅
次南 一反 乍人 惣門三亅大亅
次東 半 弾正少弼往亅 乍人 主作
次北 半 御馬田 乍人 惣門又二亅
フカ田ヨリ初 一反 福満大夫持 乍人 主持
次東 一反 式ア大夫往亅 乍人 今原五亅大亅
次東 一反 供田 乍人 侍従公
次東 一反 同田 乍人 今原孫大亅
次東、袴田、間有溝 一反 供田 乍人 主作
次東 一反 同田 乍人 教学院与五亅

次東、袴田、間有溝　一反　同田　作人　山本ふくれ

次東、同前　一反　作人　（×同）上岸さ近二丿

次東、同前　一反　往丿　作人　今原彦五丿

次東　同前　一反　作人　正大工

次東、同前　一反　作人　山本ふくれ

次東　一反　作人　上岸大丿五丿

次南　一反　兵衛大夫往丿　作人　同所さ近五丿

次南　一反　和泉守往丿　作人　主作歟

次北、間有溝　一反　神人往丿　作人　田尻与大丿

次西、岸上　一反　作人　正受寺小二丿

次西　一反　供田　作人　養光坊

次西　一反　幸寿大夫持　主作

次西　壱所小切　土佐守往丿　作人　池小使

次西　小　福満大夫持　主作

次北、間有道　一反　同主持　作人　正大工

次東　一反　縫殿助往丿　作人　上岸大丿五丿

次東　一反　豊前守往丿　作人　惣門又五丿

次東　一反　作人　海蔵軒

次北　三所田　小　下野守往丿　作人　池石松

次西　一反　御袖田　作人　養光坊

次西　一反　同田　作人　宮内卿

次西　一反　左近将監往丿　作人　田尻与大丿

次西　一反　作人　惣門三丿大丿

次西　一反　右近将監往丿　作人　池三丿五丿

次西　一反　作人　芝弥三丿

帝尺堂坤　十歩　作人　惣門又五丿

同所北　十歩　作人　侍従公

次北　十歩　作人　惣門三丿大丿

次東 十歩 作人 芝筑前
次東、間有溝 小 福石大夫持 主作
次南 半 作人 山本ふくれ
次東 太 作人 惣門又五亅
次北 太 作人 同所三亅大亅
次東 一反 作人 養光坊
次東 一反 作人 田尻与大亅
次東、岸下 一反 作人 芝筑前
次北 一反 作人 椿寿庵孫三亅
次西 一反 作人 中孫二亅
次西 一反 作人 芝弥三亅
次西 一反 作人 今原与七
角田 二反 作人 宮内卿
次南、間有道 一反 作人 山本弥五亅
次南 一反 作人 惣門兵衛三亅

次南 一反 作人 養光坊
次南、間有溝 一反 作人 椿寿庵孫三亅
次南 太 作人 同所小二亅
次南 一反 阿波守往亅 作人 今原二亅大亅
次南 一反 大炊助往亅 作人 山本小大亅
次南 一反 但馬守往亅 作人 同所ふくれ
次東 一反 兵ア丞往亅 作人 田尻与二亅
次東 一反 長満大夫往亅 作人 主作
次北 太 供田 作人 養光坊
次北 半 作人 今原藤二亅
次西 一反 千代福大夫往亅 主作
次東、間有道、但、櫨木榎アリ 一反 作人 今原こほう
次東、有小溝 半 作人 上岸二亅五亅
次東、岸下、間有溝 一反 作人 山本六亅五亅

次南 一反 作人 同所ノふくれ
次西 一反 右近将監往ヽ 作人 田中
次坤 一反 作人 今原藤五ヽ
次東 一反 作人 宮内卿
次東 一反 作人 同人
次南 一反 作人 田尻 半与大ヽ 山本さ近三ヽ
次南、間有溝 一反 作人 正大工
次東 半 作人 田尻与二ヽ
田尻東、艮 一反 作人 中二ヽ大ヽ
次北 一反 作人 山本さ近三ヽ
次北 一反 作人 池与三五ヽ
次東 一反 作人 山本又三ヽ
次北 一反 作人 梅辻石松
次北 一反 作人 上岸二ヽ五ヽ

次西、岸上 一反 作人 今原藤二ヽ
次南 一反 作人 中松千代
目代林乾 半 供田 教 作人 中兵衛五ヽ
次南、間有堀川 一反 同田 作人 民ア丞
次南、間有堀川 一反 作人 林四ヽ二ヽ
次東 一反 作人 池おゥい（岡井）
次南 一反 浄福大夫持主作 作人
次南 一反 作人 中孫二ヽ
次西 一反 作人 南辻 中与三ヽ
次西 一反 作人 芝弥三ヽ
櫨榎、北一 一反 作人 山本六ヽ五ヽ
次北 一反 作人 池衛門大ヽ
次北 一反 作人 田尻孫大ヽ
次北 一反 作人 宮内卿

次北
一反　　乍人　金蔵坊歟
次東
一反　　乍人　田尻孫大丿
次東、間有溝
一反　大夫将監往丿　乍人　山本二丿五丿
次南
一反　故筑前守往丿　乍人　田尻孫大丿
次南、間有溝
一反　治ア大輔往丿　乍人　田中
次南
一反　故亀夜叉大夫往丿　乍人　竹鼻さ衛門九丿
次東、但両所在之
一反　掃ア助往丿　乍人　池彦三丿
次東
半　　乍人　原五丿三丿
次東
一反　　乍人　今原二丿五丿
榎良一
半　往丿　乍人　山本ふくれ
次東
一反　丹後守往丿　乍人　山本大丿二丿
次北
一反　大丿大夫往丿　乍人　今原二丿五丿
次北
一反　右近将監往丿　乍人　池彦三丿
次北
一反　故大膳亮往丿　乍人　梅辻才

次西、岸上
一反　海蔵軒持　乍人　民ア卿
次南、但此内三所在之由也
半　　乍人　山本ふくれ

已上拾弐丁一反太十歩

同五日

寶幡〔幢〕院巽東
一反　御袖田　乍人　養光坊
次北
一反　　乍人　椿寿庵孫三丿
次北
太　　乍人　山本ふくれ
次東、間有溝
一反　　乍人　田尻さ衛門大丿
次南
半　　乍人　惣門三丿大丿
次東
一反　　乍人　椿寿庵孫三丿
次東
一反　河内守往丿　乍人　池さ近四丿
次東
一反　豊福大夫往丿　乍人　侍従公
次北
一反　　乍人　上岸さ近五丿
次北
一反　豊光〔カ〕大夫往丿　乍人　池彦三丿

次西 一反 大膳亮往ー 乍人 山本弥五ー
次西、岸上 一反 千世（カ）寿大夫往ー 乍人 河上三ー大ー
次北 一反 乍人 宮内卿
次東、岸下 一反 供田 乍人 惣門三ー大ー
次北 一反 紀伊守往ー 乍人 池乙石
次西 一反 供田 乍人 宮内卿
次艮 半 乍人 今原衛門三ー
次西 一反 乍人 矢刀祢
次北 太 命福大夫一反田 乍人 池乙石
中坊、北一 一反 乍人 惣門三ー大ー
次西 半 乍人 原さ衛門二ー
次北、間溝道アリ、有両所 一反 乍人 中坊弥三ー
次北 一反 乍人 今原新二ー
次西 一反 乍人 椿寿庵源（二脱カ）ー

次東 一反半 乍人 河上又三ー
次東 一反 乍人 同所小大ー
次東 半 乍人 椿寿庵民ア卿
次北 小 乍人 同所記三ー
次北 半 乍人 田尻与大ー
次西 太 乍人 椿寿庵又五ー
次北 半 乍人 今原五ー大ー
次西 半 乍人 金蔵坊
次西 一反 乍人 養光坊
次北 一反 乍人 今原孫大ー
次西、間有溝 半 乍人 同所小大ー
次北、両所在之 一反 乍人 せうきん
次東 一反 乍人 宮内卿
次東 一反 乍人 同人
次東 一反 乍人 矢刀祢

次東、有溝
半　福満大夫持　乍人　山本法花衆
次東
半　乍人　今原殿二ー
次東
一反　乍人　同所与七
次南、両所在之
卅　掃ア頭老者田　乍人　椿寿庵与三ー
次西
一反　乍人　正大工今原彦五ー
角社下一、両所在之
半　乍人　養光坊
次艮
半　乍人　椿寿庵記三ー
次東
太　乍人　今原与七
次東
一反　乍人　原侍従公
次北
一反　乍人　同所衛門三ー
次北
一反　乍人　同所与七
次北
一反　乍人　惣門又五ー
次北、間有道
一反　乍人　千手院
次西、カキテ
一反　乍人　原与七

次北
半　乍人　同所教学院
次乾
半　乍人　同所又(ママ)ー大ー
次東
十歩　乍人　教学院
次北、間有道
半　乍人　椿寿庵記三ー
藤森、南一
一反　乍人　林四ー二ー
次坤、間有溝
一反　乍人　椿寿庵記三ー
次東、間有溝
半　乍人　正受寺小二ー
次南
半　福有大夫往ー　乍人　金蔵坊
次東
半　乍人　惣門三ー大ー
次北
半　乍人　原彦五ー
次巽
一反　乍人　同所こほう
次北
一反　乍人　同所彦五ー
次西
一反　藤徳大夫往ー　乍人　原新二ー
次北
小　乍人　千手院

藤森、艮一
九十歩　作人　河上三丿五丿
次東
一反　作人　椿寿庵又五丿
次南、間有溝
一反　遠江守往丿　作人　河上三丿五丿
次東
半　作人　椿寿庵源二丿
次南
小　作人　矢刀祢
次北
一反　作人　河上三丿五丿
次北
一反半　作人　同所小大丿
河上下備後守往丿一（遠顕）
一反　作人　こほ（山本）
次東
一反　供田　作人　田尻孫大丿
次東
半　作人　惣門与二丿
次東
小　さ馬頭（カ）往丿　作人　河上三丿大丿
次東
一反　福増大夫往丿　作人　田尻孫大丿
次東
一反　作人　同人
次南、間有溝道
一反　千寿大夫往丿　作人　山本石水（カ）

次西、間有道
一反　作人　今原越後
次北
一反　作人　椿寿庵又五丿
次北
一反　さ馬允老者田　作人　民ア丞
次南
一反　作人　惣門兵衛三丿
次南
一反　作人　宮内卿
次坤
一反　供田　作人　原新二丿
次東、岸下
半　作人　河上又二丿
次南
一反　供田　作人　原越後
次東
一反　福有大夫往丿　作人　同所二丿大丿
次南、岸下一（有カ）
一反　千寿大夫往丿　作人　原与三丿
次東
一反　幸徳大夫往丿　作人　大宮小使
次東
一反　作人　山本ふくれ
次東
一反　作人　原与七
次東
一反　作人　小山小使

次東　半　　　　　　作人　椿寿庵弥三丿
次東　一反　乙大夫往丿　作人　今原孫大丿
次東　半　出雲守往丿　作人　池さ近四丿
次南　一反　伊豆守往丿　作人　上岸さ近五丿
次南　一反　兵衛大夫往丿　作人
次南　一反　さ馬頭往丿　主作
次南、間有河　一反　越前守往丿　作人　民ア少輔
杉木之辻子、巽一　小　　作人　矢刀祢
次南、三所在之由也　小　夜叉大夫往丿　作人　神夫
次東　一反　丹波守往丿　作人　惣門三丿大丿
次南　一反　供田　作人　千手院
次東　一反半　供田　作人　河上小大丿
次南　三反　同田　作人　池助五丿
隼人正田一　一反　　作人　山本衛門大丿

柳本、福満大夫開一　小　　作人　猿もう
次東　一反　　作人　山本六丿五丿
已上九丁三反太十歩
同六日
柳本、北一、両所在之　一反　式ア大夫往丿　作人　兵衛《今中》五丿
次東　一反　もし殿持　作人　中二丿兵衛
次北　一反　さ京亮往丿　作人　山本六丿五丿
次北　一反　奈良田　作人　田尻与五丿
次北　一反　同田　作人　山本二丿五丿
次西　一反　同田　作人　侍従公
次艮　一反　同田　作人　池彦五丿
次西　半　同田　作人　民ア丞
次西　半　　作人　山本六丿五丿
次北、間有道　一反　故甲斐（守脱）往丿　作人　同人
次北　一反　神人中　作人　田尻与五丿

次東 一反 治ア少輔持 乍人 中孫二｜
次東 一反 目代田右京亮持 乍人 今原孫大｜
次東 一反 刀祢田 乍人 山本藤三｜
次東 一反 神人中 乍人 田尻さ衛門二｜
次東、間綱〔縄〕手アリ 一反 鶴満大夫往｜ 乍人 池勘〔解脱〕由さ衛門
次東 一反 赤大夫持主作
次東 一反 千大夫持 乍人 中与五｜
次東、岸下カヽル、間有道 半 神人給 乍人 林大｜四｜
次南 一反 教学院持 乍人 原与七
次南、岸下ヘカヽル 一反 丹後守貴布祢田 乍人 山本二｜大夫
次南、岸下ヘカヽル 一反 民ア少輔往｜ 乍人 椿寿庵さ近四｜
次南、間有溝道 一反 松千代大夫持 乍人 中大｜五｜
次東 一反 光若大夫往｜ 乍人 山本衛門二｜
次東 一反 宮内少輔往｜ 乍人 同所六｜五｜
次東 一反 さ京進往｜ 乍人 池衛門大｜

次東 一反 乍人 原者
次東 一反 乍人 西者
次東、岸下ヘカヽル 半 乍人 山本彦五｜
次南、岸下ヘカヽル 九十歩 松千代大夫持 主作
次西 一反半 供田 但、半福満大夫持 乍人 神夫
次南 半 乍人 山本彦五｜
柿木、修理亮往｜一 一反 乍人 池彦三｜
次東 一反 乍人 河上又四｜
次東 一反 刀祢田 乍人 池石松
次東 一反 命光大夫往｜ 乍人 原孫大｜
次東 一反 加賀坊往｜ 乍人 惣門又五｜
次東 一反 供田廻下地 乍人 今原新二｜
次東 一反 伊賀持 乍人 同所与三｜
次東北、岸上カヽル 一反 乍人 池兵衛大｜
次東 一反 奈良田 乍人 池さ衛門五｜

次東、岸下ヘカヽル一反　供田廻下地　作人　原小大〻
次北一反　同田　作人　河上為（カ）三〻
次西一反　奈良田　作人　池さ衛門四〻
次西一反　同田　作人　上岸大〻五〻
次乾、自溝西ヘカヽル一反　大蔵大輔老者田　作人　小預
次東一反　豊後守老者田　作人　南辻与三〻
次西、有両所一反　丹波守老者田　作人　田中
次東一反　故刑ア少輔老者田　作人　今原孫大〻
次北半　遠江守老者田　作人　中兵衛大〻
次西一反　故甲斐守老者田　作人　山本小大〻
次西、間有道一反　掃ア頭老者田　作人　ちん寿庵五〻三〻
次西一反　河内守老者田　作人　田尻孫大〻
次西一反　隠岐守同田　作人　池助五〻
次西一反　丹波守同田　作人　池さ衛門五〻
次南一反　石徳大夫往〻　作人　南辻子兵衛三〻

流残、自河西ヘカヽル一小　供田　作人　中兵衛五〻
次南、間有溝半　對馬守往〻　作人　山本六〻五〻
次東一反　作人　同所神夫
次南一反半　福満大夫持　作人　主作
次東一反　同田　作人　中孫二〻
次東六十歩　神人給　作人　田尻孫大〻
次南、六十歩内歟半　同田　作人　同所与大〻
次南一反　治ア少輔往〻　作人　池石松
已上五丁八反太卅歩
同七日
梁瀬、巽一
半　御袖田　作人　山本小大〻
次西、間有道半　作人　矢刀祢
次西一反　作人　宮内卿
次西一反　作人　池兵衛大〻

次西、間有溝 半九十歩　乍人 河上矢刀祢
次南 半　福若大夫往〜　乍人 才
次北 一反　宮内卿持　乍人 主作
次北 一反　乍人 椿寿庵五〜三〜
横枕、西一、但〇間有河 一反　乍人 中小大〜
次乾 一反　奈良田　乍人 池与三五〜
次西 一反　同田　乍人 同人
次南、間有道 一反　乍人 今原新二〜
次西 一反　乍人 河上小大〜
次坤 一反　内蔵頭往〜　乍人 中助子
次北 一反　乍人 河上小大〜
次北 一反　乍人 今原新二〜
次北 一反　駿河守往〜　乍人 南辻右近二〜
次北 半　雅楽助往〜　乍人 主作
次北 一反　備後守往〜　乍人 大宮小使

次北東 三反半　遠江守持　乍人 中うち 今原孫大〜 中大〜三〜 同与二〜
次艮、有両所由也 半　乍人 養光坊
次西 半　大〜大夫持　乍人 山本さ近五〜
次西 一反　同持　乍人 大宮小使
次西 一反　同持　乍人 河上小大〜
次西、間有河 一反半　乍人 同所三〜五〜
次坤 一反　讃岐守往〜　乍人 今原藤二〜
次北 一反　乍人 同所二〜大〜
次西 半　乍人 上岸さ近二〜
河上北 六十歩 無也　乍人 河上さ衛門三〜
次北 一反　右馬助往〜　乍人 河上小大〜
次北 一反半　乍人 林大〜四〜
次北 一反　筑後守往〜　乍人 池田中
次東、間有溝 小　乍人 今原新二〜
次南、間有溝 一反　さ衛門尉一反田　乍人 藤木さ衛門四〜

次北、間有溝 半 絵師田 乍人 賀茂者
次西、間有溝 九十歩 乍人 原藤二〜
次北 半 乍人 椿寿庵さ近四〜
次西 小 乍人 大進公云(カ)
次西 卅歩 乍人 池小山小使
右近大夫往〜一 一反 乍人 田尻与二〜
次東 半 乍人 養光坊
次東 半 絵師田 乍人 河上又四〜
次北 半 供田 乍人 今原彦五〜
次北、両所有之 一反 乍人 今原彦五〜
次西 半 猿松大夫往〜 乍人 河上又四〜
次艮 小 むし殿持 乍人 同人
次西 一反 供田 乍人 今原二〜大〜
次西 一反 同田 乍人 千手院
次西、間有溝 半 乍人 椿寿庵孫三〜

次西 ム、 乍人 すいせん
次北 流残 一反 但太 乍人 原新二〜
次北 九十歩 大膳亮往〜 乍人 上岸衛門三〜
次北 一反 乍人 山本さ近三〜
次北 半 乍人 池助五〜
次北 九十歩 乍人 同所さ衛門四〜
次北 半 乍人 中三〜大〜
次西、岸上 半 乍人 養光坊
次西 半 乍人 田尻与五〜
次北 半 乍人 河上又三〜
次東、有両所由也 一反 神人給 乍人 田尻さ衛門大〜
蛙本、南一 一反 乍人 今原二〜大〜
次北 二反 神夫田 乍人 主作
次西 小 供田 乍人 同所与三〜

次西 一反 作人 矢刀祢
次西 半 兵衛大夫往亅 作人 原二亅五亅
次西 半 さ馬助往亅 作人 千手院
次西、ム 九十歩 新開 作人 (ママ)
次西 半 作人 河上さ衛門三亅
次北 半 鶴寿大夫往亅 作人 同所小三亅
次東 一反 作人 同所又四亅
次東 一反 作人 同所三亅五亅
次東 一反 作人 同所三亅大亅
次西、有両所 太 妙観〔歓〕寺田 作人 山本弥五亅
次北 一反 作人 河上三亅大亅
次北、有道 一反 弾(正脱)少弼往亅 作人 椿寿庵又五亅
次北 一反 作人 河上又四亅
次北 半 大蔵大輔貴布祢田 作人 池兵衛九亅
地蔵本堂上 半 新開 作人 河上三亅大亅

次南 二反 寶幢院田 作人 越後坊
次南 半 大蔵少輔往亅 作人 河上三亅大亅
次南 半 供田 曾〔會〕堂田 作人 中三亅大亅
次南 半 供田 作人 千手院
次南 二反 乙福大夫持 作人 主作
次道下 廿歩 絵師田
次南 一反 作人 河上又三亅
次南 一反 作人 一原者
次南 一反 作人 池勘(解脱)由さ衛門
次南 小 作人 賀茂者
次南 半 遠江守老者田 作人 山本衛門大亅
次東 小 曾〔會〕堂田 作人 中大亅三亅
毛穴 四反 埒田 作人 寄合田
山森 貴布祢御灯田
一反 作人 寄合田

次東 半 謡田 作人 中兵衛五亅
次東 一反 打覆講田 作人 上岸者寄合田
入江新開 二反小 作人 寄合田
山蔵 十歩 福満大夫持
同所 半 徳在大夫持
同所 九十歩 作人 山本六亅五亅
同所 半 亀福大夫持 作人 中衛門大亅
同所 卅歩 掃ア助持
銭講開 一反 作人 田中
次西 半 掃ア頭持
次南 半 地蔵講田 作人 田尻さ衛門二亅
次東 半 作人 同所与大亅
次南 半 地蔵講田 福満大夫持
下橋 半 肥前守開 主作
次西、間有河 半 光若大夫開 主作

目代林下 九十歩 さ馬頭開
次南、間有道、社下 半 民ア丞持
御手代 一反 作人 池中務丞
自河北、新開 半 寄合田
同所 一反 御灯籠田 作人 長寿大夫持
同所 半 松田 作人 山本弥大亅
同所 太 福満大夫持 作人 主作

已上八丁九反卅歩

惣已上陸十壱丁卅歩

〔十二〕 天文二十年上中村郷検地帳（冊子。袋綴）

（表紙）「上
中村郷検地帳

天文廿年亥

六月晦日」

天文廿年六月廿四日

中村郷乙井

南一 一反　梅辻子 大亅三亅〔郎〕　往亅〔往来〕○以下同。

二 一反　同 与大亅　同

三 一反　竹 新左衛門

四 一反　孫衛門

下窕〔窪〕田

西一 一反　山もと 大亅三亅　往亅

二 一反　小目代　同

三 一反　いけ 三亅五亅子　往亅

四 一反　竹 新左衛門　袖田

五 一反　中 大亅五亅　往亅

六下 一反　梅 小〻法師

東 一反　中 二亅兵衛へ（ママ）

東 一反　竹 与大亅

東 一反　梅 八亅左衛門　坊垣うち

北 一反　梅 衛門大亅

北 一反　（鍛冶屋）かちや　往亅

西 一反　小目代

西窕〔窪〕田

東一 一反　池 与二亅　往亅

二 一反　南 与三亅　同

三 一反　竹 弥三丿　同
四 一反　梅 左衛門二丿　同
五 一反　山もと 三丿五丿　同
六 一反　同 左近五丿　同
次南 一反　池 与五丿　同
次西 一反 桜井尻　中 二丿五丿持
次西 一反　梅 三丿　往丿
次北 一反　梅 与二丿
次西 一反　南 与二丿　往丿
次西 一反　池 左衛門大丿　往丿
次西 一反　竹 衛門三丿　往丿
次西 半　梅 左衛門二丿　往丿
次西 一反　池 二丿五丿　往丿
次南 一反　中 衛門大丿　往丿
次南 一反　梅 孫三丿　往丿

次南 一反　同 左衛門二丿　往丿
次南 半　同 五丿衛門子　往丿
次南 一反　同 与三　往丿
次乾 二反　同 彦四丿
次北 一反　同 彦大丿
次西 一反　同 大蔵　両所ニあり
次西 一反　池 左衛門大丿　往丿
次西 一反　岡本 宮内
次西 一反　中 左衛門五丿　往丿
次北 一反　梅 助左衛門
次北 一反　竹 衛門三丿　往丿
次東 一反　中 助三丿　往丿
次東 一反　中 彦大丿
次東 一反　又六殿作　往丿
次東 一反　山もと 左衛門大丿　往丿

次東 一反 左衛門五丿後家

次東 一反 梅 助左衛門子

次東 一反 梅 四丿左衛門

次南 半 竹 小鶴 往丿

次西 半 梅 衛門大丿

次北 半 中 二丿兵へ

次東 一反 右京亮作

次東 一反 掃ア頭 往丿

次東 一反 池 与三五丿 往丿

次東 一反 梅 大丿三丿 往丿

次東 一反 同 竹〻し後家 往丿

次東 一反 中 兵衛五丿

次東 一反 梅 左衛門二丿 往丿

次東 一反 梅 彦大丿 往丿

次東、間ミそあり 一反 梅 四丿左衛門

次東 一反 中 彦大丿

下桜

次東 半 梅 衛門大丿

次東 一反 山もと 六丿五丿

次東 一反 梅 衛門大丿

次東 一反 同 二丿左衛門

次東 一反 同 衛門大丿

次東 一反 山もと 大丿三丿

次東 一反 南 二丿大丿

ヨコ田 一反 かちや

中窕〔窪〕田

西一 一反 中 兵衛五丿

次東 一反 山もと 六丿五丿 往丿

次東 一反 小目代

次東 一反 同主

次東一反　山もと彦五丿　往丿

次東一反　山もと三丿五丿

次東一反　かちや

80 次東一反　中衛門大丿

次東一反　梅大丿二丿

次東・・一反　池左衛門大丿　往丿

次南一反　竹衛門三丿　往丿

次南半　竹与七　往丿

85 次東、一反、五反ゥいと　中三丿大丿　往丿

次北一反　梅左衛門三丿

次北半　梅彦四丿　往丿

次北一反　竹弥三丿

次北一反　池亀後家

90 次東半　小使作

次北半　小目代

次北一反　梅二丿大丿　往丿

次北一反　中二丿大丿

次西一反　梅弥九丿

95 次北一反　竹又五丿　往丿

次北一反　梅二丿左衛門　往丿

次西、一反、両所ニあり　竹新左衛門

次西一反　梅与五(カ)丿

次西一反　同大丿二丿

100 次西二反　中二丿兵へ

次西一反半　竹新さ衛門

次北半　竹宮内

次東一反　大原小使

次東一反　梅大丿二丿

次東 半　梅 二丿大丿
次東 一反　同 弥九丿
次東 一反　同 左衛門大丿
次東 一反　南 右近二丿　往丿
次南 半　梅 孫衛門
次東 一反　竹 又五丿
次南 一反　梅 与大丿
次南 一反　竹 与大丿
石塔西 一反　梅 四丿兵衛　往丿
次南 一反　梅 孫衛門　往丿
次南 半　梅 大丿二丿

殿カイト

南一 半　梅 与大丿
次北 一反　岡 大丿三丿　往丿
次北 一反　兵へ九丿　往丿

次北 半　竹 新左衛門
次北 一反　南 二丿大丿
次北 一反　梅 大丿三丿
次西 一反　竹 与大丿　往丿
次南 一反　山もと 与二丿　往丿

松下

西一 一反　南 与大丿　往丿
次東 一反　梅 彦大丿　往丿
次北 半　竹 左近二丿
次東 一反　同主 左近二丿　往丿
次東 一反　竹 新左衛門
次東 一反　中 兵衛五丿　往丿
次南 一反　山 弥三丿　往丿
次東 一反　さる 右馬三丿　往丿
次東 一反　梅 弥九丿

次北 一反 山もと 弥三丿 往丿
次西 一反 梅 五丿衛門
135 次南 二反 山 往丿 左衛門二丿
次西 一反 梅 大丿二丿 往丿
次南 一反 中 辰後家
松下 一反 山もと 六丿五丿
次東 一反 南 右近二丿 往丿
140 次南 一反 衛門大丿 往丿
次東 一反 中 大丿五丿
次南 一反 竹 孫大丿
次西 半 竹 新左衛門
次東 小 梅 八丿左衛門
145 次北 小 竹 又五丿
次西 半 梅 大丿三丿
次南 半 梅 与大丿

次西 一反 兵庫助作 往丿
次北 一反 竹 衛門三丿 往丿
150 次北 半 梅 小大丿
次北 二反 ミそまゝけ 梅 左衛門二丿
次北 一反 中 大丿五丿
次北 二反 中 三丿大丿
次北 半九十歩 彦大丿 往丿
155 次東 一反 道まゝけ 又二丿殿作 往丿
次東 二反 道北へかゝる 梅 新衛門
次東 一反 梅 弥三丿
次西 二反 海蔵軒作
目ナシ仏
160 東一 一反 ミトロケ物（イ脱カ）〔者〕
次西 一反 池 与三五丿 往丿
次西 一反 小二丿 後家殿作

次南 一反　竹ノもし後家
次西 小　竹 衛門三
次北 半　三丿二丿　往丿
次西 一反　助左衛門子　往丿
次南 一反　式ア少輔作　往丿
次西 一反　乙　竹りもな　往丿
次西 一反　竹 与二丿
次西 一反　助左衛門子　往丿
次西 一反　岡 与二丿　往丿
チウ
東一 半　助 ■左衛門
次西 二反　梅 助左衛門子
次西 一反　山 弥五丿
次西 一反　竹 五丿大丿
次西 二反　梅 二丿左衛門

次西 小　かちや
次西 二反　池 助五丿
以上拾七丁一反半卅歩
七月四日
ヒカケ田(×ム)・一反　往丿　梅 さ衛門九丿
西一 半　萩ノ垣ト　岡 大丿五丿
次東 一反　梅 さ衛門大丿
次北 一反　御泥池 三丿衛門
次東 半　竹 衛門三丿
次東 一反　梅 兵衛二丿
次東 一反　往丿　南 孫三丿
(マヽ)次南(×一反)・太 道有　往丿　中 大丿五丿
次南 太　往丿　梅 彦大丿
次東 一反　御泥池 与三丿

次東 一反 梅 助さ衛門
次北 二反 竹ノ〳し
190 次北 一反 往〳 梅 又五〳
次北 一反 往〳 同所 又三〳
次西 一反 往〳 中 小大〳
次西 一反 往〳 中 助子
次西 一反 御泥池 こう屋
195 次西 小 竹 又五〳
次南 半 御泥池 二〳九〳
次西 半 往〳 梅 さ衛門二〳
次南 一反 往〳 同所 彦四〳
次南 半 往〳 同所 大〳二〳
200 次北、一反 両所ニアリ 往〳 中 小大〳
次北 一反 往〳 梅 彦大〳
次東 一反 往〳 竹ノ 弥三〳

次東 一反 往〳 山もと さ衛門二〳
次東 半 竹 衛門三〳
205 次東 一反 梅 せう
次東 一反 同所 さ近四〳
次東 一反 御泥池 せんなう
次西 半 梅 新兵へ
次西 一反 往〳 同所 与三
210 次西 一反 往〳 中 二〳五〳
次北 一反 梅 孫衛門
次北 一反 往〳 中 小大〳
次北 一反 往〳 梅 孫衛門
次北 半 往〳 梅 兵へ大〳
215 次北 一反 往〳 竹 又五〳
次東 一反 往〳 中 松千代
次東 一反 往〳 梅 さ衛門九〳

次東一反　往｜　梅又三｜

エノコ田

北一一反　梅小大｜
220 次南半　同所小大｜
次南一反　往｜　池与三五｜
次南一反　往｜　山もと六｜五｜
次南一反　往｜　梅助さ衛門
次南一反　梅与大｜
225 次南一反　梅さ衛門二｜
次南一反　同所四｜兵へ
次南一反　往｜　同所弥九｜
次南一反　往｜　竹与七
次南一反　梅孫衛門
230 次南一反　南与二｜
次南一反　中彦大｜

次南半　梅小大｜
次北一反　せうかう
次南二反　梅又三｜

神殿坪

235 北一半　池三｜五｜
次南一反半　梅衛門大｜
次南二反　梅新衛門
次南一反　梅さ衛門九｜
次南一反　二｜兵衛
240 次南一反　御泥池弥四｜　但越中
次南一反　同所弥六
次南一反　同所弥四｜
次南一反　梅八｜さ衛門
次南一反　御泥池二｜兵へ
245 次南一反　同所同人

次南三反半　　同所三丿衛門

門田

西一半　往丿　四丿兵衛

次東一反　往丿　梅兵衛大丿

次東一反　往丿　同所彦三丿

次東半　往丿　同所同人

次東太　往丿　同所同人

次東一反　　梅四丿兵衛

次東一反　　同所大丿三丿

次東二反　　中さ衛門五丿

次東二反　　御泥池二丿衛門

次東二反　三反りふしん　山もと与二丿

次東一反　　河原者

次東一反　往丿　梅孫三丿

次東一反　往丿　千なう

次東一反　往丿　中弥五丿

次東、道有一反半　御泥池二丿兵衛

次東二反　　梅大原小使

次東一反　往丿　竹弥三丿

次東一反　往丿　岡兵衛九丿

次東一反半　　小目代

次東弐反　　松崎与次

さりつほ

二反　　小目代

次西一反　　松崎与大丿

次西二反　　竹与二丿

次西半　　梅二丿さ衛門

七板坪

東一四反　　松崎者

次西一反　往丿　梅又五丿

273 次西 一反 往ー 梅 さ衛門大ー
274 次西 一反 往ー 梅 孫三ー
275 次西 一反 往ー 中 さ衛門五ー
276 次西 一反 往ー 梅 助さ衛門
277 次西 半 往ー 竹 鶴

八・ツ・ホ《ッホ》

278 東一 半 御泥池 孫さ衛門
279 次西 二反 梅 四ー兵衛
280 次西 一反 中 孫二ー
281 次西 一反 梅 八ーさ衛門
282 次西 一反 南 大ー三ー
283 次西 一反 往ー 小目代
284 次西 半 往ー 梅 さ衛門二ー
285 次西 半 往ー 南 与二ー

---

286 次西 一反 梅 さ衛門九ー

一町田

287 西一 二反 梅 八ーさ衛門
288 次東 二反 梅 助さ衛門
289 次東 二反 竹ノもし
290 次東 一反 梅 さ衛門大ー
291 次東 二反 三ー大ー 縫殿助作
292 次東 一反 御泥池 二ー兵衛

野、神坪

293 西一 二反 御泥池 孫さ衛門
294 次東 一反 岡 小大ー
295 次東 一反半 梅 彦三ー
296 次東 一反 同所 同人
297 次東 一反 往ー 同所 大ー二ー
298 次東 二反 御泥池 こう屋

次北 半　岡 小大丿
300 次北 半 往丿　竹 三丿二丿
次北 半　同所 同人
次北 一反　梅 又五丿
次東 半　梅 衛門大丿
次東 二反　中 松千代
305 次東 一反　中 大丿五丿
次東 一反　梅 大丿三丿
次東 一反　同所 二丿五丿
次北 一反　梅 松石
次西 一反　同所 与大丿
310 次北 半　松崎 山田方
次北 一反　梅 さ衛門二丿
次東 半　岡 大丿五丿
野、神 一反半　松 七丿さ衛門

次(東カ)□ 一反　松 与三丿
315 次北 二反　大森新四丿方
次北 二反半ゝ○「半」ヲ抹消シテ頭部ニ「二」ヲ加筆。　梅 三丿
次北 一反　岡 さ近大丿
次北 一反　松崎 山田
次北 一反 往丿　梅 四丿衛門
東一 一反　小目代
320 次西 一反　竹 与大丿
次西 半 往丿　梅 孫三丿
次西 一反　小二丿 三丿
次西 一反　小二丿殿作
次西 一反半　小目代
325 次西 二反　竹ノもし
ナカフケ

西一 三反　御泥池 衛門五ー
次東 一反　せんなう
次東 一反　往ー　竹 さ近二ー
330 次東 半　往ー　梅 与五ー
次東 一反　往ー　大炊頭作
次東 一反　往ー　新四ー殿作
次東 一反半　松崎 与次方
次東 一反　山もと 弥五ー
335 次東 一反　松 与大ー
次東 二反　同所 さ京進
次東 一反　同所 藤兵衛
次東 半　梅 三ー
次東 半　竹 弥三ー
340 次東 一反　松 さ衛門三ー
次東 半　松 四ー衛門

次東 半　東松 弥三ー
次南 半　松 又三ー
次東 一反　松 二ー四ー
345 次東 半　松 与五ー

池内

東一 一反　松 近江丞
次西 一反　竹 与二ー
次西 一反　松 弥五ー
次西 太　松 四ー衛門
350 次北 一反　松 大ー九ー
次北 半　梅 孫衛門
次北 一反　松 さ衛門二ー
次北 半　松 藤兵衛

茶木原

東一 一反　梅 彦三ー

355 次西 一反 竹ノもし
次西 一反 竹 さ衛門九丿
次西 半 松 九丿衛門
次西 半 中 二丿大丿
次西 二反 池 与大丿
360 次北 半 竹ノもし
次西 二反 小二丿殿作
次西 三反 池 与三丿
次西 一反 梅 さ衛門大丿
次西 一反 同所 衛門大丿
365 次西 二反 小二丿殿作
次西 三反 池 さ衛門
次北 一反 八丿さ衛門
次東 一反 さ京進殿作
次西 半 岡 さ近大丿

---

370 次南 一反 寶泉坊作

ミクツ坪

東一 一反 往丿 中 小大丿
次西 一反 梅 大丿三丿
次西 一反 竹 与二丿
次西 一反 梅 兵衛大丿
375 次西 一反半 池 衛門五丿
次西 一反半 梅 八丿さ衛門
次西 一反 往丿 竹 弥三丿
次西 一反 往丿 梅 大丿三丿
次西 一反 梅 与三丿
380 次西 一反 同所 彦二丿
次西 一反 往丿 梅 兵衛大丿
次西 一反 往丿 梅 二丿大丿
次西 一反 往丿 中 孫大丿

次西 一反 往〳 少（ママ）二〳殿作
385 次西 一反 かちや
次西 一反 往〳 梅 さ衛門九〳
次西 一反 往〳 同所 大〳二〳
次西 半 往〳 南 与二〳

浄土寺田

南一 一反半 梅 八〳さ衛門
390 次北 二反半 梅 衛門大〳
次北 一反半 同所 与四〳
次東 半 池 大（×二〳）〳二〳
次北 一反 梅 新衛門
次北 一反 同所 四〳兵衛
395 次北 一反 同所 弥九〳
次北 一反 岡 竹
次北 一反 梅 新衛門

次北 一反 池 衛門五〳
次北 一反 梅 さ衛門二〳

ナツメ坪

400 西一 一反 池 三〳衛門
次東 一反 梅 弥九〳
次東 一反 こう屋
次東 一反 蔵人作
次東 一反 梅 八〳さ衛門
405 次東 一反 池 与五〳
次東 一反 梅 又五〳
次東 二反 池 与三〳
次東 一反 池 弥六
次東 一反半 池 千なう
410 次東 一反 池 弥四〳
次東 一反 池 与五〳

次東 半　　　梅 大丿三丿
次東一反　往丿　中 三丿大丿
次東一反　往丿　梅 大丿三丿
415 次東一反　往丿　梅 孫三丿

池尻坪

東一 半　往丿　竹 さ衛門九丿
次西一反　　　衛門三丿
次西一反　　　大丿五丿
次西 半　往丿　孫衛門
420 次西一反　往丿　山もと 弥五丿
次西一反　往丿　梅 又三丿
次西一反　往丿　同所 さ衛門二丿
次南一反　往丿　竹 又五丿
次西一反　往丿　梅 大丿二丿
425 次西一反　往丿　梅 さ衛門二丿

次西一反　往《〻〻》丿　四丿さ衛門
次西一反　　　梅 小大丿
次西一反　　　竹 与三丿
次西一反　往丿　竹 三丿二丿
430 次西一反　往丿　梅 二丿大丿
次西 半　　　池 越中
次西一反　　　池殿 彦三丿
次南一反　　　池 弥大丿

九郎田

東一 一反　　　池 さ衛門
435 次西一反　　　梅 弥九丿
次西一反　　　梅 与大丿
次西一反　　　八丿さ衛門
次西二反　　　竹 又五丿
次西 半　往丿　池 与五丿

風呂木

南一 一反 往亅 式ア少輔殿作

次北 半 梅 彦三亅

次北 一反 往亅 竹 虎松

次西 一反半 池 二亅兵衛

次東 一反 往亅 梅 四亅兵衛

次北 半 同所 弥二亅

次北 一反 往亅 岡 兵衛九亅

池尻

次北 一反 梅 彦大亅

次東 一反半 小二亅殿作

ミつミ一 一反 往亅 梅 二亅さ衛門

東一 一反 往亅 宮内

次東 一反 衛門五亅

次東 一反 梅 孫衛門

次東 一反 同所 彦二亅

次東 一反 往亅 梅 新衛門

次南 一反 往亅 池 越中

次東 一反 往亅 藤 さへもん四亅

次東 半 梅 さ衛門大亅

次東 一反 往亅 梅 二亅さ衛門

次東 二反 池 さ衛門

次北 半 梅 衛門二亅

次北 一反 往亅 同所 さ衛門二亅

東一 一反 往亅 梅 弥九亅

次西 一反 往亅 中 孫二亅

次西 一反 往亅 梅 彦大亅

次西 一反 往亅 中 松千代

次西 一反 往亅 梅 新衛門

次西 一反半 山もと さ近五亅

南一　一反　　寶泉坊作
次北　一反　　梅　小大丿
470 次北　一反　往丿　竹　与二丿
次北　一反　往丿　岡　与大丿
次北　一反　往丿　岡　大丿二丿
次北　一反　　さ京亮殿作
次北　一反　　池　越中
475 次北　半　往丿　兵庫助作
次北　一反　　池　こう屋
次北　一反　　梅　さ衛門二丿
次東　一反　往丿　梅　四丿兵衛
次東　半　　蔵人作

并而　卅弐町三反

尚并而
東西分
四十九町五反卅歩

第四章　賀茂別雷神社境内諸郷関係地名の歴史的研究

　第二章で室町・戦国期における賀茂社境内五か郷検地帳の詳細な復元図を完成することができたことから、同時に中世後期における当該地域の細かい字名の所在をいちいち突き止めることが可能になった。しかし、その分布あるいは立地状況は復元図の内容を仔細に検討しないかぎり、簡単に把握することはできないし、また、それぞれの字名がどういう由来を持ち、いかなる歴史的経緯を経て現在にまで伝えられているか、あるいはどのあたりで消滅したり変化したりしたかということは、復元図では知り得ない。

　そこで本章では、復元図と第三章において翻刻した諸検地帳の記事とを軸にし、そのほかに現在まで管見に触れた関係史料、すなわち当該地域に関わる絵図や田券類あるいは検地帳とか指出・田畠目録などを、限界は承知で若干は近世のものをも含めて利用することにより、一つ一つの字名の歴史をできるだけ詳しく明らかにしたいと思う（本来は小野郷の地名についても考察を行ない、境内六郷としてまとめておきたいところであるが、同郷の場合詳細を追究するのには史料が乏しく、ここでは考察対象から省くことにした）。

　最初に、使用する主な資料について、年代推定を含めた解説を行ない、ついでそれぞれの郷ごとに節を分かち、関係地名を一つ一つ項目として取り上げる形で叙述し、さらに最後の節で社家町と諸郷周辺諸村落の地名を考察することにする。項目名として掲げる地名に、史料による表記の違いや別称あるいは転訛などによる変化が見られる場合は、それぞれをおおむね所見年代順に列挙することにした。なお、郷界に曖昧さがあって、時期により史料によって、同一の字名が別の郷の所属として現われることがあるが、その場合は適宜の判断でどちらか一方に決めて拾い、両方の郷でそれぞれ取り上げることはしない。

また、本章は必然的に地名辞典としての性格を備えることになるので、叙述は、必要とする一つの地名項目を読めば、他の項目はさほど参照しなくても、一応は完結した知識を得ることができることを旨として行なう。そのため、全体を通読する場合には繰り返して類似の叙述が出てきて、煩雑でくどい感じを免れないことになるが、これはある程度やむを得ないと思う。なお、引用あるいは依拠する史料については、本文中に典拠を（　）つきで示すが、第一節で解説する主要資料に限り、原則として略称だけで表記し、所拠の注記は省く。また、検索の便を考慮し、文中所出の主な地名等は太字を用いて表記する（ただし郷名や賀茂社・賀茂川など必要性が小さいと判断したものは対象外とし、かつ原則として各項目初出の場合に限る）。

第一節　主要資料の解説

本章で使用する資料のうち、ほとんどの項目でかならず引用するもっとも主要な資料は、前述のとおり復元図と翻刻した五か郷検地帳である。検地帳はいずれかを特定して引用する際には、第二章と同じく「岡宝」（宝徳三年岡本郷地からみ帳写）・「河天」（天文十九年河上郷検地帳）等の略称をもってする。詳細は第二章第一節を参照されたい。

つぎに、小山・中村・岡本三か郷については、これも賀茂別雷神社文書として伝えられる、(a)天正十三年（一五八五）十月、山城国愛宕郡賀茂検地帳四冊（検地奉行松浦弥左衛門重政、署判の日付は同年十二月吉日）、(b)同十七年十一月の同国同郡賀茂検地帳一冊（検地奉行安威摂津守守佐、署判の日付は翌十八年正月日）、ならびに(c)同年月の同国同郡下鴨村上賀茂渡分検地帳一冊（検地奉行太田又助牛一、署判の日付は同年十二月八日）の記事をできるだけ参照する。引用には(a)は天正十三年検地帳、(b)は天正十七年検地帳、(c)は天正十七年下鴨検地帳と略称する。

また、大宮郷に関しては、天正十七年十一月吉日付山城大宮郷大徳寺分検地帳（『大徳寺』五―九九八）[1]および慶長二年（一五九七）四月十九日の大宮郷麦田指出帳（『大徳寺』五―二〇〇三・九―二五八五）を主な史料として利用する。前者は天正十七年大徳寺分検地帳、後者は慶長二年大宮郷麦田指出と略称する。

河上郷については、天正十七年十一月の山城国西賀茂内大徳寺渡分検地帳（『大徳寺』八―二五五四）、慶長二年四月十九日西賀茂大徳寺領麦田指出帳（『大徳寺』五―二〇〇五）が主な参照史料となる。前者は天正十七年西賀茂検地帳、後者は慶長二年西賀茂麦田指出と略称する。

社家町の地名に関しては、賀茂別雷神社文書の天正十九年（一五九一）八月九日、上賀茂地下棟別帳（「賀茂」）を引用することが比較的多い。これは上賀茂の集落のうち、岡本町・梅辻町・竹鼻町・南辻子・中大路町・池殿町・十楽寺の諸町に居住する百姓の家々を小屋まで含めて書き上げた棟別帳である。とくに略称は用いない。当時の上賀茂の居住人口・軒数を割り出すための重要史料にもなる。

地名研究にとっては、各種の絵図が役に立つことが多い。本章でも復元図以外にいくつかの絵図を利用する。まず、既に第二章第二節で触れた上賀茂御社領之内本郷田地麁絵図（「賀茂」）がある。繰り返すことになるが、岡本郷と上中村郷（乙井川以北をいう）に相当する地域を一まとめにして、道路・畦畔・水路からなる大まかな輪郭線を施し、それぞれの小区画のなかに字名だけを記入した地名分布図である。作成年代は大体近世後期と推定される。原本の題名はたびたび引用するには長すぎるため、本章では単に本郷田地麁絵図と表記する。

中村郷に関するものとしては、これも先に第二章第三節で引用した旧乙井川北東地域の田地明細図（「岩佐家文書」）がある。作成年代は明治初期（第二章第三節注3参照）。ここでは乙井川北東田地図と名づけて引用する。

小山郷と河上郷南端部の関係では、やはり岩佐家文書に河原八町を含む同郷北部域に関する田地図がある。上記乙井川北東田地図と同筆でまったく同じ特徴を備えているので、制作年代は同一と見てよい。これは旧小山郷北部田地図と名づけて引用する。さらに、この絵図の南に接続する形となる旧小山郷南部に関しては、すでに第二章第三節でもしばしば利用した内藤家文書（京都市北区鞍馬口新町内藤家蔵）所収の宝暦七年（一七五七）改写山城国愛宕郡小山村絵図を主として参照する。これは、田地一枚ごとに字名と五人手・六人手などの手間数を記し、多くの場合に頭文字だけで本所（領主）名を書き入れたもので、小山郷南部域の地名研究に役立てることができる。本章では宝暦改写小山村絵図として引用する。

大宮郷については、林家文書（京都市北区紫竹西南町林家蔵）の大徳寺境内大宮郷賀茂台田畠絵図を引用することが多い。この絵図は年月日未詳であるが、近世後期から遅くとも近代初頭までのものと推定される。二枚からなり、大宮郷域を堀川の流れを境に東西に分けて描いたもので、田積の記載はないが、田地一枚ごとに字名と領主である大徳寺の方丈・諸塔頭の名称、作人名を詳記してある貴重な絵図である。(2) 引用に際しては大宮郷賀茂台絵図と称する。

社家町の関係では、すでに第二章で引用した賀茂社家宅七町大旨之図をたびたび利用する。引用に際しては少し略して賀茂社家宅七町之図と称する。

長文なので最後に廻したが、復元図・五か郷検地帳とほとんど同程度に頻出することになるのが、地からみ帳とともに賀茂別雷神社に保存されている二種類の往来田古帳である。いずれも体裁は巻子本で、成立時期はこれまで不詳であった。成立時期不詳のままでは、史料として利用するのに多大の不都合があるので、最低いつごろの成立とみなしうるのか、年代推定を行なう必要がある。いささか長い記述を要するが、その点と本章での利用の仕方などについてここで解説しておきたい。

往来田は、乾元二年（一三〇三）、徳政によって賀茂社に返付された一条以北の水田のうち七〇町歩を、一四〇人の氏人に対し人別五反を年齢次第に配分したもので、当人が死去すると、無足の氏人が順次くりあがって配分を受けるというものであった。(3) ここに挙げる二種類の往来田古帳は、その往来田の明細を記したものである。二巻のうち一方は、一見してかなり古い年代のものであることを思わせるが、何か所かに料紙の欠失が見られ、おそらくそのために作成時点に関する記載はまったく欠けている。他の一巻は、欠けている部分はほとんどなく、定員一四〇人すべての氏人の往来田をもれなく書き上げたあと、巻末に「応仁元年四月　日写早　氏経（花押）」とあって（そのあとさらに賀茂氏勝が因幡前司一名分の往来田を書き加え、つづいて「貴布祢帰成人数」として官職名・仮名で氏人十余名を書き上げている）、応仁元年の筆写にかかるものであることが判明する。ただ、筆写の対象となった原本はいまは伝存せず、応仁元年以前ということしかわからない。そのため、両者ともにできるかぎり狭い幅で、成立年代の推定をやることができないか、試みることにする。なお以下の叙述では、煩雑になるのを避けて前者を「往来A」後者を「往来B」と略称する。

両者とも記載様式は同じで、往来田を帯する氏人名を掲げ、原則として五筆五反の往来田について、一反（半反ずつに分けられている場合もある）ごとに「河上郷円明寺」とか「岡本郷一坪」などのように在所を記し、加えて田地ごとに斗代を書き込んである。両帳の差異は、Aには人別の分米が記入してあるが、Bにはそれがない点である。往来田はその性格上、年代が経過して被支給者の氏人が別人に交替しても、原則として五反の往来田の位置に変化はない。したがってその性質を利用し、「往来A」と「往来B」の記事を人別に細かく対比検討することにより、前者の欠失部分を除くすべてについて、双方の往来田の一致を確認することが可能である。例示すれば次のようである。

「往来A」の記事

菊若大夫往来田
一段 河上郷 ヨコ田　七斗代　　一反 大宮郷 紀三垣内　石代
一段 小山郷 ヤリ上　六〔七〕斗代　　一反 中村郷 殿垣内　八斗代
一段 中村郷 ハスカクホ　石代　　分米二石五升

「往来B」の記事

愛有大夫
一段 河上郷 ヨコ田　七斗代　　一段 太宮郷 紀三垣内　石代
一段 小山郷 ヤリ上　六斗代　　一段 中村郷 トノ垣内　八斗代
一段 同郷 ハスカクホ　石代

この作業を全面的に実施した結果、「往来A」には氏人二九名分の往来田を記載してあったはずの料紙が失われてしまっており、残る料紙の台紙への貼り付け順序も「往来B」とは異なったものになっていることが明らかになった。

さて、「往来A」と「往来B」の両者について右のような作業が可能であるということは、往来田の所在とともにそれを帯する氏人名をいちいち記載してある宝徳三年の五か郷地からみ帳の場合にも、限られた範囲ではあれ、なかには両古帳所載の往来田と一致するものを発見できるであろうことは十分見当がつく。これは五か郷の地からみ帳の記事全体を対象にして、同じ氏人の往来田五反を見つけだし、それぞれの在所を同帳の記載から可能なかぎり突き止めた上で、往来田古帳と対比検討するという、いたって時間のかかる面倒な作業を必要とするし、やってみて不可能とわかるケースも少なくはないが、復元図の作成と並行して繰り返したその作業を通じて、やや不確かさの残るものも計算に入れれば、約九〇名の氏人の往来田について、ほぼ三者の一致を明らかにすることができた。「往来B」と地からみ帳とを対比した結果の一例のみを次に掲げる（地からみ帳所載往来田については、各行頭部に郷名の頭文字と記載順番号を付けておく）。

「往来B」の記事	地からみ帳の「幸石大夫往来田」関係記事
三河前司	
一段　河上郷榎カ本　石斗（ママ）代（「往来A」デハ「椋本」。椋ノ木ハ「むくえのき」トモ呼バレル）	河No.318　次南、東寄、大道畔　一反　幸石大夫往ー　乍人（東隣No.365ニ「椋下ノシタノ角」トアル）
一段　太宮郷法光寺　六斗代	大No.291　次南下　一反　幸石大夫往ー　乍人（コノ田地ノ北ニ隣接シテ「法光寺田」二反ガアル）
一段　小山郷ミトハシ　八斗代	小No.392　次ノ西ノミツハシ　参河守ニナル　一反　幸石大夫往ー　乍人
一段　中村郷夜光　七斗代	中No.271　次ノ西　一反　幸石大夫往ー　乍人（南東ニ近接スルNo.242ニ「夜ヒカリ」ト記ス）

一段　岡本郷八田　彼岸　石代

岡No.195　次ノ南
一反　幸石大夫往ー　乍人
（復元図上ノコノ田地ハ本郷田地麁絵図ノ字「八田」ニ該当）

地からみ帳の場合、復元図作成の結果をも参照し、隣接田地の字名を確認する作業が必要になることは注記したところに明らかであるが、ともあれ上段と下段の田地がそれぞれ同一の田地とみなし得ることは証明できたと思う。

そして、ここで注目すべきは、小山郷地からみ帳のNo.392の田地に「参河守ニナル」という注が施されていることである。これは「往来B」の「三河前司」とまさしく一致するのであり、そこから「往来B」は地からみ帳より後に作成されたものであることが明確に立証できるのである。そこで、前記約九〇例に関して、あらためて相互の照合をやってみると、右の例と同様に氏人名がぴったり一致することがわかるケースがかなり多いことが明らかになる。今のところ全部で四八例を数えることができ、つまり宝徳三年に生存していた約五〇名ないしそれ以上の氏人が、「往来B」作成当時にも健在であったということになる。この点から、一世代を三〇年程度と見ておおよその見当をつけてみると、「往来B」は宝徳三年から一〇年前後しか隔たらない時期に作成されたという結論に達する。一四六〇年前後、年号でいえば長禄・寛正期ということになろう。これは万一当たらなくてもあまり大きく的を外すことにはならない推定であると考える。

残された課題は「往来A」の成立年代の解明である。手がかりはやはり記載されている氏人一〇〇名余の仮名・官職名しかないと思われるので、そこになんらかの特徴が見いだせないかを検討してみているうちに、中世後期の史料では見かけた覚えのない氏人の仮名が、いくつも出てくることがわかった。一、二の例を挙げれば、阿古黒大夫とか童徳大夫などはそれである。宝徳三年の地からみ帳でも「往来B」でもこの仮名は検出できないし、その後の史料でも、比較的多数の氏人名を一覧できるものとして、たとえば永禄八年（一五六五）に作成され、慶長期まで書き継がれた氏人中鬮取過目録（「賀茂」）のごときがあり、これには合計二六八名にのぼる氏人が仮名・官職名で登場するが、そこにもこういう仮名はまったく出現しない。また、有一大夫・一蒸大夫・若一大夫・一珠大夫・菊一大夫・蓮一大夫・徳一大夫・幸一大夫・明一大夫・一若大夫・孫一大夫など「一」を含む仮名がたくさん登場するのも特徴の一つで、中世後期でも同じ仮名は皆無とはいえないが、同時期にこれほどまとまって出てくることはないし、やはりまったく見かけない仮名もある。一蒸大夫や一珠大夫・蓮一大夫などはそれである。さらには、仮名の一字に「菊」がついている氏人も少なくない。初菊大夫・岩菊大夫・虎菊大夫・菊若大夫・祝菊大夫・亀菊大夫・有菊大夫・菊一大夫・慶菊大夫・菊有大夫・松菊大夫などである。右記の氏人中鬮取過目録には、同類は四〇年ほどの間に六名しか出現せず、しかも右掲のものと同一の仮名は発見できないから、これもまた、一つの時代的特徴であるといわねばならない。

この事実は、実名の肩に仮名・官職名を記載している「賀茂社家系図」や蒋池直一が注を加えた『賀茂氏惣系図』の総めくりをやることによって、ある程度「往来A」の成立年代を限定できることを示唆するものといってよい。そこで、追求作業をやってみると、まず阿古黒大夫という仮名は、管見では中世の範囲でとらえるかぎり、ただ一例しか発見できず、それは「季之一流」に属する実名季度という氏人である。彼の生存年代がいつごろかについては、自身についての何の記載も見えず、周辺を探るより術がないが、父の季宣について、『賀茂氏惣系図』には、「直一私云、或記、有惣別之子細而、依為違勅之張本人、延文二年九ノ十六、蒙　勅勘、被御札除、被没取往来田以下所帯、後被　勅免畢、員平系下ニ詳也」との注記が見え、そこから推定すれば、季度は延文二年（一三五七）から一世代三〇年くらい下がった南北朝末期の人といえるであろう。これは、六代前に当たる「季之一流」の祖季保の閲歴に「嘉禄元年八月十九日自氏人被補若宮禰宜　依献秀歌也貞永二年太田祝　嘉禎三年貴布禰々宜」云々とあるところから、さしあたり嘉禄元年（一二二五）を目安として、そこから六代後までたどって一四〇五年前後応永初期ごろという見当になるのと比べても、誤差を考慮すればさほど大きな差異ではない。なお、『賀茂氏惣系図』の蒋池直一私注にしたがって員平のところを調べると、そこには、延文二年の事件について次のように記されている。

此神主三ケ度之任中、延文三年七月十四日、武家ヨリ所司幷公方之両使飯尾三郎左衛門尉幷中沢掃部助三人、人

数ヲ引率而社頭ニ参ル、其故者、氏人等去ル文治〔和〕四年ヨリ厳訴不断絶、近日殊惣別之有而子細違　勅之間、氏人和泉守季宣張本人ナリトテ、被　仰武家、為召捕季宣也、惣氏人等可出季宣乎否之評定移暫時、終可出武家定而、乗馬而出、惣氏人歩行而扶持而同道ス、季宣所司代之許ニヲカレヌ、同年九月十六日、長寿大夫経村、亀一大夫保経、筑前守忠宗、四郎大夫兼音、初有大夫清氏〔成〕、又若大夫久秀、長命大夫治直、童徳大夫重弘、宇五大夫能興、和泉前司季宣、十人被　勅勘、被除御籍、往来以下被没取所帯、家屋敷ヲハサシヲカレ、此外十六人被社勘畢、後　勅免、

この記事は、「社務補任記」[4]と対比して読み比べると、その文章の一部を省略して筆録したものと考えられ、直一が「或記」と言っているのは多分「社務補任記」のことと思われる。それはさておき、右の記事に現われる勅勘を蒙った一〇人の氏人の内、長寿大夫経村・初有大夫清成・童徳大夫重弘は「往来A」に現われており、他の何人かも欠失した料紙に記載されていた可能性がある。童徳大夫重弘については、『賀茂氏惣系図』に季度の場合に同じく「或記」を引いて延文二年の勅勘のことを記し、さらに「私云、此重弘見于往来田古帳」としている。また重弘に比較的近い年代の人では、伯父兼位の孫久豊が春慶大夫の仮名を持ち、同じく「往来A」に出現する。三〇年程度離れるとみれば、やはり南北朝末期ごろの人ということになる。

また、阿古黒大夫季度にごく近い親の代、兄弟についてその仮名を調べてみると、叔父季淑が幸一大夫、同季国が幸松大夫、弟季隣が有菊大夫と称したことがわかるが、これらの仮名はそろって「往来A」に登場する。いずれも南北朝中・末期の人とみなし得るであろう。

さらに、一蒸大夫は実名氏延、「弘長元年若宮禰宜（中略）弘安九年十一月廿一日轉正禰宜」という履歴を持つ久政の四代後の子孫である。『賀茂氏惣系図』にはこの久政の履歴の後に「嘉元三年造営記ニ、正応五年五月八日正禰宜久政卒、年七十三云々」という加筆がある。これによって彼の壮年期を一二七〇年（文永七）ごろと見れば、氏延は一三九〇年前後、南北朝末～応永初期に生存したであろうという計算になる。また、氏延の曾祖父の兄宣能の孫に

は「往来A」の菊一大夫に当たると思われる清久がいる。氏延より一世代くらい前と見れば、一三六〇年前後、延文～貞治年間という見当である。

「往来A」所載のものと一致する仮名を持つ氏人で、同様の手段で実名がわかり、大体の生存年代を推測できる者は、他に十数名を数えるが、彼らはいずれもほぼ南北朝中期から室町初期にかけて生存したと推定される。ということは、「往来A」の成立は大体のところ南北朝末期とみなし得るということである。

これで往来田古帳二巻の成立年代はともかくも限定できたことになるし、同時にそれを立証する過程で「往来A」・宝徳三年地からみ帳五冊・「往来B」三者に記載されている往来田を相互に対比検討することが可能なことも判明した。このことは宝徳三年地からみ帳の記載だけでは難しいと思われる区域の復元図作成にとって、時に貴重な助けになることがあったと同時に、とりわけ「往来A」の成立年代を限定できたことで、本章で行なう地名研究にとっては、地名の初見年代を従来より半世紀以上も引き上げ得る事例がたいへん多くなったという大きな成果がもたらされることになったのである。(5)

（1）この場合、『大徳寺』五は、『大日本古文書』家わけ第十七　大徳寺文書之五を示し、末尾の数字は各文書の番号を指す。以下同様に表記する。

（2）この絵図には、最近になって、復元図がまだ推定にとどまっている部分（主としては中村郷西部に当たる京都府立植物園の地域や河上郷北部など）について、有効な史料が探せないかという目的があって、京都市歴史資料館を訪れた時に、『史料京都の歴史』6を借覧し、巻末の史料解説を通読してはじめて所在に気づき、念のためにと写真のコピーを拝見、大宮郷の復元は北部河上郷との境界付近を除けば遥か四〇年以上も前に完成させていたが、念のために参照したいと思い、コピーをとらせていただいてきたという経緯がある。宇野日出生・小林丈広・吉住恭子氏をはじめ資料館研究員の方々にはなにかとお世話になった。記して深謝の意を表する。

（3）児玉幸多「賀茂別雷神社の往来田制度」（『社会経済史学』第七巻第九号）および拙稿「賀茂境内六郷」（『講座日本荘園史』7）参照。

（4）拙稿「賀茂別雷神社『社務補任記』」（『賀茂文化研究』第二号）で翻刻と解説を行なった。

（5）本章で取り上げる洛北の地名の多くは、かつて『角川日本地名大辞典』26京都府上巻（一九八二年刊）のなかで取り上げ解説したが、そこで「これが初見」としたものの大半について、本書では「往来A」により見解を改めることになったことをおことわりし、あわせて当時の不明をお詫びする。
なお、右の『角川日本地名大辞典』26の編集に際して、編纂委員会事務局において作成された地名カードならびに町名変遷表を、手許の史料に加えて再び利用させていただいた。記して謝意を表する。

第二節　岡本郷関係の地名

【アサヒカ谷口】「岡宝」No.235に「次ノ西、アサヒカ谷口、地蔵堂田ト云、芝」とあるのが唯一の所見。文字どおり朝日を受ける谷の入口ということであろう。同地からみ帳の復元図では、この田地の推定位置は現在の**北区上賀茂狭間町**のうちで、西隣の**上賀茂深泥池町**に鎮座する**貴船神社**の東北に当たり、まさしく地名の意味にふさわしい場所である。「岡宝」にいう「地蔵堂」は、深泥池の廻り地蔵である（**【地蔵堂前】**の項参照）。

【アセカチ・畔勝】永正八年（一五一一）九月晦日の賀茂社氏人等連署契約状案に「中村郷壱段　アセカチ」と見えるのが初見。「岡享」No.317の田地一反にも「アセカチ」と在所が記され、復元図によって、**鞍馬街道**の西、現在の**北区上賀茂畔勝町**の東端部に位置したことがわかる。前掲契約状案に「中村郷」とあるのは、ちょうどこのあたりが中村・岡本両郷の境界付近であるため、時として中村郷所属とみなされたものであろう。なお、「中天二十」では、同一の地が「**目ナシ仏**」と記されており、これは近辺にあった石仏の特徴からきたものかと思われるが、「畔勝」の地名が現在に残ることから、地名の変化を示すものではなく、並び称されたものと考えられる。近世の本郷田地麁絵図は「畔カチ」と記している。

【荒草・アラクサ】　康暦元年（一三七九）後四月三日、賀茂氏女田地売券（『大徳寺』四―一七七五）に、「合壱段半者在所荒草」とあるのが初見であろうか。この売券には関連証文八通が伝えられる。「往来A」では、有一大夫と亀菊大夫の往来田のうち、それぞれ一反が「岡本郷アラ草」所在であったことが知られ、「往来B」と対比すると、それには前者が兵部少輔、後者が鶴夜叉大夫の往来田として現われることが確認でき、後者の在所が「岡本郷荒草」である。

「岡宝」№110には「次ノ西、アラ草東ノ一反　貴布祢祝田　作人右馬助」とあり、この田地をはじめとして、同一の字に属したと思われる一〇筆九反半の田地が出現し、「岡享」でも№64に「アラクサノカシラノ木一反半　猿千代持　同（民部丞）作」とあって、以下一〇筆一町小が同一の字にあったらしい。「カシラノ木」というのは、字界に立っていた樹木であろう。また、「岡天」では、一四筆計七反二五〇歩が「荒草坪」所在として一括記載されている。復元図では、「岡宝」・「岡享」所載の各一〇筆は、ほぼ現在の**北区上賀茂荒草町**東部、「岡天」の一四筆は同町西部にそれぞれ相当する区域である。「往来B」にも「アラクサ」所在の徳寿大夫往来田一反が見える。また、「座田文書」所収享禄二年（一五二九）十二月十三日付の賀茂社氏人肥前守保広・下野守保武連署作職売券案には「合壱段者、岡本郷之内、在所字アラクサ、堀・大道ノ南ノハタニ在之」とあり、さらに文禄五年（一五九六）八月十一日、同じく氏人の遠江守賀顕証状には、「当所南辻子のくち、西あら草ニ、其方之田地之したに在之ミそ、永代其方へ参候」と見える。これらの所見を総合して考えると、現在の**北区上賀茂荒草町・同藪田町**の中央部を南北に通り、北は**大田神社**に達する道路が「大道」で、それを境に東荒草と西荒草とに分かれていたと思われる。天正十七年（一五八九）検地帳には、「あらくさ」所在の田地が、二か所に分けて記載され、上田一四筆・中田三筆合わせて一町一反二畝一八歩を数える。本郷田地麁絵図でも同じ場所に「荒草」と記入されている。さらに付言すれば、この絵図では、現**上賀茂蟬ケ垣内町**の最南部すなわち荒草町の北東に接する場所にも同じく「荒草」と記入されている。

なお、「賀茂社家系図」（『神道大系　神社編八　賀茂』）の顕之一流に載る掃部頭正顕の譜には、「永正二年三廿四、於荒草討死」とある（『賀茂氏惣系図』も同様）。管見では他に史料が見当たらず、事情つまびらかではないが、折しも山城守護代の香西又六（元長）が守護不入を無視して賀茂社領に半済を行ない、幕府が停止を命ずるという事件があったし（永正二年四月二十九日、室町幕府奉行人連署奉書）、「京都盗多シ」（『史料綜覧』巻九、永正元年是歳条）などといわれる物騒な時世でもあったから、このあたりでなにか小競り合いでも起こっていたのかもしれない。

【池内・池ノ水口】「岡宝」No.226に「池内、未申ノ角」にある田地一反が見え、続くNo.227の一反も「次ノ北へ通、池内」とある。復元の結果から、この池は**深泥池**を指していることが判明する。田地の在所は現**北区上賀茂狭間町**西南端あたりである（次節**【御泥池口】**をも参照）。

【石田】　この地名の初見は、「往来A」記載の尾張前司往来田のうち一反の在所「岡本郷石田」である。この田は「往来B」の有福大夫往来田と一致することが、両帳の対比で明らかになるが、後者では「岡本郷タカナハテ」とある。「岡宝」No.84には「次ノ西、石田　二反半　三丁九反　作人　梅辻　三ー大ー」とあり、当時この田地を含めてNo.99まで西へ連続する計一六筆二町一反半の区域が、この字名で呼ばれていたと判断される。中央部を南北に「溝」が通っていた。田地の大半（ことに西半分一町歩はすべて）は経所田であった。復元の結果、現在の**北区上賀茂石計町**の東部約三分の二と、南隣の**上賀茂高縄手町**の北の一部に当たることが判明した。「岡宝」によると、東に接しているNo.75からNo.83に至る九筆九反半の地域が「**小石田**」と呼ばれていたこともわかる。ほぼ現**上賀茂榊田町**の西半と**同松本町**の北西部である。「岡享」になると、まったく同じ区域の字名が少し変化しており、No.108の一反の前に「小石田、東ノ一」とあって、No.117まで一〇筆九反半の田地が「小石田」に属したのは「岡宝」とあまり変わらないが、その西で「岡宝」No.84相当の田地には「西石田、ミソハタ　一反　三町九反　作人　うめりつし　ひこ大ー」と記され、西へ進み、一〇筆九反半を措いて次のNo.129には「次、西ノ石田、ミソノ西也　一反　経所田　作人　梅　与二ー」とあって、以下経所田一町歩が連続する。すなわち「岡宝」で「石田」と呼ばれた区域が、ここではそっくり「**西石田**」とされているのである。もっとも、「小石田」に属するNo.111の田の方角記載には「石田ノ北方」ともあるし、「西石田」も「西、石田」と方角記載プラス字名とみることもできるので、その方が妥当かもしれない。それにしても、No.129の場合はやはり「西ノ石田」と読むべきであろう。

それから、「岡天」の場合には、「石田」と「**中石田**」の字名が見いだされ、両者を合わせた区域全体としては「岡宝」の場合と異同はないが、「岡天」では「岡宝」・「岡亨」の「小石田」に当たる部分が「石田」、「石田」「西石田」相当の区域が「中石田」とされている。下って天正十七年（一五八九）検地帳には、「いした」と肩書きされた田地が上田二一筆二町二反二五歩登録されている。同帳の図上復元（本書には収録していない）によると、これは上記「岡宝」などの場合と同じ区域の東部二坪分に相当する。近世の本郷田地麁絵図では、上記の「小石田」相当の場所に「**東石田**、**竪岩トモ**」とあり、その西の一町歩相当部分に「中石田」、その西の「岡亨」にいう「西ノ石田」に当たるところが「西石田」と記されている。

一九七一年（昭和四十六）まで存在した**上賀茂石計町**（現在の石計町とは町域を異にする）・**上賀茂石壺町**は、いずれもその北半部分が「岡亨」の「石田」の地に当たり、前者は「石田」と「**かずへ**（主計）」、後者は「石田」と「**二ノ坪**（壺に転化）」から成る複合地名であった。また、中世の「小石田」の地は、同じく一九七一年までは**上賀茂中流石町**《なかさざれ》の西半部に相当しており、やはり「石」の字が受け継がれていた。「小石田」はおそらく「さざれ田」と読まれたのであろう。

【一ノ坪】「往来A」に、虎菊大夫往来田のうち一反の在所が「岡本郷一坪」と記され、「往来B」の千代松大夫往来田の場合も同様である。「岡宝」では記事の最初の部分に「一ノ坪ノ東ノ一」とあり、No.1の「一反　千代石大夫往ー」からNo.7まで七筆一町三反半の田地が、「一ノ坪」と呼ばれていたことが知られる。いうまでもなく古代条里制の坪の呼称がそのまま長く残存したもので、所属した里の名称はわからないが、愛宕郡条里の十三条にあり、この

「一ノ坪」を西南隅とし、東北隅に**深泥池**・**西山**の各一部を含む里であった。本来ならば面積は一町歩のはずであるが、「岡宝」の場合三反半の余分があるのは、このころまでに西隣の坪の半分近くをも含めた地名に変化していたからである。「岡亨」でも№1から№8までの八筆一町四反半が「一坪」とされていて、筆数・田積は若干違うが、在所に異動はなく、「岡天」に一四筆一町七反半が「一ツホ」所在とされているのも同じ区域の田地を指す。「岡宝」・「岡亨」では、西端部五反がまとまって「陰陽田」であったことが知られる。これは賀茂社の陰陽師に支給されていた給田である。

このほか、天正十七年（一五八九）検地帳には、「一ノ坪」を肩書とする上田八筆計一町二七歩、中田二筆計二反六畝が書き上げられている。近世の本郷田地麁絵図に示されている位置も、中世と変わらない。現在の**北区上賀茂桜井町**の東部に当たる。

【今井】「往来A」に初有大夫往来田のうち一反が「岡本郷今井屋敷」に、正若大夫往来田のうち半が「今井」、美作前司往来田のうち一反が同郷「今井東」にあったことが記されているのが初見。「岡宝」№24には「次ノ西、今井ノ古屋敷 一反 出雲前司往来」とある。やや後の「往来B」にも、千代寿大夫往来田のうち一反が「岡本郷今井屋敷」、乙鶴大夫往来田のうち半が同郷「今井」にあったとあるが、前者は「往来A」の初有大夫往来田および「岡宝」№24に、後者は正若大夫往来田にそれぞれ相当することが、相互対比によって確定できる。「往来A」の美作前司往来田は、「往来B」では周防前司往来田に当たるが、在所の表記は「岡本郷**乙井**」である（**【乙井・乙井東】**の項参照）。

「岡亨」・「岡天」には記載はないが、長禄四年（一四六〇）二月二十九日の賀茂社氏人美作守氏貞田地寄進状写には、「合太卅歩者　岡本郷内今井北、字藪田東方、」と、この地名をほぼ特定できる記載があり、さらに、享禄二年（一五二九）十二月四日の梅か辻与三百姓職売券にも、「合一段小者在所岡本之郷之内字イマ井也、」と見える。「岡宝」の復元図では、№24の往来田は現在の**北区上賀茂今井河原町**北部に位置したことがわかる。長禄四年氏貞寄進状の田地は「藪田東方」にあったが、これが「今井北」であることも同時に図上で確認できる。「岡宝」や「往来B」に「古屋敷」「屋敷」とあるのは、かつてそこに人家があったからにほかならない。

　天正十七年（一五八九）検地帳には、「今井」の字名で計一九筆の田畠が書き上げられているが、これは近世の本郷田地麁絵図に、前記今井河原町北部相当箇所のほかに、現**上賀茂藪田町**西半部にも「今井」と書き込まれているのを見れば、おそらくその部分の田地などを含めているのであろう。

【イヨセ・伊与瀬】　嘉吉三年（一四四三）七月日、賀茂大神宮政所下文に「合壱段者岡本郷伊与瀬」とあるのが初見（「鳥居大路文書」）。「岡宝」No.57には「次ノ東、イヨセ　一反　藤堂別相傳　乍人　左近三ゝ後家」と見え、その田地から東へかけて並ぶ計八筆一町歩の田地群の字名が「イヨセ」であったことが知られる。「岡享」にもNo.79に「イヨセノイヌイ　蕀田ノ西（東脱カ）一、一反　観侍者持　自作」　以下九筆一町歩が記載されている。両者の位置を復元図で確かめると、この字名の区域は現在の**北区上賀茂高縄手町**の西部に相当し、古くは愛宕郡条里の十三条に位置を占める某里の二十六坪であったことがわかる。「座田文書」には、この地の田地一反に関する延徳三年（一四九一）十一月日の賀茂大神宮政所補任状、ならびに明応九年（一五〇〇）八月十七日の妙観寺寿宗田地売券が残る。また、元禄五年以後本郷田地之図でも、該当の場所に「イヨセノ坪」と書いた付箋が付けてある。

【梅辻東作手出口・梅か辻子出口・梅辻出口・梅辻口】　「岡宝」No.140に「梅辻東作手出口、北ノ一　一反　仏光院　乍人　藤木左近三ゝ後家」と見え、復元図によると、この田地は現在の**北区上賀茂梅ケ辻町**の東南端にあったと推定される。「作手出口」とは、まさに梅が辻居住の百姓衆が、そこから東南に展開する田地へ農作業に出るための出口を指すのである。「岡享」にNo.170からNo.172まで計三反の在所を「梅か辻子出口」と記し、「岡天」No.93に「梅辻出口」とあるのも、まったく同じ場所を指すことは復元図に明白である。「往来B」に万千代大夫往来田のうち一反が「岡本郷梅辻出口」にあり、尊彦大夫往来田の一反が同「梅辻口」にあったことを記しているが、これもおそらく同じ場所を指すのであり、この往来田二反は「岡宝」No.141の幸音大夫往来田、No.142の預大夫往来田に相当するものと思われる。

【うろひしは】 文亀二年（一五〇二）七月五日の森泰久田地売券に、該当の田地の在所を「おかもとのかうの内、あさなうろひしはなり」と記すのが、管見では唯一の所見である。他に手がかりがないので現在地を特定することはできない。

【えほしかかき内・エホシカカイト・烏帽子垣内】 応永二十七年（一四二〇）五月二十六日、賀茂社正祝重基下地相博状写に「合一所、田一段 えほしかかき内くしあるましく候」と田地の在所を指定しているのが初見。「岡宝」No.250には「半 エホシカカキ内 堀北ノ垣内 寶幢院 乍人 民ア少輔」とあり、「岡天」では一九筆一町六反大九〇歩の田地が「エホシカカイト分」として一括記載されている。復元の結果、後者は現在の**北区上賀茂烏帽子ケ垣内町**北部域にほぼ該当することがわかる。また、天正十三（一五八五）年検地帳には、「ゑほしかいと」の字名を肩書とする上田四〇筆計二町七反二六歩・中田二筆二反二畝が、同十七年検地帳には、同様にして上田五筆四反五畝二一歩・中田四筆三反七畝二〇歩がそれぞれ記載されている。本書には収録していないが、両検地帳の地図上復元では、前者の在所は現烏帽子ケ垣内町北部から南へたどり、**上賀茂荒草町**西半部まで、後者は現烏帽子ケ垣内町北部東半と判明している。前者は荒草など本来は区別されるべき区域を、便宜同一字名で一括して書き上げてしまったのであろう。

さらに、天正十三年十月二日、大用庵并同庵太清軒指出には、「烏帽子垣」の田一反が記され（『大徳寺』八―二五四〇）、同日付竜源院指出の表紙見返しには、「屋地子之分」として「賀茂本郷字烏帽子垣壱石八斗壱升八合 家数四軒之分 大賀茂右近次郎」と書かれている（『大徳寺』八―二五三八）。このころには、大徳寺の塔頭がこのあたりに所領を有したことが知られるとともに、そこに田地だけではなく民家も存在し、屋地子を負担していたことがわかる。「垣内」の呼び名はそこからきたものと思われる。

　近世の本郷田地麁絵図には、この区域の東半部一か坪相当の箇所に「**安井田**」と記されているが、これは字名が変化したのではなく、並び用いられていた別称であろう。「安井」はおそらくは「野洲井」であって、戦国中期以前、賀茂社領内諸田畠の名主職等を多く集積していた土倉野洲井氏の名が、地名として残ったものであろう。永正九年（一五一二）、彼は賀茂社から「闕所」としてそれらの所職を没収されたが、その時の三月十一日付「野洲井闕所田畠帳」（「賀茂」）に、「烏帽子垣内」所在の田地五筆六反が見えることは、まさにその証左であろう。なお、ついでにいえば、「岡享」№117に「今野洲(井脱カ)田」とあるのも野洲井に関係するかと思われるが、確認しがたい。

【乙井・乙井東】「往来B」に、周防前司往来田一反が「岡本郷乙井」に、尾張前司往来田一反が同郷「乙井東」にあったことが記されている。この往来田二反はいずれも「岡宝」に同一の氏人の往来田として登場することが、「往来B」と諸郷地からみ帳との対比によって確認できる。そこで、「岡宝」とその復元図に目を転ずると、№21に「周防前司往ー」一反、その西隣に当たる№23に「尾張前司往ー」一反を見いだすことができ、後者の西隣№24には「今井ノ古屋敷」なる注記がある。これは現在の**上賀茂今井河原町**の東北端あたりに相当するのである。

　なお、「往来A」では、右の周防前司往来田が美作前司往来田、尾張前司往来田が長益大夫往来田として記載され、双方ともに在所が「岡本郷今井東」とある。**乙井川**の北に接していたことが明白なので、「乙井」「乙井東」は誤記ではないと思われるが、ここでは時期による差異として指摘しておく。また、本郷田地麁絵図では相当の場所に「今井」と記している。

【カスヘ・かすゑ坪・カズヘ】「岡宝」№65に「次ノ東、カスヘ 五反　貴布祢〻宜田　乍人　民ア少」、次の№66に「次ノ東 五反　貴布祢祝田　乍人　同主」とあり、その東に続く№67は字「**二ノ坪**」となるので、右の二筆計一町歩が「カスヘ」という字名の区域をなしていたことがわかる。これが初見である。「二ノ坪」の西に接する方一町歩であるから、元来は愛宕郡条里の十三条に含まれる某里の三十五の坪であったことになる。続いて「岡享」では、No.88からNo.97まで一〇筆計一町歩の田地が「かすゑ坪」として一括記載されており、すべて賀茂社氏人の「一反田」となっている（貴布禰禰宜田・同祝田が氏人の一反田に変化することについては、第一章参照）。「岡天」でも同様に「カスヘ坪」の字名でNo.273からNo.282まで一〇筆九反大が書き上げられている。また、天正十七年（一五八九）の検地帳では、「かすへ」と肩書きした上田九筆・中田一筆計一町四畝二〇歩が登録されている。本郷田地麁絵図にも、やはり「二ノ坪」の西に「カズへ」とある。

復元図では、この区域は現在の**北区上賀茂高縄手町**中央部に当たることが確認できる。一九七一年（昭和四十六）まで存在した**上賀茂石計町**は、この区域とその北に接する「**石田**」の地を含めており、町名は「石田」の「石」と「かすへ（主計）」の「計」とを合わせて作られた複合地名であった。現在も同じ町名が高縄手町の北に存在するが、それは区画整理の結果であり、町域は「石田」には繋がるものの、かつての「かすへ」とはほとんど無縁である。

【カチサカ・カチカサカ】　「岡宝」No.187に「次ノ北、カチサカ一反　尊千代大夫往ー　乍人」とあるのが初見。北へ向かってNo.190まで四筆計六反がこの字名に属したと思われる。No.190には「路キハ」とあるので、道路に接して南側に位置したことがわかる。同帳No.236の往来田一反には「**大門辻東**、カチサカノ山ソへ、東ノ一」という記載も見える。「岡享」でもNo.223の「次ノ北、カチカサ（カ脱カ）一反　肥前往ー　」以下六筆計六反が書き上げられ、別にNo.229に「カチサカ下」、No.260に「カチカサカノ山ソへ」という位置指定も見いだされる。両検地帳の復元図では、右の六反に該当する区域は、現**上賀茂豊田町**域の西北端を占めることが判明する。もともとは**大田神社**の前を通って**深泥池**に至る道路途中の山麓のあたりの坂を指した呼び名ではないかと推定され、これがやがて南側に接している土地の字名にもなったのであろう。

【桂垣内・かつらか垣内】「往来A」に、五郎大夫往来田の内一反が「岡本郷桂垣内」所在と記してあるのが初見。「往来B」にも民部少輔往来田のうち一反について同じ表示がある。「岡享」No.185にも「一反かつらか垣内　新袖田　作人　梅彦二―」とある。復元図作成の結果では、「かつらか垣内」の注記は一つ前のNo.184にかかるものと判断したほうが整合的で、「きしノ上」にあったNo.184にはじまり、No.189までの六筆六反の区域がこの字に属したと判断される。うち三反が往来田である。現在の**北区上賀茂向縄手町**の東部域に属する。

【クキヌキ・釘貫】「往来A」に初菊大夫往来田のうち一反が「岡本郷クキヌキ」にあり、若一大夫往来田のうち半の在所が同郷「クキ貫」と記されているのが初見。「往来B」では、前者が幸蒸大夫往来田一反、後者が備中前司往来田半として出現することが相互対比により判明する。

「岡宝」「岡享」「岡天」の三検地帳には、この字名を見いだすことができず、したがって復元図で所在を突き止めることはできない。ただ、ここに往来田計一反半があったことは確実であり、往来田は氏人の定員一四〇名に年齢次第に五反ずつ終身支給されるものであるから、その性格上年代が経過しても原則として位置の変化はないということから、作成年代が「往来A」と「往来B」の間に入る「岡宝」において、所載の諸往来田のうちに前記二筆一反半に相当するものを見つけることさえできれば、それによって在所を確定することが可能である。そのためには宝徳三年諸郷地からみ帳五巻すべてにわたる検討が必要となる。なぜなら、一人の氏人に支給される往来田五反は、これも原則として各郷に一反ずつということになっていたからで、たとえば「往来A」の若一大夫の場合についてみると、彼は岡本郷クキ貫所在の半のほか、川上郷**ウサキ田**・大宮郷**シヤウシカ坪**・小山郷**エリサヘ**・中村郷**イモウ**に各一反の往来田を支給されていた。宝徳三年当時、これとまったく同じ場所に往来田を保持した氏人が誰であるかを確認できれば、その氏人が岡本郷内にもっていた往来田のありかがすなわちクキ貫であると確言できるのである。その作業をやってみると、岡本郷を除く四郷ではいずれも「駿河前司」(河上郷では「駿河守」)という氏人に行き当たる。そうなればあとは「岡宝」の復元図で「駿河前司」を見つければよいのである。

ところが、不都合なことにこれが出てこない。復元図に明らかなように「岡宝」ではNo.44とNo.45との間の紙継目(五)部分において、三町半の田地が記載されていたはずの料紙が失われており、「岡亨」や「岡天」の該当部分と対比すると、そのなかには約二〇筆ほどの往来田が存在したと推定される。いくら探しても「駿河前司」を見つけられないということは、まずその失われた部分のどこかに位置を占めていたものと考えねばならないのである。かくして、もう一歩のところまで行って望みは断たれた。理屈からいえば天文十九年の諸郷検地帳を用いても同じ作業をやれるはずであるが、これも「岡天」の往来田に関する記載は、多くの場合ただ「往来」とだけしか書いてないものがほとんどであるため、田地を特定することができないのである。

しかし幸か不幸か、ここで探している往来田は、一反ではなく半の田積しかないという点が一つの手がかりを提供することにはなる。原則は一反なので、半の場合はさほど多くはないはずだから、「岡天」の復元図のなかで前記三町半に相当する区域に半の往来田がないか、あればその近辺にもう一人別の氏人の往来田一反があるか、を検証すれば、ある程度まで釘貫の字名の在所を絞り込むことができよう。「岡天」でそれを探してみると、No.116に一反、その南No.117に半(ただし「岡亨」では「一反　乙若大夫往ー」となっている)の往来田があったことがわかる。ここは現在の**北区上賀茂土門町**中央北部に該当する。天文十九年当時は、ここは「**ホ子塚**」の北半部とされており、さかのぼって「岡亨」では「**箕里**」という字に属したようである。このあたりが別称「釘貫」とも呼ばれていたのではないかというのが、現時点における私の推測である。近辺の道路沿いにでも釘貫すなわち柵が設けられていたのであろうか。

【小フケ・こふけ】「岡宝」No.215に「小フケノ西南ノ一　一反半　下社供僧田　乍人　岡本兵衛三ー」とあるのが初見。No.220まで計六筆一町半の区域を指したと思われる。「岡亨」でもNo.254に「小フケ、西南一　一反半　下社供僧田　福増大夫　作」と見え、No.259まで六筆の田地が前者とまったく同じ区域を占めていたことが、復元図に明瞭である。東南端の一反が往来田であったが、

「岡宝」№216の「備中前司往一」は、「往来B」でも同じく「備中前司」の往来田として出現することが知られる。ただし、「往来B」におけるその在所は「中村郷**野入**」とある。「往来A」でこれに相当するのは一蒸大夫往来田であることが対比確定できるが、こちらは欠損して字名は確認できない。しかし、中村郷にあったことだけは読み取れるので、やはり「野入」であろう。**上桜**・**下桜**等の場合と同じく、ここも両郷の郷界付近なので、時により所属郷が異なって把握されたと見るべきであろう。復元図では、東端は**鞍馬大道**に接し、北端が**深泥池口**から**大田神社**方面に至る山麓の道路に接していたことが明らかである。現在の**北区上賀茂深泥池町**の南端部から**上賀茂豊田町**東北部にかけての区域に当たる。

なお、天正十七年（一五八九）検地帳では、「同（石ノ塔）こふけ」として二筆計三反二畝の田地が書き上げてあり、近世の本郷田地麁絵図にも、上記の場所に「小フケ」と記している。

【坂北・サカノ北】 この地名は「往来A」「往来B」だけに出現する。したがって南北朝末期まではさかのぼれる字名である。「往来A」では岩菊大夫往来田のうち半の在所が「岡本郷坂北」とあるのが唯一の所見。「往来B」の方では、鶴福大夫往来田・丹波前司往来田の各一反が「岡本郷サカノ北」にあったことを記録している。文字どおり坂道の北側にあたる場所であるはずだが、その点確認できるであろうか。往来田の位置は原則として変動しないという性質を利用して検討してみると、「往来B」の丹波前司往来田は、「河宝」と「岡宝」において愛光大夫往来田に相当するものであることが判明し、「岡宝」で該当する一反は、現**北区上賀茂岡本口町**の町域の中に位置していたことが明らかになる。この田の北にはさらに往来田二筆一反小が存在した。ここはまさしく坂の北と呼ばれるにふさわしい場所であり、その坂は「**カチカサカ**」であったことが突き止められる（**【カチカサカ】**の項参照）。本郷田地麁絵図では、この場所に「**森下**」と記している。なお、やはり室町時代ごろの史料と推定される賀茂社読経所田田数引付（「川上家文書」）にも、岡本郷所在の田地一町八反のうちに、「坂ノ北 弐反」が見える。

【**桜**】北から**上桜**・**桜**（**中桜**）・**下桜**に分かれ、全体でほぼ条里制の坪三つ分の面積を占めていた。後述のとおり、全部あるいは南の三分の一とか三分の二が中村郷所属とされたこともある。この地は岡本・中村両郷の境界域であるため、時期により扱いに変化を生じたものと考えられるが、ここではそれにかかわらず一括して解説する。はじめに現在地を指摘しておくと、上桜は**北区上賀茂松本町**の西部域、桜（中桜）はほぼ同**岩ケ垣内町**の西半、下桜は**左京区賀茂半木町**の北部で**京都府立植物園**の東北端に当たる。

史料では「往来A」所載の岩菊大夫往来田のうち半の在所として、岡本郷「サクラ」とあるのが初見であろう。これは「往来B」の愛徳大夫往来田に「半、中村郷サクラ」とあるものと同一田地であることが、対比検討により明らかになるが、所属郷は異なっている。「往来A」はこのほかに、備前前司往来田・隠岐守往来田各一反の在所をも「中村郷サクラ」と表記している。「往来B」でこれに対する幸一大夫・遠江前司の各往来田も同様である。地からみ帳の場合は、「中宝」№678に「上サクラ」、№512に「下サクラ」と字名が見えて、やはり中村郷となっている。一方「岡享」「岡天」の復元図では、前者の№380に「上サクラ」、№404に「下桜」、後者では№211に「上桜」の字名が記され、いずれの場合にもちょうど中桜の東半部に当たる場所（地からみ帳では「中宝」の欠失部分に相当する）に、往来田三反が見いだされ、北部の上桜相当区域の西部にも二筆二反（「岡天」では一反半）が存在し、そのほかには往来田はないから、「往来B」の計二反半は間違いなくこの中の三筆に該当すると見てよく、戦国中期にはこの地は岡本郷とされていたのである。しかし、「中天二十」になると、一年の差異しかないのに、「下桜」所在の七反半はまた中村郷として出現する。扱い方がかなり曖昧である。なお、「往来B」所載の彦一大夫往来田一反には「中村郷桜木」と記すが、この往来田は「中宝」№685ひこ一大夫往来田に相当することが判明しており、在所は「上サクラ」であったから、「桜木」はその別称と見られる。

その後、天正十七年（一五八九）検地帳には、字「さくら」の田地二二筆計二町三反一三歩が見え、江戸期の本郷田地麁絵図では、該当箇所にそれぞれ「上桜」「中桜」が書き込まれている。一九七一年（昭和四十六）までは**上賀茂**

桜町（上桜・中桜を含む）・**上賀茂下桜町**として、町名に古称を残していた。

【地蔵堂前】　「往来A」の一珠大夫往来田一反の在所として、「岡本郷地蔵堂田」とあり、春光大夫往来田一反については「岡本郷地蔵堂前」にあったと記すのが初見。「往来B」では、前者が宮有大夫往来田、後者が越前前司往来田として出てくるが、在所はともに「岡本郷地蔵堂前」である。この往来田二筆は、宝徳三年諸郷地からみ帳と突き合わせて検討することにより、地からみ帳では、前者がそのまま宮有大夫往来田であり、後者は若石大夫往来田に変わっていることが判明する。「岡宝」の記載を見渡してこの両者が接近して存在する場所を調べると、それは一応推定ではあるものの**深泥池**の西を北上する**鞍馬大道**の西に位置したと見られる。すなわち、No.223とNo.224である。その一反跳んで南には、No.221として「次ノ北、地蔵堂南」という位置指定をもつ「膳所別当」田二反があった。すなわち深泥池西の鞍馬大道の近くに建つ地蔵堂があり、そのすぐ北がほかならぬ「地蔵堂前」であったということになる。現在の**北区上賀茂深泥池町**の内で、**貴船神社**の南側にあたる。なお、この地の地蔵堂について、「山州名跡志」巻之六に「○地蔵堂　在㆓御菩薩池村人家間㆒。小堂東向本尊地蔵菩薩立像七尺許作小野篁。平相国清盛の願に因て此所に安（置脱カ）す」と見え、「山城名勝志」巻十一には「美曾呂池ノ廻地蔵」の項目で、「在㆓美曾呂池村ノ内㆒、七道ノ辻ノ其一也」とし、「盛衰記云、西光法師七道ノ辻コトニ六體ノ地蔵菩薩ヲ造奉、廻地蔵ト名付テ、七ケ所ニ安置ス」と述べる。この地蔵菩薩像は今は深泥池の地にはなく、北区小山の上善寺に安置されているものがそれであると伝える。

【清次カ垣内・せゝか垣内・蟬ヵ垣内】　「岡宝」No.120に「清次カ垣内、ミナミノ一　大　正傳寺田　乍人　池 兵衛允」とあり、「岡享」でもこれと同一の田地にやはり「清次カ垣内」と位置が示されている。この田地ともで計一一筆一町二反半の広さがある場所で、復元図では、現在の**北区上賀茂蟬ケ垣内町**南半部に相当する。文安五年（一四四八）十一月の賀茂大神宮政所下文（「座田文書」）でも、同社の供御所田二反がここにあったことが知られるが、戦国後期の史料では呼称に転訛がみられる。弘治二年（一五五六）十月十一日の小二郎清久田地売券には、「合壱段者岡本郷在之、号せゝカキ垣内」（「キ」ハ衍字カ）とあり、天正十年（一五八二）五月十二日の亀千代大夫氏増・出雲守氏敏連署田地等譲状（「座田文書」）でも、「一、田地壱所者岡本郷せゝカ垣内、字号小畠、但、四ツウヘ也、」と物件が表示され、天正十七年検地帳においても当該区域の字名が「せゝか垣内」とされている。いつしか「清次」が「せゝ」（あるいは「せぜ」）に変わったのである。さらに近世に至ると、本郷田地麁絵図ではここに「蟬カ垣内」と書き込まれている。これが現在の当該区域の町名上賀茂蟬ケ垣内町に引き継がれていることになる。明確なことは不明であるが、もともと中世も古い時代に、ここに清次なる人物の居住するいわゆる居垣内があり、やがてそれが地名化したものであろうが、年代を経るとともに、その人名が忘れられ、昆虫の名前に転訛したのである。明治初年の蟬ケ垣内町の字限図には、西部の中程に約一反歩ほどの田地二枚を囲む畦畔が見いだされ、「岡宝」「岡亨」「岡天」の中世検地帳の復元図は、いずれもここに小と半、あるいは半と半の田地が畦畔に囲まれて存在したことを立証するのであるが、東西に長い長地形田地が整然と連なる周辺田地の様相の中で、ここはその均整を破っている。おそらくはこれこそかつての垣内の名残りではないかと思われる。

【千躰】 この地名は、管見では往来田古帳だけにしか出てこない。すなわち、「往来A」では、彦松大夫往来田・生王大夫往来田・愛有大夫往来田の各一反が「岡本郷千躰」所在と記され、「往来B」でこれに対応する田地は、他の諸郷所在の往来田をも含めた比較検討を通じて、それぞれ長千代大夫・式部少輔・加賀前司の往来田各一反であることが確かめられる。また、もう一人の氏人愛若大夫の往来田一反も同じく「岡本郷千躰」所在と見える（「往来A」では該当部分欠失）。「往来B」は宝徳年間に近い時点のものであるため、地からみ帳でも加賀前司往来田は交替なしでそのまま出現しており、他の三者は、往来田古帳どうしの場合と同様の手続きを経ることにより、式部少輔・愛若大夫については比較が困難で特定できないけれども、長千代大夫についてだけは亀石大夫に替わっていることが明らかになる。そして、愛若大夫を除く三者の当区域所在の往来田は、いずれも「河（川）成」の注記が見られるので、ここが河流に洗われやすい土地であったことも判明する。そこで、亀石大夫と加賀前司両名の往来田が同一区域にあり、さらに河流域に位置するという条件に適合する場所を「岡宝」の復元図上で探すと、それは現**北区上賀茂藪田町**の西端部以外には求められない。本郷田地麁絵図には「**今井**」と記し、並べて「**忌子田トモ**」と書いている。一九七一年（昭和四十六）まで、ここは**上賀茂西荒草町**に属し、東北に接して**上賀茂忌子田町**があった。

文明十四年（一四八二）四月の賀茂社読経所田田数目録（「川上家文書」）にも、「廿五三昧田分」として「小岡本郷千躰」と見える。

【ソマウ・ソハウ・祖芳】 初めは「ソマウ」と呼ばれていた。初見史料は「往来A」で、弥若大夫往来田・幸愛大夫往来田・長寿大夫往来田各一反の在所が、いずれも「岡本郷ソマウ」と記されている。これを「往来B」と突き合わせると、弥若大夫往来田は但馬前司、幸愛大夫往来田は肥前前司、長寿大夫往来田は備後前司の往来田として出現することが判明するが、それら各一反の往来田の在所は、「ソマウ」ではなく、「ソハウ」に変わっている。両者の中間の年代にあたる「岡宝」を見ると、すでに第一章に引用したように、No.8に「次ノ西、溝極、ソハウ 一反 彦藤大夫往― 乍人」とあり、西へ連なる長地二反と半折二反を加えた計五筆五反の田地（うち往来田四反）から成る区域が、さように呼ばれていたことがわかる。十五世紀半ばごろには、呼称に転訛があったと見られよう。ただ、「往来B」には右記の三反の外にもう一反、幸福大夫往来田が「岡本郷ソマウ」にあったことを記しているので（「往来A」では該当部分が欠失）、この時期は過渡期なのであろう。「岡亨」でもやはりNo.9からNo.13までの五反が「ソハウ」所在で、往来田の田数にも変化はない。「岡天」の場合は、字名は記さず、田地もNo.244からNo.246まで三筆四反しか出現せず、「往―」とあるのは三反だけである。これはたぶん記帳洩れであろう。現在地は**北区上賀茂桜井町**中央部である。一九七一年（昭和四十六）までは、**上賀茂糠田町**の東部であった。

永正十六年（一五一九）五月二十一日の賀茂泰久田地売券は、当所の田地一反に関するものであり、その手継券文として享禄五年（一五三二）六月五日付賀茂宗久田地売券も残る。さらに天正十七年検地帳では、「そはう」を肩書とする六筆計九反三畝一〇歩の田地が記載されている。いくら一間＝六尺三寸、一反＝三〇〇歩で計測したからといっても、室町・戦国期の検地帳に比し大きく相違するのは、本来この字に所属しない東隣の田地一筆三反一畝分が含められているのによる。その点天正検地帳の地図上復元によって明白となった。くだって、本郷田地麁絵図では、ここが「祖芳」と漢字表記されている。私見ではこれはおそらく当て字で、「岡享」によれば、すぐ南の「桜井」相当の地籍に「祖芳院別相伝」「祖芳院」などと記した田地が存在するから、それにつられた表記ではないかと思う。中世の史料にはいっさい漢字での表記はなく、まして最初は「ソマウ」であったのを思えば、そう考えるのが妥当であろう。

【大門辻・大門辻子】　初見は「往来A」の菊一大夫・某（欠失して不明）・春慶大夫の往来田各一反、および愛千大夫往来田小の在所として記される「岡本郷大門辻」。ついで「岡宝」では№236に「大門辻東、カチサカノ山ソヘ、東ノ一　一反　下総前司往｜　乍人」と見え、西へ連なる田地群計一三筆一町二反小が「大門辻東」にあったことを示す。この中には往来田五筆計四反小が確認できる。また、「往来B」には、下総前司・刑部少輔・愛光大夫・治部少輔の各一反と預大夫の小と、やはり合わせて五筆四反小の往来田が「大門辻」所在として記載されている。つづいて「岡享」にも№260の慶寿大夫往来田一反に「大門辻子東、カチカサカノ山ソへ、東之一」と見えて、以下№272まで、田地の筆数・種類とも「岡宝」の場合と同様に記載されている。「岡宝」「岡享」双方の復元により、この地はほぼ現在の**北区上賀茂岡本口町**の北半分に当たることが判明した。

「岡天」の復元図でも同じ場所に同様に田地の連なりが見られるが、この帳では「岡宝」の№236に当たる田地に「**林下**、東一」と場所が指定されており、「大門辻」の字名はどこにも見当たらない。本郷田地麁絵図になると、この区域の西半に当たるところに、西から「**岡本口**」「**森下**」の字名が並べられている（「岡天」の「林下」は、この場合の

「森下」と同じと見てよい）。「大門辻」の名称は、戦国後期以後本来の意味での呼称としては残っても、その東にある田地群の在所を表示するものとしては、あまり使われなくなったのであろう。

地名の由来は、江戸期安永〜享和頃の状況を示す賀茂社家宅七町之図に、現上賀茂岡本口町の西端を通る「**岡本通り**」が「**深泥池道**」に突き当たるところ（当然ながら本来の大門辻はここを指す）に「**岡本大門**」と記し、木戸の所在を示してあることによって知ることができる。

【高ナハテ・高縄手・タカナハテ坪】「往来A」に千玉大夫往来田一反の在所が「岡本郷高ナハテ」と見えるのが最初。つづいて「岡宝」No.100に「次ノ西、高縄手、東ノ一 一反有福大夫往― 乍人」とあり、No.105まで六筆計五反半の田地が西へ連続して、そのあとは別の字名に切り替わるので、この小区域が「高縄手」であったことがわかる。その中に有福大夫・千世徳大夫・和泉前司の往来田各一反が認められるが、これはそのまま「往来B」にも現われることが、両帳の対比検討によって明らかになる。「岡享」でもNo.137に「次ノ西、高縄手、東ミソノ西也 一反　幸夜叉大夫往―」とあり、東端に用水路が通っていたことが新たにわかるが、その他は筆数・田積とも「岡宝」と差異がない。復元によって確認されたこの区域の現在地は、ほぼ**北区上賀茂石計町**の西部域に入り、ここを南北にとおる道路の西側に当たるが、区画整理後の**上賀茂高縄手町**の北寄りの一部小区域をも含んでいる。一九七一年（昭和四十六）まで存在した同じ名前の**上賀茂高縄手町**は、その北部域にこの区域をすべて包含しており、当時の**上賀茂石計町**はその東隣であって、「高縄手」とは無縁の区域であった。一九七一年の前後では、同じ町名は存在していても、歴史につながる実態は大幅に変化したのである。

なお、「岡天」の場合には、「タカナハテ坪」としてNo.310からNo.330まで計二一筆一町六反大の田地が書き上げてあり、下って天正十七年（一五八九）検地帳では、「高縄手」の肩書で上田一〇筆一町二畝が記載されているが、筆数・田積に見られる異同は、隣接区域の田地をも一まとめにしているために生じたものであって、同一の字に属する地域が時によって伸縮したものとは考えがたい。近世の本郷田地麁絵図にも位置が示されているが、それによると東と北とに幅広の作道が描かれ、東側を通るものに「**牛街道**」と記されている。これは現上賀茂石計町の中央部西側をとおる道路の過去の姿である。もともとはこの道が「高縄手」といわれていたのではないであろうか。

【寺門・寺かと】「往来A」に載せる有松大夫・徳一大夫の往来田各一反と幸一大夫往来田半の在所が、「岡本郷寺門」とある。これが初見と思われる。「往来B」ではこれらはそれぞれ徳千代大夫・有松大夫・清寿大夫の往来田となっており、その他に志摩前司・福若大夫の往来田各一反が同じ寺門所在である（「往来A」では該当の田は欠失）。「岡宝」には、No.162に「寺門、北ハシ 三反 正傳寺田 乍人 田中 四丿後家・田中 ひこ大丿」と見え、以下南に連なる九筆を合わせて計一町四反半の田地群が、この字名で呼ばれたと考えられる。「岡享」においては、右の正伝寺田三反が「寺門、北ハヅレ」所在とあり、同一区域に同じ田積の土地が記載されている。「岡天」No.61はこの区域の東南端に位置する田地であるが、方角記載につづいて「寺ゥと」と字名を記している（仮名書きの最初の一字は「も」のようにも見えるが、変体仮名の「**ゥ**」と取るべきであろう）。

その後、天正十七年（一五八九）検地帳では、同じ字名が見いだされるが、近世の本郷田地麁絵図には、当該箇所に「**中溝**、寺門トモ」と記しており、当時「中溝」の別称があったことが知られる。また、この絵図では前記正伝寺田三反に相当する場所は「**二又**」と記されている。北端を流れる用水路が、あたかもこの区域の中心線と交わるあたりで二股に分かれていたところからくる名称であることは、復元図を見れば歴然である。現在地は、復元図やこの絵図の示すところにより、現**北区上賀茂土門町**東部を中心とし、西北端に**上賀茂向縄手町**、南端部に**上賀茂石計町**の各一部分を含む地域であることが確認できる。一九七一年（昭和四十六）までは、ここは上賀茂土門町の全体であった。土門町の「門」は「寺門」の一字が遺存したものであることは明らかであるが、「土」の由来は今のところ私にはわからない。あるいは「寺」の字の上半分を使ったものであろうか。

【ナシ木下】「ナシ」はおそらく梨であろう。「なしのきがもと」と読んだのであろうか。「往来A」に□郎大夫往来田のうち一反の在所を「岡本郷ナシ木下」と記すのが唯一の所見。注目されるのはこの田が、他の田地にはない「陰陽大夫給田」という注記をもつことであり、また田積の上部には異筆で「太」の書き加えがある。「往来B」でこれと同一の往来田を探すと、和泉前司のそれであることが突き止められるが、これには在所が「**タカナハテ**」とあり、やはり「御陰（ママ）頭給田」の注記がある。和泉前司往来田は宝徳三年の地からみ帳でもそのまま出現することが、やはり相互比較によって確認でき、岡本郷の場合、それは「岡宝」No.104の田地であって、復元図から当時の「高縄手」所在田地六筆のうち、西から二番目に位置したことが判明する。南北朝～室町初期にはおそらくこの田地の一角もしくは北側の道路沿いあたりに梨の木があり、それが土地を特定するための目印になっていたものと推定される。現在の**北区上賀茂石計町**の西端に近いあたりである（**【高縄手】**の項参照）。

【にしこり・西コリ】「岡天」No.75の前に「西コリノ東」という場所指定がされていて、No.75からNo.79に至る五筆計五反半の田地がそのように呼ばれていたことがわかり、さらにNo.96の前には「西コリ西ハシ」とあって、そこから東へ連なる計一八筆一町五反小の田地群が「西コリ」の字名に相当する土地であったことが判明する。「岡天」の復元図により、前者の区域は後者の東に作道をへだてて隣接していたという景観が明確となり、全体がほぼそのままの形でかつて一九七一年（昭和四十六）まで存在した**北区上賀茂向縄手町**の町域を構成していたことが、当時の地図との対比により証明できる。現在の**北区上賀茂岡本口町**南半部と同**向縄手町**の東北半部に同**豊田町**の西の一部を加えた地域ということになる。

「岡天」よりさかのぼって、「岡享」では同一場所相当の記事に全然この字名は見当たらず、かわってその一部に「**かつらゥ垣内**」「**梅ゥ辻子出口、箕置**（里）」などの字名が見いだされるが、「岡宝」だと「岡天」の「西コリノ東」にあたる区域に相当するNo.150に「次ノ東、にしくら」という場所指定が発見される。「くら」は、おそらくは原本の「こり」を写し間違えたものであろう（第三章の翻刻では〔こり〕と傍注した）。中世末の天正十三年（一五八五）検地帳には「**にしこうほり**」の字名で、計一九筆一町四反二五歩の田地が記載されており、同帳の地図上復元では、これは「岡天」に見える「西コリ」の区域に当たる。同十七年検地帳では「西こをり」と表記され、八筆計八反三畝二〇歩が見える。近世の本郷田地麁絵図には、同じ場所に「西郡」と見える。史料では仮名書きであったり、「西郡」の字が使われたりしているが、これは古代の**錦部郷**（にしごりのごう）の郷名から来る呼称であったと見るのが妥当ではないかと思う。

【一ノ坪・二ノ坪】「岡宝」No.68に「次ノ東、二ノ坪、西ノ一 一反半　鎮守田　乍人　衛門大丿」とあり、この田から東へ連続する計八筆九反半の田地群がこの字に属したことがわかる。「岡享」ではNo.98からNo.107まで一〇筆一町半、「岡天」ではNo.283からNo.291まで九筆九反がこの字名で括られている。また、永禄十一年（一五六八）十二月二十六日の四郎左衛門田地作職売券には、物件一反の在所を「岡本郷内字二之坪ト号、北南ハナワテ、西東ハ類地也、西より七段目東より三段目也」と記し、九枚の長地型田地が平行していたことを明示している（「大徳寺黄梅院文書」甲）。天正十七年検地帳にも、この字名を肩書とする田地一〇筆が書き上げられ、近世の本郷田地麁絵図でも所在が示されている。復元図によれば、この地はかつての「一ノ坪」の北に接続する場所である。現在の**北区上賀茂高縄手町**東部に相当するが、一九七一年（昭和四十六）までは、ここは**上賀茂石壺町**の南半部であった。「一ノ坪」も「二ノ坪」も古代条里制の坪の遺称であり、「石壺町」の町名はかつて北隣に位置した「**石田**」の「石」とこの「二ノ坪」の「坪（壺に転化）」とを合わせて近代に作られた複合地名である。したがってこの地は本来「**高縄手**」とは関係がない。

【ヌカ田・糠田】「往来A」に千直大夫・初鶴大夫・菊有大夫の往来田各一反が「岡本郷ヌカ田」にあったことを記すのが初見。「岡宝」ではNo.13に「次ノ西、岸極、ヌカ田 二反　経所田　乍人　六郎太田」とあり、No.23まで合わせて一一筆一町一反小の田地から成る区域が「ヌカ田」であったことがわかる。「ソハウ」の西に接続し、氏人の往来田六反が存在していた。「往来B」でも「ぬカタ」所在の往来田は三反で、「往来A」と変化がないが、両者とも字名の記載をしていないものがあるものと思われる。「岡享」ではこの字名は発見できないが、「岡天」には№247から№262まで一六筆一町二反一五〇歩が「ユカ田坪」（ユはヌの誤写と思われる）として一括されている。また、天正十七年（一五八九）検地帳では、「ぬか田」を肩書とする上田一一筆・中田一筆、計一町一反九畝一七歩が記載されている。復元図によれば、ここは大体現在の**北区上賀茂桜井町**西北部域に相当するが、北部に**上賀茂高縄手町**の一部を含む。一九七一年（昭和四十六）までは**上賀茂糠田町**の西部であった。近世の本郷田地麁絵図にも同じ場所に「糠田」とある。

【八条】「往来A」に慶菊大夫・有若大夫の往来田各一反の在所を「岡本郷八条」と記すのが初見。「往来B」の乙光大夫・鱒寿大夫の場合も同じである。一方「岡宝」には№31の石見前司往来田半について、「八条ノ東ノ一、南ノ岸ノ下手、臺飯田松間少在之」とあり、つづいて往来田六筆四反など一連の田地群が書き上げてある。このあとの関係史料としては「岡享」があるが、これは№33の前に「八条ノ東ノ一、南ノ岸下、臺飯田」と「岡宝」と相似た記載があるほか、半世紀を隔てているにかかわらず、往来田の持ち主である氏人名に至るまで、「岡宝」とほとんど変わらない記載が続いている。これは一見して奇妙なことであり、なぜそうなっているのか即座には理解できない。謎を解く手がかりは、既に第一章で触れたとおり、一群の田地のなかに「川成」「ナカレノコリ」などという注記を持つものが多く見られることで、この区域が水害に見舞われやすかったと考えられることである。おそらくは享禄五年の検地当時、既にこの土地は水害のために検地実施の甲斐もないという状態だったために、半世紀さかのぼった「岡宝」の記事をとりあえず書き載せておくより術がなかったのではなかろうか。以後、管見ではこの地名が記載された史料が発見できず、消滅した可能性が大きい。復元の結果では、現在の**北区上賀茂藪田町**西部にあたる。一九七一年（昭和四十六）までは、**上賀茂西荒草町**の大部分に同**藪田町**の西南端部を加えた区域であった。

【ハツ田・八田・八反】「往来A」に仮名不明の氏人二名の往来田各一反が「岡本郷ハツ田」所在として出てくる。「往来B」では、三河前司・千代鶴大夫・益徳大夫・尊徳大夫・命有大夫の往来田各一反が、同郷「八田」にあったと記す。後者よりいくらか早い「岡宝」には、この字名は見いだせないが、前記三河前司は宝徳三年当時の幸石大夫と同一人物であり（「小宝」に「参河守ニナル」と注記がある）、尊徳大夫往来田は鶴千代大夫往来田、命有大夫往来田はそのまま同一人物の往来田であったことが、諸郷地からみ帳と「往来B」との相互比較から確認できるので、「岡宝」の復元図で「八田」相当の区域を探し出すことは可能である。それは現在の**北区上賀茂豊田町**の東半部である。三者の往来田はすべてここに集中している。

室町期のものと推定される賀茂社読経所田田数引付（「川上家文書」）には、やはり岡本郷内の田地として「八田一反一石一斗百廿文　宝乗坊」が見える。「岡宝」復元図では、ここに二反の「経所田」があるから、そのうちの一反であることは間違いない。

「岡享」では該当区域の字名は「**カチサカ下**」とあって、この場合も「八田」という字名は見えないが、続いて「岡天」では、「八反」の字名で一〇筆一町一反歩がまとめて書き上げてあり、これが同一の場所であることも復元図に明白である。同帳によれば合わせて八筆八反の往来田が存在したところから、「八反」といわれたのかもしれない。その後天正十三年（一五八五）・同十七年検地帳では、ふたたび「はつ田」「はつた」を肩書とする田地群が見いだされ、近世の本郷田地麁絵図にも、上記の場所ならびに西に接する一区域（上賀茂豊田町西南部）に「八田」と記入してある。

【林下】「岡天」№80の前に「林下」とあるのが唯一の所見かと思われる。№80から№92まで一三筆一町二反が、この字名で一括されている。ここが現在の**北区上賀茂岡本口町**の北半部であることは、復元図により確認できる。「岡宝」「岡享」では同じ区域が「**大門辻子東**」とされていることは既に触れた（**【大門辻】**の項参照）。地名の由来が北側山麓の林の下に位置したという事実にあることは、ほとんど疑う余地がないと思う。近世の本郷田地麁絵図がここを指して「**森下**」としているのも意味の上で差異はない。

【ヒハクイ】「往来A」に初めてこの字名が見える。王愛大夫往来田のうち一反に「岡本郷**梅辻屋敷**、ヒハクイ」とあるものである。この往来田は「往来B」の愛益大夫往来田に一致することが、両帳の比較検討から確認でき、年代的には「往来B」よりやや早い宝徳三年の頃も、同じく愛益大夫が所持していたことが、諸郷地からみ帳との対比で明らかになる。しかし、肝心の「岡宝」では相当の往来田を発見することはできない。記事の欠失が原因であると思われる。往来田古帳はA・Bともに「梅辻屋敷」としており（ただ後者には「ヒハクイ」の記載はない）、この場所が「梅ケ辻出口」に近いあたりであったろうことが推定できるから、復元図上でそのあたりに見当をつけて探索しても、見いだせないのである。とすれば、「岡宝」復元図作成過程で同帳の記事の欠失が確認された区域（この場合「梅ケ辻出口」の南側約五町歩）に含まれていた可能性がかなり大きいと考えねばならない。ことに「岡亨」「岡天」両帳の記事・復元図を参照した場合、欠失部分の最北端で、現在の**北区上賀茂向縄手町**の中央部あたりに、二反の往来田が確認できるのは重要である。ここはまさに「梅ヶ辻子出口」（「岡亨」No.273）であり、おそらく宝徳三年当時の愛益大夫往来田は、この二反の内のいずれか一反に相当するものと私は考える。この推定が妥当なら「ヒハクイ」はこのあたりを指したという結論が出る。

ただし、「岡亨」では、この場所とは異なるNo.143に「ヒハクヒ」の字名が見えている。それはちょうど「岡宝」の記事欠失部分の最南端に道路を隔てて接するところで、No.146まで計四筆四反小からなる小区域の呼び名である。現在の**上賀茂石計町**の西端部および**上賀茂土門町**西南部に当たる。ここは、「岡宝」にも記事があるので参照すると、同帳No.106からNo.109に相当しており、筆数・田積は「岡亨」と同じで、先頭のNo.106には「**ヒハノ木**」の字名が見える。この事実からすると、室町中期にはおそらく近くに枇杷の木が生えていたところから「ヒハノ木」と呼ばれていた場所が、戦国中期には「ヒハクヒ」といわれるように変わったということになる。字名だけからすれば、これは「往来A」の「ヒハクイ」に結びつきはしないかということになるが、「岡天」を加えた三検地帳とも一致してこの場所に往来田は一反も見いだせない。それに「梅辻屋敷」というもう一つの場所指定とも矛盾する。宝徳三年頃は「ヒワクイ」と「ヒハノ木」とは別の場所の字名として併存していたのであり、理由は不明ながら戦国中期までに後者が「ヒハクヒ」に変化したと考えるのが妥当であろう。

関連して指摘すれば、中村郷にも「ヒハクヒ」があり（「中宝」No.329）、小山郷でも「ヒハカクヒ」の字名が発見される（「往来A・B」、「小宝」No.65）、明応八年（一四九九）九月三日の賀茂社氏人惣中湯屋田売券（「馬場義一氏所蔵文書」）では、田地の在所が「河上郷在所ヒハクヒ」とある。また、明徳二年（一三九一）七月二日、僧覃渠聖瑞庵領田畠寄進状（『大徳寺』四―一六六〇）では、近江国の聖瑞庵領のうちに「字ヒワカクヒ」があったこともわかる。畿内以外の地域でも、宮城県仙台市に「琵琶首丁」、福島県会津地方柳津町に「琵琶首」、富山県の庄川左岸大門町に「枇杷首」などの地名が残っている（『角川日本地名大辞典』）。普遍性を持つ地名であることは確かであろう。「ヒハ」は琵琶、「クヒ」は頸で、琵琶の鹿頸を意味し、その場所の地形がそれに似ているところから地名となったという説が多いようで、賀茂社境内諸郷の場合もおそらく同様の由来が推定できるのではないかと思う。しかし、当岡本郷の場合、上賀茂土門町西端部辺に当たる「ヒハクヒ」は、室町中期に「ヒハノ木」といわれていた事実が動かない以上、やはり「枇杷」との関連を優先して由来を考えるべきであろう。「枇杷」がいつしか「琵琶」に変わり、さらに普遍的な地名である「琵琶首」にひきずられて、字名が転化してしまったのではないかと私は推考する。

【骨塚・ホ子ツカ・ホ子塚・穂根束】 文明十四年（一四八二）卯月日、賀茂社読経所田田数目録（「川上家文書」）に、「神宮寺田之分」計一町歩のうち四反半の在所を「岡本郷骨塚」と記すのが初見かと思われる。読んで字のごとく、骨（たぶん人骨）を葬った塚があったのに由来する字名であろう。「岡享」には、No.284に「次ノ南、ホ子ツカ」と場所を指定し、その南のNo.285とあわせて経所田計二反が見え、これは前記「神宮寺田之分」のうちであろう。No.289まで計六筆七反半の区域がこの字名に属したものと見られ、復元図によれば東西方向に長い長地型田地が連なっている。現在の**北区上賀茂土門町**の中央南半部に同**上賀茂石計町**の中央北部を加えた区域である。

二〇年足らず後の「岡天」では、No.113の前に「ホ子塚」とあって、南へ連続する計一五筆一町五反大がこの字名で括られている。これは右の土門町中央南部のほかに、さらに同町中央北部および**上賀茂向縄手町**の中央南部を包含する区域に当たることが復元図により明らかである。天正十三年(一五八五)検地帳には、この字名を肩書とする田地計一町八反四畝二〇歩が記載され、同十七年検地帳も、同様にして一七筆計一町八反四畝二八歩を書き上げている。近世の本郷田地麁絵図では、これに相当する箇所に「骨塚」と記す。「岡享」では「ホ子ツカ」の北に当たる区域は「**箕里**」の字名で呼ばれているし(同帳復元図No.275の田地)、そこには往来田数反が存在するのに往来田古帳には「骨塚」の字名が見いだせないことも合わせて考えると、この字名が指す区域は戦国中期ごろに北部へ拡大した可能性がある。

近代の市制町村制では**上賀茂村上賀茂字穂根東**と呼ばれ、一九三一年(昭和六)以後七一年までは**上賀茂穂根東町**であり、町域はそっくり戦国天文年間以後の「骨塚」に一致していた。

【町田・マチ田・丁田・待田・松田】　「往来A」所載の孫蒸大夫と蓮一大夫の往来田各一反の在所が「岡本郷町田」とあるのが初見。両者は「往来B」ではそれぞれ土佐前司と光鶴大夫の往来田となっており、後者については字名の記載はないが、前者は同郷「丁田」所在とされている。「往来B」はこのほかにも備後前司往来田一反が同郷「町田」にあったことを記している。この三者は一〇年ほど前の宝徳三年(一四五一)諸郷地からみ帳には、順に福鶴大夫・豊寿大夫・千代松大夫の往来田として現われることが判明するので、「岡宝」の復元図でこの字名の在り場所を突き止めることが可能になる。探索すると、豊寿大夫のものはなぜか見いだせないが、残る二者は所在がわかる。加えて、「岡宝」No.201には「マチ田 半　龍花庵　乍人　千代乙大夫」とあり、以下No.214まで一四筆計一町五反半の区域が「マチ田」と呼ばれていたらしい。復元図では社家町を通ってさらに東へ流れる御手洗川の下流が北限をなし、南は現**上賀茂南大路町**の南端から東へ走る道路で限られていた様子がわかる。現在の**北区上賀茂畔勝町**中部を中心とし、**上賀茂豊田町・同榊田町**の各一部を含む区域である。

年月日不詳であるが室町期のものと推定される賀茂社読経所田田数引付（「川上家文書」）には、「待田」所在の二筆計一反半が記載されている。「待」は当て字であって、やはりこの区域を指すのではないかとおもわれる。

「岡亨」には「マチ田」の字名は発見できないが、復元図作成の結果、同一区域が「松田」として現われることが判明した。すなわち、同帳No.239に「次ノ南（「ノ南」の右傍に「北」とあり）、ミソハタ 一反　松田　石見守往ー」とあるのをはじめとして（この往来田は「岡宝」No.201の一枚北の田地である）、一五筆計一町六反半の区域が「松田」であった。「岡天」でも同様で、筆数は同じで、田積は一町二反小しかないけれども（田積の見積もり方に相違がある）、まったく同じ区域である。天正十三年（一五八五）・十七年検地帳では、この字名は見当たらないが、近世の本郷田地麁絵図ではやはりこの箇所に「松田」と書き入れている。室町中期には「マチ田」といわれていたのが、その後戦国中期に至る一世紀近くの間に「松田」に転訛したとみなされる。

近代の市制町村制では、**上賀茂村上賀茂字松田**と称され、一九三一年（昭和六）から七一年までは**上賀茂松田町**であった。同町町域は中世の「マチ田」そのままであった。

【三河（三川）田・ミカウタ】「往来A」に、慶光大夫・某・藤有大夫・松石大夫の往来田各一反が「岡本郷ミカウ田（あるいは「三川田」）」にあったことを記す。応永五年（一三九八）六月二十日、平国継田地寄進状には「合壱段者岡本郷内、在所三河田」と出てくる。「往来B」にもかつての慶光大夫往来田に当たる尊鶴大夫往来田、藤有大夫往来田に相当する松福大夫往来田および因幡前司往来田の三者について、それぞれ一反が「岡本郷ミカウタ」所在と記されている。また、室町期のものと思われる賀茂社読経所田田数引付には、岡本郷所在の「三川田弐段　一石八斗二百四十文　少納言公」が出現する（「川上家文書」）。ほかの検地帳類では該当の字名を拾うことはできず、したがって復元図によっても在所を特定することは不可能で、現在の北区上賀茂のうちとしか判明しない。

ただ、「岡宝」ではかつて一九七一年（昭和四十六）まで存在した**上賀茂蝉ケ垣内町・上賀茂穂根束町**の町域に相当する約三町歩が記載されていたはずの料紙が失われており（第二章第二節参照）、「三川田」はその中に含まれていた可能性がある。そこで、幸いにその部分が欠けていない「岡享」を用いて、試みに、前記往来田四筆四反と経所田二反に相当する田地が近接して存在する区域がないかどうか調べてみると、それは北と南に往来田（一反田を含む）各二筆二反があり、その間に「金蔵坊持」二反が挟まれている、No.279～No.283の五筆計六反である公算が大きいと思われる（金蔵坊は賀茂社供僧である）。「岡享」ではNo.284以南の田地は字「**ホ子ツカ**」とされ、No.278もしくはNo.277以北明神川以南は字「**箕里**」に属していたことがNo.275の記事から判明することからしても、ちょうどその間に位置する右の田地群が「三川田」であったとして矛盾はなく、むしろきわめて適切な見方ではないかと私は考える。もしそれが妥当とすると、現在地は**北区上賀茂向縄手町**中央南部と**上賀茂土門町**中央北部にまたがる場所である。

【御事持・ミコトモチ・御琴持・村雲】「往来A」に阿古黒大夫の往来田のうち一反が「岡本郷御事持」にあったことを記しており、南北朝末期には既に存在した字名である。この田は「往来B」の宮松大夫往来田に相当することが比較検討により明らかになるが、同帳には、ほかに淡路前司往来田・石徳大夫往来田の各一反も同じく「ミコト持」にあったことを記す。「岡宝」では記事を欠いているが、下って文明十三年（一四八一）十月七日の馬場知久田地売券写には、「合壱段者　在所岡本郷内字御事持云」とあり、さらに「岡享」No.290には「南ノホリヨリハシマル一、ミコトモチ　一反　千手院」云々と記され、以下同一字内の田地一九筆一町八反半が書き上げられている。同帳の復元図により、これは大体現在の**北区上賀茂向縄手町・同上賀茂土門町**の西部域に一致することが確かめられる。もとは**上賀茂村上賀茂字御琴持**と称されたところで、一九三一年（昭和六）から一九七一年までは**上賀茂御琴持町**であった（最初は上京区、一九五五年以降北区）。

「岡天」ではNo.128からNo.171まで四四筆四町小にのぼる田地群が「ミコトモチ」所在として出現するが、これは筆数・田積ともに前記「岡享」の場合の倍以上である。地図上復元の結果は、西隣の区域を同じ字に含めてしまったためにかような状況が生まれたものであることを物語っている。周辺の字の立地状況から判断すれば、おそらくNo.151の「次南東一　一反　佐土殿作」以降の部分は別の字に属すると見るのが自然である。方角記載の末尾に「一」がついていることもその判断をささえるものであろう。太閤検地以後もこの地は賀茂社領として存続を認められており、天正十三年（一五八五）・同十七年検地帳には、この区域の田地はすべて記載されているが、このうち十三年検地帳には「みこともち」の字名は現われず、かわりに「**村雲**」と見え、別称があったことが明らかになる。近世の本郷田地麁絵図では、当該区画内にはっきり「御琴持　村雲トモ」と記入している。

【南ノ坪】「岡天」にNo.191からNo.201まで一一筆一町歩の田地が「南ノ坪」の字名で一括記載されているのが、現在のところ唯一の所見。明らかに条里制の一坪分の広さに相当する田地群であり、復元図では南北に長い長地型田地の連なりが確認できる。現**北区上賀茂烏帽子ケ垣内町**南半部である。近世の本郷田地麁絵図には、この区画に「**中ノ溝**」、その北の一坪相当の区画に「**安井田**」と記入されている。「中ノ溝」はこの区域の用水懸かりからきた名称に違いない。

【箕里】　この地名は『梁塵秘抄』に「何れか貴船へ参る道、賀茂川・みのさと・御菩薩池」と見えるから、平安末期には京都から小山郷・上賀茂を経て深泥池の池口で鞍馬大道に合流する貴船参詣の道の途中にある里としてよく知られていたことがわかる。中世では文明十年（一四七八）十二月日、賀茂大神宮侍所下知状（「座田文書」）に、氏人有徳大夫の持分「岡本郷之内在所箕里小畠名」を闕所にしたことが見えるのが早い例で、ついで「岡亨」No.273松福大夫往来田一反について、「**梅ゥ辻子出口**、箕里ノ北川ハタ也」という場所指定が見え、続くNo.274雅楽頭往来田では「同、南川ハタ也」、No.275福増大夫持の一反には「箕里、**森ノ前**、北川一」と記されていて、この地が「梅か辻子出口」のあたりで、川（**明神川**）の南北にまたがっていたことを示している。ほかには同じ享禄五年（一五三二）四月十日、亀大夫保為・亀猿大夫保直連署田地売券に記す一反の在所が「岡(本脱カ)郷之内字号箕里」とある。なお、この売券の右下端には「**御事持**」の異筆書き入れが見いだされ、「箕里」と「御事持」が重なり合う関係にあったことを示唆する。「岡亨」の復元図により確認されるこの字名の在所は、字「**骨塚**」の北部であり、右の売券の異筆記載を考慮すると西隣の「御事持」（別称「**村雲**」）の北端部あたりも含めた地域呼称ではなかったかと思われる。現**北区上賀茂向縄手町**中央部に相当する。

　前記の賀茂大神宮侍所下知状に、賀茂社境内諸郷においてはさほど用例を見ない名の名称が出てくるのも注目される。「岡亨」No.275に「森ノ前」とあるが、安永年間（一七七二〜八一）の作製という賀茂社家宅七町之図に、明神川からいくらか「**岡本通り**」（骨塚と御琴持の境界に相当する道路）を南下した西側に「**二ノ里、森**」と書いた一区画があるのが、その森なのではないかと思われる。「二ノ里」はたぶん箕里が転訛したものであろう。

【むくか本・椋本・ムクカモト】　寛喜三年（一二三一）正月十四日、権禰宜賀茂某・嫡子賀茂某連署田地売券（『日野文書』『鎌倉遺文』四〇八八）に、「合伍段内南二段者放了、北三段也、字岡本郷むくか本」と記すのが初見。この田地の四至は「東限溝、西限溝、南限阿世、北限道」と見える。下って「往来A」では、幸蒸大夫往来田・彦蓮大夫往来田の各一反の在所が「岡本郷椋カ本」（後者は「椋本」）とされ、「往来B」では、この両者に該当することが比較によって確定できる万鶴大夫・讃岐前司の往来田のほかに、河内前司往来田一反がこの字名で現われる。「岡宝」は「往来B」よりいくらか早いが、そのNo.172の御酒田二反には「ムクカ本」という場所指定がされており、明確にはわからないけれども、おそらくは№184まで一三筆一町六反の田地がこの字に属していたと思われる。そのうち№174の信濃前司往来田は、「往来B」の万鶴大夫往来田にあたることが、他郷の地からみ帳を合わせ検討することにより明らかになる。その後は「岡享」№204に「二反ムクカモト　御酒田」とあり、これは「岡宝」№172と同一田地と推定がつくが、以下の田地群も「岡宝」とほとんど変化していない。両検地帳の復元によって、ここは現**北区上賀茂畔勝町**と同**榊田町**の西部に当たることがわかる。

「岡天」にはこの区域の田地は出てくるが字名は見いだせない。また近世の本郷田地麁絵図には、ここは西隣の「**寺門**」の最北部とともに「**二又**」と記されており、さらに最南端のかつての御酒田二反に当たる箇所には「**嶌田**」とある。前者は溝・道が「寺門」北端で二つに分かれ、後者は四方を溝・道に囲まれた地形による呼称であることは復元図を見れば歴然である。この絵図の記載を参考に、さかのぼって天正十三年（一五八五）・十七年の検地帳を検討すると、両帳ともにここの田地は「ふたまた」「二また」で記帳されていることが判明する。もともとこのあたりに生えていた椋の木（高木で目立ちやすい）に由来を持つと思われる「椋カ本」の字名は、たぶんその木が存在しなくなったという事情があって、戦国末期になると使われなくなり、地形に基づく呼称が取って代わったのであろう。一九七一年（昭和四十六）まで存在した**上賀茂二股町**は、名称・所在地（「寺門」北端部を除く）ともに中世末以来の「二又」を継承していたのである。

【村雲】　「往来A」所載伊勢前司往来田五反のうちの一反が「岡本郷村雲」にあった。この往来田は「往来B」との比較で、後者にあっては万千代大夫往来田であることが突き止められるが、そこでは在所が「村雲」ではなく「**梅辻出口**」と記されている。そのことから、「村雲」は梅ケ辻町のすぐ東にあった字名であることがわかる。近世の本郷田地麁絵図に「御琴持」と同じ区画の北よりに「村雲トモ」と記しており、そこは「梅辻出口」と呼んで不思議でない区域である。現在の**北区上賀茂向縄手町**西北部である（**【御琴持】**の項参照）。

【ヤフ田・蕀田・藪田】「往来A」に有菊大夫・明一大夫の往来田各一反の在所が「岡本郷ヤフ田」とあるのが初見。次いで「岡宝」の№26に「次ノ北、蕀田、東ノ一 一反　祝ア別相傳道円跡」とあり、この田地を含む五筆三反三〇〇歩が「蕀田」と呼ばれていたことがわかる。さらに同じく「岡宝」№52にも「上蕀田ノ西ノ一 一反　窪御堂田」と見え、東へ並ぶ五筆五反が上蕀田に属していた。このうち№54以後の三筆は往来田である。「往来B」に「ヤフ田」所在の宮内少輔・千代松大夫・光若大夫三者の往来田各一反が見えるのはこれと一致する。長禄四年（一四六〇）二月二十九日の美作守氏貞田地寄進状写には、「合大卅歩者　岡本郷内今井北字藪田東方」と出てくる。その後「岡亨」「岡天」ともに当所の田地を記載しており、前者では「岡宝」の場合同様に二か所に分けて、「蕀田」と「ヤフ田ノ上ノタン」と場所を指定しているが、後者は「藪田」として一〇筆一町三反歩を一括記載していて、若干の異同が見られる。これは後者が「岡宝」においては「**イヨせ**」という別の字に属した東隣の数反を含めているためである。戦国末期永禄六年（一五六三）四月二十六日の右京亮富顕譲状写にも、「一、藪田　半、なかれ残」という記載が見いだされる。

天正十三年（一五八五）・同十七年検地帳には、この字名は発見できないが、地名が消滅したのではなく、近世の本郷田地麁絵図には「今井藪田」「藪田」「ヤブ田ミゾ」などの地名を書き入れている。近代の市制町村制の下では**上賀茂村上賀茂字藪田**と称され、のちに**上賀茂藪田町**となる。現**北区上賀茂藪田町**の東半部に当たる。

【ロウシヲロシ・籠子下】　文明十四年十二月十八日の賀茂大神宮政所下文案（「鳥居大路文書」）に、田地一反の在所を「岡本郷内**竹鼻口**、御手代田、字ロウシヲロシ也」と記しているのが初見かと思われる。翌年二月四日の賀茂社祝部田地売券写（「賀茂」）にも、「合壱段者在所岡本郷竹鼻口、御戸代田之内ロウシヲロシ、塚本北、尻広也」とある。その後永正九年（一五一二）三月十一日付野洲井闕所田畠帳（同）に「壱段　在所岡本郷籠子下」と見える。「岡亨」№158に「ロウシヲロシ、次ノ北ノ東へトヲル、一反　同（祝田）紫野但シリヒロ 宗賀」とある田地は、記載事項の比較により、前記文明十四年の下文案および同十五年の売券写の田地と一致すると思われ、その他に四筆四反が「ロウシヲロシ」に属したと判断される。天正十七年（一五八九）検地帳に、この字名を肩書とする田地六筆計五反が書き上げられているのは、これと同じ田地群である。「竹鼻口」であることと「岡享」の復元図とから、ここは現在の**北区上賀茂蟬ケ垣内町**北半部のうちに位置することが突き止められる。

【六反田】「往来A」に十楽院阿賀大夫往来田の一反が「岡本郷六反田」所在と見えるのが初見。「往来B」では、これが愛寿大夫往来田として出現する。「岡天」ではNo.37からNo.44まで八筆計八反半を「六反田」として一括しているようであるが、地名の由来はそこに六反の田地があったからに違いないことからすれば、これは本来南にある他の字の田地をも含めてしまっているからと判断される。天正十七年（一五八九）検地帳には、六筆計四反八畝一〇歩の田地が「六反田」を肩書として出ている。この方が元来の在り方を示すものといえる。近世の本郷田地麁絵図には在所が図示されており、現在の**北区上賀茂豊田町**西半部に相当することが明らかである。

第三節　中村郷関係の地名

【赤ハケ】「ハケ」は「はげ」と読むのであろう。この地名は「中宝」No.578に「次ノ西ノ岸上ヘカヽル、赤ハケ　一反半　鹿苑院田　乍人　治ア松崎」と出てくるのが唯一の所見である。復元図によると、**西山**の西南麓に当たるところに位置しており、No.580までの計三筆三反の小区域を指す字名であったと思われる。ごく常識的に受け取れば、「ハケ」に当たる漢字は「禿げ」もしくは「剥げ」であろうから、これはいつのころか、すぐ北にある西山の一角が赤土の露出する状態にあったところから来た呼び名ではないかというのが私の推測である。現在の**左京区下鴨水口町**西北端から**北区上賀茂池端町**の東南端にかけての区域に相当する。

【イケ内・池内】「往来A」に載せる氏人某の往来田半の在所を「同郷（中村郷）イケ内」と記すのが初見。したがって南北朝末期ごろにはすでに存在していた地名である。これには「祝ア　六斗代」ともある。この初見史料に従えば当時は「いけのうち」ではなく「いけうち」と読んだようである。「往来B」では、この田地は初鶴大夫往来田として現われ、字名の記載はないが、「同郷（中村郷）半祝部　六斗代」とある。少し早い「中宝」No.312には「池内、丑寅　一反　祝ア　泉涌寺　乍人　中務　同所（松崎）」と記し、つづくNo.313に「同次　半　祝ア　乍人　二〜大〜同所」とあるのが右の往来田半に相当するものと見られる。ここには以下No.322に至るまでの計一〇筆が「同南」「同西」などと肩書きされ、同じ字名に属したことが知られる。ほかに「次ノ南」とだけ記すNo.314も、前後関係からして当然同じ場所にあったと見てよいから、これを加えて田積合計は一町一反に達する。さらに、「同」と記されてはいないが、No.323の「次西」四反、No.324の「次ノ南」一反、No.325の「次ノ西」二反三筆計七反も、おそらく同じ字名ではなかったかと思われる。これに連続するNo.326〜No.328も、No.326に「**舛形**」という字名が見えるけれども、次に述べる「中天十九」「中天二十」の場合と対比すると、やはり「池内」の一部であったとみなしてよいであろう。

その「中天十九」では、No.389一反に「池内、東一」とあり、以下No.396までの八筆八反半が同一の字名に所属し、翌年の「中天二十」では、No.346〜No.353の八筆六反大が同じく「池内」所在であった。

すでに前節で触れたように、岡本郷関係の地名にも「池内」というのがあり、その場合の「池」は**深泥池**のことであったが、ここにいう「池内」はそれとはまったく別である。検地帳の地図上復元の結果では、「中宝」のNo.312〜No.322は現在の**北区松ケ崎東池ノ内町**・**同松ケ崎平田町**の区域の大半に相当し、No.323〜No.325は平田町の西端部から**松ケ崎南池ノ内町**にかけての区域である。また、No.326〜No.328はほぼ松ケ崎南池ノ内町西部に当たる。「中天十九」No.389〜No.396と「中天二十」No.346〜No.353とは同一区域であって、**現松ケ崎西池ノ内町**南半部と同松ケ崎南池ノ内町西部に該当する。つまり現在は東・西・南を冠して三分されている松ケ崎池ノ内町のほぼ全域が、かつての「池内」に相当するのである。もともとここに池が存在したことは明白であるが、ほぼ円形をなして右の区域に取り巻かれる形になっている現**松ケ崎総作町**の区域がその中心部であったことも間違いないであろう。近代の地籍図にはここは字「**惣作**」と記されている。今は推測しかできないが、いつの頃かここにあった池が埋め立てられて耕地となり、**松ケ崎村**の住民の惣作として維持されてきたという歴史があったところから、それが地名化したと見て見当外れではないであろう。深泥池の場合もそうであるように、もともとは池敷の一部であったところが、湿田として利用されるようになって「池内」という字名ができたことも、容易に推測できることである。

【池尻・池ノ尻】（1）「往来A」に蔦有大夫往来田の一所が「一段 中村郷池尻、晦日田 石代」とあり、同様に阿賀大夫・蓮一大夫・幸一大夫・松菊大夫の往来田各一反も同郷「池尻」所在とされている。これが初見である。これらの往来田は、「往来B」ではそれぞれ安藝前司・愛寿大夫・光鶴大夫・清寿大夫・善光大夫に相当することが、相互対比により確認できるが、このうち安藝前司往来田はそのままで、愛寿大夫往来田は尊千代大夫往来田、清寿大夫往来田は命菊大夫往来田として、それぞれ「中宝」に出現することが確かめられるので、同帳の復元図で場所を突き止めることができる。すなわち「中宝」No.616に「次ノ北、池尻ノ東ノ一、山ソへ、三角田」として尊千代大夫往来田が記載され、その位置は**西山**の西麓で**北区上賀茂池端町**東端である。No.621まで六筆六反がこの字名に属したと思われ、うち五反が往来田である。同帳の記載順からすれば六筆分間隔が空くが、復元図ではNo.621の西に隣接することがわかるNo.628～No.634の七筆九反も、同じ字名で呼ばれていた可能性が大きい。近世の本郷田地麁絵図にはこの部分を含めた区域に「池ノ尻」と記していることもそれを裏づけるものである。

「中天十九」の場合は、No.481一反に「池尻、西一」という位置指定が見られ、以下記載順に別の字名が現われるところまでたどってゆくと、まず、No.489までは東へ連続し、No.486・No.487の半折以外は長地で、ちょうど条里制の一坪に相当するとみなされる区画である。つづくNo.490は「次北」で往来田一反であり、あと三筆は「次西」へやはり往来田各一反が並び、つぎのNo.494半は「次北、間有溝」とあるので、用水路を越えて北へあがったことがわかる。No.495の往来田一反が「次西」へ連なり、つぎのNo.496は「次南、間有溝」とあるので、再び同じ溝をまたいで南へ移り、「次西」No.495一反で一連の田地群が終わっている。復元図では、大体現在の**北区上賀茂池端町**の東半分ほどに当たることがわかる。「中宝」No.416〜No.422は、その中に含まれる関係にある。「池」はいうまでもなく深泥池である。

また、「中天二十」においては、No.447からNo.479まで三三筆計三町三反が、一括して「池尻」とされている。復元図で確かめられるその区域は、現上賀茂池端町の町域のうち西南の一町歩弱を除いた部分と、**左京区下鴨水口町**の東北端部分とを合わせたものということになる。しかし前年の検地帳「中天十九」では、そのNo.498半に「**御泥池口、池下**」とあって、そこから南へ少なくともNo.502まで（No.506までとも考えられる）の田地群がそのように呼ばれていたと思われるので、これに相当する「中天二十」のNo.468〜No.477の部分は、同じように呼ばれていたにかかわらず検地帳の記載では細分区別されなかったという可能性も大きい。あるいは同じ区域が時に応じて別な呼び方をされていたとも考えられよう。またNo.459〜No.462相当の区域は、既述のように「中宝」では「**赤ハケ**」といわれていたし、No.478・No.479の場所は「中宝」では「**井リ口**」、「往来A」では「**入下**」として出てくる（各項参照。本郷田地麁絵図では「**樋尾**」と記される）。これら各種の字名に相当する部分を除いたいわば中心部分には、本郷田地麁絵図が、**鞍馬街道**から西山西麓に至るところに「池ノ尻」、「赤ハケ」の西に隣接する一坪分に「**下池ノ尻**」と記しており、前者にはまた右側に並べて「**山ノ根トモ**」と付記されている。

天正十三年（一五八五）検地帳には、「いけのしり」を肩書きにする田地が二か所に現われる。最初の田地群は上田六筆で、同帳の復元図作成の結果、これは現下鴨水口町の中央部やや西寄りの区域に当たる。もう一か所は計一九筆の上〜下々田で、これは現北区上賀茂池端町の東南部を中心とし、左京区下鴨水口町・同北茶ノ木町の北部西山沿いを含む区域である。

つづいて天正十七年検地帳には、「池ノ尻」「池尻」の字名で上田二五筆・中田七筆・下田三筆、合わせて三町六反八畝三歩の田地が記載されている（字名が「同（池尻）、フロノ木」とあるものは除外）。その復元図によれば、これは「中天二十」の「池尻」にほぼ一致する区域である。

下って明治初期の乙井川北東田地図を見ると、「字池ノ尻」は北部の一七筆に限られ、その東南に「字**池ノ尻山根**」とされる六筆が接している。その南の本郷田地麁絵図「下池ノ尻」に相当する場所九筆分は、「字**風呂ノ木**」の東半部分に変化している。同じ頃のものであるから当然ではあるが、地籍図でも同様である。時代によりかなり出入りがあったことがわかる。

【池尻】（2）「中宝」No.251に「次ノ東、池尻 一反半 石橋八幡 祝公事名 内半八御馬田 乍人 万里少路 道善」、つづくNo.252に「次ノ東、岸極、池尻 二反 祝公事名 乍人 万里少路 道善」とあるのが唯一の所見。この場所は復元図によると**左京区松ケ崎呼返町**の西端道路沿いに当たる。一見すると近くには池が見当たらないのに、なぜここが「池尻」と呼ばれたのか、疑問が生ずるような場所であるが、地籍図によると、北の**西山**山麓に位置する**松ケ崎総作町**・**同南池ノ内町**のところから、若干屈折しながら大筋はほぼまっすぐに南下した用水路が、このNo.251の田地の西北端まで来て**乙井川**に合流していることがわかるのであって、総作町・南池ノ内町地籍は、かつて池があったと推定される（**【池内】**の項参照）区域であることからすれば、ここはまさしく池尻に当たるのである。地名の由来は間違いなくここにあると考えてよい。

【石塔・石ノ塔】「中天十九」No.532半の在所が「石塔、西一」と記され、No.549一反には「石塔巽一」とあって、両者を含む六筆六反の田地群がこの字名で呼ばれていたことが知られる。また、「中天二十」No.113の往来田一反には「石塔西」という位置指定がある。両検地帳の復元図で現在地を突き止めると、前者八筆の田地群は**左京区下鴨前萩町**北部、**鞍馬街道**東沿いにあり、後者は**左京区賀茂半木町**の北東隅にあたり、現在は京都府立総合資料館の敷地に属する。復元図の上で見ると、この一反は前記「中天十九」No.532の真西、鞍馬街道を挟む場所であり、地籍図には、この田地の東で現在の**北園川**に沿うところに、ほぼ正方形状の小区画が確認でき、これこそ石塔のあった場所と考えて間違いないと思われる。念のため「中宝」の復元図をも合わせて参照すると、これと同一の田地であるNo.484の在所が

「路畔、北ノ一、**タウノモト**」と出てくる。これが「塔の下」であることはいうまでもない。「北ノ一」とあるところから、「タウノモト」の字名は南へ連続する計五筆四反半に係るものであったと推定される（なお**【タウノモト】**の項参照）。

天正十三年（一五八五）検地帳には、「石ノたう」として上田～下田三〇筆計二町三反七畝二九歩、「**いしのたうのまへ**」所在として中田二〇筆計一町四反五畝が記載されており、同十七年検地帳では「**たうのまへ**」に中田・下田各一筆計七畝一〇歩、「同《（萩ヶ垣内）》、たうのまへ」として中田五筆計三反六畝一二歩、「いしのたう」として上田八筆・中田五筆・下田三筆計一六筆一町五反四畝が見える。両帳の地図上復元によると、十三年検地帳の「石ノたう」は現賀茂半木町の東部で、「中宝」の「タウノモト」相当の区域のみならず、近辺の田地をかなり含めたものであり、「いしのたうのまへ」は現在の下鴨前萩町のうち北東の一部を除いた区域に加えて、それに接する同**萩ケ垣内町**の一部を含んでいる。十七年検地帳の「たうのまへ」二筆は下鴨前萩町の北半、すなわち石塔に近い鞍馬街道沿い、「いしのたう」は下鴨前萩町の北東隅一部と賀茂半木町東部鞍馬街道西沿いとに相当する。

近世の本郷田地麁絵図には、現下鴨前萩町北部相当の区域に「石ノ塔」と記している。また、近代の乙井川北東田地図では、同じ区域の田地九筆に「**字石塔堂前**」と記されており、「堂前」とあるところから判断すると、石塔は堂の中に入っていたものと思われる。

【石橋下】「中宝」№54一反対馬守貴布禰田の位置指定に「次ノ西、石橋下」とあるのが史料に見える唯一の例である。復元図で確認すると、この田地は現在**下鴨中通**（**鞍馬街道**）が**第二疏水分線**と交差する場所で、疏水の北側の下鴨中通東沿いに存在した。町名で言えば**下鴨東半木町**の中央南部ということになる。かつてこの付近は、鞍馬街道東沿いに川が流れ、当該田地の北端をとおる畦畔がこれを跨いで鞍馬街道とつながっていたのであり、そこに存在した橋が土橋ではなくて石橋であったところから、すぐ南の田地の場所を指示するのに目印に使われたのだと思われる。

【イシヒロイ・石拾・石拾西・石拾南・石拾東・北石拾】「往来A」所載の菊一大夫往来田のうち一反の在所として「中村郷イシヒロイ」とあるのが初見である。右傍に「**トノ垣内**」とも記されているので、それが別称であったかと思われるが、「殿垣内」という字名は、ここととはかけ離れた北の**鞍馬街道**沿いにもあるので（当該項参照）、あるいは竄入かもしれない。「往来A」の菊一大夫往来田は、「往来B」では刑部少輔往来田として出てくることが相互対比により判明しているが、そこでは当該田地は「新臺盤」とだけあって、字名は記されていない。

ところで、「往来A」の方では、菊一大夫の往来田の他の四反の在所もすべて判明する。すなわち**河上郷角田・大宮郷二丁田・中村郷検定芝・岡本郷大門辻**である。これを活用して諸郷検地帳で調べてみると、菊一大夫往来田は、宝徳三年地からみ帳においては善千代大夫往来田として現われることがわかる。「中宝」ではNo.411一反であるが、その近くで「石拾」の字名が二か所に出現する。ひとつはNo.405一反の位置指定に「石拾西、**堀アケ堤ノ裏**」と出ているもの、今ひとつは、No.407正伝寺田二反の方角記載「次ノ北」に添えて「石拾」とあるものである。「中宝」ではまた巻首に検地の起点になった場所を示す「卯月二日　石拾南、堤ノ下」という記事もあり、No.1の一反半には「南一、**物詣ノ路ノ下**」および「**出雲路**ノ社下ノ貴布祢講田」という記事が見られるのも参照できるので、あれこれ綜合して地名の位置を把握することができる。

つぎに「中天十九」ではNo.225一反の位置指定として「次東、石拾東終」と見え、No.244一反には「北石拾、南一」と出てくる。

これらいくつかの手がかりを用いた結果たる復元図によれば、たまたま「中宝」No.405と「中天十九」No.244とは同一の田地であり、そこは「石拾西」であると同時に「北石拾」ともいわれる場所であったことがわかるが、当該田地の位置は、現左京区**下鴨西半木町**の北東部である。また「石拾南」に属した「中宝」No.1の田地の在所は同**下鴨下川原町**北東隅に当たる。さらに「石拾東終」にあった「中天十九」No.225の田地は、現在の**下鴨西本町**の西北端で、北部は**第二疏水分線**のラインを越えて**下鴨東半木町**に跨がる位置にあった。知り得た史料の中でもっとも北に当たるのは、

「中宝」No.411の善千代大夫往来田ということになるが、その在所は**左京区賀茂半木町**の東南部、現在は京都府立大学の構内である。結局北とか南とかの区別なしに全体として「石拾」を捉えた場合の範囲は、かなりの広がりがあることになる。大部分は鞍馬街道の西沿いにあり、南は下鴨下川原町の北部から北は賀茂半木町の南端あたりまでを含み、一部は鞍馬街道の東にも及んでいて、そこは「石拾東」と呼ばれていたということになる。中村郷の田地のうちでは、西南端と言える区域であり、したがって**賀茂川**の河原にもっとも近い耕地であった。「石拾」という字名はたぶんそのことと関係があるのであろう。

他の史料では、元亀三年（一五七二）の大徳寺幷諸塔頭本役銭結鎮銭出分指出（『大徳寺』八―二五三一）のうち瑞峰院听首座分に、「中村郷石ヒロイ」一反半にかかる一石五斗が記載され、天正十三年（一五八五）十月二日、総見院幷諸寮舎指出（同八―二五三七）に、祠堂方の田地一反と印蔵主分の畠二筆が中村郷「石拾」にあったことが見える。

【泉川】 泉川は現在も左京区北西部の市街地の中を南下し、下鴨神社境内の東端を流れて末は賀茂川に入っている。現**左京区下鴨膳部町**のあたりから南の流路は、中世とほとんど変化していないと思われるが、それより北は一帯の市街地化にともなう区画整理によってかなり流れが変化してしまった。

より古い流路は、明治二十二年測量の二万分の一地形図「京都」によれば、賀茂社の**御手洗川**が分岐して**明神川**・**乙井川**となり、もとの岡本・中村両郷の田地を灌漑して東に至り、中村郷田地の東端部あたりまで来て再び合流、そこへ北東の**松ケ崎村**の中を東から西へ流れてきた水路が、現**左京区松ケ崎平田町**の南東部辺で南へ折れ、まず明神川の下流と、ついで乙井川と合流して、泉川となって南下している様子が見て取れる。松ケ崎村の中を流れる水路の源流は、この地図ではつかめないが、それは現今の地図でも確かめられる。「京都市広域図」（昭文社、一九九九年一月発行）によれば、松ケ崎の東北方**城山**の東で高野川から分水し、城山の東山麓を高野川に沿って下り、松ケ崎の集落の東でまた分岐、その主流が松ケ崎集落に入っている。

『京都府愛宕郡村志』が「泉川」の項を設け、「松ケ崎村より来り、南流して御祖神社の東を過ぎ、南方にて鴨川に入る。延長十八町餘、廣一丈八尺前後、深五尺より三尺に至る。夏季泉質清冷なり」（句読点は須磨が付した）といっているのは、松ケ崎から来て南下する流路しか捉えていない。

位置を示す史料としては、「中宝」No.13二反の位置指定に「**高縄手**ノ東、尻ハ泉川、南ノ一、**野口**」と見え、No.181の鹿苑院田三反大の方角記載「次ノ東、溝極」の右傍にも「泉川」と記されているのが、管見に入った限られた事例である。地図上復元の結果、前者は現在の**左京区下鴨膳部町**の西南端で、南が**松ケ崎通**に接し、東端を泉川が流れている場所であることが判明し、後者は現**下鴨岸本町**の南半部中央西寄りに位置していたことがわかる。現在の泉川の流路は若干東へ移されたが、かつてはこの田地の東沿いすなわち下鴨岸本町の中央あたりを流れていたのである。

江戸中期に至ると、下鴨社家「田中兼頼日記」の延享五年（一七四八）四月二十七日の条（『下鴨社家日記』Ⅰ）に、「一、今日より泉川端茶薗令摘之」云々の記事が見え、宝暦二年（一七五二）十二月二十五日の条には「七升泉川茶薗」と少額の年貢が収納されていたことを示す記事もある。この日記には別に「**高木**茶園」に関する記事も各所に散見しており、在所を示す絵図も記載されていて、それによると、「**岩倉海道**」が西から来て北へ曲がり、松ケ崎方面へ向かうあたりの西沿いに、もう一本の細道の東西を埋める形で「高木茶園」があったことがわかる。「岩倉海道」は現今の**松ケ崎通**に相当し、したがって茶園は現**下鴨膳部町**の東端部、**下鴨西高木町**に接する場所に位置したのである。そこから推測すると、「泉川茶薗」はこの「高木茶園」の西で泉川沿いにあったのではないかと思われる。また、茶園関係の記事とともに、同日記の宝暦二年五月十五日の条には「一、泉川洪水、当五月より屋敷治兵衛へ作申付、年貢米八升ニ相極申渡」とあり、同四年十二月二十四日の条（『下鴨社家日記』Ⅱ）には「一、泉川西端洪水田年貢五升銀納　下作源兵衛」とも見えて、泉川の西川端には田中家の田地もあり、泉川が時に洪水で川端の田地を荒らしたことがうかがわれる。この田地の場所は、中世には上賀茂社領であった字「**藤井**」・「**野口**」の東沿いに当たる狭い区域ではなかったかと思う。

なお、現在**松ケ崎泉川町**という町名があるが、これは泉川が町域の西半部中央あたりを流れていることにちなむものである。明治の市制町村制では、**松ケ崎村字泉川**であった。

【一坪・一ノ坪】 初見は「往来A」の右京権大夫往来田および正若大夫往来田各一反の在所として「中村郷一坪」とあるもので、「往来B」では前者が伊賀前司、後者が乙鶴大夫の往来田となっており、当然ながら在所に変化はない。このうち伊賀前司往来田は、宝徳三年の諸郷地からみ帳でもすでに確かめられるが、乙鶴大夫は宝徳以後の新しい受給者と見られ、宝徳当時の受給者は確認できない。

「中宝」には、No.346の長鶴大夫往来田一反の在所が「次ノ西ノ東ノ一ノ坪」と指示されていて、これ以後No.353まで八筆計九反半が同じ「一ノ坪」に存在していたことが判明する。これは言うまでもなく条里制の坪の名称がそのまま残存したものであり、愛宕郡条里の境界線を地図に書き入れてみると、この坪は同郡条里の十三条に属する某里の一坪にあたることが突き止められる。現在の町名で示せば、**左京区下鴨南芝町**の東部三分の一強の面積を占める。「中天十九」「中天二十」になると、この地名はすでに見当たらず、「中宝」No.346と同一の田地である前者のNo.423の在所は「**ミクツ東一**」、後者のNo.371では「**ミクツ坪、東一**」となっている。「ミクツ」は、「中宝」では「一ノ坪」の西隣りの字名であったことがわかるので、その後一世紀の間に「一ノ坪」はそちらへ吸収されてしまったのである。以後この字名は管見の史料にはまったく出てこない。

【一町田・壱丁田】 私の知る範囲では、初めてこの字名が出てくるのは戦国前期の史料である。明応七年（一四九八）十二月二十日の御結鎮銭幷山売代算用状（「賀茂」）の納方（収入）に、黄屋が弁ずる「中村郷一丁田」の田地二反分、同様に雲長院が弁ずる同所の田地五反分の御結鎮銭を売却した代銭およそ四貫文を書き上げてあるのが、早い例であると思う。

ついで「中天十九」№354二反の位置指定に「一町田、西一」と出てくる。この田地から「次東」へ連なる計六筆七反が、この字名に属したと思われる。翌年の「中天二十」では、№287二反が同じく「一町田、西一」にあり、やはり東へ連続する長地六枚を指す字名であったことがわかる。こちらは計一町歩であり、「中宝」と比較すると三反の差があるが、これは検地に際しての田積見積もりの違いであって、実際は両者まったく同じ場所であることは、復元図作成によって証明される。現在の**左京区下鴨神殿町**の北部三分の一に相当する区域である。

天正十七年（一五八九）検地帳では、「壱丁田」として中田五筆計一町一反五畝一〇歩が記載されているが、その地図上復元では、これも同一の場所である。四年前の天正十三年検地帳には同じ区域の田地は記帳されているけれども、字名は「北殿」（ほうどの。「神殿」の訛りが誤ってこのように表記されたらしい）に含まれているため出てこない。

その後の史料本郷田地麁絵図には、一坪分南へずれた場所、すなわち現下鴨神殿町の中央部相当箇所に「一丁田」と記しており、本来の「一町田」の部分は、西隣の字名「エノ子田」のうちに含めて描かれているが、これは判断の誤りではないかと思われる。近代の乙井川北東田地図には、本来の場所に「字一丁田」と記し、六筆計一町一反四畝一〇歩が記載されている。天正十七年検地帳とは一畝だけ違っている。

ほかでは、天正十三年（一五八五）十月二日、大徳寺総見院幷諸寮舎指出（『大徳寺』八―二五三七）に、印蔵主分の田地一筆二反が「中村郷壱町田」所在と見え、同日の大仙院幷諸寮舎指出のうち友松軒分にも同所の二反が見える。

【イテカ垣内・井手海道】　「中宝」№295の下社田三反の在所が「次ノ東、溝ノ下、丁トヲリ、井モカ垣内」と記されているのが、近世以前の史料では管見唯一の所見である。この「井モカ垣内」は、三筆あとの№298の位置指定に、一度書いて抹消した「イテカ垣内」という記事が見られること、近代の地籍図に「井手海道」の字名があり、これが市制町村制下の**松ケ崎村字井手ケ海道**に受け継がれていることからして、「井テカ垣内」とすべきものが誤り写されたものとするのが妥当である。復元図によって場所を確かめると、この田は現**左京区松ケ崎芝本町**南半部の中央部あたりに存在したことが判明する。かつての**松ケ崎井手ケ海道町**（現在は西隣の同**今海道町**と統合されて、町名は残っていない）の町域とは大分西へ隔たった場所であるが、実は「中宝」ではちょうどこの田の東に連続していたNo.296～No.298の次に、計二町五反分を記載した料紙（二枚と推定される）が欠失しており（第二章第三節参照）、復元図の作成によって、この田地群はちょうど**松ケ崎平田町**の南にあった、かつての井手ケ海道町の町域を含む区域に相当することが判明するのである。おそらくは現松ケ崎今海道町の南半部分がかつての「井テカ垣内」の主要部分であったと見てよかろうと思う。

【井ノ尻・猪尻・猪之尻・猪ノ尾】　「中宝」に「井ノ尻」の字名が二か所記載されている。一つはNo.109一反の在所として「次ノ西、井ノ尻」とあるもの、もう一つは、No.170一反の位置指定として「次ノ北ノ西ノ一、井ノ尻」と見えるものである。後者は当該田地とも一二筆計一町八反六〇歩の区域を指す字名であったらしい。復元図によると、前者は現在の**左京区下鴨北園町**西部（**下鴨本通**以西）の中心あたり、後者は同**下鴨梅ノ木町**北半の洛北高校敷地のうちを主とし、東の**下鴨岸本町**の一部を含む区域である。一世紀後「中天十九」にはNo.39一反半の位置指定に「次東、猪尻」と見え、No.141一反半にも「**直縄手**西一、但猪尻内也」とある。この両者は近接した場所にあり、間に「直縄手」すなわち現在の**下鴨本通**が通っているが、いずれも現**下鴨梅ノ木町**の南西部に位置する。「猪尻」の「猪」はいうまでもなく「井」の当て字であるが、近代の地籍図にもここは「猪ノ尾」と表記されており、それはさらに市制町村制下の下鴨村猪ノ尾にまで継承されているから、戦国期以降に「猪」の字が用いられるようになったのではないかと思われる。

この字名の本来の意味は、井すなわちある用水系の流末ということであるから、復元図で該当の用水路の見当をつけてみると、これはほとんど間違いなく、**乙井川**と**鞍馬街道**沿いに南下してきた用水路の合流点（現下鴨北園町の西北端）から東南へ向かって流れ、今の下鴨本通を越えてさらに東へ延びていた溝であると見てよいであろう。字「井ノ尻」の田地群はこれによって灌漑される範囲にあったのである。現在の三つの町域に跨がっていて、比較的範囲が広かったところから、賀茂社氏人中が文明八年（一四七六）六月一日付で「大は田」（台飯田）二反を売却した時の売券案（「賀茂」）に、「在所ハ中村郷之内井ノしり、字**ツカノ内**ト申田也」とあるように、域内にはより小さな範囲の字名も存在したものと考えられる。

天正十七年（一五八九）十二月八日付の下鴨村検地帳（「賀茂」）には、「いのしり」の字名で上田六筆計八反四畝一〇歩が記載され、さらに「同《いのしり》、**こくてん**」・「同**たてわ**」を肩書にする上田一〇筆計二町二反五畝一五歩が見える。このほか、天正十三年十月二日の大徳寺総見院幷諸寮舎指出（『大徳寺』八—二五三七）には、祠堂方の田地二筆二反、印蔵主分の田地一筆二反が中村郷字「井ノ尻（井尻）」所在として出てくる。また、江戸中期下鴨社家の「田中兼頼日記」宝暦元年（一七五一）～六年の記事（『下鴨社家日記』Ⅰ・Ⅱ）には、田中家が「中村郷之内猪尻」に上・下二か所の田地を知行し、前者から年貢一石二斗七升と口米二升五合四勺、後者からは一石と二升を収取していたことが見えている。

【イモウ・いも・芋】「往来A」の若一大夫往来田一反の在所が「中村郷イモウ」と記されているのが初見。「往来B」では備中前司往来田に相当する。他の諸郷に散在する残り四筆三反半の同人往来田の在所を復元図で調べた結果、これは少し早い時期の宝徳三年（一四五一）地からみ帳でもやはり備中前司（備中守）往来田であることが判明するが、「中宝」にはなぜか登場しない。あとで述べるように、料紙の欠失によるものと推定される。

「中宝」では、この字名は№239二反檜物田の位置指定に「次ノ東、溝極、イモウ」として登場する。復元図で検討すると、この田地は現在の**左京区下鴨夜光町**の中央を南北にとおっていた畦畔・溝の西沿いにあった。また「中天十九」では、別にNo.319二反に「次西、いも」と記されており、この田は右記の「中宝」No.239の東で、畦畔・溝と田地一反を越えたところにあった。現在地は下鴨夜光町の東部に属し、この字名の東端であったと推定される。

これで、「イモウ・いも」は現下鴨夜光町の中央部を呼んだことが明らかであるが、往来田との関わりから考えると、「中宝」No.239は「次ノ東、溝極」であるにかかわらず、これを含めて、その西側に連続する条里制の一か坪相当の広さを持つ田地群を、この字名で呼んでいた可能性がある。「中宝」では、その西端四枚分の記事があるはずの料紙が失われているが、「中天十九」「中天二十」の復元図と突き合わせると、この部分の田積は三反半で、四枚とも往来田であったことがわかるので、おそらく宝徳三年当時の備中前司往来田は、この内の一反であったのではないかと考えられるからである。推測ながら、一つの私見として提示しておきたい。

天正十七年検地帳には、「いも」の字名で四筆計四反五畝二〇歩が記載され、明治初期の乙井川北東田地図では、「字芋」所在の三筆が登場する。両者の在所は同じで、やはり現在の下鴨夜光町の中央部であるが、若干出入りがある。

【伊王垣内・イヨカ垣内・イヨカ、キ内・居逢か垣内・ユハウ垣内・岩ケ垣内】「往来A」所載の長寿大夫往来田のうちに、「中村郷伊王垣内」にある一反が出てくるのが初見。これは「往来B」では備後前司往来田に「イヨカ垣内」所在の一反として出てくるものと一致する。「往来B」ではこの他に阿波前司往来田のうちにも「イヨカ、キ内」にある一反が見えるが、「往来A」では該当部分が欠失して伝わらない。

「中宝」ではNo.489一反の在所が「次ノ西ノ上、伊王垣内南」とある。復元図で確かめると、この一反の在所は現在の**左京区賀茂半木町**の北東部で、京都府立総合資料館の敷地内である。これは近代の地籍図に見える字「岩ケ垣内」の位置と一致する。ただ、地籍図の「岩ケ垣内」の範囲はごく狭く、「中宝」復元図と対照すると、三反分でしかない。しかもそのうちに往来田は見いだせないので、ここはまさしく「伊王垣内南」なのであり、中世の「伊王垣内」

はその北部の区域を含めたもっと広い範囲を指したものと考えられる。それを裏づけるように本郷田地麁絵図では、右の場所よりも北側およびその西に細長く張り出した部分に「岩ケ垣内」と記している。

他の史料では、応仁二年（一四六八）四月十九日の竹内栄久田地売券に、売却田地二反の在所を「岡本郷内、在所居逢ヵ垣内」と記している例がある。「居逢」は当て字であると判断される。郷名は異なるが、これはこの区域が岡本・中村両郷の境界付近であることに原因がある。

のち、天正十七年検地帳には、No.680に「岩ヵ垣内」所在の上田一反九畝一〇歩、No.690～No.711に同所の上田一一筆一町二反二畝、中田一〇筆八反八畝二五歩が書き上げられているが、このうち前者の一反九畝一〇歩は、同帳の地図上復元では現**北区上賀茂岩ケ垣内町**の西半部に属し、「岡享」・「岡天」では岡本郷の田地としてあつかわれている。「中宝」ではここはちょうど料紙が欠失しているため、比較ができないのが難点であるが、時期により郷界の認識に出入りがあって、この字名が両郷に跨がっていたか、ある場合は中村郷、別の時には岡本郷とみなされたか、どちらかの状態にあったことは間違いなかろう。もし「中宝」にこの部分の欠失がなければ、「往来B」の備後前司往来田・阿波前司往来田に対応する往来田をそこに発見でき、字名の範囲がもっと明確になったかもしれない。いずれにしても、その範囲は現在の**北山通**すなわち北区・左京区の境界の南北に跨がっていたということはいえるであろう。

なお、この近辺に存在した地名には、「**殿垣内**」「**五反垣内**」「**坊ケ垣内**」「**萩ケ垣内**」など「垣内」のつく地名がかなりあり、古くはここはおそらく**中賀茂**の集落の北部であったと推定され（**【中賀茂】**の項参照）、「伊王」は垣内の主である人の名前と見てよいと考えるが、集落の消滅はやがて地名の転訛を生み、「イヨ」となり「居逢」と書かれ、ついには「岩」となって現在に及んだのである。

【井リ口】「中宝」No.622半の在所が「次ノ北、井リ口、東ノ一」とされているのが唯一の所見である。復元図では深泥池の南、西山西麓の道沿いの田地で、現在の**北区上賀茂池端町**の北端部である。「井リ」は圦で用水の取り入れ口を指すと見られ、地籍図では、あたかもこの田地の西北端で深泥池から引かれた用水が、西山山麓を西から東へ通ずる道路（**松ケ崎道**）沿いにめぐっていた様相が見て取れる。「次ノ北」とはあるが実際は西隣に位置する№623の一反は慶珠大夫往来田であるが、これは諸郷復元図との対比検討を通じて「往来A」の幸一大夫往来田に相当することが知られ、そちらでは「中村郷**入下**」とある。同じ意味であることはいうまでもないが、古くは「入下」と呼ばれたのであろう。近世の本郷田地麁絵図には「**樋尾**」（ひのしり）と記すが、これまた同じ意味である。のちには字「**池ノ尻**」に含まれている（当該項参照）。

【入下】（前項参照）

【碓出】　読みは「うすで」あるいは「うすだし」かと思われるが明白でない。「中天十九」№86の往来田一反の位置指定に「碓出、西一」とあるのが唯一の所見。これを初めとして東に並ぶ長地型田地六筆計九反に付された字名であると見られる。北を**乙井川**、東を**泉川**が流れていた。現在の**左京区下鴨北園町**の東端部である。

【鴬垣内・鴬か垣内】　「往来A」に正有大夫往来田および孫三大夫往来田の各一反の在所が「中村郷鴬垣内」とあるのが初見。これは「往来B」ではそれぞれ慶千代大夫往来田・美作前司往来田に相当し、その後者では「鴬ヵ垣内」と表記される。当該美作前司往来田は、「中宝」では幸若大夫往来田であった（№633に相当）ことが、別に同じ中村郷内に田積半の往来田があり（№599）、「**太宮郷水クラ**」にあると記される一反に該当すると見られる同人の往来田が、まさしく大宮郷水倉の南端に存在する（「大宝」№203に当たる）こと、「**河上郷ヤスマ**」の一反に当たるものが同郷の同じ字名に見いだされる（「河宝」№85）ことから確認できる。現在地は**北区上賀茂池端町**の中程、**鞍馬街道**沿いである。のちには字「**池ノ尻**」に入っており（当該項参照）、「鴬ヵ垣内」の字名は消滅したと思われる。「中天十九」・

「中天二十」ともこの字名は記していないので、戦国前期にはすでになくなっていたものと推定される。

【ウツロ・空】「中宝」No.44に「次《ウツロ》　一反半　神人往丨　乍人　浄幸《出雲路》」とあるのが初見。一世紀あとの「中天十九」にもNo.215に「次北、号空ト一反　乍人　同所《（下鴨）》兵衛四丨」と出てくる。復元図で確かめると、両者は同一の田地であることがわかる。現在地は、**左京区下鴨西本町**の西南部である。この田地だけがそう呼ばれたのか、もっと広い区域を指したのかは明らかでないが、もし後者であるとすれば、「中宝」の場合はNo.44～No.52の九筆計五反半四〇歩、「中天十九」ではNo.215～No.222の八筆計五反半四〇歩の範囲であり、現在の**第二疏水分線**よりは南で、いずれにしても下鴨西本町のうちに属し、西端は**下鴨貴船町**との境界をなす道路である。

【エノコ田・ヱノコタ・狗子田】「往来A」所載の亀菊大夫・大夫将監・孫□大夫・乙鶴大夫の往来田各一反の在所が、いずれも「中村郷エノコ田」とあるのが初見。これらの往来田は「往来B」ではそれぞれ鶴夜叉大夫・因幡前司・美濃前司・伊与前司の往来田となっているが、在所に変化はない。「往来B」よりやや早い「中宝」のNo.365経所田一反には、「次ノ南、川ノハタ、エノコ田」とあり、以下No.376まで南へ長地型田地計一町四反が連続して「南ソヘ」すなわち道・溝に達している。この範囲が「エノコ田」と呼ばれたのである。現在の町名で示すと、北部の大半は**左京区下鴨狗子田町**、南の一部は**下鴨萩ケ垣内町**に属する。

「中天十九」では、同所所在の田地に字名は記載されていないが、翌年の「中天二十」には同様に「エノコ田」の字名が見いだされる。これら検地帳の記事ではいずれも往来田が五反出現する。その後天正十七年（一五八九）検地帳では、「ゑのこ田」を肩書にする中田一三筆一町三反三畝一四歩と下田一筆一反が出現する。また、本郷田地麁絵図には、当該区域と東隣の「一**町田**」にかけての場所に「エノ子田」と記し、明治の乙井川北東田地図では、中世以来の場所にある一四筆の田地が「ヱノコ田」所在となっている。地籍図には同じ場所に「狗子田」とある。これが上賀茂村字狗子田、**上京区上賀茂狗子田町**に継承され、一九四九年（昭和二十四）以後現在の区・町名となった。

【大泉】　管見では、この地名は往来田古帳だけにしか出てこない。「往来A」所載の松菊大夫往来田四反のうち一反の在所が「中村郷大泉」と記されているのが初見。これにはほかに「**川上郷四反田**」・「**大宮郷九日田**」・「**中村郷池尻**」に各一反があったことを記す。これら各田地の田積と在所を手がかりにして、「往来B」において同一の往来田を探すと、それは善光大夫往来田である。田積・在所ともに一致する。

そこで、この善光大夫往来田が、いくらか時期がさかのぼる宝徳三年諸郷地からみ帳では、誰の往来田であったかを突き止めることができれば、「中宝」の復元図によって「大泉」の所在を探り出せる可能性がある。まず河上郷の「四反田」は、「河宝」№251宝幢院田一反に「四反田ノ次南」とあることから、その北に並ぶ往来田四反を指すことがすでに明白になっている（第二章第六節参照）。すなわち万三大夫・寿徳大夫・梅鶴大夫・千代徳大夫の各往来田である。この四名の氏人のうちの誰かが、ほかに大宮郷に一反、中村郷に二筆二反の往来田を有したはずなので、それを探すことができれば、「大泉」は自然と現在のどこであるかわかる。的はさらに絞れる。寿徳大夫・千代徳大夫の二人は「中宝」でも「往来B」でも同一人であることが、比較対照により確認できるからである。残るのは万三大夫・梅鶴大夫だけである。これも前者が小山郷内に二筆一反半の往来田を持っていることが「小宝」の記事で明白なので、この場合該当者ではないことになる。したがって宝徳三年当時の梅鶴大夫往来田こそ「往来B」で善光大夫往来田となるものということになる。しかし、実はこれも否定される。中村郷内に二筆二反あるはずなのにまったく出てこない。しかも河上郷では「四反田」以外にもう一か所出てくる。辻褄はまったく合わないのである。

残された手段は、「四反田」が厳密に上記の四反だけではなくて、周辺部分を含めた字名になっている可能性ありと見て、改めて探してみるということしかありえない。「河宝」の復元図を見てみると、上記の四反の東、道・溝を越えた場所に、やはり往来田が二筆二反ある。北から尾張前司・幸音大夫の各往来田である。この両者に念のため南に連続している慶珠大夫往来田をも加え、三者について先と同様の検討をやってみた。その結果は、尾張前司・幸音大夫の往来田は小山郷にも存在するため該当しない。後は慶珠大夫往来田のみであるが、これは右の「河宝」No.269のほか「大宝」No.232、「中宝」No.566・No.592・No.623と計五筆五反見いだされる。往来田が河上・大宮・中村の三か郷にあり、うち中村郷には複数の場所にあるという点ではぴったりであるが、遺憾ながら「往来B」善光大夫の場合は四筆四反しかなく、慶珠大夫の往来田はそれより一筆多いのである。しかも「河宝」の場合、実はこの田地は「北ノ垣内」所在と明記されているのである。念のために検討の対象にはしたが、やはり該当しないと見るべきであろう。

結局、現在のところ「大泉」の位置については確認不可能とせざるをえないのである。

【大地頬】 読み方もよくわからない地名であるが、私はおそらく「おおじのつら」であって「大地」は「大路」の当て字であろうと考えている。史料の所見は「往来B」の慶乙大夫往来田のうち半が「中村郷大地頬」所在と記されているものが唯一である。「往来A」でこれに対比されるべき部分は、欠失して見ることができない。現在地を知るのには、例により慶乙大夫往来田が宝徳三年当時には誰の往来田であったかを探索した上で、復元図でその所在地を確認する方法しかないが、そのためには慶乙大夫往来田のうち右以外の田地の在所だけが手がかりである。しかし、それも「一段川上郷他作」とか「一段太宮郷新臺飯」のように、字名が記されていないケースが半ばを占め、わずかに一反が「**小山郷狐堺**《(塚)》」、半が中村郷の「**モ、井月**」にあったことが知られるのみであり、しかも後者は今のところ在所不明であって役に立たない。唯一小山郷の狐塚は「小宝」の復元図により場所がわかるので、そこに存在する往来田を調べると、検出できるのはNo.80尊幸大夫往来田以下八例である。もしこの中に中村郷内二か所に半反ずつの往来田を持つ氏人が発見できれば、それが「大地頬」および「モ、井月」の位置の確認につながることになるであろう。それには八名の氏人について、諸郷の地からみ帳の総捲りにより一人一人検討していくしかないが、幸いにこれまで私がほかの必要で行なった同様の作業により、このうち六名の往来田については「往来B」慶乙大夫往来田とは別であることが確認済みである。残るのは常陸前司・松一大夫の往来田だけであるが、この中で該当するものは調べてみても出てこなかった。まず常陸前司往来田は「中宝」では見いだせない。松一大夫のものはNo.373・No.619の二例あるが、いずれも一反である。

他方、方法を変えて「中宝」において同一人の往来田が半反ずつ二か所に出てくる例を拾ってみると、これは千代石大夫・宮有大夫の各往来田が該当するが、両者とも「往来B」でもそのまま出現することが確認でき、慶乙大夫往来田とは一致しない。万策つきたといわざるをえない。ただ田積が半反でかつ大路頰にあったということに注目して推定を述べれば、「往来A」や「往来B」で「**九ノ坪**」、「中天二十」では「**門田**」として出てくる一か坪の西端、すなわち現在の**下鴨本通**東沿いにあった田地が、「中天十九」あるいは「中天二十」では往来田半反であったことが判明しているので、「中宝」では遺憾ながら記事が欠けているため確認はできないものの、あるいはこれが宝徳の頃の常陸前司往来田であり、ここでいう「大地頰」に該当するのかもしれない。もしそれが当たっているとすれば、現在地は**左京区下鴨夜光町**の西端である。しかし、これも「モ、井月」にあるはずの別の半反が見いだせないこと、小山郷でも「狐塚」以外にもう一反あるはずであるが、「小宝」を調べても発見できないことから、当たらない可能性もある。〔追記――その後「モ、井月」の場所が判明し、そこから「大地頰」も下鴨夜光町西端と推測されるに至った。〕

【大つか・大つか田・太つか・大墓・大塚】「往来A」の幸一大夫往来田のうち一反の在所が「中村郷大つか」、宮蓮大夫往来田の一反の在所が同郷「大つか田」とあるのが初見。これは「往来B」の肥後前司往来田・豊前前司往来田に相当することが確認でき、後者には「太つか」とある。「往来B」に先行する「中宝」では、No.587の慶若大夫往来田一反の在所が「ヨトカ垣内次ノ西、路ノ上、大塚東ノ一」と記されている。この田地を含めてNo.595までの九筆九反が同一の字名に属したと見られ、その中には前掲「往来B」の往来田二反に相当する慶珠大夫・初石大夫の往来田がある（No.592・No.593）。「中宝」の記事から「**ヨトカ垣内**」という別称があったことがわかる。現在地は**左京区下鴨水口町**の中央部やや西寄りである。

他の史料では、永享十年（一四三八）七月十二日の賀茂大神宮政所下知状（『大徳寺』二―八一二）に、賀茂氏女別相伝として宛行われた田地計三反のうち一反の在所が「中村郷大墓」とある。この三反はそれまで氏人安藝守父子の別相伝であったが、「悪張行人数」として罪科に処され、闕所とされたもので、のちに名主得分が大徳寺に寄進された。

天正十三年（一五八五）検地帳にも「大つゥ」の字名が見えるが、同帳の地図上復元を行なった結果では、「同」で連続している田地群一〇筆の在所は、その西端が右に示した下鴨水口町中央部所在田地群の東端の一枚とだけ重なる関係にあり、残りは同町の東部に当たる。これは「中宝」では字「**大水口**」に相当するが（次項参照）、本郷田地麁絵図では両方を合わせた箇所に「大塚」と記しているから、誤りとは言い難く、そういうふうに捉えた場合もあったとしなければならない。天正十七年検地帳では、同じ場所の田地がすべて「大みな口」とされている。のち明治初期の乙井川北東田地図には、「中宝」の場合と同じ場所の計一〇筆の田地に「字大塚」と記されているが、地籍図では天正十七年検地帳と同じ区域が「大水口」とされ、「大塚」の字名は見えない。これが市制町村制下の上賀茂村字大水口に引き継がれた（次項参照）。

【大水口・太水口・大みな口】「往来A」に載せる有一大夫・千玉大夫・宮蓮大夫・有若大夫の往来田のうち、各一反の在所が「中村郷大水口」とあるのが初見。「往来B」ではこの四者がそれぞれ兵部少輔・千代徳大夫・豊前前司・乙光大夫の往来田として出てくるが、その外に松若大夫・幸松大夫・福寿大夫三名の往来田も同じく「大水口」（「太水口」とも）所在として登場する。

「往来B」にいくらか先行する「中宝」で、他郷所在の往来田の在所をも勘案して、上記の往来田と同一であることが証明できるものを拾うと、兵部少輔・千代徳大夫・幸松大夫は変化なし、豊前前司は初石大夫、乙光大夫は越前前司、松若大夫は愛千大夫、福寿大夫は千代松大夫であったことがわかる。一方同帳のNo.581の二反半の位置指定には「次ノ南、大水口」とあって、No.586まで六筆計七反半の区域がこの字名で呼ばれたものと思われる。これは復元図によって**左京区下鴨水口町**の東部に当たることが確認できる。右の往来田のうち幸松大夫・初石大夫のものを除く五者はすべてこの範囲に存在しており、往来田古帳の記載を裏づけている。しかし、幸松大夫・初石大夫の往来田はNo.615・No.611に当たり、復元図で判明するその在所は、北西に位置する坪の中央部と東端である。現在の町名では**北区上賀茂池端町**の東南部に属し、「中天十九」などでは字「**池尻**」の一部であったが、往来田古帳によるかぎり、当時はここも「大水口」と称されたとしなければならない。

天正十七年（一五八九）検地帳には、この字名を肩書にする上田一五筆・中田四筆、計一町八反七畝六歩が記載されている。これは同帳の復元図で検討すると、大体現下鴨水口町の東部三分の二以上を占めることがわかり、また違った捉え方になっている。四年前の十三年検地帳では、同じ場所が「**大つか**」および「いけのしり」とされていて、「大水口」の字名は全然記されていない。

また、本郷田地麁絵図には、これらとはまた別で、「中宝」では「**赤ハケ**」とされている**西山**の西南山麓の地と、その東南で現在の下鴨水口町の東端から同**北茶ノ木町**の西端部にかけての区域とに「大水口」と記入している。明治の乙井川北東田地図では、これに加えて現下鴨水口町東部約三分の一の場所がこの字名である。地籍図の「大水口」は右に述べた各史料に出てくる区域全体から、往来田古帳が「大水口」として扱っている二反の往来田の所在地（**上賀茂池端町**のうち）を除いた部分に「大水口」と記す。これがそのまま**上賀茂村字大水口**の範囲ということになる。

【乙井・乙井辻・ヲト井】　「往来A」に宮蓮大夫・伊賀前司の往来田各一反が中村郷「乙井」にあったことを記すのが初見。「往来B」には前者は豊前前司、後者は千代乙大夫の往来田として出てくるが、後者では在所が「乙井辻」にとある。「乙井」と「乙井辻」は同じ場所と見てよいことになる。そうすると、「往来A」にはもう一件「乙井辻」にある慶松大夫往来田が出てくるので、それに対応する田地を「往来B」に求めると、淡路前司往来田のうち「中村郷井辻」所在の一反であることが判明する。「乙」が脱したかもしくは「乙井辻」を略して「井辻」ともいったという
ことになろう。

また、「往来B」には「ヲト井」所在の千代寿大夫往来田一反も見える。これは「往来A」では初有大夫往来田で
あったが、そちらでは「中村郷上乙井」とある。当然ながら上乙井も乙井のうちと言ってよいのであるから、あらた
めて「往来A」で「上乙井」所在の田地を探索すると、初有大夫・虎福大夫・阿古王大夫および名前不詳の四者の往
来田が発見できる。これらは「往来B」になると、それぞれ千代寿大夫（右記）・松鶴大夫・丹波前司となってお
り、うち千代寿大夫の場合は右記のとおり在所「ヲト井」と記されている。

「往来B」より少し早い「中宝」では、豊前前司が初石大夫、千代乙大夫は同一人、慶松大夫は前記のとおり淡路
前司、千代寿大夫は出雲前司、松鶴大夫は阿波前司、丹波前司は同一人と出てくることが、他の諸郷の場合をも参看
することによってつかめるから、同帳の復元図で位置を知ることができるはずである。そこで復元図の上でこれらの
往来田の所在を探すと、No.222淡路前司・No.419初石大夫・No.420阿波前司・No.424丹波前司・No.425出雲前司・No.432千代乙大
夫の各往来田が確認できる。No.222以外は記載順番号から見ても接近した場所にあったことが明白であるが、さらに
「中宝」に見える関連記事を拾うと、No.420の位置指定には「**乙井川**ハタ」、No.432の位置指定には「次ノ乙井川ノ北、西
ノ一、**遣上**」とあって、これらの田地が乙井川の川端に位置を占めていたことが明らかになる。同時に「遣上」とい
う別の字名がついていた場所もあったことが判明する。復元図を現代の地図に重ねて在所を確かめると、No.419〜No.425
は**左京区賀茂半木町**の東部**下鴨中通**（かつての**鞍馬街道**）・**北園川**沿いで、京都府立大学敷地の北半部に入る。すべて
乙井川の南沿いである。他のNo.222は**下鴨萩ケ垣内町**の西南部で、下鴨中通を東へ六〇メートルほど隔たったところに
あり、No.432は賀茂半木町のうちで、京都府立植物園中部東端あたりにあった。両方とも乙井川の北沿いであった。No.
222の位置が「乙井辻」と称されたところをみると、それは乙井川ならびに川沿いの道と鞍馬街道とが交差する場所を

指したものと推定される。

なお、「中天二十」では、№1に「乙井、南一」と記され、北へ連続する№4まで横田四筆四反の区域が字「乙井」であったことが知られるが、これは復元図で確かめると、乙井川と鞍馬街道が交差する場所の北西角に当たり、先の「中宝」№419～№425の北に乙井川を挟んで相対する位置にあった。現賀茂半木町東部、京都府立大学農場の南あたりである。近世以後は史料を欠く。乙井川については次項で述べる。

【乙井川】　現在この川の名は消えてしまったが、中村郷の復元図を完成したことによって流れの様相をつかむことができた。賀茂別雷神社の境内を流れる**御手洗川**が、**御薗橋**から社家町を経て**深泥池**方面に至る道路の下を通過してすぐに二つに別れる。うち西側の流れが、かつてはほぼ賀茂川に並行して東南方向へ下り、**流木神社**（現在は半木神社）の後を通ってさらに東南へ向かい、**鞍馬街道**（現**下鴨中通**）と交差したあと、現在の**左京区下鴨萩ケ垣内町**と同**北園町**との境界を東へ進んで、やがて**泉川**と合流していた。これが乙井川と呼ばれた流れであり、主として下中村郷の田地を灌漑していたのである。現在京都府立植物園内を、半木神社周囲の池から東南へと流れている小川はその名残りであり、流路はほとんど中世と変わっていない。史料としては、「中宝」に№420の阿波前司往来田一反が「乙井川ハタ」に位置し、№432千世乙大夫往来田一反が「乙井川ノ北」にあったと記されているのが、当時の川の名称を知らしめる数少ない例である。

【尾堂】　この地名を記す史料は、管見では「中宝」だけである。№124四反の位置指定に「尾堂、北一」とあり、さらに№160の次の集計記載に「尾堂巽東迄付也　已上拾九丁三反半」と記すのがそれである。復元図上の立地から考えると、№124から№136までの一三筆計一町六反がこの字名で呼ばれる区域であったと推測される。現在地は**北区下鴨北園町**の西南部で、西は**下鴨中通**に接し、東南端を**第二疏水分線**がよぎる。

【鬼垣内・鬼垣・鬼か海道・小辻】 永徳二年（一三八二）二月二十三日、安居院住僧見了書状（『大徳寺』二―八〇六）に、預かっていた「**中鴨北鬼垣内**」所在田地等に関する証文を、盗難に遭い失ったことを述べているのが初見。その後、至徳二年（一三八五）四月日付で、証文の持主であった中原為景が、これらの田地に関して紛失状を立てているが（同上）、それには「**中鴨社**北、鬼垣内」と記す。また永正十三年（一五一六）二月二十八日の慈光庵宗清田地寄進状（『大徳寺』二―八八五）によると、宗清がこの田地とも二反大を明栄寺に寄進しており、「一所弐段ハ在中賀茂之内鬼垣内、又號**小辻**毎年壱貫参百文」と記している。

「鬼垣内」も別称の「小辻」も、現在地を確認できる史料はないが、「中賀茂之内」で「中鴨社北」とあることで、ある程度の範囲までは絞ることができる。「中賀茂」は上賀茂と下賀茂との中間に位置するところから生じた名称であることはいうまでもないが、ちょうどそのあたりは、中世には**鞍馬街道**と**乙井川**が交わる場所の近辺を中心に、**殿垣内・伊王垣内・五反垣内・坊垣内・萩垣内・蔵垣内・コフシ垣内・符生垣内・筑前坊垣内**などの「垣内」地名が集中し、古く鞍馬街道沿いに垣内集落が存在していたことは間違いない。「鬼垣内」もまた垣内地名の一つであり、この地域にあったと考えて矛盾はないであろう。なお、「中鴨社」についてはいくつかの説があるが、私はそのいずれも当たらないのではないかと考えている（**【中賀茂】**の項参照）。

江戸中期の下鴨社家「田中兼頼日記」二の七二丁目紙背文書（『下鴨社家日記』Ⅱ）には、延享三年（一七四六）の畠方納帳の一部と思われる記事があり、「鬼か海道 一、弐斗八升 権兵衛分 孫右衛門」および「同所 一、壱斗四升 新九郎分 孫右衛門」の二行が連続している。また、同日記には、宝暦元年（一七五一）十二月八日の条（『下鴨社家日記』Ⅰ）ほか数か所に、田中家が「鬼か海道畑下作」の百姓から年貢一斗八升を収納していたことを示す記事もある。「鬼か海道」は「鬼垣内」と同じと見てよかろう。当時田中家の家領田畑は二〇か所以上あったが、その在所はほとんどすべて乙井川以南の下鴨村内に限られていたことからすれば、「鬼か海道」もおそらくはその範囲を出ないのではないかと推察される。先に列記した垣内地名のうち「蔵垣内」以下は乙井川の南であり、「鬼か海道」もその近辺にあった可能性が大きいと思う。現在の町名で言えば**左京区下鴨北園町**西半部・**下鴨西梅ノ木町**・**下鴨西本町**・**下鴨東半木町**あたりのどこかということになる。推測が過ぎるかもしれないが一つの見方として挙げておきたい。

【柿木・かきのき】　天正十七年（一五八九）の下鴨村検地帳（「賀茂」）には、「柿木」・「ゥきのき」所在の田地が計三五筆書き上げられている。二一筆と一四筆とに分けて別の箇所に記されており、前者は字「**くらのゥいと**」・「**すミた**（角田）」に続いて字「**御子田**」との間に書かれ、田積は一町六反五畝七歩、後者はそのあとに字「**アレタ**」と「**ミソマタケ**」の分を挟んで「**川原田**」との間に出てきて、田積は一町六反八畝二四歩である。場所を特定する確実な史料が得られないが、これらの字名のうち、「くらのゥいと」・「すミた」・「川原田」については、復元図によって現在地を指摘できる。いずれも下中村郷つまり**乙井川**以南である（当該項参照）。史料が下鴨村検地帳の一部であるから、これは当然といってよいが、そうすると記載順として「くらのゥいと」・「すミた」につづく字「柿木」の所在もそれらと同様と考えてよく、**鞍馬街道**（現**下鴨中通**）のすぐ西、市制町村制の下では**下鴨村字柳**といわれた区域あたりに該当する公算が大きいと思われる。そのことは太閤検地の後に作成された検地精帳の写（「賀茂」）に、前記検地帳では「柿木」所在とされている田地の一部（六筆分）が、「柳」の字名で記されていることからも裏づけられるであろう。

【柿木本】　「往来B」に載せる千代若大夫往来田のうち一反の在所が「中村郷柿木本」とある。一〇年ほど前の宝徳三年（一四五一）諸郷地からみ帳と対比して検討すると、この千代若大夫往来田は当時もすでに同一人の往来田として出現していることが判明する。「中宝」の場合はNo.391一反である。これによって室町中期の「柿木本」の場所を復元図の上で突き止めることができる。現在の**左京区下鴨前萩町**北半部に当たる。ただ、No.391の一反措いて南にあるNo.389御酒田一反の場所指定には、「次ノ北ノ上、下総入道今柿ト云」とあり、また「往来B」では、No.397下総前司往来田一反に該当する同人の往来田、No.390幸徳大夫往来田一反に該当すると思われる徳寿大夫往来田の在所を「下フサカキ内」・「**下総入道垣内**」と記していて、同じ区域が「柿木本」とも「下総入道垣内」とも呼ばれていたことを示している。「下総入道垣内」という呼び名は、早く「往来A」にも右の幸徳大夫往来田と同定できる氏人某の往来田一反の在所として記されており、南北朝期以前にまでさかのぼる古い地名で、元来ここに存在した下総入道なる人物の垣内を指す称呼がそのまま地名として伝来したものと見られるが、垣内が消滅してのち長い年月の間に、そこに生えている柿の木の名称が字名化するに至り、ある期間は同一区域を指す別称として両者同時に使われたものであろう。「中宝」No.389の「下総入道今柿ト云」という表現はわかりにくいが、これはおそらく元来は下総入道垣内であるが今は柿木（「木」は脱字と見る）とも称しているという意味ではないかと私は推測する。その後は両者ともに史料には現われず、「中天十九」では「**石塔**」に変化し、天正十三年・十七年検地帳、本郷田地麁絵図いずれもそれを踏襲しており、近代初期の乙井川北東田地図では「石塔堂ノ前」と記されている（**【下総入道垣内】**の項参照）。

【カシハ・柏】　「往来A」の初菊大夫往来田のうち三百歩と、氏人名不詳の往来田半の在所が「中村郷カシハ」とあるのが初見。「往来B」では前者は幸蒸大夫、後者は初鶴大夫の往来田であることが確認でき、加えて石見前司往来田の一反にも「同郷柏」とある。少し前の「中宝」ではそれぞれ宮千代大夫・初鶴大夫・千代松大夫の往来田であった。このうち宮千代大夫往来田半は、復元図で確かめると、現在の**左京区下鴨本町**西南部、**下鴨本通**沿いにあったことがわかる。

これとは別に、「中宝」No.24一反「九日郷方へ進酒田」の在所が「カシハ次ノ西」と記されている。この田の前二筆措いて前記の宮千代大夫往来田半が記載されている。復元図によって現在地を探索すると、No.24の田は**下鴨芝本町**北東部に位置したことが判明する。これによって、この字名は下鴨芝本町北東部から下鴨本町西南部にかけての区域を指したことが明白である。

【門田】「往来A」に孫王大夫・有菊大夫・八郎大夫の往来田各一反の在所が「中村郷門田」とあるのが初見。「往来B」ではそれぞれ乙千代大夫・宮内少輔・竹夜叉大夫の往来田として出現し、一〇年前後をさかのぼる諸郷地からみ帳では、宮内少輔往来田が有鶴大夫往来田、他の二者は「往来B」と同じ氏人の往来田であったことが、対比検討によって確かめられる。「中宝」では、このうち乙千代大夫往来田がNo.277として出てくることが確認できるが、他は不明である。これは復元図作成の結果、すぐ西隣の坪および南西部分に相当する地からみ帳の記事の欠失が判明しているので、おそらくその部分に存在したのではないかと推定される。No.277は現在の**左京区下鴨梁田町**西部で**下鴨本通**に程近いところに位置した田地である。

一世紀後の「中天二十」には、No.247からNo.266まで二〇筆二町四反大の田地が「門田」の字名で一括記載されており、地図上復元の結果では、これは現**下鴨夜光町**のほぼ全域と東側**松ケ崎呼返町**の半分弱に相当する。しかし、前年の「中天十九」の場合は、まずこの東端部に「**闇通**」という地名が見え、西半部下鴨夜光町の大半は字「**いも**」に属することになっていて、「門田」の字名は発見できない。また、天正十七年検地帳では、「同、かと田」の字名で中田一〇筆七反八畝二七歩が記録されている。同帳の地図上復元では、これは初めの四筆だけが現下鴨夜光町の西端部、残りはかなり西へ跳んで**下鴨萩ケ垣内町**の西南部で、これには事実と齟齬するところがあると思われる。また、四年前の天正十三年（一五八五）検地帳では、この字名は見えず、下鴨夜光町相当の田地群はすべて「よびかへり」の字名で記帳されている。かなり扱いに差異があるのである。

近世の本郷田地麁絵図を見ると、現下鴨夜光町西半の一か坪相当分に「門田」と記しており、明治の乙井川北東田地図ではその部分の西から六筆が「門田」、次の一筆が「**八ノ坪**、門田」、さらにその次一筆が「芋、門田」とあって、区域は大体前者と一致する。

以上の全体を通して判断すると、この字名は時期によって捉え方に異同があるが、本郷田地麁絵図に記されている範囲と理解するのがいちばん妥当かと思われる。

【河原田】「往来B」に豊前前司往来田のうち一反の在所が「同（中村）郷河原田」と見えるのが初見（この往来田は「往来A」では宮蓮大夫往来田に当たるが、それにはこの田地の在所は「同郷」としか記されておらず、字名は不明）。「往来B」より一〇年前後早い時期の「中宝」では、No.546初石大夫往来田一反に相当するが、遺憾ながらこの田地を含む九筆の田地群の在所は、明確には位置づけられない（第二章第三節参照）。しかし、大体の位置は、**流木神社**（現半木神社）の東南方、**乙井川**の南である。現在は**左京区賀茂半木町**、京都府立植物園のうちに入っている。

ほかに天正十三年（一五八五）十月二日の瑞峯院碧庵指出（『大徳寺』八―二五三六）には、中村郷「河原田」所在の一反が見え、同十七年十二月八日付の下鴨村検地帳（「賀茂」）にも「川原田」の田畠約六〇筆が記載されている。下って下鴨社家「田中兼頼日記」の寛延四年（一七五一）十月二十四日の条（『下鴨社家日記』Ⅰ）には、田中家が「河原田」の百姓善右衛門から年貢米一石と口米二升を収納した記事が見え、その後も同様の記事が散見する。

【九坪】 初見は「往来A」の孫蒸大夫往来田一反の在所が「中村郷九坪」とあるもので、これは「往来B」では土佐前司往来田となっているが、在所は同じである。同帳にはさらに「往来A」では欠けている同所所在のもう一反幸彦大夫往来田が見いだされる。両者とも「中宝」所載の往来田のうちに同一田地があるはずであるが、遺憾ながらいまは確認できない。しかし、いずれにしてもこれが条里制の坪の名称の名残りであることは間違いなく、そこから考えると、当時の「**八ノ坪**」の南で、のち「中天二十」などで「**門田**」と呼ばれることになる坪がそれに該当する可能性が大きい。当該坪の西部四筆はちょうど「中宝」の記事が失われていて確認はできないが、それらがすべて往来田であったことは「中天十九」・「中天二十」の復元図に照らして間違いない。右記の往来田二反に該当する田地はここに含まれていたのではないかと推定される。ここは現在の**左京区下鴨夜光町**の西部で**下鴨本通**の東側に当たる。

【口無・口無坪】「往来A」所載の虎菊大夫往来田のうち一反の在所が「中村郷口無坪」とあるのが初見。この田地は「往来B」では北千代松大夫往来田として出てくる。同帳にはこれ以外にも、太《(ママ)》和前司往来田一反が同郷「口無」にあったことを記載している（「往来A」では比較できる部分が欠失）。

　このほかにはまったく所見がないので、「往来B」と宝徳三年の諸郷地からみ帳とを、可能な範囲で突き合わせて手がかりを求めると、前者の北千代松大夫往来田は全部で四反あり、大宮郷所在の一反は字名が記されていないが、ほかは「**河上郷長ハイ**」と「**岡本郷一坪**」にあったことが判明する。「岡宝」では、同郷一坪には往来田が一反だけしか見当たらず、それは千代石大夫往来田であった。これは動かしがたい事実であるから、「中宝」の復元図で千代石大夫往来田がどこにあるかを探せば、その場所こそ「口無坪」であったということになる。それは現在の**左京区下鴨萩ケ垣内町**のうちで、同**下鴨前萩町**東南端に接する位置に見つかる。No.220である。

　一方、大和前司往来田は、別の一反が中村郷「**ケンチャウカ芝**」（検定芝）にあったことがわかるので、「中宝」復元図で確認すると、そのとおり「検定芝」すなわち現**下鴨北芝町**東端部あたりに存在していたと知られる（**【検定芝】**の項参照）。No.561がそれである。こうなると、右記の千代石大夫往来田が存在した近辺に他の一反が見つかれば、そこが「口無」であったことが決定的になるわけで、復元図を見るとまさしく千代石大夫往来田の西隣に、No.219として目当ての大和前司往来田の存在が確認できる。

　これで証拠が二つ揃い、前述のとおり下鴨萩ケ垣内町の中央部あたりに「口無坪」という字名があったことが、確定的事実として承認できる。この地は、後述するように、「中宝」では字「萩ケ垣内」に含まれており、近世・近代においてもそれは変わらなかったが（**【萩ケ垣内】**の項参照）、同時にその一部の区域が「口無坪」とも言われていたことになる。ただ、往来田古帳にしか所見がないということは、戦国期以降はいつしか忘れられた地名になったとみてよさそうである。

【クホ田・北クホ田・上窪田・中窪田・下窪田・小窪田・コクホタ】「往来A」に初菊大夫・阿子々大夫往来田各一

反の在所が「中村郷北クホ田」と記され、□□大夫・阿古王大夫往来田の各一反が「中村郷マヘ、クホ田」にあったことが知られるのが初見。「往来B」になると、初菊大夫往来田は幸蒸大夫往来田、阿子々大夫往来田は丹後前司往来田に変わり、字名は前者は不明、後者は「小窪田」となっている。また、□□大夫往来田は命有大夫往来田、阿古王大夫は丹波前司往来田として出現するが、前者の在所は「中村郷クホタ」、後者は「同郷マヘ」とある。

「中宝」の場合は、一〇年前後「往来B」に先行するが、№457の尊賀大夫の往来田一反に「下クホ田、北ノ一」と記され、以下№466まで一〇筆計一町半の区域が「下クホ田」と呼ばれたものと思われる。さらに№504の刀禰往来田半の在所が「上クホ田ノ東ノ一」とあり、この場合は№508まで五筆計七反の字名であったと解される。両者を合わせた現在地は、**左京区賀茂半木町**内で、府立植物園北東部である。この中には氏人の往来田五筆五反が含まれるので、これを「往来B」所載のものと対比して同一のものがあるかどうかを検討してみると、「下クホ田」の№465の丹波前司往来田が「往来B」でも依然変化なく、したがってここは「マヘ」とも称されたことがわかる。また、「往来B」の幸蒸大夫往来田すなわち「往来A」の初菊大夫往来田は、宝徳三年（一四五一）諸郷地からみ帳では宮千代大夫の往来田であったことがわかり、現在の賀茂半木町東北部、府立総合資料館の場所にあった「中宝」№493の同人往来田は、南北朝末ごろには「北クホ田」に属したことが判明する。他の一例は、「往来B」丹後前司往来田が「中宝」№461の二郎大夫往来田に該当するものと判断され、とすれば前記丹波前司往来田と同一区画のうちにあるので、「下クホ田」（もしくは「マヘ」）所在ということになる。

その後は、「中天二十」に№5〜№12の田地が「下窪田」、№17〜№23の田地が「西窪田」、№73〜№84の田地が「中窪田」と記されており、復元図では「下窪田」・「西窪田」は**乙井川**北沿い、「中窪田」は「西窪田」の北で、「中宝」の「下窪田」に相当する。より北部が「上窪田」と称されたことは、「中宝」の場合と同様であったと思われるが、記載は見えない。

下って天正十三年（一五八五）十月二日の大徳寺塔頭大仙院幷諸寮舎指出（『大徳寺』八―二五三四）によると、そのころこの「窪田」に同寺大仙院常住分の田地一反、拾雲軒幷舜蔵主分の田地一反があったことが知られる。いずれも名主得分を入手したものである。また、同じく十三年検地帳には、「くほた」の田地三五筆計三町一反二畝が書き上げられ、同十七年検地帳には「くほ田」所在の田地二六筆計三町八畝二〇歩が記載されている。近世の本郷田地麁絵図では、「中天二十」にいう「中窪田」に当たる箇所に「上窪田」、「西窪田」とその西の三、四反を含む区域に「下窪田」、「下窪田」相当部分に「中窪田」と記す。「窪田」は近代市制町村制下の**上賀茂村上賀茂字窪田**にまで継承された。

【闇通】 この地名の最初の字は、はたしてこのように判読してよいのかどうか、いまだに不安が残っている。しかし、一つの通の名称として実在していたことがわかるので、ともかく「闇」と見てクラガリと読み、項を設けて解説しておくことにする。

これは「中天十九」№306一反の田地の位置指定に「闇通、東一」とあるのが唯一の所見で、この田地の東に現在の**左京区松ケ崎芝本町・同松ケ崎呼返町**の中央部やや東を南下していた通路があり、それを指したものと考えられる。「中天十九」で見るかぎり、この通路が賀茂社領中村郷の東限であった（ただし、「中宝」ではこれより東にも同社領が存在する）。

【クラノ垣内・倉ノ垣内・蔵垣内・くらのかいと】 「往来A」に弥若大夫・明一大夫の往来田各一反の在所が「中村郷クラノ垣内」とあるのが初見。この両者は「往来B」になるとそれぞれ但馬前司・光若大夫の往来田になっていて、後者では「倉ノ垣内」と表記されている。このほか同帳には福若大夫・石見前司の往来田各一反も記載され、これらは「蔵垣内」と記されている。

「往来B」より少し早い時期の宝徳三年諸郷地からみ帳と突き合わせて検討すると、前者の但馬前司往来田は、宝徳には藤満大夫のものであったことが判明し、同様に光若大夫往来田は隠岐前司の、石見前司往来田は千代松大夫の往来田であった（福若大夫については確認できない）。この三者は「中宝」ではそれぞれNo.131・No.129・No.122として出てくることが確認できる。番号順から三者が接近して存在したことが明白であるが、復元図で確かめると、これらは**乙井川**の南沿いで**左京区下鴨北園町**西北部にあった田地である。さらに千代松大夫往来田の南にあるNo.121二反の在所は「クラノ垣内」とあり、No.129には「クラノ垣内ゥ」と見えるので、場所はいよいよはっきりする。

加えて「中天十九」No.89の右近将監往来田一反の位置指定にも「蔵垣内、東一」とあり、同帳の復元図によると、これは乙井川南沿いで**高縄手**すなわち現**下鴨本通**の西に当たる半折型田地であった。以上の検討により、北を乙井川、東を下鴨本通で限られる二町歩ほどの区域を、この字名で呼んだことは間違いないことになる。

所見を他の史料に求めると、「中宝」より早く永享十年（一四三八）七月十二日の賀茂大神宮政所下知状（『大徳寺』二―八一二）により、それまで氏人安藝守父子の別相伝田地であった中村郷「蔵垣内」の田地一反が、罪科により闕所とされ、改めて賀茂氏女に宛行われたことが知られる。下って天文二年（一五三三）十月の大徳寺同諸塔頭幷諸寮舎領目録（『大徳寺』二―九二〇）には、「城州賀茂散在田畠」のうちに「倉垣内　壱段」が見えるが、これは右の賀茂氏女別相伝田地の名主得分が大徳寺に寄進されたものである。また、天正十三年（一五八五）十月二日の大徳寺総見院幷諸寮舎指出（同八―二五三七）によると、同院祠堂方の田地一反が中村郷「蔵ノカイト」にあった。天正十七年の下鴨村検地帳（「賀茂」）には、二一筆計二町三反三畝一八歩が「くらのかいと」所在として記載されている。

【蔵人・九良田・九郎田・黒田・下黒田】「中宝」No.596一反の位置指定に「次ノ西、蔵人」とあるのが初見で、復元図によれば、No.596からNo.599まで四筆計六反半（うち二筆五反は浄土寺田）の小区域の字名であり、**深泥池**から南へ四〇〇メートル程隔たった、**鞍馬街道**東沿いの地であった。現在地は**左京区下鴨水口町**西端である。その南に接するNo.548

一反には「次ノ北、縄手極、蔵人ノ南」とも見える。室町期のものと推定される賀茂社読経所田田数引付（「川上家文書」）にも、一反の田地が「蔵人」所在として記載されている。蔵人が官職名であることはもちろんであるが、ここでは特定の個人の通称と化した挙げ句に、やがて彼にかかわる土地の字名に変わったという歴史があった可能性も考えられるかもしれない。

ところが、「中天十九」になると、「中宝」No.598四反の西半分と同一の田地No.516に「九良田、西一」という位置指定が見られ、翌年の「中天二十」では、同様に「中宝」No.596に当たる田地No.434に「九郎田、東一」とある。一世紀の間に本来の地名の意味が忘れられ、いつしか読み方がクロウドからクロウダへと転訛し、漢字の表記まで完全に異なったものになったのである。

天正十三年（一五八五）検地帳では、該当区域の田地は字「**まつもと**」のものと区別なしに記載されていて、該当地名を発見できないが、天正十七年の検地帳では、ここは「くろ田」と表記され、上田六筆計五反九畝一七歩、中田一筆一反二畝が記載されている。ここに至る四〇年足らずの間に、クロウダはクロダになってしまったことがわかる。それにともなって漢字の表記も二転して、近世の本郷田地麁絵図には「黒田」と記されており、かつ、本来の場所だけではなく、南部に連なる一町数反ほどの区域にも「元**浄土寺**、今黒田」と記され、近代の地籍図ではその全体が「黒田」となっていて、地名の広域化も起こっていることが判明する。前後関係は必ずしも明確でないが、乙井川北東田地図では、本来の区域に「黒田」、南部の区域が「下黒田」と記され、地名が派生する現象も生じている。「下黒田」は現在の**下鴨北芝町**・同**南芝町**の西部約四分の一に相当する。いま京都バスの停留所名として「黒田町」がある。

【検定芝・ケンチャウカ芝・天井り芝】　「往来A」に見える菊一大夫往来田五反のうち一反の在所が、「中村郷検定芝」と記されている。この田は「往来B」では刑部少輔の往来田になっているが、そこでは「ケン定カ芝」と表記されている。さらに太《（ママ）》和前司往来田・民部大輔往来田の各一反も「ケンチャウカ芝」にあったことが判明する。この三者について少し前の宝徳三年諸郷地からみ帳と突き合わせて調べると、大和前司往来田は変化がないが、刑部少輔往来田は宝徳には善千代大夫往来田、民部大輔往来田は尊幸大夫往来田であったことが明らかになる。「中宝」の記載順番号で指せば、それぞれNo.561・No.562・No.563に該当し、三者は連続していたのである。その場所を復元図の上に求めると、字「**ナツメワラ**」の東端部で、現在の**下鴨本通**に該当する道路の西沿いである。現在は区画整理の結果、**左京区下鴨北芝町**の東端から**下鴨南茶ノ木町**西端にかけての地ということになる。「ナツメワラ」と呼ばれた区域の一部に同時に字「検定芝」が存在するという関係にあったものと思われる。

その後、天正十三年（一五八五）検地帳では、ここは字「**なつめ**」所在として出ており、「検定芝」は見えないが、天正十七年検地帳になると、No.142～No.145の上田四筆計三反九畝二四歩が「天井カ芝」となっている。ここに至るまで百数十年のうちに呼称が転訛し、それにつれて表記も変わってしまったのである。しかし、両様の呼び方をされることはあとまで残ったようで、江戸期の本郷田地麁絵図では、西隣の区域に「ナツメ」、ここには「棗トモ、天井カ芝トモ」と記され、乙井川北東田地図では西側一〇筆に「棗」、東の六筆に「天井芝」とある。地籍図では、西の区域も合わせてすべて「天井芝」となっており、市制町村制下では**上賀茂村字天井カ芝**となった。

【神殿・神殿坪・高殿・カウドノ】　初見は「中宝」No.228の浄土寺田二反の在所が「神殿」とあるもので、No.235まで八筆計九反が同じ字名に属したと見られるが、それにつづく部分の料紙が欠失しており、後述の史料を参照すると、欠失部分の大半に当たる八枚ほどの田地も、やはり同一の字名であったはずである。次に「中天十九」を見ると、No.341～No.353の一三筆計一町四反六〇歩の田地が「高殿」所在であったことが判明し、翌年の「中天二十」では、No.235～No.246の一二筆計一町五反半が「神殿坪」と記されている。復元図を現在の地図と対比すると、現在地はほぼ**左京区下鴨神殿町**の南部約三分の二の区域に当たることが確かめられる。

のち天正十三年（一五八五）十月二日の大徳寺塔頭大仙院幷諸寮舎指出（『大徳寺』八―二五三四）に載せる「賀茂中村郷」の田地一反が「カウド」所在とされているのも、同じ場所と見て間違いない。同日の同寺総見院幷諸寮舎指出（同文書八―二五三七）の印蔵主分にも字「カウドノ」の一反が見える。

直後の天正十三年検地帳には、ここは南部五筆は除き、代わりに北側の一坪分つまり現下鴨神殿町北部を含む区域に「北殿」と記している。これはあるいは「小殿」の誤写かもしれないが、そのままとすれば読みはホウドノかと思われる。一つの字名が含む範囲の差異は、天正の検地帳ではしばしば見られるので、むしろ厳密に考えすぎないほうがよく、大体同じ区域が同様に呼ばれていたと見ておけばよい。四年後の十七年検地帳には、中世の諸検地帳とまったく同一の範囲一四筆計二町六畝歩が「かうとの」として記帳されている。検地基準の違いが田積にかなり大きな異同をもたらしたといえる。

近世の本郷田地麁絵図では、当該区域の北部に「**一丁田**」と書かれ（その北の本来の「一町田」は「**エノコ田**」に含めてある）、南部に「神殿」とあるので、捉え方が少し違うが、あるいは誤りかとも思われる。近代の乙井川北東田地図には、中世以来の約二か坪分が「神殿」とあり、地籍図でも変化はない。現在の下鴨神殿町の町域は、それにもと「**南野々神**」に属した北の一か坪分を合併した範囲となっている。

【こくてん】 管見では、天正十七年（一五八九）十二月八日付の下鴨村検地帳（「賀茂」）に、「同（いのしり）こくてん」所在の田地三筆計四反一畝一〇歩が書き上げられているのが唯一の所見。漢字で表記すれば「御供田」であろう。「**いのしり**（猪尻）」のうちの小字という形で記されているところから、この字名の場所はほぼ見当がつけられる。字「猪尻」は現在の**左京区下鴨梅ノ木町**北部にあった字名であり、**下鴨本通**（中世の「**直縄手**」）の東西に渉っていたが（**【猪尻】**の項参照）、「中宝」の復元図によると、この道路の東沿いにあったNo.170～No.172の各一反は「下社供田」であったことが突き止められるから、「こくてん」はまさにこの場所であるとしてよいであろう。

【五反垣内・五反ゥいと・五反カキ内】 この地名の初見は、「往来A」所載の阿賀々大夫・有王大夫・某・菊有大夫の各往来田（有王大夫のものは半、他は一反）の在所が、「中村郷五反垣内」と記されているものである。「往来B」ではこれらは順に有鶴大夫・愛一大夫・福乙大夫・尊賀大夫の往来田として出ており、田積に変化はないが、尊賀大夫往来田の表記は「五反カキ内」とあり、愛一大夫往来田は中村郷「**クホタ**」となっている。これは同一の場所が両様の呼び名を有したものと考えられる。

「往来B」の四例について、やや早い時期の宝徳三年諸郷地からみ帳と対比してみると、愛一大夫往来田だけは、宝徳当時幸乙大夫往来田であったが、他は両者のいずれにも出ていることが確認できる。そして「中宝」No.451有鶴大夫往来田には「五反垣内、南ノ一」と記されていること、No.457尊賀大夫往来田は「**下クホ《（窪）》田**、北ノ一」にあり、No.458福乙大夫往来田一反・No.459幸乙大夫往来田半は、その南に連続していたことも同時に判明する。これで「往来A」の「五反垣内」は、西隣の「下クホ田」の一部を含めていることが立証される。その後「中天十九」では、No.602の往来田一反に「五反垣内」とあり、翌年の「中天二十」でもNo.85の往来田一反に「五反ゥいと」と記す。両者ともその字名に属する区域は、横田五枚からなる小区域であった。そこに字名の由来があることは明白である。この三つの検地帳の復元図を使って現在地を割り出すと、**左京区賀茂半木町**内で、**下鴨中通・北園川**の西、京都府立大学付属農場のあたりである。

下って天正十三年（一五八五）検地帳では、おそらく「くほた」のうちに一括されているらしく、この地名は見当たらないが、天正十七年検地帳になると、「五反ゥ垣内」として五筆計四反二畝二五歩が記載されている（うち一筆一反は他と離れて「くほた」の田地の間に挿入された形になっている。両者の親近性を物語るものといえる）。その後この地名は**上賀茂村字五反か垣内**となり、大正七年（一九一八）四月一日上京区に編入され、同年八月賀茂半木町のうちに含められるまで存続した。

【小ツカ】　この地名は「往来A」に、祝菊大夫往来田六筆計五反のうち一反の在所が「同郷（中村）小ツカ」と記されているのが唯一の所見。この往来田は「往来B」の愛徳大夫往来田に該当することが、両帳の対比で明らかになるが、遺憾ながらそこでは該当する田地の字名は記されていない。そのため、この字名の場所を突き止めるためには、残る五筆計四反の田地をも含めて、宝徳三年諸郷地からみ帳の総めくりにより、後の愛徳大夫往来田に該当する往来田を可能なかぎり見つけだし、その中から別の在所の田地は除外して、残ったもののうちに条件に適合するもの一反があるかどうか、探り出す以外に術はない。

　そこで、まず愛徳大夫往来田の全五筆を見てみると、まず大宮郷に二筆一反半あり、うち一筆は在所の記入がなく、別の一反には「佛生院」という、字名かもしれない三文字が見いだされる。残りはすべて中村郷所在であるが、字名が記入してあるのは二反だけで、それぞれ「**筑前坊垣内**」「**是行垣内**」とある。手がかりはこれだけであるが、「大宝」の全部を見渡しても「佛生院」という字名は発見できなかった。念のため「大天」の方を調べても同様である。つぎに「筑前坊垣内」という字名は「中宝」No.57一反の位置指定として出現し、No.63まで計八反の範囲を指していたことがわかるが、その中で往来田は一反しかなく、それが氏人の仮名でなく「所司大夫往来」と表記されているので比較ができない。

　最後の手がかりになった「是行垣内」は、これまた直接には「中宝」のどこにも見当たらない。ただ、幸いにこの字名は愛徳大夫往来田の他に日向前司・甲斐前司の往来田についても確認でき、諸郷地からみ帳との照合によって、前者は宝徳当時には阿賀大夫往来田、後者は変化なく甲斐前司往来田であったことが知られるから、「中宝」のどこかにこれらの往来田が近接して存在する場所がないかを探すと、それは字「**ムロノ木**」以外には見いだせない（No.602が阿賀大夫往来田、No.604が甲斐前司往来田）。したがって「是行垣内」とは「ムロノ木」とも呼ばれていたことが明白になる。そして、ここには他にNo.603幸熊大夫往来田・No.606豊前前司往来田各一反があったこともわかるから、愛徳大夫往来田はそのどちらかに該当すると見てよいことになる。そこで、幸熊大夫往来田の所在を諸郷地からみ帳の復元図で当たってみると、大宮郷では「**芝本**」と「**柚木坪**」で三筆計一反、河上郷「**竹殿**」で一反が見いだされ、愛徳大夫往来田には該当しないことが明らかになる。残ったのは豊前前司往来田だけであるから、これがその後愛徳大夫往来田に変わったものという判断が成り立つ。「大宝」では直接的に豊前前司往来田とは出てこないが、No.164所司大夫往来田の肩に「豊前守」と注記されているのが見つかる。そしてほかでも二か所、No.16とNo.376とに各半反の所司大夫往来田が発見できる。豊前守はたまたま宝徳三年には所司大夫に就任していたために、その役職名で記載されていたのであった。こうなると、先に指摘した「筑前坊垣内」に唯一認められる所司大夫往来田も、実は豊前前司往来田であると断定できる。これは豊前前司往来田が、ほどなくして愛徳大夫往来田に変わったことを示す決定的な証拠である。

そして「中宝」では、もう一か所No.645に同人の往来田一反がある（ちなみに西隣のNo.646一反は幸熊大夫往来田である）。ここは後に「中天十九」や本郷田地麁絵図では「三塚」と称されるところで、「中宝」でもNo.644に「御墓東へ廻」、No.650に「御墓ノキハ」と見えて、墓があった場所も推定できるので、この地の字名が「小ツカ」であったと見て矛盾はなく、これで長考の果てに確定的な結果が出たのである。南北朝期には「小ツカ《（塚）》」と呼ばれたものが、半世紀後には「御墓」と敬語をつけて呼ばれ、さらに一世紀後には「三塚」と変化するのも興味ある現象である。ここは現在の**北区上賀茂畔勝町**東部に属する。

【小辻】　永正十三年（一五一六）二月二十八日の慈光庵宗清田地寄進状（『大徳寺』二―八八五）に、「一所弐反八在**中賀茂**之内**鬼垣内**、又號小辻毎年壱貫参百文」とあるのが初見で、中賀茂所在の地名であり、ここでは「鬼垣内」のまたの名として出現する。在り場所を確実に指摘することはできないが、**【鬼垣内】**の項ですでに触れたとおり、おおよそは**乙井川**以南**鞍馬街道**近辺以東で、おそらく現在の**左京区下鴨北園町**西半部・**下鴨西梅ノ木町**・**下鴨西本町**・**下鴨東半木町**のあたりではないかと思う。

江戸中期の下鴨社家「田中兼頼日記」（『下鴨社家日記』Ⅰ・Ⅱ）の宝暦元年（一七五一）～五年の記事には、当時田中家が「小辻」に畠地・開畠・藪（ただし入組）を所持し、それぞれ別の下作百姓がいて年貢・地子を出していたことが、各所に記されている。同じ字名の区域に畠地とは別に開畠・藪があったという立地状況は注目すべきであろう。なお、この日記では「小辻」と「鬼か海道」とが区別されて出現しているので、当時の両者の関係は別称ではなく隣接地の字名とすべきであろう。

【五坪・五ノつほ】「中宝」№210一反の前行に「**六反田**西ソへ、戊亥ノ五坪」とあるのが初見である（「戊亥」が「未申」の誤記と見られることについては**【六反田】**参照）。その後は、天正十七年（一五八九）十二月八日付の下鴨村検地帳（「賀茂」）に「五ノつほ」所在の田地六筆計六反六畝二〇歩が見える。前後に「**こくてん**」・「**たてわ**」・「**長さうてん**」などの字名が見いだされ、さらに場所は離れているが「**四ノつほ**」もあり、いずれも現在地が判明しているので（当該項目参照）、この「五ノつほ」もその近辺と見ることができる。「四ノつほ」の場合は、愛宕郡条里の第十二条に属する某里十四坪の「十」が省かれて字名として残ったものとしてよいことがわかっており、近辺の字名との関係からすれば「五ノつほ」もまた同じと見てよい。そう考えると、この字名はちょうど「長さうてん」の東で、**乙井川**の南沿いに位置し、「中宝」に現われる字「六反田」とほぼ重なる場所ということになるのである。同じ場所が二つの字名で呼ばれることはほかにも例があるから、この場合も同様であったろう。現在地は**左京区下鴨北園町**東部に属する。

【コフシカ垣内・コホウシカ、キ内・コフシ垣内】「往来B」に載せる千代松大夫往来田半に「コフシカ垣内」、益徳大夫往来田一反に「コホウシカ、キ内」と在所が記されている。この両者に相当する往来田は、「往来A」ではそれぞれ阿古蓮大夫と亀熊大夫のものであったことが推定できるが、両方とも後半部分に欠損があり、肝腎のこの地名については対照できない。「往来B」よりやや早い「中宝」ではNo.84三反の場所指定に「コフシ垣内、西ノ一」と出てくるので、これが初見ということになる。

「往来B」の千代松大夫・益徳大夫両者の往来田は、諸郷地からみ帳・同復元図との比較検討を通じて、「中宝」ではそれぞれ千代石大夫（もう一人別人の千代石大夫がいる）往来田・鶴千代大夫往来田であったことがわかり、その記載順は前者がNo.97、後者がNo.93であって、前記No.84に近い場所である。三者すべてが四至を畦畔・用水路によって限られた同一範囲内に存在するので、その区域が全体としてこの字名で呼ばれたとみなすことができる。田積は「中宝」では一町六反歩。現在地は**左京区下鴨北園町**の西南端で、**下鴨中通**と**第二疏水分線**に挟まれた場所である。推察するに「コフシ」は「コホウシ」の転訛で、漢字はおそらく「小法師」であろう。

その後「中天十九」では、「中宝」No.84・No.85に相当するNo.124四反の場所指定に「**尾堂、北一**」とあり、ここまで一世紀の間に、この字名は用いられなくなっていたことが判明する。垣内のあとがすべて田地と化して幾十年、いわば地名が風化してしまったのであろう。

【是行垣内・ムロノ木・風呂木】 すでに**【小ツカ】**の項で触れたので繰り返しが多くなるきらいがあるが、「往来A」の有千代大夫・祝菊大夫・一若大夫の往来田各一反、および「往来B」でこれにそれぞれ対応する甲斐前司・愛徳大夫・日向前司の各往来田の在所が「中村郷是行垣内」と出てくる。管見ではこの両者以外に当該地名が出現する史料は見当たらない。

そこで、宝徳三年諸郷地からみ帳と「往来B」とを対照して、後者に見える三名の氏人の往来田が、前者でも同一人のものであったかどうか調べてみたところ、甲斐前司だけは変化が見られないが、愛徳大夫往来田はかつては豊前前司往来田であり、日向前司往来田は阿賀大夫のものであったことが明らかになった。「中宝」ではNo.604・No.606・No.602に該当する。この三者が並んで現われる区域は、復元図で容易に突き止められる。現在の**北区上賀茂池端町**の西南部を主とし、一部は**左京区下鴨水口町**の西北部にかかる位置を占め、**下鴨中通**の東沿いである。同帳では田積計八反の小区域であった。

ところが、「中宝」ではここに「是行垣内」という字名は見当たらない。代わりにこの区域の北に接していた№634二反には「**ムロノ木ノ下**、**北**」という位置指定が見られ、域内西端の№600一反半にも「大道ノハタ、室ノ木ノ南」と記されている。そこから宝徳年間頃には、この二か所の田地の間をとおっていた畦畔が**鞍馬街道**に行き当たるところあたりに榁の木（榁は「ねず〈杜松〉」の古名。『日本国語大辞典』）があり、それが場所を特定する目印にされていたことが知られる。そして、さかのぼって再度「往来A」を見てみると、祝菊大夫往来田については「是行垣内」の字名に加えて「ムロノ□」という追筆があることが判明する（最後の文字は「木」であるかどうか確認できない）。この追筆が当時のものとすると、榁の木は半世紀も前からこの場所に存在したのであり、字名まではゆかないにしろ、ある場合には場所の特定に使われてもいたと考えられるであろう。

「是行垣内」は「中宝」より少し遅い「往来B」に出てくる字名であるから、室町中期にこの地名が存在したことは明らかであるが、「中宝」では使われなかったのである。そして一世紀後の「中天十九」になると、ここは「**ムロノ木**」と記されているから、いつしか樹木の名が字名に変化していたということになる。年不詳であるが、室町期のものと思われる賀茂社読経所田田数引付（「川上家文書」）にも、「ムロ木」所在の一反が出てくる。

さらに、翌年の「中天二十」では同一区域が「**風呂木**」とも表記されている。この「風呂木」は、管見ではすでに文明十六年（一四八四）七月二十二日の賀茂継平名主百姓職売券（『大徳寺』別三―二四二）にも見えており、そこでは「在所中村郷**風呂木東**也、但百姓夫田也」と記された田地半の所職が売り渡されている。手継券文によると、このあと明応三年（一四九四）に至り、当該所職は大徳寺塔頭真珠庵へ沽却されたが、その売券には、包紙上書に田地の在所が「風呂木ミソロ池ノ下」と示され、かつ本文にはその四至が「限東縄手、限南往来、限西ミソ、限北往来」と記されている。こころみにこれを「中宝」の「ムロノ木ノ下」の近辺で探してみると、№605の「半　百姓名　乍人　自作彦二ノ」とある田地が、田積・四至のいずれにおいてもぴったり合致することが判明する。戦国初期ここが「風呂木」あるいは「風呂木東」と称されたことは間違いない。この田地はその後天文二年（一五三三）十月の大徳寺同諸塔頭幷諸寮舎領目録（『大徳寺』二―九二〇）や元亀三年（一五七二）五月二十一日の同寺真珠庵分指出（『大徳寺』八―二五三二）などでも「風呂木」として出てくる（田積は一反となっているが、所役の内容などからみて同じ田地とみなされる）。また、同年五月二十日の同寺大僊院分指出（同上）にも、別の一反が「風呂木」所在として書き上げてある。さらに天正十七年（一五八九）検地帳では「フロノ木」所在として上田七筆計六反五畝一二歩が記帳されている。

この経過は地名の消滅・転訛を示すものにほかならない。初めは是行なる人物の垣内であったところからそれが地名となったが、垣内が消滅してそこが田地と化したため、室町後期には「是行垣内」の地名は失われ、代わりにそこに生えていた一本の椌の木が場所を示す指標となり、さらには戦国初期までにその記憶も薄れて、徐々に「風呂木」へと転訛していったのである。

下って、本郷田地麁絵図にも同じ場所に「風呂ノ木」と記入してあるが、明治初期の乙井川北東田地図では東隣の一か坪分もこの字名に含めており、地籍図でも同様である。つまり地名の範囲が拡大したということになる。市制町村制ではこの拡大した範囲が**上賀茂村上賀茂字風呂ノ木**となり、昭和六年（一九三一）には**上京区上賀茂風呂ノ木町**となった。

【酒坪・さかつほ】　天文十二年（一五四三）十二月二十五日の岩崎小次郎田地本役銭請文（「賀茂」）に「賀茂中村郷之内字酒坪田地弐段事」と出てくるのが初見。「中天二十」№267二反の位置指定には「さかつほ」とある。同帳によると、この田地とも四筆五反半の面積を占める区域の字名であったと見られる。少し小さめではあるが、本来は条里制の坪一個に当たるものと推定される。現在地は、**左京区松ケ崎芝本町**南部から同**松ケ崎呼返町**北部にまたがり、面積がほぼ等分されている。

【桜井】「中天二十」No.24一反の在所が「次西、桜井尻」と記されている。この田地が字「桜井」のはずれに当たっていたのである。復元図によると、**乙井川**の北沿いで**流木神社**（現在は半木神社）の東方に当たり、現在地は**左京区賀茂半木町**の内で、府立植物園内である。その後、天正十三年（一五八五）検地帳では「さくら井」、同十七年検地帳では「桜井」として、いずれも一二筆が記載され、十七年検地帳の場合は計一町一反七畝二〇歩の田地が登録されている。江戸期の本郷田地麁絵図には、流木神社の後の乙井川北部、およそ二町数反ほどの区域に「桜井」と記し、地籍図でも同様である。市制町村制の下では**上賀茂村字桜井**となり、現在はその北部が**北区上賀茂桜井町**に属している。

古く「中宝」では、右の地域のうち東北部九筆計九反が「**町田**」と記され、その西の区域は、「中宝」ではなく「小宝」の方に「**流木後**」として登場しており、両方で計一一筆の往来田が見いだされる。これらの往来田は、対比して検討することにより「往来A」・「往来B」でも大半は一致する田地を突き止められるが、そこでも在所は「丁田」とか「流木後」であり、「桜井」の字名を見いだすことはできない。室町中期ごろまでは「桜井」の字名はなかった公算が大きい。

【サシテノ岡】「サシテ」は漢字を当てれば「差出」であろう。史料上の所見は「中宝」No.572に「サシテノ岡ノ鼻、東ノ一反　祝ア土祭一田　作人　梅辻有大〜」とあるのが唯一である。復元図作成の結果、この田地は現在の**左京区下鴨北茶ノ木町**の東端、道路沿いに位置していたことが明らかになり、これによって、「サシテノ岡」とはこの田地の北側に**西山**の山の鼻が差し出る形になっているところを指して呼んだことが解明できた。

【芝かへ・シハゥへ】 この地名の初見は「中天十九」№384半の在所を「畠田一、芝ゥへ」と記すもので、当時この田地とも五筆計三反半の区域を指す字名であったと見られる。復元図によると、ここは現在の**左京区下鴨南野々神町**の東北端（ノートルダム学院敷地）から同**下鴨北野々神町**東南端にかけての場所である。その後は江戸期の本郷田地麁絵図に、少し南の現下鴨南野々神町東南端に相当する場所に「**野、神**、シハゥへ」と見えるが、ほかには徴証がない。「中天十九」に「畠田」と記していること、さらに一世紀前の「中宝」では、右の下鴨南野々神町東南端に当たる場所にあった№290半に、「野神ノ路ノ芝原、現作」と記されていることなどからすると、ここは室町中期以前には芝原であったのを、開墾して耕地化したのではないかと推定される。

なお、「中天二十」では、該当箇所の田地が「野々神」・「野々神坪」に含めて記載してあり、また本郷田地麁絵図の表記、さらに明治の乙井川北東田地図にここが「北野々神」・「南野々神」と記してあることなどを勘案すると、この地はもともと「野々神」に含まれていたのであり、「芝かへ」はその一部に対し、土地の特性に即して付された小字名ではなかったかと思われる。

【芝下・芝本】 「中宝」№3の**出雲路**浄慶自作の田地二反に関して、「下社詣道東、未申ノ角、西ノ芝下、車路ノ北、南ハ**蓼倉**ト申」と位置指定がなされているのが初見と思われる。同帳の復元図によれば、この田地は現在の**左京区下鴨芝本町**の西端部に位置していた。さらに、一世紀後の「中天十九」では、№1の一反の位置を「芝本、南一」、№226一反の位置についても同じく「芝本、南一」と記している。復元図の完成により、このうち前者は「中宝」№3二反のうち南側の一反と同一の田地であることが判明し、後者はそれよりも西で、**下鴨中通**を越えた現**下鴨貴船町**の中央部南寄りに位置していた。近代の地籍図では前者は字「芝本」、後者は字「**貴船田**」に属し、そのまま**下鴨村字芝本**・**同字貴船田**に継承された。

【下総入道垣内・下フサカキ内・石塔】 初見は「往来A」所載の氏人某（該当部分の前半部欠損のため不明）の往来田一筆に、在所「下総入道垣内」と見えるものである。これは「往来B」では徳寿大夫往来田になっていることが、比較対照により明らかになり、そちらでは前者に欠けている郷名も確かめられるので、この字名が中村郷のものであったことが判明する。「往来B」にはまた下総前司往来田の一反にも「中村郷下フサカキ内」とある（「往来A」では該当部分欠損）。またこれよりさき「中宝」では、№389御酒田一反の在所が「次ノ北ノ上、下総入道今柿ト云」と記されている。この田地とも九筆計七反三〇〇歩の区域がこの字名で呼ばれたと考えられるが、同時にこの中に含まれる№391千代若大夫往来田一反が、「往来B」には「中村郷**柿木本**」所在として登場することも明らかになるので、そこから推測すると、「今柿ト云」とある一種奇妙な表現は「今は柿木と云う」の意味で記されているのではないかと思われる。下総入道の垣内であったことによる呼称から、垣内が消滅したのちそこに生えていた樹木の名をもって字名とするように遷り変わった。その過渡期がちょうどこのころだったのではなかろうか。この区域は復元図によって確かめると、大体現在の**左京区下鴨前萩町**の北半部分に相当する。

その後の史料ではこの字名は両方とも存続を確認できず、「中天十九」では同一区域は「**石塔**」と呼ばれているし、翌年の「中天二十」には字名の記載が認められないが、天正十三年（一五八五）検地帳では「**いしのたうのまへ**」、同十七年検地帳でも「いしのたう」と見え、江戸期の本郷田地麁絵図にもやはり「石ノ塔」と記している。また、明治初期の乙井川北東田地図では「石塔堂前」である。遠く南北朝中期以前に下総入道なる人物の屋敷の垣の内であったところから、それが字名となって残っていたが、戦国期以降は、その北西鞍馬街道沿いに存在した石塔が目印として認識しやすかったために、やがて「下総入道垣内」に代わる字名となったものであろう（**【石塔】**の項参照）。

【シャクロ】 漢字を書けば「石榴」であろう。おそらくはその場所の近辺に、目印になるような石榴の木があったことからついた字名と思われる。初見は「中宝」No.213の経所田半の在所を「シャクロノ西ノ一、**鞍馬大道**ハタ東ノ類」と指示した記事である。No.216まで四筆計五反の小区域の字名であった。一世紀後の「中天十九」でもNo.578半の前に「シャクロ、北一」とあり、この場合はNo.583まで六筆計五反半が同一の字名に属した。両検地帳の復元図によれば、この両者は大体同じ区域であるが、「中天十九」の方がNo.578の田積半だけ北端部にはみ出す形になっている。現在地は**左京区下鴨萩ケ垣内町**の西南端、**下鴨中通**（**鞍馬大道**）東沿いである。

これ以外には管見に触れた史料はなく、「中天二十」では該当地域は「萩ノ垣内」に含まれ、また天正十三年（一五八五）検地帳では、北の一部が「**いしのたうのまへ**（**石塔前**）」、残りは「**はけのかち**（**萩の垣内**）」として扱われ、同十七年検地帳では南の一部が「**はうの垣内**（**坊垣内**）」、あとは「萩か垣内」所属とされている。下って本郷田地麁絵図では、「中天二十」と同様全体が「萩ケ垣内」とされ、明治初期の乙井川北東田地図もまた同じである。おそらく「シャクロ」という字名は、より広域の字名「萩か垣内」と同時的に存在していたが、戦国後期ごろからあとは後者に吸収されて消滅したのではないかと思われる。

【**浄土寺・浄土路・浄土寺田**】「中天二十」No.389一反半の在所が「浄土寺田、南一」と記されているのが初見。当時この田地とも一一筆計一町三反歩の区域を呼んだ字名であった。復元図によれば、西は**鞍馬街道**に沿い、東西辺約八〇メートル、南北辺約二三〇メートルほどの長方形をなし、**深泥池**から中央を東西に通る道・溝までの距離は、五五〇メートル程度である。大体現在の**左京区下鴨北芝町**・同**南芝町**の西端部に当たる。

さかのぼって、「中宝」ではここの田地の種類が各筆すべて「浄土寺田」と記してあり、「中天十九」でもまったく同じで、地名の由来がそこにあることは明白である。その後、天正十三年（一五八五）検地帳には、右の田地群のうち北端の二筆が字「**まつもと**」に含められているが、ほかは「浄土路」の字名で記載されている。当然ながら「路」は当て字である。天正十七年検地帳には、本来の区域全体が「浄土寺田」とされているから、十三年検地帳に北端二筆を「まつもと」としているのは誤認とすべきであろう。

下って本郷田地麁絵図になると、この場所には「元浄土寺、今**黒田**」と記す。「黒田」はもとは「蔵人」と呼ばれたすぐ北の区域の字名である。それが南の「浄土寺田」を含めた広域の字名に変わり、「浄土寺」あるいは「浄土路」の字名は無くなったのである（**【蔵人】**の項参照）。浄土寺領がここに存在したのは中世末期までで、したがって意味の無くなった字名は消滅する運命をたどったということになる。近代の乙井川北東田地図では本来の「黒田」に対して、もとの「浄土寺田」の区域は「**下黒田**」と記す。市制町村制では**上賀茂村上賀茂字黒田**、一九三一年（昭和六）に**上京区上賀茂黒田町**となる。

なお、「政所賦銘引付」（『室町幕府引付史料集成』上）の文明十年（一四七八）九月三十日の記事には、池田越前春能が「山岡崎門跡領城州賀茂境内字號西浄土寺、田四町四反半事」につき、徳政と号して押領するものがあると訴えたことが見える。この「**西浄土寺**」は、おそらく鞍馬街道の西の現**北区上賀茂松本町・上賀茂岩ケ垣内町**あたりであろうかと思われるが、詳細は不明である。

【シリホソ・尻細】　初見は「往来A」所載の有松大夫・有王大夫・虎福大夫の各往来田一反の在所が「中村郷シリホソ」とあるもので、これは「往来B」では順に徳千代大夫・愛一大夫・松鶴大夫の各往来田に該当するが、同帳にはなお掃部頭・清寿大夫両者の往来田各一反も同様に「中村郷尻細」にあったことを記している。

「往来B」所載の五例は、他の諸郷にある田地をも含めて宝徳三年地からみ帳と対比検討することにより、「中宝」ではNo.223徳千代大夫、No.436幸乙大夫、No.434阿波前司、No.437掃部頭、No.620命菊大夫の各往来田であったことが突き止められるので、それぞれについて復元図の上で現在地を確認できる。やってみると、同一区域に存在するのは、記載順番号からもわかるように幸乙大夫・阿波前司・掃部頭の三者で、したがって当該区域は「尻細」という字名で呼ばれていたものと考えてよい。その場所は、すでに触れた**乙井川**北の字「**下窪田**」（「**遣上**」とも）に一致する。「尻細」は同時的に使われた別称と見られる。遺憾ながら復元図のこの場所は、植物園の敷地に入った関係で字限図が得られず、畦畔のありさまを推定して作図せざるをえなかったために、実際の田地の形状を把握することができなくて確認不可能であるが、「尻細」というのは一般に土地の形が尻すぼみになっている場所をいう。この点は「中宝」で、右の諸例とは別のNo.152一反に「次ノ東、尻細」と記されている例があり、復元図ではこの田地の形が北の端へ向かってまさしく尻すぼみになっていることが見て取れることでも明らかである。おそらくは右の往来田三筆はいずれもそのような形状を呈して並んでいたのであろう。現在地は府立植物園敷地の東端部ほぼ中央あたりである。また、No.152一反の在所は、現**下鴨本町**東北部から**下鴨梅ノ木町**東南部にまたがる場所である。

ところで、残る二筆の徳千代大夫・命菊大夫の往来田は、「下窪田」とは全然別の場所にある。これは「尻細」の意味からしてけっして不思議なことではない。前者は字「萩ケ垣内」のうちであるが、復元図を見ると田地の形はごく普通の半折である。にもかかわらず「尻細」と呼ばれたのはなぜか、ということになるが、これはこの田地を東端にして並んでいる三筆の田地が、**鞍馬街道**沿いの田積七反半相当の区域の東南端に当たり、全体として見ると尻尾のような形になっているからではないかと思われる。現在地は**下鴨萩ケ垣内町**南端中央部である。後者は**深泥池**の南約一〇〇メートルのところにあった田地で、現在の**北区上賀茂池端町**のほぼ中央部に当たる。長地の北端部分がいくらか細くなっているのが「尻細」たる由縁であろう。

【スキ垣内】「往来A」の岩菊大夫往来田のうち一反の在所が「中村郷スキ垣内」と記されている。これが管見唯一の所見である。この岩菊大夫往来田は「往来B」になると、東愛徳大夫の往来田として出現するが、そこにはこの田地は「中村郷郷司方」とだけあって、字名は出てこない。現在地を探る手段は、岩菊大夫往来田の他郷所在の五筆計四反の在所である**大宮郷**（「往来B」では河上郷とする）**シマ田**・同郷**畠田**・**小山郷ミトハシ**・**岡本郷坂北**・同郷**サクラ**の各所に往来田を有する、宝徳三年当時の氏人が誰かを調べることである。そうすれば「中宝」の復元図で当該氏人の有する田地のありかを探し、そこが現在のどこかを知ることができるはずである。しかし、その方針にしたがっていろいろと諸郷の検地帳を調べてみたが、現時点では目的を果たしえないままである。「垣内」がつくので、垣内地名が集中している**鞍馬街道**沿い**中賀茂**のあたりにあった可能性が大きいと思うが、漠然たる推定にすぎない。

【直縄手】 一般的に田間のまっすぐな道路を指すことはいうまでもない。ただし、中村郷の場合は特定の道を指した。「中天十九」No.37の刀禰田一反の位置指定に「次西、直縄手下」、No.141の一反半にも「直縄手西一、但**猪尻**内也」、No.147五反でも在所が「直縄手一、**高縄手**卜号」と記されている。復元図の作成により、これらの田地はいずれも現在の**下鴨本通**の東または西に沿って存在していたことが明らかになった。すなわち、直縄手とは現下鴨本通に相当する中村郷内の直線的幹線道路を指したのである。ただ、**乙井川**以北ではこの表現は発見できないところからすると、とくに乙井川より南にその呼称が用いられたのかもしれない。「高縄手」とあるから、路面は東西の田地面よりかなり高かったものと考えられる。

【鈴田】 今のところ「中宝」No.25の神人往来田二反の在所が「次ノ西ノ上、鈴田卜云」と記されているのが唯一の所見である。現在の**左京区下鴨芝本町**東北部のうちである。すぐ東隣の田地は字「**カシハ**」に属したことがわかっており、ごく狭い区域の地名であったと見られる。

【角田・すみ田】 「中天十九」No.115二反半の在所が「角田一」とあるのが初見。この田地はほぼ三角形で、字「**福立寺**」の北の角に当たっているので、地名の由来はそこにあると思われる。**鞍馬街道**と**乙井川**とが交差するところの東南角で、現在地は**左京区下鴨北園町**の西北端である。天正十七年（一五八九）十二月八日付の下鴨村検地帳（「賀茂」）には、「すミた」の田地三筆計三反一畝二〇歩が見え、字「**くらのゥいと**」に続いて記されているところから、同じ場所であることは間違いないが、「中天十九」のNo.115二反半が三筆に分けて記載されているのか、それとも隣接地をも含むのかなどについてははっきりしない。

【膳部・せんふ・膳部田・セふてん】「中宝」No.9に「次ノ東一反 下社祝 乍人 下膳部備中」、No.63に「次ノ東、畠也一反 下社祝 乍人 せんふ若狭」とあり、室町中期に作人の居住地であったことと上・下に区分されていたことが判明する。このほかにもう一か所、在所は示されていないが「乍人 若狭」が出てくる田地がある。No.161の経所田一反である。合わせて三か所の田地の在所を復元図で確かめると、No.9は現在の**松ケ崎通**と**下鴨本通**が交差する辻の北西角、No.63は下鴨本通の西沿いで**左京区下鴨本町**北西端から**下鴨梅ノ木町**にかけての場所、No.161は下鴨梅ノ木町南半部中央あたりである。この事実と近代の下鴨村に字「膳部田」があり、地籍図でも**泉川**と松ケ崎通に挟まれた区域にその字名を見いだせることを勘案すれば、明確にはわからないけれども、松ケ崎通が下鴨社の北部で北へ折れている、その近辺の道路沿いあたりにあった小集落と見てよいのではないかと思われる。

中世には作人の住所として出てくるが、下って江戸中期の下鴨社家「田中兼頼日記」（『下鴨社家日記』Ⅰ・Ⅱ）では、この字名は田地の在所として登場する。例えば宝暦四年（一七五四）八月二十七日の条に、田中家家料の見取田四か所の毛見の結果を記し、その中に「一、膳部田六人手・二人手合凡九人手有　有米弐石八斗　百姓源兵衛」とあり、ここからは年貢米と裏成麦が収納されている。また、同三年十二月十二日前後の記事その他では、「膳部田洪水川西端」の年貢米五升が同じく下作百姓源兵衛から納められていたことが知られる。この「洪水川」は泉川を指すものと推定される。中世に作人の住所であった「膳部」がこのころどうなっていたのかは、今は拠るべき史料がなく知りがたい。

【大工田ノ坪】「中宝」No.154の下社祝部田一反の在所が「大工田ノ坪」と記されているのが唯一の所見。復元図によると、この田地を含めて三筆計四反の小区域を呼んだものと見られ、すべて下社祝部田であった。現在の**左京区下鴨梅ノ木町**東南部に当たる。なお、この地は「中天十九」には字「**不浄田**」として記載されており、一世紀の間に字名が変化したと考えられる。

【たかつき・高杯】 天正十七年（一五八九）十二月八日付の下鴨村検地帳（「賀茂」）に「たゥつき」の字名で四筆計四反六畝二八歩の田地が書き上げられている。下って下鴨社家の「田中兼頼日記」宝暦二年（一七五二）十一月二十六日の条（『下鴨社家日記』I）には、「今日百姓之内、高坏田百姓半四郎儀、去冬河崎町武兵衛より御修覆料高坏田壱ケ所・予家料高坏田半反壱ケ所買請、尤武兵衛請免ニ致置候得共、売払百姓改リ候上ハ、見掛ヶ田之旨、去年庄屋ニ申付云渡置」云々と記されており、この字名の区域に下鴨社修復料田や田中家の家料田地があったことを伝えている。後者に関しては、同三年九月十七日の条に「一、家料見取田、昨日検分之通、今日申渡之、如左」とあって、四か所の田地について有米・取米などの高を記している中に、「一、高坏弐人手　有米弐石八斗　内弐斗令用捨　下作源兵衛　取米壱石七斗五升」とある。在所は下鴨村のうち、したがって中世の**下中村郷**に属し、おそらく**松ケ崎通**より北と推定されるが、詳細は不明。

【高縄手】 「中宝」№13の祝部公事名田二反の位置指定として、「高縄手ノ東、尻ハ**泉川**、南ノ一、**野口**」とある。この田地は**下鴨神社**の北二〇〇メートルほどのところを通る今の**松ケ崎通**の北沿いにあった横田で、「高縄手」はその西端を南北に通る大路であったことがわかる。これは現在の**下鴨本通**に当たる。下って「中天十九」にも、№147五反の位置指定に「**直縄手**一(西脱カ)、高縄手ト号」と見え、その北の№141にも「直縄手西一」、道を越えて東の№37にも「直縄手下」とあるが、復元図によればこの縄手は同じく下鴨本通に相当する道路であり、このころになると「高縄手」よりは「直縄手」の称が使われていたようである。№147の場合、「高縄手」というのが当該区域の字名になっていたと考えられる節もある（**【直縄手】**の項も参照）。

なお、下鴨社家の「田中兼頼日記」宝暦七年（一七五七）三月十六日の条（『下鴨社家日記』Ⅱ）には、作職証文の書き出しの部分である「譲渡申田地作職之事」「一、中村郷之内字高縄手田地　壱ケ所」の二行が筆録されている。この田地の作職得分一石は、比良木社の常灯明料に充てられたものであった。ここでは「高縄手」は字名として使われている。

【立岩・たてわ】「中天十九」№50一反半の在所が「立岩、物書給田一」とあるのが初見である。復元図によれば、この田地は当時の**泉川**の西沿いで、現在の**左京区下鴨岸本町**の東北端から**第二疏水分線**を越えて、**下鴨北園町**の東端にかけて存在していた。「立岩」の字名は、この田地から西へ連続していた七筆計一町半の区域を指したもののようである。「中宝」では、ちょうどこの部分の田地を記載していたはずの料紙が失われているため、この地名がより古くから存在していたかどうかを確かめることができない。

その後は天正十七年（一五八九）十二月八日付の下鴨村検地帳（「賀茂」）に、「たてわ」の字名で一〇筆計一町八反四畝五歩の上田が書き上げられている。以後の歴史は定かでない。

【田中垣内】初見は「往来A」の孫一大夫往来田のうち一反が「中村郷田中垣内」にあったことを記す記事。この往来田は「往来B」になると彦一大夫往来田として出現することが、相互対比によって確認できる。さらに「往来B」には初喜久大夫往来田の一反も同所にあったことを記す（「往来A」では対比できる記事が欠失）。この往来田合わせて二筆は、「往来B」に先立つ宝徳三年諸郷地からみ帳では誰の往来田であったかを双方対比して検討して見ると、彦一大夫往来田は同一人のものであったことが判明するが、初喜久大夫往来田の方は「中宝」の記事の一部欠失にも妨げられて突き止めることができない。それでこの際は前者だけを手がかりとして、「田中垣内」が現在のどこに当たるかを追及することになる。

「往来B」の彦一大夫往来田は、河上・小山両郷に各一反、残りは中村郷内にあり、二か所に各一反、さらに別の二か所に各半反存在したことを示している。中村郷所在の計三反の在所は、それぞれ「**桜木**さノ」・「**福立寺**」・「**藤井**」・「田中垣内」であった。そこで「中宝」で彦一大夫往来田を検索すると、№106一反「ひこ一左近将監大夫往ー」、№139半「彦一大夫往ー」、№685一反「ひこ一大夫往ー」の三者が見つかる。うち№139は「藤井ノ一」という位置指定が付されており、田積が半である点も一致するから、間違いなく対応する田地が特定できる。また№685は復元図を見ると字「上サクラ」の西端に位置したことがわかるので、「往来B」の「桜木さノ」（「さノ」は「上ノ」ではないかと思える）所在の一反と見てよいであろう。さらに№106は、復元図により字「福立寺」の一部「**井ノ尻**」に位置したことを知りうる。それと同時にこの田地の記事（上記）から「ひこ一大夫」往来田は「左近将監」往来田と同一であることも明らかになる。おそらくは宝徳三年にすぐ近い時点で、それまでの左近将監往来田が彦一大夫に引き継がれたのではないかと推定される。このように判断してよいとすれば、あと一筆半反については左近将監往来田として記載されている可能性が考えられる。その見通しにしたがって「中宝」所載の半反の往来田を調べてみると、検出できる全一三例の中に№46左近将監往来田が含まれることが確認できる。№106の場合と違って「ひこ一」という注記はないが、まずこれが残る一筆に一致すると見て間違いなかろうと私は考える。さすれば、その在所こそ「田中垣内」であったということになるのである。それは「中宝」で字「**ウツロ**」と記されている区域に重なる関係にあるが、ある場所が両様の呼ばれ方をする例はほかでも確認できるから、矛盾すると考える必要はない。現在の**左京区下鴨西本町**の西部である。どの程度の範囲を指す地名だったかははっきりしないが、中村郷に数多く見られる垣内地名の例に照らして、さほど広範囲ではなかったのではないかと思う。

実は、「往来A」の孫一大夫往来田の場合は、半反ずつ二筆の田地の在り場所が「**藤井**」と「**符垣内**」（「**符生垣内**」）とあり、また「往来B」では「桜木」とある一反が「フクリウシ」と書かれ、さらにそれを抹消して「田中垣内」と書きなおされているのであるが（もう一か所抹消してあるが、それが字名であったか否かは不明）、私見では、半反二筆のうち一筆が「符垣内」とされているのは、「中宝」で「符生垣内、西ノ一」と記されているNo.55一反が、No.46左近将監往来田の東隣の田地であるところからすれば、そのように捉える場合があっても不思議ではなく、またこの場合の「田中垣内」は「桜木」（もしくは「上桜」）の誤りか、でなければ南北朝期には「田中垣内」の一反が給されていたが、一世紀後にはなんらかの事情で場所が「桜木」に変更されたのではないかと思う。

【筑前坊垣内・筑前坊】 初見は「往来A」所載の祝菊大夫・安藝前司の往来田各一反の在所を、それぞれ「中村郷筑前房垣内」・同「筑前房」と記してあるもの。七、八〇年を経て「往来B」では、前者は愛徳大夫往来田に変わり、後者は太田左近将監往来田となっていることが、一筆ごとの在所・斗代などの一致から確認できるが、後者の場合は在所の記載はない。「往来B」よりも早い宝徳三年諸郷地からみ帳において、愛徳大夫・太田左近将監に該当する往来田受給者を、各田地の在所を手がかりに検索すると、前者は豊前前司であり、後者は変わりなく太田左近将監であったことが判明する。

さらに「中宝」の場合には、No.57の一反に「次ノ東ノ岸ソへ、筑前坊垣内」という場所指定があり、この字名の在り場所を確認するための確実な手がかりが得られ、そこから一反措いて東の一反が「所司大夫往来田」であって、当時の所司は豊前守であったことが「大宝」No.160などから明らかになるので、根拠はより補強されることになる。復元図では右のNo.57から東へ並ぶ七筆計八反の区域が、この字名の範囲であったとみなしうる（太田左近将監の往来田はこの範囲および近辺には見いだせないが、理由はわからない）。現在地は**左京区下鴨梅ノ木町**・**下鴨本町**・**下鴨西本町**・**下鴨西梅ノ木町**に跨がり、東端は**下鴨本通**に接し、南は**北大路通**の一部を含んでいる。

【茶原・茶木原・ちゃのはら・茶ノ木わら】 「中天十九」No.456半の前行に「茶原、東一」とあるのが初見。この田地半反の位置は、復元図によると現在の**左京区下鴨北茶ノ木町**中央北部で、**西山**山麓の**松ケ崎道**沿いである。「東一」とあるので、この田地が字名の東端に当たると見られ、記帳の仕方からすると、このほか西へ連なる三筆二反小が同じ字名に属したものと考えられる。全体として道に沿った横長の小区域である。しかし、これはさしあたり「中天十九」の記事で判断する限りという限定がつく。翌年の「中天二十」では、「茶木原」の字名でまとめて書き上げてある田地が一七筆計二町二反（№354～№370）に上り、右の田地四筆分はこの中に含まれてはいるが、主たる部分はその南に存在する一町八反歩である。現在地はやはりほとんど下鴨北茶ノ木町に属しているが、**下鴨南茶ノ木町**の北部若干も含まれる。このことからすると、「中天十九」では、これに該当する田地一町八反半が書き上げてはあるが、そこに字名に関する記載がまったく無いためわからないけれども、実際は両帳いずれもまったく同一の区域を指して「茶原」あるいは「茶木原」としていたと見るべきであろう。

その後、元亀三年（一五七二）六月二十四日の大徳寺塔頭瑞峯院紹胖分指出（『大徳寺』八―二五三二）には、在所を「上中村郷内**みうと岩**、又ちやのはらとも申也」と記した「弐段本米三石」が書き上げてあるのが発見される。この時期になると、賀茂社領田地の名主職や作職を大徳寺塔頭などが入手する事例が増加しているが、これもそれを物語るものであり、同時にそのころこの区域に「みうと岩」（夫婦岩）という別称もあったことが知られるのである。

天正十三年（一五八五）検地帳には「茶木原」所在の田地七筆計一町一反三畝一五歩が見いだされ、同十七年検地帳でも「ちゃの木原」を肩書にする田地一九筆計二町二反九畝一歩が見える。田積にかなり懸隔があるが、これは実質的な差ではなく、前者では隣接の他の字名に含めて計算されている部分があるからである。

近世の本郷田地麁絵図では、該当の区域を南北に二区分した上、そのいずれにも「茶木原」と記しており、これは先に指摘した「中天二十」所載の「茶木原」と一致すると考えられるが、注意すべき点はさらに南の一区画に「**長フケ**、茶木原共」と記していることで、この部分は現在の下鴨南茶ノ木町東半部に相当するのである。近代になって乙井川北東田地図では、第一番から第十五番まで計一五筆に「字茶ノ木原」と記載されていて、「長ブケ」とははっきり区別されている。
市制町村制では**上賀茂村上賀茂字茶ノ木原**となり、一九三一年（昭和六）からは**上京区上賀茂茶ノ木原町**に属し、町名改正により**上賀茂北茶ノ木町・同南茶ノ木町**となったが、一九四九年（昭和二十四）以降左京区に編入、下鴨北茶ノ木町・同南茶ノ木町と改称されて現在に至っている。

【チウノ坪・チウ】「中宝」No.670半の位置指定に「チウノ坪、東ノ一」とあるのが初見である。この田地から西へ連なる長地七筆計九反からなる区域で、当時そのすべてが「経所田」であった。下って「岡享」では、No.329〜No.334まで六筆九反の前に「チウヨリハシマル、但東ヨリ一」と記され、宝徳当時と同じく九反全部が経所田である。つづいては「中天二十」に「チウ」の字名で七筆八反三〇〇歩がまとめられている。時により所属する郷が異なっているのは、郷界の捉え方が曖昧さを残していたことを物語る。田積にも多少の異同があるが、全体として条里制の一か坪分にほぼ相当すると見られるので、愛宕郡の条里区画に当てはめてみると、第十三条に属し、北東隅に**深泥池・西山**の各一部を含む某里の十五坪に相当することがわかる。そこから考えると、十五の五が省かれて残った十が地名化したのではないかとも推定されるが、西隣が十坪であって、それとの関わりもあるのかもしれない。ただ「チウ」であって「ジウ」ではないので、こうした推定は無理であろうか。
その後、天正十三年（一五八五）・十七年の検地帳ではこの字名は使われていないが、近世の本郷田地麁絵図には、字「**松田**」の南の区画に依然「チウ」の字名が記されている。しかし、近代の市制町村制の下では**上賀茂村上賀茂字中流石**の東半部に属し、一九三一年（昭和六）以後は**上京区上賀茂中流石町**となり、一九五五年（昭和三十）には新設の北区に編入されたが、のち一九七一年（昭和四十六）になってこの町名は削られ、現在主要部は**上賀茂榊田町**のうちに入っている。なお、私は「中流石」の「中」は「チウ」を漢字表記した可能性もあるかと考えているが、いまのところ裏づけができない。

【ツイチカハナ・ツチカハナ・辻カ鼻】 初見は「往来A」に出てくる愛鶴大夫・有寿大夫・七郎大夫の往来田各一反の在所が、「中村郷ツイチカハナ」と記されているものである。この往来田三者は、「往来B」になるとそれぞれ慶彦大夫・左京亮・左近将監の往来田として出現し、在所の表記も前二者は変動なく、左近将監の場合のみ「ツチカハナ」となっている。同帳ではこれ以外にも尊徳大夫・福寿大夫・尊彦大夫の往来田各一反が同じく「ツ井チカハナ」にあったことを記す。「往来A」よりやや成立時期の早い宝徳三年諸郷地からみ帳でこれらの往来田の給主を調べてみると、慶彦大夫往来田は慶益大夫、左京亮往来田は当時も同一人、左近将監往来田は別当大夫、尊徳大夫往来田は鶴千代大夫、福寿大夫往来田は鶴夜叉大夫、尊彦大夫往来田は預大夫の往来田であったことが突き止められるので、「中宝」復元図の上で字名の位置を確認することができる。当該往来田はNo.382・No.387・No.386・No.383・No.385・No.384（並べ方は右の場合にならったので番号順ではない）の五反小であるが、当然これらは隣接しており、現在地は**左京区下鴨前萩町**南半部に属する。またNo.382の一反措いて東にあるNo.380一反には「次ノ北、辻カ鼻」という位置指定もなされており、合わせて九筆計七反三〇〇歩の区域をこのように呼んでいたことが明瞭である。西は**鞍馬街道**（**現下鴨中通**）に沿っていた。

のち天正十七年（一五八九）検地帳にも「**辻りもな**」所在の中田七畝が記載されているが、この田地は鞍馬街道の西に位置していたと考えられ、上記の七反三〇〇歩は「**萩り垣内**」の字名で出ていることが、復元図作成によって確かめられる。また、これより先天正十三年検地帳では「**いしのたうのまへ**」として扱われている。そして近世の本郷田地麁絵図では、該当の区域はすべて「萩ケ垣内」とされており、鞍馬街道の西を含めて「ツイチカハナ」も「辻カ鼻」もまったく見いだすことができないのである。近代初期の乙井川北東田地図は鞍馬街道以西は含まないが、それにもやはり「萩ケ垣内」としか出てこない。

このように時期の下降にしたがって関係史料を追ってきてみると、近世前期あたりでこの字名は消えてしまい、「萩ケ垣内」に吸収されてしまったのではないかという推定が成り立ちそうに思える。実は私はかつてそういう推定をしたのである（『角川日本地名大辞典』26京都府、上巻の該当項参照）。しかし、それは早とちりであった。市制町村制下の上賀茂村には**上賀茂字辻ケ鼻**が存在しているからである。ただ、該当区域は中世とはまったく異なっており、地籍図で確認すると、**乙井川**以北で鞍馬街道西沿いの区域約二町歩であったことが判明する。つまり、おそらく近世初期あたりになって、地名の移動が起こっていたと判断されるのである。天正十七年検地帳において、ただ一筆だけ「辻りもな」と記載されている七畝歩の田地が、鞍馬街道の東でなく西沿いにあり、東側のかつての「ツイチカハナ」の区域はまったく「萩り垣内」に変じていることは、地名移動の発端がこのあたりにあったことを物語っているように思われる。

その後の経過を見ると、一九一八年（大正七）になり、上賀茂村上賀茂字辻ケ鼻は新設の上京区に編入され、近隣の字と合わせて**賀茂半木町**が成立し、ここに至ってこの字名は確実に消滅したのである。なお、地名の由来に関して推定的見解を述べるとすれば、南北朝期には「ツイチカハナ」であって「ツチカハナ」ではなく、室町中期にそれと混ざって「辻カ鼻」・「ツチカハナ」という表記が出てきているのを見れば、もともとこれは「築地カ花」もしくは「築地カ鼻」であって、けっして「辻カ鼻」ではなかったのであり、時代の下降につれて変化をきたしたのではないかと、私には思われる。

【鶴下・鶴か本】「中宝」No.4に郷司田一反の在所を「次ノ東、鶴下」と記しているのが初見。また一世紀後の「中天十九」でも、No.199幸夜叉大夫往来田一反に「次艮、間有大道、鶴り本ト号」とある。両帳の復元図では、これはまったく同一の田地であり、南は「大道」すなわち**下鴨神社**北方の東西路**松ケ崎通**に接する場所にあったことが判明する。現在の**左京区下鴨芝本町**西南部に当たる。ごく小区域の字名であったらしく、その後は所見がない。

【タウノモト・藤かもと】「中宝」No.484の二郎大夫往来田一反の在所が「次ノ東頬、路畔、北ノ一、タウノモト」と記されるのが早い所見。この田地は、復元図によって現在地を確かめると、**北区上賀茂岩ケ垣内町**東南端で、**北山通**がその中心部あたりを通過している。中世には、その東端と**鞍馬街道**（現**下鴨中通**）の間に石塔が存在したところから、この字名が生まれたと思われる。その後「中天十九」では、その塔の東、鞍馬街道東沿いの区域が「**石塔**」と称され、翌年の「中天二十」には、先の「中宝」No.484と同じ田地（No.113）の位置が「石塔西」と記されている。

天正十三年（一五八五）検地帳には「石ノたう」・「**いしのたうのまへ**」、同十七年検地帳には「藤ゥ《（塔）》もと」・「**たうのまへ**」・「いしのたう」と、石塔に由来のある地名は残るのであるが、「塔」が「藤」と書かれるようにもなっており、さらに本郷田地麁絵図では、道路より北の、中世には「**殿垣内**」と称された区域（次項参照）に相当する区画に、「藤カ本・殿ケ垣内・**岩ケ垣内**」と三つの字名が一緒に書き込まれ、道路の南側の区画には「岩ケ垣内、石ノ塔トモ」と記してある。近代の字名には関係地名は認められない（**【石塔】**の項参照）。

【殿垣内・殿カイト・殿ケ垣内】　南北朝期にはすでに所見があり、江戸後期までは残存していた古い地名である。「往来A」所載の□郎大夫・菊若大夫・出雲前司・松石大夫・春光大夫の往来田各一反の在所が「中村郷殿垣内」と記されている。これらの往来田は、「往来B」になるとそれぞれ和泉前司・愛有大夫・有徳大夫・越中前司・越前前司の往来田として出てくるが、そのうち有徳大夫往来田だけは該当田地が「中村郷**坊垣内**」所在となっている。この一反だけ在所が変更されたのかと思われるが、確認はできない。なお「往来B」によると、この他に福寿大夫・千彦大夫・因幡前司の往来田各一反も、同様に「中村郷殿垣内」にあったことが判明するが、千彦大夫往来田の場合には「殿垣内」に加えて「**松本**」の字名も並記されている。「往来B」より一〇年前後さかのぼる宝徳三年諸郷地からみ帳でも、和泉前司・愛有大夫の往来田は同一人のものであり、ほかでは越中前司往来田が孫若大夫、越前前司往来田が若石大夫、福寿大夫往来田が鶴夜叉大夫の往来田であったことが、比較検討の結果突き止められる。これは復元図の上で所在を確認できるから、それによって「殿垣内」の現在地を知ることができる。

また、それとは別に「中宝」ではNo.478一反の在所を「次ノ南ノ下、殿垣内」と記しており、さらに「中天二十」のNo.116半にも「殿カイト、南一」とあって、これも当然位置確認の手がかりである。往来田古帳はしばらく措き、「中宝」復元図だけで判断すると、「殿垣内」は右のNo.478からNo.483までの道・溝で囲まれた区域（田積六筆計五反）だけを指すものと判断され、「中天二十」では、同一区域のほか西に接している二筆一反半の往来田を含めてこの字名で呼んだものと理解される。東は**鞍馬街道**に接していた。これは現在の**北区上賀茂岩ケ垣内町**の東部に属する。ただし、これに「往来A」・「往来B」の検討結果を加えて判断すると、少なくとも和泉前司・若石大夫の往来田はより北に位置していることが明らかになるのであり、うち前者の北端部分は**上賀茂松本町**に入る。

その後は本郷田地麁絵図に、「中宝」の「殿垣内」とまったく同じ区域に、「**藤カ本**、殿ケ垣内、**岩ケ垣内**」と三つの字名が書き込まれており、併称されたらしいが、近代の字名では「岩ケ垣内」に属したと思われ、「殿垣内」は消滅した。

【中賀茂】 現在は「中賀茂」という地名は失われていて、人の口の端に上ることはまずないが、中世にはこの名で呼ばれる集落が存在していたと考えられる。「太平記」巻第十五（『日本古典文学大系』35）の「建武二年正月十六日合戦事」には、新田義貞の軍と戦った細川卿律師定禅の軍が、「**糺**ノ前ニテ三百餘騎ノ勢十方ニ分テ、**下松**・**藪里**・**静原**・**松崎**・中賀茂、三十餘箇所ニ火ヲカケテ、此ヲバ打捨テ、一**條**・二**條**ノ間ニテ、三所ニ関ヲゾ挙」げて新田勢と戦い、敵を坂本へ退却させせたと記す。この「中賀茂」について『日本古典文学大系』の頭注には「上賀茂と下鴨の中間に**流木**（なからぎ）**杜**がある。今、**半木町**の名が残る。これを中賀茂という。賀茂中社。」と記し、流木社およびその社叢を指すものとしている。これはおそらく『大日本地名辞書』の「下鴨と上賀茂の間に流木杜あり之を中賀茂と曰ふ」にならったものであろう。同様の捉え方は「山城名勝志」巻十一（『訂改史籍集覧』第二十二冊）の「中賀茂」の項でも同じである。そこではまず当該地名の下に割り書きして「社家説云、中賀茂三井ノ社也、元坐二**蓼倉里**一」と記し、さらに「袖中抄云、中賀茂片岡ノ杜也○諸神記云、社家云、御祖ノ社中賀茂ト称ス、河合ノ社ヲ下賀茂ト云、云云○注進雑記云、三井ノ社ハ中賀茂ノ社ニ坐、云云」と述べ、つづいて先に引いた「太平記」の記事の一部や古歌の類を並べている。また「半木ノ宮」の項では「坐二賀茂下上社ノ間一、下上各隔二八町一、故號二中賀茂一」と記す。諸説別れているが、いずれにせよ「中賀茂」を神社とその杜を指すと見ている点では同じである。伴信友の「瀬見小河」（『神道大系　神社編八　賀茂』所収）は、「木ノ宮」（「又稱二半木宮《ナカラキノ》ト一」と割注あり）の項を設けて、「此社、賀茂上下の社の間十六町ばかりある、その中間《ナカラ》ばかりの處を中賀茂《ナカガモ》といふ、其わたりの田面の道中の小森の中に小社ありて、今ながれ木ノ宮と稱ふ《イ》これなりとぞ、然ればながれ木は半木《ナカラギ》の訛れるなり」云々と記しており、これはまず上下両社の中間あたりを中賀茂と称し、そこにあった小社が「木ノ宮」すなわち「ながれ木ノ宮」であるとする説明で、初めから「中賀茂」を神社を指すものとはしていない。ただし、「其わたりの田面の道中の小森の中に小社あり」というい方から見て、「中賀茂」を集落とは考えていないとしなければならない。

しかし、「太平記」が細川軍の火をかけた場所として、下松・藪里・静原・松崎の諸集落と並べて挙げている中賀茂は、やはり神社の杜ではなく集落と見るのが自然であろう。江戸時代に描かれたものではあるが、「賀茂御神領六郷絵図」（第二章第二節注7参照）では「中村郷四村」として中賀茂里・**下鴨里**・松崎村・**御泥池村**を挙げており、中賀茂が明白に村落として扱われていることもその見方を支持するであろう。この絵図は「**賀茂本郷**」を中心において、六郷の中にある村々の位置を楕円形のなかに村名を書き入れて示し、賀茂川を中心とする河川と村々を結ぶ道路の大体の様相を描いた略図であり、近代の地図と同じように見るわけにはいかないが、大掴みな見当はつけられる。そこでは「中賀茂里」は「賀茂本郷」と「下鴨里」を結ぶ道路の下鴨寄りのあたりに描かれ、「**小山村**」から賀茂川を渡ってきた道路がそれにつながり、さらにそこから「御泥池村」を経て「幡枝村」以北に至る道と「松崎村」に至る道との両方が通じている。そして「賀茂本郷」よりかなり南で枝分かれする賀茂川の支流としてだけ描かれてはいるが、事実としては**乙井川**としか捉えようがない川が集落内に入っており、それは**明神川**から**泉川**にいたる流れよりは西にあったという様相を呈している。絵図の描き方はずいぶん曖昧ではあるが、下鴨から深泥池村を経て北上する道路は**鞍馬街道**（現**下鴨中通**）以外には考えられず、上賀茂への道、小山村からの道路がそれにつながり、かつ乙井川の流れが村落内に入っている様子からすれば、想定される「中賀茂里」の位置は、鞍馬街道と乙井川の流れが交差する地点を中心とする街道沿いで、南は賀茂川に並行して上賀茂に至る道路が分岐するあたり、北は現左京区賀茂半木町の東北端あたりまでということになるのではないかと思う。このあたりは中世後期にはすでに一面に田地が広がっていたことは、乙井川北東田地図もそれを証する。したがって右の絵図は、古くまでさかのぼって境内六郷がこうであったことは「中宝」・「中天十九」の復元図に明白であり、以後近代に至るまでその状態に変化が見られなかったということを示したものということになるのであるが、私はたしかに南北朝初期ごろまでは、そこに示されているとおりに中賀茂と呼ばれる集落がこの場所に実在したと見てよいと考えている。

中村郷一帯は近代に至るまできわめて整然たる条里制地割が残っていたところであることは、復元図でも明瞭であるが、その中にあって鞍馬街道近辺の当該地域はかなり地割が乱れていた。一方この街道沿いには、現在の町名に残る「**萩ケ垣内**」をはじめとして、「**符生垣内**」・「**コフシ**（**小法師**）**垣内**」・「**蔵垣内**」・「**坊垣内**」・「**五反垣内**」・「**岩ケ垣内**（**伊王垣内**）」・「**殿垣内**」などの垣内地名が集中していたことも特徴的である。これはそこに垣内集落が存在していたことを裏づけているとしてよいと思う。そしてこの地に賀茂の神を祀る神社があり、中賀茂社あるいは中社と称された可能性もまた否定できない。とすれば流木社即中賀茂という見方にこだわることもないのである。集落が廃絶に帰した理由は明らかでないが、『太平記』にいうように戦乱に巻き込まれて焼かれたことが事実とすれば、そういうことも一因となっているかもしれない。

ほかに中賀茂の地名が出現する史料のいくつかを挙げておくと、建武四年（一三三七）八月日の野本朝行子息鶴寿丸軍忠状（「熊谷家文書」『大日本古文書』家わけ第十四）に、「同（建武三年正月）廿七日合戦之時、亦朝行若党信経、光家、胤経…等懸先、自中賀茂之西、鞍馬法師三人生捕之」云々と述べ、同三年八月二十七日の吉川経久軍忠状

(「吉川家文書」『大日本古文書』家わけ第九)に、「今月廿三日御合戦之時、於中賀茂懸先、追落御敵**鞍馬口**」云々、同年九月日の吉川辰熊丸代河内道覚軍忠状(同上)でも「去月廿三日、中賀茂合戦之時、進先陣防矢仕、責入御敵鞍馬口畢」と記し、建武三年にも前年と同様にこの地が戦場となっていたことが知られる。このことはここが軍事的にも一つの重要な地点であったことを物語るものであろう。したがって火を懸けられることにもなったのである。また、これらとは別に「中鴨社北**鬼垣内**」所在の田地二反に関する、至徳二年(一三八五)四月日の中原為景文書紛失状(『大徳寺』二―八〇六)や永正十三年(一五一六)二月二十八日の慈光庵宗清田地寄進状(同二―八八五)なども残り、中世後期、賀茂社領の田地が個別に大徳寺の所領となってゆく事例の一つを見ることができるが、遺憾ながら当該田地の位置を突き止めることはできない。「長禄寛正記」(『群書類従』第二十輯)には、長禄二年(一四五八)九月、蓮田某の率いる土一揆が赤松氏の軍と合戦した挙げ句、「打負テ中加茂ノ林間ニ引退キケル」という記事が見えるが、これは時期から見て流木社(現半木神社)近辺の林(近代、流木社の南方に**下鴨村字明神林**という字名が存在した)のことと推量される。

【長サフ田・長さうてん・なかさうてん】「中宝」No.195半の場所指定として「次ノ北、長サフ田」と記されているのが初見。この田地とも七筆計九反からなる方形の区域で、西は「**直縄手**」(現**下鴨本通**)に接し、北には**乙井川**が流れていた。現在の**左京区下鴨北園町**中央部、下鴨本通東沿いの区域である。その後、天正十七年(一五八九)十二月八日付の下鴨村検地帳(「賀茂」)には、「長さうてん」の字名で八筆計八反五畝二五歩が書き上げてある。字名の由来はよくわからないが、「中宝」では、全九反のうち半が「小預田」であるほかは、すべて「深草田」すなわち賀茂社土器作給田で占められるのが特色である。右記天正十七年下鴨村検地帳の江戸期の写(同上)には「なかさうてん」と記している。

【ナカフケ・長ふけ・長ブケ・長澍】「中宝」No.564の鹿苑院田二反の在所が「次ノ東、ナカフケ」と記されているのが初見で、同帳の記載の仕方から判断すると、この田地からはじめて東に連なる八筆計一町半の区域がこの字名に属したものと思われる。これは大体現在の**左京区下鴨南茶ノ木町**西半分に相当する。一世紀後の「中天十九」ではこの字名は見いだせないが、翌年の「中天二十」では、前記「中宝」No.564と同じ田地No.327（ただし田積は三反と見積もられている）から東へ連続するNo.345までの一九筆計一町九反が、「ナカフケ」の字名で一括記載してあり、この場合にはほぼ現下鴨南茶ノ木町の全域に当たる部分に加えて、その東南の現**松ケ崎芝本町**北端部に位置する四筆二反半も含まれることが、復元図により明らかである。

下って天正十三年（一五八五）十月二日の大徳寺塔頭大仙院幷諸寮舎指出（『大徳寺』八―二五三四）には、自得軒分として「長ブケ」所在の三反歩が見える。おそらく戦国期に至り、名主得分が買得か寄進により入手されたものであろう。直後の天正十三年・同十七年の検地帳にも、やはり「長ふけ」所在の田地が、前者に四筆計五反六畝、後者では一七筆計二町四反二畝二八歩記載されている。筆数・田積に極端な差異があるのは、前者ではほぼその差に相当する部分が字「**のゥミ**《（野神）》」で記帳されているためである。両検地帳の復元図を作成した結果によれば、現在地も「中宝」・「中天二十」の場合とはずれがあって、主たる部分はより南部にあり、「中宝」では「**野神北**」・「**柳カ垣内**」と呼ばれていた、現**下鴨北野々神町**の町域に相当する。

その後は本郷田地麁絵図にこの地名が見いだされるが、それによると、「中宝」の「ナカフケ」に該当する区画に「長フケ」とあり、その東の区画には「長フケ、**茶木原**」と見え、さらに前者の南のやや長方形の区域に「長フケ、北ノ野ゝ神」、後者の南の長方形の区域は南北二つに区分された上、いずれにも「野ゝ神、長フケ」と記入してある。これらの全体は、大体現在の下鴨南茶ノ木町・下鴨北野々神町・**下鴨南野々神町**の町域に当たるのである。近代の乙井川北東田地図では、このうち北側の二区画すなわちほぼ現在の下鴨南茶ノ木町相当の田地だけに「長ブケ」と記されている。なお地籍図の表記は「長澍」である。市制町村制では上賀茂村上賀茂字長澍となり、一九三一年（昭和六）には上京区**上賀茂長溂町**に変わるが、一九四〇年に至りこの地名は消滅して、主要部は**上賀茂南茶ノ木町**となった。「フケ」は「ふけだ（深田）」から来た名称かと推測される。

【なから木・なかれ木・流木・半木】「山城名勝志」巻十一の「半木《ナカラキ》《ナカレキ》ノ宮」の項は、現在も**左京区賀茂半木町**（京都府立植物園内）に鎮座する**半木神社**の社名の由来について、「坐二賀茂下上社ノ間一、下上各隔二八町一、故號二中賀茂一、或曰、當社者浮田三座之一座也、一年洪水社流留二此地一、故號二流木ノ宮一、云云」と記し、「なから（半）」と「流」の両様の受け取り方があることを説いている。伴信友の「瀬見小河」（『神道大系　神社編八　賀茂』所収）は、「木ノ宮」（「又稱二半木宮《ナカラノキノ》ト一、」と割注あり）の項を設けて、「江記に、寛治八年四月十四日甲申、関白師通公賀茂詣の事を記されたる中に、川合ノ奉幣使相分レテ向フ二木ノ宮二一、また追従の女房の事を記せる條に、木ノ宮幷片岡、貴布禰等三前打レ幣ヲ也とみゆ、さて又此木ノ宮をなから木の宮とも申せりときこゆ、其は宇治拾遺物語に、式部大輔實重は、賀茂へ参る事ならびなきものなり云々、ある夜下の御社に通夜したる夜、上《カミ》へまゐるあひだ、半木印本には、なから木、のほとりにて、行幸にあひ奉る云々、夢すなはち覺《サメ》ぬとぞ、夢がたりとはいへど、地名の證とはすべし、此事、古事談にも見ゆ、十訓抄に、賀茂ノ社司の女の歌とて、偽のことのはたゞす神もきけ、さやは契りしなから木の宮、など見えたり、此社、賀茂上下の社の間十六町ばかりある、その中間《ナカラ》ばかりの處を中賀茂《ナカガモ》といふ、其わたりの田面の道中の小森の中に小社ありて、今ながれ木ノ宮と稱《イ》ふこれなりとぞ、然ればながれ木は半木《ナカラギ》の訛れるなり、また賀茂氏ノ系図に中ノ社ノ禰宜と云ふが見えたるも、此社の事なるべし、按ふに、もと上下ノ社の道の中間《ナカラ》に、傍爾《シルシ》の木をたてゝ、半木《ナカラギ》と稱ひしを、其處に社を造て上下ノ社の霊をまつりなどして、木ノ宮また半木ノ宮とも稱ひ、また中ノ社とも稱へるにやあらむ、實重の半木のほとりにて、行幸にあひたてまつると云へるすべてのさまも打あひて、興《ハエ》ありて聞ゆ、夫木抄に、文應元年七社百首、為家卿、氷ゐし川瀬も今はながれ木の、森の木陰にもゆるさわらび、とみえたるは、そのかみはやく訛れるうへの名によりて、よみ給へるなり、」と述べ、上社と下社の中間に傍爾（牓示）の木を立て、これを半木といったのが本来であり、「ながれ木」は「なから木」の訛りであろうとしている。

この「木ノ宮」あるいは「なから木」の「木」を上社と下社の中間に立てられた傍爾の木と見る信友の考えには、たしかに一理がある。しかし、なぜ上社より下社に至る道路の中間に傍爾が立てられたのかという理由は明らかにされていない。単に中間に当たるというだけでは説得力に乏しい憾みがある。また、そこに社を建てて祀ったというこの根拠としても不十分ではないかと思われる。私見では、以下に記述するように、南北朝期以降の中・近世の史料では漢字表記を「流木」としている例ばかりであり、仮名書きではすべて「なからき」であって、数世紀にわたって「流木」と書いて「ながらぎ」と読んでいたことが明白であるところから見ても、むしろ本来は「流れ木」なのであって、しかもその木は上賀茂社と深い関わりのある木（例えば神木のごときもの。『山城名勝志』のように「社」つまり末社の社殿の木とも見得るであろう）であり、それが洪水の際に**御手洗川**から**乙井川**を経てここに流れ着いたところから、その地に社を建てて祀ったと考えるのが自然ではないかと思う。「木ノ宮」という呼び方ともこれは矛盾しないし、信友が藤原為家の歌に「ながれ木」とあるのを「そのかみはやく訛れるうへの名によりて、よみ給へるなり」としなければならない理由も失せるのである。「ながれぎ」というもともとの読みがやがて「ながらぎ」ともなり、したがって「なからき」と書かれ、場所柄中間の意が加わって「半木」の字が当てられるようになったと理解したほうが妥当ではないかと思う。

初見史料は前掲『宇治拾遺物語』の「なから木」らしく、文応元年（一二六〇）の藤原為家の歌に「なかれ木の杜」が見えることも先賢の指摘にあるとおりであるが、その後南北朝末期ごろの「往来A」では、徳一大夫往来田一反の在所が「小山郷流木」と記され、有菊大夫往来田一反は同郷「流木北」にあった。関連して「往来B」を見ると、右の徳一大夫往来田が有松大夫、有菊大夫往来田が宮内少輔の往来田となっているが、別に有鶴大夫・幸福大夫・美濃前司の往来田もあり、同帳では前四者がすべて「小山郷流木後」所在、美濃前司の一反のみは「中村郷流木後」と記されている（ただし、後者は「中宝」と対比すると同郷「**町田**」が正しい）。

また、応永二年（一三九五）八月二十一日の賀茂大神宮政所下知状（『大徳寺』二―八〇九）は、「小山郷流木後」所

在の田地二反の百姓職を氏人松菊大夫季光に宛行ったものである。この所職は文明十二年（一四八〇）に至り、五辻大宮見性寺宗善から大徳寺雲門庵へ寄進された（『大徳寺』六―二〇六二）。さらに、文明七年十月日の賀茂大神宮政所下知状（『大徳寺』二―八二七）では、「中村郷之内在所ナカラキノウシロ」にあった賀茂社供僧畳田一反が氏人淡路前司氏胤に宛行われ、これは文明十四年同じく宗善から大徳寺へ売却されている（『大徳寺』二―八三四）。同じく「流木後」の田地であるにかかわらず、所属郷に異同があるのは、同一の区域が分断されて別の郷に属したのではなく、時により同一区域が小山郷に属したり中村郷内として扱われたりしたためである。

同様のことは他の史料でもしばしば見いだされる。「小宝」No.414の前の行には「次、流木後、西ヨリ」とあって、一五筆計一町三反二八〇歩が書き上げられ、つづいてNo.429からは「流木社前」所在の田地が連続しているが、この田地群のうち前者は「岡享」No.441の前に「ナカラ木ノウシロヨリ始、東也」と記して書き連ねてある田地群と一致するのであって、時には岡本郷として捉えられているのである。天文十三年（一五四四）閏十一月十三日の治部少輔季貞田地売券（「岩佐家文書」）には、一反の在所が「小山郷之内在所者流木北」とされているが、弘治三年（一五五七）三月七日の首晃等連署田地売券写（「賀茂」）では、「中村郷之内字号流木」所在の一反が売却されているのも同様の事例である。

天正十三年（一五八五）検地帳には「なゥら木のうしろ」所在の田地計一五筆が記載され、同十七年検地帳では「なゥら木」の字名で四筆が出てくる。近世の本郷田地麁絵図にも右の四筆に相当する場所に「流木」と記す。

現在地は右の絵図で大体の見当がつくが、さらに、「往来B」所載の往来田四者に当たる田地が、先行する「小宝」のどの田地に当たるのかを、諸郷地からみ帳と比較検討して確認し、復元図に照らすことによって突き止めることができる。半木神社の北側でもとの乙井川以北に及び、域内を**北山通**が東西にとおっている。**左京区賀茂半木町**の府立植物園北部から**北区上賀茂桜井町・同今井河原町**の南部にかけての区域に相当する。

【ナツメワラ・ナツメハラ・なつめ・ナツメ坪・棗坪・棗木】 初見は「中宝」№549の下社深草田一反の在所を「ナツメワラ」と記しているもので、すぐ後の「往来B」には初喜久大夫往来田のうち一反の在所が中村郷「ナツメハラ」であったことを記載する。その後、文明十六年（一四八四）十月十九日の「かも、まこゑもん」田地売券（「賀茂」）では、対象物件の田地一反について「在所者、上なかむらかうなつめ」と記し、「中天十九」№443一反の位置指定記事には「ナツメ西一」とあり、翌年の「中天二十」には「ナツメ坪」の字名で一六筆計一町七反が記載されている。

これより先天文二年（一五三三）十月の大徳寺塔頭并諸寮舎領目録（『大徳寺』二―九二〇）には、「賀茂散在田畠地子等買得分」を書き上げてあるが、その中に「棗坪」の一反が見いだされ、また、天正十三年（一五八五）十月二日の同寺塔頭大仙院幷諸寮舎領指出には「賀茂中村郷」分の中に「棗木」の一反が見える。おそらく両者は同じ田地であろう。戦国期に至って大徳寺の塔頭が賀茂社境内諸郷田地の所職を多く入手する現象が見られたが、これもその一つであった。

天正十三年（一五八五）検地帳には「なつめ」所在の田地九筆八反一畝五歩が見え、同十七年検地帳では同じ字名で一三筆計一町三反八畝四歩が記帳されている。筆数・田積に差異があるのは、重なり合う部分が五反内外しかなく、前者はそれより東の区域を、後者は西の区域を加えているというずれがあるためである。その全体が「中天二十」の一町七反に該当するという関係にある。下って本郷田地麁絵図では、西半部分に「ナツメ」、東側には「棗共、**天井ケ芝共**」と書かれており、近代初期の乙井川北東田地図では、西端から一一筆の田地が「字棗」とされ、東の六筆には「字天井芝」とあって、若干のずれがある。

市制町村制では「天井ケ芝」に包含され、**上賀茂村上賀茂字天井ケ芝**となっており、「棗」の字名は消滅している。現在地は、「中天二十」の区域を捉えた場合、大体**左京区下鴨北芝町**東部約四分の三ほどの区域に相当する。

【ナミ板・七板坪・七ひた・七板・七々板】　「中宝」№267四反の位置指定に「次ノ西、ナミ板」とあるのが初見。同帳の記載の仕方からすると、この田地から西へ七筆計九反半の区域を指したものと見られる。「中天二十」では№271〜№277の同じく七筆計九反半が「七板坪」としてまとめられている。両帳の復元図によって現在地を確認すると、大体**左京区梁田町**の東半部分に該当する。条里制の一か坪分に当たる面積を占めており、西隣の坪が「**八ノ坪**」の字名を伝えているので、愛宕郡条里の第十二条に属する某里の十七坪に当たることが明らかで、その「七」が受け継がれた地名であると考えられる。

その後は、天正十七年（一五八九）検地帳に「七ひた」を肩書きとする中田六筆七反三畝一二歩が記載されている。ただ、同帳の図上復元によれば、「中天二十」の「七板坪」に比し西側で田地一枚、東側で三枚分だけ狭い区域である。ついで本郷田地麁絵図では、中世と同じ一か坪分に「七板」と書き入れてある。また、近代の乙井川北東田地図では「字七々板」として田地一〇筆が見える。市制町村制では**上賀茂村上賀茂字梁田**の東半部分を形成しており、中世以来の字名が残存したのは近代初期までと考えられる。

【何事・ナニコト】　文明十四年（一四八二）四月の賀茂社読経所田田数目録（「川上家文書」）や、室町期のものと推定される同社読経所田田数引付（同上）に中村郷「何事」所在の田地が見え、また、天正年間のものと見られる上賀茂社読経所指出帳（「賀茂」）にも、三位公珍算・式部卿公昌舜分の田地各半、読経所分の田地一反と小、合わせて四筆の在所が中村郷「何事」あるいは「ナニコト」と記されている。残念ながら、今のところ現在地を特定できる史料は管見に入っていない。

【ノ入・野入・ノヨリ】　初見は「往来A」に現われる幸松大夫往来田のうち一反の在所が「中村郷ノ入」と記されているものである。「往来B」でこれと同じ田地を探索すると安藝前司往来田で、そこには「野入」と見える。同帳には別に備中前司と亀千代大夫の往来田各一反が「野入」・「ノヨリ」所在と見え、後者には「二所」と注記がある。そこでこれらの往来田が「往来B」よりも一〇年前後前の宝徳三年（一四五一）諸郷地からみ帳では誰の往来田であったかを、両方突き合わせて探してみると、安藝前司往来田は松寿大夫のものであり、後の二者は宝徳当時も同じ氏人が給主であったことが判明する。そこで、この三者の所在を地からみ帳の復元図の上で当たってみると、松寿大夫往来田一反は「中宝」No.651、亀千代大夫往来田二所のうち半は同No.652であり、これは東西に並んでいて、現在の**北区上賀茂畔勝町**の北東部域に属することがわかる。しかし、備中前司往来田一反は「中宝」復元図では近辺に見当たらない。そこで、ここが岡本郷との境界に近いことから、念のために「岡宝」の復元図を見てみると、No.216として当該往来田が出現し、その位置は「中宝」No.635の飛鳥井田二反のすぐ北であることが判明する。「中宝」No.635には「野入ノ北ノ一」という位置指定があり、他方「岡宝」No.216は、西隣のNo.215に「**小フケ**ノ西南ノ一」とあるから、字「小フケ」に属したのであって、現在の町名では**上賀茂豊田町**東部域に入る。両者の間には西から東へ溝が流れ、これが郷界をなしていたのであるが、「往来B」によるかぎりこの備中前司往来田は「中村郷野入」所在とされていたということになる。これは郷界がかなり曖昧なものであった証左であると同時に、字界の捉え方もまた出入りがあったことを物語っている。このほか「中宝」No.653九〇歩に「御基〔墓〕、ノ入東ノミソ、南北両所ニアリ、北ハノ入」という記事もある。この田地は現**上賀茂榊田町**の東北端に位置していたことがわかるので、「ノ入」はその北すなわち上賀茂畔勝町地籍を指すのである。また、「岡亨」No.309の一反は、前記「中宝」No.635飛鳥井田二反の西半分に相当する田地であるが、これには「ノヨリ、北ヨリ始マル一」という位置指定があり、その北隣の田地No.254一反半には「次、小フケ、西南一」とあって、字界がその間にあったことになるが、この検地帳では北は「小フケ」から南は「ノヨリ」を越えてさらに南までが岡本郷として扱われている。ともあれ、これらの徴証によって「野入」の場所はほぼ明らかになった。

その後は、天正十三年（一五八五）十月二日の大徳寺大仙院幷諸寮舎指出（『大徳寺』八―二五三四）に「野入」所在の一所が見え、当区域の一部田地の所職が大徳寺塔頭の手に入っていたことを証する。天正十七年検地帳には、この字名を肩書とする上田四筆計三反一畝一〇歩、中田五筆計一反二畝一歩、下田一筆五畝一〇歩が書き上げられ、近世の本郷田地麁絵図では、この場所は四つに区分されて「ノヨリ」・「のより」と書き入れてある。近代の市制町村制では**上賀茂村上賀茂字畔勝**に属した。

【野口】「中宝」にNo.13祝公事名田二反の在所が「**高縄手**ノ東、尻ハ**泉川**、南ノ一、野口」と記されている。これが初見と思われる。「高縄手」(現**下鴨本通**)と「泉川」に挟まれた場所であることはこれで明らかであり、この田地を南端としてNo.19まで七筆計一町歩の横田からなる区域を指したと見られる。「中天十九」では同じ区域の田地が、No.1の「野口、南一、カキセマチ迄」とある一反半から北へ連続する七筆計九反として出現する。このうち最北部の一反は両帳とも往来田であり、「中宝」の場合は「命菊大夫往ー」とある。この田地は「往来B」では清寿大夫往来田と変わっていることが、比較検討により明らかになるが、そこでは在所が「**藤井**」とある。「中宝」では北隣のNo.138半に「藤井一」とあり、右の往来田は明らかに「野口」所属なのであるが、すぐ南に位置しているため「往来B」では「藤井」とされたものと見られる。現在地は**左京区下鴨膳部町**西南部である。

下って、下鴨社家「田中兼頼日記」の寛延四年(一七五一)九月の記事(『下鴨社家日記』Ⅱ)の紙背に見える畠方納帳には、「野口畑」からの収納分として、百姓四名が納入した計八斗が書き上げられている。

なお、「中天十九」にはNo.161一反の在所が「**野口溝**、西一」と見え、No.214には「**野口縄手**、道上一」とも出てくる。前者はいまの**下鴨東半木町**あたりから**下鴨西本町**地籍を経て「野口」に至っていた用水路をいい、後者もこの用水路に沿った道を指したものと見られる。

【野ノ神・野神・野々神坪】「中宝」にNo.281の祝公事名田二反の在所を「次ノ上北ノ西ノ一、野ノ神」、No.340深草田二反の在所を「次ノ西ノ上、野神北」と記し、さらに№290半について「野神ノ路ノ芝原、現作」と記されているのが初見。すぐ後の「往来B」では、松福大夫往来田のうち一反の在所が中村郷「ノ、神」とある（この田地は「往来A」では藤有大夫往来田であったが、在所は「中村郷」とだけあって字名は判明しない）。また、大永四年（一五二四）九月の賀茂社田所名田宛行状（「賀茂」）所載の田地一反の在所も「中村郷之内号野神」と見え、さらに室町期のものと思われる賀茂社読経所田田数引付（「川上家文書」）にも、当所所在の田地一反が記されている。「中天十九」でも№375一反の在所が「野神、東一」とあり、翌年の「中天二十」では「野〻神坪」の字名で三四筆計三町八反が書き上げてある。下って天正十三年（一五八五）検地帳・同十七年検地帳にも「のかみ」・「野、神」所在の田地が見いだされる。

本郷田地麁絵図では、字「**八ノ坪**」とその東隣「**七板**」の北に、西側では二区画に分けて「野〻神」、さらにその北の区画には「**長フケ**、北ノ野〻神」と記し、東側は五区分して、「七板」の北隣には「野〻神、シゥハヘ」その北の二区画に「野〻神」、さらに北の二区画にはそれぞれ「野〻神、長フケ」と記している。八つの区画全域の西北部分が「北野〻神」と呼ばれ、東南には「**シハゥヘ**」ともいわれる区域があり、「北野〻神」およびその東側は、より北にある「長フケ」の字名で呼ばれる場合もあったということになる。近代初期の乙井川北東田地図では、これに該当する区域のうち、西側の南部二区画分が「南野〻神」、北部「長フケ、北ノ野〻神」の部分が「**東ミクヅ**」、東側では北の「長フケ、野〻神」の部分が「北野〻神」、南の三区画相当分が「南野〻神」とあって、かなり相違がある。

以上のうち、もっとも広い地域に跨がっているのは「中天二十」の「野〻神坪」で、「中宝」の場合が「野神北」を含めてもいちばん狭い。そういうことで、現在地を指定するのが難しいが、いずれの場合にも含まれる区域ということで考えると、**左京区下鴨南野々神町**の町域がほぼそれに当たるといってよい。ここは市制町村制では**上賀茂村上賀茂字南野々神**に当たり、加えてその北東に同北野々神があった。ほぼ現在の**下鴨北野々神町**の東半部である。

なお、永徳二年（一三八二）八月十五日の内膳司清茂本役米売寄進状（「岩佐家文書」）に出てくる田地一反の在所が、「賀茂中村郷内号**野納田**」と記されているが、この「野納田」も同じ区域かもしれない。

【ハヒツホ】「中宝」所載のNo.256祝公事名二反の位置指定に「次ノ丑刁、東ノ一、ハヒツホ」とあるのが唯一の所見である。この田地とも五筆計九反半の区域を指す字名であったと考えられ、条里制の一か坪に相当する。現在の**左京区松ケ崎芝本町・同呼返町・同三反長町・同今海道町**の境界が交わる地点が中心で、四つの町域に跨がる区域である。

【萩垣内・萩ノ垣内・萩ノ垣ト・ハキカ垣内・ハゲノカイト】「中宝」No.217の鶴夜叉大夫往来田一反の在所を「荻〔萩〕垣内」、No.377の二反の在所を「次ノ南、萩垣内」と記しているのが初見で、復元図に照らして確認した現在地は、**左京区下鴨萩ケ垣内町**の**下鴨中通**東沿いの一部を除く区域と**下鴨前萩町**東南端部分とに相当する。しかし、「中天十九」には、No.553の往来田一反に「萩垣内、西一」とあり、この田地とも二五筆計二町二反小の区域を指していて、西北部五筆四反半だけ「中宝」の区域より広く（現下鴨前萩町南部相当）、その部分の西端は**鞍馬街道**（現**下鴨中通**）に接していた。さらに翌年の「中天二十」では、No.179からNo.218までの田地群が「萩ノ垣内」とされていて、これは「中天十九」では「**シャクロ**」に属している鞍馬街道東沿いの区域を含み、加えてその北部「**石ノ塔**」の部分（下鴨前萩町北部）をも包含したものになっている。検地の進行順とも関係するであろうが、字界の認識が必ずしも厳密でなかったことをうかがわせるものである。中世の史料では、以上のほかに室町期のものかと見られる賀茂社読経所田田数引付（「川上家文書」）にも、「ハキカ垣内」所在の田地合わせて四反が見いだされる。また、天正十三年（一五八五）十月二日の大徳寺塔頭総見院幷諸寮舎指出（『大徳寺』八―二五三七）に、同院領田畠散在分のうち一反が「中村〔郷脱カ〕ハゲノカイト」にあったことが見えているが、これは「萩ノ垣内」のことと見て間違いないであろう。事実天正十三年検地帳には、「はけのかち」（「かち」は「かいち」の一字が落ちたものと見られる）所在の田地一五筆が記載されているが、これは復元図の作成により現下鴨萩ケ垣内町南部に存在した田地であることが明白になっている。天正十七年検地帳には「萩ゥ垣内」を肩書とする田地三一筆が出てくる。その範囲は十三年検地帳の場合より広いが、「中天十九」などのものと比べると多少のずれがある。いずれにしても大体は往時の鞍馬街道と**乙井川**とが交わる地点の東北角に当たる区域と表現してよく、本郷田地麁絵図および近代の乙井川北東田地図の表示もそれを示している。

市制町村制では**上賀茂村上賀茂字萩ケ垣内**と呼ばれ、一九三一年（昭和六）からは**上京区上賀茂萩ケ垣内町**となり、一九四九年からは**左京区下鴨萩ケ垣内町**と変わった。

なお、この区域には数反（範囲にずれがあるので確定しえない）の往来田があったが、「往来A」・「往来B」ともに「萩ケ垣内」所在の往来田はまったく出現しない。これは「**口無**」とか「**辻ケ鼻**」など、より狭い区域の字名で記載されているためである。

【ハスカクホ・はすかくほ・蓮ケ窪・蓮ケ久保】「往来A」所載の尾張前司・某・菊若大夫・七郎大夫・菊有大夫の往来田各一反が「中村郷ハスカクホ」にあったことを記しているのが初見で、南北朝期以前からの地名である。これを半世紀後の「往来B」と対比すると、そちらでは順に有福大夫・初鶴大夫・愛有大夫・左近将監・尊賀大夫の往来田となっており、在所はいずれも「往来A」と同じである。そこで、これを少し前の宝徳三年（一四五一）諸郷地からみ帳と対照して異同を調べてみると、左近将監往来田だけは地からみ帳に別当大夫往来田とあるが、他は宝徳以来変化がなかったことを突き止めることができた。これで「中宝」の復元図に照らして「ハスカクホ」の現在地を確認することが可能になる。検索してみると、残念ながら有福大夫・初鶴大夫・尊賀大夫の三者については同じ場所で発見することはできなかったが、他の愛有大夫と別当大夫の往来田は、**乙井川**の南沿い、**鞍馬街道**（現**下鴨中通**）の西一一〇メートル前後隔たった場所に、近接して存在することを確認できた。現**左京区賀茂半木町**のうちで、府立植物園の東端部に当たり、地籍図では字「蓮ケ久保」として出てくる場所である。

中世の史料では、ほかに文明十六年（一四八四）賀茂社氏人物中使足算用状（「賀茂」）の「十二月納分」のうちに、「七百文　はすかくほの地子」が見え、明応七年（一四九八）十二月二十日の同社御結鎮銭幷山売代算用状（同上）に、「一段中村郷はすかくほ　代五貫五百文　可有本役」とあるなど、いくつかの事例が見いだされ、天正十七年検地帳では当所の田地九筆六反八畝一八歩が記載されている。市制町村制では**下鴨村字蓮ケ久保**（蓮ケ窪とも書く）と称され、一九一八年（大正七）には**上京区下鴨半木町**に編入され、一九二九年（昭和四）には新設の左京区に属した。

【畠田】「中天十九」にNo.384半の在所が「畠田一、**芝ゥへ**」とあるのが唯一の所見。より広い字名の「**野々神**」の一部と見られ、現在の**左京区下鴨南野々神町**の東北端に当たる場所にあった五筆計三反半の小区域の字名であったと考えられる。「芝ゥへ」と付記され、また、一世紀前の「中宝」では、南に近接するNo.290半に「野神ノ路ノ芝原、現作」と注記されていること、復元図を検討すると、整然たる条里制地割の残存が認められる周辺地域の中にあって、この部分が目立って地割が乱れていることなどから考えて、ここはもと芝原であったのを開発して畠地にした場所だったのではないかと推定される。「畠田」と称された由来はそこにあったのであろう。

【八坪・八ノ坪・八ツホ】「往来A」に阿賀々大夫・愛千大夫の往来田各一反の在所が「中村郷八坪」とあるのが初見。「往来B」では、これはそれぞれ有鶴大夫・預大夫の往来田となっていることが、比較検討により確認できるが、後者には字名の記入は見られない。一〇年前後さかのぼった宝徳三年（一四五一）の地からみ帳では、有鶴大夫往来田は同一人、預大夫往来田は鶴彦大夫が給主であった。「中宝」の復元図では両者（No.277とNo.278）相並んで出現しており、かつNo.274経所田一反の位置は「八ノ坪、東ノ一」と表示されている。この田地からNo.280まで七筆九反半の長地型田地群を指す字名であった。

永正元年（一五〇四）閏三月二日の岩崎吉久田地売券（「賀茂」）では、沽却物件二反について「在所中村郷之内八ノ坪、但二段長也」と記し、天文十三年（一五四四）十一月十九日の伊賀守保友・徳蔵大夫保老連署田地売券（同上）所載の一反も「在所中村郷之内字八坪在之」とある。

この地名は、古代条里制における愛宕郡十二条某里八坪の名称が残ったものであるが、その後も「中天十九」・「中天二十」では「八坪」・「八ツホ」と記され、天正十三年（一五八五）・十七年の検地帳でも、また近世の本郷田地麁絵図や近代の乙井川北東田地図でも、同じ場所に「八ノつほ」とか「八ノ坪」と見え、長く伝えられたことがわかる。しかし、市制町村制では**上賀茂村上賀茂字梁田**となっており、地名が消滅している。現在の**左京区下鴨梁田町**西部に当たる。

【樋尾】　読みは「ひのしり」であろう。現在の**北区上賀茂池端町**北端部。**【池尻】**（1）参照。

【ヒハクヒ】　「中宝」No.329一反の位置指定として「次ノ南、ヒハクヒノにし」とあるのが唯一の所見。復元図上でこの田地の東に当たる田地はNo.311の一反で、「**角田**」と記されているとおり、尖った三角帽子様の形をしており、南部に存在する一町歩ほどの田地と合わせて見ると、まさしく琵琶の首に当たる部分といってよく、地名の由来がそこにあることは間違いない。**現左京区松ケ崎芝本町**北端である。

【樋懸田・ヒカケ田】　「中天十九」No.583の往来田一反の位置指定に「次巽、樋懸田」とあるのが初見。翌年の「中天二十」No.178の往来田一反には「ヒカケ《〔×ム〕》田」とあり、両帳の復元図で確かめると、両者は同じ田地である。「中天十九」では次行No.584一反に「**坊垣内**、南一」、「中天二十」でも次のNo.179に「**萩ノ垣内**」とあるので、これは特定の田地一反だけを指す最小の字名であったことが明白である。「中天二十」は上中村郷だけの検地帳で、**乙井川**以北の田地が記載されているが、唯一この田地一反だけが乙井川の南にはみ出す状態になっている。近世の本郷田地麁絵図も同様で、「**中村川**分ミソ」すなわち乙井川の南の小区画に「ヒカケ田」と記す。近代の乙井川北東田地図も同じであるが、これは「字萩ケ垣内」とあり、「樋懸田」の字名は江戸後期あたりまでで消滅したらしい。

現在地は**左京区下鴨北園町**の西北端部で、**下鴨中通**から東へ三〇メートルほど隔たったところである。復元図を見ると、下中村郷の田地を灌漑して末は**泉川**に入ることになる溝が、この田地の西北端で乙井川から分かれて西沿いを通っていたことがわかり、おそらくここに分水のための樋口が存在したはずで、それが字名の由来であると見てよいであろう。

【弘高垣内】 「往来A」の阿子々大夫往来田のうち一反の在所が「中村郷弘高垣内」とあるのが、唯一の所見である。この田は「往来B」においては丹後前司往来田となっていることが、両者の突き合わせにより判明するが、こちらには「中村郷」とだけしか記されず、字名がそのまま伝えられていたかどうか知りえない。

現在地を突き止めるためには、一〇年前後さかのぼった宝徳三年（一四五一）の地からみ帳で、この往来田に一致するものを探す必要があるので、阿子々大夫往来田の残り四反の在所を調べると、**河上郷クラタ・小山郷ヨコ田・中村郷マヘ・同郷北クホ田**である。河上郷クラタについては、他の史料に用例が検出できず、在所不明で決め手にはしにくいが、特徴的なのは中村郷に三反が集中していることで、大宮・岡本両郷にはないということである。それで、これに該当する往来田を「往来B」で検索すると六例が検出される。丹後前司往来田のほかに徳若大夫・彦一大夫・福乙大夫・丹波前司・松鶴大夫の各往来田である。同様の事例を地からみ帳で検索すると、彦一大夫・丹波前司・福乙大夫・阿波前司・慶若大夫・二郎大夫の各往来田が発見できる。このうち三者が両方に登場するのは見てのとおりであるから、残る三者について双方を対比し、一致する関係にあるものを探索すると、地からみ帳では、「往来B」の徳若大夫往来田は慶若大夫の、松鶴大夫往来田は阿波前司の往来田であったことが突き止められ、したがって最後に残る丹後前司往来田は二郎大夫往来田でなければならないということになる。

「中宝」所載の二郎大夫往来田は№461・№484・№528の各一反である。うち№484は「次ノ東頬、路畔、北ノ一、**タウノモト**」と位置指定があるが、「北窪田」にあったことが検証できる№493宮千代大夫往来田のすぐ北東に位置し、同じく「北窪田」に属したとも考えられる。また、№461はすでに【窪田】の項で触れたように「下窪田」(もしくは「マヘ」)にあったことがわかっている。№528は復元図で当時の中村郷西端で乙井川北沿いにあったことを知りうる。「弘高垣内」はこの三者のどれかに該当するはずなのである。№461の在所を「マヘ」、№484の在所を「北窪田」と捉えるなら、必然的に№528の在所ということになるのであるが、一方でここは垣内地名が集中的に分布している鞍馬街道近辺からはいちばん離れており、垣内地名の在り場所としてふさわしいのはむしろ前二者であって、そこに一抹の懸念が残る。

いまは決定を保留しておくのが賢明であろうが、ただこの地名が少なくとも鞍馬街道以西、乙井川以北の中村郷郷域内(現在の左京区賀茂半木町内)に存在したことまでは突き止めることができたと思う。

【フくルウシ・フクリフシ・福立寺・福龍寺・ふくれんし・ふくれうし・福連寺】「往来A」に片岡大夫将監・有一大夫・童徳大夫・初菊大夫・孫一大夫・幸松大夫・孫蓮大夫・某(1)・有福大夫・某(2)・孫□大夫・伊賀前司の各往来田が「中村郷フクリフシ」にあったことを記しているのが初見(片岡左近将監の場合は「フくルウシ」と表記。田積は某(1)の六〇歩を除きすべて一反)。一つの字名に関わる往来田がこれだけ集中している場所は、中村郷内ではここだけである。半世紀後の「往来B」でも「福立寺」・「フクリウシ」所在の往来田が計一三例検出され、それよりいくらか早い年代に当たる「中宝」では、№86仏光院田一反の在所が「福立寺」とあり、№111一反の場所指定には「次ノ北、福立寺、鞍馬大道」と記されている。

この「中宝」の記事で字名の所在を復元図上に確認することができるが、なお、その範囲を知るためには往来田を利用することが望ましく、そのためには宝徳三年(一四五一)の五か郷地からみ帳と「往来B」とを対比検討して、上記の「往来B」所載往来田が「中宝」では何人の往来田であったのかを明らかにする作業が必要になる。いちいちの論証をここで述べるのは煩雑に過ぎるので、その結果だけを記すと、「往来B」所載の一三例のうち、宝徳当時すでに同一人が給されていた往来田が彦一大夫・千代乙大夫・筑後前司・下総前司・兵部少輔・愛福大夫・治部大輔の各往来田で計七例あり、それに宝徳当時には寿大夫・美濃前司の往来田であったのが「往来B」ではそれぞれ安藝前司・対馬前司の往来田に変わっていることが確かめられるものを加えて、九例だけが対応関係を確認できる。残る四例は遺憾ながら明らかにならないので、さしあたり検討の対象から外すほかないが、九例について復元図上で所在を調べると、治部大輔往来田は違った氏人の名前で記帳されたものらしくて（例えば№87古(故)生松大夫往来田などはその可能性をはらんでいる）見当たらないが、他の八例は在所を突き止められる（ただし安藝前司往来田はまだ松寿大夫往来田のまま出てくる）。これで地名の範囲はほぼ把握できることになる。すなわち、現在の**左京区下鴨北園町**の西部で、**下鴨本通**から西へ約五〇〇メートルのあたりを東限とし、西は**下鴨中通**で限られる場所である（ただし西南の一部は「**コフシ垣内**」所属であったので除外される）。

他の史料では、文明十四年（一四八二）卯月日の賀茂社読経所田田数目録（「川上家文書」）に、「神宮寺田之分」として「一段中村郷福龍寺」とある。また、天正十七年十二月八日付下鴨村検地帳（「賀茂」）では「ふくれんし」の字名で一〇筆計九反三畝一七歩が記載されているが、江戸期の写では「ふくれうし」の朱注があり、同じ場所を指すものと見てよいであろう。下鴨社家の「田中兼頼日記」宝暦元～五年（一七五一～五五）の記事（『下鴨社家日記』Ⅰ・Ⅱ）には、田中家の所領「福連寺」所在の田地（一反ほどか）を百姓善兵衛が請負い、一石二斗を納入していたことに関する記事が散見する。この辺が耕地であった時代には、転訛して「福連寺」となった字名がずっと残っていたのであろう。市制町村制下の下鴨村の字名には見いだせない。

【**藤井**】「往来A」に孫一大夫往来田のうち半、亀菊大夫・幸一大夫の往来田各一反が「中村郷藤井」にあったことを記しているのが初見。これは「往来B」ではそれぞれ彦一大夫・鶴夜叉大夫・清寿大夫の往来田となっていることが、両帳の対比検討によって確認できる。さらにこれを一〇年前後早い宝徳三年（一四五一）諸郷地からみ帳と突き合わせると、当時は彦一大夫・右馬助・命菊大夫の往来田であったことが明らかになる。当然これは「中宝」に出現し、No.139の彦一大夫往来田半には「藤井ノ一」という場所指定も見える。そして、そこから「次ノ北」へと方角記載をたどってゆくと、約一〇〇メートルほど隔たった、**泉川**支流にあたる溝の東側にNo.150右馬助往来田一反が見いだされる。さらに彦一大夫往来田の南隣の田地一反がNo.19命菊大夫往来田であることも判明する。記載順番号がかけ離れていることから推察できるように、「中宝」の記載の仕方からすると、彦一大夫往来田は字「藤井」の南限に位置し、命菊大夫往来田は字「**野口**」の北限にあたるのであるが、往来田古帳では後者も「藤井」所在として扱われていることになる。この点矛盾はあるが、隣接の場所であるから起こりうることでもあろう。よって、ここでは彦一大夫・命菊大夫の往来田両者の在所を「藤井」の南限であると捉えておくことにしたい。北限は地形から見て右馬助往来田よりもさらに六〇メートル内外北を通っていた道・溝と見るのが妥当であろう。西は「**高縄手**」東は泉川である。現在の**左京区下鴨膳部町**西北部から**下鴨本町**の中心部を経て**下鴨梅ノ木町**南部におよぶ区域で、西を**下鴨本通**が通る。

【不浄田・不定田・ふせう田】「中天十九」No.26一反半に「次北、縄手上、不浄田」と場所が指定されているのが初見。「次西」のNo.27一反を措いて溝があり、その西は字「マヘ」と記されているので、二筆二反半に限られた字名であったと考えられる。復元図によって現在地を調べると、**左京区下鴨梅ノ木町**の東南部に属する。さかのぼって「中宝」では、この区域はNo.154〜156の三筆計四反（田積の見積もりは相違するが同一区域である）で、「**大工田ノ坪**」と称されていたことがわかる。その後一世紀の間に変化したらしい。「不浄」という冠称の由来は判明しない。

下鴨社家の「田中兼頼日記」（『下鴨社家日記』Ⅰ・Ⅱ）によると、近世中期ここには下鴨社の「会所入組」知行として維持された高一石八斗の田地があり、田中家はそこから「老給」として年貢の三分の一と裏成麦を収納していた。字名は「不浄田」とも「不定田」・「ふせう田」とも表記されている。

【符生垣内・不生垣内】「符生」はもともとは「府生」だったのではないかと推測されるが、確認すべき史料はない。「往来A」に孫一大夫往来田半、王愛大夫・徳一大夫・鶴松大夫の往来田各一反の在所が「中村郷符生垣内」（孫一大夫の半は「符垣内」と記す）とあるので、南北朝期以来の地名である。半世紀後の「往来B」では、これはそれぞれ孫一大夫・愛益大夫・有松大夫・左馬助の往来田として記録されているが、孫一大夫の場合は在所が「**田中垣内**」と出ている。この田は、すでに該当の項目で触れているように、宝徳三年（一四五一）の地からみ帳では左近将監の往来田であり、「中宝」ではNo.46半反に該当し、復元図の上で「符生垣内、西ノ一」のNo.55の西隣にある田地であるから、「符生垣内」所属と表記されてもあながち不思議ではないものである。残りの三者について地からみ帳と「往来B」の記事をいちいち突き合わせてみると、愛益大夫・有松大夫の往来田は地からみ帳でもすでに同一の氏人のものであり、左馬助往来田だけはもと又彦大夫往来田であったことが確認できる。

「中宝」の復元図で、この三往来田の所在を当たってみると、右に示したNo.55の田地の北側の田地群一〇筆のなかにNo.73・No.80・No.81として揃って発見できる。また、それ以外にNo.64の田地一反には「次ノ北ノ東一、符生垣内」という位置指定文言も見いだされる。この田地は「**高縄手**」の西沿いである。これだけの徴証によって、「符生垣内」の場所はほぼ確実に把握できる。すなわち、現在の**左京区下鴨西梅ノ木町**の西南部から**下鴨梅ノ木町**西部にかけての区域で、東は**下鴨本通**（かつての「高縄手」）である。

他に見いだされる史料としては、室町期のものと見られる賀茂社読経所田田数引付（「川上家文書」）に、当所の田地一反が記され、さらに文明十四年（一四八二）四月の同田数目録（同上）に、「廿五三昧田分」として「半中村郷不性」が記されている。田積は異なるものの、両者はおそらく同一の田地であると思われ、かつ「中宝」で域内所在のNo.74「一反　経所田　廿五三昧」に当たるものと見て間違いないであろう。その後「中天十九」にはこの字名は記載されておらず、天正十三年（一五八五）・十七年の検地帳も同様であるところを見ると、戦国初期ごろまでこの地名は消滅したのではないかと推定される。

【二瀬丁田】　読みは「ふたせまちだ」であろう。管見では、文明二年（一四七〇）十一月日、民部少輔家勝が孫阿茶女に別相伝田地一反を譲与した時の譲状写（「賀茂」）に、当該田地の在所が「中村郷号二瀬丁田」と記されているのが唯一の所見。譲状の文言によると、この田地は賀茂社の「小社御打覆講衆」から買得した別相伝の田地で、おそらくこの時の売買に際して発給されたと思われる同社氏人「惣中之下知之状」と講衆の売券を副えて譲渡された。民部少輔家勝は「河宝」巻末の日付の後に当時の河上郷田所として出現する同名の人物と見て間違いないと思われるが、とすれば、「中宝」に彼の別相伝田地として出現する可能性が大きい。よって同帳でこれを検索すると、No.264に「一反　祝ア落田　民部少輔　乍人　自」とあるのが見いだされる。この外にもNo.489に「一反　民ア少輔　別相伝太田神楽　乍人」、No.503に「半　民ア少輔　別相伝　乍人」、No.540に「半　民部少輔　別相伝　乍人」と、何か所にもそれが発見される。ただNo.503・No.540の両者は田積が半であるから考慮の外においてよく、前二者のどちらかが該当するものと思われる。私は「二瀬丁」に注目してNo.264二反のうち一反に該当すると見るのがよいのではないかと考えるが（ただし、近代の字限図では二反一区画で、中に畦畔は見られない）、それ以外には決め手がないので、確認とまではいかない。しかし、一応そういう想定で現在地を指摘すると、**左京区松ケ崎芝本町**南端から南の**松ケ崎呼返町**北端にまたがり、両町域の西端に近い場所ということになる。

【古田】　この地名の初見は、今のところ天文十九年（一五五〇）六月晦日の某田地作職売券案（「岩佐家文書」）に、沽却の作職に関わる田地一反の在所を「中村郷之内字号古田也」とあるもので、負担すべき所役として「御結鎮銭百文、正月十四日已前ニ賀茂松行事江渡之、取ニ来也、本所前者苅分之地也」と見え、御結鎮銭を徴収される賀茂社領であったことが明らかである。ついで同年十一月の「中天十九」には、No.397一反の在所が「古田、東一」と記され、復元図に照らして字名の範囲を考えると、この田地を含めて西へ並ぶ六筆計六反半の長地型田地群が該当するものと思われる。右のNo.397はかつて「中宝」では「**ヒハクヒ**」（琵琶首）と呼ばれていた田地である。現在地は**左京区松ケ**

崎芝本町の西北端から**下鴨南茶ノ木町**の東部半分弱を含む場所である。

【風呂木・フロノ木】　**北区上賀茂池端町**西南部に存在した地名。もとは「**是行垣内**」と称された。当該項参照。

【坊垣内・房垣内・坊垣うち・坊ケ垣内】「往来A」に□玉大夫・出雲前司の往来田各一反の在所が中村郷「坊垣内」・「房垣内」と記されているのが初見。「往来B」では、この田地はそれぞれ徳若大夫往来田・有徳大夫往来田となっていることが、両帳の比較検討によって明らかとなる。さらに「往来B」と少し早い宝徳三年（一四五一）の諸郷地からみ帳とを対比してみると、宝徳の頃は前者は慶若大夫往来田、後者は大乗寺左近将監往来田であったことが突き止められる。この手続きにより、「中宝」の復元図における両田地の在所が判明する。記載順番号は前者がNo.440、後者がNo.443である。前者は**鞍馬街道**の西、**乙井川**北沿いに見いだされる横田であり、後者はその西北すぐ近い場所にあった。

「中宝」では該当の場所に「坊垣内」の字名は記録されていなかったが、一世紀後「中天十九」では、「中宝」No.440と同じ田地に「坊垣内、南一」という位置指定が見いだされ、翌年の「中天二十」では、それより少し北の鞍馬街道西沿いの田地No.13一反に「坊垣うち」と記されていることが、それぞれの復元図の上で確認でき、これで、この字名に属する田地合わせて三筆の位置がはっきりした。字名の範囲はそれによってほぼ明白である。現在の**左京区賀茂半木町**のうち、京都府立大学の構内で、大半は同大学農学部付属農場の敷地となっている。

中世の史料では、このほかにも明応七年（一四九八）十二月二十日の賀茂社氏人物中御結鎮銭幷山売代算用状（「賀茂」）に、「一段中村郷坊垣内」と見え、当該田地が御結鎮銭を負担する賀茂社領に属したことが知られる。

江戸期の本郷田地麁絵図は、一筆ごとに区画が記入されたものではなく、あらましにすぎないが、やはり該当の場所で計四つの区画にこの字名が記してあり、それによると、「中宝」No.440の慶若大夫往来田に当たる場所には「**萩ケ**

垣内」と見え、一反分だけ鞍馬街道以東の字名がはみ出した格好に描かれているのが注意を引くが、その北には長地型田地に類する区画が二つ重なり、さらにもう一つ北に数反分の区画が描かれ、より北の鞍馬街道沿いにも一区画があり、いずれも「坊ケ垣内」と記入してある。そして、右の「萩ケ垣内」の北に接する一区画には、この字名の他に「**柳トモ**」と付記してある。すなわち、中世の「坊垣内」の区域のうち、南端乙井川沿いの部分には一部他の字名が入り込んだ状態が見られ、また北側では少し拡大も認められるということである。

近代の市制町村制の下では、「坊垣内」の地は上賀茂村**上賀茂字辻ケ鼻**となっており、また、**下鴨村字柳**も存在したが、それは乙井川より南の区域であって、本郷田地麁絵図の表記とは一致しない。

【堀部ケ堤】「中宝」No.405の仏光院田一反の場所が「**石拾**西、堀アケ堤ノ裏」と記され、つづくNo.406二反（「一反半ゥ」と注記）に「次ノ堤上ノ東、**鞍馬大道**西ノ頬」と見える。「堀部ケ堤」に関する管見では唯一の所見である。私の「中宝」復元図のこの付近は、若干推定的要素が拭えないけれども、「石拾」の字名と「鞍馬大道」との両方から当該「堤」がどこを指すかはほぼ明らかになる。鞍馬街道（今の**下鴨中通**）がこの付近で「く」の字なりに屈折しかつ分岐しているが、「堀部ケ堤」は西南へ下るその分岐線を指したのではないかと私は考える。しかりとすれば、ちょうど現在の**左京区下鴨東半木町**と**下鴨西半木町**との町界を通る道路の一部に相当するということになる。

【マヘ】「往来A」所載の阿子々大夫往来田のうちに「中村郷マヘ」と記される一反が見える。また、阿古王大夫往来田・某の往来田各一反にも同じ記載があるが、同時に「クホ田」という注記がある。阿子々大夫往来田は「往来B」では丹後前司往来田となっていることが、比較対照により突き止められるが、こちらでは字名は記載されていない。また、阿古王大夫・某の往来田については、前者は丹波前司往来田であり、該当田地の在所は「同（中村）郷マヘ」、後者は命有大夫往来田で「中村郷クホタ」と出てくる。

この「往来B」の丹後前司・丹波前司・命有大夫の往来田は、一〇年前後さかのぼる宝徳三年（一四五一）諸郷地からみ帳には、丹後前司往来田は二郎大夫往来田、他の二者は同じ氏人の往来田として出現することが突き止められるので、これを復元図上で探索して現在地を確認することが可能になる。ただ、命有大夫往来田は「中宝」では見つけられないので（おそらくNo.538の次にある欠失部分に含まれていたのであろう）、結局は二郎大夫・丹波前司両者の往来田がそろって同じ区域に出てくるところを探すことになるが、前者はNo.461、後者はNo.465として、鞍馬街道の九〇間（約一六三メートル）西、**乙井川**の六〇間（約一〇九メートル）北のあたりにあった坪のうちに、三筆三反半を隔てて認められる。これは現**左京区賀茂半木町**のうちで、府立植物園の東端部である。地名の由来は明らかでない。

【廾形】「中宝」No.326に「次ノ西 一反 廾形 祝ア 乍人 妙浄 同（松崎）」とあるのが唯一の所見である。復元図によると、この田地は現**左京区松ケ崎南池ノ内町**西部に位置していた。この田地を含めて西へ並んでいた二筆計二反もしくは三筆計五反の田地群を指したものかと考えられ、地形から来た名称であろうと推定しているが、定かでない。

【マチ田・町田・丁田】「往来A」の氏人某の往来田一反の在所が「中村郷マチ田」、美作前司・孫□大夫の往来田各一反の在所が「中村郷町田」とあるのが初見。これらの往来田と同一と見られるものを「往来B」において検索し、右に並べた記載順で列挙すると、福乙大夫・周防前司・美濃前司の各往来田である（字名の表記はいずれも「丁田」。ただし、美濃前司往来田の場合「丁田」を抹消して「流木後」と書き改めてある）。またこのほかに徳若大夫・掃部頭・伊賀前司の往来田各一反も同じく「丁田」にあった（うち徳若大夫と伊賀前司の往来田は「往来A」の□玉大夫往来田・右京権大夫往来田に一致するが、そこでは字名の部分が欠損している。掃部頭往来田は「往来A」では全体が欠失）。そして、これを宝徳三年（一四五一）諸郷地からみ帳と突き合わせて調べると、福乙大夫・周防前司・掃部頭・伊賀前司の往来田はすでに同じ氏人が支給されていたこと、美濃前司・徳若大夫の往来田はそれぞれ対馬前司・慶若大夫の往来田であったことが判明する。さらに「中宝」No.519には「次ノ西ノ町田」という位置指定があり、No.527までの九筆九反がこの字名に属し、ほかに書き落としの往来田一反があって（左記）、全体として条里制地割の一か坪（一町歩）相当の方形を呈することが知られるので、字名の由来はここにあるとしてよい。当然ながら、前掲の往来田六反のうち五反についてはこの九筆のなかに見いだされるのである（周防前司往来田のみ不明）。「中天二十」・「岡亨」の同一場所と対照すると、「中宝」ではNo.519とNo.520の間に往来田一反が書き漏らされていると判断され、それが周防前司往来田であったと推定される）。現在地を復元図で調べると、**半木神社**の北東に当たり、**北山通**が中央部を横切っていて、北側は**北区上賀茂桜井町**東南部、南側は**左京区賀茂半木町**の北端部中央西寄りに属する。

これより後の史料では、「岡亨」にこの区域が出現しており、字名は同様に「町田」である（No.412下総守往来田一反に「町田、東ノ一」と見える）。所属郷が異なるのは岡本・中村両郷の郷界の曖昧さを示すものである。天正十三年（一五八五）・十七年検地帳にはこの字名は出現せず、近世の本郷田地麁絵図ではこの場所は「**桜井**」と表記されているから、おそらくは戦国末期ごろまでで地名が失われたのであろう。

【松本・松下・マツモト】　「往来A」に慶千大夫・賀々大夫・一珠大夫・安藝前司・慶菊大夫の往来田各一反の在所が「中村郷松本」とあるのが初見。「中宝」No.664の楽邦院田小の位置指定には「次ノ東ノ下、松下」と見え、これは場所の確認のために重要な手がかりである。さらにそれから一〇年前後下がった「往来B」では、半世紀前の「往来A」で確かめられた前記「松本」所在の往来田の給主がすべて確認できる。対応する順に列挙すると、慶徳大夫・豊彦大夫・宮有大夫・太田左近将監・鮮寿大夫の五名である（この他に千彦大夫往来田のうちに「中村郷殿垣内、松本」と記された一反があるが、「往来A」では料紙の欠失によりこれに対応する記事は発見できない）。そして、この五名の往来田は、宝徳三年諸郷地からみ帳では徳光大夫・三〻大夫・宮有大夫・太田左近将監・万福大夫の各往来田であることも、比較検討により明らかになる（「往来B」千彦大夫については不明）。

これよりのち、「中天二十」ではNo.124からNo.158までの三五筆計三町五反一五〇歩が「松下」所在としてまとめて記載されている。また、元亀三年（一五七二）六月二十四日の大徳寺宗賢指出（『大徳寺』八―二五三二）に「弐段字松下本所正傳寺へ御結鎮銭在之、本年貢米同所へ納之、作職分八斗」とある田地も、この地にあったものと見られ、戦国期には大徳寺ならびに同寺塔頭などによって賀茂社領における田地所職の買得が行なわれていた事実の一端を物語っている。天正十三年（一五八五）検地帳では二四筆計二町二反一畝、同十七年検地帳では二五筆計二町四反一畝二五歩が「まつもと」・「松もと」の字名で書き上げられており、下って本郷田地麁絵図にも「松本」および「東松本」の字名を記した区域が発見できる。市制町村制では**上賀茂村上賀茂字東松本**・**同西松本**と称された。

以上の史料によって「松本」の字名の範囲は明白になる。もっともはっきりしているのは「中天二十」の場合であり、それによって現在地を確認すると、**北区上賀茂松本町**東部を中心とし、その北と南の**上賀茂榊田町**・**上賀茂岩ケ垣内町**の一部を含む地域である。

【マベ・まへ・間部】天正期のものと推定される賀茂社読経所田指出帳（「賀茂」）に、「中村郷マベ」所在の田地三筆計三反が見える。これは前出の「マヘ」とは別の字名であると考えられる。おそらく地籍図の「間部」につながるものであろう。地籍図の「間部」の区域は、「中宝」の復元図では「**符生垣内**」の区域に相当するが、ここには経所田三筆計三反半が存在していたから、前掲読経所田指出帳に出現する経所田三筆はこれに当たるのではないかと思われる。

近世中期宝暦年間の下鴨社家「田中兼頼日記」（『下鴨社家日記』Ⅰ・Ⅱ）によれば、「まへ」には田中家の所領田があって、年貢米一石一斗と口米二升二合が収納されており、関係記事が散見する。これも同じ区域と思われる。「間部」は市制町村制では**下鴨村字間部**。のち一九一八年（大正七）、同村**字芝本**とともに**上京区下鴨芝本町**に編入され、昭和四年（一九二九）からは左京区となった。

【マメウ・大豆尾・大豆生】「中宝」No.188の経所田一反の在所が「マメウ」と記されているのが初見。この田地から西へNo.194まで連続している七筆計九反半に相当する区域の字名であった。字限図では長地形条里地割の残存が明白に認められ、全体で一か坪を構成していた。愛宕郡条里の第十二条に属する某里の十一坪に該当する。室町期のものと推定される賀茂社読経所田田数引付（「川上家文書」）には、「大豆尾」所在の念仏田二反が見え、「中天十九」には同じ区域が「大豆生」と記されている。現在地は**下鴨本通**の東沿いで、**第二疏水分線**がほぼ中央部を横切り、その北側は**左京区下鴨北園町**、南側は**下鴨梅ノ木町**に属している。

【マルタ・丸田】 天正期のものと思われる賀茂社読経所田指出帳（「賀茂」）には、「中村郷マルタ」所在の読経所田一反、右京公抱え分一反が見える。また、下鴨社家「田中兼頼日記」の宝暦四年（一七五四）九月記事の紙背に見える畠方納帳（『下鴨社家日記』Ⅱ）には、「丸田畑」からの収納分一斗五升が記載されている。近世には下鴨村に属した地域の字名であったと考えられるが、今のところそれ以上に絞ることはできない。

【ミクツ・ミクツ坪・ムクヅ・ミくす・御屑】「往来A」に□蒸大夫・某・右京権大夫・八郎大夫・虎福大夫・某・阿古王大夫の往来田各一反の在所が「中村郷ミクツ」にあったことを記す。半世紀ほどあとの「中宝」では、No.355の経所田一反の位置指定に「ミクツノ東ノ一」とある。この田地からNo.364まで西へ連続する一〇筆一町歩の長地形田地群を指す字名であり、往来田六反・経所田三反・目代田一反からなっていた。愛宕郡条里の第十三条所属某里の三十六坪に該当する。それから一〇年前後下がった「往来B」では、当所所在の往来田計六反が記載されている。「往来A」のものと対応する順に列挙すると（ただし、□蒸大夫往来田は「往来B」では長鶴大夫のものであるが、それには「中村郷ミツカ」とあるので一応除外）、福乙大夫・伊賀前司・竹夜叉大夫・松鶴大夫・豊彦大夫・丹波前司である。宝徳三年（一四五一）の諸郷地からみ帳では、このうち松鶴大夫・豊彦大夫の往来田がそれぞれ阿波前司・万徳大夫のものであったが、他はいずれもすでに同一の氏人が給主であったことが突き止められる。「中宝」では№357～№360と№362・№363に相当する（順序は右の「往来B」とは異なる）。復元図により現在地を確かめると、**左京区下鴨南芝町**のほぼ中央部であることがわかる。

一世紀を経て「中天十九」では、№423往来田一反に「ミクツ、東一」とある。同帳の復元図によると、この田地は「中宝」№355と同一ではなく、その東約九〇メートルの場所に位置しており、同帳の復元図によれば、それより西一か坪八筆九反の区域（「中宝」では「一ノ坪」と呼ばれていた）が、「中宝」の「ミクツ」該当区域に加わる形になっていることがわかる。これは翌年の「中天二十」でもまったく同じで、№371の往来田一反を「東一」とし、西に連なる№388まで一八筆計一町八反半が「ミクツ坪」として一括記載されている。これにより一世紀前には存在した「一ノ坪」という字名は戦国中期には使われなくなっており、代わって字「ミクツ」が含む区域が東へ拡大し、面積が倍増したということが判明するのである。

のち、天正十三年（一五八五）十月二日の大徳寺塔頭大仙院自得軒指出（『大徳寺』八―二五三四）には、中村郷所在「一職進退」の田地一反の在所を「ムクヅ」と記しているが、これも同じ区域であると判断される。すぐあとの天正十三年検地帳では、同じ箇所の田地二〇筆が「ミくつ」で出ており、天正十七年検地帳では、これが「ミくす西」（西部五筆分）と「ミくす」とに分けられている。また、本郷田地麁絵図では東半分が「東ミクス」、西半分が「西ミクス」と表記されている。市制町村制では**上賀茂村上賀茂字御屑**となり、一九三一年（昭和六）には**上京区上賀茂御屑町**となり、ついで一九四九年（昭和二十四）以降左京区下鴨南芝町に編入された。

【ミツカ・御墓・御塚・三塚】　「往来A」に一若大夫・千々世大夫・春慶大夫の往来田各一反の在所が「中村郷ミツカ」（「御ツカ」とも）と記されているのが初見である。約半世紀後の「往来B」になると、これは金寿大夫・善賀大夫・治部少輔の往来田となって出現するが、このほかに藤寿大夫・長鶴大夫・備後前司の往来田各一反も同じく「ミツカ」所在と記されている（うち藤寿大夫・備後前司の往来田に相当するものは、「往来Ａ」では料紙の欠失により対照不能。長鶴大夫往来田に対応する田地は□蒸大夫往来田であることがわかるけれども、そこでは「ミツカ」でなく「ミクツ」と記されている。誤記ではないかと考えられる）。

「往来Ｂ」よりいくらか年代の早い宝徳三年（一四五一）諸郷地からみ帳と対照すると、前記六名の往来田のうち、善賀大夫・長鶴大夫の往来田については不明であるが、藤寿大夫のものは当時もすでに同人が給されており、金寿大夫・治部少輔・備後前司のものはそれぞれ幸熊大夫・市宮鶴大夫・千代松大夫が給主であったことが突き止められる。「中宝」では№650が藤寿大夫往来田であり、以下は№646・№648・№649の順に出てくるので、隣接していることの明らかなこの四反によって、まず「ミツカ」の区域が一応押さえられる。加えて№650には「次ノ東南、御墓ノキハ」という位置指定がなされており、また、№653九〇歩には「御墓東ノミソ、下社田ノ下也」とあり、当の「下社田」である№644の下社供田二反には、「次ノ南」という方角記載のほかに「御墓東へ廻」という注記があって、これらが相互連関的に字名の範囲を確定することになる。そして、字限図には№644と№650の間に挟まれ、両者に付された右の注記を裏づける形で、およそ二五〇平方メートルほどかと見られる小区画が認められる。これぞまさしく「御墓」の場所と見て誤りないであろう。南北朝〜室町期には「御」という敬語を付して呼ばれる一基の墓がここにあったのである。これらの指標を「中宝」復元図で確かめて現在地を指摘すると、ほぼ**北区上賀茂畔勝町東半部**のうちである。

他の史料としては、嘉吉三年（一四四三）七月日の賀茂大神宮政所下文（「鳥居大路文書」）が、兵衛次郎なる者に「中村郷御墓」所在の田地半の作職を宛行った内容のものであり、日付はないが室町期のものと推定される賀茂社読経所田田数引付（「川上家文書」）にも、「ミツカ」の田地二筆計四反が見いだされる。また、長享二年（一四八八）八月日の北嶋次郎吉久田地売券（「賀茂」）では、売却田地一反について「在所中村郷字御塚」と記している。下って「岡亭」ではこの区域が岡本郷内の土地として扱われていて、№322半の位置が「三塚、東一」と記され、№355の下社供田二反には「ミツカ南東ヨリ始マル也」云々と見える。この検地帳の記載の仕方から見ると、№322〜№328の七筆計六反半の区域が「三塚」であったと見られる。そこにはやはり往来田五反が認められる。さらに、天文十四年（一五四五）十月三日の証祐・祐継連署田地売券（「岩佐家文書」）では、沽却物件二反の在所を「中村郷之内字ミツカト号」と記し、同十六年七月二十日の興範・興誉連署田地売券（同上）には、田地半について「岡本郷之内御ツカト号也」と在所を指定している。すでにほかでも触れたことであるが、かように時によって所属郷が異なるケースは、両郷の境界付近の字名ではときどき見られることで、郷界の曖昧さを示すものである。

その後天正十三年（一五八五）検地帳では「ミつか」の字名を肩書きとする田地二四筆、同十七年検地帳では一二筆が登場する。両者筆数に異同があり、かつ「岡享」の場合などとも異なっている。正確にはわからないが、十七年検地帳の一二筆は「岡享」が捉えている七筆のほかに**鞍馬街道**寄りの五筆を加えたものと見られ、十三年の場合はその上さらに南部の土地をも含んでいるのではないかと思われる。本郷田地麁絵図では「岡享」と同じ範囲に「三塚」と記し、その南に接して塚があったと思われる場所にも小区画を描いて、同じく「三塚」と記入してある。なお、室町期以前は「御墓」と記されたものが、戦国期以降「三塚」という表記で出てくることも注目される。先に墓一基と記したが、あるいは三基並んでいたというようなことがあって、それがこの変化に反映しているのかとも考えられる。

【室ノ木・ムロノ木】「往来A」に載せる祝菊大夫往来田のうち「中村郷**是行垣内**」所在の一反について、別に「ムロノ□〔木〕」という注記が見えるのが初見。現在の**北区上賀茂池端町**の西南部あたり。詳細は**【是行垣内】**の項参照。

【目無石仏・目ナシ仏】「岡享」No.335若狭守往来一反に「目無石仏ヨリ始、南一」と記されているのが初見。その後「中天二十」には、「目ナシ仏」の字名でNo.159からNo.170まで一二筆計一町三〇〇歩の田地がまとめて書き上げられている。No.159の一反には「東一」とあり、復元図によれば**鞍馬街道**西沿いで、一群の田地はそれより西に位置したことがわかる。そのうち№163〜№170は「岡享」では字「三塚」に該当する。またその東の№159〜№162の部分も、すでにその項目で触れたように、天正十七年（一五八九）検地帳では「ミつか」として扱われている。つまり戦国中期に存在した「目ナシ仏」という字名は「ミつか」の別称であったと考えられるのである。該当区域は現在の**北区上賀茂畔勝町**東半部のうちである。

ところで、「岡享」№335の往来田一反は、「中天二十」では№447に相当する田地であり、上記の№159の田地とは鞍馬街道を隔てて相対する位置を占めていることが、双方の復元図を対照することによって突き止められる。そのことから見て、「目無石仏」はこの二反の田地の中間、すなわち鞍馬街道と字「三塚」の北を通る道路が交差する辻のほとりに立っていたことが確認できる。名称からしてこの石仏には目がなかったか、もしくは隠されていたという特徴があったと思われ、そうした特徴と立地上目立つところにあったこととから、自然に字名ともなったのであろう。

【物詣路・下社詣道】　「中宝」№3の田地二反の場所が「下社詣道東、未申ノ角、西ノ**芝本**、南ハ**蓼倉**ト申」と記され、また、この田地の北西にあった№31一反が「物詣路東ノ西ノ一」であったことがわかる。「中宝」復元図で確認すると、北方から**下鴨神社**へ詣でる路であり、現在の**下鴨中通**の南部に相当することは明らかであるが、№31の田地のすぐ北で、**鞍馬街道**（現下鴨中通）と**流木神社**（現在は**半木神社**）の前を経て上賀茂へ至る道とが分岐しており、この分岐点以北は、はたして右の道か左の道か明白でない。上賀茂社と下鴨社との関係、上賀茂方面から下鴨に至る便宜からすれば、賀茂川に並行する左側の通路の方がそれに当たるであろう。

【モ、井月・モ、イツキ】　「往来A」所載の初鶴大夫往来田のうち一反の在所を「中村郷モ、井月」と記しているのが初見。「往来B」では、これと同じ田地が出羽前司往来田として登場し、かつ慶乙大夫往来田の半も同所にあったことが知られる。出羽前司・慶乙大夫の往来田の在所を宝徳三年（一四五一）の諸郷地からみ帳およびその復元図と突き合わせて、この二筆一反半が「中宝」では誰の往来田として出ていたのかを確認できれば、復元図の上で字名の場所がわかるはずである。その作業をやってみると、多少不確かさがなくはないが、出羽前司往来田は慶光大夫の、慶乙大夫往来田は万三大夫の往来田であったと見て、ほとんど誤りはないようである。そこで両者が「中宝」復元図ではどのあたりに記載されているか探してみると、万三大夫往来田がNo.392、慶光大夫往来田はNo.394として、**鞍馬街道**と古代愛宕郡条里の第十二条と第十三条の境界線であった道路が交差する地点の東南角に、近接して出てくることがわかる。現在地は**左京区下鴨前萩町**北半部である。ここは「中宝」では「下総入道今柿ト云」と記され(No.389の田地の場所指定)、古くは「**下総入道垣内**」、ついで「**柿木本**」と称された区域に入る(当該項参照)。「モ、井月」は別称として存在したものと見られる。

室町期のものと推定される賀茂社読経所田田数引付(「川上家文書」)にも、「モ、イツキ」所在の田地一反が記載されているが、遅くとも戦国初期ごろには使われなくなったのではないかと思われ、以後管見に入った史料はない。

【柳カ垣内】「中宝」No.333徳夜叉大夫往来田一反に「柳カ垣内、北ノ一」と記してあり、以下南へ連続しているNo.339まで七筆計一町一反の区域に付された字名であったと思われる。「中宝」復元図によると、現在の**左京区下鴨北野々神町**東部と**南野々神町**の東北端部に相当する。その後「中天十九」・「中天二十」ではこの字名は発見できず、天正十三年(一五八五)検地帳では「のヶミ」、同十七年検地帳では「**なりふけ**」と記され、江戸期の本郷田地麁絵図では「野ゝ神、長フケ」とあり、近代の乙井川北東田地図では「北野々神」となっているので、中世のうちにこの字名は消滅したのではないかと思われる。なお、「中宝」No.333は往来田であるから、往来田古帳にも出てくるはずであるが、A・Bともにこの字名は確認できなかった。

【柳】 明応七年(一四九八)十二月二十日の賀茂社氏人惣中御結鎮銭幷山売代算用状(「賀茂」)に、沽却田地六反の

在所が「中村郷　柳」と記されているのが初見かと思われる。半世紀後の「中天十九」No.281の田地半には「柳、西一」という場所指定があり、以下同帳の記載順をたどってゆくと、No.305までは別の字名が記されていないから、そこまで二五筆計二町六反小の範囲が同じ字名に属したのではないかと考えられる。この区域の復元図は、字限図が利用できなかったため、畦畔の位置を推定で描いているので、多少は実際と相違があるかも知れないが、近代の地籍図でも同じ場所に「柳」の字名が認められるので、大過はないと考えてよい。よって「中天十九」の復元図でNo.281の田地の位置を探すと、それは**流木社**の東南、**乙井川**沿いに見つかる。上記二町二反の範囲はこれを西北端として、北は乙井川、東は**鞍馬街道**（現**下鴨中通**）で限られる三角形状の区域である。市制町村制施行後**下鴨村字柳**と称されたところで、『京都府愛宕郡村志』所載の反別は三町五反八畝二歩である。現在では**左京区賀茂半木町**の東南部を主体とし、**下鴨東半木町**の西北端に及んでいる。

なお、「中宝」でも「中天十九」でも、当該区域には計一〇筆余の往来田が見いだされるが、「往来A」・「往来B」とも「柳」という字名を付された往来田は一例も載せていない。調べてみると、往来田古帳ではこれらは東では「**上乙井**」、西では「**ハスカクホ**」所在として記帳されていることが判明する。一つの字名に含まれる区域に出入りがあったり、同じ場所が両様の字名で呼ばれたりしたことがあったのである。天正十三年（一五八五）・同十七年検地帳ではこの字名は記されていないが、近世中期の下鴨社家「田中兼頼日記」（『下鴨社家日記』Ⅰ・Ⅱ）の宝暦二年（一七五二）十一月三十日の記事等によると、田中家は「柳」の所領田から年貢米八斗五升と口米一升七合を収納していたことが知られる。

天正十三年（一五八五）十月二日の大仙院幷諸寮舎指出（『大徳寺』八―二五三四）のうち拾雲軒幷舜蔵主分には、中村郷「**柳坪**」の田地一反が記されており、これは「柳」と同じかと考えられるが、確証は得ていない。

【遺上・ヤリ上】「中宝」No.432の千代乙大夫往来田一反の在所が「**乙井川ノ北、西ノ一、遺上**」と記され、そこから東へ連なる長地六筆計五反半の区域がこの字名に属したと思われる。一〇年前後あとの「往来B」には、千代松大夫往来田五反のうち半の在所が「中村郷ヤリ上」と見えるが、この往来田は宝徳三年（一四五一）当時には千代石大夫が給されていたことが諸郷地からみ帳とその復元図の検討を通じて明らかになるので、「中宝」での在所を図上で探すと、それは上記五反半のすぐ南東で乙井川を越えたところに発見される。そこは「**柳**」（「中天十九」）あるいは「**ハスカクホ**」（「往来A・B」）といわれた区域であるが、時に川北の「遣上」に含めて捉えられることもあったのであろう。五反半の区域の現在地は、**左京区賀茂半木町**のうちで、かつての乙井川の名残りをとどめる府立植物園内の小川の北に当たる。

「遣上」の意味については、『日本国語大辞典』が「進めて陸にあげる」こととし、典拠として『日葡辞書』を引いて、同書の訳が「船を陸に、または岸に引きあげる」であることを記す。船と関係がある用語であることは注目を要すると思う。この場合、**乙井川**沿いの地で、あたかもこの川が「**中賀茂**」の集落に流れ入るあたりであることは、地名の意味との符合を示しているからである。中世には乙井川を媒介として「中賀茂」と賀茂川の水系が結ばれ利用されていたのではないであろうか。次節で見るように「**小山郷遣上**」がやはり「**今出川口**」の区域であったことも参照されるべきであろう。

【唯識田】 年月日不詳であるが室町期のものと推定される賀茂社読経所田田数引付（「川上家文書」）に、中村郷内の田地として「唯識田　三段　六斗代、作半　一石八斗三百六十文　豊後方」と記載されているのが、管見唯一の事例。もともとは当の田地が唯識会と関係があったところから付された名称であろうと思われるが、前後の田地の記載様式にならえば、ここでは字名の一つになっていると見るべきであろう。しかし、今のところ現在地は突き止められない。ただ、史料の性格上これが経所田であることは確実であり、さらに三反が一筆として記載されているのは数少ない事例であることを考慮すれば、ある程度まで場所を絞ることは可能かと思われる。まず、経所田という性格に着目し、天正年中のものと見られる上賀茂社読経所田指出帳（「賀茂」）を繰ってみると、三反が一筆の中村郷所在田地は、わずかに一例だけ侍従公良弥供田のうちに発見される。「中村郷　泉田参反　下鴨へ出　弐石四斗　大森披官」とあるものである。三反一筆は希少例であるから、これが先の「唯識田」に該当する可能性が大きいのではないかと考えてみたが、両者は斗代に差異があるので同じ田地と認めるのは困難である。そこで今度は「中宝」所載の田地のなかに三反一筆の経所田の有無を検索してみると、これは二例出てくる。No.53とNo.179である。復元図に依拠して両方の現在地を調べると、前者は**左京区下鴨東半木町**の中央部で、**下鴨本通**（かつての**鞍馬街道**）の東側であり、後者は**下鴨梅ノ木町**と東の**下鴨岸本町**の境界あたりに相当し、**泉川**より約三〇間（五五メートル弱）西である。私は、このうち後者が泉川に近いという点で「泉田」所在の三反に該当すると見、前者が唯識田三反に当たると考えられないかと思うのであるが、いかがであろうか。断定はできないが、どちらにしても「唯識田」は**乙井川**以南、鞍馬街道以東の下鴨の地域にあったということはいえそうである。

【柚本・ユカモト・イカ本】「往来A」に幸蒸大夫往来田一反の在所が「中村郷柚本」とあるのが初見。半世紀後の「往来B」ではこの田地は万鶴大夫往来田となっており、さらにその一〇年ほど前の宝徳三年（一四五一）諸郷地からみ帳では、信濃前司往来田であったことが、他郷所在田地を含めた対比検討により明らかになる。「中宝」ではNo.100として登場し、かつ西隣のNo.99貴布禰禰宜田一反には「ユカモト」と記されていて、この二反を合わせて、六筆計八反半の区域の字名であったと見られる。復元図により現在地は**左京区下鴨梅ノ木町**西北部で**下鴨本通**と**第二疏水分線**に挟まれた場所であることが確認できる。一世紀後の「中天十九」には当該往来田の在所が「イカ本」とあり、呼称が転訛したものと見られる。

【横田坪】「中天十九」No.106の一反が「横田坪」所在と記されているのが管見唯一の事例である。横田というのは通常長辺が東西方向の長地型田地をいうので、名称からするとそういう田地が連なっている一区画につけられた字名であると考えられる。当該田地の位置を「中天十九」の復元図上に求めると、字「**蔵垣内**」の南にある、条里地割の中にあっては変則的な形をした横長の一区域のうちに発見でき、この田地の長辺は条里地割のそれとはいくらか短いもののやはり横田というにふさわしい形をしている。字名の由来がそこにあることは明らかであろう。ただし、ここは横田が連続して一町歩内外の区域を構成しているわけではなく、形態上横田と言えるのはNo.106と、その北にあるNo.107の往来田半だけである。この字名の範囲は、たぶんこの二筆一反半に限られていたのであろう。No.106に相当する田地が「中宝」の復元図ではNo.108松寿大夫往来田一反として出現し、それはいくらか年代が下がる「往来B」では安藝前司往来田に変わることが、諸郷地からみ帳との対比によって判明するが、「往来B」が記載している字名は「横田坪」ではなく「**福立寺**」である。すでに見たように「福立寺」は近辺のより広域の字名であった（当該項参照）から、「横田坪」はその中に含まれる小字であったとすべきであろう。現在地は**左京区下鴨北園町**西部のうちで、**下鴨本通**の西五、六〇メートルの場所である。

なお、近世の下鴨社家「田中兼頼日記」宝暦四年（一七五四）十二月十二日の条（『下鴨社家日記』Ⅱ）には、「一、横田年貢定納八斗五升口米一升七合　百姓茂左衛門納」という記事が見え、この区域に田中家が所領を有したことが知られる。

【ヨトカ垣内】　管見では「中宝」No.587慶若大夫往来田一反の位置指定記事に、「次ノ西、路ノ上、東ノ一」と合わせて「ヨトカ垣内　**大塚**」とあるのが唯一の事例である。No.595まで九筆計九反の区域に付された字名であったと考えられる。右の記事に明らかなように「大塚」という別称があり、域内の往来田四反について「往来A」・「往来B」を対照しても、「大ツカ」とか「大ツカ田」で出現し、近世の本郷田地麁絵図や近代の乙井川北東田地図にも「大塚」とあるから、「ヨトカ垣内」という呼び方はわりあい早い時期になくなったのではないかと推察される（**【大塚】**参照）。

【ヨヒカリ・夜光・よひかへり・呼返】「往来A」に慶鶴大夫・乙有大夫・生王大夫・藤有大夫・某・益若大夫の往来田各一反の在所を中村郷「ヨヒカリ」または「夜光」としているのが初見。これらの往来田は半世紀余りのちの「往来B」ではそれぞれ三河前司・石徳大夫・式部少輔・松福大夫・徳鶴大夫・千代鶴大夫の往来田となっていることが突き止められ、それ以外に彦有大夫・幸福大夫・河内前司の往来田各一反もまた「夜光」にあったことが知られる。「往来B」所載の往来田は、一〇年ほど前の宝徳三年（一四五一）諸郷地からみ帳と対比検討すると、その頃には誰の往来田であったかを知りうるものが少なくないことは各所で述べているとおりである。その作業をしてみた結果、前九筆のうち彦有大夫・式部少輔・河内前司三者の往来田については、今のところ合致するものがはっきりしないが、他の田地の給主は三河前司が幸石大夫（「中宝」ではNo.271。以下同様）、松福大夫が千鶴大夫（No.245）、徳鶴大夫が肥後前司（No.270）、千代鶴大夫が幸福大夫（No.269）、幸福大夫が竹松大夫（No.273）であり、石徳大夫だけは同一人（No.244）であったことが判明した。これを復元図で当たってみると、すべて一定区域に集中していることが確認される。No.269〜No.273は「中宝」では「**ナ、板**」という字名に属し、No.244・No.245はその南の坪に位置し、かつNo.242の田地は「一反　夜ヒカリ　かゝり弥四丿」と記されているのが見いだされる。南は**乙井川**に接していた。現在地は**左京区下鴨梁田町**東半部と**下鴨夜光町**《やこうちょう》の東部であるが、地からみ帳の記載の仕方からすると、No.246〜No.250の部分すなわち現**松ケ崎呼返町**の町域の西南部分をも含んでいたと思われる。

その後「中天十九」・「中天二十」のいずれにもこの字名は発見できないが、天正十三年（一五八五）検地帳・同十七年検地帳には、どちらも当所の字名を「よひゥへり」と記している。前者の場合計二〇筆と範囲が大きく、その範囲は「中宝」のものとも「往来B」の場合ともずれがあり、逆に後者には六筆しか見えない。両帳の図上復元の結果では、十三年の場合は、現在の下鴨夜光町のほぼ全域と松ケ崎呼返町の一部を含み、十七年のものは大体その東半部で、「中宝」の「夜ヒカリ」とほぼ一致する。こういう異同が見られるのは両検地帳では珍しいことではないので、厳密に考えすぎるとかえって誤るおそれがないとはいえず、必ずしも字名の範囲が変化したとは言えない。ただ、

「夜ヒカリ」が「よびかへり」へと転訛していることがはっきりするのは注目を要する。本郷田地麁絵図では字「七板」の南の区画に「夜光」と記入されており、これはほぼ天正十七年検地帳が記す範囲に当たるものと判断される。近代の乙井川北東田地図でもこれは変化なく、一〇筆の田地があったことを示している。

市制町村制では西側が**上賀茂村上賀茂字梁田・同字夜光**《よひかり》、東側が**松ケ崎村字呼返**であり、「夜光」も「よびかへり」も相並んで現在にまで伝えられたことがわかるが、「往来A」・「中宝」・「往来B」の字名の在り方からすれば、初めに存在したのは「夜光・ヨヒカリ」で、これが中世末期までに「よびかえり」に転訛し、それが「呼返」と表記されるようになって、現在の松ケ崎呼返町にまで受け継がれ、一方区域が東西に二分されて「夜光」もそのまま生き残り、一九三一年（昭和六）からは**上京区上賀茂夜光町**《よひかり》となっていたが、一九四九年（昭和二四）左京区編入以後、読み方が「**やこうちょう**」に変えられたという変遷があったと考えられよう。

【四ノ坪・四坪・四ノつほ】「往来A」所載の長益大夫往来田のうち一反の在所が「中村郷四ノ坪」と記されているのが初見。この田地は約半世紀後の宝徳三年（一四五一）諸郷地からみ帳およびそれから一〇年ほどあとの「往来B」に尾張前司往来田として記載されていることが、これら史料の対比検討により明らかになる。それはNo.187で、条里制の長地一反に相当する。愛宕郡条里の第十二条に属する某里の十四坪の「十」が省かれた地名であり、この田地から東へ並ぶ数筆の田地群がこの字名で呼ばれたと考えられる。復元図によって現在地を確認すると、**左京区下鴨梅ノ木町**東北部と**下鴨岸本町**西北部に跨がり、さらに**第二疏水分線**を越えて**下鴨北園町**にも及んでいる。天正十七年（一五八九）十二月八日付の下鴨村検地帳（「賀茂」）には、「四ノつほ」の田地一二筆が記載されている。その田積合計は一町二反五畝二一歩である。

【六反田】「中宝」No.202の下社大工田二反半に、「次ノ東、溝ノ東」という位置指定のほかに「六反田」と記され、さらに№210土佐愛光大夫往来田一反の前行には「六反田西ソへ、戌亥ノ五坪」という記事があり、当の一反には「東ノ溝ソへ」という位置指定が見られる。管見ではこれが初見史料である。「中宝」の復元図では、№202の田地は位置指定のとおり「**高縄手**」（**現下鴨本通**）の東一〇〇メートル余のところにある道・溝の東に存在し、北は**乙井川**であったことがわかる。「**次ノ東**」の田地№203も同じく下社大工田二反半である。その東北には乙井川の南沿いに№204の百姓名一反半が位置し、その東は溝で、南に接しているのが前掲№210の田地である。その限りでこの田地の位置指定「東ノ溝ソへ」はそのとおりであるが、前行の「六反田西ソへ、戌亥ノ**五坪**」の意味はどういうことなのか納得がいかない。まず後半部分であるが、「五坪」というのは、ちょうどこの付近は愛宕郡条里の第十二条に属する某里の十五坪に相当するので、その「十」が省かれて中世まで坪の名が残ったものと判断できるから問題はないが、「戌亥ノ」という以上東南の場所から見た表現としか考えられず、そうすると図示されている番号順の田地の配列とは明らかに矛盾をきたす。矛盾を避けようとすれば「戌亥」は「未申」の誤記と見る以外にないのである。また前半の「六反田西ソへ」も理解しがたく、これを文字どおりに受け取ると、№210の田地は№202の西にあって然るべきである。しかし実際はそうではない以上、これは「六反田」のつぎに「東ノ溝」のごとき語句が脱落しているのではないかと推測せざるをえないのである。もし私の推測するような誤脱があったとすると、ここをとおっていた溝が「六反田」の東限ということになる。そうすると№202からここに至る間の田積が、六反ではなく九反になり、字名の意味には合致しないけれども、もともとはそのうちの六反の田地に付された字名の範囲が、長年月のうちにいくらか拡大したとみれば首肯けなくはないし、またもし一反を一枚と理解するとすれば、ここにはちょうど六枚の田地が存在することにもなるから、今はそういう捉え方をしておきたいと思う。現在地は、**左京区下鴨北園町**の東半部中央あたりである。

なお、下鴨社家田中兼頼の日記（『下鴨社家日記』Ⅰ・Ⅱ）には、一八世紀中期宝暦年中、同家所領のうちに中村郷「六反田」の畠があり、下作人から麦年貢を収納していたことを示す記事が散見するから、このあたりが耕地であった間はこの字名が生きていたのであろう。明治の市制町村制のもとでは、**下鴨村字北溝**に属した。

第四節　小山郷関係の地名

【青符生】「往来A」所載の徳光大夫・千玉大夫往来田のうち各一反の在所が「小山郷青符生」とある。この二反は半世紀あまり後の「往来B」になると、それぞれ修理亮・千代徳大夫の往来田として出現する。一〇年前後早い宝徳三年（一四五一）諸郷地からみ帳とその復元図を利用して検討すると、そのころ前者は土佐前司が給主であったが、後者は当時もすでに千代徳大夫往来田であったこと、「小宝」ではNo.19とNo.24として出てくることが確認できるので、復元図を介して現在地を突き止めることができる。**北区小山南大野町**中央南端部である。のち宝暦改写小山村絵図には、「小宝」No.24相当の田地に「**丸田**」、No.19相当の田地に「**三枚坊**」とそれぞれ小字名が記入されている。

【あなむし・穴虫】 天正十七年検地帳に「あなむし」所在の田地が一七筆計一町七反五畝七歩記載されている。前後に「**梅か辻**」。「**ひわかくひ**」・「**ひうちかさ**」・「**九日田**」・「**中ミソ**」などの字名が並んでいるので、場所は大体推定できるが、なお、宝暦改写小山村絵図には、「小天」No.168・No.169に相当する田地に「穴虫」と記入されているのが発見される。同絵図では一枚の田地として描かれているが、いずれにしても天正十七年検地帳の場合とは筆数が違いすぎる。これは天正検地帳ではおそらくそれより南の中溝かかりの田地一〇数枚を含めて記載しているからであると思われる。その現在地は**北区小山南大野町**東南部から**小山中溝町**東部にかけての区域である。

【尼垣内・尼か垣内・アマカ、イト】「小宝」No.134御牛飼田三反の位置指定に「次ノ北、尼垣内」と出てくるのが初見。復元図を参照すると、一つ前のNo.133長鶴大夫往来田一反を加えて二筆四反からなる小区域の字名であったことがわかる。「小天」の復元図では同じ区域の田地が四筆に分かれて出てくる。すなわち、No.89の水田大三〇歩・No.90長寿大夫持同大《（水田）》三〇歩・No.91水田一反半・No.92修理進往来田一反であり、No.89にやはり「尼垣内」と在所が記され、つづく二筆は「次西」へ並び、No.92は「次南」に位置する。かつての御牛飼田三反が三分割されていることがわかる。現在地は**北区小山上初音町**北東部である。往来田一反が含まれるので、「小宝」長鶴大夫往来田と同定できるものを「往来B」で検索したが、長鶴大夫往来田と記されているものはあるものの、一致するという確証は得られず、いまのところ不明である。

　天文十三年（一五四四）十一月二十日の二郎兵衛田地作職売券ならびに同二十二年六月一日の宗受田地作職売券（ともに「大徳寺黄梅院文書」甲）に見える田地大は、「在所小山郷之内アマカ、イトニ在之」とあり、さらに後者には「四至傍示、東限溝、南限小岸、西限類地、北小路也」と記され、「小天」No.89の水田大三〇歩であることが特定できる。その後天正十七年（一五八九）検地帳には「あまり垣内」の田地一三筆計一町六反、「あまかりいち」の田地二筆一反五畝（すべて上田）が書き上げられている。前記の四筆のほかに隣接田地群が含まれていると見られ、南部もしくは北部と推測されるが、いずれか決めがたい。

　「別本賦引付四」（『室町幕府引付史料集成』上）所載の天文九年十月十三日、賀茂社氏人兵部丞季盛申状に、彼の被官彌五郎の妻加々女が買得して当知行していると記す「**大野郷**尼か垣内田地作職一段半」も、やはりここにあった田地である（大野郷は大宮・小山両郷の古名であり、かつ「大野」の地名は現在の町名**小山東・西・南・北大野町**に受け継がれている。**【大野】**の項参照）。一反半の田積から見て、「小天」No.91に相当する公算が大きい。

【アワウ】　「小宝」No.242伊賀前司往来田一反に「在所アワう」とあるのが今のところ唯一の所見。漢字を当てればたぶん「粟生」であろう。復元図で見ると、この田地は北隣のNo.241阿波前司往来田一反と並ぶ横田で、この二反だけが道・溝に囲まれた一区画をなしていること、さらにNo.241には「**井ハシカツカ**」という別の地名（次項参照）が記されていることからすると、「アワう」はNo.242一反だけの小字名であったと思われる。宝暦改写小山村絵図では、この田の在所は「**辻ケ内**」と記されている。現在地は**北区小山上総町**の東南端である。

【イハシカツカ・岩志塚・鰯塚】「小宝」No.232一反御牛飼田の在所が「次東、路ノ東ハタ、イハシカツカ」と記され、No.241一反阿波前司往来田の在所も「次ノ南、井ハシカツカ」とある。復元図で確認すると、この二筆の田地を北限および南限とする一一筆計一町二反の区域をこの字名で呼んでいたことが明らかになる。現在の**北区小山上総町**東部およそ三分の一ほどの区域に該当する。「小宝」では北部の五筆五反はすべて「御牛飼田」となっているが、「親長卿記別記」（『増補史料大成』40）所載の長享二年（一四八八）九月二十六日の佐渡守親継奉書案に、牛飼有菊丸が相伝知行してきた小山郷内「岩志塚」の田地二反を、困窮により沽却することを承認されたことが見えるのは、この中の二反と見て間違いない。なお、「山城名勝志」（『改訂史籍集覧』）も「岩志塚」の項を立ててこの奉書案を引用しているが、そこでは有菊丸が童菊丸とされている。「親長卿記別記」でも同年十月一日の親継奉書案では、「御牛飼童菊丸」の「童」に「有カ」と傍注が施されており、両者勘案して、もし先の文書の「有菊」が「童菊」の書き誤りであるとすると、「小宝」No.236には「一反　御牛飼田 童菊」とあり、四〇年近い開きはあるが同一人物と考えても無理ではないことになる。そうすると彼が売却した二反はNo.236と北隣のNo.235（この田地だけは牛飼の名が付記してない）に該当するといえるのである。おそらくはそうであろう。

のち明応二年（一四九三）正月晦日と天文三年（一五三四）四月晦日の大徳寺塔頭養徳院領田地幷地子帳（『大徳寺』二―一〇三九、三―一一三五）には、「一、壱段**柳原**、小山郷鰯塚、年貢壱石壱斗八升」と記されており、明応二年の帳では「作人者唱門師四郎五郎」で宝慈院に本役を納めたとあり、したがって養徳院が所有したのは名主職であった。「柳原」という別称があったらしいが、その点定かではない。また、天正十三年（一五八五）十月二日の大徳寺塔頭龍源院指出（『大徳寺』八―二五三八）にも、「小山郷鰯塚」の田二反が見え、同年月日の同寺養徳院指出（同八―二五三九）にも同様に「鰯塚一段」が記されている。ここでは地名の表記が「鰯塚」に変わっているが、「イハシ」はやはり人名と見たほうがよく、その点「親長卿記別記」の「岩志」の方が似つかわしい。

付言すれば、「小宝」No.229一反には、「次ノ東、北ノ墓ノ上ヵヽる」という場所指定があるが、地籍図したがって復元図には、この田地の北、道・溝を越えた場所には、ちょうど右の記事を裏づけるように三角形状の小区画が認められ、おそらくはかつてそこに墓が存在したものと推定されるのであるが、そこは「イハシカツカ」に属するNo.239二反雑役田の一反措いて西に当たる。間に入るNo.217飛鳥井田一反は、記載番号順ではいくらか離れているが、記載順はあくまで検地の進行順を示すものに過ぎないから、道・溝に囲まれた一つの区域としてのまとまりという点から判断すると、むしろこの一反も「イハシカツカ」所属の田地と見たほうが整合的である。とすれば「墓」はその西に接しているのである。私はこれこそ「岩志塚」であったろうと推測しているのであるが、いかがであろうか。なお、宝暦改写小山村絵図には、「小宝」No.183雑役田一反に該当する田地に「イハシ塚」と記入してある。これは右に墓ではないかと推測した場所から西へ一〇〇メートルほど隔たったところ（小山上総町西部）で、このころには字名の範囲が本来のそれよりも拡大していたのかもしれないが、詳しいことはわからないので事実の指摘に止める。

さらに、「小宝」No.241阿波前司往来田は、念のために諸郷地からみ帳と「往来B」を対照して調べると、後者では松鶴大夫往来田となっており、かつ「小山郷ヤリ上」所在と記されていることが判明する。そこでこれをさらに「往来A」と対比すると、そこでは虎福大夫往来田であったことがわかり、在所は同じく「ヤリ上」となっている。「ヤリ上」は「遣上」と書き、阿波前司往来田の一反措いて北に位置するNo.237刀禰中往来田一反、ならびにその東で道・溝を越えたところにあるNo.393若石大夫往来田一反にその字名が見えるので、「イハシカツカ」の全域にはかかわらないが、少なくともその南部域には二つの字名が相互に重なりあって存在していたことは確実である。

【ウスハ】「往来B」所載の志摩前司往来田のうち一反の在所が「小山郷ウスハ」とある。今のところこれが唯一の所見で（「往来A」では該当する部分が欠失している）、したがってこの字名の地図上の位置を突き止めるためには、やっかいな手続きが必要である。方法は一つしかない。志摩前司往来田の他郷所在の田地の字名を書き上げると、河上郷**小辻**・大宮郷**ヒノ口**・同郷**畠田**（「**精進坪歟**」という注記がある）・岡本郷**寺門**の四か所で、いずれも一反ずつである。幸いに河上郷小辻のほかは「大宝」・「岡宝」に該当の字名が記されているので、各復元図の上でその在所を確かめ、そのあたりに見いだされる往来田をいくらか広い範囲で網羅的に書き上げ、三か所のいずれにも存在する往来田の給主が誰かを見つけだし、その氏人が河上・小山両郷に有した往来田の場所を捜し出すことができれば、そこが「小辻」・「ウスハ」に当たるはずである。その方法でやってみると、三か郷三か所について書き出した延べ約三〇例の中で、ただ一例山本宮鶴大夫往来田だけが条件に合うことがわかる（「大宝」No.31・No.411は単に「宮鶴大夫」としか表記されていないが、別にNo.281に「市宮鶴大夫」が出てくるので、前二者には「山本」を書き添える必要がなかったものと見てよい）。一か所は「大宝」No.31で、これは復元図では字「ヒノ口」の淡路前司往来田の南隣、もう一か所の同No.411は字「精進坪」のうち、さらに「岡宝」No.183として出てくる一反は、同郷復元図で字「寺門」の東隣「**椋カ本**」の北部にある。多少のずれがなくはないが、三〇例のうちこれ以外に適合するものがないということは、そのずれが容認できる範囲にあることを物語るであろう。

　これで「往来B」の志摩前司往来田は、一〇年ほど前には山本宮鶴大夫往来田であったことがほぼ明白になった。よって今度は「河宝」・「小宝」で山本宮鶴大夫往来田を探すことになる。前者ではNo.205、後者ではNo.194以外にないことが判明するので、その場所を復元図で求めると、「河宝」No.205は「**河上里**」の南端を東西に通る道が「**河上大通**」と交差する辻の東南角にある。「小辻」と称されるにふさわしい場所であるといってよく、このことは前述の考証の妥当性を補強するものであろう。残った「小宝」No.194は、現在の**北区小山下総町**の西北端、かつての小山郷の幹線的水路「**御用水川**」（文化五年の小山郷川通絵図の表記による）と、それに沿う道の東沿いに位置していたことが突き止められる。ここが字「ウスハ」であったと見てまず間違いはないと思う。

　「ウスハ」を漢字で表記しようとすると、臼場・薄葉・薄歯などが考えられるが、私は臼場である可能性が大きいのではないかと考えている。地籍図を検討すると、ある時期に「御用水」あるいは田地東側の「**惣之溝西又**」（同上絵図）を利用して水車が掛けられ、臼で穀物を搗いていたかもしれないと推測しても不思議ではない場所のように思えるからである。推測の域を出ないが記して参考に供する。

【梅カ辻・梅辻】「往来A」の慶千大夫往来田四反のうち一反の在所が「梅カ辻」と記されているのが初見。この往来田は「往来B」になると慶徳大夫往来田となっており、在所の表記は「梅辻」である。「往来B」より少し早い「小宝」では、これはNo.38徳光大夫往来田であったことが、諸郷地からみ帳との対比検討により明らかになり、かつつづくNo.39千代乙大夫往来田一反の在所が「梅ヶ辻」と記されている。一世紀後の「小天」には、No.37の福増大夫往来田一反以下No.44豊後守貴布禰田一反にいたるまで八筆計八反に「号梅辻」という注記がある。これらの史料を復元図と対照すると、「往来A」・「往来B」・「小宝」の三者と「小天」とでは少しずれがあるが、両者を含めた区域は、現在の**北区小山東大野町**南部から**小山南大野町**西北部にまたがる場所であることが判明する。

しかし、「梅辻」は実はこの区域だけにとどまらず、西隣の大宮郷の郷域にも地続きで拡がっていたのである。そのもっとも早い徴証は「大宝」No.348に「次ノ東、岸ノ東 一反　御牛飼田 梅辻」と見えるもので、同帳の記載の仕方から見て、「次ノ南ノ下」のNo.349「一反　御牛飼田」、ならびに両者の東に連続するNo.354「半　祇園別相傳」まで五筆計四反大を含めた、合計六反大の田地が同じ字名に属したものとみなされる。大宮郷の地からみ帳に出てくる記事であるから、一見すると小山郷梅か辻とはまったく別個の字名と考えるべきもののようであるが、さにあらず、前述のとおり両者は地続きの関係にあるのである。そのことは「小宝」と「大宝」と両方の復元図を繋ぎ合わせることによって初めて明らかになった。右の六反大の東を限る道（「小宝」には「大道」とある）は、この付近では今も昔のままの通路であり、**北区紫野東御所田町**と**北区小山南大野町**の境界線をなしているのであって、字「梅辻」はその東と西に現在の両町域にまたがる形で存在していたのである。これがわかったことにより、その後長享二年（一四八八）九月十日および同年十月一日付の佐渡守親継奉書（「親長卿記別記」）に、牛飼童（「有カ」と傍注）菊丸が「賀茂境内小山郷之内、水田号梅辻、弐段」を窮困を凌ぐために売却することを認められたとある当の二反は、「小山郷之内」とはあるが事実は前掲「大宝」No.348・No.349の「御牛飼田」各一反に相当することも明瞭となるのである（「小宝」の「梅辻」には「御牛飼田」は一筆もない）。大宮・小山両郷の間でも、中村・岡本郷の場合同様郷域の認識が必ずしも厳密ではなく、曖昧さを残していたことの証左である。

天正十三年（一五八五）十月十日および翌十四年五月十一日と両度の大徳寺塔頭正受院指出（『大徳寺』八―二五四三・二五四六）に記載されている与四郎作の田地一所が、前者では「小山之郷」「梅ヶ辻」、後者では「大宮之郷之内梅ヶ辻」とあるのも、まったく同様であって、両者は同じ田地であることが証明できるのである。これよりのち、天正十三年検地帳では上田四筆三反七畝、中田一筆八畝、下田一筆一反三畝が「梅ヶ辻子」所在として書き上げてあり、同十七年検地帳では「梅ヶ辻」には上田二筆二反三畝一〇歩があったことになっている。太閤検地の結果、大宮郷の田地は賀茂社領から離されて大徳寺領となるので、これらの田地は先の「大道」より東の「小山郷梅辻」所在のものと判断できるであろう。なお、天正十七年大徳寺分検地帳には「梅ヶ辻」の田地三筆計二反五歩が見いだされ、慶長二年大宮郷麦田指出には三筆計二反二畝二〇歩が出現する。

宝暦改写小山村絵図では、かつての「小宝」No.38徳光大夫往来田一反に該当する田地に「梅ケ辻」の字名が記入されており、大宮郷賀茂台絵図にも、該当の場所に「梅辻」とあるから、このあたりが田地であった時代はずっと地名が生きていたものと考えられるが、地籍図には残らず、市制町村制の字名にも発見できない。

この地名は推測するところ、辻すなわち十字路の角あたりに生えていて、人々に親しまれていた梅の老樹があり、それに因んで生まれたものであろう。この字名の区域から北へ「大道」沿いに北進すると、およそ七〇〇メートルのところに「梅ノ木ノ下」あるいは「梅木」という字名も存在しており（次節当該項参照）、大宮・小山両郷の境界に当たる道の近辺には梅の木が植えられていたところがいくつもあったのであろう。辻はこれまた推測の域を出ないが、ちょうど大徳寺境内東南端あたりの**大徳寺道**から発して東進し、現紫野東御所田町の北界を通過していた道が、右の「大道」と交差していたところに当たると見るのが、もっとも妥当な見方であろう。なお、当然ながら賀茂社家町に伝えられる**梅ケ辻町**とこの字名とはまったく関係がないが、地名の由来についてはおそらく類似のことが考えられるのではないだろうか。

【エリサエ・エリサヤ】　南北朝期以前からの地名で、「往来A」に隠岐守・幸蒸大夫・孫一大夫・若一大夫・益若大夫・伊賀前司と計七名の氏人の往来田各一反の在所が「エリサヘ」（孫一大夫の場合のみ「エリサヤ」）と記されているのが初見。室町中期の「往来B」では、これに該当する往来田が順に遠江前司・万鶴大夫・彦一大夫・備中前司・千代鶴大夫・千代乙大夫の各往来田として現われ、この他に筑前前司往来田のうちにも同所所在の一反が見いだされる。

これだけの往来田が一か所に集中している場所であるから、現在地は見つけやすいが、そのためには「往来B」の往来田が、約一〇年前ごろの「小宝」においては誰が給主であったかを突き止めた上で、「小宝」復元図で確認することが必要である。その作業をやってみると、遠江前司往来田は命千代大夫の、万鶴大夫のものは信濃前司の、彦一大夫・備中前司・千代乙大夫・筑前前司のそれはいずれも同一人の、千代鶴大夫の往来田はたぶん幸福大夫の往来田であったことを、諸郷地からみ帳との対照によって証明できる。最後にこれら往来田の所在を復元図上に求めて現在地を割り出すと、それは**北区小山南大野町**西北の一部を含み、北へ**小山東大野町**西部を経て、**小山西上総町**西南端ならびに**小山北大野町**東南端に及ぶ区域である。この区域にふくまれることが明らかな「小宝」No.46一反にはまさしく「エリサヘ」の場所指定が記され、No.50備中前司貴布禰田一反についても「次東、エリサヘノ南二」と位置が指定されているので、事情はますます明白である。地名の由来は定かでなく、また管見に触れた史料は「往来B」が下限となるので、この字名はおそらく戦国末期あたりで消滅したのではないかと思われる。

【御馬田・馬田・おまん田】　天正十三年（一五八五）十月二日の大徳寺総見院并諸寮舎指出（『大徳寺』八―二五三七）のうち印蔵主（傳叟紹印）分に、「同郷（小山郷）御馬田 壱反半　九斗九升此外出物有之、御霊口 彌太郎」と記され、同じ時期のものと推定される大徳寺并行力指出（同八―二五四八）には、「小山郷馬田」所在の與次郎作田地二筆二反が出てくる。また、天正十三年検地帳には小山郷関係の字名である「たいこてん（太鼓田）」と「はなからけ（花絡）」の田地の間に、「御むまてん」所在の下田一筆二反が見え、同十七年検地帳でもやはり「はなからけ」の田地に続いて字「御馬田」の上田三筆計四反三畝二歩が書き上げてある。

「御馬田」というのは元来字名ではなく、賀茂社領の田地の種類であり、神社の馬を飼養する必要から置かれていた田地を指すことは容易に推察されるが、とすれば、原則として社領田地の種類を網羅的に書き上げている宝徳三年（一四五一）の地からみ帳に、当然記録されているはずである。よって、「小宝」所載の田地の種類を網羅的に調べると、まさしく御馬田が二筆計三反あったことが判明する。No.145一反・No.146二反である。ついでに言えば、No.141の一反半は「時大鼓田」であった。小山郷にはこの二筆以外に御馬田はない。とすれば、太閤検地帳に出てくる字「御馬田」所在の田地は当然これに該当すると考えて誤りはない。中世末期には田地の種類が字名化していたわけである。「小宝」No.145・No.146計三反があった場所は、復元図で調べると、現在の**北区小山花ノ木町**中央南寄りから**小山下花ノ木町**中央北寄りにかけてということになる。

付け加えれば、宝暦改写小山村絵図においては、該当の田地を含む数筆の田地群の字名として「おまん田」と記されている。「おんまでん」から転訛したものであることは明らかであろう。そのころには本来の意義はもう忘れられていたのかもしれない。

【大社・大サイ】　「おおざい」と読む。近接して存在する「**小社**」（こうざい）と対応する字名である。私は漢字で表記する場合に書く「社」は、もともとは「在」のくずし字ではなかったかと考えているが、断定はできない。

「往来A」に蔦有大夫と片岡大夫将監の往来田各一反の在所を小山郷「大サイ」・「大社」としているのが初見。この他に氏人某の往来田一反が「大社下」にあったことも同帳で確かめられる。半世紀あまり下がった「往来B」と突き合わせて調べると、前二者は安藝前司往来田・尊光大夫往来田となって出現するが、安藝前司往来田では在所が「太サイ」と書かれ、尊光大夫往来田の在所は「大社」ではなく「**小社東**」と記されている。これによって字「大社」は「小社」の東にあり、したがって時に「小社東」とも言われたことを知ることができる。そしてまた、「往来B」には他にもう一例、「大サイ」所在の田地が発見される。河内前司の往来田一反である。これは本来「往来A」にも記載されていたはずの往来田であるが、遺憾ながら今は欠失して見ることができないものである。つぎに「往来A」で「大社下」に一反があった給主名のわからない往来田は、「往来B」では福乙大夫往来田であり、同様に「大社下」所在と記されている。「下」は地勢から見ておそらく南を意味するものと判断される。

　さて、先に「**梅カ辻**」の場合にも見られたことであるが、ここでも同様に同じ字名が西隣の大宮郷にも見いだされる。すなわち「往来A」では孫蒸大夫往来田の一反が「大宮郷大社」所在として出てくる。また、初鶴大夫・十楽院阿賀大夫の往来田各一反が「大社西」・「大サイ西」にあったことも判明する。例によってこれを「往来B」と対照すると、孫蒸大夫往来田は土佐前司往来田となり、初鶴大夫の場合は出羽前司往来田、阿賀大夫のものは愛寿大夫往来田として出現する。出羽前司の例を除いて他の二者の往来田の在所は「往来A」と同じである。出羽前司往来田のうち該当するはずの一反の在所は「大宮郷**太和田**」とある。文字の形が似ているからどちらかに誤記の可能性があるが、解決はひとまず後に残すとして、大宮郷にも「大社」があり、加えて「大社西」も存在したことはこれで瞭然である。

　いま「往来B」を基準とすれば、小山・大宮両郷に渉って、少なくとも「大社」に関わる往来田が合わせて七筆存在したことが明らかになったので、今度はこれを諸郷地からみ帳と対比検討して、これら往来田の宝徳三年当時の給主を探り当てることにする。検証の結果だけを記すと、小山郷の方に出てくる安藝前司は同一人であったらしく、尊光大夫の場合はおそらく石見前司、河内前司・福乙大夫はともに同一人、大宮郷の方では、土佐前司は不明、出羽前司の場合は慶光大夫であったかと思われ、愛寿大夫については尊千代大夫であったらしいということになる。かくして、わかる限りでこれを「小宝」・「大宝」の復元図上で探索してみると、前者では石見前司・河内前司・福乙大夫の三者が、字「**尼垣内**」を挟んでその南北に見つかり（石見前司往来田は「小宝」の記事欠失部分に入るが、推定して在所を確認）、後者では慶光大夫・尊千代大夫の両者とも字「**堂カ芝**」の地に発見できる。そして両郷の復元図をつなぎ合わせてみると、これらは地続きの場所であることが証明できるのである。そして同時に先に検討を後送りにした、「往来B」の出羽前司往来田の一反が「大宮郷太和田」とあるのが誤記かどうかの判断も、ここに至っておのずから結果が出る。すなわちこれは「往来B」の誤記というより誤写であり、「往来A」に見える「大社西」が正しいのである（字「大和田」は**堀川**の西で、はるかに南へ下がった場所である）。

以上の検証結果にしたがって、「大社」・「大社下」・「大社西」の現在地を現今の地図上に求めると、小山郷「大社」はほぼ**北区小山西元町**南半、「大社下」はその南に位置する**小山上初音町**のうち、大宮郷「大社西」は小山上初音町西北部から**紫竹上梅ノ木町**東北部にかけての区域、同郷「大社」はほぼ**紫竹下高才町**のうちということになる。字「尼垣内」や「堂カ芝」は重なり合って用いられた字名であったと見られる。

管見では、「往来B」に現われたのを最後に「大社」の字名を記す史料はまったく見当たらなくなる。例えば天正十七年検地帳には「こうさい（小社）」や「あまゥかいち（尼垣内）」の田地はあり、同年十一月の大宮郷大徳寺分検地帳（『大徳寺』五―一九九八）にも「堂芝」や「こうさい」所在の田地は多く見いだされるが、どちらにも「大社」の字名はないのである。かつての「大社」は「尼垣内」や「堂芝」に完全に取って代わられたとしか思えず、「大社」の字名は戦国期以前に失われた公算が大きい。

【大野】 賀茂社領において「大野」という地名が出てくれば、まず最初に思い浮かべることになるのは古代の愛宕郡大野郷である。寛仁元年（一〇一七）十一月、後一条天皇の賀茂行幸に際しての母后彰子の発願が発端となり、愛宕郡内の賀茂・小野・錦部・大野の四か郷が賀茂社へ寄進され、このうち小野郷を除く三か郷が遅くとも鎌倉初期までに五郷に編成替えされるにいたって境内六郷が成立を見たからである。大野郷は二分されて大宮・小山両郷へと変化した（本書第一章第一節参照）。

こういう歴史的事情があるので、ここでもまずは古代の大野郷について触れなければならない。大野郷の名称が史料の上で最初に確認できるのは、神亀三年（七二六）の山背国愛宕郡雲下里計帳（「正倉院文書」）においてである。これには「戸主出雲臣川内戸別項」として「出雲臣麻呂売、年伍拾弐歳、左頬黒子（改行）右人、割附大野郷戸主服部連阿閇戸、随夫」という記事が出てくる。次いで、天平二十年（七四八）四月二十五日の写書所解（同文書）でも、連記されている「願出家人」の中に、「山背国愛當〔宕〕郡大野郷戸主土師連万呂戸口」の「土師連東人年十八」が見える。「和名類聚抄」には愛宕郡一二郷のうちとして郷名が記載されているが、訓は見えない。その後、前述のように賀茂社神郡の一つとなり、やがて編成替えにより大宮・小山両郷に分かれたのである。

もっともこの郷の編成替えは、賀茂社の社領支配の都合によって行なわれたものと推定され、したがって、山城国の行政単位たる大野郷の名称が、ただちに消え去ったわけではなかった。少し例を挙げれば、文永三年（一二六六）正月日の主水司氷室田畠注進状（「広島大学所蔵氷室文書」『鎌倉遺文』九四九三号）には、「注進山城国愛宕郡内蓼倉・上粟田・出雲・小野・錦部・大野等郷氷室田畠坪付事」という事書があって、大野郷内の服上里三十坪や羽取里二十二坪などに、徳岡氷室の料田が散在していたことが記され、「康富記」（『増補史料大成』）享徳三年（一四五四）八月二十二日条紙背の応安元年（一三六八）八月二十八日付後光厳天皇綸旨案にも、主水司領田地の年貢抑留停止に関して、「当司領山城国大野郷内」云々と見えているがごとくである。

また、賀茂社境内六郷自体の中でも、大宮・小山両郷の郷域の一部には後々まで「大野郷」あるいは「大野」の地名が残った。関係史料のいくつかを列挙すると、まず「大宝」No.213の正伝寺田半には、「大野寺跡、車路西ソヘ」という位置指定が見える。同帳復元図によれば、この田地の在所は現**北区小山初音町**中央部である。戦国期に入って、大永元年（一五二一）十月十八日の森泰久（後年賀茂社神主）田地売券案（「岩佐家文書」）に、沽却田地三反の在所を「上賀茂之内**川原八丁**之内、大野郷水入也」と記しており、同七年十二月二十四日の森季久・同安久田地売券（「賀茂」）に見える田地半の在所は「小山郷在所河原八町之内、元ノ大野溝ノハタ也、」とある。天文九年（一五四〇）十月十三日の賀茂社氏人兵部丞季盛申状（「別本賦引付四」『室町幕府引付史料集成』上）によれば、「大野郷**尼か垣内**田地作職一段半」は彼の被官人の妻が買得知行していた土地であった。また、同二十三年五月の土屋三郎左衛門能兼田地売券（「賀茂」）は、「在所者大野郷内也」とある一反を売却したことにかかるものである。さらに、永禄三年（一五六〇）十二月十三日付で、大宮・小山・中村各郷の百姓中が、それぞれにしたためて賀茂社の郷司に提出した就新開水田之儀書違条々（「賀茂」）のうち一か条には、「大野溝大水事、従先規如三郷有様、限時日可被水入事」とある。これは、前出大永七年の森季久・安久田地売券の記事をも参照すると、河原八丁の地域をとおる「大野溝」といわれた用水があり、「大水」の時、従来からの慣習にしたがい、各郷が時日を限って水を入れることを約束したものと見られる。

その後、元亀三年（一五七二）の大徳寺諸塔頭本役銭結鎮銭出分指出（『大徳寺』八―二五三二）では、聚光分のうちに「大野」所在の一反が見え、同じ時期のものと見られる同寺瑞峯院幷寮舎末寺門前田畠指出帳（同上五―二〇一一）の常住分に「大野郷**横田**」・同「**畠田**」の各一所、頓庵分に同郷「**梅辻**」の一所、徳蔵主分にも同郷「畠田」の一所が書き上げられている。この史料では大宮郷・小山郷などと並ぶ郷区分として大野郷が登場するので、古代のものとははるかに狭い範囲ながら、実際に「大野郷」と称され続けた一区域が、戦国末期までは存在したことがわかる。天正十三年（一五八五）十月二日付同寺大仙院幷諸寮舎指出（同上八―二五三四）の場合は、「大野郷但両所、大宮郷ニ入」として、字「**梅木俣**」の一反四〇歩と字「**梅垣田**」の一反とを記載している。また、同年月日の同寺総見院幷諸寮舎指出（同上八―二五三七）には、祠堂方田畠散在分の「賀茂代」所在四筆四反中に、「小山郷内大野、字**東マタゲト**号」と記した田地一反が見える。「大野」が比較的広域の字名であり、その内部にいくつもの小字名が含まれていたことはこうした例によって明らかである。さらに天正十七年検地帳では字「大ノ」所在の田地一〇筆九反八畝一〇歩が書き上げてある。その前後を調べると、「あまゥかいち」・「**やすミハ**」・「**ほりけ**」・「**大こ田**」などの字名が並んでいる。上記の小字名の多くは、主として「小宝」一部は「大宝」の復元図で場所を特定できる。現在の町名で大体を指摘すると、北は**小山上初音町**から南は**小山南大野町**・**紫野東御所田町**に至る一帯である。さらに、慶長二年の大宮郷麦田指出には、字「大野」の五筆計四反三畝四歩が見え、米麦二毛作が行なわれていたことを物語る。

　近世になって宝暦改写小山村絵図には、西の大徳寺領との境界である「**新町筋**」の道路に沿う用水路に「**大野井筋**」と記入され、村北部の、「小宝」復元図で指摘すると№141に相当する田地に「大野掛り」、№98の田地に「大の分」、№97には「是より西大の掛り」、№78・79該当田地および№64の田地に「是より西大の」と記し、以下さらに南部の№43・№44に至るまで数筆の田地にもそれぞれ「大野井筋」の水掛りであることを示す書き入れがある。

　ついで、近代初期の旧小山郷北部田地図では、今度は「河宝」№573に始まり№607までの大部分に相当する各田地に「字大野河原八町」と記され、さらに南へ「字大野**竹ノ本**」・「字大野**上水田**」・「字大野尼垣内」・「字大野**花搦**」と「大野」を冠称する字名が連続している。ついで市制町村制では**上賀茂村**字大野があり、その段別は五町九反七畝六歩であった（『京都府愛宕郡村志』）が、その場所の一部は一八七七年（明治十）一月の愛宕郡小山村全図（「内藤家文書」）に記す「八番、字大野」によって知られ、そこは現在の**小山下板倉町**地籍であるが、同図には「上加茂村領」と付記があるから、より北部に拡がっていたことがわかる。

　現在の**小山東・西・南・北大野町**の町名は、明らかに古代以来の郷名を受け継いだものであるが、その区域は大体中世の大野郷の南半部に相当すると見ることができよう。

【小野溝】　「小天」№56の次行にある集計記載に「已上五丁八《九》反半卅歩《三百歩》、但此内一反小野内也」と記され、つづく№57の前の行には「小野溝東股溝究〔尻〕一」と見える。前者の但書は、全部で六町弱の田地のうち、小野溝掛かりの田地が一反存在するという意味である。また、後者は№57以後№135にいたる小山郷田地の水がかりが「小野溝東股」によるものであり、検地はその溝尻から開始されたということである。このことは「小宝」復元図によってはっきり確かめられるが、「小野溝」という用水路の名称の由来を探るために、念のため復元図の関係部分を小山村絵図と突き合わせてみると、そこではこの用水路は「**大野井筋**」と書かれている。この点大と小と矛盾があるのであるが、近辺一帯が古代の大野郷の名残りである「大野」の地域名称を長く残している点から見て、「小野溝」の「小野」は明らかに「大野」の誤記としなければならない。「オーノ」という発音がつづまって「オノ」となり「小野」の表記が出てきたものと考えられ、境内六郷の一つ小野郷の小野とはまったく無関係である。

【かいそい・カイソへ・飼添】 天文七年（一五三八）五月三日の左衛門三郎百姓職売券（「大徳寺黄梅院文書」甲）に、「合壱段半」の下地について「在所小山之郷之内、字かいそ井」と見えるのが初見。その後この百姓職は同二十二年三月三日、買得相伝していた智傳からおよね上臈へと売り渡されたが、その時の売券（同上）には、「但、在所者賀茂小山郷之内、字ハかいそいと号、東ハホソナハテノ道ヲ限、南ハ道ナハテヲ限、西ハ類地ヲ限、北ハ道ホソナハテナリ」と詳細に四至が記載されている。天正八年（一五八〇）三月に至りこれを大徳寺塔頭瑞峯院祠堂が買得したときの売券（同上）の記事も同じである。また、「在所賀茂小山郷之内、斎院田、アサナカイソへ」とある、右とは別の田地二反に関わる、弘治二年（一五五六）十一月九日付柳原与次百姓職売券（同上）も残る。元亀三年（一五七二）六月二十四日の瑞峯院指出（『大徳寺』八—二五三二）に「小山郷飼添、明〔名〕主作職」二反が見えるのはこれであろう（なお、私見ではこの二反は「小宝」№405の「斎院田勧寿寺」二反に一致すると見てよいと思う。その判断に誤りなければ、その位置は現**北区小山北上総町**中央付近である）。

また、これより先「小天」№365には「次西、カイソヘ」の場所指定を有する尾張守往来田一反が記載されている。この田地は往来田であって位置は長く変わらないから、「小天」と「小宝」の両復元図を突き合わせてみると、後者のNo.397に相当し、宝徳三年（一四五一）当時の給主は幸音大夫であったことが判明する。さらに一〇年ほど遅い時期の「往来B」では、これは万千代大夫往来田に変わっている。「往来B」におけるこの田地の在所は「小山郷**今出川口**」となっている。かくて「今出川口」であり、同時に「カイソヘ」とも呼ばれた場所は、両検地帳の復元図により現在地を確認することができる。それは**北区小山東花池町**北端部である。

下って宝暦改写小山村絵図を見ると、右記の往来田から田地一枚を隔てた北に位置する田地に、「**堀池、ヵいそへ**」と記入してあるのが発見できる（「堀池」はこの田地が堀池溝から引水していることを示すもの）。これは現小山北上総町の東南端部である。これで「かいそへ」の場所はいっそう明白になった。少なくとも北は小山北上総町中央部あたりから、南は同東花池町北端にかけての場所であることは間違いないのである。地籍図を案ずれば、この地は往年の「今出川口」のすぐ北で、東に接して賀茂川堤防の林地が西北から東南へと連なる場所である。「かいそへ」が「垣副」あるいは「垣添」の意であることはこれで瞭然である。

なお、天正十三年（一五八五）検地帳では「ヵいそへ」所在の田地はただ一筆九畝だけ記載され、天正十七年検地帳では六筆計八反六畝一二歩が書き上げられている。前後に記されている字名から推量して、場所は前記したところを外れてはいないと思われるが、これら田地のそれぞれの位置を確定することは至難である。

【楽田・ヵくてん】「小天」No.84二反の位置指定に「楽田、東一」とあり、同帳の記載の仕方から、この田地から西へ並ぶ五筆計七反の田地群に付された字名であることがわかる。そのうちもっとも西に存在した二反には、「楽田」という田地の種類が記されている。さらに「小宝」の復元図を対照すると、「小天」には種類の記載のない右記のNo.84に当たる二反も「楽田」となっている。すなわち、全五筆七反のうち二筆四反が朝廷もしくは賀茂社の楽田だったのであって、戦国期にはこれが字名化していたと見てよい。

のち、天正十三年（一五八五）検地帳では、字「ヵくてん」の田地八筆計九反四畝二五歩が書き上げられ、同十七年検地帳では同じ字名で一七筆計二町三反三畝二五歩が出てくる。後者については、「小天」・「小宝」の「楽田」の区域に加えて、その東および北東にあった田地群を含んでいたために筆数・田積ともに大幅に増加しているのである。おそらくは字名の範囲の拡大ということではなく、検地帳作成時の都合でそうなったのであろう。天正検地帳ではかようなケースが少なくない。

本来の「楽田」に属する一町歩足らずの区域は、復元図を現今の地図に重ねて検討すると、**北区小山初音町**と**小山板倉町**の町界を中心とし、両町域にまたがっていたことが明らかになる。

【懸溝・カケゾ・ゥけそ・掛ぞ】「小天」のNo.1下社田一反には「**平榎**、自南一」と場所が指定されているが、その「平榎」の右傍には「号懸溝」と記されている。これは「懸溝」と呼ばれた用水路の灌漑範囲であることを意味するものと考えられるが、同様にNo.10一反半にも「次西南」という位置指定につづけて「懸溝」と見え、No.22の二反にも「懸溝、自道東一」とある。そしてNo.56の次には「已上五丁八《九》反半卅歩《三百歩》、但此内一反**小野**《(小野溝)》内也」とあるところからすると、「懸溝」なる用水は、およそ六町歩の田地を灌漑する役割を果たしていたことになる。

この溝は、後の文化五年（一八〇八）三月二十五日付小山郷川通絵図（「賀茂」）には、「此川筋字掛ぞ川田地養水川也」として描かれているものに一致するから、「懸溝」は「かけみぞ」と読まれ、やがてそれがつづまって「かけぞ」となったことが推定される。「懸」が水を懸けるの意であることはいうまでもないであろう。

後には「かけぞ」は溝の名称から転じて字名化した。天正十三年（一五八五）十月二日の大徳寺総見院幷諸寮舎指出（『大徳寺』八―二五三七）において、同院領祠堂方所々散在田畠の内に、「小山郷内カケゾト号」とした一反が記載されているのはそれを示す。また、直後の天正十三年検地帳では、「ゥけそ」所在の田地五筆計五反四畝二〇歩が見え、天正十七年検地帳には「同（あまゥ垣内）ゥけそ」として三筆三反七畝一一歩、「ゥけそ」の一筆一反二畝二〇歩が記帳されている。また、宝暦改写小山村絵図では、「ゥけそ」と書き込まれた田地九筆が並んでいる区域が見いだされる。

「小天」復元図および小山村絵図によって、現在地を確認すると、「懸溝」の灌漑範囲は大体**北区小山西上総町**を北限とし、南は**小山南大野町**西半・**紫野東御所田町**東半部にまで及んでいたとしてよく、また、字名としての「ゥけそ」の区域は、ほぼ小山西上総町の中央部分に当たる。

【カシハ・柏・柏溝】 字「カシハ」の初見史料は、南北朝末期ごろの「往来A」である。同帳には童徳大夫・安藝前司・阿古黒大夫・春慶大夫・某と五名の氏人の往来田のうち各一反に「小山郷カシハ」と記されている。これは室町中期の「往来B」ではそれぞれ愛福大夫・太田左近将監・宮松大夫・治部少輔・徳寿大夫の往来田として現われ、いずれも在所が同郷「カシハ」・「柏」とある。これをさらに一〇年ほど前の宝徳三年（一四五一）諸郷地からみ帳と突き合わせて調べると、「往来B」の五反に該当する当時の往来田の給主がわかる。すなわち、順に愛福大夫・太田左近将監・孫有大夫・市宮鶴大夫・幸徳大夫である（多少不確かさの残るものもある）。

この結果、「小宝」復元図の上で、この五名の往来田の位置を探索すれば、その場所が「カシハ」ということになる。残念ながら愛福大夫の往来田だけは、私の見当外れか別人の名前になって出ているのかはわからないが、とにかくまったく「小宝」には見当たらないが、他の四者は突き止められる。太田左近将監往来田はNo.159、以下順にNo.152、No.205、No.165である。これらはNo.152孫有大夫往来田を北端として、割合近接した範囲に散在することが判明する。現在の町名では孫有大夫往来田は**北区小山北上総町**の西端あたりで、もっとも南にある幸徳大夫往来田は**小山上総町**の西北端、両者の中間付近に東に市宮鶴大夫、西に太田左近将監の往来田が位置している。両者ともほぼ小山北上総町南部である。

これで十五世紀中期の字「柏」の場所は大体明らかになったといってよいが、加えて「小宝」No.141時太鼓田一反半の前行に「柏溝ノ北ノ一」、当の太鼓田には「河原ハタ」と記されていることにも注意しなければならない。文化五年小山郷川通絵図（「賀茂」）と地籍図とを対比して検討すると、北から下ってきた幹線水系「**御用水川**」が、ちょうどこの田地の東側で東南へ流下する用水溝を分岐しており、小山郷川通絵図はこの用水に「此川筋、字柏溝・**烏子溝・辻ケ内**田地養水川筋也」と記しているのである。つまり「小宝」の記事と近世の絵図の示すところはぴったり一致するのであって、そうなると「小宝」No.141を字「柏」の北端としなければならないであろう。それは**小山花ノ木町**西北端に相当する。

さらにもう一つ見ておく必要があるのは、宝暦改写小山村絵図である。この絵図には賀茂川沿いに「カシハ」あるいは「柏」と記入した田地がおよそ四〇筆くらい発見される。そのうちもっとも北に位置するのは、「小宝」の記載順で指摘すればNo.196の奈良田一反である。これは前掲のNo.152孫有大夫往来田からさらに北へ一〇〇メートルほど隔たった場所で、その北を限るラインを西へ延長すると、それがこれも前掲のNo.141時太鼓田の南端を通ることになる。現在地は小山北上総町北西部である。絵図ではこのラインから南で「字柏溝・烏子溝・辻ケ内田地養水川筋」の両側に、「カシハ」の田地が細長くつながっている模様が見て取れるのであり、その南端は「小宝」No.258一反とNo.260二反のうち東側一反に該当する田地である。この両者には「カシハシリ」・「柏シリ」と記入してあるので、柏溝の流末がここであることがはっきりする。現在の**小山下総町**の東北部に属するから、先に捉えた中世の「柏」の範囲からすると相当南下した場所ということになる。しかし、これをもって字名の範囲が南へ拡大したと捉えるのは問題である。柏溝とはそもそも「柏」の区域を灌漑する用水であるところから生じた名称であるはずであり、この絵図の場合は、右の「柏シリ」という表現からも推察できるように、柏溝という用水のかかる田地にいちいち「柏」と記入しているのであり、それは字名とは必ずしも一致しない。本来の「柏」の区域はやはり前述の往来田古帳によってつかめる一帯と考えるのが妥当である。

ただ、天正十七年（一五八九）検地帳を見ると、字「カシハ」所在として九筆計一町四反五畝二九歩、つづいて「同、わきノ田」所在の七筆計五反四畝一〇歩が筆録されているが、直前に見える「**七反之内**」（「**七反垣内**」のことと思われる）・「**榊か本**」とのつながりを考えると、これは「柏シリ」の近辺の田地と見るべきかもしれない。しかし、今のところ確認することはできない。

なお、上記以外の関係史料として、「政所賦銘引付」（『室町幕府引付史料集成』上）に、文明十年（一四七八）十二月二十日、賀茂社供僧刑部卿円忠が「賀茂経所供僧田内カシハ壹段事、先供僧正寶院號沽却、嶋田知行之、於供僧田者一人不可有自専云々」と訴えたことが見える。供僧田すなわち経所田は、中世の「カシハ」の範囲に数筆確認できるので、そのうちの一反に関するものと推定される。

市制町村制では、上賀茂村の字名に「**柏辻**」（段別三町八反三畝五歩）・「**惣柏**」（段別五町七反六歩）があるが（段別は『京都府愛宕郡村志』による）、前者は「柏溝」と「辻ケ内」、後者は「**惣之溝**」と「柏溝」の頭文字を合わせて作った複合地名である。

【カラス子・烏子・カラスゴ・烏子溝】「往来A」に□玉大夫・阿古王大夫の往来田各一反の在所を「小山郷カラス子」と記しているのが初見。この往来田は、半世紀あまり後の「往来B」になると、それぞれ徳若大夫・丹波前司の往来田として出現する（後者の場合ちょうど字名が記されている部分が欠損しているが、他郷所在の往来田の在所が「往来A」と一致し、かつ欠損箇所も「小山郷」までは読み取れるので同定可能である）。さらに「往来B」にはもう一例「カラスコ」所在の一反を含む福寿大夫往来田が見いだされる。よって今度はこの三者の往来田の給主が、一〇年ほど前の宝徳三年当時には誰であったかを、諸郷地からみ帳とその復元図とを合わせ参照して追及してみると、それぞれ慶若大夫・丹波前司・鶴夜叉大夫であったことが判明する。「小宝」の場合はNo.171・No.73・No.175に相当するので、復元図で位置の特定が可能である。現今の地図では丹波前司往来田は北区**小山西上総町**のうち、慶若大夫のそれは**小山東大野町**の東端から**小山上総町**西端にかけて、鶴夜叉大夫のものは同町西端中央部に当たる。「小宝」No.209の刀禰往来田半には「次ノ西、カ宇スコ」（「宇」はひらがなの「ら」を「う」と読み誤り、かつそれを万葉がなで表記したための誤りと見られる）という位置指定も見いだされるが、この田地は現**小山北上総町**南部にあった。この四者は比較的近くにあり、ほぼ半径一〇〇メートルの範囲に納まると見てよく、それはちょうど小山郷の中央部やや北寄りの場所であった。

「小宝」より一世紀を経て「小天」になると、No.253の供僧田一反の前の行に「**柏溝西**、烏子」と記されており、復元図によるとこの田地は現小山上総町西部中央（大谷大学敷地）に位置していたことがわかる。そこを起点として「小天」記載の田地を順を追って図上でたどってゆくと、それは右のNo.253の田地の西端を通る道・溝の両側を、それに沿って北上し、No.275の大蔵大輔往来田一反に達して連続が途切れることが判明する。この往来田（「小宝」No.152孫有大夫往来田に一致）の位置指定は「次東上、**柏**一」であって、字「柏」の北のはずれに当たるが、同時にこの田の東北端まで南下してきた溝、すなわち文化五年（一八〇八）小山郷川通絵図（「賀茂」）に示される「字柏溝・烏子溝・**辻ケ内**田地養水川筋」が、そこで東西に分岐しており、ここまでたどってきた一連の田地群の中心を流れている水路は、西へ分かれたものであることが見て取れる。したがってこれが「柏溝西」であり、とりもなおさずこれこそ「烏子溝」であったのである。

「烏子溝」が往来田古帳に出てくる字「カラスコ」の区域を灌漑していたところから生まれた名称であろうことは、容易に推定できるが、宝暦改写小山村絵図にはこの溝に「烏子溝筋」と名称を書き、かつこの溝から水を引いている田地一枚ごとに「烏子」あるいは「カラスコ」と書き込んである。当然ながら、その範囲は上記の「小天」のものとほとんど完全に重なっている。「小天」No.253に該当する田地には「シリ」とあって、二世紀半を隔てていてもやはりこの田地が溝尻であることに変わりはなかったことを知りうる。

地名が出現する他の史料としては、元亀三年（一五七二）の大徳寺諸塔頭本役銭結鎮銭出分指出（『大徳寺』八―二五三二）のうち宗閑分指出に「カラスコ壱所　六斗代」とあり、また、天正十三年（一五八五）検地帳には「ゕらすこ」所在の田地一〇筆が出現し、同十七年検地帳では「カラスコ」として一九筆計一町六反二畝一五歩が書き上げてある。

この検地のすぐ後のものと推定される賀茂社読経所田指出帳（「賀茂」）には「小山郷東カラス子」の田地半、「カラス子」あるいは「カラスゴ」の田地数筆も記帳されている。

明治の市制町村制の下では、**上賀茂村字惣烏**があり、段別七町五反二畝四歩を数えた（『京都府愛宕郡村志』）。この「**惣烏**」は「**惣之溝**」と「烏子溝」の頭文字を合わせた複合地名である。

【川端田・川ノもゝ・川もた】　天正十三年（一五八五）十月二日の大徳寺総見院幷諸寮舎指出（『大徳寺』八―二五三七）のうち策監寺分に「同（小山郷）川端田」の「壱反八斗七升代」が見える。この場合「川端」は一般的に川の端を言っているのではなく、特定の字名であると見るべきであろう。すぐ後の天正十七年検地帳では、「川ノもゝ」所在の田畠七筆計六反二五歩が記載されており、これも明らかに字名であると見てよい。この検地帳ではこれより前に「**ひわりくひ**」・「**あなむし**」・「**ひうちりゝ**」・「**九り田**」などの字名の田地が連続しており、それらの近辺にあった字名と見られるが、下って宝暦改写小山村絵図では、「御用水川」西沿いの田地二か所に「川ハタ」・「川もゝ」と記入してあり、その前者は「穴虫」と記された田地の東隣であり、後者はその南やや隔たったところに位置している。すなわち「川」は「御用水川」を指しているのであり、右の想定に間違いがないことが立証される。

この二枚の田地のうち後者は、さかのぼって「小宝」復元図で調べるとNo.22一反に該当することがわかり、そこには「次ノ東ノ川ハタ」と位置が指示されている。さらにその田地の西へ溝を跨いだところにあるNo.21一反にも同じく「次ノ東ノ川ハタニ」と記され、またNo.22の艮に当たる「川」東の田地No.191一反にも「河ハタ」と記されている。「小宝」の場合「川ハタ」がすでに字名化していたかどうかはよくわからないが、少なくとも後に字名化する過程は見えているように思われる。現在地は**北区小山南大野町**・**小山中溝町**の東端から**小山南上総町**・**小山下総町**の西端に及ぶ区域である。

【キツ子ツカ・狐塚・狐墓】「往来A」に□蒸大夫・正有大夫・某の往来田のうち各一反の在所が「小山郷キツ子ツカ」とある。これが初見である。半世紀あまり後の「往来B」では、この三反は順に長鶴大夫・慶千代大夫・徳鶴大夫の往来田として現われるが、前二者の在所は「狐墓」と表記され、徳鶴大夫のものは「小山郷、新臺盤」とあって、字名は見えない。注意すべきは、「往来B」にはこの三反以外になお多くの「狐墓」所在田地が記載されていることである。すなわち日向前司・幸一大夫・民部大輔・有徳大夫・慶乙大夫の往来田各一反である。これだけの差異にはなんらかの訳があると思われるので調べてみると、日向前司・民部大輔・慶乙大夫の往来田については「往来A」の記事が欠失していること、残る幸一大夫・有徳大夫のものは「往来A」では備前前司・出雲前司の往来田であったが、両者とも「小山郷、佛聖院田」とだけあって、「狐墓」という字名の記載を欠いていることが判明する。かような理由であってみれば、ここで字「狐墓」の在所を追及するためには、やはり「往来B」に現われる往来田計八反の全体を対象にして検討することが必要である。

例によって、「往来B」よりも一〇年ほど年代の早い宝徳三年（一四五一）諸郷地からみ帳において、これらの往来田がなんという氏人のものであったかを、双方を突き合わせて探索してみると、長鶴大夫・慶千代大夫・幸一大夫については現在までのところ不明であるが、徳鶴大夫往来田は肥後前司往来田、日向前司往来田はおそらく阿賀大夫の往来田であったと思われ、民部大輔・有徳大夫・慶乙大夫の往来田はそれぞれ尊幸大夫・大乗寺左近将監・万三大夫のものであったことが明らかになった。「小宝」の場合には、肥後前司は発見できないので対象から除外せざるをえないが、阿賀大夫往来田はNo.90・No.384、尊幸大夫はNo.80、大乗寺左近将監はNo.98・No.111、万三大夫はNo.110・No.411（半反）として出てくる。同一人の往来田が二か所に現われるケースが三例あるが、このうち記載順番号が離れすぎている阿賀大夫のNo.384と、それと同様である上に田積も半しかない万三大夫のNo.411は、「狐墓」とは無関係としてよい。大乗寺左近将監の二反は他の田地との距離からすれば双方とも「狐墓」に入る可能性があるが、この際は万三大夫往来田の隣の田地ということでNo.111が該当すると見ておきたい。かくして近接していると見られるNo.90・No.80・No.

111・№110の四反が存在する区域、そこが字「狐墓」であるということになる。加えて「小宝」№84の御牛飼田一反には「次西、狐ツカ」という位置指定が見られるので、もう一枚この田地が区域の中に入るのは間違いない。

こうして検出した田地計五筆五反の在所を復元図で確かめると、それはほぼ小山郷の中央西端に当たり、西を「大道」（今の**新町通**）によって限られていたことがわかる。現在地は北は**北区小山下初音町**東半部・**小山下板倉町**西半部から、南は**小山北大野町**東北部・**小山西上総町**西端部に及ぶ区域である。

戦国後期の「小天」では、№57の半に「狐塚」と付記し、以下「次西」で連続する№58〜№62の田地のうち、最後の№62を除いてすべて「同」としており、また№63の隠岐守往来田一反には「狐塚、溝東」とあり、そこから「次東」で並んでいる№73までの田地の中でも、№69と№71には「同所」と記されている。「小天」復元図の該当部分について「小宝」復元図と対比すると、前者の№57は「小宝」№78、№63は「小宝」№88、№71は「小宝」№96と対応しており、そこから「小天」にいう「狐塚」もその区域の大半が前記の場所と重なることが明らかになる（西北部道路沿いの区域だけは合致するかどうか不明）。

ほかに関係事項としては、文明十三（一四八一）・十四年、御牛飼彌童丸が以前に「賀茂狐塚水田」二反を質入して銭一〇貫文を銭主灶屋新次郎から借り、銭主の所望で渡した証文をめぐって、彌童の子彌乙丸の方では質券であるといい、銭主側では永代沽券だと主張して訴訟に持ち込まれた事実がある（「政所賦銘引付」『室町幕府引付史料集成』上）。「小宝」によると、「狐塚」の区域にある№82〜№84の三筆三反、№85の二反、№87の二反が「御牛飼田」であったことがわかるから、右の訴訟における「狐塚水田」二反はこのうちいずれかと推測される。とくに№87に相当する「小天」№115・№116各一反のうち前者には、「祐乗坊田」を消して「水田」と書き込まれているところをみると、この二反であった公算が大きい。

近世以降の関係史料は、これまで管見に触れていない。

【キャウス】　天正十七年（一五八九）検地帳に字「キャウス」所在の田地七筆計九反九畝六歩が記載されている。これが今のところ唯一の所見である。同帳ではこの部分の前に「**もなうらけ**」・「**御馬田**」、すぐ後には「**カラスコ**」所在の田地が書き上げられているので、小山郷の字名であることは確実であり、字名の配列の状況から推測すると、その場所は「柏溝」と「烏子溝」の分岐点の南で、両者に挟まれた条里制の一か坪ほどの田積を有した区域であり、現在地は大体**北区小山北上総町**の中央部に相当すると見られる。「小宝」および「小天」の復元図によってその場所を調べると、前者では計八反の経所田、後者では計九反大の供僧田があったことがわかる（経所田と供僧田は同じもので、賀茂社読経所の所領たる田地をいう）。これによって「キャウス」とは経所田を略して「経所」と呼んだのが訛ったものであり、いつしかそれが字名となったという地名の由来が推測できる。

【クチハナツカ】　この地名は、「小宝」No.294の前の行に「**御両林**〔霊〕ノ戌亥角、垣極」と記され、「御両林」の右肩に小文字で「クチハナツカ」と注記してあるのが唯一の所見である。私は「ナ」の文字が「メ」とも受け取れる書き様であるのに惑わされて、最初は「クチハメツカ」と読み、『角川日本地名大辞典』26京都府上巻ではその名称で項目を選定して解説したが、最近「小宝」の復元図を完成させるのに苦しんだ過程で、これは「メ」ではなくて「ナ」であり、そう読めば意味もおぼろげながら見当がつくと考えるに至った。よってここではその読み方に改めた。その意味であるが、漢字を当てるとすれば「腐鼻塚」ではないかと思われ、もしそうとすれば、これは死したあるライ病患者を葬った墓だったのではないであろうか。推測が過ぎるかも知れないが、参考までに記しておきたい。

「御両林」は言うまでもなく「御霊林」のことであり、**御霊神社**の社叢を指すと見てよく、その西北隅に当たる神域の垣極にそれは存在したということになる。すでに墓はなくてその呼び名がただ地名としてのみ残っていた可能性もある。現在地は**上京区上御霊竪町**北部であろう。

【九ヶ田・九日田】 この地名の初見は「往来Ａ」所載の一若大夫往来田のうち一反の在所を「小山郷九ヶ田」と記しているものである。半世紀あまり後の「往来Ｂ」においては、この田地は金寿大夫往来田となって出現することが、両帳の比較対照の結果明らかになる。ただ、これだけでは地図の上で在所を突き止めることは不可能である。そのためさらにこれを一〇年前後早い時期の宝徳三年（一四五一）諸郷地からみ帳と突き合わせて検討すると、往来田古帳によれば**大宮郷芝本・ユノ木ヶ坪**の両所に半反ずつ存在するはずの田積が、地からみ帳では芝本で小が二か所、ユノ木ヶ坪では小と出てきて、多少の差異があるものの、河上・中村両郷の計三か所については、古帳のとおりに所在を確認できるので、宝徳三年当時には幸熊大夫往来田であったとみてまず間違いはないと考えられる。そうなると、「小宝」で幸熊大夫往来田を探し、その場所を復元図で確認できれば目的は達しうるのである。しかし、遺憾ながら「小宝」には幸熊大夫往来田はまったく見当たらない。大宮郷の場合は「大宝」の幸熊大夫往来田は「大天」では美濃守往来田となっているので、「小天」で美濃守往来田を探したが、これも見当たらない。こうなると、もう追究は行き止まりである。検地帳の欠失部分に入っていた可能性はあるが、確認できない以上同じことである。

残された一縷の望みは、近世のものではあるが、かなり小字名の記入がある宝暦改写小山村絵図に、当該地名が見当たらないかどうかを探すことである。絵図の地名を虱潰しに当たってみたところ、幸いにそれは見つかった。字「**火打田**」の南に「九日田、四人手」と記入した田地が三枚連続している。「小宝」ではちょうどその部分の記事が失われていて対照できないが、「小天」の方では対照可能なので突き合わせてみると、No.165・No.166の二筆計三反に当たることがわかる。そして、そのうちNo.165二反には「九日」と田地の種類が記載され、西隣のNo.164もまた同じである。つまり、字「九日田」はもともと同名の賀茂社神事料田（九月九日の節句に執り行なわれる神事のために置かれたもの）がその場所の地名となったものに他ならない。「小宝」・「小天」を調べると、田地の種類としての「九日田」はまだ何か所も見いだされるが、それが地名化したのはここだけのようである。東側にはNo.166〜No.169・No.172と五筆計五反の往来田があり、その中に美濃守往来田が見当たらないのが多少不審ではあるが、「九日田」と呼ばれた場所にともかく往来田があることだけは確認できる。「往来B」の金寿大夫往来田はおそらくそのうちのどれかに該当するものと見られる。かくて、現在地を確認することが可能になった。それは**北区小山南大野町**中央やや北東寄りである。

関係史料はなお若干見つかる。まず天文十年（一五四一）九月二十三日、清蔵口大みせ屋道誓作職売券（『大徳寺』二―九三八）は、「在所小山郷之内**中溝**九日田」の田地一反の作職を大森宗鎮へ売却したもので、下って永禄十年（一五六七）十二月十八日、この作職は大森秀盛父子から大徳寺へ売り渡された（同二―九五五）が、これには「作職之本役」の一部として、九月五日に五〇文を賀茂社の九日田頭人へ納めることが記されている。また、天正八年（一五八〇）六月二日、田地一反の作職を売却した新七郎入道後家やこ作職売券（『大徳寺』二―九六一）も、その田地の在所を「在所ハ小山郷内中みそ九日田也、西ハ備中屋田也、東ハむらさき野之田地、南ハなふて、北もなわて也」と記し、やはり「九月五日ニ五升しゆなうニ出申候」とある。この作職は天正十二年に至り大徳寺常住が買得した（同二―五六五）。これらの田地の在所表記が「九日田」に「中溝」を冠しているのは、前述のように九日田が各所に散在していたため、他と区別するためであろう。そして、ここで字名として取り上げた「九日田」は、文化五年（一八〇八）小山郷川通絵図（「賀茂」）にいう「中溝田地養水川」の東沿いに存在したのであって、「中溝」を冠するにふさわしい場所であった。なお、右に上げた作職田地二反のうち、後者の天正八年やこ作職売券に、「東ハむらさき野之田地」とあるのを見ると、これは大徳寺が先立って永禄十年に買得した前者の一反であった可能性が大きいと思われる。元亀三年（一五七二）の大徳寺幷諸塔頭本役銭結鎮銭出分指出（『大徳寺』八―二五三二）のうち方丈分指出に、「小山郷九日田」の一反が書き上げられているのも同じ田地と見てよい。

これよりのち天正十七年検地帳には、「九ヶ田」所在の上田四筆計四反二畝が記載されているが、前後に字「**ひうちりた**」・「**あなむし**」・「中ミソ」などの田地が出ていることから見て、この区域の田地として誤りはない。近代の市制町村制ではここは上賀茂村字中溝に属した。

【五反田・五反畠】 「往来A」所載の□郎大夫・慶千大夫の往来田のうち各一反の在所が「小山郷五反田」とあるのが初見。「往来B」では前者は和泉前司、後者は慶徳大夫の往来田として出現するが、在所の表記に変化はない。在所を突き止めるために、「往来B」より一〇年前後早い諸郷地からみ帳では、この両者が誰の往来田であったかを調べると、前者はすでに和泉前司のもの、後者は徳光大夫の往来田であったことが判明する。「小宝」にあってはどういうわけか和泉前司往来田は発見できないが、徳光大夫のものは二か所に出現する。No.38とNo.359がそれである。この両者のうちNo.38は字「**梅ゥ辻**」にあることが往来田古帳で明らかになるので、字「五反田」にあったのは後者に相違ない。「小宝」の復元図では、その東側すぐ近いところに、「五段畠次ノ岸ノ上、西」という位置指定がなされた。No.355神人往来田一反が見つかるが、その田地からNo.359の徳光大夫往来田まではまさに五筆五反あり、まわりを道・溝に囲まれた一区域をなしている。ここが「五反田」であったとして間違いないであろう（「五段畠」の方は、「五反田」の東隣にあった「極楽寺雑役田」二筆五反を指したと思われる）。

この場所は「小宝」の復元図で調べると、賀茂川堤防に近いところで、現在の**北区小山堀池町**北部から**小山東花池町東南端**にかけての区域である。

【五段田の坪・五反田・五反ゥ垣内】 永正十四年十月二十日の二郎左衛門父子連署田地売券（『大徳寺』二―八八六）は、「永代売渡申小山之郷之内**はなからけ**の西をさわふて、あさな八五段田のつほ、此内一段、我ゝ知行申處そのかくれなし、従本所前の事者、西陣長福寺江参斗納申候」と記し、当該田地を四郎次郎入道（西野盛寿）へ売却している。その後大永二年（一五二二）四月二日、買得人盛寿はこれをきわたや（黄檗屋）御福へ売渡し（同二―八九三）、翌々年御福はさらに笑雲軒へ沽却したが（同二―九〇二）、この二通の売券では当該田地の在所は「小山郷之内花から け、字五段田のつほひかしのはしなり」と記されている。字「はなからけの西」とあるところから、この「五段田」が前項の「五反田」とは別の場所であることが明白になる。「はなからけ」は小山郷の北部である（当該項参照）。

この後、「小天」No.391一反に「**五反田内**」とあるのが見いだされる。復元図が完成しているため、これは「五反田」の場所を確認するための最適の手がかりである。図を調べてみると、ここにはNo.391からNo.396まで東から西へ六筆計六反半の長地が連続しており、これだけの区域が「五反田」と呼ばれていたものと考えられる（No.396の西隣はNo.84二反で、これには「**楽田、東一**」とある）。田積と名称が一致しないが、これは理由があるので、さかのぼって「小宝」の復元図を参照すると、この区域の西端には「五段　壱花庵「長福寺」（朱筆）」という田地（No.118）が見いだされる。これこそここが「五反田」と称された所以である。また最初に引用した売券に「西陣長福寺江参斗納申候」とあるのとも符合する。なお、「小天」ではこの北にある田地No.397の遠江守持一反に「花結溝、南一」とあるが、これも同じ売券に「はなからけの西をさわふて」とあるのと符合するのである。

天正十三年（一五八五）検地帳には字「五反田の坪」の田地一一筆計一町二反九畝七歩が記載されている。前に「**たいこてん**（太鼓田）」、後に「ゥくてん（楽田）」の字名が見えるので、東から西へと検地が進行したと見てよく、かつ「小宝」・「小天」の場合よりも田地の筆数が多くなっていることがわかる。四年後の十七年検地帳では「同所五（ゥくてん）反ゥ垣内」として三筆計五反一畝が書き上げられており、一転して様相が変わっているが、これは「小宝」No.118の五反にそのまま当てはまるものと見てよい。

現在地は**北区小山板倉町**東北部から**小山花ノ木町**西北部にかけての区域である。

【コナ・こなゥ坪】「小天」No.52半の位置指定に「次北、コナト号」と見え、「次東」のNo.53一反にも「同」とある。さらに「次東」で連続するNo.54〜No.56の三筆計四反も、「同」の記載は欠くがやはり同じ字名に属したと考えられる。No.56の次は集計記載になっており、「**懸溝**」関係の田地がここで終わる点から見て、そう考えるのが自然である。天正十三年（一五八五）検地帳に「こなゥ坪」として四筆計五反九畝一〇歩が記されていることもこの見方を支持するものであろう。同十七年検地帳では、同じ字名で一八筆計二町一反九畝一〇歩もの田地が書き上げられているが、引き続いて出現する字名が「**梅ゥ辻**」・「**ひわゥくひ**」・「**あなむし**」・「**ひうちゥゝ**」などである点から考えて、この中には上記の「コナ」の場所からさらに南へ、「梅ゥ辻」・「ひうちゥゝ」にかけて連なる横田一〇数筆が包含されているとみて間違いない。「小天」の「コナ」および天正十三年検地帳の「こなゥ坪」の場所は、現在の**北区小山西上総町**の中央付近（立命館中・高等学校敷地）である。

なお、他の史料では、元亀三年（一五七二）のものかと推定される大徳寺瑞峯院幷諸寮舎諸末寺門前田畠指出（『大徳寺』五―二〇一一）のうち楮庵分に、「小山郷コナ」所在の「壱所五斗」が見え、天正期のものと思われる賀茂社読経所指出帳（「賀茂」）にも、小山郷「コナカ坪」の二反が見いだされる。これは「小宝」・「小天」の復元図で確認される当所の経所田（供僧田）二筆三反のうちの一所二反に該当するものと見て誤りないと思う。

【小山ノ堂】　「小宝」No.265の二反（名主職所有者は小原殿）の位置指定に「小山ノ堂ノ前、南」と記されている。当時「小山ノ堂」と呼ばれる堂舎が存在したのである。第二章第四節で記述したように、「小宝」の復元図作成はこの付近では必ずしもスムーズにはいかなかったので、この堂の位置もまったく不動とはいえないが、一応No.261雑役田二反のすぐ西にあったとみなした。もし動くとしてもそのすぐ西南の区画しか考えにくい（第二章第四節第一項参照）。ここでは便宜両方含めて現在地を指摘することにする。ほぼ**北区小山下総町**の中央北部と見てよい。集落の中の堂ではなく、周辺はすべて田地である。ただ、ここは小山郷のほぼ中央を北上して上賀茂へ至る「賀茂タケガハナ道」（宝暦改写小山村絵図の表記）から東へ五〇メートルばかり入った場所であるから、例えば地蔵菩薩のごときが祀られていて、往還の人々が拝し、また小憩をとったところなのかもしれない。

【榊田・榊本・サカキノモト・榊か本】　「往来A」所載の愛千大夫往来田のうち一反の在所が「小山郷榊田」とあるのが初見。もともと榊の木が田地の傍に生えており、そこから木の名を冠した字名が生まれたと見られる。後述するように長く残った地名であるところをみると、おそらくは榊の木も数百年の長い生命を保持したのであろう。

「往来A」より半世紀あまり後の「往来B」では、かつての愛千大夫往来田は預大夫往来田として出現する。在所は「サカ木タ」と表記されている。現在地を突き止めるために、それより一〇年前後早い宝徳三年（一四五一）諸郷地からみ帳に出てくるこの往来田の給主を、他郷所在の田地四か所の字名をたよりに探索すると、鶴彦大夫であったことがわかる。「小宝」ではNo.259として出てくる。よって復元図で場所を求め、現今の地図と照合すると、この田地は現**北区小山下総町**中央東北寄り、**烏丸通**あたりに位置したことがわかる。

下って「小天」No.216一反の場所指定には「次東、榊本」とあり、「榊」は冠するが下の字が異なる字名が発見される。それで宝暦改写小山村絵図に、「榊田」もしくは「榊本」という字名が記入されているかどうかを調べてみると、前記の「小宝」No.259一反のすぐ北、道・溝を越えた場所にある田地に「榊本」と見える（これは「小宝」ではNo.260雑役田二反、「小天」ではNo.220二反に相当する）。これが南北朝・室町期の「榊田」に一致することも、同時に明らかになるのである。一世紀を経て地名に若干の変化があったということであるが、しかも依然「榊」を冠する地名が残ったのであるから、それは世紀を越えて榊の木が生き続けていたことを物語るものでもあろう。

元亀三年（一五七二）のものと推定される大徳寺瑞峯院幷寮舎末寺門前田畠指出（『大徳寺』五―二〇一一）のうち常住分には、「小山郷サカキノモト」所在の「壱所壱石四斗」が発見され、年貢とは別に賀茂社へ御結鎮一斗を負担していたことがわかる。また、天正十七年検地帳には「榊か本」の字名で上田二筆計一反八畝が書き上げられている。この二筆は前記「小天」No.220二反に該当するのではないかと思われる。

【シ子ウ・ヂ子ウ・ちねようてん・ちにやう】 天正十三年（一五八五）十月二日の大徳寺総見院幷諸寮舎指出の祠堂方所々田畠散在分のうちに、小山郷「シ子ウト号ス」とある二筆二反が見え、同じ指出の印蔵主（傳叟紹印）分にも同郷「ヂ子ウ」所在の一反がある。また、直後の天正十三年検地帳には「ちねようてん」所在の田地四筆計二反四畝二〇歩と畠一〇歩が記載され、別の場所にも「ちにやう」として田地三筆三反五畝一〇歩が書き上げられている。

この地名に関してこれまでに管見に入った史料はこれだけで、遺憾ながら確実に現在地を突き止めるまでには至っていない。ただ、検地帳の「ちねようてん」の場合は、前後の記事を調べると、この字名が出てくるまでに「小山のした」を肩書きにして一〇〇筆ほどの畠地（他に田地が一、二筆）が書き上げられ、一畝に満たない面積のものも多いこと、そのあとに字「**森の下**」の田地四筆四反七畝が記され、また「ちねようてん」の次には「**堀け**」・「**御りやう口北**」の田地が見えることなどの特徴が見て取れる。「小山のした」が小山郷の南を指していることは容易に推察がつくし、「小宝」の復元図作成の結果、御霊の森の北側にはおよそ六町歩の畠が存在したことがはっきりしている。さらに「堀け」は「堀池溝」が灌漑する田地群の在り場所すなわち現在の**北区小山堀池町**の近辺であり、「御りやう口北」はその南に接する**北区新御霊口町**付近であろうことも大体明白である。とすれば、「ちねようてん」もまた両町々域あたりに存在した字名と見て、大きく的が外れることはないであろう。「御りやう口」の「北」に近かったということで、小山堀池町の町域あたりがもっとも可能性が大きいのではないかと思う。

同じ検地帳の別の場所に出てくる「ちにやう」は、はたして右の「ちねようてん」と同一区域を指すのかどうかよくわからないが、「ちねようてん」の「てん」はおそらく「田」で、これを取り去った「ちねよう」と「ちにやう」とは、やはり同一と見るのが妥当と思われる。同じ字名に属する田地が検地の進め方の都合で二か所以上に分かれて記載される例は乏しくない。しかし、一応別個に前と同様の検討をやってみると、「ちにやう」の場合は前に「**へいしつほ**（**瓶子坪**）」・「**北山**」の字名が出現し、後には「**しやな田**」・「**辻内**」がつづいている。うち現在地がつかめるのは「瓶子坪」と「辻内」だけで、前者は**小山上総町**中央南部に当たり、後者はその東および東南で、小山上総町から**小山東花池町**にかけての区域であった（当該項参照）。小山堀池町からすれば西北に接している。これだけでは同一の区域と証明するのも難しいし、可能性皆無ともいえず、隔靴搔痒の感は拭えないのであるが、今はこれ以上推測のしようもないので、判明する事実だけを記して後考に委ねることにしたい。

【すいてん・水田】　天正十三年（一五八五）十月二日の大徳寺総見院幷諸寮舎指出（『大徳寺』八―二五三七）のうち印蔵主（傳叟紹印）分に、「小山水田内大　四斗五升六合　西蔵口与二郎」とある（「大」の字の上に大宮郷を意味する「大」が朱筆で書き加えられているが、省略した。ただし、前後に小山郷の田地が並べられているところから見ると、これは田積の「大」に引きずられた誤記であろう）。すぐ後の天正十三年検地帳には「同《（キャウス）》、すいてん」を肩書きにした上田一反四畝が記載されている。下って宝暦改写小山村絵図では、「小宝」No.190孫童御牛飼田二反（「小天」ではNo.183二反）に該当する「**御用水川**」（文化五年小山郷川通絵図の表記）東沿いの田地に、「水田」と書き入れてある。これは現在の**北区小山南上総町**西端中央南寄りに当たる。以上の三つの史料に出てくる「水田」所在の田地が同一の場所にあったものと断定する根拠は乏しいが、一応列挙して後考に俟つ。

【角田・スミタ】　「角田」というのは元来道や溝で区切られたある田地群の角に位置する、多くは三角形状の田地を指す呼称であるから、めずらしい地名ではなく、あちらこちらに見つかる。現に宝暦改写小山村絵図を調べた限りでも、五か所は見いだされる。しかし、ここで取り上げる「角田」はそのすべてではなく、小山村絵図には出てこないものを含めて特定の三、四か所である。

「小宝」No.109経所田一反の場所指定に「次ノ西、角田」とある。また、No.177雑役田一反にも「次ノ東、角田」と記されている。復元図で確かめると、前者は大宮・小山両郷の境界にあたる「大道」が東西に通る畦畔と交差する地点の東南角に位置する字義どおりの角田である。現在の**北区小山初音町**東部中央南寄りである。これは上賀茂村に属するため小山村絵図には出てこない。また、後者は正三角形に近い形状を呈し、その頂部で道・溝が二つに分かれている場所で、現**小山東大野町**東部中央あたりである。西側の道は「**賀茂タケガハナ道**」（宝暦改写小山村絵図の表記）に当たる。この田地は小山村絵図にも「角田」とある。

「小宝」より一〇年ほど後の「往来B」でも、No.128愛若大夫往来田のうち一反の在所が「小山郷スミタ」となっている。これは往来田であるから、前二者とはまた別の角田と見なければならない。在所を突き止めるためには、復元図が利用できる宝徳三年地からみ帳において、この往来田が誰のものであったかを解明するのが望ましいが、遺憾ながら現在のところそれは不可能である。ただ、往来田であるという性質を考慮して、先の小山村絵図に出てくる「角田」の残りすべてについて、「小宝」復元図と対比して検討してみる余地は残っている。それを試みると、該当するものが一例だけ見つかった。№37乙千代大夫往来田である。しかし、宝徳の乙千代大夫往来田は、「往来B」でも依然乙千代大夫が給主として出てくることが、他郷所在の往来田を含めて検討することにより明白になっているから、これは外さざるをえない（乙千代大夫往来田の小山郷所在の一反の在所は「**ヨコ枕**」である）。最後に小山村絵図の範囲には入らない部分で、角田にふさわしい地形の往来田を探すと、№133長鶴大夫往来田が該当しそうである。しかし、これも「往来B」の愛千大夫往来田と同一であることを証明するための証拠は不足しており、なんとも言い難い。結局今のところ在所は確認できないのである。

つぎに「小天」№184一反も「角田」と記され、№241一反も同様である。うち前者は「小宝」では記事を欠くが、現在地は復元図を利用して突き止められる。**小山西上総町**の西南端である。小山村絵図ではこの田に「角田」とは記していない。後者は先にあげた№177に一致することが、復元図の対比によって確認できる。

天正十三年（一五八五）検地帳には、「すミゝ」を肩書きにした田地八畝が記されている。前には「**梅ゥ辻子**」・「**ゥけそ**」、後には「**ミそてん**」・「**中ミそ**」の字名が見られるから、この田は小山村絵図に出てくる「角田」の一つ、「小宝」復元図でいえば№37乙千代大夫往来田一反に該当するのではないかと思われる。とすれば、在所は現**小山南大野町**中央北部である。また天正十七年検地帳では、「同所《(川もゝ)》すミゝ」として上田一反二畝一〇歩が出てくるが、こちらは前に「**ゥらすこ**」・「**五丁田**」・「**さうのミそ**」・「**川もゝ**」などの字名が並び、後には「同所《(川もゝ)》**ほりけ**」と再度「さうのミそ」が出現するので、また別の角田であるとしなければならない。この場合「川もゝ」の角田であり、すぐ後につづく一〇筆が「同所《(川もゝ)》ほりけ」であることから、「川」は賀茂川を指すと見るのがもっとも妥当であり、とすればこの「すミゝ」は、小山村絵図にある「角田」の一つで、現**小山東花池町**東南部（すぐ南が**小山堀池町**）にあった三角形の田地であったと見てよいであろう。

【サウノ溝・惣之溝】「小天」No.177一反半の前の行に「サウノ溝」とあるのが初見かと思われる。これはNo.177からNo.252に至る七六筆計八丁九反の田地群を灌漑する用水の名称として記されているものである。この田地群に関する同帳の記事には、「**角田**」（二か所に出る）・「**初田**」・「**榊本**」・「**ヨコ田**」・「**堂下**」の字名が出現し、復元図が完成していることと相俟って、関係区域の全体を地図上で押さえることができる。それは北端が現**北区小山下花ノ木町**西南端で、そこから南の**小山西上総町**東半の一部、**小山東大野町**東部、**小山上総町**西南部、**小山西上総町**・**小山下総町**のほぼ全域を包含する区域である。「サウノ溝」はその北端部で「**御用水川**」（下記小山郷川通絵図の表記）から分かれてこの区域を灌漑し、さらに南部では本流（つまり東股）と西股とに分かれて南下していた。文化五年（一八〇八）の小山郷川通絵図（「賀茂」）は、その様相を描きだして「此川筋惣之溝養水川筋也」と記載し、さらに南部で分岐して西側を通る溝には「字惣之溝西又」と記入してある。さかのぼって、天正十七年（一五八九）検地帳では「さうのミそ」の田地約二〇筆を記載し、宝暦改写小山村絵図では、関係区域の田地個々に「惣之溝」と記入している。市制町村制における**上賀茂村**の字名「**惣柏**」・「**惣鳥**」・「**惣下**」の「惣」は「惣之溝」の頭文字をとったものである。

【タモトノ本・田本ノ本】文明十五年（一四八三）十一月三日の四郎兵衛外二名連署百姓職売券（『大徳寺』二―八三六）に、当該百姓職田地一反の在所を「在坪小山郷之内タモトノ本之在」と記しているのが初見。売主として連署している四郎兵衛・新左衛門・中務の三名は、売券の文言に「刀禰中仁依有用要」と記されているところから、賀茂社の刀禰の代表者であったことがわかる。また、この売券は一連の手継券文の最初のものであり、端裏書があって、それには「**五段田**タモトノ本」と見えることが注意を惹く。この田地の百姓職は最終的には天正十二年（一五八四）十二月に、大徳寺常住へ売り渡される（同二―九六四）が、この時の売券には「在所ハ小山郷之内、字たもとの本刀禰田也、東ハ限畔、西ハ限類地也、南ハなわてヲ限、北ハ限井溝也」と見え、「十月ニ年貢米五斗、賀茂升にて毎年刀禰方へ納也」ともある。これでこの田地の在所は別称「五段田」であり、賀茂社の刀禰田であったことが明白である。他に在所を特定するための有効な史料がないので、この点は貴重な手がかりである。「五段田」（「五反ゥ垣内」）はすでに前述したように、**北区小山板倉町**東北部から**小山花ノ木町**西北部にかけての場所で、「小宝」・「小天」の復元図では、いずれも当該区域の東部に「刀祢中往来」・「刀祢給」と記された田地一反が見いだされるのである。天正十二年の売券で類地とされている西隣の田地は、「小宝」によると奈良田二反であった。名称から推察されるように、これは奈良社の神田であり、賀茂社関係の役人に名主得分相当の年貢が納められる田地ということではまさしく類地であった。これで字「タモトノ本」は「五段田」（「五反ゥ垣内」）と重なり合う関係にあったことがほぼ確かめられたと思う。なお、天正十三年のものかと推定される大徳寺幷行力指出（『大徳寺』八―二五四八）に記載されている「同（小山郷）字田本ノ本」所在の一石五斗代（ただし、「此外五斗賀茂へ御結鎮本役ニ出之」とある）の田地一反は、前記の売券にある田地と同じである（斗代・御結鎮の額・作人名ともに一致）。

【辻内・辻ケ内】 天正十三年（一五八五）検地帳に「辻内」の字名で一二筆計一町一反一畝一〇歩が記載されている。また、後に宝暦改写小山村絵図では、賀茂川の西岸に近い区域で「辻ケ内」と記入した田地計一七筆が見いだされる。筆数に若干差異はあるが両者は同じ区域と思われる。そのもっとも北に位置する田地は「小宝」No.403（「小天」ではNo.296）、南端は同No.360～No.362（「小天」No.306～No.308）に相当する。文化五年（一八〇八）の小山郷川通絵図では、この区域を灌漑する用水に「此川筋字**烏子溝**・**柏溝**・辻ケ内田地養水川筋也」と記入してある。現今の地図では、**北区小山北上総町**東南端から**小山上総町**東部・**小山東花池町**を経て**小山堀池町**の西北端にかけての区域である。近代市制町村制下の**上賀茂村字柏辻**は、柏溝と辻ケ内の頭文字をとった複合地名で、その段別は三町八反三畝五歩であった（『京都府愛宕郡村志』）。

【堂下・堂本・堂ウ本・堂ノもと】　「小天」No.251一反大三〇歩の在所として「堂下」と出てくるのが初見。この部分は「サウノ溝」かかりの田地群の最終部分で、「次東」のNo.252（田積は同じ）も、その次の行に集計記載が見えることからすると、同じ字名に属したと見るのが妥当である。宝暦改写小山村絵図でもNo.252相当の田地に「堂本」の字名を記し、かつその北東隅の道沿いに「塚・休野」として色分けされた小区域が見られる。おそらくはそこに「堂」が存在したとみて間違いあるまい。復元図を介して現在地を調べると、**北区小山東大野町**東部、紫明小学校の敷地に相当する。

元亀三年（一五七二）の大徳寺拾雲軒分本役銭結鎮銭出分指出（『大徳寺』八—二五三二）には「堂本一所　弐斗九升代」が出現し、天正十三年（一五八五）十月二日の同寺大仙院幷諸寮舎指出（同八—二五三七）のうち「拾雲軒幷舜蔵主」分にも、これと同一と考えられる小山郷「堂本」の「小　弐斗六升四合」が記載されている。その後天正十七年検地帳には字「堂ノもと」所在の一二筆計六反九畝九歩が見えており、これは南部の田地群を含めているものと推定される。

【中溝】　小山郷内の用水路の名称で、「小天」No.158一反の在所が「中溝、**横田**」と記されているのに始まり、一九筆計四丁八反半の田地が同溝の水がかりとされている。この中にはNo.170に「**火ウチ形**」、No.175に「中溝、**ミノワ**」など字名の記入も見られ、復元図により現在地を知ることができる。**北区小山南大野町**東部と北の**小山東大野町**の一部に相当する。文化五年（一八〇八）の小山郷川通絵図（「賀茂」）では、「**御用水川**」から西へ分岐して右の区域の西沿いを南下する用水路（現小山南大野町中央西寄り）に、「此川筋、字中溝田地養水川也」と記入してある。さらに宝暦改写小山村絵図では「中ミそ東又」・「中ミそ西又」の記入も見られ、小山南大野町の南部でこの溝が東西に分岐していた様子が看取できる。

天文十年（一五四一）九月二十三日の清蔵口大みせ屋道誓作職売券（『大徳寺』二―九三八）とその手継券文（同九五五・九六一・九六五）に見える「合壱段者、在所小山郷之内中溝九日田也」の「中溝」はこの溝を指す。天正十三年（一五八五）検地帳には「中ミそ」所在の田地一七筆計一町一反一五歩が出ており、同十七年検地帳では「中ミソ」の三筆計二反四畝一五歩が記載されている。筆数・田積が前者より極端に少ないのは、これが前後の「**あなむし**（穴虫）」・「ひうちゥゝ（火打形）」・「**九日田**」などと同じく小字名になっているからで、前記の小山村絵図にはそれが記入されていて、復元図を介して在所が確認できる。現在の小山南大野町東北部に当たる。

【中野、京路】「小宝」No.195の前の行に「同《（三月）》廿八日分、中野、京路ヨリ東」と記されているのが唯一の所見。いうまでもなくこれは三月二十八日分の検地の範囲を示す文言である。それで「小宝」の田地の記載順をたどって当該区域を復元図で押さえれば、その西端を通る道路がとりもなおさず「中野、京路」ということになる。それは現在の**北区小山北花ノ木町**の西南端あたりで「**賀茂タケガハナ道**」（宝暦改写小山村絵図の表記）から分かれて、東南へ一二〇メートルほど下がり、**小山北上総町**西北部から**小山上総町**西部・同**南上総町**中央部を経て南下していた道路である。

【七反カ垣内・七段田】「小宝」No.256経所田三反の位置指定として「次ノ下ノ坪、東ノ一、七反カ垣内」と見えるのが現在のところ唯一の所見である。復元図を見ると、この田地と「次ノ西」のNo.257尊勝院田（「但、経所田ゥ」とある）三反、さらに「次」のNo.258一反の計三筆七反が、四囲を道・溝で囲まれた一区域をなしており、その全体を指した字名であることが明白になる。現在の**北区小山下総町**東北部である。天正十七年（一五八五）検地帳には「七反之内」という字名で上田一筆九畝が見えるが、すぐつづいて「**榊か本**」の二筆一反八畝が記されているところから、これは右記の「小宝」No.258に相当する田地であると考えられる。また、元亀三年（一五七二）のものと推定される大徳寺瑞峯院幷寮舎末寺門前田畠指出帳（『大徳寺』五―二〇一二）の「常住」分には「小山郷七段坪」の「壱所弐石」が記載されているが、この「七段坪」は「七反垣内」と同じではないかと思われる。さらに、天正期のものと見られる賀茂社読経所指出帳（「賀茂」）には、宰相公忠継分に「小山郷七段田ノ内」として二反、宮内卿公舜祐分に同じ字名で四反が見える。これも経所田であるところからすれば次項の「**七反田**」ではなく、この「七反カ垣内」の田地であると見るべきであろう。

【七反田】「往来A」所載の幸松大夫往来田一反の在所が「小山郷七反田」と記されている。この田地は「往来B」では安藝前司往来田として出現するが、そこでは「小山郷、新臺盤」とだけあって、字名は記されていない。現在地を探すためには、一〇年ほど前の宝徳三年（一四五一）諸郷地からみ帳において、この往来田の給主が誰であったかを突き止める必要があるので、その作業を試みると、松寿大夫であったということがわかる。「小宝」ではNo.207一反に当たるが、そこには「松寿大夫往―」の右傍に「安藝ニナル」とあるから、この同定に誤りはない。そこで、No.207の田地の在所を復元図で探すと、現**北区小山北上総町・同上総町**町界の中央東寄りにあったことがわかる。この田地を含めて計七反の田地群に付された字名と推定されるが、北側の境界が確定しがたい。

【初田】「小天」No.193半の在所が「八西《（ママ）》、初田」、No.197半にも「次西、初田」と記され、No.201一反にやはり「初田」、つづくNo.202～No.204の三反にはいずれも「同」とある。これによって当該字名の区域が大体突き止められる。復元図を介してその現在地を指摘すると、**北区小山下総町**西南部である。ほかには関係史料が見当たらない。

【八段坪・八段田】永和四年（一三七八）十一月十八日、岩松兵衛尉を「小山郷松明田」三反の作人職に補任した賀茂大神宮政所下知状（『大徳寺』二―八〇五）に、当該田地の場所が「在所八段坪内西寄参段」と記されているのが初見。この文書には永正十二年（一五一五）十二月二十一日に、「字八段田西ノハシ　一反半」を永代買得した旨を記した西野盛寿の裏書があり、在所が「八段田」とも呼ばれたことがわかる。残る一反半も三年半ほど後に盛寿が買得し（同二―八八三）、さらに大永六年（一五二六）に至り、盛寿から大徳寺へ一括して売却された（同二―九〇四）。

この三反は賀茂社へ松明料計九〇〇文を出す松明田であったから、郷内のほとんどすべての田地の種類を記載している「小宝」によってこの松明田を特定することができれば、復元図の上でこの字名の在り場所がつかめることになり、現在地が判明するはずである。よって「小宝」の記事を総捲りした結果、同帳に記載されている「松明田」は、No.153一反・No.338三反だけしかないことが突き止められた。該当すると思われるのは田積から見て後者である。当該区域の復元図は多少推定が入ってはいるが、前記下知状以下の文書が示すとおり、No.338松明田三反が西端に位置し、「次ノ東」にNo.339の御酒田四反、その又「次ノ東」にNo.340御壇供田一反があって「路」に至るという適合的状況を呈しているのであって、この道・溝に囲まれた計八反の田地が「八段坪」あるいは「八段田」と呼ばれていたことは、間違いなく立証できる。現在地は**上善寺**の西、**北区小山堀池町**東南部である。

【ハナカラケ・鼻からけ・花からけ・花結（溝）・花搦】「往来A」の菊有大夫・蓮一大夫の往来田各一反の在所が「小山郷ハナカラケ」と記されているのが初見。これは半世紀あまり後の「往来B」ではそれぞれ尊賀大夫・光鶴大夫の往来田となっているが、在所の表記に変化はない。また、「往来B」では愛音大夫往来田の一反も同所にあったことがわかる（「往来A」では該当部分の記事が欠失）。作成年代がこれより一〇年ほど早い宝徳三年（一四五一）の諸郷地からみ帳では、この三者はそれぞれ尊賀大夫・豊寿大夫・愛音大夫の往来田であったことが確かめられる。「小宝」の場合にはNo.127・No.128・No.129と連続する三反に相当する。[1] さらにNo.129の東隣にあるNo.125二反が「所司大夫鼻からけ田」であることも注目される。所司大夫に対する一種の給田と思われるこの田地の性格はよくわからないが、「鼻」の字が用いられていることからすると、「ハナカラケ」は元来（牛の）鼻を絡げるという意味だったのかもしれない。いずれにせよ、これで「小宝」復元図により在り場所を押さえることが可能である。現在地はほぼ**北区小山上板倉町**西端部である。

　その後、永正十四年（一五一七）十月二日の二郎左衛門父子連署田地売券（『大徳寺』二―八八六）には、「小山之郷之内はなからけの西をさわふて、あさなハ**五段田のつほ**」の一反を沽却する旨記されており、その手継券文のうちの一通大永四年（一五二四）十二月二十七日、黄檗屋御福田地売券（同二―九〇二）では「在所者、小山郷之内花からけ、字五段田のつほひかしのはしなり」と見える。これは「ハナ」を「花」と表記している初見であり、また「花からけ」の中に「五段田」という小字が存在したことを物語るものでもある。「五段田」は復元図では「小宝」No.125の「鼻からけ田」の東南に位置する区域を指し、現在の**小山板倉町**東北部である。なお、上記の一反は永禄十年（一五六七）に至り大徳寺が買得した（同二―九五六）。

　つづいて「小天」では、最後尾にNo.397からNo.430まで三四筆計三町歩の「花結溝」から引水する田地が記載されている。同帳の復元図によれば、この三町歩は右記の「五段田」の北を通る道・溝より北に存在する田地群で、北は**紫竹上高才町**東南部・**小山西玄以町**南端部に及ぶ区域である（ただし、**小山上初音町**東北部に当たる字「**尼垣内**」の部分は除く）。「花結溝」はその中を縫って南下する用水であった。前記「小宝」No.127～No.129・No.125の田地は、この区域の南端部である。「結」はもとは「絡」を書いていたのが転じたものかも知れない。

　天正十三年（一五八五）検地帳では二一筆、同十七年検地帳では二四筆の田畠が「はなゝらけ」所在として記載されており、詳細はわからないが、上記「花結溝」かかりの田地群に含まれるものと考えられる。下って近代の旧小山郷北部田地図では、計一二筆の田地に「字大野花搦」とある。うち一〇筆は上記「花結溝」関係田地の南端部、二筆は字「尼垣内」の北隣（**小山西本町**東南部）である。なお、市制町村制下の**上賀茂村字花賊**〔緘〕の「花」は、中世以来の「花からけ」の頭文字が残ったものである。ちなみに、字花賊の反別は四町九反七畝一四歩であった（『京都府愛宕郡村志』）。

【ヒ宇チ形・火打形・火打田】「小宝」№36に「次西、ヒ宇チ形」として益有大夫往来田一反、つづく№37に「次北、溝ノ上、ヒ宇チ形」として乙千代大夫往来田一反、№46に「火打形、乙千代大夫往-次北」の尾張前司往来田一反が記載されているのが初見。いずれも往来田であるから、往来田古帳に記載されているはずであるが、「往来A」・「往来B」ともこの字名は見当たらない。字名の記載がないかもしくは別の字名で登場しているものと推察されるので、右の各氏人の往来田のうち他郷所在の田地の在所を復元図で探し、それを援用して三者と同一の往来田古帳には誰のものとして出ているかを突き止めようと試みたところ、益有大夫往来田についてはまだ不明であるが、乙千代大夫往来田は、「往来A」の孫王大夫、「往来B」では同じ乙千代大夫のものであること、尾張前司往来田は「往来A」の長益大夫往来田、「往来B」では依然尾張前司往来田であることが判明した。前者は両帳とも「小山郷**ヨコ枕**」所在とあり、尾張前司往来田は「往来B」だけに字名が出ていて「小山郷**ヨコタ**」として出ているのである。それはともかく右の往来田三反の在り場所は、「小宝」復元図によって押さえられる。現在地は**北区小山南大野町**中央北部である。なお、「小天」№170藤徳大夫往来田一反は「次北、但火ウチ形」と場所指定がなされているが、これは「小宝」№36と同一の田地である。

下って天正十七年(一五八九)検地帳では、「ひうちゥ〔ぅ〕」の田地一筆一反一畝五歩が出てくる。さらに宝暦改写小山村絵図には、「小宝」№36に該当する田地に「火打田」と記されている。天正検地帳の一筆もおそらく同じ田地であろう。三角形を呈するこの田地の形状が、火打袋の形(あるいはそれに由来する紙子などの八口に縫い付けた三角形の布や紙)を思わせるところから、この地名が生じたものと思われる。

【平エノキ・平榎】「小宝」の初めの部分に「平エノキ」の字名が記され、№1の白雲寺田二反がその「南一」とあって、以下少なくとも№10まで「次ノ東」へ並ぶ一〇筆計一町六反半の区域が同じ字名に属したと見られる。復元図ではこれは小山郷の西南端で、現在地は**北区上清蔵口町**以東**長乗東町**に至る区域である。

一世紀後の「小天」でもやはり最初が「平榎自南一」の下社田一反から始まり、「自道西已上」という記載が出てくるまで二一筆計二町一反三〇〇歩が書き上げられている（この二町歩余がすべて「平榎」であったか否かはなお不確定なところがあるが、ここではとりあえず全体を指したと見ておく）。復元図作成の結果によれば、この「道」はこの付近では大体現在の**新町通**に相当するので、右の田地群は上清蔵口町の西で、**小山中溝町**西部・**紫野宮東町**東部から南の**上京区下清蔵口町**北部にかけての区域ということになる。さらに「小天」No.136一反には「中溝西一、但平榎」とある。この田地は小山南大野町西南端に当たり、「道」より東でNo.7の東北、「小宝」No.1の少し北である。

かくして復元図の作成結果に誤りなければ、「平榎」は「道」の両側に跨がる三町歩余の区域の字名であったことになる。

【ヒハカクヒ・ひわゥくひ・ひわくひ】「往来A」の徳光大夫と亀菊大夫の往来田のうち各一反の在所が「小山郷ヒハカクヒ」とあるのが初見。これは半世紀あまり後の「往来B」では、それぞれ修理亮・鶴夜叉大夫（「元右馬助」と傍注）の往来田となっているが、在所の表記に差異はなく、またこの両者以外に幸松大夫往来田の一反も同所に存在したことが知られる（「往来A」では乙大夫往来田に当たるが、記事が欠けていて田地の在所等は不明）。この三者の往来田は、少し前の宝徳三年（一四五一）諸郷地からみ帳と対比して検討すると、当時は順に土佐守（土佐前司）・右馬助もしくは鶴夜叉大夫・幸松大夫の往来田であったことが判明する。遺憾ながら「小宝」の場合は記事の欠失に妨げられて、No.35の土佐守往来田だけしか確認できないが、その在り場所は復元図で突き止めることができる。現今の地図に落としてみると、**北区小山南大野町**の東北端部分であることがわかる。地からみ帳ではそのすぐ南に欠失部分があり、「小天」の復元図を参照すると、そこには往来田四反が並んでいたことが知られるので、右馬助・幸松大夫の往来田はそこにあったと考えてよい。やはり小山南大野町東北部である。

「小宝」ではまた、No.65御酒田一反の在所を「良一別相傳、ヒハカクヒノ北ノ上」とも記しており、これは「良一別相傳」田地と字「ヒハカクヒ」とがこの田地の南側にあったことを物語る。「良一別相傳」とは№49に「一反　良一座頭」と出てくるものである。復元図によればこの№49・№65は、今の**小山東大野町**中央南部に当たり、さながら琵琶の形に似た三枚の田地から成る一区域（右記№35土佐守往来田の北隣）が、その東南に位置を占めていることが明らかになるから、地名の意味が「琵琶首」であること、それが地形に由来することを知ることができる。

　これより後、天正十七年（一五八九）検地帳では、「ひわゥくひ」所在の上田二筆計二反七畝二〇歩が記載されており、下って宝暦改写小山村絵図には、「ひわくひ」と記入した田地三枚が見いだされる。それは前記土佐守往来田の北隣の田地三枚と同一である。往来田三反の在所からすれば、字名に含まれる範囲は早くから少し南へ拡大していたらしく思われるが、地形から判断すると、小山村絵図に記される田地三枚の構成する区域（小山東大野町中央南部東寄り）こそ、もともとの「ヒハカクヒ」にほかならないといえよう。天正十七年検地帳の「ひわゥくひ」もこの場所と見てよいと思う。

【フカ宇ソ・ふこうず】「小宝」№72経所田一反の在所が「次北、フカ宇ソ」と記されている。復元図によると、この田地の北と東西は道・溝で限られており、検地順からすれば、南から順次北上する形でここに至っているので、「フカ宇ソ」は当時この田地に限られた呼称であった可能性が大きいと思う。字名の由来は不明であるが、あるいは最初の二字は「深田」の「フカ」から、後の三字（「カ」は双方に入る）は「経所田」を指す「キョウソ」から来ていて、両者が結びつけられた結果生まれた名称かもしれない、というのが私の推測である。しかし、ここが深田であったかどうか、いまは確かめる術がない。現在地を復元図を介して確かめると、**北区小山西上総町**西南部から南の**小山東大野町**中央北部にまたがる場所である。

　室町期のものと推定される賀茂社読経所田田数引付（「川上家文書」）にも、小山郷の田地の中に「フカウソ大　一石百廿文　寄合作」と記した一筆が出ている。天正期のものと見られる賀茂社読経所指出帳（「賀茂」）でも、「小山郷フカウソ」所在の田地一反が記載されている。おそらくは同一田地であろう。また、宝暦改写小山村絵図に見いだされる字名「ふこうず」は、右の田地から東側の道・溝を越えて東南へ一〇〇メートルあまり隔たった場所の田地に付されているが、同じ字名であろう。字名の含む範囲が拡大したのかと思われる。現在地は小山東大野町中央部東寄りである。

【瓶子坪・へいしつほ】「小宝」No.225雑役田二反の位置指定に「次ノ南ノ下、ニシそへ」と合わせて「瓶子坪」と見える。同帳の記載の仕方および復元図から判断すると「次ノ東」へ連続する六筆計八反の田地群を指す字名であったと見られる。現在地は**北区小山上総町**中央南部やや西寄りで、東部を**地下鉄烏丸線**が通っている。

元亀三年(一五七二)の大徳寺諸塔頭本役銭結鎮銭出分指出(『大徳寺』八―二五三二)のうち龍源院指出に、「瓶子坪」所在の「弐反　壱石参斗五升代」が含まれており、これは天正十三年(一五八五)十月二日の龍源院指出(同八―二五三八)に見える「小山郷字瓶子坪」の「弐段　壱石壱斗五升代此外八斗賀茂江百姓ヨリ出之」と同一の田地と考えられる(斗代に二斗の差はあるが、これはその他の田地についても見られる現象である)。戦国末期になって龍源院が名主職を入手したものと思われる。一筆二反という田積からすると、これは「小宝」No.225・No.226のどちらかに該当すると見られる。その後天正十三年検地帳には「へいしつほ」の字名で一八筆計一町五反七畝の田畠が記載されている。畠地七筆計二反二畝一〇歩が含まれ、全体の筆数も前記の範囲に納まるものではないから、おそらくより南の区域の「小宝」No.248~No.254の田畠(No.253・No.254には「畠也」とある)などを含んでいるものと推測される。

【堀川口】「往来A」に有松大夫往来田のうち一反の在所が「小山郷堀川口」とあるのが初見。この田地は「往来B」になると徳千代大夫の往来田として現われるが、そこでも同じく「堀川口」とある。宝徳三年(一四五一)の諸郷地からみ帳と対比して調べてみると、その当時すでに徳千代大夫往来田であったこと、「小宝」ではNo.148に当たることが確認できるので、在所を復元図の上で突き止めることが可能となる。それは往来田古帳に出てくる字名では「**町田**」と呼ばれていた、元来条里制の一か坪に相当したと見られる区域の中にある。現在の町名でいえば、**北区小山花ノ木町**南部から**小山下花ノ木町**北部にまたがる場所で、当該田地は東の縄本から四枚目に相当する。かような場所であるから、この地名が大宮郷内を南下していた周知の**堀川**と無関係であることはいうまでもないのであるが、ではなぜ「堀川口」と称されたのかという疑問が生ずる。その疑問を解く鍵は、復元図作成の基礎になっている地籍図・字限図が示す水路の在り方の中に見つけることができると思う。この区域の北を限っているのは道と溝であるが、溝は当該区域の西北端で「**御用水川**」(文化五年小山郷川通絵図の表記)から分岐したもので、そのあとすぐまた並行する二本の溝に分かれ、北側の溝は「**柏溝・烏子溝・辻ケ内**田地養水」(同上)として東南へ流れ、南側の溝は当の「小宝」No.148の北西隅で終わっている様子が見て取れる。後者は短い水路であり、「堀川」というにはふさわしくないと思うが、前者はそう呼ばれても不思議ではなく、とすれば、この「町田」の区域はまさしくその「口」に当たる場所にあり、別称を「堀川口」と呼んだと考えて矛盾はないのである。ここではそのように見ておきたい。

【堀ケ溝・堀池溝】 小山郷東南部の田地を灌漑していた用水路。「小宝」では字「**遣上**」所在のNo.393若石大夫往来田一反から始まってNo.413御牛飼田一反に至るまで計二一筆の田地を集計して、「堀ケ溝ノ口まて、以上二丁七反」と記載している。これが初見である。復元図作成の結果、「堀ケ溝ノ口」といわれるあたりにあったのは、No.408〜No.413の田地群であることが明らかになった。宝暦改写小山村絵図によると、そこはちょうど「**御用水川**」から「堀池溝筋」が分岐する地点のすぐ東でまさしく「堀ケ溝ノ口」である。ここから東南へ向かい、賀茂川沿いを流れていたのが、当の「堀池溝」であり、右の絵図ではこの溝が灌漑する範囲の田地一枚ごとに「ホリイケ」・「堀池」・「ホリケ」と書き込まれていて、南端部は**上善寺**の西に至っている。

「小天」は郷内の用水単位に検地を実施しており、「堀池溝」関係の田地はNo.336からNo.387までの計六町歩と記載されている。復元図で調べるとこの区域は現**北区小山東花池町**東南部以南に相当し、南隣にある**小山堀池町**町域の東部三分の二ほどが主要部分である。文化五年（一八〇八）の小山郷川通絵図（「賀茂」）では、上記「堀ケ溝ノ口」からこの区域に至るまでの溝に添えて「此川筋字**柏溝・烏子溝・辻ケ内**田地養水川筋也」と記入しているが、同時に溝尻に小さめの池を描き、「此池悪用抜池也」と書いている。悪水抜き用に掘られた池であったわけであるが、おそらくこれが「堀池」と呼ばれたのであり、「堀池溝」とはその流末つまり悪水がそこへ落とされたところから生じた名称であろうと思う。市制町村制下の上賀茂村字堀池および現在の小山堀池町の名称の由来はここに存するのである。

他に若干の関係史料をあげると、永正十二年（一五一五）五月二十八日、斎藤貞船奉書案（「賀茂」）には、「長塩又四郎被官人柊与三左衛門尉田地壱段小山郷内、堀池也、溝ハ事」について、小山郷百姓中に対し、水路を打ち留めて不作に及ばしめることなく、元どおり溝から用水を入れるよう命じたことが記されている。また、大永四年（一五二四）五月十四日の南部秀行河合貞吉連署状（『大徳寺』二―九〇〇）は、「小山郷内ほりけみそ小山與次郎跡職之内松明田参段」に関する争論を調停し、大森千千代丸に安堵するよう性月庵宛に伝えたものである。この松明田三反は「小宝」の記事を検討したかぎりではNo.338「三反　松明田」以外にありえない。その在所はちょうど小山堀池町南部中央あたりである。天正十三年（一五八五）のものと思われる大徳寺瑞峯院幷寮舎末寺門前田畠指出帳（同五―二〇一一）の楮庵分に、「小山郷堀リケ溝」所在の「壱所四石　此外御結鎮銭壱斗出之」が含まれているのは、この田地のことと見られる。

【町田・丁田】「ちょうだ」と読んだ可能性も否定できないが、ここでは中村郷の同じ字名にならって「まちだ」として扱う。「往来A」に有松大夫・阿賀々大夫・五郎大夫の往来田のうち各一反の在所が「小山郷町田」とあるのが初見。半世紀あまり後の「往来B」では、これらはそれぞれ徳千代大夫・有鶴大夫・民部少輔の往来田となり、在所はやはり「町田」あるいは「丁田」と記載されている。これを一〇年ほど早い宝徳三年（一四五一）の諸郷地からみ帳の記事と対比検討して、当時の給主を探ってみると、三者ともすでに同じ氏人であったことがわかる。「小宝」の場合、彼らの往来田は№148・№150・№144として出てくるので、これにより復元図を生かして「町田」の場所を確認し、合わせて現在地を指摘することができる。すなわち、ほぼ現**北区小山花ノ木町**南部である。「町田」の名称は本来条里制の一か坪に相当する区画と田積を有する場所であったことによる。ここはまた「**堀川口**」の別称があり、「**御馬田**」とも呼ばれた（当該項参照）。

【松田・まつてん】 元亀三年（一五七二）五月二十二日の大徳寺方丈分本役銭結鎮銭出分指出（『大徳寺』八―二五三二）に「小山郷松田」所在の「参反半　六石五斗代壱貫弐百文本役三度に出之」と見える。天正十三年（一五八五）のものと推定される大徳寺并行力指出（同八―二五四八）に、「小山郷字松田参段半　五石四斗代　御領口彌左衛門」とあるのは、斗代に差はあるが同一の田地と見てよい。天正十三年検地帳では「**たいこてん**」・「**御むまてん**」・「**もなりらけ**」の田地につづいて「まつてん」所在の田畠が書き上げられている（ただし、計四九筆にものぼるので、他の字名に属する田畠をも区別なしに記載したとしか考えられない）。下って宝暦改写小山村絵図には、「**烏子溝筋**」東沿いに「松田」と記入した田地が認められ、これを「小宝」と対照してみると、№152孫有大夫往来田一反と「次ノ南」の№153松明田一反とに該当することがわかる。「松田」の字名の由来が賀茂社の松明田にあることが明らかになる。中世末期ごろになると、おそらくはこの二反から東へ数枚並んでいる長地型田地群全体が「まつでん」と呼ばれるようになったのであろう。現在地は**北区小山上総町**中央西寄りで、中心部を**地下鉄烏丸線**が通っている。

【ミトハシ・ミツハシ】 「往来A」所載の慶鶴大夫・岩菊大夫の往来田各一反の在所が「小山郷ミトハシ」と記されているのが初見。「ミト」は水戸・水門、「ハシ」は端であろう。上記往来田二反は、「往来B」では東愛徳大夫と三河前司が給主となっており、ほかに亀千代大夫往来田の一反も同じく「ミトハシ」にあったことが知られる（この一反は「往来A」では欠失して不詳）。この三者の在り場所を探すために、宝徳三年（一四五一）の諸郷地からみ帳の記事と対照して調べてみると、東愛徳大夫往来田については知りえないが、三河前司往来田はそのころ幸石大夫往来田であり、亀千代大夫は当時すでに同じ往来田の給主であったことが判明する。「小宝」では前者はNo.392、後者はNo.396として出現し、方角記載の外に前者には「ミツハシ」、後者には「ミトハシ」と場所が指定されている。よって、復元図を生かしてその所在を確かめると、ちょうど現在の**北区小山東花池町**北半部に相当する場所である。注目すべきは、ここが同時に「**今出川口**」と呼ばれており、また「**遣上**」という字名とも重なり合っていたということである（当該項参照）。「遣上」は船を陸へ遣り上げるという意味で使われた言葉（『日葡辞書』）であるから、三者とも水・川に関係する地名である。とすれば、「ミトハシ」は今出川の入口であるところから生じた字名と見得るのではなかろうか。地名の由来に関する一つの見方として記しておきたい。

【ミノハ・箕輪・ミノワ】「往来A」所載の大夫将監・孫□大夫の往来田各一反の在所が「小山郷ミノハ」とあるのが初見。半世紀あまり後の「往来B」では、この両者はそれぞれ因幡前司・美濃前司の往来田として現われるが、在所は前者では「箕輪」、後者では「ミノわ」と表記されている。この「往来B」に見える二反について、一〇年ほど前の宝徳三年（一四五一）諸郷地からみ帳と対比検討して当時の給主を調べてみると、前者は松有大夫、後者は対馬前司であったことが突き止められる。「小宝」ではNo.189とNo.182とに相当するので、復元図の上で位置を確かめることができる。両者はおよそ一五〇メートルほど隔たった場所にあり、現在地は前者が**北区小山南上総町**西南部、後者は**小山上総町**西南部である。

その後、文明十四年（一四八二）四月の賀茂社読経所田田数目録（「川上家文書」）の「廿五三昧田分」八反小のうちに「一段小山郷ミノハ」が見える。また「小天」No.175一反の在所も「**中溝**、ミノワ」と記されている。これは復元図によると、上記「小宝」No.182の場所から西へ一四〇～一五〇メートルほど離れた中溝東沿いで、**小山東大野町**中央南部東寄りである。下って宝暦改写小山村絵図では、「小宝」No.189に相当する田地に「ミノハ」と記入されている。かくて字「ミノハ」の範囲は、上記の三枚の田地の在所すべてを包含する、したがって三つの町域にまたがる比較的広い区域であったということになる。

【ミハル郷】 寛正三年（一四六二）十月二十五日の万五郎田地売券（『大徳寺』二―八一四）に、沽却田地半反の在所を「在所ハみはるの郷ノ内、こつし道はた也」と記すのが初見かと思われる。その後「小天」の「**堀池溝**」かかりの田地No.342二反の在所が「次坤、ミハル郷田」と表記され、No.352半には「次東、ミハル郷訖」とある。つまりNo.342～No.352の一一筆計一町四反半が「ミハル郷」に属するとされているのである。復元図の完成によって突き止めえた在り場所は、**北区小山堀池町**東南端部分、**上善寺**の西である。ただし、天正十三年（一五八五）四月十三日の与四郎田地売券（「大徳寺黄梅院文書」甲）では、沽却田地一反の在所が「**下鴨**之内ミハル郷也、字者**泉田**、渡瀬ノソハ也」云々と記されており、これに従えば、郷の境域は下鴨に及んでいたと見なければならないことになる。「泉田」という字名についてはは今のところ不明であり、詳細は追求できないが、一つの郷であるから、小山郷の東南**出雲路**あたりから下鴨にかけて、ある程度の広がりを持っていたと見るべきであろうか。

【ヤリ上・遣上】 「往来A」に載せる菊若大夫・右京権大夫・虎福大夫・春光大夫の往来田各一反の在所が「小山郷ヤリ上」と記されているのが初見。半世紀あまり後の「往来B」では、これらは愛有大夫・伊賀前司・松鶴大夫・越前前司の各往来田として出ているが、伊賀前司往来田の場合は「小山郷、新臺盤」としか記されていない。また、越前前司往来田一反については「遣上」と表記されている。地名の在り場所を知るために、宝徳三年（一四五一）諸郷地からみ帳と突き合わせて調べてみると、松鶴大夫往来田が阿波前司往来田、越前前司往来田は若石大夫往来田であったが、他の二者は宝徳当時すでに同一人が給主であったことがわかる。「小宝」では愛有大夫往来田はなぜか見当たらないが、残る三者はNo.242・No.241・No.393として登場し、No.242には「在所**アワう**」、No.241には「**井ハシカツカ**（岩

志塚）」、№393には「遺上」とそれぞれ字名が記入されている。また、氏人の往来田ではないが、№237の刀禰中往来田一反にも「遺上」とある。復元図で探すと、これらは近接しており、字名の範囲をほぼ正確に突き止めることができる。現在地は**北区小山東花池町**中央部から**小山上総町**東南部にかけての区域である。これは「往来A」・「往来B」によって知られる中世の「**今出川口**」の西沿いに当たるのであり、「遺上」が船を陸へ遣り上げるという意味（『日葡辞書』）であったことからすると、まったくそれにふさわしい場所であったと言えるであろう。「アワう」や「岩志塚」などの小字は重なり合って存在したのである。

【弓田】　天正十三年（一五八五）十月二日の大徳寺総見院幷諸寮舎指出（『大徳寺』八―二五三七）のうち印蔵主（傳叟紹印）分に、「小山郷内弓田 壱反　壱石壱斗壱升此外出物有之　柳原 與三郎」とあり、総見院の印蔵主が所職（名主職カ）を所有していた田地が当所にあったことが判明する。その後天正十七年検地帳では、「同所(五丁田)弓田 上田　壱段三畝　弐石六斗　竹屋丁 与三」と記された田地が見つかる。「**ほりけ**」・「**そうのミそ**」などの溝名が前後に見え、そこから小山郷東南部にあった字名であると推定されるが、宝暦改写小山村絵図所載の字名を点検すると、やはり当該区域のなかに「弓田」と記入した田地が一枚見つかる。現在地は**北区小山下総町**東部中央である。この田地だけに特有の字名であったらしい。「**五丁田**」という広域の字名があり、その中の小字名であったことは前記天正十七年検地帳の記事でわかる。

【ヨコ田】　「往来A」所載の阿子々大夫・有寿大夫・幸松大夫の往来田のうち各一反の在所が「小山郷ヨコ田」とある。これは半世紀あまり後の「往来B」と突き合わせて調べると、それぞれ丹後前司・左京亮・安藝前司の往来田となっており、加えて土佐前司・備後前司・尾張前司の往来田のうち各一反も同じく「ヨコ田」所在であったことが判明する（土佐前司と尾張前司の往来田は、「往来A」では孫蒸大夫・長益大夫の往来田であったことがわかるが、前者の該当すべき田地は「小山郷**ヨコ枕**」と記され、後者には「小山郷、新臺盤」とだけ見えて字名の記入がない。また、備後前司往来田に見合うものは記事が失われて不明である)。

この「往来B」に見える往来田六反は、一〇年ほど前の宝徳三年(一四五一)諸郷地からみ帳と対比して検討すると、左京亮・尾張前司の往来田は当時もすでに同一人が給主であり、安藝前司・備後前司の往来田は松寿大夫・千代松大夫のもので、土佐前司と丹後前司の往来田は、多少不確かさは残るがそれぞれ福鶴大夫・二郎大夫の往来田ではなかったかと思われる。これらは「小宝」ではNo.41・69の尾張前司往来田各一反のうち一方、No.70千代松大夫往来田、No.207松寿大夫往来田、No.208二郎大夫往来田、No.210福鶴大夫往来田、No.375左京亮往来田各一反である。そこで、復元図によってその在所を確かめてみると、まずNo.69・No.70の二反が南北に連続し、No.207・No.208・No.210の各一反は別の離れたところにまとまり、No.375は郷南部の賀茂川堤防沿いにあったことがわかる。すなわち同じく「ヨコ田」と称されてはいるが、調べてみると一か所でなく、三か所に分かれていることが判明するのである。それぞれの現在地は、(1)No.69・No.70が**北区東大野町**中央北部、(2)No.207・No.208・No.210が**小山上総町**中央北端部やや西寄り、(3)No.375は推定線を引いて作図しているためやや不正確であるが、**出雲路松ノ下町**西南端のあたりである。

本来横田とはヨコ長の田地に対する一般的な名称であるから、このように各所に存在していて不思議ではない。ただ、例えば条里制の一か坪に相当する区域の全体がすべて横田である場合などに、初めはごく一般的に用いられていた「横田」という呼び名が、いつしか当該区域特有の字名として使われるようになるということはありうる。上記(2)の場合などはその一例ではないかと思う。復元図に明らかなように、No.210はたしかに横田であるが、No.207・No.208はいずれも「ハヲリ」でけっして横田という形状は呈していない。にもかかわらず「ヨコ田」とされているのは、この二反を含む区域の大半が横田によって占められ、「ヨコ田」が字名と化していたからに他ならない。また、往来田を離れれば、「小宝」No.102経所田二反には「次ノ北ノヨコ田」という場所指定があり、この田地とも五筆計八反半がすべて長地型の横田で、おそらくこの場合の「ヨコ田」も字名化していたのではないかと推定される。場所はほぼ**小山板倉町**南半部から**小山下板倉町**北端にかけてである。かように「よこた」については、それが一般的な名称として使われているのか、ではなくて字名と見るべきものなのか、注意を要するのである。

なお、元亀三年（一五七二）五月二十一日の大徳寺瑞峯院領賀茂本役結鎮銭出分指出（『大徳寺』八―二五三一）には「小山郷横田」として「壱段半　弐石代」が記されており、これは田積からすると「小宝」No.105永清院田一反半に相当するのではないかと思われる。

【ヨコ枕】「往来A」に孫王大夫・鶴松大夫・正若大夫の往来田のうち各一反の在所が「小山郷ヨコ枕」と記されているのが初見。これらは半世紀あまり後の「往来B」ではそれぞれ乙千代大夫・左馬助・乙鶴大夫の往来田として出現していることが確かめられる。乙鶴大夫往来田は「小山郷、新臺盤」としか記されていないが、前二者の場合在所の表記に変化はない。加えてもう一反長寿大夫の往来田も同所に存在した（「往来A」では相当部分が欠失）。現在地を突き止めるために宝徳三年（一四五一）の諸郷地からみ帳と「往来B」とを対比して調べてみると、乙千代大夫往来田は宝徳当時にも同一人が給主であったが、左馬助往来田は又彦大夫往来田、長寿大夫往来田は幸鶴大夫往来田であったことがわかる。乙鶴大夫往来田については確定できなかった。「小宝」ではこのうち乙千代大夫往来田のみNo.37として所在がわかる。それには「次北、溝ノ上、**ヒ宇チ形**」と場所が指定されており、復元図を介して現在地を確かめると**北区小山南大野町**中央北端あたりである。

文化五年（一八〇八）の小山郷川通絵図（「賀茂」）と対照すると、この田地は「字**中溝**田地養水川」と「字**掛ぞ川**田地養水川」支流との合流点北側に位置していた「角田」であると判断できる。「小宝」ではその北に合わせて一二筆の横田（No.46～No.49、No.65～No.72）が長くくねりながら連続しているので、それを南枕で横に寝た形と見立てれば、この場所はまさしく「ヨコ枕」ということになるが、そのように考えてよいかどうか確たる証拠はない。他の二反の往来田については、「小宝」の料紙がちょうど当のNo.37の南部で一枚分失われており、「小天」の復元図と対照すると、そこには往来田が五反含まれていたはずなので、そのどれかに当たるのではないかと思われる。現に幸鶴大夫往来田の場合は、宝徳三年と天文十九年（一五五〇）と両度の諸郷検地帳を対比して検討した結果、後者では右衛門大夫往来田に相当することが判明するのであり、その在所はまさしく右記の場所である。現在の小山南大野町東半部に属する。なお、前項で触れたとおり、「往来B」土佐前司往来田一反に該当する「往来A」孫蒸大夫往来田の在所は「**ヨコ枕**」となっているが、これは別の場所であり、「往来B」では「**ヨコ田**」と出てくるから、誤記の可能性もあるかもしれない。

【ヨトコ】　今のところ「小宝」No.385土佐前司の田一反の位置指定に「次ノ北、ヨトコ」とあるのが唯一の所見。復元図によると、この田地は「**今出川口**」の東側にあった。該当部分の地割ラインは推定して線引を行なっているので、若干不確かさは残るが、大体現在の**北区出雲路松ノ下町**西北部である。地名の由来は不詳。

（1）所司大夫の給分などについては、拙稿「中世における賀茂別雷神社氏人の惣について（4）」（『南山経済研究』第七巻第三号、一九九三年）参照。

第五節　大宮郷関係の地名

【赤社】　「大宝」の巻末部分に出てくるNo.485の雲林院田五反の場所指定に「次ノ墓ノ西南、赤社ノ廻マテ」と見え、さらに次行の集計記載「以上八町三反」を受けて、その次の行に「以上**梶井殿御門跡**東、**雲林院**ノ赤社北まて」ともある。これが初見である。集計の八町三反は、そこまでの「大宝」の記事を点検すると、この時の大宮郷検地の最終日調査分、**堀川**の西「**清目縄手**」以南の区域の田積の合計であることがわかる。したがって「赤社」は梶井門跡東で雲林院の地にあり、同時にそこは大宮郷の西南端であったことになる。大宮郷賀茂台絵図には、該当の場所に西から南へ通る道路に面して社殿と鳥居の形が描かれ、「**卅八社**」と書き込んであるが、これがすなわち「赤社」であり、位置から見て**玄武神社**を指すことが明らかである。宝暦四年（一七五四）刊「山城名跡巡行志」に「惟喬の祠、雲林院の南、今宮旅所の東にあり、鳥居、社南向」とあるのがまさしくこれに当たる。『京都府愛宕郡村志』は玄武神社の項を設け、紫竹大門村の「雲林院内」にあり、祭神は惟喬親王とし、「村社、社傳に惟喬親王の遺物なる剣を紀名虎の祭れるなりと云ふ、社地九十二坪、官有地第一種」（読点須磨）と見える。前後するが、元禄五年（一六九二）十一月二十九日の大徳寺境内所在神社敷地間数指出（『大徳寺』七―二四九二）に、「一除地 東西南ノ方ニ而五間、北ノ方ニ而八間、南北東ノ方ニ而七間半、西ノ方ニ而七間、 惟喬親王之社」とあるのも、間違いなくこの社を指すものである。天保二年（一八三一）初版の「改正京町絵図細見大成」（『新修京都叢書』第二十三巻別冊）では「カメノミヤ」とも出てくる。

玄武は四神の一つであり、色を当てれば黒ということになるが、にもかかわらず中世に「赤社」と呼ばれていたのには理由がある。中世におけるこの神社の姿は見る由もないので、私には現状から推測するしか術がないが、現在玄武神社の境内にはいちばん東に本社が鎮座し、並んで西に末社二座があるが、うち西側道路沿いの社が玄武稲荷大明神で、朱色に塗られた鳥居が並んでいる。すなわち赤社に他ならない。中世にもおそらく同じようにここに稲荷社が祀られていたと考えるべきであろう。「大宝」・「大天」の復元図や大宮郷賀茂台絵図に明らかなように、中・近世にはこの神社の北と東の大宮郷域はことごとく田畠であり、ただでさえ目立つ朱色の鳥居は、見通しがきく場所にあってことさら人目を引いたのではなかろうか。「赤社」と呼ばれるようになったのは自然な成り行きであったろう。鎮座地は現**北区紫野雲林院町**東南端である。

【イカツチ・井カツチノ坪・雷】　「往来A」の尾張前司往来田のうち一反の在所が「大宮郷イカツチ」とあり、南北朝末期にはすでにその存在が確認できる。「往来B」ではこの田は有福大夫往来田として出てくる（ただし小字の記載を欠く）。そして、一〇年ほど前の宝徳三年（一四五一）諸郷地からみ帳と対比して調べてみると、当時もすでに給主は同じ有福大夫であり、「大宝」では№238に当たることがわかる。復元図によれば、この田地は大宮郷中央部で**堀川**の東約九〇メートルの場所に存在した。また、同じく「大宝」の№204千鶴大夫往来田一反の在所指定には「次ノ南、イカツチ」とあり、復元図で確かめるとこの田地は№238の西方、堀川東沿いに位置していた。両者の現在地はともに**北区紫野上鳥田町**北部に属し、№204はちょうど**堀川通**の道路上に当たる。

延徳四年（一四九二）七月五日の上野のちやうそう田地作職売券（「大徳寺黄梅院文書」甲）では、当該一反の在所が「在所大宮之郷之内、字井カツチノ坪ニ是アリ」とされ、その四至が「限東キシ、限南キシ、サヒメ□□、限西アセ、限北サイラ《（メカ）》」と記されており、さらに本文では「但本所者ならてん也」云々とある。これは「大宝」およびその復元図により明確に位置を特定できる。№452の奈良田一反がこれで、堀川の西岸で№204の筋向かいに当たるのである。現在地は紫野上鳥田町南部である。なお、この田地については、天正期に至るまで数通の手継券文が残る。

その後、元亀三年（一五七二）の大徳寺諸塔頭本役銭結鎮銭出分指出（『大徳寺』八―二五三二）のうち真珠庵分および拾雲軒分には、それぞれ当所所在の田地一反が記載され、天正十七年（一五八九）大徳寺分検地帳には、「いかつち」所在の八筆計六反四畝一五歩の田地が見え、慶長二年（一五九七）大宮郷麦田指出では、五筆計四反数畝歩が書き上げられている。近世初期、この区域の田地のほとんどが米麦二毛作であったことがわかる。また、天正十三年のものかと思われる賀茂社読経所指出帳（「賀茂」）にも一筆半反が見えるが、これは「大宝」№257経所田三反半のうち、上野の左衛門二郎作の半に該当すると見て間違いなかろう。後代の大宮郷賀茂台絵図には「雷」と書き込まれた田地九筆が見いだされるが、これはすべて堀川東岸にあり、前記「大宝」№204・№238のほか、前者の北に接している№202隠岐前司往来田・№203幸若大夫往来田各一反がその中に含まれる。北側の№202は現在の**紫竹東高縄町**中央南端部である。

【池田】 管見では、永正元年（一五〇四）四月の松源院被管力者道元作職買得当知行地目録（『大徳寺』一一―八五九）

に「壱段半　在所大宮郷内字名號池田〻」とあるのが初見。同十一年十月二十日の龍翔寺領田数目録（同六—二三一五）にも「一池田三反、年貢壱石ニ定、堂能祐作之、升ハ当寺納下用也、堂逐電之後、当寺手作、又作人ヲ付、苅分之時モ在、往古当寺之力者三人之給恩ニ作ト云〻、手作為大儀間、作人付也」と見えるが、前記一反半はこの三反のうちに含まれるものと思われる。この三反からの年貢については、享禄三年（一五三〇）七月晦日付龍翔寺米納下帳（同七—二三一九）をはじめ、天文六年（一五三七）に至るまで数点の年貢納帳類に記事が見え、分米一石八斗であった。

ついで「大天」では、**中溝**かかりの田地群のはじめに「**梶井御門跡東雲林院**ノ**赤社**北迄一」とあって、最初のNo.212雲林院田一反に「号字池田」とあり、以下No.216まで五筆四反半の雲林院田が「次北」で連続している。これによって「赤社」＝**玄武神社**（惟喬親王社）の北に接する場所が「池田」であったことが明らかになる。

さらに、元亀三年（一五七二）の大徳寺諸塔頭本役銭結鎮銭出分指出（『大徳寺』八—二五三二）のうち宗園分指出ならびに宗晃分指出には、「池田」所在の田地各一反が出ており、天正十七年（一五八九）大徳寺分検地帳および慶長二年（一五九七）大宮郷麦田指出には、いずれも三筆計四反二畝二〇歩が書き上げられている。後者は二毛作を物語るものである。

大宮郷賀茂台絵図には前記「大天」のNo.212～No.214に該当する三枚の田地に「池田」の字名が記入してある。その現在地は**北区紫野雲林院町**東部で、西南に**今宮神社**御旅所がある。

【石名田・いしなたのつほ】　「大宝」No.429氷用田二反半の位置指定として「西ノ一、ハヲリ、石名田」とあるのが初見と思われる。その後文明六年（一四七四）十二月二十九日の二郎衛門田地売券（『大徳寺』二—八二一）には、売り渡す作職田地一反について「永代うり申分、大ミやのかういしなたのつほならてんにて候」と出てくるが、この奈良田は右記の「大宝」No.429から田地三反を措いて東に並ぶ「奈良田」三枚各一反のうちいずれかを指すものと見られる。この田はのち天文三年（一五三四）に至り大徳寺松源院が買得し（同二—九二六）、また「政所賦銘引付」には、文明十四年（一四八二）閏七月二十二日、北山宝泉寺雑掌が「賀茂大宮郷内雑役田壱段半事、號石名田、観浄僧雖知行之、本役無沙汰之間、社務井関延久勘落之、就神用沽却間、買得知行之処、立却、観浄押妨」と訴えたことが見えるが、論所の「雑役田壱段半」は上記氷用田の西に接していた№435に該当することも明らかになる。「大宝」の復元図を介して確認できるこれらの田地の所在区域は、**北区紫野上門前町**南半部から**紫野門前町**北半部にまたがり、**大徳寺道**から東へ約四〇メートル隔たったところが西限をなしていたと判断される。田積にしておよそ二町歩の範囲を含んでいたらしい。

元亀三年（一五七二）の大徳寺幷諸塔頭本役銭結鎮銭出分指出（『大徳寺』八—二五三一・二五三二）は、大徳寺方丈・諸塔頭の所領のうち賀茂社に対して本役銭・結鎮銭を負担する田地を書き上げたものであるが、それによると瑞峯院・拾雲軒・与鷗軒・真珠庵・大仙院・松源院・興臨院などが、それぞれ「石名田」所在の一～三反の田地について名主職・作職を所有していたことが判明する。これらの多くは主として戦国期に買得により集積されたものと推定される。そうした経過の後、天正十七年（一五八九）大徳寺分検地帳には二二筆計一町八反五畝一四歩の当所所在田地が登録され、慶長二年（一五九七）大宮郷麦田指出にも「石名田」の田地一八筆計一町七反余が出現する。太閤検地を経てここは全面的に大徳寺領となったのであり、またほとんどすべての田地で裏作の麦が生産されていたのである。

大宮郷賀茂台絵図では、一枚ごとに「石名田」（あるいは「同」）と記入した田地が合わせて二〇枚、無記入であるが実際は「同」とすべき田地がほかに三枚見いだされる。その全域は前記した区域に加えて紫野上門前町北西部の大半と**紫野上石竜町**西南端部・**紫野石竜町**西北端部を含む広がりを持つものである。

近代の市制町村制では、**大宮村東紫竹大門字石名田**となり、その段別は三町一反二畝一歩であった（『京都府愛宕郡村志』）。付言すれば、現在の紫野上石竜町・紫野石竜町・**紫野下石竜町**の町名は、「石名田」の「石」と、これも中世以来南に接して存在した字「**竜ケ坪**」の「竜」を組み合わせて作った複合地名である。

【一坪・一ノ坪・いちかつほ】「往来A」に□蒸大夫・一蒸大夫・片岡大夫将監・近江前司の往来田各一反の在所が「大宮郷一ノ坪（または一坪）」と見える。これらは半世紀あまり後の「往来B」では、それぞれ長鶴大夫・備中前司・尊光大夫・尊彦大夫の往来田として出現するが、在所に変化はない。この字名は古代条里制の坪の名称が伝存したものであることはいうまでもないが、現在地を突き止めるために、「往来B」に一〇年ほど先立つ宝徳三年（一四五一）諸郷地からみ帳では、これら往来田の給主は何人であるかを追究してみると、前二者は宝徳当時にもすでに往来田受給者であり、尊光大夫往来田は石見前司のものであったかと思われ、尊彦大夫往来田は預大夫往来田であったことが判明する。よって「大宝」復元図でこれらが接近して存在する区域を求めると、それは現在の**北区紫竹西高縄町**の中央部以北である。地図で調べると同町中央部は愛宕郡条里の第十二条に属する某里の一の坪の西北部にかかるから、多少のずれはあるがこれが字名化して残ったということになる。

右の往来田古帳の記事とは別に、「大宝」にはNo.123〜No.127の田積を集計した後に「北ハ**氏神**前車路ノ下ヨリ、東堀ヲカキリ、南ハ**清目カ縄手**ノ下ノ一坪ヲ見也、**大和田マテ**」という記事があり、「一坪」が「清目カ縄手ノ下」に位置したことが明らかになる。一方「往来A」に隠岐守往来田一反の在所が「大宮郷清目カナハテ」とあるが、この田地は「大宝」ではNo.101命千代大夫往来田一反に該当することが突き止められるので、やはり復元図を介してその現在地を調べると、現紫竹西高縄町の中央南端西寄りから**紫野上門前町**にまたがる場所であることが確かめられる。そこは本来の一の坪の西端に当たる。この点を考え合わせると、中世の「一坪」は古代条里制の一の坪の範囲が北へ拡大して、二の坪の区域の大半をも含むものになっていたと判断されるのである。

のち元亀三年（一五七二）の大徳寺瑞峯院之内紹胖分指出（『大徳寺』八―二五三二）に、「いちゥつほ、かもかりわけ」として「本米参斗」が見えるが、これもおそらくはこの区域の田地に関するものであろう。管見では天正十七年かと思われる。

（一五八九）大徳寺分検地帳以後の史料には、この字名は見いだせなくなるので、中世末期までで廃れたのではない

【入越・いれこし】「大天」No.473左馬頭往来田半の在所が「次、入越」と記されているのが初見。同帳の復元図で調べると、この田地の現在地は**北区小山初音町**の西北端である。なお、復元図を介して「大宝」との突き合わせが可能であり、この往来田は「大宝」のNo.178下野前司往来田半に一致する（「往来B」にも当然記載されているはずであるが、遺憾ながら確認不能である）。天正十三年（一五八五）検地帳には字「いれこし」所在の田地六筆計五反七畝一〇歩が記載され、同十七年検地帳には「入こし」を肩書きとする田地二筆計二反五畝が出現する。

【梅木・梅木本・梅ノ木ノ下・梅木坪・梅股】「往来A」所載の徳光大夫往来田半反の在所が「大宮郷梅木」と記されているのが初見。この田は「往来B」では修理亮往来田として出てくるが、そこでは「梅木本」と表記されている。一〇年前後さかのぼった宝徳三年（一四五一）諸郷地からみ帳と対比検討すると、その当時この往来田は土佐前司のものであったこと、「大宝」ではNo.170の土佐前司往来田半に当たることが確認できる。加えてその二筆前のNo.168宮鱒大夫往来田一反には、右肩に「梅ノ木ノ下」と字名が記入されてもいる。また、「小天」のNo.97に「一反　梅股さ京進貴布祢田」と見える田地も、「大宝」No.169愛蒸大夫貴布禰田一反に該当し、したがってちょうど前記往来田二筆の間に位置することが、二つの復元図の突き合わせによって明瞭になるので、「梅股」という呼び方もあったことがわかる。この場合、両検地帳では所属郷が異なるが、これは郷界付近にあったため時により境界線の引き方に差異があったためである。

以上により復元図で場所を突き止めることができる。それは通常大宮・小山両郷の境界をなしていた「大道」（「車路」ともいわれた）の西沿いに当たり、現在の**北区小山上初音町**から**小山初音町**にまたがる区域である。現在両町の

西隣には**紫竹上梅ノ木町・紫竹下梅ノ木町**があり、この町名は明らかに中世以来の地名を伝えているのであるが、区画整理の結果もともとの区域とは食い違って西へ移ってしまったのである。

他の史料では、天文二十一年（一五五二）三月三十日の善福寺意朴田地作職売券（「賀茂」）には、関係田地一反の在所が「大宮郷内字梅木本在之」と表記され、買得者の負担として、御結鎮銭など賀茂社へ納入するものの他に「年貢米七斗大徳寺江可有納所候」とある。前後するが天文二年十月の大徳寺同諸塔頭幷諸寮舎領目録（『大徳寺』二―九二〇）に「一梅木坪　四段」・「一梅木下　壱段」が見え、元亀三年（一五七二）五月二十日の大徳寺塔頭龍源院指出（同八―二五三一）には「梅木」所在の二筆二反、同日の大僊院指出（同）にも同所の一筆一反が記録され、同年六月の大用庵太清軒指出（同八―二五三三）では、やはり「梅木」の字名で二筆二反が出現する。これらは戦国期になると、大徳寺やその諸塔頭によるこの区域の田地所職の買得が進んでいたことを物語っている。太閤検地の結果、この地はすべて大徳寺領とされ、天正十七年（一五八九）の大徳寺分検地帳には、「梅木」所在の田地一二筆計一町二反五畝一四歩が登録されている。また、慶長二年（一五九七）大宮郷麦田指出では、「梅木」として一三筆計約一町六反、「梅俣」として四筆計四反二畝二〇歩が書き上げられている。「梅坪」として一筆一反が見えるのも同所かもしれない。全面的な米麦二毛作が知られる。

下って大宮郷賀茂台絵図には、一筆ごとに「梅木」と記入された田地が合計一九筆見いだされる。この場合、西南部の二筆ほどが**紫竹下梅ノ木町**東南部にかかることになる。近代の市制町村制の下では、**大宮村東紫竹大門**字梅の木と称され、段別は三町二畝二〇歩であった（『京都府愛宕郡村志』）。

【大ゥいと・大かゥいと・大垣内】　天正十三年（一五八五）十月二日の総見院幷諸寮舎指出（『大徳寺』八―二五三七）のうち、火番藤三郎分に「大宮郷畠大カイト」の一所が見え、同じ年のものかと推定される年月日未詳大徳寺方丈田畠目録（同八―二五五一）に「大ゥいと」所在の三畝・六畝の二筆、天正十三年八月二十九日の龍翔寺田畠目録

（同八—二五五二）に同所の畠四筆計二反五畝一〇歩、同十四年十月の如意庵田畠年貢納帳（同八—二五五三）に「大ガイト」の畠五畝・二畝の二筆などが見える。これらはおそらく戦国期に至って大徳寺の方丈・諸塔頭が名主職などを入手した土地と推定される。

天正十七年の大徳寺分検地帳には、当所の五二筆計一町九反四畝二三歩が書き上げられている。なかには畠・茶園などの注記が施されている場合も見いだされるが、それ以外でもほとんど一〇歩くらいから二畝前後までの零細面積なので、畠地がほとんどを占めていたものと推定される。在所は大宮郷賀茂台絵図に示されており、大宮郷北西部で**大徳寺通**の東沿い、字「**小森**」の西にあたる。現在の**北区紫竹上緑町**から**紫竹西桃ノ本町**に至る区域で、北には程近くに**久我神社**が鎮座する。

【ワウコテン・棒田・ワウカウ田・枌田】　永正九年（一五一二）十一月三日の与三郎田地作職売券（『大徳寺』別集、真珠庵文書三—二〇〇）には、関係田地一反について「在所者大宮郷之内ワうこ田也」と記し、同じ田地に関する大永四年（一五二四）十一月七日の真珠庵納所宗普化庵田地買得注文（同三—二〇一）では、「大宮郷内田地一段字　ワウコ田《テン》百姓職上野兵衛男相傳地也、代九貫文真珠庵買得、請人同所衛門男也」云々と書き、冒頭部分の右傍には「在所ハ**今宮鳥居**一町余東ノ南也」と注記がある。また、同年月日の兵衛田地百姓職売券・衛門田地下作職預り状（同三—二〇二・二〇三）の端裏書は、それぞれ「大宮郷棒田」云々と記し、「棒」に「ワウコ」と振り仮名を付している。さらに元亀三年（一五七二）の大徳寺諸塔頭本役銭結鎮銭出分指出（『大徳寺』八—二五三二）のうち、大用庵龍泉軒分指出に「ワウカウ田」所在の一反、真珠庵分指出に「ワウコ田」の一反が出ており、これらの田地が賀茂社に対する本役・御結鎮銭を負担していたことが知られる。

太閤検地によりこの地は賀茂社領から離されて大徳寺領とされ、天正十七年（一五八九）大徳寺分検地帳には、本門前の新三郎作として「わうかうてん」一反、東門前与三右衛門作のうちに「わうこ田」一反二〇歩、上野村又三郎作のうちに「わうこ田」三畝二〇歩が出現し、慶長二年（一五九七）の大宮郷麦田指出にも、これと同じ田積で同所所在の田地三筆計二反四畝一〇歩が記されている。

のち、大宮郷賀茂台絵図には、字「**大和田**」と字「**高縄手**」の間に「杁田」と記入した田地五筆が見いだされる。これを「大宝」復元図によって確かめると、該当の場所は№127の「三反歟　杁田　清目」に相当することがわかる。この場合「杁田」は通常田地の種類を記載すべき位置に記されているので、そこから判断すると、もともとこれは字名ではなく、松明田とか雑役田などと同じく賀茂社領の田地の一種だったのではないかと思われるが、ともあれ戦国期以後これが一つの字名として存在していたことは、上記の諸史料によって明白である。現在地は**北区紫野上石竜町**の西部である。

【大和田】「往来A」に愛鶴大夫・有若大夫の往来田のうち各一反の在所が「大宮郷大和田」と記されているのが初見。この二反は半世紀あまり後の「往来B」では、それぞれ慶彦大夫・乙光大夫の往来田として現われる。在所の表記に異同はない。また同帳では、千代松大夫・出羽前司の往来田各一反も同所にあったことがわかる（これは「往来A」では亀熊大夫と初鶴大夫の往来田であるが、記事欠失と字名無記入のため在所は確認できない）。中世における「大和田」の場所を知るためには、「往来B」所載の往来田四者が、一〇年前後古い諸郷地からみ帳では誰のものであったかを探ることがひとつの方法である。復元図をも援用して突き合わせをやってみると、慶彦大夫往来田は慶益大夫、乙光大夫のものは越前前司、千代松大夫往来田は千代石大夫、出羽前司のものは慶光大夫の往来田であったことが突き止められる。残念ながら「大宝」ではこの四者が一定区域に揃って出てくる場所はないが、慶益大夫往来田は№123と№449に一反ずつ現われ、うち前者に「大和田、東一」という場所指定があるので、間違いなく字名の在り場所が確認できる（この田地の南にある№124と西にある№125とはともに往来田であるが、前者は「土佐前司子往来」、後者は「肥前ゝ司子往来」と表記されていて、前記の各往来田との同定はできない。しかしそのいずれかに当たることは間違いないであろう)。なお「大宝」では、No.127までの検地範囲を総括して「北ハ氏神前車路ノ下ヨリ、東堀ヲカキリ、南ハ清目カ縄手ノ下ノ一坪ヲ見也、大和田マテ」とした記事がある。

「大天」ではNo.207の前行に「大和田溝自北初」とあって、以下No.211までの五筆が「已上七反」と集計されているので、「大和田」の区域に水を入れる小溝が「大和田溝」と呼ばれたことがわかる。右の七反のうちNo.207の二反は、前記「大宝」No.123慶益大夫往来田の北道を越えたところに位置すること、No.208は「大宝」No.125の肥前前司子往来田に一致し、残る四反がその西に連続していたことが、両検地帳の復元図を突き合わせることによって確認できる。

前後するが、天文二年(一五三三)十月の大徳寺同諸塔頭幷諸寮舎領目録(『大徳寺』二―九二〇・六―二〇六六)には、「一太和田　弐段」が見え、元亀三年(一五七二)の大徳寺諸塔頭本役銭結鎮銭出分指出(同八―二五三二)のうち大用庵龍泉軒分には、同じく「太和田」の「弐反　四石代」、天正十三年(一五八五)十月の大仙院幷諸寮舎指出(同八―二五三四)にも自得軒分のうちに同所の二反が見える。さらに天正十七年大徳寺分検地帳には五筆計七反二畝が「太和田」所在として記されている。太閤検地の結果この地は賀茂社領から離れ、大徳寺領とされたのである。その後慶長二年(一五九七)大宮郷麦田指出には、ここの田地五筆計六反二畝一〇歩が見えており、裏作麦の生産が知られる。

大宮郷賀茂台絵図には計五筆に「大和田」と記入してあり、その区域は前記「大天」の七反と完全に重なる。現在地はだいたい**北区紫竹東高縄町**西南部と**紫野上石竜町**東部とに当たる。「大宝」の「大和田」は**紫野上鳥田町**西部が主であるから、用水との関係で該当区域が西へずれた可能性がある。また近代の地籍図では「大和田」の字名は見えず、字「**高縄手**」と字「**辻ケ内**」に分属している。

【垣ソヘ・カいそへ坪・垣添】「往来A」所載の阿古黒大夫往来田のうち一反の在所が「大宮郷垣ソヘ」と記されているのが初見。この田は半世紀あまり後の「往来B」では宮松大夫往来田となっており、さらに「往来B」より一〇年前後早い宝徳三年（一四五一）諸郷地からみ帳の記事と突き合わせることによって、当時この田は孫有大夫往来田であったことが知られる。「大宝」の場合は№183一反として出てくる。その後文明四年（一四七二）十二月六日の常磐井宮全明親王領賀茂雑役田売券（『大徳寺』二―八一九）に見える売却物件賀茂雑役田「合陸段半之内」に「壱段者カいそへ坪 東限わうらい田 南限路 西限わうらい田 北限田」とあるのが見いだされるが、これも同じ場所であると思われる。右の雑役田一反は、四至によれば東と西に往来田があったことになっているが、復元図によると№183の北に往来田一反（ただし、記事欠失のため「大天」参照）、両者の東に№182雑役田一反があり、さらにその東には溝・路を隔てて№159から№161まで往来田（横田）三筆計二反半が並んでいて、状況は適合する。「南限路」というのは地籍図では北側と同様の畦畔しか確認できないが、横に路が通っている西側・東側の状況からすると、かつてここにそれを繋いでいた路があったとしても不思議ではなく、右の想定が当たらない理由にはならないであろう。「垣ソへ」というのであるから、本来文字どおり「垣」に沿う地であったものと推定されるが、そのあたりの事情はつまびらかでない。復元図を介して知られる現在地は、**北区紫竹上梅ノ木町**中央北部である。この区域一帯は「**轟**」という別称があったので（当該項参照）、「垣ソへ」はその東端部の小字であったと見られる。

なお、「垣副・カキソへ」は上記以外にもう一か所ある。天文二年（一五三三）七月十日の梵斎田地売券（『大徳寺』二―九一三）には、沽却物件一反について「在所者、大宮郷内雲林院之後、字者カキソエト云」とし、大徳寺松源院へ売る旨記されている。また、同月二十五日のこの田地に関する衛門三郎下作職預リ状（同二―九一四）では、事書に「預リ申雲林院之後垣副田之下作之事」とあり、「雲林院之後」というのであるから、これは明らかに前記の往来田や雑役田とは別の場所である。今の**紫野雲林院町**のうちもしくは**紫野下門前町**のあたりであろうか。同年十月の大徳寺同諸塔頭幷諸寮舎領目録（同二―九二〇）に、「一垣副　一段」と「一皆副　一段」とが並べて記載されながら表記に差異があるのは、前記の二か所各一反を書き分けたものであろう。

その後、元亀三年（一五七二）の大徳寺諸塔頭本役銭結鎮銭出分指出（『大徳寺』八―二五三二）のうちには、大用庵龍泉軒分に「垣ソイ」の一反、大仙院分に「垣副」の一反半（「尊勝院分」の朱注がある）、松源院分に「垣添」の一反、興臨院分に「垣添」の一反（ただし、三〇〇文の本役について「龍泉出之」と朱注があるから、田地自体は龍泉軒分と同一であろう）が見える。この地は太閤検地以後大徳寺領となったはずであるが、天正十七年（一五八九）大徳寺分検地帳には、まったく出現しない。「轟」などの字名に含まれているものと思われる。

【鑰せマチ】　「大宝」No.238に「鑰せマチ西ソヘ一反ハヲリ　有福大夫往来　乍人」とあるのが唯一の所見である。同帳の復元図によると、この田地の東側にある楽邦院田一反（半折）が、北を路、西と南を溝および路で限られ、その形状があたかも鍵型をなしていることがわかる。これが「鑰せマチ」の意味である。現在地は**北区紫野上鳥田町**と**紫野上柳町**の町界北端あたりである。

【懸溝・カケゾ】　これは中世の大宮郷の中部**堀川**以西の田地群四町歩余を灌漑していた用水の名称である。「大天」No.291の前行に「懸溝」と出てくるのが初見。No.291福若大夫往来田半反には「自水口一」と記され、復元図で調べると、この田地の西北端に取水口があって、次第に西南へ流れていたことが知られる。No.324に至る三四筆「四丁半」の田地に水を入れていたが、その区域は現在の**北区紫竹下本町**の西南端から西南方向へ延びて**紫竹下門前町**西北部に達している。天正十七年大徳寺分検地帳には、「うけぞ」所在の田地が三筆計二反半一二歩だけ記載されているが、これは右の範囲に属する田地であったと思われ、元来用水路の名称であったものが、それによって灌漑される区域のうち特定の場所の小字となったものと見られる。しかし、場所を限定するだけの史料に恵まれていない。また慶長二年の大宮郷麦田指出には「カケゾ」として一筆一反二畝二〇歩が見える。

【カシラナシ・頭無】　「往来A」に初有大夫往来田一反の在所が「大宮郷カシラナシ」、有若大夫往来田一反の在所が同郷「頭ナシ」とあるのが初見。両者は半世紀あまり後の「往来B」では、それぞれ千代寿大夫と乙光大夫の往来田になっており、このほか備中前司と掃部頭の往来田各一反も同郷「頭無」にあったことが判明する（「往来A」では、前者は一蒸大夫のものであったが、当該田地に関する記事は失われ、後者は全体が欠失して不詳）。そして、「往来B」と一〇年ほど前の宝徳三年（一四五一）諸郷地からみ帳の記事とを対比検討することにより、後者では備中前司と掃部頭の往来田はすでに同一人が給主であり、千代寿大夫のものは出雲前司、乙光大夫のものは越前前司の往来田であったことが突き止められ、「大宝」ではそれぞれ№7・№8・№9・№6に当たることがわかる。かつ同帳では、№1民部少輔往来田一反の在所が「頭無ノ東ノ一」と表示され（往来田古帳では「**小社西**」）、そこから検地が西へ進んで№9に至って堀川に突き当たることから、そこまでの九筆計八反半が字「頭無」であったことを知ることができる。次に一世紀後の「大天」を見てみると、検地進行順は逆であるものの、まったく同様に№431から№439に至る九筆八反半が「頭無」であったことが判明する。

復元図でその在所を探すと、郷北部の堀川東岸であり、現在の**北区紫竹上本町**の**堀川通**以東を主体とし、**紫竹上高才町**の西の一部を含んでいたことになる。大宮郷賀茂台絵図の示す「頭無」も中世とまったく変わっていない。

その他の史料では、弘治二年（一五五六）十月五日の賀茂社氏人遠江守季顕田地譲状（「賀茂」）に、「大宮郷半、カシラナシニ在之、六斗、見性寺へ可納所」と見える。この田地が「頭無」中央部の「大天」№435遠江守持半（「大宝」では№5永清院の田地半）に当たることは間違いないが、譲受人「又二郎」の素性は未詳である。また、元亀三年（一五七二）の大徳寺諸塔頭本役銭結鎮銭出分指出（『大徳寺』八―二五三二）のうち同寺門前分指出には、「カシラナシ壱段　四斗代本所ハさこの御つほね　作職分」の記載がある。一反の作職を大徳寺が入手していたのである。中世末期のものと見られる賀茂社読経所田寄田引付（「川上家文書」）にも当所の一反が記載されているが、これは「大天」№437供僧田一反に相当する。のち太閤検地でこの地はすべて大徳寺領の中に入れられ、天正十七年（一五八九）大徳寺分検地帳には「賀茂村」居住作人分として「かしらなし」の田地九筆計八反三畝二八歩が書き上げられている。慶長二年（一五九七）の大宮郷麦田指出にも九筆計八反六畝一二歩が記載され、米麦二毛作が普及していたことを証する。

【紀三垣内・きそのかいと・キソカカイト・木曾垣内】「往来A」所載の有寿大夫・孫王大夫・菊有大夫・菊若大夫・松石大夫の往来田各一反の在所が「大宮郷紀三垣内」と記されているのが初見である。この五反は、半世紀あまりを経た「往来B」では、順に左京亮・乙千代大夫・尊賀大夫・愛有大夫・越中前司の往来田として出現するが、在所の表記に変化はない（尊賀大夫の場合のみ郷名だけで字名は記入されていない）。

この「往来B」の田地は、一〇年ほど前のものである宝徳三年（一四五一）諸郷地からみ帳と突き合わせて検討することにより、最後の越中前司往来田だけが地からみ帳では孫若大夫往来田であったが、他の往来田の給主は当時すでに同一人が登場していたことが判明する。「大宝」の場合は尊賀大夫往来田だけは出てこないが、他はNo.215が左京亮、No.216が乙千世大夫、No.219が孫若大夫、No.220が愛有大夫の各往来田として出現することがわかり、かつNo.215には「次ノ南、東ノ路ハタ、紀三垣内」と位置が示されていることもあって、復元図の上で確実に在所を突き止めることができる。大宮郷中部の東端、同郷と小山郷との境界をなしていた「大道」の西沿いである。現在の**北区小山初音町**南半部から**小山下初音町**北部にまたがる区域に入る。域内には長地型田地六筆があり、いずれも往来田であった。天文十九年の検地では、ここは「小天」に記載されており、そのNo.107〜No.112に該当するが、西端のNo.107にはやはり「キヲ〔ソ〕カ垣内、西一」と記されている。「大天」ではなく「小天」に記載されているのは、この時の検地が用水系統ごとに行なわれた結果、一部郷界からはみ出る形になったためと考えられる。同時に郷界があまり厳密な意味を持たなくなっていたことをも示すものであろう。

のち太閤検地施行により大徳寺領となり、天正十七年（一五八九）大徳寺分検地帳には、この字名で三筆計四反一畝二七歩が書き上げられている。また慶長二年（一五九七）大宮郷麦田指出では五筆計六反五畝二〇歩が出てくる。後者の方が筆数田積が大きいことの理由は判然としない。その後大宮郷賀茂台絵図には、同所の田地に「木曾垣内」

と書き込んでである。地名の由来は、南北朝期以前にここが紀三という人物の垣内であったことによると見てよいと思うが、やがて時代を経て由来が忘れられ、当て字が使われるに至ったのである。

【北浦・キトウロ・キタウロ・北裏・北裡】　天正十三年（一五八五）十月二日の大徳寺大仙院幷諸寮舎指出（『大徳寺』八―二五三四）のうち拾雲軒幷舜蔵主分に大宮郷「北浦」の一反が出現し、同年月日養徳院指出（同八―二五三九）には「力者分」のうちに同郷「キトウロ」の一反、清心庵分に「キタウロ」の一反が見えており、また如意庵指出（同八―二五三五）に、大宮郷「**草畠**」の田地一反が記載され、その朱注に「北ウラ 下々 八畝一石四斗八升　水帳孫兵衛」と見えるのが早い所見。賀茂社領では「草畠」とは「御馬田」のうち神社の馬の秣を栽培した田を指す(1)。大宮郷の西南部二か所に集中的に存在しており、うち一か所が「大宝」No.472～No.477の六筆各一反に「草御馬田」とあるものである。該当の区域は字「**竜ケ坪**」の南に当たり、大宮郷賀茂台絵図ではその場所にある七筆の田地が「北裏」とされているので、私見に間違いがないことが立証される。太閤検地以後は大徳寺領となった。天正十七年大徳寺分検地帳に「北裏」所在の田地五筆計四反八畝一四歩が記載されているのは、もちろんこの区域の田地であり、つづいて慶長二年（一五九七）大宮郷麦田指出にも「北裏」あるいは「北裡」の字名で四筆計四反三畝一四歩が出てくる。米麦二毛作が行なわれていたのである。現在地は**北区紫野下門前町**東半部から**紫野下石竜町**西端部にかけての区域である（**【草畠】**の項をも参照）。

【清目カナハテ・清目縄手】　弘長三年（一二六三）十二月八日の沙彌浄行田畠譲状案において、浄行が嫡女宇治女房に譲った田畠一町一反六〇歩のうちに「田半 清目縄手上 同領雑役田 （賀茂領）」とあるのが初見で、遅くとも鎌倉中期にはそう呼ばれていた縄手であることがわかる。さらに「往来A」では、隠岐守往来田のうち一反の在所を「大宮郷清目カナハテ」としている。この田地は「往来B」になると遠江前司の往来田となって出てくる。これを宝徳三年（一四五一）諸郷地からみ帳と突き合わせて検討した結果、当時の給主は命千代大夫であったことがわかった。「大宝」ではNo.101に当たるので、復元図によって現在地を調べると、**北区紫野上門前町**中央北部西寄りである。これはちょうど古代の愛宕郡条里の第十二条に属する某里の西南端一の坪のあたりである。「大宝」ではまたNo.114経所田二反の前に「清目縄手ノ下、西畠」とあり、この田地はNo.101の西南筋向かいの位置を占めていた。No.127の次の集計記載につづいて「北ハ氏神前車路ノ下ヨリ、東堀ヲカキリ、南ハ清目カ縄手ノ下ノ一坪ヲ見也、大和田マテ」という記事も見え、No.429の前には「同(三月)廿七日分」の検地の起点が「清目縄手ノ下ノ坪、西ノ一、杁田ノ下」と記されている。

これらの徴証を復元図に照らして判断すれば、「清目縄手」とは**大徳寺道**から東へ八〇メートルほど隔たったところを南北に通じていた縄手を指したことが明らかである。この結果、先の弘長三年沙彌浄行譲状案に見える田地は、「大宝」No.434の雑役田半に該当することも判明するのである。文明四年(一四七二)十二月六日の常磐井宮全明親王領賀茂雑役田売券(『大徳寺』二―八一九)に、「半者清目縄手上坪」とあるのも同じ田地と考えてよい。

【食田】 元亀三年(一五七二)の大徳寺諸塔頭本役銭結鎮銭出分指出(『大徳寺』八―二五三二)のうち真珠庵分に「食田 一段 九斗代 一職」、つづいて「同所 一段 九斗代 作職他所ニアリ」と記載されている。連続して貼り継がれている龍源院指出に「食田 壱段 壱石壱斗弐升代 本所真珠院」と出てくるのは、おそらく後者に該当するであろう。戦国期になると字「食田」所在の賀茂社領田地に関する名主職や作職が、大徳寺塔頭の入手するところとなっていたのである。のち太閤検地によってここは大徳寺領となり、天正十七年(一五八九)大徳寺分検地帳には、同所の田地四筆計四反三畝五歩が記載され、慶長二年(一五九七)大宮郷麦田指出にも五筆計六反弱ほどの田地が出ていて、当時の米麦二毛作の展開がうかがわれる。大宮郷賀茂台絵図によると、この字名は**北区紫竹高縄町**西北部から**紫竹西高縄町**東北部にまたがる区域であった。

【草畠】　応永二十八年三月二十八日の直阿彌田地売券（『大徳寺』三―一五〇〇）に「売渡大宮郷内草畠之事」として「合一段者　在所、限東ニワカ縄手四反メ、西限類地、限南道、限北リウノ坪、」と見えるのが初見。買得したのは大徳寺如意庵である。賀茂社領であるから「但本役毎年肆百文宛、賀茂へ可有其沙汰候」とされていた。翌年二月二十七日のこの田地に関する馬三郎作職売券（同三―一五〇一）では「在坪**雲林院**之うしろ也」とある。時期は不明であるが、如意庵はこのほかにも「草畠」の田地一反を入手しており、この二反について、文明八年（一四七六）八月十一日、賀茂社神主賀茂勝久は同社政所下文を発給して春成地子一貫文の本役を免除し、如意庵の永領とした（同三―一五〇三）。永正六年（一五〇九）正月吉日の如意庵領所々散在地子帳（同三―一五三〇）には、二筆二反が「草畠」所在とあり、いずれも「雑役升」で一石一斗（ただし、一斗定損）を収納していたことが知られる。その後、天文二年（一五三三）十月の大徳寺同諸塔頭幷諸寮舎領目録（同二―九二〇）には、「一草畠　三段」が見えるが、このうち一反は如意庵の所領ではなかったらしく、元亀三年（一五七二）の大徳寺幷諸塔頭本役銭結鎮銭出分指出のうち如意庵分にも、「草畠」所在の所領は「弐段　弐石弐斗代此内六百文本役出之、又八十文御結鎮出之、」と記されている。

さて、「草畠」は元来字名ではなく、賀茂社の御馬田のうち同社の馬の秣とする藁や草を栽培していた田地（実態は畠地か）を指す名称であり、「御酒田」とか「雑役田」などと同じように社領田地の種類を示すものであった。諸郷地からみ帳で調べると九筆計九反が検出でき（「草御馬田」と表記）、大宮郷内の二か所だけで他の郷には皆無であった。前記応永二十八年の直阿彌売券とか文明八年の賀茂社政所下文にいう「草畠」はこの意味で用いられていると見るべきである。しかし、やがてこれは字名同様に使われるに至った。前記永正六年の地子帳以下の史料における使われ方はまさにそれであると思われる。

在所は直阿彌売券に示すとおり「**リウノ坪**」（竜坪）の南で、「大宝」の復元図ではここに「草御馬田」六筆六反が集中していたことが明らかである。現在地は**北区紫野下門前町**東部である。なお、ここは同時に字「**北裏**」と称され、したがって天正十七年（一五八九）大徳寺分検地帳とか慶長二年（一五九七）大宮郷麦田指出、あるいは大宮郷賀茂台絵図などには、その名称で出てくるため「草畠」の字名は発見できない（【北裏】の項参照）。なお、「草御馬田」の別の三反の在所は現**紫野宮西町**中央南部であった。

【小社・小サイ・コウザイ・胡在・コウサ井カ坪・小社垣内・口才・高才】 初見は「往来A」に伊勢前司・□□大夫の往来田各一反が「大宮郷小サイ南」（後者の表記は「小社南」）、幸愛大夫往来田の一反が同郷「小社下」、五郎大夫往来田の一反が同郷「小社西」、愛鶴大夫往来田の半が「川上郷小社北」にあったことを記しているもの。この計五筆の往来田は、「往来B」になると、順に万千代大夫・命有大夫・肥前前司・民部少輔・慶彦大夫の各往来田として出現するが、字名の部分が欠損している万千代大夫の場合を除き、田積・在所ともに「往来A」と同じである。

以上「往来B」において検出した「小社」関係の往来田について、一〇年ほど前の宝徳三年（一四五一）諸郷地からみ帳ならびにその復元図といちいち突き合わせて、当時の給主を追究してみると、命有大夫・民部少輔はすでに同一人が登場しており、そのほか万千代大夫往来田は幸音大夫、肥前前司のものは愛松大夫、慶彦大夫往来田は慶益大夫がそれぞれ給主であったことが判明する。「大宝」ではNo.1に民部少輔、No.130に幸音大夫、No.129に愛夜叉大夫、No.132に愛松大夫が見え、加えてNo.128幸徳大夫往来田には「小社下、車路西、縄手ノ極」という位置指定もなされている。慶益大夫往来田はおそらくは河上郷に属したものと推定されるが、遺憾ながら「河宝」には発見できない。しかしその一方で「河宝」にはNo.607の幸熊大夫往来田一反の在所が「次南、縄手極、小社東」と記され、No.610彦石大夫貴布禰田一反は「小社垣内南ノ畔、南一」にあったことを示している。また、一世紀下がった「大天」では、前記「大宝」No.128に該当するNo.440大蔵少輔往来田一反が「小社、東一」所在とあり、記載の仕方から見て、No.445まで六筆計六反が「小社」の区域に属したと見られる。「河天」の場合には前記「河宝」No.610に相当するNo.21加賀守貴布禰田一反の在所が「上小社、南一」と見え、一一筆計九反半四〇歩が「上小社」とされていたと考えられる。これらは「大宝」・「河宝」の復元図を介して「小社」の区域を確認するための貴重な手がかりである。

前後するが、長享三年（一四八九）八月二十六日の賀茂社氏人中置文（「賀茂」）では、「俊千代大夫往来田之内、小山郷字小社壱段、無紛之処、今度無謂号西念寺之永領、出来支証、雖被及對論」云々と記され、論所となっていた往来田一反の在所が「小山郷字小社」とあって、時に「小社」が小山郷とされる場合もあったことを物語る。天文十六年（一五四七）十一月六日の左衛門太郎作職売券（「岩佐家文書」）所載の田地一反は「在所河上郷字コウサイニ在之」とある。要するにこの区域は河上・大宮・小山三郷の境界あたりに位置していたのである。現在地は「小社」・「小社南」・「小社下」が同じ区域を指し、ほぼ**紫竹上高才町**南半部、その北が「小社北」あるいは「小社垣内」で、同町北部から**紫竹下長目町**南部にかけての区域、その東の大体**小山西玄以町**から**小山北玄以町**にかけての区域が「小社東」であったと考えられる。ただし、**【大社】**の項で、「大社」がまた「小社東」と呼ばれることがあったことを指摘したが、そこで検証した「大社」＝「小社東」の在所は、少し南へずれて**小山西元町**のうちに入るので、やや南へ拡大して捉える方が無難かと思われる。混同・出入りがあった可能性も考えるべきかもしれない。なお、後代の大宮郷賀茂台絵図では、上記「小社」の区域に「口才」、ほかにその南の区域の五筆に「口才、**堂ケ芝**」と書き入れてある。後者は字名が両様に呼ばれたことを意味する。ここは「大宝」復元図ではすべて往来田であることがわかるので、「往来A」・「往来B」と突き合わせて字名を確かめることができるが、念のためにやってみると、それらは「**ト、ロキ**」・「**ヒノ口**」（これは不審がある）などとなっており、「小社」ではない。時代により出入りが生じていたものと見られる。

その後、元亀三年（一五七二）の大徳寺幷諸塔頭本役銭結鎮銭出分指出のうち、正受院宗謁分（『大徳寺』八―二五三二）に「コサイ」の「半段　弐斗代」、養徳院分（同八―二五三二）に「コウサ井カ坪」の二筆一反半（天正十三年（一五八五）十月二日の養徳院指出では二反）、天正十三・十四年頃の三玄院領大宮郷田地目録（同八―二五四九）に「コウザイ」の「七畝　壱石壱斗二升」、瑞峰院指出（八―二五五〇）に同所の二筆、大徳寺方丈田畠目録（同八―二五五一）に「こうざい」の七畝、天正十四年八月二十九日の龍翔寺田畠目録（同八―二五五二）に同所の七畝などが散見し、戦国期には大徳寺方丈や諸塔頭によるこの区域の田地所職の入手が進んでいた様子が見られる。
天正十七年検地帳には「こうさい」の字名で一七筆計一町四反七畝二六歩が記録されているので、太閤検地以後も賀茂社領として存続したことが知られるが、これは東部およそ半分程度であったと思われ、西半部は大徳寺領とされた。同年の大徳寺分検地帳に一二筆計九反一畝二五歩が書き上げられ、慶長二年（一五九七）の大宮郷麦田指出には一六筆計約一町二反が記帳されている。当時全面的に米麦二毛作が行なわれていたことがわかる。近代の市制町村制のもとでは、**大宮村東紫竹大門**字口才となり、段別は三町六反一四歩となっている（『京都府愛宕郡村志』）。

【かうや田・高野田・高屋田】 天正十七年（一五八九）大徳寺分検地帳に「かうや田」所在の二反七畝、一反四畝の二筆が見え、これより三、四年早いのではないかと推定される瑞峰院指出（『大徳寺』八―二五五〇）にも「高野田」・「高屋田」の各一所が出ている。次いで慶長二年（一五九七）大宮郷麦田指出には一筆二反二畝が記されている。大宮郷賀茂台絵図を調べると、郷南部の字「**北裏**」の東、堀川沿いの田地二枚に「小溝 高野田」と記入してある（肩に記されている「**小溝**」は用水の名称と見られる）。さかのぼって「大宝」復元図を参照すると、ここには№480龍花庵田二反、№481雲林院田一反、№482同一反半と計三筆四反半の田地が存在していたことがわかるが、「大宝」では字名は記されていない。現在地は**北区紫野下石竜町**のうちである。

【御所田】 元亀・天正年間のものと推定される瑞峯院幷寮舎末寺門前田畠指出帳（『大徳寺』五―二〇一二）の常住分に大宮郷「御所田」の二筆二か所（いずれも「畠」と朱注がある）、黄梅庵分・楮庵分に同所の各一筆一か所（後者には「畠」と朱注）が見える。その後太閤検地によりこの区域はすべて大徳寺領となり、天正十七年（一五八九）大徳寺分検地帳には「御所田」（「下御所田」の一筆を含む）所在の田畠四五筆計二町五反二畝二〇歩（うち「畠」・「上畠」の注記があるもの一五筆計九反二畝二一歩。ほかにも比較的面積の零細なものが多く、注記がなくても畠地であったものが少なくなさそうに思える）が書き上げられている。郷南部の堀川東岸の地であり、現在の**北区紫野東御所田町・紫野西御所田町・紫野上御所田町**の各町名は中世以来の地名を伝えるものであるが、大宮郷賀茂台絵図では、このうち西御所田町の西部と**紫野宮西町**西端部に相当する区域の耕地のみに「御所田」の字名が書き込まれている。筆数にすると四〇筆に足りない程度であるが、かつての御所田はほぼこの範囲に収まるものと考えてよさそうである。天正の検地帳でおよそ三分の一が畠地であることは一つの特徴である。慶長二年（一五九七）大宮郷麦田指出には、「御所田」の田はわずかに三筆計三反一畝一二歩しか記されていないが、これも畠地の多かったことと関係があろう。近代の市制町村制では**大宮村東紫竹大門**字上御所田・中御所田・下御所田と称され、段別はそれぞれ四町五畝一五歩・三町九畝二歩・三町二反四畝一九歩であった（『京都府愛宕郡村志』）。

【小堀川】　大宮郷の北部で**堀川**から分岐し、七、八〇メートル東を大体堀川に並行して南下していた川の名。「大宝」にNo.188御酒田半反の在所が「次ノ西、小堀川ノハタ」と記され、No.193氷用田二反にも「次ノ西、小堀川ノ畔」、No.205正伝寺田一反には「小堀川ノ中、長通」、No.257経所田三反半に「次西、小堀川ソヘ」、No.260奈良田一反に「次東ノ小堀川ソヘ」とあるなど、数か所に名称が出現するのが初見である。下って永正十七年（一五二〇）十一月十日の元行田地売券（『大徳寺』四―一七九七）では、沽却地一反の在所を「大宮郷之内小堀川ヨリ西弐段目也、字宣旨水口也」と記している。これは復元図で調べると、「大宝」No.287氷用田八反のうち、東端小堀川から二枚目、一世紀後の「大天」ではNo.179一反に該当すると見られる。また、「大天」では、用水系統別に検地がなされていて、No.145からNo.180までの計四町一反歩が「小堀川」の灌漑範囲であったことを示している。これらの徴証に依拠して復元図の上で流れの状態をつかむことができる。堀川から分岐する地点は、現**北区紫竹下本町**のほぼ中央、**堀川通**のあたりであり、「大天」の四町一反歩は、**紫竹東桃ノ本町**北端以南、**紫野下鳥田町**に至る堀川通を中心とする細長い区域である。

かように「小堀川」は本来一つの河川の呼称であるが、後にはその流域の特定区域の字名にもなった。天正十七年

（一五八九）大徳寺分検地帳では、「**清蔵口名寄帳**」の部分に「小堀川」所在の田畠二三筆計一町六畝六歩、それ以外の部分に二筆四畝二〇歩が見え、その大部分は「上畠」などの注記によって畠地であったことが知られる。その後、慶長二年（一五九七）大宮郷麦田指出には、「小堀川」の字名で五筆約四反歩が出てくる。大宮郷賀茂台絵図には、「小堀川」と書き込まれた耕地約三〇筆が見いだされるが、その場所は**紫野西御所田町**西南部から**紫野宮西町**西部にまたがっている。すなわち前記した「小堀川」の下流域よりさらに南である。

【コミソ・小溝】 大宮郷西南部、**堀川**西岸を流れていた用水溝の名称であるが、同時にそれが灌漑していた田地群を指す字名ともなっていた。初見は「往来Ｂ」の慶彦大夫往来田一反の在所が大宮郷「コミソ」と記されているものである。この往来田は半世紀あまり前の「往来Ａ」では愛鶴大夫往来田であったことが確かめられるが、その在所は「大宮郷**カナヘ**」とある。この地名はその後一切見当たらないところからすれば、南北朝末期には実在していた地名ではあるが、室町中期ごろまでに使われなくなったのではないかと思われる。「往来Ｂ」より一〇年前後早い「大宝」では、右の往来田は№449慶益大夫往来田として出現することが確認できるので、復元図で場所を調べると、現在の**北区紫野石竜町**東北部にあったことがわかる。この往来田を含む六枚の長地型田地群は、東を堀川、西と北を道・溝、南を道に囲まれ、北部が幅広で最北端がやや狭く南部がすぼまった形をしており、それが鼎を連想させたところから、かつては「カナヘ」の字名がついていたのではないかと思う。

さて、前述のとおり「往来Ｂ」にすでに「コミソ」が現われるが、その後はほぼ一世紀の間所見が無く、「大天」に至って№190から№206までの一七筆計二町歩が「小溝」の灌漑区域として一括記載されている。この中に出てくる№193兵部少輔往来田一反は、「大宝」の慶益大夫往来田と同一の田地である。復元図を介して右の二町歩の現在地を求めると、北は**紫竹東高縄町**の西南端で、**紫野上鳥田町**西部・**紫野上石竜町**東南端・**紫野下鳥田町**西北端・紫野石竜町西部を経て南は**紫野下石竜町**東南部に至る区域である。のち大宮郷賀茂台絵図でも同じ区域の田地一筆ごとに「小溝」と書き込んであるが、ただ紫野石竜町の東南部に当たる部分だけが字「藤田」とされているのが相違点である。この部分は「大宝」ではNo.456の経所田三反に当たり、天正十三年（一五八五）頃の賀茂社読経所指出帳（『賀茂』）にも、この三反が「大宮郷藤田、今宮鳥居ノ前」所在として出現する。「藤田」は早く「往来A」に登場する字名であるが、元来堀川の両岸にわたっていたのが、のち西岸だけに残ったと考えられ（後述【藤田】の項参照）、別称と見てよい。それはともかく、一方で用水としての「小溝」を復元図で確かめると、それは現紫竹東桃ノ本町西南部で堀川から分かれ、上記の区域の西側を南下していたことが明らかである。

元亀三年（一五七二）の大徳寺幷諸塔頭本役銭結鎮銭出分指出（『大徳寺』八―二五三一・二五三二）のうち大僊院分に二反、龍泉軒分に一反、宗見分に一反の「小溝」所在田地が見いだされ、さらに天正十三年（一五八五）十月二日の大仙院幷諸寮舎指出（同八―二五三四）にも同所の田地三筆三反が記載されている。これらは大徳寺の諸塔頭が名主職・作職などを入手していた田地であるが、太閤検地のあと大宮郷は賀茂社領から切り離されて大徳寺領となったから、天正十七年の大徳寺分検地帳には「小溝」の田地一一筆計九反九畝四歩が記載されることになった。慶長二年（一五九七）の大宮郷麦田指出にも一〇筆計八反七畝二八歩が見いだされる。ほぼ全面的に米麦二毛作が行なわれていたのである。

【コモリ・小森・小杜】　「往来A」所載の初菊大夫往来田一反の在所が「大宮郷コモリ」とあるのが初見。半世紀あまり後の「往来B」では、この田は幸蒸大夫往来田として出現し、在所は「小杜」と漢字で表記されている。また他に徳寿大夫・幸松大夫・福寿大夫・摂津前司の往来田各一反が同じく「小杜」にあったことを記載し、さらに亀千代大夫往来田一反について「小杜南」にあったことを記している（「往来A」では徳寿大夫往来田以下については対応する記事が欠失）。

この「往来B」所載の五反について、少し早い時期の宝徳三年（一四五一）諸郷地からみ帳における給主を調べてみると、幸松大夫・亀千代大夫の往来田についてはすでに同一人が給主であり、他は幸蒸大夫往来田は宮千代大夫、徳寿大夫のものは幸徳大夫、福寿大夫のものは鶴夜叉大夫がそれぞれ当時の給主であったことが突き止められる（摂津前司往来田は愛夜叉大夫かと思われるが未確定）。これらは「大宝」ではNo.43に鶴夜叉大夫、No.47に宮千代大夫、No.56・No.58に幸松大夫（各半反）、No.59に命有大夫、No.60に亀千代大夫として記載されている。また、同帳のNo.18仏光院田大には「次ノ南、小森下」という位置指定がなされており、No.42正伝寺田一反にも「次南」の方角記載に並べて「コモリ」と書き込まれている。これで同帳の復元図を介して「小杜」の現在地が判明する。すなわち**北区紫竹上緑町**東南部から**紫竹下緑町**東部・**紫竹下芝本町**西端部にかけての区域である。ただ、「小森下」とあるNo.18の田地は**紫竹上芝本町**西北端に位置し、右の区域とはやや北に離れており、地名のつけ方としてはむしろ「小森上」がふさわしいのに、実際は逆であるという点が不審を抱かせるのである。

この不審は、実は一世紀後の「大天」の記事の検討によって解消する。天文十九年の検地は用水系統別に行なわれ、したがって検地帳の記載の仕方もそういう組み立てになっていることは、すでに第二章第五節で述べたとおりで、まず「大天」No.325の前行には「小森下溝自尻始」とあって、以下No.379までの田地群が「已上六丁二反六十歩」と一括集計されている。かつこの田地群は同時に字「**もゝり股**」・「**ハせ**」・「**芝本**」に区分されており、「自尻始」とあるとおり、検地が南の溝尻（**紫竹西高縄町**中央部）から漸次北へ進行したことも明らかで、復元図によって「小森下溝」の灌漑範囲を正確に把握することができる。次に検地は「上溝」の灌漑範囲No.380からNo.410まで三町一反について行なわれ、さらに「下溝」の分を今度は北からNo.411～No.430の二町一反小だけ実施している。いずれの場合も同様に復元図でその範囲が突き止められる。その結果「上溝」・「下溝」は「小森上溝」・「小森下溝」の略称であることがはっきりし、「小森溝」なる用水は、北に位置する河上郷から流れてきて、大宮郷に入るすぐ前で上溝・下溝に分かれていた事実を知ることができる。そして先の「大宝」No.18の田地は「大天」ではNo.428の半に該当し、「小森下溝」の灌漑範囲の中に入っており、「小森下」の「下」は「下溝」のことと見れば矛盾はないのである。また、「往来B」所載の往来田から突き止めうる「小杜」の区域は、「小森溝」の灌漑区域の一部で、場所はそのほぼ中央部に当たることもわかる。

河上郷内の「小森溝」に関する徴証としては、「河天」№14一反に「次東、但小森」、№17一反では「次坤、間在小森溝」とあるのが見いだされるので、同帳の復元図によって場所を特定できる。すなわち両者は記載順番号は少し離れているが、実際には隣り合わせで、№17が東にあり、いずれも現在の**紫竹上園生町**から**紫竹下園生町**にまたがっている。そして「小森溝」は№17の北端から東側を通る**堀川**の一筋西の溝であったことが判明する。大宮郷賀茂台絵図では、この溝が上溝・下溝に分岐する地点に「上溝」と記しており、また、字名としての「小森」は、ほぼ紫竹上緑町の東南端あたりから紫竹下緑町東部を経て**紫竹西桃ノ本町**東北部に至る区域（一部に紫竹下芝本町西端部をも含む）の約二〇筆ほどの耕地に相当するものとされている。

以上の考察を通じて、おそらくはもともと河上郷の最南端部に「小森」という字名があり、そこで堀川から分かれて南下する用水が、地名を冠して「小森溝」と称され、上・下の二流に分かれて大宮郷に入り、それが灌漑する区域の一部がやはり「小森（小杜）」と呼ばれることになったのであろうことが推測される。あるいは元来河上・大宮両郷にまたがって字「小森」が存在したと考えた方が妥当かもしれない。

ほかに管見に入った関係史料のいくつかを挙げれば、まず文明十一年（一四七九）九月三日付の宝慈院秀音田地売寄進状（『大徳寺』三―一五〇七）に、当該物件が「合弐段者在所大宮郷小森壱段別賀茂本斗一石一斗八升宛」と表記され、「右件田地者、寶慈院相傳飛鳥田也（中略）永代大徳寺塔頭如意庵江、賣寄進申處實正也」云々とある。この田地について「大宝」とその復元図を参照すると、先に挙げた「次ノ東、小森下」の№18仏光院田大の「次南」に№19「二反　飛鳥井田」が見いだされる。近辺では外に該当するとみなしうるものは全然ないから、間違いなくこの田地が如意庵へ売寄進されたのである。のち、元亀三年（一五七二）五月二十日の如意庵指出（同八―二五三一）に、「小森　弐反　弐石三斗六升代本役一貫六百此内三百八十文飛〔鳥脱カ〕井殿へ出之、七十文、此米二石七升八合、」と出てくるのがこれである。ほかにも同年の宗閑分指出に大宮郷「小森」の一反、宗鑑分指出に「にしりも小森」の一所、真珠庵分に「小森」の一反、養徳院宗功指出にも「小森」一反などが見いだされ、これは戦国期になって大徳寺の諸塔頭が当所の田地の名主職などを獲得するようになっていたことを証するものである。太閤検地によって大宮郷と河上郷の一部とは賀茂社領から切り離されて大徳寺領となったので、天正十七年（一五八九）の大徳寺分検地帳には「小森」所在の田地二一筆計一町七反一一歩が記載されている。また、慶長二年（一五九七）の大宮郷麦田指出にも一七筆計一町二反四畝九歩が書き上げてあり、ほとんどの田地で米麦二毛作が行なわれていたことを示している。

【小柳】現在のところ、室町期のものと推定される賀茂社読経所田田数引付（「川上家文書」）の大宮郷分に「小柳、作半弐段　一石三斗弐百文　右馬三郎」とあるのが初見。その後は「大天」No.85命福大夫往来田一反の場所指定に「次良、小柳」、No.123一反には「次東、小柳」と見える。同帳の復元図によると、この二反はいずれも横田で、両者の間に同じく横田の四筆四反が存在したことが判明する。この六筆の田地に相当する区域が字「小柳」であったと見られる。

　しかし、この中には右の命福大夫往来田のほかNo.86梅松大夫・No.87宮内少輔・No.125民部少輔の各往来田が確認され、とすると当然往来田古帳に出てきて然るべきである。にもかかわらず「往来A」・「往来B」ともに「小柳」所在の往来田はまったく発見できないのである。これはいたって不可思議なことなので、復元図を重ね合わせる形で「大宝」についても調べてみると、不都合なことに「大宝」の該当部分は料紙一枚が失われているため部分的な突き合わせしかできないが、最南部の往来田二枚だけは相互対比が可能である。すなわち「大天」No.85に相当するのがNo.244若石大夫、No.86に当たるのがNo.243左近将監の往来田である。これによって前者は「往来B」の越前前司往来田、したがって「往来A」では春光大夫往来田であり、後者は「往来B」の宮内少輔往来田で、「往来A」では有菊大夫往来田であったことまで突き止めることが可能となった。そこで、四者についてそれぞれ大宮郷所在の往来田の字名が何と記されているかを見ると、欠損・無記入のため「往来A」有菊大夫・「往来B」越前前司の場合しか判明しないが、双方とも「小柳」ではなく「**下柳**」となっている。これではいくら探しても往来田古帳に「小柳」が出てこないのが道理である。「下柳」であれば、ほかにも「往来A」で生王大夫・長寿大夫、「往来B」で式部少輔・備後前司の各往来田一反が同所にあったことが知られ、生王＝式部、長寿＝備後と対応することもわかるので、四反の往来田がすべて「下柳」所在ということになり、ここは少なくとも南北朝末期から室町中期までは「下柳」と称されたことが立証され、その後一世紀を経過する間に「下柳」から「小柳」へという変化が起こっていたと見なければならない。なぜそうなったのかは推測するしかないが、私は堀川東岸の字「柳」の南部がいつしか「下柳」と言い慣わされるようになったため、それと区別するためにこちらを「小柳」に変えたのではないかと考えている（**【柳】**の項参照）。

太閤検地以後はこの区域は大徳寺領となったから、天正十七年（一五八九）の大徳寺分検地帳には七筆計六反四畝五歩の当所所在田地が記載されており、慶長二年（一五九七）大宮郷麦田指出にも六筆五反八畝一七歩が書き上げられている。在所は復元図でも明らかであるが、大宮郷賀茂台絵図にも同じ六反の田地のそれぞれに「小柳」と書き込んである。現在地は**北区小山下初音町**西南部を主とし、**小山北大野町**西北端・**紫野上柳町**東南端・**紫野下柳町**東北端にまたがっている。近代の市制町村制では**大宮村東紫竹大門**字小柳と称されたが、段別は二町五反三畝一九歩とあるので（『京都府愛宕郡村志』）、より広域の字名となっていたことがわかる。

【三段田】　正平七年（一三五二）二月二十八日の藤原経吉田地売券（『大徳寺』三―一四一七）・同譲状（同三―一四一八）に、「うり（後者では「ゆつり」）わゝす大宮のかうの雑役田事」として「合参段半者、（但在所あわちかせ二反 三段田ニ一反半）」とあるのが現在のところ初見史料である。経吉は当該田地の名主職を売譲りの形で手放したのである。これは応永十五年（一四〇八）十月三日に至り、当時の所有者替屋永覚が牛飼彌鶴丸に沽却した（同三―一四二八）。その後「三段田」という字名は発見できないのではっきりしないところがあるが、のちには大徳寺如意庵が入手することになったようである。

以上の徴証により、南北朝初期から室町初期にかけての時期に、大宮郷内に「三段田」といわれる場所があり、その中に一反半の賀茂社雑役田が含まれていたという事実が判明したが、その在所はどこであったか。多くの字名の分布状態を一覧できる大宮郷賀茂台絵図にもこの字名は発見できないが、しかしまったくお手上げということでもない。「三段田」という字名は、田地三反からなる一区域に付されたものであったことはほとんど確実と見てよい。したがって、大宮郷内の数ある賀茂社雑役田のうち一筆一反半の田積を持つものを探し、さらにその中から復元図上もっとも「三段田」と称されるにふさわしいところにあったものを突き止めることができれば、その場所はかなり高い確度でここにいう「三段田」と一致すると見てよいからである。そこで、ほとんどすべての田地についてその種類を記載している「大宝」に拠って、一筆一反半の雑役田を拾い上げると、No.406・No.435の二例である。復元図の完成により、両者はいずれも在所がつかめるから、はたしてどちらの立地状況が「三段田」に適合するかを確かめてみると、それは後者であることが明白である。すなわち、前者の場合はNo.406の東に「次ノ東、岸極」としてNo.407御さんく田一反があり、西にはNo.405雑役田一反があって、この三筆の合計は三反ならぬ三反半であり、さらには西に連続している四筆計六反と合わせて字「**精進坪**」に属していたことが容易に見て取れるのであって、どう見ても「三段田」とは言い難い状態である。これに対して後者は**大徳寺通**の東側程近いところにある縦長のNo.433氷用田一反半の東側に、北からNo.434半・No.435一反半・No.436一反といずれも半折様の田地三筆計三反が並んでおり、その北と東は道と溝、南は道で限られ、北の二枚が雑役田であるという状況にある。西の氷用田との間には普通の畦畔しか認められないが、半折と長地の差異は歴然であってみれば、この三枚の田地こそまさしく「三段田」に違いないと考えられるのである。「大宝」にもまた「大天」においても、その場所に「三段田」という記載はないから、推定の要素が残るのは避けられないが、私見としてはこれは確度の高い推定であると思う。一応現在地を指摘しておくと、**北区紫野上門前町**西南部から**紫野門前町**西北部にまたがる場所であり、ほぼNo.434半に相当する部分が前者に属すると見てよい。

【鹿塚・獅子塚】　今のところ、文明十四年（一四八二）四月の賀茂社読経所田田数目録（「川上家文書」）のうち法光寺田分に、大宮郷「鹿塚」所在の二反が記載されているのが初見。ついで「大天」No.446供僧田一反の在所が「次西、鹿塚」と記され、復元図によれば、これは郷の北部、**堀川**より東で字「**頭無**」の南に接する区域の東端道沿いにあったことが判明する。「大宝」の復元図でも同一の田地が確認でき、そちらでは西隣の一反を合わせてNo.134法光寺田二反として出現する。これは前記田数目録にある法光寺田分二反とぴったり符合するのである。両方の復元図では、四至を道と溝で限られた合わせて六筆の田地群につけられた字名であったと判断できるが、後代の大宮郷賀茂台絵図も同じ場所の田地それぞれに「鹿塚」と記入している。現在地はほぼ**北区紫竹下本町**の北部に当たり、**堀川通**の東、**大門南通**の南沿いである。

「大宝」・「大天」とも域内に二反の往来田を含んでいたことを示しており、前者について見ると、No.136所千代松大夫往来田とNo.137幸福大夫往来田とが該当の田地で、これらと一致する田地は「往来A」・「往来B」に登場して然るべきである。よって他の多くの例と同じやり方でいろいろ探索してみると、「往来B」では前者は備後前司、後者は千代鶴大夫の往来田であったことが突き止められ、さらにこれを「往来A」と対比することによって、千代鶴大夫往来田に当たるのが南北朝末期ごろには益有大夫往来田であったことも判明する（備後前司往来田については、対応すべき「往来A」の記事が失われていて不明）。しかし、「往来B」千代鶴大夫往来田のうち大宮郷所在の一反には字名が記入されておらず、「往来A」益有大夫往来田では「大宮郷**シハモト**」とあって、いずれにせよ往来田古帳所載の字名の中に「鹿塚」の字名を発見することはできず、それ以上の追求は不可能である。ただ、「芝下」という字名は「大宝」ではこの区域の西、堀川を越えてすぐのところに発見できるので、「往来A」益有大夫往来田の例は、かつては「芝下」の範囲が堀川の東にかかっていた可能性を物語ると考えるべきかもしれない。

のち、元亀三年（一五七二）の大徳寺諸塔頭本役銭結鎮銭出分指出（『大徳寺』八―二五三二）のうち、六月二十三日の徳禅寺分指出には「壱段　弐石八斗代」の「獅子塚」所在田地が見られ、同じ時期のものと見られる瑞峯院幷寮舎末寺門前田畠指出帳（『大徳寺』五―二〇一一）にも同所の「壱所九斗八升四合　常徳庵」と記された土地が見える。これらは戦国期に至り、賀茂社境内諸郷の田畠に関する名主職・作職などの所職が大徳寺塔頭などの手に集められていた状況を物語るものであるが、ほどなく太閤検地の結果この区域はすべて大徳寺領となり、天正十七年（一五八九）の大徳寺分検地帳には、七筆計七反八畝二二歩の田地が当所所在として出現する。慶長二年（一五九七）大宮郷麦田指出にも六筆計四反七畝一二歩が記載されていて、米麦二毛作が広く展開していた事実を立証する。

【芝本・シハモト・芝下・柴本】　初見は「往来A」に一若大夫往来田半と弥若大夫・安藝前司・慶松大夫・益若大夫往来田の各一反が「大宮郷芝本（シハ本・シハモトとも）」所在として出てくるものである。半世紀あまり後の「往来B」においては、これらはそれぞれ金寿大夫往来田の半反と但馬前司・大田左近将監・淡路前司・千代鶴大夫の往来田として出現することが、相互の比較検討により確かめられる。字「芝本」の区域を地図上で押さえるために、「往来B」より一〇年ほど早い宝徳三年（一四五一）諸郷地からみ帳と突き合わせて調べると、当時は金寿大夫の半に相当すると見られるのが№32・№36の二か所に小ずつ存在する幸熊大夫往来田であり、あとは但馬前司往来田が藤満大夫の、大田左近将監と淡路前司の往来田はいずれも同一人のそれ、千代鶴大夫往来田は幸福大夫の往来田であったと知られる。最後の幸福大夫往来田は、すでに**【鹿塚】**の項でも触れ、またつぎにも述べるように**堀川**の東岸にあったが、あとは堀川の西で割合近接していたことが、復元図の上で確認でき、加えて№28藤満大夫往来田には「次西、芝下」という場所指定がなされているので、その地こそ「芝下」であったことが立証される。この№28一反が堀川の西沿いで、河端の荒地№27半と川ならびに№138氷用田一反を隔てて№137幸福大夫往来田一反が位置する関係にあったから、千代鶴大夫往来田と幸福大夫往来田が同一と見た私見に誤りなければ、字「芝下」の東限はこの田地まで及んでいたとすべきであろう。後代の大宮郷賀茂台絵図では、堀川の西沿い三筆については字名が「**松田**」とされているが、これは西端の一反が賀茂社松明田であったことからそう呼ばれるようになったものと推定され、本来はここも「芝下」であったことは、右記の№28がその中に含まれることで明らかである。同絵図の場合は「大宝」№30の西をとおる道・溝の西にある田地一〇数筆が「下芝本」であり、道・溝を隔ててその北に位置する田地群八筆に「上芝本」と書き込まれている。「大宝」№25淡路前司往来田はちょうど「上芝本」の東端に位置していたが、「往来B」では単に「芝本」とあるから、本来は上下の別は明確ではなかったし、かつ東端の一部が堀川東にまで及んでいたのであろう。いま大宮郷賀茂台絵図の「上・下芝本」に限定して現在地を指摘すると、東と西の境界はほぼ**北区紫竹上芝本町**の町界に当たり、「上芝本」は同町中央部、「下芝本」はその南、**紫竹下芝本町**北部にかけてである。

他の史料では、明応七年（一四九八）十二月二十日付の賀茂社氏人物中結鎮銭幷山売代算用状（「賀茂」）に、「二段 大宮郷芝本 五郎衛門方弁分」と見え、当所の田地二反からの結鎮銭（計二〇〇文か）収納分が売却されていたことがわかるが、この二反はおそらく「大宝」に「大門二郎」が作人として登場している№39左近将監往来田一反と、№40雲林院田四反のうちの同人作一反に該当するであろう。また、元亀三年（一五七二）の大徳寺幷諸塔頭本役銭結鎮銭出分指出（『大徳寺』八―二五三二）のうち大僊院分に、「芝本 壱段 壱石五斗六升六合代 此内百文御結鎮出之、 大賀茂 藤兵衛」とあるのが見いだされるが、これは大僊院が名主職を入手した田地であろう。下って天正十三年（一五八五）十月二日の大仙院幷諸寮舎指出（同八―二五三四）の拾雲軒幷舜蔵主分に見える「芝本」の一反も、斗代は若干異なるが同一田地と判断される。また、天正十二年四月二十一日の高珍田地作職請取状（「座田文書」）は、「大宮郷芝本田地作職弐段事」に関する文書を、喜兵衛から請け取ったことを記している。

太閤検地の結果、ここはすべて大徳寺領とされ、天正十七年大徳寺分検地帳には二三筆計一町七反七畝二六歩の当所所在田地が記録され、慶長二年（一五九七）の大宮郷麦田指出にも一九筆計一町六反一畝六歩が書き上げられている。ほぼ全面的な米麦二毛作が行なわれていたのである。近代の市制町村制では**大宮村東紫竹大門**字上芝本・下芝本となり、段別はそれぞれ二町八反三畝と四町八反三畝一四歩となっている（『京都府愛宕郡村志』）。

【シマ田・嶋田】 南北朝末期ごろの「往来A」に、有寿大夫往来田一反半、岩菊大夫・正有大夫・大夫将監の往来田各一反の在所が「大宮郷シマ田」と記されているのが初見。半世紀あまり後の「往来B」では、これらはそれぞれ左京亮・東愛徳大夫・慶千代大夫・因幡前司の往来田として登場することが判明する。加えて「往来B」には千代光大夫往来田の一反も「太宮郷嶋田」にあったことが記されている（「往来A」では料紙の欠失により対応する往来田を求めえない）。

これによって、一〇年ほど早い宝徳三年（一四五一）の諸郷地からみ帳と対比検討して当時の給主を探り出せれば、復元図の上で場所を特定することが可能である。調べてみると、東愛徳大夫・慶千代大夫・千代光大夫についてば突き止められないが、左京亮往来田は同一人が、因幡前司往来田は松有大夫がそれぞれ宝徳三年当時の給主であったことがわかる。しかし「大宝」の場合は、前者がNo.153として出てくるが、後者は発見できない。料紙の欠失部分に記載されていたかもしれないが、要するに不明である。手がかりは結局No.153左京亮往来田だけということになるが、これは田積一反半というめずらしい往来田で、「大宝」では外に類例がないから右の比定に誤りはないとしてよい。復元図で確かめられるこの田地は**堀川**東岸の横田で、現在地は**北区紫竹下本町**東南部である。「嶋田」は通常四至を水路で囲まれた状態にある田地もしくは田地群を指す地名と見てよいであろうが、この往来田を含む一〇筆ほどの田地群はまさしくそういう立地状況にあり、その点でも矛盾はない。

しかし、不思議なことにはこの区域にあと四反の往来田に該当するものが見いだせないのである。往来田は外に二筆一反半しかない。これでは関係史料を整合的に理解できず、どこかがおかしいと考えざるをえない。それで、あらためて復元図を見なおしてみると、上記田地群の東南に当たって、「大宝」の料紙が一枚欠けていて復元図が作成できない箇所があり、「大天」を参照するとそこには往来田三反があったはずである。さらにこの欠失部分の南にはNo.

183石見前司・No.186孫有大夫の往来田各一反を含む田地が連続する。そこまで加えると面積は二倍以上に拡大するが、地形ではその全体を「嶋田」と見てもあながち不都合ではなさそうである。もし、左京亮往来田一反半の位置は動かないとすれば、この区域を含めてより広域的地名としての「嶋田」を考える以外に矛盾は解消しないと思える（広域の地名ということになるので、「轟」・「堂ケ芝」などの別の字名と重なり合うところが出てくる）。料紙欠失という事情があるので、はたして当たっているか否かを突き止めることは不可能であるが、いまは一つのありうるかもしれない捉え方としてひとまず提示しておくこととする。

翻って別の史料を見てみると、一反の田地を賀茂氏女に宛行うことを記した、永享五年（一四三三）二月二十八日の賀茂大神宮政所下知状（「田中教忠氏所蔵文書」）には、当該田地の在所が「太宮郷内在所嶋田東、無頭西」と出てくる。「無頭」は上下逆にして「頭無」と書くのが普通であるが、郷東北に位置する既知の字名である（当該項参照）。西端が堀川に接しているので、その西は堀川西岸である。そこで後代の大宮郷賀茂台絵図を参照すると、同図にはちょうどこの場所にある二枚の田地に「嶋田」と書き入れてあり、上記下知状の示すところと一致する。ここが中世以来「嶋田」と呼ばれてきたのは間違いないのである。これまた東を堀川、西と南を道・溝、北を道で囲まれた嶋田というにふさわしい場所で、現在地は紫竹上本町西端部である。しかし、在所も地名の由来もかようにはっきりしているけれども、ここには往来田はなく、したがって「往来A」・「往来B」の記載とは明らかに矛盾する。

右の両区域は、あるいは総合的に捉えるべきかも知れない。しかし、現在のところほかには関係史料は見当たらないので、これ以上強引な捉え方はしない方が無難である。十分な解決には至らないが、追究して知りえたところを開示するに止めて後考にまつ。

【シヤウシカ坪・精進坪・上精進・下精進・障子坪】 初見は「往来A」に□郎大夫・千玉大夫・若一大夫・近江前司・伊賀前司の往来田各一反の在所が「大宮郷シヤウシカ坪」とあるもので、南北朝末期以前からこの地名が存在したことが明らかである。半世紀あまり後の「往来B」においては、これは順に和泉前司・千代徳大夫・備中前司・尊彦大夫・千代乙大夫の往来田となって出現し、これに加えて、阿波前司・民部大輔・益徳大夫・幸福大夫の往来田各一反についても同郷「精進坪」所在であることが記されているので、合計八筆八反の往来田が集中していた場所であったことになる。これを宝徳三年（一四五一）の諸郷地からみ帳と突き合わせて、当時それぞれの往来田の持ち主であった氏人を判明するかぎり追求してみると、阿波前司往来田に関しては不詳であるが、和泉前司・千代徳大夫・備中前司・千代乙大夫の四人は同一人がすでに給主として出現し、民部大輔往来田は尊光大夫の、尊彦大夫のものは預大夫の、幸福大夫のものは竹松大夫の、益徳大夫の往来田は鶴千代大夫の往来田であったことが明らかになる。

「大宝」においては、このうち和泉前司はNo.368、千代徳大夫はNo.365、尊光大夫がNo.370、預大夫・竹松大夫がNo.372の往来田の給主として登場することが突き止められる。この五人の往来田は、記載順番号が近接していることからわかるように、同じ区域に存在していた。現在地は**北区紫野東御所田町**西半部である。加えて「大宝」では、No.355の御〻んく田二反について「次ノ南、精進坪」、No.401後地二反にも「精進坪、次ノ東、川ノ上、丑寅」という位置指定がなされている。復元図によって両者の位置を確認すると、No.355は上記の往来田五反の在所よりはかなり東で、東側を小山郷との境界に相当する「大道」がとおっていたこと、No.401はNo.372預大夫・竹松大夫往来田の真南、道・溝を越えたところにあったことが判明する。また、これより一世紀後の「大天」では、「大宝」No.372のうち竹松大夫往来田に該当するNo.12鶴寿大夫往来田一反に「上精進、西一」、その一段南に連なる田地群一一筆計一町三反半の東端に当たるNo.1遠江守往来田一反に「下精進溝尻一、東一」という位置指定が見いだされる。なお、「大天」No.35は「次北、但精進ゥ坪内」として「一反　大監物丞往ー」とあるが、これは復元図によると「上精進」のNo.12の北六〇間（一〇八メートル余）を隔てた場所にあるので、飛び地と考えるべきであろう。

以上の徴証から、中世後期の精進坪は、その東限・西限がそれぞれ現紫野東御所田町の町界に相当していて、町域の南半部の大半を含み、南部はさらに**紫野宮西町**東部ならびに**紫野宮東町**の一部を含むものであったことが判明し、戦国期には字の範囲は大体西半部に限られ、かつ現紫野東御所田町の南部を東西に通っていた溝・道を境に、北部を「上精進」南部を「下精進」と称していたことが明らかになる。のち大宮郷賀茂台絵図には、「上精進」に相当する区域の田地一四枚に「障子坪」と記されている。

他に管見に入った史料を挙げると、文明十五年（一四八三）九月二十九日、左衛門五郎名主職田地売券（『大徳寺』二―八三五）に、「合壱段者、大宮郷内字シヤウシカツホ也」とある。この名主得分は四年後の長享元年八月二十二日に、大工宗忻から大徳寺風呂料として寄進された（同上）。また、元亀三年（一五七二）の大徳寺諸塔頭本役銭結鎮銭出分指出（『大徳寺』八―二五三二）のうち龍源院指出には「障子坪」所在の田地「壱段　八斗代」が見え、天正十三年十月十五日の龍源院指出（同八―二五三八）では、この田地には賀茂社への本役たる御結鎮八升の負担があったことが記される。同じ頃のものと見られる三玄院領大宮郷田地目録（同八―二五四九）にも、同所の「三段六畝　三石二升」が含まれ、瑞峰院指出（同八―二五五〇）には「障子坪　壱石九斗弐升代」が出てくる。これらは戦国期に至り、当所の田地に関わる名主職・作職などの所職が、被寄進・買得などによって、大徳寺ならびに諸塔頭に集められていたことを示すものである。

太閤検地の結果、賀茂社領から離されて全面的に大徳寺領となり、天正十七年大徳寺分検地帳には「しやうしかつほ」の田地が一〇筆計一町二反七畝二〇歩書き上げられている。この中には「下しやうし」の一筆一反一畝をも含めているが、他は「上精進」の区域に相当するものと見てよい（「下精進」の区域は、同帳ではほとんど「**御所田**」の字名で出てくると推定される）。その後慶長二年（一五九七）の大宮郷麦田指出には、「障子坪」として九筆一町四反四畝一七歩が記載されており、米麦二毛作の展開を示しているが、うち一筆九畝七歩には「三分一麦、三分二藍」、他の一筆九畝一〇歩には「半分　あい」という注記があり、麦と合わせて藍が栽培されていたことが注目される。

【シリホソ・しりぼそ・尻細】　文明十四年（一四八二）四月の賀茂社読経所田田数目録（「川上家文書」）のうち「廿五

三昧田分」に、「一段大宮郷シリホソ」とあるのが初見。下って天正十七年大徳寺分検地帳には、清蔵口田中五郎衛門の作田のうちに「しりぼそ　上九畝十歩　壱石四斗九升」が見え、慶長弐年大宮郷麦田指出にもこれと同一の田地（面積・斗代・作人名が一致）が「尻細」所在として出てくる。「尻細」とはいうまでもなく尻窄まりの形をしているところから生じた名称であるから、何枚もの田地群に付けられた称呼ではなく、一枚の田地を指すと見るのが自然であって、右の九畝一〇歩の田地だけがそう呼ばれたのであろう。ということは中世の廿五三昧田（経所田）一反はそれと同一の田地であるということでもある。

　この田地の在所はどこであろうか。直接それを指示する史料は得られないが、手がかりはある。大宮郷賀茂台絵図のうち**堀川**東の一枚に記されている「坪名幷小字目録」の中に「尻細」の字名が見いだされるのである。該当部分の字名の記載順が「**尼垣内**」・「**梅木**」・「尻細」・「**木曾垣内**」・「**佛尻**」となっているので、「梅木」や「木曾垣内」と近接する場所にあったという見当がつけられる。絵図のそのあたりを探索しても遺憾ながら「尻細」と記入された田地は発見できないが、尻窄まりという形態上の特徴を備えており、かつ「大宝」の復元図で「経所田」（「大天」では「供田」）であることが確認できる田地一枚がそのあたりに存在するならば、それこそとりもなおさず「尻細」であるとして、十中八九間違いはない。そういう見当をつけて復元図を調べると、字「紀三垣内（木曾垣内）」の西隣にあるNo.221経所田一反が、まさしくそれに当てはまることがわかる。大宮郷賀茂台絵図では、この田地には北および西隣の田地同様に「梅木」と記入されている。道・溝によって区切られる一群の田地の字名としてはそれが妥当であろうが、しかもなお、尻窄まりの形からこの田地だけが「尻細」という名で呼ばれる場合があったとして見当外れではないであろう。現在地は**北区紫竹下梅ノ木町**東南端から**紫野上柳町**東北端にまたがる場所である。

【スミ田・角田】　元亀三年（一五七二）の大徳寺幷諸塔頭本役銭結鎮銭出分指出（『大徳寺』八―二五三一・二五三二）のうち、正受院宗松指出に「スミ田」所在の一反、大徳寺門前分指出に「角田」の半が見える（この両者は同じ田地で、名主職と作職のように所職が異なっていた可能性があるが、判然としない）。その後天正十七年（一五八九）大徳寺分検地帳には「すみ田」の一反一畝が記載され、慶長二年（一五九七）大宮郷麦田指出でも「角田」所在として同じく一反一畝が出てくる。両者は同じ田地と見てよい。この字名はある区域の角に位置するところから来ていると見られるので、まず一枚の田地と考えるのが常識であるが、大宮郷賀茂台絵図では、まさしく特定の一枚の田地に「角田」と記入してあり、在所を確認することができる。そこは道と溝に囲まれた細長い三角形を呈しており、現在の**北区紫竹西高縄町**西南から**紫野上門前町**西北にまたがる場所で、**大徳寺通**から東へ約五〇メートル離れている。念のために「大宝」・「大天」の復元図と対照してみると、前者ではNo.100筑前前司老者田半反、後者ではNo.313の同じく半反に当たることがわかるが、「角田」という記載は見えない。

【せんし・宣旨・宣旨坪・宣旨田】　この地名の初見は、弘長三年（一二六三）十二月八日の沙彌浄行田畠譲状案（『大徳寺』五―一九四二）に、浄行が嫡女宇治女房に譲与した田地のうち二反について「せんし、同（賀茂）領、雑役田」と注記してあるもの。下って文明四年（一四七二）十二月六日の常盤井宮全明親王領賀茂雑役田売券（同二―八一九）によると、これと同一の田地が「弐段者せんシ坪東限ホリ河 西限彌大郎作 南限大道 北限彌大郎作」と表記され、寿貞蔵主へ沽却されている。

また、同七年三月二十日の無量寿院院衆田地売券（同二―八二二）は、「大宮郷之内字名せンシノ坪」の田地一反半を左衛門太郎に売却したものである。のち永正十六年（一五一九）五月に至り、同人の子か孫に当たる左衛門五郎は、このうち半反を大徳寺のうち明栄寺へ売り渡し（同二―八八九）、つづいて大永六年（一五二六）九月、残りの一反も五郎左衛門（左衛門五郎と同人か、もしくはその子か）が同様に明栄寺へ沽却した（同二―九〇三）。天文二十年（一五五一）七月四日、これは明栄寺宗寛から他の所領・什物とともに大徳寺松源院に寄進されたが、その時の寄進目録（同二―九四二）によれば、一反分の斗代は一石九斗、半反分は九斗であり、賀茂社の御結鎮銭を前者が三〇〇文、後者が一〇〇文納付することになっている。さらに永正十七年（一五二〇）十一月十日の元行田地売券（同四―

一七九七）は、「在所大宮郷之内**小堀川**ヨリ西弐段目也、字宣旨水口也」とある田地一反を大徳寺塔頭太清院（太清軒）へ沽却したものであり、賀茂社への本役二〇〇文の負担があった。

その後天文二年（一五三三）十月の大徳寺同諸塔頭等買得分所領目録案（同六―二〇六六）には、「一宣旨　弐段半」とあるが、これは前記の明栄寺領・太清院領を一括したものと考えられる。翌々年、太清軒宗球は大用庵輪番を永代免除される代わりとして、他の二か所からの得分とともに「センジ一石五斗」を同庵へ寄進した（同四―一七九八）から、元亀三年（一五七二）五月二十日の大用庵指出（同八―二五三一）には、これが「宣旨田」として「壱段壱石三斗七升 自此内弐百八十文両度ニ賀茂へ出之、」と記載されることになった。また、天正十三年（一五八五）十月二日の大仙院幷諸寮舎指出（同八―二五三四）には、「門前分」の中に「宣旨田」の「壱段　六斗八升」が記載してあり、「此外本所賀茂出、又意北軒江出之」と注記されている。これらの徴証は、戦国期に至り、大徳寺の諸塔頭・寮舎が当所の田地の名主職などを買得・被寄進により入手していった経緯を物語るものである。

なお「大天」では、No.181の雲林院弥三作一反以下九筆計一町一反半におよぶ田地群が、「せんし溝」かかりとして記されている。復元図によると、この溝は「小堀川」から分かれた用水であり、その灌漑区域こそ字「宣旨」に当たることが明らかに見て取れる。これは後代に大宮郷賀茂台絵図が「宣旨」と記入している田地四枚、「西宣旨」としている田地三枚と大体重なり合う関係にある。その現在地は大半が**北区紫野上御所田町**東部に属し、北端の一部が**紫野下鳥田町**の町域に入る[2]。

太閤検地の結果、この地は全面的に大徳寺領のうちに入れられ、天正十七年大徳寺分検地帳には八筆計六反七畝二二歩が「宣旨」所在の田地として出現する。慶長二年（一五九七）大宮郷麦田指出では八筆六反九畝一〇歩が記載され、田積に多少の異同はあるが、全体に米麦二毛作が行なわれていたことを立証している。

【高縄手】　天正十三年（一五八五）ごろのものかと推定される三玄院領大宮郷田地目録（『大徳寺』八―二五四九）に

「高縄手」所在の田地一筆一反二畝四歩が見え、やはり同時期のものと推定される瑞峰院指出（同八―二五五〇）にも「高縄手」の一所が記載されている。ついで天正十七年大徳寺分検地帳には、同所所在の六筆計八反四畝二四歩の田地が書き上げられ、慶長二年（一五九七）大宮郷麦田指出には八筆計一町一反一八歩と田積不明の三か所（斗代から見て計一反二畝程度か）が、同じく「高縄手」の字名で登場する。のちに大宮郷賀茂台絵図において計八筆の田地に同じ字名が書き込まれているので、在所が確かめられる。近代の市制町村制においては、**大宮村東紫竹大門字高縄手**となり、その段別は二町七反五畝一〇歩であった（『京都府愛宕郡村志』）。本来の「高縄手」以外に、東隣の「**墓下**（**塚本**）」とか西隣の「**一ノ坪**」などの区域を合わせているので、段別が大きくなっている。現在地は**北区紫竹高縄町**西南部・**紫野上石竜町**西部・**紫竹西高縄町**東南部・**紫野上門前町**東部にまたがる区域である。元来は区域の東端を南北にとおっていた縄手、もしくは中央部を東西に通じていた縄手が、高くて目立つ通路であったところから生じた呼び名であったものが、いつしかそれに沿った区域の字名になったものと考えられる。

【茶木原】　天正十七年（一五八九）大徳寺分検地帳に、「大りいと茶木原」の「七畝拾八歩」と「茶木原」の「壱反廿歩」とが記載されており、ついで慶長二年（一五九七）大宮郷麦田指出にも「茶木原」所在の「壱畝九歩」・「壱反廿歩」が見える。双方に共通する「壱反廿歩」は同一の田地であろう。いずれも二筆しか検出できず、小規模な区域に付された字名であることは明白である。在所は幸いに大宮郷賀茂台絵図によって確かめられる。同絵図には字「**食田**」の西隣の田地計三枚にそれぞれ「茶木原」と書き込んである。現在地は**北区紫竹西高縄町**の中央部やや北寄りである。この地名は茶が栽培されていたことにちなむものであろう。

【丁長・町長】　「ちょうなが」と読むべきか、あるいは「まちなが」とすべきか明らかでない。かつて『角川日本地名大辞典』26京都府上では、「まちなが」と読んで項目を立てたのであるが、本書では一応後述するような理由で

「ちょうなが」と読み、ここで解説することとした。異なる地名ではないことを初めにことわっておきたい。
初見は南北朝末期ごろの「往来A」に、有徳大夫・蓮一大夫の往来田各一反の在所が「大宮郷丁長」と記されているもの。これは半世紀あまり後の「往来B」と対比して調べると、それぞれ右京助《（ママ）》・光鶴大夫の往来田となって現われることがわかるが、双方とも字名は記されていない。なお、その外に筑前前司往来田の一反が「大宮郷町長」所在となっている（「往来A」ではそれに対応すべき記事が欠失している）。

この「往来B」に出てくる往来田三反は、一〇年ほど前の宝徳三年（一四五一）諸郷地からみ帳と対照して検討すると、当時は筑前前司往来田だけがすでに同一人のものとして出てくるが、右京助のものは愛石大夫の往来田であったらしく、光鶴大夫往来田は豊寿大夫が受給していたことがわかる。「大宝」の場合はそれぞれNo.293・No.298・No.297として記載されていることを突き止めることができ、No.293の前の行には「丁長、東ノ畔一」と記されてもいる。No.294からNo.300まではいずれも「次西」・「次ノ西」の方角記載を持つので、おそらく八反の長地型田地が並んでいたものと推測できるが、復元図はまさしくその様相を裏づけている。そして、この田地群の西にあるNo.301〜No.304の四反は、No.301に注記されているとおり「ハヲリ」であって、「次南」へ並び、それによってNo.300の田地はNo.301〜No.304に対していわゆる「丁通り」（ちょうとおり）の関係になっているのである。本項目を「ちょうなが」の読みでここに置くことにしたのは、このことが理由である。大宮郷賀茂台絵図では、西側の半折四枚をも含めた計一三筆の田地に「町長」と書き込んであるが、私はもともとこの字名は東側の長地型田地群だけを指していたのであろうと考えている。右の絵図にある一三筆の現在地は**北区小山西大野町**東半部にほぼ一致する。

なお、「大天」No.49の対馬守貴布禰田一反には「町長、水口一」という位置指定がなされており、この田地は復元図によると字「町長」の西北端から北北西へおよそ一五〇メートルを隔てた場所にあり、その田地の北端が「町長」の区域を灌漑する用水の取入口であったことを物語っている。

太閤検地実施の結果、大宮郷は賀茂社領から切り離されて大徳寺領となったから、天正十七年（一五八九）大徳寺分検地帳には、「町長」の田地七筆計八反五畝二八歩が記載されることになり、慶長二年（一五九七）の大宮郷麦田指出にも五筆計六反三畝一八歩が書き上げられている。ほとんどの田地で米麦二毛作が行なわれていたのである。

【墓下・塚本・墳本】 管見では、「大宝」No.109大宮郷田所給一反の在所が「墓下、西ノ一」と記されているのが初見。同帳ではつづいて「次東」で並列するNo.114まで四筆計七反半が見いだされ、「堀ノハタ」に達しているので、一か坪に近い長地型田地群がこの字名で呼ばれていたことを推定させる。復元図によると、ここは郷南半部のうち北寄りに位置し、「堀」は**堀川**を指していることが突き止められる。現在地は主要部が**北区紫竹高縄町**南半部から**紫竹東高縄町**西南部にまたがっており、南の一部は**紫野上石竜町・紫野上鳥田町**の北端にかかる場所である。

関係史料を拾うと、まず西端部の前記大宮郷田所給田に関して、作職を**ウチイ**（**雲林院**）の又三郎に宛行う旨を記した、文明八年（一四七六）三月日の賀茂大神宮政所下文（「碓井小三郎氏所蔵文書」）が残る。この田の東隣の楽田三反のうち二反については、文明十八年九月三日、兵庫貞家がこの下地を姫女に譲与した譲状（『大徳寺』二一―八三九）を初めとする関連文書約一〇通があって、明応二年（一四九三）七月五日には、姫女がこれを大徳寺へ沽却したことが知られるが、その売券には端裏押紙に「墳本売券也」と記し、本文には「賀茂大宮郷内字塚本也、但、本役米壱石弐斗、夏者麦五斗、公方者楽人之御方江弁」とある（同二一―八四五）。同日付で楽人豊近江守繁祐の大徳寺宛田地充文（同二一―八四六）も伝存する。また、永正二年（一五〇五）四月九日付飯尾鶴寿丸代兼高田地寄進状（同二一―八六〇）によれば、この田地は鶴寿丸から大徳寺開山塔へ寄進されているが、これは作職得分の寄進であろうか。この寄進状には「在坪塚本、但塚ヨリ西」と見えるので、当時東側に塚があり、地名はそこから生じたものであることがわかるが、塚の所在は明らかでない。のち元亀三年（一五七二）の大徳寺幷諸塔頭本役銭結鎮銭出分指出（同八―二五三一・二五三二）のうち方丈分指出に「塚本　弐段　弐石代　御結鎮百六十三文出之」とあるのは、この二反と見て間違いなかろう。また同じ時の龍源院宗鑑指出にも同所の「弐段　弐石五斗代」が見え、「此内三百文道歓へ本役出之、此米三斗七升五合」という朱注がある。さらに大仙院分指出にも同所の「壱段　弐石壱斗七升八合代」が出現し、さらに「大宝」の記事では、楽田の東に№111氷用田一反半、№112同田二反半があったが、天文二年（一五三三）九月二十七日の養徳院領山城国所々散在目録（同三―一一三二）に「一大宮郷内壱段半　字塚本」とあるのは、その前者に当たるのではないかと思われる。これらの徴証により、戦国期には「塚本」の田地に関する所職の多くが、大徳寺や諸塔頭の手に入っていたことが裏づけられる。

太閤検地施行により、ここはまったく賀茂社領から切り離されて大徳寺領となり、天正十七年（一五八九）の大徳寺分検地帳には、七筆計八反一畝二〇歩の「つかもと」所在田地が記載され、ついで慶長二年（一五九七）大宮郷麦田指出にも同所の五筆計五反が見える。のちの大宮郷賀茂台絵図では、前記の場所にある田地のうち西から四枚だけに「塚本」と書き込んであり、堀川との間に挟まる二枚には、それぞれ「**大和田**」と「**小溝**」の字名が記されている。

【辻カウチ・辻カ内・辻内】　永正五年（一五〇八）十月吉日の星野宗久田地作職売券（「大徳寺黄梅院文書」甲）に、当該田地二反の在所が「大宮郷之内字辻カウチ」とあるのが初見と思われる。この田地には紫野長勝庵へ一石九斗五升の年貢、名主方へ三斗五升七合の負担があった。この作職はその後野田新四郎が買得し（同）、永禄二年（一五五九）三月十八日、大徳寺瑞峰院听首座へ売り渡された（同）。天文二年（一五三三）十月二十五日の大徳寺同諸塔頭幷諸寮舎買得分目録（『大徳寺』二―九二〇）に、「一辻内　弐段」とあるのがこれであろう。また、元亀三年（一五七二）の大徳寺諸塔頭本役銭結鎮銭出分指出（同八―二五三二）のうち大仙院分には、「辻内壱段　壱石九斗五升三合代上野三郎四郎」、宗休分に「ツチカ内壱段　五斗三升代」などが見え、これは別の田地であろう。戦国期に至り、大徳寺の諸塔頭が田地所職を個別に集積していたことを物語るものである。

太閤検地以後、ここはすべて大徳寺領となり、天正十七年（一五八九）大徳寺分検地帳には三筆計四反五畝一〇歩の田地が「辻内」所在として記載され、慶長二年（一五九七）大宮郷麦田指出にはこのうちの二筆三反五畝が出現する。在所は大宮郷賀茂台絵図に字「**高縄手**」の西隣にある田地五筆に「辻内」と書き込まれていることで確認できる。これは現在の**北区紫野上門前町**の東半部に属する。近代の市制町村制では、東西の隣接区域と合わせて大宮村東**紫竹大門**字辻ケ内とされ、段別は三町二反八畝二五歩であった（『京都府愛宕郡村志』）。

【堂カ芝・堂芝】「大宝」No.162に、「次ノ南 一反 堂カ芝 土祭田 祝方」と出てくるのが初見。復元図によると、この田地は大宮郷北部で、小山郷との境界をなす「大道」沿いに存在する横田八枚のうち、北から四枚目である。この田地群の北は、地籍図では半折型田地三枚が東西に並んでいるが、この部分は「大宝」の料紙が欠失しているので、委細不明である。しかし、南の横田群とともに周囲を道と溝で囲まれた一まとまりの区域に属するので、この部分をも含めた計一一枚の田地群が、この字名で呼ばれていたのではないかと推定される。

ところで、記事が欠けていない横田八枚No.159〜No.166の中には、五筆計四反の往来田が存在する。列記すると、No.159阿波福鶴大夫往来田一反・No.160豊前守所司大夫往来田半・No.161尊千代大夫往来田一反・No.164豊前守所司大夫往来田半・No.166慶光大夫往来田一反である。とすれば、これらの田地は「往来A」・「往来B」に記載されていて然るべきである。しかし、両帳のどこにも「堂カ芝」という字名は発見できない。そこで、念のために「往来B」とその一〇年ほど前に作成されている宝徳三年（一四五一）の諸郷地からみ帳全部とを対比して調べてみると、福鶴大夫往来田については「往来B」土佐前司、所司大夫（豊前守）のものは「往来B」愛徳大夫、尊千代大夫のものは「往来B」愛寿大夫、慶光大夫往来田は「往来B」出羽前司の各往来田とそれぞれ一致することが確認できる。こうなると、これらをさらに「往来A」と突き合わせて同一の往来田を捜し出すことも可能である。やってみると、順に孫蒸大夫・祝菊大夫・十楽院阿賀大夫・初鶴大夫の往来田に該当することが明らかになる。よって両往来田古帳におけるそれら各氏人の往来田のうち大宮郷所在田地の在所を確かめると、いずれも「**大社**」・「太サイ」あるいは「太社西」と出てくる

（祝菊大夫・愛徳大夫の場合は記載なし）。両帳いずれにも「堂カ芝」の字名が発見できないのはもっともで、元来この区域は字「大社」あるいは「大社西」と称されていたことがこれによって立証されたことになる（第四節【**大社**】の項参照）。「往来B」よりやや早い「大宝」で「堂カ芝」と付記された田地が見いだされるのは、ちょうどこのころが字名の変化の境目であったことを物語っているといえよう。当該区域の端ではなく中程にある田地に地名が付記されているのも何か不審で、そのこともまだそれが定着した字名でなかったことを示しているのかもしれない。しかし、寛正二年（一四六一）十二月一日の新三郎下地売券案（『壬生家文書』一—三〇一）には、一反の在所が「大宮郷内字堂芝」と記され、室町期のものと推定される賀茂社読経所田田数引付（「川上家文書」）に記載される田地一反も当所にあり、戦国期に入る以前から「堂カ芝」という呼び方が普遍化していたものと推定される。

その後は「大天」の巻末にNo.453〜No.493の四一筆計四町一反半が「堂芝溝」かかりの田地群として一括記載されているのが見いだされる。最初のNo.453正伝寺田一反は、復元図によると字「**頭無**」の南すぐのところにあり、その北端で堀川から分岐した用水が東南へ流れて、字「**轟**」の区域などとともに、約二〇〇メートル以上離れた「堂カ芝」の田地を灌漑していたことがわかる。

元亀三年（一五七二）の大徳寺幷諸塔頭本役銭結鎮銭出分指出（『大徳寺』八—二五三二）のうち龍源院・真珠庵・大僊院・與鷗軒分の各指出には、それぞれ一反の「堂芝」所在田地が記載され、賀茂社に対して本役や結鎮銭を負担していたことがわかるので、戦国期には、大徳寺諸塔頭が買得などによってこの区域の田地所職を入手していたことが裏づけられるが、太閤検地以後は大宮郷の大部分が大徳寺領とされ、天正十七年（一五八九）大徳寺分検地帳には、二六筆計二町七反一畝二五歩にのぼる田地が「堂芝」を肩書きとして出現することになる。慶長二年（一五九七）大宮郷麦田指出にも一八筆計二町一反一畝二歩が記載されており、裏作の麦を作付けしていた田地が多いことを示している。のち大宮郷賀茂台絵図には二三筆の田地に「堂ケ芝」、その北の五筆に「口才・堂ケ芝」と記入してあり、これはほぼ天正検地帳所載の「堂芝」の田地に見合うものと考えてよい。すなわち近世には、この字名に属する区域は本来の場所を含めて倍以上に拡大していたのである。これが「堂芝溝」の灌漑範囲に密接な関係を持つことはいうまでもないであろう。右の賀茂台絵図に示す「堂ケ芝」の現在地は、**北区紫竹上梅ノ木町**東半部から**小山上初音町**西部にまたがる区域を中心とし、南では**紫竹下梅ノ木町**東北端、北では**紫竹下高才町**東南端あたりに及ぶものである。この地名は近代の市制町村制における大宮村**東紫竹大門**字堂ケ芝に継承され、その段別は三町四反三畝八歩であった（『京都府愛宕郡村志』）が、その範囲は、地籍図の示すところでは本来の場所より西に移って、かつての字「**轟**」を中心とするものになっている。

【タウカマチ・堂町・堂丁・堂ガ町】　南北朝末期ごろの「往来A」に、童徳大夫・慶鶴大夫・□蒸大夫・幸松大夫の往来田各一反の在所が「大宮郷タウカ町」（あるいは「堂町」）と記されているのが初見。これは「往来B」になると、それぞれ愛福大夫・三河前司・長鶴大夫・安藝前司の往来田として登場するが、うち愛福大夫・安藝前司のものは字名の記載がなく、三河前司往来田の在所は「大宮郷**法光寺**」とあり、長鶴大夫往来田の場合だけが「堂丁」とある。

右記「往来B」所載の往来田は、一〇年ほど前の宝徳三年（一四五一）諸郷地からみ帳の記事と突き合わせて、当時の給主を知ることが可能である。調べてみると、愛福大夫・長鶴大夫往来田はすでに同一人が受給しており、三河前司のそれは幸石大夫、安藝前司のものは松寿大夫が受給者であったことがわかる。「大宝」の場合にはNo.96長つる大夫・No.282松寿大夫・No.283愛福大夫・No.291幸石大夫の各往来田である。そうなれば復元図の上でそれぞれの位置を押さえることができる。長鶴大夫の場合No.96一反は字「**一ノ坪**」所在の別の田地であり、肝心の「堂町」関係のものはなぜか発見できない（たぶんNo.284土佐前司往来田一反が該当するのではないかと推定される）が、他の三者は近接して見いだされる。加えて愛福大夫往来田には「次南、堂町」という場所指定も見いだされるので、確実に現在地がわかる。それは大体**北区紫野下柳町**のうちに入る区域である。幸石大夫往来田と一致する「往来B」三河前司往来田の在所が「法光寺」とあるのも、北隣にある№290が法光寺田二反であることから納得できる。ただ、後代の大宮郷賀茂台絵図では、右の区域に加えてさらに西と南の田地数枚にも「堂町」と記入してあり、これは**小山西大野町**西部と**紫野下鳥田町**西南部・**紫野上御所田町**東端部とに相当するのであるが、中世においても同様であったかどうかははっきりしない。

元亀三年（一五七二）の大徳寺幷諸塔頭本役銭結鎮銭出分指出（『大徳寺』八―二五三一）のうち大僊院分には当所の田地一反が記され、賀茂社へ結鎮銭二〇〇文を納めていたことが知られる。これはおそらく戦国期に名主職を買得したものであろう。太閤検地によってこの区域を含む大宮郷の大半が大徳寺領となった。天正十七年（一五八九）大徳寺分検地帳には、当所の田地三筆計三反二畝が見え、ついで慶長二年（一五九七）大宮郷麦田指出では七筆計七反三畝二〇歩が記載されている。前者の筆数・田積が少なすぎるのは不審であるが、理由は明らかではない。たぶん隣接の字名で記帳されたものがあったのであろう。

【とかまろ・トカ丸・栂丸・とかまり・斗我磨利】 初見は弘長三年（一二六三）十二月八日の沙彌浄行田畠譲状案（『大徳寺』五―一九四二）に浄行から嫡女宇治女房へ譲与された田畠のうち一筆に「田弐反者、（賀茂社領）とかまろ、同領雑役田」とあるもので、鎌倉中期から存在が知られる古い地名。その後「往来A」に氏人某の往来田半反、蔦有大夫・一珠大夫・彦蓮大夫の往来田各一反の在所が「大宮郷トカ丸」と見える。「往来B」と比較対照すると、それには某往来田は初鶴大夫の、蔦有大夫のものは南辻安藝前司の、一珠大夫の往来田は宮有大夫の、彦蓮大夫のものは讃岐前司の往来田として登場することがわかる。在所は安藝前司往来田に「トカマル」とあるのを例外として無記入である。

しかし「往来B」の場合は、誰の往来田であるかが特定できさえすれば、作成年代がさほどさかのぼらない宝徳三年（一四五一）諸郷地からみ帳との突き合わせをやることによって、宝徳当時の各往来田の給主を探索することができる。調べてみると、讃岐前司往来田の場合は不確定であるが、初鶴大夫・安藝前司・宮有大夫のそれはすでに同じ氏人が給主であったことが判明する。「大宝」の場合は後の二者だけがNo.249・No.253として出てくるが、その両者の近辺で半反の往来田はNo.254三ノ大夫往来田しか見当たらないことからすると、ここではそれが初鶴大夫往来田に該当する可能性が大きい。それはともあれ、記載順番号から明らかなように安藝前司と宮有大夫の往来田は近接位置にある。それに加えて「大宝」No.245恵円寺田半の位置指定には「次西、縄手ノ西ノ上、トカ丸」とあり、またNo.261の慶菊大夫・彦石大夫往来田二反には「ナシノ木マタノ南」という位置指定と合わせて、やはり「トカ丸」という付記がある。これで当時の字「トカ丸」の場所は大体確かめられる。郷の中央部に属し、**堀川**より東である。現在地は東は**北区紫野上柳町**南部から**紫野下柳町**北部にまたがり、西は**紫野上鳥田町**東部に及んでいる。「大宝」より約一世紀後の「大天」では、「栂丸溝」かかりとしてNo.91〜No.108の一八筆計二町一反半が一括して書き上げられていて、この字名が用水系の名称としても用いられていたことがわかるが、復元図で確かめると、その範囲は大部分が上記の区域と一致するが、西部ではさらに北へ延びて現**紫竹東高縄町**の町域に入っている。

長享二年（一四八八）五月二十七日の左衛門太郎田地作徳売券（『大徳寺』二―一〇二五）、永正七年（一五一〇）十月十五日の助左衛門父子下地売券（同二―八七五）、大永二年（一五二二）十二月十三日の瑞植田地名主職売券（同三―一二二二）、天文元年（一五三二）十一月二日の車屋孫左衛門父子連署百姓職売券（同二―九一〇）などの諸史料からわかるように、戦国期にはここの田地の名主職・作職が大徳寺の塔頭養徳院・松源院・大仙院などに買得されていたが、右の売券のうち長享二年の左衛門太郎のものでは、当該田地一反につき「有坪者西のとかまり」と記しており、そのころ区域の中を東西に分けて呼ぶこともあったことが知られる。

太閤検地により当所を含む大宮郷の大部分は、賀茂社領から完全に分離されて大徳寺領とされ、天正十七年（一五八九）大徳寺分検地帳には八筆計六反二畝七歩の「とかまり」所在田地が記され、ついで慶長二年（一五九七）大宮郷麦田指出でも五筆四反八畝二〇歩が書き上げられていて、ほとんどの田地で米麦二毛作が行なわれていたことがわかる。なお、後代の大宮郷賀茂台絵図では、所載の「坪名幷小字目録」の中に「戸末加利《(マヽ)》」と記されてはいるが、絵図の中では該当の場所にいっさいこの字名が発見できず、代わって「**島田**」・「**梨木**」・「**名柄塚**」・「**轟**」などと記された田地によって埋められている。いつしか廃れていったらしい。

この地名はもともとは人名から来ているのではないかと推測される。

【ト、ロキ・轟・ト、ロキノ坪・轟田】　もっとも早い所見は「往来A」に備前前司・乙有大夫・長寿大夫の往来田各一反の在所を「大宮郷ト、ロキ」としているものであろう。その後は応永三十年（一四二三）十月二十二日の彌壱田地売券（『大徳寺』一一―二七一六）に、当該一反の在所が「号大宮郷内と、ろき、うりかわり」と出てくるのが早い。「往来A」より半世紀あまり後の「往来B」には、前者に見える往来田三反はそれぞれ幸一大夫・石徳大夫・備後前司のものとして出現するが、その外に大和前司・千代若大夫・清寿大夫の往来田各一反も同所にあったことが明らかになる（「往来A」では前二者に対応すべき記事が失われており、清寿大夫往来田に相当する幸一大夫往来田の大宮郷所在の一反は字名の記入がない。なお、当然ながらこの幸一大夫は「往来B」に出てくるのとは別人である）。

こうして「往来B」では字「轟」にあった往来田が合わせて六反確認できるが、これを一〇年ほど前に作成された宝徳三年（一四五一）諸郷地からみ帳の記事と綿密に突き合わせることによって、宝徳当時の給主が誰であったかを明らかにすることができる。検討結果のみを記せば、幸一大夫往来田については不詳であるが、石徳大夫・大和前司・千代若大夫の三者は同じ氏人がすでに往来田を受給しており、備後前司往来田は千代松大夫の、清寿大夫のものは命菊大夫の往来田であったことが明らかになる。これらは「大宝」においては、石徳大夫往来田が№142、千代若大夫往来田が№145、命菊大夫往来田が№143として出てくることが突き止められる。他の二者は遺憾ながら発見できない（記事欠失部分に入っていた可能性がある）が、前三者が近接して存在するところから、少なくとも室町中期の字「轟」の一部は確実に押さえられることになった。そこは現在の**北区紫竹下高才町**の中央部やや東寄りに当たる。しかし、一世紀後の「大天」では、№477一反の在所が「轟」とあるが、復元図で判明するその位置は、右の場所からは一五〇メートルほど南へ下がった現**紫竹下梅ノ木町**中央部であり、同帳の記載順序から判断すると「轟」の範囲は前記の部分の西から南へかけて拡がっていたものと思われる。前後するが、文明四年（一四七二）十二月六日の常盤井宮全明親王領賀茂雑役田売券（『大徳寺』二―八一九）に見える売却田六反半のうち一反は、「ト、ロキノ坪」所在であり、その四至は「東限ト、ロキミソ、南限キフネ田、西限シヤウテン寺田、北限キヤウス田」とある。この四至を手がかりに「大宝」復元図の上で当該田地を探してみると、条件にもっとも適合する田地はNo.135正伝寺田一反である（雑役田でなく正伝寺田であることが不審であるが、これは二〇年間の変化か）。これは「大天」によって推定される「轟」西部の北端に当たる。

　ところが、後代の大宮郷賀茂台絵図が「轟」と記入している田地計一五筆は、両者のいずれともずれて、より西の**堀川東岸現紫野下本町**から、東南の**紫竹上梅ノ木町**西北部にかけての区域である。したがってこの絵図では中世の「轟」の地の字名は「**口才堂芝**」（「口才」ともいわれ「堂芝」とも称したということらしい）および「**堂芝**」と書かれている。諸史料の示すところに誤りがなければ、二、三世紀の間に地名が西へ移動したと見なければ理解できないが、ともかく分析結果をそのまま提示しておく。

　管見に触れたその他の史料若干をあげると、文明十四年（一四八二）四月の賀茂社読経所田田数目録（「川上家文書」）に、「神宮寺田分」として「大宮郷ト、ロキ」の一段半が記され、天文二十三年（一五五四）十一月十九日の円通院令熙田地売券写（「賀茂」）の一反も当所所在である。また、永禄十一年（一五六八）十一月十五日の賀茂社氏人惣中田地売券（「岩佐家文書」）では、「在所大宮郷之内字ト、ロキ**ハコタ**号也」と記す往来田一反が、「神用」により売却されている。さらに、天正七年（一五七九）十一月二十七日の令祝田地売券（「大徳寺黄梅院文書」甲）は、当所の田地一反半を大徳寺塔頭瑞峰院祠堂方へ沽却したものである。年月日未詳であるが、おそらく天正十三、四年ごろのものと思われる瑞峰院指出（『大徳寺』八―二五五〇）には、「轟」所在の田地三筆（田積無記入）が見えるが、その冒頭の斗代「壱石八斗六升八合代」の田地がこの時の買得分ではないかと推測される。天正十三年十月二日の大仙院幷諸寮舎指出（同八—二五三四）のうち友松軒分に大宮郷「轟田」の一所が見え、同年月日の総見院幷諸寮舎指出（同八—二五三七）の秀首座分にも当所の一反が出現する。戦国期になって大徳寺の諸塔頭が田地所職の買得を進めていたことが知られるのであるが、太閤検地の結果大宮郷のほとんどは大徳寺領とされたので、天正十七年大徳寺分検地帳には「と丶ろき」の田地七筆計六反九畝一六歩が書き上げられ、ついで慶長二年（一五九七）大宮郷麦田指出でも九筆計一町三畝一一歩が見えて、裏作麦の栽培が行き渡っていたことを示している。これら田地群が前記した中世の「轟」あるいは賀茂台絵図に描くところとどのように関わっているかは、遺憾ながら明らかにできない。

【殿田】「往来A」に松石大夫往来田のうち一反の在所が「大宮郷殿田」とあるのが初見。これは一五世紀中期の「往来B」では越中前司往来田として出現する。同帳ではこの他に福若大夫・下野前司の往来田各一反も同所所在となっている（「往来A」ではともに記事欠失）。「往来B」の場合は一〇年ほど前の宝徳三年（一四五一）諸郷地からみ帳と突き合わせて、当時の給主が誰であったかが大体確認できるので、追究してみると、下野前司往来田の場合は不詳であるが、越中前司往来田は孫若大夫、福若大夫往来田は彦石大夫がそれぞれ受給していたことが判明する。「大宝」ではNo.339・No.342である。これで両者の位置を復元図で押さえることができるが、なお前者には「次ノ東、河東ソへ、殿田」と記され、ここが字「殿田」の東端に当たることがわかり、以後「次ノ東」で続く八筆計一町一反を挟んで、つぎのNo.348は「次ノ東、岸ノ東」でかつ「**梅辻**」に属したことも知られる。この記載の仕方から長地型田地が並列している状況が読み取れ、同時に計一町二反の区域が字「殿田」であったと推測される。事実のちの大宮郷賀茂台絵図でもまったく同じ区域の田地に「殿田」と書き込んである。現在地は**北区紫野西御所田町**東部を主とし、さらに東の一部が**紫野東御所田町**の町域に所属する。

その後「大天」には、No.23の一反を「南一」としてNo.48まで二六筆計三町二反の田地が「殿田溝」かかりとして一括記載されている。復元図によると、これは右の「殿田」から北へ二〇〇メートルあまり隔てたところにあるNo.48を北端とし、「殿田」を含んでさらにその東南の№22～№25四筆五反に至る範囲であり、まさしく「殿田」を中心とする田地を灌漑したところから「殿田溝」の名称が出ていることが理解できる。№48の田地の位置は、**紫野下鳥田町北東部**である。

文明十五年（一四八三）十一月四日の太郎二郎田地売券（『大徳寺』二―八三七）によると、彼は「大みやかうの内との田」の田地二反（事実は加地子得分）を五郎衛門と推定される相手に売却しており、ついで明応六年（一四九七）これを道堅が買得し（同二―八五〇）、大永三年（一五二三）八月十二日、彼はこれ（加地子米七斗五升）を大徳寺塔頭松源院へ寄進した（同二―八九六）。これは戦国期に大徳寺ならびに諸塔頭が大宮郷内の田地所職を集積していった事例の一つであるが、やがて太閤検地の実施により同郷は大部分大徳寺領となったから、天正十七年（一五八九）大徳寺分検地帳では当所の田地一一筆計一町三反九畝一七歩が記載され、また慶長二年（一五九七）大宮郷麦田指出にはこのうち六筆計九反五畝二五歩が見いだされる。麦を栽培した田地が少なくなかったのである。

【鳥田】 管見では、天正十三年（一五八五）十月二日の大仙院幷諸寮舎指出（『大徳寺』八―二五三四）のうち、自得軒分に大宮郷「鳥田」の田地「弐反半　作職本所総見院江入之、　壱石五斗」とあるのが、地名の知られる早い例。同年月日の総見院幷諸寮舎指出（同八―二五三七）に「大宮郷内鳥田」として「弐反　弐石代」と見えるのは、これに対応するのではないかと思われる（ただ田積に半反の差があるのが不審ではある）。大徳寺塔頭による所職入手を示すものである。

同年直後に実施された太閤検地の結果、大宮郷の大部分は賀茂社領から離されて大徳寺領となったので、天正十七年大徳寺分検地帳には、同所の田地六筆計七反五畝一四歩が記録されることになった。また、慶長二年（一五九七）大宮郷麦田指出にも五筆七反二畝一五歩におよぶ「鳥田」の田地が書き上げられ、米麦二毛作の普及をうかがわせる。

大宮郷賀茂台絵図に「鳥田」と書き込まれた田地一〇筆が見いだされ、また地籍図でも字名が確認できるので、現在地を知ることができる。ほとんどが**北区紫野上柳町**のうちであり、西隣の**紫野上鳥田町**の東北部を一部だけ含んでいる。この地名は畦畔に囲われた区域が鳥の形をしているところから生じたものと思われる。

【中嶋】　「大天」No.108の正伝寺田一反の在所が「次乾、中嶋」とあるのが初見。復元図で見ると、さながら細長い薩摩芋のような形をした田地で、まわりの大部分が溝で囲まれているところから、地名の由来がわかる。現在地は**北区紫竹東高縄町**の東半部中央付近である。その後は元亀三年（一五七二）の大徳寺諸塔頭本役銭結鎮銭出分指出（『大徳寺』八―二五三二）のうち宗園分指出に、「一段　中嶋　五斗代」と記されているのが見いだされ、さらに天正十七年（一五八九）大徳寺分検地帳に「中嶋　七畝廿弐歩　壱石弐斗八升四合」が記載され、慶長二年（一五九七）大宮郷麦田指出にも同一の田地一筆（田積が「七畝廿歩」とあるが、石高は同じであるから、「弐」が脱落していると見るべきであろう）が出現する。のちの大宮郷賀茂台絵図では、所載の「坪名幷小字目録」には地名が見いだされるものの、図中のこの田地には「**佛尻**」と記され、他には「中嶋」という地名は見当たらない。字「佛尻」に属しながら、地形上この田地だけが「中嶋」と呼ばれることもあったとみなすべきであろう。

【中溝】　大宮郷の**堀川**西岸にあった用水路の名称。用水系ごとに検地を実施している「大天」に、「中溝」かかりの田地として七九筆計九町三反半が一括して記載してある。最初に「**梶井御門跡東雲林院**ノ赤社北迄一」と記されていて、「字**池田**」のNo.212雲林院田一反から始めて、下流から次第にさかのぼる形でNo.290に至る「中溝」の灌漑範囲が書き上げてある。復元図で突き止められる最北端の田地No.290は、堀川西沿いで現在の**北区紫竹高縄町**東北部相当の場所である。地籍図が示すところでは、堀川からの取水口は当該田地の北端から八〇メートルほど北にあり、西南へ流れてその東側にある田地に水を入れていた。その範囲内に北から「**横枕**」・「**塚本**」・「**高縄手**」・「**石名田**」・「**竜坪**」・

「**北裏**」・「池田」などの字名があった（大宮郷賀茂台絵図によって列記）。

【ナカラ塚・長柄塚・名柄塚】　天正十三年（一五八五）十月二日の大仙院幷諸寮舎指出（『大徳寺』八―二五三四）のうち、拾雲軒幷舜蔵主分に「ナカラ塚」所在の一反が見いだされ、名主得分一石一斗三升一合を収納していたことがわかる。同十四年五月十一日の正受院指出（同八―二五四六）では「長柄塚」所在の田地二か所が出現する。これは十三年の太閤検地の翌年であるが、内容は中世末期における正受院知行分を書き上げたものと見られる。太閤検地の結果大宮郷のほとんどは大徳寺領とされたが、同十七年の大徳寺分検地帳には、「なゥらつゥ」として又二郎作の一反一畝だけが出現し、ついで慶長二年（一五九七）大宮郷麦田指出にも「長柄塚」の字名で同一の田地が一筆記載されている。在所は大宮郷賀茂台絵図に「名柄塚」と書き込んだ田地三枚があるので確認できる。現在の**北区紫野上鳥田町**東南部である。

【ナシノ木マタ・梨木マタ・梨木股】　「大宝」No.261の慶菊大夫・彦石大夫の往来田二反の在所が「ナシノ木マタノ南」とあり、No.312の尊喜房の田半にも「次ノ西、小堀川ノ上」の位置指定に加えて「ナシノ木マタ」と見える。復元図によって確認できる現在地は、No.261の北は**北区紫野上柳町**と**紫野下柳町**の境界付近西寄りのあたり、後者は大体**紫野下鳥田町**東南部である。両者は南北におよそ一五〇メートルは離れており、双方を域内に含んでいたとすると、「ナシノ木マタ」の区域は紫野下鳥田町東部から紫野下柳町西部にかかるあたりということになる。後代の大宮郷賀茂台絵図を参照すると、両町の境界北部に当たる場所の田地三枚に「梨木股」、その北の**紫野上鳥田町**東南部から紫野上柳町西南部にまたがる区域にある田地五枚に「梨木」と記入されている。中世には全体が「ナシノ木マタ」と呼ばれていたものが、のちには北部が「梨木」、南部が「梨木股」と区別されるようになったらしい。復元図に照らせば「梨木股」の部分は用水路によって二股に別れていたことが知られる。

元亀三年（一五七二）の大徳寺諸塔頭本役銭結鎮銭出分指出（『大徳寺』八—二五三二）のうち真珠庵分に「ナシノキハタ《ママ》」の一反が見え、「作職他所ニアリ」と付記されており、天正年間のものかと推定される同寺瑞峰院指出（同八—二五五〇）にも当所の田地一所が見えており、戦国期に至り大徳寺の塔頭がこの地の田地所職を入手していたことがわかる。太閤検地の結果大宮郷の大部分は大徳寺領とされ、天正十七年（一五八九）大徳寺分検地帳には当所の田地二筆計二反一畝一〇歩が記載されており、続いて慶長二年（一五九七）大宮郷麦田指出でも二筆二反四畝二〇歩が見える。これが中世検地帳の「ナシノ木マタ」のどの部分に該当するのかは遺憾ながら明らかでない。

【二丁田・弐町田】　南北朝末期ごろの「往来A」に、彦松大夫・千直大夫・菊一大夫・八郎大夫・春慶大夫の往来田各一反の在所を「大宮郷二丁田」と記しているのが初見。ついで応永二十四年（一四一七）三月五日の賀茂社小目代田地作職売券（『大徳寺』三—一四八五）所載の一反に「さい所ハ大宮郷内二ちゃう田御す《酒》田也」と見え、同年六月十七日の左近太郎田地作職売券（同三—一四八六）は、同じく「二町田内御酒田」の「東ハ限車路、西ハ限溝、南ハ限テ塘三反め」一反を大徳寺塔頭如意庵へ売却したものである。

「往来A」所載の往来田五反は、半世紀あまり後の「往来B」になると、それぞれ長千代大夫・徳松大夫・刑部少輔・竹夜叉大夫・治部少輔の往来田として出現し、その外に同帳では筑後前司の往来田一反もやはり「二丁田」にあったことを記す（「往来A」では対応する部分の料紙が欠失して不明）。「往来B」の場合は一〇年ほど前の宝徳三年（一四五一）諸郷地からみ帳と突き合わせて検討すれば、たいていはその時期の往来田の給主を確かめることができるので、調べてみると、竹夜叉大夫・筑後前司の二反はすでに同一人が受給しており、長千代大夫往来田は亀石大夫、徳松大夫のものは愛蒸大夫、刑部少輔のものは善千代大夫、治部少輔往来田は市宮鶴大夫が給主であったことが判明する。「大宝」における記載順ではNo.264竹やさ大夫・No.267愛烝大夫・No.268筑後守・No.271亀石大夫・No.277善千代大夫・No.281市宮鶴大夫である。このことによって字「二丁田」の場所が復元図の上でほぼ確認できることになったが、加えて「大宝」No.262経所田一反には「次ノ東、二丁田、北ソヘ」、No.275御酒田一反には「次ノ西、西二丁田、南ソヘ」なる場所指定がなされているので、状況把握はより確実なものとなる。それは現在の**北区小山北大野町**から**紫野下柳町**にまたがる区域である。同時にこの字名が域内の田地面積から来ていることも、ここに二〇筆計二町半の横田が東西二区域に分かれて並んでいることから明らかである。当時このうち西側の区域を「西二丁田」と呼ぶ場合があったことも右記のNo.275の記事から明白であり、前掲の応永二十四年六月左近太郎売券に見える一反は「大宝」No.272に相当することも突き止められる。一世紀後の「大天」でも、No.70大炊助往来田一反の位置を「二丁田、南一」とし、これは東側の横田の南端にあたる。並び方にも変化はない。しかし、後代の大宮郷賀茂台絵図の同じ場所を参照すると、そこでは、「二町田」と記入されているのは東側に並ぶ一三枚だけで、西側のもの（かつての「西二丁田」）は、「大宝」では「**トカ丸**」と記されていた北端部の往来田二反（この部分の形状は横田ではない）をも含めて、計九枚の田地に「**横田**」と記入してある。東側では「二町田」は実際には二町田でなくなり、西側では田地のありさまを示す横田の名称が字名化しているのである。こういう変化がどこで起こったのかは不明であるが、すでに天正十七年（一五八九）大徳寺分検地帳には字「横田」の五筆計四反二二歩、慶長二年（一五九七）大宮郷麦田指出にも同所の田地七筆が出現するので、それ以前中世末期ごろかと思われる。

天文二年（一五三三）十月二十五日の大徳寺同諸塔頭幷諸寮舎領目録（『大徳寺』二―九二〇）には、「一弐町田　壱段」が見え、元亀三年（一五七二）の大徳寺幷諸塔頭本役銭結鎮銭出分指出（同八―二五三一・二五三二）のうち如意庵分および拾雲軒分にそれぞれ「二町田」の一反が記載され、天正十三年（一五八五）十月八日の正受院指出（同八―二五四三）にも「字二町田」の「壱所　参斗代此外八升御結鎮出之、ゥりわけ」が出ていることなどを通じて、戦国期には大徳寺および諸塔頭がこの地にある賀茂社領田地の名主職などを次第に入手していたことが知られるが、太閤検地施行の結果大宮郷の大部分は大徳寺領とされ、天正十七年大徳寺分検地帳には「二町田」の字名で一七筆計一町七反七畝二五歩が記載され、ついで慶長二年（一五九七）大宮郷麦田指出にも一五筆計一町三反八畝二九歩が書き上げられている。裏作麦の作付けが盛んであったことをうかがわせるが、なかには「半分瓜」と付記した二筆二反一畝も見える。

【ニワカ縄手・尼和我縄手・庭縄手】 応永二十八年（一四二一）三月二十八日の直阿彌田地売券（『大徳寺』三―一五〇〇）に、沽却物件「大宮郷内草畠」所在の一反の在所を「限東ニワカ縄手四反メ、西限類地、限南道、限北リウノ坪」と記しているのが初見。買得者は大徳寺如意庵で、賀茂社へ本役四〇〇文を納入していたから、名主職の売買であったと見られるが、それはともかく、「限東ニワカ縄手四反メ」とあるので、まだこの時期の「ニワカ縄手」は一本の縄手（道）を指す呼び名であったと考えられる。その在所は、右の直阿彌売券に記す田地が「草畠」といわれ、さらに四至が詳記されていることから突き止められる。すなわち、「草畠」とは「大宝」No.472～No.477に見える「草御馬田」を指すことが明らかになっており（【草畠】の項参照）、かつ北は字「竜坪」というのであるから、「ニワカ縄手」は「竜坪」ならびにその南の「草畠」を含む方形の区域の東端を通っていたことが確認できる。「大宝」の復元図を介して知られるその位置は、現在の**紫野石竜町・紫野下石竜町**の西端線より大体二〇メートル東側に当たる。直阿彌売券の一反は「大宝」No.476・「大天」No.222に該当することも明らかである。

しかし、いつのころからか「ニワカ縄手」は字名化する。永正二年（一五〇五）十二月十九日の大徳寺養徳院幷挺虚軒領買得地目録（同二―一〇八六）には、「一大宮郷ニワカ縄手壱段」が記され、天正十三年（一五八五）十月二日の大仙院幷諸寮舎指出（同八―二五三四）にも「尼和我縄手」の三筆三反が出現する。これは大徳寺諸塔頭が大宮郷内田地の名主職などを個別に集積していたことを示す一例であるが、太閤検地の結果、大宮郷の大部分は賀茂社領から離されて大徳寺領となったので、天正十七年の大徳寺分検地帳には、当所の田地三筆計二反六畝二五歩が記載され、慶長二年（一五九七）大宮郷麦田指出にも同じく三筆二反六畝二〇歩が出現する（田積に五歩の差があるが、前者と同一としてよい）。この場合の「ニワカ縄手」は道ではなく明らかに字名である。

後代の大宮郷賀茂台絵図には、田地三枚を合わせた区域の字名として「庭縄手」と記されているが、これは先の「ニワカ縄手」なる道の東側で、現在の**北区紫野石竜町**南部に当たる。(3) 天正十七年検地帳・慶長二年麦田指出の「庭縄手」はこれに相当すると見られる。

【野田】 元亀三年（一五七二）の大徳寺諸塔頭本役銭結鎮銭出分指出（『大徳寺』八―二五三二）のうち龍源院指出に、「野田 弐段 此内六斗代六百文分樗庵ヨリ出之、此米七斗五升、参石参斗代 定二石五斗五升」が記載され、同時期のものと見られる瑞峯院幷寮舎末寺門前田畠指出帳（同五―二〇一一）の楮庵分には、大宮郷所在田畠の中に「野田 壱所六斗 本役銭 自龍源院納之」と記されている。両者が同じ田地に関する記事であることは明らかであろう。これはまた天正十七年（一五八九）の太閤検地における大徳寺分検地帳に「野田　壱反八畝廿歩　弐石九斗九升」と見え、ついで慶長二年（一五九七）大宮郷麦田指出に一筆一反八畝二〇歩が同所所在として出てくるのとも同一であると見てよい。後代の大宮郷賀茂台絵図に計三枚の田地にそれぞれ「野田」と書き込まれているので、現在地が確認できる。**北区紫竹西高縄町**中央南部から**紫竹上門前町**中央北部にまたがる場所である。西端を「**清目縄手**」が通っていた。室町中期の「大宝」では字「**一ノ坪**」に属する区域であったから、その字名が廃れてのちに、代わって出てきた地名であろうと推測される。

【ハイ坪・ハヒツホ・灰坪】 「往来A」に王愛大夫往来田一反の在所が「太宮郷ハイ坪」とあるのが初見。この田地は半世紀あまりあとの「往来B」では愛益大夫の往来田として出現する。これには「太宮郷晦田」とだけあって字名の記入はないが、一〇年ほど前の宝徳三年（一四五一）諸郷地からみ帳との突き合わせが可能であるため、調べてみると、その当時もすでに愛益大夫往来田であったことがわかり、「大宝」においては№78として記載されているので、復元図上で位置を知ることができる。大宮郷中央部、**堀川**の西約七〇メートルの場所で、現在地は**北区紫竹桃ノ本町**東南部分に属する。一方「大宝」№69愛烝大夫往来田一反の頭部左傍（№70の右傍とすべきかも知れない）には

「ハヒツホ」と記入してある。こちらの現在地は**紫竹下緑町**東南端で、No.78の田地とはおよそ二〇〇メートル離れた場所である。差し当たり両方を含む区域が「ハイ坪」であると見るよりすべがないが、とすると大体今の**紫竹桃ノ本町**から**紫竹西桃ノ本町**東半部にかけての区域ということになる。後代の大宮郷賀茂台絵図には、かつての「大宝」No.78を西北端とする堀川端の田地六枚に「**早坪**」と記入しており、推察するところこれはかつての「ハイ坪」が「ハヤ坪」へと転訛した上で漢字表記されたものであろう。

その他の史料では、文明十四年（一四八二）四月の賀茂社読経所田田数目録（「川上家文書」）の「廿五三昧田分」のうちに、「一段同郷（大宮郷）ハイツホ」と見える。「大宝」No.69愛悉大夫往来田の東、道・溝を越えた場所には、執行御房の二筆三反（No.66・67）、養泉坊の二反（No.68）と計三筆五反の経所田が並んでいたことが確認できるので、右の田地はこのうちの一反であろう。また、戦国期には賀茂社氏人惣中が当所所在田地のいずれかから年貢銭を収納していた。延徳二年（一四九〇）正月十一日長享三年分氏人惣沙汰人中算用状（「賀茂」）に、「壱石代壱貫四百十二文、はい坪年貢」と記され、天正十三年（一五八五）正月二十七日付惣中恒例遣方算用状（同）に「壱貫三〇〇文　恒例勘定銭足付、灰坪・二瀬町田・小山郷新開酉才一作也」などと見えるものがそれである。さらに、同年十月二日の大仙院幷諸寮舎指出（『大徳寺』八—二五三四）のうち意北軒領指出に、「ハイツホ」所在の「弐段　祐首座江入之、弐石五斗代」が見え、「此外御結鎮四十文賀茂へ出之、同本役碧玉庵へ納之」と付記されているのを見ると、戦国期には一部の田地の名主職などが大徳寺の諸塔頭寮舎などに集められていたことが知られる。

太閤検地の実施により、大宮郷はほとんど大徳寺領となり、天正十七年大徳寺分検地帳には「はい坪」の田地四筆計五反二畝一二歩が記帳されており、慶長二年（一五九七）大宮郷麦田指出にも三筆計四反三畝二〇歩が出現する。しかし、これらの田地が前記大宮郷賀茂台絵図の「早坪」のうちであるか否かは確かめることができない。

【ハコタ・ハコ田・箱田】「大宝」No.151の彦藤大夫往来田一反の在所が「次ノ西、ハコ田」と記されているのが初見であろう。一〇年ほどあとの「往来B」所載備後前司往来田の一反も「太宮郷ハコタ」所在と見える。両者が同一の往来田であることは、宝徳三年（一四五一）諸郷地からみ帳と「往来B」の記事を対比検討することによって確認できる。「大宝」の復元図によると、この田は**北区紫竹下本町**東南端に位置していたことが判明する。その後永禄十年（一五六七）十二月三日の賀茂社一社一同置文（「賀茂」）には、「右子細者、兵部大輔兼藤一期後、大宮郷之内往来田はこ田壱段被取之、可被立社用ニ者也、但先年令沽却五斗五升ヲ為可被買返也」とあって、この往来田が一社一同の定めによって、当給人兵部大輔兼藤死去後神社に戻されることになったことが知られるが、翌年十一月十五日には、氏人惣中としてこれを「相国寺慈照院之内瀑蔵主柳芳軒両人」へ売り渡し、賀茂社は結鎮銭八〇文を収納するだけとなった。この時の売券には田地の在所が「大宮郷之内、字**ト、ロキ**ハコ田号也、限北者民ア丞田地、限東溝、限南縄手、限西ホシノ田」と記されている（「岩佐家文書」）。それよりのち元亀三年（一五七二）の大徳寺諸塔頭本役銭結鎮銭出分指出（『大徳寺』八—二五三二）のうち、大用庵龍泉軒分には「箱田」の「壱段　弐石五斗代」が見えるが、これが右記の元往来田といかなる関係にあるかは明らかでない。

太閤検地以後、大宮郷は大部分が大徳寺領とされたから、天正十七年（一五八九）大徳寺分検地帳には、「はこた」所在として二筆計三反八畝一〇歩が記載され、慶長二年（一五九七）大宮郷麦田指出にも二筆計二反八畝が出現する。両者の田積に違いがある原因は不明である。なお、のちの大宮郷賀茂台絵図では、この場所の田地は字「**轟**」のうちに含まれている。

以上のほか、室町期のものと思われる賀茂社読経所田田数引付（「川上家文書」）には、「箱田　一段　一石　百廿文　桜會布施」が河上郷の田地として記載され、また別に小山郷にも「ハコ田　一段　作半　八斗　百廿文　大原小使左近尉」があったことを記しているが、その所在は今のところ明らかにならない。

【ハセノツホ・ハゼツホ・ハゼ・はせか坪・羽瀬】　文明十七年（一四八五）十月二日の五郎三郎田地百姓職売券（「大

徳寺黄梅院文書」甲）に、「合壱段者　在所大宮郷小森、ハセノツホト号ス」とあるのが初見と思われる。その後享禄三年（一五三〇）四月十三日、この百姓職は、それを相伝したちゃちゃの手から等倫坊へと売却されたが、その時の売券には「在所大宮郷之内、字ハセノ坪ト号、西ハ**モヽカマタ**ノ溝、東ハヨコ田、北ハ**シハモト**ノ縄手、南ハ車道也」と四至が詳記されている。天文二年（一五三三）九月二十七日付大徳寺養徳院領山城国所々散在目録（『大徳寺』三―一一三二）にも「一大宮郷内壱段　字ハぜツホ」が記載されており、元亀三年（一五七二）ごろのものかと思われる瑞峯院并寮舎末寺門前田畠指出帳（同五―二〇一一）のうち楮庵分にも、「大宮郷ハぜ」の「壱所壱石九斗九升」が見える。これらは戦国期における個別田地の所職が売買によって移動し、大徳寺の諸塔頭がそれを入手していたことを物語るものである。

しかし、本所は賀茂社であることに変わりはなかったから、「大天」では№350の加賀守往来田半の位置指定に「ハせ、南道、坤一」とあり、つづいて往来田三反や供僧田五筆八反などの田地が記載され、それらの田地を含む字「ハせ」の区域が社領であったことを示している。ところで、同帳の復元図によると、西端の道・溝（これが前出「モミカマタノ溝」と見られる）沿いに四筆計三反半の往来田（形状は半折の横田）が南北に連続していたことがわかるので、これは「往来A」・「往来B」に記載されていて然るべきである。しかしそのどちらにも「ハセ」とか「ハセノツホ」という字名はまったく発見できない。なにかわけがあると考えたので、まず成立時期が「往来B」に近くて比較の便宜があるところから、「大宝」の復元図を「大天」のそれに重ねて調べると、前者には南から順に№58幸松大夫往来田半、№59万三大夫・命有大夫往来田二反、№60亀千代大夫往来田一反が見いだされる。ついで、これが一〇年ほど後の「往来B」には誰の往来田として出ているかを突き止めるために、「大宝」を含む宝徳三年（一四五一）諸郷地からみ帳と「往来B」の記事を相互に対照して追究してみたところ、後者には万三大夫往来田は慶乙大夫の往来田となっているが、他の三者は変化なしということが明らかになった。そこで「往来B」において、これら四人の氏人の往来田のうち大宮郷所在の田地の在所がどのように記されているかを調べてみると、幸松大夫往来田（「往来

B」では田積一反）は「太宮郷**小杜**」、命有大夫と亀千代大夫の往来田はともに「太宮郷小杜南」である（慶乙大夫のものは無記入）。つまり戦国期の史料で「ハセノツホ」とか「ハせ」と呼ばれている場所は、室町中期には「小杜」もしくは「小杜南」と称されたのである。「往来B」の命有大夫往来田と同一であることが突き止められる「往来A」の□□大夫往来田でも同様に「小杜南」とある（他の三者は記事欠失）。このことは「ハセノツホ」なる字名が室町中期以前にはまだ存在しなかったことを証するものではないかと考えられる。さほど多くの史料があるわけではないから断定はできないが、私はその可能性が大きいと思う。初めに引いた文明十七年の五郎三郎百姓職売券に「大宮郷小森、ハセノツホト号ス」とあるのも、「ハセノツホ」が「小森」というより広域の字名の中に新たに生じたものであることを示しているのかも知れない。

太閤検地以後大宮郷の大部分が大徳寺領とされたので、天正十七年（一五八九）大徳寺分検地帳には「はせのつほ」・「はせ」の田地が四筆計六反三畝記載され、慶長二年（一五九七）大宮郷麦田指出にも「ハゼ」の七筆計九反八畝二〇歩が出てくる。

地図上の在所については、のちの大宮郷賀茂台絵図が字「下芝本」の東南にある田地三枚に「羽瀬」と記入している。これは現在の**北区紫竹下芝本町**東南から**紫竹下本町**西南にまたがる場所である。しかし、「ハせ、南道、坤一」と記される「大天」No.350の往来田が、そのころ「ハせ」の西南隅を占めていたことは確実なので、本来の「ハセノツホ」は、この田地の西の道・溝を西端とし、東は賀茂台絵図が示す区域までを含んだ一町数反と考えるべきであろう。そうすると、現在地はほぼ紫竹下芝本町南半部分を中心とし、紫竹下本町の西南の一部を含むことになる。なお、大宮郷賀茂台絵図には右記のように「羽瀬」と漢字で記しているが、これは当て字であろう。推測にすぎないが、私は近辺に生えていた櫨の木にちなんだ名称ではないかと考えている。

【畠田・畠田坪】 南北朝末期ごろの「往来A」に岩菊大夫・徳光大夫・愛有大夫・慶千大夫・鶴松大夫・童徳大夫・

有王大夫・千直大夫・有徳大夫・某・阿古黒大夫の往来田各一反の在所が「大宮郷畠田」とあるのが初見。これらの往来田は、半世紀あまり後の「往来B」では、順に東愛徳大夫・修理亮・加賀前司・慶徳大夫・左馬助・愛福大夫・愛一大夫・徳松大夫・右京助・徳鶴大夫・宮松大夫の往来田として出現することが、比較対照の結果確認できる。「往来B」所載の往来田は、一〇年ほど前の宝徳三年（一四五一）諸郷地からみ帳と対比検討することによって、そのころ何という氏人が受給していたかを、かなりの程度まで突き止められるので、調べてみると、東愛徳大夫のものについては不明であるが、修理亮往来田は土佐前司が、慶徳大夫のものは徳光大夫が、左馬助のものは又彦大夫が、愛一大夫往来田は幸乙大夫が、徳松大夫のものは愛烝大夫が、右京助のものは愛石大夫が、徳鶴大夫の往来田は肥後前司が、宮松大夫のものは孫有大夫がそれぞれ受給しており、加賀前司・愛福大夫両人の往来田はすでに同一人が受けていたことがわかる。これを「大宝」の記載順番号で示すとNo.375・No.388・No.391・No.392・No.395・No.397・No.400・No.408・No.409・No.410ということになる（番号と個別の往来田との対応関係については復元図参照）。加えて往来田ではないがNo.373の後地田一反半の在所は「畠田坪、次ノ西、川ノ上」と記されており、この田地はNo.375の一反措いて東にある。これでこれらの往来田の在り場所を「大宝」の復元図の上で確認できるのである。**堀川**が大宮郷南端部へ来て東へ屈曲する場所の東側に当たり、現在の**北区紫野西御所田町**南半部と**紫野宮西町**を主とし、**紫野東御所田町**南端部・**紫野宮東町**北部にわたる区域である。ただし、この中には「大宝」No.401以東の「**精進坪**」の区域をも含んでいるので、ここは両方の呼び方をされたと見るか、もしくはその部分が「畠田」の区域に食い込んでいたと見るのが妥当なのか、今のところいずれとも決めがたいが、「畠田」の名称がこの区域の田地が畠地として使われる場合が多かったところから来ているとすれば、前者の可能性が大きいのではないかと思う。

大宮郷は太閤検地以後賀茂社領から切り離されて大徳寺領となるが、天正十七年（一五八九）の大徳寺分検地帳には、明らかにこの区域の田畠が含まれているにかかわらず、「畠田」の字名はまったく発見できない。この点慶長二年（一五九七）大宮郷麦田指出でも同様である。「畠田」という普通名詞的な名称に代わって別の呼び名に変えられたものと思われる。事実のちの大宮郷賀茂台絵図では、該当の区域は「**御所田**」・「**小堀川**」・「**宮後**」の字名で出現する。

【馬場殿・ハハトノ】　一五世紀中期の「往来B」に藤寿大夫・河内前司の往来田各一反の在所が「太宮郷馬場殿」、同「ハハトノ」と出てくるのが、管見唯一の所見（両往来田とも「往来A」では該当箇所の料紙が欠失しており、比較のしようがない）。「往来B」所載の往来田については、一〇年ほど前の宝徳三年（一四五一）諸郷地からみ帳と、復元図を援用しつつ対比することにより、かなりの程度まで宝徳年間ごろの同じ往来田の受給者を突き止めることができるので、調べてみると、藤寿大夫・河内前司ともに当時すでに往来田を受けていたことが明らかになる。「大宝」の場合は遺憾ながら河内前司往来田は発見できないが、藤寿大夫往来田は№29として出現する。復元図でその在り場所を調べると、大宮郷北部、**堀川**西岸の字「**芝本**」の地である。現在地は**北区紫竹下本町**北西部である。地籍図の示す現場の状況は、東を堀川、西を道・溝に限られた長地型田地三枚と川端の小区域からなっており、当の藤寿大夫往来田は長地三枚のうちの中央に位置していた。「大宝」ではここは字「芝本」とされているが、後代の大宮郷賀茂台絵図においてはこの区域は「**松田**」とされ、西の「下芝本」と区別されている。往来田古帳でも道・溝を越えてすぐ西にあった往来田数反の在所は「芝本」とされているから、東限・西限に関するかぎり、「馬場殿」はこの三反余の区域すなわち後世の「松田」に限られていたと見てよさそうである。とするならば、「大宝」では藤寿大夫往来田の東隣に№28藤満大夫往来田があったことが確認できるので、他郷は別として大宮郷ではこれが河内前司往来田に該当するのではないかという推測が成り立つ。氏人藤満大夫が河内守に叙任されたものであろう。ただ、北限については程近い「大宝」№10に「次西、川ノ西　一反　堀川ハタ　若宮御料田　馬場殿」と記された田地があることに注目しなければならない。この田地は№28・№29の北端から一反半の田地一枚を跨いだ（距離にして七、八〇メートル）堀川西岸に位置している。これはおそらく偶然ではないのであって、ここに出てくる「馬場殿」こそ、そもそもこの字名の由来であると考えるのが自然ではないかと思う。もしそれが妥当であるとすると、字「馬場殿」の北限はこの田地の在り場所すなわち**紫竹上本町**西端中央部（大宮郷賀茂台絵図では、南の田地一枚と合わせて「**嶋田**」としている）までを含んでいたと理解すべきである。私はそのように捉えておきたいと思う。これ以後この地名は史料に出現しない。

【ヒノ口・火口】「往来A」所載の某・賀々大夫・孫蓮大夫の各往来田一反の在所が「大宮郷火口」あるいは同「ヒノ口」と記されているのが初見。これらは半世紀あまり後の「往来B」と対比すると、そこではそれぞれ初鶴大夫・豊彦大夫・命寿大夫の往来田となっており、さらに志摩前司往来田一反も同所にあったことがわかる（この田地は「往来A」では料紙の欠失でみつからない）。そこでこれを一〇年ほど前に成立している宝徳三年（一四五一）諸郷地からみ帳の内容と対照して調べると、その当時は初鶴大夫往来田はすでに同人が受給しており、残る豊彦大夫のものは三郎大夫、命寿大夫のものは慶寿大夫、志摩前司のものは山本宮鶴大夫がそれぞれ給主であったことが確認できる。「大宝」では初鶴大夫往来田は見いだせないが、No.12慶寿大夫往来田、No.15・No.24（半ずつ二か所）太田三郎大夫往来田、No.31宮鶴大夫往来田と出てくる。その位置を復元図で確かめると、前二者は**北区紫竹上芝本町**北半部、後者はやや南へ離れて**紫竹下芝本町**東端に位置する。それに加えて、No.19飛鳥井田二反の右傍には「ヒノ口」と書き込んであるのが発見される（あるいはNo.18仏光院田大の左傍と見るべきかもしれない）。これはほぼ紫竹上芝本町南半西端部に当たる。これで字「ヒノ口」は大体現在の紫竹上芝本町に相当する区域ということが確かめられる。No.31宮鶴大夫往来田の場所だけはその南東にくっつく形になるが、ここは「大宝」でも「大天」でも字「芝本」のうちに入っているので、「往来B」の記載は近接しているがゆえについ「ヒノ口」に含めてしまったきらいがある。基本的にはその北を限る道・溝より北を「ヒノ口」と見る方がよいのではないかと思われる。なお、「往来A」には二か所で「火口」と漢字で表記してあるが、これは当字で本来は「樋ノ口」とするのが正しいであろう。復元図や大宮郷賀茂台絵図で検討すれば、この区域西部では「**小森上溝**」から水が引かれていることがはっきりわかり、その水口つまり樋の口が地名の由来であると思う。

他の史料では、室町期のものと推定される賀茂社読経所田田数引付（「川上家文書」）の大宮郷分に、「ヒノ口作半　一反四斗五升　百文」が見え、文明十四年（一四八二）四月の同読経所田田数目録（同）の「神宮寺田之分」のうちにも「一段　大宮郷ヒノクチ　御図師田」が出てくる。両者が同一の田地であるかどうかは不明であるが、前記の「ヒノ口」の区域の中には、「大宝」によればNo.21・No.22と計二反の「経所田」が見いだされるので、そのいずれかもしくは両方に該当することは間違いないであろう。

なお、一世紀後に作成された「大天」のNo.45一反でも、田積の右下に「ヒノ口」という字名が記されているが、これはまったく別の場所である。復元図によれば、現在の**紫野上御所田町**東北端に相当する。この田地の西端を流れる**小堀川**からの水の取り入れ口が、田地の西北端に存在したことから来た字名であると考えられる。その後天正十七年（一五八九）大徳寺分検地帳には、「ひの口」所在の二筆計二反六畝二〇歩が見えるが、これは作人の孫衛門・弥左衛門両者の住所が「**青屋**」（現在の上京区北部、**妙顕寺**の東側あたり）であるところからすれば、間違いなくこの小堀川沿いの「ヒノ口」であると見てよいであろう。

【ひわくひ・琵琶頸】　天正十七年（一五八九）大徳寺分検地帳に、「ひわくひ」の字名で「壱反半　弐石四斗」が記載されている。ついで慶長二年（一五九七）大宮郷麦田指出にも同一の田地一筆が出てくる。在所はのちに大宮郷賀茂台絵図に、現在の**北区紫野東御所田町**西北端相当の場所にある田地一枚に「琵琶頸」と書き込んであることで確かめられる。この田地は「大宝」ではNo.347、「大天」ではNo.26に該当し、全体がまさしく琵琶のような形状を呈しているので、地名の由来は説明を必要としない。この田地の東は屈曲した道が限っており、「大宝」の場合で言えば、そこから西へずっと長地型田地が九筆計一町二反連続して「**小堀川**」に至っており、字名は「**殿田**」と見えるので、その状況から見て、この田地が「殿田」に属することはほとんど自明であるが、その特別な形状から単独に「琵琶頸」

と言われることが多かったのであろう。

【藤田】　南北朝末期の「往来A」に、愛有大夫往来田の一反、孫蓮大夫の往来田半の在所を「大宮郷藤田」としているのが初見。これと比較対照が可能な半世紀あまり後の「往来B」では、両者はそれぞれ加賀前司・命寿大夫の往来田として出ており、在所に変化はない。これはさらに一〇年ほど前の宝徳三年（一四五一）諸郷地からみ帳と対比検討することを通じて、「大宝」では前者は同じ加賀前司、後者は慶寿大夫往来田であったことがつきとめられる。記載順番号は№285と№286で、前者一反には「**下柳ノ西ノ堀川**ハタ、未申ノ角」、後者半には「次東北へ通」と位置が指定されている。これによって復元図の上で在所を押さえることが可能となる。まさしく堀川の東川端であり、現在地は**北区紫野下鳥田町**西南端である。

　その後、元亀三年（一五七二）の大徳寺諸塔頭本役銭結鎮銭出分指出（『大徳寺』八―二五三二）のうち大用庵龍泉軒分指出に、「藤田 三反　一石八斗代　又五郎」が見えており、この三反に対して龍泉軒が得分収取権を持っていたことが知られる。太閤検地以後大宮郷はほとんど大徳寺領とされたので、天正十七年（一五八九）大徳寺分検地帳には郷全体の田畠が記帳されているが、その中に惣二郎作分として「藤田　参段　四石八斗」が見えるのは同一田地であろう。同帳では他に一筆「藤田　上畠壱反壱畝拾弐歩　壱石八斗弐升五合」と記している。その後慶長二年（一五九七）大宮郷麦田指出には天正検地帳記載の一筆三反と同一の田地（作人名も同じ）が出ており、裏作麦の作付けを物語っている。この三反の在所はのちの大宮郷賀茂台絵図に記されている。郷南部の堀川西岸で、字「**庭縄手**」の東隣、現在の**北区紫野石竜町**東南部である。復元図と照合すると、「大宝」では№456経所田三反、「大天」では№194供僧田三反に該当する。経所田であるから、天正十四年ごろの作成と見られる賀茂社読経所指出帳（「賀茂」）にも、三位公珍算分のうちに、「相違分」（つまり大徳寺領とされた分）としてこの「参反　参石八斗」が出てくる。

　かくして、管見に入った史料のすべてを総合して判断すると、「藤田」の区域は堀川の両岸にまたがっていたことになるが、南北朝末期〜室町中期の史料に出てくるのは堀川東岸であり、中世末期以後の史料には堀川西岸の田地しか出てこないという特徴がある。察するに、元来堀川は「藤田」の地の東を南下していたのが、おそらく中世前期以前に堀川の川筋が変動したとき、その流れが「藤田」の区域を東西に分ける形になったのではないであろうか。この近辺では長く残存していた条里制地割を、堀川が北北東から南南西へかけて切る状態になっている様子から、私にはそのように推測される。そして、一つの区域が東西に分断されてからも、同じ字名が長く堀川の両岸に残存していたが、やがて中世末期ごろ以後は、字「藤田」は堀川西岸だけに限られるようになったのであろう。大宮郷賀茂台絵図では、東岸は「**下柳**」に入れられている。

【フセマチ・フセ丁・くせまち・クセ町・曲町・九畝町】　室町中期には「フセマチ」と出てくる。しかし、中世末期以後の史料では、「ふせまち」と記した例もあるが、大体は「くせまち」と記されている。私見では、これはどこかで「フ」を「ク」と間違えて書いたのに起因するのではないかと思うが、それはともかくとして、両者が同じ場所を指していることは「大宝」復元図と大宮郷賀茂台絵図とを対照することによって明白である。よってここではまとめて解説する。

初見は「大宝」No.309豊菊大夫往来田一反の在所が「次南、フセマチ」とあるもので、「次南」へ連続するNo.310阿波前司・No.311愛千大夫の往来田各一反を含む計三反の範囲を指した字名と考えられる。一〇年ほどあとの「往来B」では、松若大夫往来田ならびに巻末に追記されている因幡前司往来田のうち各一反の在所が「大宮郷フセ丁」・同郷「フセマチ」と見え、諸郷地からみ帳およびその復元図と突き合わせて調べると、前者は「大宝」No.311と同一田地であることが確認される。後者はNo.309・No.310のどちらかに相当するはずであるが、遺憾ながら判明しない。また、「往来A」では欠失により対応する記事を求めることができない。

天正十七年（一五八九）大徳寺分検地帳には、「くせまち」所在の田地二筆計一反四畝二〇歩が記載され、ほかに

「ふせまち」所在の一筆一反三畝がある。ついで慶長二年の大宮郷麦田指出では「クセ町」の四筆計四反二〇歩が見える（「□せ町」の一筆一反三畝を含む）。

在所は前記のとおり「大宝」の復元図で知ることができ、また大宮郷賀茂台絵図の該当部分に「**堂町**、九畝町」と記入した田地二枚、両者の間に「曲町」と書き込んだ田地一枚が見えることによって確かめられる。当然ながら「曲町」と「九畝町」は相同じく、また東から北へかけてのより広域の字名「堂町」の一部でもあったことが明らかである。現在地はほぼ**小山西大野町**西部から**紫野西御所田町**東北部にかかるあたりである。

【佛尻・佛子尻・佛事利】　この地名の初見は、南北朝末期ごろの「往来A」に、有一大夫・美作前司の往来田各一反の在所が「大宮郷仏尻」とあるもので、これは半世紀あまり後の「往来B」には兵部少輔・周防前司の往来田となって出現する。「往来B」ではこの他に下総前司往来田一反が同所にあったことを記す（「往来A」ではこれに対応すべき記事が欠失）。この三者に関して、一〇年ほど前の宝徳三年（一四五一）諸郷地からみ帳と対比して検討すると、いずれもすでに同じ氏人が給主であったことがわかる。「大宝」における記載順番号は、それぞれNo.227・No.229なので、復元図で所在が確かめられる。この三反を含むNo.225からNo.234にいたる長地型田地一〇筆計一町一反が同じ字名に属したと判断され、その東端に当たるNo.225の牛飼田二反には、「次ノ西、縄手極、仏尻」と記載されている。現在地は**北区紫竹下梅ノ木町**南部から**紫野上柳町**北部にまたがる場所である。

次に一世紀後の「大天」では、「仏尻溝、自水口」としてNo.109からNo.125に至る一七筆計一町九反半の田地を一括して記載しているが、これはこの時の検地が用水系統別に検地を実施しているためで、その範囲が字名と一致するとは限らない。現にNo.123一反には「次東、**小柳**」と見え、No.125までの三筆三反半は字「小柳」に属したことを物語っている。しかし、「水口」と記されるNo.109は、復元図を介して対照すると「大宝」No.234に該当する田地で、ここが「仏尻」の西端であったことは間違いないが、「大宝」の場合にこの区域の東限となっているNo.225は、「大天」ではNo.117に当たり、その後になおNo.118〜No.122の五筆計六反半が記載されて「仏尻溝」の灌漑範囲に入れられている。復元図によれば、この六反半のうちNo.118の一筆二反は溝・道を越えて東に位置し、残りは道を挟んでその南にまとまっている。前者はやはり現在の紫竹下梅ノ木町から紫野上柳町にまたがり、後者は紫野上柳町東部に属する。これは「仏尻溝」の灌漑範囲としては納得できるが、字「仏尻」の範囲としては、この部分をも含めるのがはたして妥当なのかどうか疑問が残る。私には「大宝」のNo.225〜No.234の区域が本来の字「仏尻」と見る方がすっきりしていて納得しやすいが、断定は下せない。後代の大宮郷賀茂台絵図では「大天」No.118より東の区域は「**梅木**」、南のNo.119以下を含む区域一帯は「**鳥田**」とあり、その点では「大宝」の「仏尻」に一致するが、今度はより西の区域の田地五枚（現在の**紫竹東高縄町**東南部と**紫野上鳥田町**東北端）が「仏尻」に含められていて、結局三者三様である。変化した可能性はもちろんあるが、いまはとにかくそれぞれの史料の物語るところをそのまま示しておくことにしたい。

「仏尻」関係の田地所職は、売券・田地目録・指出などに出現するものが少なくない。管見に入ったものの中でもっとも古いものは、永享四年（一四三二）四月三日の童菊百姓職売券（「古文書集」四）で、「賀茂大宮郷之内仏しり」の一反に関するものである。この百姓職はのち五井貞久の手に入り、文明十三年（一四八一）二月二十五日に至り天源院へ沽却された（同）。また永正十五年（一五一八）十二月日の室町紺屋宗珍後家下地売券（『大徳寺』二—八八八）は、「ふつしりのみそ」所在の下地二反を車屋与四郎（清蔵口在住）に売ったもので、のち弘治元年（一五五五）十二月、これ（百姓職）は大徳寺へ売り渡された（同二—九四四）。その売券には「在所者大宮郷之内佛尻東之縄本也」とあり、この位置指定と田積とから、当該下地は「大宝」No.225御牛飼田二反に当たるものと見られる。天文二年（一五三三）十月二十五日の大徳寺同諸塔頭幷諸寮舎領目録（同二—九二〇）に載る賀茂散在田畠のうちに「一佛尻壱段」が見えており、元亀三年（一五七二）の大徳寺幷諸塔頭本役銭結鎮銭出分指出（同八—二五三一・二五三二）のうち、「佛尻」の田地は、大僊院分に「弐段　九斗五升六合代　此内百六十三文御結鎮出之」、大峨軒紹深指出に「壱反　弐斗五升　此外八十文自百姓御結鎮出之」、龍源院指出に「壱段　弐斗弐升代賀茂刈分之上米」、大徳寺分に「弐段　弐石代」、大徳寺門前分指出に「壱段　壱石代　本所分」（「御結鎮八十文出之」と朱筆傍注）と出てくる。同じ時期のものと推定される瑞峯院幷寮舎末寺門前田畠指出帳（同五—二〇一一）の徳蔵主分にも「佛尻」の「壱所参斗五升　賀茂苅分此外相国寺へ出之」が出現し、大徳寺幷行力指出（同八—二五四八）の冒頭に記す「仏事尻」の「弐段　壱石七斗五升代」は、左傍に「此外壱石五斗三升本所清法印江出之」と付記されているところから、弘治元年に買得した百姓職田地と同一と判断され、天正十三年（一五八五）十月二日の大仙院幷諸寮舎指出（同八—二五三四）の南明軒分には「壱反　参斗代」、門前の道運分のうちには「壱段　弐石八升　此外賀茂苅分取也」の同所所在田地が見える。他の区域と同様に、戦国期には大徳寺ならびに諸塔頭の個別田地所職の買得が行なわれていたのである。

太閤検地によって大宮郷の大部分が大徳寺領とされたので、天正十七年の大徳寺分検地帳には当所の一二筆計一町一〇歩が記載され、つづいて慶長二年（一五九七）大宮郷麦田指出にも一四筆計一町一反七畝一〇歩が書き上げられている。全面的に裏作麦が作付けされていたのである。なお、この地名は近代まで残り、市制町村制では、本来の字「佛尻」以外に「**柚木坪**」・「**水倉**」など周辺の区域を含めて、大宮村東紫竹大門字佛尻と称され、その段別は五町四反七畝一七歩であった（『京都府愛宕郡村志』）。

【堀川端】　**堀川**の川端を意味する地名であることはいうまでもなく、由来はまさにそこにあるけれども、ここで取り上げるのは、単なる普通名詞ではなく字名としての「堀川端」である。

「大宝」No.285の加賀前司往来田一反の在所は「**下柳**ノ西ノ堀川ハタ」と表記されるが、この「堀川ハタ」は字名ではなく、単に位置を指定するための言い方である。しかし、天正十七年（一五八九）大徳寺分検地帳の上野村与五郎作分に、「小森　四畝拾六歩　七斗弐升参合」と並んで「堀川ちゝ　九畝拾歩　壱石四斗九升参合」とある場合などは、一つの字名として記されているとしか考えられない。この検地帳では、右の一筆を含めて六筆計六反一畝五歩の同所所在田地が出現する。少しさかのぼって元亀三年（一五七二）の大徳寺諸塔頭本役銭結鎮銭出分指出（『大徳寺』

八―二五三二）のうち宗園分指出には「一段　堀川端　六斗」が見え、天正十三年十月二日の大仙院幷諸寮舎指出（同八―二五三四）の歯雲軒分には「堀川端壱反　弐斗七升本舛参斗如意庵入之、此外如意庵へ本役出之、　紫竹左近次郎」とある。これは戦国期における大徳寺諸塔頭の当所田地に関わる所職の入手を示すものであるが、その後太閤検地を経て大宮郷の大部分が大徳寺領とされたため、前記天正十七年検地帳記載のような状況になった。したがって当時の「堀川端」は、六反強の区域に付された字名であったとしてよい。慶長二年（一五九七）大宮郷麦田指出にも五筆五反二畝二歩が見え、これに近い。

さて、この字名の在り場所はどこであろうか。大宮郷賀茂台絵図に記載されている坪名幷小字目録には「堀川端」と「**川端**」とが出ているが、後者については絵図の中に見いだされる（現**北区紫竹下本町**南西部と**紫野雲林院町**東端部の二か所）けれども、当の「堀川端」は発見できない。残された手がかりは、「大宝」№455新袖田一反に「次ノ下、堀川ハタ」とあり、つづく№456経所田三反にも「次ノ南、堀川ハタ」と見えることで、復元図作成の基礎とした紫竹大門村地籍耕地図を見ると、この「堀川ハタ」には独特の意味があると考えられる。それは№455の北にある№452以北には堀川西沿いに道（縄手）があるが、№455以南にはこれが途切れていることである。つまりこの区域の田地は堀川との間に畔道しかなく、いわば直接堀川に接しており、その意味では「堀川端」の名称がきわめてふさわしいのである。私が№455・№456の位置指定「堀川ハタ」には特別の意味が含まれていると考えたのは、そういう理由による。より南の№481一反・№482一反半も「堀川ハタ」と記されてはいないが、地籍図で見る立地状況は同様である。字「堀川端」はおそらくこの付近を指すものと見てよいであろう。

田積合計は六反半で、前記天正十七年の大徳寺分検地帳のそれに近い。ただ、№481・№482の西にある№480二反をも加えるとすれば八反半に達するが、実はもうひとつ大宮郷賀茂台絵図の同じ区域の描き方を見ると、そこでは「大宝」№455の新袖田相当の田地の堀川側には道が描かれていて、道が見えないのはより南部である。その点地籍図との差異があり、もしこの絵図に依拠して判断するとすると、「堀川端」と言えるのは「大宝」の№456・№480・№481・№

482に当たる計七反半で、やはり天正検地帳の田積と大きく違わない数値になる。いずれにせよ、管見に入った史料をもとにすれば、ここが「堀川端」と推測されるのであるがどうであろうか。確定には至りえないが、一応考察の結果を述べて参考に供したい。現在地は**紫野石竜町**東南部から**紫野下石竜町**中央部にまたがる区域である。なお、右の絵図ではこの区域には北に「**藤田**」、南に「**小溝**」の字名が記されており、「堀川端」は別称ということになる。

【水蔵・水クラ・水倉・上水倉・下水倉】　今のところ、徳治二年（一三〇七）八月十日の定氏田地売券（「賀茂」）に、売却田地一反半の在所が「太宮郷内字水蔵」とあるのが初見。その後は「往来A」に孫三大夫・藤有大夫・明一大夫の往来田各一反の在所が「大宮郷水クラ」と見えるのが早い。この三反は半世紀あまり後の「往来B」においてはそれぞれ美作前司・松福大夫・光若大夫の往来田として記載されている。このうち字名が記載されているのは美作前司の場合だけであるが、比較検討は他郷所在の往来田を含めて行なっているので、他の二者についても間違いはない。そして、「往来B」の場合は、一〇年ほど早い宝徳三年（一四五一）諸郷地からみ帳と対照して追究すれば、当時の給主が突き止められるという便宜がある。やってみると、宝徳当時にはそれぞれ幸若大夫・千鶴大夫・隠岐前司が給主であったことが判明する。

「大宝」では順にNo.203・No.204・No.202に該当するから、それによって復元図による所在地の確認が可能である。大宮郷中部の**堀川**東岸、**小堀川**とのはざまに南北に連なっており、三反とも半折あるいはそれに近い形であるが、いちばん北のNo.202は横田と見てよい。また、No.203とNo.204の間には道が通り、後者に「次ノ南、**イカツチ**」と記されているのが注目を要する。つまり「往来A」の示すところとは異なり、「大宝」ではNo.204は「水クラ」から外れて字「イカツチ」に入っているのである。また、No.202の北には、No.201から逆に数えてNo.193までの九筆計一町三反の横田が重なっていて、北限にまた道があり、同時にNo.193の氷用田二反には「次ノ西、小堀川ノ畔」という位置指定とともに、頭部左傍に「水倉」とある。つまり「大宝」では東を小堀川、西を堀川、北と南を道で限られる一一筆計一町五反の区域を

「水倉」としていることが明瞭である。「往来A」が「水クラ」所在とするNo.204相当の田地ははみ出すことにはなるが、字名の範囲としてはこの方がふさわしいと思われる。

しかし、後代の大宮郷賀茂台絵図ではまた多少異なった状態になっている。すなわち「上水倉」・「下水倉」に分けられ、「大宝」でいえば前者はNo.193〜No.195の三筆計五反、後者はその南No.196からNo.201に至る六筆計八反に該当し、それより南は「雷」に入れてある。上と下の区分はNo.196の北西の隅に「雷井手口」があることによるらしい。こういう変化がいつごろ生じたものかはわからないが、少なくとも中世末期までの史料には上下の区別は見いだせないから、近世に入ってからであるとしてよい。

元亀三年（一五七二）の大徳寺幷諸塔頭本役銭結鎮銭出分指出（『大徳寺』八―二五三一）のうち真珠庵分には、「水クラ」の「壱反　壱石一斗代」が記され、同じ頃のものと推定される瑞峯院幷寮舎末寺門前田畠指出帳（同五―二〇一二）のうち、常住分に「水倉」の「壱所五斗四升　此外六斗六升六合賀茂へ出之」、徳蔵主分に同所の「壱所参斗　同（賀茂苅分此外相国寺へ出之）」が見いだされ、天正十三年（一五八五）十月二日の大仙院幷諸寮舎指出（同八―二五三四）にも同所の「壱反　壱石六斗八升九合」が見えていて、戦国期に大徳寺の塔頭による所職の買得が行なわれていたことを物語る。太閤検地以後は全体が大徳寺領とされ、天正十七年の大徳寺分検地帳では九筆計一町一反六畝二二歩が書き上げられ、つづいて慶長二年（一五九七）大宮郷麦田指出にも六筆計六反四畝二六歩が見えて、麦作の広がりを示している。現在地を「大宝」の記すところにしたがって指摘すると、**北区紫竹東桃ノ本町**南部から**紫竹東高縄町**西部を経て**紫野上鳥田町**中央部北端に至る範囲である。近代の市制町村制では**大宮村東紫竹大門字佛尻**に属していた。

【宮のうしろ・宮後】　太閤検地によって大宮郷の大部分が賀茂社領から切り離されて大徳寺領となり、天正十七年（一五八九）同寺領の名寄せ形式の検地帳が作成された。「宮後」という字名が管見に入るのはこの検地帳およびその前後の時期と推定される田地目録等においてである。まず年月日不詳三玄院領大宮郷田地目録（『大徳寺』八―二五四九）に、「宮後」の田積不詳（石高からの判断ではいずれも半反以下らしい）の下地三か所が記載されており、同じ頃のものと見られる瑞峰院指出（同八―二五五〇）にも、一反前後と見られる土地二か所が見いだされる。これによって大徳寺塔頭の所領が同所に存在したことが知られるが、網羅的に出てくるのはやはり天正十七年の検地帳の記事である。これには三二筆計二町四反二畝三歩の「宮のうしろ」所在田畠が書き上げてある。なかには「畠」と注記されたものも若干あり、そうでなくても一畝前後の面積しかなくて畠地かと思われるものも数か所ある。このあと慶長二年（一五九七）大宮郷麦田指出にも一二筆計七反程度かと推定される田地が登場しており、全体の三分の一程度に麦の作付けがなされていたことをうかがわせる。ほかに「藍成ル故ニ本帳除之」として抹消した二筆も見え、藍も作られていたことが知られる。

この字名の区域は、のちの大宮郷賀茂台絵図に記入されているが、それは大宮郷最南部、字「**障子坪**」の南と東に当たり、まず「妙覚寺屋敷」の北に、かつての長地型田地の名残りと目される計二〇枚弱の半折に満たない面積の耕地が並び、その東北部、字「**梅木**」の南にさらに計七枚の田地が存在するという形である。妙覚寺屋敷を含めた現在地は、**北区紫野東御所田町**東部南半と同町南端部から**紫野宮西町**東部・**紫野宮東町**北部にまたがる場所である。かつて市制町村制のもとでは、右の区域の大半と紫野宮西町の西部区域を合わせて**大宮村東紫竹大門**字宮の後と称され、段別は五町二反九畝一三歩であった（『京都府愛宕郡村志』）。

【モ、ノマタ・桃ノマタ・もゝか股・桃本・桃町・桃木俣】 南北朝末期ごろの「往来A」に、有松大夫・徳一大夫・乙鶴大夫の往来田各一反の在所が「太宮郷モ、ノマタ」（あるいは「桃ノマタ」）と出ているのが初見であろう。半世紀あまり後の「往来B」になると、これはそれぞれ徳千代大夫・有松大夫・伊予前司の往来田として出現する。さらにこれを一〇年ほど前の宝徳三年（一四五一）諸郷地からみ帳と突き合わせて検討すると、伊予前司については不詳であるが、他の二者は、その当時もすでに往来田の給主であったことが判明する。「大宝」の場合は№367・№341として登場するので、復元図の上で在所を探すと、これは前者が現在の**北区紫野西御所田町**東部、後者がその南南東で**紫野東御所田町**西部に属することがわかる。しかし、中世の字名では、前者が「**上精進**」、後者は「**殿田**」に相当する場所なので、そこを「桃ノマタ」と見るにはかなり不審がともなう。それに一世紀後になるが、「大天」においては、No.337の一反に「も丶か股、東一」という場所指定があり、同帳の記載の仕方からすると、そこから西へ並ぶ長地一二筆計一町二反、もしくは一三筆一町三反がこの字名で呼ばれる区域であったことが推測される。復元図ではこれは大体**紫竹桃ノ本町**北半部に該当する場所で、現在の地名から考えてもここの方が妥当と思えるのである。のちの大宮郷賀茂台絵図でも、ややずれはあるものの、この場所に「桃本」と記入している。

これだけ否定的な証拠が揃えば、「往来B」の徳千代大夫・有松大夫の往来田が、それ以前の「大宝」でもすでに同じ氏人の往来田であったとした先の認識に誤りがあるか、そうでないとしてもそこにはなんらかの問題が潜んでいると考えねばならないであろう。そこで、「大宝」と「大天」の復元図を重ね合わせてみると、前者では後者の「も丶か股」に相当する部分の東半分くらいが、料紙一枚の欠失によって空白になっていることが明らかになる。もつれた糸をとく鍵はこのあたりにあるのではないかと思われる。「大天」の方では、この部分の西端に当たる場所に、No.341中務少輔往来田・No.342周防守往来田各一反が存在することがわかるので、もし両者が一世紀前の「大宝」では誰の往来田であったかが証明できれば、問題は解決するであろう。その手段は一応ある。大宮郷以外の諸郷について、宝徳・天文両度の復元図を重ね合わせてみて、天文年中の中務少輔往来田・周防守往来田に相当する宝徳三年当時の往来田を出現する限り探し、その給主が誰であったかを突き止める作業をやれば、答えが出せるはずである。しかし、「岡天」は単に「往来」としか記さず、氏人名がわからないので対象外。「中天十九」も同様の部分が多いので、必ずしもうまくゆくとは限らない。やってみた結果はようやく「小天」No.282周防守往来田が「小宝」No.148徳千代大夫往来田と同じ田地であるということしか突き止められなかった（これは「往来B」に「小山郷**町田**」所在と記されているものに相当）。最小限でしかないが、それでも「小宝」の料紙欠失部分の西端に徳千代大夫往来田とみなしうる往来田が存在したことを主張できるかなり大きい根拠にはなる。前述のように徳千代大夫往来田はもう一か所No.367として出てくるが、徳千代大夫が同時期に二人いたという可能性が皆無ではないから、前掲の他の史料での所見をも合わせて判断して、「モ、カマタ」は宝徳当時にもやはり後代と同じ場所であったと考える方が無難と思われる。ずいぶん回り道をすることになったが、これで「モ、カマタ」は現在の紫竹桃ノ本町北部に相当するという統一した理解ができることになった。

ここで他の関連史料の若干を拾うと、天文二年（一五三三）十月二十五日の大徳寺同諸塔頭幷諸寮舎領目録（『大徳寺』二―九二〇）に記載される「城州賀茂散在田畠地子等買得分」の中に、「一桃町　弐段」と見えるのは当所の田地であると思われ、天正十一年（一五八三）三月三日に、紫竹の宗寿が大徳寺養徳院へ売寄進した「大宮郷内字号桃投〔股〕」の田地半もこの場所の田地で、賀茂供僧へ本役三〇〇文を納入していた（同三―一二一八・一二一九）。また、元亀三年（一五七二）の大徳寺幷諸塔頭本役銭結鎮銭出分指出（同八―二五三一・二五三二）の大僊院分に「桃木俣」の一反半、拾雲軒分に「桃俣」の一反、龍源院分に同所の一反（ただし本所大仙院）、大仙院分に三筆四反などが散見する。これらは戦国期に大徳寺諸塔頭による田地所職の買得が進んでいたことを証するものであるが、その後太閤検地により、大宮郷はほとんど賀茂社領から切り離され、大徳寺の近世寺領と変わったから、天正十七年の大徳寺分検地帳には「桃本」の一〇筆計一町四畝一二歩が記載されることとなった。つづいて慶長二年（一五九七）大宮郷麦田指出にも一〇筆計一町二畝一七歩が見えていて、全面的な麦作の展開を示している。

近代の市制町村制のもとでは、東西の区域若干とともに**大宮村東紫竹大門**字桃ケ本と称され、段別は二町七反五畝一〇歩であった（『京都府愛宕郡村志』）。

【八重・八重田】　文明三年（一四七一）二月二十五日の今村正鎮田畠譲状（『大徳寺』二―一〇〇五）に、（清泰寺の）清春に譲与する田地一反の在所が「太宮之郷字八重田」と記されているのが初見。これは実際は名主職であり、本役三〇〇文を今村先祖方へ、また結鎮銭と思われる八〇文を賀茂社へ負担することになっていたが、永正十年（一五一三）七月十二日に至り、清春がこれを大徳寺養徳院へ売り渡した（同三―一一〇三）。天文三年（一五三四）の養徳院領田地幷地子帳（同三―一一三五）には、「一八重田、年貢弐石弐斗、皆一職也、升ハ賀茂、二升弐合延、本役参百文、賀茂江出ス、此外所役無之」と記しているが、この文には「賀茂」の前に「御結鎮八十文」が脱落していると考えられる。本役三〇〇文は、こののち天文十年になって今村正泉から養徳院へ売却された（同三―一一五七）。また、天正十三年（一五八五）十月二日の大仙院幷諸寮舎指出（同八―二五三四）のうち友松軒分に「八重田」の一反が見える。

　これらは戦国期における大徳寺諸塔頭の田地所職買得の事例であるが、太閤検地の結果、大宮郷の大半は賀茂社領から削られて大徳寺領とされたので、天正十七年の大徳寺分検地帳には、「八重」所在の田地七筆計七反九畝一七歩が記載され、ついで慶長二年（一五九七）大宮郷麦田指出にも六筆計七反四畝二歩が見いだされる。全体に米麦二毛作が行なわれていたのである。

　大宮郷賀茂台絵図には、大宮郷中央部**堀川**西部にある長地型田地一〇筆からなる区域内に、大体田地一枚ごとに「八重」と記入してあるので、地図上で在所が確かめられる。ほぼ現在の**北区紫竹桃ノ本町・紫竹西桃ノ本町**の南半部に相当する。近代の市制町村制の下では、東部・南部の区域を合わせて**大宮村東紫竹大門**字八重と称され、段別は四町四反九歩であった（『京都府愛宕郡村志』）。

【柳・上柳・下柳】　一括して「柳」と称されることもあり、北半を「上柳」、南半を「下柳」と区別する場合もあった。

　「往来A」に生王大夫・有菊大夫・長寿大夫の往来田各一反の在所が「大宮郷下柳」とあるのが初見。一方約半世紀あとの「大宝」では、No.258の経所田四反半の在所が「次ノ南、西ノソへ、上柳、**堀川**ハタ」と記され、またNo.285の加賀前司往来田一反には「下柳ノ西ノ堀川ハタ、未申ノ角」という位置指定がある。これらの徴証によって南北朝末期まではさかのぼれる地名であること、当時すでに上と下の区別があり、室町中期においてもそれに変化はなかったことを知ることができる。

ところで、「大宝」では上記四反半につづく№259の経所田二反も「同所、次東」という位置指定がなされており、同帳の復元図によると、この二筆計六反半は西を堀川、東を小堀川、北と南も溝で区切られた一区域を形成しており、溝を越えた南の「下柳」に対していたことがわかる。「下柳」は上記加賀前司往来田のほかに№286慶寿大夫往来田半と№287の氷用田八反の計九反半からなる区域であったと見られる。

次に「往来A」所載の三反は、「往来B」ではそれぞれ式部少輔・宮内少輔・備後前司の往来田として出ており（ただし、宮内少輔往来田は字名の記載を欠く）、かつほかにもう一人越前前司の往来田一反も同じ区域に存在したことが知られ（これは「往来A」では春光大夫の往来田に当たるが、そこでは字名の部分が欠損している）、これを「大宝」を含む宝徳三年諸郷地からみ帳と突き合わせて当時の給主を探索すると、式部少輔往来田については確認できないが、それ以外は順に左近将監・千代松大夫・若石大夫であったことが明らかになる。となれば、同帳の復元図の上で所在がわかるはずである。しかし、いかなる理由によるのか、すでに№285～№287と見当がついている「下柳」の区域には、これらに該当すべき往来田はまったく発見することができない。念のために「大宝」の他の部分を調べてみると、右の「下柳」とは場所がかなり離れた紙継目（二五）のつぎに現われる一行に「中大路左近将監往―次南」と記され、つづく№244には若石大夫往来田一反が見え、その位置指定には「下柳ノ南ノソへ、下ノ南」とあることに気づかされる。ここの紙継目の部分には本来存在した料紙一枚が失われているので、左近将監往来田はそれに記されていたのであり、若石大夫往来田の北に接していたのである。これで二反の在所が意外なところで発見された。さらに、「大天」の復元図との対比によって、その北にはなお二反の往来田が連続していたことが判明するので、その中に千代松大夫往来田が含まれていたと推定され、残る一反が「往来B」の式部少輔往来田に該当するものであった可能性も大きい。かくして、「下柳」は郷内の二か所にあったことが明らかになったのである。

紛らわしいので、ここでは差し当たり先の堀川と小堀川に挟まれた場所の「下柳」を「下柳(1)」、No.244から北へかけてのものを「下柳(2)」として区別することにし、まず前者についてもう少し検討してみると、その西南端のNo.285加賀前司往来田は「往来B」においても給主に変化がないことが、諸郷地からみ帳との対比検討により確認され、そのことから「往来B」における当該往来田の在所は、「大宮郷**藤田**」と表記されていること（「往来A」でこれに対応する愛有大夫往来田の場合も同じ）が明らかになる。同様にNo.286慶寿大夫往来田半反についても、対応する「往来A」の孫蓮大夫往来田、「往来B」の命寿大夫往来田とも「藤田」所在と記している。これで、私が最初に「大宝」No.285の場所指定「下柳ノ西ノ堀川ハタ、未申ノ角」の意味するところを誤解していたことがはっきりした。無理もないことではあるが、見解を改める必要があるのである。すなわち、これはこの田地が「下柳(1)」の区域の西に接し、かつそこは堀川端であるという意味だったのである。結局「下柳(1)」はNo.287氷用田八反がすべてであったということになる。なお付言すれば、後の大宮郷賀茂台絵図によると字「藤田」は堀川の対岸にあり、「大宝」でいえばNo.456の経所田三反に該当する。これは上記往来田古帳の記事と齟齬するように思えるが、そのいわくについては【**藤田**】の項の記述に譲る。

つぎに「下柳(2)」であるが、こちらは「大天」の復元図を対照すると、「大宝」No.244に該当する「大天」No.85命福大夫往来田一反の位置指定に「次艮、**小柳**」とあり、四反措いて北のNo.123一反にも「次東、小柳」とあって、合わせて六筆六反の字名が「下柳」でなく「小柳」であったことが判明する。約一世紀後には呼称が変化していたのである。少なくとも南北朝末期から室町中期までは、「下柳」であったことは紛れもない事実であるから、それ以後一世紀の間に「小柳」に変じたとしなければならない。のち大宮郷賀茂台絵図でもやはり右の六筆の田地にいちいち「小柳」と書き込んである。呼称が変えられた原因は推測するしかないが、同一郷内に同じ字名が二か所あることから生ずる混乱を避けるためであったろうことは、まず間違いないものと考えられる。以後「下柳(2)」は本項での検討対象から除外する（**【小柳】**の項参照）。

さて、紆余曲折の末であるが、ここで「上柳」・「下柳(1)」の現在地を指摘しておくと、それはほぼ**北区紫野下鳥田町**町域の西部約三分の二に相当する。現在同町の東北に**紫野上柳町**、東に**紫野下柳町**があり、言うまでもなくそれはかつての地名を継承するものであるが、その町域は元来の区域を離れてかなり東へ移ってしまっているのである。これは往時は現下鳥田町の北辺で西へ折れて、西の町界あたりを南南西方向へ流れていた堀川が、改修されて暗渠となり、地上では旧河道が東へ振れてまっすぐ南下する**堀川通**と化したのにともない、もとは堀川の東にあった「上柳」・「下柳」が、そのままでは堀川通の西沿いになってしまうところから、区画整理によって堀川通の東へと地名を移動させた結果である。

管見に触れた他の史料では、元亀三年（一五七二）六月二十四日の大徳寺聚光院分指出（『大徳寺』八―二五三二）に、「下柳」の「壱段　壱石」が記載されており、おそらく戦国期に入ってから、前記氷用田八反のうち一反の名主職か作職が同寺の入手するところとなったのであろう。天正十三年（一五八五）のものかと推定される賀茂社読経所指出帳（「賀茂」）には、「大宮郷柳」所在として六筆計六反が見えるが、これは「大宝」の「上柳」所在経所田№258・№259計六反半に相当するものである。

太閤検地によってこの区域は大徳寺の近世所領のうちに入ったのであるが、天正十七年の大徳寺分検地帳には、上下の区別なく字「柳」所在として田地一一筆計一町一反三畝二二歩が書き上げられており、その後慶長二年の大宮郷麦田指出でも同様に「柳」の田地一四筆計一町五反一畝二五歩が見いだされる。後者では若干筆数・田積が増えているが、その理由ははっきりしない。いずれにしても全面的に米麦二毛作が行なわれていたことを物語っている。上と下の別は以後まったく消滅したわけではなく、大宮郷賀茂台絵図には「上柳」と記入した田地四筆、「下柳」と記した田地六筆が出ており、「上柳」の八、九〇メートル北の堀川東岸には「下柳井手口」があった。近代の市制町村制のもとでは**大宮村東紫竹大門**字下柳となる。段別は四町四反六畝二一歩となっており（『京都府愛宕郡村志』）、字名の範囲の広域化が行なわれたのである。

【ゆでん・湯田】　元亀三年（一五七二）の大徳寺諸塔頭本役銭結鎮銭出分指出（『大徳寺』八―二五三二）の大仙院分に、字「湯田」所在の「弐段　弐石参斗八升四合代」（左傍に「尊勝院分」の朱注あり）が出てくる。大仙院が作職を入手していた田地と考えられる。その後太閤検地で大宮郷がほとんど大徳寺領とされた後の天正十七年（一五八九）大徳寺分検地帳には、同所の田地二筆（一反七畝一〇歩と一反四畝）が見え、慶長二年（一五九七）大宮郷麦田指出にもそれと同じ二筆が出現する。のち大宮郷賀茂台絵図に、大宮郷南部の**堀川**より西側、字「**石名田**」の東隣にこの字名を記入した田地四枚が発見されるので、現在地を知ることができる。**北区紫野上石竜町**南部から**紫野石竜町**北部にまたがり、両町域のほぼ中央部を占める区域である。

【ユノ木カ坪・ゆきりつほ・柚木坪・柚木ノ坪】　今のところ、元徳三年（一三三一）十月二日の賀茂定冬・定基連署田地売券写（「賀茂」）に、田地一反の在所を「大宮郷内ユノキカツホ」と記しているのが初見と思われる。また、康永元年（一三四二）七月二十二日の賀茂神主員平田地宛行状（『大徳寺』四―一七八五）では、「柚木坪田参段」を「別儀」をもって（神用田であるにかかわらず）賀茂氏女に宛行うことが記され、関連する員平書状（同四―一七八七）や光厳上皇院宣（同四―一七八八）などが残されている。院宣があるところからすると、この賀茂氏女は神主従三位氏久の孫「官女伊予局」ではないかと思われる（「賀茂社家系図」）。「別儀」をもって宛行われたのはそこに理由があったのではなかろうか。

その後、「往来A」には、彦松大夫・正若大夫・美作前司の往来田各一反と一若大夫の往来田半とが「大宮郷ユノ木カ坪」所在として出てくる。これは、半世紀あまりを経た「往来B」においては、それぞれ長千代大夫・乙鶴大夫・周防前司・金寿大夫の往来田として出現することが、両方の記事を対照しかつ復元図を利用することによって明らかになる。そこでこれをさらに一〇年前後早い宝徳三年（一四五一）の諸郷地からみ帳と突き合わせて検討すると、当時は前記の順序で亀石大夫・石見前司・周防前司・乙鶴大夫がそれぞれの往来田の給主であったことが判明する。これは「大宝」ではNo.190・No.186・No.189・No.187として記載されているので、復元図の上で在所を確認することができる。さらにNo.206御壇供田一反の前には「柚木ノ坪」と書き込んであり、そこからあとNo.112の奈良田三反に至るまではすべて「次ノ東」で連なり、次の行には集計記載が出てくるので、そこまでが同じ字名に属したものと見てよいと思われる。これにより、三反半の往来田とNo.206〜No.212の七筆計一町三反半とを合わせた全体が字「柚木ノ坪」に入ることは確実である。また、「大天」ではNo.126からNo.144までの一九筆計二町三反小が「柚木ヶ坪」として一括記載されている。これは「大宝」で確認した部分に加えて北東部の田地二筆計三反を含む区域ということになる。後代の大宮郷賀茂台絵図でもこれと同様である。復元図によると、その範囲は現在の**北区紫竹下梅ノ木町**の北半部を中心とし、西は**紫竹東桃ノ本町**東南部から**紫竹東高縄町**北東部にまたがり、北側では**紫竹上梅ノ木町**南西部を含むものである。

戦国期になると、他の区域と同様に大徳寺の諸塔頭が個別田地の名主職や作職を取得するケースがここでも目立っている。その帰趨は元亀三年（一五七二）の大徳寺幷諸塔頭本役銭結鎮銭出分指出（同八—二五三一・二五三二）の中でほぼ捉えることができる。列挙すると次のとおりである。大用庵指出に「三段半　四石壱斗五升　自此内弐百八十文賀茂へ出之」、如意庵分に「半　七斗代　此内百五十文本役出之」、大僊院指出に「弐段　参石壱斗九升九合代　此内百六十三文御結鎮銭出之、」、「四段　六石八斗五升四合」、「三段　五石四斗八升四合代」、養徳院分指出に「壱段　五斗代」、大徳寺門前分指出に「壱段　壱石代此内ヨリ御結鎮八十文出之、」、「壱段　五斗代大麦弐斗*「此外米一斗納之」　本所分」である。『大徳寺文書』にはこれらに関連する売券その他の文書がかなり含まれているが、煩を避けて引用は控える。

太閤検地以後、大宮郷の大部分は大徳寺の近世寺領となったので、天正十七年の大徳寺分検地帳には一七筆計一町六反五畝六歩の田地が記載されており、ついで慶長二年（一五九七）大宮郷麦田指出にも一四筆計一町四反三畝二八歩が見え、裏作麦の栽培が広がっていたことを示している。

【横枕】 元亀三年（一五七二）の大徳寺幷諸塔頭本役銭結鎮銭出分指出（『大徳寺』八―二五三一・二五三二）に「横枕」所在の田地が散見する。順に拾いあげると、拾雲軒分に「弐段　参石弐斗代」、大用庵龍泉軒分に「壱反半　八斗代」、瑞峰院紹泮指出に「弐段　本米四石弐斗」である。また、天正十三年（一五八五）十月二日の大仙院幷諸寮舎指出（同八―二五三四）の同院分にも「壱反　壱石四斗九升五合」が出現する。これは戦国期に及び、当所の田地の名主職などが大徳寺の諸塔頭によって買得された結果を示しているが、ほどなく太閤検地によって、大宮郷のほとんどが賀茂社領から切り離され、大徳寺の近世寺領となったので、天正十七年の大徳寺分検地帳には四筆計四反二〇歩の「横枕」所在田地が記載され、また慶長二年（一五九七）大宮郷麦田指出には、これより一筆一反二畝だけ多い田地が書き上げてあり、全面的に麦作が行なわれていたことを物語っている。「大宝」にも「大天」にもこの地名は検出できないが、のちの大宮郷賀茂台絵図には、堀川西岸の字「**大和田**」・「**塚本**」の北側にこの字名を書き込んだ田地数筆が見える。現在地は**北区紫竹高縄町**北東部である。この地名はおそらくは同区域の北東の隅に位置する一枚の田地を、横にした枕に見立てたところから生じたのではないかと思われる。

【横路】 これはもともとは大宮郷南部で**大徳寺道**から分岐し、**今宮神社御旅所**の北側五〇メートル前後のところを通っていた道路を指し、現在**北区紫野雲林院町**南部を**玄武神社**の方へ通じている道がほぼこれに相当する。しかし、やがては道路の両側の区域をも「横路」の名で呼ぶようになったと思われ、天正十七年（一五八九）の大徳寺分検地帳には、九筆計二反二畝二〇歩の田畠が記載されている。一畝か二畝程度の小規模耕地が多く、大半は畠地であったらしい（「畠」と注記したものも二筆あるが、それだけではなさそうに思える）。大宮郷賀茂台絵図には、ここに「横路」と書き入れがある耕地三か所が見える。

【四反田】 この地名が四反の面積を持つ田地あるいは田地群という意味を有することは容易に推察できると思うが、

ここの「四反田」に関しては、今のところ「大宝」No.455の新袖田一反に、「次ノ下、**堀川ハタ**」という位置指定とともに「四反田ソテマテ」と記されているのが唯一の所見である。「大宝」の復元図を一見すれば明らかになるように、「次ノ下」とはNo.452〜No.454の半折型田地群から見て南側に位置することを表現しており、それが堀川西岸に当たるのである。そして同時に「四反田ソテマテ」というのであるから、その「四反田」はNo.455の西にある田地群と見るのが妥当であろう。復元図によると、そこには西方を通っている道・溝との間に、往来田二筆計二反と後地田・雑役田各一反の長地が並んでいる。これぞまさしく「四反田」である。現在の**北区紫野上石竜町・紫野石竜町・紫野上鳥田町・紫野下鳥田町**の町界が交わるあたりである。なお、大宮郷賀茂台絵図ではここは「**小溝**」と表記されている。したがって、この呼び方は時代による相違かもしくは別称であったと思われる。

【リウノ坪・竜坪・竜カ坪・竜壺】 今のところ、応永二十八年（一四二一）三月二十八日の直阿彌田地売券（『大徳寺』三―一五〇〇）に、直阿彌が大徳寺如意庵へ売り渡した「大宮郷内**草畠**」の一反の四至が、「限東**ニワカ縄手**四反メ、西限類地、限南道、限北リウノ坪」と記されているのが初見。その後、長享二年（一四八八）十二月十三日の左衛門五郎百姓職売券（同二―一〇二六）では、下地三反のうち二反の在所を「**雲林院**之後、自北方二段目、龍之坪也」と記し、明応九年（一五〇〇）十二月二十六日の常徳寺慶欽田地売券（同二―一〇六六）では、二反の在所が「雲林院之北、字號龍坪也」と記されている。下って元亀三年（一五七二）の大徳寺諸塔頭本役銭結鎮銭出分指出（同八―二五三二）のうち真珠庵分には、「龍坪」の田地として「一段　九斗代　作職他所ニアリ」、「一段　一石九斗代一職」の二筆が見え、養徳院分には一石五斗代の二反と二石二斗代の二筆各一反が出ている。これは戦国期に至って大徳寺の諸塔頭が当所の田地所職を入手した結果を示しているが、やがて太閤検地の結果、大宮郷のほとんどが大徳寺の近世寺領とされたため、天正十七年（一五八九）大徳寺分検地帳には「竜坪」の九筆計九反七畝が記載され、次いで慶長二年（一五九七）大宮郷麦田指出でも七筆計八反四畝二七歩が出てくる。

在所は右に引用した諸史料からの追究によって突き止められ、またのちの大宮郷賀茂台絵図にも記入されているので明らかである。現在地は**北区紫野門前町**東南部が中心で、東には**紫野石竜町**西南部、南では**紫野下門前町**東北部がそれぞれ一部含まれる。なお、石竜町の町名は中世以来近代に至るまで存在していた字名「**石名田**」（「竜坪」の北にあった）の「石」と「竜坪」の「竜」とを合わせたものである。

【六反坪・六反田・六段】　「大宝」No.417の経所田一反の場所指定「次南下ノ東ノ一」の右肩に「六反坪」と見える。この場所は字限図が得られず、大宮郷賀茂台絵図でも欠けている部分なので、復元図は地割りラインを推定で引かざるをえなかったが、地からみ帳の記事では、長地型田地が西へ二町歩にわたって連続していたことが推定できる。すなわち、右のNo.417につづいては、No.418が経所田二反、No.419がやはり経所田の三反であって、次には一か坪に相当するNo.420番匠田一町が位置し、さらに西へと連なるのである。この状況に北部の地割りの状態を加えて判断すると、No.419・No.420の間には、北から流れてくる溝があったことが推定される。さすれば「六反坪」は、その溝の東にあった経所田三筆計六反を指す字名であったと考えてまず間違いはない。

天正十三年（一五八五）十月二日の大仙院幷諸寮舎指出（『大徳寺』八―二五三四）のうちに、「大宮郷六反田」所在として「壱段　壱石五斗弐升代」が記載されているが、これもおそらく同じ場所の田地であろう。大宮郷がほとんど大徳寺の近世寺領となってのち、天正十七年大徳寺分検地帳には、「六反つほ」の一反一畝一〇歩、「六反田」の一反半、「六段」の七畝一〇歩と一反九畝一〇歩の四筆が見え、つづいて慶長二年（一五九七）大宮郷麦田指出には「六段」・「六反田」の各二筆計五反一畝二〇歩が出てくる。すべて同所の田地と見られる。現在地は**北区紫野宮東町**東南部から**小山中溝町**西南端にまたがる場所である。南の一部は上京区北端に及んでいる。

（1）これについては拙稿「中世における賀茂別雷神社氏人の惣について（12）」（『南山経済研究』第一二巻第三号、一九九八年三月）の草畠奉行の項参照。

（2）かつて『角川日本地名大辞典』26京都府において、「宣旨」と「宣旨水口」の二項目を設けて別々に解説し、しかも前者の現在地を北区紫竹東桃ノ本町西南端から紫竹桃ノ本町東南部に渉るものと捉えたが、これは文明四年の常盤井宮領賀茂雑役田売券の「センシ坪」二反の四至に「東限ホリ河」と記されているので、その「ホリ河」を固有名詞すなわち大宮郷の中央を流れる堀川と判断し、その西岸にある雑役田を探して見当をつけた結果である。しかし、これは誤った判断であった。ここにいう「ホリ河」は実際は「小堀川」を指していたのであって、そう捉えればなにもかも辻褄が合い、「宣旨」と「宣旨水口」は切り離す必要はなかったのである。当時の不明を陳謝し、本文に述べたごとく見解を訂正する。

（3）『角川日本地名大辞典』26京都府の「にわがなわて」の項では、「紫野雲林院町北部にあたる」としたが、これは当時「草畠」が何であるかを明らかにしていなかったところから生じた私の誤りである。お詫びして訂正する。

第六節　河上郷関係の地名

【尼寺】　宝徳三年（一四五一）の「河宝」には、No.479経所田一反の在所が「**ハナヒナ**」の「戌亥角、尼寺西、山ノ極」と指示されており、そこから「山ノ極」にある字「ハナヒナ」の東に尼寺があったことが知られる。「河宝」の復元図によると、「ハナヒナ」は**正受寺**の西にあった区域を指すことが明らかであり、したがって、「尼寺」はいまは廃寺となってしまった正受寺のことであると知られる。この外では、中世末期天正十三年（一五八五）～天正十七年ごろのものである賀茂社読経所指出帳（賀茂）に、「河上郷**ハザマ**、尼寺ノ西」の半、「同郷**シルミチ**、尼寺ノ西」の半、「同郷**ハミアナ**、尼寺ノ西」の一反が出現する。すべて「尼寺ノ西」なので、「ハザマ」・「シルミチ」・「ハミアナ」というそれぞれに異なる字名は、「ハナヒナ」のうちにあった小さい字名であろうと思われる。「河宝」の復元図を見ると、これらの経所田に該当すると見られる田地は、最初に挙げたNo.479と、その東で道を越えた場所にあったNo.332の一反、ならびに「次東、大将軍未申」のNo.333半としか見当たらない。おそらくこの三枚の田地の在り場所が、それぞれに「ハザマ」・「シルミチ」・「ハミアナ」と称されたのであろう。「尼寺」こと正受寺のあったところは、主として現在の**北区大宮北山ノ前町**で、境内東部は**大宮西総門口町**に及んでいた。

【アワウ】「河宝」No.60和泉前司田（往来田かどうか不明）一反の位置指定に「次南、アワウ」とあるのが初見である。復元図によると、この田地の現在地は**北区西賀茂樋ノ口町**南半部中央あたりである。「河天」には該当部分の田地は記載されておらず、西隣のNo.652一反に「但太」および「流残」という注記があるのを見ると、河成であった可能性が大きい。ほかに室町期のものと推定される賀茂社読経所田田数引付（「川上家文書」）にも、河上郷「アワウ」の一反が見いだされる。「河宝」では西のNo.61一反（前記「河天」No.652と同じ田地）、南のNo.62一反がいずれも経所田であることがわかるので、このうちいずれか（たぶん前者）に相当するであろう。この地名は漢字で表記すれば「粟生」ではないかと思う。

【石岡・いしおか】 南北朝末期ごろの「往来A」に、王愛大夫往来田一反と孫□大夫往来田半の在所が「河上郷石岡」とあるのが初見。これより半世紀あまり後の「往来B」では、前者一反は愛益大夫、後者の半は美濃前司の往来田として出現しており、さらに松若大夫往来田一反も同所にあったことが確かめられる。「往来B」所載の往来田については、一〇年ほど前の宝徳三年（一四五一）諸郷地からみ帳と対照して、多くの場合に当時の給主であった氏人を突き止めることが可能である。調べてみると、愛益大夫往来田は愛千大夫が、美濃前司往来田は対馬前司が受給しており、松若大夫の場合は既に同一人が給主であったことが判明する。「河宝」の場合は、遺憾ながら松若大夫往来田は発見できないが、愛千大夫往来田はNo.559、対馬守往来田はNo.563として出現するので、その在り場所は復元図で押さえることができる。郷南部で**久我神社**の北北西、旧土居のすぐ北である。加えて「河宝」では、この外にNo.550経所田一反の場所を「石岡、次東、車路東」と記しており、復元図によると、この田地はNo.559の南南西およそ一五〇メートルほどのところに見いだされる。

また、一世紀あとの「河天」には、場所指定に「石岡」の字名が出てくる田地二筆が見える。No.159一反に「**林乾一**、石岡」、No.288供田二反に「石岡、巽一」とあるのがそれである。これまた復元図によって、前者は「河宝」No.568対馬守往来田の北隣、後者はさらにその北隣にあったことが確認できる。注意すべきは後者の場合字「石岡」の「巽一」に位置していたことで、その点から考えて、少なくとも「次西」で連続しているNo.298までの一町歩余の田地は、この字名で呼ばれる区域であったと見なければならない（道や溝の在り方からすると、この区域はさらに北へ広がっていたと捉えるべきかもしれない）。

以上の所見により、判明する限りで現在地を調べると、「石岡」は**北区大宮東総門口町**西南部、**大宮上林町・大宮中林町**西部、**大宮中総門口町**南部、**大宮東小野堀町**、**大宮東脇台町**北部にまたがる区域ということになる。しかし、のちの天正十九年（一五九一）九月五日の大徳寺領西賀茂内土居堀外分留帳（『大徳寺』八―二五六三）に、「石岡」所在の二二筆計一町八反三畝一八歩が記載されているのを勘案すると、より南の旧土居に近い部分、すなわち**大宮南林町**西部や**大宮東脇台町**南部あたりもこれに含めて捉えるべきであろう。

戦国末期元亀三年（一五七二）の大徳寺幷諸塔頭本役銭結鎮銭出分指出（同八―二五三一・二五三二）のうち、宗祐指出に「石おゥ 大　一石七斗」、宗晃分指出に「一段　石岡　四斗代」が見え、大宮郷のうちなどと同様に、大徳寺諸塔頭による個別田地の所職買得が行なわれていたことがわかるが、その後太閤検地を経て、ここは全体あるいはほとんどが大徳寺領とされ、天正十七年（一五八九）西賀茂検地帳には、「石岡」を肩書とする田畠五四筆計四町一畝一五歩が書き上げられている。ただし、このうち二一筆七反四畝二歩は「あれぶん（荒分）」として一括記載され、このうち田地は五筆のみ、他はすべて零細な畠地である。区域内を通っていた**霊御川**[1]の川沿いあたりは当時かなりの荒地だったのではないかと推測される。また、天正十三年（一五八五）から天正十七年前後にかけてのものと推定される賀茂社読経所指出帳（「賀茂」）には、半・二反・二反・小・半と五筆の「石岡」所在田地が書き上げられている。「河宝」復元図を見ると、前記の区域内に、いちいち特定はできないもののこれらに見合う経所田が散在しているのを発見できる。その後、慶長二年（一五九七）の西賀茂麦田指出には、「石岡」の田地九筆計三反六畝一六歩が出現するので、一部田地には裏作麦が作付けされていたことがわかる。

【一カ窪・一カクホ】「往来A」に千世若大夫往来田一反の在所が「川上郷一カ窪」とあるのが初見。この田地は、一五世紀半ばごろの「往来B」では丹波前司の往来田として出現することが、比較検討によって明らかになる。さらに「往来B」所載の往来田は、一〇年ほど前に作成された宝徳三年（一四五一）の諸郷地からみ帳と、復元図をも参照して突き合わせることで、その当時の給主が誰であったかを知り得る場合が多い。丹波前司往来田の場合、それは愛光大夫であった。彼の往来田は「河宝」にあってはNo.109の半反である。田積が半分しか記されていないが、これは「又山荘岸下在也」という注記があるので、そこに残りの半があったものと考えられる。復元図によると、その在り場所は現**北区西賀茂山ノ森町**北端（以前は**西賀茂柿ノ木町**北端部であったが、近年区画整理により変更）、賀茂川西岸である。

【一ノ井】「河宝」No.63金剛院田半の位置指定文言「次西、溝西、山極」の右傍に、「**上カエリ渕**、一ノ井」と記され、さらにNo.75の絵師田半にも「次西、一ノ井上」と見える。このほかには管見に入った史料は皆無である。「河宝」の復元図では、右の二枚の田地の間は約二五〇メートル離れているが、南下する一本の用水路に沿った田地である点は同じで、そこから当時この水路が「一ノ井」と称されたものと推定される。これは最近まで**北区西賀茂蟹ケ坂町**の中央部を南北に通じていた溝である。

【一本木】天正十三年（一五八五）～十七年ごろの賀茂社読経所指出帳（「賀茂」）には「河上郷一本木」所在として半反二筆の田地が記され、さらに「**スミタ**、一本木」として二反が見える。この「スミタ」を「角田」と見ると、

「河宝」No.304二反は、経所田であると同時に在所が「次東、角田」と指定されており、かつその北隣のNo.249藤寿大夫往来田半と同一の田地である「河天」No.420の位置は「榎艮一」と記されているので、この「榎」がまさしく「一本木」に当たると見ることができると思う。右記二反の在所が「スミタ、一本木」と記された理由はそこにあったとしてよかろう。ただ、「河宝」ではこの近辺で上記の半反二筆に該当する経所田が見当たらないのが不審であるが、「河天」の復元図では、「角田」のNo.366二反が賀茂社供僧の一人「宮内卿」作とされていて、その東に存在するNo.410一反もこれに同じく、さらにその北のNo.411一反は作人が「金蔵坊敷」とあって、彼も供僧であったということがわかる（いずれも前記読経所指出帳に登場）ので、この二枚のうちどちらかもしくは両方が該当すると見れば疑問はなくなる。「河宝」No.304（「河天」のNo.366）は「角田」というにふさわしく一つの区域の北の隅に位置して三角形をなし、その東を通る「大道」が田地の北端で東北から西南へ横切る道と交差しており、「榎」＝「一本木」の立っていたのはその辻としてよかろう。場所は現在の**北区西賀茂丸川町**東北端から南南西へ五〇メートルほどのところである。なお、読経所指出帳にはこれ以外に、「**古屋敷**、一本木ノ上」の半、「光明真言田、一本ノ《ママ》上」とした一反、「**ツカ、コシ**、一本木ノ西」の一反がでてくるが、それぞれの位置を確定するのは難しい。

【ウサキ田・兎田】「往来A」に若一大夫往来田一反の在所を「川上郷ウサキ田」と記しているのが初見。これは半世紀あまり後の「往来B」では備中前司往来田として出現しており、さらに一〇年ほど前の宝徳三年（一四五一）諸郷地からみ帳の内容と対比して検討することによって、備中前司はすでに地からみ帳でも往来田の給主として現われることも突き止められる。「河宝」ではNo.94に「備中守往ー」とあるのがそれである。また、同じく「河宝」では、No.124円通庵田二反の在所が「次西、ウサキ田」と記されている。復元図によれば、No.94は現在の**北区西賀茂北川上町**東南端から**北区西賀茂北山ノ森町**（区画整理以前は**西賀茂山ノ森町**）にかかる場所を占めており、No.124は西賀茂北山ノ森町南端から**西賀茂川上町**にかかる地点にあった。したがって「ウサキ田」全体は、ほぼ西賀茂北山ノ森町と西賀茂川上町の町界付近を中心とする区域であったと見ることができる。**妙見寺**の北方である。

【卯花】「河天」No.136一反の位置指定に「卯花、東一」とあるのが、今のところ唯一の所見。復元図によれば、この田地は南では**大徳寺通**となる「大道」と溝の西際、林の集落の北側にあった。他の史料では、天正十三年（一五八五）から十七年前後までの頃に作成されたと推定される賀茂社読経所指出帳（「賀茂」）に、「卯ノハナ」所在の三筆二反半が見いだされ、うち二筆には「林ノ北」と付記されている。前記「河天」No.136に近く「林ノ北」に当たる場所で経所田（供田）を探すと、すぐ北にNo.149供田一反、その西側にNo.150千手院主作二反、つづいてNo.151後智院主作一反の三筆が見つかるから、おそらくこれに相当するであろう。

右記の史料と地籍図の道・溝の在り方からみて、一六筆計一町四反二七〇歩の田地からなる区域がこの字名で呼ばれたものと思われる。中央南寄りを道・溝が横切っていた。現在の**北区大宮中林町**東北部から**大宮北林町**東部を経て**大宮東総門口町**中央部にいたる区域に相当する。

【榎カ本】　**【椋本】**の項参照。

【エ村】「往来A」の片岡大夫将監往来田のうち一反の在所が「河上郷エ村」と記されているのが、今のところ唯一の所見。この田地は半世紀あまり後の「往来B」になると、尊光大夫往来田として出現する。これには「河上郷晦日田」とだけ見えて、字名は確認できないが、他郷所在の田地を含めた対比検討の結果として、この同定は誤りないものである。そして、この尊光大夫往来田は、一〇年ほど前の宝徳三年（一四五一）諸郷地からみ帳には石見前司往来田と出てくることも、復元図をも利用した比較対照の結果判明した。「往来B」の尊光大夫の仮名の肩に「元いゝミ」という異筆の注記が見られることもこれと符合するのである。そうなると、「河宝」の場合はNo.488に石見守往来田一反が見えるから、その位置を復元図の上で探せば、「エ村」が現在のどこであるかを突き止めることができる。それは、**北区大宮北山ノ前町**と**大宮南山ノ前町**の境界線上、中央よりやや西寄りである。ただ、他には史料がないので、この字名がどれだけの広さの区域に付されたものだったのかということなどはまったく不明である。

【エトリ林】 今のところ、「河宝」No.567の刀禰（兵衛三郎子）往来田一反の在所「次コせノ下、東」の右傍に「エトリ林」と書き加えられているのが唯一の所見である。復元図によって現在地を確かめると、**北区大宮北林町**と**大宮中林町**の町界の中ほどである。ここは市制町村制下の**大宮村西賀茂字林**のうちであり、「エトリ林」の「林」はそれにつながり、さらに現町名にまで残っているのではないかと思われる。

【円明寺】 南北朝末期ごろの「往来A」に、隠岐守・□玉大夫・備前前司・正有大夫・有菊大夫・彦蓮大夫・宮蓮大夫・愛有大夫の往来田各一反と幸愛大夫・七郎大夫の往来田各半の在所として「河上（川上）郷円明寺」とあるのが初見と思われる。これらは半世紀あまり後の「往来B」になると、それぞれ遠江前司・徳若大夫・幸一大夫・慶千代大夫・宮内少輔・讃岐前司・豊前前司・加賀前司・肥前前司・大乗寺左近将監の往来田として出現し、このほかに藤寿大夫・治部大輔・尊徳大夫・幸彦大夫の往来田各一反も同所所在として出てくる（「往来A」では料紙の欠失により対応すべき田地が不明。また、幸一大夫往来田では「**蕨岡**、円明寺」と記してある）。そして、「往来B」の場合は、一〇年ほど前の宝徳三年（一四五一）諸郷地からみ帳と丹念に突き合わせて調べれば、それぞれの往来田のその当時の給主の多くを探り出すことが可能である。その結果を示すと、幸一大夫・慶千代大夫・幸彦大夫の往来田については突き止められないが、藤寿大夫・加賀前司・治部大輔の各往来田はすでに同一人が受給しており、遠江前司往来田は命千代大夫、徳若大夫往来田は慶若大夫、宮内少輔往来田は左近将監、讃岐前司往来田は越中前司、豊前前司往来田は初石大夫、肥前前司往来田は愛松大夫、大乗寺左近将監往来田は別当大夫、尊徳大夫往来田は鶴千代大夫がそれぞれ給主であったことが明らかになった。これらは「河宝」ではNo.502慶若大夫・No.509別当大夫・No.510鶴千代大夫・No.511初石大夫・No.513愛松大夫・No.514治部大輔・No.518越中前司・No.521藤寿大夫・No.522命千代大夫・No.537左近将監の各往来田である。加賀前司往来田は遺憾ながら発見できないが、現在地を突き止めるには以上の一〇例で十分である。復元図で確かめると、これらの往来田は、河上郷の西南端の区域で主として**霊御川**の北部に散在していることがわかる。最も北にあったのはNo.502で現**北区大宮南山ノ前町**西部、最も南はNo.537で**大宮開町**北部中央（これだけが霊御川より南）、東は大体両者を結ぶライン、最も西がNo.522で**大宮一ノ井町**東部である。この三つの町と、もう一つ間に挟まる形になる**大宮北箱ノ井町**を加えた区域がほぼ字円明寺であったと考えてよい。

この字名を載せる史料は、今のところ「往来A」・「往来B」だけしか管見に触れていない。後者のすぐ前に作成された「河宝」にもまったく現われないのは不思議であるが、事実はそのとおりである。さらに、右に検証した「円明寺」の区域は、後述する「蕨岡」の区域とほぼ完全に重なり合う関係にある。しかし、「往来A」でも「往来B」でも、両者はそれぞれ別の字名として扱われていることに違いはないので、不審を残しながらそれぞれ別の項を設けて解説することとした（「蕨岡」の地名は後まで残るので、それが漸次もう一つの地名「円明寺」に取って代わったものかもしれない。【蕨岡】参照）。

【**大栗・太栖・大クリ**】　南北朝末期ごろの「往来A」に、孫王大夫往来田のうち一反の在所が「同（川上）郷大栗」とあるのが初見と見られる。この田地は「往来B」になると乙千代大夫往来田として記帳されている。「同郷他作」とあるだけで字名は見えないが、この田を含めた全五反の田積・字名・斗代についての比較対照により、間違いなく同定できる。そして、一〇年ほど以前に成立した宝徳三年（一四五一）諸郷地からみ帳と対比して、各田地所在の字名と復元図とを頼りにいちいち突き合わせてみることにより、この田はすでに宝徳当時にも乙千代大夫の往来田であったことが判明し、「河宝」ではNo.277として出てくるので、復元図で在り場所が確認できる。さらに同帳では二筆前の№275祖芳院田一反に、「次南、岸ノ下、大栗」という位置指定も見えるから、両方で現在地が押さえられる。「河宝」の記載と復元図（地籍図）の道・溝の在り方を睨み合わせて判断すると、№275～№281の七筆七反、№285～№287の三筆六反、それに№256寶幢院田二反のうち南の一反を加えた一一筆計一町五反からなる区域が、この字名の範囲と推定される（『角川日本地名大辞典』26京都府上巻の「大栗」の項では、字名の区域を№275～№278の四筆四反に限定して捉えたのであるが、狭すぎる感じを拭えず、再考してこのように改めた）。**田尻**の集落の北隅にあった**田尻堂**の北である。現在の**北区大宮田尻町**北半部を主とし、西は**大宮中ノ社町**東部に及ぶ。一九七八年（昭和五十三）以前は北端が**大宮大栗町**に接しており、ずれてはいるがすぐ北に中世の字名が伝存していた。現在も大体はそれと同じ区域に**西賀茂大栗町**・**西賀茂南大栗町**の町名があるが、区画整理によって町界が直線交差の形に変えられたために、かなりの出入りを生じている。南大栗町の南端と**西賀茂榿ノ木町**の南端を結ぶ線が、かつての大宮大栗町の南端であり、したがって中世の「大栗」の北端である。

他の史料では、永正九年（一五一二）三月十一日の野洲井闕所田畠帳（「賀茂」）に、その時賀茂社が土倉野洲井氏の得分権を闕所として没収した田畠が書き上げられているが、そのうち一反の在所が「河上郷在所太檪」とある。本役二斗を経所に納めていたからこの田は経所田であり、「河宝」№280・№286の経所田計四反のうち一反に該当するものと見られる。また、天文元年（一五三二）十二月十七日の新左衛門本袖田名主職売券（「賀茂」）に、田地一反の在所が「河上郷在所太栖」と記されたものがある。「太栖」とあるが、「太」は大宮郷がしばしば太宮郷と書かれるのと同じであり、「栖」は「すむ」ではなく、「栗」を二つに分けた上で偏と旁に変えて組み直したものと思われ、当所所在の田地と見られる。事実「河宝」で調べると、№281本袖田一反が見いだされる。この田地に該当すると見て間違いないであろう。さらに、元亀三年（一五七二）の大徳寺幷諸塔頭本役銭結鎮銭出分指出（『大徳寺』八―二五三一・二五三二）のうち、大僊院分に「大栗壱段　壱石五斗」、宗晃分に「半　大栗　四斗代」と「一段　大栗　八斗代」、聚光院分に「大栗壱段　壱石代」が見え、戦国期に大徳寺の諸塔頭が当所の田地所職を個別に入手していたことが知られる。また、天正十三年（一五八五）から十七年にかけての頃に作成されたと見られる賀茂社読経所指出帳（「賀茂」）には、河上郷「大クリ」の田地三筆三反が記載されている。「河宝」では前記のようにNo.280一反・No.286三反の経所田が見えるから、その内の三反であろう。

【太田・大田】「往来A」所載の阿古黒大夫往来田のうち一反の在所が「川上郷大田」と記されているのが初見と思われる。この田は半世紀あまり後の「往来B」では宮松大夫往来田として登場することが、両帳の対比によって明らかになる。さらにその一〇年ほど前に成立している宝徳三年（一四五一）諸郷地からみ帳の記事と照合すると、同帳においては孫有大夫往来田であったことが判明する。「河宝」ではNo.382である。また、往来田古帳に「大田」所在としては出てこないが、「河宝」ではNo.380光千代大夫往来田一反に「太田ト云々」見える。これが「往来B」のどれに相当するかは遺憾ながら突き止められないが、No.382と位置が近接していることは確かであるから、「ト云々」は省いてたしかに「太田」所在と見ることができると思う。その後一世紀を経て「河天」ではNo.115一反に「大田、道東」、No.121大に「太田」、No.127二反に「大田、石橋北一」という位置指定が出てくる。これで「河宝」・「河天」の復元図を生かして「太田」の現在地が突き止められることになった。字名の範囲は、「河宝」の記載順で指摘すると、おそらくNo.372からNo.385に至る一四筆計一町四反であろうと考えられ、それは現**北区大宮北椿原町**西部と**大宮南田尻町**の西南部とに相当するのである。なお、「河天」No.127に出ている「石橋」の位置は、**大宮北林町**の東側町界の中程であると見てよい。

「太田」所在の田地は、戦国期の田地売券や所領目録の中にかなり登場する。若干の例を挙げれば、文明十九年（一四八七）四月二十八日の大賀茂大工宗吉田地売券（『大徳寺』二―八四〇）に見える田地一反の在所は、「河上郷二**町縄手**南之ハシ、自路東之キハ、字號大田」と記されている。この田は本役として貴布禰幣串料を負担しており、在所の記載とあいまって、「河宝」No.383として出てくる貴布禰祝田一反に該当することは間違いないと思われる。関係券文によれば買得者は大徳寺であったと推定される。後に天文二年（一五三三）十月二十五日の大徳寺同諸塔頭幷諸寮舎領目録（同二―九二〇）に出てくる「一大田　壱段」・「一太田　壱段」の二筆のうちどちらかに該当するであろう。なお、「二町縄手」は、この田の北端の前記「石橋」の場所から、「**椋木**」の下の№365**田尻堂**敷地小の北端にかけて、ほぼまっすぐに通っていた「大道」を指すものであったとして誤りはない。

中世末期、元亀三年（一五七二）の大徳寺幷諸塔頭本役銭結鎮銭出分指出（『大徳寺』八―二五三一）のうち、方丈分には「大田　壱反　七斗五升代　百文、賀茂大工方へ出之」、宗晃分に同所の「一段　六斗代　御結鎮銭八十文出之」、養徳院分にも「壱段　八斗八升代　此内八十文御結鎮出之」などとあり、ほかにも天正十三年（一五八五）十月五日の真珠庵指出案（同八―二五四二）に、河上郷分のうち「大田」の「壱反　壱石三斗六升」が見えるなど、一反ごとの個別田地の名主職が大徳寺方丈や塔頭に集められていたことを示す記事が散見する。最初の方丈分の一反は、文明十九年に宗吉から買得したものであろう。

その後天正十七年西賀茂検地帳には当所の「弐反弐拾歩」・「壱反」の二筆が大徳寺渡し分に入っている。また、天正十九年九月五日の大徳寺領西賀茂内土居堀外分留帳（同八―二五六三）では、「大田」所在の土地が五筆六反一畝一〇歩現われるので、太閤検地以後当所南部が大徳寺領となったと見られる。慶長二年（一五九七）西賀茂麦田指出にも天正検地帳と同じ二筆三反二〇歩が記載されている。

【小野路】「河宝」に№38石見守貴布禰田半の在所が「西ノ岸ノ上、小野路ソヘ」と出てくる。復元図によれば右の田地は現**北区西賀茂上庄田町**のうちであり、この路は河上郷の西端山裾をつたうように北上していた路を指すことが明らかになる。北へゆけば程なく「**車坂**」で、そこから山中を縫って**雲ケ畑**・小野の方面に至るのである。

【カウサキ・カワサキ・川崎】「往来A」所載の安藝前司往来田一反の在所が「川上郷カウサキ」と記されているの

が初見であろう。これを半世紀あまり後の「往来B」と対照してみると、その頃は太田左近将監がこの往来田を受給していたことが明らかになる。この氏人の往来田のうち他郷所在田地の在所は「大宮郷**芝モト**」・「小山郷**柏**」・「中村郷**松モト**」、それと「往来A」の方でだけ確認できる「中村郷**筑前坊**」である。そこで、一〇年ほど前の宝徳三年（一四五一）諸郷地からみ帳とその復元図によって、いずれの場所にも一反ずつ存在する往来田を探索すると、中村郷の筑前坊垣内の場合だけは見いだせないが、他の三か所にはやはり太田左近将監往来田が各一反発見され、そこから左近将監はすでに宝徳三年においても往来田を受給していたとしてほとんど間違いはない。「河宝」ではNo.361がそれである。これは字名の所在を突き止めるために大きな手がかりである。加えて「河宝」では、No.352竹夜叉大夫往来田一反の位置指定「次東」の右肩に「カウサキ」と見える（この注記はあるいはその前行にあとから書き込まれたNo.351の正受寺田兵部少輔別相伝一反の頭部にあると見るべきかも知れないが、いずれにしてもこの場合さしたる影響はない）。これで字「カウサキ」にかかわる二つの地点が押さえられたことになる。それを頼りに復元図で検討すると、「カウサキ」は西は**帝釈堂**から東は**田尻堂**に至る道・溝の南側に並ぶ一〇数筆の田地群からなる区域を指したと想定される。これは現在の北区**大宮中総門口町**・**大宮東総門口町**の北半部を主とする区域である。

のち天正十三年（一五八五）から十七年に至る頃の作成と推定される賀茂社読経所指出帳（「賀茂」）には、河上郷「カワサキ」の一反が記載されており、年月日不詳の賀茂社読経所田田数引付（「川上家文書」）にも、おそらくこれと同じ田地ではないかと思われるものが「川崎」所在として出ている。私はこれは室町中期以前の「カウサキ」が転訛したものではないかと推定している。確定できないままではあるが、とりあえずここに記して参考に供する。

【帰淵・カエリフチ・かへるふち・上カエリ淵・下帰淵】　一五世紀中期寛正年間ごろの「往来B」に、掃部頭往来田一反の在所が「河上郷帰淵」、備後前司往来田一反の在所が「河上郷下帰淵」と出てくる。半世紀あまり早い「往来A」にも同じ字名が記されていた可能性が大きいが、両者ともに料紙の欠失によって確かめられない。「往来B」所載の往来田は、一〇年ほど前の諸郷地からみ帳と対比して調べることにより、当時の給主が誰であったかを突き止められる場合が多いので、やってみると、掃部頭往来田は同じく掃部頭が給主であり、備後前司往来田の場合は千代松大夫が受給していたことが判明する。「河宝」では後者がNo.71池千代松大夫往来田であり、前者は往来田と表記されてはいないけれども、No.64掃部頭別相伝半に当たると考えられる（同帳では各往来田の頭部に朱圏が書き加えられているが、この田地にもそれがある）。加えて、No.63金剛院田半の位置指定記事の右傍には「上カエリ渕、一ノ井」と記されている。復元図で調べると、No.63・No.64は**北区西賀茂蟹ケ坂町**北端部、No.71は同町中央部に位置していたことが判明する。「上帰淵」と「下帰淵」との境界は、横切っていた溝であったと推測される。

戦国期には、当所の田地についても大徳寺諸塔頭による所職の買得が行なわれており、元亀三年（一五七二）の大徳寺諸塔頭本役銭結鎮銭出分指出（『大徳寺』八―二五三二）のうち養光院分には、「カヘルフチ」の「半　五斗」が見え、天正十三年（一五八五）十月二日の瑞峯院碧庵指出（同八―二五三六）には、同所の「壱段　五斗四升代」が出てくる。なお、「帰淵」の名称の由来は明らかではないが、地籍図では山麓を南下してきた川がNo.63の田地の北側を通り、約一〇〇メートルで賀茂川に注ぐ状況が見られ、賀茂川はちょうどその辺で緩やかながら「く」の字形に曲がっているので、あるいはそのあたりが淵をなしていて、そこから生じた地名なのかもしれない。

【蛙本・カイル本】「河天」No.662一反の位置指定に「蛙本、南一」とあるのが早い所見。同帳の復元図によれば、この田地は現在の**北区西賀茂上庄田町**南端部に当たる。「南一」と記されているところから、これより北、**半山**の西側にあった一町数反の田地群に付された字名だったのではないかと推定される。その後、天正十三年（一五八五）～十七年ごろの賀茂社読経所指出帳（「賀茂」）には、河上郷「カイル本」の半が出てくる。これは「河天」No.664の供田小と同一の田地ではないかと思われる。

【垣ソヘ・カキソヘ】「往来A」所載の尾張前司往来田のうち一反の在所が、「川上郷垣ソヘ」と記されているのが初見と思われる。この田地は半世紀あまり後の「往来B」においては有福大夫往来田として出現し、またそれより一〇年前後早い宝徳三年（一四五一）の諸郷地からみ帳と対比して検討すると、当時もすでに有福大夫が給主であったことがわかる。さらに「往来B」には摂津前司往来田の一反も同郷「カキソヘ」にあったことが記されている（「往来A」ではそれに該当する部分の料紙が欠失していて不明）。こちらは宝徳三年当時には愛夜叉大夫の往来田であったと思われる。「河宝」では残念ながら有福大夫往来田は記載されていないが、愛夜叉大夫往来田は二か所に各一反が出てくる。No.259とNo.427である。「往来B」摂津前司往来田では、他の一カ所は同郷の「**竹殿**」所在となっており、それに該当するのはNo.427であることが復元図で確かめられるから、「カキソヘ」にあったのはNo.259であったことになる。

復元図を見ると、その田は、北から流れ下ってきた**堀川**が、**田尻**の集落の北方約四〇〇メートルの地点において一時的に枝分かれする場所に形成された、中洲の北端というべきところに発見される。念のために「河天」の復元図で同じ場所を見てみると、そこはNo.528越前守往来田一反である。宝徳の地からみ帳の愛夜叉大夫往来田は天文の検地帳では越前守往来田として出現することは、大宮・小山両郷においても同じであり、そのことは「河宝」復元図における愛夜叉大夫往来田の位置が誤りないことを証するものである。したがってここが「垣ソヘ」といわれたことに間違いはない。察するに、中洲の先端の田地であるところから、堀川の溢水を防ぐために、おそらくは石積みの「垣」がめぐらされていたのではなかろうか。私には「垣ソヘ」といわれたのはそのためとしか考えられない。現在地は**北区西賀茂大栗町**東端である。

【柿木・柿ノ木・柿木本】　今のところ、文明十四年（一四八二）六月二十九日の宝慈院田地売券（「賀茂」）に、一反の在所が「河上郷之内柿木本」とあるのが初見である。この田地は円満院門跡へ売却された。その後は天文二年（一五三三）十月二十五日の大徳寺同諸塔頭幷諸寮舎賀茂散在田畠地子等買得分目録（『大徳寺』二―九二〇）に、「一柿木

本　壱段」と見える。それより以前当所の田地（名主職カ）が大徳寺に買得されていたことがわかる。ついで同六年五月六日の西川宗誉作職預リ状（同二―九三二）に同所の田地一反が見いだされるが、これはおそらく同一の田地であろう。元亀三年（一五七二）の大徳寺幷諸塔頭本役銭結鎮銭出分指出（同八―二五三二）のうち方丈分指出にも、在所・田積・斗代ともにこれと一致する田地が出現する。

また、「河天」№570一反には「柿木、修理亮往―、一」と記されていて、同帳の記載の仕方と復元図の道・溝の在り方を勘案すると、№582までの一三筆計一町三反の区域がこの字名で呼ばれていたと思われる。これは近代初期の地籍図では字柿ノ木の中央部であり、現在の**北区西賀茂柿ノ木町**西北部から**西賀茂山ノ森町**南端部にまたがる区域である。中世以来の地名がいくらか場所がずれて現在に伝えられている例の一つといえる。

ところで、「河天」によると、この区域には右の修理亮往来田の外に№573命光大夫往来田一反が含まれているので、両者は往来田古帳に出てきて当然であるが、「往来A」にも「往来B」にも「柿木」の字名は記載されていない。そこで考えられるのは、往来田古帳における両者は別の字名で記録されているのではないかということである。それを突き止めるためには、少し面倒な手続きが必要である。まず右の往来田二反は「河宝」では誰の往来田であったのかを調べなければならない。「河天」の復元図に「河宝」のそれを重ね合わせてみると、前者の修理亮往来田は後者では阿賀大夫往来田、命光大夫往来田は万福大夫往来田に当たることが判明する。前者については大宮・小山両郷所在の田地についても一致が確認できるので、後者の場合も同定は間違いないと判断してよいであろう。次には「河宝」より一〇年ほど後の「往来B」で、両者と重ね合わせられる往来田がどれかを探すことが必要である。それには宝徳三年（一四五一）諸郷地からみ帳の記事を蟲潰しに調べて、そこから阿賀大夫・万福大夫の往来田をすべて拾い、復元図をも併用してそれら田地の在り場所の字名をできるかぎり確認し、その結果を「往来B」の記事と対照して一致するものを探し出さねばならない。その作業の結果、阿賀大夫往来田は「往来B」の日向前司往来田、万福大夫往来田は同帳の鱒寿大夫往来田とそれぞれ重なると見てよいことがわかった。ただし、両者ともに河上郷所在の一反の在所は「柿木」ではなく「**水垣**」である。さかのぼって「往来A」と対照してみると、日向前司往来田に該当する往来田は料紙欠失で不明であるが、鱒寿大夫往来田と一致するのは慶菊大夫往来田であることがわかり、この場合も当該田地は「川上郷水カキ」所在とある。つまるところ、一五世紀中期までは、この区域は「水垣」と呼ばれていたが、戦国初期までの二〇年ほどの間（もう少し幅を見ておいた方がよいかもしれない）に変化して、「柿木」と称されるに至ったということになる。「柿木」あるいは「柿木本」とは、言うまでもなく柿の木に因んだ呼称であり、目印になる柿の木が付近に生育すれば、かような変化が起こっても不思議なことではない。おそらくそういう変化が生じたのであろうと私は考える。ただし、このことによって字「水垣」が消滅したわけではなく、近代に至るまで字「柿ノ木」の西側に連綿と存在していたのであり（**【水垣】**の項参照）、したがって「水垣」にとっての右の変化は字名の範囲が縮小したということである。

のち、天正十年（一五八二）四月二十九日の柳芳軒宗康作職売券（『大徳寺』二―九六三）では、「在坪ハ河上郷之内、字號柿木、東南西ハ類地ヲ限、北ハ溝ヲ限也」、「本所ハ奈良田」とある一反の作職が大徳寺常住へ売却されている。奈良田（賀茂社境内八社の一つ奈良社の神田）であることと四至とから、この田地は「河宝」No.582の奈良田一反と同一であることが確認できる。また、天正十三年～十七年前後の作成とみなされる賀茂社読経所指出帳（「賀茂」）には、四筆計三反半の「カキノ木」所在田地が見いだされる。「河宝」では当所の田地群のうちNo.161二反・No.162一反・No.163一反が経所田であることがわかり、田積に半反の差はあるが両者は一致すると見てよいであろう。なお、右の指出帳記載のうち一筆半反には「**経所道**ヨリ北」と付記されているので、この区域の南端を東西に通っていた道がそういう名前で呼ばれていたと考えられる（**【鹿額】**の項をも参照）。

【カニガ坂・蟹ケ坂】　天正十三年（一五八五）十月二日の大仙院并諸寮舎指出（『大徳寺』八―二五三四）のうち拾雲軒幷舜蔵主分に、河上郷「カニガ坂」の「半　四斗」が出ている。これより古い史料は今のところ管見に入っていない。近代初期の地籍図には「字蟹坂」と記され、市制町村制の下では大宮村西賀茂字蟹ケ坂であり、段別は六町二反八畝九歩であった（『京都府愛宕郡村志』）。現在の**北区西賀茂蟹ケ坂町**である。室町・戦国期には、北部が「**帰淵**」と呼ばれていた（当該項参照）。

【カノヒタヒ・鹿ノヒタイ・鹿額】　南北朝末期ごろの「往来A」に、生王大夫・有千代大夫の往来田各一反の在所が「川上郷カノヒタヒ」とあるのが初見と思われる。半世紀あまり後の「往来B」と対照すると、そこでは両者が式部少輔・甲斐前司の往来田として出現し、さらに命寿大夫往来田の一反も「川上郷鹿ノヒタイ」所在であったことがわかる（これは「往来A」の孫蓮大夫往来田に当たるが、該当すべき一反の在所は同郷「**友田**」となっている。これについては後述参照）。

一方、「往来B」より一〇年前後早い「河宝」では、No.174御酒田一反が「鹿額西、河畔」、No.186円通庵田半が「鹿額ノ下坪、東ノハシ」にあったことが記されている。また、他郷の地からみ帳をも含めての比較検討を試みると、「往来B」所載の右記往来田のうち、甲斐前司往来田は「河宝」No.179甲斐守往来田、命寿大夫往来田は同帳No.191慶寿大夫往来田に該当することが判明する。これらは復元図を介して「鹿額」の現在地を特定するための主要な手がかりとなる。それは**北区西賀茂柿ノ木町**南部から**西賀茂鹿ノ下町**北部にまたがる区域のほぼ西半分である。「鹿ノ下」は「鹿額」が転訛したものか、もしくは「鹿額ノ下ノ坪」の省略された言い方であろう。

ほかに管見に属する史料を指摘すると、天文二年（一五三三）十月二十五日の大徳寺同諸塔頭幷諸寮舎賀茂散在田畠等買得分目録（『大徳寺』二―九二〇）には、「一鹿額　壱段」が見いだされる。また、同十九年三月晦日の賀茂知久田地売券案（「賀茂」）には、氏人千代鶴大夫弘延に「カノヒタイ」の新開田地一反を沽却したことが見え、同二十一年十二月十六日の某加地子米売券案（「岩佐家文書」）には、関係田地の在所が「河上郷之内、字号鹿額也」とある。さらに、天正十三年（一五八五）～十七年前後のものと推定される賀茂社読経所指出帳（「賀茂」）には、当所の田地四筆計三反半が記され、うち一反には「**経所道ノ北**」、他の三筆には「道ノ北」と付記されている。この道は、別に「**カキノ木**」所在の半についても「経所道ヨリ北」と出てくるので、字「柿ノ木」にも字「鹿額」にも接近したところを東西に通っていた道であると推定される。一方「河宝」の復元図を調べると、経所田は前記した「鹿額」の区域には見つからず、それより道・溝を越えた北の字「柿木」の区域とその東側に発見される。右の四筆の「カノヒタイ」所在の経所田がこの中に含まれることは間違いなさそうである。とすれば、「経所道」と言われたのは、**御薗橋西詰**から賀茂川西岸を北上、現西賀茂鹿ノ下町の区域に入って西へ彎曲し、字「柿ノ木」の南を経て**河上大通**に合流していた道路であるとしか考えられないから、字「鹿額」の区域の一部はこの道の北で字「柿ノ木」の東側に当たるところまで張り出していたということになる。「河宝」の復元図では、該当の場所にNo.158二反とNo.152半と二筆の経所田があり、これが先の四筆のうち三筆に相当する可能性が大きいと思う。

【川マタケ】「往来A」所載の有一大夫往来田のうち一反の在所が「河上郷川マタケ」と記されているのが唯一の所見。この田地は半世紀あまり経って作成された「往来B」では兵部少輔往来田として出現する。そこでさらに、同人の往来田の他郷所在の四反の在所を頼りに、一〇年ほど前の宝徳三年（一四五一）諸郷地からみ帳所載の往来田と突き合せてみると、その当時においてもすでにこの往来田の給主は兵部少輔であったことが判明する。「河宝」ではNo.173に該当するのであるが、注目すべきことに、この田地一反は半反ずつに分けて記載されており、その一方には「河北ニ有」という注記が見られるのである。復元図を調べてみると、この田は**堀川**がかなりの蛇行状態を示している場所にあり、それによって川の南と北とに分断されていたことがわかる。「川マタケ」といわれた所以はまさしくここにあったのである。現在地はほぼ**北区西賀茂水垣町**と**西賀茂柿ノ木町**との境界線上である。

【カヤノ木ノ下・栢木本】「河宝」No.537左近将監往来田一反に、「次戊亥、岸ノ下」という場所指定に加えて「カヤノ木ノ下」と付記されているのが初見。この田地は往来田であるが、「往来A」でも「往来B」でも「カヤノ木ノ下」という場所にあった往来田は発見できない。他にもいくつかの例があるように、かような場合には別の字名で記帳されていると考えられるので、大宮郷をはじめとする他の四か郷の地からみ帳ですべての左近将監往来田を探し、復元図をも利用してそれぞれの田地の在り場所を突き止めるという作業を実施した上で、それら在所の組み合わせや各田地の斗代などが往来田古帳所載のものと一致するケースを求めると、「往来A」では有菊大夫往来田、「往来B」では宮内少輔往来田が「河宝」の左近将監往来田に当たること、そして両者の河上郷所在の一反の在所は「**円明寺**」であることが判明する。つまりこの往来田は字「円明寺」のうちでかつ「カヤノ木ノ下」に存在したということになる。復元図によると、この田地は**霊御川**の南側、現在の**北区西賀茂大宮開町**北半部中央あたりに存在した。「河宝」が作成された一五世紀中期には、おそらく当該田地北側の三叉路あたりに栢の木（ひのき・このてがしわ・あすなろの類）が立っていたのであろう。

　他の史料では、室町期のものと推定される賀茂社読経所田田数引付（「川上家文書」）に「栢木本一段半　九斗　百廿文少納言殿」と見える。この経所田はちょうど前記「河宝」No.537一反の南に、No.535経所田一反とNo.536養泉坊経所田半反とが並んでいるので、それに該当するものと判断される。下って元亀三年（一五七二）の大徳寺諸塔頭本役銭結鎮銭出分指出（『大徳寺』八―二五三二）のうち、宗園分指出に「一段　栢木本　三斗五升代」、宗閑分指出に「栢木本西田壱段五斗代此内百文御結鎮出之、　本所分」とある。戦国期の大徳寺諸塔頭による個別田地所職の買得がこの付近にも及んでいたことを示す一例である。また天正十三年（一五八五）～十七年ごろの賀茂社読経所指出帳（「賀茂」）にも、「カヤノ木本」の一反が出てくるが、同帳では別に「大宮郷カヤノ木、**ワラヒ岡**」所在の一反も出現する。この字名がより広域の地名「**蕨岡**」の一部に含まれていたこと、同時にそのあたりが河上郷西南端であったため、時に大宮郷として扱われる場合もあったことを示す例である。

【河上大通】　「河宝」No.206正伝寺田一反半の前の行に、「河上大通西寄」と見える。「西寄」であるからこの「大通」はNo.206の田地のすぐ東を通っていたことが明らかである。復元図を見ると、この田地の現在地は**北区西賀茂大道口町**中央部の北端であり、その東を通る道路は、大宮郷西部の**大徳寺通**が**久我神社**の西を通り、さらに**田尻**の集落の西を経て北上するもので、北は**車坂**から**雲ケ畑**方面へ通じている、西賀茂つまり河上郷内の幹線道路（**雲ケ畑街道**）に他ならない。「河宝」の復元図でこの道路の沿線を見てゆくと、たとえばNo.288経所田半に「大道西」、No.291鶴彦大夫往来田一反に「次東、大道上」、No.313正伝寺田半に「次東、大道畔」、No.318幸石大夫往来田一反に「次南、東寄、大道畔」などのように、「大道」という表現がしばしば用いられていることがわかる。河上郷においてはもっとも道幅が大きく、人々の往来が多かった道路であることが瞭然である。大道口町の「大道」はもちろんそこに由来がある。

【河原八町】　**御薗橋**南方の現**北区紫竹上堀川町**北端から**小山北玄以町・小山西玄以町**町界にかけての細長い区域を指した。現在の鴨川西岸**加茂街道**から、北部では約三〇〇メートル、南部では一三〇〇メートルほど西へ隔たったところで、全体の形はナイフ状を呈し、中心区域は**紫竹上長目町**西南部・**紫竹下長目町**北東部のあたりである。

今のところこの地名の初見は、賀茂社森某（夏久カ）・石見守某が「売主」となっている文安三年（一四四六）六月晦日付下地売券（「賀茂」）に、売却地として「河原八町之内」半反が出てくるもの。ついで「河宝」には、No.575に「次南、小路東南　河原八町内　寄合田」、No.576に「次南東ノ川ハタ　一反少々川成　河原八町内　乍人　山本兵衛九ヿ」と見えるのをはじめとして、「河原八町内」と記された田地二一筆計一町六反二〇歩が出現し、他に「河原八町」を冠したNo.601貴布禰講田・No.602金堂寺田各一反が見える（『角川日本地名大辞典』京都府26上巻の当該項目では、迂闊にも筆数・田積を誤って記した。訂正する）。復元図では、ここが河上郷の東南端部を形成し、小山郷に接していたことがはっきりわかる。

しかし、二つの郷の境界付近であったため、史料上には時として所属郷が異なって記されている場合がある。この区域の田地に関して、戦国期の田地売券・譲状などが約一〇通管見に入っているが、そのうち、たとえば大永元年

（一五二一）森泰久田地売券写（「賀茂」）には、「合壱所者川上郷之内、ゥハら八町新ひらき也、」とあるが、同七年十二月二十四日の森季久・安久連署田地売券（「賀茂」）には、「合半者、小山郷在所河原八町之内、元ノ大野溝ノハタ也、」と見えるがごとくである。元亀三年（一五七二）の大徳寺諸塔頭本役銭結鎮銭出分指出（『大徳寺』八―二五三二）のうち真珠庵分には、「河原八町 一段　八斗代 作職他所ニアリ」とあり、その頃同庵が当所所在田地の名主職を入手していたことがわかる。その後天正十七年（一五八九）の賀茂検地帳には、この字名を肩書きにする田地九筆計九反九畝二〇歩が書き上げてあり、太閤検地以後もここは賀茂社領として存続した。近代初期の旧小山郷北部田地図にも、この区域には第一番から第二十五番までの田地に「字**大野**河原八町」の字名と田積等が詳記されている。市制町村制のもとでは上賀茂村字河原八町と称され、段別は二町四反二畝一九歩と記録されている（『京都府愛宕郡村志』）。

なお、南端に近いあたりが「**窪**」といわれており、そこに「**窪御堂**」があった（**【窪】**の項参照）。

【北垣内】　南北朝末期ごろの「往来A」に、慶松大夫と幸一大夫の往来田各一反の在所が「河上郷北垣内」とあり、これが初見と思われる。この二反は、半世紀あまり後の「往来B」においては、それぞれ淡路前司往来田・肥後前司往来田として出現する。そしてまた同帳では、筑後前司・亀千代大夫・愛音大夫の往来田各一反も同所所在として記載されている（「往来A」ではこれと対応すべき記事が欠失）。「往来B」の往来田は、他郷所在の往来田の在所記載を利用して、一〇年ほど前の宝徳三年（一四五一）諸郷地からみ帳所載の往来田と対照することにより、その頃には誰の往来田であったかを突き止められる場合が多いので、調べてみると、肥後前司往来田だけは照合不能であるが、他の四者はそれぞれ同一の氏人の往来田であったことが判明する。「河宝」ではNo.270淡路前司往来田一反・No.271筑後守往来田一反・No.274愛音大夫往来田半反（もう半反はNo.196として三〇〇メートルほど北の**堀川**西沿いにある）の三者だけしか確認できないが、この結果は復元図を介して「北垣内」の現在地を確かめるための主要な手がかりである。それは**北区西賀茂榿ノ木町**西南部を主とし、**西賀茂南大栗町**の東端一部を含んだ区域である。「河宝」では、前記三者に加えて、域内にNo.269慶珠大夫往来田・No.273亀徳大夫往来田各一反があったことが確認でき、うち前者には「次北ノ垣内、次戌亥上」という場所指定があることも右の想定を動かないものとする。No.269・No.273は「往来B」の肥後前司・亀千代大夫の往来田に該当すると見てよいであろうが、どちらがどれと一致するかは確定できない。

【クキ貫・釘抜】「河宝」No.306新袖田一反の在所が「クキ貫、**正傳寺田南也**」とあり、別に「車路ノ上」と付記されている。復元図によれば、この田地は**神光院**の東南一〇〇メートルあまりを隔てた場所にあった。復元図（地籍図）では西と南を道・溝で限られていたことが知られ、南側の道が「車路」すなわち車の往還可能な道幅をもった通りであった。この道路沿いか、もしくは西側の神光院境内との境界を通っていた道沿いに「クキ貫」すなわち柵が設けられていたのであろう。おそらくそれが地名の由来である。南側か西側かを決定することは難しいが、私はあえていえば西側であろうと思う。現在地は**北区西賀茂丸川町**西南部である。他の史料としては、元亀三年（一五七二）の大徳寺諸塔頭本役銭結鎮銭出分指出（『大徳寺』八—二五三二）のうち、宗晃分河上郷至大宮郷田地指出に「一段　釘抜六斗代　同（正傳寺）八十文」とあるのが、ここの田地であろうと推定される。

【葛淵】　管見では「河宝」No.22駿河前司別相伝二反の前の行に「**車坂**ノ下、**葛渕ノ上**」とあるのが唯一の所見。山の間から流れ出た賀茂川が、No.22の田地の東北端の下あたりで岸壁に突き当たって東南方向へ曲がるところにできた淵を指すものであることは容易に推測できる。岩を這って葛が繁っていたところから生じた呼び名であろうことも論をまたないであろう。今はこの付近の賀茂川の水量が少なく、淵というにはお粗末の感じを拭えないが、それでも水が澄んでいるときには、深みを思わせる青々とした色合いが目に映る。北東すぐの所に架かる橋は「**高橋**」と呼ばれるが、別称を「葛ケ淵橋」という。この橋については、『京都府愛宕郡村志』が上賀茂村の橋梁の一つとして、「高橋又葛ケ淵橋」の項を設け、「本村西北上賀茂川に架する橋梁にして、延長九間五分、廣一間五分、高二間、慶應年間始めて架設、爾後明治二十五年に至り橋材腐朽に付改修し、其後同三十五年に至り橋板張替を為せり」（読点は須磨）と説明している。

【くほ・窪】「河宝」No.600の**河原八町**の田地一反の在り場所が「次西ノ中、窪」と記されているのが初見と思われる。同帳にはまたNo.592半とNo.593一反の二筆が「窪御堂田」として出てくる。さらに「河天」No.56の妙観寺田一反半にも「くほ」と記されており、No.61の念仏講田半には「堂北」とあって、つづくNo.64までの田地とともに「小山由也」という注記が見える。復元図を見ると、右の「河天」No.56は「河宝」No.600の五〇メートルばかり南であり、同時にこれらの田地は字「河原八町」の南端からその南の小山郷北端にまたがる区域にあったことがわかる。「小山由也」とされる所以である。現在地は、**北区小山北玄以町**の西南部から**小山西玄以町**西北部・**紫竹下長目町**東部にまたがるあたりである。地名はもともとこのあたりが窪地であったことを物語るものかと思われるが、今は知る術がない。

「窪御堂」については、すでに第二章第六節で述べたので繰り返しになるが、「山城名勝志」（『改訂史籍集覧』第二十二冊）の「**佐々木野**」の項に、「今賀茂上社の西南賀茂川堤より西に窪堂（クホミタフ）といふ寺あり、寺號**西念寺**と號す、傳へ云、西行法師の菴基なりと」云々とある。在り場所がこの区域であることは間違いなく、「河天」No.61の田地が「堂北」にあったことはこれと符合する事実であって、位置はほぼ確認できたといってよい。小山西玄以町中央東南寄りの場所である。『京都府愛宕郡村志』は、「窪堂跡」について「西賀茂字田尻の竹林中にあり舊と西念寺と云ふ」と記すが、誤りとすべきであろう。

【クホノ上】「往来A」所載の孫□大夫往来田のうち半反の在所が「河上郷クホノ上」とある。この田地は半世紀あまり後の「往来B」においては美濃前司往来田として出てくるが、在所の表示に変更はない。また、同帳ではこのほかに愛若大夫往来田一反の在所も同じく「クホノ上」と記されているのが見いだされる（「往来A」では対応するはずの記事が欠失)。「往来B」所載の往来田については、一〇年ほど前の宝徳三年(一四五一)諸郷地からみ帳との比較対照により、その当時の給主が誰であったかを知り得る場合が多いので、調べてみると、愛若大夫往来田についてては不明であるが、美濃前司往来田は対馬守(対馬前司)往来田であったことが突き止められる。「河宝」ではNo.563対馬守往来田半である。よって復元図の上で在り場所を求めると、**霊御川**の北側、**林**の集落の北西に当たる場所であり、現在地は**北区大宮中林町**の西端である。

【クラタ・蔵田】 南北朝末期ごろの「往来A」に、阿子々大夫往来田のうち一反の在所が「川上郷クラタ」とあるのが初見。この田地は半世紀あまり後の「往来B」には丹後前司往来田として出現し、これには字名が「蔵田」と表記されている。阿子々大夫あるいは丹後前司往来田の他の四反の在所は、**小山郷ヨコ田・中村郷弘高垣内**・同郷**マヘ**・同郷**クホ田**であることがわかるので、これを手がかりに宝徳三年(一四五一)諸郷地からみ帳を調べてみると、当時のこの往来田の給主は二郎大夫であったことが判明する。「河宝」ではNo.294・No.297の二筆半反ずつに別れて見いだされ、後者には「大道畔」と付記されているので、復元図によって現在地を突き止めると、No.294は**北区西賀茂丸川町**西北端あたり、No.297は同町北端部中央東寄りである。復元図(地籍図)では、この二か所のうち前者が東と北を道、西と南を道・溝で限られた単独の一区域をなしていることがわかるから、字「クラタ」はここを指したと見るのが妥当ではないかと思われる。

【車坂】 「河宝」No.22駿河前司別相伝田地二反の前の行に「車坂ノ下、**葛渕ノ上**」とある。この田地が河上郷の最北端に位置したことは復元図に明白であり、「葛渕」はそのすぐ下にある賀茂川の屈折地点にできた淵を指す(**【葛淵】**の項参照)。したがって「車坂」は、西賀茂を北上してこの田地の西を**雲ケ畑**方面へ向かう道路(**雲ケ畑街道**)の途中にある坂道をいうのである。「山州名跡志」(『新修京都叢書』第一五巻)巻之六、葛野郡の部に「所レ載二次下一自二車坂西南、西賀茂北界二至レ南」という文があるのもそれを物語っている。現今の地図にもこの地名は記されており、**北区西賀茂下庄田町**の北端部に当たる。

地名の由来については、「扶桑京華志」（『新修京都叢書』第二二巻）に「里民曰、昔シ高野ノ帝、将レ迎二弓削道鏡一鸞駕到レ此ニ因テ名ク」という伝承を記し、「山州名跡志」では「在二賀茂乾間十四五町一。此坂を號二車坂一は、往昔惟喬親王小野に閑居し玉ふ時、此所まで乗車し玉ひ、自レ是嶮路なるを以て、車を此所に留玉へり。故此號ありと」と述べている。

【黒土】「河宝」№405の本袖田一反の前の行に「黒土南西」と記されているのが初見。№405の在所は「東、河ノハタ一」とあり、つづいて「次西」一反、「次西、川ハタ」一反、「次北東」二反といずれも本袖田が並んでいて、その次の一反は「次河ノ西頬、**霊御前**」にあるので、「黒土」は右の四筆五反から成る区域を指したものと見られる。復元図によれば東の「河」は**堀川**、西の「川」はその支流で、南側を流れる**霊御川**に注ぐ溝川である。北は道で限られる。一世紀後の「河天」でも№88の御袖田一反に「黒土、東一」とあるが、この田地は「河宝」№405と同一の田地である。現在地は大体**北区大宮南椿原町**北東部である。

他の史料を挙げると、天文十一年（一五四二）十月二十八日の賀茂宗相田地売券（「馬場家文書」）に、沽却田地大の在所が「河上之郷黒土在之」と出てくる。また、天正十三年（一五八五）～十七年ごろの作成にかかる賀茂社読経所指出帳（「賀茂」）には、河上郷「クロツチ」の一反と一所が記載され、前者には「畠ノ地子」、後者には「地子」と付記されている。これは前記本袖田の周辺にあった（復元図で見るかぎり西側川沿い、東北部の道沿いには田地がない）畠地であろう。

【ケナ・毛穴】「河宝」№17から№21に至る五筆計六反半の田地群は、その前行に「ケナ」、後尾に「六反半」と記され、それだけがこの字名の範囲であったことを示している。一世紀後の「河天」では、№692埒田四反の在所が「毛穴」とあり、№495までの同じく六反半が「河宝」の場合と同じ区域を指すものと判断される。現在の**北区上賀茂毛穴井町**の町名は中世以来の地名を連綿と受け伝えているものであり、それを手がかりに復元図を作成した結果、右の田地群は同町域のほぼ南半分に相当することが明らかになった。「毛穴井」が「毛穴」の区域を灌漑する用水を指すものであることはいうまでもないが、その賀茂川からの取水口は、近世に作成された賀茂川東岸田地川荒絵図（「賀茂」）に「毛穴井樋口」と書き込まれているもので、右の田地群の北端から三〇〇メートルあまり隔たった字**中島河原**南端付近にあった。

【小辻】　南北朝末期ごろの「往来A」に、有王大夫往来田のうち半が「川上郷小辻」所在とある。この田地は半世紀あまり後の「往来B」になると、愛一大夫往来田として出現する。彼の往来田のうち、他の四反半の在所等は大宮郷**畠田**・小山郷他作・中村郷**尻細**・同郷**クホタ**（田積半。「往来A」では「**五反垣内**」と記す）・同郷**末清田**入と記されているので、それを手がかりにして、一〇年ほど前の宝徳三年（一四五一）諸郷地からみ帳に記されるこの往来田の給主は誰であったかを調べると、幸乙大夫と見てよいと考えられる（この場合「小山郷他作」とあるのは、「小宝」№140幸乙大夫往来田一反に「神人田」という注記があるのに合致すると見た）。「河宝」では№172に「次東下 小 幸乙大夫往―」と出てくる（田積に差はあるが、一反の半分以下の小さめの田地ということで、同一視できると思う）。復元図によれば、この田は蛇行状態を呈する**堀川**の西河畔に位置しており、現在地は**北区西賀茂水垣町**東部である。この田のすぐ東に、堀川およびそれに沿う道が東西に通ずる道と交差していた場所があるので、そこが「小辻」と称されたのではないかと思われるが、なお推測の域を出ない。

【佐々木野】　鎌倉中期正和元年（一三一二）十二月二十九日の散位定氏屋敷売券写（「賀茂」）に、当該屋敷について

「在佐々木野、四至 限東田、河内守殿林 限西大道 限南大路、竹殿 限北大道」と記している。これが「佐々木野」の早い所見である。ここに記された四至によると、屋敷があった場所はかなり限定できる。まず注目されるのは南限で、そこには「**竹殿**」の字名が見える。「竹殿」は現在も**北区紫竹上竹殿町・紫竹下竹殿町**の町名に中世以来の地名を伝え、域内西南部に**久我神社**が鎮座する。「西大道」が同神社の西を通る**大徳寺通**であることはまず間違いないであろう。また、「北大道」はこれも久我神社の北一〇〇メートル余のところで大徳寺通から分かれ、**御薗橋**に至る道路しか見当たらない。問題は「南大路」で、わざわざ「大道」と「大路」を書き分けたのははたして意味があるのかないのか、理解に苦しむところであるが、私はこれは右に記した二本の「大道」の分岐点のすぐ南、ほぼ現在の上竹殿町と下竹殿町の町界の南側を通っていた道なのではないかと思う。そして、残った東側には田地と林があるというのであるから、この屋敷の位置は現在の紫竹下竹殿町西北端であったと見てよいであろう。もし位置が動くとしても多少のずれが生ずる程度で、ともかくこのあたりが「佐々木野」に属していたのは間違いないと言えるのである。南が「竹殿」である点一つをとっても見当に大きな狂いはないはずである。河上郷と大宮郷の郷境のあたりである。

のち、永正十五年（一五一八）七月二十日の賀茂社祠官氏人等重申状案（「賀茂」）によると、佐々木野居住の百姓の闕所をめぐって無量寿院との相論が起こったとき、賀茂社側はつぎのように述べている。

一彼**霊後里**儀、佐ミ木野与申　綸旨院宣者、自然御地為無他妨歟、無量寿院初答ニ、佐々木野為河上郷内旨言上之上者、當社境内無紛者也、於闕所者、為地頭致成敗事御法也、

一佐々木野内夫役棟別者、就致出作百姓役云々、乍有河上郷内稱出作事何事哉、夫役棟別者沙汰仕候云々、然者社領境内之段歴然也、然間境内為社中進退之上者、於咎人家者闕所之段、不及左右者也、於御知行地者、無其妨者也、

「霊後里」は綸旨・院宣に佐々木野と見える。佐々木野は河上郷の内であることは、無量寿院も初答状で認めていることで、さすれば賀茂社領に間違いない。よってそこに居住する百姓に対する進退権は賀茂社にあり、咎人の家を

闕所にするのも賀茂社の権限であるとする主張である。この賀茂社の言い分どおりならば、佐々木野が河上郷のうちで「霊後里」を含んでおり、そこには社領を耕作する百姓が居住していたということになる。よしんば「霊後里」が河上郷に属さなかったとしても、そこが佐々木野に近接していたことは確実で、前記の「竹殿」のあたりはそれに当てはまる場所である。

また、「山城名勝志」（『訂改史籍集覧』第二十二冊）の「佐々木野里」の項には、「佐々木野ハ氏神ノ社ノ南、**御栗栖野**ノ東也」とし、「○黒谷上人傳云、上人入滅ノ後、勢観房源智賀茂ノ邊佐々木野ト云所ニ住給ヒ、社壇チカク（「河宝」復元図参照）居ヲシメテ、常ニ参詣ヲナンセラレケル云云、（中略）○加茂の方に、さゝきと申里に、冬ふかく侍けるに、人々まうてきて、山里の戀といふことを、山家「かけひにも君かつらゝやむすふらん心ほそくもたえぬ成かな 西行」と述べ、さらに割り書きして「今賀茂上社の西南賀茂川堤より西に**窪堂**（クホミタウ）といふ寺あり、寺號**西念寺**と號す、傳へ云、西行法師の菴基なりと、（中略）按るに、此所西行の住ける佐々木といへる所にや」と記している。すでに**【窪】**の項で右の「山城名勝志」の一部をも引用して触れたように、窪堂の位置は「河宝」・「河天」の復元図において確かめられ、現在の**小山西玄以町**中央東南寄りである。ここを「佐々木野」の一部とすると、西は「竹殿」付近からこの場所にかけて、かなり広い区域を含んでいたことになる。なお、「日本輿地通志」畿内部（『大日本地誌大系』一八）は山城国愛宕郡の仏刹の一つとして西念寺を挙げ、「一名佐佐木野寺又窪堂」と記す。

【山荘】「河宝」No.146慶寿大夫往来田小の前の行に、以下一群の田地一一筆計六反の在り場所を「古御手代、岸下、山荘北寄」と指示してあるのが、今のところ唯一の所見である。このあたりの復元図は、字限図が得られない場所であるため、推定して地割ラインを引いているので、正確に「山荘」の位置を突き止めることはできないが、大体のことをいえば、賀茂川西岸、現在の**北区西賀茂柿ノ木町**中央部東寄りのあたりであろう（「河宝」復元図参照）。

文明八年（一四七六）、賀茂社では社司と氏人の争闘により一社炎上の大事に至ったことはよく知られているが、いま明応九年（一五〇〇）五月二十一日に賀茂観平が記したという文明八年一乱之記の写が伝来している（「上賀茂神社文書」『早稲田大学所蔵荻野研究室収集文書』。「座田文書」にも類似の写がある）。その冒頭に「文明八年八月廿三日　當社炎上、抑　當社炎上のおこりと云ハ、社司等諸国の神領をおさめなから、神事を闕怠せしめ、神木をきりとり、私宅をかさり、榮花にほこる事紙面につくしかたし、西賀茂の水邊に山庄〔荘〕をかまへ、遊女をあつめ、日夜朝暮酒宴こうそく（好色）の道をもはら（専）とす」云々とある。この記録が明応九年に書かれたものか否かは考慮の余地があるかも知れないが、ここに西賀茂水辺の山荘といわれているものが、「河宝」に出てくる「山荘」に該当すると見ることは許されるであろう。「親長卿記」（『増補史料大成』）のこの事件を記したくだりに「氏人等押寄西賀茂旅店」とあるのがこれである。この推定に誤りなければ、「山荘」は文明年間を二〇年はさかのぼる時点においてすでに設けられていたことになる。

【地蔵本堂】　一五世紀の中期、河上郷の北端に建っていた地蔵堂。史料の所見は「河天」№679新開田半の位置指定として「地蔵本堂上」とあるもので、復元図によれば、右の田地は**車坂**から下ってきて西賀茂の山麓を南下する道が、**葛ケ淵**の上で賀茂川沿いを下る道と分かれるところに、その二股道に挟まれた形で存在した。位置がずれる可能性が皆無とはいえないが、「次南」にくる宝幢院田二反の位置からして、私はここがもっとも妥当であると考えている。とすれば「地蔵本堂」は東の賀茂川寄りの道のかたわらに存在したということになる。現**北区西賀茂下庄田町**北部である。しかし、いまその痕跡はまったく残されていない（第二章第六節参照）。なお、天正十三年（一五八五）～十七年ごろの賀茂社読経所指出帳（「賀茂」）には、河上郷「地蔵ゟ前、庄田」所在として二反の田地が記載されている。字「庄田」はかなり南まで拡がってはいるが、この「地蔵」はやはり右のものと一致するのではないかと思う。

【下橋】　「河天」№707の肥前守開半反の在り場所が「下橋」とされているのが唯一の所見である。復元図では、この田地は現在の**北区上賀茂音保瀬町**のうちで、西隣**上賀茂大柳町**との境界沿い、**柊野小学校**の西北にあったことになる。とすると「下橋」というのは、この田地の南を通っていた道が**毛穴井溝**の下流を渡る所に架かっていた橋と見てよいと思われる。

【正受寺・正寿寺】「河宝」の巻首部分には、後補とみられる短冊状の切紙一枚が貼り継がれた箇所があり、それには二行に分けて「河上郷正受寺田、壱町三百歩在之」と記されている。すでに第二章第六節で触れたとおり、「河宝」では正受寺（正寿寺とも記す）の田地がまさしく一町三〇〇歩記されているが、そのことを書いた紙をわざわざここに挿入した理由はつまびらかでない。

そのことはさておいて、この正受寺という寺がどこにあったかについては、「河天」に手がかりとなる記事がある。No.267一反に「正受寺坤」とあり、No.310大〳〵大夫往来田一反には「正受寺藪在」と見えるのがそれで、両者の位置は復元図の上で確実に押さえられ、かつちょうど両者の間に挟まる場所に、検地帳所載田地では埋められない空白が残り、明治二十二年測量の二万分の一地形図では、ちょうどそこに藪に囲まれた建造物が認められるので、これがまさしく正受寺境内であったことがわかるのである。現在は跡形もないが、場所は**大将軍神社**の南方で、**北区大宮西総門口町**西部から**大宮北山ノ前町**東部にかけての区域である。寺の由緒等は明らかでないが、「河宝」No.479経所田一反が「尼寺西、山ノ極」にあり、復元図を見るとそこは正受寺の西一〇〇メートルほどの山麓であることが知られるので、その当時正受寺が「尼寺」であったことだけは判明する（**【尼寺】**の項参照）。

【浄行堂・上行堂】 南北朝末期の「往来A」に、□□大夫・千々世大夫・一珠大夫の往来田各一反の在所が「川上郷浄行堂」と記されているのが初見。半世紀あまり後の「往来B」では、それぞれ命有大夫・善賀大夫・宮有大夫の往来田となっており、さらに一〇年ほど前の宝徳三年（一四五一）諸郷地からみ帳と対比して検討すると、命有大夫と宮有大夫の往来田はそこでも同じ氏人の往来田として出現していることが明らかになり、善賀大夫のものは常陸前司往来田であったと見て、ほぼ間違いないと思われる。三者は「河宝」ではNo.496が宮有大夫、(2)No.501が常陸守、No.504が命有大夫の各往来田として出現する。これらが相互に接近していることは、記載順番号を見れば明らかである。これによって、「浄行堂」と呼ばれた場所を突き止めることが可能になった。現在の**北区大宮山ノ前町**西部である。

この字名はもともとこの地に浄行堂が存在したことに因むものと見られるが、地籍図の上ではその痕跡を見いだすことができない。なお、「往来A」では三例とも「浄行堂」と表記されているが、「往来B」では一例が「浄行堂」、他の二例は「上行堂」となっている。後者は当て字と見てよいと思うが、「浄行堂」の方も常行三昧を修する堂をいう「常行堂」の当て字である可能性もある。しかし、半世紀あまり前には特に常行三昧を修するというのではなくて、単に浄行を行なうところであったために「浄行堂」であったが、のちこれが「常行堂」に変わったとも考えられなくはなく、どちらとも定めがたいところがある。

【庄田・正田】　初見は「往来A」所載の幸愛大夫往来田一反の在所が「河上郷庄田」とあるもので、南北朝末期まではさかのぼれる地名。半世紀あまり後の「往来B」では右の往来田の給主は肥前前司であることがわかるので、これをさらに一〇年ほど前の宝徳三年（一四五一）諸郷地からみ帳の記事と突き合わせて検討すると、その当時は愛松大夫が給主であったことも判明する。「河宝」ではNo.40に「次南ノ岸極　一反　古肥前〻司子息往ー　愛松大夫歟」とあるものがこれに当たる。同帳ではこれだけではなくNo.53正伝寺田一反半の前の行に「南庄田　半山下」と見え、記載の仕方から見てNo.61までの九筆計七反からなる区域が「南庄田」と言われたことを示している。復元図によって知られる在り場所は、No.40が**半山**の西南約一〇〇メートルのところで、現在の**北区西賀茂上庄田町**の中央付近やや北寄り、No.53〜No.61は注記の通り半山の南一帯で、同町東南部と**西賀茂樋ノ口町**西部に当たる。現在の町名としては、上庄田町の北部に**西賀茂下庄田町**があり、その町域は河上郷最北部を占める。中世には、そこは「北庄田」といわれたかと推測されるが、裏づける史料はない。

他に管見に入った史料のいくつかを挙げると、室町期のものと推定される賀茂社読経所田田数引付（「川上家文書」）には、「西庄田」所在の田地小が見いだされる。これは「河天」No.664の供田小に当たると見て間違いない（「河宝」では料紙が欠失して不明）。また、永禄六年（一五六三）四月二十六日の賀茂富顕田地等譲渡目録写（「賀茂」）には「一庄田　壱段　此内ヨリ五斗正法庵へ出」が見え、天正二年（一五七四）十二月十七日の坂井出入道養健田地作職売券（「馬場家文書」）では、「合壱段半者　賀茂河上郷正田ニ在之」、同九年三月二十一日の賀茂高顕屋地等譲渡目録（「賀茂」）には、「一庄田、たいは田、御結鎮八十文沙汰人出」とある。さらに同十三年十月二日の大仙院幷諸寮舎指出（『大徳寺』八―二五三四）のうち友松軒分には、「正田　壱反　四斗弐升本役　河上郷」が見え、戦国期における大徳寺諸塔頭・寮舎等による個別田地所職の買得が、河上郷北部にも及んでいたことを示している。

なお、すでに第二章第六節注3で触れたとおり、賀茂川の流れに即して見れば、「庄田」の区域のうちでは上流に位置するにもかかわらず、「下庄田」といわれるのは奇妙であるが、これは西の山側からの標高差によるものと思う。

【杉木之辻子・杉ノ木・杉木】「杉木之辻子」の「之」の字は、一部虫欠があるためはたしてそう判読してよいかどうか疑いが残るが、いまは「之」と読んでおく。「辻子」が付記された状態で出てくる史料は「河天」だけで、No.529の田地小の在所が「杉木之辻子、巽一」と記されている。復元図では、この田地は**「河上ノ里」**から東南方向へ二〇〇メートルあまり下ったあたりで、「大道」が二股に分かれるところの狭間に見いだされる（東側へ分岐した道はまたすぐに二股に分かれるので、三股と言ったほうがよいかもしれない）。一世紀前の「河宝」では在所が**「目次郎垣内」**と記されていた田地である。「巽」とあるから、おそらくこの田地の北端頭頂部で道が分かれる場所に杉の木があったものと推測され、このころにはそれがかつての「目次郎垣内」に代わる地名ともなっていたのではないかと思われる（ただし「目次郎垣内」の字名はその後も残った）。現在の**北区西賀茂水垣町**西部中央あたりである。

管見に入っているこの外の史料としては、天正十三年（一五八五）十月二日の大仙院幷諸寮舎指出（『大徳寺』八―

二五三四）に、「河上郷」の「壱反　五斗五合　此外本所賀茂出之」と記す田地が「杉木」所在であり、同じ頃の賀茂社読経所指出帳（「賀茂」）に「河上郷杉ノ木北」の壱反が見えるものなどがある。

【辻子田・辻代】「河宝」№412正受寺田六反（二反・一反・一反・二反の四筆に分かれる）の在所が「次南、**霊御川**南」とあり、さらに「上辻子田」と付記されている。また「次東、大道東ノツラ」の№413経所田半には、「下辻子田」と見える。これによって、一五世紀中期には、霊御川（のち霊後川と書く）の南、**河上大通**の東沿いの区域に「辻子田」と呼ばれる区域が存在し、上と下に分けられていたことが判明する。復元図（地籍図）の道・溝の在り方から判断すると、「下辻子田」の区域は№420までを含んでいたと見るべきであろう。現在の**北区紫竹上竹殿町**北部、町域の約五分の四ほどが主な部分で、北側に**大宮南椿原町**南部、東に**紫竹上園生町**西部を含めた区域である。天文七年（一五三八）十月二十六日の林四郎二郎田地作職売券（「羽柴文書」二）所載の一反は、「在所河上郷、字号上辻田、正受寺領也」云々と記されているが、これは前記正受寺田六反のうちの一反と見られる。

　これより一世紀あとの「河天」では、№1小の位置指定が「辻代、西一」、№8一反の場所が「辻代、茶木下」と見え、一方復元図作成の結果では、№7〜№14の八反半および№20六反を含む区域がちょうど「河宝」の「上辻子田」・「下辻子田」に相当することがわかる。このことから、かつての「辻子田」の読みである「ずしだ」がやがて「ずしだい」と転訛し、漢字では「辻代」と表記されるに至ったという経緯を読み取ることができるのではないであろうか。

【銭講開】[3]この地名は、「河天」№702一反の在り場所を指定するために記されているのが唯一の所見である。同帳所載田地の記載順から見て、賀茂川東岸にあったことは間違いない。№707までの六筆計三反半、もしくは№708まで七筆計四反の田地を指していたと思われる。私の作成した復元図が誤りないとすると、これは現**北区上賀茂音保瀬町**のうちで、西の**上賀茂大柳町**との境界に沿う場所を占めていた。**柊野小学校**の北西である。「河天」ではこのあたりにNo.707「肥前守開」・No.708「光若大夫開」・No.709「さ馬頭開」と新開田がつづいており、「銭講開」の名称とあいまって、新しく田地が開かれた場所であったことが知られる。一世紀前の「河宝」には、すぐ北の「**ケナ**（**毛穴**）」の田地群は記載されているが、この場所の田地はまったく出てこないところからすると、おそらく戦国前期の開発ではないかと思われる。名称からは「銭講」という講組織が存在し、その講員の手で開発されたことが推測され、これが当たっているとすると、この時期の田地開発の一つの在り方を示すものとして注目されるし、また賀茂川の治水とも関係があるが、なにぶん勝手な推測の域を出ない。

【タイ尺堂・帝尺（**帝釈**）**堂】**　南北朝末期ごろの「往来A」に、幸愛大夫往来田半反の在所が河上郷「タイ尺堂前」と出てくる。半世紀くらい後の「河宝」では、No.329宝幢院田一反の場所が「次南、帝尺堂前」と記され、またNo.346一反の前の行に「帝尺堂前下」とある。さらにその一〇年ほどあとに作成された「往来B」にも、肥前前司往来田半の在所が「同郷タイシャク堂前」と見え、これは相互対比によって「往来A」の幸愛大夫往来田と同一田地であることが確かめられる。「河宝」ではNo.343愛松大夫往来田半に該当する。一世紀を経て「河天」でも、No.351の一〇歩に「帝尺堂坤」、次のNo.352一〇歩に「同所（帝釈堂）北」と見える。これらの徴証により帝釈堂の在った場所は確実に突き止められる。復元図（地籍図）によると、西と南を経て**御薗橋**の方へ向かう道路があり、東は道・溝、北も道で限られていた。北側に位置する「河宝」No.329に「帝尺堂前」とあるけれども、他の史料の記事からすれば、堂は南向きであったと見るのが妥当であろう。現在の**北区大宮中ノ社町**西南隅である。

【大将軍】　十五世紀中期の「河宝」では、No.333経所田半の在所が「次東、大将軍未申」と指示されている。それにつづくNo.334二反は「大将軍御料田」であった。また、一世紀後の「河天」では、No.312一反に「大将軍下、此切同西在之」と見える。これによって復元図の上で中世の大将軍神社の位置を確認できる。それは現在の**北区西賀茂角社町**東南部であり、現在の大将軍神社にそのままつながるのである。なお、この神社が「山州名跡志」(『新修京都叢書』第一五巻)に掲げる「**須美社**」とは異なることについては、第二章第六節参照。

【高橋】 上賀茂より**柊野**を経て**雲ケ畑**方面へ至る**山国街道**(現在の佐々里井戸京都線)が賀茂川を越えるところに、今高橋(別名**葛ケ淵橋**)が架かっているが、この「高橋」はそれとは別である。

「河宝」No.523の神光院田一反の方角記載「次西ノ上」の右肩に「高橋」と記されているのが初見。復元図の上では、この田地は河上郷の西南部で、**尺八池**方面から東南へ下りかつての**上野街道**に合流していた道路が、**霊御川**を跨ぐ地点の北に位置している。そこから考えて、「高橋」はこの霊御川を跨ぐ所に架かっていた橋を指したと推定できる。現在の**北区大宮一ノ井町**中央南部である。一世紀後の「河天」でも、No.209の供田半が「高橋南」所在とされ、つづくNo.210の同田半も「同所北」とある。復元図では、No.209は前記「河宝」No.523の道・溝を越えた西に位置し、当然No.210はその北に見いだされるのであるが、問題はその場所が「高橋南」・「同所北」というのには適合的とは言い難いことである。素直に図を見た場合、No.209は「高橋西」とするのがふさわしいように思えるのである。そこで私は自分の作成したこのあたりの復元図に齟齬があるかと考えて、何度も方角記載を頼りに田地の位置の置き直しをやってみたが、どうしてもよりよい配置を見つけだすことができなかった。もし「高橋」が霊御川ではなく、No.209の田地の北を流れていたその支流を跨いでいたものとすると、史料の表現との矛盾はなくなるが、この流れは字限図を見てもそう大きなものではなく、ありきたりの溝のような感じであるから、橋はあったに違いないが、霊御川を渡る橋とは違って、わざわざ「高橋」と呼んで目印にされるようなものであったのかどうか、今度はそこがイメージと食い違うのである。現場を見て確かめるのがいちばんであるが、このあたりの復元図作成は、うまくゆかずに最近まで放置していたせいで、出掛けていった時にはすでに遅く、市街地化は昔日の面影を消してしまっていて確認するどころではなかった。最後にもうひとつ考えられるのは、「高橋」が字名化して、橋そのものではなく、近辺のある範囲を指すようになっていた可能性があり得るということである。もしそうだとするならば、前記した史料の表現はそのまま受け取ることができる。はたしてどうなのか、不安は残るが、いまのところ私はやはり霊御川を跨いでいた橋が「高橋」と呼ばれていたという見方がふさわしいのではないかと考えている。

「河宝」・「河天」以外の史料としては、天正十三年（一五八五）〜十七年ごろの賀茂社読経所指出帳（「賀茂」）に、大宮郷の田地として「高橋、**ワラヒ岡**」の小が出てくる。「高橋」が「蕨岡」のうちに存在したことが明らかであるが、「蕨岡」は本来河上郷西南部区域の地名である。この史料はその南部が大宮郷として扱われることもあったことを示しており、それは同時に「高橋」が河上・大宮両郷の境界付近に位置したことを物語っていると言える。

【竹殿】　この地名の初見と思われるのは、正和元年（一三一二）十二月二十九日の散位定氏屋敷売券写（「賀茂」）に、「在**佐々木野**」の当該屋敷一所につき「限東田、河内守殿林　限南大路、竹殿　限西大道　限北大道」と見えるもので、これは「竹殿」が河上郷南部の「佐々木野」のうち**大徳寺通**の東沿いに存したことを示している（詳細は**【佐々木野】**の項参照）。その後、南北朝末期の「往来A」に一若大夫・大夫将監・出雲前司の往来田各一反と、千世若大夫・賀々大夫の往来田各半反の在所が「河上郷竹殿」と記されている。半世紀あまり後の「往来B」においては、これはそれぞれ金寿大夫・因幡前司・有徳大夫・丹波前司・愛光大夫の往来田として出現することが、相互対比によって確かめられ、それ以外に治部大輔・長寿大夫・幸松大夫・摂津前司の往来田各一反もやはり「竹殿」所在とされている（「往来A」では関係記事があるはずの料紙が欠失して不明）。これらは、他郷所在のものを含めて一〇年ほど前の宝徳三年（一四五一）諸郷地からみ帳と対比して検討した結果、愛光大夫・治部大輔・幸松大夫の三者はすでに地からみ帳でも同じ往来田の給主として出ており、他は順に幸熊大夫・松有大夫・大乗寺左近将監・慶菊大夫・幸鶴大夫・愛夜叉大夫が給主であったことが判明した。「河宝」ではNo.423幸熊大夫・No.424愛光大夫・No.425大乗寺左近将監・

No.426松有大夫・No.427愛夜叉大夫・No.429慶菊大夫・No.432治部大輔・No.433幸鶴大夫の各往来田に相当する。残る一反はNo.435竹松大夫往来田として出てくるものが幸松大夫往来田に当たるものと見られるが、「竹」の判読に疑問がある。なお、No.432には「竹殿東、貴布祢御簾田北、南一」という場所指定がある。

以上の史料のうち、正和元年の売券は屋敷に関するものであり、他はいずれも田地にかかわるもので、字「竹殿」には屋敷地と田地の両方が存在したことを物語っている。屋敷地が大徳寺通の東にあったことはすでに述べたが、そこが一つの小集落をなしていたことは、「河宝」No.525半の作人として「竹殿」の三郎二郎が見え、同様に「大宝」でもNo.21一反の作人左衛門太郎、No.35一反ほか三筆計二反六〇歩の作人三郎が同所居住であったことが知られることなどからわかる（天文十九年検地帳には「竹殿」居住作人は全然出てこない）。また田地の部分については、右記した「河宝」所載田地の在り場所を復元図の上で押さえることで大体の範囲を知ることができる。東は**堀川**で限られ、南西隅は式内**久我神社**の境内である。

このほか、天正十四年（一五八六）八月二十九日の龍翔寺領田畠目録（『大徳寺』八―二五五二）でも、西賀茂（すなわち河上郷）所在の畠地四筆が見え、同時期の大徳寺方丈田畠目録（同八―二五五一）においても、やはり畠地一〇筆が西賀茂所在として記載されている。

以上はほとんど河上郷「竹殿」に関する史料であるが、一方では「大宮郷竹殿」と記されている史料も散見する。たとえば、永正四年（一五〇七）十二月二十七日の賀茂社惣中田地作職売券（「座田文書」）に記す当該田地一反の在所は「大宮郷在所竹殿」とあり、天正十七年大宮郷大徳寺分検地帳には、一七筆計一町二反一畝二七歩の「竹殿」所在田地が記載されているし、慶長二年（一五九七）の大宮郷麦田指出にも、二三筆計二町一反二畝九歩におよぶ同所の田地が書き上げてある。くだって大宮郷賀茂台絵図でも「竹殿」は大宮郷の字名である。このように史料によって河上郷であったり大宮郷であったりするのは、この区域が河上・大宮両郷の境界域に位置していたからにほかならない。また、当事者の捉え方によっても、時期によっても差異が出たものと考えられる。

現在地は、正和元年の売券や「河宝」所載の各往来田の位置などから知られる限りでは、**北区紫竹下竹殿町・紫竹下園生町**のほぼ全域と**紫竹下ノ岸町**西部・**紫竹上竹殿町**南部を含む区域である。しかし、天正十九年八月二十三日の大徳寺領西賀茂内堀成分留帳（『大徳寺』八―二五六二）によると、豊臣秀吉が築いた**土居**によって削られた場所に、大徳寺方丈ならびに諸塔頭の所領で「竹殿」にあった田畠一八筆が含まれており、同年九月五日の大徳寺領西賀茂内土居堀外分留帳（同八―二五六三）に、わずか一筆一五歩にすぎないけれども、やはり「竹殿」の土地が見られることからすると、より北部の土居の部分にまで及んでいたと見なければならない。そうすると、前記の区域のほかに**紫竹上竹殿町**北部**大宮南椿原町**南部あたりが加わることになる。近代の市制町村制のもとでは、**大宮村西賀茂字竹殿**であり、段別は六町七反七畝一四歩と記録されている（『京都府愛宕郡村志』）。

【田中】　初見は「往来A」所載の氏人某の往来田半、および八郎大夫の往来田一反の在所が「河上郷田中」とあるもの。これは半世紀あまりあとの「往来B」になると、前者が初鶴大夫、後者が竹夜叉大夫の往来田として出ている。また同帳には、治部大輔往来田一反の在所が「河上郷田中前」ともある。この三者について、一〇年ばかり以前の宝徳三年（一四五一）諸郷地からみ帳と対比検討して、当時の給主が誰かを探索すると、いずれも宝徳当時すでに往来田を受給していたことが判明し、「河宝」にあっては、どういうわけか初鶴大夫往来田を見つけることはできないが、№349治部大輔往来田と№352竹夜叉大夫往来田の両者が見つかるので、復元図によって「田中」・「田中前」の在り場所を突き止めることができる。西へ二〇〇メートルほど行くと**大将軍神社**、北西程近くに**帝釈堂**があるという場所で、北側に竹夜叉大夫往来田、その東南に治部大輔往来田が位置していたことがわかる。「河宝」にはこのあたりに「田中」・「田中前」という字名は発見できないが（一世紀後の「河天」もまた同じ）、右の状況からすると、北側に「田中」その南に「田中前」があったことになる。また、「河宝」竹夜叉大夫往来田の方角記載の右傍には、「**カウサキ**」（他の史料では「カワサキ」・「川崎」）という字名が付記されており、ここは「田中」とも「カウサキ」とも称されたらしい。右記往来田二筆の現在地は**北区大宮中総門口町**北部である。
なお、別の史料では、享禄四年（一五三一）閏五月十三日の神光院隆全作職年貢米売券（「賀茂」）に、該当の一反について「本田河上郷字田中在之」と見えており、天正十七年（一五八九）の西賀茂内大徳寺渡分検地帳には、「同（総門口）たなか」所在の田地一筆一反七畝が記載されている。太閤検地以後大徳寺領として認められた田地ということになる。

【長ハイ・長八井】　南北朝末期ごろの「往来A」に、虎菊大夫・春慶大夫の往来田各一反の在所が「河上郷長ハイ」と記されている。半世紀あまり後の「往来B」では、両者は北千代松大夫と治部少輔の往来田となっている。よって他郷所在のものをも含めた二人の往来田計九反のすべてについて、一〇年ほど前の宝徳三年（一四五一）諸郷地からみ帳と対比して検討してみた結果、そのころは前者が千代石大夫（ただし、別に同じ仮名の氏人がいる）、後者が市宮鶴大夫（「賀茂社家系図」で調べると、実名は市修平）の往来田であったことが判明した。ただ「河宝」では、後者はNo.171として記載されているが、前者はNo.490・No.544に出てくるものの、これは両方とももう一人の千代石大夫の往来田と見られ、ほかには見当たらない。したがって「長ハイ」の場所を突き止めるためには、市宮鶴大夫往来田一反の在り場所だけを復元図で探すしか術がないが、これは河上郷中部の**堀川**西岸に見つかる。堀川がかなり大きく蛇行している場所で、東岸は字「**鹿額**」である。現**北区西賀茂水垣町**の東半部中央付近に当たる。この結論に不安はない。なぜなら、市宮鶴大夫往来田の他郷所在の田地四反の字名を「往来A」春慶大夫往来田の記事で調べると、大宮郷二**丁田**・小山郷**柏**・中村郷**ミツカ**・岡本郷**大門辻**である。各郷の復元図で該当の区域を当たってみると、その場所にことごとく市宮鶴大夫往来田が発見できるから、春慶大夫往来田したがって「往来B」治部少輔往来田との一致は動かない事実としてよく、とすれば「長ハイ」の場所も定まるのである。
「長ハイ」という字名の由来は、私には不明であるが、小林元『長久手の地名』（愛知県長久手町発行、第二版、一九九七年）では、字「長配」の解説で「「チョウハイ」という字名は県下に十数カ所もありますが、「朝拝」と書く場合が多いようです。これは朝神に参拝するという意味です。日の出を拝む風習が最近まであり、朝日が早く照るこのあたりで、そのようなことが行なわれたかも知れません」とある。参考として付記する。

【ツクハシ】　この地名は、一五世紀中期の「往来B」に、石徳大夫往来田のうち一反の在所を「川上郷、河成、ツクハシ」と記しているのが、管見唯一の例である（これは「往来A」では乙有大夫往来田に当たることが確認できるが、そちらには「河上郷、但河成」とあるだけで、字名は記入されていない）。他郷にある残り四反の田地の在所は大宮郷**ト**、**ロキ**・小山郷**仏生院**・中村郷**夜光**・岡本郷**ミコト持**と記されている。そこでこれを各郷の宝徳三年（一四五一）地からみ帳復元図で確かめてみたところ、岡本郷の場合は料紙欠失によって知り得ないが、小山郷と中村郷では該当の区域にいずれも石徳大夫往来田が存在する。地からみ帳と「往来B」の成立時期はせいぜい一〇年ほどの間隔しかないから、このことは石徳大夫往来田が宝徳三年当時にもすでに同じ氏人の受給していた往来田であったことを立証するものといってよい。そうなると「河宝」に出てくる石徳大夫往来田の在り場所が、とりもなおさず「ツクハシ」であるということになる。

しかし、遺憾ながら「河宝」にはいくら探しても石徳大夫往来田は見つからない。おそらくは同帳の数か所に存在する料紙欠失部分に記されていたのであろう。これで手がかりはなくなった。あとはせっかくだから私の推定を述べることにする。私は「河成」という但書きと料紙欠失箇所のどれかが結びつく可能性を探ってみることにした。復元図作成の過程で発見した「河宝」の料紙欠失部分は合計四か所で、紙継目番号（八）・（三五）・（四四）・（五五）である。私はこのうち（四四）のところにあった料紙に、「河成」の石徳大夫往来田が記載されていた可能性がもっとも大きいと思う。それは№439絵堂田六反につづいて記載されていたはずの田地群の在り場所が、**堀川**が**霊御川**を合わせて南下する地点のすぐ南に当たるところで、「河成」の田地が生じても不思議ではない区域だからである。「ツクハシ」の意味はよくわからないが、もしこれが橋の名で、「築橋」とでも見得るとするなら、**大徳寺通**から分かれて**御薗橋**の方へ向かう「大道」がまさにこの所で堀川を渡るので、そこに架けられていた橋をそのように呼んでいたかも知れないという推測も成り立つ。名称の問題はともあれ、ここにあったに違いない橋の南あたり、堀川沿いに石徳大夫往来田は存在した。そこが「ツクハシ」であるというのが私の推測である。推測が過ぎるかもしれないが、とりあえず考えたところを述べて参考に供する。

【津殿垣内】 この地名は「往来B」所載藤寿大夫往来田一反の在所が「川上郷津殿垣内」と記されているのが唯一の所見である（「往来A」には対比すべき部分の料紙が欠けている）。斗代の下に「半川成」と付記されているのが注目される。この田地がどこにあったかを知るためには、他の例と同様に「河宝」の復元図に頼らねばならないから、まず「往来B」の藤寿大夫往来田が宝徳三年（一四五一）諸郷地からみ帳では誰のものとして出ているかを探らねばならない。そのために他の四反の往来田の在所を見てみると、岡本郷のものは字名が記されていないが、他は河上郷**円明寺**・大宮郷**馬場殿**・中村郷**ミツカ**である。この三者についてそれぞれの郷の地からみ帳復元図に当たってみると、すべてその場所に存在したことが確認できる。となれば、「河宝」で残る一反を探し、その在所を復元図で確かめればよいのである。それはNo.249に藤寿大夫往来田半として出ている。半反であることは「往来B」の「半川成」ともぴったり符合するから、まず間違いはない（「川成」の半は、こことは別の水損を受けやすい場所にあったものであろう）。復元図で見ると、この田地は**田尻**の集落の北北西約四〇〇メートルの「大道」東沿いにある。現在地は**北区西賀茂丸川町**の東北隅に当たる。「津殿」は摂津殿であり、摂津守某と呼ばれた人の垣内があったのがそこの地名になったかと推定される。

【灯木】 「ともしぎ」と読んでここで解説する。「河天」No.233の鶴光大夫往来田一反に、「次巽、間有溝」という位置指定に加えて「灯木」と付記されているのが唯一の所見である。同帳の復元図を「河宝」の復元図と重ね合わせてみると、この田地は宝徳三年（一四五一）当時の鶴千代大夫往来田であったことがわかり、さらにこれは一〇年ほど後に作成された「往来B」では益徳大夫往来田として出現することが、他郷の地からみ帳をも含めての検討によって明らかになる。そして「往来B」では、この田地の在所は「河上郷**蕨岡**」とある。この付近がかなり広範囲に「蕨岡」といわれたことについて、ここで一、二の例を示しておくと、この田地の東北一〇〇メートルほどの場所にあった「河宝」No.502慶若大夫往来田一反は、「往来B」では徳若大夫往来田であり、そこには「河上郷蕨岡、**円明寺**」とある。また、「河天」No.171半には「**福徳明神**西一、蕨岡」とあり、復元図によると、この田地は先の鶴光大夫往来田から東へ三〇〇メートルあまり隔たった場所にあった。少なくともこの三者を含む区域は「蕨岡」と言われていたと見てよいであろう。「灯木」はより広域の字名「蕨岡」の内部にあった小範囲の字名であったと思われる。現在地は**北区大宮北箱ノ井町**東北端あたりである。

【トモ田・友田】　南北朝末期ごろの「往来A」に、阿賀々大夫・五郎大夫・孫蓮大夫・長寿大夫の往来田各一反の在所を「河上郷トモ田（あるいは友田）」と記しているのが初見である。これは半世紀あまり後の「往来B」では、それぞれ有鶴大夫・民部少輔・命寿大夫・備後前司の往来田として記録されている。さらにこれらの田地の在り場所の字名を手がかりにして、「往来B」より一〇年ほど早く成立している宝徳三年（一四五一）諸郷地からみ帳では、それぞれの往来田を誰が受給していたのかを探索すると、前二者は同一の氏人が給主であり、命寿大夫のものは慶寿大夫、備後前司のものは彦藤大夫が給主であったことが判明する。「河宝」ではNo.188民部少輔・No.189彦藤大夫・No.190有鶴大夫・No.191慶寿大夫の各往来田である（うち有鶴大夫往来田の面積は半であるが、残りの半はNo.263として別の箇所に登場する）。これで復元図を活用して字「友田」の場所を押さえることができる。調べてみると、この四枚は「**鹿額ノ下ノ坪**、東ノハシ」と記されたNo.186の円通庵田半反の西側、No.187神光院田二反の次に並んでいる。つまり、「友田」

は「鹿額ノ下ノ坪」の別称であったということになる。現在の**北区西賀茂鹿ノ下町**の中央付近である。なお、他の史料では、室町期のものと推定される賀茂社読経所田田数引付（「川上家文書」）の河上郷所在分に、「トモ田　一段　八斗　百廿文」が見いだされ、さらに天正十三年（一五八五）～十七年ごろの賀茂社読経所指出帳（「賀茂」）には、これと同一の田地ではないかと思われる一反が、「河上郷友田、**柳ウタモトノ上**」所在として出現する。

【中道】「河天」No.196亀鶴大夫往来田一反の在所が「中道、**山神北**」とあるのが唯一の所見。関係箇所に関する私の復元図に誤りなければ、この中道とは、大徳寺の大仙院の北から西北へ向かう**上野街道**（現在の**上野通**とは別で、より東を通っていた）が、旧**土居**を越えてすぐのところで三本に分岐していたうちの中央の道を指したものと考えられる。「山神」はその分岐点の近辺（招善寺の北方）にあったことになるので、おそらくは土居の築造によって他へ移されたか、どこか別の社に合祀されたのではないであろうか。

【中村】「往来A」所載の阿古王大夫・千直大夫の往来田各一反の在所が「河上郷中村」とあるのが初見。半世紀余を経て一五世紀中期の「往来B」では、それぞれの給主が丹波前司（「今東藤徳大夫」と付記あり）・徳松大夫となっていることが、比較対照により突き止められるが、さらにその一〇年ほど前の宝徳三年（一四五一）諸郷地からみ帳と対比して、各田地の字名を手がかりにして調べると、当時は前者が同じく丹波前司、後者が愛烝大夫の往来田として記録されていることがわかる。「河宝」では丹波前司は丹波守として出現し、その往来田は小ずつ三か所に分かれている。No.134・No.199・No.238である。愛烝大夫往来田はNo.296一反である。さらに同帳には、No.288経所田半に「中村、**エカモト**、大道西」と位置が示してある。この田はNo.238丹波守往来田小の「大道」を隔てて西南筋向かいに位置している。また、この田の二枚措いて南の田地が愛烝大夫往来田に当たる。明確に範囲の特定はしにくいが、これらの田地を範囲内とする「大道」を挟んだ近辺を「中村」と呼んでいたといえるであろう。現在地は大体**北区西賀茂水垣町**西南部から**西賀茂大栗町**西部を経て**西賀茂丸川町**北部にかけての範囲に入る（なお、「エカモト」については**【椋本・榎カ本】**の項参照）。

【長目・長目溝】 南北朝末期ごろの「往来A」に伊勢前司・益若大夫・初鶴大夫の往来田各一反と虎福大夫往来田半反の在所が「河上郷長目」と出てくる。これらの往来田は、半世紀あまり後の「往来B」では、それぞれ万千代大夫・千代鶴大夫・出羽前司・松鶴大夫が給主となっている。そして、これより一〇年ほど前の宝徳三年（一四五一）諸郷地からみ帳と対比して、他郷所在の往来田をも含めて検討すると、当時は順に幸音大夫・幸福大夫・慶光大夫・阿波前司が給主であったことがわかる。いくらか不確かさの残るものもあるが、一応これだけの手がかりがあれば、復元図の上で字「長目」の位置を突き止められるのが通例である。しかし、残念ながらこの場合は見当のつけようがなかった。「河宝」ではこれらの氏人の往来田がいずれも発見できないからである。ただNo.489に阿波守往来田半が出てくるが、往来田古帳によれば、虎福大夫あるいは松鶴大夫の往来田は「河上郷**蕨岡**」にも半反があり、No.489はそれに該当するので、この場合は除外しなければならない。こうなると、往来田古帳所載の字名を手がかりにした追求は行き詰まりである。

しかし、幸いに「河宝」には往来田とは無関係に一か所だけ「長目」という字名が記されている。すなわちNo.581の妙勧寺田一反半の在所が「次西、路ノ西、長目」とあるのである。復元図によると、この田地は現在の**北区紫竹上ノ岸町**の中央付近から東南部へかけての場所に存在した。また一世紀後の「河天」においても、No.32美濃守往来田一反の在り場所が「長目溝尻」と見える。この田地は**小山西玄以町**南部にあり、西端は**紫竹上高才町**に及んでいたと思われる。別に「小山由也」と付記されていることからもわかるように、河上郷の最南端に位置した。「長目溝」とは字「長目」の区域を灌漑していた用水に相違なく、「溝尻」とあることから、ここが「長目」の南限と見られる。一方復元図で確かめると、溝は**御薗橋**南方約二〇〇メートルの地点で取水して、「**河原八町**」の西を南下していたと見られ、前記№581の田地はおよそ一五〇メートルほど下った場所であったから、「長目」の北部に属したといえる。これで字名の範囲はほぼ間違いなく押さえることができた。現在の**紫竹上長目町・紫竹下長目町**の町名は、中世以来の地名を継承しており、町域は右に把握した範囲のおよそ三分の二ほどの区域と重なり合う関係にある。市制町村制のもとでは、**大宮村西賀茂字長目**であり、段別は五町一反八畝二六歩と記録されている（『京都府愛宕郡村志』）。

なお、室町期のものと見られる賀茂社読経所田田数引付（「川上家文書」）には、同所の田地一反が記載され、天正十三年（一五八五）〜十七年ごろの賀茂社読経所指出帳（「賀茂」）にも「長目」の一反が出てくる。両者は同じ田地ではないかと推測される。おそらくは「河宝」№603の経所田一反に該当するであろう。また、これより先永禄十一年（一五六八）四月九日の友貞田地売券（「岩佐家文書」）には、沽却田地一反の在所が「河上郷之内字長目下在之」と見える。

【半山・中山】 読みは「なかやま」。「河宝」に№37の田地小の位置が「半山ノ戌亥ノ角、山極」と記され、また№53正伝寺田一反半の前の行に「**南庄田** 半山下」とあり、右記の№53をはじめ数筆の田地群が記載されている。復元図によれば現在の**北区西賀茂上庄田町**の中部賀茂川寄りの小高い場所を指した。いまは整地して市街地に変えられ、昔日の姿を見ることはできない。天正十三年（一五八五）〜十七年ごろの賀茂社読経所指出帳（「賀茂」）に「河上郷中山」所在の半が見えるのは、たぶん「河宝」№52経所田半に相当するものと思われる。しかりとすれば「中山」とも表記したのである。

【ハコタ】 天正十三年（一五八五）〜十七年ごろの賀茂社読経所指出帳（「賀茂」）に、河上郷「ハコタ、**山森**ノ南」にある一反が記載されている。山森とは、かつて**大宮村西賀茂山ノ森**に存在した賀茂社の末社および社叢をいうので、その南の「ハコタ」なる場所に経所田一反があったのである。経所田であるため、これは特定できる可能性がある。そこで「河宝」の復元図で山ノ森の南側を探してみると、経所田は一か所だけ見つかる。南というより東南と言ったほうがよいが、No.102の半反である。田積に差はあるが、これ以外には該当するものが見つからないから、おそらくこの田が「ハコタ」と言われたのではないかと思う。その場所は現在の**北区西賀茂北山ノ森町**と**西賀茂井ノ口町**の境界の中央付近である。

【ハザマ】 天正十三年（一五八五）～十七年ごろの賀茂社読経所指出帳（「賀茂」）には、「河上郷ハザマ」所在の田地が半・一反・半と三筆計二反記載されている。うち前二者には「**惣塔ノ南**」と付記されており、残りの半反には「**尼寺ノ西**」とある。この後者が「ハザマ」の場所を知る手がかりになる。「尼寺」とは、「河宝」No.479の経所田一反の在所が「ハナヒナ戌亥角、尼寺西、山ノ極」と記されているところから、現在は廃寺となった正受寺であることが復元図の上で明らかになる。よって、同寺の西に上記経所田三筆に該当する田地があるかどうかを探すと、右記の一反の外にNo.332一反・No.333半が東へ連続していたことがわかる。読経所指出帳記載のものとは一枚の面積に差異があるけれども、念のために「河天」の復元図を見てみると、「河宝」No.479一反に相当するNo.276の田積が半となっているので、疑点も解消する。ここが「ハザマ」であり、同時に字「ハナヒナ」の北端でもあったとしてよいであろう。現在の**北区大宮北山ノ前町**西北部と**大宮薬師山東町**東北部にまたがる区域である。「惣塔」がその北に存在したことになるが、その位置を確認することは難しい。「河宝」・「河天」ともそこは田地となっているので、そのあたりにあったろうとしか言えない。**大将軍神社**の西南西である。

【櫨木榎・櫨榎】 中世後期、現在の**北区大宮中ノ社町**東北部を通っていた三叉路のあたりに生えていた樹木の名称。詳しくは**【椋下】**の項参照。

【ハナイナ・ハナヒナ】 南北朝末期ごろの「往来A」に、松石大夫の往来田一反の在所が「川上郷ハナイナ」と見え、また孫一大夫往来田一反が同郷「南ハナイナ」にあったと記されている。半世紀あまり後の「往来B」では、前者は越中前司、後者は彦一大夫の往来田として出てくるが、前者には字名の記載はなく、後者は「南ハナイナ」ではなくて単に「ハナイナ」とある。「往来B」所載の往来田は、一〇年ほど前の宝徳三年（一四五一）諸郷地からみ帳の記事と対照して追求すれば、そのころの給主が明らかになる場合が多いので調べてみると、越中前司往来田は孫若大夫が受給しており、彦一大夫のものはすでに彼が給主となっていることがわかる。ただ、「河宝」ではこのうちNo.483孫若大夫往来田だけしか確認できないが、同帳ではさらに「**尼寺**西、山ノ極」にあったNo.479経所田一反の前の行に「ハナヒナ」と記されているので、場所を知るにはこれで十分である。「尼寺」は往時の**正受寺**を指したと思われ、同寺および**大将軍神社**の西側、山極までの区域が「ハナヒナ」である。正受寺の西にはちょうど南北を区切るように道があり、道の南には池もあって、No.483孫若大夫往来田はその池の南に位置したところを見れば、道以南は「南ハナイナ」というのがやはりふさわしい状況を示していたようである。区域の西には南の**上野街道**から分かれて北上し、雲**ケ畑街道**につながる道路が通じていた。現在の町名で言うと、北は**北区西賀茂角社町**西南部から南は**大宮南山ノ前町**西北部に達し、西側道路沿いは**大宮薬師山東町**東端部である。地名がどういう意味を持つのかは今のところ明らかでない。あるいは「花雛」などの漢字を当て得るのかもしれない。

【ハリノ木・ハリノ木本・榿ノ木】 弘治三年（一五五七）十二月十五日の中務少輔氏山新開地売券（「岩佐家文書」）に、「合壱所者但、柳鈌、ハリノ木ニ在之」とある。これが初見と思われる。また、天正十三年（一五八五）〜十七年ごろの賀茂社読経所指出帳（「賀茂」）に、「ハリノ木本、下ノダム」と位置が示された一反が出てくる。「ハリノ木」は榛木で、畔道に植えて稲架けに用いたりする木として知られている。一〇数メートルに達する高木であるから目立ちやすい。この場合もどこかにあった榛木あるいはその並木が目印となり、地名ができたのであろう。今のところ右記の史料以外に所見はないが、最初に示した弘治三年の売券に見える「**柳袂**」の地名は、「河宝」№268神光院田一反半の在り場所が「柳ゥタモトノ南ノ上」とあって、復元図で位置の確認ができる。現在の**北区西賀茂樋ノ木町**の中央部やや南寄りである。これで町名が中世以来の地名を受け継いでいることは明白である。そのあたりで読経所指出帳の一反に該当するかもしれないと思われる経所田は、「河宝」で調べると№264の一反くらいしか見当たらないが、その在所は現**西賀茂鹿ノ下町**の中央部南寄りあたりであり、はたして妥当かどうか確認することは難しい。なお、西賀茂樋ノ木町は、さかのぼって市制町村制のもとでは大宮村西賀茂樋ノ木といわれ、段別二町三反六畝一六歩の区域であった（『京都府愛宕郡村志』）。

【ヒノ口】「往来A」に□蒸大夫往来田半反・徳光大夫往来田一反の在所が「河上郷ヒノ口」と見えるので、南北朝末期以前からの地名である。半世紀あまり後の「往来B」では、両者はそれぞれ長鶴大夫・修理亮の往来田として出現する。同帳では前者の田積は一反となっており、後者には「河上郷郷司方」とあるだけで、字名は記載されていないが、他郷所在の田地の字名・斗代などの一致から同定可能である。長鶴大夫往来田の場合は田積一反の方が人別五反という往来田の制度にはふさわしく、「往来A」の記事が半反となっているところになんらかの事情があるものと推測される。「往来B」所載の往来田は、一〇年ほど前の宝徳三年（一四五一）諸郷地からみ帳と対比して検討することで、当時の給主が誰であったかを突き止め得る場合が多いから、追究してみると、長鶴大夫はすでに往来田受給者であり、修理亮往来田は土佐前司が給主であったことが判明する。「河宝」では、遺憾ながら後者が№80土佐守往来田一反として見えるだけで、前者は発見できないが、これは前記の「往来B」の記事から見て、№79郷司田一反に該当するものと推定される。復元図を見ると、この二反は東西に並び、南下してきた用水路が№79の北端で分かれている様子が見て取れるから、まさしく「ヒノ口（樋ノ口）」と称するにふさわしいと言えるのである。現在地は**北区西賀茂蟹ケ坂町**南部、**川上用水路**沿いである。

【ヒハクヒ・ヒワクヒ】　他郷でも例があるように、漢字で表記すれば「琵琶首」である。河上郷では明応八年（一四九九）九月三日の賀茂社中田地売券（「馬場家文書」）に「永代売渡湯屋田之事」として「合壱段者、河上郷在所ヒハクヒ」とあるのが初見であろう。また、天文十二年（一五四三）十一月日の賀茂社惣中作職宛行状（「賀茂」）では、「河上郷之内在所ヒワクヒ」の最長（寿脱カ）寺田二反の作職が某に宛行われている。「河宝」や「河天」に記載されている字名ではないため、所在を探ることが難しいが、まったく手がかりがないわけではない。それは最初に挙げた明応八年の田地売券が「湯屋田」に関するものだからである。郷内の田地の種類が網羅的に書き上げてある「河宝」によって「湯屋田」の有無を調べてみると、それは三か所に見つかる。№39の湯屋田維那給一反、№533の湯屋田三反、№582の湯屋田一反半である。琵琶首という地名は、一般に琵琶に似た形状を呈する場所につけられるので、「河宝」の復元図で右記三か所の田地の在り場所を調べてみて、どこかに琵琶に似た形の土地を発見できれば、たぶんそこが「ヒハクヒ」であるということになるであろう。

　この目論見を実行してみると、№39の一反がある場所は全然見当違いだとしてよいが、他の二か所はどちらも琵琶の形と無縁とは言い難い。すなわち、№533の三反は、当の三枚の田地だけでは全体が矩形に近いが、それの東にある№534の聞修庵田半反を加えた場合の形状は、ちょうど琵琶のようである。また№581の場合は、当該田地自体よりは西隣の№582の妙勧寺田一反半の形がやはり琵琶を連想させるものなので、そのあたりが「ヒハクヒ」と称されても不思議ではない。そうなるとどちらがどうなのかわからなくなるのであるが、私は後者の場合は湯屋田の面積が一反半であること、これに対して前者は全三反ではあるが、実は一反ずつに分かれていることを考え合わせて、前者に当たる可能性が大きいと考えている。№533三反は「**ミクルシノソへ**」という位置指定がされているが、この「ミクルシ」は北側を通る水路の名称らしく、したがって、それとは別に「ヒハクヒ」という字名があっても不思議はないのである。また、ここには「**円明寺**」とか「**蕨岡**」というより広域の地名が重なりあって存在しているが、その点はすぐ東北のあたりが「**カヤノ木ノ下**」といわれているのと同様で、小規模な字名をもつ内部区域が同時に存在していてもおかしくはないのである。もしこの私の捉え方が妥当であるとすれば、この湯屋田三反を含む「ヒハクヒ」の区域は、現在の**北区大宮北箱ノ井町**から**大宮開町**にまたがる場所ということになる。推定の域を出ないが述べて参考とする。

【フカ田】　「河天」所載のNo.320福満大夫持一反の右肩に「フカ田ヨリ初」とあるのが唯一の所見である。これは言うまでもなく「フカ田」からあらためて検地を開始したという意味である。そこで、同帳の復元図を検討すると、この田地からNo.339まで計一町八反大の田地群は、**鎮守庵**の方から**大将軍神社**と**正受寺**の間を通って流れてきた用水路によって、さながら南北に両断されたような形になっている。一八八九年（明治二十二）測量の二万分の一地形図「京都」によると、当時このあたり一帯は湿田であったが、No.320の田地はそのなかでもとくに「フカ田」（深田）だったのであろう。現在地は**北区大宮中総門口町**西南端から**大宮東小野堀町**西北端にかけての場所である。

【福徳明神】　「河天」No.171の田地半の在り場所が「福徳明神西一、**蕨岡**」と記されているのが唯一の所見である。この表記の仕方から判断すると、この田地は「蕨岡」に含まれ、かつ「福徳明神」とも言われた区域の西端に位置したということになろう。復元図では**霊御川**の北沿いで、現在の**北区大宮東小野堀町**西南部に当たる。「福徳明神」という神社があったはずであるが、今その所在は不明である。

【藤森】　今のところ「河天」のNo.484一反が「藤森、南一」、No.494九〇歩が「藤森、艮一」にあったことが記されているのみで、その外の史料は管見に入っていないが、これでそれぞれ東北端と南端とが復元図で押さえられるので字名の在所ははっきりする。現在の**北区西賀茂大道口町**西部から**西賀茂川上町**南部にまたがる区域である。

【古御手代】　古い時代に賀茂社の**御手代田**がそこに存在したことを示す地名であることはいうまでもないであろう。

「往来A」所載の賀々大夫往来田一反の在所が「川上郷古御手代」とあるのが初見。これとは別に明一大夫往来田一反が同郷「古御手代下」にあったことも知られる。この往来田は、半世紀あまりを経て「往来B」になると、前者は愛光大夫の、後者は光若大夫の往来田となっている。愛光大夫往来田の場合、河上郷所在田地一反には字名が見えず、「新臺盤」としか記されていないが、他郷の田地の在所や斗代等の対比検討により、かつての賀々大夫往来田と一致することが立証できる。光若大夫往来田の一反はやはり「古御手代下」所在として出てくる。そこで、これを一〇年ほど前の宝徳三年（一四五一）諸郷地からみ帳と対照して、字名を手がかりに追及すると、当時愛光大夫往来田はすでに同人が受給しており、光若大夫の往来田は隠岐前司のものであったことが判明する。「河宝」では前者はNo.109、後者はNo.148として出てくる（No.109は半反であるが、「又山荘岸下在也」とあるので、残りの半反は別の場所に存在したことが明らかで、矛盾はない）。その結果、復元図の上で両者の位置を確認することが可能となる。賀茂川西岸、**堀川**の東で、言うまでもなく前者が北にあり、双方の距離は約二五〇メートルである。現在の町名では**北区西賀茂山ノ森町**の賀茂川寄りの区域に相当し、その南端部は「古御手代下」に属したということになる。南北朝末期ごろの「往来A」においてすでに「古御手代」といわれているから、御手代田がここに存在した時期はかなりに古く、おそらく鎌倉期以前にさかのぼることは確実であろう（御手代田そのものについては第二章第六節参照）。

【堀川ハタ】　南北朝末期ごろの「往来A」には春光大夫往来田のうち一反の在所が「川上郷堀川ハタ」とある。この田地は半世紀あまり後の「往来B」と対照してみると、そこでは越前前司往来田となっており、在所はやはり「ホリ川ハタ」と記されている。そこでこの往来田の給主が、一〇年ほど前の宝徳三年（一四五一）諸郷地からみ帳では誰であったかを、他郷所在各田地の字名を手がかりに対照し追及して見ると、それは若石大夫であったという結果が得られる。「河宝」ではNo.393若石大夫往来田一反である。これで復元図の上で同往来田がどこにあったかを確認できることになった。「河ノ東、越中殿地北」と方角記載があって、**御薗橋**の西約一〇〇メートルの場所にあるのが見いだされる。現在の**北区大宮上ノ岸町**西北端部である。

「堀川ハタ」の意味は読んで字のごとしであるが、それだけにこれは至って一般的でありふれた呼称であり、復元図を見れば、堀川の河畔に存在した往来田がけっして少なくないことは歴然である。しかもわざわざ「堀川ハタ」と指定されている往来田はこの一反だけしかない。したがってそこには単なる普通名詞ではなく独自的な意味が籠められていたと考えるべきであろう。そういう目で復元図を見てみると、この田地のすぐ東と南は**上岸**の集落であり、「河宝」でも「河天」でも、そこには配置すべき田地がないことがわかる。耕地があってもそれは集落の一部と称し得る畠地であったとしてよいであろう。そうすると、この場所は上岸に住んだ人々にとっての堀川との接点をなす場所であったということになる。堀川を通じての人の往来、物資輸送を考えるなら、上岸の人々にとってここは特別な場所であったと見られよう。そしてさらに言えば、この場所は小集落上岸にとってだけではなく、すぐ東の御薗橋をわたったところにある賀茂社とその**社家町**に住んだ人々にとっても、同様の役割を果たしていたのではないかと思える。固有名詞として「堀川ハタ」が存在したわけはそこにあったのではないかというのが私の推定である。

【ミクルシノソへ】　今のところ「河宝」No.533の湯屋田三反およびNo.547一反の在所がともに「次南、ミクルシノソへ」とあるのが数少ない所見である。同帳の復元図によれば、両者の在り場所は河上郷西南部で**霊御川**の南、**上野街道**が**玄琢**の東で分岐して北上する道路の東側である。No.533の現在地は**北区大宮北箱ノ井町**東部から**大宮開町**西北部にかけて、No.547のそれは大宮開町北部から**大宮西脇台町**北部にまたがる場所であり、両者の間隔は一〇〇メートルたらずである。「ソヘ」は「添へ」・「沿へ」であると推測されるので、問題は「ミクルシ」とは何かということになるが、両者に共通するものといえば、霊御川の南側をそれに並行するような形で東へ通っていた溝と畔道・路しか見当たらない。それで、「ミクルシ」＝「水来る路」なのかと考えてみたが、あてずっぽうの域を出ない。いまはともかく場所が突き止められたことを幸いとするしかないのである。

【ミクルベ】「往来A」に氏人某の往来田一反の在所が「□□□ミクルベ」とある。郷名の部分は欠損しているが、郷の記載順から河上郷であることは間違いない。これが初見である。この田地は半世紀あまり後の「往来B」においては徳鶴大夫往来田として出現することが、比較検討によって明らかになる。加えて同帳では彦有大夫往来田のうち河上郷所在の一反の在所も「ミクルへ」とある（「往来A」では比較すべき箇所が欠失しているため不明）。これより一〇年ほど早い宝徳三年（一四五一）の諸郷地からみ帳と対照して、字名を手がかりに追及すると、これら往来田の当時の給主が判明する。徳鶴大夫往来田は肥後前司が受給していた。また、彦有大夫往来田は駿河前司が給主ではなかったかと思われる。「河宝」では前者だけがNo.474肥後守往来田一反として出現するが、これは「大宝」No.409の肥後前司往来田に「今ハ徳鶴大夫」と傍注があるので確実であり、これで字「ミクルベ」の場所の一部は押さえられる。かつての**正受寺**の東南、現在の**北区大宮西小野堀町**北部である。今のところこれだけしかわからず、地名の意味も私には不詳である。

【水垣】「往来A」に彦松大夫・鶴松大夫・有徳大夫・慶菊大夫の往来田各一反の在所が「河上郷水カキ（あるいは水垣）」と記されているので、南北朝末期以前からの地名である。半世紀あまり後の「往来B」では、この往来田四反の給主はそれぞれ長千代大夫・左馬助・右京助・鱒寿大夫であることが、比較対照により明らかになる（左馬助・右京助の往来田については字名無記入であるが、他郷所在の往来田の在所・斗代等の対比により同定できる）。加えて同帳では日向前司往来田一反の在所も「水垣」とある（「往来A」では料紙欠失により同じ往来田が確認できない）。そこで、今度はこれを一〇年ほど前の宝徳三年（一四五一）の諸郷地からみ帳と対比し、字名を手がかりに追及してみると、右記五名の往来田の宝徳当時の給主は、順に亀石大夫・又彦大夫・愛石大夫・万福大夫・阿賀大夫であったことが突き止められる。「河宝」ではそれぞれNo.132・No.133・No.135・No.164・No.167として見いだされるので、それらがまとまって位置する場所が「水垣」にほかならないということになる。加えて「河宝」ではNo.125の台飯田二反に「水垣、次南、コセノ下」とあり、これも貴重な手がかりとなる。復元図を見ると、右のうちNo.125とNo.132の二筆は「**河上ノ里**」の東南で「**河上大通**」と**堀川**に挟まれた場所、他はその一段南で、No.132・No.133は堀川の西、No.164・No.167は堀川の東に見いだされる。現在地は**北区西賀茂川上町**東南部・**西賀茂大道口町**東端部・**西賀茂山ノ森町**西部・**西賀茂柿ノ木町**西北端部に**西賀茂水垣町**の東北端部を加えた区域に属する。近代の市制町村制では**大宮村西賀茂字水垣**で、段別は三町一二歩であった（『京都府愛宕郡村志』）が、一九三一年（昭和六）以降上京区に属して西賀茂水垣町となり、一九五五年北区に編入された。当時は中世の「水垣」のほとんどすべてを町域に含んでいたが、近年の区画整理で上記のように町域が大きく変動し、現水垣町と中世の「水垣」との関係は大幅に減少した。

なお、天正十三年（一五八五）〜十七年ごろに作成された賀茂社読経所指出帳（「賀茂」）には、一〇筆九反大にのぼる「水垣」所在の経所田が書き上げられている。

【ミソノ】　天正十三年（一五八五）〜十七年ごろのものと推定される賀茂社読経所指出帳（「賀茂」）に、「河上郷ミソノ」所在の田地が小・一反・半・小の四筆出現する。今のところほかの史料には見当たらない地名で、したがって河上郷にあったことはわかっても、往来田古帳や「河宝」・「河天」の復元図を直接利用するわけにはいかず、現在のどこに当たるのかを明らかにするのは困難なはずであるが、幸いにこの地名に関しては、「ミソノ、キシノ上」、「ミソノ、**田尻**ノ東」、「ミソノ、**上ノキシノ北**」、「ミソノ、**目代林**ノ南」と、すべて近在の場所からみてどの方角にあるかを示す注記があり、しかもすべて別々の場所・方角からみた表現であるため、「キシノ上」は一応除外しても、少なくとも三か所からの別方向の直線を引けば、その交差する場所が「ミソノ」であると確定できるのである。田尻も上ノ岸も現在まで地名が伝えられており、「目代林」は「河天」No.399の供田半の位置指定に「目代林乾」と出てきて、同帳の復元図により**御薗橋**の西北、賀茂川沿いに存在したことが確認できるので、目論見は実行可能である。結果としては田尻の集落の東で**堀川**と賀茂川との間、御薗橋に程近いところ、そこが「ミソノ」であるということになる。

とすれば「ミソノ」はもちろん「御園」もしくは「御薗」にほかならず、御薗橋の名称の由来はこの地名にあるのだということも間違いないことと言えるであろう。念のために「河宝」の復元図を見てみると、前記の「河天」№399と同一田地である№404経所田小、その南の№403経所田一反、さらにその南に№400経所田大、ついでその東南方向に№396経所田半が見いだされるのであり、№400に当たる田地の面積に一反と大との差異は見られるものの、この四筆が前記の読経所指出帳に記されているものと一致することはほとんど間違いないと見てよい。№404の小がまさしく堀川の「キシノ上」にあることもこれを裏づけている。現在の**北区大宮北ノ岸町**と**大宮田尻町**との町界に沿う細長い区域である。

【御手代田・御手代】 中・近世を通じて賀茂社の御手代田（御戸代田）が存在した区域。「河宝」には巻首に「御手代田」として「南東河畔」所在の一七筆計「一町五反三百歩」（正しくは一町六反三百歩）が記載され、そのほとんどは台飯田であったが、№13の三反のみは重ねて「御手代田」と記されている。この約一町七反の所在地は、現在の**北区上賀茂中河原町**・**上賀茂西河原町**・**上賀茂朝露ケ原町**北部と**上賀茂馬ノ目町**東南端である。御手代田の歴史的考察は第二章第六節第一項で述べたので、それに譲る。

【源先生垣内】 「往来A」所載の愛鶴大夫往来田のうち一反の在所が「川上郷源先生垣内」と記されているのが唯一の所見である。この田地は半世紀あまり後の「往来B」には慶彦大夫往来田として出現する。こちらには「郷司田」とだけあって字名は無記入であるが、他郷所在の田地の在所や斗代が「往来A」と一致するので同定できる。これを一〇年ほど前の宝徳三年（一四五一）諸郷地からみ帳と対照して追究すると、当時は慶益大夫往来田であったことがわかる。「河宝」の場合には№411として記載されている。復元図によると、**御薗橋**の西南方、**霊御川**の北沿いにあったことが突き止められる。東には**堀川**の分流が流れていた。西は「大道」、北は道・溝で限られた区域の中の当該田地を含む一定の区域が、当時このように呼ばれていたものと考えられる。現在の**北区大宮椿原町**西部に入る。右の田地の北西に私が「**霊御**」かととらえた場所（第二章第六節参照）があるが、それとの関係は明らかでない。

【椋本・ムクカ本・椋下・榎カ本】　南北朝末期ごろの「往来A」に、□郎大夫・慶鶴大夫・孫蒸大夫・明一大夫の往来田各一反の在所が「河上郷椋本」・同「ムクカ本」と記されているのが初見。半世紀あまりを経て「往来B」では、これら往来田の給主はそれぞれ和泉前司・三河前司・土佐前司・光若大夫となっていることが、他郷所在の往来田をも含めた対比検討の結果明らかになる。ただ、「往来B」におけるこれら往来田の在所は「椋本」ではなく、ことごとく「榎カ本」となっている。つまり半世紀前の「椋本」という呼称はここでは「榎カ本」に変化しているのである。そして、この「榎カ本」で調べると、「往来B」にはさらに民部大輔往来田一反が同所所在として登場する（「往来A」でこれに該当するはずの田地は料紙欠失により不明）。そこで、この五反についてさらに一〇年前後さかのぼった宝徳三年（一四五一）の諸郷地からみ帳と対照して調べてみると、そのころの給主は、和泉前司の場合はすでに同一人であり、三河前司往来田は幸石大夫、土佐前司往来田は岡福鶴大夫、光若大夫往来田は隠岐前司、民部大輔往来田は尊幸大夫がそれぞれ給主であったことを突き止めることができる。「河宝」ではNo.312和泉守往来田・No.318幸石大夫往来田・No.320尊幸大夫往来田・No.321隠岐前司往来田・No.322岡福鶴大夫往来田として出ている。これらによって復元図を利用した現在地の確認が可能になる。「**田尻**」の集落の北西にあたり、**北区大宮中ノ社町**の東半部のほとんどを占め、北端部は**西賀茂南大栗町**・**西賀茂丸川町**にかかる区域である。ついでにいえば、No.319は千代若大夫往来田一反で、これは「往来B」にも同一人が給主として出ているが、河上郷の一反については字名が記入されていないので所在が確認できず、右記の諸往来田とともに挙げることができなかったものである。しかし、復元図の上で見ればこれも字「榎カ本」にあったことは動かしがたい事実である。

さて、南北朝末期ごろは「椋本」と呼ばれたところが、半世紀後の「往来B」では「榎カ本」に変わっていることは前述のとおりであるが、実は混乱を避けるために触れなかったけれども、前記「河宝」No.312和泉守往来田の北隣にあるNo.311正伝寺田三反には「椋下、次東、溝ノ東」、No.365田尻里の土地小には「椋下ノシタノ角、田尻堂敷地」という場所指定も見えるのである。してみると、「河宝」や「往来B」が作成された十五世紀中期は、ちょうど「椋本」あるいは「椋下」が「榎カ本」に変化する過渡期であったということになるかと思われる。しかし、椋の木は別称椋榎であるから、地名が意味する椋の木の下という実態は変わっていないと見るべきで、「往来B」の作成の際に椋から榎へと漢字の表記だけが変えられたと考えた方がよいのかもしれない。中世末期天正十三年（一五八五）十月二日の大仙院幷諸寮舎指出（『大徳寺』八―二五三四）のうち自得軒分に、河上郷「ムクガ本」の「壱反　一職進退　壱石七斗」が見え、同じ頃の賀茂社読経所指出帳（「賀茂」）に、「同郷ムクガ本、**ウツロ木**」の田地大が出現するのも、その捉え方を支持するかも知れない。後者の大はたぶん「河宝」No.317の経所田大に相当するであろう。「ウツロ木」と付記されているのも興味を惹き、巨木の椋の木の中が空洞化していたことを推察せしめる。

「河宝」・「往来B」よりほとんど一世紀あとの「河天」では、「椋本」も「榎カ本」も見えないが、No.380一反には「次東、間有道、但櫨木榎アリ」、No.407一反には「櫨榎北一」という位置指定が見いだされ、復元図を見るとNo.407は「河宝」No.311三反のうち南端にある一反の東隣、「大道」・溝を越えた場所にあり、No.380はそのすぐ南で道・溝を越えたところにある。その位置からして「櫨木榎」・「櫨榎」が「往来B」にいう「榎カ本」の「榎」に当たることは間違いなかろう。そして、この木の在り場所はNo.380とNo.407の間を通る道が「大道」に突き当たる付近であったこともまた確実である。以上をまとめれば、中世後期を通じてこの場所に椋木とか櫨榎と呼ばれる巨木が存在し、その西側の一定区域が「椋本」あるいは「榎カ本」と称されたということになる。

なおこの外に「河宝」ではNo.235の郷司田半の場所指定に「エカモト」、その南隣のNo.288の経所田半にも「**中村**、エカモト」と見えており、復元図が示す両者の在り場所は、前記の榎の位置から北へ約四〇〇メートル離れた「**河上大通**」西沿いである。したがってこれは同じく「えがもと」と呼ばれても、まったく別の榎がそこに存在したと見るべきである。その位置は、No.235とNo.288の間を東西によぎる道が「河上大通」に突き当たったところであったと推定される。ただし、この「エカモト」の区域が前記二筆一反に限定されず、もう少し拡がりをもっていたとすれば、もう一〇〇メートル北の辻であった可能性も考えられる（一九五五年（昭和三十）地理調査所発行の一万分の一地形図「上賀茂」では、そこに独立樹が描かれている）。

さらに「河天」の場合にも、No.420の往来田半に「榎艮一」という位置指定がなされている。この田地の場所を復元図で確かめると、先に記した「櫨榎」の位置から一五〇メートルほど北西へ隔たった、やはり「大道」・溝の東沿いであったことがわかる。字「椋下（榎カ本）」の区域の程近くではあるが、「櫨榎」ではなく「榎」としか記されず、「榎艮一」というには櫨榎からは離れすぎているし、方角も違うという感じを否めないので、私はこの場合も「櫨榎」とは別のもう一本の「榎」が、No.420の南端の道傍に存在したととらえるのが妥当ではないかと思う。中世末期にはこの木は「**一本木**」と呼ばれていたらしい（当該項参照）。

【莚田】　「河宝」No.345の右京亮往来田・梅鶴大夫往来田計二反の在所が「次南ノ頬、莚田」とあるのが、現在唯一の所見。同帳の復元図によれば、右の田地は**大将軍神社**の南南西、いまは廃寺となった**正受寺**のすぐ東に存在した。現在の**北区大宮西総門口町**東南部である。

【目次郎垣内・目二郎垣内】　「往来A」に愛千大夫往来田のうち一反が「川上郷目次ノ垣内」所在とされているから、南北朝末期以前から存在した字名である。この田は半世紀あまり後の「往来B」においては預大夫往来田として記載されていることが、比較対照の結果確かめられる。そして、それはまた一〇年ほど前の宝徳三年（一四五一）諸郷地からみ帳と対比して追及すると、当時は鶴彦大夫往来田であったことが明白になる。「河宝」にあってはNo.291として記載されているので、その在り場所が「目次郎垣内」のうちであったということになる。これには「次東、大道上」と場所が記されている。加えて「河宝」では、No.237中坊所領田小の位置指定に「次東、道ノ東頬、目次郎垣内」と記されており、その場所も同じ字名のうちに属したことがわかる。復元図を見てみると、二枚の田地は北北西から南南東へ通ずる「大道」を挟んで相互に北と南に当たる関係にあり、約一〇〇メートルの間隔があいていたことがわかる。この事実をそのまま受け取ると、一つの垣内が「大道」によって両側に分けられていたということであり、納得しにくいところがないではないが、史料の記載に忠実に従えばそういうことになる。ともあれ、さしあたり両者を北端・南端とする区域を現今の地図で求めると、**北区西賀茂水垣町**中央部西寄りから**西賀茂大栗町**西部にかけての場所に当たる。

この字名は一世紀後の「河天」では発見できない。しかし、消滅したのではなく、中世末期天正十三年(一五八五)~十七年ごろの賀茂社読経所指出帳(「賀茂」)には、当所所在の四筆計五反の経所田が記載されている。「河宝」の復元図を見ると、No.291鶴彦大夫往来田の西にNo.290一反、北にNo.288半、南にNo.292一反半、「大道」を越えて東にNo.240からNo.243まで四筆計五反の経所田が見いだされるので、前記指出帳の五反はこれらのうちに入るのではないかと推測される。字名はおそらくそのまま近世まで残ったであろう。

【目代林】「河天」No.399の供田(経所田)半の位置が「目代林乾」とある。それによってこの田の東南に「目代林」が存在したことを知り得る。復元図で確かめると、**御薗橋**の西北約一五〇メートルの賀茂川べりである。そこに賀茂社の目代によって管理される林が存在したところからこの名が生じたものと思われる。現在の**北区大宮北ノ岸町**中央あたりである。その後、天正十三年(一五八五)~十七年ごろの賀茂社読経所指出帳(「賀茂」)に、「河上郷目代林」所在として三筆二反小が出てくるところを見ると、中世末期には林は開発されて田地になっていたように思われる。また、同じ頃のものと見られる大徳寺并行力指出(『大徳寺』八―二五四八)には、同郷「字モクダイ林」の「壱段五斗壱升代」が見え、「此外五斗賀茂之**竹林庵**へ出之、同五斗**正受寺**殿へ出之、同壱斗同所へ出之」と記されており、戦国期になって当所の田地においても大徳寺による田地所職の買得が行なわれていたことを示している。

なお、「河天」ではNo.709の左馬頭開九〇歩に「目代林下」と位置が示されているが、この田は私の復元図が大きな検討外れを犯していないかぎり、賀茂川の東岸、現在の**北区上賀茂西後藤町**東北部あたりにあった戦国前期ごろの新開田であって、したがって戦国後期には、その北側に当たる場所にも別の「目代林」が存在したと想定するのが妥当である。このあたりは山麓で**貴船神社**の社叢に近く、近代にいたるまで林・竹林が多かった地域であって、その想定を否定しないと思う。

【森田】　十五世紀中期の「往来B」に長寿大夫の往来田一反の在所が河上郷「モリタ」とあるのが初見かと思われる。この往来田は、これより一〇年ほど前の宝徳三年（一四五一）諸郷地からみ帳と突き合わせて検討すると、当時の給主が幸鶴大夫であったことが判明する。「河宝」ではNo.443の一反にあたる。同時にそこから田地二筆分を措いたNo.440の経所田一反の前の行には、「三月廿三日分」の検地の起点が「霊御北ノソヘ大道西ノ畔　上モリ田」とも記され、位置とともに上と下に分かれていたことも知られる。さらに天正十三年（一五八五）～十七年ごろの賀茂社読経所指出帳（「賀茂」）には、「河上郷森田」の経所田二筆各一反が出ているが、そのいずれにも「林ノ北」と付記されている。

復元図で確かめると、これらの田地の在り場所は、たしかに林の集落の北方で、**大徳寺通**から**雲ケ畑**方面へ北上する「大道」の西沿いであり、七枚計八反からなるほぼ正方形の区域である。現在の**北区大宮北林町**北東部と**大宮東総門口町**東南部にまたがる場所である。検地の起点とされたNo.440の田地はその東南隅にあったことがわかるから、この区域が「上モリタ」で、南側の林の集落のすぐ北の区域が下森田であったことも明らかであろう。「河宝」では該当部分の料紙一枚が失われているので、状況は知りがたいが、一世紀後の「河天」ではここの田地群が確認できる。ただし、そこの字名は「**卯花**」と記されているので、当時は下森田に代わってそう呼ばれていたと思われ、事実前記賀茂社読経所指出帳には「卯花」所在の二筆一反半が記され、うち一筆には「林ノ北」という付記がある。

【薬師堂前】「河宝」№439の絵堂田六反（四筆に分かれる）の場所が「次北東、弓場北、薬師堂前」とあるのが、いまのところ唯一の所見である。復元図によると、これは「**河原八町**」と**堀川**との間に挟まれた長地型田地群であり、現在の**北区紫竹上ノ岸町**西南部から**紫竹下ノ岸町**北端部にまたがる場所を占めていた。薬師堂はその周囲のどこかにあったことは間違いないが、可能性があるのは東の道・溝を越えた場所の北半部分である。なぜなら「河宝」の復元図ではまず西側は田地であり、南は「弓場」ということになる。加えて「河天」の復元図を併用すると、「河宝」では料紙の欠失があってわからない北側にも田地があったことが知られるので、残るのは東側、それも北半部だけである。薬師堂の場所はおのずからそこに落ち着くことになる。紫竹上ノ岸町中央南寄りに相当する。

【ヤスマ】「往来A」所載の大夫将監・孫三大夫の往来田各一反の在所が「川上郷ヤスマ」とある。したがって南北朝末期以前から存在した地名である。半世紀あまり後の「往来B」では、この田地はそれぞれ尊光大夫・美作前司の往来田となっていることが比較対照の結果判明し、さらにこれと一〇年ほど前の宝徳三年（一四五一）諸郷地からみ帳とを突き合わせて追及すると、その頃の給主は前者が石見前司と推定され、後者は幸若大夫であったことがわかる。「河宝」では石見前司往来田はなぜか見いだせないが、後者は№85に現われるので、その在所が字「ヤスマ」のうちであることは確認できる。その位置は「**河上ノ里**」の北、現在の**北区西賀茂北川上町**中央部東寄りである。

【柳かタモト・柳袂・柳本】初見と思われるのは、「河宝」№268の神光院田一反半の在所が「柳ヵタモトノ南ノ上」と記されているものである。次いで天文十二年（一五四三）十一月十九日の与次郎田地売券（「賀茂」）には、当該田地半反の在所が「但、河上之郷之内柳袂在之、北東ハ限地蔵田、西ハ高トテヵきる」と見え、弘治三年（一五五七）

十二月十五日の中務少輔氏山新開田売券（「岩佐家文書」）にも、「合壱所者　但、柳袂、ハリノ木ニ在之」とある。これらのうちほぼ間違いなく場所が突き止められるのは、最初の「河宝」No.268の田地である。復元図によると、これは現在の**北区西賀茂榿ノ木町**の中央部南寄りにあった。そのあたりが「柳袂」の南部であったことは確実である。そして、このことを考え合わせると、「河天」No.536の小に「柳本、福満大夫開一」、同じくNo.538の式部大夫往来田一反に「柳本、北一、両所在之」とある「柳本」は、「やながたもと」がつづまって「やながもと」になったものではないかという推測が成り立つ。「河天」の復元図によると、右の田地のうちNo.536は**堀川**の西沿い、No.538は堀川の東沿いであるが、双方とも西賀茂榿ノ木町西北部に当たるから、「柳袂」北部というにふさわしいのである。もっとも前記の売券二通は天文十九年前後のものであるのに、両方とも「柳袂」とされているので、不審がないではないが、こういうことは起こり得ないこととはいえないから、私は右のように捉えて差し支えなかろうと思っている。

【ヤナセ・ヤナゼ・梁瀬】　今のところ、「河宝」No.108の宝幢院田一反の方角記載「次西」の右傍に「ヤナセ」と記してあるのが初見。一世紀後の「河天」でも、十一月七日の検地が「梁瀬、巽一」に当たるNo.602半反から始められたことが記されている。両検地帳の復元図を照合してみると、この二枚の田地は隣り合わせの関係にあり、賀茂川に接していたことが判明する。この付近の賀茂川で梁漁が行なわれていたところから生じた地名であることは間違いなかろう。「河天」の記載の仕方に即して言えば、字名の範囲はNo.602〜No.609の八筆計六反九〇歩であったと見られ、そこは現在の**北区西賀茂山ノ森町**北部、賀茂川寄りである。ただし、厳密にこの範囲とは限定できず、天正十三年（一五八五）〜十七年ごろの賀茂社読経所指出帳（「賀茂」）には、「ヤナゼ」所在の経所田半が出ており、「**河上里ノ東**」と付記されているので、このあたりを指していることに間違いはないが、念のために「河宝」の復元図で調べてみると、前記の範囲内には経所田は皆無で、右の経所田半反に該当すると見られるのはNo.117しかない。これは**堀川**を越えた西隣にあたる。したがって周囲のある範囲をも含めて捉えておく必要がある。

【山蔵】「河天」№697の福満大夫持田地一〇歩が「山蔵」にあったことが記され、つづく№701までの半・九〇歩・半・三〇歩の四筆にもすべて「同所」とある。これ以外には所見がない。復元図によると、これは賀茂川の東岸、**北区上賀茂大柳町**北西部である。一世紀前の「河宝」ではこの場所には田地が見えないこと、№697の一〇歩をはじめ、一筆ごとの面積が零細であること、賀茂川べりであること、東側に「入江新開」と記す「寄合田」№696二反小が見られ、東南方面にも新開田と見られる田地が散見すること、などから考えて、戦国前半期あたりの開発田であったと考えられる。

【山ノ杜・山森】「往来A」に一珠大夫往来田のうち一反が河上郷「山ノ杜南」にあったことを記すのが初見と思われる。一珠大夫往来田は半世紀あまり後の「往来B」では宮有大夫の往来田として出てくることが比較対照により確かめられ、さらにそれより一〇年ばかり早い宝徳三年（一四五一）の諸郷地からみ帳においても、同じく宮有大夫が給主であった。「河宝」の場合には№96に相当する。加えて「河宝」のその近辺の記事には、№87一反半・№88一反・№90〜№93の四筆計四反・№100一反の各田地が「山杜田」と記載されているのが注目される。すでに第二章第六節でこのあたりの復元図作成について詳しく説明したとおり、この「山杜田」は山杜神社＝**山ノ森神社**の神田であり、それに取り囲まれた形で、ここには「林」（「河宝」№92・№93参照）が存在し、その中に山ノ森神社が鎮座していた。この神社については「山城名勝志」に簡潔な記事があるが、それは第二章第六節の注4に引用したので、ここでは『京都府愛宕郡村志』の記事を引いておくと、祭神は「素盞烏命・思姫命・稲田姫命」の三座、「賀茂別雷神社の末社、創立詳かならず、境内二百八十八坪、官有地第一種、一名浮田の森と云ふ」（読点は須磨）とある。現在はすでに賀茂社に合祀されてしまっていて、地図でも跡はわからないが、前記の「山杜田」などを復元図に記載することによって確認できる神社の故地は、北山ノ森町北端から六、七〇メートル南へ下がった、**西賀茂井ノ口町**との境界に接する場所である。社名「山ノ森」は早くから近辺の地名となっていたから、それは現在の**北区西賀茂山ノ森町・西**

賀茂北山ノ森町にまで受け継がれて残っている。さかのぼって市制町村制では、**大宮村西賀茂字山ノ森**と言われ、段別は二町九反三畝二三歩であった（『京都府愛宕郡村志』）。

上記以外の関係史料を拾っておくと、寛正二年（一四六一）四月六日の賀茂顕氏田地譲状（「碓井小三郎氏所蔵文書」）には、当該一反の在所が「河上郷之内字山森前林下」と記され、推定室町期の賀茂社読経所田田数引付（「川上家文書」）にも、河上郷「山森」の半反が見いだされる。文明五年（一四七三）二月日の賀茂大神宮侍所下知状（「賀茂」）には、氏人賀茂氏継に「河上郷内字山森之田」の作職を宛行ったことが見える。また、文明十二年の土一揆蜂起の際、鍛冶屋浄妙入道なる者が「山森、河原田壱段」の売券を押し取られたという（「政所賦銘引付」『室町幕府引付史料集成』上巻）。「河天」No.693には「山森貴布祢御灯田」一反が出てくるが、これは山ノ森神社が貴布禰神社とも呼ばれていたことを証する。この田地自体は賀茂川東岸字「**毛穴**」の北端に位置していた。その後、天正十三年（一五八五）～十七年ごろの賀茂社読経所指出帳（「賀茂」）には、「山森」の小、「山ノ森ノ南」の半、「ハコタ、山森ノ南」の一反、「河原田、山ノ森ノ北」の半などの経所田が記載されている。

【ユカ本・柚本】「往来A」所載の弥若大夫往来田一反の在所が「河上郷ユカ本」とあり、右京権大夫往来田半は「川上郷柚本」所在とされている。前者には「荒田云々」の付記がある。半世紀あまり後の「往来B」と対照すると、前者が但馬前司往来田、後者が伊賀前司往来田として出現することが明らかになるが、この場合は後者に「河成」の注記が見られる。これをさらに一〇年ほど前の宝徳三年（一四五一）諸郷地からみ帳の記事と突き合わせて検討すると、その当時は但馬前司往来田は藤満大夫往来田であり、伊賀前司往来田はすでに同じ伊賀前司が給主となっていたことが判明する。「河宝」では前者がNo.48藤光大夫往来田として出現し、後者はその西にあったNo.49の伊賀前司 別相伝 田地小に該当するのではないかと思われる。藤光大夫と藤満大夫の往来田が同一であるかどうかは問題であるが、前者は「河宝」だけに出てきて他郷地からみ帳には一例も発見されないこと、後者は他郷地からみ帳には出てくるが「河宝」には出てこないことからして、両者が同じであることがほぼ証明できると思うので、ここでは同一とみなして記述する。また伊賀前司往来田については、往来田と別相伝田地とでは性格が異なるので、本来同一視できないのが当然なのであるが、この場合の「別相伝」の文字は小文字で付記され、疑いなきにしも非ずという感じを抱かせること、「河宝」では同往来田はまったく発見できないこと、田積が半と小で、一致はしないものの一反の半分以下という点で共通性があること、藤光大夫往来田の西隣にあって、両方に「荒田」・「河成」という類似性があることなどから、№49は往来田であったと考えた。この見方が受け入れられるとすれば、復元図で「柚本」の場所が明らかになる。河上郷北部の「**半山**」の西である。この場所は北から西へ通る用水路の影響で「河成」になる可能性をもっていたと見てよいであろう。現在の**北区西賀茂上庄田町**中央部山寄りである。柚子の木が生えていて、その近辺を呼んだ地名と思われる。

【ヨコ田】「往来A」所載の幸一大夫・菊若大夫の往来田のうち各一反の在所が「河上郷ヨコ田」とあり、半世紀あまり後の「往来B」では、前者は清寿大夫、後者は愛有大夫の往来田となっており、田地の在所に変化はない。さらにこれを一〇年ばかり前の宝徳三年（一四五一）諸郷地からみ帳と対照し、字名を手がかりに突き合わせてみると、その頃には前者は命菊大夫が給主であり、後者はすでに愛有大夫の往来田になっていたことが判明する。「河宝」の場合には、№447が愛有大夫往来田、№448が命菊大夫往来田で、隣接して存在したことが明らかになる。そして両者とも「次北」という方角記載とともに「西へトヲル」という注記があり、いわゆる横田であったことが示されている。復元図で調べると、この二枚の往来田だけが周囲の田地とは違って長地の横田であったことがわかる。現在地は**北区大宮東総門口町**東南部である。

【横枕】「河天」№609一反の在所が「横枕、西一」と記されているのが、今のところ唯一の所見である。復元図作成の結果では、この田は南側に半折様の横田が二枚重なり、その上に乗るような形になっており、地名はおそらくはそこから来ているのであろう。かつての**山ノ森神社**の東南で、賀茂川と**堀川**の間にあった。現在の**北区西賀茂山ノ森町**北部である。

【四反田】 南北朝末期ごろの「往来A」に、松菊大夫と千玉大夫の往来田各一反の在所を「川上郷四反田」と記し、もう一人長益大夫の往来田一反が同郷「四反田東」にあったとしているのが初見と思われる。半世紀あまり後の「往来B」では、この三反はそれぞれ善光大夫・千代徳大夫・尾張前司の往来田として現われるが、在所の表記に変化はない。そして「往来B」では、このほかに阿波前司と寿徳大夫の往来田各一反も「四反田」所在として出てくる（「往来A」でこれに対応すべき田地は料紙欠失により知り得ない）。これらの往来田は、一〇年ばかり前の宝徳三年（一四五一）諸郷地からみ帳と対照し、他郷所在の田地を含めて、字名を手がかりに追究してみると、その当時は千代徳大夫・尾張前司・寿徳大夫の三名はすでに往来田の給主となっていたことがわかる。善光大夫往来田は慶珠大夫が受給していたらしい。阿波前司往来田はしかとは突き止められないが、梅鶴大夫往来田であった可能性が大きい。右の三者もしくは四者の場所が復元図で確認できれば、場所を特定するにはまず十分である。「河宝」ではNo.246寿徳大夫往来田、No.247梅鶴大夫往来田、No.248千代徳大夫往来田、No.258尾張前司往来田、No.269慶珠大夫往来田として記載されている。それに加えて、「河宝」ではNo.251宝幢院田一反の位置が「四反田ノ次南」と指定されているから、いよいよ場所がはっきりする。

復元図に当たってみると、**田尻**の集落から北北西へ隔たること約三〇〇メートルの場所に、長さは揃っていないが横田の形状を呈する往来田四反が重なって存在することがわかる。そのうち北から二番目に寿徳大夫、三番目に梅鶴大夫、四番目に千代徳大夫の往来田が位置する（最北部のものは万三大夫往来田であるが、「往来B」でこれに当たる慶乙大夫往来田の河上郷所在田地は、「他作」とだけあって字名は見えないので確認できない）。また、尾張前司往来田は寿徳大夫往来田の東で道・溝を越えたところにあり、慶珠大夫往来田は千代徳大夫往来田の東南筋向かいの場所を占め、No.251の宝幢院田は同じく千代徳大夫往来田の道を隔ててすぐ南にある。この状況は「四反田」の名称が本来横田四反の往来田を指したものであることを物語るものである。「四反田東」は読んで字のごとしで説明を必要としない。

ただ、字名の由来はたしかに往来田四反にあるといってよいが、のちにはそれがもう少し周囲に拡がったものと思われる。それを物語るのが慶珠大夫往来田の存在である。この田は前記のごとく往来田四反からみて東南に位置し、字道・溝を越えている。「往来B」でこれに該当する善光大夫往来田が「四反田」所在とされているということは、字「四反田」がもともとの四反のみに限定されていなかったことを示すものと考えねばなるまい。また、天正十三年（一五八五）～十七年ごろの賀茂社読経所指出帳（「賀茂」）に、河上郷「シリボソ、四反田」の半が出てくるのも同様の例と見られる。尻細の形をしている半反の経所田は、「河宝」復元図では、この付近に一か所しか見つけ得ない。No.257である。この田は尾張前司往来田の北に位置し、往来田四反の東北に当たるのである。やはり多少の拡がりは考慮して字名をとらえるべきであろう。それはともかくとして、もともとの往来田四反の現在地は、**北区西賀茂大栗町**中央南部から**西賀茂南大栗町**西北端・**西賀茂丸川町**東北端にまたがる場所である。

なお、前記読経所指出帳には、ほかに「河上郷**池夕**、四反田ノ北、但**辻堂**ノ南」と在所を特定した経所田大がある。「河宝」復元図では、「四反田」の北にある経所田は、前記No.257の西にNo.240～No.243の四筆が見つかるが、田積大のものはない。また、「辻堂」の位置もわからないが、「辻堂」というからには道路の交差点にあったとみなすならば、No.240の東北の辻である可能性がもっとも大きい。No.240は田積一反半であるが、地籍図では二枚に分かれているので、その東の一枚が当の経所田大であったと見ることができなくはない。もし、この推定が当たっているならば、ここは中世末期には「池田」と呼ばれていたことになる。不確実さは否めないが、一つの見方として付け加えておきたい。

【霊御川】 この川の名は、「河宝」No.412六反の位置指定として「次南、霊御川南」とあるのが初見と思われる。一世紀後の「河天」にも№112兵部少輔往来田一反の在所が「霊後川北」（戦国期の史料では、「霊御」を「霊後」と表記する）と見えるので、復元図に照らして川がどこを流れていたかが突き止められる。かつて河上郷南部を西から東へ蛇行しながら流れ、**堀川**に合流していた川である。西部山中**尺八池**から出て現在の**北区大宮一の井町**の町域に入り、**大宮南椿原町**の東端まで行って堀川に合していた。名称は「霊御」あるいは「霊御里」に発していると見られるが、これについては第二章第六節および本章第七節参照。

【六反田】　これは六枚六反の田地がまとまっていたところからきた地名であると考えられる。地名の初見は「往来A」所載の鶴松大夫往来田のうち一反の在所が河上郷「六反田」とあるものであろう。半世紀あまり後の「往来B」では、この田は左馬助往来田となっている。ここでは「河上郷、郷司田」と記すだけで字名の確認はできないが、ただ、「往来B」の場合は一〇年ほど前の宝徳三年（一四五一）諸郷地からみ帳と対照して、当時のこの往来田の給主が誰であったかを明らかにできる可能性がある。他郷所在の田地をも含めて字名を手がかりにした追及を行なってみると、幸いにそれは又彦大夫であったことが判明する。同人の往来田は「河宝」では№132と№457に一反ずつ記載されている。「往来A」では鶴松大夫往来田は河上郷に二反あり、うち一反は「**水垣**」所在と記されているから、復元図を調べるとそれは前者であり、「六反田」にあったのは№457と特定できる。また、天正十二年（一五八四）十一月十一日の御馬先生左衛門五郎下作職請文（「賀茂」）には、彼が賀茂社の「御馬田」である「河上郷字六段田之内うしとらすミ壱段分」の下作職を宛行われたことが見える。これは「御馬田」であることと「六段田」の北東の隅に位置したことの両方が場所の特定に役立つ。もう一つ関係史料を引用すると、室町後期のものと見られる賀茂社読経所田田数引付（「川上家文書」）に、河上郷内の念仏田として「六段田　弐段」が記されている。

そこで、まず「河宝」の復元図で№457の場所を見てみると、それは**田尻**の集落の西約二五〇メートルほどのところに見つかる。「次西」の方角記載に添えて「川マタケ」と記されている田地で、そのとおり一枚の長地型田地が中央部を横切る川を跨いでいる状況が看取できる。同様の田地はNo.460の経所田一反まで「次西」で四筆計四反連続し、その次には「次西、北へトヲル」としてNo.461経所田二反が位置し、形状はまさに北へ長く延びて、いわゆる「丁通り」の在り方を示している。また、逆に又彦大夫往来田の東を見ると、そこにはNo.456正受寺田一反があり、ついで「ハヲリ」のNo.449経所田一反・No.450神光院田一反が川の南北に並んだあと南北に通る道・溝に達する。又彦大夫往来田を含む六反もしくは六枚程度の田地群のまとまりを考えた場合、道・溝を東限とし、西を「丁通り」で区切られる区域の方が、「河宝」では七枚の田地から成ってはいるが、まとまりとしてはふさわしいのではないかと私には思えるので、いまはそういう捉え方をしておきたい。もしそうではなくて西へ動いたとしても、誤差は大きいものではなく、どちらにしても前記読経所田田数引付の二反に見合う経所田はその中に含まれることになる。現在地を指摘すると、**大体北区大宮東総門口町**西南部である。

これでとにかく「六反田」の場所は押さえられたとしてよかろうが、なお問題が一つ残っている。この区域の北東隅には、前記左衛門五郎下作職請文にある「御馬田」が発見できないからである。そこで、今度は田地六枚ほどの田地群から成るあるまとまった区域で、その北東隅に「御馬田」の在る場所がないか、「河宝」の復元図でさらに検討してみると、それは**大将軍神社**の東南に見つかる。前記とはまったく違う区域であるが、そこには道・溝に囲まれたNo.335とNo.340〜No.344の六枚の田地群があり、北東隅のNo.340はまがいもなく「御馬田」なのである。ここもまた「六反田」であったとして矛盾はない。こちらは大体現在の**大宮西総門口町**北部に当たる。かくして、詮ずるところ河上郷の「六反田」は二か所に存在したということになるのである。(4)

【ワラヒ岡・蕨岡】 南北朝末期ごろの「往来A」に、数名の氏人の往来田が「河上郷ワラヒ岡」にあったことを記す。すなわち、幸蒸大夫・初有大夫・亀熊大夫・阿古蓮大夫・正若大夫・徳一大夫の各一反と虎福大夫の半である。半世紀あまり後の「往来B」では、これらの田地の給主がそれぞれ万鶴大夫・千代寿大夫・千代松大夫・益徳大夫・

乙鶴大夫・有松大夫・松鶴大夫に変わっている。その外に同帳では、「往来A」では該当部分が欠けていて確認できなかった別の一反の給主として下野前司が確認され、さらに「蕨岡、**円明寺**」所在と記された徳若大夫と幸一大夫の往来田各一反も出現する。

「往来B」に出てくる往来田については、一〇年ほど前の宝徳三年（一四五一）諸郷地からみ帳と突き合わせて、字名を手がかりにして追究すれば、その当時の給主が誰であったかを明らかにできるケースが多いので、やってみると、下野前司と幸一大夫については不明であり、有松大夫は当時すでに往来田を受給しているが、他はいずれも別の仮名や受領名をもつ氏人が受給者であったことがわかる。便宜上記三名を除いて「往来B」の記帳順に挙げると、信濃前司・慶若大夫・出雲前司・千代石大夫・阿波前司・下野前司（「往来B」のものとは別人）・石見前司である。彼らの往来田は、「河宝」では下野前司のものは見いだせないが、あとは順にNo.527・No.502・No.526・No.490・No.489・No.488として登場し、有松大夫往来田はNo.529である。これで計八名の往来田に関するかぎり「河宝」の復元図で存在位置が確認でき、ひいては「蕨岡」の場所がつかめることになる。記載順番号から判断して、これらは二か所から三か所にまとまっていると予想されるが、大体そのとおりで、まずかつての**正受寺**の西南にNo.488〜No.502の四筆三反半があり、残る三筆はすべて**小野**方面へ北上する道を越えた西側で、うちNo.529だけは**霊御川**南岸に接しているが、他はいずれも川の北側に位置していた。現在地で指摘すると、正受寺西南の田地群はほぼ**北区大宮南山ノ前町**西部、No.529は**大宮北箱ノ井町**中央南部、No.526・No.527の二反は**大宮一ノ井町**の中央付近ということになる。全体としては現**薬師山東町**に相当する東南山麓を、東から南へ迂回するような形で分布していたといえよう。また、天正十三年（一五八五）〜十七年ごろの賀茂社読経所指出帳（「賀茂」）には、「河上郷ワラヒ岡」として半反が三筆出現するが、ほかに「大宮郷ワラヒ岡」として小・一反の二筆、同郷「**高橋**、ワラヒ岡」の小、同「**カヤノ木**、ワラヒ岡」所在の一反が記載されている。「高橋」は河上郷西南端のあたり、現大宮一ノ井町中央南部であり、「カヤノ木」はそこから約三〇〇メートル東、**大宮開町**北部である。これは「蕨岡」の範囲をいっそうはっきりさせると同時に、南部は大宮郷として扱われる場合もあったことを示すものである（「高橋」・「カヤノ木」については当該項参照）。しかし、まだこれでも全範囲をカヴァーしたとは言えない。「河天」№171の半反では、在所が「**福徳明神**西一、蕨岡」と見え、この田地が「蕨岡」の区域内にあったとしなければならないが、それは現**大宮東小野堀町**西南端で、前記の区域からなお約二五〇メートルくらいは東へ離れた場所である。私の復元図が間違ってさえいなければ、「蕨岡」は河上郷西南のかなり広範囲に跨がる地名であったということになる。

そうなると、場合により他の字名で呼ばれる区域がこれと重なり合うこともあり得ないことではない。事実先に指摘したように、「往来B」には在所を「蕨岡、円明寺」と記された往来田二筆二反が出ている。この表現には解しがたいところがあるが、一方が抹消されて書き改められたという形跡はどちらにもないので、そのままに受け取るならば「蕨岡」であると同時に「円明寺」のうちでもある場所ということであろう。この二反のうち一反だけは「河宝」№502の慶若大夫往来田に当たることが確かめられる。先に正受寺西南の田地群としたうち、それだけが南へ突き出た形の田地である。加えて、すでに「円明寺」の項で考察したとおり、「往来A」・「往来B」には、「円明寺」所在の往来田が一〇筆以上記載されており、復元図の上でその在所を調べると、これはほぼ「蕨岡」の範囲に重なってくることがわかる。むしろ「蕨岡」＝「円明寺」と見たほうがよいほどである。「往来A」でも「往来B」でも両者は書き分けられているので、本章でも別々に項を設けたが、事実は右記のとおりで、「蕨岡、円明寺」と記す例が出現するのは、かえって事実に即しているといえるかもしれない（ただし、「往来B」で「蕨岡、円明寺」とされている二反に当たる田地は、「往来A」ではいずれも「円明寺」としか記されていない）。

このほか目についた史料若干を挙げると、推定室町期の賀茂社読経所田田数引付（「川上家文書」）に、河上郷内の田地一〇〇歩が「蕨岡」所在として記載され、明応四年（一四九五）四月二日の賀茂社祝重賢田地売券写（「賀茂」）に記されている田地二反のうち一反の在所は「河上郷字蕨岡」とある。また、戦国期には大徳寺の塔頭・寮舎などがこの区域の田地所職を入手していた。元亀三年（一五七二）の大徳寺幷諸塔頭本役銭結鎮銭出分指出（『大徳寺』八―

二五三一・二五三二）のうち、太清軒分指出に二反、大僊院分指出に一反、宗園分指出に一所など、「蕨岡」所在の田畠が見えているのはそれである。太閤検地のあと、この区域はかなりの部分が大徳寺領とされ、天正十七年の大宮郷大徳寺分検地帳では四四筆計三町二反一〇歩の田地が書き上げられ、また、同十九年九月五日の大徳寺領西賀茂内土居堀外分留帳（『大徳寺』八―二五六三）には、「蕨岡」を肩書きとする田地が一〇筆計一町一〇歩記載されている。慶長二年（一五九七）の大宮郷麦田指出にも当所の田地一筆五畝が出ているが、上記天正検地帳や土居堀外分留帳と比較してあまりに田数が少ないのが不審である（大宮郷の他の区域ではほとんどの田地が麦田である）、これはもともと麦の作付けがほとんどなされていなかった区域なのか、それともたとえば土居堀の築造などほかの要因が作用しているのか、今のところは明らかでない。

（1）霊御は、「河宝」ではすべて「霊御」と記すが、「河天」など戦国期の史料ではいずれも「霊後」と表記している。ここでは引用史料に出てくる場合を除きすべて「霊御」に統一した。

（2）「河宝」では、宮有大夫往来田は三か所に出現する。すなわち、No.96・No.409・No.496である。しかし、「往来」A・B所載の宮有大夫往来田全五反は、河上郷浄行堂・同郷山森南・大宮郷トカ丸・中村郷松本・岡本郷地蔵堂前所在であり、河上郷には二反しかないのである。往来田は人別五反の規定であったからこれが当然であって、そうすると「河宝」に見える三反のうちどれか一反は、他の氏人の往来田の誤記と見るのが妥当な理解であろう。はたしてそれがどの一反なのかを明らかにするため、一人の氏人が受給する往来田の位置は、年代を経過して給主が交替しても原則として変化しないという性質を利用し、「河宝」と「河天」の復元図を重ね合わせて、前記三か所の往来田の給主が「河天」でもやはり一人の氏人のものなのかどうかを調べてみると、「河宝」No.96とNo.496の二反は「河天」ではNo.618・No.241の駿河守往来田であるが、残る「河宝」No.409に相当する「河天」No.114は山城守往来田であることが明らかになる。すなわち、「河宝」No.409宮有大夫往来田はおそらく誤記と見られるのである。もう少し検討を進めて、五か郷全部について宝徳三年地からみ帳と天文十九年検地帳の復元図を対照し、天文十九年検地帳における駿河守往来田が地からみ帳では誰のものであるかを追究してみると、それは彦石大夫往来田であったと見てよいという結果にたどりつく（「往来B」には福若大夫往来田として出現）。「河宝」No.409は彦石大夫往来田と訂正するのが至当である。

（3）かつて『角川日本地名大辞典』26京都府上巻において、この項目を執筆したとき、「銭講」の「講」を「溝」と読み、見出しを「ぜにみぞひらき」としたが、これは判読を誤ったものである。ここに訂正して迂闊をお詫びする。

（4）『角川日本地名大辞典』26京都府上巻の同名の項目では、まだ「往来A」の年代推定がかなわず、「往来B」と対照して双方に出てくる同一の田地を確認する点でも不足が多かったため、この二か所を分けて捉えることができなかった。ここに訂正を含めた補足をおこなった。

第七節　社家町および諸集落の地名

本節では、古代以来賀茂社に奉祀してきた社司・氏人ら賀茂県主の人々と、岡本・中村両郷を中心に境内諸郷田地の耕作に従ってきた百姓層の人々とから構成されていた、いわゆる社家町の中の諸地名、ならびに境内諸郷田地の周辺や時にはその内部に形成されていた諸集落について、地名の歴史的考察という観点から個々に取り上げて解説を行なう。叙述の便宜上、全体を「社家町の地名」と「諸集落の地名」とに二大別した上、それぞれあいうえお順に項目を配列する。

〔一〕　社家町の地名

【池殿・池殿町】　現在の**北区上賀茂池殿町**に相当する。社家七町の一つ。地名「池殿」の初見史料は、宝徳三年（一四五一）の諸郷地からみ帳であろう。これには衛門太郎・衛門五郎・左近允・太郎三郎ら一〇数名の「池殿」居住作人が記載されている（ただし、同帳では往来田には作人の記載がないのが普通なので網羅的とは言えない。以下も同様）。一六世紀後の天文十九年（一五五〇）諸郷検地帳でも二〇数名の同所居住作人の名前が確認できる。諸郷田地の復元図はこれらの作人層が耕作していた田地がどのような分布を示していたかを詳細に明らかにする。本書には収録できなかったが、私の作成した分布図によると、それは大宮・小山両郷の北部と河上郷東南部にかなりの部分が集中し、その他河上郷には北から南までかなり広く散在し、中村郷北部・岡本郷にも一部散見するという状況を呈している。これは「池殿」が社家町のもっとも西部に存在した町であることと、検地帳に記載されている作人層が原則として直接田地の耕作に従事していた人々であったことを見事に反映しているといえよう。天文十九年には上記検地帳以外に関連史料として賀茂社反別礼銭算用状（「賀茂」）があるが、それには「池殿丁分」として一三町七反三一〇歩の田数に対する分銭八貫四三三文が書き上げられている。「池殿町」居住作人によって耕作されていた田地の面積全体が把握できる一史料である。その後天正十九年（一五九一）八月九日付の上賀茂地下棟別帳（同）によると、当所には**池殿堂**と小屋各一軒を含めて計四七軒に及ぶ地下人（百姓）の家が存在した。

ここには上記の作人層とは別に賀茂社の氏人の家々（社家）があったが、その数は明応六年（一四九七）九月八日の賀茂社小野饗方不足分支配状（同）に、「池殿」居住の氏人（往来田を帯するもの）の名前二二名が見えるので、戦国前期の様子をおおよそ知ることができる。

下って賀茂社日次記（同）延宝八年（一六八〇）二月二十九日の条に記録されている上賀茂軒数書上によると、「池殿町」には社家分四四軒・寺分六軒・地下分九〇軒、合計一四〇軒があったと記録されている。ただし、これは棟別銭賦課のための調査であり、「社家・地下・寺家・寺庵、本家・小屋等迄不残」含めているので、納屋とか小屋などを除いた住屋たる母屋の数は、大体半分程度と見て大過ないであろう。とすれば、戦国期の状況と大差はないのである。

近代の市制町村制では上賀茂村上賀茂字池殿といい、段別は二町四反七畝二歩（『京都府愛宕郡村志』）。一九三一年（昭和六）以降は上京区に入り、一九五五年（昭和三十）からは北区に属する。

【梅ケ辻・梅か辻子・梅辻町】 北側の**岡本町**と並んで社家町の東端を占める。現在の**北区上賀茂梅ケ辻町**で、社家七町の一つ。管見では、永和四年（一三七八）四月八日の賀茂音平敷地幷畠寄進状写（「賀茂」）に、「梅辻**慈聖庵**用敷地一處」を「**南辻**」の畠半とともに得浄房に寄進する旨記されているのがこの地名の初見である。これはこの時「梅ケ辻」の地に僧得浄によって慈聖庵という寺庵が開かれたことを物語るものである。ほぼ同じ頃に作成された「往来A」でも、王愛大夫往来田一反の在所が「岡本郷梅辻屋敷」と記されている。その後は宝徳三年（一四五一）岡本郷地からみ帳所載のNo.138竹林庵田一反に「次ノ東、垣内、梅辻ノ南、古スルカノカミノ古屋敷」、No.140仏光院田一反に「梅辻東作手出口、北ノ一」と在所が指定されており、かつ同郷を含む五か郷の地からみ帳に、「梅辻」居住の作人として兵衛太郎・左近四郎ら計一〇名が登場するのが古い所見である。

さらに一世紀後の天文十九年（一五五〇）諸郷検地帳では、「梅辻」居住とされる作人五〇余名の名前が検出される。史料に居所の記載がない部分も若干あり、また全員が検地帳に作人として出てくるとは言えないので、それを考慮に入れれば、これに一～二割を加えたものが当時の町内居住地下人（戸主）の総数ということになろう。天文検地帳の復元図によると、彼ら「梅ケ辻」居住作人の作田はほとんど中村郷（大半は**乙井川以北**）・岡本郷内に限られており、ほかに河上郷・大宮郷にも田地を持つものは計五名いるだけである。この事実は彼らが基本的に直接耕作者であったことと、「梅ケ辻」が社家町の東端に位置したことを反映するものである。つづいて天正十九年（一五九一）八月九日付の上賀茂地下棟別帳（同上）では、そのころ「梅辻町」の中には、「田中丁」・「北手」（**明神川**以北であろう）・「ねふつたう（念仏堂）町」の小区域があったこと、それを含めて、小屋（七軒）まで合計すると六六軒に及ぶ地下人の住宅が存在したことが記録されている。この中には油屋・大工・屋根葺が一名ずつ見られ、また、「やすらい花たう」・「念仏たう」・「梅仙庵」各一軒が見える。

また、ここに住んでいた氏人の人数については、明応六年（一四九七）九月八日の賀茂社小野饗方不足分支配状（同）に、総計一二三名の氏人が居住地別に記載されているので、そのころの大要が把握できる。「梅ケ辻町」の名称は発見できないが、**岡本町**に始まり**池殿町**に終わる記載順からすると、岡本町の次にくる「**大田町**」がこれに相当すると考えられ、この対比に誤りがなければ、合わせて二一名が居住していたことになるが、これは往来田を帯する氏人の数である。

下って賀茂社日次記（同）延宝八年（一六八〇）二月二十九日の条には、棟別銭賦課の前提として調査された上賀茂軒数書上が記録されている。それによると、「梅ケ辻町」には社家分二六軒・寺分五軒・地下分一四八軒、合計一七九軒があったと記録されている。ただここには「社家・地下・寺家・寺庵、本家・小屋等迄不残」数えられているので、納屋・小屋などを除き住屋としての母屋の数に限るとするとおよそ半減するであろう。そういう見積もりをすると、近世前期においても大きな増加はなかったとしてよいのである。

近代の市制町村制では上賀茂村上賀茂字梅ケ辻で、段別は一町七反四畝二一歩（『京都府愛宕郡村志』）。一九三一年（昭和六）以降は上京区に入り、一九五五年（昭和三十）以降は北区に属する。

【岡本】 現在の**北区上賀茂岡本町**。社家七町の一つ。上賀茂社家町の東端に位置し、南側には**梅辻町**があった。「岡本」の地名の初見は古い。天平六年（七三四）七月二十七日の優婆塞貢進解（「正倉院文書」）に、山背国愛宕郡賀茂郷岡本里戸主鴨縣主呰麻呂戸口の鴨縣主黒人が出てくる。また、「続日本後紀」天長十年（八三三）十二月朔日条には、「道場一處在山城國愛宕郡賀茂社以東一許里。本號岡本堂。是神戸百姓奉為賀茂大神所建立也」という記事がある。(1)大宝令の制によって一里＝五町で計ると、賀茂社の前から現上賀茂岡本町西部あたりまでがちょうど相当の距離となる。「山城名勝志」（『改訂史籍集覧』第二十二冊）は、この記事を引用するとともに、「岡本堂」について「岡本ハ謂二大田社ノ邊一、今有二薬師堂一、是岡本堂歟」と記している。薬師堂（賀茂社家宅七町之図では**大田池**の南、道路を隔てた角地に位置が記入されている）が「岡本堂」につながるかどうかはわからないが、そのあたりが古く「岡本里」と呼ばれていたことは間違いない。この地名が境内六郷の一つに冠せられて岡本郷が成立したことも確かである。

社家町の中の町名としては、宝徳三年（一四五一）の諸郷地からみ帳において、岡本・中村両郷に作田を持つ左近次郎・兵衛三郎ら計五名の「岡本」居住作人が出てくるのが早い所見である。一世紀後の天文十九年（一五五〇）諸郷検地帳では、太郎三郎・小三郎ら合わせて一五名の作人が記載されているが、彼らの作田の所在郷は岡本・中村両郷に限られている。これは岡本町が社家町の東端に位置するからにほかならず、かつ同検地帳所載の作人が基本的に直接耕作者であったことの反映である。この後、天正十九年（一五九一）八月九日付の上賀茂地下棟別帳（「賀茂」）では、「岡本しやりたう（釈迦堂）」一軒のほか計一六軒の地下人の住屋が記載されている。これは天文十九年検地帳の作人の数にほぼ一致する。

町域には地下人の住屋とともに賀茂社氏人の屋敷も併存していたことは、他の諸町と同様である。一一三名の氏人を居住地別に書き上げている明応六年（一四九七）九月八日の賀茂社小野饗方不足分支配状（同上）によれば、「岡本丁」居住の氏人（往来田を帯するもの）は計一一名で、これが当時の町内社家のほぼ全部と見てよい。

近世の史料では、賀茂社日次記（同）の延宝八年（一六八〇）一月二十九日条に、棟別調査の結果が町別に集計されており、そこでは「岡本町　合　五十五軒」と見え、内訳は社家分一八軒・寺分一〇軒・地下分二七軒である。ただこれは「社家・地下・寺家・寺庵、本家小屋等迄不残」書き上げた結果であり、いわゆる母屋に限れば軒数は大体半減するものと見てよい。そうすると近世初期においても中世後期とさしたる変動はなかったということになる。賀茂社家宅七町之図によれば、**大田神社**の前を経て**深泥池**に至る道路と南北に通ずる「**岡本通り**」との三叉路に、「**岡本大門**」という木戸が設けられていたことが知られる。そこが社家町の東限だったのである。

近代の市制町村制では上賀茂村上賀茂字岡本で、段別は三町三反二畝六歩を数えた（『京都府愛宕郡村志』）。その後一九三一年（昭和六）からは上京区に編入されて上賀茂岡本町となり、一九五五年（昭和三十）以降は北区に属する。

【北大路】　現在の**北区上賀茂北大路町**に当たる。管見では明応六年（一四九七）九月八日の賀茂社小野饗方不足分支配状（「賀茂」）に、同社の氏人一一三名が地域別に書き上げられている中に、「北大路」居住の八名が出現するのが初見である。その後社家町在住の氏人あるいは地下人の軒数について記録した、天文二十年（一五五一）正月二十六日付の天文十九年分賀茂社反別礼銭算用状(同)とか、天正十九年(一五九一)八月九日の上賀茂地下棟別帳(同)、さらには近世初期、賀茂社日次記(同)の延宝八年(一六八〇)二月二十九日条に、棟別調査の結果が町別に集計されている記事など、いずれにも「北大路」の町名は記されていない。隣接の町に含めて取り扱われているとしか考えられないが、詳細は知りえない。近世後期の賀茂社家宅七町之図では、**大田神社**前から西へ進んで程なく左折する道路の上に「北大路町」と記入してある。

近代の市制町村制では、上賀茂村上賀茂字北大路であり、段別は二町一反であった(『京都府愛宕郡村志』)。一九三一年(昭和六)からは上京区に編入され、一九五五年(昭和三十)以後は北区に属している。

【けわい・けハい・形勢辻子】 宝徳三年(一四五一)の中村・岡本両郷地からみ帳に、次郎・左近太郎ら計六名の作人の住所が「けわい」・「けハい」・「けけい《(ママ)》の辻」と見える。これが初見であろう。その後は明応六年(一四九七)九月八日の賀茂社小野饗方不足分支配状(「賀茂」)に、「形勢辻子」居住の氏人一九名が出てくるのが、管見では唯一の史料である。この史料には、合計一二三名の氏人が「**岡本丁**」・「**大田丁**」・「形勢辻子」・「**北大路**」・「**南辻子**」の順で最後の「**池殿**」に至るまで、東から西へと九つの町に分けて氏人名が記載されているが、通常「岡本丁」の次に出てくるはずの**梅ケ辻町**・**竹ケ鼻町**が見当たらない。「大田町」・「形勢辻子」はそれに代わるものと見られ、この見当が正しいとすると、「形勢辻子」=竹ケ鼻町ということになるのであるが、ともあれ違った町の名になっているのだから、両者が相互に同じ町の別称であるとは断言できない。ここでは大体竹ケ鼻町のあたりを指したということにしておきたい。近世後期の賀茂社家宅七町之図には、**大田神社**前から南へ通ずる道路の上に、北から「**大田ノ前**」、少し下がって「辻」、それから**大川**(**明神川**)を渡った所に「**竹ケ鼻大町**」と書き込んである。この「辻」が「形勢辻子」の「辻子」に当たるのではないかと思われる。

【**十楽寺**】 この地名は、遅くとも室町初期までには廃絶した十楽院という寺庵の名称が残ったものである。文安三年（一四四六）八月二十三日の賀茂藤久敷地売券（『大徳寺』四―一八〇三）に、藤久が紫野の大徳寺塔頭大用庵に対し、「合壱所者、上賀茂十楽院跡、今**神照庵**也」と記す敷地を売却したことが見える。これで古くは上賀茂に十楽院という寺庵があり、その跡地に神照庵という寺庵が設けられていたという事情がわかる。この後宝徳三年（一四五一）に至り、藤久は自身がこの庵の檀那であると主張し、庵領の年貢の内を自由に「借取」るとか、庵の本尊を押して借用して質に入れるなどして、時の庵主宗銕と争い、賀茂神主の裁許の結果、同年九月「彼庵幷田地以下證文共」ことごとくを放つ旨の放状を書いた（同四―一八〇四～一八〇六）という経緯があった。このほか神照庵関係の文書がなお何通か残っているが、それらのうちもっとも早いものは、応永十年（一四〇三）八月三日の神照庵主某賀茂十楽院寺庵譲状案（同四―一八〇一）で、「ゆつり申十らくいんのあんの事」云々とある。この表現からは当時すでに十楽院が一種の地名になっていたことが窺える。享徳元年（一四五二）八月十二日の**当光庵**住持尼尚玉屋敷売券（同四―一八〇七）にも、「合壱所者、在所賀茂十楽院地也」とし、四至を「東限道、南限神照庵、西限**永昌院**地、北限**御手洗河**」と記している。

これより後天正十九年（一五九一）八月九日の上賀茂地下棟別帳（「賀茂」）には、「**池殿町**」につづいて最後（つまり社家町の西端）に、「十楽寺」として小屋四軒を含む四一軒の民家が書き上げてある。ただ、集計上は四一軒が「十楽寺」分となっているが、うち大半の三七軒（小屋四軒とも）は「**山本**」として内訳されているから、純粋に「十楽寺」と言えるのはわずかに四軒である。近世前期の賀茂社日次記（同）延宝八年（一六八〇）二月二十九日条に記されている上賀茂の軒数書上には、「山本町　合　八拾九軒」は出てくるが、「十楽寺」は見えない。地理的観点からすると、ここでは東隣の「池殿町　合　百四拾軒」に含められていると考えられる。のち安永年中（一七七二～八〇）の賀茂社家宅七町之図には、「池殿町」西側の小路に「十楽寺」と記入してある。近代の市制町村制ではもうこの字名は出てこない。現在は**北区上賀茂池殿町**のうちである。

【大乗寺】　現在の**北区上賀茂藤ノ木町**東部に相当する。管見では、鎌倉末期の成立と思われる「賀茂旧記」（「賀茂」）の承久三年（一二二一）二月二十二日条に、「大乗寺の七郎大夫、あはの本田五丁うしないたる」と記されているのが、この地名の初見である。その後は宝徳三年（一四五一）中村郷地からみ帳所載の作人の中に、将監・中三太郎（中三とも）・彦次郎・妙善の四名が出現する。他郷の地からみ帳では「大乗寺」居住作人は一名も出てこないので、作人名無記入の田地を考慮に入れても、ここにはせいぜい六、七軒の百姓が居住したにすぎないと推測される。

これに対して、社家（氏人）がどれくらい存在したかは判明しないが、天文十九年（一五五〇）十二月十三日の賀茂久藝屋敷地売券案（「岩佐家文書」）には、当の屋敷の場所が「在所大乗寺在之、四至傍示（ママ）者見本券、但東西者十間、但、南方八二尺廣、南北者八間也」と記されていて、沽却した久藝は「賀茂社家系図」に載る氏人であり、買得者となっている孫六大夫も氏人の仮名と見られるので、ここに氏人の屋敷が存在したことは確実である。

近世後期の賀茂社家宅七町之図では、現在の**上賀茂北大路町**と**上賀茂藤ノ木町**との境界にあたる通路の上に「大乗寺」と書き込んであり、その道が北へ突き当たる西側の一画には「大乗寺趾」と記されているので、在り場所と地名の由来とが明らかになる。また、「大乗寺趾」の南側には社家二軒があったことが知られる。

【竹ケ鼻・竹鼻町】　社家七町の一つで、現在の**北区上賀茂竹ケ鼻町**に相当する。この地名は宝徳三年（一四五一）諸郷地からみ帳に、彦太郎・法徳・左衛門三郎ら計一三名の作人の住所として出てくるのが初見と思われる。一世紀後の天文十九年（一五五〇）諸郷検地帳にも計二二名の「竹ケ鼻」居住作人が登場する。彼らの作田は主として中村・岡本両郷に散在し、他の三郷にはわずかに各郷一～三筆が見えるにすぎない。これは「竹ケ鼻町」が社家町の東半部に属したことを反映するものである。その後天正十九年（一五九一）八月九日の上賀茂地下棟別帳（「賀茂」）には、「竹かはな町」所在の百姓の家々計四一軒（小屋二軒を含む）が書き上げられている。中に大工一軒・「せんとう（銭湯カ）」一軒が見える。同町の百姓が全体としてどの程度の作田を有したかについては、たとえば天文二十年（一五五一）正月二十六日の天文十九年賀茂社反別礼銭算用状（同）に、「竹鼻町分」（社家は除く）の賦課反別が一一町一反五〇歩と記されているのをもって、大体が推測できるであろう。

以上はいずれも作人層の人数（戸数）に関するものであるが、同町内の社家（氏人）については、明応六年（一四九七）九月八日の賀茂社小野饗方不足分支配状（同）に、同社の氏人一二三名が地域別に書き上げられている中に、「**形勢辻子**」という区分で一九名の氏人の名前が出ており、これが同町内の氏人のほぼ総数であろうと思う。この史料は東端の**岡本町**から順に西へ至る形で**池殿町**までの氏人名を書き上げているのであるが、実は**梅ケ辻町**と竹ケ鼻町とは出現せず、代わりに梅ケ辻町の次に「**大田町**」と「形勢辻子」が出てくるので、このそれぞれが梅ケ辻町・竹ケ鼻町に対応するものと考えられるからである。先には触れなかったが、上記天正の地下棟別帳には「竹ゥもな町」の最後から二軒目に当たる与太郎（ただし抹消してある）の名前の右上方に「けこい」と記されているのも、この考えを裏づけるのではないかと思う。

近世前期には、賀茂社日次記（同）延宝八年（一六八〇）二月二十九日条に記されている上賀茂の軒数書上に、「竹ケ鼻町」は「社家・地下・寺家・寺庵、本家・小屋等迄不残」の合計が一〇二軒、その内訳として社家分四六軒・寺分五軒・地下分五一軒があったと記されている。ずいぶん多数であるが、これは「本家・小屋等迄不残」記録したかちで、納屋なども入っているはずだから、それを除いた母屋だけの戸数はほぼ半減するであろう。戦国期の状態と大きな隔たりはないと見てよい。

なお、文正元年（一四六六）八月一日の宣幸下地寄進状（同）は、「在所岡本郷之内、**竹鼻堂東**」の下地半反を「**竹林庵**」に寄進する旨記載しており、当時ここには「竹鼻堂」という堂があったことがわかる。のち文明八年（一四七六）三月二日の馬場知久田地売券（同上）に見える田地一所は、「在所竹カハナノ未申ノ頬」にあり、その四至が「限東右馬助田、限南御手代田、限西河、限北堂ノ地南御地」と記されているが、この「堂」が前記「竹鼻堂」に当たるのであろう。また、延徳三年（一四九一）四月十三日の右馬尉敷地百姓職売券には、当該敷地の在所が「竹ゥ鼻西ノ頬《ツラ》風呂之地之南也、……西ハ竹林庵之地ヲカキル、東ハ大道也」と見え、「大道」すなわち**大田神社**前から南下する幅広の道路の西側には、「風呂」とか「竹林庵」が近接して存在したことがわかる。この「風呂」はたぶん先に指摘した「せんとう」に当たるものであろう。

なお、永正十六年（一五一九）六月二十七日の馬場茂久祝部田御結鎮銭売券（「幸田文書」）には、「合弐百文者、但本郷在所竹かはな出口、御岡田のうち弐段より出也、」とあるが、この「竹かはな出口」とは、現在の**上賀茂蟬ケ垣内町**西北端あたりを指したものと見られる。

近代の市制町村制では、上賀茂村上賀茂字竹ケ鼻であり、段別は一町九反二一歩であった（『京都府愛宕郡村志』）。その後、一九三一年（昭和六）には上京区に編入され、一九五五年（昭和三十）からは北区に属する。

【田中】　宝徳三年（一四五一）の諸郷地からみ帳に、右近太郎・藤三ら計五名の「田中」在住作人が出てくる。その後、天正十九年（一五九一）八月九日の上賀茂地下棟別帳（「賀茂」）には、「**梅ケ辻町**」の中の地域区分の一つとして「田中丁」が見え、合わせて一四軒の百姓の名前が書き上げてある。近世では上賀茂の軒数を記録したものに賀茂社日次記（同）延宝八年二月二十九日条があるが、そこには「田中町」という町名は出ていない。当時の公式の地域区分としては用いられていなかったと言えよう。現在の**北区上賀茂梅ケ辻町**のうちである。

【中大路・中大路町・中辻・中辻子】　現在の**北区上賀茂中大路町**に当たる。社家七町の一つ。宝徳三年（一四五一）の諸郷地からみ帳に、道覚・左近二郎ら「中大路（中・中辻とも）」居住の作人一〇名が出現するのが町名の早い所見であろう。この中には酒屋・茶屋各一名が見える。一世紀後の天文十九年（一五五〇）諸郷地からみ帳には、兵衛五郎・二郎五郎・藤右衛門らをはじめとする計三五名の当町居住作人が登場し、こちらには鍛冶屋と茶売が含まれている。彼らの作田は河上郷と中村郷に多いが、他の三か郷にもそれぞれ一町数反～二町数反ずつ散在していた。この状況は彼らが基本的に直接耕作者であり、かつ中大路町が社家町の西部中ほどに位置することと不可分の関係にある。彼らの作田の全体的な規模は、天文二十年正月二十六日付の天文十九年賀茂社反別礼銭算用状（「賀茂」）に、「中大路町分」（社家の分は含まず）の賦課の基礎となる田数が一七町四反三三〇歩とあるのをもって、大体が推測できるであろう。その後天正十九年（一五九一）八月九日の上賀茂地下棟別帳（同）には、「中大路町」の地下人（百姓）の家五一軒（地蔵堂と小屋二軒とを含む）が書き上げられている。

一方、当所所在の社家（氏人）の軒数については、明応六年（一四九七）九月八日の賀茂社小野饗方不足分支配状（同）に、記載の氏人全一二三名のうち「中大路」居住の一二名が出てくるので、それを若干上回ったとしても、一〇数軒を出ない数であったと見てよいであろう。

近世前期には、賀茂社日次記（同）の延宝八年（一六八〇）二月二十九日条に記されている上賀茂の軒数書上に、「中大路町　合　百弐軒」と見え、内訳が社家分三八軒・寺分五軒・地下分五九軒とされている。ただ、これは「社家・地下・寺家・寺庵、本家・小屋等迄不残」書き上げた結果であって、納屋とか小屋などを除いた母屋の軒数はほぼ半減すると推測され、戦国期と比べて大きな変動はなかったとしてよかろう。

近代の市制町村制では上賀茂村上賀茂字中大路で、段別は一町五反五畝一歩と記録されている（『京都府愛宕郡村志』）。一九三一年（昭和六）に至って上京区に編入され、一九五五年（昭和三十）からは北区となった。

【袋辻・袋厨子・フクロノツシ】　宝徳三年（一四五一）の中村郷・岡本郷の地からみ帳に記載される作人のうちに「袋辻」居住の馬四郎・左近二郎が見いだされ、さらに岡本郷地からみ帳の巻末に別記されている田地二筆のうちに、「一反袋辻　窪御堂田」が見えるのが早い所見である。その後は文明三年（一四七一）二月五日の賀茂社祝部別相伝田地作職宛行状（「座田文書」）に、当該田地大の在所が「岡本郷在所袋厨子出口」と記され、さらに享禄五年（一五三二）の岡本郷検地帳には、「フクロノツシノ出口」および「同、道ヨリ下東」にある一六筆（№48～№63）計一町三反六〇歩の田地が記載されている。同検地帳の復元図によれば、この田地群は上賀茂地域の南部で、**大田神社**前から南下する道路の西沿いにあり、ほぼ現在の**北区上賀茂荒草町**西部に相当する。そこが「出口」と称されたのであるから、肝心の「フクロノツシ」は、その北の現**上賀茂烏帽子ケ垣内町**南端で、**上賀茂藤ノ木町**南から南下して**上賀茂橋**に至る道路の枝道に当たる袋小路の近辺を指したと見られる。近世後期の賀茂社家宅七町之図には、まさしくその場所の鍵型の袋小路に「袋ノ図子」と書き込んである。

【藤木・藤ノ木町】 現在の**北区上賀茂藤ノ木町**。宝徳三年（一四五一）の諸郷地からみ帳に、「藤木」居住の作人として藤三郎入道・彦二郎・左近三郎後家ら一三名の名前が見えるのが初見であろう。また、明応六年（一四九七）九月八日の賀茂社小野饗方不足分支配状（「賀茂」）では、合計一二三名の氏人のうち八名が「藤木」在住であったことが判明する。

しかし、一世紀後の天文十九年（一五五〇）諸郷検地帳では、ほとんど網羅的に作人の在所がわかるにかかわらず「藤木」在住の作人は左衛門太郎・左衛門四郎の二人しか出現しない。また、同二十年正月二十六日付の天文十九年賀茂社反別礼銭算用状（同）では、梅辻以下七町が列挙されているが、「藤木」は見当たらず、天正十九年（一五九一）八月九日の上賀茂地下棟別帳（同上）や、近世の賀茂社日次記（同上）延宝八年（一六八〇）二月二十九日条に記録されている上賀茂軒数書上でも同様である。戦国後期以降は、この区域はおそらく西隣の**山本町**などに含めて扱われ、地名は慣習的呼称としては残ったが、公的名称とはみなされなくなったものと考えられる。

近代には市制町村制のもとで上賀茂村上賀茂字藤ノ木となり、段別は一町四反四畝一七歩であった（『京都府愛宕郡村志』）。一九三一年（昭和六）からは上京区に編入され、一九五五年（昭和三十）以後は北区の町名である。

【南辻・南辻子・南辻子町・南図師町】 現在の**北区上賀茂南大路町**。社家七町の一つ。この町名の初見は、永和四年

（一三七八）四月八日の賀茂音平敷地幷畠寄進状写（「賀茂」）に、「**梅辻慈聖庵**用敷地一處」を「南辻」の畠半とともに得浄房に寄進する旨記してあるものであろう。その後宝徳三年（一四五一）の中村郷地からみ帳には、「南辻」居住の作人衛門二郎の作田一反が見え、一世紀後の天文十九年（一五五〇）諸郷検地帳では、与太郎・右近二郎ら計一二名の同所在住作人が現われ、主として中村・岡本両郷に作田を有したことがわかり、翌年正月二十六日付の天文十九年賀茂社反別礼銭算用状（同）では、「南辻丁分」の賦課対象が三町八反六〇歩であったことが知られる。その後天正十九年（一五九一）八月九日の上賀茂地下棟別帳（同）には、「南辻子」には一八軒（「たう（堂）」一軒を含む）の百姓の名前が列記されている。

一方、社家の屋敷もかなりあった。明応六年（一四九七）九月八日の賀茂社小野饗方不足分支配状（同）では、記載の氏人全一二三名のうち「南辻子」在住の氏人が一一名記載されている。往来田を帯する氏人の定員は一四〇人であるから、それと比較して大体一二軒前後の社家の存在が指摘できるであろう。

近世には、賀茂社日次記（同）の延宝八年（一六八〇）二月二十九日条に記されている上賀茂の軒数書上に、「南図師町　合　百廿八軒」が見え、内訳が社家分七二軒・寺分二軒・地下分五四軒とされている。ただし、これは「社家・地下・寺家・寺庵、本家・小屋等迄不残」書き上げた数値であるから、たとえば納屋のごときものを除外した母屋の数はほぼ半分程度になるであろうが、それにしても中世の家数と比べると全体的に多すぎる感じがあり、他の区域を含んでいた可能性が大きい。賀茂社家宅七町之図では、社家町のほぼ中央で**大川**（**明神川**）沿いにある楠から南へ通る道路に「南図子町」と書き込んである。

近代の市制町村制では上賀茂村上賀茂字南大路で、段別は三町九反四畝六歩であった（『京都府愛宕郡村志』）。一九三一年（昭和六）に至って上京区に編入され、一九五五年（昭和三十）からは北区に属して現在に至った。

【山本・山本町】　現在の**北区上賀茂山本町**。社家七町の一つ。宝徳三年（一四五一）諸郷地からみ帳に、兵衛九郎・

兵衛太郎ら計九名の「山本」居住作人が出現するのが初見であろう。一世紀後の天文十九年（一五五〇）の諸郷検地帳においては、六郎五郎・衛門太郎ら計三八名の作人が「山本」居住として登場する。社家町の北西部を占める関係から、彼らの作田は河上郷にもっとも多かった。翌年正月二十六日付の天文十九年賀茂社反別礼銭算用状（「賀茂」）では、「山本町分」の賦課対象となる田地が一一町一反三三〇歩と記されている。その後は、天正十九年（一五九一）八月九日の上賀茂地下棟別帳（同）に、「山本」の百姓三七軒（「たう（堂）」一軒、小屋四軒を含む）が記載されている。町域に社家（氏人）の屋敷が並んでいたことは他の町と同様で、その数は明応六年（一四九七）九月八日の賀茂社小野饗方不足分支配状（同）において、記載の氏人全一二三名のうち、「山本」を住所とするもの一一名が見いだされるので、多くてもそれに一名か二名を加えたものが当所居住の氏人の全部であったろう。

近世では、賀茂社日次記（同）の延宝八年（一六八〇）二月二十九日条に記されている上賀茂の軒数書上に、「山本町　合　八拾九軒」と見え、その内訳は社家分三九軒、寺分二軒、地下分五八軒である。これは「社家・地下・寺家・寺庵、本家・小屋等迄不残」勘定した数値なので、たとえば納屋などの付属家屋を除外した母屋の数は、ほぼ半減するであろう。賀茂社家宅七町之図では、**神宮寺池**（今は無い）の東南に当たる通路の上二か所に「山本町」と書き込んである。

近代の市制町村制では、上賀茂村上賀茂字山本と称され、段別は二町四反一畝一九歩であった（『京都府愛宕郡村志』）。その後一九三一年（昭和六）に至って上京区に編入され、一九五五年（昭和三十）には北区となった。

〔二〕諸集落の地名

【今原・原】　現在の**北区西賀茂今原町・西賀茂今原南町**につながる地名。管見では、天文十九年（一五五〇）の河上郷地からみ帳に、新二郎・孫太郎・彦五郎ら計一六名の「今原」居住作人が登場するのが初見である。彼らのうち一三名は、当該検地帳で「原」居住としても出ているので、「今原」と「原」は同じ集落であったとみなされる。これより一世紀前の宝徳三年（一四五一）諸郷地からみ帳に記載されている作人の住所には、「今原」も「原」もまったく登場しないので、この集落は十五世紀半ば以降に新しくできたのではないかと思われる。「今原」の「今」はそのことと関係があるのかもしれない。その後、天正十九年（一五九一）九月五日の大徳寺領西賀茂内土居堀外分留帳（『大徳寺』八―二五六三）に出てくる作人のうちには、彦六・与三郎・孫一の三名が「今原」居住者として出てくる。

【上野】 現在の**北区紫野上野町**に当たる。大徳寺の北で、かつての**上野街道**（現在の**上野通**とは違い、一筋東側）と**大徳寺通**に沿って存在した集落。今のところ初見史料は応永四年（一三九七）十二月一日の快潤敷地売券（『大徳寺』三―一三九九）で、そこには「合壱所、上野西」と記し、四至が「限東河、限西小堀、限南宮林、限北小堀」とされている。「河」とあるのは**若狭川**、「宮林」というのは**今宮神社**の社叢と見られる。若狭川については『京都府愛宕郡村志』に「西方**摺鉢池**より發し、三**筑**、上野を経て今宮神社前に至り、繞りて大宮頭に出て、東に折れて**堀川**に合す、川幅僅に一間餘の細流なり」（読点須磨）とあり、上野の地を経過していたのである。

宝徳三年（一四五一）の河上郷・大宮郷の地からみ帳には、彦四郎・彦二郎・兵衛三郎ら計一七名もしくは一八名（上野兵衛太郎と上野宮前兵衛太郎とを同一人と見れば前者、別人とすれば後者）の「上野」在住作人が出現し、その中には左官もいる。これによってそのころ「上野」が少なくとも二〇戸前後の百姓が居住する集落であったことが判明する。また少し後の享徳二年（一四五三）十月二日付上野左衛門百姓職売券（『大徳寺』二―八一三）は、「上野のさゑもん」が「大宮郷内**宇治井**の北」所在の田地一反の百姓職を沽却したものである。さらに「康富記」（『増補史料大成』）享禄三年九月六日条には、「賀茂上野百姓介許遣人之處、来年々貢籾斗米三百分銭一貫百文到来、去年九月八日二貫、本利三貫三百也」云々の記事が見える。下って天文十九年（一五五〇）の河上・大宮両郷検地帳では、二郎太郎・左衛門二郎ら計一〇名の当地居住作人が確認できる。

戦国期以降、この村は近辺の**門前・紫竹・雲林院・大門**の四か村とともに「大宮郷五ケ村」として連帯しており、たとえば永禄三年（一五六〇）十二月十九日に賀茂社大宮郷司に提出された大宮郷年寄等連署条々（「賀茂」。新開田・用水などの儀について誓約したもの）には、他の四か村の代表とともに「上野」の又二郎・二郎四郎が差出書に連署している。これは近世においても同様で、「御領草山」をめぐって**蓮臺野**との争論が起こったときの寛永六年（一六二九）十一月二十五日の大徳寺境内五ケ村陳状写（『大徳寺』五―二〇二〇）によれば、「大宮郷五カ村として」事にあり、陳状の差出書には上野村年寄又右衛門が名を列ねている。

その後は、近世初期正保二年（一六四五）八月二十九日の大宮郷家数幷人数指出帳（『大徳寺』九―二六〇〇）に、当時の家数・人数について次の記事が見える。

上野村

一総構弐町四方 家数拾八家　人数八拾五人、男女共

ただし、この村の場合はさほどではないけれども、同じ史料に出てくる他村の場合はいずれも中世後期と比較して家数の増加がはなはだしすぎる嫌いがあり、母屋以外の建物が計算に入っていることもありうるので注意する必要がありそうである。

近代の市制町村制では、**大宮村東紫竹大門**字上野と称され、段別は三町六反八畝二四歩と記録されている（『京都府愛宕郡村志』）。一九一八年（大正七）には上京区に編入されて大宮上野町となったが、一九五五年（昭和三十）からは北区に所属し、一九六〇年に一部が、ついで一九七九年（昭和五十四）に残余の区域が紫野上野町となった。

【上岸・上ノキシ】　もともとは「下岸」（しものきし）に対して「かみのきし」と呼んだのかもしれないが、現今は「うえのきし」と称するので、ここではその読みにしたがう。

現在の**北区大宮上ノ岸町・紫竹上ノ岸町**につながる区域。宝徳三年（一四五一）の河上郷・大宮郷地からみ帳に記

載される作人の中に、左近二郎・小三郎ら「上岸」居住の者五名が記載されている。一世紀後の天文十九年（一五五〇）の両郷検地帳では、二郎五郎・太郎五郎ら計九名の同所在住作人が出てくる。中には様器（土器とも記す）一名がおり、また他に「上岸者寄合田」と記された田地も一筆見られる。おそらく一〇戸を大きくは越えない程度の戸数を持つ集落であったと思われる。

他の史料では、弘治二年（一五五六）十月十七日の上岸中務大夫畠地売券（「賀茂」）に、「合弐ヶ所」の畠地の在所が「上ノきし、めうくわん寺もとけなり」と記され、永禄八年（一五六五）九月四日の上岸翁畠地売券（同）の沽却物件たる畠地一所は、「在所河上郷内**小北**ニ在之、東ハ大膳亮田ヲカキル、南上岸与五ﾉ畠ヲカキル、西ハ鶴石大夫殿畠ヲカキル、北ハ祖芳院畠ヲカキル也」と記されている。いずれも畠地であるため、復元図には記されていないが、「上岸」の集落周辺に存在した畠地と思われる。また、天正十九年（一五九一）九月五日の大徳寺領西賀茂内土居堀外分留帳（『大徳寺』八―二五六三）には、字「石岡」所在の一反の作人として「上岸」の左近五郎、字「縄手下」の一反二畝の作人として「上岸、ヤウギ」の左近五郎が見える。「ヤウギ」は様器で、両者は同名ではあるが別の人物の可能性がある。

近代の市制町村制のもとでは、大宮村西賀茂字上ノ岸であり、その段別は二町七反一畝一五歩であった（『京都府愛宕郡村志』）。一九一八年（大正七）には上京区に編入されて大宮上ノ岸町となり、その後も幾度か町域・町名に変化があって現在に至った。

【雲林院・うりんいん・うじいん・うじい・宇治井】 古代の寺院雲林院の寺名がそのまま地名となったもので、現在も**北区紫野雲林院《うんりんいん》町**として地名が伝えられている。

寺院名としてはきわめて古い歴史がある。最初は淳和天皇の離宮として創建されたといい、**紫野院**と称されたが、天長九年（八三二）**雲林亭**と改称され（「類聚国史」同年四月十一日条）、また雲林院とも呼ばれるようになった。その後、仁明天皇皇子常康親王が伝領し、出家により寺となり、貞観十一年(八六九)二月に至って僧遍照にこれを付属した。元慶八年(八八四)には遍照が朝廷に奏請して元慶寺の別院となる(『日本三代実録』同年九月十日条)。平安後期の歴史物語「大鏡」が、雲林院の菩提講に来合わせた世継翁と夏山繁樹の対談形式で綴られていることは周知のところである。鎌倉末期、大徳寺の創建に際して同寺に施入されたが、応仁の乱で焼亡した。寺があった場所については、「山城名勝志」(『改訂史籍集覧』第二十二冊)が「雲林院」の項で「大徳寺ノ巽、雲林院(ウヂ井)、云所舊跡也、堂跡猶残、土人云、本尊観音ノ像、今在二醍醐成身院一」と述べている。現在発掘調査が行なわれている。

雲林院の門前に存在した集落が「雲林院村」で、「村」を略して「雲林院」という場合が多く、「宇治井」とも記される。「中昔京師地図」(『改訂増補故実叢書』第三十八巻)には、大徳寺の東南に「雲林院村」と記されている。宝徳三年(一四五一)の大宮郷地からみ帳には、衛門五郎・与五郎ら計一〇名の「雲林院」在住作人が登場し、一世紀後の天文十九年(一五五〇)大宮郷検地帳には、弥三・新三郎・孫四郎ら計一九名の「うちい」居住作人が見える。彼らの作田は大宮郷だけにしか見いだしえない。この検地帳がほとんど網羅的に作人の在所を記載しているところからすると、賀茂社領大宮郷より南の他領にも出作していた可能性は否定できないし、作田を持たない住民がいた可能性もあるにせよ、集落の規模は二〇戸を大きく越えない程度ではなかったかと思われる。天正十七年(一五八九)大徳寺分検地帳には、「雲林院」居住の百姓として太郎左衛門・又三郎ら計一五名が出現する。また、近世の正保二年(一六四五)八月二十九日付大宮郷家数并人数指出帳(『大徳寺』九―二六〇〇)には、当時の家数・人数について次の記事が見える。

雲林院村

一総構東西七拾六間南北五拾間

家数四拾五家

人数弐百九人、男女とも、此内拾六人　借家、

戦国後期の推定と比較すると倍以上になっているのが注目されるが、もし母屋だけでない家数とすれば割引が必要

である。

戦国後期ごろこの村は**門前・紫竹・上野・大門**の四か村と合わせて「大宮郷五ケ村」と称され、一種の連帯ができていたと思われる。たとえば、永禄三年（一五六〇）十二月十九日に賀茂社の大宮郷司宛てに提出された、新開田や用水利用のことなどに関する大宮郷五ケ村年寄等連署条々（「賀茂」）には、上記四か村の年寄等とともに「雲林院」の孫衛門・助左衛門が連署しており、近世に入っても、「大宮郷五ケ村として、昔より進退仕候　御領草山之内」を蓮台寺より横領されたというので訴訟が起こった際、寛永六年（一六二九）十一月二十五日の五ケ村陳状写（『大徳寺』五―二〇二〇）には、雲林院村年寄三郎左衛門が他の四か村の年寄とともに差出人となっている。この頃にはこの五か村は大徳寺から「境内五ケ村」と呼ばれている。

近代の市制町村制では**大宮村東紫竹大門字雲林院**であり、段別は三町三反三畝一二歩と記録されている（『京都府愛宕郡村志』）。一九一八年（大正七）には上京区に編入されて紫野雲林院町となり、一九五五年（昭和三十）からは北区に属する。

【からすきかはな・唐鋤か鼻・犂鼻】「山城名勝志」（『改訂史籍集覧』第二十二冊）には、「犂が鼻」の項が設けられていて、「古今栄雅抄云、**舟岡山**の東、からすきか鼻と、云云」と記し、また頓阿の「井蛙抄」にあるこの地名に関する記事を引いている。同書では多少省略があるので、「井蛙抄」（『続群書類従』第十六集下）に立ち返って関係箇所を掲げると、「小倉（黄禅。）云。隆博卿は行家には無題にをとりて世も思へり。誠にさこそ侍りけめ。亀山院御時。山城國名所を賦する百韻御連歌侍しに。よのつねのやさしき名所は大略過て。いまは俗にいひつけたる。からすきかはな。**四の宮かはら**なとやうの名所をもとるへしとさたありし時。為氏卿ちきりしのみやかはらさるらんと被仰付たりし。叡感も有。諸人奇特におもひて。隆博卿すこしの相對にも及かたきよし。人々心に思ひたり。勅諚に隆博つけよと仰事侍りけれは。つらからすきかはなへてにたのまゝしと被付たりし。さすかなりといふ御沙汰侍りき」というものである。「山城名勝志」はまた「**梶井宮御所**」の項で、「在㆓犂カ鼻㆒、自㆓元弘㆒至㆓應仁㆒為㆓御所㆒云云、或云、犂ヵ鼻ハ舟岡山也、于㆑今舟岡ノ東有㆓**梶井田**字㆒、是舊跡也、總テ此邊御池ノ跡ナリト云云」とも述べている。これらの史料により「犂が鼻」がきわめて古くからよく知られた地名であったことが窺え、また舟岡山の東の突端あたりであったことが知られる。

このほか、元弘三年（一三三三）十月二十九日、大徳寺長老宗峯妙超に宛てた後醍醐天皇綸旨（『大徳寺』一―四八）は、初めて同寺の敷地を定めたもので、それには「當寺東路以東敷地六十六丈、自唐鋤鼻至不動堂前南北九十丈、可被致管領」とあり、「唐鋤鼻」が大徳寺敷地の南限に位置したことがわかる。現在地はしかとはわからないが、大体**北区紫野西藤ノ森町**近辺であろう。

戦国期の史料では、ここは大宮郷内の田地を耕作する作人の居住地として現われる。たとえば長享二年（一四八八）五月二十七日の左衛門太郎田地作得売券（『大徳寺』二―一〇二五）は、「上賀茂大宮郷、有坪者西のとかまり」の一反に関するものであるが、売主の左衛門太郎ならびに請人の助五郎の住所はいずれも「からすきかはな」である。さらに明応二年（一四九三）正月晦日の養徳院領田地幷地子帳（同二―一〇三九）には、「上賀茂大宮郷壱段」の作人「唐鋤ヵ鼻之左衛門太郎」（ただしのち馬俊〔喰ヵ〕新右衛門）、「大宮西之方高岸奈良社之北一段」の作人「大宮郷唐鋤鼻徳常」が見いだされる。また同院は「犂鼻屋地」から屋地子一石を取得していた。天文十九年（一五五〇）の大宮郷検地帳では計八名の同所居住作人が出てくる。賀茂社領大宮郷以外の田地の作人がなお若干いたとしても、大体一〇戸程度の百姓からなる集落が存在したと見てよかろう。『北野社家日記』の長享三年三月二十九日条には「一、今夜亥剋、京都釧鼻焼亡」とあり、それを見ても、ある程度の大きさの集落が存在したことが窺えると思う。

【河上・川上・河上ノ里】「河宝」所載田地のうちに、No.45一反、No.50半、No.195一反と合わせて三筆二反半の「河上堂田」が見え、No.155「川上里地蔵田」一反も存在した。また、No.200からNo.205まで六筆計六反の田地群が「河上ノ里南東」にあり、近くを「**河上大通**」と呼ばれる道路が通っていたこと、小五郎・二郎・太郎二郎の作人三名が「河上」に居住していたことなども、同帳の記事で明らかになる。一世紀後の「河天」では、小太郎・又四郎・三郎五郎ら計一〇名の「河上」居住作人が見いだされる。彼らの作田は他郷にはまったく出てこないが、それは距離的に限界があるからで、そのことはとりもなおさずこの集落の規模が一〇戸程度であったことを証するものである。「河宝」・「河天」両方の復元図によって、「河上ノ里」は現在の**北区西賀茂川上町**から**西賀茂中川上町**にかけてのあたりであること、「河上大通」は南は**大徳寺道**から北上して**田尻**の集落を経過し、ここ「河上」の集落の中をとおったあと、山麓を**雲ケ畑**方面へ向かう**雲ケ畑街道**に相当することが明らかになる。

近代の市制町村制では大宮村西賀茂字川上であり、段別は八町六反七畝一九歩と記録されている（『京都府愛宕郡村志』）。一九三一年（昭和六）には上京区に編入され、一九五五年（昭和三十）からは新設された北区に属し、一九七八年の区画整理による町界の変動を経て現在に及んでいる。

【北畠】　宝徳三年（一四五一）の小山・中村両郷の地からみ帳に、小三郎・小二郎・塩屋など計一九名を数える「北畠」居住の作人が見いだされる。その中にかうしや（麹屋）・米屋二人・塩屋・鍛冶屋・茶屋など、商工業を稼業とするものが他の集落と比較して多く見られることが注目され、また彼らの作田の大部分は小山郷南部に集中していることも特徴的である。さらに、「小宝」のNo.344半の位置指定「次ノ大道ノハタ」の前には「北畠ゑんまん堂前」と記され、「次ノ東、路ノ東そへ」にあるNo.345半は「北畠貴布祢講田」で、作人は「自」つまり講員の自作であった。No.368の「北畠道場」の田地半の場所は「ヨコ提《ママ》、ゑんまん堂ノ北、西へりゝる」と記されている。地からみ帳におけるこれらの所見は、「北畠」の集落の位置を突き止めるために大きい役割を果たすものである。その詳細はすでに第二章第四節で述べたので繰り返さないが、田地の地図上復元完了の結果からいえば、「ゑんまん堂」は現在の**北区小山上善寺門前町**の北東隅に近接して存在したのであり、「北畠」の集落はその付近を北限とし、賀茂川の堤防近くに立地していたと考えられるのである。現**出雲路立テ本町**から**出雲路俵町**・**上京区高徳寺町**あたりにかけての区域がほぼそれに該当するものと見られる。そこは**出雲路橋**のほとりであり、**松ケ崎**・**下鴨**方面から京都へ入るための交通の要所であった。前述のとおり小山郷の田地の作人のうちに何人もの北畠居住商工業者が出てくるのは、これと無関係ではないであろう。

また、「北畠之千秋萬歳」（『言継卿記』天文二十年正月五日条）とか「北畠声聞師」（同天文二十三年正月五日条）の名があるように、ここは声聞師の居住地として知られており、「北畠道場」はそれと結びついたものではないかと思われる。この集落の人々は、おそらくそこに集まって経を唱え、音曲を奏し、あるいは歌舞するなどのことをしていたのではないであろうか。人々はまた**貴布禰神社**への信仰から「貴布祢講」を組織し、そのための田地を講員で自作し、さらに集落のはずれの「ゑんまん堂」（閻魔堂）をも自分たちで守っていたものと考えられる。これらの事情と商工業従事者の多さなどを勘案するならば、小山郷に出作していた作人の数は一九戸であるが、たぶんそれにはとどまらず、少なくとも二〇数戸からそれ以上の戸数はあったのではないかと推測される。なお、「中昔京師地図」（『改訂増補故実叢書』第三十八巻）では、**上御霊社**南東の一角に「**唱門師村**」、道路を越えてその東から南へかけての場所（**毘沙門堂東北**）に「**唱門師池**」の位置が書き込まれており、「中古京師内外地図」（同）では、相国寺東北の角に「唱門師池」、道を越えて東の毘沙門堂の北に「唱門師村」と記す。両者矛盾があるが、ごく大まかには唱門師村の在り場所が窺える。そこが「北畠」の南部であろう。

【紫竹】　宝徳三年（一四五一）の河上・大宮・小山各郷の地からみ帳に、三郎兵衛・太郎三郎・太郎二郎ら計一五名にのぼる「紫竹」居住の作人が登場する。今のところこれが初見である。一世紀後天文十九年（一五五〇）の河上郷・大宮郷の検地帳では、孫左衛門・与三左衛門ら一一名の作人が同所の住人として出てくる。両方とも彼らの作田はほとんど大宮郷内に限られ、河上郷・小山郷には二、三筆しか出てこないという特徴がある。これは「紫竹」の集落の在り場所と密接な関わりをもっている。天文十九年の検地帳は作人の在所がほとんど網羅的に判明する（小山郷は例外で住所不明がかなりある）ので、「大天」の復元図で「紫竹」居住作人の作田を探し、その分布状況から帰納的に「紫竹」の集落の場所を求めると、それは現在の**北区紫竹下緑町**と**紫竹西北町**の境界を通る**大徳寺通**近辺であるという見当がつく。そこから出作するとすれば、それが可能な範囲は当然大宮郷の中部区域ということにならざるをえないのである。

他の史料では、大宮郷内字**塚本**の田地二反に関する、明応二年（一四九三）七月五日の姫女田地売券（『大徳寺』二―八四五）に連署している彼女の兄与三郎家貞は、「紫竹寺内」に居住していた。また、永正九年（一五一二）十月二十五日の与七後家屋敷地返却状（同三―一五二一）は、年貢未進により「紫竹屋敷」一所を如意庵に返却したものであり、天文九年二月二十五日の真久山畠作職請文（同三―一五二二）は、「如意庵領紫竹之内山畠」の作職を請け負ったものである。「紫竹」の区域に大徳寺如意庵が知行していた屋敷地・山畠などがあったことが知られる。天文六年三月二日の紫竹村本役地子銭請取状（同三―一五二三）も、如意庵が聖護院分の紫竹村本役地子銭五〇〇文を納付した時の請取である。天正十一年（一五八三）三月三日の宗寿田地作職売券ならびに同日付寄進状（同二―一二一八・一二一九）は、大徳寺養徳院に対し、大宮郷**桃俣**所在の田地半の作職を売寄進したものであるが、売主のほか請人二名もともに「紫竹」の住人であった。

戦国後期以降、「紫竹」村は、近隣の**門前・雲林院・上野・大門**の諸村とともに「大宮郷五ケ村」と呼ばれる結合を作り出していた。永禄三年（一五六〇）十二月十九日付で、新開水田の耕作や用水利用のことなどについて、賀茂社大宮郷司に提出された同郷年寄等連署条々（「賀茂」）に、他の四か村の代表らとともに、「紫竹」の与三左衛門が連署しているのは、それを示す一例である。江戸期に入っても、「御領草山」の進退をめぐって**蓮台寺**との間に争論が起こった際、京都所司代に提出された寛永六年（一六二九）十一月二十五日の陳状写（『大徳寺』五―二〇二〇）には、「大宮郷五ケ村として、昔より進退仕候御領草山」という文言が見られ、差出人として他村の年寄四名とともに紫竹村年寄又右衛門が加わっている。当時これら諸村は大徳寺から「大徳寺境内五ケ村」と呼ばれた。

近世初期の家数・人数を記録している史料として、正保二年(一六四五)八月二十九日付大宮郷家数幷人数指出帳(『大徳寺』九―二六〇〇)に次の記事が見える。

紫竹村

一総構東西八拾四間 南北百八拾四間半

家数六拾参家　人数百九拾四人、男女共、

しかし、前記した中世後期に判明する戸数と比較するとあまりに差異が大きすぎるので、この場合の家数は母屋以外の建物を含めている可能性があり、考慮を要する。

近代の市制町村制では、大宮村**東紫竹大門**字紫竹東南(段別二町三反二畝九歩)・紫竹東北(同四町一反三畝一二歩)・紫竹西北(同三町九反九畝二七歩)・紫竹西南(同二町六反五畝三歩)と区分された(段別は『京都府愛宕郡村志』による)。

【下鴨】 **賀茂御祖神社**(**下鴨神社**)の門前集落であることはいうまでもない。大体下鴨神社の西側から北は**松ケ崎通**にかけて存在した。この地はもともと「和名抄」**蓼倉郷**に属し、寛仁元年(一〇一七)後一条天皇の賀茂神社行幸に際しての母后彰子の発願から、同郷が他の**栗野**・**上栗田**・**出雲**の三か郷とともに下鴨神社に寄進された時、同社の神領となった。**上賀茂神社**(**賀茂別雷神社**)に対して下鴨神社があり、その鎮座地がそれぞれ上賀茂・下鴨と呼ばれることは周知のことである。ただ、両者は本来賀茂上社・賀茂下社と呼ばれていたのであって、上賀茂とか下賀茂(下鴨)という言い方が出てくるのは中世後期あたりになってからのようである。管見では、地名として下鴨が出てくる史料は、康永二年(一三四三)十一月十四日の順恵文書預ケ状(『大徳寺』三―一四一二)に「しもかもの田四ゝんりもんそ、あつけまいらせ候」と出てくるのが早い例ではないかと思われる。「梅松論」下(『群書類従』第二十輯)には、建武三年(一三三六)正月の結城親光戦死のくだりに、彼が後醍醐天皇の輿の前で「迚も一度は君の御為に命を奉るべし。御暇を給て偽て降参して。大友と打違て死を以て忠を致すべしとて。思ひ切て下賀茂より打帰りけれども」云々と言ったことが記されている。

下鴨は**賀茂川**と**高野川**の合流点に位置し、京都から**比叡山**・**八瀬**・**岩倉**・**鞍馬**などに至る道の途中にある枢要の地で、下鴨神社の南方**糺河原**はしばしば軍勢がぶつかり合う戦場となり、また土一揆が群集し、時には猿楽興行の場ともなったが、ここでは関係史料を挙げるのは省略する（かつて分担執筆した『角川日本地名大辞典』26京都府の「下鴨」〔中世〕の部分参照）。

下鴨から**松ケ崎の東山**・**林山**・**西山**の山麓にかけては、かつて一面に田野が拡がり、古代条里制の遺構が広範囲に残っていた。そのほぼ西半分が上賀茂社領中村郷に属したことは宝徳三年（一四五一）の同郷地からみ帳や天文十九年（一五五〇）同郷検地帳の復元図に明白である。ただ、前者によると、同郷内とくに南部には下鴨社の供田・御酒田・祝部田・大工田・神人田などが多く散在していたし、周辺集落に居住する作人層と田地との関係についてみると、**鞍馬街道**以西についてはほとんど**上賀茂**の住民の作田によって占められていたと見てよいが、それより東は**乙井川**のやや南までが上賀茂・**深泥池**・松ケ崎などの住民の作田で、南部は下鴨ならびに洛中住民の作田であったという色分けができる。乙井川沿岸以南は下鴨社および下鴨集落との関係がきわめて深かったのである。中村郷には入らない、より東の地域は下鴨社領であったと見られるから、当然同様の関係が存在したものと推測される。

下鴨の集落にどれくらいの住民がいたかについては、古代はもちろん中世についてもよくわからない。管見では天文十九年中村郷検地帳に与三郎・浄清ら計三九名が見える（大工三名・馬喰一名を含む）のが最大の手がかりで、これに天正年中（一五七三〜九二）の鴨社領之内田中所在田畠検地相違分注文（「賀茂御祖皇太神宮諸国神戸記」）に見える「下かも」の百姓一一名を勘案しても（重複がありうる）五〇戸程度しか視野に入らない。あとはまったく当てずっぽうの推測しかできないが、下って元禄二年（一六八九）刊行の「京羽二重織留」（『新修京都叢書』）に記されている一般民家の戸数一八六・社家五〇・寺四を参考すると、やはり全体で百数十戸以上には達していたのではないかと思われる。近代に移り一九〇八年（明治四十一）末の戸数は三四二と記録されている（『京都府愛宕郡村志』）。

【惣門・総門】 宝徳三年（一四五一）の河上郷地からみ帳に左衛門五郎・孫五郎・二郎ら計一一名の「惣門」居住作人が見いだされる。これが初見であろう。一世紀後の「河天」でも三郎太郎・又五郎ら五名の同所居住作人が出てくる（後者の人数が宝徳当時より半減しているが、理由は明らかでない）。彼らの作田はいずれの場合も他郷には見られず、河上郷のうちに限られ、復元図で確かめると郷の最北部には及ばず「**半山**」より南である。南部については、この外に天正十九年（一五九一）九月五日の大徳寺領西賀茂内土居堀外分留帳（『大徳寺』八―二五六三）にも、当所の住民五名の名前が記載されており、彼らが**旧土居**に近いあたりの田地を耕作していたことが判明する。こうした作田の分布状況から帰納的に判断すると、この集落は**神光院**の南、**大将軍神社**の東に存在したものと見られ、これは「山州名跡志」（『新修京都叢書』）の「総門」の項に「**真珠庵《(ママ)》村**の巽の村也」とあるのとも符合する。さらに同書はこれに続けて「自二此所一石門本社の舊地に至て、其間有二八町許一。古愛宕の総門此所に在しとなり」と地名の由来をも説明している。

近代の市制町村制では、**大宮村西賀茂字総門口**となり、段別は田畠とも五町二反九畝一二歩であった（『京都府愛宕郡村志』）。その後一九三一年（昭和六）には上京区に編入され、ついで一九五五年（昭和三十）には北区に属し、**大宮東総門口町・大宮中総門口町・大宮西総門口町**に分けられたが、区画整理によって、かつて「惣門」の集落であった区域は**西賀茂神光院町**所属となった。なお、「総門口」の字名は、たとえば天正十七年十一月吉日の西賀茂内検地帳（『大徳寺』八―二五五四）、あるいは前記の天正十九年大徳寺領西賀茂内土居堀外分留帳などに記載されている田地の在所として散見するから、やはり中世以来の地名である。

【大門・大門里】 大徳寺の北方に当たり、北は**旧土居**、東は**大徳寺通**に接する区域。「山州名跡志」（『新修京都叢書』）

は、「**総門村**の南なり。此所に愛宕社の大門有しと云云」と場所ならびに地名の由来を述べている。文政元年（一八一八）八月写の賀茂御神領六郷絵図（神習文庫蔵）には、「大門里」として大体の場所を描いてある。

今のところ、宝徳三年（一四五一）の河上郷・大宮郷の地からみ帳に、「大門」居住の作人八郎五郎・二郎ら計一二名が出現するのが初見である。天文十九年（一五五〇）の両郷検地帳でも、同所の作人として二郎左衛門・二郎太郎ら計一八名（「大門者」とある一例を一名として計算）が記載されている。彼らの作田は大宮郷よりは河上郷の方にいくぶん多く分布しているが、これは集落の場所からして当然のことと言えよう。

天文十年四月二十三日・永禄六年（一五六三）四月・天正十二年（一五八四）四月晦日などの賀茂社氏人惣中沙汰人連署算用状（「賀茂」）によると、大門村は毎年四月に懸銭五〇〇文（もしくは米六斗）を賀茂社氏人惣中に対して上納するのが例となっていた。また、永禄三年十二月十九日付で賀茂社大宮郷司に提出された同郷年寄等連署条々（同）は、新開水田の耕作や用水利用のことなどについて誓約したものであるが、それには**門前**・**雲林院**・**上野**・**紫竹**四か村の代表らとともに、大門の年寄三郎左衛門・三郎兵衛が連署している。これらはこの村が賀茂社の支配下にあったことを示すものであるが、同時にこの時期には近隣村々の連帯が形成されてきていたことをも物語っている。

戦国期以降、大徳寺ならびに同寺諸塔頭が近在の田地所職を多く入手するようになると、当然大徳寺との間に請作関係が結ばれることも多くなり、太閤検地以後大宮郷の大部分が大徳寺領となると、大門村を含む前記の村々は「大徳寺境内五か村」と呼ばれるようになった（【**紫竹**】の項参照）。天正十七年大徳寺分検地帳には、又四郎・与太郎ら計二〇名の大門村住民が登録されている。ほかに近世初期の家数・人数を記録している史料として、正保二年（一六四五）八月二十九日付大宮郷家数幷人数指出帳（『大徳寺』九―二六〇〇）があり、それには次の記事が見える。

一総構東西八拾八間 南北六拾五間

大門村

人数百五拾人、男女共、

家数四拾六家、此内九家ハ路通茶や、又四家ハ大宮森茶や、人数拾二人、ただ、この家数は前記の天正検地帳記載の作人数と比較して違いが大きすぎ、母屋以外の建物まで含んでいる可能性も考慮しなければならない。茶屋の家数を記録してあるのは興味深い。

近代の市制町村制では、**大宮村東紫竹大門字大門**と称され、その段別は五町三反二畝二九歩と記録されている（『京都府愛宕郡村志』）。現在の**北区紫竹大門町・紫竹東大門町・紫竹北大門町・紫竹西大門町**の各町名につながる地名であるが、その区域は区画整理を経てかなり出入りがあった。

【田尻・田尻里】 宝徳三年（一四五一）河上郷地からみ帳に地名が出てくるのが初見である。すなわち、No.400経所田大が「田尻」所在とあり、No.404の経所田小の在所も「田尻丑寅」と記され、No.365の田地は「小　田尻里」とあり、在所は「椋下ノシタノ角、田尻堂敷地」で、作人は「田尻」居住の神人四郎太郎と記されている。また、四郎太郎のほかに左衛門太郎・左衛門三郎の両名も別の田地の作人として出てくる。その後天文十九年（一五五〇）の河上・小山両郷検地帳では、与太郎・与二郎・孫太郎ら計九名の当所居住作人が出現する（彼らの作田はほとんど河上郷に限定され、小山郷にはわずかに三筆しか発見できない）。以上両度の検地帳の復元図では、ちょうど「田尻」の集落に相当する場所が、田地のない区域として空白になるので、村のありかが確認できる。中世の田尻のそれは現在の**北区大宮田尻町**南端部とその南に接する**大宮南田尻町**中央部にまたがる区域で、中世以降近代に至るまで、**御薗橋**西詰から北西へ向かう道路がその中央を通過し、一〇〇メートルほど先で**雲ケ畑街道**に入っていた。河上郷地からみ帳に見える「田尻堂」は、その地点のすぐ南で集落の北西のはずれに存在したことも明らかになった。村はごく狭い範囲であり、周囲はことごとく河上郷の田地であった点から見て、天文の検地帳に現われる作人の人数が、ほぼ当時のこの集落の戸数を示すものと考えて大過ないであろう。

近世に入って、宝暦七年（一七五七）二月十三日にこの村は全焼した。下鴨神社氏人田中兼頼の当日の日記に、「一、四ツ時分西賀茂田尻村不残焼失」云々とあることからそれがわかる（京都女子大学図書館所蔵『下鴨社家日記』

Ⅱ）。たとえば中世の田尻堂が、この火事以後同じ場所に再建されたかどうかといった詳細は不明であるが、中世以来の景観がなにがしか異なったものになったにせよ、村の範囲に大きな違いがなかったことは確かである。

近代の市制町村制では、**大宮村西賀茂字田尻**と呼ばれ、段別は四町五反五畝九歩であった（『京都府愛宕郡村志』）。一九三一年（昭和六）には上京区に編入されて**大宮田尻町**となり、一九五五年（昭和三十）に新設の北区に属し、一九六七年に至り南部区域が分かれて**大宮南田尻町**となった。

【鎮守庵・椿寿庵・ちんしゅ庵・ちしあん】 西賀茂**毘沙門山**東麓の集落。宝徳三年（一四五一）河上郷地からみ帳に、道端・彦太郎・彦五郎ら計一六名の「鎮守庵」（「ちしあん」とも表記）居住作人が出てくるのが初見と思われる。一世紀後の天文十九年（一五五〇）同郷検地帳にも、又五郎・小二郎ら計一八名の作人が「椿寿庵」居住者として出現する。いずれの場合にも彼らの作田は過半が**大将軍神社**の西部・南部など集落の近辺にあり、遠くても**河上里・田尻**の近辺までであって河上郷の範囲を出ていない。戸数約二〇戸の集落であったとしてよいであろう。近代の市制町村制では**大宮村西賀茂字鎮守庵**と呼ばれ、段別は六町九反六畝二三歩であった（『京都府愛宕郡村志』）。一九三一年（昭和六）には上京区に編入されて**西賀茂鎮守庵町**となり、一九五五年（昭和三十）には新設の北区に属することになった。

【二社】 「にのやしろ」と読むべきか「にしゃ」と読む方がよいのか、私にはわからないが、とりあえず前者としておく。この地名は、管見では明応五年（一四九六）正月吉日の如意庵散在所領年貢米納帳（『大徳寺』一〇—二六一八）に、「一賀茂田**柚木坪**半　三斗七升、作人二社太郎次《三》郎」と記されているのが初見である。その後は天文十九年（一五五〇）の河上・大宮・小山各郷の検地帳に、「二社」を住所とする三郎衛門・弥三郎・五郎左衛門ら計一九名の作人が登場する。彼らの作田はほとんどが大宮郷内にあり、河上郷では一一筆、小山郷にはわずかに一筆だけしかない。また、大宮郷内の作田の分布状況を「大天」の復元図によって確かめると、それは主として大徳寺東北方の**堀川**流域に散在していることが突き止められる。これらの点から判断して、「二社」の集落は**紫竹**・**上野**・**大門**などの集落とともに、大徳寺の北方に当たる**大徳寺通**沿いに存在したと見て間違いない。私の推測では、今**北区紫竹西南町**の北東部、大徳寺通に近いところに**総神社**が鎮座するが、この神社がかつて「二社」と呼ばれ、ひいてはその周囲の集落をもその名称で呼んでいたのではないかと思う。この見方が当たっていないとしても、作田の分布状況から帰納的に集落の場所を求めるならば、まずこのあたりと見て大きな狂いはないはずである。

他の史料では、元亀三年（一五七二）の大徳寺幷諸塔頭本役銭結鎮銭出分指出（『大徳寺』八―二五三一・二五三二）のうち大僊院分に、「柚木坪」所在の二反の作人として「二社」の左近五郎の名が見え、別に大仙院分指出があって、それには「**桃俣**」二反の作人として同所の兵衛三郎、「柚木坪」三反の作人として同じく五郎三郎が出現する。下って天正十三年（一五八五）十月二日の大仙院幷諸寮舎指出（同八―二五三四）には、「桃俣」一反・「柚木坪」二反三畝の作人として「二社」の藤兵衛の名が見える。しかし、太閤検地の結果を示す天正十七年大徳寺分検地帳（同五―一九九八）になると、**本門前**・**東門前**・上野村・大門村・紫竹など、近隣の集落は出てくるが「二社」の地名は一切見当たらない。推測するところ、これは太閤検地に際してのいわゆる村切りによって他の村に吸収されてしまったためではないであろうか。

【林】　管見では、天文七年（一五三八）十月二十六日の四郎二郎田地作職売券（「羽柴文書」）に、売却人四郎二郎の住所が「林」とあるのが初見である。その後同十九年の河上郷・大宮郷の検地帳に、この四郎二郎のほか太郎四郎・四郎太郎の計三名の作人が当所の住人として登場する。同帳№159一反には「林乾一、**石岡**」と場所が指定されているので、その東南に当たるところにごく小規模な集落があったものと推測される。現在の**北区大宮中林町**東南部あたりと思われる（そこがかつては「**霊御**」と呼ばれた集落の後身ではないかという推定については後述**【霊御】**の項参照）。近代の市制町村制では**大宮村西賀茂字林**と言われ、段別は二町九反九畝一〇歩と記録されている（『京都府愛宕郡村志』）。この北隣に字**林裏**があり、両者とも一九三一年（昭和六）以降は上京区に編入されたが、一九五五年（昭和三十）には新設の北区に移り、さらに一九六七年、両町の区域が編成替えされて、**大宮北林町・大宮中林町・大宮南林町**が作られた。

【松崎・松か崎】 現在の**北区松ケ崎**地区のうち**林山・東山**の南麓に存在した集落。北部には宝暦十二年（一七六二）に築造された**宝が池**がある。地名の由来について、『京都府愛宕郡村志』には「蓋し山の出崎にして松樹の茂れるより起りし名なるべし」と述べる。

古くから知られたところで、地名が初めて見えるのは「日本後記」（『新訂増補国史大系』3）弘仁元年（八一〇）十月二十七日条に「禊二於松崎川一。縁二大嘗會事一也」とあるものである。「大嘗會御禊日例」（『群書類従』第七輯）ではこれを「御二禊萬都崎一。松崎瀬也。」と記す。また、「日本紀略」（『新訂増補国史大系』11）天暦元年（九四七）六月二十七日条にも「太上皇（朱雀）禊二松崎川原一」という記事がある。『京都府愛宕郡村志』ではこの「松崎川」に関して「拾芥抄に霊所七瀬の内に加へたり。蓋し**高野川**の西涯なるべし」と述べている。禊の地として選定されるほどであるから、それにふさわしい清美の地であったに違いない。「紀貫之集」第五（『群書類従』第十四輯）には、「松崎」と題して「たなひかぬ時こそなけれ秋もなき松かさきよりみゆる白雲」の歌が載り、「源氏物語」夕霧の巻（『新日本古典文学大系』第二二巻）には、夕霧が小野山荘に落葉宮を訪問するくだりに、「ことに深き道ならねど、松が崎の小山の色なども、さる巌ならねど秋の気色つきて、宮こに二なくと尽くしたる家居には、なをあはれもけうもまさりてぞ見ゆるや」云々という描写がある。

松ケ崎の一帯は、古くは一部が**栗野郷**に、一部は**蓼倉郷**に属したと見られるが、両郷は寛仁年中、**上粟田・出雲**の二郷とともに朝廷から賀茂御祖神社へ寄進されたから、以来中世に至るまで同社領として推移したと見られる。中世の史料では、文永十年（一二七三）六月三日の下鴨社々頭犬防幷築垣注文（「賀茂御祖皇太神宮諸国神戸記」）に「松崎一丈三尺」と当所の負担が記され、貞和四年（一三四八）八月六日の下鴨社上棟料支配状（同）でも、松ケ崎に対して酒二升が課されている。文明元年（一四六九）十一月の某下知状（同）に「当社（下鴨社）領山城国**福枝**・松崎郷上三郷・丹波国三和庄一円……等、年貢切出候上者、毎日御神供可有調進候」とあり、永正元年（一五〇四）十月十四日の室町幕府奉行人連署奉書（「頭人御加判引付」『室町幕府引付史料集成』下巻）にも「鹿苑院領城州福枝・松崎郷、鴨社本役米弐拾四石来納分事」とあって、下鴨社がここから本役米を徴集していたことがわかることなど、いずれも松ケ崎に対して下鴨社の支配が及んでいたことを物語るものといえよう。しかし、たとえば内裏料所氷室田・御陵田などが散在していたことや、上賀茂社が「松崎の段銭」を賦課した例（「賀茂」、永正五年五月分職中算用状）も知られるから、必ずしも一円社領とは言いえず、さらに室町・戦国期になると、大徳寺諸塔頭あるいは前記鹿苑院などが「松崎内」の田地の名主職・作職などを入手するようにもなっていた。

松ケ崎は**比叡山**の西麓に位置し、また京都から**八瀬**や**岩倉**方面への通路に当たっていたから、南北朝内乱・応仁の乱あるいは天文法華の乱などに際して、戦火の災いにかかることも少なくなかった。

当地の住民は中村郷内に作田を有したことは前述したが、宝徳三年（一四五一）の同郷地からみ帳によると、妙浄・太郎左衛門・二郎太郎・円妙・四郎五郎ら計二三名の当所居住作人が見いだされる。うち妙浄・太郎左衛門・二郎太郎の三名は一〇筆以上の作田を有したが、他は一～三筆である。しかし、同帳では往来田については作人を記さない場合が多く、また、松ケ崎の住民は中村郷よりもその東境から高野川沿岸にかけての田地にむしろ主たる耕作場を有したと思われ、それを考慮すると、中世後期の松ケ崎の戸数は五〇戸程度を下らなかったのではないかと推測される。ちなみに一九〇八年（明治四十一）末の戸数は九五となっている（『京都府愛宕郡村志』）。以上この項はおおむね『角川日本地名大辞典』26京都府の「松ケ崎」（中世以前は須磨が執筆）の記事に沿って書いたが、省略したところもある。詳しくは同書を参照されたい。

【泥濘池・美曾呂池・御菩薩池・ミトロ池・深泥池・御泥池】 深泥池は池の名称であるとともに集落名でもある。池は賀茂社の東およそ一・五キロメートルのところにある。古くから知られ、「日本紀略」(『新訂増補国史大系』11)には、淳和天皇の天長六年(八二九)十月十日条に「幸㆓泥濘池《ミドロノ》㆒。羅㆓猟水鳥㆒。」という記事がある。都に程近い遊猟の地であったこと、池底の泥の深さが名称の由来であったことがわかる。やがて美称が用いられるようになり、「小右記」(『増補史料大成』)の寛仁二年(一〇一八)十一月二十五日条では「美度呂池」と記され、「御菩薩池」(「梁塵秘抄」)、「美曾呂池」(「親長卿記」)、「御泥池」(「賀茂」)など、さまざまに表記されるが、「御菩薩池」と書くことに関しては「山州名跡志」(『新修京都叢書』)に「傳云、往昔此池面に地蔵菩薩現ずと、即同所村の中に六地蔵の随一を安置す。此故に稱すると云々」と説明されている。「山槐記」(『増補史料大成』)には、深泥池から**幡枝**に至る坂道を「**美土呂坂**」といったことが見える。

池に比べれば集落名としての深泥池(村)の歴史はかなり新しい。すでに第二章第二節で述べたことであるが、宝徳三年(一四五一)の中村・岡本両郷地からみ帳の地図上復元の結果によると、後の深泥池村の地にはまったく人家は認められず、確認されるのは田地のみで、その中に地蔵堂一宇だけがあったのである。両郷地からみ帳記載の作人に深泥池村の住人が一名も出現しないのもそれに対応する事実である。管見では村の存在が初めて明確に知られるのは、戦国初期文明年中(一四六九〜一四八六)のことである。まず、「親長卿記」文明二年九月二日条に、折から応仁の大乱を避けて各地を転々としていた甘露寺親長が、「八月朔日鞍馬寺勝善坊焼亡、居美曾呂池邊、自九日居京構」と書いているから、その頃には人家ができていたものと察せられ、さらに賀茂社氏人惣中の文明十六年分職(沙汰人)中使足算用状(「賀茂」)には、「三百文　御トロイケノ里ノ地子」とあるから、明確に数軒の住屋が存在したことが確認できる。したがって、一五世紀中期から戦国初期までおよそ二〇年ほどの間に、どこかから住民が移住してきてここに集落ができたと考えねばならない。

享禄五年(一五三二)三月二十八日の岡本郷検地帳には、深泥池居住の作人として弥九郎・弥九郎子の名が見えるし、中村郷にも同年の検地帳があったとすれば、それには多分それ以上の人数の作人が検出できるであろう。天文十九年（一五五〇）の中村・岡本両郷の検地帳では、二郎九郎・心正・三郎衛門ら一五名以上の「御泥池者」が作人として登場する。その中には紺屋も見られ、また、弘治二年（一五五六）十二月二日の与三郎田地売券（同）の売主与三郎は、「ミそろいけひもの屋」であったことも知られる。彼が売却した田地一反は「さい所ハ中村郷之内、あさなハいりのてんがうす也」と記されており、「いりのてん」の「いり」は「圦」すなわち水口の樋で、深泥池畔に存在したと見てよいであろう。

戦国初期に賀茂社がこの村に地子を課していたことは前記のとおりであるが、天文二十年正月二十六日の反別礼銭算用状（同）には、前年に「御泥池・松崎両所分」計一〇貫八七四文の段別銭が記入され、下って天正十一年（一五八三）十二月晦日付賀茂社氏人惣中職中算用状（同）では、「参斗六升　御泥池棟別皆済」ともあって、段銭・棟別が賦課されたことも知られる。

この地は**鞍馬街道**が南北に通じていて、京都から**若狭**に至る主たるルートの一つであり、「若狭口」と称され、室町期には賀茂社がここに関を設けて関料を徴集していたのであるが、「親長卿記」によると、文明二年、禁裏料所丹波山国庄からの運送物を抑留したため停廃され、翌年同社がその再興を願い出たことが知られる。また、同九年十二月二十日の室町幕府奉行人連署奉書（同）には、「内裏御修理料若狭口枝関事、被立置御泥池訖」とあり、この年内裏修理料を調達するため新関が設置されたこともわかる。

近代の市制町村制では、**上賀茂村上賀茂字深泥池**・**同狭間**で、段別はそれぞれ二町三反一畝二三歩・三町六反三畝一歩であった（『京都府愛宕郡村志』）。その後一九三一年（昭和六）には上京区に編入されて**上賀茂深泥池町**・**上賀茂狭間町**となり、一九五五年（昭和三十）には新設の北区に属した。

【宮前】　名称からして神社の門前集落であることが推察されるが、その神社がどこの神社であるかは、検討してみないとわからない。この地名の初見は、今のところ宝徳三年（一四五一）の大宮郷地からみ帳である。これには同郷にわずかな作田を有する衛門三郎・小五郎ら計五名の「宮前」居住の作人が出現する。彼らのうち兵衛太郎の在所はとくに「**上野宮前**」とあるのが注意を引く。また、一世紀後の天文十九年（一五五〇）検地帳では、「宮前」の作人は二郎左衛門・小四郎ら計七名が見いだされる。このうち四名は河上郷と大宮郷の両検地帳に現われ、二郎左衛門は前者に三筆後者に七筆、小四郎は双方に二筆ずつという具合である。幸いに検地帳の復元図の完成によって、これらの田地の在り場所はいちいち指摘することが可能になった。今両郷にまたがって作田が出てきて、かつ作人の数も多い天文十九年検地帳の復元図により、それら田地の分布状態を調べてみると、北は河上郷西南部で、最北部の田地は現在の**北区大宮南山ノ前町**中部にあり、最南部は**雲林院村**の北に接し、現在の**紫野下石竜町**のうちである。**堀川**の東には一筆だけしかなく、他はほとんど**大徳寺門前**のあたりに散在していた。作人の居住地と作田との距離という観点から見て、これらの田地を耕作可能範囲とし、田地の分布状態と矛盾せず、かつ「宮前」にふさわしい場所はどこかを探せば、自然に集落と神社の場所が明らかになるであろう。地図で当たると、この条件に当てはまりかつ門前集落を持つほどの神社は**今宮神社**だけしかない。当然「宮前」とは同社の門前にあった小集落ということになる。想定される場所は上野の集落の西隣という見当になるから、前記の兵衛太郎の居住地が「上野宮前」と記されているのもそれと符合するのである。

現在地は**紫野今宮町**のうち同神社周辺と思われる。さかのぼって市制町村制の下では、**大宮村東紫竹大門字今宮**のうちであった。

【門前】 大徳寺の門前集落。現在の**北区紫野上門前町・紫野門前町・紫野下門前町**の町名はそれを継承しているが、中世の「門前」と区域として一致するのは全体の南半部だけのようである。この集落については史料の探索が不十分なので、ここでは管見に触れたわずかな史料でわかるだけのことを記述する。

まず主要な史料の一つとして、天正十七年（一五八九）の大宮郷大徳寺分検地帳がある。これは、太閤検地によって大徳寺領とされた田畠を名寄せ形式で記載しており、冒頭部分に「本門前」（「北門前」を含む）、ついで「東門前」居住の百姓が記載されているので、大徳寺の近世所領となった大宮郷の中に作田畠を持つ門前百姓に限っては、その人数を知ることができる。「本門前」が四三名（うち「北門前」は三名）、「東門前」は四一名（「雲林院」と注記してあるもの一名を含む）で、大体半々で合計八四名である。

ついで天正十九年八月二十七日の大宮郷大徳寺分指出帳（『大徳寺』九—二五六五）がある。これは、表紙の左側に「大宮之郷　大徳寺分指出」、右側に「紫野門前指出」と記されている袋綴の冊子であるが、内容をもう少しわかりやすく言うと、大宮郷内の大徳寺分田畠について、紫野つまり大徳寺の門前百姓の請作分に限って、名寄せ形式で書き上げた指出帳であり、奥に「月行事」の小二郎・与四郎が連署している。記載されている百姓の名前には、同一人が複数か所に出てくると受け取るべきケースが若干あると思われるので、厳密な記載人数は出しにくいが、やはり八〇名余りにのぼる。前記の検地帳との時間的ずれは二年足らずしかなく、双方とも一筆ごとに面積・石高がわかるから両者は比較検討が可能である。やってみると、およそ七〇パーセントの名前が一致する。二年という間隔からすると妥当な数値かと思われる。これで中世末期から近世初期にかけて大徳寺「門前」に住んでいた作人層については、人数（戸数）の下限を押さえることができた。このほかに大宮郷外だけに作田を持つものが若干はいたであろうし、作田を持たない人数も考慮しなければならず、当所の場合商工業者などの外に方丈・諸塔頭で用務に従った人々などもかなりいたのではないかと推測されるので、かりにそれら全体で前記請作百姓の人数の三〇〜五〇パーセントと見積もると一〇〇〜一二〇人（戸）程度になる。最大限そのくらいではなかったかと思う。

その後は近世初期のめぼしい史料として、正保二年（一六四五）八月二十九日の大宮郷家数幷人数指出帳（同九—二六〇〇）が挙げられる。これには最初に「大宮郷在所家数人数之目録」が掲げられ、その冒頭に大徳寺門前・同新門前関係の記事が出てくるので、原文を記すと次のとおりである。

一総構 東西南方ニテ六拾壱間弐尺 南北西方ニテ百廿六間半 北方ニテ九拾間 東ノ方百五間 大徳寺門前

家数百拾三家　人数六百拾八人、男女共、

此内八拾四人ハ借家、

一総構 東西北ノ方六拾壱間弐尺 南北西ノ方百廿六間半 大徳寺新門前

同横町 東西弐拾間 南北弐拾間半 同　所

同横町 東西拾七間五尺 南北拾七間半 同　所

家数八拾壱家　人数四百五拾壱人、男女とも、

此内八拾人ハ借家、

これによれば、「門前」・「新門前」の家数合計は一九四家ということであるから、前記の天正年間の戸数推定と比較すると倍近く増加したことになる。半世紀の変化ではあるが、そのまま受け取ってよいかどうか懸念がなくはない。とりあえずは史料をそのまま掲げるほかはないが、家数に母屋以外の建物が入っていたとすると、かなり割引く必要がある。

それで並列的になるが、もうひとつ関係史料を取り上げておきたい。年月日不詳であるが、地子の額が貫文でなく米の量で表記されているから近世のもので、わりあい早い時期のものかと推測される大徳寺門前地子帳（同五—二〇一三）である。これは「門前」を地区別に分けて、百姓の家に賦課される地子の額と負担者の名前とを書き上げたもので、名前が二〜三筆つづいて現われるケースがごくわずか見られるが、それも含めてとにかく一筆ごとに記載されている名前を数えると、表門前四五・裏門前西側二九・東門前横町南側七・同北側一一・裏門前立町二九・東門前南側五となり、合計一二六である。この数は先に推定した中世末〜近世初期のものにきわめて近似的であると言えよう。確定的なことは言えないが、私見ではこのあたりが妥当なのではないかと考えている。史料ごとに内部の地域区分を異にするが、それぞれがどう対応するのか、現地で聞き取りもやってみたが、今のところ解決しえないので推測

を述べるのはひかえたい。「表門前」と「裏門前」の位置は大宮郷賀茂台絵図に記入してある。

さて、かりにこの程度の戸数が妥当なものとしても、この集落は「大宮郷五ケ村」とか近世では「大徳寺境内五ケ村」と総称された諸集落の中では格段に戸数が多かったことは確かである。他の**雲林院**・**上野**・**紫竹**・**大門**の諸村との連帯で、永禄三年（一五六〇）十二月十九日、大宮郷の新開水田や用水利用の件等について誓約し、賀茂社大宮郷司に提出した連署条々（「賀茂」）でも、また、「御領草山」をめぐる蓮台寺との争論に際して提出した寛永六年（一六二九）十一月二十五日の大徳寺境内五箇村陳状写（同五―二〇二〇）でも、連署している諸村年寄の筆頭に出てくるのは、星野三郎次郎・惣左衛門入道宗徳あるいは三右衛門などのこの村の年寄であり、五カ村の間で主導的な立場にあったことを窺わせるのである。大徳寺の膝元であったことからしても当然であったろう。

近代の市制町村制では**大宮村東紫竹大門字門前**で、段別は四町一反三畝二六歩となっている（『京都府愛宕郡村志』）。

【霊御】　今のところ、この地名の初見史料は宝徳三年（一四五一）の河上郷・大宮郷の地からみ帳である。前者のNo.409宮有大夫往来田一反半の位置指定に「次河ノ西頬、霊御前」、No.440経所田一反の前の行に「霊御北ノソヘ、大道西ノ畔　上モリ田」と見え、また「霊御」・「中霊御」・「北霊御」居住の作人彦九郎・三郎太郎ら計一二名の作田少なくとも一九筆が記載されており、後者では右の両名の作田計五筆が見いだされるのがそれである。ほかに「河宝」ではNo.412正受寺田六反が「霊御川南」にあり、No.553経所田半が「霊御川ノ北、川窪」にあったことが記されていて、「霊御」が川の名称ともなっていたことが知られる。復元図の作成によってこれらの田地の位置はすべて明らかになり、河上郷では**神光院**東北の字「**鹿額**」のあたりから南、大宮郷では郷最北部の字「**芝本**」・「**小社下**」のあたりに散在していた。加えて前記の「河宝」No.409・No.440の位置を示す記事があるので、「霊御」と呼ばれる集落の所在地はおおむね突き止めることができる。**田尻**の集落の西南約一五〇メートルを隔てた**雲ケ畑街道**西沿いが北端で、それより南およそ二〇〇～二五〇メートルほどの道路沿いに細長く断続する集落であったと推定され、作人の数から小規模集落と見られるにかかわらず、「北霊御」とか「中霊御」と区別されていたのは、南北に長い集落の在り方が原因であろう。南端あたりを東西に横切っていたのが「霊御川」である。

その後、本章第六節の**【佐々木野】**の項で触れたとおり、永正十五年（一五一八）、「霊後里」居住の百姓の闕所をめぐって賀茂社が無量寿院と相論した際、七月二十日付の賀茂社祠官氏人等重申状案（「賀茂」）には、「霊後里」は佐々木野にあり、佐々木野は河上郷のうちで、したがって賀茂社領であることは歴然であり、賀茂社には「霊後里」の百姓に対する進退権があるとする主張が示されている。訴訟が起こるくらいだから、賀茂社が「霊後里」住民に対して完全な進退権を有したかどうかは検討の余地があるが、少なくとも戦国初期に河上郷の田地を耕作する百姓が「霊後里」に居住していたことは確かである。注意すべきはかつて「霊御」と書かれていたのがここでは「霊後」に変化していることで、この点は天文十九年（一五五〇）の河上郷検地帳においても同様であって、そこでは川の名称が「霊後川」と記されている。

さらに、より以上に注目を要するのは、天文十九年検地帳には「霊後川」は出てくるが、作人の住所としての「霊後」はまったく見えないことである。戦国期には「御」の字は使用されなくなり「後」に変化したと見るべきであろう。田地一筆ごとに作人名と住所が記載されているので、「霊御」の集落が存在しさえすれば、宝徳の地からみ帳の場合と同じくそこの住民の作田がかなり出てきて然るべきである。それがまったく見えないのであるから、「霊御」の地名は消えてしまったとしか考えられない。そしてこれと符節を合わせたように、「河宝」復元図では「北霊御」と推定される場所がこちらでは田地と化し、字名が「**卯花**」となっている。これで少なくともかつての「霊御」の北部は耕地化したと見てよい。南部は復元図の該当場所に空白ができるから、そこには依然集落があったものと想定され、その一部が「**林**」の集落であったことは「河天」№159一反が「林乾」所在とされているからほぼ確実である（**【林】**の項参照）。一方で「林」の村は「河宝」・「大宝」記載の作人の住所には全然見当たらないことも勘案するならば、

「霊御」の集落は戦国中期のある時点で、たとえば火災によって全焼したというようななにか特別な事情があって消滅し、その跡の一部は耕地とされ、他の一部には新たに「林」という村が造られたとでも考えないと納得がいかないのである。現在そうした事情を物語る史料はまったく管見に入っていないので、これはあくまで推定の域にとどまるが、とにかく「霊御」の集落は痕跡を断った。以後この地名の歴史はたどることができない。なお、「霊御」の由来は「霊墟」なのかもしれないという私見は、第二章第六節で述べておいた。

（1）『角川日本地名大辞典』26京都府の同名項目においては、「呰麻呂」の「呰」の字が間違っている。また、「続日本後紀」の「後」が脱落している。後者は私が原稿清書の際にうっかり書き落としたのかも知れない。この機会に訂正する。

（2）『角川日本地名大辞典』26京都府の同名項目では、「天正20年正月26日」となっているが、これは「天文20年正月26日」の誤りである。原稿清書の際に私が書き間違えてしまったのではないかと思う。ここで訂正しておきたい。

おわりに

賀茂別雷神社文書のなかの中世後期の検地帳計六巻六冊を地図化して、同社境内諸郷の田地の中世における存在態様を、網羅的に明らかにしようとする本書の主目的は、いくらか不十分なところを残してはいるが、大体達成することができた。延べ六千余筆にのぼる田地のうち少なくとも九〇パーセントは、地図の上に位置を確定できた。今後これが揺らぐ恐れはまずないといってよいと思う。

この結果、賀茂社境内六郷の姿が、完全とはゆかないにしろ、かなりの正確さをもって浮かび上がってきた。実際にここで研究対象としたのは小野郷を除く五か郷だけであるが、その全容がほぼ正確に捉えられたことで、ひいては中世社領としての小野郷の在り方もよほど明瞭になったといってよい。当の五か郷の復元自体は、従来よく知られていなかった諸郷の郷域を明示し、一枚一枚の田地の種類・作人名、細かい字名の所在に至るまでを、詳細に地図に位置づけ、さらには域内の用水系統を、ほとんど個別田地に対する用水のかかり方までを含めた形で明らかにした。

これは、「はじめに」でも触れたとおり、今後賀茂社の年中神事の研究、中世の往来田制度の研究、氏人の惣の研究などをはじめとする、賀茂社とその社領の研究に対して、重要かつ不可欠な基盤を築いたことになると思う。また、同社境内ならびにその周辺における村落の所在、その戸数、百姓と田地との関係、中世における耕地開発の状況などを、復元図の中からかなりはっきりと汲み取ることができるようにもなった。賀茂社と他の諸社寺権門との関係や、職の分化のごとき事象を、土地に即した形で追究するに際しても、一定の役割は果たし得るであろうし、私がかつて行なったように、ここに出来上がった中世の田地図とその中の字名を基礎とすることにより、普通では不可能といってよい太閤検地帳の地図上復元さえ可能となって、それに基づき、部分的とはいえ太閤検地の意味とか、中世検地と近世検地との差異などを問うこともできたのである（「山城上賀茂の天正検地」『論集中世の窓』、吉川弘文館、一九七七年、参照）。

そのほか作業の過程で発見し、確認した事柄も大小数多い。具体的にいくつかの事例を指摘すれば、十六世紀初めに近い頃の深泥池村の誕生を知り得たこと、中世郷界の一部に条里界が生きているのがわかったこと、北畠村の所在がわかり、今出川口の確認ができたこと、中世から近代に至るまで変化していなかった延々たる堀川の流路を捉え得たこと、乙井川や霊御川の流れを確認できたこと、田尻堂・窪御堂・帝釈堂などの所在を突き止められたこと、などである。かくて、ここに五か郷の復元図が完成した意味は、はかり知れず大きいといえるであろう。これをより一層生かすのは今後の課題である。

本書の主題はあくまで中世の賀茂社領境内諸郷の田地を地図上に復元することにある。したがって第四章とした「賀茂別雷神社境内諸郷関係地名の歴史的研究」は、付加的な仕事であるが、廂を貸して母屋をとられたような感じがなくもない。項目を数えると四〇〇を越える。そのうちたぶん三分の二程度は、一〇年あまり前に『角川日本地名大辞典』26京都府上巻において執筆したものであるが、そこでは辞典という性格上論証過程は省いてわかった結果だけを記すことになった。本書ではそういう制約がないから、なぜそういう捉え方ができるかという論証過程を含めた自由な叙述が可能だったので、はじめから史料の一つ一つを見直して改めて叙述した。いきおい所要頁数が膨らんだのである。右の辞典では、準備不足・理解不十分で、間違った記述をしていたところもまま見つかったが、その点はなるだけ本文あるいは注で訂正したり補足したりしたつもりである。「付加的な」仕事とはいったが、この章を書いたことによって、復元図作りに行きづまっていたところが解決できたことも多かったので、結果的には前半部分と一緒にまとめて書くことができてよかったと思っている。

なお、過去に発表した賀茂社関係の私の研究のうち、書き改めて全部または一部を本書に吸収した形になったのは、以下の三編である（②は一部のみ利用）。

①「賀茂別雷神社境内諸郷田地の復元的研究――岡本郷の場合」『日本社会経済史研究 中世篇』、吉川弘文館、一九六七年

②「賀茂境内六郷」『講座日本荘園史』7、吉川弘文館、一九九五年

③「賀茂別雷神社境内諸郷田地の復元的研究――中村郷の場合」『アカデミア』第一〇〇集、一九七四年

このうち①と③で掲載した復元図計六枚、ならびに未発表ではあるが早期に完成していた大宮郷の復元図二枚は、今回全部を書き改める時間的余裕がなくなり、訂正をするにも紙が古びて下手をすると破損の恐れがあるので、部分的に最小限の訂正を加えるにとどめて原図を利用した。そのため、略字の使用その他について、河上・小山両郷のものと比べると不統一であることを付記しなければならない。利用される方は、使用の文字等については、念のために第三章に翻刻した史料を参照してくださるよう希望する。

ここに至って心残りなのは、さんざん利用することになった往来田古帳二巻を検地帳と合わせて翻刻できなかったことである。当初の計画からは外れており、今となっては時間的にも分量的にもいかんともしがたい。太閤検地帳の復元図などとともに今後の課題にしたいと思う。

そのこととともに、もうひとつ残念で仕方がないのは、今現地に立ってみても、もちろん地図の上でも、かつての賀茂社領の地にごく最近までそっくり残っていた古代以来の田地の姿が、まったく視界から消え去ってしまったことである。千年の古都の一角に、それ以上に古い時代から連綿と伝えられ、目の前に生きた生命を保ってきた歴史的遺産がすべて失われてしまったことに、私は本当に啞然としている。都市周辺の宅地化の進展は、ここに限ったことではなく、時代の趨勢として止むをえないかもしれない。しかし、たとえば古墳や城跡のようにわざわざ発掘する必要などまったくなく、用水の在り方まで含めてほとんど完璧な形で残されていた条里制田地の遺構が、もはや二度と帰ってこなくなったということは、悔やんでも悔やみきれないほど惜しい。せめて上賀茂の田地の一部を、歴史的遺

産として保存しておくことはできなかったのだろうか。やむなく宅地化する場合にも、世は車社会とはいえ、条里制地帯の中にある道路や畦畔はもともと直線的である。拡幅する程度にとどめて道路をつくり、多少の曲がりや迂回はそのまま残すことができなかったのか。勝手な言い分かもしれないが、私には現代人の横暴が罷りとおりすぎているような気がするのである。

嘆息しながら私の仕事に立ちかえると、家を建てることにたとえれば、これでなんとか土台はできたと思っている。柱も細いものだが何本かはすでに建ててきた。しかし、屋根まで葺けるのははたしていつの日であろうか。日暮れて道遠しの観があるが、可能な限りは今後も大工仕事や壁塗りをやってゆきたいと思う。

執筆を終えて——回顧五〇年——

本文でも遠い過去を思い出しながら書いたが、ここでもまた思い出を書く。

他事にかゝずらうことのみ多く、学問と名のつく仕事から遠ざかりがちな侭に、数行の文章を書き流して、ちょっと「窓」から顔を覗かせる仕儀とはなった。途切れがちに、しかし離れがたい思いで、田地売券を並べてためつすがめつし、靴を泥んこにして田んぼの畦道を歩き廻り、検地帳の復原図を作り、などなどの仕事を、いささか人にあき(れ脱)られながら続けているうちに、いつしか随分の日子を費消してしまった。そして、それらの日々の移ろいと共に、私の仕事には田んぼや畠の土のにおいが沁みわたって来たようだ。しかし、歴史の女神が一つの成果にほゝえみを投げかけてくれる迄には、まだ大分努力が足りないらしい。土のにおいはそのうちもっとこくなることだろう。

これは、一九五九年夏の初めに発行された『中世の窓』創刊号（中世の窓同人編）に、小さなコラムとして私が載せてもらった文章である。見てのとおり、当時すでに私はこの検地帳の復元という仕事をやりはじめており、時折上賀茂の田圃の畦道を歩いたこともあったのである。それから実に四〇余年という長い長い歳月が流れ去った。

実をいうと、私は賀茂県主の末裔の一人である。生まれたのは若狭であるが、祖父清泉《きよもと》が上賀茂の社家岡本家の出だから、そういうことになった。祖父の名は「賀茂社家系図」（『神道大系　神社編八　賀茂』所収）の「清之一流」の中に載っている。そういう因縁はあるにはあるが、私が賀茂社や賀茂社領の研究をやるようになったのは、けっしてそのせいではない。恩師寶月圭吾先生の還暦記念論文集『日本社会経済史研究中世編』に、この研究の最初の部分に当たる「賀茂別雷神社境内諸郷の復元的研究――岡本郷の場合」を掲載していただいた際「追記」で述べたように、出発点になったのは、大学の三年の時に受講した寶月先生担当「古文書学演習」のレポート作成である。

もはやうろ覚えになってしまったが、その時テーマとして先生が示されたのは、たしか「大徳寺文書之一」(『大日本古文書』家わけ第十七)第五二一号、文明十年六月十二日、賀茂永清院尼貞順田地売券であったと思う。この売券の売却物件である田地二反の在所が、ほかならぬ「小山郷流木後」であった。賀茂社境内六郷なるものの存在を知ったのも、それについて書かれた『日本中世の村落』所収の清水三男氏の論文を繰り返し読んだのも、遅鈍な私のことととてこの時が最初である。一緒にレポートを書くことになった田中稔・尾藤(山本)さき子・矢代和也・成田瑞穂諸氏らの傍で、史料編纂所架蔵の「大徳寺文書」や「賀茂別雷神社文書」の影写本を、十分読めないままに、佐々木銀彌・百瀬今朝雄・新田英治氏ら諸先輩にも読み方を教わってどうにか筆写し、それらをいじくりまわしてなんとか幼稚なレポートは提出できた。しかし、その時筆写した史料の中にすでに含まれていた宝徳三年の諸郷地からみ帳は、ほとんどそのレポートには役立てることができなかった。力量に乏しいくせにそれが内心悔しくて、その後折に触れてこの時筆写した史料を取り出しては、なんとかならないかと首をひねっていたこと、それが本書のテーマである復元図作成につながったのである。

加えて、なにかの折に寶月先生がしておられた、中世文書が残っていても近世文書が乏しかったり、逆に近世文書が豊富なところでも中世文書はない、というようなことで、なかなか同じところの文書で中・近世をとおして分析できるケースは見つけにくい、という趣旨のお話を小耳に挟んでいて、賀茂社領、ここならそれがやれるかもしれない、などと不遜な考えを起こしたのも、その後賀茂社領研究に首まで浸かってしまうことになった原因の一つである。私の賀茂社および賀茂社領の研究は、このようにして出発した。寶月先生のご教導との関わりは古くかつ深い。もしこういう機縁がなかったら、私はもっと違った仕事をしていたことであろう。

それにしても、以来あまりに長い年月が経った。大学院に在籍していた頃のある時、東大国史研究室で、百瀬今朝雄氏にいま自分はこういうことをやっていますと話したとき、「君は食いついたら離さないねえ」といわれたのを覚えているが、食いついた状態のまま齢古希を過ぎてしまったということになる。もちろんただ遊んでいたわけではない。他の仕事も少しずつはやったし、そのために、いきおい手間ばかりかかる中世の田地の復元という仕事からは、難問山積のまま遠ざかったという期間も少々ではない。しかし、ほどほどに努力はするが、サボる傾向も同じほど持ち合わせている私の弱さと能力の不足とが、完成をいやが上にも引き延ばしてしまったことは否定できない。

ずいぶん以前のことになるが、ある機会に寶月先生と岩生成一先生とが相次いでお手紙をくださって、いつまでも名古屋にいないで、そろそろ東京へ帰ってこないかと促されたことがある。寶月先生のお手紙には心機一転して研究をやるようにともしたためられていた。私は南山大学経済学部が創設されたときに、一橋大学の教授を辞めて初代の学部長として南山に移られ、経済学部の発展の基礎を築かれた村松恒一郎教授が、当時一橋の助教授であった永原慶二氏を介して日本経済史の担当者を求められ、永原氏と寶月先生のご紹介で南山大学に就職したのであるが、寶月・岩生両先生からお手紙をいただいたときは、一〇余年を経過していた。どうお返事すべきか考慮のあげく、結局、学部の創設期に尽力された諸先生が退職される時期がやってきて、これからは自分たちが経済学部を担わなければいけないのですから、いま南山を去るわけにはまいりませんという、えらそうな理由を書いてご辞退してしまったのであるが、そうして両先生がお心にかけてくださったほど、私は研究を進めることを怠っていたといってよい。

その後も寶月先生は、醍醐寺の古文書調査の折に、私を呼んで、研究はどうなっているか、早く博士論文を完成させて提出しなさい。自分のためだと思わないで、自分の勤めている大学のためだと思ってやりなさいと諭された。その時も私は、学位論文を提出するつもりはありません、しかし研究の完成には努めますというお答えをして（私には時としてそういう不遜なことをいういけないところがある）、先生は、それならそれでもよいが、とにかく研究を一所懸命やりなさいと言ってくださった。きっと、しようがない奴だと思われたことであろうが、激励してくださった先生のご恩は忘れがたい。

教養学部の学生だったときに、藤木邦彦先生とお二人で演習を担当してくださった井上光貞先生も、私の尻をたたいてくださった。井上先生は、私が一九六〇年の夏に賀茂社で文書の調査をやらせていただいたとき、「賀茂県主系図」の研究を課題として、京都大学の赤松俊秀教授とともに同系図の閲覧のため賀茂社を訪問され、私も傍で系図を見せていただくことができ、先生のご依頼で系図の一部を撮影したりもした。その後、これも醍醐寺の古文書調査の場で先生にお目にかかったとき、先生は「君、あれ（本書にまとめた研究）はどうした」と尋ねられた。私は「ある程度地図はできておりますが、それを基礎にする研究をやらなければ、地図だけ発表しても仕方がありませんから、そのまま持っております」と答えたのだが、先生は「そんなことはないよ君、早く発表しなさい」と励ましてくださった。ずっと後の一九八〇年（昭和五五）～八一年、先生は雑誌『諸君』にご自身の研究生活を回顧して「研究自叙伝」を一一回にわたって連載されたが、その第四回が掲載された八〇年十二月号を、突然私に送ってくださった。紙片が挟んであったのでそこを開くと、「県主系図の探究」という項があり、そこにつぎの一文があった。

私はこの研究の過程で、一九六〇年の八月には京都にしばらく滞在し、上賀茂神社の宮司の座田司氏氏や京大教授の赤松俊秀氏から史料の蒐集や解読上に大変お世話になった。そのころまた、さきにもふれた須磨千穎氏が、検地帳による中世の上賀茂社境内六郷の構造復元という手固く雄大な仕事をしていて、わたくしは須磨君とも顔をあわせ、色々賀茂社のことを教えてもらったりした。それで私の仕事が一段落したある夜、南禅寺のそばの水たきに須磨氏を招き、歓を共にしたことであった。これは、前後一年ほどつづいたこの研究にまつわる、忘れることのできないたのしいおもいでなのである。

この先生の自叙伝は、やがて一九八二年の秋『わたくしの古代史学』という書名で文藝春秋社から発刊されたが、先生は翌年の二月、忽然として世を去ってしまわれたので、これははからずも遺著となった。私には、自分の仕事が「手固く」はあっても、けっして井上先生がおっしゃるように「雄大な」ものとは思えないが、南禅寺のそばで先生にご馳走になった時の酒の味は実においしかった。

私が学生であった頃の東大文学部国史学科には、教官として坂本太郎・岩生成一・寶月圭吾・佐藤進一の諸先生がおられた。不出来な学生であった私が、学問の世界で少しずつでもあたりが見えるようになったのは、これら諸先生のご教導のおかげである。佐藤先生には、後年名古屋大学に赴任されてからも、研究室にうかがって読めない古文書の字を読んでいただいたし、中世史研究会でもいろいろとご指導をいただき、書物のご恵与にもあずかった。

国史研究室ではちょうどそのころ助手をつとめておられた安田元久氏、ついで尾藤正英・青木和夫両氏になにかと面倒をみていただいた。史学会幹事をしておられた尾藤（山本）さき子氏にもお世話になった。史料編纂所におられた諸先学から受けた恩恵も少なくない。ことに永原慶二氏は、まだ中世史研究を志したばかりのひよこの私に、最初に執筆された著書『日本封建社会論』をくださって以来、現在に至るまで、著書を刊行されるたびに恵与され、多大の学恩を与えていただいた。稲垣泰彦氏や杉山博氏も、よく面倒を見てくださった。山口啓二氏には当時のみならず、のちに佐藤先生の後任として名古屋大学へ赴任されてから、そして今もなお、常に励ましをいただいている。先に触れた新田英治氏、百瀬今朝雄氏も史料編纂所におられ、その後も長くお世話になった。

賀茂社領の研究をやるようになってから今に至るまで学恩を受けてきているものに、児玉幸多氏の「賀茂別雷神社の往来田制度」をはじめとする諸業績があることは先に述べたとおりであるが、ご健在の児玉先生は今も私の研究の完成をお気にかけられ、今年いただいた年賀状にも「上賀茂社はどうなりましたか」と書き添えてくださった。

名古屋へきた当時、名古屋大学に在職されて、ご自宅へ招いてくださったりして日常的といってもよいほどお世話になり、また、更埴市の条里調査、醍醐寺の古文書調査、岐阜県史執筆、安食庄の復元など、数多い機会に導きを与えてくださった彌永貞三氏のご恩も忘れ得ない。

卒業論文を書くときに、自分が若狭の出身だから、太良庄の史料を使って若狭の中世史をやってみようと思い立ったのはよいが、史料編纂所で影写本を借り出して関係史料を筆写しているうちに、これではとても時間が足りないと思わざるを得なくなり、ある日曜日の朝早くに、まさしく寝込みを襲って、筆写された貴重な史料の借用をお願いしに行って以来、網野善彦氏にはさまざまにお世話になった。縁あって編纂にたずさわった『小浜市史　通史編上』の執筆もお願いしたし、精力的で魅力的なお仕事が刊行されるたびに送ってくださっていて、いまやその業績が私の書架にうず高い。本書の刊行が日本生命財団の刊行助成金を受けるについて、石井進氏とともに推薦文を書いてくださったのも網野氏である。網野氏にも石井氏にもこの場を借りて心からお礼申し上げたい。

学部・大学院時代を通じて、しばしば史料編纂所内の国史研究室でお目にかかり、並んで史料の筆写をやっていて、古文書がまだよく読めなかった新米の私が、横から「これはなんと読むのでしょうか」と質問しては、お仕事の邪魔ばかりしていたのに、嫌な顔もせずに、「いいんだよ、我々も同じようにして先輩たちに教わってきたのだから」といっていちいち教示され、私に、先を歩いている者は、後からくる人たちのために踏み台にならなければいけないのだ、ということを身をもって示してくださった佐々木銀彌氏の温容も忘れがたい。新田・百瀬両氏と同期の先輩福田以久生氏からもいろいろと恩恵をいただいたし、田中稔氏には佐々木氏同様のご迷惑をかけ、居を京都に移されてから、上賀茂の調査に出かけた折に、烏丸車庫近くのご自宅へお邪魔して、すき焼きとウイスキーをご馳走になって泊めていただいた思い出もある。後年、醍醐寺の古文書調査でもいろいろ教えていただいた。同じ年に卒業論文を書いた成田瑞穂・矢代和也・佐々木潤之介の諸氏には、学部時代、常に交誼と刺激を与えられた。また、大学院のころにできた『中世の窓』の同人、金本正之・石井進・益田宗・羽下徳彦・笠松宏至・大隅和雄・石田祐一・桑山浩然・龍福義友・勝俣鎮夫・鈴木茂男・秋澤繁らの皆さんは、同人として決して勤勉でなかった私であるにかかわらず、その後も長く学友として付き合い、豊かな学恩を与えられた。また、吉田孝氏や義江彰夫氏は、視野の広さと鋭い分析力とでものされた著書・論文を折に触れて恵与され、私に刺激を与えてくださった。三鬼清一郎氏は昨年春まで名古屋大学におられ、それをよいことにして小浜市史の史料の選択とか通史の執筆とかについてお願いしたのを聞き入れてくださったり、また織豊政権に関する業績の数々をいただいてきた。学生時代以来これらの方々から受けた恩恵はまことに大きい。

曲がりなりに学問の研究という道を歩きながら、特急も急行列車も私には縁が遠い。ほとんどもっぱら鈍行に乗り、あまつさえ途中下車して休んでばかりいる。せっかく興味をもって見て廻ったところの印象も、健忘症の頭からははやばやと影が薄れてゆく。そんな私なのに、ずっと以前から著書や論文の抜刷などを相次いで送ってくださって、ときどきにそれぞれに、含蓄のある料理の味を味わうような機会をつくってくださった学界の知人は、すでに本書の中とこの一文においてお名前をあげてきた方々以外に、なお少なくない数にのぼる。大病をしてからいささかの後遺症を引きずっていることもあって、一〇年以上前から学会や研究会にも全然顔を出さなくなってしまった私としては、せめてこのような機会にまとめてお礼を申し述べることしかできないのであるが、恩師をはじめさまざまの恩恵をこうむった数多くの方々に対して深甚の感謝を捧げたい。

引き続いて半世紀も昔の話ばかりになるのだが、本書で翻刻した検地帳のうち、享禄五年の岡本郷検地帳は、先に述べた大学三年の終わりのレポート提出を終えた後、成田瑞穂氏が「俺にはもう要らないから、君が持っていろよ」といって恵与されたものであり、天文十九年の小山郷検地帳写は石井進氏が筆写してくださったものである。いままでずっと利用させていただき、今回の翻刻に際しても、私が筆写した他の検地帳とともにワープロに打ち込む時の原稿となった。両氏のご厚意に深謝したい。いうまでもなく、原本との照合は私の責任において行ない、したがってもし翻刻に誤りがあった場合はすべて私の不明によるものである。卒業論文を書いたときには、網野氏のところへ史料の拝借に行ったばかりではなくて、そのころ杉野女子短大に在学しておられた和田存子さんには、『大日本史料』に収録されている太良庄関係史料の一部の筆写をお願いした。また、卒業論文の前半の浄書はドレメ在学中の藤井あや子さんにやっていただいた。まことにあつかましいお願いをしたのだが、お二人はまるで専攻外の面倒な仕事を引き受けてくださり、正確な筆写をして私を助けてくださった。太良庄の史料も卒業論文もいまなお私の書架にあり、若狭の歴史に関する事柄を書くときにはしばしば利用し参照してきた。その二年あと修士論文を提出するときには、明日提出しなくてはならないというので、そのころ入舎していた雲浜奨学会講正学舎の一室で徹夜で最終の仕上げをしていたが、時間に追われているのを見かねて、同室の友人で当時電気通信大学の学生だった福本隆雄君が、傍で論文付表の清書をやってくれた。中央大学にいた古川太四郎（今は統一）君は自室からやってきて、ストーブの石油を追加したりお茶を入れたり、あれこれ世話をやいてくれて、お二人共に徹夜させてしまった。いまごろお礼を書いているのは申しわけないが、これらの人たちから受けた援助は忘れがたく、また本書第三章の天文十九年検地帳の校正では、高橋敏子さんにたいへんお世話になった。ともにこの機会を借りて心からお礼を申し上げる。

それにしても、こうして振り返ると、当人が古希を過ぎてから著書をまとめているのであってみれば当然のことかもしれないが、坂本・岩生・寶月・藤木・井上の諸先生をはじめとして、あまりにも多くの方々が世を去ってしまわれた。不敏のゆえにご生前に本書を見ていただけなかったことをお詫び申し上げたい。

本書をはじめ、私がこれまで続けてきた賀茂社関係の研究については、座田司氏氏をはじめ、歴代の宮司・神職・社務所職員ら賀茂別雷神社関係の皆様からいただいたご厚意はきわめて大きいし、東京大学史料編纂所・宮内庁書陵部・京都大学文学部・京都市歴史資料館・京都市役所など、史料の閲覧の便宜をはかっていただいた諸機関から受けた恩恵もまた多大である。心から謝意を表する。

賀茂別雷神社では、数年前に新しくおよそ二千点に及ぶ中・近世文書が発見され、その後も相次いで見いだされた。現在それらを含めて約二万点といわれる古文書の整理の仕事が毎年進められている。ただでさえ目配りのきかない私の研究は、新たな文書発見で見直しをしなければならないところが非常に多くなったはずである。しかし、本書にまとめた研究はほとんどその影響は受けないものと判断して公刊に踏み切ることにした。

本書の刊行に際しては、日本生命財団から一九九八年度の第二〇回学術書出版助成金を交付された。大きな地図を一五枚も含むもので、それだけ出版も手がかかる本書が発刊に漕ぎ着けられたのは、その恩恵によるところが大きい。執筆枚数が助成金の申請当時に予定していたものをはるかに越え、また年度内発刊ができなくなったので、本書の主要部分である前半の賀茂社境内諸郷の復元に関する研究（第一〜三章）だけで一書とし、曲がりなりに責めを果たそうとしたが、せっかくだから全部まとめて出すようにということで、遅くなるのを枉げて認めてくださった同財団のご厚意に対し、心から謝意を表し、合わせて不手際をお詫びしたい。また、出版を引き受けて頂いた法政大学出版局の平川俊彦氏には、お約束をしてからおそらく三〇年ほどは待っていただいた。ときどきお訪ねくださったり、年賀状にはいつも「玉稿を鶴首しています」と書いてくださって、恐縮しながら今日に至った。ここに、多大のご迷惑をかけてしまったお詫びとお礼とを申し上げる次第である。早い時期に平川氏から私が著書を書くことにしたということを聞かれて、喜んでくださったという石母田正先生が物故されてからも久しい。同先生にも見ていただく機会がなかったことをお詫び申し上げたい。

上賀茂の調査では、そのたびごとに竹森要太郎氏のお宅に長期間泊めていただき、かつ夫人（父清宣の従姉）と子息章・守両氏のご一家にたいへんご厄介をかけた。章氏は、先にも述べたように、地籍図や字限図の筆写の際、私に同行してくださって、大きな援助を与えられた。ありがたい恩恵であった。

また、三六年間勤務した南山大学において、数多い知己の方々から受けた恩恵に対しても、心から謝意を表する。いたって私事にわたるが、私が大学を受験するとき、学資の援助をするから東京へきて大学を受験するようにと勧めてくださり、大きな恩をうけた従兄野崎泉・アヤ子ご夫妻、一部製図の清書をお願いしたときに便宜をはかってくださった従兄野崎嵩氏にこの場を借りて厚く感謝を述べたい。父清宣はとっくにいなくなったし、母イヨも先年亡くなった。ずっと遠い日のことであるが、郷里に帰ったときに岡本郷の復元について書いた拙稿の抜刷を持っていって父に渡したとき、あとで父が母に「千頴はこんなことをやってどうするんだろう」と母に洩らしていたのが聞こえてきたことがある。無理もない。父はまた、私が網野氏からお借りした太良庄の史料を、生家に持ち帰って筆写していた時、少し手伝おうといって一緒にやってくれた。本書が出来上がったのを父母に見てもらえればよかったが、悔いても詮なしである。大谷察子（姉）、須磨悌（弟）・寿美子夫妻、藤田正夫・祥子（妹）夫妻、須磨令美（弟）・久子夫妻、上坂一朗・いつき（妹）夫妻ら姉弟妹がくれた応援にも長く応えることができなかったが、これで少しほっとした思いである。

大学院にいたころ、痔の手術を受けるため東大病院に入院したとき、妻恒子が身重の体で石神井から本郷まで毎日見舞いに通ってくれて、うれしい思いをしたのも遠い思い出である。今は多年病床にあり、周囲にほとんど愚痴と文句しかいわなくなった妻が、せめて本書の完成をいくらかは自分の喜びともしてくれたらうれしいと思う。長女柴山理恵は、まだ幼稚園のころだったが、畳一枚半はある河上郷の地籍図・字限図の写を、もう一枚上にトレーシングペーパーを置いて写し取る仕事を少し手伝ってくれといったら、赤・青の鉛筆を持って、紙の上に自分の体ごと乗っかって線引をやってくれた。今は二児の母となり、近くに住んで病気の母親を介護し、家事をも助けてくれている。私が原稿に追われて家事に携わる時間が乏しくなってしまったこの二年あまりは、彼女の負担は一層増えた。その助けがなかったら、本書の刊行はもっと遅くなってしまっただろう。しかし、それだけに夫の敏郎君にもなにかとしわ寄せがいってしまったことも否めない。孫の健一は、昨年の春ごろ、私に指示をされながらワープロを打ち、本書第三章の史料の二・三行を書き写して、「ぼくもやったんだぞ」といっていたし、その妹いづみは、私が地図描きに苦労しているのを覗いては、「お祖父ちゃん、まだできないの」といっていたが、最近は地図の線引など少し手伝ってくれた。昨年の秋には親子三人で、私が検地帳のコピーを一行ごとに切断したものを、字名ごとに寄せ集めて台紙に貼りつける、いわゆるカルタ取りの仕事も手伝ってくれた。ありがとうを言いたい。

一九六五年（昭和四十）九月、緑内障を病んだ。そういう恐ろしい病気があることもほとんど知らなくて、初期の症状に気づかず、わかったときには右眼の視野が三分の一ほど欠けてしまったあとであった。しかも悪いことに視野欠損が眼の中心部まで及んだので、以来右眼はほとんど使いものにならなくなった。右半分でどうにか大きめの物体の所在を判別できる程度である。したがって読み書きはもっぱら左眼だけが頼りであったが、その左眼も八〇年に網膜剥離を起こして手術を受けた。加えて今は老眼と白内障からも逃れられなくなった。幸いに左眼の視力は衰えなくて済み、現在も矯正視力一・四を保っているが、右と左のアンバランスがどうしても障害になるから、読み書きのときは右眼を塞いでいたほうが楽なくらいで、とにかく疲れる。河上郷・小山郷の復元図は、未完成部分が多かったので、トレーシングペーパーに清書する仕事は、ようやく半分程度しかやれないままで今日に至ったから、なんとか苦心して復元を完成できたとしても、そのあとこの眼ではたして米粒大の、場合によっては胡麻粒ほどの大きさの文字が書けるかどうか、地図描きを再開する直前まで心配であった。

八九年（平成元）二月には、大腸ガンになって手術をうけたが、こんどはそれで右手に震えがきて字が満足に書けなくなり、左手の人差し指を支えにして震えを押さえて書くようになった。もともと子供のころから、習字の筆を持つと縦の棒を引くときに途中でぶるぶる震えてしまう、いわゆる書痙というのがあったが、それでもかつては右手だけで今よりは多少ましな字を書いていたはずである。いまやそれができなくなったばかりか、支えにする左手さえ、ときに皿を振動させて載せた食物をおっことしそうになる始末である。当然書いた字は紙の上でしばしば踊ってしまう。これで製図ができるか。こと製図に関するかぎり、眼の不自由よりもこれは一層心配であった。

やってみたら案の定、字は書きにくいし、線引もやりにくい。したがって、せっかく書いても消してやりなおしということが多くなった。しかしそれでも、時間はかかってもなんとかなるということはわかった。ほっとした。老人になったから仕方のないことだが、現在の私は眼の疾患や手の震えのほかにも、慢性C型肝炎、左室肥大、不整脈、ときどきは二〇〇ミリを越える高血圧に悩まされている。昨年の三月には、ついに路上で失神昏倒して肋骨と歯を折り、顎の下を五針縫うという重傷を負った。不整脈が原因だそうだが、ふりかえるとよく生きていたなという思いがする。なにはともあれ、執筆の途中で放り出さずに本書を完成できたことは、とても幸せなことであった。ここまで命を永らえる過程で、医師・看護婦・薬剤師その他あまりに多くのかたがたにお世話になった。本当にありがたいことである。

二〇〇〇年の大晦日に記す

須磨千頴

佐藤進一　〔新版〕古文書学入門　三二〇〇円

網野善彦　悪党と海賊　日本中世の社会と政治　六七〇〇円

川添昭二　中世九州地域史料の研究　七三〇〇円

山内　譲　中世瀬戸内海地域史の研究　七一〇〇円

仲村　研　中世惣村史の研究　近江国得珍保今堀郷　九五〇〇円

今谷　明　守護領国支配機構の研究　八九〇〇円

田端泰子　中世村落の構造と領主制　六五〇〇円

秋山國三　近世京都町組発達史　新版・公同沿革史　九五〇〇円

秋山國三
仲村　研　京都「町」の研究　七〇〇〇円

石母田正　戦後歴史学の思想　一九〇〇円

（消費税抜き価格で表示）

法政大学出版局

須磨《すま》 千顗《ちかい》

1929年福井県に生まれる．53年東京大学文学部国史学科卒業．60年同大学大学院人文科学研究科国史学専門課程修士課程満期退学．南山大学経済学部講師，同助教授を経て，71年同教授．現在名誉教授．専攻，日本中世史．論文に「山城国紀伊郡における荘園制と農民」（稲垣泰彦・永原慶二編『中世の社会と経済』東京大学出版会，62年），「土倉による荘園年貢収納の請負について」（『史学雑誌』80編6号，71年），「山城上賀茂の天正検地」（『論集中世の窓』吉川弘文館，77年），「中世における賀茂別雷神社氏人の惣について(1)〜(12)」（『南山経済研究』6巻2号〜12巻3号，91〜98年）など．

賀茂別雷神社境内諸郷《かもわけいかずちじんじゃけいだいしょごう》の復元的研究
（付図15葉）

2001年3月30日　初版第1刷発行

著者　須　磨　千　顗
発行所　財団法人　法政大学出版局
〒102-0073　東京都千代田区九段北3-2-7
電話(03)5214-5540／振替00160-6-95814
製版・印刷／三和印刷　製本／鈴木製本所

ISBN 4-588-32122-6

地名索引

（社寺名・学校名等を含む）

あ　行

か　行

さ　行

た　行

な　行

は　行

ま 行

や　行

ら　行

わ　行